Les grands arrêts de la jurisprudence administrative

Les grands arrêts de la jurisprudence administrative

23e édition

2021

Marceau Long
Vice-président honoraire du Conseil d'État

Prosper Weil
Membre de l'Institut
Professeur émérite de l'Université Panthéon-Assas
(Paris II)

Guy Braibant
Président de section honoraire au Conseil d'État

Pierre Delvolvé
Membre de l'Institut
Professeur émérite de l'Université Panthéon-Assas
(Paris II)

Bruno Genevois
Président de section honoraire au Conseil d'État

DALLOZ

DALLOZ

31-35, rue Froidevaux – 75685 Paris cedex 14

ISBN 978-2-247-20293-5

Cet ouvrage est dû à l'initiative de René CASSIN, vice-président du Conseil d'État, et Marcel WALINE, professeur à la Faculté de droit de Paris, comme le rappelle leur préface à la première édition, parue en 1956, ici reproduite.

PRÉFACE
de la première édition

L'ouvrage aujourd'hui soumis au lecteur est le premier d'une série portant le titre de « Collection de droit public », qui comprendra des études, demandées aux spécialistes les plus qualifiés, sur les principaux problèmes actuels dans le domaine du droit constitutionnel, du droit public général ou du droit administratif.

L'esprit dans lequel seront conçus les volumes de cette collection est indiqué par la circonstance que ses deux fondateurs, tous deux universitaires, appartiennent, l'un au Conseil d'État, qu'il a l'honneur de présider, l'autre à la Faculté de droit de Paris.

Ils ont voulu cette collaboration pour signifier qu'à leurs yeux, toute entreprise collective d'études sur le droit public doit, de notre temps, comporter le concours intime et confiant de la doctrine et de ceux qui élaborent la jurisprudence. De cette façon, doit se faire la synthèse de l'esprit théorique qui anime la Montagne Sainte-Geneviève, et des préoccupations de servir, dans le cadre des principes et des lois, les nécessités du bien public, que chacun s'accorde à trouver sous-jacentes à l'œuvre de la juridiction administrative.

Notre vœu et notre intention sont que chacun des volumes de cette collection réalise cette synthèse, et, sans créer une doctrine et encore moins un dogmatisme du droit public français, puisse donner l'impulsion à la formation d'une méthode d'approche des problèmes du droit public, qui se tienne également éloignée des déductions a priori et de l'empirisme pur.

Dans le cadre de cette collection, aux monologues alternés du professeur qui risque de s'enfermer dans une tour d'ivoire, et du juge à qui les ensembles risquent d'être masqués par les particularités sans cesse changeantes des procès à lui soumis, devrait succéder un véritable dialogue, ou mieux, selon l'expression de M. Rivero (Études et Documents, fasc. 9, p. 36), un « chœur à deux voix ».

C'est dans cet esprit que nous avons confié la rédaction de ce premier volume à deux personnalités particulièrement brillantes des Facultés et du Conseil d'État.

M. Prosper Weil, élève, à Aix, de M. Trotabas, a soutenu à Paris, en 1952, une thèse remarquable, où il a renouvelé un sujet classique : « Les conséquences de l'annulation d'un acte administratif pour excès de pouvoir ». Il a su le renouveler, précisément parce qu'il a dépouillé avec un soin minutieux la jurisprudence du Conseil d'État, et a ainsi découvert des avenues nouvelles frayées par le Conseil et débouchant sur des problèmes insoupçonnés auparavant. Ainsi a-t-il fait la preuve que la jeune école du droit public est soucieuse au plus haut degré de rendre compte de la jurisprudence et de ses motifs profonds. Docteur en 1952, M. Prosper Weil était, dès la fin de la même année, reçu premier à son premier concours d'agrégation des Facultés de droit, et enseigne maintenant à Aix et Nice.

M. Marceau Long, lui aussi brillant élève de la Faculté de droit d'Aix et, plus tard, de l'École nationale d'administration, est auditeur de première classe au Conseil d'État. Il s'est déjà fait connaître par de nombreuses chroniques, des articles, et surtout par un excellent cours sur les marchés administratifs professé à l'École nationale de l'aviation civile. Il a été chargé, au Conseil d'État, d'organiser un service de documentation qui a déjà manifesté sa très grande utilité. Il vient d'être récemment appelé aux fonctions de commissaire-adjoint du gouvernement au contentieux.

À eux s'est joint M. Guy Braibant, auditeur de première classe, chargé actuellement du service de documentation, lui aussi un des jeunes espoirs du Conseil d'État.

Grâce à la réunion de ces trois noms, les lecteurs ont la garantie que ce livre est alimenté aux sources de documentation les plus sûres, et qu'il est fidèle à l'esprit de la haute juridiction administrative comme aux impératifs de la science juridique.

Quant au sujet de ce livre, est-il besoin d'en justifier le choix ? Depuis longtemps (notre collègue René David, maître de l'école comparatiste française, pourrait en témoigner), l'étranger nous demandait ce livre. On déplorait, dans bien des pays curieux de notre jurisprudence administrative, que n'ait pas été écrit, pour celle-ci, un ouvrage correspondant à celui de Henri Capitant sur « Les grands arrêts de la jurisprudence civile ».

En France même, un besoin semblable existait depuis longtemps. En effet, depuis la réunion en trois volumes des notes d'Hauriou sur les principaux arrêts rendus par le Tribunal des conflits et le Conseil d'État de 1892 à 1928, aucune tentative n'avait plus été faite pour présenter une vue d'ensemble de la jurisprudence administrative. Encore les notes d'Hauriou étaient-elles consacrées à des arrêts d'inégale importance, et trop nombreux pour le dessein que nous avons poursuivi avec les auteurs de ce nouveau livre. Il fallait « actualiser » l'effort d'Hauriou, mettre la synthèse de la jurisprudence au courant des derniers progrès de celle-ci ; et il fallait aussi réduire à une centaine environ le nombre des arrêts retenus, afin d'éviter un éparpillement qui aurait nui à la vue de l'ensemble.

La publication de cet ouvrage s'est avérée encore plus urgente à la suite de deux événements, indépendants par leur origine, mais d'influence concordante.

Le premier est la réforme qui, depuis le 1er janvier 1954, a fait des tribunaux administratifs de Paris et des grandes villes les juges de droit commun en matière administrative. Un grand nombre d'hommes de loi, et notamment les avocats des barreaux, ayant désormais la responsabilité de conseiller les justiciables dans un vaste domaine jusqu'alors réservé à une petite élite, la connaissance des principaux arrêts du Conseil d'État assortis de commentaires clairs de haute valeur scientifique leur rendra des services inappréciables.

D'autre part, la réforme des études de la licence en droit et la place faite par le décret de réforme aux travaux pratiques commandent impérieusement de mettre entre les mains des étudiants ce bréviaire indispensable à toute étude pratique du contentieux administratif. Notre vœu est que, chaque semaine, chaque étudiant réfléchisse et s'informe sur l'un des arrêts ou groupes d'arrêts reproduits et commentés dans ce livre.

Quant à l'esprit, enfin, dans lequel ont été réalisés le choix des arrêts d'une part, leur présentation d'autre part, nous avons deux remarques à présenter.

D'abord, les arrêts retenus et publiés dans l'ordre chronologique ne sont pas nécessairement ceux qui ont eu, à l'époque, le plus grand retentissement, ceux dont a parlé la presse d'information et dont le grand public a pu connaître les circonstances plus ou moins pittoresques, ce sont ceux qui ont déterminé un progrès, une évolution ou un revirement durable de la jurisprudence sur un point important ou au moins notable.

Quant à la présentation, nous l'avons voulue objective et utile. Nous avons invité les auteurs, qui s'y sont pliés avec bonne grâce, et même avec une certaine abnégation dont ils doivent être remerciés et félicités, à faire abstraction de leur sentiment personnel, à ne pas ajouter une « note d'arrêt » supplémentaire à toutes celles qu'avait déjà pu susciter la décision présentée. Ce que nous leur avons demandé, c'est, non seulement d'indiquer en quelles circonstances de fait chaque arrêt avait été rendu (si celui-ci ne l'indique pas suffisamment), mais encore de situer celui-ci dans les réalités administratives du moment ; de préciser en quels termes le ou les problèmes juridiques se posaient ; quelles conséquences entraîne la solution adoptée ; quelle répercussion celle-ci doit logiquement avoir sur des problèmes connexes ; comment il a été accueilli, et s'il a fait jurisprudence, dans quel sens ses solutions ont été modifiées par la suite.

Ce faisant les auteurs ont été amenés à analyser les méthodes de formation et de développement de la jurisprudence administrative et, à formuler notamment à propos de la responsabilité, des comparaisons utiles avec les arrêts correspondants de la jurisprudence civile.

Pour le lecteur attentif, ce livre reconstitue une véritable histoire de notre droit administratif, vu sous l'angle contentieux, au cours des trois derniers quarts de siècle. Il fournira un guide autorisé et commode à tous ceux qui participent soit à l'élaboration et à l'enseignement des règles administratives, soit à leur application concrète, soit aux litiges auxquels elles peuvent donner lieu.

Il montrera enfin à l'étranger, comme à l'étudiant français, de quelle façon, en alliant le sens de la tradition à l'esprit de progrès, un grand corps de l'État a su poursuivre sans défaillance son œuvre de consolidation de la primauté de la loi, d'adaptation des principes constants du droit aux nécessités sans cesse en évolution de la vie sociale et, enfin, de conciliation entre les droits de l'individu et ceux de la collectivité.

Ainsi espérons-nous qu'il pourra constituer un complément du grand Livre jubilaire du Conseil d'État publié en 1952 et le prolonger, par une mise à jour périodique soulignant les arrêts nouveaux les plus importants.

René CASSIN,
Vice-Président du Conseil d'État, Membre de l'Institut.

Marcel WALINE,
Professeur de droit public à la Faculté de droit de Paris.

AVERTISSEMENT

Texte des arrêts. — Les motifs des arrêts commentés sont en principe cités intégralement. Exceptionnellement, lorsqu'ils étaient très longs, et que certains d'entre eux ne présentaient pas d'intérêt doctrinal, il n'en a été retenu que des extraits. Les passages les plus importants, ceux qui ont une valeur de principe ou confèrent à l'arrêt son importance, sont imprimés en italiques. Le dispositif est résumé entre parenthèses à la suite des motifs.

Références. — Les arrêts et décisions commentés ou cités dans les observations donnent toujours lieu à une référence dans le Recueil où ils sont publiés principalement. L'abréviation Rec. renvoie ainsi au Recueil propre à la juridiction qui a rendu l'arrêt ou la décision : pour les arrêts du Conseil d'État et les décisions du Tribunal des conflits, il s'agit du *Recueil Lebon,* pour les décisions du Conseil constitutionnel, du *Recueil des décisions du Conseil constitutionnel,* etc.

Il est fait référence aux autres publications lorsque l'arrêt y a été publié avec les conclusions du commissaire du gouvernement (dénommé rapporteur public depuis 2009 s'agissant du Conseil d'État, et, depuis 2015, pour ce qui est du Tribunal des conflits) ou avec une note, ou lorsque, s'il n'y est pas accompagné de commentaires, il ne figure pas dans le Recueil.

Si un arrêt cité dans les observations fait par ailleurs l'objet d'un commentaire dans le présent ouvrage, il est indiqué par un astérisque : les références sont données en tête de l'arrêt reproduit. Pour les autres arrêts, les références sont données de manière complète dans le commentaire où ils trouvent principalement leur place. Lorsqu'ils sont cités dans un autre commentaire, celui-ci y renvoie : le premier chiffre correspond au numéro des arrêts reproduits et commentés, le second au numéro de paragraphe figurant en marge des commentaires.

Indications sur les formations de jugement du Conseil d'État. — Pour les arrêts du Conseil d'État, à partir de 1928, la formation de jugement peut être identifiée. L'abréviation Ass., indique que l'arrêt a été rendu par l'Assemblée du contentieux, l'abréviation Sect., par la Section du contentieux. En l'absence d'indications, l'arrêt émane de sous-sections, dénommées chambres depuis la loi n° 2016-483 du 20 avril 2016.

La présente édition est à jour au 30 juillet 2021.

TABLE DES MATIÈRES

LISTE DES ABRÉVIATIONS

ACCP	Actualité de la commande et des contrats publics
ADE.........	Annuaire de droit européen
AFDI	Annuaire français de droit international
AIDH........	Annuaire international des droits de l'Homme
AIJC.........	Annuaire international de justice constitutionnelle
AJ...........	Actualité juridique - Droit administratif
AJCT	Actualité juridique - Collectivités territoriales
AJFP	Actualité juridique - Fonctions publiques
AJ Pénal	Actualité juridique - Pénal
AJPI.........	Actualité juridique - Propriété immobilière
Ass.	Assemblée
Ass. plén.	Assemblée plénière
BDCF	Bulletin des conclusions fiscales
BJCL	Bulletin juridique des collectivités locales
BJCP	Bulletin juridique des contrats publics
BJDU........	Bulletin de jurisprudence du droit de l'urbanisme
Bull.	Bulletin des arrêts de la Cour de cassation
Bull. Jol......	Bulletin Joly
CA	Cour d'appel
CAA.........	Cour administrative d'appel
Cah. CC......	Cahiers du Conseil constitutionnel
Cah. dr. eur. ..	Cahiers de droit européen
Cass.	Cour de cassation ; Civ. : Chambre civile ; Com. : Chambre commerciale ; Crim. : Chambre criminelle ; Req. : Chambre des requêtes ; Soc. : Chambre sociale
CC	Conseil constitutionnel
CCC.........	Revue Contrats Concurrence Consommation
C. civ.	Code civil
C. com.	Code de commerce
CE	Conseil d'État
CEDH	Cour européenne des droits de l'Homme
CFPA........	Cahiers de la fonction publique et de l'administration
CGPPP.......	Code général de la propriété des personnes publiques
CIADH	Cour interaméricaine des droits de l'Homme
C. instr. crim. .	Code d'instruction criminelle
Civ.	Cour de cassation, chambre civile
CJA	Code de justice administrative
CJCE	Cour de justice des Communautés européennes, devenue Cour de justice de l'Union européenne depuis le 1er déc. 2009 celle-ci étant censée comprendre tout à la fois la Cour de justice, le Tribunal et les tribunaux spécialisés
CJEG	Cahiers juridiques de l'électricité et du gaz devenus Revue juridique de l'entreprise publique (RJEP), puis Revue juridique de l'économie publique (RJEP), puis la Revue Énergie-Environnement-Infrastructures (REEI)

CJFI	Le courrier juridique des finances et de l'industrie
CJUE	Cour de justice de l'Union européenne
CMP	Contrats et Marchés publics
C. pén.	Code pénal
C. pr. pén.	Code de procédure pénale
Chr.	Chronique
COJ	Code de l'organisation judiciaire
Coll. terr.	Collectivités territoriales Intercommunalité
Com.	Cour de cassation, chambre commerciale
Comm.	Commentaire
Concl.	Conclusions
Cons.	Considérant
Constitutions	Constitutions (Revue de droit constitutionnel appliqué)
Constr.-Urb.	Construction-Urbanisme
Crim.	Cour de cassation, chambre criminelle
CRPA	Code des relations entre le public et l'administration
D.	Recueil Dalloz (Dalloz-Sirey depuis 1965) ; IR : Informations rapides ; SC : Sommaires commentés
DA	Droit administratif (a pris la suite de la Revue pratique de droit administratif en 1961)
Dép. et com.	Départements et communes
Dr. envir.	Droit de l'environnement
Dr. fisc.	Droit fiscal
Dr. ouvr.	Droit ouvrier
Dr. rur.	Revue de droit rural
Dr. soc.	Droit social
EDCE	Études et documents du Conseil d'État
EEI	Énergie-Environnement-Infrastructures
Envir.	Environnement et développement durable
GACA	Les grands arrêts du contentieux administratif (par J.-C. Bonichot, P. Cassia, B. Poujade), Dalloz, 7e éd., 2020
GACEDH	Les grands arrêts de la Cour européenne des droits de l'Homme (par F. Sudre et autres), PUF, 9e éd., 2019
GACJUE	Les grands arrêts de la Cour de justice de l'Union européenne (par H. Gaudin, M. Blanquet, J. Andriantsimbazovina, F. Fines), Dalloz, 1re éd., 2014
GDDAB	Les grandes décisions du droit administratif des biens (par C. Chamard-Heim, F. Melleray, R. Noguellou, Ph. Yolka), Dalloz, 3e éd., 2018
GADE	Les grands arrêts du droit de l'environnement (dir. P. Billet et E. Naim-Gesbert), Dalloz, 1re éd., 2017
GADLF	Les grands arrêts du droit des libertés fondamentales (par X. Bioy, L. Burgorgue-Larsen, P. Deumier, E. Dreyer, X. Dupré de Boulois, A. Martinon, R. Tinière), Dalloz, 2e éd., 2019
GADS	Les grands arrêts du droit de la santé (par C. Bergoignan-Esper et P. Sargos), Dalloz, 2e éd., 2016.
GAP	Les grands arrêts politiques de la jurisprudence administrative (dir. T. Perroud, J. Caillosse, J. Chevallier, D. Lochak), LGDJ, 1re éd., 2019
G. av.	Les grands avis du Conseil d'État (par Y. Gaudemet, B. Stirn, T. Dal Farra, F. Rolin), Dalloz, 3e éd., 2008
Gaz. Pal.	Gazette du Palais

GCJA........	Les grandes conclusions de la jurisprudence administrative (par H. de Gaudemar et D. Mongoin), LGDJ, 1re éd., vol 1, 2015, vol. 2, 2020
GDCC	Les grandes décisions du Conseil constitutionnel (créé par L. Favoreu et L. Philip), Dalloz, 19e éd., 2018
GDCIADH ...	Les grandes décisions de la Cour interaméricaine des droits de l'Homme (par L. Burgorgue-Larsen et A. Ubeida de Torres), Bruylant, 2008
GDDIPub	Les grandes décisions de la jurisprudence française de droit international public (dir. A. Pellet et A. Miron), Dalloz, 1re éd., 2015
JCP..........	Jurisclasseur périodique (La Semaine juridique), édition générale
JCP Adm.	Jurisclasseur périodique (La Semaine juridique), édition Administration et collectivités territoriales
JCP E........	Jurisclasseur périodique (La Semaine juridique), édition Entreprise
JCP N	Jurisclasseur périodique (La Semaine juridique), édition Notariale
JCP S........	Jurisclasseur périodique (La Semaine juridique), édition Sociale
JDI	Journal du droit international
JO...........	Journal officiel
Just. et cass. ..	Justice et cassation
LNF	Les Nouvelles Fiscales
LPA	Les Petites Affiches
LQJ	Le Quotidien juridique
Nouv. Cah. CC	Nouveaux Cahiers du Conseil constitutionnel devenus « Les Cahiers du Conseil constitutionnel Titre VII »
Obs.	Observations
Ord.	Ordonnance
RA	Revue administrative
RD bancaire et bourse	Revue de droit bancaire et de la bourse
RDC.........	Revue des contrats
RDI	Revue de droit immobilier
RDLF........	Revue des droits et libertés fondamentaux (numérique)
RD publ.	Revue du droit public et de la science politique
RD rur.	Revue de droit rural
REEI	Revue Énergie-Environnement-Infrastructures
Rec.	Recueil
Réf.	Référé
Rev.	Revue
Rev. belge de dr. const.	Revue belge de droit constitutionnel
Rev. conc. consom.	Revue de la concurrence et de la consommation
Rev. crit. DIP .	Revue critique de droit international privé
Rev. europ. dr. envir.	Revue européenne du droit de l'environnement
Rev. Marché commun......	Revue du Marché commun (devenue Revue du Marché commun et de l'Union européenne : RMCUE, puis Revue du droit de l'Union européenne : RDUE)

Rev. Trésor ...	Revue du Trésor
Rev. sociétés ..	Revue des sociétés
RFDA	Revue française de droit administratif
RFDC	Revue française de droit constitutionnel
RF décentr. ...	Revue française de la décentralisation
RGCT	Revue générale des collectivités territoriales
RGDIP.......	Revue générale de droit international public
RJEP	Revue juridique de l'entreprise publique, devenue en juill. 2007, Revue juridique de l'économie publique
RJPUF.......	Revue juridique et politique de l'Union française
RJ env.	Revue juridique de l'environnement, devenue Revue européenne du droit de l'environnement
RJF..........	Revue de jurisprudence fiscale
RJS..........	Revue de jurisprudence sociale
RLC	Revue Lamy de la concurrence
RLCT........	Revue Lamy des collectivités territoriales
RLDI	Revue Lamy Droit de l'immatériel
RPDA	Revue pratique de droit administratif
RRJ	Revue de recherche juridique et de droit prospectif
RSC	Revue de science criminelle et de droit pénal comparé
RTD civ.	Revue trimestrielle de droit civil
RTD com.	Revue trimestrielle de droit commercial
RTD eur.	Revue trimestrielle de droit européen
RTDH	Revue trimestrielle des droits de l'Homme
RTDSS.......	Revue trimestrielle de droit sanitaire et social (devenue Revue de droit sanitaire et social : RDSS)
RUDH	Revue universelle des droits de l'Homme
S.	Sirey
Sect.	Section
TA	Tribunal administratif
TC	Tribunal des conflits
Trib.	Tribune
T. civ.	Tribunal civil
T. corr.	Tribunal correctionnel
TGI..........	Tribunal de grande instance
TJ...........	Tribunal judiciaire
TPI..........	Tribunal de première instance des Communautés européennes devenu, depuis le 1er déc. 2009, le Tribunal de l'Union européenne, composante de la Cour de justice de l'Union européenne
TDP	Tribune du droit public
Vie jud.	La vie judiciaire

1

COMPÉTENCE – RESPONSABILITÉ

Tribunal des conflits, 8 février 1873, *Blanco*
(Rec. 1er supplt 61, concl. David ; D. 1873.3.20, concl. ; S. 1873.3.153, concl. ; GCJA, vol. 1, n° 10, concl. ; RFDA 2021.414, art. Rolin ; GAP, p. 40)

Cons. que l'action intentée par le sieur Blanco contre le préfet du département de la Gironde, représentant l'État, a pour objet de faire déclarer l'État civilement responsable, par application des art. 1382, 1383 et 1384 du Code civil, du dommage résultant de la blessure que sa fille aurait éprouvée par le fait d'ouvriers employés par l'administration des tabacs ;

Cons. que la responsabilité, qui peut incomber à l'État pour les dommages causés aux particuliers par le fait des personnes qu'il emploie dans le service public, ne peut être régie par les principes qui sont établis dans le Code civil, pour les rapports de particulier à particulier ;

Que cette responsabilité n'est ni générale, ni absolue ; qu'elle a ses règles spéciales qui varient suivant les besoins du service et la nécessité de concilier les droits de l'État avec les droits privés ;

Que, dès lors, aux termes des lois ci-dessus visées, l'autorité administrative est seule compétente pour en connaître ;

....

(Arrêté de conflit confirmé).

OBSERVATIONS

L'arrêt Blanco *établit les bases de la compétence de la juridiction administrative, ouvrant la voie à une jurisprudence qui devait se développer ultérieurement, en particulier par l'arrêt* Terrier*.

1 Une enfant avait été renversée et blessée par un wagonnet d'une manufacture de tabacs exploitée en régie par l'État ; son père a saisi les tribunaux judiciaires d'une action en dommages-intérêts contre l'État comme civilement responsable des fautes commises par les ouvriers de la manufacture.

Le conflit ayant été élevé, le Tribunal des conflits devait résoudre la question de savoir, pour reprendre les termes des conclusions du commissaire du gouvernement David, « *quelle est, des deux autorités administrative et judiciaire, celle qui a compétence générale pour connaître des actions en dommages-intérêts contre l'État* ». L'arrêt rendu à cette occasion devait connaître une fortune singulière. On l'a considéré pendant longtemps comme l'arrêt de principe, la « *pierre angulaire* » du droit administratif tout entier ; certains auteurs ont soutenu qu'il était périmé, si tant est qu'il ait jamais eu l'importance qu'on lui a prêtée. On le qualifie aussi de mythe, mais qui a été fondateur. Sans entrer dans ces controverses, il faut rechercher *l'apport* de cet arrêt et *ses limites*.

2 **I.** — *L'apport de l'arrêt* concerne autant la *compétence* de la juridiction administrative (1°) que le *contenu* même du droit administratif (2°) ; il établit un *lien* entre la première et le second (3°).

1. — En ce qui concerne la *compétence*, l'arrêt *Blanco* consacre tout d'abord l'abandon définitif du critère de délimitation des compétences fondé sur les textes en vertu desquels il n'appartiendrait qu'aux tribunaux administratifs de déclarer l'État débiteur (v. par ex. CE 6 déc. 1855, *Rothschild*, Rec. 707, décision dans laquelle apparaissent déjà, à côté du critère de « l'État débiteur », les principes et les termes mêmes de l'arrêt *Blanco*). Seule subsiste désormais la référence aux lois des 16-24 août 1790 et 16 fructidor an III, qui interdisent aux tribunaux judiciaires de « troubler, de quelque manière que ce soit, les opérations des corps administratifs », de « connaître des actes d'administration, de quelque espèce qu'ils soient ».

Ces textes sont interprétés par le commissaire du gouvernement David dans le sens que les tribunaux judiciaires « *sont radicalement incompétents pour connaître de toutes les demandes formées contre l'administration à raison des services publics, quel que soit leur objet, et alors même qu'elles tendraient, non pas à faire annuler, réformer ou interpréter par l'autorité judiciaire les actes de l'administration, mais simplement à faire prononcer contre elle des condamnations pécuniaires en réparation des dommages causés par ses opérations* ».

Ainsi le service public apparaît désormais comme le critère de la compétence administrative.

Dans le contentieux de la responsabilité notamment, l'arrêt et les conclusions consacrent la compétence administrative indépendamment de toute considération de gestion privée. Le commissaire du gouvernement écarte expressément la compétence judiciaire et l'application du droit civil alors même qu'il s'agit dans l'espèce « *d'une manufacture de tabacs qui a une grande ressemblance avec une industrie privée* » et de « *faits d'imprudence reprochés à de simples ouvriers qui sont en dehors de la hiérarchie administrative* ».

Il en sera ainsi « *même si l'agent qui a causé le dommage dans l'accomplissement du service n'a pas la qualité de fonctionnaire mais est un employé auxiliaire ou un préposé de l'administration engagé par elle en vertu d'un contrat conclu dans les conditions du droit commun* » (TC 20 janv. 1945, *Du Verne*, Rec. 274).

3 *2.* — En ce qui concerne *le fond* du droit, l'arrêt *Blanco* va bien au-delà de la question de la responsabilité de l'État : ses considérants valent pour le droit administratif dans son ensemble. D'une part, ils écartent les principes établis par le Code civil, d'autre part, ils affirment le caractère spécial des règles applicables aux services publics.

On peut observer l'audace du juge dans le rejet d'un code établi par le législateur. La formule peut se prévaloir de toute une tradition historique. L'affirmation n'en est pas moins péremptoire et prétorienne.

Le caractère spécial des règles applicables aux services publics comporte lui-même deux aspects. L'un concerne l'autonomie du droit administratif, tenant non seulement à ce qu'il déroge au droit civil, mais aussi à ce qu'il constitue un système propre, avec sa logique et ses solutions. Celles-ci – et c'est l'autre aspect – sont justifiées par les besoins du service. Ainsi, le service public, qui est le critère de la compétence administrative, est en même temps le fondement du droit administratif. L'arrêt n'exclut pas toute idée de puissance publique lorsqu'il souligne qu'on ne peut appliquer à l'État les règles valables « *pour les rapports de particulier à particulier* » et qu'il rappelle « *les droits de l'État* ». Néanmoins la considération du service public et de ses besoins paraît prédominer.

C'est elle qui conduit le Tribunal à considérer que la responsabilité de l'État « *n'est ni générale ni absolue* ».

4 *3.* — Le principe de la *liaison de la compétence et du fond* est affirmé : aussi bien les conclusions que l'arrêt lui-même établissent un lien direct et réciproque entre l'application de règles autonomes, exorbitantes du droit privé, et la compétence de la juridiction administrative.

Ainsi l'arrêt *Blanco* a bien marqué un tournant dans la jurisprudence administrative, même s'il n'a fait que systématiser des solutions antérieures et si certaines de ses affirmations ont été partiellement remises en cause ultérieurement.

5 **II.** — Ses *limites* sont apparues en effet à la suite de décisions législatives ou jurisprudentielles affectant chacun des apports que l'on vient de reconnaître.

1. — En ce qui concerne *la compétence*, le critère du service public n'est pas absolu, tant en jurisprudence qu'en législation.

a) La *jurisprudence* n'exclut pas d'autres critères pour justifier la compétence du juge administratif ; en particulier, l'exercice de la puissance publique, évoquée par le commissaire du gouvernement David dans ses conclusions sur l'arrêt *Blanco*, suffit à entraîner cette compétence (TC 10 juill. 1956, *Société Bourgogne-Bois*, Rec. 586), y compris en matière de responsabilité (*cf.* concl. Kahn sur CE, Sect., 23 déc. 1970, *EDF c. Farsat*, AJ 1971.96).

Inversement le service public ne suffit pas toujours, à lui seul, à entraîner la compétence administrative : il peut être en cause dans un litige sans que celui-ci relève du juge administratif.

Il en est ainsi en cas de gestion privée d'un service public. L'hypothèse avait été esquissée dans les conclusions sur l'arrêt *Blanco* (« *L'État propriétaire* », « *l'État personne civile capable de s'obliger par des contrats dans les termes du droit commun* ») ; elle allait être développée dans les conclusions du commissaire du gouvernement Romieu sur l'affaire *Terrier** (CE 6 févr. 1903) et consacrée dans l'arrêt du 31 juill. 1912,

*Société des granits porphyroïdes des Vosges** pour le contentieux contractuel.

Et, contrairement à ce que préconisait David en 1873, elle a été développée dans le contentieux de la responsabilité extra-contractuelle, notamment pour les services publics industriels et commerciaux, dont les litiges relèvent en principe des juridictions judiciaires (TC 22 janv. 1921, *Société commerciale de l'Ouest africain**). À cet égard, si le service des tabacs et allumettes constituait à l'origine un service public à caractère administratif (en ce sens CE, Sect., 12 nov. 1937, *Dame Garnero*, Rec. 928 ; – Sect., 27 mai 1949, *Blanchard et Dachary*, Rec. 245), sa transformation en entreprise publique (sous forme d'établissement public industriel et commercial en 1959, de société en 1980) puis son transfert au secteur privé en 1995 n'ont plus permis de lui appliquer la solution de l'arrêt *Blanco*.

La gestion privée de services publics peut tenir non seulement à leur objet mais à leur attribution à des personnes privées. La présence d'un service public ne suffit pas alors à déterminer la compétence administrative pour connaître de leur contentieux extra-contractuel ou contractuel : le juge administratif n'est compétent pour statuer sur la réparation des dommages causés par ces personnes que s'ils résultent à la fois de l'accomplissement du service public et de l'exercice d'une prérogative de puissance publique (CE, Sect., 13 oct. 1978, *Association départementale pour l'aménagement des structures agricoles du Rhône*, Rec. 368 ; RD publ. 1979.899, concl. Galabert et note J. Robert ; AJ 1979, n° 1, p. 22, chr. O. Dutheillet de Lamothe et Robineau ; D. 1978. IR. 481, obs. P. Delvolvé ; D. 1979.249, note Amselek et J. Waline ; TC 6 nov. 1978, *Bernardi c. Association hospitalière Sainte-Marie*, Rec. 652 ; mêmes références à l'AJ ; RTDSS 1979.91, note Moderne ; CE 23 mars 1983, *SA Bureau Véritas*, Rec. 134 ; CJEG 1983.313, note Dupiellet ; D. 1984. IR. 345, obs. Moderne et Bon ; Civ. 1re 20 déc. 2017, *Groupement national interprofessionnel des semences et plants*).

6 *b)* Le *législateur* a lui-même dérogé aux règles de compétence dégagées par le Tribunal des conflits dans l'arrêt *Blanco*.

En particulier, la loi du 31 déc. 1957 a transféré aux tribunaux judiciaires, « *par dérogation à l'art. 13 de la loi des 16-24 août 1790* », le contentieux des « *dommages de toute nature causés par un véhicule quelconque* », excepté ceux qui sont occasionnés au domaine public (art. 1er). La jurisprudence a donné, pour l'application de cette loi, l'interprétation la plus large de la notion de « *véhicule* », y intégrant notamment une drague fluviale (TC 14 nov. 1960, *Compagnie des bateaux à vapeur du Nord*, Rec. 871 ; JCP 1960.II.11874, note R.L. ; RD publ. 1960.1198, note M. Waline ; AJ 1960.I.185, chr. Galabert et Gentot), un chasse-neige (TC 20 nov. 1961, *Dame Kouyoumdjian*, Rec. 882 ; D. 1962.759, note Blaevoet ; JCP 1961.II.12410, note R.L. ; AJ 1962.II.230, note de Laubadère), un avion (CE 10 janv. 1962, *Ministre des armées-air c. Dame Vve Coppier de Chanrond*, Rec. 16 ; AJ 1962.II.230, note de Laubadère), un bac (TC 15 oct. 1973, *Barbou*, Rec.

848 ; D. 1975.184, note Moderne ; JCP 1975.II.18045, note Lachaume ; AJ 1974.94, concl. Braibant), une charrette à bras (CE 25 juin 1986, *Mme Curtol*, Rec. 177 ; LPA 9 déc. 1986, p. 22, concl. Lasserre ; AJ 1986.653, note J. Moreau), un engin de chantier (TC 12 déc. 2005, *France Télécom c. Société Travaux Publics Électricité*, Rec. 665). Compte tenu de ces décisions, il n'est guère douteux que le contentieux du dommage causé à la jeune Blanco par un wagonnet relèverait aujourd'hui de la compétence judiciaire au titre de la loi du 31 déc. 1957.

Celle-ci ne porte que sur la responsabilité extra-contractuelle découlant de l'intervention d'un véhicule. Elle ne s'applique ni aux litiges opposant les parties à un contrat administratif (CE, Sect., 11 janv. 1978, *Compagnie Union et le Phénix Espagnol*, Rec. 6, concl. Genevois ; CJEG 1978.J.67, note Sablière ; D. 1978.IR. 219, obs. P. Delvolvé), ni à la responsabilité d'une collectivité publique fondée sur une faute dans l'organisation et la surveillance d'un chantier ayant concouru à l'accident d'un véhicule (TC 2 déc. 1991, *Préfet de la Haute-Loire c. Tribunal correctionnel du Puy-en-Velay*, Rec. 481), ni au recours de l'administration contre son agent qui a causé l'accident de véhicule (par ex. CE 6 août 2008, *Mazière*, Rec. 919 ; JCP Adm. 2008.2302, comm. J. Moreau ; v. nos obs. sous CE 28 juill. 1951, *Laruelle**), ni aux questions étrangères à la responsabilité.

Le passage déjà cité des conclusions du commissaire du gouvernement David fait apparaître que, si la compétence administrative pouvait se discuter en matière d'indemnisation, la question ne se posait pas à propos de l'annulation ou de la réformation d'un acte de l'administration : la compétence administrative allait de soi. On trouve un écho de ces conclusions dans les décisions du Conseil constitutionnel du *23 janv. 1987** et *n° 89-260 DC du 28 juill. 1989* (v. n° 80.10) qui ont précisément considéré que « *relève en dernier ressort de la compétence de la juridiction administrative l'annulation ou la réformation des décisions prises* » par les autorités administratives « *dans l'exercice des prérogatives de puissance publique* ». Si l'arrêt *Blanco* est ainsi dépassé à certains égards en ce qui concerne la compétence, les conclusions rendues à son sujet ont encore des prolongements actuels.

7 *2.* — En ce qui concerne le *fond* du droit, à trois égards l'autonomie du droit administratif par rapport au droit civil n'est pas aussi marquée que l'arrêt *Blanco* pourrait le faire penser.

Tout d'abord il arrive aux juridictions administratives de faire expressément application d'articles du Code civil, non seulement ceux qui sont propres à l'état des personnes, au statut des biens, aux successions et donations, voire le cas échéant aux personnes publiques (par ex. pour l'arbitrage, art. 2060), mais aussi d'autres qui ne sont pas spécifiques des relations privées.

Tantôt il en est fait une application directe : par ex., pour les intérêts moratoires et compensatoires et leur capitalisation, anciens art. 1153 et 1154 (CE 4 mai 2007, *Société Sapibat Guyane*, Rec. 197 ; AJ 2007.1231, chr. Lenica et Boucher ; CMP 2007.211, note Eckert ; DA 2007, n° 117, note Ménéménis), devenus art. 1236-1 (CE 29 juin 2018, *Alba*, Rec. 653) et art. 1343-2 (CE 26 mars 2018, *Commune de Montereau-Fault-Yonne*, Rec. 572) ; art. 1641 sur la garantie des vices cachés (CE 24 nov. 2008, *Centre hospitalier de la région d'Annecy*, DA févr. 2009, p. 22, note F. Melleray ; RJEP mars 2009, p. 23, note Brenet) ; art. 2277 sur la prescription quinquennale (CE 29 oct. 2012, *Société France Télécom*, Rec. 746). Tantôt sont appliqués seulement les principes dont s'inspirent ces articles : par ex., naguère art. 1792 et 2270 relatifs à la responsabilité des constructeurs (CE, Ass., 2 févr. 1973, *Trannoy*, Rec. 95, concl. Rougevin-Baville ; AJ 1973.159, note Moderne ; CJEG 1973.J.258, note Le Galcher-Baron) ; ancien art. 1152 relatif à la modulation par le juge des pénalités de retard, devenu art. 1231-5 (CE 29 déc. 2008, *Office public d'HLM de Puteaux*, Rec. 479 ; BJCP 2009.123 et RJEP mars 2009, p. 25, concl. Dacosta ; AJ 2009.269, note J.-D. Dreyfus ; ACCP mars 2009, p. 66, note Letellier ; CMP févr. 2009.24, note Eckert ; JCP Adm. 2009.2050, comm. Linditch) – quitte à abandonner ensuite la référence au Code civil (ainsi désormais seulement les « principes qui régissent la garantie décennale des constructeurs » : CE 15 avr. 2015, *Commune de Saint-Michel-sur-Orge*, Rec. 151 ; BJCP 2015.282, concl. Dacosta ; AJ 2015.1819, note J. Martin).

Car, dans tous les cas, c'est le juge administratif qui décide s'il y a matière à appliquer le Code civil ou ses principes. Il fait également application des dispositions du droit pénal, du droit de la concurrence, du droit de la consommation, en tant qu'elles déterminent la légalité à laquelle l'administration est soumise et en tenant compte de la spécificité de son action (v. CE 6 déc. 1996, *Société Lambda** ; – 3 nov. 1997, *Société Million et Marais**, et nos obs.).

En deuxième lieu, les jurisprudences administrative et judiciaire ont connu un rapprochement sur certains aspects du droit de la responsabilité (v. CE 26 juill. 1918, *Époux Lemonnier** ; – 24 nov. 1961, *Letisserand** – 10 avr. 1992, *Époux V.**).

Il n'en est pas résulté pour autant une identité entre responsabilité administrative et responsabilité civile. L'autonomie de la première subsiste. Mais elle a pris un sens nouveau ; si elle peut impliquer encore dans certains cas, conformément au sens primitif de la formule de l'arrêt *Blanco*, des règles moins favorables aux particuliers que celles qui auraient résulté de l'application du Code civil (par ex. naguère exigence d'une faute lourde dans certains cas), elle entraîne aussi la reconnaissance de la responsabilité de l'administration dans des situations où le droit civil n'aurait pas permis de donner satisfaction à la victime (CE 13 déc. 1957, *Trottier*, Rec. 681 ; AJ 1958.II.92, chr. Fournier et Braibant ; *cf.* Civ. 23 nov. 1956, *Trésor public c. Giry**).

Cela fait apparaître enfin le caractère excessif de la formule selon laquelle la responsabilité de l'État « *n'est ni générale ni absolue* ». Certes l'administration ne répond pas sans conditions des dommages qu'elle cause. Mais ces conditions ont été aménagées de telle sorte que les administrés trouvent dans la responsabilité administrative une protection efficace contre l'administration et ses agents – comme en témoigne notamment l'admission de la responsabilité de la première pour les fautes personnelles des seconds (CE 26 juill. 1918, *Époux Lemonnier**) et le développement de la responsabilité sans faute (CE 21 juin 1895, *Cames**; – CE 30 nov. 1923, *Couitéas**; – CE 14 janv. 1938, *La Fleurette**; – CE 22 nov. 1946, *Commune de Saint-Priest-la-Plaine**; – CE 30 mars 1966, *Compagnie générale d'énergie radio-électrique**).

8 *3.* — La liaison de *la compétence et du fond* n'est pas absolue.

Certes il a parfois suffi au législateur de modifier les règles de compétence pour déterminer par là même le droit applicable aux litiges en cause (décret-loi du 17 juin 1938, repris aujourd'hui par l'article L. 2331-1 du code général de la propriété des personnes publiques, donnant compétence aux juridictions administratives pour statuer sur le contentieux des contrats comportant occupation du domaine public ; loi du 31 déc. 1957 donnant compétence aux tribunaux judiciaires pour statuer sur le contentieux des accidents de véhicules). Et la considération des principes de droit public à appliquer suffit à reconnaître la juridiction administrative seule compétente pour statuer sur un litige (TC 21 janv. 1985, *Hospice de Chateauneuf-du-Pape et Commune de Chateauneuf-du-Pape c. Jeune*; RD publ. 1985.1356, note R. Drago; RFDA 1985.716, obs. Denoix de Saint Marc).

Mais la dissociation de la compétence et du fond peut se réaliser : les tribunaux judiciaires peuvent apprécier eux-mêmes la légalité d'un acte administratif au regard d'une jurisprudence administrative bien établie (TC 17 oct. 2011, *SCEA du Chéneau**) ; bien plus, compétents pour connaître des actions mettant en cause le service public judiciaire, ils leur appliquent le droit administratif (Civ. 23 nov. 1956, *Trésor public c. Giry**). La solution est au moins une confirmation de l'arrêt *Blanco* en ce qui concerne la spécificité du droit applicable au service public.

Finalement, en dépit des nuances et des exceptions dont ils ont fait l'objet ultérieurement, les principes posés par l'arrêt *Blanco* ne sont pas fondamentalement remis en cause : par exemple, si la compétence est judiciaire pour statuer sur les préjudices causés par la phase judiciaire de l'expropriation, elle est administrative pour ceux qui résultent de la phase administrative (TC 7 déc. 2020, *Mme Marchais c. Préfet de la Charente-Maritime*, Rec. 537, concl. Polge). Ses considérants peuvent encore être repris le cas échéant, exactement (TC 27 nov. 1933, *Verbanck*, Rec. 1248 ; D. 1934.3.9, concl. Rouchon-Mazerat ; RD publ. 1933.620, concl. ; S. 1934.3.33, note Alibert ; CE 13 déc. 1957, *Trottier*, préc.) ou à quelques mots près (TC 2 mai 2011, *Société Europe France et Industrie c. Autorité des marchés financiers*, Rec. 685).

2

RESPONSABILITÉ
FAUTE PERSONNELLE ET FAUTE DE SERVICE
DISTINCTION

Tribunal des conflits, 30 juillet 1873, *Pelletier*
(Rec. 1er supplt 117, concl. David ; D. 1874.3.5, concl. ; GCJA, vol. 1, no 12, concl.)

Cons., en ce qui concerne l'interprétation donnée par le tribunal de Senlis au décret du 19 sept. 1870 ;

Que la loi des 16-24 août 1790, titre 2, art. 13, dispose : « Les fonctions judiciaires sont distinctes et demeureront toujours séparées des fonctions administratives. Les juges ne pourront, à peine de forfaiture, troubler, de quelque manière que ce soit, les opérations des corps administratifs, ni citer devant eux les administrateurs pour raison de leurs fonctions » ;

Que le décret du 16 fruct. an III, ajoute : « Défenses itératives sont faites aux tribunaux de connaître des actes d'administration de quelque espèce qu'ils soient » ;

Que l'art. 75 de la Constitution de l'an VIII, sans rien statuer sur la prohibition faite aux tribunaux civils de connaître des actes administratifs, et se référant exclusivement à la prohibition de citer devant les tribunaux civils les administrateurs pour raison de leurs fonctions, avait disposé : « Les agents du gouvernement, autres que les ministres, ne peuvent être poursuivis pour des faits relatifs à leurs fonctions qu'en vertu d'une décision du Conseil d'État ; en ce cas, la poursuite a lieu devant les tribunaux ordinaires » ;

Cons. que *l'ensemble de ces textes établissait deux prohibitions distinctes* qui, bien que dérivant l'une et l'autre du principe de la séparation des pouvoirs dont elles avaient pour but d'assurer l'exacte application, se référaient néanmoins à des objets divers et ne produisaient pas les mêmes conséquences au point de vue de la juridiction ;

Que *la prohibition faite aux tribunaux judiciaires de connaître des actes d'administration de quelque espèce qu'ils soient, constituait une règle de compétence absolue et d'ordre public, destinée à protéger l'acte administratif*, et qui trouvait sa sanction dans le droit conféré à l'autorité administrative de proposer le déclinatoire et d'élever le conflit d'attribution, lorsque, contrairement à cette prohibition, les tribunaux judiciaires étaient saisis de la connaissance d'un acte administratif ;

Que *la prohibition de poursuivre des agents du gouvernement sans autorisation préalable, destinée surtout à protéger les fonctionnaires publics contre des poursuites téméraires, ne constituait pas une règle de compétence, mais créait une fin de non-recevoir* formant obstacle à toutes poursuites dirigées contre ces agents pour des faits relatifs à leurs fonctions, alors même que ces faits n'avaient pas un caractère administratif et constituaient des crimes ou délits de la compétence des tribunaux judiciaires ;

Que cette fin de non-recevoir ne relevait que des tribunaux judiciaires et ne pouvait jamais donner lieu, de la part de l'autorité administrative, à un conflit d'attribution ;

Cons. que *le décret rendu par le gouvernement de la Défense nationale, qui abroge l'art. 75 de la Constitution de l'an VIII*, ainsi que toutes les autres dispositions des lois générales et spéciales ayant pour objet d'entraver les poursuites dirigées contre les fonctionnaires publics de tout ordre, *n'a eu d'autre effet que de supprimer la fin de non-recevoir* résultant du défaut d'autorisation avec toutes ses conséquences légales et de rendre ainsi aux tribunaux judiciaires toute leur liberté d'action dans les limites de leur compétence ; *mais qu'il n'a pu avoir également pour conséquence d'étendre les limites de leur juridiction*, de supprimer la prohibition qui leur est faite, par d'autres dispositions que celles spécialement abrogées par le décret, de connaître des actes administratifs et d'interdire, dans ce cas, à l'autorité administrative le droit de proposer le déclinatoire et d'élever le conflit d'attribution ;

Qu'une telle interprétation serait inconciliable avec la loi du 24 mai 1872 qui, en instituant le Tribunal des conflits, consacre à nouveau le principe de la séparation des pouvoirs et les règles de compétence qui en découlent ;

Cons., d'autre part, qu'il y a lieu, dans l'espèce, de faire application de la législation spéciale sur l'état de siège ;

Cons., en effet, que l'action formée par le sieur Pelletier devant le tribunal de Senlis, contre M. le général de Ladmirault, commandant l'état de siège dans le département de l'Oise, M. Choppin, préfet de ce département, et M. Leudot, commissaire de police à Creil, a pour objet de faire déclarer arbitraire et illégale, par suite nulle et de nul effet, la saisie du journal que Pelletier se proposait de publier, opérée, le 18 janv. 1873, en vertu de la loi sur l'état de siège : en conséquence, de faire ordonner la restitution des exemplaires indûment saisis et de faire condamner les défendeurs solidairement, à 2 000 F à titre de dommages-intérêts ;

Cons. que l'interdiction et la saisie de ce journal, ordonnées par le général de Ladmirault, en sa qualité de commandant de l'état de siège dans le département de l'Oise, constituent une mesure préventive de haute police administrative prise par le général de Ladmirault, agissant comme représentant de la puissance publique, dans l'exercice et la limite des pouvoirs exceptionnels que lui conférait l'art. 9, n° 4, de la loi du 9 août 1849 sur l'état de siège, et dont la responsabilité remonte au gouvernement qui lui a délégué ces pouvoirs ;

Cons. que la demande de Pelletier se fonde exclusivement sur cet acte de haute police administrative ; qu'en dehors de cet acte il n'impute aux défendeurs aucun fait personnel de nature à engager leur responsabilité particulière, et qu'en réalité la poursuite est dirigée contre cet acte lui-même, dans la personne des fonctionnaires qui l'ont ordonné ou qui y ont coopéré ;

Cons. qu'à tous ces points de vue le tribunal de Senlis était incompétent pour reconnaître de la demande du sieur Pelletier ; ... (Arrêté de conflit confirmé).

OBSERVATIONS

L'arrêt Pelletier *est la première étape d'une jurisprudence sur la faute de service, qui devait se développer et s'épanouir notamment avec les arrêts* Lemonnier*, Laruelle et Delville*, Papon*.

1 En l'espèce, l'autorité militaire ayant fait saisir, en vertu des pouvoirs qu'elle exerce en état de siège, le premier numéro d'un journal dont la publication avait été entreprise par le sieur Pelletier, celui-ci assigna devant le tribunal civil le général commandant l'état de siège dans le département, le préfet de l'Oise et le commissaire de police, en vue de faire prononcer la nullité de la saisie et ordonner la restitution des exemplaires saisis, et d'obtenir des dommages-intérêts. Le conflit ayant été élevé par le préfet, le Tribunal des conflits eut à déterminer les effets de l'abrogation de l'article 75 de la Constitution de l'an VIII instituant « la garantie des fonctionnaires », par le décret législatif du 19 sept. 1870. En vertu de cet article, un particulier ne pouvait poursuivre un fonctionnaire devant les tribunaux judiciaires qu'avec l'autorisation du Conseil d'État. Le texte avait pour but d'éviter l'immixtion des juges dans le fonctionnement de l'administration, mais privait les particuliers de toute réparation, le principe de l'irresponsabilité de la puissance publique étant encore en vigueur. C'est pourquoi le gouvernement de la Défense nationale à peine constitué s'empressa d'abroger l'article 75 par le décret du 19 sept. 1870, en ajoutant : « *sont également abrogées toutes autres dispositions des lois générales ou spéciales ayant pour objet d'entraver les poursuites dirigées contre des fonctionnaires publics de tout ordre* ». Était ainsi enlevée aux fonctionnaires toute « garantie » contre d'éventuelles poursuites ; ils étaient désormais soumis au droit commun et aux tribunaux ordinaires, leur situation se rapprochant de celle des fonctionnaires anglo-saxons. Les tribunaux judiciaires l'entendaient d'ailleurs ainsi.

Le Tribunal des conflits allait cependant donner à ce texte une interprétation très restrictive, en estimant que, loin de déroger aux lois révolutionnaires sur la séparation des autorités administrative et judiciaire, il devait être combiné avec elles. Le commissaire du gouvernement David soutint en effet que la doctrine des tribunaux judiciaires qui déniait à l'autorité administrative, en application du décret de 1870, le droit d'élever le conflit dans les instances à fin civile contre des fonctionnaires pour des faits relatifs à leurs fonctions même si ces faits constituaient des actes administratifs, anéantissait le principe même de la séparation des pouvoirs. Il montra que ce que l'on appelait communément la « garantie des fonctionnaires » couvrait deux notions très différentes. L'une est une « *garantie personnelle aux fonctionnaires publics... pour les protéger contre les animosités ou l'esprit de parti, en soumettant la poursuite à l'autorisation préalable de l'autorité supérieure* » ; c'était une simple règle de procédure, et c'est elle que le décret de 1870 avait entendu abroger. L'autre est une « *garantie réelle, établie en faveur de l'administration, pour défendre contre l'ingérence des tribunaux les actes qui, revêtus de son caractère et de son autorité, lui appartiennent en propre* » ; c'est une règle de compétence, dont la sanction est réservée au Tribunal des conflits, et que le décret de 1870 n'a pu abroger.

De cette interprétation découle la célèbre *distinction entre la faute personnelle et la faute de service*, qui n'a pas empêché d'admettre ensuite *la possibilité de leur cumul*.

2 **I.** — Selon la conception de l'arrêt *Pelletier*, la faute personnelle est celle qui se détache assez complètement du service pour que le juge judiciaire puisse en faire la constatation sans porter une appréciation sur la marche même de l'administration. La faute de service au contraire est tellement liée au service que son appréciation par le juge judiciaire implique nécessairement une appréciation sur le fonctionnement du service. La faute personnelle doit être laissée à la charge de son auteur, la faute de service ne peut lui être imputée personnellement. Selon les formules classiques de Laferrière, il y a faute de service « *si l'acte dommageable est impersonnel, s'il révèle un administrateur plus ou moins sujet à erreur* » ; il y a faute personnelle s'il révèle « *l'homme avec ses faiblesses, ses passions, ses imprudences* » (concl. sur TC 5 mai 1877, *Laumonnier-Carriol*, Rec. 437). Cette conception est actualisée par la formule d'un arrêt du Conseil d'État du 11 févr. 2015, *Ministre de la justice c. Craighero*, Rec. 60 ; AJ 2015.944, concl. von Coester ; DA juin 2015, n° 43, p. 41, note Fort ; JCP Adm. 2015.2112, note Jean-Pierre : « *doit être regardée comme une faute personnelle* » « *une faute… qui, eu égard à sa nature, aux conditions dans lesquelles elle a été commise, aux objectifs poursuivis par son auteur et aux fonctions exercées par celui-ci est d'une particulière gravité* ».

La faute de service et la faute personnelle se distinguent de la faute disciplinaire, qui est un manquement de l'agent à ses obligations professionnelles et peut donner lieu à une sanction disciplinaire par l'autorité administrative, ce qu'un tiers ne peut exiger. C'est seulement si la faute disciplinaire apparaît aussi comme une faute personnelle ou une faute de service que la victime peut demander réparation de ses conséquences dommageables (CE 6 avr. 2016, *Blanc et autres*, Rec. 119, concl. von Coester ; AJ 2016.948, chr. L. Dutheillet de Lamothe et Odinet ; DA 2016 comm. 50 Éveillard).

3 La faute personnelle est ainsi :

– soit *la faute commise en dehors du service, matériellement* (CE 12 mars 1975, *Pothier*, Rec. 190 ; RA 1975.268, note Moderne : utilisation d'armes à feu par des militaires, policiers ou douaniers en dehors de toute mission ; – Sect., 5 nov. 1976, *Ministre des armées c. Compagnie d'assurances « la Prévoyance » et Société des laboratoires Berthier-Derol*, Rec. 475 ; AJ 1977.365, chr. Nauwelaers et Fabius : utilisation de leur voiture personnelle par des agents en dehors de leurs fonctions), mais aussi *juridiquement* (CE 20 janv. 1989, *Biales*, Rec. 920 ; D. 1989.619, note Grellois : le commandant d'un port autonome ayant été désigné comme gardien d'un navire en sa qualité de personne privée et non comme agent de l'établissement public, les négligences qui lui sont reprochées constituent une faute personnelle dépourvue de tout lien avec le service),

– soit *la faute commise dans ou à l'occasion du service* mais comportant une intention de nuire ou présentant une gravité inadmissible – les deux hypothèses pouvant se combiner (T. confl. 2 juin 1908, *Girodet c. Morizot*, Rec. 597, concl. Tardieu ; S. 1908.3.81, note M. Hauriou :

propos blasphématoires et obscènes tenus par un instituteur devant ses élèves ; – T. confl. 9 juill. 1953, *Dame Vve Bernadas c. Buisson*, Rec. 593 ; JCP 1953.II.7797, note Rivero : défaut de protection par la police d'une personne menacée de mort qui s'est réfugiée dans un commissariat ; – T. confl. 21 déc. 1987, *Kessler*, Rec. 456 ; AJ 1988.364, obs. Prétot : « *actes de violence, injustifiés au regard des pratiques administratives normales* », exercées par un agent des postes sur un usager lors de la distribution du courrier, révélant « *une attitude malveillante* » du premier à l'égard du second ; – CE 17 déc. 1999, *Moine*, Rec. 425 ; JCP 2001.II.10508, note Piastra : « *extrême gravité* » de la faute commise par un officier en pratiquant un tir à balles réelles sur des appelés en dehors de tout exercice organisé par l'autorité supérieure ; – CE 28 déc. 2001, *Valette*, Rec. 680 ; AJ 2002.359, concl. Schwartz ; DA mars 2002, n° 57, obs. Esper : « *caractère inexcusable... au regard de la déontologie de la profession* » du comportement d'un chef de service hospitalier qui a caché l'erreur médicale commise dans son service ; – CE, Ass., 12 avr. 2002, *Papon** : « *comportement* » d'un fonctionnaire ayant, entre 1942 et 1944, « *prêté son concours actif à l'arrestation et à l'internement de personnes d'origine juive* », qui « *revêt, eu égard à la gravité exceptionnelle des faits et de leurs conséquences, un caractère inexcusable* » ; – Crim., 13 oct. 2004, *Bonnet, Mazères et autres*, Bull. crim., n° 243, p. 885 ; ordre donné par un préfet de détruire par incendie des paillotes construites sans autorisation sur le domaine public ; – 30 sept. 2008, Bull. crim., n° 197 ; AJ 2008.1801, obs. Brondel ; D. 2008.2975, note Matsopoulou : manquement volontaire et inexcusable de hauts fonctionnaires et hauts gradés à des obligations professionnelles et déontologiques en institutionnalisant un système d'écoutes téléphoniques portant atteinte à l'intimité de la vie privée).

4 En revanche, il n'y a pas de faute personnelle, même si les faits reprochés à l'agent sont graves, lorsqu'ils restent indissociables de l'activité du service : c'est le cas notamment des fautes commises par les médecins et chirurgiens dans leurs interventions (TC 25 mars 1957, *Chilloux* et *Isaad Slimane*, deux arrêts, Rec. 816 ; D. 1957.395, concl. Chardeau ; S.1957.196, concl. ; AJ 1957.II.187 chr. Fournier et Braibant ; JCP 1957.II.10004, note Savatier ; RA 1957.427, note Liet-Veaux), des appréciations portées par des chefs de service sur des subordonnés à l'occasion de leur licenciement (TC 28 févr. 1977, *X. c. Jouvent et Fifis*, Rec. 664, concl. Morisot), des illégalités affectant les actes administratifs (CE, Sect., 6 janv. 1989, *Société « Automobiles Citroën »*, Rec. 5 ; RFDA 1989.871, concl. Tuot).

Ont même été considérés comme des fautes de service la modification par un fonctionnaire d'un plan de zonage pour réduire l'emprise d'un espace boisé classé (TC 19 oct. 1998, *Préfet du Tarn c. Cour d'appel de Toulouse*, Rec. 822 ; v. n° 43.3) et l'incendie de paillotes par des gendarmes sur l'ordre du préfet (Crim., 13 oct. 2004, préc.), alors même qu'il s'agissait de fautes pénales (faux en écriture publique, destruction d'un bien appartenant à autrui), car les intéressés « *ont agi sur ordre, dans le cadre de leurs fonctions... et sans poursuivre d'intérêt personnel »*.

Ainsi ni une infraction pénale (TC 14 janv. 1935, *Thépaz**) ni une voie de fait (TC 8 avr. 1935, *Action française*, Rec. 1226, concl. Josse ; v. n° 109.1) ne constituent dans tous les cas une faute personnelle. *A fortiori* une faute lourde, lorsque cette condition subsiste (v. CE, Ass., 10 avr. 1992, *Époux V.**), reste une faute de service.

5 La distinction de la faute de service et de la faute personnelle entraîne d'abord des conséquences sur le terrain de la *compétence*, comme le juge l'arrêt *Pelletier*. En cas de faute de service, les juridictions judiciaires sont incompétentes ; elles sont compétentes en cas de faute personnelle. Les juridictions administratives sont exclusivement compétentes en cas de faute de service ; la Cour de cassation a reconnu expressément que la solution correspond « à la valeur constitutionnelle de la compétence et de l'indépendance de la juridiction administrative » (Civ. 1re 8 mars 2012, Bull. civ. 2012. I, n° 48).

Toutefois, les juridictions judiciaires peuvent trouver matière à exercer leur compétence même en cas de faute de service dans deux séries d'exceptions.

L'une concerne la faute de service constitutive d'une voie de fait (celle-ci n'est pas nécessairement une faute personnelle : TC 8 avr. 1935, *Action française*, préc.) : la voie de fait a pour conséquence de dépouiller l'administration de son privilège de juridiction ; le système de l'arrêt *Pelletier* ne joue plus et la compétence du juge judiciaire redevient entière à l'égard de l'administration (TC 10 déc. 1956, *Randon et autres*, Rec. 592, concl. Guionin ; D. 1957.483, concl. ; JCP 1958.II.10350, concl. ; S. 1957.313, concl. ; AJ 1957.II.94, chr. Fournier et Braibant ; RD publ. 1957.883, note M. Waline ; RA 1958.29, note Liet-Veaux). La réduction du champ de la voie de fait par l'arrêt du TC 17 juin 2013, *Bergoend**, n'a pas remis en cause cette solution dans l'hypothèse où une voie de fait peut encore se produire et où elle peut rester une faute de service, mais l'hypothèse devient plus rare.

Les autres exceptions résultent de textes législatifs dérogeant au système établi par l'arrêt *Pelletier*, aussi bien sur le plan de la répartition des compétences que sur celui du partage des responsabilités : art. 136 du Code de procédure pénale (v. TC 27 mars 1952, *Dame de la Murette*, Rec. 626 ; v. n° 29.6) ; loi du 5 avr. 1937 sur la responsabilité du fait des instituteurs (v. TC 31 mars 1950, *Delle Gavillet*, Rec. 658 ; D. 1950.331, concl. Dupuich ; S. 1950.3.85, note Galland ; JCP 1950.II.5579, note Vedel ; RA 1950.261, note Gervais) ; loi du 31 déc. 1957 relative aux dommages causés par des véhicules (v. n° 1.6 les décisions citées dans nos obs. sous l'arrêt *Blanco**).

6 Quant au *fond*, seule la faute personnelle de l'agent peut engager sa responsabilité à l'égard des victimes. La faute de service qu'il a pu commettre ne peut engager que la responsabilité de l'administration.

C'est pourquoi, dans ce cas (sauf motif d'intérêt général : CE 20 avr. 2011, *Bertrand*, Rec. 166 ; AJ 2011.1441, note Lagrange), l'administration lui doit sa protection par une décision qui est créatrice de droits, ne peut être assortie de conditions et ne peut être retirée, mais seulement abrogée s'il apparaît ultérieurement que la faute est une faute personnelle (CE, Sect., 14 mars 2008, *Portalis*, Rec. 99, concl. N. Boulouis ; v. nº 96.3). Elle doit couvrir l'agent des condamnations civiles prononcées contre lui en raison d'une faute de service, comme l'imposent la loi (art. 11 de la loi du 13 juill. 1983 portant droits et obligations des fonctionnaires) et les principes généraux du droit (CE, Sect., 26 avr. 1963, *Centre hospitalier de Besançon*, Rec. 243, concl. Chardeau ; v. nº 58.7). « *Cette protection s'applique à tous les agents publics, quel que soit le mode d'accès à leurs fonctions* » (CE, Sect., 8 juin 2011, *T.*, Rec. 270, concl. Collin). Elle n'a pas lieu d'être en cas de faute personnelle (CE 30 déc. 2015, *Commune de Roquebrune-sur-Argens*, deux arrêts, Rec. 725 ; AJ 2016.1575, note H. Rihal).

7 **II.** — La distinction de la faute personnelle et de la faute de service n'a pas empêché d'admettre *leur cumul*, permettant d'engager la responsabilité personnelle de l'agent pour l'une et la responsabilité de l'administration pour l'autre.

Cette solution résulte de l'arrêt du Conseil d'État du 3 févr. 1911, *Anguet* (Rec. 146 ; S. 1911.3.137, note M. Hauriou), rendu dans les circonstances suivantes. Le sieur Anguet était entré à 8 heures et demie du soir, le 11 janv. 1908, dans le bureau de poste de la rue des Filles-du-Calvaire à Paris pour y encaisser un mandat. Lorsqu'il voulut sortir, la porte normalement destinée au passage du public était fermée et, sur les indications d'un employé, il traversa les locaux réservés au personnel pour gagner une autre issue. Deux employés occupés à classer les valeurs postales, trouvant sans doute qu'il n'évacuait pas assez vite les lieux ou le prenant peut-être pour un malfaiteur, le poussèrent si brutalement dans la rue qu'il se cassa la jambe. À la demande d'indemnité formée par le requérant devant le Conseil d'État, le ministre des postes et télégraphes répliqua que, les agents coupables des brutalités exercées sur le sieur Anguet ayant engagé à son égard leur responsabilité personnelle, les conséquences de leur faute ne devaient pas être mises à la charge de l'État.

La doctrine pensait à cette époque que « *la responsabilité de l'administration et celle de l'agent ne se cumulent pas ; non seulement ils ne sont pas responsables solidairement, mais ils ne le sont pas en même temps et à raison du même fait* » (Hauriou, *La jurisprudence administrative de 1892 à 1928*, t. 1, p. 630). L'arrêt *Anguet* apporte à ce principe une première entorse : le Conseil d'État admet en effet que si la cause *directe* et *matérielle* de l'accident était la *faute personnelle* des agents, cette faute n'avait été rendue possible que par une *faute du service* : le bureau avait été fermé avant l'heure réglementaire et avant que le sieur Anguet eût terminé ses opérations. L'existence de cette faute du service suffit à rendre l'administration responsable du dommage.

Mais la faute du service garde son indépendance par rapport à la faute personnelle : le dommage est dû à deux faits distincts, dont l'un constitue une faute de service et l'autre une faute personnelle.

8 Bientôt la jurisprudence se bornera à subordonner la responsabilité du service au simple *défaut de surveillance* qui a permis la faute personnelle. Ainsi l'accident survenu à un soldat blessé par l'imprudence de l'un de ses camarades remonté dans la chambre avec un mousqueton armé engage la responsabilité de l'État parce que le maréchal des logis avait négligé d'observer le règlement militaire en laissant ce soldat quitter le poste de garde avec son arme chargée (CE 20 févr. 1914, *Martin-Justet*, Rec. 231). L'importance de la faute de service distincte ne cesse de diminuer.

Puis la faute personnelle d'un agent ou d'un tiers va faire *présumer* le fonctionnement défectueux du service. Le Conseil d'État y arrive avec l'arrêt du 23 juin 1916, *Thévenet* (Rec. 244 ; RD publ. 1916.378, concl. Corneille, note Jèze) à propos d'un accident de tir dans une fête foraine imputable au tenancier d'une baraque dont le rideau de protection était insuffisant : « *l'autorité municipale chargée de veiller à la sécurité des places et voies publiques* (ayant) *négligé de s'assurer que l'installation et l'emplacement du tir offraient des garanties suffisantes pour cette sécurité* », la commune est déclarée responsable des conséquences de l'accident.

L'aboutissement de cette évolution est le cumul de responsabilités résultant d'une seule et même faute avec l'arrêt *Lemonnier** et les conclusions de Léon Blum, qui ne seront pleinement consacrées que par les arrêts du 18 nov. 1949, *Mimeur* et autres (Rec. 492 ; v. n° 30.5) déclarant engagée la responsabilité de l'État dès lors que la faute personnelle « n'est pas dépourvue de tout lien avec le service ».

Le Conseil d'État continue cependant, même après l'arrêt *Lemonnier**, à se fonder de préférence, comme dans l'arrêt *Anguet*, pour engager la responsabilité administrative à l'occasion d'une faute personnelle, sur la coexistence de deux faits distincts – fait du service et fait personnel – plutôt que sur l'existence d'un fait unique dû à la fois à l'agent et au service. Mais il accueille aujourd'hui largement les actions en responsabilité contre la puissance publique dans le cas de coexistence de fautes, sans avoir égard à la gravité de la faute personnelle, et en évitant de se montrer trop rigoureux dans l'exigence d'un lien de cause à effet entre la faute de service et le dommage.

9 Cette évolution a conduit à diminuer la portée de la faute personnelle dès lors que la responsabilité de l'administration peut être reconnue soit en cas de faute de service se cumulant avec une faute personnelle soit en cas de faute personnelle non dépourvue de tout lien avec le service.

C'est pourquoi la jurisprudence a admis, par l'arrêt du 28 juill. 1951, *Laruelle**, la responsabilité personnelle des agents vis-à-vis de l'administration lorsqu'elle-même a dû indemniser les victimes pour les fautes personnelles commises par eux. Mais, en passant du plan des relations entre l'administration et ses agents avec les victimes à celui des rapports entre la collectivité et ses agents, la distinction des deux fautes prend un sens nouveau par rapport à celui de la jurisprudence *Pelletier*.

D'une part, la faute personnelle que l'administration peut reprocher à son agent n'est plus nécessairement celle que la victime aurait pu invoquer ; elle peut apparaître, non dans les rapports de la victime et de l'agent, mais dans ceux de l'agent et de l'administration : alors seule celle-ci peut s'en prévaloir contre l'agent (CE, Sect., 22 mars 1957, *Jeannier*, Rec. 196, concl. Kahn ; v. n° 60.4).

D'autre part, la juridiction compétente pour apprécier la faute personnelle de l'agent envers l'administration et, corrélativement, la responsabilité de l'un envers l'autre est, non pas la juridiction judiciaire, mais la juridiction administrative (TC 26 mai 1954, *Moritz*, Rec. 708 ; v. n° 60.4).

Sur le fond comme sur la compétence, on est ici loin de l'arrêt *Pelletier*.

*

* *

10 À la distinction de la faute de service et de la faute personnelle en droit administratif correspond aujourd'hui une distinction analogue en droit privé pour les fautes du préposé : « *n'engage pas sa responsabilité à l'égard des tiers le préposé qui agit sans excéder les limites de la mission qui lui a été impartie par le commettant* » (Ass. plén., 25 févr. 2000, *Castedoat c. Girard*, Bull. Ass. plén., n° 2 ; JCP 2000.II.10295, concl. Kessous, note Billiau ; JCP 2000.I.241, n° 16, chr. Viney ; D. 2000.467, obs. Delebecque, et 673, note Brun ; RTD civ. 2000.582, obs. Jourdain) ; « *seule une faute personnelle assimilable à la faute personnelle détachable du service du droit public pouvait engager la responsabilité quasi délictuelle* » du préposé (Civ. 2e, 18 mai 2000, *Clauzade c. Picard*, Bull. civ. II, n° 84 ; JCP 2000.I.280, n° 19, chr. Viney). De même, « *la responsabilité personnelle d'un dirigeant à l'égard des tiers ne peut être retenue que s'il a commis une faute séparable de ses fonctions ; ... il en est ainsi lorsque le dirigeant commet intentionnellement une faute d'une particulière gravité incompatible avec l'exercice normal des fonctions sociales* » (Com. 20 mai 2003, n° 99-17092, D. 2003.2623, note Dondero ; RTD civ. 2003.509, obs. Jourdain). Les solutions du droit privé s'inspirent ainsi expressément de celles du droit public, comme les secondes peuvent se rapprocher des premières (v. n° 1.7, nos obs. sous *Blanco**).

3

ACTES DE GOUVERNEMENT

Conseil d'État, 19 février 1875, *Prince Napoléon*
(Rec. 155, concl. David ; D. 1875.3.18, concl. ; GCJA, vol. 1, nº 13, concl.)

Cons. que pour demander l'annulation de la décision qui a refusé de rétablir son nom sur la liste des généraux de division publiée dans l'Annuaire militaire, le prince Napoléon-Joseph Bonaparte se fonde sur ce que le grade de général de division que l'Empereur, agissant en vertu des pouvoirs qu'il tenait de l'art. 6 du sénatus-consulte du 7 nov. 1852, lui avait conféré par le décret du 9 mars 1854, était un grade qui lui était garanti par l'art. 1er de la loi du 19 mai 1834 ;
Mais cons. que, si l'art. 6 du sénatus-consulte du 7 nov. 1852 donnait à l'Empereur le droit de fixer les titres et la condition des membres de sa famille et de régler leurs devoirs et leurs obligations, cet article disposait en même temps que l'Empereur avait pleine autorité sur tous les membres de sa famille ; que les situations qui pouvaient être faites aux princes de la famille impériale en vertu de l'art. 6 du sénatus-consulte du 7 nov. 1852, étaient donc toujours subordonnées à la volonté de l'Empereur ; que, dès lors, la situation faite au prince Napoléon-Joseph Bonaparte par le décret du 9 mars 1854, ne constituait pas le grade dont la propriété définitive et irrévocable, ne pouvant être enlevée que dans des cas spécialement déterminés, est garantie par l'art. 1er de la loi du 19 mai 1834, et qui donne à l'officier qui en est pourvu le droit de figurer sur la liste d'ancienneté publiée chaque année dans l'Annuaire militaire ; que, dans ces conditions, le prince Napoléon-Joseph Bonaparte n'est pas fondé à se plaindre de ce que son nom a cessé d'être porté sur la liste de l'état-major général de l'armée ; ... (Rejet).

OBSERVATIONS

Bien qu'émanant d'autorités publiques certains actes sont injusticiables comme étant des actes de gouvernement. L'arrêt Prince Napoléon *en réduit le domaine sans néanmoins les supprimer comme le montrera en particulier l'arrêt* Rubin de Servens*.

I. — Le prince Napoléon-Joseph Bonaparte avait été nommé général de division en 1853 par Napoléon III, dont il était le cousin. L'Annuaire militaire, qui reparut pour la première fois, après la chute de l'Empire, en 1873, ne mentionna pas son nom sur la liste des généraux. Le prince demanda au ministre de la guerre s'il s'agissait là d'une inadvertance ou d'une omission volontaire. Le ministre lui répondit que son nom n'avait pu être porté sur l'Annuaire, parce que sa nomination, irrégulière au regard des textes, « se rattache aux conditions particulières d'un régime politique aujourd'hui disparu et dont elle subit nécessairement la caducité ». C'est cette décision refusant de rétablir son nom sur la liste des généraux que le prince Napoléon déféra au Conseil d'État.

1 Le ministre de la guerre opposa au recours le caractère politique de la mesure attaquée, qui en faisait, selon lui, un acte de gouvernement échappant au contrôle juridictionnel du Conseil d'État. Le commissaire du gouvernement David combattit cette thèse, en exposant ainsi la théorie des actes de gouvernement : « Il est, en effet, de principe, d'après la jurisprudence du Conseil, que, de même que les actes législatifs, les actes de gouvernement ne peuvent donner lieu à aucun recours contentieux, alors même qu'ils statuent sur des droits individuels. Mais si les actes qualifiés, dans la langue du droit, actes de gouvernement, sont discrétionnaires de leur nature, la sphère à laquelle appartient cette qualification ne saurait s'étendre arbitrairement au gré des gouvernants ; elle est naturellement limitée aux objets pour lesquels la loi a jugé nécessaire de confier au gouvernement les pouvoirs généraux auxquels elle a virtuellement subordonné le droit particulier des citoyens dans l'intérêt supérieur de l'État. Tels sont les pouvoirs discrétionnaires que le gouvernement tient en France, soit des lois constitutionnelles, quand elles existent, pour le règlement et l'exécution des conventions diplomatiques, soit des lois de police... Il suit de là que, *pour présenter le caractère exceptionnel qui le mette en dehors et au-dessus de tout contrôle juridictionnel, il ne suffit pas qu'un acte, émané du gouvernement ou de l'un de ses représentants, ait été délibéré en Conseil des ministres ou qu'il ait été dicté par un intérêt politique.* » Le Conseil d'État consacra implicitement cette théorie dans sa décision, en examinant le recours au fond.

Le commissaire du gouvernement affirma que cette doctrine pouvait être dégagée de la jurisprudence antérieure du Conseil d'État. En réalité, cette jurisprudence était fondée sur la théorie traditionnelle du mobile politique comme critère des actes de gouvernement, c'est-à-dire des actes échappant à tout contrôle contentieux. Pour ne prendre que deux exemples, le Conseil d'État avait rejeté, sous la Restauration, le recours du banquier Laffitte qui demandait le paiement d'arrérages d'une rente que lui avait cédée la princesse Borghèse, membre de la famille Bonaparte, par le motif que « la réclamation du sieur Laffitte tient à une *question politique* dont la décision appartient exclusivement au gouvernement » (CE 1er mai 1822, *Laffitte*, Rec. 1821-1825.202) ; de même, sous le Second Empire, la saisie d'un ouvrage du duc d'Aumale et le refus de restituer les exemplaires saisis avaient été considérés comme « des *actes politiques* qui ne sont pas de nature à nous être déférés pour excès de pouvoir en notre Conseil d'État par la voie contentieuse » (CE 9 mai 1867, *Duc d'Aumale et Michel Lévy*, Rec. 472, concl. Aucoc ; S. 1867.2.124, concl., note Choppin). Ce n'est donc que de l'arrêt *Prince Napoléon* que date l'abandon de la théorie du mobile politique.

2 **II.** — Cet arrêt marque ainsi une étape extrêmement importante dans l'extension du contrôle des actes administratifs par le Conseil d'État. Jusqu'alors, dans le cadre d'une justice administrative qui n'était encore que retenue, le Conseil d'État ne pouvait connaître d'un acte dès lors qu'il avait un caractère politique. Désormais, le Conseil d'État, qui exerce depuis la loi du 24 mai 1872 une justice déléguée, n'admet plus que la nature ou l'objet politique d'une décision la fasse échapper au contrôle contentieux. Au contraire le but politique sera bien souvent, par la suite, un motif d'annulation pour détournement de pouvoir ou erreur de droit, l'administration ne devant pas prendre ses décisions, en règle générale, en fonction de considérations de cette nature. C'est ainsi qu'en 1954, le commissaire du gouvernement Letourneur et le Conseil d'État devaient réaffirmer avec force qu'un candidat ne peut être exclu d'un concours donnant accès à la fonction publique en raison de ses opinions politiques (CE 28 mai 1954, *Barel**).

La limitation plus étroite du domaine des actes de gouvernement s'insère dans le cadre d'une politique jurisprudentielle qui, à la même époque et dans la période suivante, accrut la portée et l'efficacité du recours pour excès de pouvoir et de l'action contentieuse du Conseil d'État : admission du détournement de pouvoir comme moyen d'annulation (CE 26 nov. 1875, *Pariset**) ; abandon de la théorie du ministre-juge (CE 13 déc. 1889, *Cadot**) ; élargissement de la notion d'intérêt pour agir (CE 29 mars 1901, *Casanova**) ; admission du recours contre les règlements d'administration publique (CE 6 déc. 1907, *Chemins de fer de l'Est et autres**) ; contrôle, par le juge de l'excès de pouvoir, de la qualification juridique des faits (CE 4 avr. 1914, *Gomel**) et de leur exactitude matérielle (CE 14 janv. 1916, *Camino**).

Cependant, l'arrêt *Prince Napoléon* n'a pas supprimé complètement les actes de gouvernement ; il s'est borné à en éliminer le critère ancien, excessivement large, tiré du mobile politique. À la vérité, ce critère n'a pas été remplacé depuis lors, de telle sorte que les actes de gouvernement ne peuvent faire aujourd'hui l'objet d'une définition générale et théorique, mais seulement d'une liste établie d'après la jurisprudence. Sur cette liste figuraient les actes accomplis par le chef de l'État dans l'exercice du droit de grâce (CE 30 juin 1893, *Gugel*, Rec. 544 ; S. 1895.3.41, note Hauriou) ; mais cette jurisprudence a été abandonnée par l'arrêt *Gombert* du 28 mars 1947 (Rec. 138 ; S. 1947.3.89, concl. Célier ; RD publ. 1947.95, note M. Waline), qui écarte, certes, la compétence du Conseil d'État en la matière, mais en se fondant sur le caractère judiciaire de ces décisions, et non plus sur la théorie des actes de gouvernement. Une telle approche a été confirmée à propos des grâces collectives accordées par le président de la République à l'occasion du 14 juill. (CE 30 juin 2003, *Section française de l'Observatoire international des prisons*, Rec. 296).

III. — La liste des actes de gouvernement ne comprend que deux séries de mesures : les actes concernant les rapports de l'exécutif avec le Parlement, et ceux qui se rattachent directement aux relations de la France avec les puissances étrangères ou les organismes internationaux.

1. — Les actes concernant les rapports de l'exécutif avec le Parlement

3 Le Conseil d'État refuse à ce titre de connaître :

a) des décisions prises par l'exécutif dans le cadre de sa participation à la fonction législative : refus de présenter au Parlement un projet de loi (CE, Sect., 18 juill. 1930, *Rouché*, Rec. 771 ; – CE 29 nov. 1968, *Tallagrand*, Rec. 607 ; D. 1969.386, note Silvera ; RD publ. 1969.686, note M. Waline ; JDI 1969.382, note Ruzié) ; décision de le déposer ou de le retirer (CE, Ass., 19 janv. 1934, *Compagnie marseillaise de navigation à vapeur Fraissinet*, Rec. 98 ; S. 1937.3.41, note Alibert) ; refus du Premier ministre de prendre l'initiative d'une révision constitutionnelle (CE 26 févr. 1992, *Allain*, Rec. 659) ; décret de promulgation d'une loi (CE, Sect., 3 nov. 1933, *Desreumeaux*, Rec. 993 ; S. 1934.3.9, note Alibert ; D. 1933.3.36, note Gros ; RD publ. 1934.649, note Jèze ; 27 oct. 2015, *Fédération démocratique alsacienne*, Rec. 526 ; AJ 2015.2374, chr. L. Dutheillet de Lamothe et Odinet) ; refus du Premier ministre d'invoquer l'urgence lors de la soumission d'une loi organique au Conseil constitutionnel (CE 9 oct. 2002, *Meyet et Bouget*, Rec. 329 ; JCP Adm. 2002.1143, comm. Moreau).

4 *b)* des décisions du président de la République qui affectent les relations entre les pouvoirs constitutionnels et l'exercice de la fonction législative : décision de recourir aux pouvoirs exceptionnels prévus par l'article 16 de la Constitution de 1958 (CE, Ass., 2 mars 1962, *Rubin de Servens**) ; décret soumettant un projet de loi au référendum (CE, Ass., 19 oct. 1962, *Brocas*, Rec. 553 ; S. 1962.307, D. 1962.701 et RD publ. 1962.1181, concl. M. Bernard ; AJ 1962.612, chr. de Laubadère) ; décret portant dissolution de l'Assemblée nationale (CE 20 févr. 1989, *Allain*, Rec. 60 ; RFDA 1989.868, concl. Frydman) ; nomination d'un membre du Conseil constitutionnel (CE, Ass., 9 avr. 1999, *Mme Ba*, Rec. 124 ; RFDA 1999.566, concl. Salat-Baroux ; AJ 1999.409, chr. Raynaud et Fombeur ; RD publ. 1999.1573, note Camby ; Cah. CC n° 7.109, note Robert ; D. 2000.335, note Serrand) ; refus de déférer au Conseil constitutionnel une loi votée et non encore promulguée (CE, ord., 7 nov 2001, *Tabaka*, Rec. 789 ; RD publ. 2001.1645, note Jan ; LPA 22 mars 2002, note Curtil).

5 *c)* des décisions gouvernementales qui ne sont que le préliminaire d'une décision du Parlement, ce dernier pouvant dès lors exercer lui-même un contrôle sur ces décisions (CE, Ass., 27 juin 1958, *Georger et Teivassigamany*, Rec. 403 ; D. 1959.121, note Gilli ; AJ 1958.II.310, chr. Fournier et Combarnous : acte portant convocation d'une assemblée chargée de se prononcer sur le sort d'un territoire, et qui est le préliminaire obligatoire du vote d'une loi autorisant la ratification d'un traité).

Dans cette dernière catégorie pouvaient être rangées jusqu'en 1958 les décisions administratives constituant le préliminaire nécessaire des élections aux assemblées parlementaires : ces assemblées étant juges elles-mêmes, par la procédure de la vérification des pouvoirs, de la régularité des élections et de celle des actes administratifs qui les ont préparées, le Conseil d'État refusait de connaître de ces derniers. À ce titre étaient considérés comme des actes de gouvernement : le décret portant convocation des collèges électoraux pour une élection parlementaire (CE, Ass., 8 juin 1951, *Hirschowitz*, Rec. 320 ; S. 1951.374, concl. J. Delvolvé ; D. 1951.529, note F.M.), les décrets organisant le régime des élections (CE, Ass., 2 nov. 1951, *Tixier*, Rec. 512 ; D. 1952.39, note F.M. ; JCP 1952.II.6810, note Vedel).

Sous l'empire de la Constitution de 1958, le contentieux des élections parlementaires et le contrôle de la régularité de l'élection du président de la République sont confiés au Conseil constitutionnel. L'incompétence du Conseil d'État en ces matières se justifie désormais, non plus par la notion d'acte de gouvernement mais par l'interprétation donnée des règles constitutionnelles, qui peut elle-même revêtir un caractère évolutif. Le Conseil d'État a ainsi refusé de connaître d'une demande de remboursement de cautionnement et de frais de propagande (CE, Ass., 11 janv. 1963, *Rebeuf*, Rec. 18, concl. Henry ; D. 1963.443, note Philip ; AJ 1963.87, chr. Gentot et Fourré) ainsi que du décret de convocation des électeurs pour l'élection des députés (CE 3 juin 1981, *Delmas*, Rec. 244 ; AJ 1981.357, note Goyard ; RA 1981.272, note Rials ; RD publ. 1982.186, concl. Labetoulle).

Cette dernière solution a paru mise en cause par l'acceptation du juge administratif de statuer sur la légalité des décisions administratives ayant habilité les groupements à participer aux émissions de propagande pour les élections législatives des 21 et 28 mars 1993 (CE, Ass., 12 mars 1993, *Union nationale écologiste*, Rec. 67, RFDC 1993.411, concl. Kessler ; AJ 1993.336, chr. Maugüé et Touvet ; RD publ. 1993.1442, note J.-M. Auby).

Mais ultérieurement, compte tenu de l'affirmation par le Conseil constitutionnel de sa compétence pour connaître des décrets portant convocation des électeurs pour l'élection des députés ou celle des sénateurs, le Conseil d'État, saisi aux mêmes fins, a opposé une irrecevabilité tirée de l'existence d'une voie de recours devant le Conseil constitutionnel (CE, Sect., 14 sept. 2001, *Marini*, Rec. 423 ; AJ 2001.858 chr. Guyomar et Collin).

À l'inverse, dans la mesure où le Conseil constitutionnel décline sa compétence pour statuer sur un recours en annulation d'un acte préparatoire à l'élection d'*un* député dès lors qu'il n'est pas susceptible de vicier le déroulement général des opérations électorales (CC 8 juin 1995, *Bayeurte*, Rec. 213 ; AJ 1995.517, chr. Schrameck), le Conseil d'État a admis sa compétence lorsqu'est en cause la légalité du décret de convocation des électeurs en vue de procéder à l'élection de parlementaires dans une circonscription déterminée (CE 16 sept. 2005, *Hoffer*, Rec. 894 ; BJCL 10/05. p. 717, concl. Séners ; AJ 2005.2237, note L. T).

6 L'attitude du Conseil d'État en matière de référendum a elle aussi subi des inflexions, une distinction devant être faite selon qu'il s'agit d'un référendum national ou d'un référendum local.

Pour ce qui est des *référendums nationaux*, la régularité des opérations elles-mêmes est contrôlée par le Conseil constitutionnel. Les opérations préalables, une fois le référendum décidé, demeurent des actes administratifs.

À ce titre, elles relèvent normalement du juge administratif (CE, Ass., 19 oct. 1962, *Brocas*, préc. 3.4). Cette compétence de principe comporte cependant une double limite. L'une est traditionnelle : si les résultats d'un référendum sont devenus *définitifs*, le juge administratif décidera qu'il n'y a plus *lieu* pour lui de porter une appréciation sur les actes préliminaires à ce référendum (CE, Ass., 27 oct. 1961, *Le Regroupement national*, Rec. 594 ; S. 1963.28, note L. Hamon ; D. 1962.23, note Leclercq ; AJ 1962.672, note J. Théry). L'autre limite est apparue plus récemment. Dans la mesure où, à l'occasion du référendum du 25 sept. 2000 relatif à la réduction de la durée du mandat du président de la République, le Conseil constitutionnel a admis sa compétence pour connaître de recours formés préalablement à la tenue du scrutin contre les décrets portant organisation du référendum et de la campagne référendaire, le Conseil d'État a estimé que cette voie de recours parallèle rendait irrecevable la contestation des mêmes actes devant lui (CE, Ass., 1er sept. 2000, *Larrouturou*, Rec. 365, concl. Savoie ; RFDA 2000.989, concl., note Ghevontian ; AJ 2000.803, chr. Guyomar et Collin ; DA 2000, nº 10, note Maligner).

En ce qui concerne les *référendums locaux*, le Conseil d'État a admis de connaître d'un recours pour excès de pouvoir dirigé contre un décret du président de la République consultant des électeurs sur des évolutions institutionnelles outre-mer, sur le fondement de l'art. 73 de la Constitution. Tout en se reconnaissant compétent, il a estimé que son contrôle ne devait pas porter sur l'opportunité de la consultation et le choix de la date. Il lui appartient en revanche de vérifier la régularité et la sincérité de la consultation à venir (CE 4 déc. 2003, *Feler*, Rec. 491 ; AJ 2004.594, note Verpeaux ; RFDA 2004.549, note Thiellay ; JCP Adm. 2004.1258, comm. Maillard Desgrées du Loû).

7 La jurisprudence la plus récente traduit un resserrement de la notion d'acte de gouvernement. Le Conseil d'État s'est ainsi reconnu compétent pour connaître du décret par lequel le président de la République nomme le Président de la Commission indépendante instituée par l'article 25 de la Constitution, qui est chargée d'émettre un avis sur la délimitation des circonscriptions électorales (CE 13 déc. 2017, *Président du Sénat*, Rec. 372 ; AJ 2018.521, concl. Domino ; AJ 2018.491, chr. Roussel et Nicolas ; RFDA 2018.539, note Roblot-Troizier ; JCP Adm. 2018.2093, note Hul ; DA 2018, comm. 19, note Éveillard ; LPA 26 mars 2018, note Rabault).

De même, il a jugé qu'avait le caractère d'un acte administratif susceptible d'un recours pour excès de pouvoir, la décision par laquelle le bureau du Conseil économique, social et environnemental statue sur la recevabilité d'une pétition dont il est saisi sur le fondement de l'article 69 de la Constitution (CE 15 déc. 2017, *Brillault*, Rec. 372 ; AJ 2018.491, chr. Roussel et Nicolas).

2. — Les actes mettant en cause les rapports du gouvernement avec un État étranger ou un organisme international

8 Traditionnellement l'ensemble de l'activité diplomatique de la France échappe au contrôle des tribunaux français. La jurisprudence a cependant sensiblement atténué la portée de cette orientation et les limites de l'acte de gouvernement en cette matière sont assez délicates à déterminer.

a) Constituent des actes de gouvernement l'ensemble des actes se rattachant directement aux rapports internationaux de la France : protection des personnes et des biens français à l'étranger (CE 2 mars 1966, *Dame Cramencel*, Rec. 157 ; AJ 1966.349, chr. Puissochet et Lecat ; RGDIP 1966.791, note C. Rousseau ; – TC 11 mars 2019, *Mme Rollet, épouse Dimitri c. Agent judiciaire de l'État*, AJ 2019.554) ; refus de soumettre un litige à la Cour internationale de justice (CE 9 juin 1952, *Gény*, Rec. 19) ; ordre de brouiller les émissions d'un poste étranger (TC 2 févr. 1950, *Radiodiffusion française*, Rec. 652 ; S. 1950.3.73, concl. R. Odent ; RD publ. 1950.418, concl., note M. Waline ; JCP 1950.II.5542, note Rivero) ; création d'une zone de sécurité dans les eaux internationales pendant des essais nucléaires (CE, Ass., 11 juill. 1975, *Paris de Bollardière*, Rec. 423 ; AJ 1975.455, chr. Franc et Boyon ; JDI 1976.126, note Ruzié) ; décision de reprise des essais nucléaires dans un contexte lié à la discussion d'un engagement international qui interdirait de tels essais (CE, Ass., 29 sept. 1995, *Association Greenpeace France*, RD publ. 1996.256, concl. Sanson ; AJ 1995.684, chr. Stahl et Chauvaux ; JCP 1996.II.22.582, note Moreau ; RFDA 1996.383, note Ruzié ; RD publ. 1996.1162, note Sabète) ; décision d'engager des forces militaires en Yougoslavie en liaison avec les événements du Kosovo (CE 5 juill. 2000, *Mégret et Mekhantar*, Rec. 291 ; AJ 2001.95, note Gounin) ; décision d'autoriser les avions militaires américains et britanniques accomplissant des missions en Irak à emprunter l'espace aérien français (CE 30 déc. 2003, *Comité contre la guerre en Irak*, Rec. 707 ; DA avr. 2004, p. 27, note Lombard ; RGDIP 2004.543, note Poirat ; RTDH 2005.855, comm. Raux) ; décisions par lesquelles le groupe français de la Cour permanente d'arbitrage propose ou refuse de proposer une candidature à l'élection des juges à la Cour pénale internationale (CE, Sect., 28 mars 2014, *de Baynast*, Rec. 59 ; DA 2014, n° 43, note Éveillard ; RGDIP 2014.711, note Tranchant) ; décision du gouvernement français de s'opposer à la tenue, sur le territoire de la République, d'opérations permettant aux ressortissants syriens qui résident en France de voter à l'élection présidentielle organisée par les autorités syriennes, faute pour celles-ci de mettre en place un organe de transition (CE ord. 23 mai 2014, *Mme Daoud*, Rec. 486 ; DA 2014, n° 57, note A. de Montis) ; diligences insuffisantes des autorités françaises pour rapatrier des ressortissantes françaises et leurs enfants retenus en Syrie, au motif que ce rapatriement nécessite l'engagement de négociations avec des autorités étrangères ou une intervention sur un territoire étranger (CE 9 sept. 2020, *Mme D et Mme C*, n° 439520, AJ 2020.2373, concl. Lallet).

Au titre de la notion d'acte de gouvernement, ne peut non plus être recherchée la responsabilité pour faute de l'État, pour n'avoir pas fait obstacle aux représailles et aux massacres dont les supplétifs de l'armée française en Algérie et leurs familles ont été victimes sur le territoire algérien après le cessez le feu du 18 mars 1962 et la proclamation de l'indépendance de l'Algérie, en méconnaissance des accords d'Évian (CE 3 oct. 2018, *Tamazount*, Rec. 359 ; RFDA 2018.1131, concl. Bretonneau ; AJ 2018.2181, chr. Nicolas et Faure ; JCP Adm. 2019.2074, note Pauliat).

Parmi les actes échappant à ce titre au contrôle juridictionnel une mention spéciale doit être faite des traités et accords internationaux. Le juge administratif refuse en effet de connaître de la légalité des conditions de signature de ces accords (CE, Sect., 1er juin 1951, *Société des étains et wolfram du Tonkin*, Rec. 312 ; RJPUF 1951.584, note J.D.V.). Ainsi une réserve à un traité définissant la portée de l'engagement que l'État a entendu souscrire n'est pas détachable de la conduite des relations internationales et il n'appartient pas au juge administratif d'en apprécier la validité, même s'il lui revient de s'assurer qu'elle a fait l'objet des mesures de publicité nécessaires (CE, Ass., 12 oct. 2018, *SARL Super Coiffeur*, Rec. 373, concl. Touboul ; RFDA 2018.1161. concl. et 1148, note Roblot-Troizier ; AJ 2018.2390, chr. Nicolas et Faure ; D. 2019.678, note Belliard et Granje ; DA 2019 comm. 7. Éveillard, et 8 Blequère ; RFDA 2019.333, chr. Santulli). Une solution identique vaut pour les actes d'exécution des traités qui sont indissociables des rapports internationaux ou considérés comme tels : vote du ministre français au Conseil des Communautés européennes (CE, Ass., 23 nov. 1984, *Association « Les Verts »*, Rec. 382) ; décision de suspendre l'exécution d'un traité (CE, Ass., 18 déc. 1992, *Préfet de la Gironde c. Mahmedi* ; Rec. 446, concl. Lamy ; AJ 1993.82, chr. Maugüé et Schwartz ; RFDA 1993.333, concl., note Ruzié ; RGDIP 1993.429, concl. ; D. 1994.1, note Julien-Laferrière) ; décision de suspendre la coopération scientifique et technique avec l'Irak pendant la première guerre du Golfe, y compris l'interdiction d'inscription des étudiants irakiens dans les universités (CE 23 sept. 1992, *GISTI*, Rec. 346 ; AJ 1992.752, concl. Kessler, obs. R.S. ; RRJ 1993.665, note Poli).

9 *b)* La théorie de l'acte de gouvernement connaît cependant une double limite.

D'une part, les traités internationaux constituent depuis 1946, en application de la Constitution, une source de la légalité nationale : les requérants sont donc recevables à invoquer leur violation par un acte administratif au même titre que la violation de la loi (CE, Ass., 30 mai 1952, *Dame Kirkwood*, Rec. 291 ; RD publ. 1952.781, concl. Letourneur, note M. Waline ; S. 1953.3.33, note Bouzat ; – CE, Ass., 20 oct. 1989, *Nicolo**). Le juge administratif est par là même conduit à exercer un contrôle sur les modalités d'introduction du traité dans l'ordre juridique interne. Limité pendant longtemps à la vérification de l'existence d'un acte de ratification ou d'approbation (CE, Ass., 16 nov. 1956, *Villa*,

Rec. 433, RD publ. 1957.123, concl. Laurent ; AJ 1956.II.487, chr. Fournier et Braibant) ainsi qu'à l'appréciation de la régularité de la publication (CE, Ass., 13 juill. 1965, *Société Navigator*, Rec. 423, concl. Fournier ; AJ 1965.470, chr. Puybasset et Puissochet), le contrôle a été étendu au respect par l'exécutif des dispositions constitutionnelles qui exigent que pour certains traités, tels ceux qui modifient des dispositions législatives ou engagent les finances de l'État, la ratification soit autorisée par le Parlement (CE, Ass., 18 déc. 1998, *SARL du parc d'activités de Blotzheim*, Rec. 483, concl. Bachelier ; RFDA 1999.315, concl. ; AJ 1999.127, chr. Raynaud et Fombeur). Ce contrôle ne porte pas cependant sur la constitutionnalité du contenu du traité (CE, Ass., 9 juill. 2010, *Fédération nationale de la libre pensée*, Rec. 268, concl. Keller ; RFDA 2010.980, concl., 995, note T. Rambaud et Roblot-Troizier ; AJ 2010.1635, chr. Liéber et Botteghi, 1950, note Legrand ; DA 2010, n° 130, comm. Platon ; RGDIP 2011.254, note Brami ; RFDA 2011.175, chr. Santulli). En cas de suspension d'un traité, le juge vérifie l'existence d'une décision prise en ce sens par une autorité ayant qualité en matière de relations internationales et de son opposabilité (CE, Ass., 18 déc. 1992, *Préfet de la Gironde c. Mahmedi*, préc.).

De plus, par sa décision du 29 juin 1990, *GISTI**, le Conseil d'État a estimé que le juge administratif avait en principe compétence pour interpréter lui-même un traité sans être astreint à un renvoi préjudiciel au ministre des affaires étrangères comme l'exigeait sa jurisprudence antérieure (CE, Ass., 3 juill. 1931, *Karl et Toto Samé*, Rec. 727 ; S. 1932.3.129, concl. Ettori, note C. Rousseau). La nouvelle solution n'est pas applicable au traité de Rome, pour lequel la compétence préjudicielle de la Cour de justice des Communautés européennes (aujourd'hui de l'Union européenne) est consacrée par ce traité (v. nos obs. sous CE 30 oct. 2009, *Mme Perreux**).

10 D'autre part, dès avant la Constitution de 1946, le juge administratif a accepté de connaître des mesures qu'il considère comme détachables des relations diplomatiques ou des conventions internationales, c'est-à-dire des mesures qui peuvent être appréciées indépendamment de leurs origines ou de leurs incidences internationales (v. par ex., CE 5 févr. 1926, *Dame Caraco*, Rec. 125 ; D. 1927.3.1, note Devaux ; – Sect., 16 déc. 1955, *Époux Deltel*, Rec. 592 ; D. 1956.44, concl. Laurent ; RD publ. 1956.150, note M. Waline ; AJ 1956.II.243, note Copper-Royer ; – Sect., 22 déc. 1978, *Vo Thanh Nghia*, Rec. 523 ; AJ 1979.4.36, concl. Genevois).

C'est ainsi, en particulier, que les décrets d'extradition sont depuis 1937 des actes susceptibles d'être attaqués par la voie du recours pour excès de pouvoir (CE, Ass., 28 mai 1937, *Decerf*, Rec. 534 ; S. 1937.3.73, note P. Laroque) et que le juge administratif contrôle depuis 1977 la qualification juridique des faits qui les ont motivés (CE, Ass., 24 juin 1977, *Astudillo Calleja*, Rec. 290 ; D. 1977.695, concl. Genevois ; AJ 1977.490, chr. Nauwelaers et O. Dutheillet de Lamothe ; Gaz. Pal. 1977.640, note Ladhari ; RD publ. 1978.263, note Robert ; JDI

1978.71, note Ruzié ; – Ass., 3 juill. 1996, *Koné**). Le Conseil d'État a également décidé que les demandes d'extradition adressées par le gouvernement français à un gouvernement étranger ne constituent pas des actes de gouvernement (CE, Sect., 21 juill. 1972, *Legros*, Rec. 554 ; AJ 1974.259, note Blumann). De façon plus audacieuse encore, il a admis sa compétence pour connaître de la légalité d'une décision du gouvernement français rejetant une demande d'extradition formulée par un État étranger (CE, Ass., 15 oct. 1993, *Royaume-Uni de Grande-Bretagne et d'Irlande du Nord et gouverneur de la colonie royale de Hong Kong*, Rec. 267, concl. Vigouroux ; RFDA 1993.1179 et RUDH 1994.217, concl. ; AJ 1993.848, chr. Maugüé et Touvet ; RGDIP 1994.1016, note Alland ; JDI 1994.89, note Chappez, JCP 1994.II.22253, note Espuglas ; RD publ. 1994.525, note Fines ; D. 1994.108, note Julien-Laferrière ; Gaz. Pal. 1994.I.102, note Chabanol ; RSC 1994.498, comm. Rolin ; RFDA 1994.21, étude Labayle).

11 La tendance profonde de la jurisprudence est donc d'admettre de plus en plus largement qu'un acte ou des agissements sont détachables des relations internationales : mise en jeu de la responsabilité de l'État en raison d'une éventuelle insuffisance des mesures prises pour assurer la protection des membres d'une mission diplomatique (CE, Sect., 29 avr. 1987, *Consorts Yener*, Rec. 152 ; AJ 1987.450, chr. Azibert et de Boisdeffre ; RFDA 1987.636, concl. Vigouroux) ; destruction par la marine nationale d'un navire abandonné en haute mer (CE, Sect., 23 oct. 1987, *Société Nachfolger Navigation*, Rec. 319 ; RFDA 1987.963, concl. Massot et 1988.345, note Ruzié ; AJ 1987.725, chr. Azibert et de Boisdeffre ; RD publ. 1988.836, note J.-M. Auby) ; décision arrêtée par les pouvoirs publics en ce qui concerne le site d'implantation du laboratoire européen de rayonnement « Synchrotron » (CE, Ass., 8 janv. 1988, *Ministre chargé du plan et de l'aménagement du territoire c. Communauté urbaine de Strasbourg*, Rec. 2 ; RFDA 1988.25, concl. Daël ; AJ 1988.137, chr. Azibert et de Boisdeffre ; JCP 1988.II.21084, note R. Drago ; RA 1988.141, note Terneyre) ; inscription d'une association suspectée d'avoir des liens avec des organisations terroristes internationales sur la liste des personnes pour lesquelles les opérations de change et les mouvements de capitaux sont soumis à autorisation ministérielle (CE 3 nov. 2004, *Association Secours mondial de France*, Rec. 548 ; AJ 2005.723, note Burgorgue-Larsen ; D. 2005.824, note Clamour) ; refus du Premier ministre de notifier à la Commission européenne une disposition législative instaurant un mécanisme pouvant être constitutif d'une aide d'État au regard des articles 87 et 88 du traité instituant la Communauté européenne (CE, Ass., 7 nov. 2008, *Comité national des interprofessions des vins à appellation d'origine*, Rec. 399, concl. Glaser ; RFDA 2009.111, concl., note Mondou et Poteau ; RJEP févr. 2008.23, concl. ; AJ 2008.2384, chr. Geffray et Liéber ; JCP Adm. 2009.2027, étude Pelletier ; JCP 2009.I.130, § 8, chr. Plessix ; RFDA 2009.346, comm. Cassia ; LPA 7 juill. 2009).

Si la notification de la décision de la France de réintroduire temporairement le contrôle aux frontières intérieures prévue à l'article 27 du

« code frontières Schengen » n'est pas détachable de la procédure d'information des autres États membres et de la Commission dans laquelle elle s'inscrit, la décision nationale que cette notification porte à connaissance constitue une décision administrative susceptible de recours pour excès de pouvoir (CE 28 déc. 2017, *Association nationale d'assistance aux frontières pour les étrangers et autres*, Rec. 400 ; AJ 2018.1613, note Escach-Dubourg ; RFDA 2018.375, note Mayeur-Carpentier ; RTD eur. 2018.382, note Ritleng).

12 **IV.** — Certains auteurs se demandent si la théorie de l'acte de gouvernement correspond pleinement au droit positif. Les arrêts, sauf de rares exceptions (TC 24 juin 1954, *Barbaran*, Rec. 712 ; CE, Ass., 2 mars 1962, *Rubin de Servens**), n'emploient pas les termes d'« acte de gouvernement ». Le juge s'en tient à des périphrases qui ne font pas apparaître cette expression. Sur une longue période, la notion d'acte de gouvernement apparaît comme en régression. Une partie de la doctrine estime même que le refus du juge administratif de connaître des actes dits de gouvernement s'explique par le jeu normal des règles de compétence : selon les explications avancées, il s'agirait d'« actes mixtes » qui n'émanent pas exclusivement des autorités françaises, d'actes relevant de la fonction gouvernementale comme opposée à la fonction administrative, d'actes ressortissant au droit international ou d'actes participant à la fonction législative.

13 Ces diverses approches ont le mérite de cantonner une notion qui, en raison de l'immunité juridictionnelle qui lui est attachée, contraste avec le développement général de l'État de droit. Ainsi, après que le Conseil d'État eut estimé le 3 juin 1981 (*cf. Delmas* préc.) ne pas devoir statuer sur la légalité du décret de convocation du corps électoral pour l'élection des députés, le Conseil constitutionnel reconnut sa compétence pour apprécier la régularité de cet acte (CC 11 juin 1981, *Delmas*, Rec. 97 ; AJ 1981.357, note Goyard et 481, note Feffer ; RD publ. 1981.1347, note Favoreu ; JCP 1982.II.1975, note Franck ; D. 1981.589, note F. Luchaire ; RA 1981.272, note Rials et 489, note de Villiers ; Gaz. Pal. 1981.2.709, note Turpin). De même, le juge constitutionnel apprécie la régularité du décret par lequel le président de la République demande une nouvelle délibération d'une loi (CC *n° 85-197 DC, 23 août 1985*, Rec. 70 ; AJ 1985.607, note L. Hamon ; D. 1986.45, note F. Luchaire ; RA 1986.395, note Etien).

Par ailleurs, alors que le Conseil d'État estimait que le décret par lequel le président de la République décide de soumettre un projet de loi au référendum a le caractère d'un acte de gouvernement (CE, Ass., 19 oct. 1962, *Brocas*, préc.) le Conseil constitutionnel a admis sa compétence pour en connaître (CC 25 juill. 2000, *Hauchemaille*, Rec. 117 ; LPA 2 août 2000, obs. Schoettl ; RD publ. 2001.3, obs. Camby).

Mais la compétence du Conseil constitutionnel ne s'étend pas au décret de dissolution de l'Assemblée nationale (CC 10 juill. 1997, *Abraham*, Rec. 157 ; AJ 1997.684, note Schoettl).

On notera enfin qu'aussi bien le Conseil d'État (CE 20 janv. 2014, *Philippe K.*, req. nº 372883 ; Nouv. Cah. CC 2014, nº 44, p. 77, comm. Roblot-Troizier) que la Cour de cassation (Civ. 1re 4 févr. 2015, *nº 14-21.309*) ont refusé de transmettre au Conseil constitutionnel une question prioritaire de constitutionnalité portant sur la conformité de la théorie des actes de gouvernement aux droits et libertés garantis par la Constitution.

Aux États-Unis, on observe une grande retenue de la Cour suprême face aux décisions touchant aux relations internationales, en raison de leur caractère politique par nature : ainsi elle a refusé en 1979 de connaître de la décision du président Carter de dénoncer le traité de défense liant les États-Unis et Taïwan (*Goldwater v. Carter*).

On comprend mieux dans ce contexte l'attitude du juge administratif français. La théorie des actes de gouvernement s'explique fondamentalement par le souci du Conseil d'État de ne s'immiscer ni dans les relations entre le pouvoir législatif et le pouvoir exécutif, ni dans l'action diplomatique considérée comme une prérogative exclusive et traditionnelle de l'exécutif. Ainsi, se retrouvent, sous une forme nouvelle et dans des limites plus étroites, les considérations de caractère politique qui sont à l'origine, historiquement, de la notion « d'acte de gouvernement ».

4

RECOURS POUR EXCÈS DE POUVOIR
MOYENS D'ANNULATION
DÉTOURNEMENT DE POUVOIR

Conseil d'État, 26 novembre 1875, *Pariset*
(Rec. 934)

Cons. qu'il est établi par l'instruction que le préfet, en ordonnant la fermeture de la fabrique d'allumettes du sieur Pariset, en vertu des pouvoirs de police qu'il tenait des lois et règlements sur les établissements dangereux, incommodes et insalubres, n'a pas eu pour but les intérêts que ces lois et règlements ont en vue de garantir ; qu'il a agi en exécution d'instructions émanées du ministre des finances à la suite de la loi du 2 août 1872 et dans l'intérêt d'un service financier de l'État ; *qu'il a ainsi usé des pouvoirs de police qui lui appartenaient sur les établissements dangereux, incommodes ou insalubres pour un objet autre que celui à raison desquels ils lui étaient conférés,* et que le sieur Pariset est fondé à demander l'annulation de l'arrêté attaqué par application des lois des 7-14 oct. 1790 et 24 mai 1872 ; ... (Annulation).

OBSERVATIONS

L'arrêt Pariset *érige le détournement de pouvoir en illégalité justifiant l'annulation d'un acte administratif par le juge administratif.*

1 En 1872, à la suite d'une loi qui établissait le monopole de la fabrication des allumettes chimiques et prononçait l'expropriation des fabriques existantes, le ministre des finances ne fit régler par le jury d'expropriation que les indemnités des industriels dont les usines avaient une existence légale incontestée. Il estima que les fabriques dont les autorisations limitées à une certaine durée n'avaient pas été renouvelées au moment de l'entrée en vigueur de la loi, n'ayant pas d'existence légale, n'avaient pas droit à une indemnité : il ne leur en offrit une qu'à titre gracieux ; plusieurs industriels la refusèrent. Le ministre des finances adressa alors aux préfets une circulaire leur demandant de prendre des arrêtés établissant l'existence illégale des fabriques dont l'autorisation n'avait pas été renouvelée et d'en requérir la fermeture par l'autorité judiciaire confor-

mément aux lois et règlements relatifs aux établissements dangereux, incommodes et insalubres. Le sieur Pariset attaqua devant le Conseil d'État l'arrêté préfectoral déclarant que sa fabrique avait cessé d'avoir une existence légale. Un recours similaire, intenté dans les mêmes conditions par le sieur Laumonnier-Carriol, fit l'objet d'une décision identique rendue le même jour (CE 26 nov. 1875, *Laumonnier-Carriol*, Rec. 936).

Le Conseil d'État annula ces arrêtés, faisant application d'un nouveau cas d'ouverture du recours pour excès de pouvoir : le détournement de pouvoir, dont la création remontait à une décision prise par l'Empereur en son Conseil, le 25 févr. 1864 (*Lesbats*, Rec. 209, concl. L'Hôpital : les préfets ne peuvent « régler l'entrée, le stationnement et la circulation des voitures publiques ou particulières dans les cours dépendant des stations de chemins de fer », que « dans un intérêt de police et de service public » et non pour assurer l'exécution d'un contrat entre une compagnie de chemins de fer et un entrepreneur de voitures publiques).

Ce devait être le point de départ d'une jurisprudence admettant le détournement de pouvoir dans *un certain nombre de cas* (I), même si peuvent être observées *les limites* de ce chef d'annulation (II).

2 **I.** — Le détournement de pouvoir – souvent rapproché de la théorie civiliste de l'abus de droit et caractérisé par l'exercice d'un pouvoir dans un *but autre que celui en vue duquel il a été conféré* par la loi – est reconnu par la jurisprudence dans *trois grandes catégories de cas.*

A. — L'acte administratif est étranger à tout intérêt public.

Cette hypothèse la plus grave de détournement de pouvoir est particulièrement illustrée par des mesures concernant les agents publics, le maintien de l'ordre public, l'expropriation pour cause d'utilité publique et l'urbanisme.

À l'égard des agents publics, la censure du détournement de pouvoir a souvent joué pour des mesures d'éviction prises par pure vengeance personnelle ou pour des raisons politiques (CE 23 juill. 1909, *Fabrègue*, Rec. 727 ; S. 1911.3.121, note Hauriou : suspension d'un garde champêtre par dix arrêtés municipaux successifs, destinés à assouvir la vengeance du maire ; – 26 oct. 1960, *Rioux*, Rec. 558, concl. Chardeau : licenciement d'un agent sous prétexte d'insuffisance professionnelle, mais en réalité pour motifs politiques). Au-delà des agents publics, on trouve le cas d'un orchestre exclu des retransmissions de la radio par pure mesure de rétorsion (CE, Sect., 9 mars 1951, *Société des concerts du Conservatoire**), des sportifs à l'égard desquels leurs fédérations prennent des mesures qui ne sont pas vraiment « sportives » (CE 25 mai 1998, *Fédération française d'haltérophilie, musculation et disciplines associées*, JCP 1999.II.10001, note Lapouble : refus de désigner un athlète parmi la sélection devant participer à un championnat, pour sanctionner ses déclarations publiques sur le comportement d'un dirigeant de la fédération). Le détournement de pouvoir peut s'attacher aussi à des mesures de pure faveur au profit des intéressés (CE 5 mars 1954, *Delle Soulier*, Rec. 139 ; RJPUF 1954.624, concl. Jacomet : création d'une école dans le seul intérêt du directeur que l'administration se propose d'engager ; – 13 janv. 1995, *Syndicat autonome des inspecteurs généraux et inspecteurs de l'administration*, Rec. 23 ; RD publ. 1995.1091, note Prétot : décret modifiant les conditions de nomination de certains fonctionnaires n'ayant d'autre objet que de permettre la nomination d'une personne déterminée).

L'utilisation des pouvoirs de police, non pour assurer l'ordre public, mais pour protéger des intérêts particuliers est également censurée (CE 14 mars 1934, *Delle Rault*, Rec. 337 : réglementation des bals et dancings par un maire pour qu'ils ne fassent pas concurrence à sa propre auberge ; – Sect., 25 janv. 1991, *Brasseur*, Rec. 23, concl. Stirn ; RFDA 1991.587, concl., note Douence ; AJ 1991.351, chr. Schwartz et Maugüé ; JCP 1991.II.21564, note Moreau : restriction de l'activité des marchands forains et ambulants pour protéger les commerçants de la localité).

L'expropriation pour cause d'utilité publique est détournée de sa finalité lorsqu'elle est destinée à favoriser des intérêts purement privés (CE 4 mars 1964, *Dame Vve Borderie*, Rec. 157 ; AJ 1964.624, note P.L. : expropriation d'une propriété dans le seul but d'y reloger un cercle hippique privé) ou à leur nuire (CE 16 févr. 1972, *Ministre de l'équipement et du logement c. Baron*, Rec. 139 : expropriation ayant pour but exclusif d'empêcher l'acquisition ou l'utilisation d'une propriété par un particulier).

Il en va de même en cas d'utilisation des dispositions d'urbanisme dans le seul but d'empêcher la cession d'un bien à des personnes extérieures à la commune (CE 1er févr. 1993, *M. et Mme Guillec*, Rec. 22 ; JCP 1993.II.22088, concl. Vigouroux), ou de permettre à un propriétaire d'édifier un bâtiment (CE 9 juill. 1997, *Ben Abdulaziz Al Saoud*, DA 1998, nº 38, obs. L.T.), ou encore de gêner l'utilisation de son terrain (CAA Bordeaux 21 déc. 2010, *Commune de Cilaos*, req. nº 09BX02340, JCP Adm. 2011.2247, comm. Maublanc).

3 ***B.*** — L'acte administratif est pris dans un *intérêt public*, mais *qui n'est pas celui* pour lequel les pouvoirs nécessaires pour prendre l'acte ont été conférés à son auteur. Cette hypothèse de détournement de pouvoir est moins grave que la précédente, puisque le but poursuivi relève de l'intérêt public. Mais les pouvoirs attribués à l'administration ne lui permettent pas de poursuivre n'importe quel intérêt public.

En particulier, ils ne peuvent être utilisés indifféremment en vue de satisfaire ses intérêts financiers, ou de régler un litige, ou de revenir sur une décision de justice.

L'intérêt financier, pour légitime qu'il soit dans une bonne administration, est étranger à certaines de ses attributions. Tel était le cas dans les affaires *Pariset* et *Laumonnier-Carriol* : les préfets ne pouvaient utiliser leurs pouvoirs de police sur les établissements dangereux, incommodes ou insalubres pour éviter à l'État d'indemniser les industriels dont les usines étaient atteintes par l'institution du monopole de la fabrication des allumettes. De même une expropriation ne peut avoir pour seul objectif de faire faire une économie à l'État (CE 20 mars 1953, *Bluteau*,

Rec. 691) ou de procurer des profits à une commune (CE 20 oct. 1961, *Consorts White*, Rec. 917). Un maire qui prend une mesure de police principalement dans le but d'éviter à la commune et à ses habitants d'entreprendre les dépenses nécessaires, commet un détournement de pouvoir (CE 24 juin 1987, *Bes*, Rec. 568). Il en est de même du recours à un contrat d'autoentrepreneur avec une personne travaillant précédemment au titre d'un contrat à durée déterminée, dans le but de ne pas la faire bénéficier d'un contrat à durée indéterminée (CE 9 oct. 2019, *Centre national de la recherche scientifique*, Rec. 804 ; AJFP 2020.72, note Zarka).

À l'inverse, des pouvoirs financiers ne peuvent être détournés de leurs fins : un ministre ne pouvait mettre en œuvre ses pouvoirs de tutelle financière sur une caisse semi-publique pour en provoquer la liquidation (CE 8 juill. 1955, *Caisse de compensation pour la décentralisation de l'industrie aéronautique*, Rec. 398 ; D. 1955.597, concl. Chardeau ; AJ 1955.II *bis*.18, chr. Long).

L'administration peut légitimement vouloir régler un litige qui l'oppose à un particulier, voire des litiges entre particuliers. Elle ne peut pour autant utiliser légalement à cette fin des pouvoirs qui n'ont pas été conçus pour cet usage. Ainsi un maire ne peut exercer ses pouvoirs de police pour évincer une association avec laquelle il a un différend (CE 19 janv. 1979, *Ville de Viry-Chatillon*, Rec. 613), un conseil municipal, ses pouvoirs de disposition des biens communaux pour mettre fin à un litige d'ordre privé d'une manière opportune (CE 16 déc. 1970, *Dame Vve Huc*, Rec. 767).

Cette dernière affaire rejoint les cas de détournement de pouvoir constitués par l'adoption de mesures destinées à faire échec à une décision de justice : l'illégalité tient à la fois à la méconnaissance de l'autorité de la chose jugée et à l'usage de pouvoirs dans un but qui leur est étranger. Tel est le cas d'un décret réglementaire modifiant le statut de l'administrateur de la Comédie française afin de permettre au gouvernement de prendre des mesures individuelles identiques à des décisions précédemment annulées par le Conseil d'État (CE, Ass., 13 juill. 1962, *Bréart de Boisanger*, Rec. 484 ; D. 1962.664, concl. Henry ; S. 1962.331, concl. ; AJ 1962.548, chr. Galabert et Gentot), de la prétendue réorganisation du service pour éviter les conséquences de l'annulation d'une mutation (CE 15 juill. 1964, *Dame Michel*, Rec. 403), du refus d'un permis de construire ayant « pour objet de faire échec aux effets des décisions juridictionnelles qui avaient précédemment suspendu et annulé les arrêtés antérieurs rejetant la même demande » (CE 7 nov. 2012, *M. et Mme Gaigne et commune de Grans*, Rec. 1027 ; JCP Adm. 2013.2114, comm. Pontier).

4 *C.* — De cette forme de détournement de pouvoir doit être rapproché le *détournement de procédure*, par lequel l'administration, dissimulant le contenu réel d'un acte sous une fausse apparence, recourt à une procédure réservée par la loi à des fins autres que celle qu'elle poursuit, afin d'éluder certaines formalités ou de supprimer certaines garanties. C'est ainsi que l'administration n'avait pas le droit d'utiliser, pour infliger à une entreprise une sanction pour infraction à la législation économique, le procédé de la réquisition de marchandises (CE, Sect., 21 févr. 1947, *Guillemet*, Rec. 66), ni de recourir à la réquisition des personnes « pour limiter, dans un intérêt de police, la liberté de ceux qui en sont l'objet », notamment pour les interner dans des camps (CE, Ass., 3 févr. 1956, *Keddar*, Rec. 46).

Le détournement de procédure a particulièrement été illustré dans l'affaire *Frampar* jugée par le Conseil d'État (Ass.) dans l'arrêt du 24 juin 1960, *Société Frampar et société France éditions et publications* (Rec. 412, concl. Heumann ; RD publ. 1960.815, concl. ; AJ 1960.I.154, chr. Combarnous et Galabert ; D. 1960.744, note Robert ; JCP 1960.II.11743, note Gour ; S.1960.348, note Debbasch ; GCJA, vol. 2, concl. n° 34). Le préfet d'Alger, pour éviter la diffusion de nouvelles pouvant provoquer des troubles, avait fait saisir dans la ville toutes les éditions du journal *France-Soir* et du journal *Le Monde*, en visant l'article 10 du Code d'instruction criminelle. Cette disposition (reprise ensuite à l'article 30 du Code de procédure pénale, lui-même abrogé finalement par la loi du 4 janvier 1993, art. 148) n'avait pour objet que de permettre au préfet de prendre les actes nécessaires à la constatation de crimes et délits contre la sûreté de l'État en vue d'en déférer les auteurs aux juridictions pénales. Or, même si le préfet avait formellement transmis les pièces au procureur de la République, il voulait en réalité prévenir des désordres. Conformément aux critères de distinction de la police administrative et de la police judiciaire (CE, Sect., 11 mai 1951, *Consorts Baud*, Rec. 205 ; TC 7 juin 1951, *Consorts Noualek*, Rec. 636, concl. J. Delvolvé ; v. n° 61.4), « les saisies… présent(ai)ent, en réalité, le caractère de mesures administratives » : ainsi, d'une part, la juridiction administrative était compétente pour en connaître et, d'autre part, en utilisant l'article 10 du Code d'instruction criminelle, non pour constater une infraction, mais pour assurer l'ordre public, le préfet a détourné la procédure aménagée par cet article et « commis un excès de pouvoir ». Le Conseil d'État a encore censuré ultérieurement des mesures du même ordre (CE 14 déc. 1965, *Rodes*, Rec. 845 ; AJ 1966.377, note Moreau ; 20 déc. 1967, *Ministre de l'intérieur c. Fabre-Luce*, Rec. 511).

Le détournement de pouvoir peut donner lieu à une mesure de suspension dans le cadre d'une procédure de référé (v. nos obs. sous CE 18 janv. 2001, *Venelles* et 5 mars 2001, *Saez**), comme celle qui a été prononcée contre la résiliation d'une convention de gestion d'un service public municipal décidée par une commune uniquement pour faire échec au transfert de ce service à une métropole (CE 15 nov. 2017, *Commune d'Aix-en-Provence*, Rec. 673).

5 **II.** — Le nombre de cas dans lesquels la jurisprudence a admis la réalité du détournement de pouvoir, y compris récemment, ne permet pas de dire que ce chef d'annulation est résiduel ou en déclin. Sans doute a-t-on pu observer qu'il est moins développé que de 1910 à 1940. Il reste actuel en dépit des *limites* qu'il rencontre : celles-ci tiennent à la présomption, à l'élargissement et au déplacement du but poursuivi.

A. — La présomption de la légalité du but poursuivi n'est finalement aujourd'hui que l'application de la présomption de légalité en général dont bénéficie tout acte administratif.

Pendant un certain temps, la preuve du détournement de pouvoir a été plus difficile que celle d'autres illégalités. Jusque vers 1910, il fallait que le détournement de pouvoir résultât des termes mêmes de la décision. Une première atténuation a consisté à l'établir par les pièces du dossier, dans lesquelles le Conseil d'État accepta de le rechercher (CE 19 févr. 1909, *Abbé Olivier**). Puis furent retenus des présomptions suffisamment fortes et des indices suffisamment sérieux (CE, Sect., 3 mars 1939, *Dame Laurent*, Rec. 138). Le Conseil d'État se contente enfin d'allégations suffisamment précises dès lors qu'elles ne sont contredites ni par les pièces du dossier ni par l'administration elle-même (CE 26 oct. 1960, *Rioux*, préc.) ou lorsqu'elles lui permettent de constater l'existence de « présomptions sérieuses » (CE 22 mars 1961, *Enard*, Rec. 202). Les circonstances de l'affaire (CE, Sect., 13 nov. 1970, *Lambert*, Rec. 665 ; AJ 1971.33, chr. Labetoulle et Cabanes), les conditions dans lesquelles la décision est intervenue (CE 13 janv. 1995, *Syndicat autonome des inspecteurs généraux et inspecteurs de l'administration*, préc.) permettent de révéler le détournement de pouvoir. Ainsi l'établissement du détournement de pouvoir a fini par rejoindre le régime général de la preuve devant le juge administratif (CE 7 févr. 2001, *Adam*, Rec. 50, à rapprocher de 28 mai 1954, *Barel**). Très souvent le juge constate « que le détournement de pouvoir allégué n'est pas établi ».

La présomption d'intérêt général et, plus particulièrement, de poursuite d'un but conforme à celui en vue duquel des pouvoirs ont été attribués à l'administration, bénéficie à celle-ci. Ainsi le Conseil d'État peut se contenter, pour rejeter le moyen tiré du détournement de pouvoir, d'observer que la décision attaquée n'a pas été prise « pour des fins étrangères à l'intérêt général » (CE, Sect., 27 mai 1949, *Blanchard et Dachary*, Rec. 245 ; – Sect., 29 juin 1951, *Syndicat de la raffinerie de soufre française*, Rec. 377 ; S. 1952.3.33, concl. Barbet, note M.L. ; D. 1951.661, note M. Waline). On a souligné que cette présomption bénéficiait spécialement aux services économiques et aux institutions professionnelles à un moment où l'extension de leurs interventions et de leurs prérogatives aurait justifié plus de rigueur de la part du juge. Pourtant celui-ci a censuré le détournement de pouvoir dans le domaine de l'interventionnisme économique et social lorsqu'il était particulièrement éclatant (CE, Ass., 28 mars 1945, *Devouge*, Rec. 64 ; S. 1945.3.45, concl. Detton, note Brimo ; Gaz. Pal. 1945.1.123, concl.).

6 *B. — L'élargissement du but poursuivi* peut expliquer aussi que le grief du détournement de pouvoir ne puisse prospérer dans un certain nombre de cas : même si l'administration a poursuivi en partie une fin distincte de celle qui devait normalement justifier son intervention, sa décision n'est pas entachée de détournement de pouvoir dès lors qu'elle visait aussi un but correspondant à ses pouvoirs.

L'intérêt général n'est pas incompatible avec les intérêts privés : la circonstance que les seconds soient favorisés par une décision n'empêche pas le premier d'être réel. La décision créant un organisme et fixant le statut de son directeur n'est pas nécessairement prise dans l'intérêt personnel de celui-ci, même s'il en bénéficie (CE 4 févr. 1955, *Ligue des contribuables de la Martinique et Benoit*, Rec. Penant 635, 1955.I.154, concl. Landron). L'augmentation d'une taxe à l'importation en vue de favoriser l'industrie locale n'est pas entachée de détournement de pouvoir même si une seule entreprise fabrique le produit en cause et si elle a demandé l'adoption de cette mesure (CE 3 févr. 1975, *Rabot*, Rec. 82 ; AJ 1975.467, note Sabiani). L'avantage tiré par une entreprise d'une opération de réaménagement d'un quartier ne suffit pas à retirer à celle-ci son caractère d'intérêt général (CE 9 nov. 1983, *Pandajopoulos*, Rec. 609).

En matière d'expropriation, deux affaires illustrent particulièrement l'imbrication de l'intérêt général et de l'intérêt privé. La première concerne la déviation d'une route qui séparait les usines de la Société Peugeot : « Si la déviation de la route en question procure à (cette) société un avantage direct et certain, il est conforme à l'intérêt général de satisfaire à la fois les besoins de la circulation publique et les exigences du développement d'un ensemble industriel qui joue un rôle important dans l'économie régionale » (CE 20 juill. 1971, *Ville de Sochaux*, Rec. 561 ; v. n° 77.2). Dans la seconde affaire, le Conseil d'État a eu successivement deux appréciations : dans un premier temps, il a considéré qu'en déclarant d'utilité publique la création d'un plan d'eau sur le territoire d'une commune, le préfet n'a eu pour but ni de favoriser le développement des activités de loisirs dans cette commune ni de pourvoir à l'assainissement d'une zone présumée insalubre, mais seulement de faciliter l'exploitation par une société privée d'une carrière dans un site qui ne recevrait l'affectation prévue par le préfet qu'une fois cette exploitation terminée, et a ainsi commis un détournement de pouvoir (CE 3 oct. 1980, *Schwartz*, Rec. 353 ; AJ 1981.205, note Lemasurier ; D. 1981.IR. 330, obs. Bon) ; dans un second temps, sur tierce opposition de la commune, le Conseil d'État a jugé que le conseil municipal avait le projet de réaliser un équipement public de loisirs nautiques et ne l'a jamais abandonné, qu'en confiant à une société l'exploitation des matériaux se trouvant dans le sous-sol des terrains choisis pour recevoir ledit équipement, sans différer pour autant les travaux d'aménagement nécessaires à la réalisation du projet jusqu'à la fin de cette exploitation, la commune a eu pour but de réaliser son objectif d'intérêt général au moindre coût, qu'ainsi il n'y avait pas détournement de pouvoir (CE 7 déc. 1983, *Commune de Lauterbourg*, Rec. 491 ; D. 1984.583, note Hostiou ; RA 1984.154, note Pacteau).

7 Ce dernier arrêt souligne aussi que l'intérêt financier peut se combiner avec un autre aspect de l'intérêt général. Ainsi la présence de l'intérêt financier de l'administration dans une expropriation n'empêche pas celle-ci, compte tenu du but principal de l'opération, de correspondre à l'utilité publique (CE 11 janv. 1957, *Louvard*, Rec. 27 ; AJ 1957.II.89, chr. Fournier et Braibant). De même, l'objet et l'étendue des pouvoirs de police dont dispose le gouvernement pour réglementer la circulation sur l'ensemble du territoire, lui permettent de prendre légalement en considération les charges pesant sur l'approvisionnement du pays en produits pétroliers et la nécessité d'intérêt national de restreindre la consommation de ces produits, pour imposer des limitations de vitesse, ces mesures étant destinées à diminuer les risques d'accident et à en limiter les conséquences (CE, Sect., 25 juin 1975, *Chaigneau*, Rec. 436 ; RD publ. 1976.342, note J.-M. Auby).

Bien plus, l'intérêt financier d'une mesure ne peut révéler un détournement de pouvoir lorsque les pouvoirs exercés ont précisément un objet financier (CE 17 oct. 1986, *Commune de Saint-Léger-en-Yvelines*, Rec. 378 : suppression d'emploi par mesure d'économie).

8 *C. — Le déplacement du but poursuivi* tient enfin à ce que celui-ci peut servir à une annulation, non pour détournement de pouvoir, mais pour violation de la loi et spécialement pour erreur dans les motifs qui ont servi de base à la décision. Le résultat contentieux est le même. Mais sa justification est différente : la censure de l'administration est psychologiquement moins grave lorsque le juge affirme qu'elle a invoqué un motif qui n'était pas de nature à justifier la décision (contrôle objectif) que lorsqu'il constate qu'elle a poursuivi, dans l'exercice de ses pouvoirs, un but qui leur est étranger (contrôle subjectif).

La matière même de certaines décisions conduit à examiner leur relation avec l'intérêt général au titre des motifs. Par définition une déclaration d'utilité publique n'est légale que si cette utilité est réelle : son absence entache la déclaration d'illégalité, non pour détournement de pouvoir, mais pour défaut de motif (par ex. CE 3 avr. 1987, *Consorts Métayer et Époux Lacour*, Rec. 121 ; CJEG 1987.790, concl. Vigouroux ; AJ 1987.549, obs. Prétot ; RFDA 1987.531, note Pacteau : absence d'utilité publique parce que la commune disposait déjà des terrains nécessaires pour l'exécution de son projet ; v. aussi CE 28 mai 1971, *Ville Nouvelle Est** à propos du contrôle du « bilan »). L'application du principe d'égalité connaît des exceptions justifiées par l'intérêt général (v. nos obs. sous CE 9 mars 1951, *Société des concerts du Conservatoire**) : lorsque des discriminations sont sans rapport suffisant avec l'intérêt général, elles sont censurées, non au titre du détournement de pouvoir, mais à celui de la violation de la loi (CE 30 juin 1989, *Ville de Paris et bureau d'aide sociale de Paris c. Lévy*, Rec. 157 ; RFDA 1990, 575, concl. Lévis ; Dr. soc. 1989.767, note Prétot : ne sont pas de nature à permettre l'instauration de différences de traitement entre résidents parisiens selon la nationalité de ceux-ci, les préoccupations invoquées par la ville de Paris relatives à la préservation de l'équilibre démographique de la cité et au désir de remédier à l'insuffisance de familles nombreuses françaises ; elles ne peuvent être regardées comme des nécessités d'intérêt général en rapport avec l'objet d'une allocation). Une extradition demandée dans un but politique est annulée, non pour détournement de pouvoir, mais comme exclue par un principe fondamental reconnu par les lois de la République (CE, Sect., 9 déc. 2016, *Ablyazov*,

Rec. 550 ; v. nº 88.7). On aurait aussi bien pu considérer de telles mesures comme prises dans un but autre que celui en vue duquel les autorités pouvaient exercer leurs pouvoirs.

9 Dans d'autres cas, la censure d'un acte à raison de ses motifs et non pour détournement de pouvoir paraît résulter d'un véritable choix du juge, préférant tempérer la rigueur de son contrôle.

Ainsi, lorsque, par une interprétation audacieuse de la loi, le Conseil d'État en a limité l'application à certaines fins, il a censuré leur méconnaissance pour erreur de droit. La loi du 16 nov. 1940 avait subordonné la validité des mutations immobilières à une autorisation préfectorale ; les préfets refusaient souvent ces autorisations lorsqu'un industriel voulait acheter un domaine agricole, estimant qu'il fallait laisser à des agriculteurs la possibilité d'acquérir de tels domaines ; le Conseil d'État décida par deux arrêts (CE, Ass., 9 juill. 1943, *Tabouret et Laroche*, Rec. 182 ; – Ass., 28 juill. 1944, *Dame Constantin*, Rec. 219 ; D. 1945.163, note G. Morange), que « le législateur avait entendu éviter les spéculations et l'accaparement », et que le motif simplement tiré de ce que la demande d'achat émanait d'industriels « n'était pas au nombre de ceux qui peuvent justifier légalement le refus de l'autorisation prévue par la loi du 16 nov. 1940 ».

Dans l'arrêt *Barel** du 28 mai 1954, le Conseil d'État a préféré dire que le refus d'admettre à concourir un candidat pour ses opinions politiques reposait sur un motif entaché d'erreur de droit à affirmer que le ministre avait utilisé ses pouvoirs pour une fin étrangère à l'intérêt général.

Le développement du contrôle normal ou même seulement de l'erreur manifeste d'appréciation (v. nos obs. sous CE 4 avr. 1914, *Gomel**) a permis au juge de prononcer des annulations sur ces terrains plutôt que sur celui du détournement de pouvoir (par ex. pour le contrôle normal CE, Sect., 27 mars 2019, *Syndicat CFDT du ministère des affaires étrangères et autres*, Rec. 76, concl. Victor ; RFDA 2019.521, concl. ; AJ 2019.987, chr. Malverti et Beaufils : annulation, sauf pour Jérusalem, d'un décret ajoutant vingt-deux emplois de chef de poste consulaire à la liste des emplois à la décision du gouvernement ; pour le contrôle de l'erreur manifeste d'appréciation CE, Ass., 16 déc. 1988, *Bléton*, Rec. 451, concl. Vigouroux ; RFDA 1989.522, concl., comm. Baldous, Négrin et Dietsch ; AJ 1989.102, chr. Azibert et de Boisdeffre ; JCP 1989.II.21228, note Gabolde : annulation de la nomination d'un fonctionnaire au tour extérieur).

Enfin les nominations pour ordre – c'est-à-dire intervenues exclusivement dans l'intérêt personnel du bénéficiaire – sont sanctionnées, non par une annulation pour détournement de pouvoir, mais par la reconnaissance de leur inexistence (elles sont déclarées « nulles et non avenues » : CE, Sect., 30 juin 1950, *Massonaud*, Rec. 400, concl. J. Delvolvé ; – Sect., 8 janv. 1971, *Association des magistrats de la Cour des comptes*, Rec. 26 ; AJ 1971.672, note V.S.) – ce qui est d'ailleurs beaucoup plus grave (v. nos obs. sous CE 31 mai 1957, *Rosan Girard**).

Ce glissement de la considération du but poursuivi, d'un chef d'annulation à un autre, voire de son effet, n'a pas épuisé les cas de détournement de pouvoir : ceux-ci continuent à apparaître dans les domaines mêmes où le juge préfère parfois d'autres chefs de contrôle (*supra* I). C'est ainsi que le Conseil d'État a annulé, non pour violation du principe d'égalité, mais pour un détournement de pouvoir dont l'existence était établie par les déclarations d'un dirigeant politique sur le traitement à infliger à une presse hostile, les dispositions assujettissant seules certaines entreprises de presse à une forte augmentation de la fiscalité (12 mai 2014, *Fédération générale du commerce*, Rec. 132).

La censure du détournement de pouvoir reste l'arme ultime du juge administratif lorsqu'il veut sanctionner des attitudes particulièrement scandaleuses de l'administration ou qu'il n'existe pas d'autre titre de sanction (*cf.* concl. Labetoulle sur CE, Sect., 23 mars 1979, *Commune de Bouchemaine*, Rec. 127). Elle « est un élément indispensable de moralité administrative et de vérité juridique » (concl. Heumann sur l'affaire *Frampar, supra*).

Elle a été admise par la Cour européenne des droits de l'Homme (28 nov. 2017, *Merabishvili c. Géorgie*) comme étant une notion bien établie du droit de l'Union européenne (par ex. CJCE 13 nov. 1990, *FEDESA*). Elle apparaît ainsi comme une solution commune aux systèmes de contrôle des autorités publiques.

5

COMPÉTENCE – CONSEIL D'ÉTAT JURIDICTION ADMINISTRATIVE DE DROIT COMMUN

Conseil d'État, 13 décembre 1889, *Cadot*
(Rec. 1148, concl. Jagerschmidt ; D. 1891.3.41, concl. ;
S. 1892.3.17, note Hauriou ; « Droits », n° 9, 1989.78, J. Chevallier « Réflexions sur l'arrêt Cadot » ; GCJA, vol. 1, n° 18, concl.)

... Cons. que, du refus du maire et du conseil municipal de Marseille de faire droit à la réclamation du sieur Cadot, il est né entre les parties un litige dont il appartient au Conseil d'État de connaître...

OBSERVATIONS

L'arrêt Cadot *consacre en son temps le Conseil d'État comme juge de droit commun en matière administrative.*

La ville de Marseille ayant supprimé l'emploi d'ingénieur-directeur de la voirie et des eaux de la ville, le titulaire de cet emploi lui réclama des dommages-intérêts ; la municipalité ayant refusé de faire droit à cette réclamation, il en saisit les tribunaux judiciaires, qui, estimant que le contrat qui le liait à la ville n'avait pas le caractère d'un contrat civil de louage d'ouvrage, se déclarèrent incompétents ; il s'adressa ensuite au conseil de préfecture, qui se déclara incompétent à son tour, la demande n'étant pas fondée sur la rupture d'un contrat relatif à l'exécution de travaux publics. L'intéressé se retourna alors vers le ministre de l'intérieur ; celui-ci lui répondit que le conseil municipal de Marseille n'ayant pas accueilli sa demande en indemnité, il ne pouvait lui-même y donner d'autre suite. C'est ce refus que le sieur Cadot déféra au Conseil d'État.

Le Conseil d'État décida que le ministre avait eu raison de s'abstenir de statuer sur des questions « qui, en effet, n'étaient pas de sa compétence », et qu'il appartenait au Conseil d'État de connaître du litige né entre la ville de Marseille et le sieur Cadot. D'apparence anodine, dépourvu de grandes affirmations de principe, cet arrêt, éclairé par les conclusions du commissaire du gouvernement Jagerschmidt, a marqué en réalité une étape capitale dans l'évolution du contentieux administratif, en portant le coup de grâce à la théorie dite du ministre-juge et en faisant du Conseil d'État le juge de droit commun du contentieux administratif.

Les lois des 16-24 août 1790 et 16 fructidor an III avaient eu pour but de soustraire l'administration à tout juge. Mais peu à peu s'était développée une véritable juridiction administrative. Doté seulement, au début, d'un pouvoir consultatif, le Conseil d'État, créé par la Constitution de l'an VIII, n'avait pas tardé en effet à devenir un organe juridictionnel.

Pendant longtemps il ne possédait que des pouvoirs de justice « retenue » et la décision appartenait encore en principe au chef de l'État ; ce dernier ayant pris l'habitude de suivre les avis du Conseil d'État, celui-ci reçut, par la loi du 24 mai 1872, le pouvoir de justice « déléguée » lui permettant de prendre des décisions en son propre nom.

Mais, de ces origines et du principe selon lequel l'administration ne devait pas avoir de juge, la juridiction administrative devait conserver, même après 1872, certaines « séquelles ». On estimait en effet que le Conseil d'État n'avait compétence que dans les cas expressément prévus par la loi : autrement dit, qu'il n'était qu'un juge d'attribution. Le juge de droit commun demeurait, comme au lendemain des lois de 1790 et de l'an III, le ministre : toute requête d'un particulier devait être portée d'abord devant le ministre, qui statuait en tant que juge, et ensuite seulement, en appel, devant le Conseil d'État. Telle était la théorie du « ministre-juge ».

Cette survivance d'une époque où l'administration se jugeait elle-même n'était plus justifiée dès lors qu'il existait une véritable juridiction chargée de statuer sur les litiges opposant l'administration à des particuliers. Contestée par la doctrine, elle était progressivement abandonnée par la jurisprudence ; elle était exclue notamment du contentieux des actes pris par les autorités de l'État et elle ne s'appliquait pas aux recours pour excès de pouvoir. Le Conseil d'État l'a condamnée définitivement par l'arrêt *Cadot*, en l'écartant du contentieux de la responsabilité des collectivités territoriales et en décidant que, d'une façon générale, tous les litiges d'ordre administratif pourraient désormais être portés directement devant lui, *omisso medio*, c'est-à-dire sans être soumis d'abord au ministre. Ce n'est que dans le cas où un texte le prévoit que le recours administratif préalable demeure obligatoire.

Pour reprendre les termes du commissaire du gouvernement Jagerschmidt, « partout où il existe une autorité ayant un pouvoir de décision propre, pouvant prendre des décisions administratives exécutoires, un débat contentieux peut naître et le Conseil d'État peut être directement saisi, – il suffit pour cela que le débat soit né par l'effet d'une décision de l'autorité administrative rendue sur le litige ». Ainsi les recours contentieux doivent être, en règle générale, dirigés contre une décision administrative préalable ; mais l'administration a perdu sa fonction juridictionnelle. Par l'arrêt *Cadot* le Conseil d'État s'est reconnu le juge de droit commun en premier et dernier ressort des recours en annulation des actes administratifs et des recours en indemnité formés contre les collectivités publiques.

C'est grâce à l'arrêt *Cadot* qu'a pu s'épanouir la jurisprudence administrative tout entière. Sans doute depuis le décret du 30 sept. 1953 le Conseil d'État est-il à nouveau un juge d'attribution ; mais la juridiction de droit commun en premier ressort est confiée aux tribunaux administratifs, et non à l'administration elle-même.

Dans sa lettre l'arrêt *Cadot* est dépassé depuis que le Conseil d'État a cessé d'être, avec la réforme du 30 sept. 1953, juge de droit commun en matière administrative. Mais son apport théorique subsiste en ce qu'il distingue avec netteté la fonction administrative de la fonction juridictionnelle, ce qui a facilité l'épanouissement de cette dernière.

6

RESPONSABILITÉ – RISQUE

Conseil d'État, 21 juin 1895, *Cames*
(Rec. 509, concl. Romieu ; D. 1896.3.65, concl. ; S. 1897.3.33, concl., note Hauriou ; GCJA, vol. 1, n° 21, concl.)

Cons. que le sieur Cames, ouvrier à l'arsenal de Tarbes, a été blessé à la main gauche, le 8 juill. 1892, par un éclat de métal projeté sous le choc d'un marteau-pilon ; que, par suite de cet accident, le sieur Cames se trouve d'une manière définitive dans l'impossibilité absolue de se servir de sa main gauche et de pourvoir à sa subsistance ;

Cons. qu'il résulte de l'instruction et qu'il n'est pas contesté qu'aucune faute ne peut être reprochée au sieur Cames, et que l'accident n'est imputable ni à la négligence, ni à l'imprudence de cet ouvrier ; que, dans les circonstances où l'accident s'est produit, le ministre de la guerre n'est pas fondé à soutenir que l'État n'a encouru aucune responsabilité, et qu'il en sera fait une exacte appréciation en fixant l'indemnité due au sieur Cames à 600 F de rente viagère, dont les arrérages courront à dater du 12 déc. 1893, date à laquelle, il a cessé de recevoir son salaire quotidien ; que cette condamnation constituant une réparation suffisante, il y a lieu de rejeter les conclusions du sieur Cames tendant à faire déclarer cette rente réversible sur la tête de sa femme et de ses enfants ; ... (Condamnation de l'État).

OBSERVATIONS

L'arrêt Cames *ouvre la jurisprudence qui va progressivement admettre la responsabilité sans faute de l'administration, ici pour risque et plus tard au-delà du risque, avec l'arrêt* Couitéas*.

1 Le sieur Cames, ouvrier à l'arsenal de Tarbes, était occupé à forger un paquet de fer au marteau-pilon, lorsqu'il reçut un éclat de métal qui provoqua l'atrophie complète de sa main gauche. Le ministre de la guerre lui alloua une indemnité de 2 000 F. Le sieur Cames demanda au Conseil d'État une indemnité plus élevée. L'État défendait au pourvoi en arguant du caractère purement gracieux de l'indemnité qui avait été offerte au requérant.

La thèse de l'administration pouvait s'appuyer, fit remarquer le commissaire du gouvernement Romieu, sur la jurisprudence des tribunaux judiciaires : il n'y avait en l'espèce ni faute de l'ouvrier ni faute du patron ; l'ouvrier, qui n'alléguait d'ailleurs aucune faute déterminée à la charge de l'État, ne pouvait, dans le cadre du droit traditionnel, prétendre à une indemnité. Mais les établissements travaillant pour la défense nationale constituent des services publics et la responsabilité de l'État du fait des dommages causés par les services publics n'est pas soumise au droit commun (TC 8 févr. 1873, *Blanco**). « *Il appartient au juge administratif*, dit le commissaire du gouvernement, *d'examiner directement, d'après ses propres lumières, d'après sa conscience, et conformément aux principes de l'équité, quels sont les droits et les obligations réciproques de l'État et de ses ouvriers dans l'exécution des services publics, et notamment si l'État doit garantir ses ouvriers contre le risque résultant des travaux qu'il leur fait exécuter ; … si un accident se produit dans le travail et s'il n'y a pas faute de l'ouvrier, le service public est responsable et doit indemniser la victime.* »

En consacrant ainsi – expressément dans les conclusions de son commissaire du gouvernement, implicitement dans son arrêt – la théorie du risque professionnel, le Conseil d'État précédait le législateur dans une voie où, depuis de nombreuses années, celui-ci hésitait à s'engager. Peu après la décision du Conseil d'État, la loi du 9 avr. 1898 sur les accidents du travail, remplacée par la loi du 30 oct. 1946 puis par le Code de la sécurité sociale, étendait le bénéfice de ce système à tous les ouvriers. Par la suite, de nombreuses lois ont généralisé l'application de ce principe. En dernier lieu, l'article 21 bis ajouté à la loi du 13 juill. 1983 par l'ordonnance du 19 janv. 2017, crée une présomption d'imputabilité au service de tout accident survenu dans l'exercice ou à l'occasion de l'exercice des fonctions.

Néanmoins, la jurisprudence *Cames* peut encore parfois s'appliquer aux *collaborateurs permanents* de l'administration (I) ; elle a des prolongements dans d'*autres cas de responsabilité pour risque* (II).

2 **I.** — Les *collaborateurs permanents* bénéficient normalement de « *dispositions* (qui) *déterminent forfaitairement la réparation à laquelle un fonctionnaire victime d'un accident de service ou atteint d'une maladie professionnelle peut prétendre, au titre de l'atteinte qu'il a subie dans son intégrité physique, dans le cadre de l'obligation qui incombe aux collectivités publiques de garantir leurs agents contre les risques qu'ils peuvent courir dans l'exercice de leurs fonctions* » (CE, Ass., 4 juill. 2003, *Mme Moya-Caville*, Rec. 323, concl. Chauvaux ; RFDA 2003.991, concl., note Bon ; AJ 2003.1598, chr. Donnat et Casas ; AJFP nov.-déc. 2003.25, étude Deliencourt ; JCP 2003.II.10168, note Moniolle ; LPA 15 avr. 2005, note Boutemy et Meir ; RD publ. 2003.1237, note Prétot).

« La rente viagère d'invalidité et l'allocation temporaire d'invalidité doivent être regardées comme ayant pour objet de réparer les pertes de revenus et l'incidence professionnelle résultant de l'incapacité physique causée par un accident de service ou une maladie professionnelle », qui sont indemnisés forfaitairement (CE 16 déc. 2013, *Centre hospitalier de Royan*, Rec. 729).

Pendant longtemps, le forfait de pension a exclu toute autre indemnité (CE, Ass., 9 juill. 1976, *Gonfond*, Rec. 354 ; AJ 1976.588, chr. Nauwelaers et Fabius), y compris pour préjudice moral (CE 11 juill. 1983, *Ministre de la défense c. Consorts Lacourcelle*, Rec. 868). Paradoxalement la protection particulière donnée aux fonctionnaires par la législation sur les pensions a fini par leur être moins favorable que le régime de responsabilité de droit commun.

La législation et la jurisprudence ont évolué pour éviter un tel résultat.

3 La loi elle-même renvoie parfois au droit commun découlant de la jurisprudence *Cames*. L'article L. 62 du Code du service national permet aux « *jeunes gens accomplissant les obligations du service national, victimes de dommages corporels subis dans le service ou à l'occasion du service* » et à leurs ayants droit d'« *obtenir de l'État, lorsque sa responsabilité est engagée, une réparation complémentaire destinée à assurer l'indemnisation intégrale du dommage subi, calculée selon les règles du droit commun* ». De même la loi a rendu les communes, les départements et les régions responsables des dommages résultant des accidents subis par les élus locaux dans l'exercice de leurs fonctions (art. L. 2123-31 et 33, L. 3123-26 et 27, L. 4135-26 et 27 du Code général des collectivités territoriales – sur l'interprétation de ces dispositions, v. CE 20 janv. 1989, *Guigonis*, Rec. 22 ; AJ 1989.400, obs. J.-B. Auby). En l'absence de précisions, ces textes renvoient au régime de responsabilité pour risque établi par l'arrêt *Cames*.

4 La jurisprudence a aussi admis que les non-fonctionnaires et même les fonctionnaires peuvent bénéficier de la jurisprudence *Cames*.

Ainsi la législation sur les pensions militaires, n'ouvrant aucun droit à pension au profit des frères et sœurs des militaires décédés en service, ne fait pas obstacle à ce qu'ils obtiennent réparation de leur préjudice « *en l'absence même de toute faute de la collectivité publique* » (CE 27 juill. 1990, *Consorts Bridet*, Rec. 230, concl. Fornacciari ; AJ 1990.897, note Darcy ; D. 1991.SC. 288, note Bon et Terneyre ; RFDA 1991.141, note Bon).

Dans certaines circonstances, les risques exceptionnels encourus par un agent public du fait de ses fonctions lui ouvrent droit à réparation des préjudices qui en sont résultés (CE, Sect., 19 oct. 1962, *Perruche*, Rec. 55 ; AJ 1962.668, chr. Gentot et Fourré : dommage subi par le consul de France à Séoul du fait du pillage de ses biens, alors qu'il avait reçu l'ordre de rester à son poste après le départ des autorités de Corée du sud auprès desquelles il était accrédité ; – CE, Ass., 16 oct. 1970, *Époux Martin*, Rec. 593 ; JCP 1971.II.16577, concl. Braibant, note Ruzié : dommages subis au Laos par des coopérants invités par les autorités françaises à rester sur place malgré les troubles qui duraient depuis plusieurs mois). Le risque subi par les agents tient à la situation dangereuse dans laquelle les a mis l'administration : la réparation du dommage se rattache autant aux solutions résultant de la jurisprudence *Regnault-Desroziers** (28 mars 1919) qu'à celles de la jurisprudence *Cames*.

5 Dans d'autres circonstances, non exceptionnelles, si des fonctionnaires ont été, en cours de service, victimes d'accidents donnant lieu à l'application du forfait de pension, celui-ci n'empêche pas l'indemnisation, selon le droit commun, des dommages subis à l'occasion des soins qui leur ont été prodigués.

Deux affaires jugées par le Conseil d'État (Sect.) le 15 déc. 2000, *Mme Bernard, M. Castanet* (Rec. 616 ; RFDA 2001.701, concl. Chauvaux ; AJ 2001.158, chr. Guyomar et Collin) l'ont montré. Il s'agissait, dans un cas, d'un agent hospitalier, dans l'autre, d'un militaire, victimes d'accidents dans l'exercice de leurs activités, et qui avaient été soignés, le premier, dans l'établissement qui l'employait, le second, dans un hôpital militaire. Ils demandaient réparation des préjudices résultant des soins qui leur avaient été dispensés à l'hôpital – distincts de ceux de l'accident lui-même (pour le militaire, il s'agissait d'un préjudice nosocomial). Si les intéressés avaient été de simples usagers du service hospitalier, ils auraient bénéficié sans difficulté du régime de responsabilité de droit commun (v. nos obs. sous CE 10 avr. 1992, *Époux V.**). L'application rigide du système du forfait de pension lié à leur qualité d'agent public aurait conduit à une solution moins favorable, et même injuste. C'est pourquoi le Conseil d'État a considéré « *que la circonstance que les conséquences dommageables des soins dispensés... à la suite d'un accident de service ne sont pas détachables de cet accident en ce qu'ils ouvrent droit à l'allocation temporaire d'invalidité* » (Mme Bernard) ou « *à la pension d'invalidité* » (M. Castanet) prévues par les textes, « *ne fait pas obstacle à ce que l'intéressé, s'il estime que les soins ont été dispensés dans des conditions de nature à engager, selon les règles de droit commun, la responsabilité du service hospitalier* » (Mme Bernard) ou « *de l'administration* » (M. Castanet), « *exerce à l'encontre de l'établissement* » (Mme Bernard) ou « *de l'État* » (M. Castanet) « *une action en réparation tendant au versement complémentaire assurant la réparation intégrale de ce chef de préjudice* ».

6 Un nouveau pas a été franchi par l'arrêt précité du 4 juill. 2003, *Mme Moya-Caville*, admettant l'indemnisation de préjudices qui, résultant directement du service, ne sont pas couverts par le forfait de pension.

On peut lui trouver des précédents dans des cas très particuliers (*a contrario*, pour des dommages matériels : CE, Sect., 3 janv. 1958, *Levrat*, Rec. 2 ; D. 1958.99 et S. 1958.113, concl. A. Dutheillet de Lamothe ; AJ 1958.II.93, chr. Fournier et Braibant, et 157, note Coulet ; pour des dommages corporels : Sect., 26 nov. 1976, *Delle Dussol*, Rec. 518 ; AJ 1977.28, chr. Nauwelaers et Fabius).

L'arrêt *Mme Moya-Caville* adopte une solution de principe : les dispositions sur le forfait de pension « *ne font* (pas) *obstacle à ce que le fonctionnaire qui a enduré, du fait de l'accident ou de la maladie, des souffrances physiques ou morales et des préjudices esthétiques ou d'agrément, obtienne de la collectivité qui l'emploie, même en l'absence de faute de celle-ci, une indemnité complémentaire réparant ces chefs de préjudice, distincts de l'atteinte à l'intégrité physique* ».

L'arrêt précité du 16 déc. 2013, *Centre hospitalier de Royan*, y ajoute « des préjudices patrimoniaux d'une autre nature », non couverts également par une pension d'invalidité. Le fondement de cette indemnisation reste le risque professionnel, comme dans l'arrêt *Cames*.

Mais l'arrêt *Mme Moya-Caville* dépasse aussi le cadre du risque, puisqu'il admet « *qu'une action de droit commun pouvant aboutir à la réparation intégrale de l'ensemble du dommage soit engagée contre la collectivité dans le cas notamment où l'accident ou la maladie serait imputable à une faute de nature à engager la responsabilité de cette collectivité ou à l'état d'un ouvrage public dont l'entretien incombait à celle-ci* ».

Se trouve ainsi renversée la jurisprudence qui excluait toute indemnité autre que la pension. Le fonctionnaire victime d'un accident de service ou d'une maladie professionnelle peut : – dans tous les cas, bénéficier, outre la pension, d'une indemnité pour les préjudices autres que ceux que couvre le forfait de pension ; – en cas de faute de l'administration ou d'un défaut (présumé) d'entretien normal de l'ouvrage public, obtenir une indemnité couvrant (déduction faite de sa pension) l'intégralité de ses préjudices de toutes sortes.

La solution a été étendue aux sapeurs-pompiers volontaires (CE 7 nov. 2019, *Corvisier*, Rec. 1022 ; AJ 2020.477, note Lemaire).

Le régime de responsabilité de l'administration à l'égard de ses collaborateurs permanents, de l'arrêt *Cames* à l'arrêt *Mme Moya-Caville*, est animé par le même esprit : la recherche d'une protection équitable des fonctionnaires pour les préjudices dont ils sont victimes dans l'exercice de leurs fonctions.

7 **II.** — L'arrêt *Cames* est à l'origine de la *responsabilité pour risque dans d'autres hypothèses*.

La première est celle des *agents occasionnels*, requis, sollicités ou même spontanés, qui, n'étant couverts ni par la législation sur les pensions ni par celle des accidents du travail, trouvent encore dans la théorie du risque le fondement de l'indemnisation du préjudice subi à cette occasion (CE 22 nov. 1946, *Commune de Saint-Priest-la-Plaine** et nos obs.).

En deuxième lieu, l'administration doit répondre, en raison du risque créé, des dommages causés par ses *installations, activités et armes dangereuses* (CE 28 mars 1919, *Regnault-Desroziers**) et même par *certains actes médicaux* (CE, Ass., 9 avr. 1993, *Bianchi*, Rec. 127, concl. Daël ; v. nos obs. sous l'arrêt *Époux V.** du 10 avr. 1992).

Enfin, les dommages causés aux *tiers* par les *accidents de travaux publics* doivent également être réparés sans faute, en raison du risque (par ex., à propos de la rupture du barrage de Malpasset, CE, Ass., 28 mai 1971, *Département du Var c. Entreprise Bec frères*, Rec. 419 ; CJEG 1971.J.235, concl. J. Théry ; JCP 1972.II.17133, note Verrier ; – 22 oct. 1971, *Ville de Fréjus*, Rec. 630 ; RD publ. 1972.695, note M. Waline).

Si les *dommages permanents* causés aux tiers du fait de l'existence même des ouvrages publics peuvent également donner lieu à réparation sans faute, c'est moins en raison de la théorie du risque que du principe d'égalité devant les charges publiques (v. par ex. CE 2 oct. 1987, *Spire*, Rec. 302 ; CJEG 1987.898, concl. E. Guillaume, à propos d'une centrale nucléaire).

Toute idée de risque disparaît dans d'autres cas de responsabilité sans faute, fondés exclusivement sur la rupture de l'égalité devant les charges publiques (CE 30 nov. 1923, *Couitéas** : responsabilité du fait du refus légal d'apporter le concours de la force publique à l'exécution d'une décision de justice ; – 14 janv. 1938, *La Fleurette** : responsabilité du fait des lois ; – 30 mars 1966, *Compagnie générale d'énergie radio-électrique** : responsabilité du fait des conventions internationales).

7

ÉTABLISSEMENTS PUBLICS PRÉROGATIVES DE PUISSANCE PUBLIQUE

Tribunal des conflits, 9 décembre 1899, *Association syndicale du canal de Gignac*
(Rec. 731 ; S. 1900.3.49, note Hauriou)

Cons. que l'association syndicale du canal de Gignac a été autorisée par arrêté préfectoral du 26 juill. 1879 ; que ses travaux ont été déclarés d'utilité publique par une loi du 13 juill. 1882 ; que des décisions ministérielles des 14 mars 1883 et 20 nov. 1891 ont approuvé le cahier des charges de l'entreprise et en ont déterminé le régime financier :

Cons. que, *par l'obligation imposée aux propriétaires compris dans le périmètre d'une association syndicale autorisée d'y adhérer sous peine d'avoir à délaisser leurs immeubles, par l'assimilation des taxes de ces associations aux contributions directes, par le pouvoir attribué aux préfets d'inscrire d'office à leur budget les dépenses obligatoires, et de modifier leurs taxes de manière à assurer l'acquit de ces charges, lesdites associations présentent les caractères essentiels d'établissements publics,* vis-à-vis desquels ne peuvent être suivies les voies d'exécution instituées par le Code de procédure civile pour le recouvrement des créances sur des particuliers ; que c'était au préfet seul qu'il appartenait, en vertu des art. 58 et 61 du règlement d'administration publique du 9 mars 1894, de prescrire les mesures nécessaires pour assurer le paiement de la somme due aux consorts Ducornot ; que l'exécution du jugement du 24 juin 1891 qui les a déclarés créanciers de l'association syndicale de Gignac, ne pouvant relever que de l'autorité administrative, il n'était pas dans les attributions du tribunal civil de Lodève d'en connaître, et qu'en rejetant le déclinatoire élevé par le préfet, le jugement du 5 juill. 1899 a méconnu le principe de la séparation des pouvoirs ; ... (Arrêté de conflit confirmé).

OBSERVATIONS

L'arrêt Canal de Gignac *retient le critère de la puissance publique pour reconnaître un établissement public ; si le même critère servira encore pour reconnaître d'autres situations relevant du droit public, il sera concurrencé par le critère du service public à partir de l'arrêt* Terrier*.

1 Une association syndicale autorisée avait été condamnée à payer une somme d'argent. Pour en obtenir le règlement, les créanciers avaient saisi une juridiction judiciaire afin de mettre en œuvre les voies d'exécution instituées par le Code de procédure civile pour le recouvrement des créances sur des particuliers. Le conflit fut élevé. Le Tribunal des conflits a jugé que les associations syndicales autorisées constituent des établissements publics, à l'encontre desquels ne peuvent être exercées les voies d'exécution du droit commun (à ce sujet v. CE 17 mai 1985, *Mme Menneret**, avec nos obs.).

L'intérêt de cette décision provient surtout de ce qu'elle fait des *prérogatives de puissance publique* un élément essentiel de *l'identification de l'établissement public* (I) ; elles servent aussi à d'*autres notions du droit administratif* (II).

2 **I.** — Si le critère de la puissance publique a été déterminant dans l'affaire, il n'est pas exclusif (A). De plus, il peut ne pas suffire à reconnaître un établissement public (B).

A. — Pour admettre que les associations syndicales de propriétaires ont la qualité d'établissements publics, le Tribunal des conflits se fonde sur *plusieurs éléments exorbitants* du droit commun qui résultent de la loi du 21 juin 1865 (aujourd'hui abrogée et remplacée par l'ordonnance du 1er juill. 2004) : elles disposent de prérogatives de puissance publique leur permettant de forcer les propriétaires récalcitrants à y adhérer, de lever des taxes, d'exproprier des immeubles ; elles sont également soumises à des sujétions exorbitantes, puisqu'elles sont autorisées par arrêté préfectoral et que le préfet peut inscrire d'office à leurs budgets des dépenses obligatoires et établir les recettes correspondantes. Ainsi elles « présentent les caractères essentiels d'établissements publics ». Près d'un siècle plus tard, le Conseil constitutionnel a considéré que ce sont, « non des associations de droit privé, mais des établissements publics à caractère administratif » (*no 89-267 DC, 22 janv. 1990*, Rec. 27 ; RFDC 1990.329, note Favoreu). La Cour européenne des droits de l'Homme a jugé de son côté qu'elles ne constituent pas des associations au sens de l'article 11 de la Convention européenne des droits de l'Homme (CEDH 6 déc. 2011, *Poitevin et Helleboid c. France*).

La solution est d'autant plus remarquable que les associations syndicales autorisées fonctionnent moins dans un but d'intérêt général que dans l'intérêt collectif mais privé des propriétaires : assèchement des marais, lutte contre les inondations et les incendies etc. Hauriou s'éleva avec vigueur contre cet « amalgame des intérêts économiques et de la chose publique » ; il voyait dans les associations syndicales ainsi qualifiées d'établissements publics « la première institution collectiviste » ; il se plaignait de ce que, par de telles décisions, « on nous change notre État ». La question de savoir si les associations syndicales de propriétaires peuvent gérer un service public a été controversée.

Mais des associations syndicales autorisées ou créées d'office exercent des missions de service public et réalisent des travaux publics (TC 28 mars 1955, *Effimieff**, avec nos obs. ; TC 28 sept. 1998, *Ribeiro c.*

Association syndicale autorisée pour le développement de l'irrigation des coteaux de Vaucluse, Rec. 543). Le régime des associations syndicales établi par l'ordonnance du 1er juill. 2004 n'empêche pas qu'elles englobent des dépendances du domaine public qui y ont été incluses avant l'entrée en vigueur de l'ordonnance ; mais, d'une part, ne peut leur être appliquée la garantie d'hypothèque légale, incompatible avec le principe d'inaliénabilité du domaine public, d'autre part, désormais un immeuble appartenant à une personne publique inclus dans le périmètre de l'association syndicale ne peut devenir une dépendance du domaine public (CE 10 mars 2020, *Association syndicale des propriétaires de la cité Boigues et autres*, Rec. 77, concl. Victor ; AJ 2020.1609, note Foulquier et Léonetti).

3 Le critère de la puissance publique peut encore servir. Il a été repris par le législateur à propos des associations syndicales de reconstruction (loi du 16 janv. 1948, *cf.* TC 28 mars 1955, *Effimieff**) et par la jurisprudence à propos de la Société nationale des entreprises de presse (Civ., Sect. com., 9 juill. 1951, D. 1952.141, note Blavoet).

Cette dernière décision fait toutefois référence à la mission de service public autant qu'aux prérogatives de puissance publique.

Celles-ci vont finir par ne plus être nécessaires. Il peut exister des établissements publics qui ne détiennent pas de prérogatives de puissance publique. Leur qualification peut résulter de dispositions législatives expresses (par ex. loi du 17 mai 1946 relative aux Charbonnages de France et aux Houillères de bassin) ou des attributions de service public qui leur sont conférées (par ex. CE 15 juill. 1958, *Dame Meyer*, Rec. 446 : école de médecine et de pharmacie ; – 8 nov. 1961, *Contarel*, Rec. 632 : centres d'apprentissage).

4 ***B.*** — Des organismes dotés de prérogatives de puissance publique et chargés d'une mission de service public peuvent *ne pas être des établissements publics*, mais soit des organismes de droit privé (CE 31 juill. 1942, *Monpeurt** ; – 20 déc. 1935, *Établissements Vézia*, Rec. 1212 ; v. n° 47.2 ; – 13 mai 1938, *Caisse primaire « Aide et Protection »** ; – 2 avr. 1943, *Bouguen**) soit des personnes publiques *sui generis*, tels les groupements d'intérêt public et la Banque de France (TC 14 févr. 2000, *GIP-HIS c. Mme Verdier*, Rec. 748 ; AJ 2000.465, chr. Guyomar et Collin ; JCP 2000.II.10301, note Eveno ; AJFP juill.-août 2000.13, comm. Mekhantar ; LPA 4 janv. 2001, note Gégout et 24 juill. 2001, note Demaye ; RTD com. 2000.602, obs. Orsoni ; CE 22 mars 2000, *Syndicat national autonome du personnel de la Banque de France c. Banque de France*, Rec. 125 ; AJ 2000.410, chr. Guyomar et Collin).

La répartition des personnes morales entre la catégorie des établissements publics et celle des organismes privés chargés de gérer un service public et dotés de prérogatives de puissance publique donne lieu dans la pratique à de sérieuses difficultés. Il convient de se référer en principe aux termes de la loi ou à l'intention du législateur ; mais les textes sont souvent ambigus ou laconiques, et l'intention de leurs auteurs n'apparaît pas toujours clairement ; il est alors nécessaire de mesurer le poids respectif des éléments de droit public et de droit privé, qui sont souvent étroitement mêlés, et qui peuvent concerner notamment le mode de création de l'organisme, le statut de son personnel, les prérogatives dont il jouit et les contrôles auxquels il est soumis. Dans les appréciations délicates auxquelles il doit ainsi procéder, le juge tient compte également de considérations d'opportunité, en recherchant s'il est souhaitable de reconnaître à l'organisme en cause un statut de droit public, avec toutes les conséquences juridiques, administratives et financières qui en découlent.

5 La jurisprudence offre plusieurs exemples de ces difficultés. C'est ainsi que la qualité d'établissement public a été reconnue à l'Institut national des appellations d'origine, après vingt-cinq années de discussions doctrinales et d'hésitations administratives (Sect., 13 nov. 1959, *Navizet*, Rec. 592 ; RD publ. 1960.1034, concl. Heumann). Le cas des centres régionaux de lutte contre le cancer a donné lieu également à de sérieuses incertitudes : sur renvoi du Conseil d'État, le Tribunal des conflits a décidé que « si les centres régionaux de lutte contre le cancer assument une mission de service public et sont soumis par l'ordonnance du 1er oct. 1945 à un ensemble de règles d'organisation et de fonctionnement impliquant un contrôle étroit de l'administration sur divers aspects de leur activité, il résulte de l'ensemble des dispositions de cette ordonnance rapprochées des termes de l'exposé des motifs que le législateur a entendu conférer à ces centres le caractère d'établissements privés, qui était d'ailleurs celui de ce type d'établissements avant l'intervention des dispositions sus-rappelées » (TC 20 nov. 1961, *Centre régional de lutte contre le cancer « Eugène Marquis »*, Rec. 879 ; AJ 1962.17, chr. Galabert et Gentot ; D. 1962.389, note de Laubadère ; JCP 1962.II.12572, note J.-M. Auby ; RD publ. 1962.964, note M. Waline ; RA 1961.621, note Liet-Veaux). Dans la ligne de cette jurisprudence, le Conseil d'État a jugé qu'il résulte de « l'ensemble des dispositions qui précisent l'organisation et le fonctionnement des fédérations de chasseurs » que le législateur, tout en appelant ces organismes à collaborer à l'exécution d'un service public et en les soumettant à un contrôle administratif étroit, a entendu leur conférer le caractère d'établissements privés (CE 4 avr. 1962, *Chevassier*, Rec. 244 ; D. 1962.327, concl. Braibant).

6 **II.** — Si les prérogatives de puissance publique ne sont plus déterminantes pour l'identification de l'établissement public, elles jouent encore d'*autres rôles* en droit administratif : leur présence sert à reconnaître la nature administrative de certains *actes* (A) et la compétence de la juridiction administrative pour certains *litiges* (B).

A. — Elles permettent d'identifier les *actes de l'administration*, unilatéraux ou contractuels.

Les actes *unilatéraux* sont administratifs, selon de nombreux arrêts, parce qu'ils sont adoptés en vertu de prérogatives de puissance publique, qu'ils émanent d'organismes de droit public (par ex. TC 10 juin 1963,

Werling c. Ministre de l'agriculture, Rec. 783) ou d'organismes de droit privé : c'est surtout pour ces derniers que ce critère a été utilisé, soit seul (CE, Sect., 6 oct. 1961, *Fédération nationale des huileries métropolitaines*, Rec. 544 ; AJ 1961.610, chr. Galabert et Gentot ; – Sect., 26 nov. 1976, *Fédération française de cyclisme*, Rec. 513 ; AJ 1977.139, concl. Galabert, note Moderne), soit souvent en liaison avec le critère du service public (CE, Sect., 22 nov. 1974, *Fédération des industries françaises d'articles de sport*, Rec. 576, concl. J. Théry ; AJ 1975.19, chr. Franc et Boyon ; D. 1975.739, note Lachaume ; RD publ. 1975.1109, note M. Waline ; TC 4 nov. 1996, *Société Datasport c. Ligue nationale de football*, Rec. 551 ; JCP 1997.II.22802, concl. Arrighi de Casanova ; AJ 1997.142, chr. Chauvaux et Girardot).

En revanche, un acte pris par une personne privée chargée d'une mission de service public, qui « ne ressortit à l'exercice d'aucune prérogative de puissance publique par cette dernière », n'est pas un acte administratif (CE 17 févr. 1992, *Société Textron*, Rec. 66 ; AJ 1992.450, note Devès ; D. 1992.519, note A. Penneau ; JCP 1992.II.21961, note Icard ; RA 1992.523, note Redor et Fatôme ; 19 mars 2010, *Chotard*, Rec. 81 ; AJ 2010.1443, note Lapouble).

7 Pour les *contrats*, le critère des clauses exorbitantes du droit commun a été considéré comme nécessaire par l'arrêt CE 31 juill. 1912, *Société des granits porphyroïdes des Vosges**. Si, depuis lors, l'arrêt *Bertin** du 20 avr. 1956 a restitué un rôle à la notion de service public en la matière, il n'a pas éliminé celui des clauses exorbitantes, élargi par la considération du régime exorbitant auquel renvoie le contrat (TC 13 oct. 2014, *SA Axa France IARD*, Rec. 472 ; v. n° 23.2) ou sous lequel le contrat est conclu (CE, Sect., 19 janv. 1973, *Société d'exploitation électrique de la rivière du Sant*, Rec. 48 ; v. n° 23.3).

8 ***B.*** — Pour déterminer si la *juridiction administrative* est *compétente* à propos d'un litige, l'exercice de prérogatives de puissance publique entre également en ligne de compte.

Elles peuvent jouer en liaison avec l'accomplissement d'une mission de service public, comme c'est le cas à propos de la responsabilité extra-contractuelle des organismes privés (CE 23 mars 1983, *SA Bureau Véritas*, Rec. 134 ; v. n° 1.5).

Elles peuvent aussi bien déterminer, seules, la compétence de la juridiction administrative. Dans un arrêt du 10 juill. 1956, *Société Bourgogne-Bois*, Rec. 586 ; v. n° 1.5, le Tribunal des conflits a considéré qu'une contribution, qui ne peut être rangée ni parmi les contributions directes ni parmi les indirectes, « se rattache aux actes et opérations de puissance publique » et relève, à ce titre, de la juridiction administrative (dans le même sens TC 13 déc. 2004, *Consorts Tiberghien c. SA des eaux du Nord et de la communauté de Lille*, Rec. 626 ; JCP Adm. 2005.1065, comm. J. Moreau).

Bien plus, dans sa décision du 23 janv. 1987*, le Conseil constitutionnel a considéré comme un principe fondamental reconnu par les lois de la République « celui selon lequel... relève en dernier ressort de la compétence de la juridiction administrative l'annulation ou la réformation des décisions prises, dans l'exercice des prérogatives de puissance publique, par les autorités exerçant le pouvoir exécutif… »

Ainsi, si la notion de puissance publique n'a pas toujours les effets que lui a reconnus l'arrêt *Canal de Gignac*, elle reste un élément irréductible du droit administratif.

8

RECOURS POUR EXCÈS DE POUVOIR INTÉRÊT POUR AGIR

Conseil d'État, 29 mars 1901, *Casanova*
(Rec. 333 ; S. 1901.3.73, note Hauriou)

Sur la fin de non-recevoir tirée du défaut d'intérêt des requérants, autres que le sieur Canazzi, médecin à Olmeto :

Cons. que la délibération attaquée a pour objet l'inscription d'une dépense au budget de la commune d'Olmeto ; *que les requérants, contribuables dans cette commune, ont intérêt, en cette qualité, à faire déclarer cette délibération nulle de droit* et qu'ils sont ainsi parties intéressées, dans le sens de l'art. 65 de la loi susvisée du 5 avr. 1884 ;

Au fond :

Cons. que la délibération attaquée n'a pas été prise en vue d'organiser l'assistance médicale gratuite des indigents, conformément à la loi du 15 juill. 1893 ; que si les conseils municipaux peuvent, dans des circonstances exceptionnelles, intervenir pour procurer des soins médicaux aux habitants qui en sont privés, il résulte de l'instruction qu'aucune circonstance de cette nature n'existait à Olmeto, où exerçaient deux médecins ; qu'il suit de là que le conseil municipal de ladite commune est sorti de ses attributions en allouant par la délibération attaquée, un traitement annuel de 2 000 F à un médecin communal chargé de soigner gratuitement tous les habitants pauvres ou riches indistinctement et que c'est à tort que le préfet a approuvé cette délibération ; ... (La délibération est déclarée nulle de droit et, par voie de conséquence, l'arrêté du préfet de la Corse, du 15 nov. 1897, est annulé).

OBSERVATIONS

L'arrêt Casanova *inaugure à propos des contribuables locaux la jurisprudence reconnaissant l'intérêt donnant qualité pour agir par un recours pour excès de pouvoir, qui s'étendra aux autorités décentralisées (*Néris-les-Bains**), aux fonctionnaires (*Lot**), aux usagers d'un service public (*Croix-de-Seguey-Tivoli**), aux groupements (*Patrons-coiffeurs de Limoges**).*

1 **I.** — Le conseil municipal d'Olmeto, en Corse, avait décidé de créer un poste de médecin communal, rémunéré sur le budget de la commune, ce médecin étant chargé de soigner gratuitement tous les habitants. L'un de ceux-ci, estimant illégale une décision qui obligeait les contribuables à rémunérer un médecin auquel certains pouvaient ne pas faire appel, forma contre elle un recours pour excès de pouvoir. La jurisprudence antérieure conduisait à déclarer ce recours irrecevable, le requérant ne pouvant arguer que de son intérêt de contribuable de la commune. Mais le Conseil d'État, désireux d'élargir la recevabilité du recours pour excès de pouvoir, accueillit la requête. C'est sur ce point que l'arrêt *Casanova* est important (sur le fond, v. CE, Sect., 30 mai 1930, *Chambre syndicale du commerce en détail de Nevers**) ; il est le premier d'une série de décisions rendues à la même époque, par lesquelles le Conseil d'État a délibérément élargi la notion d'intérêt nécessaire pour être recevable à former un recours pour excès de pouvoir ; c'est ainsi qu'a été admise la recevabilité du recours pour excès de pouvoir formé par un maire contre l'arrêté du préfet annulant un de ses actes (18 avr. 1902, *Commune de Néris-les-Bains**), par un membre d'une assemblée délibérante contre une décision de cette assemblée (1er mai 1903, *Bergeon*, Rec. 324 ; S. 1905.3.1, note Hauriou), par un électeur contre une opération de sectionnement électoral d'une commune (7 août 1903, *Chabot*, Rec. 619 ; S. 1904.3.1, note Hauriou), par le titulaire d'un diplôme contre la nomination à un emploi auquel ce diplôme donnait vocation (11 déc. 1903, *Lot**), par le propriétaire riverain d'une voie publique contre l'autorisation de poser des fils aériens de tramways sur cette voie (3 févr. 1905, *Storch*, Rec. 116 ; S. 1907.3.33, note Hauriou ; RD publ. 1905.346, note Jèze), par les usagers d'un service public contre le refus de mettre en demeure le concessionnaire d'exécuter le service dans les conditions prévues par le cahier des charges (21 déc. 1906, *Croix-de-Seguey-Tivoli**).

Par l'arrêt *Casanova*, le Conseil d'État a admis le principe que le contribuable d'une collectivité publique peut, à ce seul titre, attaquer les décisions ayant des répercussions sur les finances ou le patrimoine de cette collectivité ; (CE 1er juin 2016, *Commune de Rivedoux-Plage*, AJ 2016.1614) ; la règle s'applique à des mesures telles que l'inscription au budget de dépenses irrégulières, ou une décision illégale relative à la gestion du domaine ; en revanche, le contribuable n'étant pas lésé par des mesures génératrices d'économies, qui doivent avoir normalement pour effet de réduire le montant des impôts ou d'en éviter la hausse, n'est pas recevable à les attaquer devant la juridiction administrative (CE 19 oct. 1980, *Rémy*, Rec. 829) ; il n'est pas non plus recevable à contester, en qualité de contribuable, un acte déclaratif d'utilité publique qui, par lui-même, n'emporte aucun engagement de dépense de la part de son bénéficiaire (CE 23 déc. 2014, *Communauté d'agglomération du Grand Besançon*, Rec. 782).

Admis en 1901 pour le contribuable communal, le principe a été ensuite étendu au contribuable départemental (CE 27 janv. 1911, *Richemond*, Rec. 105, concl. Helbronner), puis au contribuable colonial (CE, Sect., 24 juin 1932, *Galandou Diouf*, Rec. 626). Dans le même sens, la qualité de contribuable de la Polynésie suffit à conférer un intérêt à agir contre une décision qui, en suspendant la perception d'un impôt, réduit les recettes de cette collectivité (CE 1er juill. 2009, *Kohumoetini*, Rec. 852). Mais la seule qualité de contribuable de l'État ne donne pas un intérêt suffisant pour former un recours (CE 13 févr. 1930, *Dufour*, Rec. 176).

2 **II.** — Illogique en apparence, la distinction faite par la jurisprudence entre le contribuable de l'État et celui des collectivités territoriales s'explique par le souci du juge administratif d'élargir la recevabilité du recours pour excès de pouvoir sans aller cependant jusqu'à faire de ce dernier une « action populaire ».

La jurisprudence relative à l'intérêt pour agir dans le recours pour excès de pouvoir est ainsi devenue très nuancée comme ont pu le relever plusieurs commissaires du gouvernement et en particulier, M. Ettori (concl. sur CE, Sect., 18 déc. 1931, *Fenaille*, S. 1932.3.14), M. Chenot (concl. sur CE 10 févr. 1950, *Gicquel*, Rec. 100), M. Laurent (concl. sur CE, Sect., 2 avr. 1954, *Gaebelé*, Rec. Penant 1954.262) et M. Jacques Théry (concl. sur CE, Sect., 28 mai 1971, *Damasio*, Rec. 391).

Sans doute, ainsi que le soulignait M. Théry, les principes directeurs qui inspirent la jurisprudence peuvent être aisément dégagés : « ouvrir aux administrés autant qu'il est possible l'accès de votre prétoire sans verser dans l'action populaire en permettant à n'importe qui d'attaquer n'importe quoi ; élargir le cercle des intérêts donnant qualité pour agir, sans méconnaître pour autant la hiérarchie naturelle des intérêts lésés, sans permettre en conséquence à des administrés qui ne seraient touchés que d'une façon très secondaire et très indirecte, de remettre rétroactivement en cause des situations acceptées par ceux qui étaient directement visés. Entre le trouble que constitue toute illégalité et le trouble que provoque toute annulation, votre jurisprudence sur l'intérêt est ainsi contrainte à des compromis difficiles ».

Mais, du fait de leur généralité, ces principes ne permettent pas de tirer des critères rigoureux de solution, d'autant que la notion d'intérêt pour agir peut se présenter sous un jour particulier pour certaines catégories de requérants : les fonctionnaires en raison du principe de hiérarchie (*cf.* nos obs. sur l'arrêt *Lot**), les groupements eu égard à leur capacité limitée (*cf.* l'arrêt *Syndicat des patrons-coiffeurs de Limoges**), les usagers des services publics dont les possibilités d'intervention sont largement admises (*cf.* l'arrêt *Croix-de-Seguey-Tivoli**). M. Théry n'en proposait pas moins d'admettre que « pour justifier d'un intérêt donnant qualité pour intenter un recours pour excès de pouvoir, le justiciable doit établir que l'acte attaqué l'affecte dans des conditions suffisamment spéciales, certaines et directes ».

1. — L'acte attaqué doit d'abord toucher le requérant dans des *conditions suffisamment spéciales*. Comme l'avait dit M. Chenot dans ses conclusions sur l'affaire *Gicquel*, cette exigence implique que les conséquences de l'acte attaqué « placent le requérant dans une catégorie nettement définie d'intéressés. Autrement dit, il n'est pas nécessaire que l'intérêt invoqué soit propre et spécial au requérant, mais il doit s'inscrire dans un cercle où la jurisprudence a admis des collectivités toujours plus vastes d'intéressés, sans l'agrandir toutefois jusqu'aux dimensions de la communauté nationale ».

3 *a)* Les contribuables de l'État (*Dufour*, préc. ; CE 26 juill. 2011, *Mme Sroussi et autres*, Rec. 1066 ; AJ 2011.1959, note Cassia), les citoyens (CE 23 sept. 1983, *Lepetit*, Rec. 372), les habitants d'un territoire d'outre-mer, dès lors qu'ils agissent en cette seule qualité (CE, Sect., 2 avr. 1954, *Gaebelé*, Rec. 212 ; Rec. Penant, 1954.262, concl. Laurent, note de Soto) ne satisfont pas au critère de spécialité de l'intérêt. Il en va de même d'un particulier qui, pour contester des arrêtés interdisant une préparation pharmaceutique et portant classement sur la liste des substances vénéneuses se borne à invoquer de façon générale l'intérêt des consommateurs (CE 29 déc. 1995, *Beucher*, Rec. 480), d'un téléspectateur, se présentant comme soucieux de la protection de l'enfance, qui conteste le refus du Conseil supérieur de l'audiovisuel de toute prise de position sur la vidéomusique d'une chanson (CE janv. 2002, *Stiegler*, Rec. 10) ou encore d'un conseiller régional qui, en cette qualité, entend critiquer des dispositions réglementaires sur le référé devant le tribunal de grande instance (CE 5 juill. 2000, *Tête*, Rec. 302).

4 *b)* En revanche, le Conseil d'État a admis implicitement dans l'arrêt *Gicquel*, que les sinistrés forment une catégorie assez nettement définie pour être recevables à attaquer les actes les concernant. Il a estimé également qu'un propriétaire de biens ruraux a qualité pour agir contre un décret relatif aux conditions d'exercice du droit de préemption reconnu par la loi aux sociétés d'aménagement foncier et d'établissement rural (CE, Sect., 4 juin 1965, *Laudy*, Rec. 336 ; JCP 1966.II.14489, concl. Galmot, note Ourliac et de Juglart). Le Conseil d'État a même considéré qu'une société commerciale peut attaquer une disposition réglementaire du Code pénal prise en application de l'article 37 de la Constitution de 1958 et punissant l'emploi de moyens de paiement autres que les signes monétaires ayant cours légal (CE, Sect., 12 févr. 1960, *Société Eky*, Rec. 101 ; S. 1960.131, concl. Kahn ; D. 1960.236, note L'Huillier ; JCP 1960.II.11629 *bis*, note Vedel). Dans ce dernier cas, la requérante ne justifiait d'aucun intérêt qui ne soit commun à tous ceux qui habitent le territoire. Mais précisément, le Conseil d'État a eu le souci d'éviter qu'un acte pénalement sanctionné ne puisse être contesté par personne. Dans le même ordre d'idées, il suffit d'être électeur pour avoir intérêt à attaquer les actes relatifs à l'organisation d'un référendum (CE, Ass., 19 oct. 1962, *Brocas*, Rec. 553 ; v. n° 3.4).

2. — L'acte attaqué doit également affecter le requérant de façon suffisamment directe et certaine.

5 *a)* Dans les domaines où les répercussions financières ou économiques des décisions administratives sont difficiles à appréhender, le Conseil d'État a été amené à considérer que l'intérêt invoqué ne donnait pas qualité pour former un recours pour excès de pouvoir : irrecevabilité

d'une requête formée par des greffiers contre un règlement relatif à la perception directe des amendes en matière de police de la circulation bien que ce mode de recouvrement ait pour effet de diminuer le nombre des amendes infligées par les tribunaux (CE, Sect., 22 févr. 1957, *de Chardon*, Rec. 123) ; irrecevabilité d'une requête d'usagers de l'électricité contre un décret qui, sans affecter le prix de vente du courant, qui reste déterminé par les cahiers des charges en vigueur, a pour effet d'accroître les charges d'Électricité de France (CE, Sect., 16 nov. 1962, *Association nationale des usagers de l'électricité*, Rec. 610).

De même, c'est en raison des effets très aléatoires de la décision contestée que le Conseil d'État a dénié à une commune un intérêt suffisant à contester l'agrément accordé par le préfet à une association de protection de l'environnement (CE, Sect., 13 déc. 2006, *Commune d'Issy-les-Moulineaux*, Rec. 556 ; RFDA 2007.26, concl. Verot ; AJ 2007.367, chr. Lenica et Boucher).

Les communes sur le territoire desquelles sont mis en œuvre des compteurs d'électricité communicants de type « *Linky* », ne justifient pas d'un « intérêt suffisamment direct » pour saisir d'une plainte la Commission nationale de l'informatique et des libertés et déférer au juge le refus de cette dernière d'engager des procédures disciplinaires (CE 11 juill. 2018, *Commune de Troyon et autres*, Rec. 695 ; AJ 2019.402, note Eddazi).

N'est cependant pas regardée comme aléatoire l'incidence pour un salarié de la décision de validation ou d'homologation d'un plan de sauvegarde de l'emploi lorsque ce dernier conduit l'employeur à proposer à l'intéressé, au titre du projet de licenciement collectif, une modification de son contrat de travail susceptible d'entraîner en cas de refus de sa part, son licenciement pour cause économique (CE, Ass., 22 juill. 2015, *Société Pages Jaunes, ministre du travail, de l'emploi, de la formation professionnelle et du dialogue social*, Rec. 268, concl. Dumortier ; AJ 2015.1632, chr. Lessi et L. Dutheillet de Lamothe).

A fortiori, dans la mesure où le transfert d'une voie privée ouverte à la circulation publique dans le domaine public communal a pour effet notamment de mettre son entretien à la charge de la commune, les riverains de la voie justifient d'un intérêt pour demander l'annulation de la décision refusant un tel transfert (CE 27 mai 2020, *M. et Mme Méret et autres,* Rec. 887).

En matière de permis de construire le juge administratif, en partant de l'idée que la législation a pour finalité des impératifs d'urbanisme, a dénié à un agent immobilier un intérêt à déférer, en cette qualité, un permis accordé dans une commune à un professionnel concurrent (CE, Sect., 5 oct. 1979, *SCI Adal d'Arvor*, Rec. 365 ; « Droit et Ville », 1980.188, concl. Galabert). Il a adopté une solution identique pour le pourvoi exercé par une société exploitant des salles de cinéma à l'encontre d'un permis de construire délivré à une société concurrente (CE, Sect., 13 mars 1987, *Société albigeoise de spectacles*, Rec. 97 ; AJ 1987.334, chr. Azibert et de Boisdeffre ; D. 1988.66, note Thouroude). L'intérêt pour agir est, en ce domaine, apprécié en fonction de la proximité par rapport à la construction et de la nature de celle-ci (CE 27 oct. 2006, *Mme Dreysse*, Rec. 1109 ; AJ 2007.316, note Nicoud).

Cependant, en vue de faire échec à des recours abusifs, l'ordonnance du 18 juill. 2013 relative au contentieux de l'urbanisme, complétée par la loi du 23 nov. 2018 portant évolution du logement, de l'aménagement et de l'urbanisme, ont apporté des restrictions. D'une part, c'est à la date de l'affichage en mairie de la demande d'autorisation et non à celle de l'introduction de la requête que doit en principe être apprécié l'intérêt pour agir.

D'autre part, l'art. L 600-1-2 du Code de l'urbanisme subordonne l'intérêt pour agir à la circonstance que la construction, l'aménagement ou le projet autorisé est de nature « à affecter directement les conditions d'occupation, d'utilisation ou de jouissance du bien » du requérant. En application de ce texte, le voisin immédiat justifie, en principe, d'un intérêt pour agir (CE 13 avr. 2016, *Bartolomei*, Rec. 135), y compris s'il s'agit d'un syndicat de copropriétaires (CE 24 févr. 2021, *Syndicat de copropriétaires de la résidence La Dauphine et autres*, AJ 2021.477). En dehors de ce cas, l'intérêt pour agir a été également admis pour contester le permis d'une station de conversion électrique en raison des nuisances qu'elle entraîne (CE 10 juin 2015, *Brodelle et Mme Gino*, Rec. 191 ; RFDA 2015.993, concl. Lallet ; Constr.-Urb. 2015, comm. 119, note Santoni). Pour l'autorisation des éoliennes, le juge privilégie le critère de la distance sur celui de la visibilité (CE 16 mai 2018, *Société P. et T. Technologie*, Rec. 703).

6 *b)* En matière réglementaire, le Conseil d'État admet plus aisément l'existence d'un intérêt suffisamment direct et suffisamment certain. Il a considéré qu'un campeur est recevable à ce seul titre à attaquer un arrêté municipal réglementant le camping, même si cet arrêté ne lui a pas été encore personnellement opposé : il peut être en effet, un jour ou l'autre, amené à planter sa tente sur le territoire de cette commune (CE, Sect., 14 févr. 1958, *Abisset*, Rec. 98, concl. Long ; AJ 1958.II.221, chr. Fournier et Combarnous ; GACA, n° 36). De même un hôtelier a intérêt à demander l'annulation d'un règlement relatif aux dates et à la durée des vacances scolaires (CE, Sect., 28 mai 1971, *Damasio*, Rec. 391, concl. J. Théry ; AJ 1971.406, chr. Labetoulle et Cabanes), une journaliste judiciaire est recevable à contester un décret qui réduit la publicité des audiences (CE, Ass., 4 oct. 1974, *Dame David*, Rec. 464, concl. Gentot ; AJ 1974.525, chr. Franc et Boyon, D. 1975.369, note J.-M. Auby ; JCP 1974.II.17967, note R. Drago), un ouvrier portugais a intérêt à contester une circulaire relative à la situation en France des travailleurs salariés étrangers (CE 13 janv. 1975, *Da Silva et Confédération française démocratique du travail*, Rec. 16 ; v. n° 78.5), ou encore, un avocat spécialisé en droit social, justifie d'un intérêt à demander l'annulation du refus d'abroger une disposition réglementaire relative aux conditions dans lesquelles s'exerce un mandat de représentation d'un employeur à l'occasion d'une procédure de reconnaissance du caractère professionnel d'un accident ou d'une maladie (CE 3 oct. 2016, *Pradel*, Rec. 615).

Toutefois, ne justifie pas d'un intérêt direct et certain lui donnant qualité pour agir contre une instruction de l'administration fiscale, une association, créée par un collaborateur et un avocat associés d'un même cabinet, s'assignant par ses statuts l'objet très général d'aider et d'assister les personnes qui souhaitent régulariser leur situation fiscale (CE 13 oct. 2016, *Association des contribuables repentis*, Rec. 714).

7 *c)* Le souci de soumettre *les autorités administratives indépendantes* au respect de la légalité a conduit le Conseil d'État à admettre qu'une personne qui intervient sur un marché soumis au contrôle d'une telle autorité, justifie de ce seul fait d'un intérêt lui donnant qualité pour contester une décision refusant de donner suite à une plainte dont elle l'avait saisie (CE, Sect., 30 nov. 2007, *Tinez c. Autorité de contrôle des assurances et autres*, Rec. 459 ; RFDA 2008.521 et Dr. soc. 2008.477, concl. Olléon ; RD publ. 2008.651, comm. Guettier ; RJEP 2008, comm. 11, M. Collet ; JCP 2008.I.132, § 2, chr. Plessix ; LPA 9 juin 2008, note F. Melleray).

9

COMMUNES – MAIRES
POUVOIRS DE POLICE
RECOURS POUR EXCÈS DE POUVOIR
QUALITÉ POUR AGIR
DES AUTORITÉS ADMINISTRATIVES

Conseil d'État, 18 avril 1902, *Commune de Néris-les-Bains*
(Rec. 275 ; S. 1902.3.81, note Hauriou ; Rev. gén. d'adm. 1902.2.297, note Legouix)

Cons. qu'il résulte des dispositions de l'art. 91 de la loi du 5 avr. 1884 que la police municipale appartient au maire et que les pouvoirs qui lui sont conférés en cette matière par l'art. 97 de la loi s'exercent, non sous l'autorité, mais sous la surveillance de l'administration supérieure ; *que, si l'art. 99 autorise le préfet à faire des règlements de police municipale pour toutes les communes du département ou pour plusieurs d'entre elles, aucune disposition n'interdit au maire d'une commune de prendre sur le même objet et pour sa commune, par des motifs propres à cette localité, des mesures plus rigoureuses ;*

Cons. que pour annuler l'arrêté du maire du 24 mai 1901, qui interdisait d'une manière absolue les jeux d'argent dans tous les lieux publics de la commune de Néris-les-Bains, le préfet du département de l'Allier s'est fondé sur ce que cet arrêté aurait été pris en violation d'un arrêté préfectoral du 8 août 1893, qui, tout en édictant pour toutes les communes du département la même prohibition, avait réservé toutefois au ministre de l'intérieur, le droit d'autoriser les jeux dans les stations thermales, par application de l'art. 4 du décret du 24 juin 1806 ;

Mais cons. que le décret du 24 juin 1806 a été abrogé dans son entier tant par le Code pénal que par la loi du 18 juill. 1836, dont l'art. 10 dispose qu'à partir du 1er janv. 1838 les jeux publics sont prohibés ; que, dès lors, en prenant son arrêté du 5 juin 1901 pour réserver à l'administration supérieure un pouvoir qui ne lui appartient plus, et en annulant un arrêté pris par le maire pour assurer dans sa commune l'exécution de la loi, le préfet a excédé les pouvoirs de surveillance hiérarchique qui lui appartiennent ; ... (Annulation).

OBSERVATIONS

L'arrêt Commune de Néris-les-Bains, *outre l'intérêt pour agir d'une autorité décentralisée contre un acte de l'autorité de tutelle, règle les rapports entre autorités de police, comme le feront les arrêts* Société Lutetia* *et* Morsang-sur-Orge*.

1 **I.** — Le préfet de l'Allier avait, par arrêté, interdit les jeux d'argent dans les lieux publics, sauf dérogation accordée par le ministre de l'intérieur pour les stations thermales. Cet arrêté de police était applicable à toutes les communes du département. Cependant le maire de l'une de ces communes édicta la même prohibition, mais de manière absolue et sans possibilité de dérogation. Le préfet, usant de son pouvoir de tutelle, annula l'arrêté du maire, en se fondant sur un décret qui n'était plus en vigueur. Le maire déféra la décision du préfet au Conseil d'État, qui lui donna satisfaction en admettant à la fois la recevabilité et le bien-fondé de son recours.

Cet arrêt est tout d'abord intéressant en ce qu'il pose le principe que le maire peut normalement aggraver, pour sa commune, les mesures de police prises par le préfet pour toutes les communes du département : ce principe devait être consacré avec plus de force encore par l'arrêt *Labonne** du 8 août 1919, généralement considéré comme l'arrêt fondamental en cette matière. Mais la fortune de cet arrêt est due surtout à ce qu'*il a admis que le maire est recevable à attaquer, par la voie du recours pour excès de pouvoir, une décision prise par le préfet agissant en tant qu'autorité de tutelle et annulant un acte du requérant.* Comme l'a dit Hauriou dans sa note, il pose la question de savoir « jusqu'à quel point un acte accompli par une autorité, dans la mesure de ses attributions, est sa chose... et, par suite, jusqu'à quel point le fait qu'elle a accompli un acte et qu'ensuite cet acte est annulé par l'administration supérieure lui donne intérêt légitime à intenter le recours pour excès de pouvoir contre l'arrêté ou le décret d'annulation ».

II. — Plus largement encore, l'arrêt *Commune de Néris-les-Bains* se situe à l'origine de la jurisprudence relative à la recevabilité du recours pour excès de pouvoir intenté par une autorité administrative contre les actes d'une autre autorité administrative. Diverses hypothèses doivent être envisagées dans ce domaine.

2 ***A.*** — Recours d'un ministre contre la décision d'un autre ministre.

La possibilité d'un tel recours a été admise par le Conseil d'État dans des arrêts de Section des 10 mars 1933, *Ministre des finances* (Rec. 307), et 2 nov. 1934, *Ministre de l'intérieur* (Rec. 996 ; S. 1935.3.105, note Alibert). Elle peut sembler étonnante à première vue, puisqu'elle aboutit à un procès que l'État se fait à lui-même et qu'elle porte atteinte au principe de l'unité de l'État ; elle s'explique par l'idée que le recours pour excès de pouvoir est destiné, non seulement à protéger certains intérêts purement personnels, mais aussi et surtout à assurer le respect de la légalité par l'administration.

B. — Recours d'un membre du gouvernement de Nouvelle-Calédonie contre un acte de ce gouvernement.

Eu égard aux dispositions du statut de la Nouvelle-Calédonie aux termes desquelles « *le gouvernement est chargé collégialement et soli-*

dairement des affaires de sa compétence », les membres de ce gouvernement n'ont pas, à ce titre, intérêt leur donnant qualité pour demander l'annulation d'arrêtés du gouvernement auquel ils appartiennent (CE 27 juill. 2015, *Gouvernement de la Nouvelle-Calédonie*, Rec. 300).

3 *C.* — Recours d'une autorité inférieure contre les actes d'une autorité supérieure.

Dans une administration centralisée et hiérarchisée, il semblerait normal que de tels recours fussent exclus. Le Conseil d'État, animé par le souci du respect de la légalité, a toutefois admis le recours pour excès de pouvoir dans certains cas. Des distinctions sont donc nécessaires :

– lorsqu'il s'agit *d'autorités hiérarchisées*, l'agent subordonné n'est jamais recevable à attaquer les décisions de son supérieur par la voie du recours pour excès de pouvoir. Ce faisant, il contesterait l'appréciation de l'intérêt public faite par son supérieur hiérarchique ; or il est aujourd'hui admis que, si les agents publics peuvent attaquer les décisions portant atteinte à leur statut ou à leurs intérêts de carrière, ils ne sont pas en principe recevables à attaquer les actes concernant l'organisation et le fonctionnement du service public (v. obs. sous CE 11 déc. 1903, *Lot**) ;

– lorsqu'il s'agit *d'autorités décentralisées*, le recours est admis par le Conseil d'État contre les mesures de contrôle prises par les autorités de tutelle, ainsi que contre les actes pris par ces dernières dans l'exercice de leur pouvoir de substitution (v. par ex. : CE, Ass., 1er juin 1956, *Ville de Nîmes c. Pabion*, Rec. 218 ; RPDA 1956.121, concl. Laurent). Ce recours est accordé, non seulement à la collectivité décentralisée en tant que personne morale, mais aussi aux autorités locales elles-mêmes (maires, conseils municipaux, etc.). Tel a été l'apport essentiel de l'arrêt *Commune de Néris-les-Bains*, qui reconnaît une ample autonomie aux autorités décentralisées, en permettant aux communes et à leurs agents de se défendre efficacement contre les mesures illégales de contrôle prises par les autorités centrales et contre toute atteinte illégale aux règles de décentralisation. Il est évident cependant que la recevabilité du recours est exclue lorsque l'agent décentralisé a agi comme autorité du pouvoir central, ainsi que le fait le maire agissant, au nom de l'État, « sous l'autorité de l'administration supérieure » (CE 21 juin 1961, *Maire de Thionville*, Rec. 422).

D. — Recours d'une autorité supérieure contre les actes d'une autorité inférieure.

Deux séries d'hypothèses doivent encore être envisagées.

4 Lorsqu'il s'agit *d'autorités hiérarchisées*, l'agent supérieur n'a en principe aucun besoin du recours contentieux contre la décision de son subordonné, car il peut normalement l'annuler administrativement par la voie du contrôle hiérarchique (CE 3 janv. 1975, *SCI Foncière Cannes-Benefiat et ministre de l'aménagement du territoire, de l'équipement, du logement et du tourisme*, Rec. 1 ; AJPI 1975, concl. Labetoulle ; D. 1976.7, note Petite ; RD publ. 1975.1693, note M. Waline ; – Sect., 16 nov. 1992, *Ville de Paris*, Rec. 406 ; AJ 1993.54, concl. Legal ; RFDA

1993.602, note Morand-Deviller et Moreno). C'est au contraire la voie contentieuse qui est ouverte au ministre à l'égard des décisions prises par des organismes collégiaux dotés de pouvoirs propres et échappant à tout contrôle hiérarchique, comme les anciennes commissions de la notoriété médicale (v. concl. Braibant sur CE, Sect., 24 avr. 1964, *Delahaye, Villard et ministre du travail c. Duflot*, Dr. soc. 1964.433) et les anciens conseils de révision (Sect., 6 déc. 1968, *Ministre des armées c. Ruffin*, p. 626 ; RD publ. 1969.700, concl. Rigaud ; AJ 1969.20, chr. Dewost et Denoix de Saint Marc). Cette dernière solution a été reprise par le Conseil constitutionnel dans sa décision *n° 86-217 DC* du 18 sept. 1986 concernant la loi relative à la liberté de communication, qui fait état de la soumission de la Commission nationale de la communication et des libertés, « à l'instar de toute autorité administrative », au contrôle de légalité « qui pourra être mis en œuvre tant par le gouvernement… responsable devant le Parlement de l'activité des administrations de l'État, que par toute personne qui y aurait intérêt » (*n° 86-217 DC*, 18 sept. 1986, Rec. 141 ; AJ 1987.102, note Wachsmann).

5 S'agissant des actes d'une *autorité décentralisée*, la jurisprudence a posé des règles qui n'ont pas été fondamentalement remises en cause par la loi du 2 mars 1982 sur les droits et libertés des communes, des départements et des régions. Il est admis de longue date par le Conseil d'État que l'autorité de tutelle peut demander au juge administratif d'annuler les actes d'une collectivité territoriale à l'égard desquels elle ne dispose d'aucun pouvoir d'annulation par la voie de la tutelle administrative (CE 24 nov. 1911, *Commune de Saint-Blancard*, Rec. 1089 ; S. 1912.3.1, note Hauriou). Le recours pour excès de pouvoir peut être précédé d'un recours gracieux auprès de l'autorité décentralisée qui conserve le délai de recours contentieux (CE 16 mai 1984, *Commune de Vigneux-sur-Seine*, Rec. 182).

Depuis l'intervention de la loi du 2 mars 1982, il appartient au seul juge administratif, saisi par le représentant de l'État dans les deux mois suivant la réception par ce dernier d'un acte pris ou d'un contrat passé par une autorité décentralisée, qu'il estime contraire à la légalité, de se prononcer sur cette éventuelle illégalité et, le cas échéant, d'annuler en tout ou en partie l'acte qui lui est ainsi déféré.

Dans la ligne de sa jurisprudence antérieure, le Conseil d'État a estimé que le préfet pouvait faire précéder la saisine du tribunal administratif d'un recours gracieux qui préserve le délai du recours contentieux sous réserve pour son auteur d'attaquer en temps utile le rejet implicite de son recours gracieux résultant du silence gardé sur ce dernier, initialement pendant quatre mois, depuis l'entrée en vigueur de la loi du 12 avr. 2000 pendant deux mois (CE, Sect., 6 déc. 1995, *Préfet des Deux-Sèvres c. Commune de Neuvy-Bouin*, Rec. 425 ; RF décentr. 1996, n° 3, 113, concl. Touvet ; RFDA 1996.329, note Douence).

En raison de l'ampleur des pouvoirs conférés par la loi au préfet, le Conseil d'État a estimé qu'il était recevable à déférer au tribunal administratif des délibérations des collectivités territoriales alors même qu'elles ne constituent que de simples actes préparatoires de futures décisions (CE, Ass., 15 avr. 1996, *Syndicat CGT des Hospitaliers de Bédarieux*, Rec. 130 ; AJ 1996.366, chr. Stahl et Chauvaux). Quant aux actes que le représentant de l'État n'a pas la possibilité de déférer au tribunal sur le fondement de la loi du 2 mars 1982, ils sont passibles d'un recours pour excès de pouvoir de la part du préfet, comme de toute personne intéressée (CE, Sect., 13 janv. 1988, *Mutuelle générale des personnels des collectivités locales*, Rec. 7, concl. Roux ; RFDA 1988.282, concl. ; RD publ. 1988.853, note Llorens ; AJ 1988.143, chr. Azibert et de Boisdeffre ; D. 1989.66, note Négrin).

10

ACTES ADMINISTRATIFS
EXÉCUTION FORCÉE

Tribunal des conflits, 2 décembre 1902, ***Société immobilière de Saint-Just***
(Rec. 713, concl. Romieu ; D. 1903.3.41, concl. ; S. 1904.3.17, concl., note Hauriou ; GCJA, vol. 1, n° 24, concl. ; RD publ. 2018.1037, art. Blaquière)

Sur la recevabilité de l'arrêté de conflit : Cons. qu'aux termes de l'art. 8 de l'ordonnance du 1er juin 1828 le délai de quinzaine dans lequel doit être élevé le conflit court du jour de l'envoi fait au préfet du jugement rendu sur la compétence ;

Cons. que si, d'après l'extrait du registre de mouvement, la copie de l'arrêt du 13 août 1902, qui a rejeté le déclinatoire, a été adressée le 14 août par le procureur général, il n'en résulte pas que le préfet du Rhône n'ait pas eu connaissance de cet arrêt de la cour de Lyon lorsqu'à la date du 13 août il a pris l'arrêté de conflit qui vise la décision intervenue conformément à l'art. 9 de l'ordonnance du 1er juin 1828 ; que, dès lors, l'arrêté de conflit susvisé est recevable ;

Sur la validité de l'arrêté de conflit : Cons. que, par son arrêté en date du 26 juill. 1902, le préfet du Rhône a ordonné l'évacuation immédiate de l'établissement formé à Lyon, rue des Farges, n° 22, par la congrégation des sœurs de Saint-Charles et prescrit l'apposition des scellés sur les portes et les fenêtres de l'immeuble ;

Cons. qu'en prenant cet arrêté d'après les ordres du ministre de l'intérieur et des cultes le préfet a agi dans le cercle de ses attributions, comme délégué du pouvoir exécutif, en vertu du décret du 25 juill. 1902 qui a prononcé la fermeture dudit établissement par application de l'art. 13, § 3, de la loi du 1er juill. 1901 :

Cons. qu'il ne saurait appartenir à l'autorité judiciaire d'annuler les effets et d'empêcher l'exécution de ces actes administratifs ; que l'apposition des scellés, ordonnés comme suite et complément de l'évacuation forcée des locaux, et le maintien temporaire desdits scellés ne constituent pas un acte de dépossession pouvant servir de base à une action devant l'autorité judiciaire ; que, par la suite, la demande formée au nom de la société propriétaire de l'immeuble dont il s'agit tendant à obtenir la levée des scellés apposés pour assurer l'exécution des décret et arrêté précités ne pouvait être portée que devant la juridiction administrative, seule compétente pour apprécier la légalité des actes d'administration et pour connaître des mesures qui en sont la conséquence ; que, de ce qui précède, il résulte que la cour d'appel de Lyon, en se déclarant compétente a violé le principe de la séparation des pouvoirs ;

Cons., d'autre part, qu'après avoir rejeté le déclinatoire la cour a, dans le même arrêt, passé outre au jugement au fond ; qu'elle a ainsi méconnu les prescriptions des art. 7 et 8 de l'ordonnance du 1er juin 1828 ; ... (Arrêté de conflit confirmé).

OBSERVATIONS

1 Cet arrêt est devenu célèbre par les conclusions que le commissaire du gouvernement Romieu a données dans cette affaire, qui contiennent la doctrine consacrée depuis lors par la jurisprudence en matière d'*exécution forcée des décisions administratives*.

Les faits étaient les suivants. Un décret ayant ordonné en application de la loi du 1er juill. 1901 la fermeture d'un établissement non autorisé d'une congrégation religieuse, le préfet du Rhône prescrivit par arrêté l'évacuation immédiate de l'établissement ; le même jour le commissaire de police notifia l'arrêté préfectoral à la supérieure, fit évacuer l'immeuble par les sœurs et, après le départ de celles-ci, apposa les scellés. La société propriétaire de l'immeuble demanda aux tribunaux judiciaires la mainlevée des scellés ; le conflit ayant été élevé, la question se posait de savoir si l'apposition des scellés devait être considérée comme une mesure administrative ou comme un acte de dépossession pouvant fonder la compétence de l'autorité judiciaire. Le Tribunal des conflits, considérant que le préfet avait agi « dans le cercle de ses attributions » en prenant l'arrêté en vertu du décret ayant prononcé la fermeture de l'établissement, « il ne saurait appartenir à l'autorité judiciaire d'annuler les effets et d'empêcher l'exécution de ces actes administratifs ». C'est une application du principe de la séparation des autorités administratives et judiciaires.

L'arrêté de conflit fut donc confirmé.

Pour expliquer cette solution, Romieu avait exposé la théorie générale de l'exécution forcée des actes administratifs. L'idée essentielle est que l'administration ne doit pas en principe exécuter de force ses propres décisions ; c'est l'emploi de sanctions pénales, prononcées par le juge répressif, avec toutes les garanties que comporte la procédure pénale, qui doit assurer normalement l'exécution des actes administratifs. Mais les sanctions pénales sont impossibles lorsqu'aucun texte législatif ne les a prévues. L'administration sera-t-elle alors obligée d'assister impassible à la désobéissance des administrés ? Cette solution ne peut évidemment pas être acceptée en France, « pays d'administration et de centralisation, pays du principe de la séparation des pouvoirs » : la loi – et l'administration agit en exécution de la loi – doit être obéie, et elle le sera par la force s'il n'y a aucun autre moyen possible. L'exécution forcée est selon Romieu « un moyen empirique justifié légalement, à défaut d'autre procédé, par la nécessité d'assurer l'obéissance à la loi ».

L'exécution forcée, par l'usage de la coercition contre les administrés récalcitrants, et sa variante l'exécution d'office, consistant pour l'administration à agir à la place des administrés défaillants, est donc possible, mais elle ne doit être employée que si l'obéissance des administrés ne peut être obtenue autrement : elle a ainsi un caractère nettement subsidiaire. Le privilège d'exécution d'office n'existe donc, contrairement à ce que l'on croit souvent, que dans des cas assez exceptionnels et dans un domaine nettement circonscrit par la jurisprudence.

2 L'exécution forcée est tout d'abord licite dans *deux hypothèses très générales :*

1°) lorsque *la loi* l'autorise expressément : par exemple, selon la loi du 3 juill. 1877, art. 21 (aujourd'hui art. L. 2221-10 du Code de la défense), les réquisitions militaires peuvent être exécutées par la force si besoin ; différents textes relatifs à l'environnement permettent l'exécution d'office des mesures prescrites par l'autorité administrative (Code de l'environnement, art. L. 514-4, L. 535-6 et 7 et L. 581-29 ; Code forestier, art. L. 131-11) ; il en va de même de textes relatifs à la sécurité routière (Code de la route, art. L. 325-1) et à la sécurité civile (par ex. Code minier, art. L. 163-7), à l'entrée et au séjour des étrangers (art. L 513-1, art. L. 523-1 et art. L. 531-1 du Code de l'entrée et du séjour des étrangers et du droit d'asile) ; le Conseil constitutionnel a reconnu, à propos des dispositions relatives à cette dernière hypothèse, « que les décisions prises dans le cadre d'un régime de police administrative sont susceptibles d'être exécutées d'office » (CC *n° 93-325 DC, 13 août 1993*, cons. 7, Rec. 224 ; v. n° 78.2) ; le Tribunal des conflits en a tiré les conséquences (20 juin 1994, *Madaci et Youbi*, Rec. 603) ;

2°) lorsqu'il y a *urgence* : comme le dit Romieu, « *il est de l'essence même du rôle de l'administration d'agir immédiatement et d'employer la force publique sans délai ni procédure, lorsque l'intérêt immédiat de la conservation publique l'exige ; quand la maison brûle, on ne va pas demander au juge l'autorisation d'y envoyer les pompiers* ». L'existence de sanctions pénales ne modifie en rien cette conséquence de l'urgence. L'urgence valide ainsi, à elle seule, des mesures qui seraient autrement illégales. Elle a, en matière d'exécution forcée, les mêmes effets que les circonstances exceptionnelles (par ex. CE 4 juin 1947, *Entreprise Chemin*, Rec. 246) (v. nos obs. sous l'arrêt CE 28 juin 1918, *Heyriès**). Dans tous les cas, elle provoque « une sorte de renversement des valeurs juridiques » (Mestre). C'est pourquoi le juge examine chaque fois s'il y avait effectivement urgence ou péril immédiat (*cf.* CE, Ass., 22 nov. 1946, *Mathian*, Rec. 278 ; S. 1947.3.41, note Mestre ; JCP 1947.II.3377, concl. Célier ; TC 8 avr. 1935, *Action française*, Rec. 226, concl. Josse ; v. n° 109.1 ; – 19 mai 1954, *Office publicitaire de France*, Rec. 703 ; v. n° 29.6 ; – 21 juin 1993, *Préfet de la Corse, Préfet de la Corse du Sud*, Rec. 402 ; D. 1994.37, note Muscatelli et Pastorel).

3 *En l'absence de texte ou d'urgence*, l'exécution forcée (ou d'office) des décisions administratives n'est licite que lorsque les quatre conditions suivantes sont réunies.

1°) Il faut avant tout qu'il n'y ait *aucune autre sanction* légale : cette condition, placée en troisième lieu seulement par Romieu est en réalité la condition essentielle de la légalité de l'exécution d'office. Comme l'a dit le commissaire du gouvernement Léon Blum dans ses conclusions sur l'affaire *Abbé Bouchon* (CE 17 mars 1911, Rec. 341, concl. Blum), « l'exécution administrative n'est justifiée en principe que par la nécessité d'assurer l'obéissance à la loi et l'impossibilité de l'assurer par tout autre procédé juridique ».

La sanction légale excluant l'exécution d'office est avant tout la sanction pénale. C'est à elle que pensait Romieu : « *si la sanction pénale existe, l'exécution forcée administrative n'existe pas, en dehors des cas d'urgence, de sécurité, que tout le monde est d'accord pour réserver* ». C'est parce que la loi du 1er juill. 1901 supprimant les congrégations ne comportait aucune sanction pénale que l'emploi de la contrainte fut jugé licite ; ce ne devait plus être le cas après que la loi du 4 déc. 1902 eut introduit à l'article 16 de la loi de 1901 des sanctions pénales pour violation des dispositions sur la fermeture des établissements congréganistes. De même, parce que les règlements de police sont sanctionnés par l'art. R. 610-5 du Code pénal, leur exécution forcée est en principe impossible. Le principe a trouvé des applications célèbres. L'exécution d'office des réquisitions civiles intervenues en vertu de la loi du 11 juill. 1938 sur l'organisation de la nation en temps de guerre a été jugée illégale, sauf le cas d'urgence, car l'art. 31 de cette loi prévoyait des peines d'amende et de prison à l'encontre de ceux qui désobéissent aux ordres de réquisition. Quant aux réquisitions de logement prévues par l'ordonnance du 11 oct. 1945, leur exécution forcée a été considérée pendant plusieurs années comme illégale et constituant – sauf cas d'urgence – une voie de fait justifiant la compétence judiciaire, la jurisprudence ayant estimé que les sanctions pénales de la loi du 11 juill. 1938 étaient applicables aux réquisitions effectuées en vertu de l'ordonnance de 1945 (TC 30 oct. 1947, *Barinstein*, Rec. 511 ; v. nº 107.1) ; mais la Cour de cassation ayant pris une position contraire et estimé que les pénalités prévues par la loi du 11 juill. 1938 ne pouvaient, en raison du principe de l'interprétation étroite des textes en matière pénale, être appliquées à de telles réquisitions (Crim., 11 mai 1949, S. 1949.1.129, note P. de F.R. ; D. 1949.261, rapport Pépy), le Tribunal des conflits revint sur sa jurisprudence, et décida « qu'à défaut de toute sanction pénale les prescriptions de ladite ordonnance (du 11 oct. 1945) ne peuvent rester lettre morte ; que, dans ces conditions, l'administration a pu légalement procéder… à l'exécution forcée de l'ordre de réquisition »… (TC 12 mai 1949, *Dumont*, Rec. 596 ; JCP 1949.II.4908, note Fréjaville ; RD publ. 1949.371, note M. Waline).

4 Allant plus loin que Romieu, la jurisprudence considère que ce n'est plus seulement l'existence d'une sanction pénale, mais la possibilité d'user de tout autre procédé légal pour obtenir l'obéissance du récalcitrant, qui exclut l'action forcée. Il en est ainsi de la possibilité d'exercer une action judiciaire quelconque ou d'obtenir le même résultat par des voies de droit différentes (CE 23 janv. 1925, *Anduran*, Rec. 82 ; D. 1925.3.43, concl. Josse : illégalité de l'apposition des scellés sur une minoterie alors que le résultat recherché aurait pu être obtenu par la suspension des livraisons de blé ou l'exercice du droit de réquisition). L'arrêt *Abbé Bouchon* du 17 mars 1911 (préc.) résume cette jurisprudence par une formule particulièrement large couvrant « *toute autre procédure pouvant être utilement employée* ». A contrario, « *l'administration qui a usé auprès du juge compétent des voies de droit pour faire*

cesser l'occupation de... terrains, qu'elle estimait irrégulière, n'a pas commis, quel que soit le mérite de ses prétentions, une voie de fait en se croyant en droit d'utiliser les terrains » (TC 24 févr. 1992, *Couach*, Rec. 479 ; AJ 1992.327, chr. Maugüé et Schwartz ; JCP 1993.II.21984, note Lavialle).

Mais les voies de droit n'existent pas toujours : le Conseil d'État a ainsi considéré « *que les dispositions du nouveau Code de procédure civile et notamment les dispositions de l'article 31 dudit code relatives à l'intérêt pour agir, n'ont pas pour objet d'habiliter l'autorité administrative à agir au nom de l'État devant le juge civil aux fins de faire respecter la loi* » (Ass., 21 oct. 1994, *Société Tapis Saint Maclou*, Rec. 451, concl. Bonichot ; Dr. soc. 1995.139, concl. ; RFDA 1995.689, concl. ; AJ 1994.874, chr. Touvet et Stahl). Dès lors, « à défaut de toute action judiciaire pouvant être exercée par le représentant de l'autorité », il n'y a pas de voie de fait à recourir à l'exécution forcée (CE 12 mars 1909, *Commune de Triconville*, Rec. 275, concl. Chardenet).

5 *2°)* « Il faut que l'opération administrative pour laquelle l'exécution est nécessaire ait sa source dans un texte de loi précis ».

3°) « Il faut qu'il y ait lieu à exécution forcée », c'est-à-dire que l'exécution de l'acte se soit heurtée à une *résistance certaine* ou du moins à une « mauvaise volonté caractérisée » (concl. Célier préc. sur CE, Ass., 22 nov. 1946, *Mathian*).

4°) « Il faut que les mesures d'exécution forcée tendent uniquement, dans leur objet immédiat, à la réalisation de l'opération prescrite par la loi », c'est-à-dire qu'elles ne doivent pas aller au-delà de *ce qui est strictement nécessaire* pour assurer l'obéissance à la loi : il ne faut pas que, sous prétexte d'assurer par la contrainte l'exécution d'une décision légale, l'administration aille en réalité au-delà de ses pouvoirs. Il y a là l'application d'une idée courante en matière de police : les décisions de police ne sont légales que dans la mesure où elles sont « indispensables pour assurer le maintien ou le rétablissement de l'ordre public » (TC 8 avr. 1935, *Action française*, précité). C'est une illustration du principe de proportionnalité.

Si ces conditions sont remplies, l'exécution forcée n'en est pas moins toujours aux risques et périls de l'administration qui y procède, comme l'a montré l'arrêt du Conseil d'État du 27 févr. 1903, *Zimmermann* (Rec. 180 ; S. 1905.3.17, note Hauriou) pour l'exécution forcée d'un acte annulé ultérieurement par le juge administratif.

11

COMPÉTENCE DE LA JURIDICTION ADMINISTRATIVE SERVICE PUBLIC – CONTRATS

Conseil d'État, 6 février 1903, *Terrier*
(Rec. 94, concl. Romieu ; D. 1904.3.65, concl. ; S. 1903.3.25, concl., note Hauriou ; GCJA, vol. 1, n° 25, concl. ; AJ 2003.153, art. D. Costa)

Sur la compétence : – Cons. que le sieur Terrier défère au Conseil d'État une note rédigée en chambre du conseil par laquelle le secrétaire-greffier lui fait connaître que la requête adressée par lui au conseil de préfecture du département de Saône-et-Loire à l'effet d'obtenir du département le paiement d'un certain nombre de primes allouées pour la destruction des animaux nuisibles aurait été soumise à ce conseil qui se serait déclaré incompétent ;

Cons. que la note dont s'agit ne constitue pas une décision de justice et ne peut à ce titre être déférée au Conseil d'État ;

Mais cons. que, dans son pourvoi, le requérant a pris, en vue de l'incompétence du conseil de préfecture, des conclusions directes devant le Conseil d'État pour être statué sur le bien-fondé de sa réclamation ;

Cons. qu'étant donné les termes dans lesquels a été prise la délibération du conseil général allouant des primes pour la destruction des animaux nuisibles et a été voté le crédit inscrit à cet effet au budget départemental de l'exercice 1900, le sieur Terrier peut être fondé à réclamer l'allocation d'une somme à ce titre ; que *du refus du préfet d'admettre la réclamation dont il l'a saisi il est né un litige dont il appartient au Conseil d'État de connaître* et dont ce Conseil est valablement saisi par les conclusions subsidiaires du requérant ;

Au fond : – Cons. que l'état de l'instruction ne permet pas d'apprécier dès à présent le bien-fondé de la réclamation du sieur Terrier et qu'il y a lieu, dès lors, de le renvoyer devant le préfet pour être procédé à la liquidation de la somme à laquelle il peut avoir droit ; ... (Sieur Terrier renvoyé devant le préfet pour être procédé à la liquidation de la somme à laquelle il peut avoir droit).

OBSERVATIONS

L'arrêt Terrier *consolide la compétence de la juridiction administrative avec le critère du service public. Il sera suivi dans le même sens par l'arrêt* Thérond*.

1 Un conseil général avait pris une délibération aux termes de laquelle une prime serait allouée à tout individu qui justifierait avoir détruit une vipère ; le sieur Terrier s'étant vu refuser le paiement de la prime par le préfet, motif pris de ce que le crédit prévu était épuisé, demanda au Conseil d'État de censurer la violation par le département, du contrat qu'il avait conclu avec les chasseurs de vipères. Le Conseil d'État se reconnut compétent, car « *du refus du préfet d'admettre la réclamation dont il l'a saisi il est né entre les parties un litige dont il appartient au Conseil d'État de connaître* ». Par cette phrase laconique, la Haute assemblée a pris l'un des arrêts les plus importants du droit administratif (I), éclairé par les célèbres conclusions du commissaire du gouvernement Romieu (II).

2 **I.** — *Cet arrêt* parachève l'unification du contentieux des collectivités locales avec celui de l'État. Le Conseil d'État avait déjà eu l'occasion de statuer sur des litiges nés entre des collectivités locales et des particuliers. Ainsi l'arrêt *Cadot** du 13 déc. 1889 tranchait un conflit entre la ville de Marseille et l'un de ses agents. De même les travaux publics communaux relevaient de la compétence des conseils de préfecture. Mais l'idée était généralement admise que les contrats passés par les collectivités locales étaient, en quelque sorte par nature, des contrats de droit privé, dont le contentieux devait être examiné par les tribunaux judiciaires. D'une façon plus générale, le critère de compétence tiré de la distinction entre les actes d'autorité et de gestion, abandonné dès 1873 pour l'État par l'arrêt *Blanco**, avait été maintenu pour les départements et les communes. Le commissaire du gouvernement Romieu démontra que cette différence de traitement devait être abandonnée : « *qu'il s'agisse des intérêts nationaux ou des intérêts locaux, du moment où l'on est en présence de besoins collectifs auxquels les personnes publiques sont tenues de pourvoir, la gestion de ces intérêts ne saurait être considérée comme gouvernée nécessairement par les principes du droit civil* ».

Ainsi, par l'arrêt *Terrier*, le contentieux contractuel des collectivités locales a été incorporé définitivement au contentieux administratif (*cf.* également l'arrêt *Thérond** du 4 mars 1910). Quelques années plus tard, le Tribunal des conflits devait confirmer le système adopté par le Conseil d'État en l'étendant au contentieux de la responsabilité extra-contractuelle (29 févr. 1908, *Feutry*, Rec. 208, concl. Teissier ; D. 1908.349, concl. ; S. 1908.397, concl. ; RD publ. 1908.206, note Jèze). Après l'arrêt *Blanco**, l'arrêt *Terrier* marque ainsi une étape décisive dans le développement de la compétence de la juridiction administrative.

3 **II.** — L'importance et la célébrité de cet arrêt ne viennent pas seulement de son contenu propre, mais aussi des *conclusions* dans lesquelles Romieu a systématisé, en des termes qui restent encore en grande partie valables aujourd'hui, les principes qui régissent, pour l'État comme pour les collectivités locales, la délimitation des compétences administrative et judiciaire. Sans doute n'est-ce pas lui qui a « inventé » la distinction

entre la gestion publique et la gestion privée en tant que critère de la répartition des compétences : dès 1873, le commissaire du gouvernement David avait dit, dans ses conclusions sur l'affaire *Blanco**, qu'il fallait distinguer entre « l'État puissance publique » et « l'État personne civile » considéré soit comme propriétaire soit comme contractant ; la distinction se trouvait également dans les travaux de Hauriou. Mais c'est des conclusions de Romieu que date le développement de cette idée fondamentale que le droit administratif – et par conséquent la compétence administrative – ne s'applique que dans la mesure où l'administration utilise des procédés exorbitants du droit commun.

4 La distinction est présentée sous la forme d'un principe – la gestion publique – suivi d'une exception – la gestion privée.

Le *principe* est que « tout ce qui concerne l'organisation et le fonctionnement des services publics proprement dits, généraux ou locaux..., constitue *une opération administrative,* qui est, *par sa nature,* du domaine de la juridiction administrative... *Toutes les actions entre les personnes publiques et les tiers ou entre ces personnes publiques elles-mêmes, et fondées sur l'exécution, l'inexécution ou la mauvaise exécution d'un service public sont de la compétence administrative* ».

Mais – et c'est *l'exception* – « il demeure entendu qu'il faut réserver, pour les départements et les communes comme pour l'État, les circonstances où l'administration doit être réputée agir dans les mêmes conditions qu'un simple particulier et se trouve soumise aux mêmes règles comme aux mêmes juridictions. Cette distinction entre ce qu'on a proposé d'appeler la gestion publique et la gestion privée peut se faire, soit à raison de la nature du service qui est en cause, soit à raison de l'acte qu'il s'agit d'apprécier. Le service peut en effet, tout en intéressant une personne publique, ne concerner que la gestion de son domaine privé : on considère dans ce cas que la personne publique agit comme une personne privée, comme un propriétaire, dans les conditions du droit commun... D'autre part, il peut se faire que l'administration, tout en agissant, non comme personne privée, mais comme personne publique, dans l'intérêt d'un service public proprement dit, n'invoque pas le bénéfice de sa situation de personne publique et se place volontairement dans les conditions d'un particulier – soit en passant un de ces contrats de droit commun, d'un type nettement déterminé par le Code civil (location d'un immeuble, par ex., pour y installer les bureaux d'une administration), qui ne suppose par lui-même l'application d'aucune règle spéciale au fonctionnement des services publics, – soit en effectuant une de ces opérations courantes que les particuliers font journellement, qui supposent des rapports contractuels de droit commun, et pour lesquelles l'administration est réputée entendre agir comme un simple particulier (commande verbale chez un fournisseur, salaire à un journalier, expédition par chemin de fer aux tarifs du public, etc.). *Il appartient à la jurisprudence de déterminer,* pour les personnes publiques locales, comme elle le fait pour l'État, *dans quels cas on se trouve en présence d'un service public fonctionnant avec ses règles propres et son caractère administratif, ou au contraire en face d'actes qui, tout en intéressant la communauté, empruntent la forme de la gestion privée et entendent se maintenir exclusivement sur le terrain des rapports de particulier à particulier, dans les conditions du droit privé* ».

5 Comme le souhaitait le commissaire du gouvernement Romieu, la distinction entre les deux modes de gestion fut précisée par la jurisprudence ultérieure. En matière de contrats, elle est – après l'objet du contrat – un élément de la distinction des contrats administratifs et des contrats de droit commun de l'administration (CE 31 juill. 1912, *Société des granits porphyroïdes des Vosges** ; – 20 avr. 1956, *Époux Bertin**) ; en particulier la possibilité pour l'administration, évoquée par Romieu, de passer des contrats de droit commun d'un type nettement déterminé par le Code civil a été illustrée à propos de contrats aussi bien classiques comme la location d'immeubles (par ex. CE 12 oct. 1988, *Ministre des affaires sociales c. Société d'études, de réalisations, de gestion immobilière et de construction*, Rec. 338 ; CJEG 1990.119, chr. Fatôme ; LPA 19 juill. 1989, note Llorens) que nouveaux comme la vente en l'état futur d'achèvement (*a contrario* CE, Sect., 8 févr. 1991, *Région Midi-Pyrénées c. Syndicat de l'architecture de la Haute-Garonne*, Rec. 41 ; RFDA 1992.48, concl. Pochard ; AJ 1991.579, obs. Delcros ; CJEG 1991.251, art. Llorens ; JCP 1991.II.21738, note Fatôme ; RD publ. 1991.1137, note J.-M. Auby) ou le bail à construction (Civ. 1re 4 oct. 2017, BJCP 2018.51, obs. Nicinski). Plus largement, la distinction des services publics administratifs et des services publics industriels et commerciaux (TC 22 janv. 1921, *Société commerciale de l'Ouest africain**) a étendu la gestion privée à des services entiers.

A fortiori la gestion du domaine privé ne donnant lieu qu'à des rapports de droit privé fait l'objet d'un contentieux judiciaire (TC 22 nov. 2010, *SARL Brasserie du théâtre c. Commune de Reims*, Rec. 590 ; BJCP 2011.55, concl. Collin ; AJ 2010.2423, chr. Botteghi et Lallet ; CMP janv. 2011.26, obs. Devillers ; DA févr. 2011.20, obs. F. Melleray ; JCP Adm. 2010.2041, comm. Sorbara ; RJEP mars 2011.12, note Pellissier ; TC 7 déc. 2020, *Thierry A c. Commune de Port-de-Bouc*, JCP Adm. 2021.2011, note Roux).

6 Il n'en reste pas moins que, même en cas de gestion privée, la compétence administrative peut réapparaître à l'égard d'actes voire d'activités qui s'en détachent et présentent un caractère administratif. Ainsi les décisions du ministre de l'agriculture ou de ses représentants autorisant l'assiette des coupes de bois dans les forêts de l'État, concernant l'exécution d'une mission de service public sur la forêt, sont administratives (CE 3 mars 1975, *Antoine Courrière*, Rec. 165). Il en est de même des actes détachables d'une relation contractuelle, telles « la délibération d'un conseil municipal autorisant la conclusion d'une convention ayant pour objet la mise à disposition d'une dépendance du domaine privé communal et la décision du maire de la signer » (CE 7 mars 2019, *Commune de Valbonne*, Rec. 57 ; v. n° 18.5), ainsi que des actes relatifs à l'organisation des services publics à caractère industriel et commercial (TC 15 janv. 1968, *Époux Barbier c. Compagnie Air France**).

C'est la confirmation, dans le prolongement de l'arrêt *Terrier*, de l'importance de la notion de service public comme critère de la compétence de la juridiction administrative et fondement du régime administratif.

12

RECOURS POUR EXCÈS DE POUVOIR INTÉRÊT POUR AGIR

Conseil d'État, 11 décembre 1903, *Lot*
(Rec. 780 ; S. 1904.3.113, note Hauriou)

Cons. que les dispositions de l'art. 7 du décret du 14 mai 1887, qui exigent qu'aux Archives nationales les titulaires des emplois autres que celui de commis soient pris parmi les archivistes-paléographes, confèrent à ces derniers un droit exclusif à l'obtention de ces emplois; qu'ainsi le sieur Lot, en sa qualité d'archiviste-paléographe, a un intérêt personnel et est par suite recevable à demander l'annulation de toute nomination faite contrairement aux dispositions qui précèdent;

Au fond : – Cons. que le sieur Dejean a été nommé par le décret attaqué directeur des Archives, ce titre ayant été substitué par l'art. 4 du décret du 23 févr. 1897 à celui de garde général mentionné dans le décret du 14 mai 1887 ; que cette fonction qu'il n'appartient qu'au chef de l'État de conférer ne constitue pas un emploi dans le sens de l'art. 7 de ce dernier décret ; qu'en effet les emplois dont il est fait mention en cet article sont définis par l'énumération du personnel des Archives, telle qu'elle est contenue en l'art. 4, et que les membres de ce personnel, placés d'après l'art. 11 sous l'autorité du garde général au point de vue disciplinaire, sont aux termes des art. 5 et 6 à la nomination soit du ministre de l'instruction publique, soit du garde général ; qu'il suit de là qu'aucune disposition en vigueur n'a limité le choix du président de la République en ce qui concerne le chef de service préposé à la conservation et à l'administration des Archives nationales et que le requérant n'est pas fondé à demander l'annulation du décret attaqué ; ... (Rejet).

OBSERVATIONS

L'arrêt Lot *est au nombre de ceux qui, au début du* XX*e siècle, ont reconnu l'intérêt pour agir de certaines catégories de requérants :* Casanova*, Commune de Néris-les-Bains*, Croix-de-Seguey-Tivoli*, Syndicat des patrons-coiffeurs de Limoges*.

1 Le Conseil d'État décide par cet arrêt que, lorsque les textes réservent aux titulaires d'un certain diplôme (ici les archivistes-paléographes) l'accès à telle ou telle fonction (ici les emplois des Archives nationales), toute personne titulaire de ce diplôme est recevable à attaquer les nomi-

nations qu'elle prétend faites en violation de ces textes (*cf.* dans le même sens, pour les agrégés des facultés de droit, CE, Sect., 26 déc. 1930, *Chauveau*, Rec. 1119 ; D. 1931.3.27, et RD publ. 1931.127, concl. Ettori). Cette décision doit être rapprochée des autres arrêts de la même époque tendant à élargir la notion d'intérêt requis pour former un recours pour excès de pouvoir (v. nos obs. sous CE 29 mars 1901, *Casanova**) et abandonnant la condition de violation des droits acquis, qui, selon le décret du 2 nov. 1864, devait être remplie par le requérant en cas de recours pour violation de la loi.

Si le Conseil d'État a admis largement l'intérêt pour agir des fonctionnaires ou de leurs groupements, cet intérêt se heurte cependant à une limite inspirée par le principe de subordination hiérarchique.

En outre, le Conseil d'État n'entend pas permettre à des tiers de contester la légalité d'une mesure disciplinaire prise à l'encontre d'un agent public.

1. — Cas où l'intérêt pour agir des fonctionnaires est admis

L'intérêt pour agir des fonctionnaires et, sous réserve des règles propres à l'action collective (v. CE 28 déc. 1906, *Syndicat des patrons-coiffeurs de Limoges**) celui de leurs groupements, est admis par la jurisprudence dans quatre types d'hypothèses :

2 *a)* Pour les mesures qui les concernent personnellement. Tel est le cas pour les décisions relatives à leur carrière et notamment pour les mesures les évinçant du service ou de certaines fonctions (CE, Sect., 18 oct. 1968, *Vacher-Desvernais*, Rec. 494 ; AJ 1969.169, note Durand-Prinborgne). Le fonctionnaire intéressé n'est recevable à attaquer la décision nommant un successeur que s'il existe un lien d'indivisibilité avec la mesure d'éviction le concernant (CE, Sect., 8 avr. 2009, *Chambre des métiers et de l'artisanat de la Moselle*, Rec. 139 ; AJ 2009.822, chr. Liéber et Botteghi ; DA 2009, n° 105, note F. Melleray).

Par ailleurs, un fonctionnaire a intérêt à contester sa mise à la retraite d'office pour invalidité, alors même qu'il a apposé sa signature sur un formulaire de la caisse de retraite destiné aux demandes de pension pour invalidité (CE 26 juill. 2018, *Serres*, Rec. 739).

3 *b)* Pour les décisions qui les lèsent en raison de la concurrence qui leur est faite. Selon une jurisprudence remontant à une décision du 22 mars 1918, *Rascol*, Rec. 318 : « *les fonctionnaires appartenant à une administration publique ont qualité pour déférer au Conseil d'État les nominations illégales faites dans cette administration, lorsqu'elles consistent en promotions soit à la classe dont ils font partie, soit à l'une des classes supérieures, lesdites promotions pouvant avoir pour effet soit de retarder irrégulièrement leur avancement, soit de leur donner d'ores et déjà pour cet avancement des concurrents ne satisfaisant pas aux règles exigées par les lois et règlements.* » Le Conseil d'État est resté fidèle à cette orientation (CE 14 avril 2018, *APNM Commissariat*, Rec. 558).

Sa jurisprudence la plus récente exige cependant que le requérant « *se trouve en concurrence* » avec la personne dont il conteste la nomination. Tel n'est pas le cas du maître de conférences enseignant la mécanique dans une École nationale d'ingénieurs, dont les services d'enseignement ne sont pas affectés par la nomination d'un professeur associé dans les disciplines « littéraires et sciences humaines » (CE 5 déc. 2011, *Rech*, Rec. 611).

4 *c)* Pour les décisions qui, bien que relatives à l'organisation du service, portent atteinte aux droits qu'ils tiennent de leur statut, aux prérogatives de leur corps (*Lot*) ou plus simplement, aux prérogatives attachées à l'exercice de leurs fonctions (CE, Sect., 7 déc. 1956, *Dame Delecluse-Dufresne*, Rec. 466). Sur ce fondement, le Conseil d'État a admis que des membres de l'inspection générale de l'administration pouvaient contester la création au sein de ce corps de « chargés de mission » (CE, Ass., 5 mars 1948, *Vuillaume*, Rec. 117), ou qu'un officier avait intérêt à lui déférer une décision prévoyant que les officiers de son corps pourraient être placés sous l'autorité d'un officier de rang moins élevé (CE 6 nov. 1964, *Monier*, Rec. 523).

Dans le cas des groupements de fonctionnaires, l'atteinte aux prérogatives s'apprécie par rapport aux droits qui leur sont reconnus par les lois et règlements, comme par exemple l'obligation de les consulter (CE, Sect., 4 mai 1984, *Syndicat CFDT du ministère des relations extérieures*, Rec. 164 ; LPA 26 nov. 1984, concl. Labetoulle).

5 Le critère tiré des prérogatives attachées à l'exercice de certaines fonctions a été entendu de façon très large pour deux catégories d'agents publics, les professeurs et les chefs de service hospitalier, pour le motif évoqué par le commissaire du gouvernement J. Théry dans ses conclusions sur une décision de Section du 18 avr. 1975, *Syndicat national des personnels administratifs des lycées et établissements secondaires* (Rec. 242), qu'il y a dans le cas de l'enseignement et de la médecine hospitalière une adhérence exceptionnelle entre l'agent et la fonction, et qu'affleure là « la très ancienne notion d'arts libéraux dans lesquels joue un rôle essentiel la personnalité de qui les exerce ».

Ainsi ont été jugés recevables dans le domaine de l'enseignement les recours formés par des membres de l'enseignement public pour défendre la prérogative que constitue pour eux le monopole de la collation des grades universitaires (CE, Ass., 25 juin 1969, *Syndicat autonome du personnel enseignant des facultés de droit et de sciences économiques de l'État*, Rec. 335 ; RD publ. 1969.965, concl. Braibant) ou par des chefs d'établissement contre une circulaire relative à la notation des professeurs (*Syndicat national des personnels administratifs des lycées et établissements secondaires,* préc.). De même, un professeur d'université est recevable à attaquer aussi bien une délibération du conseil d'université diminuant ses crédits de recherche et de fonctionnement (CE, Sect., 26 avr. 1978, *Crumeyrolle*, Rec. 189 ; D. 1978.IR. 360, obs. P. Delvolvé) qu'un décret modifiant les structures de son université (CE, Sect., 10 nov. 1978, *Chevallier*, Rec. 438 ; AJ 1979.2.33, concl. Massot ;

D. 1980.333, note Tedeschi). *A fortiori*, le doyen d'une faculté est recevable à déférer une nomination intervenue en méconnaissance de son pouvoir de présentation (CE, Sect., 26 avr. 1978, *Doyen de la faculté de médecine de Clermont-Ferrand*, Rec. 190 ; RA 1979.278, note Moderne).

S'agissant du service public hospitalier, l'intérêt donnant qualité pour agir a été admis pour le chef de service de chirurgie qui conteste la légalité de la décision répartissant les malades entre les médecins du service (CE 9 nov. 1962, *Princeteau*, Rec. 604 ; AJ 1962.668, chr. Gentot et Fourré), ainsi que pour le chef de service de gynécologie-obstétrique à l'encontre d'une décision soustrayant à son service certains éléments pour constituer une unité spécialisée indépendante chargée des interruptions volontaires de grossesse (CE, Sect., 8 janv. 1982, *Lambert*, Rec. 17 ; RTDSS 1982.450, concl. Genevois, obs. de Forges ; RD publ. 1982.457, note J. Robert).

Pour les fonctions universitaires ou hospitalières, le critère tiré de l'atteinte aux prérogatives des intéressés, compris de façon extensive, rejoint l'atteinte portée concrètement à leurs conditions de travail.

6 Sans même se fonder sur le particularisme de certaines fonctions, le Conseil d'État a jugé recevable un recours pour excès de pouvoir formé par un syndicat de magistrats administratifs à l'encontre d'une disposition donnant compétence aux cours administratives d'appel pour connaître directement d'une sentence arbitrale, au motif qu'elle avait « des conséquences sur les conditions d'emploi et de travail des membres des juridictions administratives » (CE 28 déc. 2005, *Union syndicale des magistrats administratifs*, Rec. 591 ; AJ 2006.940, note Pontier).

La prise en compte de l'incidence d'une mesure « sur les conditions d'emploi et de travail » a justifié pareillement l'admission de l'intérêt pour agir d'un syndicat de fonctionnaires relevant du ministère chargé du travail à l'encontre d'un arrêté créant une section interdépartementale d'inspection du travail (CE 4 mars 2009, *Union nationale CGT des affaires sociales*, Rec. 78), ou d'un enseignant d'un collège contre la décision refusant de ranger ce dernier au nombre des établissements tête de réseau d'éducation prioritaire (CE 1er juin 2018, *Rotolo*, Rec. 708).

7 *d)* La jurisprudence la plus récente admet la recevabilité du recours de l'agent public à l'encontre de mesures traduisant une *discrimination*. En pareil cas, l'intérêt pour agir est reconnu, alors même que la mesure ne porte atteinte ni aux perspectives de carrière ni à la rémunération de l'agent (CE 15 avr. 2015, *Pôle emploi*, Rec. 146, concl. Bokdam-Tognetti ; AJ 2015.1926, note Chauvet). En cas de discrimination, une mesure perd son caractère de mesure d'ordre intérieur insusceptible de recours (CE, Sect., 25 sept. 2015, *Mme Bourjolly*, Rec. 322 ; AJ 2015.2147, chr. L. Dutheillet de Lamothe et Odinet ; RFDA 2015.1107, concl. Pellissier, note Defoort).

2. — Cas où l'intérêt pour agir des fonctionnaires n'est pas admis

8 Les fonctionnaires ou leurs groupements sont irrecevables à attaquer les mesures qui, sans porter atteinte aux droits qu'ils tiennent de leur statut ou à leurs prérogatives, ne concernent que l'organisation du service (CE, Ass., 26 oct. 1956, *Association générale des administrateurs civils*, Rec. 391 ; RD publ. 1956.1309, concl. Mosset ; AJ 1956.II.491, chr. Fournier et Braibant : irrecevabilité d'un recours dirigé contre un décret organisant le travail de divers corps d'inspection du ministère de l'agriculture ; – 31 déc. 2019, *Syndicat UATS-UNSA*, Rec. 806 : irrecevabilité en principe d'un syndicat à contester un décret relatif aux attributions d'un ministre).

De même, un interne en pharmacie dans un centre hospitalier est irrecevable à contester un arrêté radiant une spécialité pharmaceutique de la liste des médicaments remboursables, faute pour cette mesure d'affecter ses conditions d'emploi ou de travail, ou de porter atteinte à ses droits et prérogatives (CE 16 déc. 2019, *Wabont*, Rec. 892).

L'irrecevabilité est également opposée pour des mesures prises exclusivement dans l'intérêt du service (CE, Ass., 17 févr. 1950, *Moehrlé*, Rec. 114 ; D. 1950.485, concl. Guionin : un fonctionnaire n'a pas qualité pour attaquer la décision retirant une carte de circulation à tarif réduit sur les lignes de chemin de fer aux agents de son cadre, l'octroi de telles réductions étant exclusivement consenti « dans l'intérêt du service public »). Un fonctionnaire est sans qualité pour attaquer les instructions ou les décisions de ses supérieurs (CE, Sect., 8 mai 1942, *Andrade*, Rec. 147 ; S. 1943.3.5, note J.D.V. : décision du chef hiérarchique du requérant annulant une punition infligée par ce dernier à l'un de ses subordonnés), un enseignant est sans qualité à déférer au juge le refus d'un chef d'établissement de prononcer une sanction disciplinaire ou de déclencher une procédure disciplinaire à l'encontre d'un élève (CE, Sect., 10 juill. 1995, *Mme Laplace*, Rec. 302 ; AJ 1995.849, obs. Mallol), ni les syndicats de personnels d'un établissement public à attaquer les mesures mettant fin aux fonctions du président-directeur-général de l'établissement et nommant son successeur (CE, Ass., 4 nov. 1977, *Syndicat national des journalistes, Section ORTF*, Rec. 428 ; AJ 1978.111, concl. Massot, note Barthélémy).

Pas davantage un syndicat de policiers ne justifie d'un intérêt lui donnant qualité pour attaquer une instruction relative à l'organisation du service de la gendarmerie (conditions du port de la tenue civile par les gendarmes pour l'exercice de fonctions de police judiciaire), au motif que la mesure incriminée ne porte atteinte ni aux droits que les fonctionnaires de police tiennent de leur statut ni aux prérogatives des corps auxquels ils appartiennent (CE, Sect., 13 janv. 1993, *Syndicat national autonome des policiers en civil*, Rec. 13 ; JCP 1993.II.22 152, note Gautier).

Le Syndicat de la juridiction administrative ne justifie pas non plus d'un intérêt lui donnant qualité pour contester la légalité d'un décret autorisant les ministres à déléguer leur signature pour représenter l'État devant les cours administratives d'appel, au motif que ce texte, qui n'avait pas à être soumis à la consultation du Conseil supérieur des tribunaux administratifs et des cours administratives d'appel où ce syndicat est représenté, ne porte en lui-même atteinte ni aux droits et prérogatives des membres du corps des tribunaux administratifs et des cours administratives d'appel ni à leurs conditions d'emploi et de travail (CE 12 mars 2014, *Syndicat de la juridiction administrative*, Rec. 730).

Le Conseil d'État a de même estimé qu'un syndicat regroupant des agents du ministère du travail n'avait pas qualité pour lui déférer une circulaire relative au repos dominical des apprentis (CE 28 juill. 2003, *Syndicat Sud Travail*, Rec. 342 ; RFDA 2004.139, concl. Stahl) ainsi qu'une circulaire relative à un dispositif de soutien à l'emploi des jeunes en entreprise (CE 28 juill. 2003, *Syndicat Sud Travail*, Rec. 902 ; RFDA 2004.139, concl. Stahl).

3. — Le tiers ne peut contester la légalité d'une mesure disciplinaire

9 Le droit disciplinaire intéressant au premier chef les rapports de l'administration et de ses agents, un tiers n'a pas intérêt à agir contre une sanction disciplinaire infligée à un fonctionnaire, alors même que le comportement de l'agent sanctionné lui avait causé un préjudice (CE 17 mai 2006, *Bellanger*, Rec. 257 ; AJ 2006.1513, concl. Keller ; DA oct. 2006, p. 28, note Taillefait ; JCP Adm. 2006.1212, comm. Jean-Pierre). La victime d'un dommage causé par un agent public dans l'exercice de ses fonctions a néanmoins la possibilité d'engager une action en réparation en recherchant, soit la responsabilité de l'administration pour faute de service, soit, en cas de faute personnelle détachable de l'exercice de ses fonctions, la responsabilité de l'agent devant le juge judiciaire (v. nos obs. sous les arrêts du 28 juill. 1951 *Laruelle** et *Delville**). Mais elle ne saurait demander réparation du préjudice moral découlant de l'insuffisance de la sanction disciplinaire infligée car « *la sanction disciplinaire n'a pas pour finalité de réparer un tel préjudice* » (CE 2 juill. 2010, *Consorts Bellanger*, Rec. 826 ; AJ 2010.1945, concl. Thiellay).

13

RECOURS EN CASSATION AUTORITÉ DE LA CHOSE JUGÉE

Conseil d'État, 8 juillet 1904, *Botta*
(Rec. 557, concl. Romieu ; D. 1906.3.33, concl. ; S. 1905.3.81, note Hauriou ; GCJA, vol. 1, n° 28, concl.)

Sur les conclusions à fin d'annulation de l'arrêt attaqué :

Cons. qu'il résulte des termes mêmes de l'arrêt des 7 et 21 juill. 1902 (Rec. 844) que la Cour des comptes a refusé de comprendre dans la dépense allouée au requérant diverses sommes représentant des remises perçues par lui en 1894 et 1895 sur les recettes et les dépenses qu'il avait effectuées en sa qualité de receveur municipal de la commune de Koléa ;

Cons. que, par un précédent arrêt du 6 déc. 1899, la Cour avait enjoint au comptable de reverser lesdites sommes qu'elle estimait avoir été à tort ordonnancées à son profit, mais que, par la décision ci-dessus visée du 28 févr. 1902 (Rec. 150), le Conseil d'État, statuant sur le pourvoi formé par le sieur Botta contre l'arrêt du 6 déc. 1899, en a prononcé l'annulation par le motif que l'ordonnancement avait été régulier ; qu'ainsi l'arrêt des 7 et 21 juill. 1902 est en contradiction avec la décision du Conseil d'État sur l'interprétation et l'application des actes administratifs fixant les remises allouées aux receveurs des contributions diverses en Algérie pour la gestion des deniers communaux ;

Cons. que l'art. 17 de la loi du 16 sept. 1807 ouvre un recours en cassation devant le Conseil d'État contre les arrêts de la Cour des comptes pour violation des formes ou de la loi et que l'ordonnance royale du 1er sept. 1819 dispose qu'en cas de cassation l'affaire est renvoyée devant une chambre de la Cour autre que celle qui en a connu, pour être statué au fond sur le compte en litige ; qu'il résulte de ces dispositions *que la Cour des comptes est placée sous l'autorité souveraine du Conseil d'État statuant au contentieux pour l'interprétation de la loi et qu'elle est tenue de faire application de la décision du Conseil au jugement de l'affaire à l'occasion de laquelle les questions de légalité ont été définitivement résolues par le Conseil ; que cette interprétation de l'art. 17 de la loi du 16 sept. 1807 n'est contredite par aucun texte et que seule elle peut assurer la solution définitive des affaires, en faisant obstacle à des conflits, dont le législateur ne saurait être présumé avoir admis la possibilité ; qu'il résulte de ce qui précède que la Cour par l'arrêt attaqué a méconnu l'autorité de la chose jugée sur le point de droit et commis un excès de pouvoir ;*

Cons. d'autre part, que les comptes du sieur Botta pour les années 1894-1895 ont fait l'objet d'un arrêt de quitus délivré par la Cour le 15 mars 1900 et devenu définitif ; qu'il n'y a lieu dès lors de prononcer le renvoi à la Cour du jugement de ces comptes comme conséquence de l'annulation de l'arrêt attaqué ;

Sur les conclusions à fin de remboursement du montant des remises indûment reversées :

Cons. que si le sieur Botta est fondé à prétendre qu'il a le droit d'obtenir le remboursement des sommes qu'il a reversées en exécution d'un arrêt de la Cour des comptes annulé par le Conseil d'État, il n'appartient pas néanmoins au Conseil, saisi d'un pourvoi formé devant lui par application de l'art. 17 de la loi du 16 sept. 1807, de condamner la commune de Koléa à effectuer ce remboursement ; ... (Annulation de l'arrêt de la Cour des comptes).

OBSERVATIONS

En affirmant l'autorité des arrêts de cassation, l'arrêt Botta *établit l'une des bases du régime du recours en cassation, qui se préciseront avec les arrêts* Moineau* *et* d'Aillières*.

1 Un arrêt de la Cour des comptes du 6 déc. 1899 statuant sur les comptes pour 1894 et 1895 du sieur Botta, receveur des contributions en Algérie et receveur municipal de la commune de Koléa, avait déclaré ce comptable débiteur envers la commune de diverses sommes représentant le montant des remises proportionnelles qu'il se serait payées indûment sur certaines dépenses faites par la commune au cours de ces deux années. La Cour estimait en effet que ces dépenses communales constituaient des « conversions de valeurs » et n'étaient pas à ce titre passibles de remises proportionnelles au profit du comptable. Sur recours du sieur Botta, le Conseil d'État, par une décision du 28 févr. 1902 (Rec. 150), cassa cet arrêt et renvoya l'affaire devant la Cour des comptes. Celle-ci, par un arrêt des 7-21 juill. 1902, reprit intégralement sa décision sans tenir compte de la condamnation de sa doctrine par le Conseil d'État. Le sieur Botta se pourvut contre ce nouvel arrêt ; le Conseil d'État fit droit à son recours, en affirmant que la Cour était tenue de se conformer à la décision de renvoi et n'avait pu en méconnaître les principes sans violer l'autorité de la chose jugée.

L'arrêt *Botta* doit retenir l'attention à un double titre, quant à *la portée d'un arrêt de cassation* (I) et quant à l'*autorité de la chose jugée* (II).

I. — La portée d'un arrêt de cassation

2 L'arrêt *Botta* pose le principe selon lequel, dans la procédure de la cassation administrative, contrairement à ce qui se passe dans la cassation judiciaire, *le juge de renvoi est tenu d'adopter la solution* donnée par le Conseil d'État statuant en tant que juge de cassation : cette règle était inévitable, car si l'on avait permis au juge de renvoi de statuer contrairement à la doctrine de l'arrêt de cassation, le débat aurait pu s'éterniser, en l'absence à l'époque d'une procédure à deux degrés analogue à celle de la cassation judiciaire.

La portée de l'arrêt *Botta* est doublement affectée par la loi du 31 déc. 1987 portant réforme du contentieux administratif. D'un côté, cette loi, instituant des cours administratives d'appel dont les arrêts peuvent être déférés au Conseil d'État par la voie du recours en cassation (art. 10 – aujourd'hui art. L. 821-1 CJA), accroît le rôle du Conseil d'État en cassation et le nombre de ses arrêts bénéficiant à ce titre de l'autorité de la chose jugée. D'un autre côté, la loi, chargeant le Conseil d'État de statuer définitivement sur une affaire qui fait l'objet d'un deuxième pourvoi en cassation (art. 11 alinéa 3 – art. L. 821-2 CJA), lui permet d'assurer effectivement lui-même, au fond, l'autorité de la chose qu'il a jugée à l'occasion du premier pourvoi.

II. — L'autorité de la chose jugée

3 L'arrêt *Botta assimile la violation de la chose jugée à la violation de la loi* : la chose jugée devient ainsi, à côté de la loi, des règlements, des principes généraux du droit, etc., une source de la légalité. Les conclusions du commissaire du gouvernement Romieu sont formelles : « *Nous attachons une grande importance à la décision que le Conseil d'État rendra dans l'affaire actuelle, car elle aura une portée générale, et la théorie en sera applicable à toutes les autorités qui relèvent de sa juridiction au point de vue de l'annulation, soit aux autorités juridictionnelles de toute nature, soit même aux autorités de l'administration active. Il faut qu'on sache bien que lorsqu'un acte ou un jugement a été annulé par le Conseil d'État pour violation de la loi, cet acte ne peut être recommencé immédiatement dans les mêmes conditions, ce jugement ne peut être reproduit dans l'instance avec les moyens de droit qui ont été condamnés, sous peine d'une annulation qui, cette fois, sera exclusivement fondée sur la violation de la chose jugée* ».

4 *A.* — La solution dépasse le recours en cassation et vaut pour *tous les arrêts d'annulation*, rendus notamment sur recours pour excès de pouvoir : la chose jugée doit être scrupuleusement respectée par toute autorité publique (v. nos obs. sous l'arrêt CE 26 déc. 1925, *Rodière**). Elle s'attache non seulement au dispositif mais aussi au motif qui en constitue le soutien nécessaire (CE 28 déc. 2001, *Syndicat CNT des PTE de Paris*, Rec. 673 ; AJ 2002.542, note Seiller). Comme l'a considéré le Conseil d'État dans l'arrêt du 18 déc. 2018, *Société Eden**, « *la portée de la chose jugée et les conséquences qui s'attachent à l'annulation prononcée par le juge de l'excès de pouvoir diffèrent toutefois selon la substance du motif qui est le support nécessaire de l'annulation* » : tantôt le motif retenu implique que l'autorité administrative prenne une décision dans un sens déterminé ; tantôt il lui impose seulement de reprendre l'examen de la question, non de prendre une mesure déterminée.

La méconnaissance de la chose jugée est sanctionnée d'abord sur le plan de la légalité, en particulier pour détournement de pouvoir lorsque des mesures sont prises pour faire échec à l'annulation de décisions antérieures (CE, Ass., 13 juill. 1962, *Bréart de Boisanger*, Rec. 484 ; v. n° 4.3 ; – 7 nov. 2012, *M. et Mme Gaigne et commune de Grans*, Rec. 1027 ; v. n° 4.3) et ensuite sur celui de la responsabilité (par ex. CE, Sect., 21 févr. 1958, *Société nouvelle des établissements Gaumont*, Rec. 124 ; S. 1958.281, concl. Jouvin).

L'autorité de la chose jugée peut s'imposer aussi dans les contentieux autres que ceux de l'annulation (par ex. le contentieux de la réparation) et s'y trouve également sanctionnée (par ex. à propos du retard à l'exécution d'une condamnation au paiement d'une somme d'argent, CE 2 mai 1962, *Caucheteux et Desmonts*, Rec. 291 ; RD publ. 1963.279, note M. Waline).

Dans les procédures de référé (v. nos obs. sous CE 18 janv. 2001, *Commune de Venelles** et 5 mars 2001, *Saez**), « *eu égard à leur caractère provisoire, les décisions du juge des référés n'ont pas, au principal, l'autorité de la chose jugée ; elles sont néanmoins... exécutoires et, en vertu de l'autorité qui s'attache aux décisions de justice, obligatoires ; il en résulte notamment que lorsque le juge des référés a prononcé la suspension d'une décision administrative..., l'administration ne saurait légalement reprendre une même décision...* » (CE, Sect., 5 nov. 2003, *Association « Convention vie et nature pour une écologie radicale »* et *Association pour la protection des animaux sauvages*, Rec. 444, concl. Lamy ; AJ 2003.2253, chr. Donnat et Casas ; DA févr. 2004, n° 34, note M.V. ; Dr. rur., janv. 2004.32 et JCP Adm. 2004.1029, comm. Gautier).

L'autorité de la chose jugée est garantie par les mécanismes qu'ont institués la loi du 16 juill. 1980 et celle du 8 févr. 1995 (v. nos obs. sous l'arrêt CE 17 mai 1985, *Mme Menneret**).

5 Une difficulté particulière se présente lorsque, une affaire ayant été définitivement jugée par une juridiction nationale, la Cour européenne des droits de l'Homme considère qu'elle l'a été dans des conditions méconnaissant la Convention européenne de sauvegarde des droits de l'Homme et a condamné la France de ce chef. Pour les juridictions judiciaires, le législateur a aménagé une procédure de révision en matière pénale (loi du 20 janv. 2014, art. 622-1 C. pr. pén.) et en matière civile (loi du 18 nov. 2016, art. L. 452-1 COJ). Pour les juridictions administratives, le Conseil d'État (Sect.) a considéré, dans un arrêt du 4 oct. 2012, *Baumet* (Rec. 347 ; AJ 2012.2162, chr. Domino et Botteghi ; DA 2013, n° 8, note Sirinelli ; JCP Adm. 2013.2060, comm. Hoffmann ; RFDA 2013.103, note Sudre), « *que l'exécution de l'arrêt de la Cour ne peut..., en l'absence de procédures organisées pour prévoir le réexamen d'une affaire définitivement jugée, avoir pour effet de priver les décisions juridictionnelles de leur caractère exécutoire* ». Mais « *l'autorité, qui s'attache aux arrêts de la Cour implique... non seulement que l'État verse à l'intéressé les sommes que lui a allouées la Cour... mais aussi qu'il adopte les mesures individuelles et, le cas échéant, générales nécessaires pour mettre un terme à la violation constatée* ». Ainsi, lorsque la Cour a jugé qu'une sanction avait été infligée à tort par une juridiction, et que cette sanction continue à produire ses effets, l'intéressé peut demander à cette juridiction de la réexaminer (CE, Ass., 30 juill. 2014, *Vernes*, Rec. 260, concl. von Coester ; RFDA 2014.953, concl. ; AJ 2014.1929, chr. Lessi et L. Dutheillet de Lamothe). Les modalités de ce réexamen ont été par la suite précisées (CE 9 mars 2016, *Vernes*, Rec. 63 ; AJ 2016.944, chr. L. Dutheillet de Lamothe et Odinet).

De même, un arrêt de la Cour européenne condamnant la France du fait d'une mesure d'éloignement jugée contraire à l'art. 3 de la Convention, implique non seulement l'absence d'exécution de l'éloignement mais aussi l'octroi de la protection subsidiaire (CE 3 oct. 2018, *Muingi*, Rec. 350, concl. Bretonneau ; AJ 2018.2249, concl.).

6 ***B.*** — L'autorité de la chose jugée s'impose autant au législateur qu'à l'administration. Naguère, devant une loi remettant expressément en cause la chose jugée, le Conseil d'État ne pouvait que s'incliner (par ex. CE, Sect., 7 mars 1980, *Association de défense des intérêts des étudiants de l'Université de Paris XIII*, Rec. 128). Mais il interprétait restrictivement les lois de validation d'actes annulés (CE 25 mai 1979, *Secrétaire d'État aux universités c. Mme Toledano-Abitbol*, Rec. 228 ; D. 1979.IR. 388, obs. P.D.) et admettait qu'elles pouvaient engager la responsabilité de l'État au titre de la jurisprudence *La Fleurette** (CE, Ass., 1er déc. 1961, *Lacombe*, Rec. 674 ; v. no 46.7).

Aujourd'hui les possibilités de validation d'actes administratifs se trouvent réduites par l'effet conjugué et progressif de la jurisprudence du Conseil constitutionnel et de la Cour européenne des droits de l'Homme.

Le premier a dénié au législateur le pouvoir « de censurer les décisions des juridictions » et particulièrement de valider un acte annulé, tout en admettant qu'il a « pour des raisons d'intérêt général la faculté d'user de son pouvoir de prendre des dispositions rétroactives afin de régler… les situations nées de l'annulation » d'un acte (CC *no 80-119 DC, 22 juill. 1980*, Rec. 46 ; v. no 73.7). Il faut ainsi distinguer validation législative d'un acte annulé (qui n'est pas admise) et modification ou validation d'un acte non encore annulé (admise dans certaines conditions).

Des dispositions de l'article 6-1 de la Convention européenne des droits de l'Homme et des libertés fondamentales, le Conseil d'État avait déduit « *que l'État ne peut, sans les méconnaître, porter atteinte au droit de toute personne à un procès équitable en prenant des mesures législatives à portée rétroactive dont la conséquence est une modification des règles que le juge doit appliquer pour statuer sur les litiges dans lesquels l'État est partie sauf lorsque l'intervention de ces mesures est justifiée par des motifs d'intérêt général* » (CE, Ass., 5 déc. 1997, *Ministre de l'éducation nationale, de la recherche et de la technologie c. OGEC de Saint-Sauveur-le-Vicomte*, Rec. 464, concl. Touvet ; RFDA 1998.160, concl. ; AJ 1998.97, chr. Girardot et Raynaud).

La Cour européenne des droits de l'Homme (28 oct. 1999, *Zielenski et autres c. France*, Rec. 1999.VII ; AJ 2000.533, chr. Flauss ; RD publ. 2000.716, note Gonzalez ; RFDA 2000.289, art. Mathieu, et 1254, note Bolle ; RTD civ. 2000.436, note Marguénaud ; GACEDH no 29) a jugé que les motifs d'intérêt général doivent être « impérieux ». En conséquence, la France a été condamnée pour une loi de validation dont la conformité à la Constitution avait été admise par le Conseil constitutionnel (*n° 93-332 DC, 13 janv. 1994*, Rec. 21).

7 Celui-ci a été conduit à resserrer son contrôle, en se fondant, non pas sur la Convention européenne des droits de l'Homme, au regard de laquelle il ne peut apprécier la constitutionnalité d'une loi (CC *15 janv. 1975*, Rec. 19 ; v. n° 82.3), mais sur les normes constitutionnelles « *qui découlent de l'article 16 de la Déclaration des droits de l'Homme et du citoyen* » (le principe de la séparation des pouvoirs et le droit à un recours juridictionnel) (CC *n° 99-422 DC, 21 déc. 1999*, Rec. 143 ; dans le même sens *n° 99-425 DC, 29 déc. 1999*, Rec. 168 ; AJ 2000.43 et 48, chr. Schoettl ; RD publ. 2000.611, art. Camby ; RFDA 2000.289, art. Mathieu). Il a renforcé les conditions de validation d'un acte administratif ou de droit privé en la subordonnant, comme la Cour européenne, à « *un motif impérieux d'intérêt général* », en excluant les décisions de justice passées en force de chose jugée, en rappelant le principe de non-rétroactivité des peines et des sanctions ; « *en outre, l'acte modifié ou validé ne doit méconnaître aucune règle ni aucun principe de valeur constitutionnelle, sauf à ce que le motif impérieux d'intérêt général soit lui-même de valeur constitutionnelle* » ; « *enfin la portée de la modification ou de la validation doit être strictement définie* » (CC *19 avr. 2019, n° 2019-776 QPC*).

Le Conseil d'État n'admettait déjà, comme la Cour européenne, que des motifs impérieux d'intérêt général (CE, Ass., avis, 27 mai 2005, *Mme Provin*, Rec. 213, concl. Devys ; JCP Adm. 2005.1252, concl. ; RFDA 2005.1003, concl. ; AJ 2005.1455 chr. Landais et Lenica ; CE, Sect., 8 avr. 2009, *Association Alcaly et autres*, Rec. 112 ; RFDA 2009.463, BJCP 2009.476 et RJEP août-sept. 2009, p. 16, concl. N. Boulouis ; JCP Adm. 2009.2215, comm. Guillaumont).

La Cour de cassation statue dans le même sens (Ass. plén., 23 janv. 2004, *SCI Le Bas Noyer c. Castorama*, Bull. Ass. plén., n° 2, p. 2 ; JCP 2004.10030, note Billiau ; RFDA 2004.224, art. Mathieu ; RTD civ. 2004.598, obs. Deumier ; RTD com. 2004.74, note Moneger).

Ainsi se combinent les jurisprudences, administrative, judiciaire, constitutionnelle et européenne, dans un « *dialogue* » qui permet de faire progresser le principe de légalité et le respect de l'autorité de la chose jugée.

14

RESPONSABILITÉ DE LA PUISSANCE PUBLIQUE SERVICES DE POLICE

Conseil d'État, 10 février 1905, *Tomaso Grecco*
(Rec. 139, concl. Romieu ; D. 1906.381, concl. ; S. 1905.3.113, note Hauriou ; GCJA, vol. 1, nº 29, concl.)

Sur la fin de non-recevoir opposée par le ministre : – Cons. que la requête contient l'énoncé des faits invoqués par le sieur Grecco comme engageant la responsabilité de l'État ; que, dès lors, elle satisfait aux conditions exigées par l'art. 1er du décret du 22 juill. 1806 ;

Au fond : – Cons. qu'il ne résulte pas de l'instruction que le coup de feu qui a atteint le sieur Grecco ait été tiré par le gendarme Mayrigue, ni que l'accident, dont le requérant a été victime, puisse être attribué à une faute du service public dont l'administration serait responsable ; que, dès lors, le sieur Grecco n'est pas fondé à demander l'annulation de la décision par laquelle le ministre de la guerre a refusé de lui allouer une indemnité ; ... (Rejet).

OBSERVATIONS

L'arrêt Tomaso Grecco, *en admettant la possibilité de la responsabilité de l'État du fait d'un service de police, ouvre la voie à la jurisprudence qui devait admettre de plus en plus largement la responsabilité du fait d'activités de la puissance publique (*Regnault-Desroziers*, Couitéas*, Caisse départementale de Meurthe-et-Moselle*, Époux V**).*

1 Un taureau devenu furieux s'étant échappé à Souk-el-Arbas (Tunisie), la foule s'était lancée à sa poursuite ; un coup de feu fut tiré, blessant le sieur Tomaso Grecco à l'intérieur de sa maison. La victime demanda une réparation à l'État en alléguant que le coup de feu avait été tiré par un gendarme et que, de toute façon, le service de police avait commis une faute en n'assurant pas l'ordre de manière à éviter de tels incidents.

L'état de la jurisprudence antérieure à 1905 ne laissait guère de chances de succès au requérant. Le Conseil d'État décidait en effet que « *l'État n'est pas, en tant que puissance publique, et notamment en ce qui touche les mesures de police, responsable de la négligence de ses agents* » (CE 13 janv. 1899, *Lepreux*, Rec. 18 ; S. 1900.3.1, note Hauriou).

Le commissaire du gouvernement Romieu proposa d'étendre à ce service le principe d'après lequel la puissance publique doit être déclarée pécuniairement responsable des fautes de service commises par ses agents. Le Conseil d'État le suivit : s'il rejeta la demande d'indemnité présentée par le sieur Grecco, il le fit pour des raisons de fait tirées de l'espèce – absence de faute imputable à la police dans l'affaire qui lui était soumise – mais n'invoqua plus le principe de l'irresponsabilité de l'État pour les services de police.

Le commissaire du gouvernement avait cependant ajouté que, pour les services de police comme pour tout autre service, la responsabilité de l'administration « n'est ni générale, ni absolue », selon les termes de l'arrêt *Blanco** (TC 8 févr. 1873) : « *c'est pourquoi toute erreur, toute négligence, toute irrégularité... n'entraînera pas nécessairement la responsabilité pécuniaire de la personne publique. Il appartient au juge de déterminer, dans chaque espèce, s'il y a une faute caractérisée du service de nature à engager sa responsabilité, et de tenir compte, à cet effet, tout à la fois de la nature de ce service, des aléas et des difficultés qu'il comporte, de la part d'initiative et de liberté dont il a besoin, en même temps que de la nature des droits individuels intéressés, de leur importance, du degré de gêne qu'ils sont tenus de supporter, de la protection plus ou moins grande qu'ils méritent, et de la gravité de l'atteinte dont ils sont l'objet* ». La jurisprudence ultérieure devait en effet préciser qu'en principe seule une faute lourde pouvait engager la responsabilité de la puissance publique pour les services de police, en raison tant de la difficulté particulière des tâches de la police que de la nécessité de ne pas « paralyser » ces services par la menace d'une responsabilité pécuniaire encourue pour toute faute, même légère. Le commissaire du gouvernement Rivet a exposé ces motifs dans ses conclusions sur l'affaire *Clef* (CE 13 mars 1925, RD publ. 1925.274) : « *pour s'acquitter de la lourde tâche de maintenir l'ordre dans la rue, les forces de police ne doivent pas voir leur action énervée par des menaces permanentes de complications contentieuses* ».

La jurisprudence ne devait pourtant pas en rester là : la condition de la faute lourde a été pratiquement abandonnée, soit qu'une faute simple suffise (I) soit même qu'aucune faute ne soit exigée (II).

2 **I.** — Une *faute lourde* a été nécessaire lorsque les services de police accomplissent leurs missions dans des conditions particulièrement difficiles (CE, Ass., 27 déc. 1938, *Loyeux*, Rec. 985 ; D. 1939.3.27, concl. Josse, note A.H. ; – Ass., 22 janv. 1943, *Braut*, Rec. 19 ; S. 1944.3.41, note Mathiot ; D. 1944.87, note G.B.) – ce qui, pendant longtemps a paru être le cas de toutes les activités matérielles de police et d'elles seules. La jurisprudence a pu l'admettre aussi pour des mesures juridiques.

Certaines *opérations de maintien de l'ordre* sur le terrain, « dans le feu de l'action », présentent un caractère de difficulté certain. L'exigence de la faute lourde a pu être justifiée, aussi bien pour des comportements actifs (usage de la force pour disperser des manifestations : CE 16 mars 1956, *Époux Domenech*, Rec. 124, concl. Mosset; AJ 1956.II.226, chr. Fournier et Braibant; – Ass., 12 févr. 1971, *Rebatel*, Rec. 123) que pour défaut d'intervention (refus de mettre en œuvre la force publique pour enlever des barrages sur le domaine public ou faire cesser une occupation d'usine : CE, Sect., 27 mai 1977, *SA Victor Delforge*, Rec. 253 ; – 11 mai 1984, *Port autonome de Marseille*, Rec. 178 ; v. n° 37.5 ; non-prévention d'agression ou d'attentats : Sect., 29 avr. 1987, *Consorts Yener*, Rec. 152 ; v. n° 3.11). Elle était rarement satisfaite (cependant CE 10 déc. 1986, *Robert*, Rec. 701 : éviction brutale d'un commissariat d'un jeune homme dont l'état appelait manifestement des précautions particulières ; – 26 juin 1985, *Mme Garagnon*, Rec. 209 ; RA 1987.38, note Frayssinet : négligence des services de police de l'air et des frontières dans la consultation du fichier des oppositions à la sortie du territoire ; – 15 juin 1987, *Société navale des Chargeurs Delmas Vieljeux*, Rec. 216 : absence de mesures pour s'opposer à la formation de barrages à l'entrée d'un port).

3 L'adoption de *mesures juridiques de police* présente parfois des difficultés telles que seule une faute lourde commise à cette occasion a pu engager la responsabilité de l'administration.

Ce fut le cas pour les difficultés rencontrées par l'autorité de police pour faire respecter une réglementation (CE, Sect., 14 déc. 1962, *Doublet*, Rec. 680 ; D. 1963.117 et S. 1963.92, concl. Combarnous ; AJ 1963.85, chr. Gentot et Fourré, à propos du camping). Après avoir rappelé les « *difficultés que la police de la circulation rencontre à Paris* », le Conseil d'État a jugé que l'insuffisance des dispositions prises pour « *que les interdictions édictées soient observées et pour que le droit d'accès des riverains soit préservé* » n'engage la responsabilité de l'administration que dans le cas de faute lourde, aussi bien pour les mesures réglementaires, qui sont prises dans les bureaux, que pour les mesures d'exécution, qui sont prises sur le terrain (CE, Ass., 20 oct. 1972, *Ville de Paris c. Marabout*, Rec. 664 ; AJ 1972.581, chr. Cabanes et Léger, et 625, concl. G. Guillaume ; JCP 1973.II.17373, note B. Odent ; RD publ. 1973.832, note M. Waline ; Gaz. Pal. 1973.265, note Rougeaux).

La faute lourde a pu être constituée par la carence des autorités de police générale pour faire cesser un dépôt d'ordures « sauvage » (CE, Sect., 28 oct. 1977, *Commune de Merfy*, Rec. 406 ; JCP 1978.II.18814, concl. Galabert), pour adopter et faire respecter la réglementation relative à la présence et à l'activité d'« artistes » place du Tertre à Paris (CE 25 sept. 1992, *SCI Le Panorama*, Rec. 1160 ; D. 1994 SC. 62, obs. Bon et Terneyre).

L'exigence d'une faute lourde pour certains aspects des services de police apparaissait comme un reste du régime de responsabilité pour faute lourde de services fonctionnant dans des conditions difficiles (services fiscaux, services de tutelle et de contrôle : v. CE 29 mars 1946,

*Caisse départementale d'assurances sociales de Meurthe-et-Moselle** et nos obs.). Abandonnée pour la plupart d'entre eux (notamment activités médicales et chirurgicales : v. CE, Ass., 10 avr. 1992, *Époux V.**, et nos obs.), elle l'est désormais pour la police elle-même.

4 La jurisprudence retient aujourd'hui dans presque tous les cas la *faute simple* (qui est « *la faute de nature à engager la responsabilité de l'administration* »).

Celle-ci était déjà habituellement considérée comme suffisante pour les *mesures juridiques* de police (CE, Ass., 13 févr. 1942, *Ville de Dôle*, Rec. 48) car l'adoption de décisions soit réglementaires soit individuelles ne se heurte pas normalement à des obstacles considérables. Elle est réalisée soit par l'adoption d'une décision illégale (arrêté municipal interdisant la projection d'un film : CE, Sect., 25 mars 1966, *Société « Les Films Marceau »*, Rec. 240 ; v. n° 70.6 ; décision préfectorale interdisant l'exploitation d'appareils à jeu : Sect., 26 janv. 1973, *Ville de Paris c. Driancourt*, Rec. 78 ; AJ 1973.245, chr. Cabanes et Léger ; RA 1974.29, note Moderne ; suspension illégale d'un permis de conduire prise en urgence : 2 févr. 2011, *Radix*, Rec. 29), soit par le maintien d'une mesure de police alors que son inutilité est avérée (CE 31 août 2009, *Commune de Crégols*, Rec. 343 ; RJEP mars 2010.34, concl. de Salins ; AJ 2099.1824, chr. Liéber et Botteghi ; JCP Adm. 2009.2288, comm. J. Moreau), soit par l'abstention illégale de l'usage des pouvoirs de police (abstention d'un maire à édicter une réglementation destinée à réduire les nuisances sonores : CE 28 nov. 2003, *Commune de Moissy-Cramayel*, Rec. 464 ; BJCL 2004.60, concl. Le Chatelier et obs. Bonichot ; AJ 2004.988, note Deffigier ; JCP Adm. 2004.1053, comm. J. Moreau). L'abandon de l'exigence de la faute lourde est particulièrement illustré pour la police des édifices menaçant ruine (CE 27 sept. 2006, *Commune de Baalon*, Rec. 1061 ; BJCL 2006.838, concl. Olson, obs. Poujade ; AJ 2007.385, note Lemaire ; JCP Adm. 2006.1641, comm. Pellissier).

Dans l'état d'urgence, « toute illégalité affectant la décision qui ordonne une perquisition est constitutive d'une faute susceptible d'engager la responsabilité de l'État » (CE, Ass., 6 juill. 2016, *Napol et autres**)

La faute simple est également suffisante aujourd'hui pour des *activités matérielles* de police ou la carence des autorités de police dans leur exercice. Ainsi, après avoir exigé une faute lourde au sujet des dispositifs de sécurité destinés à protéger les spectateurs d'un feu d'artifice (CE, Sect., 21 févr. 1958, *Commune de Domme*, Rec. 118 ; AJ 1958.II.225, chr. Fournier et Combarnous), le Conseil d'État se contente désormais d'une faute simple (CE 30 mars 1979, *Moisan*, Rec. 143 ; D. 1979.552, note Richer). On observe la même évolution à propos de la sécurité sur les plages (CE, Sect., 13 mai 1983, *Mme Lefebvre*, Rec. 194 ; AJ 1983.476, concl. Boyon), en montagne (CE, Sect., 12 déc. 1986, *Rebora*, Rec. 281 ; AJ 1987.354, concl. Bonichot ; RA 1987.34, note Terneyre) et dans les aéroports (CE 3 mars 2003, *Groupement d'intérêt économique « La réunion aérienne »*, Rec. 76 ; JCP Adm. 2003.1570, comm. Quillien).

L'abstention d'un maire à faire usage de ses pouvoirs de police spéciale et de police générale en matière de contrôle des installations d'assainissement pour éviter des pollutions constitue une faute de nature à engager la responsabilité de la commune (CE 27 juill. 2015, *Baey*, Rec. 285 ; AJ 2015.2277, note A. Perrin ; DA déc. 2015, n° 12, note Zacharie). La carence des autorités de police en présence de nuisances et de troubles importants résultant de l'encombrement permanent de la chaussée et des trottoirs d'une rue engage la responsabilité de la ville de Paris sans que, s'agissant de sécurité et de salubrité publiques, puisse être exigée une faute lourde (CE 9 nov. 2018, *Préfet de police et ville de Paris*, Rec. 805).

Les activités de secours et de lutte contre l'incendie, qui, portant sur la sécurité des personnes et des biens, relèvent de la police, ont pendant longtemps paru s'exercer dans des conditions difficiles justifiant qu'une faute lourde soit nécessaire pour que la responsabilité de l'administration soit reconnue. Il n'en est plus ainsi. Aujourd'hui une faute simple suffit (à propos des secours en mer : CE, Sect., 13 mars 1998, *Améon*, Rec. 82 ; CJEG 1998.197, concl. Touvet ; AJ 1998.418, chr. Raynaud et Fombeur ; D. 1998.535, note Lebreton ; à propos d'un service de lutte contre l'incendie : 29 avr. 1998, *Commune de Hannapes*, Rec. 185 ; D. 1998.535, note Lebreton ; JCP 1999.II.10109, note Genovese ; RD publ. 1998.1001, note Prétot). Pour la police sanitaire, a également été abandonnée la condition de la faute lourde, au profit de la faute simple (CE 9 nov. 2016, *Mme Bindjouli*, Rec. 496, concl. Lessi ; v. n° 52.3). Toute faute commise dans l'exécution des perquisitions ordonnées en état d'urgence est également susceptible d'engager la responsabilité de l'État à l'égard des personnes concernées par elles (*Napol**).

De toute façon, la faute s'apprécie au regard des conditions dans lesquelles ces activités s'exercent. Ainsi, en toute hypothèse, l'abandon de la condition de la faute lourde « ne supprime pas… la prise en compte de la difficulté de l'action administrative » (J.-H. Stahl, concl. sur CE, Sect., 20 juin 1997, *Theux*, Rec. 254) ni celle que les préjudices doivent être directs et certains (*Napol**). Il doit en être ainsi particulièrement pour l'appréciation du comportement des forces de police confrontées à des violences nouvelles à l'occasion des manifestations sur la voie publique.

Reste le cas particulier des services de renseignement, qui, ayant pour but d'assurer la sécurité, peuvent à cet égard être rattachés aux activités de police. Néanmoins « *seule une faute lourde est de nature à engager la responsabilité de l'État à l'égard des victimes d'acte de terrorisme à raison des carences des services de renseignement dans la surveillance d'un individu ou d'un groupe d'individus* » (CE 18 juill. 2018, *Mme Monet et autres*, Rec. 900 ; AJ 2018.1915, concl. L. Marion – affaire Merah).

5 **II.** — L'extension de la responsabilité pour faute simple n'est pas la seule manifestation de l'assouplissement de la jurisprudence au sujet de la responsabilité du fait de la police. Elle s'est prolongée par la reconnaissance de la *responsabilité sans faute*.

Tout d'abord, le Conseil d'État applique le régime de responsabilité pour risque en cas d'usage d'armes à feu (CE 24 juin 1949, *Consorts Lecomte*, Rec. 307 ; v. nº 32.2). Le tribunal administratif de Grenoble (4 nov. 1991, *Mme Colombier c. ministre de l'intérieur*, D. 1993.161, note Couzinet) l'a même admis pour l'activité du service chargé de la protection de hautes personnalités étrangères.

En second lieu, la responsabilité de l'administration est engagée, sur le fondement du principe d'égalité devant les charges publiques, pour les mesures de police, positives ou négatives, imposant à des administrés une charge spéciale et anormale (CE, Sect., 22 févr. 1963, *Commune de Gavarnie*, Rec. 113 et 13 mai 1987, *Aldebert*, Rec. 924 ; v. nº 37.7 : arrêtés municipaux réglementant la circulation ; – Sect., 15 févr. 1961, *Werquin*, Rec. 118 ; v. nº 37.7 : réquisition de logement légalement prononcée par le maire en vertu de ses pouvoirs de police ; – Sect., 27 mai 1977, *SA Victor Delforge*, et 11 mai 1984, *Port autonome de Marseille*, préc. : abstention de l'usage de la force publique pour faire dégager une voie navigable ou un port). En cas de perquisition, les tiers ont droit d'être indemnisés des dommages directement causés sans faute, sur le fondement de l'égalité des citoyens devant les charges publiques (*Napol**).

On est loin aujourd'hui de l'irresponsabilité de principe dont bénéficiait la puissance publique en matière de police avant l'arrêt *Tomaso Grecco* et auquel celui-ci a apporté une première brèche. La matière est une des meilleures illustrations du caractère progressif et protecteur de la jurisprudence administrative.

*
* *

6 Celle-ci a pu réaliser cette évolution dans le cadre de la police administrative. Pour la police judiciaire, dont le contentieux relève des juridictions judiciaires (v. Cass. civ. 23 nov. 1956, *Trésor public c. Dr. Giry** et nos obs.), la faute lourde est encore exigée (ainsi pour des contrôles d'identité, Civ. 1re 9 nov. 2016, JCP 2017.126, note Turpin), compte tenu des termes de la loi sur la responsabilité du fait de la justice (art. L. 141-1 du Code de l'organisation judiciaire) mais elle est appréciée avec souplesse (v. nos obs. sous CE 27 févr. 2004, *Mme Popin**).

15

RECOURS POUR EXCÈS DE POUVOIR INTÉRÊT POUR AGIR

Conseil d'État, 21 décembre 1906, ***Syndicat des propriétaires et contribuables du quartier Croix-de-Seguey-Tivoli***
(Rec. 962, concl. Romieu ; D. 1907.3.41, concl. ; S. 1907.3.33, note Hauriou ; GCJA, vol. 1, n° 34, concl.)

Sur la fin de non-recevoir tirée de ce que le syndicat requérant ne constituerait pas une association capable d'ester en justice :

Cons. que le syndicat des propriétaires et contribuables du quartier de la Croix-de-Seguey-Tivoli s'est constitué en vue de pourvoir à la défense des intérêts du quartier, d'y poursuivre toutes améliorations de voirie, d'assainissement et d'embellissement, que ces objets sont au nombre de ceux qui peuvent donner lieu à la formation d'une association aux termes de l'art. 1er de la loi du 1er juill. 1901 ; qu'ainsi, l'association requérante, qui s'est conformée aux prescriptions des art. 5 et suivants de la loi du 1er juill. 1901, a qualité pour ester en justice :

Sans qu'il soit besoin d'examiner les autres fins de non-recevoir opposées par la compagnie des tramways électriques au pourvoi du syndicat :

Cons. que le syndicat requérant a demandé au préfet d'user des pouvoirs qu'il tient des art. 21 et 39 de la loi du 11 juin 1880 pour assurer le fonctionnement du service des tramways afin d'obliger la compagnie des tramways électriques de Bordeaux à reprendre l'exploitation, qui aurait été indûment supprimée par elle, du tronçon de Tivoli de la ligne n° 5 ;

Cons. que, pour repousser la demande du syndicat, le préfet s'est fondé sur ce que le tronçon de ligne dont il s'agit n'était pas compris dans le réseau concédé par le décret du 19 août 1901 ; qu'en l'absence d'une décision rendue par la juridiction compétente et donnant au contrat de concession une interprétation différente de celle admise par le préfet, le syndicat n'est pas fondé à soutenir que le refus qui lui a été opposé par le préfet, dans les termes où il a été motivé, est entaché d'excès de pouvoir ; ... (Rejet).

OBSERVATIONS

Avec les arrêts Casanova*, Néris-les-Bains*, Lot*, Patrons-coiffeurs de Limoges*, *l'arrêt* Croix-de-Seguey-Tivoli *contribue à déterminer les catégories de requérants ayant intérêt à agir.*

1 La compagnie concessionnaire du réseau des tramways de Bordeaux avait procédé, à la suite de la substitution en 1901 de la traction mécanique à la traction animale, à un remaniement de ses lignes et décidé notamment la suppression de la ligne desservant le quartier de la Croix-de-Seguey-Tivoli. Le doyen de la Faculté de droit de Bordeaux, Léon Duguit, prit l'initiative de grouper les habitants du quartier en un syndicat de propriétaires et contribuables ; ce dernier demanda à l'autorité préfectorale de mettre la compagnie en demeure d'exécuter le service dans les conditions prescrites par le cahier des charges. Le préfet ayant refusé de faire droit à cette demande, le syndicat déféra son refus au Conseil d'État par la voie du recours pour excès de pouvoir. Après avoir déclaré ce recours recevable, le Conseil d'État le rejeta au fond.

Le problème qui se posait au Conseil d'État était moins celui de savoir si le refus du préfet était ou non valable – il s'agissait d'une question classique d'interprétation d'un cahier des charges – que celui de déterminer si le recours était recevable : les simples usagers d'un service public ont-ils un intérêt suffisant pour pouvoir attaquer par la voie du recours pour excès de pouvoir les décisions administratives refusant d'assurer un fonctionnement du service conforme aux textes en vigueur ? Le Conseil d'État résolut cette question par l'affirmative, confirmant ainsi la tendance de l'époque vers l'élargissement de la recevabilité du recours pour excès de pouvoir (v. nos obs. sous l'arrêt *Casanova** du 29 mars 1901).

Cette jurisprudence ne s'est pas démentie depuis lors.

Elle reconnaît aux usagers des services publics, en cette qualité (I), un intérêt à attaquer par la voie du recours pour excès de pouvoir des actes administratifs concernant ces services (II) et la possibilité de faire ainsi respecter leurs droits (III).

2 **I.** — La qualité d'usager d'un service public suffit à donner un intérêt pour contester les actes concernant le service, sans avoir à justifier plus particulièrement de cet intérêt.

Ainsi, l'arrêt *Croix-de-Seguey-Tivoli* étend la notion de qualité pour agir, déjà reconnue à propos des contribuables locaux (*Casanova**) et des membres d'un corps (CE 11 déc. 1903, *Lot**), qui consiste dans « l'appartenance à une catégorie juridique déterminée » (Azibert et de Boisdeffre, AJ 1987.338).

Elle vaut aussi bien pour les usagers d'un service public industriel et commercial (CE 1er juill. 1936, *Veyre*, Rec. 713 ; S. 1937.3.105, note L'Huillier) que pour ceux d'un service administratif (CE, Ass., 9 oct. 1996, *Mme Wajs et Monnier*, Rec. 387 ; CJEG 1997.52 et RFDA 1997.726, concl. Combrexelle ; AJ 1996.973, chr. Chauvaux et Girardot ; JCP 1997.II.22777, note Peyrical : usagers d'autoroutes), pour ceux d'un service public exploité en concession (*Croix-de-Seguey Tivoli – Wajs et Monnier*), que pour ceux d'un service exploité en régie, pour ceux d'un service public national (CE 19 déc. 1979, *Meyet*, Rec. 475 ; D. 1980.IR. 124, obs. P.D. : usager du service des télécommunications attaquant un décret fixant le tarif du téléphone), que pour ceux d'un service public local (*Croix-de-Seguey-Tivoli*).

Toutefois la qualité d'usager du service public ne donne un intérêt à agir que dans la mesure où ce service est directement en cause : dans la négative, la qualité ne joue plus et l'intérêt disparaît. Ainsi, des étudiants peuvent attaquer les nominations de leurs professeurs (CE, Sect., 29 oct. 1976, *Association des délégués et auditeurs du Conservatoire national des arts et métiers*, Rec. 460), non la décision nommant un inspecteur général et le chargeant des fonctions de chef de service dans le ministère dont relève leur unité pédagogique (du même jour, Sect., *Rouillon, Pommeret et Sion*, Rec. 453, concl. Massot ; AJ 1976.635, note J. Théry) ; les élèves d'une école peuvent contester sa réorganisation, non la création et l'organisation d'une autre école (CE, Sect., 5 oct. 1979, *Lamar*, Rec. 365).

Les usagers peuvent contester des dépenses couvertes par les redevances qu'ils doivent payer (CE 9 oct. 1996, *Mme Wajs et Monnier*), non les charges dont la répercussion sur le tarif n'a qu'un caractère indirect et incertain (CE 8 déc. 2000, *Wajs*, Rec. 1145 ; DA 2001, n° 48, note C.M.), ni *a fortiori* attaquer une délibération ayant pour effet de réduire le montant de la somme qu'ils doivent acquitter (CE 28 déc. 1992, *Commune de Liffre c. Carlier*, Rec. 1195).

3 **II.** — Les usagers peuvent déférer au juge de l'excès de pouvoir tous *les actes qui se rapportent à l'organisation et au fonctionnement du service*.

Ces actes peuvent émaner de l'organisme chargé du service, mais aussi de la collectivité qui le contrôle : actes de l'autorité de tutelle (CE 1er juill. 1936, *Veyre*, préc.) ou décisions par lesquelles l'autorité concédante refuse d'intervenir auprès du concessionnaire pour le contraindre à respecter le cahier des charges (*Croix-de-Seguey-Tivoli*).

Ces actes sont souvent *réglementaires* (par ex. CE 26 juill. 1985, *Association « Défense des intérêts des lecteurs de la Bibliothèque nationale »*, Rec. 478 : avis aux lecteurs et décision du conservateur du département des imprimés de la Bibliothèque nationale aménageant dans des conditions restrictives l'accès des lecteurs ; – 11 févr. 2010, *Mme Borvo et autres*, Rec. 18 ; v. n° 75.3 : décisions de supprimer la publicité à la télévision en soirée).

Ces actes peuvent être des actes détachables d'un contrat, comme l'était le refus du préfet de faire exécuter le contrat de concession dans l'affaire *Croix-de-Seguey-Tivoli* et comme le sont les clauses réglementaires d'un contrat (CE, Ass., 10 juill. 1996, *Cayzeele*, Rec. 274 ; v. n° 110.7). Mais le nouveau recours ouvert contre les contrats administratifs exclut le recours pour excès de pouvoir contre leurs actes préalables et ne peut être exercé que si les requérants se prévalent d'un intérêt lésé (v. nos obs. sous CE 4 avr. 2014, *Département de Tarn-et-Garonne**).

Les actes attaquables par les usagers peuvent être *individuels* (par ex. interdiction d'accès au service : CE 7 févr. 1936, *Jamart** ; refus de rembourser un trop perçu : CE 19 juin 1991, *Meyet*, Rec. 250). Mais les mesures individuelles concernant les usagers des services publics industriels et commerciaux échappent à la compétence du juge administratif (par ex. CE 21 avr. 1961, *Dame Vve Agnesi*, Rec. 253 ; D. 1962.535, note F.B. ; – 20 janv. 1988, *SCI La Colline*, Rec. 21 ; v. n° 34.3) (v. nos obs. sous TC 22 janv. 1921, *Société commerciale de l'Ouest africain**).

4 **III.** — Les usagers peuvent faire valoir *leurs droits* par la voie du recours pour excès de pouvoir.

Ils peuvent faire assurer l'organisation et le fonctionnement corrects d'un service déjà créé, conformément aux dispositions qui le régissent. Celles-ci figurent, non seulement dans les actes réglementaires adoptés unilatéralement par les autorités administratives, mais aussi dans les clauses réglementaires incluses dans les contrats de concession, et que les usagers peuvent soit invoquer (*Croix-de-Seguey-Tivoli*) soit attaquer (*Cayzeele, Mme Wajs et Monnier*). Les usagers peuvent aussi faire respecter le principe d'égalité devant le service public (v. nos obs. sous l'arrêt CE 9 mars 1951, *Société des concerts du Conservatoire** ; – 19 déc. 1979, *Meyet*, préc. et 8 avr. 1987, *Association « Études et consommation CFDT »*, Rec. 128, à propos des tarifs du téléphone), et l'un de ses aspects, le principe de neutralité du service public (CE, Ass., 21 oct. 1988 *Fédération des parents d'élèves de l'enseignement public*, Rec. 361 ; RFDA 1989.124, concl. Faugère), ainsi que le principe de continuité du service public (v. nos obs. sous l'arrêt CE 7 juill. 1950, *Dehaene** ; – 13 févr. 1987, *Touchebeuf et Mme Royer*, Rec. 45 : recours contre la fermeture d'un collège trois semaines avant la date prévue pour la fin de l'année scolaire).

Ils peuvent même faire écarter des clauses dont le caractère abusif s'apprécie compte tenu de l'ensemble des stipulations du contrat et des caractéristiques particulières du service public sur lequel il porte (CE, Sect., 11 juill. 2001, *Société des eaux du Nord*, Rec. 348, concl. Bergeal ; v. n° 90.7).

Ils peuvent enfin revendiquer le maintien d'un service public existant, voire la création d'un service nouveau. La méconnaissance d'une règle de légalité externe leur permet d'avoir satisfaction (par ex. CE 28 juill. 2004, *Fédération nationale des associations d'usagers des transports*, Rec. 561 ; RFDA 2005.364, note Lachaume : annulation d'un décret retranchant certaines sections de lignes du réseau ferré national, qui n'a pas été précédé de la consultation, exigée par la loi, des organisations nationales représentatives des usagers des transports ; 11 févr. 2010, *Mme Borvo et autres*, préc. : annulation pour incompétence, des décisions de supprimer la publicité à la télévision en soirée). Mais, quant au fond, leurs droits sont plus limités. Même si des services publics correspondent à des exigences d'ordre constitutionnel (par ex. le service public de l'enseignement ou celui de la santé) ou d'ordre législatif (par ex. le service public du transport ou celui de la poste) voire réglementaire, l'autorité administrative garde une marge d'appréciation pour procéder aux aménagements qui lui paraissent convenables. Le Conseil d'État a plusieurs fois jugé qu'un service public pouvait être supprimé à toute époque (CE, Sect., 27 janv. 1961, *Vannier*, Rec. 60, concl. Kahn ; AJ 1961.74, chr. Galabert et Gentot ; Sect., 18 mars 1977, *Chambre de commerce de La Rochelle*, Rec. 153, concl. Massot). Comme dans d'autres hypothèses de pouvoir discrétionnaire (par ex. CE, Ass., 2 nov. 1973, *SA Librairie François Maspero*, Rec. 611 ; v. n° 26.10), il réserve néanmoins l'erreur manifeste d'appréciation, autant pour un refus de créer un service public (CE 10 nov. 1997, *Poirrez*, Rec. 414) que pour sa suppression (CE 16 janv. 1991, *Fédération nationale des associations d'usagers des transports*, Rec. 14 ; CJEG 1991.279, note Lachaume ; 19 juin 2015, *Association des élus pour la défense du Cévenol et de la ligne Paris – Clermont-Ferrand – Nîmes*, Rec. 887 ; AJ 2015.1642, note Domino, JCP Adm. 2016.2042, note Constanza).

Les usagers peuvent ainsi, grâce à la qualité pour agir que leur reconnaît l'arrêt *Croix-de-Seguey-Tivoli*, revendiquer non seulement un bon fonctionnement du service public mais aussi, le cas échéant, son existence.

16

RECOURS POUR EXCÈS DE POUVOIR
INTÉRÊT POUR AGIR

Conseil d'État, 28 décembre 1906, *Syndicat des patrons-coiffeurs de Limoges*
(Rec. 977, concl. Romieu ; S. 1907.3.23, concl. ; RD publ. 1907.25, note Jèze ;
GCJA, vol. 1, n° 35, concl.)

Sur l'intervention de la chambre syndicale des ouvriers coiffeurs de Limoges :

Cons. que le mémoire en intervention a été présenté sur papier non timbré ; que, dès lors, il n'est pas recevable ;

Sur la requête du syndicat des patrons-coiffeurs de Limoges :

Cons. que si, aux termes du dernier paragraphe de l'art. 8 de la loi du 13 juill. 1906, l'autorisation accordée à un établissement doit être étendue à ceux qui, dans la même ville, font le même genre d'affaires et s'adressent à la même clientèle, l'art. 2 suppose nécessairement que la situation de tout établissement pour lequel l'autorisation est demandée fait l'objet d'un examen spécial de la part du préfet ;

Cons., d'autre part, que *s'il appartient aux syndicats professionnels de prendre en leur nom la défense des intérêts dont ils sont chargés aux termes de l'art. 3 de la loi du 21 mars 1884, ils ne peuvent intervenir au nom d'intérêts particuliers sans y être autorisés par un mandat spécial ;* que, par suite, le syndicat requérant ne pouvait adresser de demande au préfet que comme mandataire de chacun de ses membres pour lesquels la dérogation était sollicitée ;

Cons. que la demande collective présentée au préfet par le syndicat, et qui, d'ailleurs, ne contenait d'indication ni du nom des patrons-coiffeurs pour lesquels elle était formée, ni du siège de leurs établissements, n'était accompagnée d'aucun mandat ; que, dans ces conditions, cette demande n'était pas régulière et que, dès lors, la requête contre l'arrêté qui a refusé d'y faire droit doit être rejetée ; ... (Rejet).

OBSERVATIONS

L'arrêt Syndicat des patrons-coiffeurs de Limoges *fait partie de ceux qui, au début du* XX*e siècle, ont reconnu l'intérêt pour agir de certaines catégories de requérants :* Casanova*, Commune de Néris-les-Bains*, Lot*, Croix-de-Seguey-Tivoli*.

1 **I.** — La loi du 13 juill. 1906 instituant le repos hebdomadaire a donné lieu dès son entrée en application à un abondant contentieux, dû surtout

au pouvoir qu'elle donnait au préfet de lui apporter des dérogations dans certaines hypothèses. C'est ainsi que la chambre syndicale des patrons-coiffeurs de Limoges adressa au préfet de la Haute-Vienne une demande générale de dérogation pour tous ses membres, et déféra au Conseil d'État le refus opposé à cette demande. La situation de chaque établissement pour lequel une autorisation de ce genre était demandée devant faire l'objet d'un examen spécial, le Conseil d'État estima que la dérogation avait un caractère individuel, et de ce fait ne pouvait être sollicitée ni de l'administration ni du juge par une organisation syndicale. Il rejeta donc comme irrecevable le recours du syndicat des coiffeurs.

Cette affaire permit au commissaire du gouvernement Romieu d'énoncer les règles déterminant la capacité des syndicats professionnels pour agir en justice. Il fut d'abord amené à distinguer l'action syndicale de l'action individuelle. « L'action syndicale est celle que le syndicat exerce en son nom propre comme personne civile chargée de la défense des intérêts collectifs dont elle a la garde... ; il faut, pour qu'elle puisse exister, qu'il s'agisse d'un intérêt professionnel collectif et que les conclusions ne contiennent rien ayant un caractère purement individuel... ; l'action individuelle, au contraire, tend à obtenir un avantage déterminé au profit d'un membre du syndicat nominativement désigné... Elle ne peut être exercée que par l'individu intéressé agissant lui-même ou par mandataire ; elle ne peut être intentée d'office par le syndicat prétendant exercer en son nom l'action syndicale dans l'intérêt de ses membres *ut singuli*... Si l'action syndicale n'est pas, dans ce cas, recevable, ce n'est nullement qu'il n'ait pas intérêt à la solution du litige... c'est que son action directe se trouve empêchée par l'application du principe : « Nul ne plaide par procureur » ; ... si le syndicat ne peut exercer à titre d'action syndicale une action individuelle, rien ne s'oppose à ce qu'il soit choisi comme mandataire par l'individu intéressé pour exercer l'action individuelle au nom de ce dernier. »

L'action corporative présente cependant une originalité en matière de recours pour excès de pouvoir : « Si le recours tend à faire tomber un acte positif, individuel ou collectif, qui lèse l'association dans ses intérêts généraux, le syndicat est recevable à l'exercer... Si le recours tend à faire tomber un acte négatif, c'est-à-dire par lequel l'administration refuse de faire un acte, il faut y regarder de plus près... Au cas où il s'agirait d'un acte collectif (par ex., le refus d'annuler un règlement), le recours du syndicat est recevable... Si au contraire, il s'agit d'un refus d'autorisation individuelle, l'action en annulation a elle-même un caractère nettement individuel... Peu importe que le gain du procès intéresse tous les autres membres du syndicat, qui pourront à leur tour former la même demande, l'action est individuelle et ne peut être exercée que par chaque intéressé direct ou en son nom... »

L'arrêt s'inspire des principes ainsi dégagés :

1. — les syndicats professionnels ne peuvent intervenir au nom d'intérêts individuels sans y être autorisés par mandat spécial ;

2. — un syndicat professionnel n'est pas recevable à déférer au Conseil d'État pour excès de pouvoir l'arrêté par lequel le préfet a refusé d'accorder à ses membres l'autorisation de donner le repos hebdomadaire à leurs ouvriers le lundi.

2 **II.** — Retenant dans ses grandes lignes le système proposé par le commissaire du gouvernement Romieu, la jurisprudence a eu depuis lors de nombreuses occasions de le préciser, et, sur certains points, de l'amender.

Sur un plan général, l'intérêt pour agir d'un syndicat s'apprécie au regard de son objet statutaire (CE 13 mars 2019, *Toumaniantz et Syndicat de la fonction publique*, Rec. 861). Dans la mesure où un syndicat professionnel n'a d'intérêt à agir que contre un acte qui affecte les intérêts de ses membres, il ne peut se prévaloir utilement des principes généraux que ses statuts lui donnent mission de défendre (CE 27 mai 2015, *Syndicat de la magistrature*, Rec. 171 ; AJ 2015.1543, concl. Bretonneau).

1. — Sous ces réserves, le Conseil d'État admet largement l'action des syndicats et des groupements contre des *mesures de caractère réglementaire ou collectif* portant atteinte aux intérêts moraux ou matériels de l'ensemble de leurs membres, d'une partie d'entre eux, ou même à un intérêt collectif qui ne se limite pas nécessairement à leurs adhérents (CE 24 mai 2017, *Fédération des employés et cadres de la CGT – Force ouvrière et autre*, Rec. 722).

a) Ainsi, s'agissant *d'actes réglementaires*, la ligue nationale contre l'alcoolisme est-elle recevable à attaquer une décision ministérielle favorisant les bouilleurs de cru (CE, Sect., 27 avr. 1934, *Ligue nationale contre l'alcoolisme*, Rec. 493), une union de parents d'élèves à défendre la liberté de l'enseignement (CE 22 mars 1941, *Union nationale des parents d'élèves de l'enseignement libre*, Rec. 49), un syndicat ouvrier à contester les circulaires concernant la situation en France des travailleurs étrangers (CE 13 janv. 1975, *Da Silva et Confédération française démocratique du travail*, Rec. 16 ; v. nº 78.5), un syndicat d'avocats à déférer une réglementation relative à la détention d'étrangers en instance d'expulsion (Ass., 7 juill. 1978 *Syndicat des avocats de France*, Rec. 297 ; RD publ. 1979.263, concl. J.-F. Théry ; AJ 1979.1.28, chr. O. Dutheillet de Lamothe et Robineau ; D. 1978.IR.486, obs. P. Delvolvé).

La prise en compte de l'importance des intérêts matériels ou moraux en cause peut même conduire à admettre la recevabilité d'une association poursuivant un objet national à contester un arrêté municipal de police si, en raison de ses implications, notamment dans le domaine des libertés publiques, il soulève des questions qui, par leur objet ou leur nature, excèdent les seules circonstances locales (CE, Sect., 3 déc. 2018, *Ligue française pour la défense des droits de l'Homme et du citoyen, dite « Ligue des droits de l'Homme »*, Rec. 434).

3 *b)* Les *actes collectifs* dont la portée est suffisamment générale peuvent également être soumis au juge de la légalité par le biais d'une action syndicale ou collective. Un groupement de propriétaires peut se pourvoir contre « des mesures générales de nature à porter atteinte aux droits des

propriétaires » telles que des arrêtés portant renouvellement pour six ans de toutes les réquisitions de logement (CE, Sect., 7 mai 1948, *Chambre syndicale de la propriété bâtie de la Baule*, Rec. 202). De même, le Conseil d'État a admis le comité central d'une entreprise publique à se pourvoir contre les décisions administratives qui sont de nature « à affecter les conditions d'emploi et de travail du personnel de l'entreprise » (CE, Ass., 22 déc. 1982, *Comité central d'entreprise de la société française d'équipement pour la navigation aérienne*, Rec. 436 ; v. n° 89.8).

Dans le même esprit, le comité social et économique d'une entreprise qui fait l'objet d'une opération de concentration autorisée par l'Autorité de la concurrence a intérêt à contester la légalité de cette autorisation (CE, Sect., 9 mars 2021, *Comité social et économique de l'unité sociale et économique Mondadori magazines France élargie*, AJ 2021.534).

4 *2.* — En ce qui concerne les *actes individuels*, une distinction doit être faite, qui correspond dans une certaine mesure à celle qu'avait dégagée le commissaire du gouvernement Romieu. Les groupements sont recevables à attaquer les actes positifs qui les lèsent dans leurs intérêts généraux ou qui portent atteinte aux droits d'une fraction ou de la totalité de leurs membres (CE, Ass., 13 juill. 1948, *Société des amis de l'École polytechnique*, Rec. 330 : recours contre des décisions admettant des élèves à l'école). Par contre, les actes relatifs à la situation individuelle d'un de leurs membres ne peuvent être attaqués que par celui qui en est l'objet ; le groupement, irrecevable en pareil cas à agir à titre principal, peut toutefois former une intervention à l'appui du recours de l'intéressé (CE 21 mai 1953, *Chambre syndicale nationale des fabricants de spécialités chimiques destinées à l'horticulture*, Rec. 241 : recours contre le refus d'homologation d'un produit).

5 Ces règles trouvent des illustrations frappantes dans la matière de la fonction publique : un syndicat de fonctionnaires peut attaquer une mesure individuelle de nomination, d'intégration ou d'avancement qui lèse collectivement tous ceux de ses membres qui avaient vocation à en bénéficier (CE 11 déc. 1908, *Association des employés civils du ministère des colonies*, Rec. 1016, concl. Tardieu ; – Sect., 12 juin 1959, *Syndicat chrétien du ministère de l'industrie et du commerce*, Rec. 360 ; AJ 1960. II.62, concl. Mayras) et notamment une nomination pour ordre d'un magistrat (CE, Sect., 18 janv. 2013, *Syndicat de la magistrature*, Rec. 5 ; Gaz. Pal. 28 févr. 2013, note Guyomar ; JCP Adm. 2013.2128, comm. Biagini-Girard). Une organisation syndicale est également recevable à contester la légalité d'une décision portant affectation de fonctionnaires (CE, Sect., 13 déc. 1991, *Syndicat CGT des employés communaux de la mairie de Nîmes*, Rec. 443 ; RFDA 1993.250, concl. Toutée ; AJ 1992.350, note Breton).

En revanche, un syndicat est irrecevable à déférer un refus de nomination, une notation, une sanction disciplinaire ou une retenue sur traitement pour faits de grève, qui n'intéressent directement que celui qui a été l'objet de la mesure (v. par ex. CE 2 nov. 1923, *Association des fonctionnaires de l'administration centrale des postes et télégraphes*,

Rec. 748 ; RD publ. 1923.582, concl. Corneille ; – Sect., 13 déc. 1991, *Syndicat Inter-Co-CFDT de la Vendée*, Rec. 444 ; RFDA 1993.250, concl. Toutée ; AJ 1992.350, note Breton). Tel est le cas notamment d'une mutation d'office revêtant un caractère disciplinaire (CE 23 juill. 2014, *Fédération des syndicats de fonctionnaires*, Rec. 727). Dans le même sens, une union de syndicats de la fonction publique territoriale ne justifie pas d'un intérêt suffisant lui donnant qualité pour demander l'annulation d'un arrêté individuel fixant la rémunération allouée au secrétaire général d'une commune au titre de fonctions accessoires de direction d'un établissement public (CE 2 juin 2010, *Centre communal d'action sociale de Loos*, Rec. 191).

Une telle jurisprudence se justifie par le désir d'éviter que les syndicats présentent des pourvois à l'insu ou même contre le gré du principal intéressé ; mais il est certain que, fréquemment, les fonctionnaires hésitent à former eux-mêmes un recours qui pourrait leur attirer l'animosité de leurs supérieurs, et qu'ils seraient mieux à même de défendre leurs droits si l'action syndicale était plus largement accueillie.

6 Aussi, en certaines circonstances, le Conseil d'État est-il conduit à assouplir sa jurisprudence relative aux actions syndicales contre des mesures individuelles : il a admis qu'un syndicat puisse attaquer une décision administrative autorisant le licenciement de salariés d'une entreprise privée (Sect., 23 juin 1972, *Syndicat des métaux CFDT, CFTC, des Vosges et autres*, Rec. 474, concl. A. Bernard ; AJ 1972.458, chr. Labetoulle et Cabanes) ou encore celle d'un inspecteur du travail autorisant le licenciement d'un délégué du personnel (Ass., 10 avr. 1992, *Société Montalev*, Rec. 170 ; RFDA 1993.261, concl. Hubert ; AJ 1992.482, chr. Maugüé et Schwartz).

III. — Les groupements et les fédérations de groupements ne peuvent en principe attaquer des mesures qui n'intéressent qu'une catégorie, professionnelle ou régionale, de leurs membres, qui est en fait, ou devrait être normalement, représentée par une organisation spéciale. La question de savoir si la catégorie en cause est assez distincte, a une autonomie et une originalité suffisantes pour que cette règle trouve son application, soulève parfois des difficultés et a donné lieu à une jurisprudence qui paraît traversée par un double courant.

7 *a)* Plusieurs décisions témoignent du souci du juge de ne pas faire preuve d'un formalisme excessif. C'est ainsi que le Conseil d'État a admis la recevabilité d'un pourvoi formé par une fédération de syndicats de fonctionnaires contre le décret portant statut des administrateurs civils ou par une union interfédérale de syndicats de policiers contre un statut particulier concernant « des personnels appartenant à plusieurs des syndicats qui la composent » (CE, Ass., 7 janv. 1966, *Fédération générale des syndicats chrétiens de fonctionnaires*, Rec. 17 ; RA 1966.26, concl. Braibant ; – Ass., 21 juill. 1972, *Union interfédérale des syndicats de la préfecture de police et de la sûreté nationale*, Rec. 584 ; AJ 1973.125, concl. Morisot ; AJ 1972.458, chr. Labetoulle et Cabanes).

Le Conseil d'État a estimé qu'une union de syndicats avait qualité pour demander l'annulation d'une décision refusant de créer un comité technique paritaire à l'Institut de France, alors même que cette union comprend un syndicat propre à cet établissement (CE, Ass., 12 déc. 2003, *USPAC-CGT des personnels des affaires culturelles*, Rec. 508 ; RFDA 2004.322, concl. Le Chatelier ; AJ 2004.199, chr. Donnat et Casas ; JCP 2004.IV.1424, note Rouault ; GACA, n° 37).

De même, une union de syndicats de salariés, eu égard aux intérêts collectifs qu'elle représente, a qualité pour agir contre une décision de validation ou d'homologation d'un plan de sauvegarde de l'emploi (CE, Ass., 22 juill. 2015, *Syndicat CGT de l'Union locale de Calais et environs*, Rec. 265, concl. Dumortier).

8 *b)* Le juge administratif n'en exige pas moins une adéquation minimale entre la décision attaquée et l'objet statutaire du groupement qui en conteste la légalité. En particulier, l'objet du groupement, quand il s'agit d'une association ne doit pas être défini de façon tellement large qu'il lui permettrait en pratique d'attaquer toute mesure administrative. A été jugé irrecevable le recours d'une association ayant pour objet « de veiller au respect des règles propres à la fonction publique en vue, notamment, d'assurer le respect du principe d'égalité » (CE 13 mars 1998, *Association de défense des agents publics*, Rec. 77).

Toutefois, la seule circonstance que l'objet d'une association, tel que défini par ses statuts, ne précise pas de ressort géographique déterminé ne saurait conduire à inférer que son champ d'action serait national et, par suite, trop étendu. Doivent entrer en compte tous autres éléments relatifs aux statuts (titre et conditions d'adhésion) permettant de circonscrire son domaine d'intervention (CE 17 mars 2014, *Association des consommateurs de la Fontaulière*, Rec. 56).

9 **IV.** — Les effets attachés à une action collective ont été sensiblement accrus par la loi n° 2016-1547 du 18 nov. 2016 de modernisation de la justice du XXIe siècle instituant « *l'action en reconnaissance de droits* ». Cette dernière permet à une association régulièrement déclarée ou à un syndicat professionnel régulièrement constitué, de déposer devant le juge administratif une requête tendant à la reconnaissance de droits individuels résultant de l'application de la loi ou du règlement en faveur d'un groupe indéterminé de personnes ayant le même intérêt, à la condition que l'objet statutaire comporte la défense dudit intérêt. L'action peut tendre également au bénéfice d'une somme d'argent légalement due ou à la décharge d'une somme d'argent illégalement réclamée (*cf.* X. Domino, « *Innovations : la médiation et l'action collective en droit administratif* », RFDA 2017.19).

10 **V.** — Le législateur peut également intervenir dans un sens restrictif. Ainsi l'article L. 600-1.1 du Code de l'urbanisme dispose, dans sa rédaction issue de la loi n° 2018-1021 du 28 nov. 2018, qu'une association n'est recevable à agir contre une décision relative à l'autorisation ou l'occupation des sols que si le dépôt de ses statuts en préfecture est intervenu un an au moins avant l'affichage en mairie de la demande du pétitionnaire.

17

ACTES ADMINISTRATIFS RECOURS POUR EXCÈS DE POUVOIR RÈGLEMENTS D'ADMINISTRATION PUBLIQUE ORDONNANCES

Conseil d'État, 6 décembre 1907, ***Compagnie des chemins de fer de l'Est et autres***

(Rec. 913, concl. Tardieu ; D. 1909.3.57, concl. ; S. 1908.3.1, note Hauriou, concl. ; RD publ. 1908.38, note Jèze ; GCJA, vol. 1, n° 37, concl.)

Sur la fin de non-recevoir opposée par le ministre des travaux publics et tirée de ce que le décret du 1er mars 1901, étant un règlement d'administration publique, ne serait pas susceptible d'être attaqué par la voie du recours pour excès de pouvoir :

Cons. qu'aux termes des lois des 11 juin 1842 (art. 9) et 15 juill. 1845 (art. 21), des règlements d'administration publique déterminent les mesures et dispositions nécessaires pour garantir la police, la sûreté, la conservation, l'usage et l'exploitation des chemins de fer ; que les conclusions des Compagnies de chemins de fer tendent à faire décider que les dispositions édictées par le règlement d'administration publique du 1er mars 1901 excèdent les limites de la délégation donnée au gouvernement par les lois précitées :

Cons. qu'aux termes de l'art. 9 de la loi du 24 mai 1872 le recours en annulation pour excès de pouvoir est ouvert contre les actes des diverses autorités administratives ;

Cons. que, si les actes du chef de l'État portant règlement d'administration publique sont accomplis en vertu d'une délégation législative et comportent en conséquence l'exercice dans toute leur plénitude des pouvoirs qui ont été conférés par le législateur au gouvernement dans ce cas particulier, ils n'échappent pas néanmoins, et en raison de ce qu'ils émanent d'une autorité administrative, au recours prévu par l'art. 9 précité ; que, dès lors, il appartient au Conseil d'État statuant au contentieux d'examiner si les dispositions édictées par le règlement d'administration publique rentrent dans la limite de ces pouvoirs ;

Sur le moyen tiré de ce que, la promulgation de l'ordonnance du 15 nov. 1846 ayant épuisé la délégation donnée au chef de l'État par les lois du 11 juin 1842 (art. 9) et du 15 juill. 1845 (art. 21), le décret du 1er mars 1901 n'aurait pu, en l'absence d'une délégation nouvelle du législateur, modifier les dispositions de ladite ordonnance :

Cons. que, lorsque le chef de l'État est chargé par le législateur d'assurer l'exécution d'une loi par un règlement d'administration publique, ce mandat n'est pas en principe épuisé par le premier règlement fait en exécution de cette loi ; qu'en effet, à moins d'exception résultant de l'objet même de la délégation ou d'une disposition expresse de la loi, cette délégation comporte nécessairement le droit pour le gouvernement d'apporter au règlement primitif les modifications que l'expérience ou des circonstances nouvelles ont révélé comme nécessaires pour assurer l'exécution de la loi ;

....

(Rejet).

OBSERVATIONS

L'arrêt Chemins de fer de l'Est *met en évidence le critère organique pour la qualification des actes administratifs et donc la compétence du juge administratif pour en apprécier la légalité.*

1 Les lois des 11 juin 1842 et 15 juill. 1845 ont donné délégation au gouvernement pour édicter par règlement d'administration publique les mesures destinées à garantir la police, la sûreté, la conservation, l'usage et l'exploitation des chemins de fer. Ces mesures furent inscrites dans une ordonnance du 15 nov. 1846, que vint modifier sur de nombreux points le décret du 1er mars 1901, rendu nécessaire par l'expansion économique et les progrès techniques des transports ferroviaires. Les grandes compagnies privées concessionnaires de chemins de fer formèrent des recours contre ce décret, en soutenant, d'une part, que le gouvernement n'avait pu le prendre légalement sans une nouvelle délégation du législateur, et d'autre part, qu'il modifiait unilatéralement le cahier des charges de leurs concessions, en leur imposant par voie d'autorité des obligations qui n'étaient pas prévues aux contrats. Le Conseil d'État rejeta ces recours au fond. Mais il dut au préalable se prononcer sur la fin de non-recevoir présentée par l'administration, selon laquelle un règlement d'administration publique n'était pas susceptible d'être attaqué par la voie du recours pour excès de pouvoir.

On considérait en effet que l'acte émanant d'une autorité déléguée avait le même caractère que s'il était fait par l'autorité délégante : or, les règlements d'administration publique étant pris en vertu d'une « délégation législative », ces actes participent, disait-on, du caractère général de la loi et constituent une sorte de législation secondaire.

Le commissaire du gouvernement Tardieu s'attacha à réfuter ces théories, défendues par des auteurs considérables (Aucoc, Batbie, Laferrière). « *Il est à remarquer*, dit-il, *qu'à aucune époque, aucun texte n'est venu conférer expressément le caractère législatif aux règlements d'administration publique... Si on devait reconnaître le caractère législatif aux règlements d'administration publique, uniquement parce qu'ils sont faits en vertu d'une délégation directe du Parlement, cela conduirait à reconnaître le même caractère aux règlements édictés par d'autres autorités que le chef de l'État... Alors même qu'ils sont faits en vertu d'une délégation du pouvoir législatif, les règlements d'administration publique n'en sont pas moins l'œuvre d'une autorité administrative* ».

Le Conseil d'État entérina ces conclusions. Il se fonda notamment sur la loi du 24 mai 1872 qui ouvrait le recours pour excès de pouvoir « *contre les actes des diverses autorités administratives* » : c'est donc l'organe dont émane l'acte qui lui confère son caractère administratif, duquel résulte la recevabilité du recours.

Ainsi prévaut le *critère organique* dans la détermination de la nature juridique des actes en droit public français (pour le rôle de ce même critère dans les contrats administratifs, v. nos obs. sous l'arrêt TC 9 mars 2015, *Mme Rispal c. Société des autoroutes du Sud de la France**).

Il s'applique à tous les *actes unilatéraux* émanant d'une *autorité administrative* (I). La question a été renouvelée à propos des *ordonnances* (II).

2 **I.** — La décision *Chemins de fer de l'Est* est une nouvelle étape sur la voie de l'extension du contrôle juridictionnel de l'administration.

Le commissaire du gouvernement Tardieu avait rappelé dans ses conclusions comment s'était développé au cours du XIXe siècle le contrôle de la légalité des actes administratifs par le Conseil d'État : à l'origine, la Haute assemblée considérait comme irrecevable tout recours dirigé contre un acte de caractère réglementaire et général ; puis, vers le milieu du siècle, elle commença à accueillir les recours contre les actes réglementaires, à l'exception toutefois des décrets portant règlement d'administration publique ; enfin, à partir de 1872, elle accepta de vérifier la légalité de ces décrets à l'occasion des applications individuelles qui en étaient faites (CE 13 mai 1872, *Brac de la Perrière*, Rec. 299).

L'arrêt de 1907 admet qu'elle soit examinée directement grâce au recours pour excès de pouvoir.

Le mouvement ne devait pas s'arrêter là.

3 La recevabilité du recours pour excès de pouvoir devait être encore admise à l'encontre de tous les actes dont le caractère administratif découle de la nature administrative de leur auteur, même s'ils sont pris dans le domaine de la loi ou en vertu d'une habilitation de la loi :

– décrets pris avant 1958 par le chef de l'État en matière coloniale (CE 29 mai 1908, *Colonie du Sénégal*, Rec. 578 ; S. 1909.3.26, note Girault ; – Sect., 22 déc. 1933, *Maurel*, Rec. 1226 ; S. 1934.3.57, note Roques ; D. 1936.3.17, note Gros : « *en vertu de l'art. 18 du sénatus-consulte du 3 mai 1854, les colonies... sont régies par décret ; si le régime ainsi établi comporte le droit pour le chef de l'État de régler des questions qui, dans la métropole, ressortissent au domaine de la loi, ces décrets n'en constituent pas moins des actes administratifs, susceptibles... d'être déférés au Conseil d'État par la voie du recours pour excès de pouvoir* ») ;

– sous la IIIe République, décrets-lois (CE, Ass., 25 juin 1937, *Union des véhicules industriels*, Rec. 619 ; RD publ. 1937.501, concl. Renaudin, note Jèze ; S. 1937.397, note P. de F.R. ; D. 1937.333, note Rolland) ;

– sous la IVe République, décrets pris en vertu de la loi du 17 août 1948 tendant au redressement économique et financier (CE, Ass., 15 juill. 1954, *Société des Établissements Mulsant*, Rec. 481 ; AJ 1954.II.459, note Long) et décrets pris en vertu des lois d'habilitation spéciale (CE, Ass., 16 mars 1956, *Garrigou*, Rec. 121 ; D. 1956.253, concl. Laurent ; AJ 1956.II.199, note J.A. ; AJ 1956.II.220, chr. Fournier et Braibant).

A fortiori sont des actes administratifs les mesures prises par le gouvernement dans le cadre du pouvoir réglementaire autonome que lui reconnaît l'article 37 de la Constitution (*cf.* CE 26 juin 1959, *Syndicat général des ingénieurs-conseils**, et nos obs.), les décisions de caractère réglementaire prises par le président de la République dans l'exercice des pouvoirs exceptionnels prévus par l'article 16 (CE 2 mars 1962, *Rubin de Servens**).

L'évolution a conduit le Conseil d'État à voir aussi des actes administratifs dans les décisions adoptées par des organes d'un type nouveau institués notamment dans le domaine économique et professionnel (v. CE 31 juill. 1942, *Monpeurt** et 2 avr. 1943, *Bouguen**, et nos obs.), ainsi que par des organes parlementaires (v. CE 5 mars 1999, *Président de l'Assemblée nationale**, et nos obs.), et à considérer ainsi comme émanant d'autorités administratives des actes pris par des organes ne faisant pas partie de la hiérarchie administrative.

Ils relèvent à ce titre du recours pour excès de pouvoir.

4 La reconnaissance par l'arrêt *Chemins de fer de l'Est* du caractère administratif des règlements d'administration publique s'accompagne de précisions sur leur *régime*.

Formellement, ils étaient adoptés, non seulement sur l'invitation du législateur, mais après délibération de l'Assemblée générale du Conseil d'État. Cette double caractéristique, de laquelle résultaient l'élargissement des pouvoirs du gouvernement et une garantie de leur exercice, explique que l'annulation des règlements d'administration publique ait été plus rare que celle des décrets simples (*cf.* CE, Ass., 12 déc. 1953, *Union nationale des associations familiales*, Rec. 545 ; S. 1954.3.45, note Tixier ; D. 1954.511, note Rossillion) et qu'ils aient eu une valeur supérieure à celle de ces derniers.

Cependant l'évolution du régime des décrets en Conseil d'État, notamment en vertu de l'article 37 alinéa 2 de la Constitution de 1958 et du décret du 30 juill. 1963 relatif à l'organisation et au fonctionnement du Conseil d'État, devait perturber la situation des règlements d'administration publique parmi les autres décrets. Le Conseil d'État a maintenu leur prééminence (Ass., 7 mai 1971, *Joseph Rivière*, Rec. 331 ; AJ 1971.607, concl. Kahn et note Ferrari). Mais finalement la formule du règlement d'administration publique a été supprimée par la loi du 7 juill. 1980, la loi organique du 21 juill. 1980 et le décret du 31 juill. 1980, qui l'ont remplacée dans tous les textes correspondants par celle du décret en Conseil d'État.

Matériellement, la solution dégagée par l'arrêt *Chemins de fer de l'Est* pour les règlements d'administration publique vaut pour tout décret réglementaire auquel la loi renvoie pour son exécution : le gouvernement n'épuise pas ses pouvoirs en adoptant un premier règlement.

Il peut toujours le modifier ou l'abroger par un règlement ultérieur (CE 30 mars 1960, *Comptoir agricole et commercial*, Rec. 237) et répartir normalement en plusieurs règlements les mesures à prendre pour l'application de la loi (CE 20 nov. 1953, *Fédération nationale des déportés et internés résistants et patriotes*, Rec. 511).

Bien plus, lorsque le législateur charge le gouvernement de prendre des décrets d'application dans un délai qui n'est prescrit ni à peine de nullité ni comme une garantie pour les administrés, le gouvernement peut encore et même doit adopter ces mesures après l'expiration du délai (CE, Ass., 23 oct. 1992, *Diemert, Union nationale des organisations syndicales des transporteurs routiers automobiles*, Rec. 374 et 375 ; D. 1992.511, concl. Legal ; AJ 1992.785, chr. Maugüé et Schwartz ; LPA 4 nov. 1992, note Massot ; Gaz. Pal. 3-4 mars 1993, note Couzinet).

5 **II.** — Tel n'est pas le cas pour les *ordonnances de l'article 38 de la Constitution.*

Celles-ci doivent être distinguées d'ordonnances qui, sous la même appellation, n'avaient pas le même régime et auxquelles a été reconnue une nature législative les soustrayant, comme les lois (CE, Sect., 6 nov. 1936, *Arrighi*, Rec. 966 ; D. 1938.3.1, concl. R. Latournerie, note Eisenmann ; RD publ. 1936.671, concl. ; S. 1937.3.33, concl., note Mestre ; – Ass., 20 oct. 1989, *Roujansky*, JCP 1989.II.21371, concl. Frydman ; RFDA 1989.993), au contrôle du juge administratif.

Il en a été ainsi – sans parler des ordonnances de l'Ancien Régime – de la Restauration (v. CE 3 mars 2017, *Collectivité territoriale de la Guyane*, n° 415823, et CC *2 juin 2017, n° 2017-633 QPC*, AJ 2017.1779, note Fermaud) et de la Monarchie de juillet – pour des ordonnances prises par des autorités investies exceptionnellement du pouvoir législatif :

– ordonnances du Comité français de libération nationale (CE 22 févr. 1946, *Botton*, Rec. 58 ; S. 1945.3.56, note P. H.) ;

– ordonnances prises en vertu de l'ancien article 92 de la Constitution de 1958 (CE, Sect., 12 févr. 1960, *Société Eky*, Rec. 101 ; S. 1960.131, concl. Kahn ; D. 1960.236, note L'Huillier ; JCP 1960.II.11629 *bis*, note Vedel).

6 Les ordonnances de l'article 38, elles, sont prises par le gouvernement, pour l'exécution de son programme, en vertu d'une autorisation du Parlement l'autorisant, pendant un délai limité, à intervenir dans un domaine qui est normalement celui de la loi. Précédées d'un avis du Conseil d'État et délibérées en Conseil des ministres, elles sont signées par le président de la République. Elles entrent en vigueur dès leur publication mais deviennent caduques si le projet de loi de ratification n'est pas déposé devant le Parlement avant la date fixée par la loi d'habilitation. Elles ne peuvent être ratifiées, en vertu de la révision constitutionnelle de 2008, que de manière expresse. À l'expiration du délai d'habilitation, elles ne peuvent plus être modifiées que par la loi dans les matières qui sont du domaine législatif.

En application du critère organique dégagé par l'arrêt *Chemins de fer de l'Est et autres* et appliqué constamment depuis lors, le Conseil d'État a reconnu que ces ordonnances, comme les règlements d'administration publique et les décrets-lois des IIIe et IVe Républiques, constituent, tant qu'elles n'ont pas été ratifiées par la loi, des actes administratifs à caractère réglementaire (ou, plus simplement, des actes réglementaires, par opposition aux actes législatifs), pouvant lui être déférés par la voie du recours pour excès de pouvoir (CE, Ass., 24 nov. 1961, *Fédération nationale des syndicats de police*, Rec. 658 ; AJ 1962.114, note J. T. ; D. 1962.424, note Fromont ; S. 1963.59, note L. Hamon). La qualité d'acte administratif de l'ordonnance subsiste après l'expiration du délai d'habilitation tant que le Parlement ne l'a pas ratifiée (CE 30 juin 2003, *Fédération régionale ovine du Sud-Est*, Rec. 292 ; CE 11 déc. 2006, *Conseil national de l'ordre des médecins*, Rec. 510 ; AJ 2007.133, chr. Landais et Lenica). Le critère matériel joue accessoirement pour considérer aussi comme réglementaires les dispositions d'une ordonnance portant sur le domaine du règlement et admettre en conséquence qu'elles peuvent être modifiées par décret après l'expiration du délai d'habilitation (CE 30 juin 2003, *Fédération nationale ovine du Sud-Est*, préc.).

Le Conseil constitutionnel considérait aussi que « *les ordonnances qui ont fait l'objet du dépôt du projet de loi de ratification... demeurent des actes de forme réglementaire tant que la ratification législative n'est pas intervenue* » (CC 29 févr. 1972, *no 72-73 L*). Corrélativement, elles ne pouvaient être contestées devant lui ni par voie de recours direct ni par celle d'une question prioritaire de constitutionnalité que lui renverraient les juridictions (CC 10 févr. 2012, *no 2011-219 QPC, Patrick É.* ; CE 15 févr. 2016, *Charon*, Rec. 914 ; Gaz. Pal. 2016, no 25, note Domino et Bretonneau).

Ce n'est que par sa ratification par la loi que l'ordonnance acquiert valeur législative, à compter de sa signature, et devient soustraite au contrôle du juge administratif (CE 8 déc. 2000, *Hoffer*, Rec. 584 ; RFDA 2001.454, concl. Maugüé ; AJ 2000.985, chr. Guyomar et Collin). Peuvent alors être déférés au Conseil constitutionnel non seulement la loi de ratification mais aussi les ordonnances ratifiées (par ex. CE 16 janv. 2018, *Union des ostéopathes animaliers*, Rec. 872).

7 Par une décision du 28 mai 2020 (*no 2020-843 QPC, Association Force 5* ; D. 2020.1390, note Perroud ; DA 2020, no 11.48 ; Gaz. Pal. 2020, no 23.19, note D. Rousseau, et no 39.31, note Salles ; JCP Adm. 2020, no 25.4, note Verpeaux ; LPA 2020, no 215.9, note Ramdani ; JCP G 2020.1185, note Levade et 2005, note Avril *et al.* ; RFDA 2020.887, note Barthélémy et 1139, chr. Roblot-Troizier ; RTD civ. 2020.596, obs. P. Deumier ; Nouv. Cah. CC Titre VII, oct. 2020-avr. 2021.333, note Cartier et 456, note Gadhoun), le Conseil constitutionnel a rompu avec cette jurisprudence bien établie et avec l'article 24 de la Constitution selon lequel le Parlement vote la loi, en considérant que « *conformément* *au dernier alinéa de l'articel 38 de la Constitution, à l'expiration du délai de l'habilitation..., les dispositions* d'une ordonnance *ne pouvaient plus être modifiées que par la loi dans les matières qui sont du domaine législatif. Dès lors, à compter de cette date, elles doivent être regardées comme des dispositions législatives* ».

Il a complété son affirmation quelques semaines plus tard par une décision du 3 juill. 2020 (*n*[o] *2020-851/852 QPC*, AJ 2020.2095, note Verpeaux ; D. 2020.1643, obs. Pradel ; JCP 2020.1404, note Levade ; RFDA 2020.1139, chr. Roblot-Troizier) : « *Si les dispositions d'une ordonnance acquièrent valeur législative à compter de sa signature lorsqu'elles ont été ratifiées par le législateur, elles doivent être regardées, dès l'expiration du délai de l'habilitation et dans les matières qui sont du domaine législatif, comme des dispositions législatives au sens de l'article 61-1 de la Constitution. Leur conformité aux droits et libertés que la Constitution garantit ne peut donc être contestée que par une question prioritaire de constitutionnalité.* » Par là même, paraissait exclu le contrôle de ces mêmes dispositions par les autres juridictions, et spécialement par le Conseil d'État.

8 Celui-ci a dû réagir. Dans un arrêt (Ass.) du 16 déc. 2020, *Fédération CFDT Finances et autres* (Rec. 467, concl. Villette ; RFDA 2021.171, concl. ; AJ 2021.258, chr. Malverti et Beaufils ; DA mars 2021.25, note Éveillard ; RTD civ. 2021.94, obs. Deumier ; JCP Adm. 2021.2037, note Pauliat ; JCP 2021.192, note Prétot ; Gaz. Pal., 29 juin 2021, note Odinet et Barrois de Sarigny), il a confirmé, en vertu du critère organique dégagé par l'arrêt *Chemins de fer de l'Est et autres*, que « *les ordonnances prises en vertu de l'article 38 de la Constitution conservent le caractère d'actes administratifs, aussi longtemps qu'elles n'ont pas fait l'objet d'une ratification, qui ne peut être qu'expresse, par le Parlement* ». En conséquence, « *leur légalité peut être contestée par voie d'action, au moyen d'un recours pour excès de pouvoir formé dans le délai de recours contentieux devant le Conseil d'État, compétent pour en connaître en premier et dernier ressort, qui peut en prononcer l'annulation rétroactive, ou par la voie de l'exception, à l'occasion de la contestation d'un acte ultérieur pris sur leur fondement, devant toute juridiction, qui peut en écarter l'application...* ». Peuvent être examinés à cette occasion tous les chefs d'illégalité dont peuvent être entachées ces ordonnances.

Toutefois, tenant compte de la décision du Conseil constitutionnel du 3 juill. précédent, le Conseil d'État ajoute « *que, lorsque le délai d'habilitation est expiré, la contestation, au regard des droits et libertés que la Constitution garantit, des dispositions d'une ordonnance relevant du domaine de la loi n'est recevable qu'au travers d'une question prioritaire de constitutionnalité, qui doit être transmise au Conseil constitutionnel* ».

Ainsi, après l'expiration du délai d'habilitation, tant qu'une ordonnance n'a pas été ratifiée, elle reste un acte administratif même si elle est considérée comme comportant des « dispositions législatives ». Sa légalité ne peut être appréciée que, par voie d'action, par le Conseil d'État (par ex. CE 1er juill. 2020, *Conseil national de l'ordre des architectes*, Rec. 548 ; AJ 2020.2266, note Lamy) et, par voie d'exception, par toutes les juridictions administratives et par les juridictions judiciaires dans certains cas (v. nos obs. sous l'arrêt TC 17 oct. 2011, *SCEA du Chéneau**) : mais l'examen de sa conformité aux droits et libertés garantis par la Constitution n'appartient qu'au Conseil constitutionnel ; les juridictions saisies de l'action ou de l'exception doivent la renvoyer au Conseil constitutionnel par une question prioritaire de constitutionnalité. C'est ce qu'ont fait le Conseil d'État (28 sept. 2020, *Tutugoro et autres*, Rec. 548 ; RFDA 2020.1139, chr. Roblot-Troizier) et la Cour de cassation (Civ. 2e, 24 sept. 2020, *no 20-40.056* ; Crim., 13 oct. 2020, *no 20-84.360* ; 3 nov. 2020, *no 20-83.457*).

9 En revanche, d'une part, pour les dispositions d'une ordonnance non ratifiée qui relèvent, non du domaine de la loi, mais de celui du règlement, et ne peuvent donc être qualifiées de « dispositions législatives », il n'y a pas matière à question prioritaire de constitutionnalité (CE 21 déc. 2020, *Syndicat de la juridiction administrative*, Rec. 551).

D'autre part, pour celles qui relèvent du domaine de la loi sans être devenues « législatives » faute de ratification, le Conseil d'État peut examiner leur légalité, non pas au regard des droits et libertés garantis par la Constitution, mais au regard de la portée de la loi d'habilitation, des principes généraux du droit et des droits et libertés proclamés par d'autres textes que la Constitution, en particulier la Convention européenne de sauvegarde des droits de l'Homme.

C'est ce qu'il a fait dans un arrêt du 5 mars 2021, *Ordre des avocats au Conseil d'État et à la Cour de cassation et Beshoret* (v. no 97.10), pour des dispositions qui avaient déjà été examinées au regard de la Constitution par le Conseil constitutionnel. Celui-ci, saisi d'une question préjudicielle par la Cour de cassation avait, par une décision *no 2020-872 QPC* du 15 janv. 2021, déclaré contraire aux droits de la défense garantis par l'article 16 de la Déclaration de 1789, l'article 5 d'une ordonnance du 25 mars 2020 adoptée en vertu de la loi d'urgence sanitaire du 23 mars précédent, permettant la comparution de prévenus par voie de télécommunication audiovisuelle (« visioconférence ») ; puis, par une décision *no 2020-878/879 QPC* du 29 janvier 2021, également sur renvoi de la question par la Cour de cassation, il avait déclaré l'article 16 de la même ordonnance, prolongeant de plein droit les délais de détention provisoire, contraire à l'article 66 de la Constitution comme méconnaissant le rôle de l'autorité judiciaire dans la protection de la liberté individuelle – tout en constatant que ces dispositions n'étaient plus désormais applicables. Saisi contre elles par la voie du recours pour excès de pouvoir, le Conseil d'État, par son arrêt du 5 mars 2021, les a jugées contraires, l'une, au droit au procès équitable garanti par l'article 6 de la Convention européenne, l'autre, au § 3 de l'article 5 de la Convention européenne imposant que toute personne arrêtée ou détenue soit traduite devant un juge et jugée dans un délai raisonnable ; mais il a ouvert une nouvelle instruction pour déterminer si leur annulation doit être rétroactive ou peut être différée, comme le permet la jurisprudence *Association AC !**.

On peut ne pas être convaincu par le système auquel ont conduit les décisions du Conseil constitutionnel du 28 mai et du 3 juill. 2020 : il rompt avec la tradition du critère organique ; il conduit à traiter les ordonnances non ratifiées à la fois comme dispositions législatives et comme actes administratifs, il divise leur contentieux ; il en laisse le maniement aux requérants selon qu'ils invoquent, pour des droits et libertés équivalents, la violation de la Constitution ou seulement celle de la Convention européenne des droits de l'Homme ou des principes généraux du droit.

18

POLICE – CULTES

Conseil d'État, 19 février 1909, *Abbé Olivier*
(Rec. 181 ; S. 1909.3.34, concl. Chardenet ; D. 1910.3.121, concl. ;
RD publ. 1910.69, note Jèze ; GCJA, vol. 1, n° 43, concl.)

Cons. que l'arrêté attaqué distingue, d'une part « les processions, cortèges et toutes manifestations ou cérémonies extérieures se rapportant à une croyance ou à un culte », dont l'art. 1er prononce l'interdiction ; d'autre part, les convois funèbres qui sont réglementés par les art. 2 à 8 ;

En ce qui concerne l'art. 1er de l'arrêté :

Cons. qu'en interdisant par cet article, qui reproduit les dispositions d'arrêtés antérieurs toujours en vigueur, les manifestations extérieures du culte consistant en processions, cortèges et cérémonies, le maire n'a fait qu'user des pouvoirs de police, qui lui sont conférés, dans l'intérêt de l'ordre public, par l'art. 97 de la loi du 5 avr. 1884, auquel se réfère l'art. 27 de la loi du 9 déc. 1905 ;

En ce qui concerne les art. 2 à 8 de l'arrêté :

Cons. que, si le maire est chargé par l'art. 97 de la loi du 5 avr. 1884 du maintien de l'ordre dans la commune, il doit concilier l'accomplissement de sa mission avec le respect des libertés garanties par les lois ; qu'il appartient au Conseil d'État, saisi d'un recours pour excès de pouvoir contre un arrêté rendu par application de l'art. 97 précité, non seulement de rechercher si cet arrêté porte sur un objet compris dans les attributions de l'autorité municipale, mais encore d'apprécier, suivant les circonstances de la cause, si le maire n'a pas, dans l'espèce, fait de ses pouvoirs un usage non autorisé par la loi ;

Cons. que l'art. 1er de la loi du 9 déc. 1905 garantit la liberté de conscience et le libre exercice des cultes, sous les seules restrictions édictées dans l'intérêt de l'ordre public, et que l'art. 2 de la loi du 15 nov. 1887 interdit aux maires d'établir des prescriptions particulières applicables aux funérailles en distinguant d'après leur caractère civil ou religieux ; qu'il résulte des travaux préparatoires de la loi du 9 déc. 1905 et de ceux de la loi du 28 déc. 1904 sur les pompes funèbres que l'*intention manifeste du législateur a été, spécialement en ce qui concerne les funérailles, de respecter autant que possible les habitudes et les traditions locales et de n'y porter atteinte que dans la mesure strictement nécessaire au maintien de l'ordre ;*

Cons. qu'il résulte de l'instruction que, dans la ville de Sens, aucun motif tiré de la nécessité de maintenir l'ordre sur la voie publique ne pouvait être invoqué par le maire pour lui permettre de réglementer, dans les conditions fixées par son arrêté, les convois funèbres, et notamment d'interdire aux membres du clergé, revêtus de leurs habits sacerdotaux, d'accompagner à pied ces convois conformément à la tradition locale ; qu'il est au contraire établi par les pièces jointes au dossier, spécialement par la délibération du conseil municipal du 30 juin 1906 visée par l'arrêté attaqué, que les dispositions dont il s'agit ont été dictées par des considérations étrangères à l'objet en vue duquel l'autorité municipale a été chargée de régler le service des inhumations ; qu'ainsi lesdites dispositions sont entachées d'excès de pouvoir ; ... (Annulation des art. 2 à 8 de l'arrêté attaqué).

OBSERVATIONS

L'arrêt Abbé Olivier *place la liberté de conscience et la liberté de culte parmi les libertés garanties par la loi, comme le feront l'arrêt* Benjamin* *pour la liberté de réunion et l'arrêt* Daudignac* *pour la liberté du commerce et de l'industrie.*

1 **I.** — Le 1er sept. 1906, le maire de Sens avait pris un arrêté interdisant « toutes manifestations religieuses et notamment celles qui ont lieu sur la voie publique à l'occasion des enterrements ». L'abbé Olivier ayant contrevenu à cet arrêté, le juge de simple police ne l'avait pas condamné, estimant l'arrêté illégal, mais la Cour de cassation, se bornant à constater que le maire avait agi dans une matière de sa compétence, avait cassé le jugement. L'abbé Olivier avait, d'autre part, déféré l'arrêté du maire de Sens au Conseil d'État.

La Haute assemblée avait déjà eu l'occasion de statuer sur la légalité d'arrêtés relatifs aux manifestations des cultes. Elle s'était efforcée, dans des décisions concernant les processions et les sonneries de cloches, de concilier le respect des libertés religieuses et les nécessités de l'ordre public (*cf.* par ex. CE 5 août 1908, *Morel et autres*, Rec. 858, concl. Saint-Paul). L'affaire de Sens devait lui donner l'occasion de préciser sa jurisprudence. Le commissaire du gouvernement Chardenet invita le Conseil d'État à examiner cette affaire dans un esprit très différent de celui de la Cour de cassation : « Vous qui êtes appelés à jouer un peu le rôle de supérieur hiérarchique des autorités administratives, vous devez examiner quelle est la limite des pouvoirs du maire et rechercher si les arrêtés de police ont été pris dans l'intérêt du maintien de l'ordre public. » Le climat de l'époque était tel cependant que le commissaire du gouvernement n'hésita pas à reconnaître la légalité des dispositions de l'arrêté interdisant « les processions, cortèges et toutes manifestations extérieures des cultes », mais il ne lui parut pas possible d'admettre celle des dispositions qui réglementaient les convois funèbres. Elles ne permettaient au clergé de précéder le convoi qu'en voiture fermée : l'ordre public exigeait-il que des usages immémoriaux, d'après lesquels le clergé se rendait à pied à la maison mortuaire, puis prenait la tête du convoi, fussent changés ? « Les habitants de Sens ont trop le sentiment du respect dû au défunt et de la douleur des parents pour se livrer à des manifestations sur le passage d'un convoi funèbre. » Aussi bien l'autorité municipale n'avait-elle pas été inspirée par le souci d'éviter les désordres, mais par l'idée que l'enterrement religieux s'impose à la vue de tous, peut blesser les opinions philosophiques d'autrui et détruit la neutralité de la rue.

Suivant son commissaire, le Conseil d'État déclara légale l'interdiction des processions, cortèges et cérémonies, mais annula la réglementation des convois funèbres. Sachant combien les passions étaient excitées, il a longuement et soigneusement motivé son arrêt, prenant même soin de le couvrir de l'autorité du législateur.

II. — Sur l'arrêt *Abbé Olivier* repose toute la jurisprudence protectrice des manifestations extérieures du culte. Bien qu'elles fussent la conséquence normale de la liberté de conscience et de la liberté des cultes que garantissait la République, les milieux dirigeants anticléricaux de la IIIe République d'avant 1914 firent leur possible pour les entraver, par réaction contre la tradition, un moment interrompue par la Révolution, mais reprise par Napoléon, qui associait les autorités civiles aux cérémonies religieuses.

2 Le Conseil d'État protégea d'abord les cérémonies traditionnelles : elles ne peuvent être interdites qu'en cas de menace précise et sérieuse pour l'ordre public (CE, Sect., 2 mars 1934, *Prothée*, Rec. 1235). Le décret du 23 oct. 1935 qui soumet tous les cortèges sur la voie publique à l'obligation d'une déclaration préalable – sauf les cortèges conformes aux usages locaux – ne permet pas aux maires d'interdire les processions traditionnelles (CE 25 janv. 1939, *Abbé Marzy*, Rec. 709). Il a même été jugé que l'ancienneté de l'interdiction ne peut faire perdre à une procession son caractère traditionnel – alors même que la procession n'était plus célébrée depuis plusieurs dizaines d'années (CE 3 déc. 1954, *Rastouil, évêque de Limoges*, Rec. 639 ; AJ 1955.II *bis*.1, chr. Long).

La notion, non d'usage local mais d'intérêt public local, a fondé tout récemment la possibilité pour les collectivités territoriales de prendre des décisions ou financer des projets en rapport avec des édifices ou des pratiques cultuels, dès lors qu'elles respectent le principe de neutralité à l'égard des cultes et le principe d'égalité et qu'elles excluent toute libéralité (CE, Ass., 19 juill. 2011, *Commune de Montpellier* ; du même jour, *Commune de Trélazé* ; *Fédération de la libre pensée et de l'action sociale du Rhône* ; *Communauté urbaine du Mans* ; *Mme Vayssière* ; v. no 18.5).

3 Si les processions et manifestations non traditionnelles ont été moins rigoureusement protégées à l'origine, le Conseil d'État n'a pas tardé à les faire bénéficier du contrôle général qu'il exerce sur toutes les interdictions de police et à annuler les interdictions trop générales ou ne reposant pas sur la nécessité de maintenir l'ordre public. Tenant compte de l'évolution générale de l'esprit public, il se montre exigeant quant à la nature et à la gravité de la menace alléguée par l'administration. Ainsi il a jugé que le préfet de police n'avait pu, sans porter une atteinte illégale à la liberté des cultes, interdire toute cérémonie et tout office religieux organisés par des adeptes du culte krisnaïte dans l'ancien hôtel d'Argenson à l'intention, notamment, des personnes ayant leur résidence dans ce bâtiment (CE 14 mai 1982, *Association internationale pour la conscience de Krisna*, Rec. 179 ; D. 1982.516, note Boinot et Dubouy). Mais est légale l'interdiction de ces manifestations lorsque le danger pour l'ordre public est vraiment grave : tel est le cas notamment si une manifestation religieuse analogue a provoqué des troubles dans les communes limitrophes (CE 2 juill. 1947, *Guiller*, Rec. 293). De même, le Conseil d'État a maintenu à propos d'une procession religieuse, une interdiction prononcée par un maire – alors même que des dérogations avaient été accordées en faveur d'autres manifestations – motif pris de ce que, valable seulement sur certaines voies publiques, l'interdiction avait pour but de faciliter la circulation sur ces voies (CE 21 janv. 1966, *Legastelois*, Rec. 45 ; JCP 1966.II.14568, concl. Galmot ; AJ 1966.435, note J. Moreau).

4 **III.** — Les mêmes principes jurisprudentiels sont applicables aux cortèges et manifestations de caractère politique ou social. Le Conseil d'État ne peut être insensible au fait que le Conseil constitutionnel, appelé à statuer sur une loi modifiant le décret du 23 oct. 1935 relatif aux manifestations sur la voie publique, a rangé parmi les libertés constitutionnellement garanties le « droit d'expression collective des idées et des opinions » (*n*° *94-352 DC, 18 janv. 1995*, Rec. 170 ; RFDC 1995.362, note Favoreu ; JCP 1995.II.22525, note Lafay ; RD publ. 1995.577, comm. F. Luchaire).

C'est sur ce fondement que le juge constitutionnel a censuré une disposition législative permettant à l'autorité administrative de prononcer une interdiction de participer à une manifestation à toute personne présentant « une menace d'une particulière gravité pour l'ordre public », faute d'un encadrement suffisant quant à la portée de l'interdiction, aux motifs susceptibles de la justifier et aux conditions de sa contestation (*n*° *2019-780 DC, 4 avril 2019* ; AJ 2019.782).

Le Conseil d'État a approuvé l'annulation par le Tribunal administratif de Paris d'un arrêté du préfet de police ayant interdit les manifestations prévues lors d'une visite du président de la République populaire de Chine à Paris, au motif que s'il appartenait à l'autorité de police « de prendre toutes mesures appropriées, notamment aux abords de l'ambassade de Chine, pour prévenir les risques de désordre », elle ne pouvait prendre un « arrêté d'interdiction générale qui excédait, dans les circonstances de l'espèce, les mesures qui auraient été justifiées par les nécessités du maintien de l'ordre public, à l'occasion de cette visite ». (CE 12 nov. 1997, *Ministre de l'intérieur c. association « Communauté tibétaine en France et ses amis »*, Rec. 417).

En revanche, a été reconnue légale l'interdiction d'une manifestation hostile à l'avortement devant le centre hospitalier d'Alençon, justifiée par la nécessité de préserver la tranquillité publique aux abords immédiats d'un établissement hospitalier (CE 25 juin 2003, *Association « SOS tout petits »*, Rec. 962 ; JCP Adm. 2003.1975, comm. J. Moreau). Une solution identique a été adoptée pour une manifestation du même ordre sur le parvis de la cathédrale Notre-Dame à Paris, à proximité de l'établissement hospitalier de l'Hôtel-Dieu (CE 30 déc. 2003, *Lehembre*, Rec. 888 ; BJCL 2004.322, et LNF mai 2004, p. 322, concl. Chauvaux ; AJ 2004.888, note Le Bot ; JCP Adm. 2004.1097, comm. Tchen).

5 **IV.** — Au-delà de la question des processions et manifestations religieuses s'est posé le problème de la possibilité pour les collectivités territoriales de prendre des décisions ou financer des projets en rapport avec des édifices ou des pratiques cultuels. Elle a été admise en considération de l'intérêt public local, dès lors que sont respectés le principe de neutralité à l'égard des cultes et le principe d'égalité, et qu'est exclue toute libéralité (CE, Ass., 19 juill. 2011, *Commune de Montpellier* ; du même jour, *Commune de Trélazé* ; *Fédération de la libre pensée et de l'action sociale du Rhône*, Rec. 372, concl. Geffray ; *Communauté urbaine du Mans*, RFDA 2011.967, concl. ; AJ 2011.1667, chr. Domino et Bretonneau ; même revue 2014.124, note Hubac ; JCP Adm. 2012.2172, comm. Amedro ; RD publ. 2012.499, note Pauliat, 1523, note Boualili, 1553, note Gély ; LPA 11 janv. 2013, note Nicoud). En outre, le Conseil d'État a jugé que les dispositions de l'art. L. 1311-2 du Code général des collectivités territoriales permettent aux collectivités territoriales de conclure un bail emphytéotique administratif en vue de l'édification d'un nouvel édifice cultuel (CE, Ass., 19 juill. 2011, *Mme Vayssière*, concl. Geffray préc. ; AJ 2011.2010, note Fâtome et Richer ; JCP Adm. 2011.2308, comm. Dieu), à la condition que l'affectataire du lieu de culte édifié soit une association cultuelle au sens de la loi du 9 déc. 1905 (CE 10 févr. 2017, *Ville de Paris*, Rec. 40, AJ 2017.684, concl. Henrard ; JCP Adm. 2017.2114, note Pauliat).

De même, sur le fondement de l'article L. 2144-3 du code précité, une commune peut donner à bail à une association cultuelle pour un usage exclusif et pérenne, un local appartenant à son domaine privé, dès lors que les conditions financières de cette location excluent toute libéralité (CE 7 mars 2019, *Commune de Valbonne*, Rec. 57 ; AJ 2019.980, chr. Malverti et Beaufils ; JCP Adm. 2019.2108, note Chamard-Heim).

6 **V.** — Le souci de concilier les intérêts en présence, dans la ligne des conclusions du commissaire du gouvernement Chardenet, a trouvé à s'exprimer à propos de l'installation par des personnes publiques, à titre temporaire, de crèches de Noël, dans un emplacement public. Pour le Conseil d'État, une telle initiative est légalement possible lorsqu'elle présente un caractère culturel, artistique ou festif, sans exprimer la reconnaissance d'un culte ou marquer une préférence religieuse (CE, Ass., 9 nov. 2016, *Commune de Melun*, Rec. 462, concl. Bretonneau ; DA avr. 2017, n° 18, note Éveillard, du même jour, CE, Ass., *Fédération de la libre pensée de Vendée*, Rec. 449, concl. Bretonneau ; AJ 2016.2375, chr. L. Dutheillet de Lamothe et Odinet ; RFDA 2017.127, note J. Morange ; JCP 2016.2433, note Verpeaux).

Toutefois, eu égard aux prescriptions de l'article 28 de la loi du 9 déc. 1905 interdisant « *à l'avenir* » d'élever ou d'apposer aucun signe ou emblème religieux en quelque emplacement public que ce soit, « à l'exception des édifices servant au culte, des terrains de sépulture dans les cimetières, des monuments funéraires ainsi que des musées ou expositions », a été jugée illégale l'érection sur une place publique d'une commune, d'une croix surmontant la statue du pape Jean-Paul II (CE 25 oct. 2017, *Fédération morbihannaise de la libre pensée et autres*, Rec. 446, BJCL 2017.678, note Poujade ; AJ 2018.452, note Juston ; D. 2018.56, note Alonso).

7 **VI.** — La liberté de culte a été affectée par les mesures prises au titre du régime de l'urgence sanitaire institué par la loi du 23 mars 2020, qui consacre des pouvoirs de crise dans la ligne de la jurisprudence relative aux circonstances exceptionnelles (v. nos obs. sous l'arrêt *Heyriès** du 28 juin 1918). Le législateur a prévu que les mesures prises sur le fondement de la loi pourraient être contestées par la voie du référé-liberté (v. nos obs. sous l'arrêt *Commune de Venelles* du 18 janv. 2001). Saisi dans ce cadre, le juge des référés du Conseil d'État a estimé que l'interdiction générale et absolue imposée par le décret du 11 mai 2020 de tout rassemblement ou réunion dans les lieux de culte, sous la seule réserve des cérémonies funéraires pour lesquelles la présence de vingt personnes était admise, revêtait un caractère disproportionné au regard de l'objectif de préservation de la santé publique (CE ord. 18 mai 2020, *Association Civitas et autres*, RFDA 2020.641, note P. Delvolvé ; JCP 2020.717, note Gonzalez ; AJ 2020.1733, note T. Rambaud ; JCP Adm. 2020.2155, comm Fialaire).

Si la reprise de l'épidémie de Covid-19 à l'automne 2020 a conduit, dans un premier temps, le juge à admettre que les restrictions édictées par le décret du 29 octobre 2020 limitant à trente personnes la participation aux cérémonies funéraires n'étaient pas disproportionnées, d'autant qu'elles devaient, en principe, cesser de produire effet au 16 novembre 2020 (CE ord. 7 nov. 2020, *Association Civitas et autres*, AJ 2020.2180), il s'est, dans un second temps, prononcé dans un sens différent, au motif qu'une limitation de portée générale pour les cérémonies religieuses à trente participants, indépendamment de la superficie des locaux en cause, portait une atteinte excessive à la liberté de culte (CE ord. 29 nov. 2020, *Association Civitas et autres*, JCP 2020.2287, note Gonzalez ; JCP Adm. 2020. act. 692, note Pauliat ; AJ 2021.632, note Bioy).

Toutefois, la persistance de l'épidémie a fait obstacle à la levée du couvre-feu du 8 au 9 mai 2021 afin que puisse se tenir une fête religieuse (CE ord. 5 mai 2021, *Association Société des Habous et des Lieux Saints de l'Islam*, AJ 2021.999).

19

COMPÉTENCE DE LA JURIDICTION ADMINISTRATIVE SERVICE PUBLIC – CONTRATS

Conseil d'État, 4 mars 1910, *Thérond*

(Rec. 193, concl. Pichat ; D. 1912.3.57, concl. ; S. 1911.3.17, concl., note Hauriou ; RD publ. 1910.249, note Jèze ; GCJA, vol. 1, n° 46, concl.).

Sur la compétence : Cons. que le marché passé entre la ville de Montpellier et le sieur Thérond avait pour objet la capture et la mise en fourrière des chiens errants et l'enlèvement des bêtes mortes ; qu'à raison de cet objet, ce contrat ne saurait être assimilé à un marché de travaux publics dont il aurait appartenu au conseil de préfecture de l'Hérault de connaître par application de l'art. 4 de la loi du 28 pluviôse an VIII ; que ce conseil était, par suite, incompétent pour statuer sur la demande du sieur Thérond et que son arrêté doit être annulé ;

Cons. qu'en traitant dans les conditions ci-dessus rappelées avec le sieur Thérond, la ville de Montpellier a agi en vue de l'hygiène et de la sécurité de la population et a eu, dès lors, pour but d'assurer un service public ; qu'ainsi les difficultés pouvant résulter de l'inexécution ou de la mauvaise exécution de ce service sont, à défaut d'un texte en attribuant la connaissance à une autre juridiction, de la compétence du Conseil d'État ;

Cons. qu'à l'appui de la demande d'indemnité dont il a saisi le maire de Montpellier, le sieur Thérond soutenait que la ville aurait porté atteinte au privilège qu'il prétend tenir de son contrat et lui aurait ainsi causé un préjudice dont il lui serait dû réparation ; que du refus du maire et du conseil municipal de faire droit à cette réclamation il est né entre les parties un litige dont le Conseil d'État, compétent comme il vient d'être dit, est valablement saisi par les conclusions prises devant lui et tendant à la résiliation du marché et à l'allocation d'une indemnité ;

Au fond : – Cons. qu'il résulte des dispositions combinées des art. 1er, 6 et 7 du cahier des charges de l'entreprise que la ville de Montpellier a concédé au sieur Thérond le privilège exclusif de la capture des chiens et de l'enlèvement tant des bêtes mortes dans les gares de chemins de fer, à l'abattoir, sur la voie publique ou au domicile des particuliers, qui n'auraient pas été réclamées par leurs propriétaires que celles qui auraient été reconnues malsaines par le service de l'inspection sanitaire ; que, dans l'un et l'autre cas, la chair des bêtes malsaines doit être dénaturée par les soins du concessionnaire ; que les dépouilles des bêtes mortes de maladies non contagieuses seront délivrées aux propriétaires qui les réclameront, moyennant le paiement de taxes prévues à l'art. 7 du marché, le concessionnaire gardant la disposition des dépouilles des bêtes mortes de maladies contagieuses et de celles qui ne seront pas réclamées par leurs propriétaires ; que ces taxes et la valeur de ces dépouilles constituent la rémunération qui est assurée par le marché au concessionnaire ;

Mais cons. que les dispositions ci-dessus rappelées établissent au profit du sieur Thérond un véritable monopole, en violation du principe de la liberté du commerce et de l'industrie, inscrit dans la loi du 17 mars 1791 ; qu'elles sont, en outre, contraires aux art. 27 et 42 de la loi susvisée du 21 juin 1898, qui autorisent les propriétaires de bêtes mortes à en opérer eux-mêmes la destruction par un des procédés énumérés à ces articles ; qu'il suit de là que la ville n'a pu légalement obliger les propriétaires de bêtes mortes à les faire enlever et dénaturer par les soins du concessionnaire et n'a pas pu, par suite, assurer à ce dernier les produits qu'il était en droit d'attendre de sa concession ; qu'elle est donc dans l'impossibilité de satisfaire à ses engagements ; que, dans ces conditions, il y a lieu, faisant droit aux conclusions de la requête, de prononcer la résiliation du marché au profit du sieur Thérond et de condamner la ville de Montpellier à l'indemniser des dommages résultant pour lui de la non-exécution du marché ;

Cons. que l'état de l'instruction ne permet pas d'apprécier l'étendue du préjudice qui a été causé au sieur Thérond et qu'il y a lieu d'ordonner une expertise à cet effet ; ... (Annulation ; expertise ordonnée).

OBSERVATIONS

Prolongeant l'arrêt Terrier*, *l'arrêt Thérond fait du service public le critère permettant d'identifier un contrat administratif; il sera repris dans l'arrêt* Époux Bertin*.

1 La ville de Montpellier avait concédé au sieur Thérond le privilège exclusif de la capture et de la mise en fourrière des chiens errants et de l'enlèvement des bêtes mortes qui n'auraient pas été réclamées par leurs propriétaires, ainsi que de celles qui auraient été reconnues malsaines par le service de l'inspection sanitaire ; la rémunération du concessionnaire était assurée par le paiement des taxes mises à la charge des propriétaires et par la valeur des dépouilles qui lui étaient abandonnées. Les stipulations de ce marché étant demeurées inexécutées en ce qui concerne l'enlèvement des animaux morts appartenant à des propriétaires connus, le sieur Thérond forma devant le conseil de préfecture de l'Hérault une demande en résiliation du marché, réclamant cent vingt mille francs à titre de dommages-intérêts. Le conseil de préfecture ayant rejeté ce recours, le sieur Thérond fit appel devant le Conseil d'État, qui décida, sur le fond, que le contrat instituait au profit du concessionnaire un véritable monopole contraire à la liberté du commerce et de l'industrie, et que, dans ces conditions, il devait être résilié, à charge pour la ville d'indemniser le concessionnaire des dommages résultant pour lui de l'inexécution du marché. Mais, avant de se prononcer sur le fond, le Conseil d'État dut se prononcer sur la compétence juridictionnelle : il estima, et c'est de cette affirmation que l'arrêt tire son importance, qu'en passant un tel contrat, la ville avait eu pour but d'assurer un *service public*, et qu'en conséquence le litige relevait de la *compétence administrative*.

2 **I.** — L'arrêt *Thérond* confirme ainsi l'*unification du contentieux local et du contentieux de l'État.* Pour les opérations qualifiées au XIXe siècle d'« actes de gestion », par opposition aux « actes d'autorité », le principe de la séparation des autorités administratives et judiciaires ne s'appliquait en effet, depuis l'arrêt *Blanco**, qu'à l'État ; les départements et les communes restaient régis en ce qui concerne ces « actes de gestion » par les règles du Code civil ; l'unification avait été réalisée pour les départements sur le plan du contentieux contractuel par l'arrêt *Terrier** (CE 6 févr. 1903) et sur le plan du contentieux quasi délictuel par l'arrêt *Feutry* (TC 29 févr. 1908, Rec. 208, concl. Teissier ; v. nº 11.2).

L'arrêt *Thérond* applique aux contrats des communes le principe dégagé par l'arrêt *Terrier**, de sorte que l'ensemble des contrats de l'administration est désormais régi par les mêmes règles.

3 **II.** — Cette unification est réalisée en vertu du *critère du service public* : tout acte fait dans un but de service public relève de la compétence administrative ; en particulier tous les contrats conclus par l'administration dans un tel but sont des contrats administratifs. En l'espèce, le contrat passé par le sieur Thérond avec la ville de Montpellier en vue de la capture et la mise en fourrière des chiens errants et de l'enlèvement des bêtes mortes, ne présentait aucune clause exorbitante du droit commun : dans ses conclusions, le commissaire du gouvernement Pichat indiquait expressément qu'il s'agissait d'un « contrat communal de louage de service » conclu d'après les art. 1710, 1779 et 1780 du Code civil. S'il relevait néanmoins de la compétence administrative, c'est uniquement à cause du but poursuivi par le contrat. L'arrêt est formel sur ce point (« .... la ville de Montpellier a agi *en vue de l'hygiène et de la sécurité de la population et a eu dès lors pour but d'assurer un service public* ; ainsi les difficultés pouvant résulter de l'inexécution ou de la mauvaise exécution de ce service sont... de la compétence du Conseil d'État »). En adoptant cette position, le Conseil d'État rompt avec des exceptions antérieures : comme le commissaire du gouvernement David en 1873 dans l'affaire *Blanco**, le commissaire du gouvernement Romieu avait, en 1903, dans l'affaire *Terrier**, expressément prévu la possibilité pour l'administration de conclure, « tout en agissant... dans l'intérêt du service public proprement dit... un de ces contrats de droit commun... qui ne suppose par lui-même l'application d'aucune règle spéciale au fonctionnement des services publics ». L'arrêt *Thérond* exclut au contraire toute possibilité de gestion privée pour les contrats de l'administration conclus dans l'intérêt du service public.

4 Peu de temps après, la jurisprudence allait cependant revenir avec éclat à la distinction de la gestion publique et de la gestion privée, sous-jacente déjà aux conclusions David de 1873 et développée en 1903 par le commissaire du gouvernement Romieu dans ses conclusions sur l'arrêt *Terrier** : ce retour devait être effectué dès 1912 en matière contractuelle et en 1921 dans le contentieux de la responsabilité (CE 31 juill. 1912, *Société des granits porphyroïdes des Vosges** ; TC 22 janv. 1921, *Société commerciale de l'Ouest africain**).

L'on crut alors que l'arrêt *Thérond* n'avait été qu'un arrêt d'espèce, apportant, dans un cas un peu insolite, un élément hétérogène dans une jurisprudence qui évoluait dans l'ensemble régulièrement depuis l'arrêt *Blanco**. Cependant le critère de compétence de l'arrêt *Thérond* – participation au service public entraînant par elle-même, et quelles que soient les clauses du contrat, la compétence administrative – n'était pas oublié. Sous-jacent à la jurisprudence, il ne manquait pas de réapparaître à la faveur de cas d'espèce (TC 6 avr. 1946, *Société franco-tunisienne d'armement*, Rec. 327 ; CE 7 mars 1923, *Iossifoglu*, Rec. 222 ; – 13 févr. 1948, *de la Grange*, Rec. 76 : arrêts considérant que le contrat ne fait pas participer le cocontractant lui-même à l'exécution d'un service public). De telles décisions devenaient cependant de moins en moins explicites, de plus en plus rares et espacées lorsqu'au point peut-être le plus profond de la désaffection doctrinale à l'égard du service public, les principes qui servaient de fondement à l'arrêt *Thérond* affirmèrent leur force et leur vitalité (CE 20 avr. 1956, *Époux Bertin** ; – 20 avr. 1956, *Grimouard**) : le contrat par lequel une personne publique confie au cocontractant l'exécution même du service public est un contrat administratif. C'est exactement ce qu'avait jugé l'arrêt *Thérond*. La solution de celui-ci est toujours actuelle, comme le montre une ordonnance du Conseil d'État du 9 juin 2021, *Ville de Paris*, n° 448948, à propos d'une concession confiant à une entreprise l'enlèvement de véhicules abandonnés, dont elle est rémunérée par le droit de disposer des accessoires, pièces détachées et matières ayant une valeur marchande issus de ces véhicules – version moderne de l'affaire *Thérond*.

20

CONTRATS ADMINISTRATIFS MUTABILITÉ – ÉQUATION FINANCIÈRE

Conseil d'État, 11 mars 1910, ***Compagnie générale française des tramways***
(Rec. 216, concl. Blum ; D. 1912.3.49, concl. ; S. 1911.3.1, concl., note Hauriou ; RD publ. 1910.270, note Jèze ; GCJA, vol. 1, n° 47, concl. ; GAP, p. 76).

Sur la recevabilité : – Cons. que le litige dont la Compagnie générale française des tramways a saisi le conseil de préfecture des Bouches-du-Rhône portait sur l'interprétation du cahier des charges d'une concession accordée par l'État ; qu'il appartenait dès lors à l'État de défendre à l'instance et que c'est par suite à tort que le mémoire présenté en son nom devant le conseil de préfecture a été déclaré non recevable par l'arrêté attaqué ;

Au fond : – Cons. que, dans l'instance engagée par elle devant le conseil de préfecture, la Compagnie générale française des tramways a soutenu que l'arrêté du 23 juin 1903, par lequel le préfet des Bouches-du-Rhône a fixé l'horaire du service d'été, aurait été pris en violation de l'art. 11 de la convention et de l'art. 14 du cahier des charges, et que, faisant droit aux conclusions de la Compagnie, le conseil de préfecture a annulé ledit arrêté préfectoral ; que la Compagnie dans les observations qu'elle a présentées devant le Conseil d'État a conclu au rejet du recours du ministre des travaux publics par les motifs énoncés dans sa réclamation primitive ;

Cons. que l'arrêté du préfet des Bouches-du-Rhône a été pris dans la limite des pouvoirs qui lui sont conférés par l'art. 33 du règlement d'administration publique du 6 août 1881, pris en exécution des lois du 11 juin 1880 (art. 38) et du 15 juill. 1845 (art. 21), lesquels *impliquent pour l'administration le droit, non seulement d'approuver les horaires des trains au point de vue de la sécurité et de la commodité de la circulation, mais encore de prescrire les modifications et les additions nécessaires, pour assurer, dans l'intérêt du public, la marche normale du service ;* qu'ainsi la circonstance que le préfet aurait, comme le soutient la Compagnie des tramways, imposé à cette dernière un service différent de celui qui avait été prévu par les parties contractantes ne serait pas de nature à entraîner à elle seule, dans l'espèce, l'annulation de l'arrêté préfectoral du 23 juin 1903 ; que c'est par suite à tort que le conseil de préfecture a, par l'arrêté attaqué, prononcé cette annulation ; *qu'il appartiendrait seulement à la Compagnie, si elle s'y croyait fondée, de présenter une demande d'indemnité en réparation du préjudice qu'elle établirait lui avoir été causé par une aggravation ainsi apportée aux charges de l'exploitation ; ...* (Annulation de l'arrêté du conseil de préfecture ; rejet de la réclamation de la Compagnie).

OBSERVATIONS

La portée de la qualification de contrat administratif selon les critères déterminés par les arrêts Terrier*, Thérond*, Granits porphyroïdes des Vosges*, Époux Bertin*, Mme Rispal*, *est de le soumettre à un régime de droit public en vertu duquel la personne publique contractante dispose notamment d'un pouvoir de modification unilatérale.*

1 **I.** — Le préfet des Bouches-du-Rhône, fixant dans son département l'horaire du service d'été des tramways, avait imposé à la Compagnie générale française des tramways d'augmenter, pour satisfaire aux besoins accrus de la population, le nombre des rames en service. Les droits de l'État vis-à-vis des concessionnaires de tramways étaient fixés par l'art. 33 du règlement d'administration publique du 6 août 1881, en vertu duquel : « le préfet détermine… sur proposition du concessionnaire… le tableau de service des trains ». La thèse du ministre des travaux publics était que l'expression « tableau de service » désignait non seulement l'horaire des trains mais leur nombre. Le concessionnaire soutenait au contraire qu'en insérant dans le cahier des charges une clause (art. 14) indiquant le minimum des trains dus par le concessionnaire, l'État avait fait passer la détermination de leur nombre dans le domaine contractuel et ne pouvait modifier ce nombre que par avenant, « tableau de service » ne désignant selon cette argumentation que l'horaire des trains.

L'argumentation de la Compagnie trouvait une base extrêmement forte dans l'arrêt du 23 janv. 1903, *Compagnie des chemins de fer économiques du Nord* (Rec. 61 ; S. 1904.3.49, note Hauriou), considérant que l'art. 33 du règlement d'administration publique du 6 août 1881 devait être concilié avec l'art. 14 du cahier des charges et que le nombre de voyages fixé par celui-ci « constitue donc un minimum contractuel qui ne peut être modifié que par l'accord réciproque des parties. »

Le commissaire du gouvernement Léon Blum proposa au Conseil d'État de revenir sur cette jurisprudence. Il formula à cette occasion une théorie générale des pouvoirs de la collectivité publique à l'égard du concessionnaire : « *Il est évident que les besoins auxquels un service public de cette nature doit satisfaire, et, par suite, les nécessités de son exploitation, n'ont pas un caractère invariable… L'État ne peut pas se désintéresser du service public de transports une fois concédé. Il est concédé, sans doute, mais il n'en demeure pas moins un service public. La concession représente une délégation, c'est-à-dire qu'elle constitue un mode de gestion indirecte, elle n'équivaut pas à un abandon, à un délaissement. L'État interviendra donc nécessairement pour imposer, le cas échéant, au concessionnaire, une prestation supérieure à celle qui était prévue strictement, pour forcer l'un des termes de cette équation financière qu'est, en un sens, toute concession, en usant non plus des pouvoirs que lui confère la convention, mais du pouvoir qui lui appartient en tant que puissance publique.* » Appliquant ces principes à l'espèce, le commissaire du gouvernement estima, en s'appuyant sur la réglementation des chemins de fer d'intérêt local et sur la doctrine de la

Section des travaux publics du Conseil d'État, que la fixation des barèmes des trains et du nombre des voyages relevait du pouvoir réglementaire et qu'en fixant dans le cahier des charges le minimum des trains dus par le concessionnaire, l'État n'avait pas renoncé contractuellement à ses droits réglementaires : « *L'objet unique de ces précisions est de constituer, par leur corrélation équitable, par leur compensation présumée, l'unité financière du contrat. Elles ne peuvent limiter par leur simple énonciation, par leur simple existence, un droit de réglementation qui est indépendant du contrat, puisqu'il a pour objet final d'assurer, quoi qu'il en ait été convenu, quoi qu'il arrive, l'exécution normale du service public.* »

Le commissaire du gouvernement énonçait ainsi de la manière la plus claire *le principe de la mutabilité du contrat administratif*, que le Conseil devait consacrer de façon non moins nette dans l'arrêt, en reconnaissant au préfet « *le droit, non seulement d'approuver les horaires des trains... mais encore de prescrire les additions et modifications nécessaires pour assurer, dans l'intérêt du public, la marche normale du service* ».

Mais ce principe ne doit pas donner au contrat « un caractère léonin ». Son application peut légitimer de la part du concessionnaire une demande d'indemnité : « *Si l'économie financière du contrat se trouve détruite, si, par l'usage que l'autorité concédante a fait de son pouvoir d'intervention, quelque chose se trouve faussé dans cet équilibre d'avantages et de charges, d'obligations et de droits que nous avons essayé de définir, rien n'empêchera le concessionnaire de saisir le juge du contrat. Il démontrera que l'intervention, bien que régulière en elle-même, bien qu'obligatoire pour lui, lui a causé un dommage dont réparation lui est due.* »

Le Conseil d'État a pris soin, suivant son commissaire du gouvernement, de réserver de façon expresse *le droit à l'indemnité du concessionnaire* : « *Il appartiendrait seulement à la compagnie, si elle s'y croyait fondée, de présenter une demande d'indemnité en réparation du préjudice qu'elle établirait lui avoir été causé par une aggravation ainsi apportée aux charges de l'exploitation.* »

Ainsi se trouvent affirmés à la fois le principe de *mutabilité* (II) du contrat administratif et le principe *d'équation financière* (III) dans ce même contrat.

2 **II.** — Le *principe de mutabilité* résultait déjà de l'arrêt *Compagnie nouvelle du gaz de Deville-lès-Rouen* du 10 janv. 1902 (Rec. 5 ; S. 1902.3.17, note Hauriou), admettant la possibilité pour la collectivité concédante de demander à son concessionnaire la modification des conditions d'exécution du service concédé. Il s'agissait de ce qu'on a appelé la querelle du gaz et de l'électricité. Une commune avait concédé en 1874 à une compagnie le privilège exclusif de l'éclairage au gaz. L'éclairage électrique se répandant, elle demanda à la compagnie d'assurer désormais son service par l'électricité. Devant son refus, la commune s'adressa à une autre société. Par une interprétation constructive de l'intention des parties, le Conseil d'État a jugé que le privilège exclusif

accordé à la compagnie valait pour tout moyen d'éclairage, mais que devant le refus de la compagnie d'assurer le service par l'électricité, la commune pouvait confier le service à un tiers.

A. — L'arrêt *Compagnie générale française des tramways* va plus loin en admettant le *pouvoir de modification unilatérale* indépendamment de l'intention des parties.

Il se fonde sur les dispositions d'un règlement d'administration publique relatif aux chemins de fer. Certains auteurs en ont inféré que le pouvoir de modification unilatérale ne peut être exercé qu'en vertu de textes spéciaux, extérieurs au contrat, ou qu'en vertu de clauses insérées par les parties dans le contrat : dans les deux cas, il ne serait pas inhérent aux contrats administratifs (L'Huillier, D. 1953, chr. 87 ; Bénoit, JCP 1963.I.1775). S'il est exact que des arrêts se fondent sur les dispositions applicables au contrat pour admettre sa modification unilatérale par l'administration, d'autres reconnaissent ce pouvoir sans référence à aucun texte (CE, Sect., 12 mai 1933, *Compagnie générale des eaux*, Rec. 508 ; – 9 févr. 1951, *Ville de Nice*, Rec. 80 ; *cf.* A. de Laubadère, RD publ. 1954.36).

Plus nettement encore, l'arrêt du 2 févr. 1983, *Union des transports publics urbains et régionaux* (Rec. 33 ; RD publ. 1984.212, note J.-M. Auby ; RFDA 1984, nº 0, p. 45, note Llorens) rappelle le pouvoir de l'autorité organisatrice de services publics de transport d'« apporter unilatéralement des modifications à la consistance des services et à leurs modalités d'exploitation » en « application des règles générales applicables aux contrats administratifs ». Celles-ci incluent « notamment le principe de mutabilité » (CE, Ass., 8 avr. 2009, *Compagnie générale des eaux, Commune d'Olivet*, Rec. 116, concl. Geffray ; v. nº 102.7). Le pouvoir de modification unilatérale constitue « un élément de la théorie générale des contrats administratifs » (B. Genevois, concl. sur CE, Sect., 9 déc. 1983, *SA d'étude, de participation et de développement*, RFDA 1984, nº 0, p. 39). Le Code de la commande publique confirme pour les contrats administratifs qu'il couvre (art. L 6-4º) le principe selon lequel « l'autorité contractante peut modifier unilatéralement le contrat », tout en précisant « dans les conditions prévues par le présent code ».

3 Cela ne signifie pas que ce pouvoir puisse s'exercer sur n'importe quel objet. Son fondement détermine en même temps ses limites. L'arrêt de 1910 parle expressément de « l'intérêt public » ; Léon Blum invoquait les besoins du service public, que l'administration n'a pas abandonné en en confiant la gestion à un cocontractant. Son pouvoir de modification unilatérale est lié à son pouvoir d'organisation du service public, « pouvoir qui lui appartient en tant que puissance publique », et qu'elle ne peut aliéner. Plus généralement la continuité du service public et l'égalité des usagers peuvent constituer un motif d'intérêt général justifiant une modification unilatérale du contrat (CE 3 mars 2017, *Commune de Clichy-sous-Bois*, Rec. 674 ; BJCP 2017, concl. Pellissier ; AJ 2017.1286, note Hoepffner).

C'est donc essentiellement sur les conditions du service que des modifications peuvent être imposées par l'administration à son cocontractant. Les clauses financières ne sauraient en principe être touchées en elles-mêmes (CE 11 juill. 1941, *Hôpital-hospice de Chauny*, Rec. 129), mais elles peuvent l'être soit en vertu de clauses du contrat (CE 9 avr. 2010, *Société Vivendi*, Rec. 860 ; BJCP 2010.254, concl. N. Boulouis) soit, même sans clause, pour les conventions d'occupation du domaine public en vertu du pouvoir de son gestionnaire (CE 5 mai 2010, *Bernard*, Rec. 728, concl. Escaut ; BJCP 2010.266, concl. ; JCP Adm. 2010.2288, comm. Collet ; RJEP déc. 2010.19, note Chamard-Heim). De plus, « les modifications ainsi apportées ne doivent pas être incompatibles avec le mode de gestion choisi » (*Union des transports publics urbains et régionaux*, préc.), ni changer l'objet du contrat, sa « substance », son « essence » (CE 17 févr. 1978, *Société Compagnie française d'entreprise*, Rec. 88), ni bouleverser l'économie du contrat (CE 27 oct. 2010, *Syndicat intercommunal des transports publics de Cannes, Le Cannet, Mandelieu-la-Napoule*, Rec. 850 ; BJCP 2010.410 et RJEP avr. 2011, concl. Dacosta ; DA 2011.3, note Brenet ; RD publ. 2011.562, note Pauliat – également art. L 6-4° du Code de la commande publique).

Elles doivent aussi, pour les concessions et marchés, rester dans les limites établies par les directives européennes (directives du 26 févr. 2014) et les textes de transposition (Code de la commande publique), autant pour des mesures unilatérales que pour des arrangements contractuels. La nature globale du contrat ne peut être modifiée ; les modifications ne peuvent être substantielles ni dépasser 50 % du montant initial du contrat. Au-delà, une mise en concurrence doit être organisée pour l'attribution d'un nouveau contrat (v. en ce sens l'avis de l'Assemblée générale du Conseil d'État du 26 avril 2018, n° 394398, au sujet de la modification du périmètre de la concession de l'aéroport Notre-Dame-des-Landes à la suite de l'abandon du projet).

4 ***B.*** — Le pouvoir de modification unilatérale est prolongé par le *pouvoir de résiliation unilatérale* dans l'intérêt du service – à distinguer de la résiliation prononcée comme sanction d'une faute grave du cocontractant (CE 18 déc. 2020, *Société Treuils et Grues Labor*, Rec. 832 ; AJ 2021.1146, note Alliez) et de celle qui l'est pour « un contrat entaché d'une irrégularité d'une gravité telle que, s'il était saisi, le juge du contrat pourrait en prononcer l'annulation ou la résiliation » (CE 10 juill. 2020, *Société Comptoir Négoce Équipements*, Rec. 281, concl. Pellissier ; AJ 2021.164, note Rottoulié ; BJCP 2020.320, concl. ; – v. *Commune de Béziers**).

Lorsque l'administration considère que le contrat ne correspond plus aux besoins du service public, elle peut y mettre fin de son propre chef. C'est encore un pouvoir qui lui appartient « en tout état de cause, en vertu des règles applicables aux contrats administratifs » (CE, Ass., 2 mai 1958, *Distillerie de Magnac-Laval*, Rec. 246 ; AJ 1958.II.282, concl. Kahn ; D. 1958.730, note de Laubadère ; CE 11 déc. 2020, *Société Copra Méditerranée*, Rec. 831 ; BJCP 2021.93, concl. Roussel). Il peut être exercé par voie réglementaire, pour couvrir un ensemble de contrats (même arrêt et CE, Sect., 15 juill. 1959, *Société des alcools du Vexin*, Rec. 451 ; RD publ. 1960.325, note M. Waline), aussi bien qu'isolément à l'égard d'un seul contrat (CE 3 juill. 1925, *de Mestral*, Rec. 639 ; D. 1926.3.17, concl. Cahen-Salvador, note Trotabas ; 21 déc. 2007, *Région du Limousin et autres*, Rec. 534 ; BJCP 2008, n° 57, p. 138 et RJEP avr. 2008, p. 15, concl. Prada-Bordenave ; AJ 2008.481, note J.-D. Dreyfus ; JCP Adm. 2008.2050, comm. Pontier). Il ne peut être écarté par une clause du contrat (CE 6 mai 1985, *Association Eurolat, Crédit foncier de France*, Rec. 141 ; RFDA 1986.21, concl. Genevois ; AJ 1985.620, note Fatôme et Moreau ; LPA 23 oct. 1985, p. 4, note Llorens ; – 1er oct. 2013, *Société Espace Habitat Construction*, Rec. 700 ; BJCP 2014.32, concl. Daumas ; AJ 2013.2275, note Giacuzzo ; DA 2013, n° 8, comm. Brenet ; JCP Adm. 2014.2196, note Pauliat).

5 Ce pouvoir a reçu une triple confirmation. D'abord le Conseil d'État, à propos des concessions accordées en matière audio-visuelle, a considéré, qu'« *il appartient à l'autorité concédante, en vertu des règles générales applicables aux contrats administratifs... de mettre fin avant terme à un contrat de concession... pour des motifs d'intérêt général justifiant, à la date à laquelle elle prend sa décision, que l'exploitation du service concédé doit être abandonnée ou établie sur des bases nouvelles* » (CE, Ass., 2 févr. 1987, *Société TV 6*, Rec. 29 ; v. n° 110.10). Ce pouvoir appartient à la personne publique contractante pour tous les contrats administratifs (CE 3 mars 2017, *Société Leasecom*, Rec. 686 ; BJCP 2017.211, concl. Pellissier ; AJ 2017.1678, note F. Lombard) ; « *elle peut user de cette faculté alors même qu'aucune disposition législative ou réglementaire, non plus qu'aucune stipulation contractuelle, n'en ont organisé l'exercice* » (CE 22 avr. 1988, *Société France 5 et Association des fournisseurs de la cinq*, Rec. 157 ; AJ 1988.540, note B.D. ; RA 1988.240, note Terneyre).

Le Tribunal des conflits a aussi rappelé le « pouvoir qui... appartient à l'autorité concédante, même en l'absence de stipulations contractuelles, de mettre fin au contrat de concession pour des motifs d'intérêt général » (TC 2 mars 1987, *Société d'aménagement et de développement de Briançon-Montgenèvre c. commune de Montgenèvre*, RFDA 1987.191, note F.M.).

Le Conseil constitutionnel lui-même a reconnu que le pouvoir de résiliation aménagé par le législateur pour les contrats d'association des écoles privées à l'enseignement public est « conforme aux principes applicables aux contrats administratifs » (CC *n° 84-185 DC, 18 janv. 1985*, Rec. 36 ; RFDA 1985.624, note P. Delvolvé).

L'article L 6-5° du Code de la commande publique dispose expressément que « l'autorité contractante peut résilier unilatéralement le contrat », tout en ajoutant « dans les conditions prévues par le présent code ».

6 Comme le pouvoir de modification unilatérale, le pouvoir de résiliation unilatérale trouve son fondement et ses limites dans l'intérêt général (mêmes arrêts).

Des considérations étrangères à celui-ci entachent la résiliation d'illégalité (par ex. 2 févr. 1987, *Société TV 6* préc. : résiliation fondée sur un projet de loi dont l'aboutissement n'était pas certain).

L'intérêt général tient particulièrement aux « modifications dans les besoins et le fonctionnement du service public » (CE 23 mai 1962, *Ministre des finances c. Société financière d'exploitations industrielles*, Rec. 342), à la réorganisation ou la suppression d'une activité (CE 19 janv. 2011, *Commune de Limoges*, Rec. 1012 ; BJCP 2011.105, concl. Dacosta ; AJ 2011.626, note J.-D. Dreyfus ; DA avr. 2011.38, note Brenet ; JCP Adm. 2011.2101, comm. Vila) ; il peut tenir aussi à la mésentente entre deux cocontractants de l'administration (CE 31 janv. 1968, *Office public d'HLM de la ville d'Alès c. Brasseau*, Rec. 79) ou entre les concessionnaires et les usagers (CE 26 févr. 1975, *Société du port de pêche de Lorient*, Rec. 155), à la modification du capital social de la société contractante (CE 31 juill. 1996, *Société des téléphériques du Mont-Blanc*, Rec. 334 ; JCP 1997.II.22790, concl. Delarue ; AJ 1996.788, note Gilli), « au coût élevé et à la faible rentabilité socio-économique du projet de liaison par rame pendulaire » convenu entre l'État et des régions (CE 21 déc. 2007, *Région du Limousin et autres*, préc.), ou encore à la volonté d'assurer une meilleure exploitation du domaine public (CE 23 mai 2011, *EPAD*, Rec. 1012 ; CMP juill. 2011, n° 217, obs Soler-Couteaux), ou, plus simplement, à « la nécessité de mettre fin à une convention dépassant la durée prévue par la loi, d'une délégation de service public » (CE 7 mai 2013, *Société auxiliaire de parcs de la région parisienne*, Rec. 137 ; BJCP 2013.353, concl. Dacosta ; AJ 2013.1271, chr. Domino et Bretonneau ; JCP Adm. 2013.2297, note Vila).

L'intérêt général a été considéré comme acquis, sans autre précision, pour justifier la résiliation de la concession de l'aéroport Notre-Dame-des-Landes (avis du Conseil d'État du 26 avr. 2018, préc.).

7 L'exercice du pouvoir de résiliation unilatérale présente une particularité dans trois sortes de cas.

Tout d'abord, il arrive qu'il résulte tacitement du comportement de la personne publique contractante (CE 11 déc. 2020, *Société Copra Méditerranée*, préc.).

Un autre cas est celui de contrats conclus entre personnes publiques : l'une d'entre elles peut-elle prétendre exercer le pouvoir de résiliation unilatérale ? La jurisprudence s'est orientée dans le sens de l'affirmative (*cf.* concl. Dacosta sur CE 4 juin 2014, *Commune d'Aubigny-les-Pothées*, BJCP 2014.335). De façon très explicite, l'arrêt du 27 févr. 2015, *Commune de Béziers* (Rec. 66, concl. Cortot-Boucher ; BJCL 2015.381, concl. obs. J.-D. Dreyfus ; BJCP 2015.247, concl. ; AJ 2015.1482, note Bourdon ; DA juin 2015, n° 40, p. 32, note Brenet ; JCP Adm. 2015.2183, note J. Martin ; RFDA 2015.907, note P. Delvolvé), dans une affaire prolongeant un important contentieux engagé par la même commune (28 déc. 2009* et 21 mars 2011*), énonce « *qu'une convention conclue entre deux personnes publiques relative à l'organisation du service public ou aux modalités de réalisation en commun d'un projet d'intérêt général ne peut faire l'objet d'une résiliation unilatérale que si un motif d'intérêt général le justifie, notamment en cas de bouleversement de l'équilibre de la convention ou de disparition de sa cause ; qu'en revanche, la seule apparition, au cours de l'exécution de la convention, d'un déséquilibre dans les relations entre les parties n'est pas de nature à justifier une telle résiliation* ». En l'espèce aucun des deux motifs de résiliation ne pouvait s'appliquer : la résiliation a donc été fautive.

Enfin, au regard du principe selon lequel c'est à la personne publique contractante qu'appartient le pouvoir de résiliation unilatérale, le contrat peut-il l'attribuer à la partie privée ? Le Conseil d'État l'a admis à certaines conditions dans l'arrêt du 8 oct. 2014, *Société Grenke Location* (Rec. 302, concl. Pellissier ; BJCP 2015.3, concl. ; AJ 2015.396, note F. Melleray ; CP-ACCP déc. 2014.62, note Mestres et Minaire ; D. 2015.145, note Pugeault ; JCP Adm. 2014.2327, note Ziani ; RFDA 2015.47, note Pros-Philippon). Il considère d'abord « *que le cocontractant lié à une personne publique par un contrat administratif est tenu d'en assurer l'exécution, sauf en cas de force majeure, et ne peut notamment pas se prévaloir des manquements ou défaillances de l'administration pour se soustraire à ses propres obligations contractuelles ou prendre l'initiative de résilier unilatéralement le contrat* » : l'exception d'inexécution ne peut donc être invoquée par la partie privée. L'arrêt admet « *qu'il est toutefois loisible aux parties de prévoir dans un contrat qui n'a pas pour objet l'exécution même du service public les conditions auxquelles le cocontractant de la personne publique peut résilier le contrat en cas de méconnaissance par cette dernière de ses obligations contractuelles* ». Cette possibilité est donc limitée à certains contrats : les contrats portant sur l'exécution du service public en sont exclus ; pour les autres, elle doit être expressément stipulée et ne peut concerner que l'hypothèse d'une défaillance de la personne publique contractante ; elle ne permet pas au cocontractant privé de se prévaloir d'un motif d'intérêt général. Sa mise en œuvre est subordonnée à des conditions : « *le cocontractant ne peut procéder à la résiliation sans avoir mis à même, au préalable, la personne publique de s'opposer à la rupture des relations contractuelles pour un motif d'intérêt général, tiré notamment des exigences du service public ; ... lorsqu'un motif d'intérêt général lui est opposé, le cocontractant doit poursuivre l'exécution du contrat ; ... un manquement de sa part à cette obligation est de nature à entraîner la résiliation du contrat à ses torts exclusifs* ». Mais il peut contester devant le juge le motif d'intérêt général qui lui est opposé afin d'obtenir la résiliation du contrat. Le pouvoir de résiliation unilatérale reste ainsi pour l'essentiel l'apanage de l'administration contractante.

8 **III.** — Le *principe d'équation financière* mis en valeur par Léon Blum en 1910 impose en contrepartie réparation si l'administration remet en cause certains aspects (modification) ou la totalité (résiliation) du contrat : elle doit, par l'octroi d'une indemnité, compenser les charges qu'elle fait peser sur son cocontractant, de telle sorte que soit rétabli l'équilibre financier que les parties avaient aménagé initialement. « Les principes jurisprudentiels de l'équilibre financier des contrats » sont rappelés tant dans les arrêts que dans les avis du Conseil d'État (par ex. avis de la Section des travaux publics du 24 sept. 1998, EDCE 1999, n° 50, p. 218 ; avis de l'Assemblée générale du 26 avr. 2018, préc.). Si l'administration refuse de rétablir l'équilibre financier du contrat en cas de modification unilatérale, elle commet une faute dont la gravité peut justifier la résiliation du contrat à ses torts (CE 12 mars 1999, *SA Méribel 92*, Rec. 61 ; BJCP 1999.444, concl. Bergeal).

Le préjudice, s'il existe, doit être réparé dans sa totalité : il peut comprendre à la fois la perte subie (*damnum emergens*) et, le cas échéant, le manque à gagner (*lucrum cessans*).

La solution vaut autant en cas de modification unilatérale que de résiliation unilatérale (dans le premier cas, par ex. CE, Sect., 27 oct. 1978, *Ville de Saint-Malo*, Rec. 401 ; D. 1979.366, note D. Joly ; dans le second, par ex. CE 31 juill. 1996, *Société des téléphériques du Mont-Blanc* ; 21 déc. 2007, *Région du Limousin et autres*, préc.). L'étendue et les modalités de l'indemnisation peuvent être déterminées par les stipulations du contrat, mais sans pouvoir entraîner au détriment de la personne publique contractante une disproportion manifeste entre l'indemnité ainsi fixée et le montant du préjudice (CE 4 mai 2011, *Chambre de commerce et d'industrie de Nîmes, Uzès, Bagnols, Le Vigan*, Rec. 205 ; BJCP 2011.285 ; RJEP déc. 2011.36, concl. Dacosta ; DA juill. 2011, p. 23, note Brenet ; 3 mars 2017, *Société Leasecom* préc.). La Cour de cassation a repris cette solution (Civ. 1re 22 mai 2019, *Société Les fils de Mme Géraud c. Commune de Torcy*, AJ 2019.2195, note Amilhat).

Si les stipulations du contrat sont lacunaires, « *il incombe aux parties, conformément à l'exigence de loyauté des relations contractuelles, de leur donner, sous le contrôle du juge, une portée qui soit conforme à la volonté des parties et qui respecte les principes dégagés par la jurisprudence* » : indemnisation du manque à gagner, absence de disproportion manifeste entre l'indemnité et le montant du préjudice résultant des dépenses exposées par le concessionnaire et du gain dont il a été privé, absence d'obstacle par une indemnisation excessive à l'exercice du pouvoir de résiliation unilatérale (avis de l'Assemblée générale du Conseil d'État du 26 avril 2018, préc.).

Le Code de la commande publique prévoit le droit à indemnisation du cocontractant en cas de modification unilatérale, « sous réserve des stipulations du contrat » (art L 6-4°) et en cas de résiliation unilatérale « pour un motif d'intérêt général », sous la même réserve (art L 6-5°).

Le préjudice que subit le concessionnaire de service public à raison du retour gratuit dans le patrimoine de la collectivité concédante des biens nécessaires au service public qui n'ont pas été totalement amortis doit être indemnisé pour un montant fixé en fonction de leur valeur nette comptable (CE 27 janv. 2020, *Toulouse Métropole*, Rec. 834 ; BJCP 2020.199, concl. Pellissier ; CMP 2020.122, note Eckert ; JCP Adm. 2020.2146, note Viala).

9 La jurisprudence administrative trouve un écho dans « la jurisprudence internationale, juridictionnelle ou arbitrale », qui « reconnaît d'ailleurs à tout État un pouvoir souverain pour modifier, voire résilier, moyennant compensation, un contrat conclu avec des particuliers » (CEDH 9 déc. 1994, *Raffineries grecques Stran et Stratis Andreadis c. Grèce*, § 74, Série A, vol. 301-B ; DA 1995.200).

21

RECOURS POUR EXCÈS DE POUVOIR ET RECOURS DE PLEIN CONTENTIEUX

Conseil d'État, 8 mars 1912, *Lafage*
(Rec. 348, concl. Pichat ; D. 1914.3.49, concl. ; S. 1913.3.1, concl., note Hauriou ; RD publ. 1912.266, note Jèze ; GCJA, vol. 1, n° 50, concl.)

Cons. que le sieur Lafage se borne à soutenir que, par la décision susvisée du ministre des colonies, il a été privé du bénéfice d'avantages qui lui sont assurés, en sa qualité d'officier, par les règlements en vigueur ; que sa requête met ainsi en question la légalité d'un acte d'une autorité administrative ; que, par suite, le requérant est recevable à attaquer la décision dont s'agit par la voie du recours pour excès de pouvoir ;

Au fond : – Cons. que le tarif n° 12, annexé au décret du 29 déc. 1903 et le tableau B annexé à la décision présidentielle du même jour prévoient l'allocation d'indemnités, pour frais de représentation aux colonies, aux sous-directeurs ou chefs de service de santé ;

Cons. que si l'art. 10 du règlement du 3 nov. 1909 sur le fonctionnement des services médicaux n'a pas maintenu l'emploi de sous-directeur, il prévoit expressément celui de chef du service de santé ;

Cons. qu'il n'est pas contesté que le requérant remplit les fonctions de chef du service de santé en Cochinchine ; qu'il est, par suite, fondé à demander l'annulation pour excès de pouvoir de la décision par laquelle le ministre des colonies l'a privé du bénéfice des allocations prévues en faveur des chefs du service de santé par le décret et la décision présidentielle précités du 29 déc. 1903, lesquels n'ont pas été modifiés sur ce point ; ... (Annulation).

OBSERVATIONS

L'arrêt Lafage *contribue à identifier le recours pour excès de pouvoir, comme le feront les arrêts* Boussuge*, Dame Lamotte*, *et à en déterminer la portée, comme le feront les arrêts* Rodière*, Association AC !*.

1 **I.** — Le sieur Lafage, médecin principal des troupes coloniales, déférait au Conseil d'État une décision ministérielle le privant de certains avantages pécuniaires qu'il estimait lui être dus en vertu des textes en vigueur. Le recours ayant été formé sans le ministère d'un avocat au

Conseil d'État, la question se posait de savoir si, d'une manière générale, le recours pour excès de pouvoir était recevable contre les décisions refusant des avantages pécuniaires aux agents publics.

En dépit d'une jurisprudence traditionnelle, qui considérait comme de pleine juridiction les recours ayant un objet pécuniaire, le commissaire du gouvernement Pichat fit valoir deux séries d'arguments en faveur de la recevabilité du recours. Les litiges relatifs aux traitements et soldes des fonctionnaires portent souvent sur des sommes minimes : si ces réclamations ne pouvaient être portées devant le Conseil d'État que par l'intermédiaire d'un avocat, « les frais de l'instance dépasseraient, dans bien des cas, le montant de l'allocation réclamée, et l'obligation du ministère d'avocat aboutirait, en enlevant tout intérêt à l'instance, à la suppression de fait du recours et à la consécration de décisions contraires au droit ». D'autre part, le recours pour excès de pouvoir doit être un « instrument mis à la portée de tous, pour la défense de la légalité méconnue » : dès lors qu'une décision administrative, eût-elle même une portée pécuniaire, viole la légalité, le recours pour excès de pouvoir doit être recevable.

Le commissaire du gouvernement proposait en conséquence d'admettre que lorsque le fonctionnaire se contente de demander l'annulation de la mesure en invoquant son illégalité, le recours pour excès de pouvoir est recevable.

En l'espèce, décide le Conseil d'État, « le sieur Lafage se borne à soutenir qu'… il a été privé du bénéfice d'avantages qui lui sont assurés, en sa qualité d'officier, par les règlements en vigueur ; sa requête met ainsi en question la légalité d'un acte d'une autorité administrative » : le recours pour excès de pouvoir est donc recevable.

2 **II.** — La solution dégagée par l'arrêt *Lafage* conserve sa valeur de principe, d'autant que le Conseil d'État en a précisé les contours dans un sens favorable au justiciable.

A. — Alors qu'il estimait que la présence dans un recours en annulation de conclusions de plein contentieux, si minimes soient-elles (le paiement d'intérêts moratoires), le faisait relever dans son ensemble du plein contentieux (CE 7 nov. 1990, *Ministre de la défense c. Mme Delfau*, Rec. 649), il a assoupli sa position à un double titre.

D'une part, il juge désormais que, lorsque sont présentées dans la même instance des conclusions tendant à l'annulation pour excès de pouvoir d'une décision et des conclusions relevant du plein contentieux tendant au versement d'une indemnité pour réparation du préjudice causé par l'illégalité fautive que le requérant estime constituée par cette même décision, « cette circonstance n'a pas pour effet de donner à l'ensemble des conclusions le caractère d'une demande de plein contentieux ».

D'autre part, à l'occasion d'un litige portant sur le versement d'une somme d'argent, les conclusions ayant trait au principal et celles ayant trait aux intérêts « sont de même nature ». Il s'ensuit que, lorsqu'un requérant est recevable à demander, par la voie du recours pour excès de pouvoir, l'annulation de la décision administrative qui l'a privé de cette somme, il est également recevable à demander par la même voie l'annulation de la décision qui l'a privé des intérêts qui y sont attachés (CE, Sect., 9 déc. 2011, *Marcou*, Rec. 616, concl. Keller ; RFDA 2012.279, concl. et 441, note R. Rambaud ; AJ 2012.897, note Legrand ; JCP Adm. 2012.2175, comm. Pacteau).

L'annulation pour excès de pouvoir d'une décision refusant une somme d'argent peut même ouvrir droit au bénéfice d'intérêts moratoires (CE 7 févr. 2020, *Biakete Yetinzapa*, Rec. 814).

3 ***B.*** — Le cadre juridique ainsi défini, s'il a vocation à s'appliquer prioritairement aux litiges indemnitaires propres à la fonction publique, a une portée plus large.

Ainsi les décisions prises par le Premier ministre sur le fondement des dispositions du décret du 10 sept. 1999 relatives à l'indemnisation des victimes de spoliation du fait des législations antisémites en vigueur pendant l'Occupation peuvent être contestées par la voie du recours pour excès de pouvoir. Saisi à ce titre, le juge administratif peut, non seulement annuler la décision déférée, mais également « enjoindre à l'administration de prendre les mesures qu'impose nécessairement sa décision, notamment de procéder au réexamen des points encore en litige et de prendre, le cas échéant, une décision accordant en tout ou partie l'indemnisation demandée » (CE 23 juill. 2012, *Callou et autres*, Rec. 290).

III. — Si l'importance de la jurisprudence *Lafage* est incontestable, elle se heurte cependant à deux limites : les cas où une option est ouverte au requérant entre l'excès de pouvoir et le plein contentieux ont tendance à se restreindre ; dans les cas où l'option est ouverte, elle ne va pas sans aléas.

4 *1°)* La distinction du recours de plein contentieux et du recours pour excès de pouvoir passe par un critère principal, qui est fondé sur les pouvoirs du juge, et ne fait intervenir qu'à titre subsidiaire le critère fondé sur l'objet des recours. Le critère principal repose sur l'idée que le juge administratif, pour certaines catégories de litiges, dispose uniquement ou essentiellement depuis la jurisprudence *Marcou*, du pouvoir d'annuler la décision administrative qui lui est déférée, alors que pour d'autres litiges, il dispose de pouvoirs plus étendus, dont la nature est fonction de l'objet de la contestation : octroi du revenu de solidarité active (CE, Sect., 16 déc. 2016, *Mme Guionnet*, Rec. 555 ; v. n° 116.2) ; reconnaissance de la qualité de réfugié (CE 10 oct. 2013, *Office français de protection des réfugiés et apatrides c. Yarici*, Rec. 254) ; délivrance d'une autorisation au titre de la législation sur les installations classées (CE 22 sept. 2014, *Syndicat mixte pour l'enlèvement et le traitement des ordures ménagères (SIETEM) de la région de Tournan-en-Brie*, Rec. 753-754 ; AJ 2015.106, note Pouthier) ; indemnisation des victimes des essais nucléaires (CE, avis, 17 oct. 2016, *Caisse de prévoyance sociale de la Polynésie française*, Rec. 952) ou des dommages causés par une vaccination obligatoire (CE 7 févr. 2017, *Mme Corovic*, Rec. 729).

Lorsque le juge est susceptible d'exercer de tels pouvoirs, il ne peut en principe être valablement saisi qu'en tant que juge de plein contentieux.

a) Ainsi, quel que soit le libellé des conclusions de la requête, ressortit au contentieux de pleine juridiction : le contentieux électoral (CE, Sect., 16 déc. 1955, *Fédération nationale des syndicats de police de France et d'outre-mer*, Rec. 596 ; RPDA 1956.41, concl. Laurent), le contentieux des installations classées (CE, Sect., 16 déc. 1955, *Société MORAI*, Rec. 595 ; RPDA 1956.3, concl. Laurent ; – Sect., 15 déc. 1989, *Ministre de l'environnement c. société SPECHINOR*, Rec. 254 ; RA 1990.45, note Terneyre ; CJEG 1990.136, concl. de la Verpillière), ou encore le contentieux relatif à la reconnaissance de la qualité de travailleur handicapé (CE, avis, 6 avr. 2007, *Douwens Prats*, Rec. 153 ; DA 2007, n° 153, note Glaser).

La position formelle adoptée par l'administration fiscale quant à l'interprétation d'un texte, que le contribuable peut lui opposer (rescrit fiscal), donne lieu à une décision qui, compte tenu de la possibilité de former un recours de plein contentieux devant le juge de l'impôt, ne peut en principe faire l'objet d'un recours pour excès de pouvoir, sauf lorsqu'elle entraînerait des effets notables autres que fiscaux (CE, Sect., 2 déc. 2016, *Ministre de l'économie et des finances c. Société Export Press*, Rec. 518, concl. Cortot-Boucher ; DA mars 2017.11, note Rigaudeau ; JCP 2017.88, note Collet ; RFDA 2017.351, note Plessix).

5 *b)* Dans le but de réaliser une unification des chefs de compétence des cours administratives d'appel instituées par la loi du 31 déc. 1987, le Conseil d'État a décidé que ressortissaient nécessairement au plein contentieux les recours en annulation aussi bien des états exécutoires (CE, Sect., 27 avr. 1988, *Mbakam*, Rec. 172 ; AJ 1988.438, chr. Azibert et de Boisdeffre) que des ordres de versement ou de reversement (CE, Sect., 23 déc. 1988, *Cadilhac*, Rec. 465 ; AJ 1989.254, concl. Fornacciari).

c) La volonté d'unifier l'office du juge administratif dans les contentieux sociaux a conduit le Conseil d'État, en s'inspirant de la jurisprudence relative au revenu de solidarité active (v. l'arrêt *Mme Guionnet*, n° 116.2), à généraliser le recours de pleine juridiction à la contestation des décisions par lesquelles l'administration « *détermine les droits d'une personne en matière d'aide ou d'action sociale, de logement ou au titre de dispositions en faveur des travailleurs privés d'emploi* », hors le cas du droit au logement opposable (CE, Sect., 3 juin 2019, *Mme Vainqueur*, Rec. 193, concl. Decout-Paolini ; AJ 2019.1568, chr. Malverti et Beaufils).

6 *d)* Afin de permettre une modulation par le juge des sanctions à caractère pécuniaire infligées pour infraction à la législation économique et de faire bénéficier les personnes poursuivies d'une atténuation de la répression qui serait décidée par un texte postérieur aux faits incriminés, le Conseil d'État a fini par rattacher au plein contentieux les recours dirigés contre des sanctions pécuniaires administratives (CE, Ass., 16 févr. 2009, *Société Atom*, Rec. 25, concl. Legras ; RFDA 2009.259, concl. ; AJ 2009.583, chr. Liéber et Botteghi ; JCP 2009.II.10087, note

Grabarczyk ; DA 2009, n° 30, note F. Melleray ; JCP 2009.26, chr. Plessix, § 8 ; JCP Adm. 2009.2089, comm. Bailleul ; RFDA 2012.257, étude Martinez-Mehlinger).

Cette dernière jurisprudence a exercé un effet d'entraînement en matière de sanctions administratives, se traduisant par le rattachement au plein contentieux d'un recours dirigé contre le refus de la Commission des sanctions de l'Autorité des marchés financiers d'homologuer un accord de composition administrative (CE, Ass., 20 mars 2020, *Président de l'Autorité des marchés financiers c. Société Arkea direct bank*, Rec. 107, concl. L. Dutheillet de Lamothe ; RFDA 2020.473, concl. ; AJ 2020.934, chr. Malverti et Beaufils).

7 *e)* En fonction de très fortes considérations de bonne administration, le Conseil d'État a rattaché au plein contentieux l'examen du bien-fondé d'une demande tendant à ce que soit ordonnée la démolition d'un ouvrage public dont il est allégué qu'il est irrégulièrement implanté, afin que, dans l'affirmative, le juge puisse prendre en compte les divers intérêts publics ou privés en présence, en se plaçant à la date de sa décision (CE 29 nov. 2019, *Pinault*, Rec. 402, v. n° 79.9).

8 *f)* Le souci d'apporter davantage de garanties aux administrés a conduit le juge à rattacher à la pleine juridiction le contentieux du retrait de points du permis de conduire (CE, avis, 9 juill. 2010, *Berthaud*, Rec. 287 ; AJ 2010.2162, note Ginocchi ; DA 2010, n° 133, note Bailleul) ainsi que le recours formé par un propriétaire à l'encontre d'un arrêté de péril (CE 18 déc. 2009, *SCI Ramig*, Rec. 868 ; AJ 2010.690, concl. Thiellay), y compris en cas de péril imminent (CE 23 déc. 2020, *Commune de Régny*, Rec. 896). Le législateur s'est prononcé dans le même sens pour la contestation des décisions relatives à la mise en œuvre du droit au logement (CE (avis), 21 juill. 2009, *Mme Idjihadi*, Rec. 288 ; RFDA 2010.157, concl. Struillou, note Donier), ainsi que pour les pourvois dirigés contre une décision d'autorisation d'une installation nucléaire de base (CE 23 avr. 2009, *Association France Nature Environnement*, RJEP 2009, n° 37, concl. de Silva), réserve faite du cas d'une autorisation à caractère dérogatoire (CE 24 juill. 2019, *Association Réseau sortir du nucléaire*, Rec. 762 ; AJ 2020.55, note Lichère).

Dans le même esprit, l'ordonnance du 26 janvier 2017 relative à l'autorisation environnementale a fait relever du plein contentieux l'autorisation qu'elle institue, en lieu et place de procédures antérieures. Son régime juridique a été précisé par plusieurs avis contentieux (v. AJ 2019.513, chr. Faure et Malverti), relatifs à son application dans le temps (CE (avis) 22 mars 2018, *Association Novissen*, Rec. 71 ; AJ 2018.1451, note Pouthier) et à l'étendue des pouvoirs du juge (CE (avis) 26 juill. 2018, *Association « Non au projet éolien de Walincourt-Selvigny et Haucourt-en-Cambrésis » et autres*, Rec. 327, concl. Burguburu ; AJ 2018.2449, note Radiguet), spécialement dans le cadre d'une régularisation de l'autorisation (CE (avis) 27 sept. 2018, *Association Danger de tempête sur le patrimoine rural et autres*, Rec. 340, concl. L. Dutheillet de Lamothe ; AJ 2018.2085, concl.).

9 *g)* Revenant sur une jurisprudence antérieure, le Conseil d'État a conféré le caractère d'un recours de pleine juridiction au déféré préfectoral exercé à l'encontre d'un contrat administratif (CE 23 déc. 2011, *Ministre de l'intérieur, de l'outre-mer, des collectivités territoriales et de l'immigration*, Rec. 662 ; BJCP 2012.125, concl. Dacosta ; RFDA 2012.683, note P. Delvolvé ; AJ 2012.1064, note Quyollet ; RJEP mai 2012.16, note Brenet ; RD publ. 2012.494, comm. Pauliat ; DA 2012, n° 27, note Clayes ; ACCP mars 2012, p. 73, note Lauret et Proot), puis au recours des tiers (CE 4 avr. 2014, *Département de Tarn-et-Garonne**).

Le juge du contrat peut ainsi faire usage des pouvoirs étendus qui sont les siens.

10 *2°)* Dans les cas où l'option reste ouverte au requérant, elle ne présente pas que des avantages.

Sans doute à l'origine, il lui était loisible de former un recours pour excès de pouvoir en matière pécuniaire sans être privé de la possibilité d'un recours ultérieur de plein contentieux tendant à obtenir le paiement de la somme litigieuse. En effet, si l'intéressé avait négligé d'agir en excès de pouvoir dans les délais légaux, il pouvait en principe demander une indemnité fondée sur l'illégalité de la décision qui était devenue définitive (CE 31 mars 1911, *Blanc, Argaing et Bezié*, Rec. 407, 409 et 410 ; S. 1912.3.129, note Hauriou ; – 3 déc. 1952, *Dubois*, Rec. 555 ; JCP 1953.II.7353, note Vedel ; – Sect., 14 oct. 1960, *Laplace*, Rec. 541 ; AJ 1960.I.160, chr. Combarnous et Galabert). La combinaison de cette règle avec la jurisprudence *Lafage* donnait ainsi aux intéressés une double chance contentieuse : dans l'immédiat, le recours en annulation et, plus tard, après l'expiration du délai imparti pour ce recours, l'action en indemnité qui permet d'aboutir pratiquement au même résultat.

11 Mais le Conseil d'État a restreint cette faculté de cumul des recours. Il a jugé que lorsqu'une décision a un effet purement pécuniaire, comme une retenue sur un traitement ou le refus d'une subvention, et qu'elle est devenue définitive par expiration du délai de recours contentieux, le requérant ne peut plus présenter une demande tendant à l'allocation de la même somme et fondée exclusivement sur l'illégalité de la décision (Sect., 2 mai 1959, *Ministre des finances c. Lafon*, Rec. 282 ; AJ 1960.I.160, chr. Combarnous et Galabert – 18 mars 2019, *Ghazarossian*, n° 414814). Il ne peut donc plus rattraper par la voie du plein contentieux l'erreur qu'il a commise en ne faisant pas, en temps utile, un recours pour excès de pouvoir. La jurisprudence *Lafage* peut ainsi se retourner contre ceux qu'elle entendait favoriser : elle leur permet d'échapper à l'obligation du ministère d'avocat, mais elle les contraint à agir dans un délai plus court.

Toutefois, cette solution rigoureuse ne peut s'appliquer qu'aux décisions définitives à objet exclusivement pécuniaire (CE, Ass., 7 juill. 1989, *Ordonneau*, Rec. 161 ; AJ 1989.598 chr. Honorat et Baptiste).

22

FONCTION PUBLIQUE – LAÏCITÉ

Conseil d'État, 10 mai 1912, *Abbé Bouteyre*
(Rec. 553, concl. Helbronner ; S. 1912.3.145, note Hauriou ; D. 1914.3.74, concl. ; RD publ. 1912.453, concl., note Jèze GCJA, vol. 1, n° 51, concl.)

Cons. que le décret du 10 avr. 1852, dans son art. 7 relatif aux conditions exigées des candidats à l'agrégation de l'enseignement secondaire pour leur admission au concours, dispose qu'ils doivent produire une autorisation ministérielle ; que le réglement du 29 juill. 1885 sur les concours d'agrégation du même enseignement porte : « Art. 4. Les aspirants se feront inscrire au moins deux mois avant le jour de l'ouverture du concours au secrétariat de l'Académie dans laquelle ils résident ; le recteur doit donner avis de cette inscription dans les huit jours au ministre de l'instruction publique, en y joignant ses observations. – Art. 5. Les listes des candidats sont définitivement arrêtées par le ministre. Les candidats admis à prendre part aux épreuves de l'agrégation sont avertis quinze jours au moins avant l'ouverture du concours » ;

Cons. que l'agrégation a été instituée exclusivement en vue du recrutement des professeurs de l'enseignement secondaire public ; qu'elle ne confère pas aux agrégés un grade universitaire, mais un titre d'ordre professionnel, dont l'objet est d'assurer aux maîtres, qui l'ont obtenu après concours, des avantages particuliers dans la carrière de l'enseignement public ; *que les textes précités ont donc pu légalement, étant donné ce caractère de l'agrégation, ne pas la rendre accessible à tous, mais la réserver aux candidats agréés par le ministre, chef responsable du service de l'enseignement secondaire public, comme pouvant être éventuellement chargés des fonctions de professeur dans un lycée ou dans un collège ;* qu'en refusant, par la décision attaquée, d'admettre le requérant à prendre part au concours d'agrégation de philosophie, le ministre de l'instruction publique n'a fait qu'user à l'égard de ce candidat, dans l'intérêt du service placé sous son autorité, du droit d'appréciation qui lui a été réservé par le décret du 10 avr. 1852 et le règlement du 29 juill. 1885, et que ladite décision n'est par suite entachée ni d'excès, ni de détournement de pouvoir ; ... (Rejet).

OBSERVATIONS

L'arrêt Abbé Bouteyre *apparaît, à son époque, comme le pendant pour le principe de laïcité de l'arrêt* Abbé Olivier* *pour la liberté de culte.*

1 **I.** — L'abbé Bouteyre s'était inscrit, en 1911, sur la liste des candidats au concours d'agrégation de philosophie de l'enseignement secondaire, mais le ministre de l'instruction publique l'avait informé que « l'état ecclésiastique auquel il s'était consacré s'oppose à ce qu'il soit admis dans le personnel de l'enseignement public, dont le caractère est la laïcité, et que, par suite, il n'y a pas lieu de l'autoriser à prendre part aux épreuves destinées à pourvoir au recrutement des lycées ». Estimant que cette décision frappait d'une véritable incapacité les ministres du culte, l'abbé Bouteyre en demanda l'annulation pour excès de pouvoir.

Le commissaire du gouvernement Helbronner montra que l'existence de règles légales concernant les conditions d'aptitude à une fonction publique (âge, durée de services, diplômes, etc.) ne fait pas obstacle à ce que le ministre écarte, dans l'intérêt du service, les candidats qu'il juge inaptes à remplir les fonctions auxquelles ils vont être appelés : « L'État a le droit... de s'assurer que le candidat à une fonction ne se trouve pas dans le cas de ne pas la remplir selon l'esprit et le but en vue desquels la loi l'a instituée. L'autorité qui fait la nomination a donc forcément, *dans l'intérêt du service* que la fonction a pour but d'assurer, à exercer un certain pouvoir d'appréciation sur les mérites des candidats ». Ce pouvoir d'appréciation, souvent qualifié de « discrétionnaire », appartient à l'administration, tantôt en vertu de textes exprès – c'était le cas de l'espèce, tantôt en vertu du principe général selon lequel le gouvernement est chargé d'assurer la bonne marche des services publics (sur ce point, *cf.* CE, Sect., 7 févr. 1936, *Jamart**). Mais le commissaire du gouvernement ajoutait que ce pouvoir, restreint progressivement par la jurisprudence, s'exerce dans le cadre des lois et sous le contrôle du juge : « C'est un plein pouvoir d'appréciation pour celui qui en est investi, à condition qu'il l'exerce légalement et dans le but pour lequel il a été créé. Les conditions dans lesquelles il s'exerce échappent en principe au contrôle du juge, à moins qu'elles ne puissent constituer un détournement de pouvoir. »

Il ne faut pas non plus que le pouvoir ainsi attribué à l'administration l'entraîne à violer le principe de l'égale admission de tous aux emplois publics posé par la Déclaration des droits de l'Homme. C'est pourquoi, dit le commissaire du gouvernement, il faut distinguer entre les opinions des candidats et certaines manifestations extérieures de ces opinions : « Sans doute... le ministre ne doit-il pas se baser sur les idées présumées, les opinions politiques ou religieuses des candidats. Les opinions, les idées des candidats échappent au contrôle de l'autorité qui doit faire les nominations, et reconnaître au ministre le droit d'exclure un candidat qui pratique telle ou telle religion – ou qui est supposé avoir telle ou telle opinion philosophique ou politique – serait une atteinte inadmissible à la liberté des citoyens... Si les idées, les opinions se manifestent ou se sont manifestées avant la candidature aux fonctions publiques, par un fait individuel, par un acte public, qui par sa nature serait incompatible avec l'exercice des fonctions sollicitées, il rentrera certainement dans les droits d'appréciation de l'autorité qui fait la nomination, d'écarter pour ce motif un candidat qui se sera livré à cette manifestation ou qui aura accompli un acte de cette nature... C'est donc, non pas telle ou telle catégorie de citoyens qu'il s'agit de frapper de déchéance, mais un individu auquel on pourra refuser l'entrée de certaines fonctions publiques, si un acte par lui accompli ne permet pas au ministre de les lui confier ».

Le ministre pouvait-il, dans ces conditions, refuser à un prêtre l'accès au concours de l'agrégation, lequel confère, non pas un grade universitaire, mais un titre professionnel constituant la « porte d'entrée d'une fonction publique » ? Il n'y a pas, pour l'enseignement secondaire public, un texte analogue à la loi du 30 oct. 1886 qui réserve l'enseignement primaire public à un personnel laïque. Néanmoins, dit le commissaire du gouvernement le ministre peut valablement estimer qu'en embrassant l'état ecclésiastique, un candidat à l'agrégation a manifesté, par un acte extérieur, qu'il ne serait pas apte à faire preuve, dans son enseignement, de l'impartialité et de la neutralité requises ; en écartant sa candidature, il ne frappe pas d'une sorte de déchéance les ministres du culte ; il estime seulement que, dans l'intérêt du service, les fonctions d'ecclésiastique ne sont pas compatibles avec celles de professeur de l'enseignement secondaire public. Toutefois, ajoute le commissaire du gouvernement, une telle incompatibilité ne saurait jouer pour l'enseignement supérieur public : « la nature de l'enseignement donné, le caractère des personnes auxquelles il s'adresse, dispense en principe l'État de prendre... la responsabilité des doctrines qui sont enseignées. Les auditeurs, les élèves sont ici en âge de juger... L'incompatibilité entre cet enseignement, ou tout au moins certaines parties de cet enseignement, et l'état ecclésiastique n'a donc plus les mêmes raisons d'être ».

Conformément à ces conclusions, le Conseil d'État rejeta le recours de l'abbé Bouteyre.

2 **II.** — L'arrêt et les conclusions qui l'accompagnent ont eu un double prolongement dans la jurisprudence ultérieure. D'une part, le contrôle du juge sur les actes qualifiés « discrétionnaires » a été élargi et porte aujourd'hui non seulement sur le détournement de pouvoir, mais aussi sur l'erreur de droit, l'exactitude matérielle des faits (v. CE, Ass., 28 mai 1954, *Barel**) et l'erreur manifeste d'appréciation (CE, Ass., 2 nov. 1973, *SA Librairie François Maspero*, Rec. 611 ; v. n° 26.10).

D'autre part, la distinction entre les opinions et leur manifestation, posée en 1912 pour l'accès à la fonction publique, a été étendue aux mesures concernant les agents publics déjà en fonctions (v. nos obs. sous l'arrêt du 13 mars 1953, *Teissier**).

3 **III.** — Comme le suggère une partie de la doctrine, il est douteux que la position adoptée par le Conseil d'État en 1912 soit toujours représentative de l'état du droit en ce qui touche l'accès des ecclésiastiques à l'enseignement public. Le Tribunal administratif de Paris a jugé qu'était illégal le refus d'admettre un ecclésiastique à participer au concours d'agrégation d'anglais (TA Paris 7 juill. 1970, *Spagnol*, Rec. 851). De même, il ressort, non d'un arrêt de la Haute assemblée, mais d'un avis de son Assemblée générale administrative que « si les dispositions constitutionnelles qui ont établi la laïcité de l'État et celle de l'enseignement imposent la neutralité de l'ensemble des services publics et en particulier la neutralité du service de l'enseignement à l'égard de toutes les religions, elles ne mettent pas obstacle par elles-mêmes à ce que des fonctions de ces services soient confiées à des membres du clergé » (avis du 21 sept. 1972 ; EDCE, n° 55, p. 422).

Sous certaines conditions, un magistrat administratif peut être diacre de l'église catholique, suivant un avis du 6 novembre 2020 du collège de déontologie de la juridiction administrative (AJ 2020.2295).

IV. — Le principe de laïcité de l'enseignement public n'en demeure pas moins essentiel. Il n'est cependant pas entendu de la même façon à l'égard des enseignants et vis-à-vis des élèves.

4 *A.* — Pour le Conseil d'État, si les *agents du service de l'enseignement public* bénéficient comme tous les autres agents publics de la liberté de conscience qui interdit toute discrimination dans l'accès aux fonctions comme dans le déroulement de la carrière qui serait fondée sur leur religion, le principe de laïcité fait obstacle à ce qu'ils disposent, dans le cadre du service public, du droit de manifester leurs croyances religieuses, notamment en portant un signe destiné à marquer l'appartenance à une religion (CE, avis, 3 mai 2000, *Melle Marteaux*, Rec. 169 ; RFDA 2001.146, concl. Schwartz ; AJ 2000.673, chr. Guyomar et Collin ; D. 2000.747, note Koubi ; GADLF, n° 57).

Il a été également jugé que dans la mesure où l'accès aux fonctions publiques doit s'effectuer sans distinction de croyance ou de religion, le principe de laïcité ne s'oppose pas à ce qu'une personne ayant la qualité de ministre d'un culte puisse être élue aux fonctions de président d'université, « celle-ci étant alors tenue… à ne pas manifester ses opinions religieuses dans l'exercice de ses fonctions ainsi qu'à un devoir de réserve en dehors de l'exercice de ces fonctions » (CE 27 juin 2018, *Syndicat national de l'enseignement supérieur*, Rec. 271, concl. Dieu ; JCP Adm. 2018.2331, concl.).

Le principe de laïcité vaut à l'égard de l'ensemble des agents publics et non pas seulement vis-à-vis des enseignants publics (CAA Lyon 19 nov. 2003, *Melle Ben Abdallah*, RFDA 2004.588, concl. Kolbert ; AJ 2004.154, note F. Melleray). Le fait pour un guichetier de la Poste d'utiliser ses fonctions pour remettre aux usagers des imprimés à caractère religieux a même été regardé comme constituant un manquement à l'honneur professionnel, exclu de ce fait du bénéfice d'une loi d'amnistie (CE 19 févr. 2009, *Bouvier*, AJFP 2009.253, concl. Bourgeois-Machureau, note Bailleul).

En revanche, le port d'une barbe par un agent public ne peut constituer en lui-même un élément suffisant pour caractériser la manifestation de convictions religieuses (CE 12 févr. 2020, *Bekheit*, Rec. 578 ; AJ 2020.1070, note Guilbert ; DA mai 2020, comm. 25, note Éveillard).

Le principe de laïcité est pareillement applicable à un organisme privé qui gère un service public (Soc. 19 mars 2013, *Mme X*, JCP Adm. 2013.2131, note Dieu).

Un cas limite est représenté par des mères voilées accompagnatrices des élèves lors de sorties scolaires. Assimilées par la jurisprudence à des usagers du service public de l'éducation, elles ne sont pas soumises au principe de neutralité religieuse (TA Nice, *9 juin 2015, Mme D.* ; AJ 2015.1933, note Brice-Delajoux).

La conception française de la neutralité du service public n'est pas partagée par la Cour constitutionnelle allemande, qui reconnaît le droit des enseignantes à arborer le foulard islamique (Cour Const. RFA *27 janv. 2015* ; RFDC 2015.735, comm. Rabault). La Cour européenne des droits de l'Homme juge que le droit pour un agent public de manifester sa religion sur son lieu de travail peut faire l'objet de restrictions dès lors que cette manifestation empiète sur le droit des usagers du service public (CEDH 15 janv. 2013, *Eweida et autres c. Royaume-Uni*, RD publ. 2014.807, comm. Gonzalez; RJS 2013.285, chr. Gardin; AJ 2013.1802, chr. Burgorgue-Larsen). Elle a de même admis la licéité du non renouvellement d'un contrat de travail d'une assistante sociale dans un centre hospitalier en raison de son refus de ne pas porter le voile musulman (CEDH 26 nov. 2015, *Ebrahimian c. France* ; AJ 2016.528, comm. Andriantsimbazovina ; RFDA 2016.765, chr. Labayle et Sudre).

Plus controversé est le cas des organismes n'assurant pas une mission de service public. Saisie de la licéité du licenciement d'une salariée d'une association gérant une crèche qui avait contrevenu aux dispositions du règlement intérieur prohibant le port du voile islamique, l'Assemblée plénière de la Cour de cassation a, au terme d'une longue procédure, estimé que, s'agissant d'une association employant un nombre limité de salariés, qui étaient en relation directe avec les enfants, la restriction édictée par le règlement intérieur ne présentait pas un caractère général, était justifiée par la nature des tâches accomplies par les salariés et proportionnée au but recherché (Ass. plén., 25 juin 2014, *Mme Afif c. Association Baby Loup* ; RFDA 2014.954, note P. Delvolvé ; AJ 2014.1842, note Mouton et Lamarche; JCP 2014.II.903, note Corrignan-Carsin ; DA 2014, n° 47, note Crouzatier-Durand ; JCP Adm. 2014.2322, note Dieu). L'article L. 1321-2.1 ajouté au Code du travail par la loi du 8 août 2016, a entériné cette position. La Cour de justice de l'Union européenne s'est prononcée dans un sens très proche en admettant que le règlement intérieur d'une entreprise puisse interdire le port du voile, sauf s'il est établi que cette interdiction constitue une discrimination indirecte (CJUE 14 mars 2017, *G4S Secure* ; JCP 2017.320, note Berlin ; D. 2017.947, note Mouly ; AJ 2017.1109, chr. Broussy, Cassagnabère, Bonneville et Gänser ; Gaz. Pal. 18 avr. 2017, note Sauron ; RTD eur. 2017.229, note Robin-Olivier ; Constitutions 2017.249, note Le Pourhiet). Toutefois, ayant à connaître de l'affaire *Baby Loup*, le Comité des droits de l'Homme des Nations unies a considéré que l'obligation imposée à la salariée de retirer son foulard lors de sa présence à la crèche constitue une restriction portant atteinte à la liberté de religion de l'intéressée garantie par l'art. 18 du Pacte international relatif aux droits civils et politiques (16 juill. 2018, *Mme Fatima Afif c. France*).

B. — Les élèves de l'enseignement public sont placés dans une position différente de celle des enseignants, même si, à la suite de l'intervention d'une loi du 15 mars 2004, les situations se sont rapprochées.

5 *1°)* Antérieurement à cette loi, le Conseil d'État, dans un avis adopté par son Assemblée générale le 27 nov. 1989 (EDCE 1990.239 ; AJ 1990.39, note J.P.C ; RFDA 1990.1, note Rivero ; G. av. n° 17, p. 197) avait estimé que le port par les élèves de signes par lesquels ils entendaient manifester leur appartenance à une religion n'était pas, par lui-même, incompatible avec le principe de laïcité. Il pouvait toutefois faire l'objet d'une réglementation dans le but notamment, d'éviter que ne fut perturbé le déroulement des activités d'enseignement.

Appelé à statuer au contentieux sur le même problème, le Conseil d'État s'était prononcé dans le même sens en censurant des mesures d'interdiction à caractère général et absolu (CE 2 nov. 1992, *Kherouaa*, Rec. 389 ; RFDA 1993.112, concl. Kessler ; AJ 1992.790, chr. Maugüé et Schwartz et 2014.104, note Lallet et Geffray ; RD publ. 1993.220, note Sabourin ; D. 1993.108, note Koubi ; Vie jud. 21-27 déc. 1992, note Tchikaya ; JCP 1993.II.21998, note Tedeschi ; LPA 24 mai 1993, note Lebreton, Gaz. Pal. 24 nov. 1993, note Mandesson), tout en jugeant à l'inverse que n'était pas illégale l'exclusion d'un établissement d'élèves qui, lors d'un enseignement d'éducation physique, avaient refusé d'ôter le foulard qu'elles portaient en signe d'appartenance religieuse (CE 20 oct. 1999, *Ministre de l'éducation nationale c. M. et Mme Ait Ahmad*, Rec. 776 ; D. 2000.251, concl. Schwartz ; AJ 2000.165, note de La Morena ; JCP 2000.II.10306, note Koubi).

Il a été reproché cependant à cette jurisprudence de conduire à un traitement au cas par cas de la question du port par les élèves de signes religieux, ce qui exposait les chefs d'établissement à des conflits fréquents. De plus, il n'était pas exclu que des pressions soient exercées sur des jeunes filles pour les obliger à porter des signes religieux.

6 *2°)* Une loi du 15 mars 2004 est donc venue interdire le port de signes ou tenues par lesquels les élèves manifestent ostensiblement une appartenance religieuse. Le Conseil d'État a jugé que cette loi n'est pas incompatible avec les stipulations de l'article 9 de la Convention européenne de sauvegarde des droits de l'Homme et des libertés fondamentales relatives à la liberté de religion (CE 8 oct. 2004, *Union française pour la cohésion nationale*, Rec. 367 ; RFDA 2004.977, concl. Keller ; AJ 2005.43, note F. Rolin ; JCP Adm. 2004.1412, note Tawil ; RRJ 2006.1091, note Bangui). Il contrôle son application (CE 5 déc. 2007, *M. et Mme Ghazal*, Rec. 464 ; RFDA 2008.529, concl. Keller ; JCP Adm. 2008.2070, comm. Dieu).

Ainsi que le laissait supposer la position qu'elle avait adoptée à propos de la réglementation turque interdisant le port du voile islamique à l'université (CEDH gr. ch. 10 nov. 2005, *Sahin* ; AJ 2006.315, note Gonzalez ; RTDH 2006.183, note Burgorgue-Larsen et Dubout), la Cour européenne des droits de l'Homme a admis la conventionnalité des limitations résultant aussi bien de la jurisprudence du Conseil d'État antérieure à la loi du 15 mars 2004 (CEDH 4 déc. 2008, *Dogru*, DA 2009, n° 8, note Raimbault) que de cette loi elle-même (CEDH 30 juin 2009, *Aktas*, AJ 2009.2077, note Gonzalez ; JCP Adm. 2009.2263, note Dieu).

La loi du 15 mars 2004 n'a pas été regardée comme s'opposant à la possibilité, dans le cadre du service public de l'enseignement, de prendre en compte les convictions religieuses des usagers. Le Conseil d'État a ainsi jugé que s'il n'existe aucune obligation pour les collectivités gestionnaires d'un service public de restauration scolaire de distribuer à ses usagers des « repas différenciés » leur permettant de ne pas consommer des aliments proscrits par leurs convictions religieuses, et aucun droit pour les usagers qu'il en soit ainsi, ni les principes de laïcité et de neutralité du service public, ni le principe d'égalité des usagers devant le service public ne font, par eux-mêmes, obstacle à ce que soient proposés de tels repas (CE 11 déc. 2020, *Commune de Chalon-sur-Saône*, Rec. 435, concl. Cytermann ; AJ 2021.461, concl. ; JCP Adm. 2020.2026, note Pauliat).

23

CONTRATS ADMINISTRATIFS
CRITÈRE – RÉGIME EXORBITANT

Conseil d'État, 31 juillet 1912, ***Société des granits porphyroïdes des Vosges***
(Rec. 909, concl. Blum ; D. 1916.3.35, concl. ; S. 1917.3.15, concl. ;
cRD publ. 1914.145, note Jèze ; AJ 2013.1489, comm. M. Gros et 2474, comm.
Giacuzzo ; GCJA, vol. 1, n° 53, concl.)

Cons. que la réclamation de la Société des granits porphyroïdes des Vosges tend à obtenir le paiement d'une somme de 3.436 fr 20, qui a été retenue à titre de pénalité par la ville de Lille, sur le montant du prix d'une fourniture de pavés, en raison des retards dans les livraisons ;

Cons. que le marché passé entre la ville et la Société était exclusif de tous travaux à exécuter par la Société et avait pour objet unique des fournitures à livrer selon les règles et conditions des contrats intervenus entre particuliers ; qu'ainsi ladite demande soulève une contestation dont il n'appartient pas à la juridiction administrative de connaître ; que, par suite, la requête de la Société n'est pas recevable… (Rejet).

OBSERVATIONS

En retrait apparent sur les arrêts Terrier* *et* Thérond**, l'arrêt des* Granits porphyroïdes des Vosges *introduit le critère des clauses exorbitantes du droit commun dans l'identification des contrats administratifs.*

1 Un litige s'étant élevé entre la ville de Lille et la Société des granits porphyroïdes des Vosges relativement à un marché portant sur la fourniture de pavés, le Conseil d'État déclare que la juridiction administrative est incompétente pour connaître d'un contrat qui « *avait pour objet unique des fournitures à livrer selon les règles et conditions des contrats intervenus entre particuliers* ».

Dans ses conclusions, le commissaire du gouvernement Léon Blum a rappelé qu'en vertu des arrêts *Blanco** (TC 8 févr. 1873) et *Feutry* (TC 29 févr. 1908, Rec. 208, concl. Teissier ; v. n° 11.2), toutes les actions fondées sur le quasi-délit administratif, c'est-à-dire sur l'inexécution ou la mauvaise exécution d'un service public, étaient de la compétence administrative ; mais il ajouta que la jurisprudence est beaucoup moins extensive lorsqu'il s'agit d'un contrat, puisque, selon les termes employés par Romieu dans ses conclusions sur l'arrêt du 6 févr. 1903, *Terrier**, l'administration peut, tout en agissant dans l'intérêt d'un service public, contracter « *dans les mêmes conditions qu'un simple particulier et se trouver soumise aux mêmes règles comme aux mêmes juridictions* ».

Ainsi se trouve posé le principe que les contrats conclus dans l'intérêt d'un service public peuvent être soit des contrats de droit commun soit des contrats administratifs. Léon Blum indique les éléments et le critère de la distinction : « *Quand il s'agit de contrat, il faut rechercher, non pas en vue de quel objet ce contrat est passé, mais ce qu'est ce contrat de par sa nature même. Et, pour que le juge administratif soit compétent, il ne suffit pas que la fourniture qui est l'objet du contrat doive être ensuite utilisée pour un service public ; il faut que ce contrat par lui-même, et de par sa nature propre, soit de ceux qu'une personne publique peut seule passer, qu'il soit, par sa forme et sa contexture, un contrat administratif... Ce qu'il faut examiner, c'est la nature du contrat lui-même indépendamment de la personne qui l'a passé et de l'objet en vue duquel il a été conclu* ». Le commissaire du gouvernement considère que le critère du contrat administratif est la présence de clauses exorbitantes du droit commun.

Ainsi se trouve nuancée la portée de l'arrêt *Thérond** du 4 mars 1910, qui pouvait conduire à voir un contrat administratif dans tout contrat conclu par une ville dans « le but d'assurer un service public ».

Depuis l'arrêt *Société des granits porphyroïdes*, la jurisprudence a élargi le critère *de la clause exorbitante en celui de régime exorbitant* (I) et a précisé *sa portée* (II).

2 **I.** — Le critère de la clause exorbitante, longtemps retenu en lui-même, n'était pas parfaitement clair.

N'ont pas été considérées comme exorbitantes du droit commun une clause de résolution de plein droit au cas d'inexécution de certaines obligations (TC 15 juin 1970, *Commune de Comblanchien*, Rec. 889), ni celle par laquelle une commune s'engage à lever les impôts nécessaires au remboursement d'un emprunt (CE 6 déc. 1989, *SA de crédit à l'industrie française (CALIF)*, Rec. 452 ; AJ 1990.484, obs. J.M. ; Civ. 1re 18 févr. 1992, *Cie La Mondiale c. Ville de Roubaix*, Bull. civ. I, nº 59, p. 40).

En revanche, certains arrêts ont considéré comme exorbitante une clause qui n'est pas « usuelle » dans les rapports entre particuliers (TC 14 nov. 1960, *Société agricole de stockage de la région d'Ablis*, Rec. 867 ; AJ 1961.89, note A. de L.), ou encore une clause « *ayant pour effet de conférer aux parties des droits ou de mettre à leur charge des obligations étrangères par leur nature à ceux qui sont susceptibles d'être consentis par quiconque dans le cadre des lois civiles et commerciales* » (CE, Sect., 20 oct. 1950, *Stein*, Rec. 505 ; TC 15 nov. 1999, *Commune de Bourisp c. Commune de Saint-Lary-Soulan*, Rec. 478). Mais il s'agissait d'appréciations négatives, d'autant plus approximatives que des contrats de droit privé peuvent eux-mêmes, en vertu de la liberté contractuelle, imposer aux parties des obligations ou leur reconnaître des droits au-delà des prévisions légales.

Plus positivement, ont été reconnues exorbitantes des clauses permettant à l'administration contractante de résilier le contrat (TC 16 janv. 1967, *Société du vélodrome du Parc des Princes c. Ville de Paris*, Rec. 652 ; D. 1967.416, concl. Lindon ; JCP 1967.II. 15246, note Charles ; – 17 nov. 1975, *Leclert*, Rec. 800 ; D. 1976.340, note Roche ; JCP 1976.II.18480, note Ourliac et de Juglart), de diriger, surveiller ou contrôler son exécution (CE, Sect., 10 mai 1963, *Société coopérative agricole « La prospérité fermière »*, Rec. 289 ; RD publ. 1963.584, concl. Braibant). Non seulement le cumul de clauses exorbitantes dans un même contrat (CE, Ass., 26 févr. 1965, *Société du vélodrome du Parc des Princes*, Rec. 133 ; RD publ. 1965.506, concl. Bertrand, note M. Waline), mais aussi bien la présence d'une seule clause exorbitante lui impriment un caractère administratif (TC 16 janv. 1967, *Société du vélodrome du Parc des Princes c. Ville de Paris*, précité).

Deux sortes de considérations ont conduit à resserrer l'analyse. La première est celle des motifs d'intérêt général, voire de service public sur lesquels une clause est fondée (en ce sens TC 17 nov. 1975, *Leclert*, précité). La seconde est celle des prérogatives de puissance publique dont l'exercice est en cause dans l'exécution d'un contrat (TC 28 mars 2011, *Groupement forestier de Beaume Haie c. Office national des forêts*, Rec. 1002 ; DA juin 2011.59, note F. Melleray ; JCP Adm. 2011.2386, note J. Martin).

Elles sont réunies dans la formule de l'arrêt du Tribunal des conflits du 13 oct. 2014, *SA Axa France IARD* (Rec. 472 ; BJCP 2015.11 et RFDA 2014.1068, concl. Desportes ; AJ 2014.2180, chr. Lessi et L. Dutheillet de Lamothe ; CMP 2014, n° 322, comm. Eckert ; DA 2015, n° 3, comm. Brenet ; JCP Adm. 2015.2010, note Pauliat ; RFDA 2015.23, note J. Martin ; RD publ. 2015.869 comm. Basset) considérant la « *clause qui, notamment par les prérogatives reconnues à la personne publique contractante dans l'exécution du contrat, implique, dans l'intérêt général, qu'il relève du régime exorbitant des contrats administratifs* ». Ainsi, comme le dit M. Desportes dans ses conclusions, est retenu « ce qui fait la spécificité de l'action administrative : l'accomplissement d'une mission d'intérêt général par la mise en œuvre de prérogatives de puissance publique ».

Ces prérogatives peuvent apparaître de deux manières : soit, extérieures au contrat, elles sont mises en œuvre par lui (hypothèse relevée par l'arrêt déjà cité du Tribunal des conflits du 28 mars 2011) ; soit elles sont déterminées dans et par le contrat, telles celles qui donnent à l'administration contractante un pouvoir de direction, de contrôle ou de sanction du cocontractant, ou un pouvoir de modification ou de résiliation du contrat (pour ce dernier cas, par ex. TC 8 févr. 2021, *SNCF Réseau et SNCF c. Société Entropia Conseil*, AJ 2021.740, chr. Malverti et Beaufils, et 1336, note Bourdon).

Elles ne sont pas les seules à pouvoir conférer au contrat un caractère administratif (elles le peuvent « notamment » mais non exclusivement). Plus généralement, y contribuent les clauses impliquant, dans l'intérêt général, que le contrat relève, compte tenu des droits et obligations des parties, d'un régime exorbitant du droit commun, caractéristique des rapports de droit public. La référence à l'intérêt général permet de reconnaître objectivement que le contrat est administratif : elle soustrait l'introduction de clauses exorbitantes à la volonté arbitraire des parties. La référence au régime exorbitant des contrats administratifs renvoie aux « règles générales applicables aux contrats administratifs » (CE 2 févr. 1983, *Union des transports publics urbains et régionaux*, Rec. 33 ; v. n° 20.2).

Dans l'espèce *SA Axa France IARD,* la clause permettant à l'administration contractante d'utiliser librement pour son propre usage les locaux qu'elle donne à bail à une association, celle-ci étant de son côté dispensée de l'obligation d'entretien, n'est pas conçue dans l'intérêt général ; elle ne donne pas à l'administration une prérogative exorbitante. Elle n'implique pas la soumission du contrat au régime des contrats administratifs.

L'arrêt du Tribunal des conflits du 2 nov. 2020, *Société Eveha c. Institut national de recherches archéologiques préventives* (Rec. 531 ; AJ 2021.396, note Lamy et 739, chr. Malverti et Beaufils ; BJCP 2021.3, concl. Berriat ; CMP 2021.1, note Ubaud-Bergeron ; DA mars 2021.30, note Brenet ; RFDA 2021.459, note Maury) souligne que la présence de clauses d'un régime exorbitant ne donne au contrat un caractère administratif que si elles sont conclues au profit de la personne publique contractante ; si elles sont conclues au profit de son cocontractant personne de droit privé, même dans l'intérêt général, elles ne jouent pas.

3 Si le régime exorbitant du contrat administratif peut être ainsi révélé par les clauses du contrat, il peut résulter aussi des conditions dans lesquelles le contrat est conclu. Ainsi ont été considérés comme administratifs les contrats par lesquels EDF, alors établissement public, achetait aux producteurs autonomes d'électricité le courant produit par leurs installations, ces contrats étant conclus obligatoirement et leur contentieux donnant lieu à une intervention préalable du ministre (CE, Sect., 19 janv. 1973, *Société d'exploitation électrique de la rivière du Sant*, Rec. 48 ; CJEG 1973.239, concl. Rougevin-Baville, note Carron ; AJ 1973.358, chr. Léger et Boyon ; JCP 1974.II.17629, note Pellet ; RA 1973.633, note Amselek) – solution qui, dépassée par la transformation d'EDF en sociétés (CE 1er juill. 2010, *Société Bioenerg*, Rec. 687 ; BJCL 2011.86 et RJEP janv. 2011.17, concl. Collin ; DA nov. 2010.139, note Brenet ; JCP Adm. 2010.2359, note Pacteau ; TC 13 déc. 2010, *Société Green Yellow et autres c. Électricité de France*, Rec. 592 ; AJ 2011.439, concl. Guyomar, note Richer ; RJEP juill. 2011, p. 17, note Loy), a été rétablie par le législateur (art. 88 de la loi du 12 juill. 2010 repris à l'art. L. 314-7 du Code de l'énergie). Elle n'a pas été transposée dans le cadre d'autres législations (par ex. celle de l'archéologie préventive : TC 2 nov.

2020, *Société Eveha c. Institut national de recherches archéologiques préventives*, préc.).

4 La question du critère de la clause ou du régime exorbitants du droit commun s'est posée particulièrement pour les marchés publics, contrats par lesquels les personnes publiques chargent une entreprise de prestations (fournitures, travaux, services) moyennant une rémunération consistant dans le prix qu'elles lui paient. Dans l'affaire *Société des granits porphyroïdes des Vosges*, l'absence de clause exorbitante a conduit le Conseil d'État à dénier au marché un caractère administratif.

La loi du 11 déc. 2001 (dite loi « MURCEF ») a reconnu un caractère administratif aux marchés passés en application du Code des marchés publics. Cette qualification a été reprise par l'ordonnance du 23 juill. 2015 sur les marchés publics et étendue aux concessions par celle du 29 janv. 2016. Désormais le Code de la commande publique (art. L 6) qualifie « contrats administratifs » ces contrats relevant de son champ passés par des personnes morales de droit public.

Pour les mêmes contrats non soumis à ces dispositions, subsiste l'application du critère du régime exorbitant, voire celui du service public (v. nos obs. sous CE 20 avr. 1956, *Époux Bertin**).

La jurisprudence *Granits porphyroïdes des Vosges* garde donc son actualité pour les contrats non couverts par des dispositions spéciales.

5 **II.** — *La portée du critère de la clause exorbitante* et, plus généralement, du *régime exorbitant* n'est pourtant pas universelle.

Pour qu'il puisse jouer, il faut d'abord que le contrat soit conclu par une personne publique (A). Même si tel est le cas, la clause ou le régime exorbitants ne sont pas toujours déterminants (B).

A. — La *présence d'une personne publique au contrat* est une condition nécessaire pour qu'il soit administratif (v. nos obs. sous TC 9 mars 2015, *Mme Rispal c. Société des autoroutes du Sud de la France**).

Les contrats conclus par des *personnes privées*, même s'ils contiennent des clauses qui peuvent être considérées comme exorbitantes du droit commun, même s'ils font référence à un cahier des clauses administratives générales applicable aux marchés publics (CE 14 nov. 1973, *Société du canal de Provence*, Rec. 1030), même s'ils sont passés en appliquant les dispositions propres aux marchés publics (TC 17 déc. 2001, *Société Rue Impériale de Lyon c. Société Lyon Parc Auto*, Rec. 761 ; BJCP 2005.422, concl. Bachelier, note R.S. ; Rev. Trésor 2006.155, note Pissaloux), même s'ils reproduisent les termes d'un accord conclu par une personne publique (TC 10 janv. 1983, *Centre d'action pharmaceutique c. Union des pharmaciens de la région parisienne*, Rec. 535 ; JCP 1983.II.19938, concl. Gulphe ; AJ 1983.359, note J. Moreau), même s'ils sont passés selon un régime exorbitant du droit commun (obligation de contracter par ex.), restent des contrats de droit privé, dont le contentieux appartient aux juridictions judiciaires. Tel est le cas notamment des contrats de la « commande publique » conclus par des personnes morales de droit privé, alors qu'ils sont soumis au même régime que ceux que passent les personnes publiques.

6 ***B.*** — *Lorsqu'un contrat est conclu par une personne publique*, le critère de la clause de régime exorbitant du droit commun convenue à son profit joue pleinement pour les services publics à *gestion publique*, c'est-à-dire les *services publics administratifs*. La solution n'a jamais fait de doute : si, dès l'arrêt *Terrier**, était réservée la possibilité pour une personne publique de conclure des contrats de droit commun, qu'a confirmée l'arrêt *Société des granits porphyroïdes des Vosges*, le critère de la clause de régime exorbitant du droit commun, lié à la notion même de gestion publique, a toujours déterminé le caractère administratif de leurs contrats.

Mais la portée du critère de la clause ou du régime exorbitants peut se trouver doublement affectée : pour les services à gestion privée, elle n'est pas toujours opérante (1°) ; pour tous les services, elle n'est pas toujours nécessaire (2°).

1°) Le principe même de la *gestion privée* de laquelle relèvent certains services peut s'opposer à ce que leurs contrats soient considérés comme administratifs.

Ce fut longtemps le cas des contrats relatifs au *domaine privé*, considérés comme de droit privé par leur objet même, quelles que fussent leurs clauses (CE, Sect., 26 janv. 1951, *SA minière*, Rec. 49). Aujourd'hui, alors que la gestion du domaine privé relève normalement du droit privé et son contentieux, des juridictions judiciaires (TC 22 nov. 2010, *SARL Brasserie du théâtre c. Commune de Reims*, Rec. 590 ; v. n° 11.5), ils sont reconnus administratifs lorsqu'ils comportent des clauses exorbitantes du droit commun (TC 17 nov. 1975, *Leclert*, préc. ; CE 19 nov. 2010, *Office national des forêts c. Girard-Mille*, Rec. 448 ; RJEP mars 2011.9, concl. Dacosta ; AJ 2011.281, note J.-D. Dreyfus ; CMP févr. 2011.36, note Devilliers JCP Adm. 2011.2020, note J. Moreau ; TC 12 févr. 2018, *SCP Ravisse c. Commune de Saint-Esprit*, AJ 2018.1721, note Pontier). Mais une disposition législative particulière peut attribuer compétence aux tribunaux judiciaires (par ex. pour les baux ruraux : TC 22 nov. 1965, *Calmette*, Rec. 819 ; JCP 1966.II.14483, concl. Lindon, note O.D. ; D. 1966.258, note Lenoir).

7 Quant aux *services publics industriels et commerciaux*, le principe de leur soumission au droit privé (TC 22 janv. 1921, *Société commerciale de l'Ouest africain**) n'empêche pas que leurs contrats puissent être administratifs s'ils relèvent d'un régime exorbitant du droit commun par leurs clauses (CE, Sect., 20 oct. 1950, *Stein*, préc. ; TC 14 nov. 1960, *Société agricole de stockage de la région d'Ablis*, préc.) ou les dispositions qui leur sont applicables (CE, Sect., 19 janv. 1973, *Société d'exploitation électrique de la rivière du Sant*, préc.).

Mais ni les contrats conclus avec leurs agents (sauf exception : *cf.* nos obs. sous CE 26 janv. 1923, *de Robert Lafrégeyre**) ni les contrats conclus avec leurs usagers ne peuvent être administratifs, même s'ils comportent des clauses exorbitantes du droit commun (CE, Sect., 13 oct. 1961, *Établissements Campanon-Rey*, Rec. 567 ; v. n° 34.4 ; TC 17 déc. 1962, *Dame Bertrand*, Rec. 831, concl. Chardeau ; v. n° 34.4 ; Civ. 1re 18 nov. 1992, *SA OTH International c. Coface*, Bull. civ. I, n° 279, p. 182).

8 *2°)* Le critère de la clause exorbitante, qui a longtemps pu paraître exclusif à la suite de l'arrêt *Société des granits porphyroïdes des Vosges*, ne l'est pas : un contrat ne comportant pas une telle clause peut néanmoins être administratif en tant qu'il confie au contractant l'exécution du service public ou qu'il est lui-même une modalité d'exécution du service public, comme l'a reconnu la jurisprudence depuis l'arrêt *Époux Bertin** du 20 avr. 1956. Cette alternative est clairement mise en évidence dans deux arrêts du Tribunal des conflits du 5 juill. 1999, *Commune de Sauve* et *Union des groupements d'achats publics* (Rec. 465 ; BJCP 1999.526 et RFDA 1999.1153, concl. Schwartz ; AJ 1999.554, chr. Raynaud et Fombeur, et 2000.115, note Fardet ; CJEG 2000.169, note de Béchillon et Terneyre ; RD publ. 2000.247, note Llorens).

Ainsi, même si le critère de la clause exorbitante et désormais du régime exorbitant n'est ni toujours suffisant ni toujours nécessaire, les principes dégagés par l'arrêt *Société des granits porphyroïdes des Vosges* demeurent valables.

24

RECOURS POUR EXCÈS DE POUVOIR
TIERCE OPPOSITION

Conseil d'État, 29 novembre 1912, *Boussuge*
(Rec. 1128, concl. Blum ; S. 1914.3.33, concl., note Hauriou ; D. 1916.3.49, concl. ; RD publ. 1913.331, concl., note Jèze ; GCJA, vol. 1, n° 54, concl. ; JCP Adm. 2012.2309 et s., « Cent ans après l'arrêt Boussuge » ; N. Foulquier, « L'arrêt Boussuge »)

Cons. que si, en vertu de l'art. 37 du décret du 22 juill. 1806, toute personne qui n'a été ni appelée ni représentée dans l'instance peut former tierce opposition à une décision du Conseil d'État rendue en matière contentieuse, *cette voie de recours n'est ouverte, conformément à la règle générale posée par l'art. 474 du Code de procédure civile, qu'à ceux qui se prévalent d'un droit, auquel la décision entreprise aurait préjudicié ;*

Cons. que l'art. 61 du règlement d'administration publique du 8 oct. 1907, tel qu'il avait été promulgué, portait que le carreau forain des Halles est réservé aux cultivateurs qui y amènent leurs produits pour les vendre eux-mêmes et aux approvisionneurs vendant des denrées dont ils sont propriétaires ;

Cons. que, par la décision ci-dessus visée, en date du 7 juill. 1911, le Conseil d'État a annulé ledit art. 61, en tant qu'il admet sur le carreau forain des Halles de Paris, concurremment avec les cultivateurs qui y amènent leurs produits, les « approvisionneurs vendant des denrées dont ils sont propriétaires » ;

Cons. que les requérants soutiennent qu'en leur qualité d'approvisionneurs, ils ont été personnellement privés, par la décision précitée, d'un droit qu'ils tenaient de la loi du 11 juin 1896 sur les Halles centrales de Paris et du décret du 8 oct. 1907 ; que, dès lors, leur requête en tierce opposition est recevable ; ... (Requête en tierce opposition des sieurs Boussuge et autres déclarée recevable).

OBSERVATIONS

En admettant la tierce-opposition contre une décision rendue sur recours pour excès de pouvoir, l'arrêt Boussuge *lui donne un aspect subjectif que l'on retrouvera avec le rôle donné aux parties par l'arrêt* Société Eden*.

1 **I.** — Un règlement d'administration publique du 8 oct. 1907 avait été pris en exécution de la loi du 11 juin 1896 sur le régime des halles. Un arrêt du Conseil d'État du 7 juill. 1911 (*Decugis*, Rec. 797, concl. Blum ; S. 1914.3.36, concl.) avait annulé l'article de ce règlement qui admettait des approvisionneurs sur le carreau forain, à côté des propriétaires cultivateurs vendant leurs produits. Les approvisionneurs formèrent tierce opposition contre cet arrêt parce qu'il portait préjudice à leurs droits et qu'ils n'avaient pas été représentés à l'instance.

L'art. 37 du décret du 22 juill. 1806 prévoyant la procédure de tierce opposition devant le Conseil d'État s'appliquait-il au recours pour excès de pouvoir ?

Le Conseil d'État l'avait d'abord admis (28 avr. 1882, *Ville de Cannes*, Rec. 387), liant le droit de former tierce opposition au droit d'intervention. Puis un revirement de jurisprudence (8 déc. 1899, *Ville d'Avignon*, Rec. 719, concl. Jagerschmidt ; S. 1900.3.73, note Hauriou) avait exclu la tierce opposition en matière d'excès de pouvoir, par le motif que l'excès de pouvoir ne créait pas un litige entre parties.

Le commissaire du gouvernement Léon Blum constata dans ses conclusions que le caractère objectif du recours pour excès de pouvoir est fortement atténué lorsque le recours est dirigé contre des actes individuels : « En dépit de la forme extérieure du recours, bien que l'acte attaqué soit un acte de puissance publique, le débat porté devant vous, dans toutes les espèces de cette nature, est bien un litige entre des intérêts individuels ». Mais il estimait qu'il n'en est pas de même du recours dirigé contre les actes réglementaires : « Le requérant disparaît, et vous vous demandez simplement si l'acte réglementaire attaqué est légal. Les deux parties sont en réalité : le règlement, d'une part, la loi ou les principes généraux du droit de l'autre... Vis-à-vis d'actes de cette nature, quel pourrait être l'effet de la tierce opposition ? Elle tendrait à faire revivre un règlement que vous avez annulé, non parce qu'il méconnaissait des droits, mais parce qu'il violait le droit. Comment la justification d'un droit individuel pourrait-elle jamais vous faire revenir sur votre décision... ? ». Il concluait en faveur de la recevabilité de la tierce opposition contre les arrêts statuant sur des actes individuels, mais l'estimait impossible s'agissant d'arrêts statuant sur des actes réglementaires.

Il ne fut pas suivi, et le Conseil d'État a admis la recevabilité de la tierce opposition formée par le sieur Boussuge contre l'annulation d'un acte réglementaire.

La décision fit un certain bruit. « Il y a quelque chose de changé dans le contentieux administratif français – écrivait Hauriou – et le changement porte plus loin que la question spéciale de la tierce opposition et de sa recevabilité... Le changement, c'est que le recours pour excès de pouvoir pâlit, et s'efface de plus en plus devant le recours contentieux ordinaire... ». Cet arrêt entrait en effet pour lui dans le cadre de l'évolution historique qui emportait le caractère objectif du recours pour excès de pouvoir.

2 En réalité, le Conseil d'État n'a pas encore admis que, d'une façon générale, le contentieux de l'excès de pouvoir ait un caractère subjectif analogue à celui du contentieux de pleine juridiction et se déroule, comme celui-ci, entre des « parties » (CE, Ass., 21 avr. 1944, *Société Dockès frères*, Rec. 120). Le recours pour excès de pouvoir demeure essentiellement un procès de légalité fait à un acte administratif ; et la décision de justice auquel il donne lieu a en principe une autorité absolue à l'égard de tous, et non pas seulement à l'égard du requérant (CE, Sect., 13 juill. 1967, *Ministre de l'éducation nationale c. École privée de filles de Pradelles*, Rec. 339 ; RD publ. 1968.187, concl. Michel Bernard ; AJ 1968.344, note O. Dupeyroux ; D. 1961.431, note Voisset). Toutefois, lorsque des nécessités pratiques ou des raisons d'équité l'exigent, le Conseil d'État atténue la rigueur de ces principes.

S'agissant de la question de la tierce opposition, le Conseil d'État paraît avoir été sensible à une considération d'équité : les personnes qui seraient admises à intervenir pendant l'instance doivent pouvoir, si elles n'ont pas été prévenues à temps, attaquer la décision rendue en leur absence. L'inconvénient pratique de cette solution était que, si l'on ouvrait la tierce opposition à toutes les personnes intéressées, tous les arrêts d'annulation ou presque seraient l'objet de cette voie de recours, car il y a presque toujours des personnes intéressées au maintien d'un acte administratif. Pour y remédier, Laferrière avait suggéré de faire, conformément d'ailleurs au texte instituant la tierce opposition, une distinction entre la lésion d'un simple intérêt et celle d'un droit, et de ne l'admettre que dans le second cas. Ainsi, en l'espèce, l'arrêt *Decugis* de 1911 avait porté atteinte aux droits que les approvisionneurs tenaient des textes sur les halles de Paris.

3 **II.** — Depuis l'arrêt *Boussuge*, la tierce opposition est donc une voie de recours générale, ouverte contre les décisions du Conseil d'État, dès lors que sont remplies deux conditions :

– elle doit émaner d'une partie qui n'a été ni mise en cause ni représentée dans l'instance (CE, Ass., 21 janv. 1938, *Compagnie des chemins de fer PLM*, Rec. 70, concl. Josse) ; ainsi, lorsqu'un tiers à un contrat forme contre celui-ci un recours en contestant la validité (v. nos obs. sous *Commune de Béziers**), la personne publique contractante ne peut être regardée comme représentant son contractant (CE 19 avr. 2017, *Société ACS Production*, Rec. 776) ; mais il a été admis que lorsqu'une personne a été représentée à l'instance par une partie « ayant des intérêts concordants avec les siens », elle n'est pas recevable à former tierce-opposition contre la décision juridictionnelle rendue à l'issue de cette instance (CE 21 oct. 2019, *Société Alliance*, Rec. 964).

– la tierce opposition doit être dirigée contre une décision contentieuse qui préjudicie aux droits du tiers opposant.

Considérée comme une règle générale de procédure, cette exigence était tirée de l'article 474 de l'ancien Code de procédure civile (CE 15 mars 1939, *Berge*, Rec. 173). Elle a été maintenue bien que l'art. 583 de l'actuel Code de procédure civile exige simplement la lésion d'un intérêt. Le Conseil d'État en déduit l'irrecevabilité d'une tierce opposition dirigée contre un jugement rendu en premier ressort qui rejette une requête (CE 5 janv. 1951, *Dame Guiderdoni*, Rec. 5), alors qu'il peut en aller différemment en cause d'appel (CE 11 oct. 2017 *Mme Desiage et autres*, Rec. 776, JCP Adm. 2018.2078, concl. Bretonneau).

4 Toutefois le juge administratif, sans se contenter de la lésion d'un intérêt (CE 4 avr. 2012, *Société Céphalon France*, Rec. 141), entend largement la notion de droit en la matière. Il a ainsi admis la recevabilité de la tierce opposition formée par une ville contre un arrêt qui, en annulant une délibération de son conseil municipal, avait « préjudicié à son droit de réorganisation des services d'assistance » (CE, Sect., 8 juill. 1955, *Ville de Vichy*, Rec. 396), celle de la tierce opposition formée par la personne qui avait obtenu un avis favorable du conseil de famille à la légitimation adoptive d'un enfant à elle confiée par l'Assistance publique, contre le jugement d'un tribunal administratif annulant l'inscription de cet enfant comme pupille de l'État (CE, Ass., 29 oct. 1965, *Dame Béry*, Rec. 565 ; D. 1966.105, concl. Rigaud ; RD publ. 1966.151, note M. Waline), celle d'une société à l'encontre d'une ordonnance prescrivant, dans le cadre d'une procédure d'urgence, une expertise à la suite de laquelle sa responsabilité pourrait être mise en jeu (CE, Sect., 18 juin 1982, *SA Bureau Véritas*, Rec. 240, concl. Biancarelli ; – 27 mai 1991, *Société NERSA*, Rec. 1125 ; CJEG 1991.336, concl. Legal), celle d'une commune du fait de l'annulation d'un acte déclarant d'utilité publique des travaux dont elle était bénéficiaire (CE 7 déc. 1983, *Commune de Lauterbourg*, Rec. 491 ; v. n° 4.6 ; *cf.* également 10 mai 1985, *Chambre de commerce d'Annecy*, Rec. 659 ; RFDA 1986.60, note Pacteau), celle d'une société à l'encontre d'un jugement enjoignant de communiquer à un requérant des documents la concernant, au motif qu'ils pourraient comporter des secrets protégés par la loi (CE 22 juill. 2016, *Société éoliennes en mer îles d'Yeu et de Noirmoutier*, Rec. 767).

Dans le contentieux des installations classées pour la protection de l'environnement, la tierce-opposition est ouverte aux tiers justifiant d'un intérêt suffisant dans l'hypothèse où le juge, statuant comme juge de plein contentieux, accorde une autorisation initialement refusée par l'administration (CE, avis, 29 mai 2015, *Association Nonant environnement*, Rec. 172, concl. von Coester ; AJ 2015.1805, note Pouthier ; RFDA 2015.741, note Perrin).

5 En sens contraire, afin d'éviter une instabilité des règles d'urbanisme, le Conseil d'État a estimé que « le propriétaire de parcelles situées dans les zones concernées par l'annulation pour excès de pouvoir des dispositions… d'un plan local d'urbanisme ne justifie pas, en cette qualité, d'un droit » auquel la décision d'annulation aurait préjudicié, le rendant recevable à former tierce opposition à son encontre (CE 16 nov. 2009, *Société les Résidences de Cavalière*, Rec. 926).

6 Si la tierce opposition est recevable, le Conseil d'État réexamine l'affaire. Il considère qu'aucune règle générale de procédure, et notamment le principe d'impartialité, ne fait obstacle à ce qu'un recours en tierce opposition, qui doit être porté devant la juridiction dont émane la décision juridictionnelle contestée, soit jugé par la formation de jugement qui l'a rendue (CE 10 déc. 2004, *Société Resotim*, Rec. 853 ; AJ 2005.782, note Mazetier ; v. nos obs. sous CE 3 déc. 1999, *Didier**).

Lorsque le juge rejette une tierce opposition comme non fondée, les dispositions du Code de justice administrative (art. R. 832-5 et R. 741-12) lui permettent de condamner à une amende la partie qui succombe. Cette disposition s'explique par le fait que la tierce opposition peut être utilisée par des plaideurs de mauvaise foi pour faire échec à la chose jugée (CE, Sect., 29 juill. 1953, *Minart*, Rec. 408).

Dans les cas, extrêmement rares, où le Conseil d'État admet la tierce opposition au fond, il déclare « non avenu » l'arrêt initial d'annulation, qui disparaît ainsi rétroactivement (CE, Sect., 14 oct. 1966, *Delle Boulanger*, Rec. 547 ; AJ 1967.53, concl. Galmot). En fonction des conclusions et moyens présentés, il peut se produire que l'arrêt ou le jugement ne soit déclaré non avenu que de façon partielle (CE 24 juill. 1987, *Huguet*, Rec. 682 ; LPA 30 oct. 1987.4, concl. Fouquet).

25

JURIDICTIONS
PROCÉDURE
DROITS DE LA DÉFENSE

Conseil d'État, 20 juin 1913, *Téry*
(Rec. 736, concl. Corneille ; S. 1920.3.13, concl. ; RD publ. 2014.3 ; GCJA, vol. 1, n° 55, concl. ; O. Danic, « Les cent ans de l'arrêt *Téry* ou un siècle de droits de la défense », RD publ. 2014)

Cons. que pour demander l'annulation de la décision susvisée, le sieur Téry soutient, d'une part, que le conseil supérieur a statué au vu d'un dossier incomplet, et, d'autre part, que les droits de la défense n'ont pas été respectés ;

Sur le premier moyen : Cons. que le sieur Téry n'a fait connaître ni dans sa requête, ni dans son mémoire ampliatif devant le Conseil d'État, les pièces qui auraient fait défaut dans le dossier de la poursuite disciplinaire soumis au conseil supérieur et qu'il ne les a pas davantage indiquées dans ses observations en réplique à la défense du ministre ; qu'ainsi le premier moyen du recours doit être écarté comme dépourvu de toute justification ;

Sur le second moyen : Cons. que le conseil académique de Lille saisi de la poursuite disciplinaire dirigée contre le sieur Téry a, le 22 juin 1910, statué sur ladite poursuite par deux jugements séparés, le premier rejetant l'exception d'incompétence et le moyen tiré de la violation des formes soulevés par le sieur Téry dans sa défense, et le second révoquant le sieur Téry ;

Cons. que, dans l'appel qu'il a adressé le même jour au conseil supérieur, le sieur Téry a expressément déclaré qu'il ne lui déférait que le premier de ces jugements ; que, dans la séance du 7 juill. 1910, le conseil supérieur, estimant que l'appel en matière disciplinaire était indivisible, a rejeté l'appel du sieur Téry comme non recevable ; que la décision du conseil supérieur avait mis fin à l'instance alors portée devant lui ;

Cons. que, postérieurement à cette décision, alors que le délai pour déférer les jugements précités du conseil académique de Lille n'était pas encore expiré, le sieur Téry a fait, à la date du 9 juill., appel conjoint de ces deux jugements devant le conseil supérieur ;

Cons. que la veille de l'audience le sieur Téry fit informer le secrétaire du conseil par son avocat qu'étant, par suite de maladie, hors d'état de se présenter devant le conseil supérieur auquel il désirait soumettre lui-même des observations orales, il demandait une remise ;

Cons. que le conseil supérieur, pour repousser dans la séance du 18 juill. la demande de remise, ne s'est pas fondé sur une inexactitude de la raison invoquée à l'appui de cette demande, dont il lui appartenait d'apprécier la valeur, mais sur le motif unique que dans la séance du 7 juill. le sieur Téry se serait déjà défendu sur le fond ;

Cons. que, même en admettant que les observations soumises par le sieur Téry au conseil supérieur le 7 juill. n'aient pas concerné seulement les questions de compétence et de procédure tranchées par le premier jugement du conseil académique seul alors déféré, mais aient aussi porté sur les motifs de la poursuite disciplinaire, lesdites observations, présentées dans la première instance terminée par la décision du 7 juill. déclarant le premier appel non recevable, ne pouvaient dispenser le conseil supérieur d'entendre le requérant sur l'appel formé seulement par l'acte du 9 juill. contre le deuxième jugement du conseil académique qui l'avait révoqué ;

Cons. qu'alors surtout que les décisions des 7 et 18 juill. ayant omis de mentionner les noms des membres qui ont assisté aux débats et participé auxdites décisions, il ne peut être établi que tous ceux qui ont concouru à celle du 18 juill. aient entendu les observations présentées par le sieur Téry et son défenseur dans la séance du 7 précédent, *ledit sieur Téry est fondé à soutenir qu'il s'est trouvé privé du droit de défense accordé par les dispositions des art. 11, § 5, de la loi du 27 févr. 1880 et 11 du décret du 11 mars 1898 et à demander, pour ce motif, l'annulation de la décision attaquée ;* ... (Annulation ; sieur Téry renvoyé devant le conseil supérieur de l'instruction publique pour être statué sur l'appel par lui formé, après que ce conseil l'aura entendu dans ses explications ou appelé pour les présenter).

OBSERVATIONS

Les droits de la défense que l'arrêt Téry *garantit devant les juridictions le seront aussi devant l'administration par l'arrêt* Dame Trompier-Gravier*. *Ils se combinent avec le principe d'impartialité dont l'arrêt* Didier* *déterminera la portée.*

Le sieur Téry, professeur de philosophie au lycée de Laon, avait été l'objet de poursuites disciplinaires devant les juridictions académiques. Le conseil académique de Lille l'ayant révoqué, il fit appel au conseil supérieur de l'instruction publique ; il déposa un premier appel sur la compétence, qui fut rejeté, puis un second sur le fond ; la veille de la séance au cours de laquelle ce dernier recours devait être examiné, le sieur Téry fit savoir par pneumatique au président du conseil supérieur qu'il était en traitement dans une maison de santé, que les médecins lui interdisaient tout déplacement et qu'il ne pouvait, dans ces conditions, se rendre à l'audience. Saisi de cette lettre, le conseil supérieur passa outre et refusa d'ajourner sa décision, en se fondant sur ce que « les faits, constants, suffisent à justifier la sentence des premiers juges », sans que les explications de l'intéressé, d'ailleurs déjà données au cours de la séance consacrée à l'examen du premier appel, « puissent en modifier le caractère » ; le conseil supérieur confirma, dès lors, le jugement qui lui était déféré. Le Conseil d'État censure cette attitude et annule cette décision, en constatant que les deux appels étaient distincts, que la défense présentée à l'occasion du premier ne pouvait valoir pour le second, et qu'en statuant sans entendre à nouveau le sieur Téry et sans examiner si le motif d'absence invoqué par celui-ci était justifié, le conseil supérieur n'avait pas respecté les droits de la défense, prévus en l'occurrence expressément par les textes.

1 **I.** — L'arrêt *Téry* constitue une étape importante dans le développement de la protection des droits de l'individu par le Conseil d'État, en consacrant *les droits de la défense devant les juridictions administratives* et en énonçant certaines des *règles de fonctionnement et de procédure* qui doivent être respectées par ces juridictions. Les motifs et la nature de ces droits et de ces règles ont été remarquablement définis par les conclusions du commissaire du gouvernement Corneille :

« Le conseil supérieur est une juridiction disciplinaire... Il en résulte, d'une part, que vous avez compétence pour apprécier, non pas le fond de ses décisions, mais la légalité de ses décisions ; il en résulte, d'autre part, que, devant le conseil supérieur, il y a des règles de procédure à observer, car l'observation d'une procédure est le corollaire indispensable de l'instruction d'une juridiction. Mais quelle est cette procédure ?

« Quant aux juridictions disciplinaires les règles de procédure ne sont pas écrites dans un texte général, dans un code ; depuis longtemps il a été reconnu par la doctrine et la jurisprudence judiciaire ou administrative que, si les règles du Code d'instruction criminelle ne devaient pas servir de base immuable à la procédure particulière dont il s'agit, tout au moins on devait appliquer à cette procédure « les règles essentielles des formes judiciaires » qui sont la garantie naturelle de tout particulier inculpé d'une infraction répréhensible. Et ces garanties de droit commun pour les justiciables, on les a cataloguées : c'est la citation en forme, c'est le délai de comparution, ce sont les droits de la défense. Or les droits de la défense exigent : 1º que tous les membres du tribunal professionnel aient assisté à toute la séance, ou à toutes les séances de l'affaire en cause, afin qu'aucun d'eux ne se forme une impression incomplète de l'ensemble des débats ; 2º que la décision contienne les noms de tous ceux avec le concours desquels elle a été rendue, car la défense a le droit de connaître la composition du tribunal pour en contester, le cas échéant, la régularité ; 3º que l'ordre logique des phases de la procédure ait été respecté, la défense devant se présenter après le rapport, après le développement de l'inculpation et avant le délibéré ; 4º que les décisions soient motivées, car l'énoncé des motifs permet à l'inculpé de voir si la sanction appliquée est étayée sur un texte, et lui permet encore de se rendre compte de l'observation par les juges d'un principe fondamental en matière répressive, et qui est que le juge ne doit se déterminer que sur les pièces produites, et par suite discutées, dans l'instance même sur laquelle il a été statué. Enfin, il est un dernier point, sur lequel nous insistons parce qu'il est essentiel à la garantie du justiciable : l'inculpé doit avoir été entendu, et l'absence d'audition ne peut se couvrir que par la justification (apportée dans la décision même) d'une exception au principe motivée par une faute de l'inculpé qui, mis à même de présenter sa défense, n'a pas comparu, bien que dûment convoqué, sans invoquer d'excuse, ou après avoir allégué une excuse reconnue non valable par le juge lui-même ».

2 **II.** — De nombreux arrêts ont fait application de ces principes. Selon une formule que l'on retrouve dans maintes décisions, une juridiction administrative doit : « même en l'absence de texte, observer toutes les règles générales de procédure dont l'application n'a pas été écartée par une disposition formelle ou n'est pas inconciliable avec son organisation » (CE 10 août 1918, *Villes*, Rec. 841, concl. Berget).

3 *A.* — Une première exigence est celle du *caractère contradictoire* de la procédure. Il s'agit là d'un principe général du droit (CE, Ass., 12 oct. 1979, *Rassemblement des nouveaux avocats de France*, Rec. 370 ; JCP 1980.II.19288, concl. Franc, note Boré ; D. 1979.606, note Bénabent ; Gaz. Pal. 1980.I.61, note Julien ; AJ 1980.248, note Debouy).

Le principe du contradictoire implique en règle générale que les personnes intéressées soient informées du dépôt d'une requête (CE, Sect., 11 mars 1960, *Société des travaux et carrières du Maine*, Rec. 195), que les parties soient avisées des différentes productions versées au dossier (CE, Sect., 26 mars 1976, *Conseil régional de l'ordre des pharmaciens de la circonscription d'Aquitaine*, Rec. 182 ; AJ 1977.157, concl. Dondoux) pour autant que cette communication offre une utilité (CE, Sect., 29 janv. 1993, *Association des riverains de l'Herrengrie*, Rec. 21 ; RFDA 1994.60, concl. Scanvic ; AJ 1993.510, obs. Richer ; RA 1993.222, note Sueur), qu'elles disposent d'un délai raisonnable pour présenter d'éventuelles observations (CE, Sect., 31 déc. 1976, *Association des amis de l'Île de Groix*, Rec. 585 ; JCP 1977.II.18.589, concl. Genevois, note Liet-Veaux), qu'elles soient avisées en temps utile de la date d'audience (CE, Ass., 23 déc. 1959, *Jaouen*, Rec. 707 ; S. 1961.38, concl. Mayras) et que celle-ci ne soit pas avancée dans des conditions ne permettant pas à la défense de s'organiser utilement (CE 26 déc. 2012, *Gardier*, Rec. 829 ; AJ 2013.1705, note Cassard-Valembois).

Devant les juridictions disciplinaires de l'ordre des médecins, la procédure est essentiellement écrite. Toutefois, selon le Code de la santé publique, toute personne convoquée à l'audience y est entendue, même si elle n'a pas produit d'observations écrites. Le respect, d'une part, du contradictoire et, d'autre part, du caractère essentiellement écrit de la procédure, impose, lorsque des propos susceptibles d'exercer une influence sur la décision sont tenus à l'oral, qu'il puisse y être répondu par écrit (CE 21 oct. 2015, *Mme Delechenault*, Rec. 351)

4 *B.* — La *publicité des débats* procède d'un principe général du droit en ce qui concerne les débats devant le juge judiciaire (CE, Ass., 4 oct. 1974, *Dame David*, Rec. 464 ; v. nº 8.6).

Devant les juridictions administratives de droit commun, c'est-à-dire les tribunaux administratifs, les cours administratives d'appel et le Conseil d'État, ainsi que pour certaines juridictions disciplinaires telles que celles de l'ordre national des médecins, la publicité est prévue par les textes régissant leur activité.

Devant les juridictions administratives spécialisées, à défaut de texte de droit interne l'exigeant, la publicité a été imposée pour la plupart d'entre elles, par le biais de l'article 6 de la Convention européenne de sauvegarde des droits de l'Homme et des libertés fondamentales. Ce texte, qui prescrit la publicité en cas de contestations portant sur des droits et obligations de caractère civil ou de l'examen du bien-fondé de toute accusation en matière pénale, a été interprété de façon extensive par la Cour européenne des droits de l'Homme.

Sur le fondement de cette interprétation le Conseil d'État a jugé que la publicité des débats était obligatoire devant les juridictions de l'aide sociale (CE, Sect., 29 juill. 1994, *Département de l'Indre*, Rec. 363 ; RFDA 1995.161 et RDSS 1995.324, concl. Bonichot ; AJ 1994.691, chr. Touvet et Stahl ; D. 1994.593, note Prétot), en matière de discipline des avocats (CE, Ass., 14 févr. 1996, *Maubleu*, Rec. 34 ; v. n° 93.3) devant la Cour de discipline budgétaire et financière (CE, Sect., 30 oct. 1998, *Lorenzi*, Rec. 374 ; RD publ. 1999.833, note Eckert ; RFDA 1999.1022, note Surrel), devant la Cour des comptes, aussi bien lors de l'examen d'une procédure de gestion de fait (CE 30 déc. 2003, *Beausoleil et Mme Richard*, Rec. 531 ; v. n° 93.3) qu'en cas de mise en débet d'un comptable patent (CE 30 mai 2007, *Garnier*, Rec. 770 ; BJCL 838, concl. Guyomar, obs. Thévenon).

Le Conseil d'État a même estimé que la publicité des débats s'impose, à l'instar du respect du contradictoire, dans le cadre de la procédure de référé précontractuel instituée par l'art. L. 22 du Code des tribunaux administratifs et des cours administratives d'appel, auquel a succédé l'art. L. 551-1 du Code de justice administrative, qui permet au président du tribunal, par voie d'injonction ou d'annulation, d'assurer le respect des règles de passation de certains marchés ou concessions (CE, Ass., 10 juin 1994, *Commune de Cabourg*, Rec. 300, concl. Lasvignes ; RFDA 1994.728, concl. ; AJ 1994.560, chr. Maugüé et Touvet ; LPA 20 janv. 1995, note Clément).

C. — La composition des juridictions doit être régulière.

5 Toute décision de justice doit faire par elle-même la preuve de sa régularité et comporter la mention du nom des juges qui ont siégé (CE, Ass., 23 janv. 1948, *Bech*, Rec. 33).

Si le secrétaire de la juridiction peut assister au délibéré, il n'a pas le droit d'y participer (CE, Sect., 15 oct. 1954, *Société financière de France*, Rec. 536 ; AJ 1954.II.461, concl. Laurent, note J.L. ; AJ 1954.II *bis*.14, chr. Long). Les membres de la juridiction doivent être effectivement présents pendant toute la durée des séances au cours desquelles est examiné le litige (CE, Sect., 13 janv. 1933, *Saussié*, Rec. 48).

6 L'exigence d'*impartialité* est inhérente à l'activité juridictionnelle. Pour le Conseil d'État, il s'agit là d'une règle générale que l'art. 6 de la Convention européenne des droits de l'Homme s'est borné à rappeler (CE 7 janv. 1998, *Trany*, Rec. 1 ; AJ 1998.445, concl. Schwartz ; v. nos obs. sous CE 3 déc. 1999, *Didier**).

Il est des cas où l'application de la règle ne souffre pas de difficulté. Ainsi l'auteur de la décision contestée devant le juge ne peut siéger au sein de la juridiction qui examine l'affaire (CE, Sect., 2 mars 1973, *Delle Arbousset*, Rec. 190 ; RD publ. 1973.1066, concl. Braibant).

Plus délicate est la situation née de l'exercice successif au sein d'une même institution de fonctions différentes. Dans un premier temps, le Conseil d'État avait admis, en dépit de conclusions contraires du commissaire du gouvernement, qu'un président de tribunal administratif ayant précédemment donné un avis sur une décision administrative puisse siéger lors de l'audience au cours de laquelle la juridiction dont il est membre délibère sur la légalité de cette décision (CE, Sect., 25 janv. 1980, *Gadiaga*, Rec. 44, concl. Rougevin-Baville ; AJ 1980.283, chr. Robineau et Feffer ; D. 1980.270, note Peiser ; RA 1980.609, note Bienvenu et Rials).

Cette solution n'a pas été réaffirmée par la suite dans la mesure où elle apparaît incompatible avec les règles posées par la Cour européenne des droits de l'Homme au regard de l'exigence d'impartialité des juridictions telle qu'elle peut être appréhendée subjectivement par un justiciable et dont il a été fait application d'abord au Conseil d'État du Luxembourg (CEDH 28 sept. 1995, *Procola* ; D. 1996.301, note Benoît-Rohmer ; RFDA 1996.777, note Autin et Sudre ; RTDH 1996.271, note Spielmann) ensuite au Conseil d'État des Pays-Bas (CEDH 6 mai 2003, *Kleyn* ; AJ 2003.1490, note F. Rolin ; LPA 2 mars 2004, note de Benardinis), puis au Conseil d'État français (CEDH 9 nov. 2006, *Sacilor-Lormines* ; DA 2007, n° 12 ; JCP Adm. 2007.2002, note Szymczak ; RFDA 2007.342, note Autin et Sudre ; JDI 2007.704, note S. T ; AIDH 2008.652, note Prévédourou ; GADLF, n° 60). À la suite de cet arrêt, tant les textes (note du vice-président du Conseil d'État du 14 déc. 2006, décret du 6 mars 2008) que la jurisprudence (CE 11 juill. 2007, *Union syndicale des magistrats administratifs et Ligue des droits de l'Homme*, Rec. 638, AJ 2007.2212, note Gründler) ont rendu obligatoire la pratique consistant pour un membre du Conseil ayant connu au sein d'une formation administrative d'une question à s'abstenir de siéger ultérieurement au contentieux dans un litige portant sur la même question. Cette pratique a été approuvée par la Cour européenne des droits de l'Homme (CEDH 30 juin 2009, *Union fédérale des consommateurs « Que choisir » de Côte d'Or*, RFDA 2009.885, note Pacteau).

Dans le même esprit, le Conseil d'État a appliqué de façon stricte le principe d'impartialité à l'égard des juridictions financières. Il a ainsi exigé que dans son rapport annuel la Cour des comptes ne préjuge pas de la responsabilité encourue par des comptables de fait, ce qui a des incidences, non seulement sur la composition de la juridiction des comptes (CE, Ass., 23 févr. 2000, *Société Labor Métal*, Rec. 83, concl. Seban ; RFDA 2000.435, concl. ; AJ 2000.464, chr. Guyomar et Collin ; RD publ. 2000.323, note Prétot ; RA 2001.30, note Haudry), mais aussi sur celle de la Cour de discipline budgétaire et financière en raison de la présence en son sein de membres de la Cour des comptes (CE, Ass., 4 juill. 2003, *Dubreuil*, Rec. 313, concl. Guyomar ; RFDA 2003.713, concl. ; AJ 2003.1596, chr. Donnat et Casas ; RD publ. 2004.369, comm. Guettier).

Plus délicate encore est la mise en œuvre du principe d'impartialité lorsqu'un même magistrat est conduit à connaître d'un litige à des titres différents. Pour le Conseil d'État « eu égard à la nature de l'office... attribué au magistrat appelé à statuer sur une *demande d'aide juridictionnelle*... la circonstance que le même magistrat se trouve ultérieurement amené à se prononcer sur la requête pour la présentation de laquelle l'aide juridictionnelle avait été sollicitée est par elle-même, sans incidence sur la régularité de la décision juridictionnelle statuant sur cette requête » (CE, Sect., 12 mai 2004, *Hakkar*, Rec. 224 ; RFDA 2004.713, concl. de Silva ; AJ 2004.1354, chr. Landais et Lenica ; RD publ. 2005.543, note Guettier ; D. 2005.1182, comm. Cassia ; GACA, nº 5). Une solution identique a été adoptée pour un magistrat ayant eu à connaître d'une demande de référé-suspension d'une décision puis d'un recours au fond contre cette décision pour autant qu'il n'ait pas statué au-delà de ce qu'implique l'office normal du juge des référés en préjugeant le fond (CE Sect., avis, 12 mai 2004, *Commune de Rogerville*, Rec. 223 ; RFDA 2004.723, concl. Glaser ; AJ 2004.1354, ch. Landais et Lenica ; D. 2005.1252, art. Cassia ; LPA 18 oct. 2004, note F. Melleray ; RD publ. 2005.547, note Guettier ; DA oct. 2004, nº 151, obs. E.G. ; GACA, nº 5), le respect de cette exigence peut conduire à des appréciations parfois délicates (*cf.* concl. Domino sur CE 30 janv. 2017, *Colombo*, Rec. 655)

La circonstance que le même juge des référés avait rejeté une demande d'un agent public de référé-liberté visant la décision le suspendant à titre conservatoire, ne fait pas obstacle, par elle-même, à ce qu'il statue ultérieurement sur une demande de référé-suspension de la décision infligeant à cet agent une sanction disciplinaire à raison des mêmes faits (CE 13 mars 2019, *Mme Pouliquen*, Rec. 916).

Le Conseil d'État a admis également que le principe d'impartialité n'était pas méconnu du fait qu'un juge puisse siéger en la même qualité pour connaître de la même affaire (CE, Sect., 11 févr. 2005, *Commune de Meudon*, Rec. 55 ; RFDA 2005.760, concl. de Silva ; AJ 2005.660, chr. Landais et Lenica ; JCP 2005.II.10044 et JCP Adm. 2005.1163, note Le Goff ; LPA 10 oct. 2005, obs. F. Melleray ; RD publ. 2006.509, note Guettier).

En sens inverse, il a été jugé qu'était contraire au principe d'impartialité le fait pour un magistrat administratif de participer au jugement d'un recours en rectification d'erreur matérielle dirigé contre une décision juridictionnelle à laquelle il a participé (CE 22 juin 2005, *M. et Mme Hespel*, Rec. 248 ; RFDA 2006.58, concl. Glaser, note Pouyaud ; CE 23 déc. 2020, *M. A*, nº 431505 ; AJ 2021.622, note Yolka).

7 Plus généralement la combinaison des fonctions d'instruction et de jugement, non seulement du rapporteur, mais d'un organisme dans son ensemble, peut introduire un doute sur son impartialité lorsque la première fonction peut paraître prédéterminer la solution de la seconde. Si une commission d'instruction n'a pour tâche que d'établir un rapport consistant en un simple exposé des faits, sans pouvoir ni classer l'affaire ni modifier le champ de la saisine de la juridiction, ses membres peuvent participer à la formation de jugement (CE 6 déc. 2012, *Association des topographes géomètres et techniciens d'études*, Rec. 558). En revanche, comme c'était le cas au sein de l'ancienne Commission bancaire, l'absence de séparation entre les fonctions de poursuite et les fonctions de jugement méconnaissait le principe d'impartialité (CC *n° 2011-200 QPC, 2 déc. 2011, Banque populaire Côte d'Azur*, Rec. 559 ; AJ 2012.578, obs. Lombard ; Constitutions 2012.337, obs. Le Bot). Il en a été de même au sein de l'Autorité de régulation des communications électroniques et des postes (CC *n° 2013-331 QPC, 5 juill. 2013, Société Numericable SAS et autre*, Rec. 876 ; AJ 2013.1955, note Lombard ; Constitutions 2013.437, obs. Le Bot ; RFDA 2013.1262, note Roblot-Troizier ; RFDC 2014.169, note Oudoul ; RJEP mai 2014.28, note Pauliat) ou de l'Agence française de lutte contre le dopage (CC *2 févr. 2018, n° 2017-688 QPC*, AJ 2018.251).

8 ***D.*** — Les jugements doivent être motivés (CE, Ass., 23 déc. 1959, *Gliksmann*, Rec. 708 ; S. 1961.38, concl. Mayras ; D. 1961.256, note Jeanneau).

La prétérition d'un moyen peut donner lieu à un recours en rectification d'erreur matérielle (CE, Sect., 29 mars 2000, *Groupement d'intérêt économique du Groupe Victoire*, Rec. 144 ; AJ 2000.419, chr. Guyomar et Collin).

III. — Les « règles générales de procédure » applicables même sans texte aux juridictions ont été à l'origine d'une double évolution.

9 ***A.*** — D'une part, elles ont favorisé la reconnaissance dans le domaine des procédures administratives, du principe des droits de la défense, qui est le pendant du principe du contradictoire.

La jurisprudence a fait dans cette voie un progrès décisif lorsque le Conseil d'État a érigé le respect des droits de la défense en principe général du droit, applicable même en l'absence de texte le consacrant expressément. Peu importe que la décision soit administrative ou juridictionnelle, qu'elle concerne ou non un fonctionnaire, dès lors qu'elle porte atteinte à une situation individuelle et qu'elle revêt le caractère d'une sanction, l'autorité qui la prend doit respecter les droits de la défense (v. nos obs. sous CE, Sect., 5 mai 1944, *Dame Vve Trompier-Gravier**).

10 ***B.*** — D'autre part, les règles posées par la jurisprudence du Conseil d'État ont favorisé la consécration par le Conseil constitutionnel, au rang de principes de valeur constitutionnelle, tant du principe du respect des droits de la défense (*n° 76-70 DC, 2 déc. 1976,* Rec. *39* ; RD publ. 1978.817, comm. Favoreu), que du principe du contradictoire, considéré comme le corollaire du précédent (*n° 89-268 DC, 29 déc. 1989*, cons. 58, Rec. 110 ; RFDA 1990.143, note Genevois).

26

RECOURS POUR EXCÈS DE POUVOIR CONTRÔLE DE LA QUALIFICATION JURIDIQUE DES FAITS

Conseil d'État, 4 avril 1914, *Gomel*
(Rec. 488 ; S. 1917.3.25, note Hauriou ; S. Moutouallaguin, « Le centenaire de l'arrêt *Gomel* », DA juin 2015. Étude 8)

Cons. qu'aux termes de l'art. 3 du décret du 26 mars 1852, « tout constructeur de maisons, avant de se mettre à l'œuvre, devra demander l'alignement et le nivellement de la voie publique au-devant de son terrain et s'y conformer » ; que l'art. 4 du même décret, modifié par l'art. 118 de la loi du 13 juill. 1911, porte : « Il devra pareillement adresser à l'administration un plan et des coupes cotées des constructions qu'il projette, et se soumettre aux prescriptions qui lui seront faites dans l'intérêt de la sûreté publique, de la salubrité ainsi que de la conservation des perspectives monumentales et des sites, sauf recours au Conseil d'État par la voie contentieuse » ;

Cons. que ce dernier article ainsi complété par la loi du 13 juill. 1911 a eu pour but de conférer au préfet le droit de refuser, par voie de décision individuelle, le permis de construire, au cas où le projet présenté porterait atteinte à une perspective monumentale ; que les seules restrictions apportées au pouvoir du préfet, dont la loi n'a pas subordonné l'exercice à un classement préalable des perspectives monumentales, sont celles qui résultent de la nécessité de concilier la conservation desdites perspectives avec le respect dû au droit de propriété :

Mais cons. qu'il appartient au Conseil d'État de vérifier si l'emplacement de la construction projetée est compris dans une perspective monumentale existante et, dans le cas de l'affirmative, si cette construction, telle qu'elle est proposée, serait de nature à y porter atteinte ;

Cons. que la place Beauvau ne saurait être regardée dans son ensemble comme formant une perspective monumentale ; qu'ainsi, en refusant par la décision attaquée au requérant l'autorisation de construire, le préfet de la Seine a fait une fausse application de l'art. 118 de la loi précitée du 13 juill. 1911 ; ... (Annulation).

OBSERVATIONS

L'arrêt Gomel, *en reconnaissant le contrôle de la qualification juridique des faits par le juge de l'excès de pouvoir, renforce à la fois les* *pouvoirs du juge et les exigences de la légalité, qui s'approfondiront spécialement avec l'arrêt* Ville nouvelle Est*.

1 L'article 118 de la loi du 13 juill. 1911 conférait au préfet le droit de refuser le permis de construire au cas où le projet présenté porterait atteinte à une perspective monumentale. Le sieur Gomel, s'étant vu refuser, en application de ce texte, un permis de construire place Beauvau à Paris, attaqua ce refus par la voie du recours pour excès de pouvoir.

Le Conseil d'État décide à cette occasion qu'il lui appartient « de vérifier si l'emplacement de la construction projetée est compris dans une perspective monumentale existante, et, dans le cas de l'affirmative, si cette construction, telle qu'elle est proposée, serait de nature à y porter atteinte ». Il se reconnaît ainsi le pouvoir de contrôler deux appréciations : la première concerne le caractère de perspective monumentale, la seconde, l'atteinte portée à cette perspective par le projet de construction. En l'espèce, le Conseil d'État ayant considéré que « la place ne saurait être regardée dans son ensemble comme une perspective monumentale », il n'était pas nécessaire d'examiner si le projet du requérant y portait atteinte : la première constatation suffisait pour annuler le refus de permis de construire comme non fondé en droit.

Le Conseil d'État a ainsi étendu son contrôle de l'excès de pouvoir en acceptant d'examiner des questions relatives à des faits. Jusqu'alors il ne l'avait admis que dans des cas exceptionnels (*cf.* CE 13 mai 1910, *Dessay*, Rec. 405 ; RD publ. 1911.286, note Jèze). Certains auteurs manifestaient le souhait que la Haute assemblée étende son contrôle du fait, par la démarche qui l'avait amenée quelques décennies auparavant à inclure le détournement de pouvoir parmi les moyens d'annulation des actes administratifs (CE 26 nov. 1875, *Pariset**). Le Conseil d'État s'est effectivement engagé dans cette voie par l'arrêt *Gomel,* qui constitue le point de départ de l'abondante jurisprudence relative au contrôle, par le juge de l'excès de pouvoir, de la *qualification juridique* des faits. Elle permet de déterminer *en quoi il consiste* (I) et *jusqu'où il s'étend* (II).

2 **I.** — Le contrôle de la qualification juridique des faits porte sur la question de savoir *si les faits*, tels qu'ils existent, *présentent les caractéristiques permettant de prendre la décision*, s'ils sont « de nature à » justifier celle-ci.

Il ne s'agit donc pas d'examiner si les faits invoqués par l'administration existent. Cette question ne concerne que l'exactitude matérielle des faits : le Conseil d'État acceptera de la contrôler près de deux ans plus tard, par l'arrêt *Camino** du 14 janv. 1916.

Il s'agit de reconnaître aux faits en cause une qualification. Celle-ci relève d'une appréciation qui, *a priori*, paraît appartenir à l'administration elle-même, et non pas à son juge. Placée en présence de circonstances données, l'administration doit déterminer si elles justifient l'adoption de l'acte qu'elle a reçu le pouvoir de prendre. Ses pouvoirs lui sont accordés pour faire face, non pas à n'importe quelle circonstance, mais à celles qui correspondent à une notion juridique. Ce n'est plus une question de fait, c'est une question de droit, sur laquelle a prise le contrôle du juge. Elle est liée aux *textes* définissant les pouvoirs de l'administration (A), parfois *précisés par le juge lui-même* (B).

3 *A.* — Chaque fois qu'*un texte* subordonne l'exercice d'un pouvoir de l'administration à des données de fait d'une certaine qualification, le juge de l'excès de pouvoir vérifie si ces conditions sont effectivement remplies, et notamment si des faits présentent un caractère de nature à justifier la décision prise.

Dans le prolongement de l'arrêt *Gomel,* le Conseil d'État examine ainsi si un monument (CE 29 juill. 2002, *Caisse d'allocations familiales de Paris*, Rec. 301 ; LPA 2003, n° 28, concl. Maugüé ; AJ 2002.1023, note Frier) ou un site (CE, Ass., 16 déc. 2005, *Groupement forestier des ventes de Nonant*, Rec. 583 ; AJ 2006.320, concl. Aguila ; RD publ. 2006.505, comm. Guettier ; RRJ 2007.327, note Ballandras-Rozet) présente les caractéristiques justifiant son « classement », en totalité ou en partie, et si les constructions projetées sont de nature à lui porter atteinte (CE 29 janv. 1971, *SCI « La Charmille de Montsoult »*, Rec. 87 ; AJ 1971.234, concl. Gentot ; – Sect., 11 janv. 1978, *Association pour la défense et l'aménagement d'Auxerre*, Rec. 4 ; JCP 1979.II.19033, concl. Genevois ; – Ass., 3 mars 1993, *Ministre de l'équipement, du logement et des transports c. commune de Saint-Germain-en-Laye*, Rec. 60 ; CJEG 1993.360, concl. Sanson ; AJ 1993.340, chr. Maugüé et Touvet ; RFDA 1994.310, note Morand-Deviller). En particulier (CE 19 juin 2015, *Société Grands magasins de la Samaritaine-Maison Ernest Cognacq, Ville de Paris*, Rec. 911 ; RFDA 2015.805, concl. Domino, note Priet ; RDI 2015.435, note Decout-Paolini), « *si, dans sa partie bordée d'arcades, la rue de Rivoli présente une unité architecturale de caractère particulier, il n'en va pas de même de la partie dans laquelle se situe le projet litigieux* » (restructuration de la Samaritaine) ; celui-ci peut s'insérer dans le tissu urbain existant. L'autorité administrative devant apprécier un projet au regard de l'intérêt public, au point de vue de l'histoire ou de l'art, le juge de l'excès de pouvoir qualifie exactement les faits en considérant que le classement de la place Vendôme à Paris avait pour objet de préserver son emplacement telle qu'elle avait été conçue par J.-H. Mansart et qu'un projet d'aménagement d'un immeuble de la place y portait atteinte (CE 5 oct. 2018, *Société Edilys*, Rec. 365 ; BJCL 2018.890, concl. Decout-Paolini ; AJ 2019.184, note Tarlet ; RDI 2018.619, note Decout-Paolini).

La répression administrative est un des domaines d'élection du contrôle de la qualification juridique des faits car, pour qu'une sanction puisse être infligée, il faut qu'ait été commise une faute, c'est-à-dire des faits pouvant « légalement motiver l'application des sanctions prévues » par les textes (CE 14 janv. 1916, *Camino** ; – 13 mars 1953, *Teissier** et, parmi une jurisprudence très abondante, CE, Sect., 18 mai 1973, *Massot*, Rec. 360 ; AJ 1973.353, chr. Léger et Boyon ; D. 1974.482, note Blumann ; 18 juill. 2018, *Ministre de l'éducation nationale c. Thibon*, Rec. 748 ; AJ 2018.1979, note Orizet ; – à propos de l'épuration administrative à la Libération : CE, Ass., 26 oct. 1945, *Aramu*, Rec. 213 ; v. n° 50.2).

C'est encore en fonction des formules contenues dans les textes à appliquer que le juge vérifie la représentativité d'une organisation syndicale (CE, Ass., 21 janv. 1977, *CFDT et CGT*, Rec. 39, concl. Denoix de Saint Marc ; AJ 1977.256, chr. Nauwelaers et Fabius ; – Ass., 5 nov. 2004, *Union nationale des syndicats autonomes*, Rec. 420 ; RFDA 2005.400, concl. Stahl ; AJ 2004.2391, chr. Landais et Lenica), le caractère licencieux ou pornographique d'une publication (CE 5 déc. 1956, *Thibault*, Rec. 463 ; D. 1957.20, concl. Mosset ; AJ 1957.II.94, chr. Fournier et Braibant), d'un film (CE, Sect., 30 juin 2000, *Association Promouvoir, M. et Mme Mazaudier*, Rec. 265, concl. Honorat ; v. n° 71.9), le caractère politique d'une demande d'extradition (CE, Ass., 24 juin 1977, *Astudillo Calleja*, Rec. 290 ; v. n° 3.10), la nature d'une opération pouvant justifier la création d'une zone d'aménagement concerté (CE, Sect., 28 juill. 1993, *Commune de Chamonix-Mont-Blanc*, Rec. 251 ; RD publ. 1993.1452, concl. Lasvignes ; AJ 1993.688, chr. Maugüé et Touvet), les critères d'attribution d'une autorisation à une chaîne de radio (CE, Sect., 13 déc. 2002, *Société Radio MonteCarlo*, Rec. 451 ; AJ 2003.135, concl. Chauvaux), l'intérêt légitime qui conditionne une demande de changement de nom (CE 31 janv. 2014, *Retterer*, Rec. 11, concl. Domino ; RFDA 2014.387, concl. ; AJ 2014.444, chr. Bretonneau et Lessi).

4 ***B.*** — Les textes sont parfois très généraux ou très vagues sur les caractères que doivent présenter certaines circonstances pour justifier une décision. Le Conseil d'État les précise lui-même et, ce faisant, peut examiner si les conditions ainsi posées sont satisfaites.

En matière de police, il dit en quoi consiste « le bon ordre, la sûreté, la sécurité et la salubrité publiques » que la loi municipale charge le maire d'assurer (v. CE 27 oct. 1995, *Commune de Morsang-sur-Orge** et nos obs.) et il contrôle si les atteintes à l'ordre public que celui-ci cherche à empêcher sont suffisantes pour justifier les restrictions à l'exercice des activités en cause (CE 19 mai 1933, *Benjamin** ; – 22 juin 1951, *Daudignac**).

L'expropriation peut seulement être réalisée pour une cause d'utilité publique qu'il revient à l'administration de déclarer, sans que les dispositions applicables précisent sa consistance ; le Conseil d'État examine l'appréciation faite par l'administration de cette utilité en évaluant le bilan des avantages et des inconvénients (CE 28 mai 1971, *Ville Nouvelle Est** et nos obs.).

Les textes sont parfois muets sur les motifs justifiant l'exercice des pouvoirs qu'ils attribuent à l'administration. Le juge comble ce silence par ses propres affirmations qui servent d'appui à son contrôle.

Ainsi, comme le souligne M. Massot dans ses conclusions sur l'arrêt CE, Ass., 8 avr. 1987, *Ministre de l'intérieur et de la décentralisation c. Peltier*, Rec. 128, « la vérité est bien que ce n'est que dans (la) jurisprudence que l'on trouve exprimée l'idée selon laquelle le passeport peut être refusé lorsque le déplacement à l'étranger est de nature à compromettre la sûreté publique… Le critère est purement jurisprudentiel ». Si les motifs invoqués pour refuser la délivrance d'un passeport ne correspondent pas à ce critère, le refus est annulé (même arrêt). De même le Conseil d'État, après avoir reconnu le pouvoir d'un gouvernement démissionnaire d'expédier les affaires courantes, examine si les décisions prises par un tel gouvernement entrent dans cette catégorie (CE, Ass., 4 avr. 1952, *Syndicat régional des quotidiens d'Algérie*, Rec. 210 ; Gaz. Pal. 1952.1.261, concl. J. Delvolvé ; S. 1952.3.49, concl. ; JCP 1952.II.7138, note Vedel ; RD publ. 1952.1029, note M. Waline ; GCJA, vol. 2, n° 19).

5 Il n'est parfois même pas nécessaire au juge d'exprimer les motifs permettant la mise en œuvre d'un texte. Il passe directement à l'appréciation des faits pour dire s'ils étaient de nature à justifier l'acte attaqué. Le contrôle des refus d'admission à concourir en est un bon exemple. Le Conseil d'État examine si le comportement antérieur d'un candidat était vraiment incompatible avec les fonctions qu'il postule (CE 18 mars 1983, *Mulsant*, Rec. 125 ; – Sect., 10 juin 1983, *Raoult*, Rec. 251 ; AJ 1983.527, chr. Lasserre et Delarue, et 552, concl. M. Laroque ; RA 1983.370, note Pacteau ; RD publ. 1983.1404, note J. Waline : dans le premier cas, « en estimant que la participation du requérant, plusieurs années avant le dépôt de sa candidature, à des manifestations d'étudiants de caractère véhément mais qui n'étaient accompagnées d'aucune violence, révélait l'inaptitude de l'intéressé à exercer les fonctions judiciaires avec la réserve et la pondération qui s'imposent aux magistrats, le garde des Sceaux, ministre de la justice, a fondé sa décision sur des faits qui n'étaient pas de nature à la justifier » ; dans le second cas au contraire, le garde des Sceaux avait fondé sa décision sur des faits de nature à la justifier, en prenant en considération la participation du requérant, pendant son service national, à la rédaction et à la diffusion parmi les jeunes appelés d'un journal d'un comité de soldats, dont certains passages étaient particulièrement violents).

Ainsi le contrôle de la qualification juridique des faits peut aboutir à substituer l'appréciation du juge à celle de l'administration.

6 **II.** — Il n'en comporte pas moins *des degrés* qui nuancent sa rigueur.

1°) Il est entendu tout d'abord que le contrôle de la qualification juridique des faits, même lorsqu'il s'exerce, ne peut jamais porter sur l'opportunité de l'acte. Le Conseil d'État devait le souligner moins de deux ans plus tard dans l'arrêt *Camino** du 14 janv. 1916. La formule reste toujours vraie (*cf.* nos obs. sous cet arrêt). Mais le contrôle de la qualification juridique des faits a pour conséquence de déplacer les frontières de l'opportunité et de la légalité. En disant qu'une mesure n'est légale que si les faits qui en sont le fondement présentent certaines caractéristiques et en examinant celles-ci, le juge fait entrer dans la légalité des considérations qui auraient pu ne relever que de l'opportunité.

7 *2°)* Certaines matières ont pu à une certaine époque ou peuvent encore, au moins dans certains cas, ne pas donner prise au contrôle de la qualification juridique des faits. Le juge refuse alors de s'immiscer dans les appréciations de l'administration et d'examiner si les faits qu'elle a considérés sont de nature à justifier sa décision. Cette réserve s'est manifestée en particulier dans trois domaines et y a été progressivement levée.

Le premier est celui de *la technique*. Le juge ne s'estime pas armé pour contrôler certaines appréciations de l'administration à ce sujet (CE, Ass., 27 avr. 1951, *Toni*, Rec. 236, à propos du caractère toxique d'un produit). Mais il peut en contrôler d'autres (CE 15 mai 2009, *Société France conditionnement*, Rec. 199 ; RJEP déc. 2009.27, concl. Burguburu ; AJ 2009.1668, note Markus ; D. 2009.2466, note Thirion : des substances ayant une toxicité faible et leurs effets toxiques en association avec d'autres produits étant rares, leur interdiction générale est une mesure excessive et disproportionnée).

Le deuxième domaine était traditionnellement qualifié de « *haute police* » : il couvrait essentiellement la police des étrangers (CE, Ass., 21 janv. 1977, *Ministre de l'intérieur c. Dridi*, Rec. 38 ; v. n° 78.10, à propos d'expulsions ; – Ass., 16 nov. 1956, *Villa*, Rec. 433, à propos de la délivrance de la carte de commerçant étranger ; – Sect., 22 avr. 1955, *Association franco-russe dite Rousky-Dom*, Rec. 202, RA 1955.404, concl. Heumann ; Rev. crit. DIP 1957.34, note A. de Laubadère, à propos du refus ou du retrait de l'autorisation d'une association étrangère). Mais le Conseil d'État a étendu son contrôle normal à certains aspects de la police des étrangers, d'abord pour les ressortissants d'un État de la Communauté européenne (24 oct. 1990, *Ragusi*, Rec. 290 ; AJ 1991.322, concl. Abraham) puis pour ceux de tout pays (CE, Ass., 19 avr. 1991, *Belgacem* et *Mme Babas*, Rec. 152, concl. Abraham ; v. n° 78.10), en ce qui concerne notamment les refus de titre de séjour (CE, Sect., 17 oct. 2003, *Bouhsane*, Rec. 413 ; AJ 2003.2025, chr. Donnat et Casas ; JCP Adm. 2003.1998, note Tchen) et les décisions d'expulsion (CE 12 févr. 2014, *Ministre de l'intérieur c. Diarra Barane*, Rec. 30). Aujourd'hui le juge administratif exerce un entier contrôle sur les mesures prises en état d'urgence (CE, Ass., avis, 6 juill. 2016, *Napol et autres**).

En troisième lieu, le juge ne contrôle pas les appréciations des *jurys* d'examen ou de concours sur la valeur des candidats et de leurs prestations (CE 20 mars 1987, *Gambus*, Rec. 100 ; AJ 1987.550, obs. Prétot ; 26 sept. 2018, *Mme Joublot*, Rec. 709 ; v. n° 27.3) ni celles des arbitres et juges de compétition en matière sportive (CE, Sect., 25 janv. 1991, *Vigier*, Rec. 29 ; AJ 1991.389, concl. Leroy ; v. n° 86.3). Pour la nomination d'un professeur, il ne contrôle pas l'appréciation des mérites d'un candidat, mais l'appréciation de l'adéquation d'une candidature au poste à pourvoir donne lieu à un contrôle de l'erreur manifeste (CE 9 févr. 2011, *Piazza*, Rec. 956).

8 *3°)* Lorsqu'il limite encore son contrôle, le Conseil d'État réserve en effet dans la plupart des cas le contrôle de l'erreur manifeste d'appréciation.

C'est dans le domaine de la fonction publique que semble être situé le point de départ de cette jurisprudence. Revenant sur une solution antérieure (CE, Ass., 27 avr. 1951, *Mélamède*, Rec. 226, concl. J. Delvolvé ; D. 1953.453, note P.L.J.), le Conseil d'État marque par une décision *Denizet* (13 nov. 1953, Rec. 489) sa volonté de fixer une limite au pouvoir d'appréciation de l'administration. C'est d'ailleurs dans le contentieux des équivalences d'emplois qu'on trouve le premier arrêt contenant le terme « manifeste » à propos du contrôle juridictionnel de ce pouvoir (CE, Sect., 15 févr. 1961, *Lagrange*, Rec. 121 ; AJ 1961.200, chr. Galabert et Gentot) et la première annulation d'une décision administrative pour erreur manifeste (CE 9 mai 1962, *Commune de Montfermeil*, Rec. 304). Aujourd'hui la censure de l'erreur manifeste d'appréciation peut s'exercer à l'égard de nominations au tour extérieur (CE 23 déc. 2011, *Syndicat parisien des administrations centrales, économiques et financières*, Rec. 655 ; AJ 2012.607, note Dord ; JCP Adm. 2012.2052, note Jean-Pierre ; RFDA 2012.115, note Pacteau).

La notion d'erreur manifeste a presque simultanément été introduite dans le contentieux du remembrement rural (CE 13 juill. 1961, *Demoiselle Achart*, Rec. 476). Le Conseil d'État annule pour erreur manifeste d'appréciation la décision d'une commission départementale méconnaissant l'exigence posée à l'art. 19 du Code rural aux termes duquel « le nouveau lotissement doit rapprocher des bâtiments d'exploitation les terres qui constituent l'exploitation rurale » (CE 22 juill. 1966, *Consorts Quittat*, Rec. 867) ou la règle de l'équivalence entre apports et attributions (CE, Sect., 6 nov. 1970, *Guyé*, Rec. 652 ; RD publ. 1971.517, concl. Baudouin, note M. Waline ; AJ 1971.33, chr. Labetoulle et Cabanes).

Le contrôle de l'erreur manifeste s'est étendu progressivement. Le Conseil d'État a ainsi estimé qu'en accordant un permis de construire pour un « immeuble barre » à proximité d'une plage naturelle, un préfet avait commis une erreur manifeste d'appréciation du caractère des lieux avoisinants (CE, Ass., 29 mars 1968, *Société du lotissement de la plage de Pampelonne*, Rec. 211, concl. Vught ; AJ 1968.335, chr. Massot et Dewost). Dans des domaines d'une technicité d'ordre économique et financier, il exerce un contrôle de l'erreur manifeste qui l'a conduit à juger « manifestement inférieurs au niveau auquel ils auraient dû être fixés » certains tarifs d'électricité (CE 1er juill. 2010, *Société Poweo*, Rec. 229 ; RJEP oct. 2010, p. 36, concl. Collin ; JCP Adm. 2010.2321, note Idoux), et à l'inverse, non manifestement sous-évaluée la redevance exigée d'un opérateur de télécommunication (CE 12 oct. 2010, *Société Bouygues Télécom*, Rec. 378 ; v. nº 90.7).

Plus généralement, la limitation du contrôle du juge à celui de l'erreur manifeste s'explique par le pouvoir discrétionnaire reconnu à différentes autorités dans l'exercice de certaines fonctions (par ex. le gouvernement pour le choix du nom d'une région : CE, Ass., 19 juill. 2017, *Association citoyenne Pour Occitanie Pays Catalan et autres*, Rec. 233, concl. Daumas ; JCP Adm. 2017.2228 et BJCL 2017.585, concl. ; AJ 2017.1662, chr. Odinet et Roussel ; DA 2017 comm. 49 Éveillard ; JCP G 2017.942, note Testard – ou pour l'appréciation du risque de développer une forme grave d'infection au virus de la Covid-19 : CE

18 déc. 2020, *Berruyer et Ligue nationale contre l'obésité*, Rec. 948 ; le ministre de l'éducation nationale pour le choix de programmes d'histoire : CE 4 juill. 2018, *Association pour la neutralité de l'enseignement de l'histoire turque dans les programmes scolaires*, Rec. 305 ; AJ 2018.1894, chr. Nicolas et Faure ; l'Autorité de contrôle prudentiel et de résolution pour la désignation d'un administrateur provisoire dans une banque : CE 25 mars 2021, *Société Interhold*, n° 438669). Cette réserve s'explique particulièrement vis-à-vis du Conseil supérieur de la magistrature, dont le rôle s'exerce à l'égard des magistrats judiciaires : (CE, Ass., 8 juin 2016, *Prats*, Rec. 236, concl. von Coester, v. n° 61.3, à propos d'un avis négatif – véritable décision administrative – formulé au sujet de la candidature d'un magistrat à un poste).

Il reste encore quelques domaines où le juge administratif répugne à contrôler même l'erreur manifeste : par exemple appréciation de la valeur des épreuves des candidats par les jurys d'examen ou de concours (CE 20 mars 1987, *Gambus*, préc.) ; appréciation des mérites d'un postulant à la Légion d'honneur (CE 10 déc. 1986, *Lorédon*, Rec. 516 ; AJ 1987.91, chr. Azibert et de Boisdeffre).

9 *4°)* Le contrôle de la qualification est souvent appelé contrôle normal. Il peut lui-même comporter deux niveaux.

Tantôt le juge contrôle si les faits retenus par l'administration étaient de nature à justifier une décision, sans examiner pour autant le contenu de celle-ci. Il contrôle les motifs, non le dispositif.

Par exemple, si le juge contrôle la représentativité des organisations syndicales, nécessaire pour qu'elles puissent être désignées dans certains organismes, il laisse au gouvernement le soin d'en choisir une parmi celles qui répondent aux critères de représentativité (CE 11 avr. 1986, *Fédération générale agroalimentaire*, Rec. 92 ; AJ 1987.91, chr. Azibert et de Boisdeffre), et, s'il en choisit plusieurs, le soin d'attribuer à chacune le nombre des sièges qui lui paraît adéquat (CE 11 avr. 1986, *Confédération française de l'encadrement CGC*, Rec. 675).

Tantôt, dans d'autres matières, le contrôle porte non seulement sur les motifs mais aussi sur le dispositif. La qualification des faits est alors examinée pour savoir s'ils permettaient à l'administration d'adopter non seulement *une* décision, mais *la* décision même qu'elle a prise. Elle concerne, au-delà des raisons de l'acte, son contenu. C'est le cas par exemple en matière de police (CE 19 mai 1933, *Benjamin**), de sanctions administratives (par exemple celles qu'inflige la Commission nationale de l'informatique et des libertés : CE 28 sept. 2016, *Théâtre national de Bretagne*, Rec. 398 ; AJDA 2016.2150, chr. L. Dutheillet de Lamothe et Odinet), ou encore de déchéance de nationalité (CE 8 juin 2016, *Turk*, Rec. 231 ; AJ 2016.1758, concl. Domino ; RFDA 2016.1188, note Lepoutre).

10 *5°)* Un pas supplémentaire a été franchi depuis que le juge examine si les mesures sont prises « de manière adéquate ou proportionnée » (CE, Ass., 26 oct. 2011, *Association pour la promotion de l'image et autres*, Rec. 506 ; AJ 2012.35, chr. Guyomar et Domino : à propos des passeports biométriques) ou encore si elles sont « adaptées, nécessaires et proportionnées » (CE, Ass., 21 déc. 2012, *Société Groupe Canal Plus et Société Vivendi Universal*, deux arrêts, Rec. 430 ; v. n° 90.5 : à propos du contrôle de la concentration), formules qui s'inspirent de la jurisprudence de la Cour de justice de l'Union européenne et du Conseil constitutionnel et que l'on retrouve dans celle de la Cour de cassation (par ex. Civ. 1re 7 nov. 2018, n° 17-25.938).

6°) Deux contentieux illustrent particulièrement à la fois l'évolution et l'étendue du contrôle du juge.

Le premier est celui du contrôle des publications étrangères. La matière a relevé longtemps de la « haute police », soustraite au contrôle de qualification. Avant l'arrêt du Conseil d'État (Ass.) du 2 nov. 1973, *SA Librairie Maspero* (Rec. 611 ; AJ 1973.577, chr. Franc et Boyon ; JCP 1974.II.17642, concl. Braibant, note R. Drago ; D. 1974.432, note Pellet ; Gaz. Pal. 1974.100, note Pacteau), le Conseil d'État se contentait de vérifier si les motifs retenus par l'autorité administrative n'étaient pas étrangers au champ d'application des textes (CE 19 févr. 1958, *Société « Les éditions de la Terre de Feu »*, Rec. 114). En 1973, comme le conseillait le commissaire du gouvernement Braibant, le moment était venu « d'aller au-delà de cette jurisprudence traditionnelle ». Cela n'implique pas que le juge doive substituer son appréciation à celle de l'autorité administrative lorsque celle-ci dispose d'un pouvoir discrétionnaire étendu ; mais, dans ce cas, le contrôle juridictionnel représente une garantie contre les débordements de pouvoir qui tentent l'administration. M. Braibant le soulignait dans ses conclusions : « le pouvoir discrétionnaire comporte le droit de se tromper, mais non celui de commettre une erreur manifeste, c'est-à-dire à la fois apparente et grave ». En l'espèce, contrairement au commissaire du gouvernement, le Conseil d'État a estimé que le ministre de l'intérieur n'avait pas commis une telle erreur. En revanche, le Conseil d'État a considéré qu'était entachée d'erreur manifeste d'appréciation l'interdiction par le ministre de l'intérieur, pour des motifs d'ordre public, de la circulation, de la distribution et de la mise en vente de la sélection, éditée par une société belge, de la publication allemande « Signal », diffusée en France de 1940 à 1944 (CE 17 avr. 1985, *Ministre de l'intérieur et de la décentralisation c. Société « Les éditions des Archers »*, Rec. 100 ; RD publ. 1985.1363, concl. Stirn ; AJ 1985.508, obs. Richer).

Pour tenir compte notamment de la jurisprudence de la Cour européenne des droits de l'Homme (CE, Sect., 9 juill. 1997, *Association Ekin*, Rec. 300 ; RFDA 1997.1284, concl. Denis-Linton, note Pacteau ; AJ 1998.374, note Verdier ; D. 1998.317, note Dreyer ; RD publ. 1998.539, notes Wachsmann et Rabiller ; LPA 14 nov. 1997, note Tamion ; RUDH 1997.169, chr. Rouget), le Conseil d'État est finalement passé en cette matière du contrôle de l'erreur manifeste au contrôle de la qualification.

11 Le second contentieux typique est le contentieux disciplinaire.

Il existe d'abord un socle commun : celui du contrôle de la matérialité des faits (le comportement imputé à l'intéressé existe-t-il ?) (CE 14 janv. 1916, *Camino**) et celui du contrôle de leur qualification (ce comportement constitue-t-il une faute de nature à justifier une sanction ?). À partir de là se pose la question du choix de la sanction dans l'échelle prévue par les textes.

Le Conseil d'État a d'abord exercé son contrôle sur l'erreur manifeste (Sect., 9 juin 1978, *Lebon*, Rec. 245 ; AJ 1978.573, concl. Genevois ; D. 1978. IR. 361, obs. P. Delvolvé ; D. 1979.30, note Pacteau ; JCP 1979.II.19159, note Rials ; RA 1978.634, note Moderne ; Dr. soc. 1979.275, note Sinay ; Gaz. Pal. 1979.2.530, note RD publ. 1979.227, note J.-M. Auby), que la sanction soit trop faible (CE 7 avr. 2010, *Assistance publique – Hôpitaux de Paris*, Rec. 826 ; AJ 2010.2329, note Bonnefort) ou trop sévère. Une formule plus rigoureuse que celle de l'erreur manifeste et qui révèle, sinon un contrôle de proportionnalité, du moins un contrôle de disproportionnalité a conduit à censurer « *une sanction manifestement disproportionnée* » (12 janv. 2011, *Matelly*, Rec. 3 ; AJ 2011.623, note E. Aubin ; AJFP 2011.108, note Piednoir : radiation des cadres d'un officier de gendarmerie pour les propos qu'il avait tenus sur le rattachement de ce corps au ministère de l'intérieur, sanction la plus lourde parmi celles que l'autorité disciplinaire pouvait choisir ; pour une sanction non disproportionnée infligée à un officier général ayant participé à une manifestation interdite et y ayant pris la parole pour critiquer de manière virulente l'action des pouvoirs publics : CE 22 sept. 2017, *Piquemal*, Rec. 467 ; AJ 2018.229, note Charruau).

Le pas du contrôle de proportionnalité a été franchi pour des agents publics dont le statut est protecteur. Cela a d'abord été le cas pour les magistrats (CE 27 mai 2009, *Hontang*, Rec. 207 ; Gaz. Pal. 2009, n° 172, p. 6, concl. Guyomar ; DA 2009, n° 104, note F. Melleray), puis, dans un autre domaine, pour les maires (CE 2 mars 2010, *Dalongeville*, Rec. 65 ; AJ 2010.664, chr. Liéber et Botteghi ; JCP Adm. 2010.2281, note Dubreuil : révocation d'un maire pour une gestion financière particulièrement négligée).

Finalement, par l'arrêt *Dahan* du 13 nov. 2013 (Rec. 279 ; RFDA 2013.1175, concl. Keller ; AJ 2013.2432, chr. Bretonneau et Lessi ; DA 20 févr. 2014.30, note Duranthon), le Conseil d'État (Ass.) a considéré que désormais, non seulement « *il appartient au juge de l'excès de pouvoir... de rechercher si les faits reprochés à un agent public ayant fait l'objet d'une sanction disciplinaire constituent des fautes de nature à justifier une sanction* », mais aussi « *si la sanction retenue est proportionnée à la gravité de ces fautes* ». Il a étendu ce contrôle aux sanctions disciplinaires infligées aux détenus (CE 1er juin 2015, *Boromée*, Rec. 185, concl. Bretonneau ; AJ 2015.1596, concl. ; DA 2015, comm. 68, Éveillard ; RFDA 2016.1212, note Pollet-Panoussis).

Ainsi le contrôle de la qualification juridique des faits, qui n'est ni général ni uniforme, peut évoluer.

Il est sans doute le meilleur exemple d'une politique jurisprudentielle cherchant des solutions « adaptées aux possibilités du juge et à ce que lui paraissent être les besoins du moment » (R. Odent).

27

RECOURS POUR EXCÈS DE POUVOIR CONTRÔLE DE L'EXACTITUDE MATÉRIELLE DES FAITS

Conseil d'État, 14 janvier 1916, *Camino*
(Rec. 15 ; RD publ. 1917.463, concl. Corneille, note Jèze ; S. 1922.3.10, concl. ; GCJA, vol. 1, n° 57, concl.)

Cons. que les deux requêtes susvisées présentent à juger la même question ; qu'il y a lieu, dès lors, de les joindre pour y statuer par une seule décision ;

Cons. qu'aux termes de la loi du 8 juill. 1908 relative à la procédure de suspension et de révocation des maires « les arrêtés de suspension et les décrets de révocation doivent être motivés » ;

Cons. que si le Conseil d'État ne peut apprécier l'opportunité des mesures qui lui sont déférées par la voie du recours pour excès de pouvoir, il lui appartient, d'une part, de vérifier la matérialité des faits qui ont motivé ces mesures, et, d'autre part, dans le cas où lesdits faits sont établis, de rechercher s'ils pouvaient légalement motiver l'application des sanctions prévues par la disposition précitée ;

Cons. que l'arrêté et le décret attaqués sont fondés sur deux motifs qui doivent être examinés séparément ;

Cons., d'une part, que le motif tiré de ce que le maire d'Hendaye aurait méconnu les obligations qui lui sont imposées par la loi du 5 avr. 1884, en ne veillant pas à la décence d'un convoi funèbre auquel il assistait, repose sur des faits et des allégations dont les pièces versées au dossier établissent l'inexactitude ;

Cons., d'autre part, que le motif tiré de prétendues vexations exercées par le requérant, à l'égard d'une ambulance privée, dite ambulance de la plage, relève de faits qui, outre qu'ils sont incomplètement établis, ne constitueraient pas des fautes commises par le requérant dans l'exercice de ses attributions et qui ne seraient pas, par eux-mêmes, de nature à rendre impossible le maintien du sieur Camino à la tête de l'administration municipale ; que, de tout ce qui précède, il résulte que l'arrêté et le décret attaqués sont entachés d'excès de pouvoir ; ... (Annulation).

OBSERVATIONS

L'arrêt Camino, *en faisant de l'erreur de fait un motif d'illégalité, accentue les liens entre fait et légalité déjà établis par l'arrêt* Gomel*.

1 Le docteur Camino, maire d'Hendaye, avait été suspendu par arrêté préfectoral, puis révoqué par décret, d'une part pour ne pas avoir veillé à la décence d'un convoi funèbre auquel il assistait – on lui reprochait d'avoir fait introduire un cercueil par une brèche ouverte dans le mur d'enceinte du cimetière et d'avoir fait creuser une fosse insuffisante, pour marquer son mépris à l'égard du défunt –, d'autre part pour avoir exercé certaines vexations à l'égard d'une ambulance privée. Sur recours de l'intéressé, le Conseil d'État annule la suspension et la révocation, le premier grief étant matériellement inexact, le second reposant sur des faits qui ne constituent pas une faute disciplinaire.

Déjà dans l'arrêt *Gomel** du 4 avr. 1914, le Conseil d'État avait admis d'examiner si les faits, dont l'existence n'était pas contestée, étaient de nature à justifier l'acte attaqué. En l'espèce, il avait répondu par la négative.

L'arrêt *Camino* ne fait, sur ce point, que reprendre la solution de l'arrêt *Gomel** : il appartient au Conseil d'État, « dans le cas où les faits sont établis, de rechercher s'ils pouvaient légalement motiver l'application des sanctions prévues » par la loi. Il s'agit de dire si les faits constituent une faute. Il y a là une des illustrations les plus classiques du contrôle de la qualification juridique des faits (v. nos obs. sous l'arrêt *Gomel**).

L'arrêt *Camino* marque un *nouveau progrès du contrôle* du juge de l'excès de pouvoir, passant de celui de la qualification juridique des faits à celui de *leur existence matérielle* (I), tout en excluant celui de *l'opportunité* (II).

2 **I.** — La nouveauté de l'arrêt *Camino* tient au contrôle de *l'exactitude matérielle des faits* : il appartient au Conseil d'État « de vérifier la matérialité des faits qui ont motivé (les) mesures » qui lui sont déférées. Ainsi s'étend *l'objet du contrôle* du juge de l'excès de pouvoir (A), pour lequel des *moyens de contrôle* (B) doivent être mis en œuvre.

A. — S'agissant de ce nouvel *objet de contrôle*, on peut être surpris qu'il ne soit apparu en jurisprudence qu'après la qualification juridique des faits. Car il est *a priori* plus facile de censurer un acte fondé sur un fait qui ne s'est pas produit que de l'annuler pour un fait qui, bien réel, ne présente pas les caractéristiques nécessaires. Dans le second cas, il faut émettre une appréciation qui peut comporter une part de subjectivité ; dans le premier cas, il faut examiner objectivement l'existence du fait.

Si la jurisprudence a pendant longtemps considéré que, « même en la tenant pour établie », l'erreur de fait « ne saurait constituer un excès de pouvoir » (CE 18 mars 1910, *Hubersen*, Rec. 259), c'est parce qu'elle considérait d'une part que l'administration était seule compétente pour examiner la matérialité des faits, le juge n'ayant pas à se substituer à elle dans cet examen, d'autre part, que la légalité englobait exclusivement des questions de droit, dans lesquelles l'existence des faits n'a aucun rôle.

Cette position devait tomber devant une double observation. Tout d'abord la compétence de l'administration n'exclut pas celle du juge.

Ensuite, et surtout, les questions de fait ne sont pas extérieures à celles de droit : si une décision ne peut être juridiquement fondée que sur un fait, l'absence de ce fait empêche cette décision de correspondre au droit. C'est ce qui justifie que, pour statuer en droit, le juge de l'excès de pouvoir examine le fait.

Dans l'affaire *Camino*, les textes favorisaient un tel examen, puisqu'ils imposaient la motivation par l'administration des arrêtés de suspension et décrets de révocation des maires.

Le Conseil d'État devait étendre le principe dégagé par l'arrêt *Camino* à toute décision, indépendamment de toute obligation de la motiver, et quelle que soit l'étendue des pouvoirs de son auteur.

Quelques années plus tard, il annula comme fondée sur un fait inexact, et par suite sur une « cause juridique inexistante », une décision mettant un préfet en congé « sur sa demande », alors que l'intéressé n'avait présenté, en fait, aucune demande (20 janv. 1922, *Trépont*, Rec. 65 ; RD publ. 1922.81, concl. Rivet, note Jèze ; D. 1924.3.36, note R.M.). La solution est d'autant plus remarquable qu'elle concernait une décision prise dans l'exercice d'un pouvoir discrétionnaire du gouvernement. Mais si, en cas de pouvoir discrétionnaire, l'administration est libre de prendre la décision qui lui paraît convenable en face de circonstances de fait, elle n'est pas libre, même dans l'exercice d'un tel pouvoir, de se fonder sur des faits qui n'existent pas.

3 Le contrôle de l'exactitude matérielle des faits constitue ainsi, avec celui de l'erreur de droit, de l'erreur manifeste d'appréciation (sauf exception) et du détournement de pouvoir, le contrôle minimum qu'exerce le juge de l'excès de pouvoir, même à l'égard des actes pour lesquels l'administration détient un pouvoir discrétionnaire (par ex. CE 4 févr. 1981, *Konaté*, D. 1981.353, note Pacteau : annulation d'un arrêté d'expulsion d'un étranger en raison de violences dont la matérialité n'est pas corroborée par les pièces du dossier ; – Sect., 27 avr. 1988, *Société Revlon*, Rec. 169 ; AJ 1988.543, concl. Van Ruymbeke ; RDSS 1988.637, note Prétot : annulation, comme fondées sur des faits inexacts, d'attestations de licenciement pour motif économique, alors que les intéressés avaient été licenciés pour faute grave ; – 7 avr. 1993, *Ville de la Courneuve*, Rec. 100 : annulation de la décision délimitant des secteurs d'évaluation pour la détermination des bases des impôts locaux, reposant « sur des faits matériellement inexacts ayant conduit à une surévaluation de la valeur vénale moyenne (des) terrains à bâtir »). En particulier, il appartient au juge administratif, saisi d'un recours en annulation d'une sanction, d'apprécier lui-même la matérialité des manquements reprochés à l'intéressé qui fondent la sanction, même si certains aspects de l'affaire donnent lieu à un contentieux devant les tribunaux judiciaires (CE 16 mars 2015, *Ministre des affaires sociales et de la santé c. Hôpital privé de l'Estuaire*, Rec. 882 ; RDSS 2015.517, concl. Decout-Paolini) ; « s'il n'appartient pas au juge administratif de contrôler l'appréciation portée par un jury de concours sur la prestation d'un candidat, il lui appartient, en revanche, de vérifier… dans le choix du sujet d'une épreuve… que ce choix n'est entaché d'aucune erreur matérielle… » (CE 26 sept. 2018, *Mme Joublot*, Rec. 709 ; JCP Adm. 2018.2302, concl. Dieu).

4 ***B.*** — L'arrêt *Camino*, en admettant le contrôle de l'exactitude matérielle des faits, aborde la question de ses *moyens*, et, plus précisément, de la *preuve*.

Il considère que « les pièces versées au dossier établissent l'inexactitude » des faits et allégations sur lesquels repose un motif invoqué par l'administration et que l'autre motif « relève de faits qui… sont incomplètement établis ». Ainsi il admet déjà, non seulement que la preuve ressort des pièces du dossier, mais aussi que la charge de la preuve peut être transférée du demandeur sur l'administration défenderesse. Cet aspect de l'arrêt n'a peut-être pas été assez souligné. Pourtant il contient en germe toute la jurisprudence ultérieure favorisant la tâche du requérant dans l'établissement de la preuve, et qui devait aboutir aux arrêts *Barel** du 28 mai 1954, *Société « Maison Genestal »* du 26 janv. 1968 (Rec. 62, concl. Bertrand ; v. n° 63.6) et *Mme Perreux** du 30 oct. 2009. Sans aller jusqu'à exiger la production par l'administration de tous les documents susceptibles d'établir la conviction du juge *(Barel*)*, ni des raisons de fait ou de droit de sa décision *(Maison Genestal)*, ni des éléments de fait « permettant d'établir que la décision attaquée repose sur des éléments objectifs étrangers à toute discrimination » *(Mme Perreux*)*, il admet déjà que l'administration doit établir la réalité des faits sur lesquels elle s'est fondée.

Le Conseil d'État a pu exiger d'elle qu'elle apporte « la preuve qui lui incombe de l'exactitude matérielle des faits » (CE 3 févr. 1965, *Saboureau*, Rec. 64) ou au moins un commencement de preuve (CE 14 janv. 1948, *Canavaggia*, Rec. 18), ou encore que les pièces du dossier corroborent la matérialité des faits allégués (CE 4 févr. 1981, *Konaté*, préc.).

Ainsi l'arrêt *Camino* a contribué à développer doublement le contrôle du juge de l'excès de pouvoir sur les faits.

5 **II.** — Il n'en marque pas moins les limites : « le Conseil d'État *ne peut apprécier l'opportunité* des mesures qui lui sont déférées par la voie du recours pour excès de pouvoir ».

La formule est toujours d'actualité, quels qu'aient été les progrès du contrôle juridictionnel depuis lors : l'opportunité d'un acte demeure extérieure à sa légalité, donc échappe au contrôle juridictionnel.

La jurisprudence plus récente fait écho à l'arrêt *Camino* : à propos d'une route, « il n'appartient pas au Conseil d'État statuant au contentieux d'apprécier l'opportunité du tracé choisi » (CE, Ass., 20 oct. 1972, *Société civile Sainte-Marie de l'Assomption*, Rec. 657, concl. Morisot ; v. n° 77.5) ; pour décider le transfert d'un chef-lieu de département, « le gouvernement s'est livré à une appréciation d'opportunité qui n'est pas susceptible d'être discutée devant le Conseil d'État statuant au contentieux » (CE, Ass., 26 nov. 1976, *Soldani*, Rec. 508 ; AJ 1977.26, chr. Fabius et Nauwelaers et 33, concl. M.A. Latournerie) ; en s'abstenant de modifier les limites régionales, il « s'est livré à une appréciation d'opportunité qui n'est pas susceptible d'être discutée au contentieux » (CE 9 nov. 1984, *Association Bretagne Europe*, Rec. 354 ; JCP 1985.II.20501, note C.S.) ; « il n'appartient pas au Conseil d'État d'apprécier l'opportunité du choix du concessionnaire fait par le gouvernement » (CE 17 déc. 1986, *Société Hit TV, Syndicat de l'Armagnac et des vins du Gers*, Rec. 676 ; RFDA 1987.19, concl. Fornacciari) ; en prenant la décision de faire publier un rapport parlementaire, le Premier ministre s'est livré à une appréciation d'opportunité qui n'est pas susceptible d'être discutée devant le juge de l'excès de pouvoir (CE, Sect., 21 oct. 1988, *Église de scientologie de Paris*, Rec. 354, concl. Van Ruymbeke ; AJ 1988.719, chr. Azibert et de Boisdeffre).

Le contrôle du juge de l'excès de pouvoir sur les faits a pu s'approfondir par la voie du contrôle de la qualification et du contrôle de l'erreur manifeste (v. nos obs. sous l'arrêt *Gomel**). Les frontières de l'opportunité et de la légalité ont pu se déplacer par l'intégration dans la seconde d'éléments qui pouvaient relever antérieurement de la première. Le principe de l'arrêt *Camino* n'en est pas moins demeuré intangible : l'appréciation de l'opportunité échappe au contrôle du juge de l'excès de pouvoir.

6 Elle peut également échapper à l'administration ; par voie de conséquence, le contrôle du juge peut se trouver lui-même limité.

L'hypothèse se rencontre lorsque l'administration est tenue, en présence de circonstances de fait, de prendre une décision donnée sans avoir à apprécier les faits : elle a compétence liée. Dans ce cas, les illégalités dont l'acte pourrait être entaché à d'autres égards sont sans portée : les moyens s'y rapportant sont inopérants. C'est ce qu'a jugé notamment le Conseil d'État (Sect.) dans l'arrêt du 3 févr. 1999, *Montaignac* (Rec. 7 ; AJ 1999.567, chr. Raynaud et Fombeur) à propos d'un arrêté municipal ordonnant la suppression d'un panneau publicitaire.

Dans ce cas, le juge vérifie l'exactitude des faits sur lesquels s'est fondé l'auteur de l'acte ; s'ils sont exacts, l'obligation dans laquelle les textes mettent l'administration de prendre l'acte conduit le juge à ne pas examiner les autres aspects de la légalité.

Ce résultat pourrait paraître paradoxal : le contrôle de l'exactitude matérielle des faits, qui constitue un progrès avec l'arrêt *Camino*, conduit à limiter le contrôle de légalité.

Cela ne se produit qu'à une double condition. La première tient à la formulation d'un texte imposant à l'administration d'agir, la seconde au lien que ce texte établit entre la seule existence d'un fait et la décision qu'il commande. Lorsque l'administration doit apprécier les faits en cause, le juge peut contrôler non seulement leur exactitude selon la jurisprudence *Camino* et leur qualification juridique selon la jurisprudence *Gomel**, mais encore tous les autres chefs d'illégalité : le contrôle de légalité peut s'exercer dans toute sa plénitude.

28

CONTRATS ADMINISTRATIFS IMPRÉVISION

Conseil d'État, 30 mars 1916, *Compagnie générale d'éclairage de Bordeaux*
(Rec. 125, concl. Chardenet ; D. 1916.3.25, concl. ; RD publ. 1916.206 et 388, concl., note Jèze ; S. 1916.3.17, concl., note Hauriou ; GCJA, vol. 1, n° 58, concl.)

Sur les fins de non-recevoir opposées par la ville de Bordeaux :

Cons. que les conclusions de la Compagnie requérante tendaient devant le conseil de préfecture, comme elles tendent devant le Conseil d'État, à faire condamner la ville de Bordeaux à supporter l'aggravation des charges résultant de la hausse du prix du charbon ; que, dès lors, s'agissant d'une difficulté relative à l'exécution du contrat, c'est à bon droit que par application de la loi du 28 pluv. an VIII, la Compagnie requérante a porté ces conclusions en première instance devant le conseil de préfecture et en appel devant le Conseil d'État ;

Au fond : Cons. qu'en principe le contrat de concession règle d'une façon définitive, jusqu'à son expiration, les obligations respectives du concessionnaire et du concédant ; que le concessionnaire est tenu d'exécuter le service prévu dans les conditions précisées au traité et se trouve rémunéré par la perception sur les usagers des taxes qui y sont stipulées ; que la variation du prix des matières premières à raison des circonstances économiques constitue un aléa du marché qui peut, suivant le cas, être favorable ou défavorable au concessionnaire et demeure à ses risques et périls, chaque partie étant réputée avoir tenu compte de cet aléa dans les calculs et prévisions qu'elle a faits avant de s'engager ;

Mais cons. que, par suite de l'occupation par l'ennemi de la plus grande partie des régions productrices de charbon dans l'Europe continentale, de la difficulté de plus en plus considérable des transports par mer à raison tant de la réquisition des navires que du caractère et de la durée de la guerre maritime, la hausse survenue au cours de la guerre actuelle, dans le prix du charbon, qui est la matière première de la fabrication du gaz, s'est trouvée atteindre une proportion telle que non seulement elle a un caractère exceptionnel dans le sens habituellement donné à ce terme, mais qu'elle entraîne dans le coût de la fabrication du gaz une augmentation qui, dans une mesure déjouant tous les calculs, dépasse certainement les limites extrêmes des majorations ayant pu être envisagées par les parties lors de la passation du contrat de concession ; que, par suite du concours des circonstances ci-dessus indiquées, l'économie du contrat se trouve absolument bouleversée ; que la Compagnie est donc fondée à soutenir qu'elle ne peut être tenue d'assurer, aux seules conditions prévues à l'origine, le fonctionnement du service tant que durera la situation anormale ci-dessus rappelée ;

Cons. qu'il résulte de ce qui précède que, si c'est à tort que la Compagnie prétend ne pouvoir être tenue de supporter aucune augmentation du prix du charbon au-delà de 28 F la tonne, ce chiffre ayant, d'après elle, été envisagé comme correspondant au prix maximum du gaz prévu au marché, il serait tout à fait excessif d'admettre qu'il y a lieu à l'application pure et simple du cahier des charges comme si l'on se trouvait en présence d'un aléa ordinaire de l'entreprise ; qu'il importe, au contraire, de rechercher, pour mettre fin à des difficultés temporaires, une solution qui tient compte tout à la fois de l'intérêt général, lequel exige la continuation du service par la Compagnie à l'aide de tous ses moyens de production, et des conditions spéciales qui ne permettent pas au contrat de recevoir son application normale ; qu'à cet effet, il convient de décider, d'une part, que la Compagnie est tenue d'assurer le service concédé et, d'autre part, qu'elle doit supporter seulement, au cours de cette période transitoire, la part des conséquences onéreuses de la situation de force majeure ci-dessus rappelée que l'interprétation raisonnable du contrat permet de laisser à sa charge ; qu'il y a lieu, en conséquence, en annulant l'arrêté attaqué, de renvoyer les parties devant le conseil de préfecture auquel il appartiendra, si elles ne parviennent pas à se mettre d'accord sur les conditions spéciales dans lesquelles la Compagnie pourra continuer le service, de déterminer, en tenant compte de tous les faits de la cause, le montant de l'indemnité à laquelle la Compagnie a droit à raison des circonstances extra-contractuelles dans lesquelles elle aura à assurer le service pendant la période envisagée ; ... (Annulation ; renvoi de la Compagnie générale d'éclairage de Bordeaux et de la ville de Bordeaux devant le conseil de préfecture pour être procédé, si elles ne s'entendent pas amiablement sur les conditions spéciales auxquelles la Compagnie continuera son service, à la fixation de l'indemnité à laquelle la Compagnie a droit à raison des circonstances extra-contractuelles dans lesquelles elle aura dû assurer le service concédé).

OBSERVATIONS

*Le régime de droit public que commande la qualification de contrat administratif n'impose pas seulement des contraintes au cocontractant d'une personne publique, telle la modification unilatérale du contrat par celle-ci (*Compagnie générale française des tramways**), mais aussi des avantages, telle l'application de la théorie de l'imprévision.*

1 La Compagnie générale d'éclairage de Bordeaux avait actionné la ville devant le conseil de préfecture de la Gironde afin de faire juger que le prix du gaz fixé par le contrat de concession devait être relevé, ainsi que pour obtenir une indemnité réparant la perte que lui avait fait subir la hausse du prix du charbon, matière première de la fabrication du gaz. La tonne de charbon était en effet passée de 35 F en janv. 1915 à 117 F en mars 1916 du fait des circonstances de la guerre (occupation par l'ennemi des grandes régions productrices de charbon sur le continent et difficultés des transports maritimes).

Après avoir défini les caractères essentiels du contrat de concession – « *contrat qui charge un particulier ou une société d'exécuter un ouvrage public ou d'assurer un service public, à ses frais, avec ou sans subvention, avec ou sans garantie d'intérêt, et qui l'en rémunère en lui confiant l'exploitation de l'ouvrage public ou l'exécution du service public avec le droit de percevoir des redevances sur les usagers de l'ouvrage public ou sur ceux qui bénéficient du service public* » – le commissaire du gouvernement Chardenet rappela les nombreuses décisions rendues en matière de travaux publics lorsque les entrepreneurs avaient rencontré des terrains d'une nature tout à fait imprévue, et notamment l'arrêt du 3 févr. 1905, *Ville de Paris c. Michon*, Rec. 105 (l'entrepreneur qui avait rencontré des nappes d'eau exceptionnellement importantes et auquel l'administration avait prescrit la pose de plus de douze kilomètres de drains, était fondé à réclamer une indemnité pour l'aggravation des sujétions initialement prévues). Le commissaire du gouvernement proposa d'appliquer les mêmes principes lorsqu'un concessionnaire est victime d'une hausse exceptionnelle et imprévisible des prix : « *On se trouve en présence de charges dues à des événements que les parties contractantes ne pouvaient prévoir, et qui sont telles que, temporairement, le contrat ne peut plus être exécuté dans les conditions où il est intervenu. Le service public n'en doit pas moins être assuré – l'intérêt général l'exige – et le contrat doit subsister. La puissance publique, le concédant, aura à supporter les charges que nécessite le fonctionnement du service public et qui excèdent le maximum de ce que l'on pouvait admettre comme prévision possible et raisonnable par une saine interprétation du contrat* ». L'arrêt a été rendu en ce sens.

Il rappelle d'abord qu'en principe le contrat de concession règle de manière définitive les obligations des parties jusqu'à son expiration et que la variation du prix des matières premières n'est que l'un des aléas du contrat. Mais, confrontant ensuite la hausse prévisible du charbon – matière première de la fabrication du gaz – au moment de la signature du contrat (23-28 F) avec la hausse réelle (23-116 F), il constate que l'augmentation a déjoué les prévisions des parties par son ampleur et qu'il n'y a pas lieu d'appliquer purement et simplement le cahier des charges comme si l'aléa était ordinaire. Il donne alors une solution tenant compte « à la fois de l'intérêt général, lequel exige la continuation du service par la Compagnie à l'aide de tous ses moyens de production, et des conditions spéciales qui ne permettent pas au contrat de recevoir son application normale » : la Compagnie devra assurer le service, mais ne supportera que la part de déficit laissée à sa charge par l'interprétation raisonnable du contrat : la ville lui versera une indemnité d'imprévision couvrant le reste du déficit. À défaut d'accord entre les parties, l'indemnité sera fixée par le juge.

Depuis lors, la jurisprudence a eu l'occasion d'appliquer la théorie de l'imprévision en précisant ses *conditions* (I) et ses *conséquences* (II). Elle a incité les parties à aménager les clauses des contrats (III).

2 **I.** — Les conditions d'application de la théorie de l'imprévision tiennent à la nature des contrats conclus par l'administration (A), aux événements qui surviennent (B), au bouleversement qu'ils entraînent (C).

A. — La théorie de l'imprévision ne s'applique qu'aux *contrats administratifs*, mais s'étend à tous ces contrats.

Son exclusion pour les contrats de droit commun conclus par l'administration tenait simplement à ce que leur contentieux appartient aux tribunaux judiciaires, qui ont toujours refusé d'admettre cette théorie. Les nouvelles dispositions de l'art. 1195 du Code civil, résultant de l'ordonnance du 10 févr. 2016 portant réforme du droit des contrats, vont atténuer cette opposition.

Parmi les contrats administratifs, la concession est le domaine principal de la théorie de l'imprévision. Celle-ci peut s'appliquer à d'autres contrats, comme les marchés de transport (CE 21 juill. 1917, *Compagnie générale des automobiles postales*, Rec. 586), de travaux publics (CE 30 oct. 1925, *Mas-Gayet*, Rec. 836), de fournitures (CE 8 févr. 1918, *Gaz de Poissy*, Rec. 122, concl. Corneille ; RD publ. 1918.237, concl.), ainsi que les contrats d'occupation du domaine public dans la mesure où l'occupant est chargé d'un service public (CAA Douai 12 déc. 2020, *Société Terminal Normandie MSC*, RDI 2021.160, obs. N. F.) ; mais elle ne peut jouer pour les marchés à livraison unique, comportant un bref délai d'exécution (CE 3 déc. 1920, *Fromassol*, Rec. 1036 ; RD publ. 1921.81, concl. Corneille), faute d'accomplissement des autres conditions de la théorie.

3 ***B.*** — Les *événements* affectant l'exécution du contrat doivent être imprévisibles et extérieurs aux parties.

Ont d'abord été retenues les circonstances d'ordre économique (hausse des prix du charbon dans l'affaire du *Gaz de Bordeaux*), puis des phénomènes naturels (CE, Sect., 21 avr. 1944, *Compagnie française des câbles télégraphiques*, Rec. 119), enfin les mesures prises par les pouvoirs publics (CE 4 mai 1949, *Ville de Toulon*, Rec. 197 ; – 15 juill. 1949, *Ville d'Elbeuf*, Rec. 359 ; D. 1950.60, note Blaevoet ; S. 1950.3.61, note Mestre).

Ces événements doivent déjouer toutes les prévisions qu'avaient raisonnablement pu faire les parties lors de la conclusion du contrat. C'est la raison pour laquelle la théorie de l'imprévision ne peut jouer lorsque les délais d'exécution sont brefs (CE 3 déc. 1920, *Fromassol*, préc.), lorsque la hausse des prix n'a pas dépassé la hausse due aux variations saisonnières (CE 1er févr. 1939, *Leostic*, Rec. 53), lorsqu'à l'époque à laquelle a été conclu le marché, la variation des prix était prévisible (CE 10 févr. 1943, *Aurran*, Rec. 36 ; TA Nice 20 oct. 2006, *Société Eurovia Méditerranée, Société Appia Var Alpes c. Préfet du Var*, AJ 2007.424, concl. Dieu, à propos du prix du pétrole), lorsque dès la conclusion de la convention, la cause de bouleversement du contrat pouvait être prévue (CE, Sect., 23 janv. 1959, *Commune d'Huez*, Rec. 67 ; AJ 1959.165, concl. Braibant : la désaffection des skieurs pour le remonte-pente reliant Huez et l'Alpe n'était pas imprévisible, du fait du meilleur équipement hôtelier et de la situation plus favorable de la station de l'Alpe), lorsque la clause de variation des prix a pu normalement jouer (CE 19 févr. 1992, *SA Dragages et travaux publics c. Escota*, Rec. 1109 ; D. 1992.SC.411, obs. Terneyre), ou encore lorsque les déficits d'exploitation étaient « largement la conséquence de l'état de fragilité financière initiale de la société, qui n'était ni imprévisible ni extérieure à l'action du cocontractant » (CE 21 oct. 2019, *Société Alliance*, Rec. 828 ; AJ 2020.796, note Dubreuil ; CMP 2020, comm. 13 Eckert ; DA 2020, comm. 11 Fournoux ; JCP Adm. 2020.2147, note Dubreuil).

Mais une indemnité d'imprévision peut être accordée si les parties n'ont pu prévoir les conséquences financières d'un événement par lui-même prévisible ou d'une situation déjà existante à la date du contrat (CE 22 févr. 1963, *Ville d'Avignon*, Rec. 115 ; AJ 1963.210, chr. Gentot et Fourré ; RD publ. 1963.575, note M. Waline).

L'événement doit être étranger aux parties contractantes. Si la perte subie par l'entrepreneur est due au fait de l'administration contractante, c'est la jurisprudence du « fait du prince » qui s'applique ; si elle est due à une faute commise par le cocontractant lui-même, il n'a droit à aucune indemnité (CE 29 avr. 1949, *Ministre de la guerre*, Rec. 191).

4 *C.* — Enfin l'événement doit entraîner un *bouleversement de l'économie du contrat.*

Il ne met pas obstacle à l'exécution du contrat. Dans ce cas il serait irrésistible : combiné avec ses caractères d'imprévisibilité et d'extériorité, il constituerait un cas de force majeure, exonérant le cocontractant de ses obligations (CE 9 janv. 1909, *Compagnie des messageries maritimes*, Rec. 111, concl. Tardieu ; D. 1910.3.89, concl.) mais n'entraînerait pas l'application de la théorie de l'imprévision.

Le bouleversement de l'économie du contrat comporte deux éléments. Le premier est le dépassement du prix-limite que les parties avaient pu envisager au sujet de l'évolution des coûts, voire des recettes de l'exploitation (CE, Sect., 3 janv. 1936, *Commune de Tursac*, Rec. 5) : cette condition rejoint celle d'imprévisibilité déjà évoquée. En second lieu, l'exécution du contrat doit comporter un déficit réellement important, et non un simple manque à gagner : ainsi l'augmentation de diverses charges sociales spécifiques à la Martinique représentant une charge supplémentaire de l'ordre de 2 % du montant définitif d'un marché ne « saurait être regardée comme ayant entraîné un bouleversement de l'équilibre financier du marché » (CE 2 juill. 1982, *Société routière Colas*, Rec. 261). La notion de déficit important est appréciée par le juge eu égard à l'ensemble des circonstances de la cause : le fait que la société ait pu distribuer des dividendes à ses actionnaires n'exclut pas nécessairement l'octroi d'une indemnité d'imprévision (CE 22 févr. 1963, *Ville d'Avignon*, préc.) car les dividendes peuvent être puisés dans des réserves constituées lors d'exercices bénéficiaires antérieurs à la période d'imprévision.

5 **II.** — Les conséquences de la théorie de l'imprévision sont liées à son fondement : la nécessité d'assurer la continuité du service public. Pour pouvoir l'assurer (A), le cocontractant a droit à une aide (B), qui doit rester provisoire (C).

A. — Le cocontractant doit *poursuivre l'exécution de son contrat*, quelles que soient les difficultés financières qu'il rencontre. L'imprévision n'étant pas un cas de force majeure, le cocontractant ne peut s'en prévaloir pour interrompre ses prestations. S'il le fait, il commet une faute justifiant des sanctions et il se prive du bénéfice de la théorie de l'imprévision (CE, Sect., 5 nov. 1982, *Société Propetrol*, Rec. 381 ; AJ 1983.259, concl. Labetoulle ; D. 1983.245, note Dubois ; JCP 1984.II.20168, note Paillet).

6 ***B.*** — En contrepartie, le cocontractant a droit à une *aide de l'administration.* Dans l'arrêt *Gaz de Bordeaux,* le Conseil d'État invite les parties « à se mettre d'accord sur les conditions spéciales dans lesquelles la Compagnie pourra continuer le service ». Un nouveau contrat peut être conclu, mais l'administration n'y est pas tenue (CE, Sect., 5 nov. 1982, *Société Propetrol*, préc.). À défaut d'entente entre les parties sur les modalités du concours apporté par l'une à l'autre, et notamment sur le montant de l'indemnité d'imprévision accordée au cocontractant, c'est au juge qu'il appartient de la fixer.

Il se détermine en fonction de plusieurs éléments :

1°) il recherche à *partir de quelle date* le contractant a droit à une indemnité ; il détermine, d'après les rapports d'expertise, les prix contractuels au regard de la situation existant au moment du contrat et apprécie les variations de prix qu'avaient pu prévoir les parties ;

2°) il calcule la *charge extra-contractuelle*, c'est-à-dire le montant du déficit d'exploitation qui est la conséquence directe de l'événement imprévisible indépendant de l'action du cocontractant (CE 21 oct. 2019, *Société Alliance*, préc.) – ce qui n'empêche pas de considérer l'indemnité d'imprévision comme relevant de la responsabilité contractuelle (CE 11 juill. 2014, *Burnet*, Rec. 741) ;

3°) il évalue le *montant de l'indemnité.* Pour l'établir, le juge tient compte de la situation financière de l'entreprise, des bénéfices réalisés dans le passé et des avantages escomptés pour l'avenir, du caractère plus ou moins précaire de l'exploitation, de la diligence apportée par le contractant pour surmonter les difficultés (*cf.* CE, Sect., 21 avr. 1944, *Compagnie française des câbles télégraphiques*, préc.) et, plus généralement, « de la charge contractuelle que l'interprétation raisonnable du contrat permet de faire supporter » au cocontractant (CE 21 oct. 2019, *Société Alliance*, préc.).

L'indemnité peut être accordée même si le contrat a pris fin. Cette solution pourrait surprendre au regard du principe de continuité du service public qui fonde la théorie de l'imprévision : si le contrat a pris fin, il n'y a plus matière à permettre au cocontractant d'assurer le service. Cette vue trop simpliste méconnaît la réalité : la perspective d'obtenir une indemnité contribue à inciter le cocontractant à poursuivre l'exécution du contrat ; ses diligences doivent être compensées, pour ne pas dire récompensées, rétrospectivement. C'est pourquoi le Conseil d'État accorde l'indemnité d'imprévision, même si elle est demandée après l'arrivée du terme du contrat (CE 27 juill. 1951, *Commune de Montagnac*, Rec. 439 ; – Sect., 12 mars 1976, *Département des Hautes-Pyrénées c. Société Sofilia*, Rec. 155 ; AJ 1976.552, concl. Labetoulle) ou après sa résiliation (CE 10 févr. 2010, *Société Prest'Action*, Rec. 850 ; BJCP 2010.197, concl. N. Boulouis ; DA avr. 2010, note Brenet).

7 *C.* — L'indemnité doit rester *provisoire*. Elle est en effet destinée à permettre au cocontractant de faire face aux charges exceptionnelles que momentanément des circonstances imprévisibles ont fait peser sur lui. Elle ne peut être assurée au cocontractant jusqu'à la fin du contrat. Deux cas peuvent se produire :

– celui du rétablissement de l'équilibre contractuel, soit (ce qui est rare) par disparition des circonstances imprévisibles, soit par de nouveaux arrangements entre parties (révision du contrat, relèvement des prix ou du tarif) ;

– celui du caractère définitif du bouleversement de l'économie du contrat ; il transforme l'imprévision en un cas de force majeure justifiant la résiliation du contrat.

C'est ce qu'a jugé le Conseil d'État (Ass.) dans l'arrêt du 9 déc. 1932, *Compagnie des tramways de Cherbourg* (Rec. 1050, concl. Josse ; D. 1933.3.17, concl., note Pelloux ; RD publ. 1933.117, concl., note Jèze ; S. 1933.3.9, concl., note P. Laroque) : « *dans le cas où les conditions économiques nouvelles ont créé une situation définitive qui ne permet plus au concessionnaire d'équilibrer ses dépenses avec les ressources dont il dispose, le concédant ne saurait être tenu d'assurer aux frais des contribuables, et contrairement aux prévisions essentielles du contrat, le fonctionnement d'un service qui a cessé d'être viable ; dans cette hypothèse, la situation nouvelle ainsi créée constitue un cas de force majeure et autorise à ce titre aussi bien le concessionnaire que le concédant, à défaut d'un accord amiable sur une orientation nouvelle à donner à l'exploitation, à demander au juge la résiliation de la concession, avec indemnité s'il y a lieu, et en tenant compte tant des stipulations du contrat que de toutes les circonstances de l'affaire.* »

La formule a été reprise presque à l'identique dans l'arrêt du 14 juin 2000, *Commune de Staffelfelden* (Rec. 227 ; BJCP 2000.435, concl. Bergeal ; CJEG 2000.473, concl.) à propos d'un contrat de fourniture d'eau conclu pour vingt ans entre une commune et une entreprise : la source à partir de laquelle l'eau devait être fournie ayant été rendue inutilisable pour au moins deux cents ans par une pollution d'origine industrielle, l'entreprise avait dû chercher d'autres sources d'approvisionnement, à un coût supérieur d'abord de trois fois puis de deux fois au prix payé par la commune en application des stipulations contractuelles. « *Dans ces conditions, et compte tenu du refus de la commune de réviser la tarification de l'eau qui est distribuée sur son territoire, la poursuite... de l'exécution du contrat se heurtait à un obstacle insurmontable* », justifiant la résiliation du contrat à la demande de la société et une indemnité pour la charge extra-contractuelle résultant du déficit d'exploitation qu'elle avait subi pendant la période antérieure à la résiliation, déduction faite de la part de 5 % qui devait lui incomber.

Ainsi se trouvent illustrées l'actualité de la théorie de l'imprévision, l'étendue de son champ d'application (qui ne se limite pas aux contrats de concession), et sa portée (qui n'est pas seulement l'indemnisation du cocontractant, mais la résiliation du contrat au titre de la force majeure).

8 **III.** — Outre les conséquences qu'elle a eues pour les contrats auxquels elle s'applique directement, la théorie de l'imprévision a conduit l'administration et ses cocontractants à stipuler dans leurs contrats des *clauses de variation ou de révision* aménageant l'évolution des rapports financiers en fonction de la situation économique et financière, vidant ainsi en partie la théorie de l'imprévision de ses effets propres (par ex. CE 28 oct. 1983, *Société auxiliaire d'entreprise*, Rec. 780).

Ces clauses n'ont pourtant pas éliminé toute difficulté.

Tout d'abord leur interprétation a prêté à contestation en cas de disparition des indices auxquelles elles se réfèrent. Le Conseil d'État a eu recours à sa méthode traditionnelle de recherche raisonnable de la volonté des parties (par ex. CE 28 nov. 1952, *Ville de Nice c. Société industrielle des travaux d'assainissement urbain*, Rec. 539 ; – 19 oct. 1960, *Société Entreprise Thireau-Morel*, Rec. 546).

En second lieu, les clauses de variation ou de révision n'ont pas épuisé la théorie de l'imprévision, soit qu'elles n'aient pas été stipulées, soit qu'elles aient été privées d'effets par des mesures de blocage autoritaire des prix (CE 15 juill. 1949 *Ville d'Elbeuf*, préc. ; – 22 févr. 1963, *Ville d'Avignon*, préc.), soit qu'elles n'aient pas couvert des événements qui sont ensuite survenus (CE 29 mai 1991, *Établissement public d'aménagement de la ville nouvelle de Saint-Quentin-en-Yvelines*, Rec. 1048 ; D. 1991. SC. 376, obs. Terneyre). Si, par exemple, le contrat a prévu que la rémunération du cocontractant varierait en fonction de certains éléments et que ce soient des aléas non prévus par les parties qui viennent le bouleverser, l'entrepreneur peut prétendre à une indemnité d'imprévision. Cette jurisprudence inaugurée par deux arrêts de Section du 5 nov. 1937, *Département des Côtes-du-Nord* et *Ducos* (Rec. 900 et 902) a donné lieu depuis lors à plusieurs décisions (CE 11 juin 1947, *Ministre de la guerre c. Nadaud*, Rec. 255 ; – 2 févr. 1951, *Secrétaire d'État à la défense*, Rec. 67).

9 Ainsi les principes posés par l'arrêt *Gaz de Bordeaux* conservent toute leur portée et toute leur valeur. Ils ont été transposés du domaine des contrats dans celui des règlements : le Conseil d'État a jugé qu'en matière économique, les intéressés peuvent demander la modification ou l'abrogation d'un règlement dans le cas où le changement des circonstances dans lesquelles la disposition litigieuse trouvait sa base légale a revêtu, pour des causes indépendantes de la volonté des intéressés, le caractère d'un bouleversement tel qu'il ne pouvait entrer dans les prévisions de l'auteur de la mesure et qu'il a eu pour effet de retirer à celle-ci son fondement juridique (CE, Ass., 10 janv. 1964, *Ministre de l'agriculture c. Simonnet*, Rec. 19 ; v. n° 39.3 ; v. nos obs. sous CE 10 janv. 1930, *Despujol**).

*

* *

10 L'originalité de la théorie de l'imprévision doit être appréciée au regard de nouveaux textes.

D'un côté, en droit administratif sont intervenus pour la transposition des directives européennes du 26 févr. 2014 sur les concessions (2014/23) et sur les marchés (2014/24 et 2014/25), les ordonnances du 23 juill. 2015 sur les marchés publics (2015-899), du 29 janv. 2016 sur les concessions (2016-65) et les décrets d'application de ces dernières (décret n° 2016-86 du 1er févr. 2016 pour les concessions, décret n° 2016-360 du 25 mars 2016 pour les marchés publics). Ils limitent les conditions de modification de ces contrats (v. nos obs. sous CE 11 mars 1910, *Compagnie générale française des tramways**). Ces nouvelles dispositions n'empêchent pourtant pas l'application de la théorie de l'imprévision. Le Code de la commande publique qui les reprend désormais dispose expressément dans l'article L 6 du Titre préliminaire, définissant les principes des contrats administratifs qu'il régit : « 3° Lorsque survient un événement extérieur aux parties, imprévisible et bouleversant temporairement l'équilibre du contrat, le cocontractant qui en poursuit l'exécution a droit à indemnité ».

D'un autre côté, en droit civil a été adoptée l'ordonnance n° 2016-131 du 10 févr. 2016 portant réforme du droit des contrats, qui introduit dans le Code civil un nouvel article 1195 ainsi rédigé :

« Si un changement de circonstances imprévisible lors de la conclusion du contrat rend l'exécution excessivement onéreuse pour une partie qui n'avait pas accepté d'en assumer le risque, celle-ci peut demander une renégociation du contrat à son cocontractant. Elle continue à exécuter ses obligations durant la renégociation.

En cas de refus ou d'échec de la renégociation, les parties peuvent convenir de la résolution du contrat, à la date et aux conditions qu'elles déterminent, ou demander d'un commun accord au juge de procéder à son adaptation. À défaut d'accord dans un délai raisonnable, le juge peut, à la demande d'une partie, réviser le contrat ou y mettre fin, à la date et aux conditions qu'il fixe ».

Apparaît ainsi avec la théorie administrative de l'imprévision, une convergence dans l'admission des effets des événements imprévisibles sur le contrat et dans la négociation à laquelle ils doivent conduire les parties. Des différences peuvent subsister, notamment quant à la condition du « bouleversement de l'économie du contrat », à la compensation pour partie par l'administration contractante de la charge extra-contractuelle pesant sur son contractant, et à l'absence de révision du contrat par le juge lui-même.

11 On peut rapprocher de la théorie de l'imprévision les dispositions de la loi du 7 déc. 2020 d'accélération et de simplification de l'action publique, adoptée à l'occasion de la crise sanitaire, qui permettent en cas de circonstances exceptionnelles (v. nos obs. sous l'arrêt *Heyriès**), outre l'allègement des procédures de passation des marchés et concessions, la prolongation de la durée d'exécution de ces contrats notamment lorsque l'exécution des obligations contractuelles « nécessiterait des moyens dont la mobilisation ferait peser sur le titulaire une charge manifestement excessive ».

29

POUVOIRS DE GUERRE ET CIRCONSTANCES EXCEPTIONNELLES

Conseil d'État, 28 juin 1918, *Heyriès*
(Rec. 651 ; S. 1922.3.49, note Hauriou ; DA oct. 2018.1, art. Stahl ; GAP, p. 103)

Cons. que, pour demander l'annulation pour excès de pouvoir de la décision, en date du 22 oct. 1916, qui l'a révoqué de son emploi de dessinateur de deuxième classe du génie, le sieur Heyriès soutient, d'une part, qu'il avait droit à la communication des pièces de son dossier, en vertu de l'art 65 de la loi du 22 avr. 1905, dont l'application n'a pu être suspendue par le décret du 10 sept. 1914 ; d'autre part, que, en tout cas, les formalités prévues au décret du 16 sept. 1914 n'ont pas été observées ;

Sur le premier point : Cons. que, par l'art. 3 de la loi constitutionnelle du 25 févr. 1875, le président de la République est placé à la tête de l'administration française et chargé d'assurer l'exécution des lois ; qu'il lui incombe, dès lors, de veiller à ce qu'à toute époque, les services publics institués par les lois et règlements soient en état de fonctionner, et à ce que les difficultés résultant de la guerre n'en paralysent pas la marche ; qu'il lui appartenait, à la date du 10 sept. 1914, à laquelle est intervenu le décret dont la légalité est contestée, d'apprécier que la communication, prescrite par l'art. 65 de la loi du 22 avr. 1905, à tout fonctionnaire, de son dossier préalablement à toute sanction disciplinaire était, pendant la période des hostilités, de nature à empêcher dans un grand nombre de cas l'action disciplinaire de s'exercer et à entraver le fonctionnement des diverses administrations nécessaires à la vie nationale ; qu'à raison des conditions dans lesquelles s'exerçaient, en fait, à cette époque, les pouvoirs publics, il avait la mission d'édicter lui-même les mesures indispensables pour l'exécution des services publics placés sous son autorité ;

Cons. qu'en décidant, par le décret pris à la date sus-indiquée, que l'application de l'art. 65 serait suspendue provisoirement pendant la durée de la guerre, avec faculté pour les intéressés de se pourvoir, après la cessation des hostilités, en révision des décisions qui auraient été ainsi prises à leur égard, le président de la République n'a fait qu'user légalement des pouvoirs qu'il tient de l'art. 3 de la loi constitutionnelle du 25 févr. 1875, et qu'ainsi la décision du ministre de la guerre, rendue conformément aux dispositions dudit décret, n'est pas entachée d'excès de pouvoir ;

Sur le deuxième point : Cons. qu'il résulte de l'instruction que la décision attaquée a été rendue sur le vu d'un rapport du chef du génie de Nice, et à la suite d'un interrogatoire auquel a été soumis le sieur Heyriès et au cours duquel il lui était loisible de provoquer tout éclaircissement sur les griefs relevés contre lui et de produire ses explications et ses moyens de défense ; qu'ainsi, il a été satisfait aux prescriptions du décret du 16 sept. 1914 ; ... (Rejet).

OBSERVATIONS

L'arrêt Heyriès, *en admettant que les pouvoirs publics prennent des mesures renforcées en cas de circonstances exceptionnelles, anticipe sur celles que la loi leur donnera en état d'urgence et que l'avis contentieux* Napol* *permettra de préciser.*

1 **I.** — Le gouvernement avait dû prendre, pendant les premières semaines de la guerre 1914-1918, un certain nombre de décrets qui excédaient ses pouvoirs normaux. La loi du 30 mars 1915 valida après coup un grand nombre de ces décrets, mais elle omit de valider le décret du 10 sept. 1914, qui avait suspendu l'application aux fonctionnaires civils de l'art. 65 de la loi du 22 avr. 1905 ordonnant la communication aux agents publics de leur dossier avant toute mesure disciplinaire. Le sieur Heyriès ayant été ainsi révoqué sans avoir reçu préalablement communication de son dossier, il mit en cause, à propos de l'application qui lui en était faite, la légalité du décret du 10 sept. 1914.

La suspension par décret d'un texte de loi constitue une illégalité flagrante, et cependant le Conseil d'État a rejeté la requête. Il s'est fondé sur l'idée que le *principe de la continuité des services publics comportait des exigences exceptionnelles en temps de guerre, justifiant une extension exceptionnelle des pouvoirs du gouvernement et de l'administration.*

Les commentateurs de la décision ont été frappés par le fait que le Conseil d'État avait invoqué l'art. 3 de la loi constitutionnelle du 25 févr. 1875 : « Le président de la République promulgue les lois ; il en surveille *et en assure l'exécution ;* il dispose de la force armée ; il nomme à tous les emplois civils et militaires. » Ce texte constitue la base constitutionnelle du principe de la continuité des services publics. Mais il n'aurait pu suffire à justifier la solution : c'est dans *les conditions dans lesquelles s'exercent en fait les pouvoirs publics pendant la période des hostilités que se trouve cette justification.* La jurisprudence antérieure à la guerre de 1914-1918 faisait déjà une large place à la notion *d'urgence* et subordonnait l'usage des pouvoirs de police par l'autorité civile aux circonstances, en particulier à la nature et à la gravité des troubles à prévenir. Telle manifestation extérieure du culte qui, en des circonstances normales, n'aurait pu être interdite, pouvait l'être légalement en des circonstances exceptionnelles de temps et de lieu (CE 19 févr. 1909, *Abbé Olivier**). L'urgence pouvait justifier l'exécution d'office (TC 2 déc. 1902, *Société immobilière de Saint-Just**). Le commissaire du gouvernement Helbronner avait déclaré, dans ses conclusions sur l'affaire *Syndicat national des chemins de fer de France et des colonies* (18 juill. 1913, Rec. 875, concl. Helbronner ; RD publ. 1913.506, concl., note Jèze) : « Dans les sociétés organisées, au-dessus des intérêts individuels les plus respectables, au-dessus des intérêts collectifs les plus sérieux, il y a l'intérêt général, le droit supérieur pour une nation d'assurer son existence, et de défendre son indépendance et sa sécurité », et il avait demandé à la Haute assemblée de juger qu'en présence d'une grève générale des agents des chemins de fer, le gouvernement avait le droit et le devoir d'assurer la continuité du service des transports par tous les moyens légaux dont il pouvait disposer, et, notamment, de convoquer ces agents pour une période militaire de vingt et un jours.

L'état de guerre a permis de pousser plus loin les conséquences de ces principes : le gouvernement peut alors assurer la continuité du service même par un moyen qui serait illégal à toute autre époque. Ainsi est reconnue, de la manière la plus éclatante, non seulement l'existence d'une légalité spéciale aux temps de crise, mais encore sa prééminence sur la légalité tout court.

D'autres décisions se fondèrent, à l'époque, en fait ou en principe, sur la même théorie (*cf. Dames Dol et Laurent**, 28 févr. 1919, et nos obs.). Le Conseil d'État devait faire de multiples applications de la jurisprudence *Heyriès* pendant la Seconde Guerre mondiale et la période qui l'a immédiatement suivie. L'ensemble de ces précédents constitue une véritable doctrine des pouvoirs de crise.

II. — Les circonstances exceptionnelles, dont le Conseil d'État apprécie souverainement l'existence, modifient les règles normales de compétence, de forme et d'objet des actes administratifs, mais ne sauraient avoir pour effet de valider un acte inutile ou un acte qui ne serait pas conforme au but dans lequel les pouvoirs exceptionnels sont reconnus.

1. — Les règles de compétence

2 *a)* Les règles de compétence sont assouplies au sein de l'administration : il faut agir vite, et le fonctionnaire qui est en situation d'agir doit le faire si l'intérêt supérieur de l'État l'exige. Ainsi, en temps de guerre, une autorité administrative peut déléguer ses pouvoirs en l'absence de toute disposition législative ou de tout décret autorisant de telles délégations (CE 1er août 1919, *Société des établissements Saupiquet*, Rec. 713, concl. Riboulet).

3 *b)* L'administration peut faire des actes relevant normalement du domaine de la loi : par circulaire du 27 août 1944, le commissaire à la guerre du gouvernement provisoire de la République française a pu régulièrement placer en position de disponibilité tous les officiers de carrière n'appartenant pas aux forces armées du gouvernement provisoire, bien que seule la loi puisse, en principe, créer une position nouvelle pour les officiers ; le Conseil d'État a relevé le fait que le gouvernement n'avait pu se réunir et qu'il avait été impossible de légiférer par voie d'ordonnance ; il a d'ailleurs ajouté qu'une telle mesure devait cesser de recevoir application du jour où une autorité législative pourrait exercer son pouvoir (Ass., 16 avr. 1948, *Laugier*, Rec. 161 ; S. 1948.3.36, concl. Letourneur).

4 *c)* Encore plus audacieuse est la jurisprudence du « fonctionnaire de fait », d'après laquelle, en des circonstances exceptionnelles, des personnes ou des organismes sans compétence administrative peuvent exercer, dans l'intérêt général, les pouvoirs de l'administration, et même du législateur : tel ce « comité local d'administration municipale de Fécamp » qui, en juin 1940, a rouvert les maisons de commerce abandonnées par leurs propriétaires, désigné des gérants, institué des taxes sur les ventes : « ... en raison de l'impossibilité de réunir le conseil municipal et de recueillir l'approbation du préfet, il appartenait au maire, chef de la commune, de prendre les mesures exigées par cette situation... » (CE, Ass., 7 janv. 1944, *Lecocq*, Rec. 5 ; *RD publ.* 1944.331, concl. Léonard, note Jèze ; JCP 1944.II.2663, note Charlier).

Encore, en l'espèce, était-ce le maire qui avait pris l'initiative de ces mesures extraordinaires. Il arriva qu'elles fussent prescrites par de simples particuliers ; ainsi se forma, en mai 1940, à St-Valéry-sur-Somme, après le départ de la municipalité, un « Comité des intérêts valériens » qui assura l'administration de la ville et le ravitaillement de la population : « Cons. que ces actes n'étaient pas étrangers à la compétence légale des autorités municipales ; que, dans la mesure où les circonstances exceptionnelles nées de l'invasion leur conféraient un caractère de nécessité et d'urgence, ils devaient, bien qu'émanant de l'autorité de fait substituée auxdites autorités, être regardés comme administratifs » (CE, Sect., 5 mars 1948, *Marion*, Rec. 113 ; D. 1949.147 et la note).

2. — Les règles de forme

5 L'administration peut se dispenser, en temps de crise, de respecter les formes dont doit être normalement entouré l'acte administratif, même si ces formes donnent une garantie essentielle aux agents publics ou aux administrés.

Dans l'arrêt *Heyriès*, le Conseil d'État a admis la légalité de la suspension de l'art. 65 de la loi du 22 avr. 1905 relatif à la communication du dossier, et dans l'arrêt *Courrent* (16 mai 1941, Rec. 89), il a admis que « les circonstances exceptionnelles existant le 23 juill. 1940 dans la commune de Nérac autorisaient l'administration à prendre, à cette date, sans se conformer à l'art. 86 de la loi du 5 avr. 1884, toutes mesures provisoires nécessaires pour remplacer immédiatement le maire dans la direction des affaires de la commune de Nérac, en raison des difficultés que pouvait provoquer pour les autorités publiques l'apposition de l'affiche incriminée » (affiche de nature « à prêter à des commentaires défavorables aux pouvoirs publics et à gêner leur action, notamment au point de vue du ravitaillement »). De la même façon, alors que le Conseil d'État a jugé que la tentative d'accord préalable était nécessaire à la légalité des réquisitions opérées en vertu de la loi du 11 juill. 1938 (Sect., 10 nov. 1944, *Auvray*, Rec. 291), il a estimé que les circonstances exceptionnelles permettaient à l'administration de procéder à la réquisition sans effectuer cette tentative (28 mars 1947, *Crespin*, Rec. 142).

3. — Le contenu des actes

6 L'urgence autorise l'administration à prendre, sans excès de pouvoir, des actes qui, à toute autre époque, auraient été reconnus illégaux ou même été qualifiés de voies de fait : création de taxes nouvelles (CE 7 janv. 1944, *Lecocq*, préc.), réquisition de stocks ou de cargaisons (CE 5 mars 1948, *Marion*, préc.), atteinte à la liberté individuelle (CE 28 févr. 1919, *Dames Dol et Laurent** ; – Ass., 10 déc. 1954, *Andréani* et *Desfont*, Rec. 656 ; RPDA 1955.30, concl. Chardeau ; RJPUF, 1955.210, note Plantey). Le Conseil d'État a jugé, par exemple, qu'« eu égard aux circonstances exceptionnelles de temps et de lieu » que constituait le risque d'explosion du volcan « La Soufrière » pendant l'été 1976, le préfet avait pu légalement interdire dans une zone délimitée la circulation et la navigation des navires de commerce et ordonner l'évacuation d'une partie de l'île de la Guadeloupe (CE 18 mai 1983, *Rodes*, Rec. 199 ; AJ 1984.44, note J. Moreau).

La notion de circonstances exceptionnelles est également sous-jacente au pouvoir reconnu aux autorités locales de police de l'État de créer des centres d'accueil pour les mineurs issus du démantèlement du camp de la Lande à Calais, dès lors que les départements ne sont pas en mesure d'exercer leur compétence en la matière (CE 8 nov. 2017, *Groupe d'information et de soutien des immigré-e-s et autres*, Rec. 460 ; AJ 2017.2408, chr. Roussel et Nicolas).

Les circonstances exceptionnelles enlèvent notamment le caractère de voie de fait à des agissements qui, en temps ordinaire, revêtiraient ce caractère : c'est pourquoi les atteintes arbitraires à la liberté individuelle, qui constituent normalement des voies de fait, relèvent des tribunaux administratifs et des principes généraux qui gouvernent la responsabilité de la puissance publique lorsqu'elles ont été commises en des circonstances exceptionnelles (v. TC 27 mars 1952, *Dame de la Murette*, Rec. 626 ; D. 1954.221, note Eisenmann ; JCP 1952.II.7158, note Blaevoet ; RD publ. 1952.757, note M. Waline ; RA 1952.268, note Liet-Veaux ; S. 1952.381, note Grawitz).) Si le Conseil d'État s'est reconnu compétent dans les affaires *Alexis et Wolff* (Ass., 7 nov. 1947, Rec. 416 ; S. 1948.3.101, concl. Célier ; D. 1948.472, note Eisenmann : JCP 1947.II.4006, concl., note Mestre) alors qu'il s'agissait, dans les deux espèces, d'atteintes arbitraires à la liberté individuelle (arrestation et détention arbitraires lors de la Libération), c'est, selon M. J. Delvolvé (*EDCE*, 1950, p. 37), parce qu'« il n'y avait pas voie de fait, car l'action administrative se rattachait à un pouvoir exceptionnel de temps de crise ».

Les circonstances exceptionnelles peuvent enfin conférer à l'exécution d'office le caractère d'urgence nécessaire pour qu'elle soit légale (*cf.* TC 19 mai 1954, *Office publicitaire de France*, Rec. 703 ; JCP 1954.II.8382, note Rivero).

4. — Les limites de la notion de circonstances exceptionnelles

7 Ainsi que le déclarait le commissaire du gouvernement Letourneur dans ses conclusions sur l'espèce *Laugier* précitée, le Conseil d'État, conscient du danger de généraliser les circonstances exceptionnelles, « porte ouverte à la suppression de toute légalité », exige que soient réunies un certain nombre de conditions :

a) la survenance brutale d'événements graves et imprévus – ce qui distingue les circonstances exceptionnelles de la simple urgence (*cf.* les arrêts *Lecocq* et *Marion*, préc.) ;

b) l'impossibilité pour l'autorité administrative d'agir légalement (*cf. Laugier* : « à la date du 27 août 1944, les circonstances exceptionnelles du moment, et notamment le fait que le gouvernement n'avait pu se réunir et qu'il était, dès lors, impossible de légiférer par voie d'ordonnance, autorisaient le commissaire à la guerre à prendre les mesures indispensables pour parer provisoirement à la situation ») ; en revanche, le Haut-Commissaire de France en Indochine n'a pu instituer légalement un régime d'allocations familiales en sept. 1947, car il ne ressort pas des pièces du dossier qu'à cette date, « dans les circonstances nées de l'état de guerre qui existait en fait en Indochine », il « se soit trouvé dans l'obligation, pour faire face à la situation économique et sociale de l'époque, d'établir sans délai de sa propre initiative le régime contesté » (CE, Sect., 31 janv. 1958, *Chambre syndicale du commerce d'importation en Indochine*, Rec. 63 ; AJ 1958.II.90, chr. Fournier et Braibant) ; de même les événements de mai et juin 1968 ont constitué des « circonstances particulières » qui pouvaient autoriser le gouvernement à se dispenser de certaines consultations prévues par les textes, mais ne permettaient ni au ministre de l'éducation nationale d'intervenir dans une matière où un décret était nécessaire (CE, Ass., 12 juill. 1969, *Chambre de commerce et d'industrie de Saint-Étienne*, Rec. 379 ; AJ 1969.553, chr. Dewost et Denoix de Saint Marc), ni au jury du concours de l'agrégation des lettres de porter atteinte au principe d'égalité des candidats et de modifier les modalités des épreuves orales (CE 28 nov. 1973, *Bertrand*, Rec. 670 ; JCP 1974.II.17789, note Amson) ;

c) la persistance des circonstances exceptionnelles à la date de l'acte litigieux (*cf. Laugier*, « ... toutefois, ces décisions devaient lorsqu'elles portaient, comme en l'espèce, sur des questions relevant du législateur, cesser de recevoir application dès le jour où une autorité ayant pouvoir législatif s'est trouvée en mesure d'exercer ces pouvoirs » ; *cf.* également CE, Sect., 7 janv. 1955, *Andriamisera*, Rec. 13 ; RJPUF 1955.859, concl. Mosset ; RD publ. 1955.709, note M. Waline : un arrêté justifié par des circonstances exceptionnelles ne peut plus recevoir application lorsque ces circonstances ont pris fin) ;

d) le caractère d'intérêt général de l'action effectuée, qui n'est admissible que « pour pourvoir aux nécessités du moment » (CE 4 juin 1947, *Entreprise Chemin*, Rec. 246).

8 **III.** — Création d'origine jurisprudentielle, la théorie des circonstances exceptionnelles coexiste avec des régimes juridiques destinés à faire face aux temps de crise qui ont leur fondement dans des dispositions constitutionnelles ou législatives. Le régime de l'état de siège qui est défini par la loi tout en ayant une base constitutionnelle (art. 36 de la Constitution de 1958), le régime de l'état d'urgence (loi du 3 avr. 1955) et l'article 16 de la Constitution, donnent aux autorités qu'ils désignent des pouvoirs exceptionnels : le juge administratif a dû déterminer le contrôle dont ils peuvent faire l'objet (v. nos obs., sous CE 28 févr. 1919, *Dames Dol et Laurent** ; CE 2 mars 1962, *Rubin de Servens** ; CE 6 juill. 2016 (avis), *Napol**).

9 **IV.** — La crise sanitaire qualifiée par l'Organisation mondiale de la santé le 11 févr. 2020 de maladie à Coronavirus 2019 a conduit à une application de la théorie jurisprudentielle des circonstances exceptionnelles et surtout à la création par la loi du 23 mars 2020 du régime juridique de l'état d'urgence sanitaire. Les dispositions législatives le définissant, l'aménageant ou le prolongeant ont fait l'objet d'un contrôle du juge constitutionnel. Il est revenu au juge administratif de se prononcer sur le bien-fondé des mesures d'application de la loi.

A. — L'appel à la notion de circonstances exceptionnelles s'est manifesté de diverses façons.

1°) Par une décision du 26 mars 2020, le Conseil constitutionnel a conclu à la non-contrariété à la Constitution d'une loi organique ayant pour objet de suspendre jusqu'au 30 juin 2020 le délai de trois mois imparti d'une part au Conseil d'État et à la Cour de cassation et d'autre part à lui-même, pour statuer sur une question prioritaire de constitutionnalité, alors que le texte de la loi organique avait été adopté sans que soit respecté le délai de quinze jours entre son dépôt devant la première Assemblée saisie et son examen par celle-ci, prescrit par l'article 46 de la Constitution. La décision énonce qu'il n'y a pas lieu de juger que le texte a été adopté en violation des règles de procédure prévues par cet article « *compte tenu des circonstances particulières de l'espèce* » (*n° 2020-799 DC*, 26 mars 2020, AJ 2020.839, note Verpeaux et 843, note J. Jeanneney ; Gaz. Pal. 7 avr. 2020, note J.-É. Gicquel ; RFDA 2020-508, note Roblot-Troizier ; LPA 11 juin 2020, note Hul).

2°) Avant même l'entrée en vigueur de la loi du 23 mars 2020, le Conseil d'État a estimé que le pouvoir propre dont dispose le Premier ministre d'édicter des mesures de police applicables à l'ensemble du territoire (v. nos obs. sous CE *Labonne**) trouve à s'appliquer en particulier « en cas de circonstances exceptionnelles, telle une épidémie avérée comme celle de Covid-19 » (CE ord. 22 mars 2020, *Syndicat Jeunes médecins*, v. n° 94.12).

De même, les circonstances exceptionnelles résultant de l'épidémie justifient qu'une loi de pays de la Polynésie française destinée à y faire face soit promulguée sans attendre l'expiration des délais s'imposant en vertu de la loi organique applicable à cette collectivité (CE 22 juill. 2020, *Théron et autres*, Rec. 312 ; AJ 2020.2082, concl. Lallet).

10 ***B.*** — Selon la loi du 23 mars 2020, en cas de catastrophe sanitaire mettant en péril, par sa nature et sa gravité, la santé de la population, un décret en Conseil des ministres peut instituer l'état d'urgence sanitaire et en déterminer le champ d'application territorial. Sa prorogation au-delà d'un mois ne peut être autorisée que par la loi. Toutefois, la loi du 23 mars 2020 a décidé une première application pour une durée de deux mois. Au nombre des mesures susceptibles d'être prises sous ce régime, figure la possibilité pour le Premier ministre de restreindre ou interdire la circulation des personnes et des véhicules dans les lieux et aux heures fixés par décret, d'interdire aux personnes de « sortir de leur domicile, sous réserve des déplacements strictement indispensables aux besoins familiaux ou de santé » (ce qu'il a été convenu d'appeler le confinement), ou encore d'instaurer une mise en quarantaine avec maintien à l'isolement.

La durée d'application de l'état d'urgence sanitaire a été prorogée par la loi du 11 mai 2020 jusqu'au 10 juill. 2020. La loi du 9 juill. 2020 a organisé la sortie progressive de l'état d'urgence sanitaire, à compter du 11 juill. 2020 jusqu'au 30 oct. 2020. Mais, en raison de la reprise de l'épidémie, un décret du 14 oct. 2020 l'a institué à nouveau. Ses effets ont été prolongés par une loi du 14 nov. 2020 puis par celle du 15 févr. 2021 jusqu'au 1er juin 2021, avant que soit aménagée sa sortie progressive, par la loi du 31 mai 2021. Toutefois, face à un rebond de l'épidémie, l'Assemblée nationale puis le Sénat ont adopté dans la nuit du 25 au 26 juill. 2021 une loi prolongeant l'état d'urgence sanitaire jusqu'au 15 nov. 2021, étendant à de nouveaux lieux le passe sanitaire et instaurant une obligation de vaccination contre la Covid-19 pour plusieurs professions. Le Conseil constitutionnel a été saisi du texte par le Premier ministre et un groupe de députés. Sa décision, qui conditionne la promulgation de la loi, est attendue pour le 5 août 2021.

Le Conseil constitutionnel a admis la conformité à la Constitution de plusieurs dispositions de la loi du 23 mars 2020, notamment celles relatives aux sanctions pénales encourues en cas de violation de ses prescriptions (*nº 2020-846/847/848 QPC*, 26 juin 2020, AJ 2020.2095, note Verpeaux), celles concernant le report du second tour des élections municipales (*nº 2020-849 QPC*, 17 juin 2020, AJ 2020.1673, note R. Rambaud), celles habilitant le gouvernement à intervenir par voie d'ordonnance sur le fondement de l'article 38 de la Constitution (*nº 2020-851/852 QPC*, 3 juill. 2020, v. nº 17.7). Les mesures qui, à l'été 2020 puis au printemps 2021, ont régi la sortie progressive de l'état d'urgence n'ont pas soulevé d'objections de sa part (*nº 2020-803 DC*, 9 juill. 2020, AJ 2020.2274, note Verpeaux ; *nº 2021-819 DC*, 31 mai 2021), à la différence des dispositions le prorogeant qui ont donné lieu soit à des réserves d'interprétation (*nº 2020-808 DC*, 13 nov. 2020, AJ 2020.2393, trib. Goesel-Le Bihan ; AJ 2021.931, note Verpeaux), soit à des censures. La plus importante a porté sur la mise en quarantaine, faute que soient prévues des garanties suffisantes quant aux obligations pouvant être imposées aux personnes y étant soumises, à sa durée maximale et au contrôle du juge judiciaire dans l'hypothèse où, au-delà de douze heures, elle s'avère privative de liberté (*n° 2020-800 DC*, 11 mai 2020, AJ 2020.975, note Verpeaux ; RFDC 2020.905, note Bachert-Peretti, Magnon, Renoux, Vidal-Naquet et Pena).

De plus, parmi les mesures prises sur le fondement de la loi du 23 mars 2020, ont été déclarées contraires à la Constitution, comme portant une atteinte excessive à la liberté individuelle, les dispositions d'une ordonnance adaptant les règles de la procédure pénale à la situation sanitaire, d'une part, en ce qu'elles imposent le recours à la visioconférence sans l'assentiment de la personne poursuivie et, d'autre part, en ce qu'elles prolongent de façon automatique la durée de la détention provisoire sans intervention de l'autorité judiciaire (*n° 2020-872 QPC*, 15 janv. 2021 ; *n° 2020-878/879 QPC*, 29 janv. 2021, AJ 2021.810, note Verpeaux).

11 *C.* — De son côté, le Conseil d'État a rejeté un recours dirigé contre le décret du 23 mars 2020 prescrivant les mesures générales nécessaires pour faire face à l'épidémie de Covid-19 (CE 22 déc. 2020, *Jonquières*, Rec. 1002) et s'est refusé à transmettre au Conseil constitutionnel une question prioritaire de constitutionnalité portant sur le confinement (CE 22 juill. 2020, *Cassia et autre*, Rec. 570 ; AJ 2020.2444, note Bioy). Il a surtout été sollicité dans le cadre de la procédure de référé-liberté. En diverses occasions, il a relevé une atteinte exécessive portée à une liberté fondamentale (v. nos obs. sous CE *Abbé Olivier**, CE *Benjamin**, CE 8 déc. 1978, *GISTI**, CE *Commune de Venelles**). Il a également suspendu pour méconnaissance des droits de la défense les dispositions d'une ordonnance du 18 nov. 2020 prévoyant le recours possible à la visio-conférence en matière criminelle (CE ord. 27 nov. 2020, *Association des avocats pénalistes et autres*, JCP 2021.6, note Benabou et Jeuland).

Le plus souvent, il a été conduit à rejeter les pourvois dont il était saisi, en particulier ceux contestant les restrictions mises à l'accès aux établissements d'enseignement supérieur (CE ord. 10 déc. 2020, *Cassia et autres*, AJ 2020, trib. 2457, F. Melleray et AJ 2021.985, note Bonfort) ou imposant le port du masque (CE ord. 6 sept. 2020, *Ministre des solidarités et de la santé c. Feireisen et Chartier*, DA 2020, comm. 51) ou critiquant les modalités de mise en œuvre du passe sanitaire institué par la loi du 31 mai 2021 et exigé pour voyager outre-mer ou à l'étranger ou accéder à des lieux de loisirs (CE ord. 6 juill. 2021, *La Quadrature du Net*, AJ 2021.1417 ; CE ord. 26 juill. 2021, *Société des auteurs et compositeurs dramatiques et autres*, n° 454792).

30

RESPONSABILITÉ FAUTE PERSONNELLE OU FAUTE DE SERVICE CUMUL DE RESPONSABILITÉS

Conseil d'État, 26 juillet 1918, *Époux Lemonnier*
(Rec. 761, concl. Blum ; D. 1918.3.9, concl. ; RD publ. 1919.41, concl., note Jèze ; S. 1918-1919.3.41, concl., note Hauriou ; GCJA, vol. 1, n° 62, concl.)

Cons. que les époux Lemonnier ont tout d'abord assigné devant le tribunal civil, tout à la fois la commune de Roquecourbe et son maire, le sieur Laur, pris personnellement, pour s'entendre condamner à leur payer une indemnité à raison de l'accident dont la dame Lemonnier a été victime ; que la cour de Toulouse, par arrêt du 30 janv. 1913, tout en reconnaissant l'incompétence de l'autorité judiciaire sur les conclusions dirigées contre le maire, a déclaré ce dernier responsable personnellement et l'a condamné à payer aux époux Lemonnier une somme de 12 000 F pour réparation du préjudice par eux souffert ; qu'il a été formé par le sieur Laur contre cet arrêt un recours sur lequel il n'a pas encore été statué par la Cour de cassation :

Cons. que les époux Lemonnier ont, d'autre part, introduit deux pourvois devant le Conseil d'État, tendant, tous deux, à la condamnation de la commune de Roquecourbe à leur payer une indemnité de 15 000 F à raison du dommage résultant de l'accident précité et dirigés, le premier contre la décision du conseil municipal, en date du 15 juin 1912, rejetant leur demande d'indemnité, le deuxième, en tant que de besoin, contre la décision implicite de rejet résultant du silence du conseil municipal au cas où le Conseil d'État ne considérerait pas la délibération du 15 juin 1912 comme une décision susceptible de recours ;

Cons. que les deux requêtes susmentionnées, n°s 49.595 et 51.240, tendent l'une et l'autre aux mêmes fins ; qu'il y a donc lieu de les joindre et d'y statuer par une seule décision ;

....

Sur la fin de non-recevoir tirée par la commune de ce que les époux Lemonnier, ayant obtenu des tribunaux civils, par la condamnation prononcée contre le maire, le sieur Laur, personnellement, la réparation intégrale du préjudice par eux subi, ne seraient pas recevables à poursuivre une seconde fois, par la voie d'une action devant le Conseil d'État contre la commune, la réparation du même préjudice : *Cons. que la circonstance que l'accident éprouvé serait la conséquence d'une faute d'un agent administratif préposé à l'exécution d'un service public, laquelle aurait le caractère d'un fait personnel de nature à entraîner la condamnation de cet agent par les tribunaux de l'ordre judiciaire à des dommages-intérêts, et que même cette condamnation aurait été effectivement prononcée, ne saurait avoir pour conséquence de priver la victime de l'accident du droit de poursuivre directement, contre la personne publique qui a la gestion du service incriminé, la réparation du préjudice souffert; qu'il appartient seulement au juge administratif, s'il estime qu'il y a une faute de service de nature à engager la responsabilité de la personne publique, de prendre, en déterminant la quotité et la forme de l'indemnité par lui allouée, les mesures nécessaires, en vue d'empêcher que sa décision n'ait pour effet de procurer à la victime, par suite des indemnités qu'elle a pu ou qu'elle peut obtenir devant d'autres juridictions à raison du même accident, une réparation supérieure à la valeur totale du préjudice subi;*

Au fond : Cons. qu'il résulte de l'instruction que la dame Lemonnier a été atteinte le 9 oct. 1910, alors qu'elle suivait la promenade qui longe la rive gauche de l'Agout, d'une balle provenant d'un tir installé sur la rive opposée avec buts flottants sur la rivière ; que l'autorité municipale chargée de veiller à la sécurité des voies publiques avait commis une faute grave en autorisant l'établissement de ce tir sans s'être assurée que les conditions de l'installation et l'emplacement offraient des garanties suffisantes pour cette sécurité ; qu'à raison de cette faute, la commune doit être déclarée responsable de l'accident ; qu'il sera fait une juste appréciation du dommage subi par les époux Lemonnier et dont la commune leur doit réparation intégrale en condamnant cette dernière à leur payer la somme de 12 000 F, sous réserve, toutefois, que le paiement en soit subordonné à la subrogation de la commune, par les époux Lemonnier, jusqu'à concurrence de ladite somme, aux droits qui résulteraient pour eux des condamnations qui auraient été ou qui seraient définitivement prononcées à leur profit, contre le maire, le sieur Laur, personnellement, à raison du même accident, par l'autorité judiciaire ;

Sur les intérêts et les intérêts des intérêts : Cons. que le point de départ des intérêts doit être fixé au 3 avr. 1911, date de l'assignation de la commune devant le tribunal civil de Castres, assignation qui est le premier acte équivalant à une sommation de payer dont il soit justifié par les époux Lemonnier ;

Cons. que les requérants ont demandé la capitalisation des intérêts les 6 déc. 1913, 13 mars 1915 et 5 déc. 1916 ; qu'à chacune de ces dates, il était dû plus d'une année d'intérêts ; qu'il y a lieu, par suite, de faire droit auxdites demandes ; ... (Annulation ; indemnité de 12 000 F ; subrogation ; intérêts et intérêts des intérêts).

OBSERVATIONS

L'arrêt Lemonnier *fait un pas de plus dans la reconnaissance de la responsabilité de l'administration à l'occasion de fautes personnelles commises par ses agents, déjà admise par l'arrêt* Pelletier*.

1 La commune de Roquecourbe (Tarn) tenait, le 9 oct. 1910, sa fête annuelle. Comme précédemment, l'une des attractions les plus recherchées était un tir sur des buts flottant sur la petite rivière de l'Agout. Or, depuis l'année précédente, une promenade plantée d'arbres avait été ouverte sur la rive opposée. Déjà, dans l'après-midi, des promeneurs s'étaient plaint des balles qui sifflaient à leurs oreilles ; prévenu, le maire de la commune avait simplement fait modifier les conditions du tir, mais de manière insuffisante puisque la dame Lemonnier qui se promenait avec son mari reçut dans la joue une balle qui vint se loger entre la colonne vertébrale et le pharynx ; le maire fit alors interrompre le tir.

Les époux Lemonnier, ignorant que depuis l'arrêt *Feutry* (TC 29 févr. 1908, Rec. 208, concl. Teissier ; v. n° 11.2) la responsabilité de toute collectivité publique (État ou autre) devait être mise en jeu devant la juridiction administrative, s'adressèrent au tribunal de Castres, qui se déclara incompétent.

Les époux Lemonnier demandèrent alors des dommages-intérêts au conseil municipal de la commune ; leur demande ayant été rejetée, ils se pourvurent en Conseil d'État.

Mais, dans le même temps, l'appel du jugement du tribunal de Castres venait devant la Cour de Toulouse et, si celle-ci confirmait ce jugement quant à la déclaration d'incompétence sur la responsabilité administrative, elle l'infirmait en reconnaissant une responsabilité personnelle du maire.

C'est à ce moment que le pourvoi des époux Lemonnier, tendant à la réparation du préjudice subi du fait de l'administration, fut examiné par le Conseil d'État.

Ce fut l'occasion pour lui, sur les conclusions du commissaire du gouvernement Léon Blum, de faire progresser la responsabilité de l'administration pour les dommages commis par ses agents, grâce à une solution (I) qui devait connaître ultérieurement de nouveaux développements (II).

2 **I. —** ***A.*** – Avant l'arrêt *Lemonnier*, la jurisprudence avait d'abord reconnu que, si en cas de faute de service la responsabilité personnelle de l'agent ne pouvait être recherchée, en cas de faute personnelle lui seul était responsable (TC 30 juill. 1873, *Pelletier**).

Les faits ne permirent pas longtemps à la jurisprudence de se satisfaire de cette trop simple composition en diptyque. La distinction des deux fautes devient artificielle lorsqu'en réalité elles sont étroitement mêlées dans l'origine du dommage. De plus le fonctionnaire est fréquemment hors d'état de réparer le préjudice causé par sa faute alors que l'administration est rarement étrangère à la réalisation de la faute et qu'elle a les moyens de réparer le préjudice ; mais, en excluant la responsabilité personnelle en cas de responsabilité administrative, on risque de réduire le zèle apporté par l'agent à l'accomplissement de sa fonction.

Le Conseil d'État admit donc dans l'arrêt *Anguet* du 3 févr. 1911 (Rec. 146, v. n° 2.7) qu'*une faute personnelle pouvait se cumuler avec une faute de service* et que celle-ci était de nature à engager la responsabilité de l'administration.

L'arrêt *Lemonnier* franchit un nouveau pas en admettant qu'une *faute unique,* due essentiellement au fait personnel de l'agent, entraîne la responsabilité du service aussi bien que celle de l'agent.

Il passe ainsi du *cumul de fautes* (entraînant déjà cumul de responsabilités) au *cumul de responsabilités* pour une seule faute.

3 ***B.*** — Dans le litige qui l'opposait aux époux Lemonnier, la commune de Roquecourbe soutenait que le dommage en cause avait été réparé par l'arrêt de la Cour de Toulouse condamnant personnellement le maire, et que la nouvelle demande présentée au Conseil d'État était de ce fait irrecevable. Le commissaire du gouvernement Léon Blum fut d'un avis

différent : « *La déclaration et la réparation par l'autorité judiciaire de la faute personnelle reprochée à l'individu, qui est en même temps l'agent d'un service public, ne fait nullement obstacle, à notre avis, à ce que l'autorité administrative recherche et déclare pour les mêmes faits la faute et la responsabilité du service* ». En faveur de cette thèse, il invoqua l'autonomie de la décision judiciaire, puisque, selon la jurisprudence même du Tribunal des conflits, la recherche par l'autorité judiciaire de l'imputabilité d'une faute à un fonctionnaire ne doit pas entraîner d'examen critique des conditions de fonctionnement du service. En ce qui concerne la faute de service, il n'a pu y avoir de décision judiciaire (sinon le conflit eût dû être élevé) : l'autorité de la chose jugée ne peut donc être invoquée. Il faut ainsi admettre « *la coexistence possible d'une faute que l'autorité judiciaire pourra considérer comme personnelle à l'agent et engageant sa responsabilité propre, avec une faute administrative que l'autorité administrative devra considérer comme faute du service engageant la responsabilité de l'administration* ». Dès lors qu'existe cette faute de service, et bien souvent la faute de l'agent la fera présumer, la mise en cause possible de l'agent ne doit pas faire échapper l'administration à sa responsabilité propre. Comme l'a dit le commissaire du gouvernement, si la faute personnelle « *a été commise dans le service, ou à l'occasion du service, si les moyens et les instruments de la faute ont été mis à la disposition du coupable par le service, si la victime n'a été mise en présence du coupable que par l'effet du jeu du service, si en un mot, le service a conditionné l'accomplissement de la faute ou la production de ses conséquences dommageables vis-à-vis d'un individu déterminé, le juge administratif, alors, pourra et devra dire : la faute se détache peut-être du service – c'est affaire aux tribunaux judiciaires d'en décider –, mais le service ne se détache pas de la faute. Alors même que le citoyen lésé posséderait une action contre l'agent coupable, alors même qu'il aurait exercé cette action, il possède et peut faire valoir une action contre le service, et aucune fin de non-recevoir ne peut être tirée contre la seconde action de la possibilité ou de l'existence de la première* ».

Le Conseil suivit son commissaire du gouvernement en admettant qu'en l'espèce l'établissement du tir dans des conditions d'insécurité constituait une faute dont la commune devait intégralement réparation à la victime. Il adopta en même temps le principe corrélatif du non-cumul des indemnités, le préjudice devant être réparé dans son intégralité, mais non au-delà, et l'administration devant ainsi être subrogée le cas échéant aux droits de la victime contre l'auteur du fait dommageable.

4 **II.** — La jurisprudence ultérieure, rejoignant les positions soutenues par Léon Blum en 1918, devait élargir le champ d'application de la théorie du cumul de responsabilités, non seulement pour la faute personnelle dans le service (A), mais aussi pour la faute personnelle hors du service (B).

A. — Jusqu'en 1949 la commission de *la faute personnelle dans le service* a été exigée. Cette exigence se justifiait, semble-t-il, par l'idée de *culpa in vigilando* du service à l'égard du fonctionnaire personnellement fautif et par le souci de ne pas aller jusqu'à admettre la responsabilité pour risque, reconnue pour le commettant du fait de son préposé par le droit privé contemporain.

Elle était le prolongement de l'arrêt *Anguet* du 3 févr. 1911 (Rec. 146, n° 2.7) relatif au cumul de fautes. Elle s'est atténuée lorsque le Conseil d'État a considéré que le fait dommageable, tout en constituant une faute personnelle, « *révèle un fonctionnement défectueux du service public* » (CE 19 mai 1948, *Souchon*, Rec. 221).

La référence à la faute de service a fini par ne plus être qu'implicite. De la rédaction de nombreux arrêts, il résulte que la seule circonstance que la faute personnelle a été commise dans le service suffit pour que la responsabilité de l'administration soit engagée : tel est le cas d'un vol commis par une receveuse des postes dans l'exercice de ses fonctions (CE 21 avr. 1937, *Delle Quesnel*, Rec. 413).

D'autres arrêts considèrent aussi la faute personnelle commise « *à l'occasion du service* » comme engageant la responsabilité de celui-ci (CE 25 nov. 1955, *Dame Vve Paumier*, Rec. 564 : brutalités commises par des agents de police ; – Sect., 18 nov. 1960, *Tilhaud*, Rec. 636 ; AJ 1960.I.189, chr. Galabert et Gentot : pillages accomplis par des militaires).

L'idée de faute du service, même implicite, disparaît : la faute personnelle est exclusive de faute du service ; mais son accomplissement dans le service ou à l'occasion du service suffit à obliger le service à en répondre. La responsabilité de l'administration restait cependant exclue lorsque la faute personnelle était commise hors du service (CE, Ass., 30 janv. 1948, *Dame Vve Buffevant*, Rec. 51).

5 *B.* — Un pas de plus a été franchi lorsque le Conseil d'État a reconnu la responsabilité de l'administration pour *une faute personnelle commise hors du service*, par les arrêts *Mimeur, Defaux* et *Besthelsemer* du 18 nov. 1949 (Rec. 492 ; JCP 1950.II.5286, concl. Gazier ; D. 1950.667, note J.G. ; EDCE 1953.80, chr. Long ; RA 1950.38, note Liet-Veaux ; RD publ. 1950.183, note M. Waline ; GCJA, vol. 2, n° 12, concl.), rendus tous trois en matière d'accidents causés par des automobiles de l'administration utilisés par leurs conducteurs en dehors de leur affectation normale. Incontestablement la faute était commise en dehors du service. Le commissaire du gouvernement, M. Gazier, aurait pu soutenir qu'il y avait certes une faute personnelle, cause immédiate du fait dommageable, mais aussi, antérieurement, une faute du service (négligence, défaut de surveillance) qui avait rendu possible la faute personnelle. Un tel système aurait cependant méconnu les nécessités de l'action administrative : « on ne peut imposer à chaque chauffeur un contrôleur qui appellerait à son tour un gardien… ». L'application de la jurisprudence antérieure devait en pareil cas aboutir au rejet de la demande ; mais ce rejet, a déclaré le commissaire du gouvernement, « *s'il satisfait la logique, heurte gravement l'équité ; la généralisation de plus en plus obligatoire des assurances et la jurisprudence judiciaire qui admet presque toujours la responsabilité du commettant dans les abus de fonction du préposé*

ont chassé cette iniquité du secteur privé ; il est très choquant qu'elle subsiste dans le secteur public ». Suivant les conclusions de M. Gazier, le Conseil d'État considéra que « *l'accident litigieux survenu du fait d'un véhicule qui avait été confié au conducteur pour l'exécution d'un service public, ne saurait, dans les circonstances de l'affaire, être regardé comme dépourvu de tout lien avec le service* » et jugea que la responsabilité administrative était engagée.

Ainsi est admise la responsabilité de l'administration pour des fautes personnelles commises hors du service, sans faute de service même présumée, dès lors que ces fautes personnelles ne sont pas dépourvues de tout lien avec le service. C'est un nouveau progrès du cumul des responsabilités.

6 Pour les accidents de véhicules, la loi du 31 déc. 1957 a tari ce champ d'application de la responsabilité administrative pour faute personnelle non dépourvue de tout lien avec le service, puisque les tribunaux judiciaires « *sont seuls compétents pour statuer sur toute action en responsabilité tendant à la réparation des dommages de toute nature causés par un véhicule quelconque* » et que « *cette action sera jugée conformément aux règles du droit civil, la responsabilité de la personne morale de droit public étant à l'égard des tiers substituée à celle de son agent, auteur des dommages causés dans l'exercice de ses fonctions* ».

Mais le Conseil d'État a continué à appliquer les principes de l'arrêt *Mimeur* au cas de fautes personnelles commises par des policiers, militaires ou douaniers hors du service grâce aux moyens (notamment les armes) dont le service leur permet de disposer. Il a jugé que la mort accidentelle d'un gardien de la paix tué par un de ses collègues qui avait manipulé maladroitement dans leur chambre commune son pistolet de service « *ne peut être regardée comme dépourvue de tout lien avec le service* » (Ass., 26 oct. 1973, *Sadoudi*, Rec. 603 ; RD publ. 1974.936, concl. A. Bernard ; D. 1974.255, note J.-M. Auby ; RD publ. 1974.554, note M. Waline ; JCP 1974.II.17596, note Franck ; AJ 1973.582, chr. Franc et Boyon). L'arrêt prend soin de relever deux circonstances particulières : d'une part, l'obligation faite aux policiers de conserver leur pistolet à leur domicile et, d'autre part, le caractère dangereux d'une arme à feu.

A également été considérée comme une faute personnelle non dépourvue de tout lien avec le service l'utilisation volontaire, à plusieurs reprises, d'une arme personnelle en dehors des heures de service par un gendarme, qui a accompli ses méfaits dans la circonscription même où il exerçait ses fonctions, participait aux enquêtes menées à leur sujet, était informé de leur progression et de leurs résultats, en sorte que son appartenance à la gendarmerie a contribué à lui permettre d'échapper aux recherches et de poursuivre ses activités criminelles pendant une longue période (CE 18 nov. 1988, *Ministre de la défense c. Époux Raszewski*, Rec. 416 ; D. 1989. SC. 346, obs. Moderne et Bon ; JCP 1989.II.21211, note Pacteau ; LPA 22 sept. 1989, note Paillet).

7 Les prolongements de la jurisprudence *Époux Lemonnier* sont particulièrement illustrés dans une affaire où une fonctionnaire municipale, victime des agissements du maire à son égard, a successivement saisi la juridiction judiciaire contre lui pour obtenir, outre sa condamnation pénale, une condamnation à réparer le préjudice subi, et la juridiction administrative contre la commune également pour indemnité. Les deux juridictions s'étant déclarées incompétentes à ce sujet, le Tribunal des conflits a été saisi. Par un arrêt du 19 mai 2014, *Mme Berthet c. Filippi* (Rec. 461 ; DA 2014, n° 60, comm. Éveillard ; JCP Adm. 2015.2006, note Pauliat), il a d'abord constaté que les deux juridictions avaient été appelées à statuer sur une demande de réparation des conséquences dommageables d'une même faute. Puis il a distingué les deux actions : d'une part, la faute commise par le maire, eu égard à sa gravité et aux objectifs purement personnels qu'il poursuivait, était une faute personnelle détachable du service, dont la victime pouvait lui demander réparation devant la juridiction judiciaire ; d'autre part, la faute du maire ayant été commise à l'occasion de l'exercice de ses fonctions et n'étant donc pas dépourvue de tout lien avec le service, la victime avait la possibilité de rechercher devant la juridiction administrative la responsabilité de la commune. Chaque juridiction doit cependant veiller à ce que la victime n'obtienne pas une réparation supérieure à la valeur du préjudice subi. Si les circonstances sont différentes de celles de l'affaire *Lemonnier*, la solution est de même type.

Un autre prolongement a été réalisé par le Conseil d'État dans l'arrêt du 28 juin 2019, *Mme Baranès et syndicat SGEN-CFDT* (Rec. 250, concl. Cytermann ; JCP Adm. 2019.2345, note Pauliat) à propos du harcèlement moral dont est victime un agent dans l'exercice de ses fonctions du fait d'autres agents placés sous son autorité : l'intéressé « peut demander à être indemnisé par l'administration de la totalité du préjudice subi, alors même que les agissements ne résulteraient pas d'une faute qui serait imputable à celle-ci » ; s'ils sont imputables aux fautes personnelles des autres agents, elle peut se retourner contre eux par une action récursoire permettant de déterminer la contribution de chacun à la réparation (v. CE 28 juill. 1951, *Laruelle**).

8 L'*extension de la responsabilité de l'administration pour faute de ses agents* depuis l'arrêt *Pelletier** du 30 juill. 1873 permet aujourd'hui de reconnaître cette responsabilité dans *quatre séries de cas* : soit en cas de faute de service des agents, soit en cas de faute personnelle cumulée avec une faute de service, soit en cas de faute personnelle commise dans le service ou à l'occasion du service, soit en cas de faute personnelle commise hors du service mais non dépourvue de tout lien avec le service.

Ainsi le juge administratif peut faire appel, selon les circonstances de chaque espèce, à l'une ou à l'autre de ces formules, en préférant, dans la mesure du possible, utiliser les plus traditionnelles et en n'appliquant qu'à titre subsidiaire, quand il ne peut faire autrement, les plus récentes, qui sont les plus audacieuses.

31

POUVOIRS DE GUERRE
ET CIRCONSTANCES EXCEPTIONNELLES

Conseil d'État, 28 février 1919, *Dames Dol et Laurent*
(Rec. 208 ; S. 1918-1919.3.33, note Hauriou ; RD publ. 1919.338, note Jèze)

Cons. que, par ses arrêtés en date des 9 avr., 13 mai et 24 juin 1916, le préfet maritime gouverneur du camp retranché de Toulon a interdit, d'une part, à tous propriétaires de cafés, bars et débits de boissons, de servir à boire à des filles tant isolées qu'accompagnées et de les recevoir dans leurs établissements ; d'autre part, à toute fille isolée de racoler en dehors du quartier réservé, et à toute femme ou fille de tenir un débit de boissons ou d'y être employée à un titre quelconque ; qu'il a prévu comme sanctions à ces arrêtés le dépôt au « violon » des filles par voie disciplinaire ainsi que leur expulsion du camp retranché de Toulon en cas de récidive et la fermeture au public des établissements où seraient constatées des infractions auxdits arrêtés ;

Cons. que les dames Dol et Laurent, se disant filles galantes, ont formé un recours tendant à l'annulation pour excès de pouvoir des mesures énumérées ci-dessus comme prises en dehors des pouvoirs qui appartenaient au préfet maritime ;

Cons. que les limites des pouvoirs de police dont l'autorité publique dispose pour le maintien de l'ordre et de la sécurité, tant en vertu de la législation municipale que de la loi du 9 août 1849, ne sauraient être les mêmes dans le temps de paix et pendant la période de guerre où les intérêts de la défense nationale donnent au principe de l'ordre public une extension plus grande et exigent pour la sécurité publique des mesures plus rigoureuses ; qu'il appartient au juge, sous le contrôle duquel s'exercent ces pouvoirs de police, de tenir compte, dans son appréciation, des nécessités provenant de l'état de guerre, selon les circonstances de temps et de lieu, la catégorie des individus visés et la nature des périls qu'il importe de prévenir ;

Cons. qu'au cours de l'année 1916 les conditions dans lesquelles les agissements des filles publiques se sont multipliés à Toulon ont, à raison tant de la situation militaire de cette place forte que du passage des troupes à destination ou en provenance de l'Orient, présenté un caractère particulier de gravité, dont l'autorité publique avait le devoir de se préoccuper au point de vue tout à la fois du maintien de l'ordre, de l'hygiène et de la salubrité, et aussi de la nécessité de prévenir le danger que présentaient pour la défense nationale la fréquentation d'un personnel suspect et les divulgations qui pouvaient en résulter ; qu'il est apparu que les mesures faisant l'objet du présent pourvoi s'imposaient pour sauvegarder d'une manière efficace tout à la fois la troupe et l'intérêt national ;

Cons. que si, dans ce but, certaines restrictions ont dû être apportées à la liberté individuelle, en ce qui concerne les filles, et à la liberté du commerce, en ce qui concerne les débitants qui les reçoivent, ces restrictions, dans les termes où elles sont formulées, n'excèdent pas la limite de celles que, dans les circonstances sus-relatées, il appartenait au préfet maritime de prescrire ; qu'ainsi, en les édictant, le préfet maritime a fait un usage légitime des pouvoirs à lui conférés par la loi ; ... (Rejet).

OBSERVATIONS

L'arrêt Dames Dol et Laurent *illustre à la fois la théorie des circonstances exceptionnelles admise par l'arrêt* Heyriès* *et le contrôle des mesures de police que développera l'arrêt* Benjamin*.

1 À Toulon, en 1916, la galanterie vénale sévissait avec une ampleur inquiétante. Les militaires qui partaient pour le front d'Orient ou qui en revenaient devaient être protégés contre la tentation d'acheter des plaisirs qui risquaient non seulement d'avoir des conséquences fâcheuses pour leur santé, mais encore de les transformer, par la voie des confidences d'alcôve, en agents inconscients de l'espionnage ennemi. C'est pourquoi le préfet maritime de Toulon décida d'interdire aux débitants de boissons de servir à boire à des filles publiques et de les recevoir dans leurs locaux, sous peine de fermeture de leurs établissements, et aux filles elles-mêmes de racoler en dehors du quartier réservé et de tenir un débit de boissons, sous peine d'internement ou d'expulsion du camp retranché. L'arrêté préfectoral fut déféré au Conseil d'État par deux personnes « se disant filles galantes ».

Le Conseil d'État avait déjà eu l'occasion de connaître de l'application de la loi du 9 août 1849 sur l'état de siège à propos de décisions prises par l'autorité militaire sur la base de l'article 9, § 4, de cette loi prononçant la fermeture de débits de boissons dans lesquels s'étaient produits des incidents, à la même époque. Or, la loi de 1849 n'ayant eu pour effet que de transférer à l'autorité militaire les pouvoirs exercés en temps normal par l'autorité civile, la fermeture de tels établissements ne pouvait être décidée, puisque la jurisprudence en refusait le droit à l'autorité civile, à moins que ces établissements ne fussent considérés comme des lieux de réunion, l'autorité militaire pouvant en effet, aux termes de la loi de 1849, supprimer le droit de réunion. Ainsi amené à interpréter la notion de « réunion » au sens de la loi du 9 août 1849, le Conseil d'État avait suivi le commissaire du gouvernement Corneille qui, contestant « formellement et très nettement » que l'on pût déterminer « l'étendue des pouvoirs exceptionnels conférés à l'autorité militaire... au moyen d'une simple référence à la législation du temps de paix, du temps normal », avait exposé dans ses conclusions que « la législation de l'état de siège... substitue à l'état de droit ordinaire un état exceptionnel s'adaptant aux nécessités de l'heure et aux circonstances anormales qui le provoquaient... L'expression « réunion » contenue dans le § 4 de l'art. 9 de la loi du 9 août 1849 doit donc, en principe, être interprétée avec son sens le plus large… Un débit de boissons est un lieu de réunion » (CE 6 août 1915, *Delmotte*, Rec. 275, concl. Corneille ; D. 1916.3.1, concl. ; S. 1916.3.9, note Hauriou ; RD publ. 1915.700, note Jèze ; en sens inverse, v. Crim., 13 juill. 1941, *Mazioux*, D. 1941.133).

2 Dans l'espèce *Dol et Laurent,* il ne s'agissait plus d'interpréter d'une manière large la loi du 9 août 1849. En effet, aucune disposition de cette loi n'autorisait expressément le préfet maritime à porter à la liberté individuelle et à la liberté du commerce et de l'industrie une atteinte aussi grave. Le préfet maritime s'était fondé sur l'art. 7 de cette loi, en vertu duquel « aussitôt l'état de siège déclaré, les pouvoirs dont l'autorité civile était revêtue pour le maintien de l'ordre et de la police passent tout entiers à l'autorité militaire ». L'autorité civile ne pouvait agir, en pareille matière, qu'en vertu de la loi du 5 avr. 1884, qui ne lui permettait pas d'interdire légalement aux propriétaires de débits de servir à boire à des filles, ni à ces filles de tenir un bar ou d'y être employées. Pour juger légal l'arrêté attaqué le Conseil d'État a dû reconnaître que les limites du pouvoir de police n'étaient pas les mêmes en temps de paix qu'en temps de guerre. L'idée était sous-jacente à l'arrêt *Delmotte* et avait été exprimée par le commissaire du gouvernement Corneille, mais elle n'était pas nettement formulée dans la décision, qui pouvait se justifier par simple référence aux textes en vigueur. Elle apparaît, par contre, avec la valeur d'une affirmation de principe dans la décision *Dames Dol et Laurent*.

Cette décision se rattache à la théorie générale, naissante à cette époque, et que venait d'illustrer quelques mois plus tôt l'arrêt *Heyriès**, des pouvoirs de guerre et des circonstances exceptionnelles. Elle emprunte cependant une terminologie différente de celle de sa devancière.

Alors que la décision *Heyriès* relève que le président de la République n'a fait qu'user « légalement » des pouvoirs qu'il tient de la loi constitutionnelle du 25 févr. 1875, la décision commentée souligne que le préfet maritime a fait un usage « légitime » des pouvoirs à lui conférés par la loi.

32

RESPONSABILITÉ – RISQUE

Conseil d'État, 28 mars 1919, *Regnault-Desroziers*
(Rec. 329 ; RD publ. 1919.239, concl. Corneille, note Jèze ; D. 1920.3.1, note Appleton ; S. 1918-1919.3.25, note Hauriou)

Cons. qu'il résulte de l'instruction que, dès l'année 1915, l'autorité militaire avait accumulé une grande quantité de grenades dans les casemates du Fort de la Double-Couronne, situé à proximité des habitations d'une agglomération importante ; qu'elle procédait, en outre, constamment à la manutention de ces engins dangereux, en vue d'alimenter rapidement les armées en campagne ; *que ces opérations effectuées dans des conditions d'organisation sommaires, sous l'empire des nécessités militaires, comportaient des risques excédant les limites de ceux qui résultent normalement du voisinage, et que de tels risques étaient de nature, en cas d'accident survenu en dehors de tout fait de guerre, à engager, indépendamment de toute faute, la responsabilité de l'État ;*

Cons. qu'il n'est pas contesté que l'explosion du Fort de la Double-Couronne, survenue le 4 mars 1916, ait été la conséquence des opérations ci-dessus caractérisées ; que, par suite, le requérant est fondé à soutenir que l'État doit réparer les dommages causés par cet accident ; ... (Annulation ; indemnité accordée).

OBSERVATIONS

Alors que l'arrêt Cames* *avait ouvert la responsabilité pour risque aux collaborateurs de l'administration, l'arrêt* Regnault-Desroziers *l'étend aux tiers.*

1 Le 4 mars 1916, une formidable explosion se produisit au fort de la Double-Couronne, au nord de Saint-Denis. C'était un dépôt de grenades et de bombes incendiaires qui sautait, faisant de nombreuses victimes, et provoquant d'importants dégâts matériels : 14 soldats et 19 civils tués, 81 personnes blessées, de nombreux immeubles ravagés. L'autorité militaire avait entassé dans ce fort des milliers d'explosifs destinés au front, sans prendre les précautions nécessaires pour éviter que ce dépôt de munitions constituât un danger pour le voisinage. Des recours à fin d'indemnité ayant été formés à la suite de cet accident, le commissaire du gouvernement Corneille proposa au Conseil d'État de les accueillir,

en considérant que la responsabilité de l'État était engagée à raison des *fautes* commises par l'autorité militaire dans l'organisation du service. Le Conseil d'État ne le suivit pas : s'il reconnut aux requérants droit à indemnité, c'est en raison du *risque* anormal de voisinage créé par l'accumulation d'une grande quantité de grenades à proximité d'une agglomération et par la manutention constante de ces engins, dans des conditions d'organisation sommaires.

Jusqu'alors la théorie des risques anormaux de voisinage n'avait reçu d'application qu'en matière de travaux publics : les dommages permanents résultant de la réalisation d'un travail public ou de la présence d'un ouvrage public et qui excèdent les inconvénients normaux du voisinage engagent la responsabilité administrative dès lors qu'est établi le lien de causalité entre le travail public et le préjudice (CE 31 janv. 1890, *Nicot*, Rec. 112 ; – 16 mars 1906, *de Ségur*, Rec. 242). Mais, jusqu'à l'arrêt *Regnault-Desroziers,* le Conseil d'État, dans des cas analogues, n'admettait que la responsabilité pour faute (CE 10 mai 1912, *Ambrosini*, Rec. 549 ; S. 1912.3.161, note Hauriou : explosion du cuirassé « Iéna »).

Désormais les victimes d'un risque exceptionnel vont recevoir réparation sans avoir à prouver l'existence d'une faute. La jurisprudence s'est élargie progressivement en admettant que ce risque peut résulter de *choses dangereuses* (I), d'*activités dangereuses* (II) ou de *situations dangereuses* (III).

2 **I.** — En ce qui concerne les *choses dangereuses,* les munitions entreposées dans un bâtiment ou dans un moyen de transport ont encore donné lieu à l'application du principe posé par l'arrêt *Regnault-Desroziers* (CE 20 mai 1920, *Colas*, Rec. 532 : explosion du cuirassé « Liberté » ; – Ass., 16 mars 1945, *SNCF*, Rec. 54 ; D. 1946.290. concl. Lefas, note M. Waline ; JCP 1945.II.2903, note Charlier, et Ass., 21 oct. 1966, *Ministre des armées c. SNCF*, Rec. 557 ; D. 1967.164, concl. Baudouin ; AJ 1967.37, chr. Lecat et Massot ; JCP 1967.II.15198, note Blaevoet : explosion de wagons de munitions).

Puis l'emploi d'armes à feu a ouvert également droit à indemnité au profit des victimes sur la base du risque (CE, Ass., 24 juin 1949, *Consorts Lecomte*, Rec. 307 ; S. 1949.3.61, concl. Barbet ; JCP 1949.II.5092, concl., note George ; D. 1950.5, chr. Berlia et Morange ; RD publ. 1949.583, note M. Waline) – ce qui pourrait particulièrement s'appliquer aussi aux armes d'un type nouveau utilisées par les forces de police à l'occasion des manifestations.

Enfin, alors qu'en principe, les usagers d'un ouvrage public ne peuvent obtenir réparation du dommage subi du fait de cet ouvrage qu'en cas de défaut d'entretien normal, dont la présomption peut être renversée par la preuve contraire (par ex. CE, Sect., 26 avr. 1968, *Ville de Cannes*, Rec. 268 ; JCP 1969.II.15870, concl. Galmot ; AJ 1968.652, note J. Moreau), le caractère exceptionnellement dangereux d'un ouvrage a conduit à engager la responsabilité du maître de l'ouvrage ou du maître d'œuvre à l'égard des usagers même en l'absence d'un vice de conception ou d'un défaut d'aménagement ou d'entretien normal (CE, Ass.,

6 juill. 1973, *Ministre de l'équipement et du logement c. Dalleau*, Rec. 482 ; AJ 1973.588, chr. Franc et Boyon ; D. 1973.740, note Moderne ; JCP 1974.II.17625, note Tedeschi : route exposée à des éboulements constants en raison de la configuration des lieux et de la nature du terrain). En revanche lorsque cet ouvrage n'a pas ou n'a plus de caractère dangereux, on retrouve le droit commun (responsabilité pour défaut d'entretien normal à l'égard des usagers : CE 11 juill. 1983, *Ministre des transports c. Kichenin*, Rec. 898 ; RA 1983.579, note Pacteau ; RD publ. 1983.1389, note J. Waline, pour la même route que celle de l'arrêt *Dalleau* ; – Sect., 5 juin 1992, *Ministre de l'équipement, du logement, des transports et de la mer c. Époux Cala*, Rec. 225 ; RFDA 1993.67, concl. Le Chatelier ; AJ 1992.650, chr. Maugüé et Schwartz).

L'application du régime de la responsabilité sans faute aux usagers d'un ouvrage exceptionnellement dangereux prouve que c'est moins le risque de voisinage qui justifie ce type de responsabilité, comme le souligne l'arrêt *Regnault-Desroziers,* que le caractère dangereux de la chose en elle-même, quelle que soit la situation de la victime. Le plus souvent, celle-ci est le voisin de la chose ; mais elle peut subir un dommage dans une situation autre que celle de voisinage : le danger exceptionnel qu'elle encourt du fait de cette chose suffit à entraîner la responsabilité sans faute de l'administration.

3 **II.** — Cette observation se confirme à propos d'*activités* entreprises par l'administration, qui engagent sans faute la responsabilité de celle-ci en raison du risque spécial qu'elles créent.

La solution a d'abord été adoptée à propos des *mineurs délinquants*, pour lesquels une ordonnance du 2 févr. 1945 a substitué au régime antérieur d'incarcération un système plus libéral d'internat surveillé auquel ils peuvent facilement échapper. Le législateur, en aménageant des méthodes modernes de rééducation, de réinsertion et de soins pour les délinquants ou malades mentaux, qui laissent aux bénéficiaires une liberté leur permettant d'accomplir des méfaits (violence, vol, incendie, etc.), fait ainsi courir aux administrés un risque spécial pour les tiers : l'État doit donc répondre des dommages causés par les pensionnaires d'un établissement d'éducation surveillée (CE, Sect., 3 févr. 1956, *Ministre de la justice c. Thouzellier*, Rec. 49 ; AJ 1956.II.96, chr. Gazier ; D. 1956.597, note J.-M. Auby ; JCP 1956.II.9608, note Lévy ; RD publ. 1956.854, note M. Waline ; RPDA 1956.51, note Bénoit). La solution a été étendue des institutions publiques aux institutions privées pratiquant les mêmes méthodes de rééducation, habilitées à recevoir des mineurs délinquants au titre du service public de l'éducation surveillée (CE, Sect., 19 déc. 1969, *Établissements Delannoy*, Rec. 596 ; RD publ. 1970.787, concl. S. Grévisse et 1220, note M. Waline ; AJ 1970.99, chr. Denoix de Saint Marc et Labetoulle ; D. 1970.268, note Garrigou-Lagrange ; RTDSS 1970.64, note Lavagne et 178, note Moderne) ou même seulement aux personnes reconnues « dignes de confiance » (CE, Sect., 5 déc. 1997, *Garde des Sceaux, ministre de la justice c. Pelle*, Rec. 481 ;

RFDA 1998.569, concl. Bonichot 574, obs. Dietsch et 575, note Guettier ; D. 1999.SC.51, obs. Bon et de Béchillon). Elle a été admise lorsque les mineurs sont confiés aux grands-parents (CE 26 juill. 2007, *Garde des Sceaux, ministre de la justice c. M. et Mme Jaffuer*, Rec. 1072 ; Gaz. Pal. 20 nov. 2008, concl. Guyomar ; AJ 2008.101, note Chalus) et même lorsqu'ils effectuent un séjour autorisé dans leur famille (CE 6 déc. 2012, *Garde des Sceaux, ministre de la justice et des libertés c. Association JLCT*, Rec. 981).

Le bénéfice de la théorie du risque spécial avait été accordé dans l'arrêt *Thouzellier* aux « tiers résidant dans *le voisinage* ». Le Conseil d'État a abandonné la notion de « voisinage », qui était d'ailleurs difficile à préciser, et se contente de faire état du « risque spécial pour les tiers », tout en vérifiant qu'il existe un « lien direct de causalité » entre le fonctionnement de l'institution et le préjudice subi (CE 24 févr. 1965, *Caisse primaire centrale de sécurité sociale de la région parisienne*, Rec. 127 et 26 mars 1965, *Ministre de la justice c. Compagnie d'assurances La Zurich*, Rec. 1055 ; D. 1966.322, note Vincent et Prévault ; AJ 1965.339, chr. Puybasset et Puissochet ; – 9 mars 1966, *Ministre de la justice c. Trouillet*, Rec. 201 ; JCP 1966.II.14811, concl. Braibant, note Moderne ; AJ 1966.520, note A. de L.). Il admet que les victimes appartenant à la fratrie de l'auteur des faits litigieux ont la qualité de tiers (6 déc. 2012, préc.).

4 Des mineurs dangereux que sont les mineurs délinquants, la jurisprudence s'est élargie aux mineurs *en danger* et est passée à leur sujet du système du risque à celui de la garde (v. P. Bon, RFDA 2013.127).

Certains de ces mineurs relèvent du service de *l'assistance éducative* sur *décision du juge judiciaire* les plaçant auprès d'organismes privés ou d'institutions publiques. S'ils commettent des actes dommageables, la responsabilité en incombe aux premiers devant les juridictions judiciaires, aux secondes devant les juridictions administratives. Le régime est semblable. Pour la Cour de cassation (Civ. 26 juin 2012, *GMF ; Association départementale de la sauvegarde de l'enfance et de l'adolescence ; AGF c. Association de la région havraise pour l'enfance et l'adolescence en difficultés*, Bull. civ. II, n° 120, p. 96 ; D.2002.2750, note Huyette ; JCP 2003.II.10068, notes Gouttenoire-Cornut et Roget), se fondant sur l'ancien article 1384 alinéa 1 du Code civil, *« une association chargée par décision d'un juge des enfants d'organiser et de contrôler à titre permanent le mode de vie d'un mineur demeure... responsable de plein droit du fait dommageable commis par ce mineur, même lorsque celui-ci habite avec ses parents »*. Pour le Conseil d'État (Sect., 11 févr. 2005, *GIE Axa courtage*, Rec. 45 ; RFDA 2005.594, concl. Devys, note Bon ; AJ 2005.663, chr. Landais et Lenica ; BJCL 2005.260, obs. Robineau-Israël et Vialettes ; D.2005.1762, note Lemaire ; ; JCP 2005.II.10070, note Rouault ; JCP Adm. 2005.1132, note J. Moreau ; RD publ. 2006.1221. art. Meillon, et 523, note Guettier ; RDSS 2005.466, note Cristol), *« la décision par laquelle le juge des enfants confie la garde d'un mineur, dans le cadre d'une mesure d'assistance éducative..., transfère à la personne qui en est chargée la responsabilité d'organiser, diriger et contrôler la vie du mineur ; en raison des pouvoirs dont l'État se trouve ainsi investi lorsque le mineur a été confié à un service ou établissement qui relève de son autorité, sa responsabilité est engagée, même sans faute, pour les dommages causés aux tiers par ce mineur »*. La solution pourrait être limitée au cas de prise en charge durable et globale comme dans le cas suivant.

C'est celui d'autres mineurs, qui relèvent du service de *l'aide sociale à l'enfance* sur *décision administrative* prise par le président du conseil départemental. Si cette décision *« s'analyse comme une prise en charge durable et globale de ce mineur, pour une période convenue, par l'aide sociale à l'enfance »*, elle *« a pour effet de transférer au département la responsabilité d'organiser, de diriger et de contrôler la vie du mineur durant cette période ; ni la circonstance que la décision de prise en charge du mineur prévoie un retour de celui-ci dans son milieu familial de façon ponctuelle ou selon un rythme qu'elle détermine ni celle que le mineur y retourne de sa propre initiative ne font par elles-mêmes obstacle à ce que cette décision entraîne un tel transfert de responsabilité ; en raison des pouvoirs dont le département se trouve, dans ce cas, investi, sa responsabilité est engagée, même sans faute, pour les dommages causés aux tiers par ce mineur, y compris lorsque ces dommages sont survenus alors que le mineur est hébergé par ses parents »* (CE, Sect., 1er juill. 2016, *Société Groupama Grand Est*, Rec. 310, concl. Decout-Paolini ; JCP Adm. 2016.2230, concl., note Habchi ; AJ 2016.2292, note Canguilhem ; RFDA 2016.979, note Bon ; RDSS. 2016.955, note Cristol).

Dans ces deux types d'hypothèses, « *cette responsabilité n'est susceptible d'être atténuée ou supprimée que dans le cas où elle est imputable à un cas de force majeure ou à une faute de la victime* ».

5 La combinaison de la jurisprudence *Thouzellier* (risque) de la jurisprudence et *GIE Axa courtage* (garde) a été réalisée par l'arrêt (Sect.) du 1er févr. 2006, *Garde des Sceaux, ministre de la justice c. Mutuelle des instituteurs de France* (Rec. 42, concl. Guyomar ; RFDA 2006.602, concl., note Bon ; AJ 2006.586, chr. Landais et Lenica ; D. 2006.2301, note Fort ; RGCT 2007.57, note Lemaire ; RD publ. 2007.632, comm. Guettier) dans le cas d'un mineur délinquant confié à un « gardien » : en cas de dommages causés aux tiers par ce mineur, peut être engagée la responsabilité à la fois de la personne à laquelle il a été confié (système de la garde), et de l'État du fait de la mise en œuvre d'une mesure de liberté surveillée prévue par l'ordonnance du 2 févr. 1945 (système du risque).

6 La solution de l'arrêt *Thouzellier* a été étendue aux dommages causés par les détenus bénéficiaires de permissions de sortie (CE 2 déc. 1981, *Garde des Sceaux, ministre de la justice c. Theys*, Rec. 456 ; D. 1982.550, note Tedeschi et IR. 447, obs. Moderne et Bon ; JCP 1982.II.19905, note Pacteau) ainsi que de mesures de libération conditionnelle et de semi-liberté (CE, Sect., 29 avr. 1987, *Garde des Sceaux,* *ministre de la justice c. Banque populaire de la région économique de Strasbourg*, Rec. 158 ; RFDA 1987.831, concl. Vigouroux ; AJ 1987.454, chr. Azibert et de Boidesffre ; D. 1988.SC. 60, note Moderne et Bon).

Enfin, à la différence des malades faisant seulement l'objet de soins psychiatriques en hôpital de jour (CE 17 févr. 2012, *Société MAAF Assurances*, Rec. 51 ; JCP Adm. 2012.2182, note Pauliat), les malades mentaux faisant l'objet d'un internement présentent certains dangers : les sorties d'essai font partie des traitements propres à assurer leur réadaptation progressive à des conditions normales de vie ; « *cette méthode thérapeutique crée un risque spécial pour les tiers, lesquels ne bénéficient plus des garanties inhérentes aux méthodes habituelles d'internement* » et engage la responsabilité sans faute de l'administration (CE, Sect., 13 juill. 1967, *Département de la Moselle*, Rec. 341 ; AJ 1968.419, note Moreau ; D. 1967.675 note Moderne ; RD publ. 1968.391, note M. Waline ; RTDSS 1968.108, note Imbert) ; il en est de même du placement familial surveillé, qui fait partie des traitements propres à assurer la réadaptation progressive des malades mentaux à des conditions normales de vie (CE 13 mai 1987 *Mme Piollet, M. Anson*, Rec. 172 ; AJ 1987.459, chr. Azibert et de Boisdeffre ; D. 1988.SC.163, obs. Moderne et Bon).

La Cour de cassation a adopté une solution comparable pour la responsabilité d'une association recevant des handicapés mentaux bénéficiant d'une totale liberté de circulation dans la journée (Ass. plén., 29 mars 1991, *Association des centres éducatifs du Limousin c. Blieck*, Bull. Ass. plén., n° 1, p. 1 ; JCP 1991.II.21673, concl. Dontenville, note Ghestin ; D. 1991.324, note Larroumet ; Gaz. Pal. 1992.2.513, obs. Chabas ; RFDA 1991.991, art. P. Bon).

7 **III.** — Aux choses dangereuses de l'administration, aux activités dangereuses qu'elle exerce, le Conseil d'État a ajouté *les situations dangereuses* dans lesquelles elle met certaines personnes.

Ici les victimes ne sont plus, comme dans presque tous les cas précédents, nécessairement des tiers.

Les *agents* de l'administration, permanents (CE 21 juin 1895 *Cames**) ou occasionnels (CE 22 nov. 1946, *Commune de Saint-Priest-la-Plaine**), bénéficiaient déjà de la théorie du risque, en raison moins du danger spécial que leur fait courir leur collaboration au service public, que du profit que tire l'administration de cette collaboration.

Dans certaines circonstances, des agents subissent un préjudice, non pas exactement dans l'exécution du service public, mais dans la situation dangereuse où le service les a mis. Il en est ainsi pour des fonctionnaires en poste à l'étranger auxquels leur administration donne l'ordre de rester sur place en dépit de troubles graves, et qui en sont victimes (pillages par ex.) : l'administration doit réparer le préjudice qu'ils subissent (CE, Sect., 19 oct. 1962, *Perruche*, Rec. 55 ; – Ass., 16 oct. 1970, *Époux Martin*, Rec. 593 ; v. n° 6.4).

Le Conseil d'État a également jugé que « *dans le cas d'épidémie de rubéole, le fait, pour une institutrice en état de grossesse, d'être exposée en permanence aux dangers de la contagion comporte pour l'enfant à naître un risque spécial et anormal qui, lorsqu'il entraîne des dommages graves pour la victime, est de nature à engager au profit de celle-ci, la responsabilité de l'État* » (CE, Ass., 6 nov. 1968, *Ministre de l'éducation nationale c. Dame Saulze*, Rec. 550 ; RD publ. 1969.505, concl. Bertrand, note M. Waline ; AJ 1969.117, note J.-B. et 287, chr. Dewost et Denoix de Saint Marc ; RA 1969.174, note Chaudet ; RTDSS 1969.298, note Doll). La principale victime, l'enfant, est en réalité un tiers par rapport au service ; mais il subit un risque du fait de la participation de sa mère au service. Les parents ont également droit à être indemnisés du préjudice qu'ils subissent personnellement du fait des anomalies de leur enfant (CE, Sect., 29 nov. 1974, *Époux Gevrey*, Rec. 600, concl. Bertrand ; JCP 1975.I.2723, chr. Boivin).

8 La responsabilité pour risque a été admise au profit des *usagers* d'un service public que celui-ci met dans une situation dangereuse : usagers d'un ouvrage public dangereux (CE, Ass., 6 juill. 1973, *Dalleau*, préc.), usagers des centres de transfusion sanguine (CE, Ass., 26 mai 1995, *Consorts Nguyen, Jouan et consorts Pavan*, v. n° 85.4). Mais elle a été refusée aux spectateurs d'un feu d'artifice (CE, Sect., 21 févr. 1958, *Commune de Domme*, Rec. 118 ; – 30 mars 1979, *Moisan*, Rec. 143 ; v. n° 14.4).

L'élargissement progressif de la responsabilité pour risque spécial n'a pas été jusqu'à l'admettre en jurisprudence pour les vaccinations obligatoires (CE, Ass., 7 mars 1958, *Secrétaire d'État à la santé publique c. Dejous*, Rec. 153 ; RD publ. 1958.1087, concl. Jouvin ; AJ 1958.II.225, chr. Fournier et Combarnous ; S. 1958.182, note Golléty). C'est le législateur qui a rendu l'État responsable de leurs conséquences dommageables, que ces vaccinations soient pratiquées dans un établissement public ou dans un établissement privé, voire à domicile (lois du 1er juill. 1964, du 26 mai 1975 et du 30 déc. 2017 – art. L. 3111-9 du Code de la santé publique). L'État répare alors des dommages à la réalisation desquels ses services n'ont pas nécessairement contribué, mais qui résultent d'une activité imposée dans l'intérêt de la société.

C'est le *risque social* qui fonde alors l'indemnisation. Seul le législateur peut décider sa prise en charge par l'État. « *Les préjudices résultant d'opérations militaires ne sauraient ainsi ouvrir aux victimes droit à réparation à la charge de l'État que sur le fondement de dispositions législatives expresses* » (CE 23 juill. 2010, *Société Touax et Société Touax Rom*, Rec. 344 ; AJ 2010.2269, note Belrhali-Bernard ; DA oct. 2010.136, note Flavier), comme c'est le cas pour les dommages de guerre en général et ceux qui résultent de calamités nationales, attroupements et émeutes, actes de terrorisme. Les systèmes de réparation sans faute qu'aménage ainsi le législateur ne sont plus assimilables à ceux que la jurisprudence administrative a admis pour risque lié à l'administration (*Cames**, *Saint-Priest-la-Plaine**, *Regnault-Desroziers**).

33

POUVOIR RÉGLEMENTAIRE – POLICE

Conseil d'État, 8 août 1919, *Labonne*
(Rec. 737)

Cons. que, pour demander l'annulation de l'arrêté préfectoral qui lui a retiré le certificat de capacité pour la conduite des automobiles, le requérant se borne à contester la légalité du décret du 10 mars 1899, dont cet arrêté lui fait application ; qu'il soutient que ledit décret est entaché d'excès de pouvoir dans les dispositions de ses art. 11, 12 et 32 par lesquelles il a institué ce certificat et prévu la possibilité de son retrait ;

Cons. que, si les autorités départementales et municipales sont chargées par les lois, notamment par celle des 22 déc. 1789-8 janv. 1790 et celle du 5 avr. 1884, de veiller à la conservation des voies publiques et à la sécurité de la circulation, *il appartient au chef de l'État, en dehors de toute délégation législative et en vertu de ses pouvoirs propres, de déterminer celles des mesures de police qui doivent en tout état de cause être appliquées dans l'ensemble du territoire,* étant bien entendu que les autorités susmentionnées conservent, chacune en ce qui la concerne, compétence pleine et entière pour ajouter à la réglementation générale édictée par le chef de l'État toutes les prescriptions réglementaires supplémentaires que l'intérêt public peut commander dans la localité ;

Cons., dès lors, que le décret du 10 mars 1899, à raison des dangers que présente la locomotion automobile, a pu valablement exiger que tout conducteur d'automobile fût porteur d'une autorisation de conduite, délivrée sous la forme d'un certificat de capacité ; que la faculté d'accorder ce certificat, remise par ledit décret à l'autorité administrative, comportait nécessairement, pour la même autorité, celle de retirer ledit certificat en cas de manquement grave aux dispositions réglementant la circulation ; qu'il suit de là que le décret du 10 mars 1899 et l'arrêté préfectoral du 4 déc. 1913 ne se trouvent point entachés d'illégalité ; ... (Rejet).

OBSERVATIONS

L'arrêt Labonne *reconnaît le pouvoir réglementaire du président de la République (aujourd'hui du Premier ministre) sans disposition législative particulière, ce que n'admettra l'arrêt* Jamart* *pour les ministres qu'en tant que chefs de service.*

1 Dès l'origine, la circulation des automobiles a été réglementée en raison des dangers particuliers qu'elle présente. Le décret du 10 mars 1899, qui est le premier « Code de la route » moderne, institua notamment un « certificat de capacité pour la conduite des voitures automobiles », qui devait devenir par la suite le « permis de conduire », et autorisa l'autorité préfectorale à le retirer si le titulaire avait commis dans l'année deux contraventions. Le sieur Labonne, s'étant vu retirer son certificat dans ces conditions, demanda au Conseil d'État d'annuler ce retrait, en soutenant que, les autorités départementales et municipales étant chargées par la loi de la conservation des voies publiques et de la police de la circulation, le chef de l'État ne pouvait intervenir en cette matière. Le Conseil d'État rejeta cette argumentation et reconnut au chef de l'État un pouvoir propre de réglementation.

L'arrêt *Labonne* concerne deux problèmes distincts : celui de la détermination des *autorités investies du pouvoir de police* (I) et celui de *la combinaison de leurs pouvoirs de police* (II).

2 **I.** — La police générale, c'est-à-dire celle qui peut s'exercer à l'égard de n'importe quel genre d'activité des particuliers, est confiée par la loi à deux autorités : le maire et le préfet. En ce qui concerne le maire, l'art. 97 de la loi du 5 avr. 1884, repris aujourd'hui à l'article L. 2212-2 du Code général des collectivités territoriales, dispose que « la police municipale a pour objet d'assurer le bon ordre, la sûreté et la salubrité publiques ». Quant au préfet, son pouvoir propre de police était inscrit, comme le rappelle le Conseil d'État, dans la loi des 22 déc. 1789-8 janv. 1790 ; selon la section 3, art. 2, « les administrateurs de départements seront encore chargés… du maintien de la salubrité, de la sûreté et de la tranquillité publiques » ; l'art. 99, al. 1er, de la loi du 5 avr. 1884 n'a fait que confirmer ce pouvoir propre du préfet : « les pouvoirs qui appartiennent au maire… ne font pas obstacle au droit du préfet de prendre, pour toutes les communes du département ou plusieurs d'entre elles, et dans les cas où il n'y aurait pas été pourvu par les autorités municipales, toutes mesures relatives au maintien de la salubrité, de la sûreté et de la tranquillité publiques » (cette formule est reprise aujourd'hui à l'article L. 2215-1 du Code général des collectivités territoriales).

La loi n'ayant ainsi confié le pouvoir de police générale qu'au maire et au préfet, la question se posait de savoir si le chef de l'État avait pu valablement instituer par décret un certificat de capacité pour la conduite des voitures automobiles et prévoir le retrait de ce certificat après deux contraventions commises dans la même année. Cette question, le Conseil d'État l'a résolue par l'affirmative, en estimant que le chef de l'État avait un pouvoir propre de police sur l'ensemble du territoire.

L'arrêt *Labonne* doit être rapproché de l'arrêt *Heyriès** du 28 juin 1918, selon lequel la mission générale d'exécution des lois conférée au président de la République autorise la suspension par décret d'un texte législatif lorsque les circonstances l'exigent. De même qu'il appartient au chef de l'exécutif d'assurer le bon ordre sur l'ensemble du territoire, en l'absence même de toute disposition législative expresse, de même il lui incombe de « veiller à ce qu'à toute époque les services publics institués par les lois et règlements soient en état de fonctionnement ». Ces deux arrêts lui confèrent ainsi les pouvoirs les plus vastes, aussi bien en matière de police administrative qu'en matière d'organisation et de fonctionnement des services publics. Ils lui donnent *un pouvoir propre de réglementation, indépendant de toute délégation législative* (en ce qui concerne le pouvoir réglementaire des ministres, v. CE 7 févr. 1936, *Jamart**).

Les principes ainsi dégagés sont toujours valables (*cf.* CE, Ass., 13 mai 1960, *SARL « Restaurant Nicolas »*, Rec. 324 ; – 2 mai 1973, *Association cultuelle des Israélites nord-africains de Paris*, Rec. 313).

3 Ils n'ont pas été remis en cause par la Constitution de 1958, et notamment ses articles 34 et 37.

Le Conseil d'État a d'abord considéré à ce sujet « qu'il appartient au gouvernement, en vertu des dispositions des articles 21 et 37 de la Constitution, de prendre des mesures de police applicables à l'ensemble du territoire, et notamment celles qui ont pour objet la sécurité des conducteurs de voitures automobiles et des personnes transportées » (4 juin 1975, *Bouvet de la Maisonneuve et Millet*, Rec. 330). Puis il a jugé, plus généralement, que « l'article 34 de la Constitution n'a pas retiré au chef du gouvernement les pouvoirs de police générale qu'il exerçait antérieurement » (CE, Sect., 22 déc. 1978, *Union des chambres syndicales d'affichage et de publicité extérieure*, Rec. 530 ; D. 1979.IR. obs. P.D. ; – 19 mars 2007, *Mme Le Gac*, Rec. 123 ; RFDA 2007.770, concl. Derepas, et 1286, chr. Roblot-Troizier ; JCP Adm. 2007.2227, note Maillard, au sujet de l'interdiction de fumer).

Ainsi par exemple, « il appartient au Premier ministre de veiller, par des précautions convenables, à la préservation de la tranquillité publique en prenant, pour l'ensemble du territoire, des mesures permettant de limiter les nuisances sonores provoquées par le trafic d'aéronefs » (CE 23 nov. 2011, *Association France Environnement*, Rec. 729), de réglementer l'activité de dépannage sur les autoroutes (CE 25 sept. 2013, *Société Rapidépannage 62*, Rec. 396 ; AJ 2013.2506, note Benelbaz) ou de réduire de 90 à 90 km/h la vitesse maximale autorisée sur les routes à double sens sans séparation centrale (CE 24 juill. 2019, *Ligue de défense des conducteurs et autres*, Rec. 871).

Au titre du pouvoir du Premier ministre « *de prendre les mesures de police générale applicables à l'ensemble du territoire et justifiées par les nécessités de l'ordre public* » a été jugé légal le rétablissement des contrôles aux frontières intérieures pour la période allant du 1er novembre 2017 au 30 avril 2018 (CE 28 déc. 2017, *Association nationale d'assistance aux frontières et autres*, Rec. 400, v. n° 3.11).

Les circonstances exceptionnelles liées à l'épidémie de Covid-19 ont conduit à une interprétation extensive des pouvoirs propres du Premier ministre (CE 22 déc. 2020, *Nyamat Will*, Rec. 563).

Le Conseil constitutionnel considère de même « que l'article 34 de la Constitution ne prive pas le chef du gouvernement des attributions de police générale qu'il exerce en vertu de ses pouvoirs propres et en dehors de toute habilitation législative » (CC *n° 2000-434 DC, 20 juill. 2000*, Rec. 107 ; LPA 24 juill. 2000, note Schoettl ; RD publ. 2000.1542, note F. Luchaire).

4 **II.** — L'arrêt *Labonne* apporte également des précisions sur *la combinaison des pouvoirs de police* de l'autorité centrale avec ceux que la loi a expressément conférés au maire et au préfet. Il consacre le principe que le maire et le préfet conservent, chacun en ce qui le concerne, compétence pleine et entière pour ajouter à la réglementation générale édictée par le chef de l'État (aujourd'hui le président de la République ou le Premier ministre) toutes les prescriptions réglementaires supplémentaires que l'intérêt public peut commander dans la localité (*cf.* CE 18 avr. 1902, *Commune de Néris-les-Bains**). Autrement dit, les règles fixées par le Premier ministre en vertu de ses pouvoirs propres n'ont ni pour objet ni pour effet de priver les autorités de police locales « *du pouvoir de fixer des limites plus strictes en fonction de circonstances locales particulières* » (CE 14 oct. 2015, *Automobile club des avocats et autres*, Rec. 532), ou même moins rigoureuses au cas où la loi en dispose ainsi.

Tel est le cas de la loi du 24 déc. 2019 d'orientation des mobilités qui permet à l'autorité de police locale, pour certaines sections de route hors agglomération, de fixer une vitesse maximale autorisée supérieure de 10 km/h à celle prévue par le Code de la route, sur la base d'une étude d'« accidentalité » portant sur les sections de routes concernées.

Les règles issues de l'arrêt *Labonne* concernent les pouvoirs de police générale. La combinaison de la police générale et des polices spéciales ou des polices spéciales entre elles soulève des problèmes beaucoup plus complexes (*cf.* CE 18 déc. 1959, *Société « Les Films Lutetia »**).

34

COMPÉTENCE – SERVICES PUBLICS INDUSTRIELS ET COMMERCIAUX

Tribunal des conflits, 22 janvier 1921, *Société commerciale de l'Ouest africain*
(Rec. 91 ; D. 1921.3.1, concl. Matter ; S. 1924.3.34, concl. ; GCJA, vol. 1, n° 65, concl. ; AJ 2021.92, art. Melleray ; DA 2021.1, art. Plessix ; GAP, p. 114)

Sur la régularité de l'arrêté de conflit :

Cons. que, si le lieutenant-gouverneur de la Côte d'Ivoire a, par un télégramme du 2 oct. 1920, sans observer les formalités prévues par l'ordonnance du 1er juin 1828, déclaré élever le conflit, il a pris, le 13 oct. 1920, un arrêté satisfaisant aux prescriptions de l'art. 9 de ladite ordonnance ; que cet arrêté a été déposé au greffe dans le délai légal : qu'ainsi le Tribunal des conflits est régulièrement saisi :

Sur la compétence :

Cons. que, par exploit du 30 sept. 1920, la Société commerciale de l'Ouest africain, se fondant sur le préjudice qui lui aurait été causé par un accident survenu au bac d'Eloka, a assigné la colonie de la Côte d'Ivoire devant le président du tribunal de Grand-Bassam, en audience des référés, à fin de nomination d'un expert pour examiner ce bac ;

Cons., d'une part, que le bac d'Eloka ne constitue pas un ouvrage public ; d'autre part, qu'*en effectuant, moyennant rémunération, les opérations de passage des piétons et des voitures d'une rive à l'autre de la lagune, la colonie de la Côte d'Ivoire exploite un service de transport dans les mêmes conditions qu'un industriel ordinaire ; que, par suite, en l'absence d'un texte spécial attribuant compétence à la juridiction administrative, il n'appartient qu'à l'autorité judiciaire de connaître des conséquences dommageables de l'accident invoqué,* que celui-ci ait eu pour cause, suivant les prétentions de la Société de l'Ouest africain, une faute commise dans l'exploitation ou un mauvais entretien du bac ; que, – si donc c'est à tort qu'au vu du déclinatoire adressé par le lieutenant-gouverneur, le président du tribunal ne s'est pas borné à statuer sur le déclinatoire, mais a, par la même ordonnance désigné un expert contrairement aux art. 7 et 8 de l'ordonnance du 1er juin 1828, – c'est à bon droit qu'il a retenu la connaissance du litige ; ... (Arrêté de conflit annulé).

OBSERVATIONS

L'arrêt Société commerciale de l'Ouest africain *vient limiter la portée du critère du service public établi par l'arrêt* Terrier* *pour déterminer* *la compétence de la juridiction administrative, en reconnaissant la compétence judiciaire de principe pour les services publics à caractère industriel et commercial.*

1 Le commissaire du gouvernement Matter rapporta ainsi les faits qui furent à l'origine de cette affaire : « Le littoral de la Côte d'Ivoire est parsemé de lagunes qui rendent la circulation difficile ; la colonie a eu l'heureuse idée de les couper de bacs. C'est ainsi que sur la lagune Ébrié, elle en a établi un, dit bac d'Eloka, qu'elle exploite directement et personnellement par le service du wharf de Bassam. Dans la nuit du 5 au 6 sept. 1920, le bac traversait la lagune, chargé de dix-huit personnes et de quatre automobiles, lorsqu'il coula brusquement : un indigène fut noyé, les automobiles allèrent au fond, et ne furent retirées que gravement endommagées ». La Société commerciale de l'Ouest africain, propriétaire de l'une de ces automobiles, assigna la colonie devant le tribunal de Grand-Bassam ; le lieutenant-gouverneur de la colonie ayant élevé le conflit, le Tribunal des conflits décida que le litige relevait de la compétence des tribunaux judiciaires.

Par cet arrêt célèbre, plus connu sous le nom d'arrêt du *Bac d'Eloka*, le Tribunal des conflits a ainsi décidé que l'autorité judiciaire était compétente pour connaître des actions intentées par des particuliers en réparation des conséquences dommageables de l'exploitation d'un service public industriel et commercial, c'est-à-dire d'un service fonctionnant dans les mêmes conditions qu'une entreprise privée.

Sans doute était-il reconnu depuis longtemps que l'administration pouvait, dans certaines de ses activités, agir comme le ferait un particulier et ne pas user de ses prérogatives de puissance publique : la notion de gestion privée, esquissée dès 1873 par le commissaire du gouvernement David dans ses conclusions sur l'arrêt *Blanco**, avait été développée dans les célèbres conclusions du commissaire du gouvernement Romieu sur l'arrêt du 6 févr. 1903, *Terrier**, et avait reçu une application éclatante en matière contractuelle dans l'arrêt du 31 juill. 1912, *Société des granits porphyroïdes des Vosges**. Mais avant 1921 cette notion demeurait limitée à des opérations isolées portant sur la gestion du domaine privé ou la conclusion de certains contrats : nul n'aurait admis alors que des services entiers puissent être considérés comme fonctionnant sous le régime de la gestion privée. L'innovation fondamentale de l'arrêt *Société commerciale de l'Ouest africain* consiste précisément dans l'application de la notion de gestion privée à des services publics pris dans leur ensemble ; on parlera alors de « services publics industriels et commerciaux » pour les opposer, dans une terminologie habituelle bien que peu satisfaisante, aux « services publics administratifs » (ou « services publics proprement dits »).

Cette jurisprudence est marquée par la volonté d'aligner les services publics industriels et commerciaux sur les entreprises privées (I). Elle a été limitée par la prise en considération du rôle propre des personnes publiques (II). Elle trouve un renouveau dans les données actuelles de leurs interventions.

2 **I.** — *L'alignement des services publics industriels et commerciaux sur les entreprises privées* résulte d'un double mouvement, portant sur leur identification (A) et sur leur régime (B). C'est parce qu'ils ressemblent aux entreprises privées qu'ils sont soumis aux mêmes règles qu'elles.

A. — *Leur identification* était liée à l'origine à une conception limitée du rôle de l'État et des autres personnes publiques, dont l'intervention dans le domaine industriel et commercial paraissait une anomalie. C'est ce que considérait le commissaire du gouvernement dans l'affaire du *Bac d'Eloka :* « Certains services sont de la nature, de l'essence même de l'État ou de l'administration publique ; il est nécessaire que le principe de la séparation des pouvoirs en garantisse le plein exercice, et leur contentieux sera de la compétence administrative. D'autres services, au contraire, sont de nature privée, et s'ils sont entrepris par l'État, ce n'est qu'occasionnellement, accidentellement, parce que nul particulier ne s'en est chargé, et qu'il importe de les assurer dans un intérêt général ; les contestations que soulève leur exploitation ressortissent naturellement de la juridiction de droit commun ».

Cette conception apparaît la même année dans un arrêt du Conseil d'État relatif au service des assurances maritimes contre les risques de guerre (CE 23 déc. 1921, *Société générale d'armement*, Rec. 1109 ; RD publ. 1922.74, concl. Rivet). Elle se retrouve dans la jurisprudence limitant, à la même époque, des initiatives publiques concurrençant l'initiative privée (CE 30 mai 1930, *Chambre syndicale du commerce en détail de Nevers**, et nos obs.).

Lorsque des activités industrielles et commerciales des collectivités publiques n'ont plus été considérées comme anormales, leur régime est resté dérogatoire au droit commun administratif en raison de leur qualification.

3 Celle-ci peut être donnée par des textes à *un service*. Lorsqu'elle est donnée par la loi, elle s'impose au juge. Tel est le cas aujourd'hui pour les services publics d'eau et d'assainissement (loi du 30 déc. 2006 – art. L. 2224-11 CGCT), les services de remontées mécaniques et pistes de ski (loi du 9 janv. 1985 – art. L. 342-13 C. tourisme).

La loi peut également reconnaître un caractère industriel et commercial à *l'établissement public* qu'elle crée ; pendant longtemps, cela n'a pas empêché la jurisprudence de distinguer au sein de cet établissement public, en fonction de leur objet, les services publics qui sont administratifs et ceux qui sont industriels et commerciaux (ainsi pour l'ancien Office national de la navigation, TC 10 févr. 1949, *Guis*, Rec. 590). Désormais, « *lorsqu'un établissement public tient de la loi la qualité d'établissement public industriel et commercial, les litiges nés de ses activités relèvent de la compétence judiciaire* » ; la qualification du législateur a ainsi une portée plus large que précédemment et n'admet d'exception que restrictivement (TC 29 déc. 2004, *Époux Blanckeman c. Voies navigables de France*, Rec. 526 ; DA mai 2005, p. 32, note Naud ; 16 oct. 2006, *Caisse centrale de réassurance c. Mutuelle des architectes français*, Rec. 640 ; concl. Stahl, BJCP 2006.419, RJEP

2007.1 et RFDA 2007.284 avec note Delaunay ; AJ 2006.2382, chr. Landais et Lenica ; JCP Adm. 2007.2077, note Plessix ; RDC 2007.457, note Brunet).

Lorsque la qualification d'un établissement n'est donnée que par un décret ou lorsqu'aucun texte ne qualifie ni un service ni un établissement qui l'assure, la jurisprudence utilise comme critères du service public industriel et commercial, le plus souvent associés et combinés, *l'objet du service*, l'*origine de ses ressources*, les *modalités de son organisation et de son fonctionnement* : lorsqu'ils révèlent une véritable entreprise, le service a un caractère industriel et commercial (concl. Laurent sur CE, Ass., 16 nov. 1956, *Union syndicale des industries aéronautiques*, D. 1956.759 et S. 1957.38 ; v. aussi AJ 1956.II.489, chr. Fournier et Braibant ; JCP 1957.II.9968, note Blaevoët) ; dans le cas inverse, il a un caractère administratif (par ex. *Bourse du travail de Paris*, CE 7 mars 2018, Rec.713 ; DA oct. 2018.35, note Boda et Ayrault ; service de formation professionnelle assuré par un groupement d'établissements d'enseignement publics : TC 12 nov 2018, *Société de maintenance pétrolière c. Ministre de l'éducation nationale*, Rec. 610).

Le critère de *l'objet* du service peut être déterminant (ainsi pour le service de l'eau : TC 21 mars 2005, *Mme Alberti Scott c. Commune de Tournefort*, Rec. 651 ; BJCL 2005.396, concl. Duplat, obs. M.D. ; RFDA 2006.119, note Lachaume) ; celui *des ressources* ne l'est pas moins (redevances calculées selon le service rendu : CE 20 janv. 1988, *SCI La Colline*, Rec. 21 ; RFDA 1988.880, concl. de La Verpillière ; AJ 1988.407, note J.-B. Auby : service d'assainissement ; – CE Sect., avis, 10 avr. 1992, *SARL Hofmiller*, Rec. 159 ; AJ 1992.688, note Prétot ; CJEG 1992.479, chr. Lachaume : service d'enlèvement des ordures ménagères).

Ces mêmes critères sont appliqués à des services publics à objet social. Un arrêt du Tribunal des conflits du 22 janv. 1955, *Naliato* (Rec. 694 ; RPDA 1955.53, concl. Chardeau ; D. 1956.58, note Eisenmann ; RD publ. 1955.716, note M. Waline) a pu faire croire qu'ils constituent une catégorie homogène, relevant de la gestion privée et d'un bloc de compétence au profit du juge judiciaire. Cette solution n'a pas prévalu : c'est seulement au regard de critères analogues à ceux des services publics industriels et commerciaux que les services publics sociaux peuvent être reconnus comme soumis au droit privé (en ce sens, *a contrario* TC 4 juill. 1983, *Gambini*, Rec. 540 ; JCP 1984.II.20275, concl. Labetoulle ; RDSS 1984.553, concl. ; RD publ. 1983.1481, note J.-M. Auby).

4 ***B.*** — L'application d'un *régime de droit privé* et, en cas de litige, *la compétence judiciaire* ont été, à l'origine, une sorte de sanction à l'encontre des interventions publiques hors d'un domaine qui leur serait propre. Désormais elles apparaissent seulement comme mieux adaptées aux activités industrielles et commerciales.

C'est pour les usagers et le personnel que la solution est la plus générale.

Les relations des services publics industriels et commerciaux avec leurs *usagers* relèvent toujours du droit privé et les litiges auxquels elles donnent lieu, de la compétence des juridictions judiciaires (par ex. Civ. 1re 20 juin 2006, Bull. civ. I, nº 324, p. 280 ; AJ 2006.2237, note Sablière), même si l'usager est une personne publique (CE 4 nov. 2005, *Ville de Dijon*, Rec. 772), sauf si celle-ci est liée à l'opérateur par un marché de service, qui est un contrat administratif en vertu de la loi (CE 25 sept. 2020, *Société Orange*, Rec. 657 ; AJ 2021.211, note Touzeil-Divina). Les autres contrats qu'ils concluent avec eux sont des contrats de droit commun, quelles que soient leurs clauses (CE, Sect., 13 oct. 1961, *Établissements Campanon-Rey*, Rec. 567 ; AJ 1962.98, concl. Heumann, note de Laubadère ; CJEG 1963.17, note A.C. ; D. 1962.506, note Vergnaud ; TC 17 déc. 1962, *Dame Bertrand*, Rec. 831, concl. Chardeau ; AJ 1963.88, chr. Gentot et Fourré ; CJEG 1963.114, note A.C.). Même en l'absence de contrat, ne serait-ce qu'en cas de refus de desservir une personne voulant user du service, le droit privé et la compétence judiciaire prévalent (par ex. CE 20 janv. 1988, *SCI La Colline*, préc.). Il en est de même si, dans la réalisation du dommage subi par l'usager, des travaux publics ou un ouvrage public ont joué un rôle (TC 17 oct. 1966, *Dame Vve Canasse c. SNCF*, Rec. 834 ; JCP 1966.II.14899, concl. A. Dutheillet de Lamothe ; D. 1967.252, note Durupty ; Cass. civ. 1re 14 nov. 2019, *Société PCA c. SNCF Réseau*, AJ 2020.1549, note Levallois). Cependant, si la contestation d'un usager raccordé au service public de l'assainissement pour la majoration de sa redevance, en application du règlement du service, pour anomalie dans ses installations de raccordement, relève de la compétence judiciaire, c'est sous réserve d'une question préjudicielle relative à la légalité du règlement (v. nos obs. sous TC 17 oct. 2011, *SCEA du Chéneau**) ; et la contestation d'un propriétaire auquel serait imposé une somme pour ne pas s'être raccordé au réseau relèverait de la compétence du juge administratif (il n'est pas dans le même cas que le propriétaire raccordé et que celui qui demande de l'être) (TC, 7 déc. 2020, *Communauté de communes de l'Île de Noirmoutier c. SAS Les Moulins*, Rec. 659).

Les *agents* des services publics industriels et commerciaux sont normalement des agents de droit privé, les litiges qui les opposent au service relèvent du juge judiciaire, même si s'applique un statut valable aussi pour des agents administratifs (CE, Sect., 15 déc. 1967, *Level*, Rec. 501 ; v. nº 36.3).

Plus généralement, « *lorsqu'un établissement public tient de la loi la qualité d'établissement industriel et commercial, les contrats conclus pour les besoins de ses activités relèvent de la compétence de la juridiction judiciaire* » (TC 16 oct. 2006, *Caisse centrale de réassurance c. Mutuelle des architectes français*, préc.).

Les rapports des services publics industriels et commerciaux avec les *tiers*, et notamment la responsabilité extra-contractuelle qu'ils peuvent encourir à leur égard, sont encore régis par le droit privé et appréciés par les juridictions judiciaires. Ce qui a été jugé depuis longtemps à l'occasion d'accidents (TC 11 juill. 1933, *Dame Mélinette*, Rec. 1237, concl. Rouchon-Mazerat ; D. 1933.3.65, concl., note Blaevoët ; RD publ. 1933.426, concl., note Jèze ; S. 1933.397, note Alibert) est particulièrement illustré de nos jours à propos de la concurrence avec les entreprises privées (TC 19 janv. 1998, *Union française de l'Express c. La Poste*, Rec. 434 ; D. 1998.329, concl. Arrighi de Casanova ; RFDA 1999.189, note Seiller).

5 **II.** — Mais le *rôle propre des personnes publiques* commande le caractère administratif de certains services publics (A) et, même pour ceux auxquels est reconnu un caractère industriel et commercial, maintient en partie l'application d'un régime administratif (B).

A. — *Le caractère administratif* de certains services publics est lié d'abord à *leur objet*, qui se rattache aux fonctions essentielles de l'État et des autres personnes publiques. Il a été reconnu en dépit des qualifications données par les textes.

Ainsi, même si la qualification par la loi d'un établissement public industriel et commercial entraîne par principe la compétence judiciaire, il est fait exception pour les « *activités qui, telles la réglementation, la police ou le contrôle, ressortissent par leur nature de prérogatives de puissance publique* » (TC 29 déc. 2004 et 16 oct. 2006, cités plus haut). Le Fonds d'organisation et de régularisation des marchés agricoles (FORMA), qualifié d'établissement public industriel et commercial par le décret qui l'instituait, exerçait « *en réalité une action purement administrative* », car il avait pour mission « *de préparer les décisions gouvernementales relatives aux interventions de l'État sur les marchés agricoles et de les exécuter* » (TC 24 juin 1968, *Société d'approvisionnement alimentaire* et *Société « Distilleries Bretonnes »*, Rec. 801 ; v. n° 65.4). L'Office national des forêts (ONF), s'il exerce une activité de service public à caractère industriel et commercial pour la gestion et l'équipement de la forêt, exerce une mission de service public administratif pour la protection, la conservation et la surveillance de la forêt (TC 9 juin 1986, *Commune de Kintzheim c. Office national des forêts*, Rec. 448 ; RD publ. 1987.492, note Y. Gaudemet) ; son conseil d'administration, dans la mise en œuvre du pouvoir réglementaire qui lui a été confié, exerce des prérogatives de puissance publique ; ses décisions relèvent en conséquence de la compétence de la juridiction administrative (CE 3 oct. 2018, *Société Sonorbois et autres*, Rec. 610 ; AJ 2019.462, note V. Lamy). L'établissement français du sang exerce « *une mission de santé publique* (qui) *se rattache par son objet au service public administratif* » (CE, avis, 20 oct. 2000, *Mme Torrent*, Rec. 469 ; AJ 2001.394, concl. Chauvaux).

6 D'autres fonctions portent sur la réalisation et l'exploitation *d'ouvrages publics nécessaires à la circulation* (qui ne sont d'ailleurs pas sans rapport avec la garantie de l'ordre public et la liberté d'aller et de venir). C'est ce qui a justifié la reconnaissance du caractère administratif des services d'aménagement et d'entretien des ouvrages portuaires (CE, Sect., 17 avr. 1959, *Abadie*, Rec. 239, concl. Henry) et aéroportuaires (TC 13 déc. 1976, *Époux Zaoui*, Rec. 706 ; AJ 1977.439, note Dufau ; D. 1977.434, note Moderne ; JCP 1978.II.18786, note Plouvin), des ouvrages routiers, tels que les ponts (CE 2 oct. 1985, *Jeissou*, Rec. 544 ; AJ 1986.40, concl. Jeanneney) et, plus généralement, les autoroutes (TC 20 nov. 2006, *SA EGTL c. Société des autoroutes Estérel Côte d'azur, Provence-Alpes*, Rec. 642 ; BJCP 2007.40, concl. Duplat, art. Terneyre ; AJ 2007.849, note Chahid-Nouraï et Champy). Cette qualification s'impose quel que soit le mode d'exploitation, et notamment si ces ouvrages font l'objet d'une concession accordée à une société de droit privé.

Des activités qui relèvent moins fondamentalement des missions des personnes publiques, exercées par elles dans des conditions qui ne sont pas comparables à celles des entreprises privées (objet, modalités d'organisation et de financement) reçoivent la qualification de service public administratif : tel est le cas du festival international d'Aix-en-Provence (CE, Sect., 6 avr. 2007, *Commune d'Aix-en-Provence*, Rec. 155 ; v. n° 47.4). Il en a été ainsi notamment pour la Caisse de compensation de l'industrie aéronautique (CE, Ass., 16 nov. 1956, *Union syndicale des industries aéronautiques*, préc.), l'Institut national de la consommation (TC 19 févr. 1990, *Espie c. Institut national de la consommation*, AJ 1990.468, concl. Stirn), des services publics sociaux (CE 27 janv. 1971, *Caisse des écoles de la Courneuve*, Rec. 70 ; D. 1973.521, note Lachaume ; TC 4 juill. 1983, *Gambini*, préc. n° 34.3).

7 Les variations de l'organisation, du fonctionnement ou du financement d'un service expliquent qu'il reçoive successivement deux qualifications différentes. Ainsi le service des assurances maritimes contre les risques de guerre a été reconnu comme administratif à la suite des changements intervenus dans sa réglementation et son organisation (CE 23 mai 1924, *Société « Les affréteurs réunis »*, Rec. 498 ; D. 1924.3.16, concl. Rivet).

Le service des bacs a connu semblable évolution. Le Conseil d'État et la Cour de cassation ont considéré à plusieurs reprises les bacs comme des ouvrages publics dont le contentieux relève de la juridiction administrative (par ex. CE, Sect., 19 juin 1936, *Département de l'Eure*, Rec. 672, concl. Josse). Un demi-siècle après l'affaire du *Bac d'Eloka*, un nouvel accident survenu en Côte-d'Ivoire, qui avait entre-temps accédé à l'indépendance, a donné à la chambre administrative de la Cour suprême de ce pays l'occasion de prendre le contre-pied de la décision *Société commerciale de l'Ouest africain*, en précisant « qu'un bac constitue comme les sections de route qu'il relie et dont il est l'accessoire nécessaire un ouvrage public » et que « son exploitation présente le caractère d'un service public administratif » (14 juin 1970, *Société des Centaures routiers*, AJ 1970.560, rapport M. Bernard). Le Tribunal des conflits considère les bacs comme des véhicules, dont les accidents sont soumis à l'examen des tribunaux judiciaires en application de la loi du 31 déc. 1957 (TC 15 oct. 1973, *Barbou*, Rec. 848 ; AJ 1974.94, concl. Braibant ; D. 1975.184, note Moderne ; JCP 1975.II.18046, note Lachaume) : c'est donc pour un motif tout différent de celui qu'il avait retenu en 1921. Enfin, le Conseil d'État a jugé de son côté que l'exploitation d'un bac constitue un service public administratif (CE, Sect., 10 mai 1974,

Denoyez et Chorques, Rec. 274 ; v. n° 58.3). On peut ainsi mesurer l'évolution des idées relatives aux activités de l'administration.

8 *B.* — *Le régime* déterminé par ces qualifications n'est pas d'un seul bloc.

De même que les services publics administratifs peuvent comporter des îlots de gestion privée, des services publics industriels et commerciaux peuvent relever pour une part du droit administratif et de la compétence administrative.

Des *contrats* passés par des personnes publiques gérant un service public industriel et commercial peuvent être administratifs : contrats portant sur des travaux publics (CE 7 oct. 1966, *Ville de Bordeaux*, Rec. 526 ; CJEG 1967.256, concl. Braibant ; D. 1967.537, note Blaevoët ; JCP 1967.II.15053, note Dufau) ; contrats comportant occupation du domaine public (CE 24 janv. 1973, *Spiteri et Époux Krehl*, Rec. 64 ; AJ 1973.496, note Dufau) ; contrats comportant des clauses exorbitantes du droit commun (TC 14 nov. 1960, *Société agricole de stockage de la région d'Ablis*, Rec. 867 ; v. n° 23.2) ; contrats conclus selon un régime exorbitant du droit commun (CE, Sect., 19 janv. 1973, *Société d'exploitation électrique de la rivière du Sant*, Rec. 48 ; v. n° 23.3).

La *responsabilité extra-contractuelle* des services publics industriels et commerciaux relève aussi du régime administratif et de la compétence administrative lorsqu'elle est engagée envers les tiers du fait de travaux et ouvrages publics (CE, Sect., 25 avr. 1958, *Dame Vve Barbaza*, Rec. 228 ; AJ 1958.II.272, chr. Fournier et Combarnous ; TC 17 déc. 2007, *Électricité de France c. Assurances Pacifica*, Rec. 1113 ; RJEP oct. 2008, p. 29, note Bourgeois-Machureau et Boucher), ou du refus de les réaliser ou de les financer (TC 8 oct. 2018, *Commune de Malroy*, Rec. 581 ; AJ 2018.2343, note Hul).

Le *personnel* des services publics industriels et commerciaux est composé d'agents publics dans deux séries de cas. La première, déterminée par la jurisprudence, est limitée au directeur du service et au comptable public (v. CE 26 janv. 1923, *de Robert Lafrégeyre** et nos obs.). La seconde résulte de textes laissant à toute une catégorie de personnel la qualité d'agents publics, et même de fonctionnaires (CE, Ass., 29 janv. 1965, *L'Herbier*, Rec. 60 ; AJ 1965.93, chr. Puybasset et Puissochet et 103, concl. Rigaud ; D. 1965.826, note Debbasch ; JCP 1966.II.14824, note Blaevoët ; TC 24 oct. 1994, *Préfet de la région d'Île-de-France, Préfet de Paris c. Fédération syndicale SUD PTT*, Rec. 608 ; AJ 1995.165, note Salon).

Même pour les agents qui gardent la qualité de salariés de droit privé, les statuts qui les régissent ont un caractère administratif (CE, Ass., 13 janv. 1967, *Syndicat unifié des techniciens de la Radiodiffusion Télévision française et autres*, Rec. 10 ; Dr. soc. 1967.363, concl. Galabert ; AJ 1967.270, chr. Lecat et Massot, et 296, note V.S.) dans la mesure au moins où ils portent sur l'organisation du service public (TC 15 janv. 1968, *Époux Barbier**, et nos obs.).

De manière générale, celle-ci relève du rôle propre des pouvoirs publics ; les actes qui s'y rapportent ont toujours un caractère administratif même si le service public est industriel et commercial ; leur contentieux appartient donc à la juridiction administrative.

35

TRAVAUX PUBLICS – DÉFINITION

Conseil d'État, 10 juin 1921, *Commune de Monségur*
(Rec. 573 ; D. 1922.3.26, concl. Corneille ; RD publ. 1921.361, concl., note Jèze ; S. 1921.3.49, concl., note Hauriou ; GCJA, vol. 1, n° 66, concl.)

En ce qui concerne la compétence du conseil de préfecture : Cons. que la réclamation formée au nom du mineur Brousse contre la commune de Monségur était fondée sur ce que l'accident survenu au requérant dans l'église de ladite commune serait dû à un défaut d'entretien de l'église ; qu'il n'est pas contesté que l'église appartient à la commune de Monségur ; que, d'autre part, *si, depuis la loi du 9 déc. 1905 sur la séparation des Églises et de l'État, le service du culte ne constitue plus un service public, l'art. 5 de la loi du 2 janv. 1907 porte que les édifices affectés à l'exercice du culte continueront, sauf désaffectation dans les cas prévus par la loi du 9 déc. 1905, à être laissés à la disposition des fidèles et des ministres du culte pour la pratique de leur religion ; qu'il suit de là que les travaux exécutés dans une église pour le compte d'une personne publique, dans un but d'utilité générale, conservent le caractère de travaux publics et que les actions dirigées contre les communes à raison des dommages provenant du défaut d'entretien des églises rentrent dans la compétence du conseil de préfecture comme se rattachant à l'exécution ou à l'inexécution d'un travail public ;*

Au fond : Cons. qu'il résulte de l'instruction que le jeune Brousse a été blessé, dans l'église de Monségur, par la chute d'un bénitier qu'il avait provoquée en se suspendant à son rebord avec deux de ses camarades ; que, dans l'ensemble des faits de la cause, tel qu'il est établi par les pièces jointes au dossier, il ne peut être relevé aucune circonstance de nature à engager la responsabilité de la commune ; que, par suite, c'est à tort que le conseil de préfecture l'a condamnée à la réparation du dommage subi par le jeune Brousse du fait de l'accident ; qu'il y a lieu, dans ces conditions, de mettre à la charge de ce dernier, représenté par le sieur et la dame Lalanne, les frais d'expertise et les dépens exposés devant le conseil de préfecture ; … (Arrêté annulé ; réclamation du mineur Brousse rejetée).

OBSERVATIONS

L'arrêt Commune de Monségur *donne les premiers critères des travaux publics ; l'arrêt* Effimieff* *les complétera par d'autres.*

1 **I.** — En 1908, donc après la promulgation des lois de séparation, un accident s'était produit dans l'église de Monségur (Gironde) : trois enfants s'étant suspendus à la vasque du bénitier, ce dernier avait été renversé et un morceau de marbre avait sectionné la jambe du jeune Brousse à la hauteur de la cheville. Les parents de la victime obtinrent du conseil de préfecture la condamnation de la commune, responsable de l'entretien de l'église, à une indemnité de 10 000 F. Sur appel de la commune, le Conseil d'État décida : d'une part, que « les actions dirigées contre les communes à raison des dommages provenant du défaut d'entretien des églises rentrent dans la compétence du conseil de préfecture, comme se rattachant à l'exécution ou à l'inexécution d'un travail public » ; d'autre part, qu'en l'espèce la commune ne s'était rendue coupable d'aucun défaut d'entretien, les bénitiers n'étant pas destinés à des exercices de gymnastique et la cause de l'accident incombant aux seules victimes.

L'arrêt *Commune de Monségur* apporte une contribution décisive à la notion de travaux publics. Il définit comme tels « les travaux exécutés pour le compte d'une personne publique dans un but d'utilité générale ». Si l'on ajoute qu'il s'agit de travaux effectués sur des immeubles, on se trouve en présence de la définition la plus communément admise, jusqu'en 1955, pour les travaux publics. La notion retenue par le Conseil d'État est, comme le soulignait le commissaire du gouvernement Corneille dans ses conclusions, plus large que celle de service public ou que celle de domaine public. Elle est plus large, d'abord, que celle de service public : depuis les lois de séparation, le service du culte ne constitue plus un service public ; mais, les églises étant laissées par la loi du 9 déc. 1905 à la disposition des fidèles et des ministres du culte pour la pratique de leur religion, les travaux que les communes propriétaires y font effectuer sont exécutés « dans un but d'utilité générale » et constituent donc des travaux publics. La notion de travail public est indépendante, d'autre part, de celle de domaine public. Le Conseil d'État ne se demande pas si les églises font partie ou non du domaine public ; le Tribunal des conflits décide de même que les travaux effectués sur un palais de justice constituent des travaux publics « sans qu'il soit besoin de déterminer si ce palais faisait partie du domaine public ou privé » (TC 24 oct. 1942, *Préfet des Bouches-du-Rhône*, S. 1945.3.10).

2 **II.** — Dans le cadre de cette conception traditionnelle, la notion de travaux publics englobe des travaux effectués sur des parcelles du domaine privé, dès lors qu'ils présentent un intérêt général distinct de la gestion proprement dite du domaine privé : consolidation de rochers risquant de gêner la circulation publique (CE 8 juin 1949, *Contamine*, Rec. 272) ; travaux effectués pour relier deux hameaux (TC 8 févr. 1965, *Martin*, Rec. 811) : aménagement d'une route forestière affectée à la circulation générale, notamment pour permettre à la population estivale d'accéder à la côte maritime (CE 28 sept. 1988, *Office national des forêts c. Delle Dupouy*, Rec. 318 ; JCP 1989.II.21234, note Davignon, AJ 1989.47, obs. J.-B. Auby). Répondent pareillement à un but d'intérêt

général des travaux exécutés par une personne publique sur une propriété privée pour parer à un péril imminent résultant d'un éboulement (CE, Sect., 29 avr. 1949, *Consorts Dastrevigne*, Rec. 185), ou pour procéder à l'aménagement d'une digue sur son domaine privé (TC 8 déc. 2014, *Consorts A. c. Commune de Grésy-sur-Isère*, AJ 2015.556), ou sur la propriété d'un tiers avec son accord (CE 16 mai 2012, *Verrier*, Rec. 656).

La notion de travail public trouve encore à s'appliquer à des travaux immobiliers exécutés dans un but d'intérêt général et pour le compte d'une personne publique, alors même qu'ils sont réalisés par des personnes privées (CE 9 déc. 2016, *Électricité Réseau Distribution France*, Rec. 691).

3 En sens inverse, ne présentent pas un but d'intérêt général : des travaux exécutés pour la gestion du domaine privé forestier (TC 25 juin 1973, *Office national des forêts c. Béraud et entreprise Machari*, Rec. 847 ; D. 1975.350, note Comte ; AJ 1974.30, note Moderne ; CJEG 1973.229, note J.V. ; CE, Sect., 28 nov. 1975, *Office national des forêts c. Abamonte*, Rec. 602 ; AJ 1976.148, note Julien-Laferrière ; D. 1976.355, note J.-M. Auby ; RA 1976.36, note Moderne ; JCP 1976.II.18476, note Boivin ; RD publ. 1976.1051, note M. Waline) ; des travaux effectués pour le compte de l'Office national des forêts sur une route forestière ouverte à la circulation du public mais non affectée à la circulation générale (TC 5 juill. 1999, *Mme Menu et SA des établissements Gurdebeke et Office national des forêts*, Rec. 458).

4 **III.** — Dans la ligne du critère dégagé par l'arrêt *Commune de Monségur*, la jurisprudence a continué d'écarter jusqu'en 1955 l'application de la notion de travaux publics à des travaux exécutés pour le compte de particuliers (CE, Sect., 16 nov. 1928, *Mezgier*, Rec. 1192 ; RD publ. 1929.97, concl. Ettori). Elle ne l'admettait que lorsque de tels travaux étaient *l'accessoire* d'un travail public (CE 21 janv. 1927, *Compagnie générale des eaux c. Dame Vve Berluque*, Rec. 94 ; D. 1928.3.57, note Blaevoet : construction de canalisations privées reliant un immeuble à des canalisations publiques).

Depuis 1955, la jurisprudence reconnaît le caractère de travaux publics à des travaux effectués pour le compte de particuliers dès lors qu'ils se rattachent à une mission de service public accomplie dans le cadre d'un régime de droit public (TC 28 mars 1955, *Effimieff**).

36

COMPÉTENCE
SERVICES PUBLICS
INDUSTRIELS ET COMMERCIAUX
AGENTS CONTRACTUELS

Conseil d'État, 26 janvier 1923, ***de Robert Lafrégeyre***
(Rec. 67 ; RD publ. 1923.237, concl. Rivet)

Cons. que le sieur de Robert Lafrégeyre demande au Conseil d'État de lui allouer, pour la rupture du contrat qui le liait à la colonie de Madagascar, une indemnité plus élevée que celle que lui a accordée l'arrêté attaqué ; que cette colonie conclut au rejet de la requête, et, par la voie du recours incident, à la réformation dudit arrêté, en tant qu'il l'a condamnée à payer au sieur de Robert Lafrégeyre des dommages-intérêts qu'elle estime ne pas lui être dus, ainsi qu'à la condamnation du sieur de Robert Lafrégeyre à lui rembourser la somme de 5 903,33 F payée en vertu de la décision du conseil du contentieux administratif ; qu'enfin le sieur de Robert Lafrégeyre a opposé au recours incident une fin de non-recevoir tirée de l'acquiescement qu'aurait donné la colonie à l'arrêté qu'elle critique aujourd'hui devant le Conseil d'État ;

Sur la compétence : Cons. que, eu égard au caractère des fonctions de direction auxquelles le sieur de Robert Lafrégeyre a été appelé par arrêté du gouverneur général de la colonie de Madagascar, les difficultés soulevées entre la colonie et le requérant touchant les droits résultant pour ce dernier du contrat qui le liait à la colonie sont de celles pour lesquelles il appartient à la juridiction administrative de statuer et que, s'agissant de fonctions publiques coloniales, le conseil du contentieux administratif de Madagascar était compétent pour en connaître ;

....

OBSERVATIONS

Au principe de l'application du droit privé aux services publics industriels et commerciaux, et particulièrement à leur personnel, résultant de la jurisprudence Société commerciale de l'Ouest africain*, *l'arrêt de* Robert Lafrégeyre *apporte une exception pour leurs dirigeants.*

Le sieur de Robert Lafrégeyre avait été engagé par la colonie de Madagascar pour exercer les fonctions de chef de service aux chemins de fer de la colonie. Des difficultés s'étant élevées entre la colonie et lui, il demanda à cette dernière des dommages-intérêts pour rupture du contrat d'engagement. Statuant en appel du conseil du contentieux administratif de Madagascar, le Conseil d'État décida que, « eu égard au caractère des fonctions de direction » exercées par l'intéressé, le litige relevait de la compétence administrative.

L'arrêt est intéressant à un double titre.

1 **I.** — Il inaugure, en premier lieu, l'abondante jurisprudence relative au *personnel des services publics industriels et commerciaux :* selon cette jurisprudence, seuls ont la qualité d'agents publics les agents qui exercent des fonctions de direction, les agents subalternes se trouvant au contraire dans la condition juridique de salariés de droit privé (*cf.* CE, Ass., 14 déc. 1928, *Billiard*, Rec. 1316 ; RD publ. 1929.107, concl. Rivet). La distinction a été reprise dans les arrêts postérieurs au statut général des fonctionnaires (CE, Sect., 25 janv. 1952, *Boglione*, Rec. 55 : personnel du service d'exploitation et outillage géré par la Chambre de commerce de Marseille).

La notion d'emploi de direction a été entendue de façon de plus en plus restrictive. Alors qu'elle englobait les chefs de service en 1923, ceux-ci en étaient exclus en 1952 (CE, Sect., 25 janv. 1952, *Boglione*, préc.). Le commissaire du gouvernement Chardeau y inscrivait encore, en 1954, aux côtés du directeur général, le secrétaire général et l'agent comptable (concl. sur CE, Sect., 4 juin 1954, *Vingtain* et *Affortit*, Rec. 342). L'évolution a été achevée en 1957 par l'arrêt *Jalenques de Labeau* (CE, Sect., 8 mars 1957, Rec. 158 ; S. 1957.276, concl. Mosset ; D. 1957.378, concl., note de Laubadère ; JCP 1957.II.9987, note Dufau ; AJ 1957.II.184, chr. Fournier et Braibant) : « *il n'appartient qu'aux tribunaux judiciaires de se prononcer sur les litiges individuels concernant les agents* » d'un établissement public industriel et commercial, « *à l'exception de celui desdits agents qui est chargé de la direction de l'ensemble des services de l'établissement, ainsi que du chef de la comptabilité, lorsque ce dernier possède la qualité de comptable public* ». Ainsi, en principe, relèvent seuls, de la compétence administrative et du droit public, le chef de l'établissement et l'agent comptable.

2 Il faut y ajouter, la situation particulière *des membres de l'organe délibérant* d'un établissement public, fût-il industriel et commercial, si un litige survient entre l'un d'eux et l'établissement.

Le Tribunal des conflits a jugé en effet que les liens existants entre une personne publique et les membres de l'organe chargé de son administration sont des rapports de droit public justifiant la compétence de la juridiction administrative, y compris lorsque cette personne publique a la nature d'un établissement public à caractère industriel et commercial (TC 14 nov. 2016, *Masson c. Office public de l'habitat Moselis*, Rec. 590 ; AJ 2017.276, chr. L. Dutheillet de Lamothe et Odinet).

3 Il peut être dérogé à ces règles par « *une disposition édictée ou autorisée par le législateur* » (CE, Sect., 15 déc. 1967, *Level*, Rec. 501 ; AJ 1968.228, chr. Massot et Dewost, et 230, concl. Braibant ; D. 1968.387, note Leclercq). Ainsi la loi peut appliquer expressément un statut de droit privé à l'ensemble du personnel des régies municipales de gaz et d'électricité, ce qui inclut les agents de direction (CE 20 mars 2015, *Le Saux*, Rec. 715). À l'inverse, tout ou partie du personnel d'un service qui, administratif à l'origine, est devenu industriel et commercial, peut garder la qualité d'agent public et même de fonctionnaire (CE, Ass., 29 janv. 1965, *L'Herbier*, Rec. 60 ; v. n° 34.8 ; TC 24 oct. 1994, *Préfet de la région d'Île-de-France, Préfet de Paris c. Fédération syndicale SUD PTT*, Rec. 608 ; v. n° 34.8).

4 **II.** — L'arrêt *de Robert Lafrégeyre* fait, en second lieu, référence à la notion de *fonctionnaire contractuel.*

Celle-ci apparaissait déjà dans l'arrêt *Winkell* du 7 août 1909 (Rec. 826, v. n° 57.2), mais a été abandonnée ultérieurement pour les fonctionnaires proprement dits (CE, Sect., 22 oct. 1937, *Delle Minaire et autres*, Rec. 843, concl. Lagrange ; S. 1940.3.13, concl. ; D. 1938.3.49, concl., note Eisenmann ; RD publ. 1938.121, concl., note Jèze) : nommés par un acte unilatéral, ils sont, « *vis-à-vis de l'administration, dans une situation statutaire et réglementaire* », exclusive de tout contrat (en ce sens notamment l'art. 4 de la loi du 13 juill. 1983 portant droits et obligations des fonctionnaires).

Cet article est demeuré inchangé, bien que la loi du 6 août 2019 de transformation de la fonction publique ait étendu la possibilité de recrutement d'agents contractuels et introduit comme modalité de cessation des fonctions des agents publics la rupture conventionnelle, sans que cette procédure se heurte à des règles ou principes constitutionnels (*n° 2020-860 QPC*, 15 oct. 2020 ; AJ 2021.469, note Fort).

5 D'autres agents peuvent encore être recrutés par contrat. La question se pose alors de savoir si ce sont des agents de droit privé ou de droit public.

Pour les agents des services publics industriels et commerciaux, la réponse est donnée par la jurisprudence *de Robert Lafrégeyre* : sauf les exceptions concernant le directeur et l'agent comptable et celles qui résultent de textes, ces agents sont des agents de droit privé. Mais, dans certaines entreprises, dites « *à statut* », ils sont soumis à des dispositions adoptées par voie unilatérale. Les règlements qui les régissent sont des actes administratifs dès lors qu'ils touchent à l'organisation du service (TC 15 janv. 1968, *Époux Barbier**). Se trouve ainsi limitée, pour les agents concernés, la portée à la fois du caractère contractuel et de la soumission au droit privé de leur situation.

6 *Pour les agents des services publics administratifs*, la qualification du contrat les unissant à la personne qui les emploie résulte de l'application des critères des contrats administratifs, tels qu'ils ont été dégagés par la jurisprudence et, le cas échéant, par la législation.

Organiquement, il est nécessaire que le contrat soit passé avec une personne publique. Les agents des personnes privées chargées d'un service public administratif restent des agents de droit privé (CE 4 avr. 1962, *Chevassier*, v. n° 7.5 ; TC 4 mai 1987, *du Puy de Clinchamps*, Rec. 640 ; AJ 1987.446, chr. Azibert et de Boisdeffre ; JCP 1988.II.20955, note Plouvin). Le critère de l'affectation de l'agent à un service public administratif ne peut jouer que lorsque ce service est « *géré par une personne publique* » (TC 3 juin 1996, *Gagnant*, Rec. 542). Seule la loi pourrait déroger à cette condition.

7 Elle peut également écarter les critères matériels du contrat administratif dégagés par la jurisprudence. Il en va ainsi pour Pôle emploi, établissement public administratif, dont les agents, bien qu'investis d'une mission de service public, sont en vertu de la loi du 13 février 2008 soumis au droit privé, réserve faite de ceux, ayant appartenu à l'Agence nationale pour l'emploi, qui « *restent* » contractuels de droit public (CE 23 juill. 2014, *Sud Travail-Affaires sociales*, Rec. 696). De même, les contrats emploi-solidarité conclus en application de la loi du 19 déc. 1989 favorisant le retour à l'emploi sont des contrats de droit privé (TC 7 juin 1999, *Préfet de l'Essonne*, Rec. 451 ; D. 2001.266, note Mahinga). À l'inverse, la loi peut conférer expressément la qualité de contractuels de droit public à d'autres agents, tels les adjoints de sécurité (art. 10 de la loi du 16 oct. 1997 relative au développement d'activités pour l'emploi des jeunes) (v. TC 3 juill. 2000, *Préfet des Hauts-de-Seine c. Conseil de prud'hommes de Boulogne-Billancourt*, Rec. 767). Elle peut d'ailleurs reprendre à ce sujet une qualification qui serait résultée de la jurisprudence.

8 Celle-ci a progressivement abouti à une solution générale.

Pendant longtemps, elle a appliqué aux contrats des agents recrutés par les personnes publiques pour leurs services publics administratifs le critère des clauses exorbitantes, dont la présence était nécessaire pour qu'ils fussent des contrats de droit public (v. CE 31 juill. 1912, *Société des granits porphyroïdes des Vosges**, et nos obs.).

Puis, avant même l'arrêt *Époux Bertin** du 20 avr. 1956, elle a retenu le critère du service public, en reconnaissant un caractère administratif aux contrats conclus avec des agents dès lors qu'ils les font « *participer directement à l'exécution du service* » (CE, Sect., 4 juin 1954, *Vingtain* et *Affortit*, v. n° 65.3). Selon les termes employés par le commissaire du gouvernement Chardeau, « relèvent du droit public tous les agents – quelles que soient les clauses de leur contrat – qui ont pour mission d'assurer le fonctionnement du service public administratif dont ils font partie, qui collaborent au but poursuivi par ce service ». Posé par le juge administratif, ce critère a été repris aussi bien par le Tribunal des conflits (TC 13 janv. 1958, *Chardon*, Rec. 789 ; D. 1958.412, note Blaevoet) que par la Cour de cassation (Civ. 15 févr. 1961, JCP 1961.II.12077, note R.L.). Il a été entendu dans un sens extensif comme le montre la reconnaissance de la qualité d'agent public aux personnels les plus divers : concierge d'un groupe d'immeubles d'un office public d'HLM (CE,

Sect., 10 mars 1959 *Lauthier*, Rec. 198 ; RD publ. 1959.770, concl. Michel Bernard ; AJ 1959.I.68, chr. Combarnous et Galabert ; D. 1960.280, note de Laubadère) ; vétérinaire chargé de l'inspection des abattoirs municipaux (CE, Sect., 23 avr. 1971, *Ministre de l'agriculture c. Mornet*, Rec. 289 ; RA 1971.280, concl. Gentot ; AJ 1971.363, note J.P.C.) ; agent de bureau recruté par l'Office universitaire et culturel pour l'Algérie (CE, Sect., 25 mai 1979, *Mme Rabut*, Rec. 231, concl. Genevois ; D. 1979.IR 388, obs. P.D.).

L'extension n'était pourtant pas générale ; elle n'englobait pas les agents n'exerçant que des fonctions accessoires (par ex. serveuses des restaurants universitaires : TC 19 avr. 1982, *Mme Robert c. CROUS de Rennes*, Rec. 561 ; D. 1982.546, note Imbert ; Gaz. Pal. 1983.1.318, note Bonneau ; JCP 1983.II.19959, note Saint-Jours).

Il en résultait des solutions byzantines, non seulement entre les agents d'un même service, mais pour un même agent, selon les emplois successifs qu'il occupait (TC 25 nov. 1963, *Dame Vve Mazerand*, Rec. 792 ; JCP 1964.II.13466, note R.L.).

Le Tribunal des conflits a entendu y mettre fin par l'arrêt du 25 mars 1996, *Berkani* (Rec. 535, concl. Martin ; RFDA 1996.819, concl. ; AJ 1996.354, chr. Stahl et Chauvaux ; D. 1996.598, note Saint-Jours ; Dr. soc. 1996.735, obs. Prétot ; CJEG 1997.35, note Lachaume ; Gaz. Pal. 10-11 juill. 1996, note Petit ; JCP 1996.II.22664, note Moudoulou ; RRJ 1997.745, note Monjat), à l'occasion d'un litige concernant un cuisinier employé par un centre régional d'œuvres universitaires, en posant le principe que « *les personnels non statutaires travaillant pour le compte d'un service public à caractère administratif sont des agents contractuels de droit public, quel que soit leur emploi* ».

9 La volonté de simplifier les règles applicables s'est heurtée cependant à un premier obstacle dans l'hypothèse où une personne publique reprend en régie une activité précédemment confiée à une personne privée en lui conférant le caractère d'*un service public administratif*. Le Tribunal des conflits a jugé qu'en pareil cas, pour l'application des dispositions du Code du travail prévoyant la reprise par le nouvel employeur des contrats de travail antérieurement conclus par la personne privée, les intéressés demeuraient soumis à un régime de droit privé aussi longtemps que leur nouvel employeur public ne les avait pas placés sous un régime de droit public (TC 19 janv. 2004, *Mme Devun c. Commune de Saint Chamond*, Rec. 509 ; BJCL 2004.253 et LNF 2004.253, concl. Duplat ; AJ 2004.432, chr. Donnat et Casas ; AJFP 2004.118, comm. Journé ; Dr. soc. 2004.433, note A. Mazeaud ; CJEG 2004.120, note Girardot ; JCP 2004.II.10134 et JCP E 2004.930, notes Duquesne). Le Conseil d'État a adopté la même solution sans faire obligation à la collectivité publique, en l'absence de dispositions législatives en ce sens, de placer les intéressés sous un régime de droit public (CE, Sect., 22 oct. 2004, *Lamblin*, Rec. 382 ; RFDA 2005.187 et Dr. soc. 2005.37, concl. Glaser ; RFDA 2005.1205, note Clamour ; BJCL 2005.37, concl., note Robineau-Israël et Vialettes ; RGCT 2005.106, concl., notes Mondou, Etcheverry et Garreau ; AJ 2004.2153, chr. Landais et Lenica ; CFP déc. 2004, p. 37, note Guyomar ; DA févr. 2005, p. 24, note E.G. ; JCP 2004.II.10200, note Jean-Pierre ; Dr. ouvr. 2005.79, note J. Le Rey ; ADE 2004.900, note Dubos). L'appel ainsi fait au législateur a été entendu avec l'art. 20 de la loi n° 2005-843 du 26 juill. 2005, dont les dispositions ont été modifiées et codifiées à l'article L. 1224-3 du Code du travail. Le Tribunal des conflits a réaffirmé que tant que les salariés concernés n'ont pas été placés sous un régime de droit public, leurs contrats demeurent des contrats de droit privé (TC 3 juill. 2017, *CHR de Metz-Thionville c. Consbruck*, Rec. 511).

Toutefois, le juge administratif est seul compétent pour enjoindre à une personne publique de proposer un contrat de droit public (TC. 9 janv. 2017, *Mme de Larichaudy et autres*, Rec. 511).

10 L'unification des règles de compétence ne se vérifie pas non plus dans d'autres hypothèses.

D'une part, si les litiges relatifs à un contrat d'accompagnement à l'emploi relèvent en vertu de la loi de la compétence judiciaire, le juge administratif n'en est pas moins compétent pour tirer les conséquences d'une éventuelle *requalification* du contrat lorsque ce dernier n'entre en réalité pas dans le champ des catégories d'emplois, d'employeurs ou de salariés visés (TC 22 nov. 2010, *Cerisier et autres c. Lycée David d'Angers*, Rec. 685). La même solution a été retenue pour les contrats emploi solidarité (TC 14 nov. 2011, *Pruvost c. Maison de retraite « Résidence Albert Jean »*, Rec. 844) ainsi que pour les contrats d'avenir et les contrats uniques d'insertion (TC 12 nov. 2018, *Mme Azran* ; Rec. 605).

D'autre part, en cas de litige à caractère indemnitaire concernant un agent public successivement de droit privé puis de droit public, la compétence appartient au juge judiciaire ou au juge administratif selon la période visée par la réclamation de l'agent (TC 23 nov. 2009, *Melle Tourdot c. Université de Valenciennes et du Hainaut-Cambrésis*, Rec. 668 ; DA 2010, n° 43, note F. Melleray).

11 Le Tribunal des conflits a été enfin confronté à des cas limites. Il a jugé que « le contrat par lequel une collectivité publique gérant un service public administratif et agissant en qualité d'entrepreneur de spectacle vivant, engage un artiste du spectacle en vue de sa participation à un tel spectacle, est présumé être un contrat de travail soumis aux dispositions du Code du travail ». La solution vaut pour un artiste fonctionnaire, dès lors que sa participation à un spectacle ne s'inscrit pas dans le cadre de ses obligations de service (TC 6 juin 2011, *Bussière-Meyer c. Communauté d'agglomération Belfortaine*, Rec. 689 ; JCP Adm. 2011.2250, note Pontier).

37

RESPONSABILITÉ RUPTURE DE L'ÉGALITÉ DEVANT LES CHARGES PUBLIQUES

Conseil d'État, 30 novembre 1923, *Couitéas*

(Rec. 789 ; D. 1923.3.59, concl. Rivet ; RD publ. 1924.75 et 208, concl., note Jèze ; S. 1923.3.57, note Hauriou, concl. ; DA 1998, n° 10, p. 4, art. Andriantsimbazovina ; RFDA 2013.1012, art. Seiller ; AJ 2014.1821, art. Jacquemet-Gauché ; GCJA, vol. 1, n° 72, concl. ; GAP, p. 131)

....

Cons. qu'il résulte de l'instruction que, par jugement en date du 13 févr. 1908, le tribunal de Sousse a ordonné « le maintien en possession du sieur Couitéas des parcelles de terres du domaine de Tabia-el-Houbira dont la possession lui avait été reconnue par l'État » et lui a conféré « le droit d'en faire expulser tous les occupants » ; que le requérant a demandé, à plusieurs reprises, aux autorités compétentes l'exécution de cette décision ; mais que le gouvernement français lui a toujours refusé le concours de la force militaire d'occupation, reconnu indispensable pour réaliser cette opération de justice, en raison des troubles graves que susciterait l'expulsion de nombreux indigènes de terres dont ils s'estiment légitimes occupants depuis un temps immémorial ;

Cons. qu'en prenant, pour les motifs et dans les circonstances ci-dessus rappelées, la décision dont se plaint le sieur Couitéas, *le gouvernement n'a fait qu'user des pouvoirs qui lui sont conférés en vue du maintien de l'ordre et de la sécurité publique dans un pays de protectorat :*

Mais cons. que le justiciable nanti d'une sentence judiciaire dûment revêtue de la formule exécutoire est en droit de compter sur la force publique pour l'exécution du titre qui lui a été ainsi délivré ; que si, comme il a été dit ci-dessus, le gouvernement a le devoir d'apprécier les conditions de cette exécution et le droit de refuser le concours de la force armée, tant qu'il estime qu'il y a danger pour l'ordre et la sécurité, le préjudice qui résulte de ce refus ne saurait, s'il excède une certaine durée, être une charge incombant normalement à l'intéressé, et qu'il appartient au juge de déterminer la limite à partir de laquelle il doit être supporté par la collectivité ;

Cons. que la privation de jouissance totale et sans limitation de durée résultant, pour le requérant, de la mesure prise à son égard, lui a imposé, dans l'intérêt général, un préjudice pour lequel il est fondé à demander une réparation pécuniaire ; que, dès lors, c'est à tort que le ministre des affaires étrangères lui a dénié tout droit à indemnité : qu'il y a lieu de le renvoyer devant ledit ministre pour y être procédé, à défaut d'accord amiable, et en tenant compte de toutes les circonstances de droit et de fait, à la fixation des dommages-intérêts qui lui sont dus : ... (Annulation ; indemnité accordée).

OBSERVATIONS

De l'admission de la responsabilité pour risque par les arrêts Cames* *et* Regnault-Desroziers**, l'arrêt* Couitéas *passe à la responsabilité sans faute fondée sur le principe d'égalité devant les charges publiques.*

1 Les faits très complexes qui ont donné lieu à cet arrêt ont été minutieusement exposés par le commissaire du gouvernement Rivet dans ses conclusions. Retenons seulement que le sieur Couitéas ne pouvait obtenir du gouvernement l'exécution d'un jugement ordonnant l'expulsion de tribus autochtones occupant un domaine de 38 000 hectares dont il avait été reconnu propriétaire en Tunisie par l'autorité judiciaire.

Le commissaire du gouvernement rappela d'abord que, cinquante ans auparavant, le Conseil d'État n'eût pas manqué de déclarer qu'un tel acte, inspiré par un mobile politique, constituait un acte de gouvernement. N'entrait-il pas, par ailleurs, dans la catégorie des actes relatifs à l'exercice du protectorat, et donc aux obligations internationales du gouvernement ? Il ne le semblait pas : l'acte attaqué était uniquement le refus de faire exécuter un jugement rendu par un tribunal français au bénéfice d'un ressortissant français. Le Conseil d'État était donc compétent. Mais la responsabilité de l'État était-elle engagée ? L'exécution du jugement rendu en faveur du sieur Couitéas nécessitait l'organisation d'une véritable expédition militaire : 8 000 autochtones occupaient ses domaines. D'impérieuses nécessités politiques expliquent le refus opposé par le gouvernement. Mais il n'est pas douteux qu'un jugement devenu définitif doit recevoir exécution. Ainsi le refus du gouvernement porte gravement atteinte aux droits individuels du sieur Couitéas, mais dans un intérêt général. Or le législateur reconnaît presque toujours au particulier sacrifié à l'intérêt public le droit à une compensation pécuniaire : les lois sur les dommages de guerre sont une manifestation éclatante de cette tendance, qui dérive du principe de l'égalité devant les charges publiques inscrit dans la Déclaration de 1789. L'espèce *Couitéas* donnait au juge administratif l'occasion de faire application de la théorie du « risque social » pour indemniser un justiciable qui n'obtient pas l'exécution d'un jugement lorsque, dans les circonstances exceptionnelles de l'affaire, le refus du concours de la force publique ne peut être considéré comme un excès de pouvoir.

Le Conseil d'État adopta la doctrine que lui proposait son commissaire, et qui s'exprime en un considérant devenu classique : « ... *le justiciable nanti d'une sentence judiciaire... est en droit de compter sur la force publique pour l'exécution du titre qui lui a été ainsi délivré ; ... si le gouvernement a le devoir d'apprécier les conditions de cette exécution et le droit de refuser le concours de la force armée tant qu'il estime qu'il y a danger pour l'ordre et la sécurité, le préjudice qui résulte de ce refus ne saurait, s'il excède une certaine durée, être une charge incombant normalement à l'intéressé...* ».

L'arrêt a ainsi ouvert un deuxième volet de responsabilité sans faute des personnes publiques, pour rupture de l'égalité devant les charges publiques. Le Conseil constitutionnel lui a reconnu un fondement constitutionnel : « conformément aux règles de droit commun », la victime d'« un préjudice anormal et spécial » causé par une autorité publique peut « en demander réparation sur le fondement du principe constitutionnel d'égalité devant les charges publiques » (CC n° *2015-715 DC, 5 août 2015* ; Rec. 415 ; RFDC 2016.127, note Hutier). Le système s'est progressivement élargi des cas de *défaut d'intervention* (I), aux *cas d'adoption de certaines mesures* (II). Dans tous les cas, le préjudice doit présenter certains caractères pour donner lieu à réparation (III).

2 **I.** — La responsabilité de l'administration est engagée sans faute lorsque, pour des motifs d'intérêt général, *elle ne prend pas les dispositions* qu'elle devrait normalement adopter. Du défaut d'exécution d'une décision de justice (A), la jurisprudence s'est élargie à des cas divers d'abstention de l'administration (B).

A. — L'arrêt *Couitéas* concerne le défaut d'exécution d'une décision de justice ou, plus précisément, le défaut du concours de la force publique pour assurer l'exécution d'une telle décision.

Normalement l'administration doit, non seulement respecter les jugements et arrêts rendus contre elle, mais prêter son concours à l'exécution de ceux qui ont été rendus contre des personnes privées. La formule exécutoire dont ils sont assortis lui en fait obligation. Même si le rôle qu'elle lui attribue se situe dans le prolongement d'une décision judiciaire, il se détache de celle-ci et conserve, contrairement à ce qui a pu être jugé (CE, Sect., 11 mai 1934, *Soyer*, Rec. 552), un caractère administratif : le contentieux de l'exécution des décisions de justice par l'administration relève donc de la juridiction administrative (CE, Sect., 3 juin 1959, *Dame Vve Sablayrolles*, Rec. 425, concl. Jouvin). Le refus de ce concours peut être attaqué par la voie du recours pour excès de pouvoir (par ex. CE 27 nov. 2015, *Société Usine du Marin*, Rec. 409), faire l'objet d'un référé-liberté (CE 1er juin 2017, *SCI La Marne Fourmies*, Rec. 734, AJ 2017.1892, note A. Perrin), et peut constituer une faute de nature à engager la responsabilité de l'État.

Cependant lorsque le concours de la force publique risque d'entraîner des troubles plus graves que celui que fait naître l'inexécution de la décision de justice, l'administration est en droit de le refuser. Hauriou eût voulu limiter la solution de l'arrêt *Couitéas* aux pays de protectorat et la classer dans la jurisprudence relative aux circonstances exceptionnelles (v. nos obs. sous l'arrêt *Heyriès** du 28 juin 1918). Cette interprétation a paru exacte pendant une quinzaine d'années. Mais, sous la pression des circonstances, le Conseil d'État a admis que les motifs tirés des nécessités du maintien de l'ordre public permettent à l'administration de différer son intervention pour l'exécution d'un jugement, non seulement lorsque celle-ci implique une véritable expédition militaire, comme dans l'affaire *Couitéas* (pour des cas analogues, CE, Sect., 23 mars 1945, *Époux de Richemont*, Rec. 60), mais aussi une action de police qui, pour être difficile, est moins importante, comme l'expulsion de grévistes occupant une usine (CE, Ass., 2 juin 1938, *Société La cartonnerie et l'imprimerie Saint-Charles*, Rec. 521, concl. Dayras ; Dr. soc. 1938.241 et S. 1939.3.9, concl. ; D. 1938.3.65, note Appleton ; JCP 1938.II.834, note Mihura ; RD publ. 1938.375, note Jèze) ou de locataires occupant un appartement (CE, Ass., 22 janv. 1943, *Braut*, Rec. 19 ; v. n° 14.2).

Les motifs pouvant justifier le refus du concours de la force publique ont été synthétisés et complétés par l'arrêt du Conseil d'État du 30 juin 2010, *Ministre de l'intérieur, de l'outre-mer et des collectivités territoriales c. M. et Mme Ben Amour* (Rec. 225 ; BJCL 2010.625, concl. Thiellay ; AJ 2011.568, note Le Gars) : « *des considérations impérieuses tenant à la sauvegarde de l'ordre public ou à la survenance de circonstances postérieures à la décision judiciaire d'expulsion telles que l'exécution de celle-ci serait susceptible d'attenter à la dignité de la personne humaine, peuvent légalement justifier, sans qu'il soit porté atteinte au principe de la séparation des pouvoirs, le refus de prêter le concours à la force publique* ». Le juge contrôle la décision de prêter ou de refuser de prêter ce concours.

Lorsque le refus du concours de la force publique est fondé, le bénéficiaire du jugement ou de l'arrêt, qui ne peut en obtenir l'exécution, subit un préjudice qui est pour lui une véritable charge imposée dans l'intérêt général : sa réparation doit rétablir l'égalité.

La jurisprudence *Couitéas* peut jouer aussi au cas où le préfet refuse légalement, « eu égard à la situation de la collectivité... ou en raison d'impératifs d'intérêt général », de prendre les mesures nécessaires pour assurer la pleine exécution d'une décision de justice condamnant une collectivité territoriale au paiement d'une somme d'argent (CE, Sect., 18 nov. 2005, *Société fermière de Campoloro*, Rec. 515 ; v. n° 79.12).

3 La jurisprudence *Couitéas* a reçu une confirmation par la loi du 9 juill. 1991 portant réforme des procédures civiles d'exécution, dont l'article 16, repris à l'art. L. 153-1 du Code des procédures civiles d'exécution, dispose : « L'État est tenu de prêter son concours à l'exécution des jugements et des autres titres exécutoires. Le refus de l'État de prêter son concours ouvre droit à réparation ». Le cas des expulsions de logement est précisé par des dispositions particulières (CE 18 févr. 2010, *Société d'HLM de Guyane*, Rec. 977 ; AJ 2010.857, concl. Thiellay).

Pour le Conseil constitutionnel, « *toute décision de justice est exécutoire..., la force publique devant... prêter main-forte à cette exécution* », mais « *dans des circonstances exceptionnelles tenant à la sauvegarde de l'ordre public, l'autorité administrative peut... ne pas prêter son concours* » (CC *n° 98-403 DC, 29 juill. 1998*, Rec. 276 ; AJ 1998.705, chr. Schoettl ; RFDC 1998.765, note Trémeau).

4 La Cour européenne des droits de l'Homme, tout en affirmant que « *l'exécution d'un jugement ou arrêt, de quelque juridiction que ce soit* » relève du droit à un procès équitable et doit être assurée par les autorités compétentes (19 mars 1997, *Hornsby c. Grèce* ; v. nº 79.12), admet que des motifs sérieux d'ordre public peuvent justifier que le concours de la force publique soit différé, mais non refusé définitivement (21 janv. 2010, *Barret et Sirjean c. France*, JCP Adm. 2010.2260, note Dieu), la réparation du préjudice sur le fondement du principe d'égalité devant les charges publiques ne pouvant suffire dans ce cas à compenser l'atteinte au droit à un procès équitable et au droit au respect des biens. La Cour prend aussi en considération la possibilité de l'indemnisation du préjudice grave et spécial subi par des créanciers d'États étrangers du fait de l'immunité diplomatique d'exécution dont ces derniers bénéficient (13 janv. 2015, *NML Capital Ltd c. France*, req. nº 23242/12).

5 ***B.*** – Les cas d'abstention de l'administration causant un préjudice ouvrant à la victime un droit à indemnité ont, dans le prolongement de la jurisprudence *Couitéas*, été progressivement élargis.

Les premiers concernent le refus d'intervention des autorités de police, non plus pour exécuter une décision de justice, mais pour maintenir ou rétablir l'ordre. Normalement elles doivent prendre les mesures juridiques et matérielles qui sont nécessaires : leur carence est fautive et engage à ce titre leur responsabilité (CE 15 juin 1987, *Société navale des Chargeurs Delmas-Vieljeux*, Rec. 216). Un refus peut néanmoins être justifié si l'intervention de la police, loin de rétablir l'ordre, peut aggraver les désordres. La charge qui peut en résulter pour certaines personnes doit être réparée sur le fondement du principe d'égalité devant les charges publiques (CE, Sect., 27 mai 1977, *SA Victor Delforge*, Rec. 253 ; JCP 1978.II.18778, note Pacteau ; RA 1977.489, note Darcy ; – 11 mai 1984, *Port autonome de Marseille*, Rec. 178 ; AJ 1984.708, note J. Moreau, à propos de l'abstention des autorités administratives compétentes pour faire rompre les barrages de bateaux établis sur un canal à l'entrée d'un port). Il arrive que la responsabilité sans faute des autorités de police soit reconnue par leur abstention à la fois pour assurer l'ordre public et pour exécuter une décision de justice (CE 30 sept. 2019, *Ministre de l'intérieur c. Compagnie La Méridionale*, Rec. 997 ; DA janv. 2020.40, note Éveillard). Mais la Cour de justice des Communautés européennes n'admet pas que la prise en charge par l'État des dommages causés par des manifestants lui permette de s'affranchir de ses obligations communautaires, notamment pour assurer la libre circulation des marchandises (CJCE 9 déc. 1997, *Commission c. France*, aff. C-265/95, Rec. I. 6959 ; RFDA 1998.120, art. Dubouis ; DA oct. 1998, art. Andriantsimbazovina).

Une deuxième série de cas est apparue avec le défaut d'application d'une réglementation. Normalement il constitue une faute engageant la responsabilité de l'administration (par ex. CE, Sect., 14 déc. 1962, *Doublet*, Rec. 680 ; v. nº 14.3). S'il n'est pas fautif, le préjudice en résultant peut cependant être regardé comme une charge ne devant pas incomber aux personnes le subissant (CE, Ass., 7 mai 1971, *Ministre de l'économie et des finances et Ville de Bordeaux c. Sastre*, Rec. 334, concl. Gentot ; JCP 1971.I.2446, chr. Loschak ; RD publ. 1972.443, note

M. Waline ; dans le même sens – 4 févr. 1976, *Société Établissements Omer Decugis*, Rec. 79 ; AJ 1976.373, note Daval ; RD publ. 1976.1509, note M. Waline). En particulier, si en présence d'une construction édifiée sans permis de construire et en méconnaissance des servitudes d'urbanisme, l'administration n'a pas commis de faute en refusant de faire cesser l'infraction constatée, « *ce défaut d'application d'une législation et d'une réglementation* » n'en a pas moins causé au propriétaire voisin « *un préjudice qui... ne saurait être regardé comme une charge incombant à l'intéressé et qui, par suite, est de nature à lui ouvrir droit à réparation* » (CE, Ass., 20 mars 1974, *Ministre de l'aménagement du territoire, de l'équipement, du logement et du tourisme c. Navarra*, Rec. 200, concl. Rougevin-Baville ; AJ 1974.303, chr. Franc et Boyon ; D. 1974.480, note Gilli ; JCP 1974.II.17752, note Liet-Veaux ; RD publ. 1974.924, note de Soto).

Un nouveau pas a été franchi avec le cas de l'abandon d'une procédure d'expropriation. On ne peut pas parler du défaut d'application d'une décision administrative : la déclaration d'utilité publique permet à l'administration d'agir, elle ne l'oblige pas à le faire. Il n'en reste pas moins que le propriétaire d'un immeuble visé par une déclaration d'utilité publique, dans l'impossibilité d'entreprendre certains travaux avant le transfert de propriété, peut en être gêné si l'administration renonce ensuite à poursuivre ce transfert : il « *a droit à réparation du préjudice particulier qu'il a pu subir dans un intérêt général et qui ne saurait être regardé comme une charge lui incombant normalement* » (CE, Sect., 23 déc. 1970, *EDF c. Farsat*, Rec. 790 ; AJ 1971.96, concl. Kahn ; JCP 1971.II.16820, note Beaugrève).

Cette solution a été étendue au cas d'abandon par une ville, du fait de difficultés financières et techniques, de la réalisation d'une voie publique, dont le projet avait déterminé une entreprise à effectuer d'importants investissements, désormais inutiles : cet abandon lui a causé un préjudice particulier (CE 17 mars 1989, *Ville de Paris c. Société Sodevam*, Rec. 96 ; AJ 1989.472, concl. Stirn ; D. 1990.SC.295, obs. Bon et Terneyre).

6 Enfin un nouvel élargissement a été réalisé par l'arrêt du Conseil d'État (Ass.) du 22 oct. 2010, *Mme Bleitrach* (Rec. 399, concl. Roger-Lacan ; RFDA 2011.141, concl. ; AJ 2010.2207, chr. Botteghi et Lallet ; D. 2011.1298, note Boujeka ; DA déc. 2010, note Busson ; JCP Adm. 2011.2189, note M.-E. Baudouin ; RD publ. 2011.568, note Pauliat), considérant « *que, si, pour des motifs légitimes d'intérêt général, l'État a pu étaler dans le temps la réalisation des aménagements raisonnables destinés à permettre de satisfaire aux exigences d'accessibilité des palais de justice aux personnes handicapées* », « *le préjudice qui résulte de cet étalement dans le temps... ne saurait, s'il revêt un caractère grave et spécial, être regardé comme une charge incombant normalement à l'intéressée* ».

7 **II.** — La responsabilité de la puissance publique se trouve encore engagée lorsque, *positivement*, sont adoptées en toute légalité des *mesures entraînant des conséquences dommageables* : celles-ci constituent des charges qui doivent être réparées sur le fondement du principe d'égalité devant les charges publiques. L'élargissement a conduit des *décisions administratives* (A) aux *lois et aux conventions internationales* (B).

A. — La solution a d'abord été admise par le Conseil d'État à propos de mesures *individuelles* : refus d'autoriser le licenciement de personnels en raison de la « *perturbation grave dans la vie économique locale* » qui en serait résultée (CE, Sect., 28 oct. 1949, *Société des Ateliers du Cap Janet*, Rec. 450 ; JCP 1950.II.5861, concl. J. Delvolvé) ; réquisition d'un bâtiment en vue d'assurer le relogement de personnes évacuées d'un immeuble menaçant ruine (CE, Sect., 15 févr. 1961, *Werquin*, Rec. 118 ; RD publ. 1961.321, concl. Braibant ; AJ 1961.197, chr. Galabert et Gentot ; D. 1961.611, note P. Weil ; JCP 1961.II.12259, note J.-M. Auby) ; interdiction à un navire d'entrer dans un port, compte tenu des manifestations que son arrivée devait provoquer (CE, Sect., 7 déc. 1979, *Société « Les fils de Henri Ramel »*, Rec. 457 ; D. 1980.303, concl. Genevois ; JCP 1981.II.19500, note Pacteau) ; suspension prolongée d'un praticien hospitalier (CE 8 juin 2017, *Bozidarevic*, Rec. 648 ; AJ 2017.1971, note Pouillaude). De même, « la responsabilité sans faute de l'État à l'égard des tiers est engagée, sur le fondement de l'égalité des citoyens devant les charges publiques, en cas de dommages directement causés par des perquisitions ordonnées en application de » l'état d'urgence (CE 6 juill. 2016, *Napol et autres, Thomas et autres**).

Cela vaut aussi pour des *décisions réglementaires*. C'est ce qu'a admis le Conseil d'État à propos de règlements de police interdisant le passage de piétons (CE, Sect., 22 févr. 1963, *Commune de Gavarnie*, Rec. 113 ; AJ 1963.208, chr. Gentot et Fourré ; RD publ. 1963.1019, note M. Waline) ou de camions (CE 13 mai 1987, *Aldebert*, Rec. 924 ; JCP 1988.II.20960, note Pacteau ; RFDA 1988.950, note Rihal ; 4 oct. 2010, *Commune de Saint-Sylvain d'Anjou*, Rec. 971 ; RJEP mars 2011, concl. de Salins ; JCP Adm. 2010.2338, note J. Moreau) sur des voies où étaient établis des commerçants tirant l'essentiel de leur activité de cette circulation. La même solution a bénéficié à un pharmacien qui avait perdu sa clientèle par suite de la décision de fermeture de dix tours d'habitation appartenant à un office d'HLM (CE, Sect., 31 mars 1995, *Lavaud*, Rec. 155 ; LPA 5 juill. 1995, concl. Bonichot ; AJ 1995.384, chr. Touvet et Stahl).

Lorsque des règlements font directement application d'une loi, la responsabilité du fait de leurs conséquences dommageables s'apprécie au titre de la responsabilité du fait des lois.

8 ***B.*** — Des *lois et conventions internationales* peuvent en effet donner lieu à la reconnaissance, par le juge administratif, de la responsabilité de l'État sur le fondement du principe d'égalité devant les charges publiques, mais dans des conditions particulières qui doivent être exami-

nées à part (CE 14 janv. 1938, *La Fleurette** et CE 30 mars 1966, *Compagnie générale d'énergie radio-électrique**).

Elles n'en constituent pas moins des prolongements de la jurisprudence *Couitéas.*

9 **III.** — La responsabilité fondée sur le principe d'égalité devant les charges publiques n'est reconnue que si le préjudice présente certains caractères.

Outre ceux qui valent dans tout régime de responsabilité (le préjudice doit être certain, direct, évaluable en argent, et consister en une atteinte à une situation légitime et juridiquement protégée), il doit être tel qu'il constitue une rupture de l'égalité des citoyens devant les charges publiques. L'appréciation peut être délicate.

Les formules de la jurisprudence en témoignent car elles ont pu varier.

L'arrêt *Couitéas* ne parle que d'un préjudice qui « ne saurait être une charge incombant normalement à l'intéressé ».

Tantôt le préjudice a été considéré spécial et anormal (par ex. CE, Ass., 20 mars 1974, *Ministre de l'aménagement du territoire, de l'équipement, du logement et du tourisme c. Navarra*, préc.), tantôt anormal parce que grave et spécial (par ex. CE, Ass., 7 mai 1971, *Ministre de l'économie et des finances et Ville de Bordeaux c. Sastre*, préc.), tantôt « *anormal, grave et spécial* » (CE 4 oct. 2010, *Commune de Saint-Sylvain d'Anjou*, préc.).

Désormais prévaut la formule selon laquelle « *le préjudice... ne saurait, s'il revêt un caractère grave et spécial, être regardé comme une charge incombant normalement à l'intéressé* » (CE, Ass., 22 oct. 2010, *Mme Bleitrach*, préc. ; – 9 mai 2012, *Société Godet frères*, Rec. 216 ; DA août-sept. 2012, p. 50, note Broyelle). Le préjudice n'est donc anormal que s'il est à la fois spécial et grave.

10 Chacun des termes peut lui-même donner lieu à des appréciations différentes.

La spécialité est assez aisée à reconnaître lorsqu'une seule personne est atteinte (cas par ex. du refus de prêter le concours de la force publique à l'exécution d'une décision de justice). Elle l'est moins lorsque plusieurs personnes peuvent l'être : mais elle apparaît si elles le sont plus que d'autres en raison de leur activité particulière. Tel est le cas d'entreprises empêchées d'accéder à leurs installations par suite du blocage des voies d'accès sans intervention de la police (CE 22 juin 1984, *Secrétaire d'État auprès du ministre des transports chargé de la mer c. Société Sealink UK limited*, et *c. Société « Jokelson et Handstaen »*, deux arrêts, Rec. 246 et 247 ; – du même jour, *Société Townsend car ferries*, JCP 1985.II.20444, note Pacteau ; – 6 nov. 1985, *Ministre d'État, ministre des transports c. Compagnie Touraine Air Transport* et *Société Condor Flugdienst*, deux arrêts, Rec. 312 et 313 ; AJ 1986.84, chr. Hubac et Azibert ; D. 1986.584, note Rainaud), ou de l'interdiction de circuler (CE 4 oct. 2010, *Commune de Saint-Sylvain d'Anjou*, préc.). C'est le cas aussi des personnes se trouvant dans une situation particulière (CE, Ass., 22 oct. 2010, *Mme Bleitrach*, préc. : avocate handicapée ne pouvant exercer normalement son activité du fait de l'absence d'aménagements adaptés pour l'accès au Palais de justice).

Dans tous les cas, la gravité à la fois détermine (avec la spécialité) l'anormalité du préjudice et délimite le montant de l'indemnisation possible.

La jurisprudence issue de l'arrêt *Couitéas* cherche des solutions à la fois protectrices des victimes de mesures ou d'absence de mesures dans l'intérêt général, et évitant une exagération de la responsabilité de la puissance publique.

38

RECOURS POUR EXCÈS DE POUVOIR EFFET DES ANNULATIONS CONTENTIEUSES

Conseil d'État, 26 décembre 1925, *Rodière*
(Rec. 1065 ; RD publ. 1926.32, concl. Cahen-Salvador ; S. 1925.3.49, note Hauriou)

Sur la fin de non-recevoir opposée par le ministre et tirée de ce que le requérant serait sans intérêt pour critiquer les actes fixant la situation des sieurs Pinal et Jocard : Cons. que les fonctionnaires appartenant à une administration publique ont qualité pour déférer au Conseil d'État les nominations illégales faites dans cette administration lorsque ces nominations sont de nature à leur porter préjudice en retardant irrégulièrement leur avancement ou en leur donnant d'ores et déjà pour cet avancement des concurrents ne satisfaisant pas aux règles exigées par les lois et règlements ; qu'il suit de là que les fonctionnaires ont intérêt à poursuivre l'annulation des nominations lorsqu'elles consistent en promotions soit à l'un des grades supérieurs, soit aux classes supérieures du même grade, soit à la classe dont ils font partie :

Cons. qu'ils peuvent même contester les nominations à l'une des classes inférieures dans le cas particulier où ces promotions à une classe inférieure auraient pour effet de leur donner des concurrents pour leur avancement ultérieur ; qu'il en est notamment ainsi dans l'espèce ; qu'en effet, en vertu des dispositions réglementaires qui fixent le statut des fonctionnaires de l'administration centrale des régions libérées, les chefs de bureau, quelle que soit la classe à laquelle ils appartiennent, ont vocation pour accéder directement au grade supérieur, c'est-à-dire à celui de directeur ; que, par suite, le sieur Rodière, chef de bureau de 1re classe a intérêt à poursuivre l'annulation des promotions des sieurs Pinal et Jocard comme chefs de bureau de 3e et de 2e classes, puisque ces promotions ont pour effet de conférer à ces fonctionnaires qui avaient déjà, comme chefs de bureau de 4e classe, vocation au grade de directeur, des titres plus importants pour leur promotion éventuelle à ce grade ;

En ce qui concerne la légalité des arrêtés attaqués : Cons. que par sa décision rendue le 13 mars 1925, le Conseil d'État a, sur le pourvoi du sieur Rodière, annulé d'une part la décision du ministre des régions libérées en date du 31 déc. 1921, arrêtant le tableau complémentaire d'avancement pour 1921, dans celles de ses dispositions relatives aux chefs de bureau Pic, Pinal et Jocard, lesquels étaient proposés pour un avancement de classe, et d'autre part et par voie de conséquence, les arrêtés des 10 janv. 1922 et 7 août 1923, qui avaient promu le sieur Pic à la 2e classe de son grade et les sieurs Pinal et Jocard à la 3e puis à la 2e classe ; que, sur le vu de la décision du Conseil d'État, le ministre des régions libérées, après avoir rapporté tous les actes intervenus depuis 1923 en faveur des sieurs Pic, Pinal et Jocard et dont le maintien était inconciliable avec la décision du Conseil d'État, a, par ses arrêtés du 8 avr. 1925 : 1° décidé que les sieurs Pinal et Jocard inscrits aux tableaux d'avancement de 1923 et de 1925 pour le grade de chefs de bureau de 2e et de 1re classes, devaient être regardés comme maintenus auxdits tableaux mais seulement pour la 3e et la 2e classe, et, en conséquence, nommé lesdits sieurs Pinal et Jocard chefs de bureau de 3e classe à compter du 1er janv. 1923 et de 2e classe à partir du 1er janv. 1925 ; 2° rectifié l'ancienneté du sieur Pic comme chef de bureau de 3e, 2e et 1re classe et l'a inscrit au tableau de 1925 en vue de sa promotion comme chef de bureau hors classe ;

Cons. que le sieur Rodière conteste la légalité des mesures ainsi prises par les motifs qu'elles seraient intervenues sur une procédure irrégulière ; que le ministre, en ne se bornant pas à remettre les intéressés dans la situation où ils se trouvaient à l'époque où avait été arrêté le tableau d'avancement illégal, et en les rétablissant rétroactivement dans les diverses situations qu'ils auraient occupées s'ils n'avaient pas figuré sur un tableau irrégulier, aurait méconnu l'autorité de la chose jugée ; qu'enfin le sieur Pic ne remplissait pas les conditions requises pour accéder au grade de chef de bureau hors classe ;

Sur les moyens tirés de ce que les arrêtés attaqués auraient un caractère rétroactif et porteraient atteinte à la chose jugée par le Conseil d'État : *Cons. que, s'il est de principe que les règlements et les décisions de l'autorité administrative, à moins qu'ils ne soient pris pour l'exécution d'une loi ayant un effet rétroactif, ne peuvent statuer que pour l'avenir, cette règle comporte évidemment une exception lorsque ces décisions sont prises en exécution d'un arrêt du Conseil d'État, lequel, par les annulations qu'il prononce, entraîne nécessairement certains effets dans le passé, à raison même de ce fait que les actes annulés pour excès de pouvoir sont réputés n'être jamais intervenus*; qu'à la suite de décisions prononçant l'annulation de nominations, promotions, mises à la retraite, révocations de fonctionnaires, l'administration qui, pendant toute la durée de l'instruction du pourvoi, a pu accorder des avancements successifs aux fonctionnaires irrégulièrement nommés, ou a pourvu au remplacement des agents irrégulièrement privés de leur emploi, doit pouvoir réviser la situation de ces fonctionnaires et agents pour la période qui a suivi les actes annulés ; qu'elle est tenue de restituer l'avancement à l'ancienneté dans les conditions prévues par les règlements ; que, pour l'avancement au choix, elle doit pouvoir procurer aux intéressés en remplacement d'avancements entachés d'illégalité, un avancement compatible tant avec la chose jugée par le Conseil qu'avec les autres droits individuels ; qu'il incombe en effet au ministre de rechercher les moyens d'assurer à chaque fonctionnaire placé sous son autorité la continuité de sa carrière avec le développement normal qu'elle comporte et les chances d'avancement sur lesquelles, dans ses rapports avec les autres fonctionnaires, il peut légitimement compter d'après la réglementation en vigueur ; qu'il appartient à l'administration de procéder à un examen d'ensemble de la situation du personnel touché, directement ou indirectement, par l'arrêt du Conseil d'État et de prononcer, dans les formes régulières et sous le contrôle dudit Conseil statuant au contentieux, tous reclassements utiles pour reconstituer la carrière du fonctionnaire dans les conditions où elle peut être réputée avoir dû normalement se poursuivre si aucune irrégularité n'avait été commise ; que si les intéressés, qui peuvent prétendre à une compensation pour la perte de leur avancement au choix, ne sont pas en droit d'exiger que cette compensation leur soit donnée par voie de mesure de reclassement, c'est, pour le ministre, une faculté dont il peut légitimement user pour le bien du service ;

Cons. que le Conseil d'État, après avoir annulé le tableau complémentaire d'avancement dressé en 1921, à raison de ce que ledit tableau avait été irrégulièrement établi, devait nécessairement annuler, par voie de conséquence, les promotions accordées sur le vu dudit tableau, ainsi que les promotions ultérieures qui ne pouvaient plus intervenir aux dates auxquelles elles étaient faites ; mais que le Conseil d'État n'a nullement entendu dénier à l'administration le droit d'accorder de l'avancement aux sieurs Pic, Pinal et Jocard, pendant toute la période comprise entre l'établissement du tableau illégal et la date de la notification de la décision du Conseil ; que l'administration, à qui il incombait de prendre les mesures que comportait l'exécution de la décision rendue le 13 mars 1925, pouvait rectifier la situation des sieurs Pic, Pinal et Jocard, en respectant la chose jugée par le Conseil, c'est-à-dire l'impossibilité où se trouvaient ces fonctionnaires de figurer au tableau de 1921 et de bénéficier, par suite, de promotions au cours de cette même année ; qu'il résulte de l'instruction que le ministre des régions libérées s'est borné, en prenant les arrêtés attaqués, à rétablir les sieurs Pic, Pinal et Jocard dans les situations où ils se seraient trouvés s'ils n'avaient pas été illégalement inscrits au tableau complémentaire d'avancement de 1921 et si leur carrière s'était poursuivie dans des conditions normales ; que, dans ces circonstances, le ministre a fait un usage légitime des pouvoirs qu'il tient de la loi pour assurer l'exécution de la décision rendue par le Conseil d'État ;

....

OBSERVATIONS

L'annulation d'un acte pour excès de pouvoir étant rétroactive, l'arrêt Rodière *détermine les conséquences à en tirer. L'arrêt* Association AC !* *les simplifiera en partie en admettant la modulation de l'annulation dans le temps.*

1 **I.** — Le sieur Rodière avait déféré au Conseil d'État un tableau d'avancement établi en 1921 pour certains agents du ministère des régions libérées ; le Conseil d'État lui donna satisfaction en annulant ce tableau, par un arrêt du 13 mars 1925 (Rec. 265). À la suite de cet arrêt, le ministre ne se borna pas à replacer ceux qui avaient été inscrits sur ce tableau dans leur situation administrative de 1921 : il reconstitua fictivement leur carrière en substituant des avancements réguliers aux avancements irréguliers dont ils avaient bénéficié tout d'abord. Le sieur Rodière attaqua ces nouvelles décisions. Le Conseil d'État saisit cette occasion pour fixer, dans des termes explicites et péremptoires qui, contrairement à sa méthode habituelle, débordent largement l'espèce et ont l'allure doctrinale d'un arrêt de principe, les pouvoirs et les devoirs de l'administration à la suite d'une annulation contentieuse intervenue en matière de fonction publique. Cet arrêt constitue ainsi une véritable théorie de la reconstitution de carrière.

2 **II.** — Cette reconstitution doit permettre de placer l'agent dans la position exacte qu'il occuperait s'il n'avait fait l'objet de la mesure annulée. Elle exige donc qu'une portée rétroactive soit donnée aux mesures d'exécution de l'arrêt annulant la décision irrégulière : comme l'a dit le commissaire du gouvernement Cahen-Salvador, « la rétroactivité des mesures d'exécution est nécessaire pour rétablir l'avancement moyen, le rythme normal et coutumier ». Par là même le Conseil d'État a consacré l'idée que tout fonctionnaire avait droit au développement normal de sa

carrière et qu'une mesure ultérieurement annulée ne devait pas compromettre ce droit.

a) En ce qui concerne l'agent intéressé, l'administration doit lui assurer « la continuité de sa carrière et le développement normal qu'elle comporte ».

– Pour les avancements à l'ancienneté, il n'y a guère de difficultés : l'administration doit les « restituer... dans les conditions prévues par les règlements ».

– Pour la délicate question des avancements au choix, l'arrêt *Rodière* indique que l'intéressé a droit à « un avancement compatible tant avec la chose jugée par le Conseil qu'avec les autres droits individuels » et que l'administration doit lui assurer « les chances d'avancement sur lesquelles, dans ses rapports avec les autres fonctionnaires, il peut légitimement compter d'après la réglementation en vigueur ».

– Pour les avancements sur concours, la jurisprudence a évolué : pendant longtemps, le Conseil d'État a refusé de les prendre en considération, en raison des difficultés d'appréciation qu'ils soulèvent (CE 18 janv. 1950, *Arfi*, Rec. 34) ; il admettait seulement, le cas échéant, la substitution, au profit des agents ayant droit au rétablissement de leur carrière, d'un concours sur titres à un concours sur épreuves (CE, Sect., 25 juin 1948, *Salvi et Couchoud*, Rec. 297) ; mais il a renversé sa jurisprudence sur ce point, et il considère que les intéressés ont droit, en principe, dans le cadre de la reconstitution de leur carrière aux avancements sur concours (CE, Sect., 13 juill. 1956, *Barbier*, Rec. 338 ; AJ 1956.II.397, chr. Fournier et Braibant).

– L'intéressé doit être mis à même de se présenter à un examen professionnel lorsque ce mode de promotion est prévu par son statut (CE 11 mars 2009, *Wada*, Rec. 798).

– La reconstitution de carrière d'un agent irrégulièrement évincé implique la reconstitution des droits sociaux et notamment des droits à pension de retraite qu'il aurait acquis, en l'absence de l'éviction illégale et, par suite, le versement par l'administration des cotisations nécessaires à cette reconstitution (CE 23 déc. 2011 *Poirot*, Rec. 669 ; AJ 2012.1294, note E. Aubin).

– Lorsqu'un agent public irrégulièrement évincé a été admis à la retraite, l'obligation de reconstitution juridique de sa carrière qui découle de l'annulation par le juge de la décision de licenciement prend nécessairement fin à la date de son départ à la retraite (CE 4 mai 2011, *Chambre de commerce et d'industrie de Nîmes, Uzès, Bagnols, Le Vigan*, Rec. 674 ; AJ 2012.1294, note E. Aubin ; RD publ. 2012.498, note Pauliat).

– L'annulation de la décision ayant illégalement muté un agent public oblige l'autorité compétente à replacer l'intéressé dans l'emploi qu'il occupait précédemment et à reprendre rétroactivement les mesures nécessaires pour le placer dans une position régulière à la date de sa mutation. Il ne peut être dérogé à cette obligation que dans les hypothèses où la réintégration est impossible soit que l'emploi ait été supprimé ou substantiellement modifié, soit que l'intéressé ait renoncé aux droits qu'il tient de l'annulation, soit qu'il n'ait plus la qualité d'agent public (CE 1er juin 2018, *Contant*, Rec. 728).

3 *b)* Une reconstitution de carrière a nécessairement des répercussions sur les autres agents du même cadre ; aussi le Conseil d'État a-t-il précisé que l'avancement restitué à l'intéressé doit être « compatible... avec les autres droits individuels ». D'une part, la reconstitution de carrière ne doit pas favoriser l'agent par rapport à ses collègues. D'autre part, si elle porte atteinte à des droits acquis par des tiers, des compensations doivent être offertes à ces derniers (CE, Sect., 29 juill. 1932, *Association des fonctionnaires de la marine*, Rec. 825 : « en admettant que l'administration se trouve dans l'impossibilité absolue de procéder aux nouvelles révisions et aux nouveaux reclassements résultant de la présente décision sans porter atteinte aux droits de certains intéressés, il appartiendrait à ladite administration de leur accorder telle compensation que de droit, ou même de provoquer l'intervention du législateur »). Ainsi, si elle aboutit à porter l'intéressé à un poste supérieur à celui qu'il occupait lors de son éviction illégale, il ne saurait être question d'évincer l'agent régulièrement nommé à ce poste ; l'intéressé doit attendre une vacance ou se contenter d'une compensation que le Conseil d'État invite parfois le législateur à lui trouver. La reconstitution de la carrière d'un fonctionnaire entraîne enfin, dans certains cas exceptionnels, tel le calcul des rappels et bonifications d'ancienneté et l'établissement des tableaux d'avancement, l'obligation de « procéder à un examen d'ensemble de la situation du personnel touché, directement ou indirectement, par l'arrêt du Conseil d'État » (CE, Sect., 26 janv. 1934, *Glon*, Rec. 134 ; – Sect., 4 févr. 1955, *Marcotte*, Rec. 70).

Dans cette matière, la jurisprudence du Conseil d'État oscille entre le souci d'assurer à la chose jugée une autorité absolue, et celui de respecter autant que possible les droits acquis par des tiers. C'est ainsi que dans un arrêt *Caussidéry*, du 3 déc. 1954 (Rec. 640 ; D. 1955.204, note Weil), le Conseil d'État a jugé que l'annulation de la décision fixant l'ancienneté d'un agent, prise sur la base d'un décret illégal, n'autorisait pas l'administration à retirer d'autres arrêtés pris sur la base du même décret et non attaqués pour excès de pouvoir, et que l'administration ne pouvait procéder à la révision de la situation des autres agents, cette révision n'ayant pas été rendue nécessaire par la reconstitution de carrière de celui qui avait bénéficié d'une annulation contentieuse. De même, si l'agent a omis d'attaquer dans les délais le refus opposé par l'administration à sa demande de réintégration, ce refus devient définitif et crée un droit au profit des collègues de l'intéressé (CE, Sect., 4 févr. 1955, *Rodde*, Rec. 72). De même encore, l'annulation de dispositions statutaires ne permet pas de rapporter les mesures individuelles d'application qui sont, en l'absence de recours formé à leur encontre, devenues définitives (CE, Sect., 1er avr. 1960, *Quériaud*, Rec. 245, concl. Henry).

4 *c)* Quant au point de savoir si l'agent illégalement évincé a droit à réintégration dans le poste qu'il occupait, la jurisprudence a opéré une distinction suivant la nature de l'emploi. Il a été jugé à propos d'un inspecteur d'académie « qu'un fonctionnaire ayant fait l'objet d'une mesure d'éviction annulée par la juridiction administrative ne peut, en principe, prétendre, en exécution de la décision d'annulation, qu'à un emploi de son grade dans son cadre mais non à sa réintégration dans l'emploi même qu'il occupait ; que la nature propre des fonctions d'inspecteur d'académie ne saurait ouvrir aux titulaires de ces fonctions des droits particuliers à cet égard » (Sect., 16 oct. 1959, *Guille*, Rec. 316).

Une solution de même ordre a été adoptée à propos des effets attachés à l'annulation de la rupture conventionnelle du contrat nommant le directeur général d'un office de l'habitat : s'il incombe à l'administration de régulariser la situation administrative de l'intéressé, elle n'est pas tenue de le réintégrer effectivement dans les fonctions de directeur général (CE 15 avr. 2016, *Simon*, Rec. 807).

Pareille solution connaît cependant des exceptions. Il en va ainsi pour les magistrats du siège en raison de la règle d'inamovibilité. Lorsque l'un d'entre eux a été illégalement privé de son emploi, il doit être réintégré dans ce dernier, au besoin, en l'absence de poste vacant, après retrait de la désignation de son successeur (CE, Ass., 27 mai 1949, *Véron-Réville*, Rec. 246 ; Gaz. Pal. 1949.2.34, concl. R. Odent ; S. 1949.3.81, note Delpech ; D. 1950.95, note Rolland ; RA 1949.372, note Liet-Veaux). L'exception semble devoir jouer également pour les fonctionnaires occupant un emploi unique (CE 1er déc. 1961, *Bréart de Boisanger*, Rec. 676 : administrateur de la Comédie-Française). En outre, si aucun emploi identique à celui qu'il occupait avant son éviction n'est vacant, le fonctionnaire doit être réintégré « dans l'emploi même qu'il occupait, au besoin après retrait de l'acte portant nomination du fonctionnaire irrégulièrement désigné pour le remplacer » (CE 10 nov. 1967, *Ministre de l'éducation nationale c. Delle Rabdeau*, Rec. 424 ; AJ 1968.410, note V.S.).

5 *d)* Le Conseil d'État a également décidé qu'en raison de leur caractère nécessairement rétroactif, ces mesures de reconstitution de carrière doivent être prises en application des textes en vigueur à la date à laquelle elles doivent prendre effet et après accomplissement des procédures prescrites par ces textes (CE, Sect., 11 juill. 1958, *Fontaine*, Rec. 433 ; RD publ. 1958.1081, note M. Waline). Toutefois, il a apporté un tempérament à cette obligation dans un souci de réalisme. Inaugurée par une décision de 1965 (CE, Sect., 13 juill. 1965, *Ministre des postes et télécommunications c. Merkling*, Rec. 424 ; RA 1966.146, concl. Braibant ; AJ 1966.II.182, note V.S.), cette orientation a été précisée et complétée par l'arrêt de Section du 14 févr. 1997, *Colonna* (Rec. 38 ; RD publ. 1997.1.149, concl. Pécresse ; AJ 1997.479, chr. Chauvaux et Girardot) qui énonce que « lorsque la reconstitution de carrière est soumise à l'avis d'un organisme consultatif de caractère permanent dont les membres ont changé, il appartient à l'administration de saisir de l'affaire l'organisme consultatif qui, au moment où il y a lieu de procéder à l'examen de la situation du fonctionnaire, est compétent pour se prononcer sur des mesures de même nature ne présentant pas un caractère rétroactif ». En outre, « dans les cas où les règles de composition de l'organisme consultatif initialement saisi ont été modifiées, il appartient également à l'administration de saisir l'organisme consultatif dans sa nouvelle composition si celle-ci présente des garanties équivalentes pour les intéressés ».

6 *e)* On relèvera enfin que l'annulation pour excès de pouvoir d'un tableau d'avancement autorise l'administration à procéder à une réfection rétroactive du ou des tableaux annulés dans la mesure nécessaire à l'exécution de la chose jugée (Ass., 5 juin 1970, *Puisoye*, Rec. 385 ; AJ 1970.489, chr. Denoix de Saint Marc et Labetoulle). Faute d'y pourvoir en temps utile, elle s'expose à ce que les tableaux qu'elle a établis au vu d'un tableau annulé ainsi que les nominations intervenues sur cette base soient annulés en conséquence de l'illégalité initiale (Ass., 10 déc. 1954, *Cru*, Rec. 659 ; D. 1955.198, concl. Jacomet, note Weil ; – 21 mars 1986, *Kalck*, Rec. 77 ; AJ 1986.449, concl. Daël).

7 Les règles ainsi énoncées conservent leur valeur de principe. Il reste vrai que l'acte annulé pour excès de pouvoir est réputé n'être jamais intervenu (CE 21 juill. 2009, *Maïa*, Rec. 983 ; BJDU 9/2009.387, concl. Derepas). Toutefois, le Conseil d'État a admis que, dans des circonstances exceptionnelles, les effets de l'annulation puissent être différés dans le temps (*cf.* nos obs. sous Ass., 11 mai 2004, *Association AC !**).

39

ACTES RÉGLEMENTAIRES
CHANGEMENT DE CIRCONSTANCES

Conseil d'État Sect., 10 janvier 1930, *Despujol*
(Rec. 30 ; D. 1930.3.16, note P.L.J. ; S. 1930.3.41, note Alibert)

En ce qui concerne la requête n° 97.623 :

Cons. qu'il appartient à tout intéressé, dans le cas où les circonstances qui ont pu motiver légalement un règlement municipal ont disparu, de saisir à toute époque le maire d'une demande tendant à la modification ou à la suppression de ce règlement et de se pourvoir, le cas échéant, devant le Conseil d'État contre le refus ou le silence du maire ; mais que, s'il entend former devant ledit Conseil un recours direct tendant à l'annulation pour excès de pouvoir du règlement lui-même, il doit présenter ce recours dans le délai de deux mois à partir de la publication soit de l'arrêté attaqué, soit de la loi qui serait venue ultérieurement créer une situation juridique nouvelle ;

Cons. que les conclusions du sieur Despujol, qui, bien que n'étant pas habitant de la commune, a qualité pour contester la légalité de l'arrêté du maire à raison du procès-verbal dressé contre lui pour infraction audit arrêté, tendent à l'annulation pour excès de pouvoir de cet acte réglementaire ; que ce recours rentre, dès lors, dans la dernière catégorie des réclamations susmentionnées et est soumis, par suite, aux conditions de délai y relatives ;

Cons. qu'ayant été enregistrée au Conseil d'État le 5 oct. 1926, alors que les deux arrêtés attaqués ont été publiés le 22 mai 1926, il a été formé en dehors du délai fixé par la loi du 13 avr. 1900 (art. 24) ; que si le requérant invoque les dispositions de la loi du 13 août 1926 comme ayant créé une situation juridique nouvelle et ayant, par suite, ouvert un nouveau délai au recours pour excès de pouvoir, ladite loi ne vise ni les pouvoirs conférés au maire par l'art. 98 de la loi du 5 avr. 1884, ni ceux que l'art. 133, § 7, de la même loi attribue au conseil municipal ; que, dès lors, étant sans application dans l'espèce, elle n'a pu ouvrir ce nouveau délai : qu'ainsi, la requête n° 97.623 doit être rejetée comme non recevable ;

En ce qui concerne la requête n° 5.822 :

Cons. que si, à la date du 1er juill. 1929, le conseil municipal de Chaumont-sur-Loire a décidé qu'il ne serait plus perçu de taxes de stationnement sur les voitures automobiles, il n'a pas rapporté sa délibération en date du 15 mai 1926, et n'a renoncé à ladite taxe que pour l'avenir seulement ; que, dès lors, il y a lieu pour le Conseil d'État de statuer sur la requête ;

Cons. qu'il appartient au conseil municipal d'établir, par l'application de l'article 133, § 7, de la loi du 5 avr. 1884, une taxe de stationnement sur les occupations de la voie publique excédant l'usage normal de ce domaine, à la condition que la taxe ainsi créée vise indistinctement toutes occupations de même nature ; qu'aux termes de la délibération du conseil municipal de Chaumont-sur-Loire, en date du 15 mai 1926, la taxe créée par ledit conseil vise toutes les voitures de tourisme séjournant plus d'un quart d'heure sur les lieux de stationnement ;

Cons. qu'il résulte de l'instruction, que, eu égard à l'afflux des touristes venant visiter le château de Chaumont-sur-Loire et à la largeur insuffisante des voies d'accès, la réglementation du stationnement aux abords du château est nécessaire pour assurer la liberté de la circulation sur les voies publiques ; que l'obligation de ne stationner qu'en certains endroits déterminés a pu, dès lors, être légalement imposée aux véhicules n'ayant à desservir spécialement aucune maison d'habitation ou de commerce de la localité, lesdits véhicules, dans les conditions particulières des difficultés de la circulation à Chaumont-sur-Loire, étant représentés par les voitures automobiles qui amènent les touristes pour visiter le château ; que, en raison du nombre et de la durée prolongée des stationnements effectués par ces voitures, lesdits stationnements excèdent l'usage normal de ce domaine ; que, dès lors, le conseil municipal a pu régulièrement établir la taxe susvisée, qui s'applique indistinctement aux véhicules dont le stationnement présente en fait le même caractère exceptionnel ; ... (Rejet).

OBSERVATIONS

L'arrêt Despujol *est le point de départ de la jurisprudence déterminant la portée du changement des circonstances sur la légalité des actes administratifs. L'arrêt* Compagnie Alitalia* *le complétera au sujet de l'abrogation que ce changement peut imposer.*

1 En mai 1926, le maire et le conseil municipal de Chaumont-sur-Loire ont décidé de réglementer et de taxer le stationnement des voitures automobiles dans l'agglomération : les voitures des touristes venus pour visiter le château devaient être garées dans des lieux déterminés et faisaient l'objet d'une taxe si elles y stationnaient plus d'un quart d'heure. Quelques mois plus tard, un procès-verbal fut dressé à l'encontre d'un automobiliste, le sieur Despujol, pour infraction à ces dispositions réglementaires. L'intéressé forma alors devant le Conseil d'État deux requêtes, qui étaient dirigées, l'une contre les arrêtés du maire, l'autre contre la délibération du conseil municipal.

Ces deux requêtes ont fait l'objet d'une même décision ; la seconde était recevable, le délai de recours ayant été conservé par un recours administratif au préfet ; le Conseil l'a rejetée au fond, en considérant qu'en raison de leur nombre et de leur durée, les stationnements des voitures des touristes excédaient l'usage normal de la voie publique, et que le conseil municipal de Chaumont avait pu ainsi légalement les soumettre à la perception d'une taxe. Mais c'est le rejet de la première requête pour forclusion qui a donné à l'arrêt son importance et sa valeur de principe.

Le requérant avait attaqué les arrêtés du maire plus de deux mois après leur publication. Or les actes administratifs ne peuvent l'être pour excès de pouvoir que dans un délai de deux mois à compter de leur publication (pour les actes réglementaires) ou de leur notification (pour les actes individuels). Passé ce délai, les intéressés n'ont pas la possibilité d'en demander l'annulation, et l'administration n'a en principe pas le droit de les rapporter (v. nos obs. sous l'arrêt CE 26 oct. 2001, *Ternon**). Cette règle a pour objet d'assurer la sécurité des relations juridiques et la sauvegarde des droits acquis ; dans le cas des actes réglementaires toutefois, son application rigoureuse peut présenter de sérieux inconvénients : il serait fâcheux en effet qu'un règlement, illégal dès l'origine ou devenu illégal en raison d'une circonstance nouvelle, puisse demeurer indéfiniment en vigueur, et s'imposer sans restriction aux administrés faute d'avoir été attaqué dans les délais.

En l'espèce le sieur Despujol soutenait qu'une loi avait créé une situation juridique nouvelle lui ouvrant un nouveau délai de recours. Le Conseil d'État répond que, le champ d'application de cette loi ne couvrant pas les arrêtés contestés, elle n'a pu rouvrir le délai de recours contre eux. Mais, par un considérant de principe, il admet que les circonstances nouvelles permettent de demander l'abrogation ou la modification d'un règlement contre lequel le délai de recours est expiré, et, en cas de refus, d'attaquer celui-ci dans le nouveau délai de recours qu'il ouvre.

L'arrêt *Despujol* met en œuvre la théorie du changement de circonstances dans les actes unilatéraux comme elle a pu l'être pour les contrats (30 mars 1916, *Gaz de Bordeaux**).

La jurisprudence a déterminé *quelles circonstances nouvelles* peuvent conduire à remettre en cause un acte antérieur (I) et *quelle portée* peut leur être reconnue (II).

I. — La nature des circonstances nouvelles

2 Les circonstances dont le changement peut justifier qu'un acte administratif soit écarté peuvent être des *circonstances de fait* (A) autant que des *circonstances de droit* (B) – la différence entre les deux types de circonstances devant parfois être exactement établie (CE, Sect., 2 juin 1999, *Meyet*, Rec. 160 ; LPA 8 juin 1999, concl. Bonichot ; AJ 1999.560, chr. Raynaud et Fombeur).

A. — Ce sont les *circonstances de fait* que considère le début de l'arrêt *Despujol*, à propos de celles « qui ont pu motiver légalement un règlement municipal » et auxquelles celui-ci, s'agissant de police, doit être exactement adapté (*cf.* nos obs. sous l'arrêt *Benjamin** du 19 mai 1933).

La matière des règlements de police a été pendant longtemps le principal terrain d'application des principes régissant les changements dans les circonstances de fait. Ces règlements ne peuvent porter aux libertés que les atteintes justifiées par les exigences de l'ordre public ; ces exigences sont contingentes ; elles dépendent étroitement des circonstances de temps et de lieu, de l'état des mœurs et de l'opinion, de la situation politique ; l'évolution des circonstances peut rendre inutile, et par suite illégale, une réglementation qui, à l'origine, était justifiée. C'est ce qu'a jugé le Conseil d'État à propos d'arrêtés municipaux qui interdisaient les processions ou réglementaient les convois funèbres sur la voie publique ; ces arrêtés, pris en général au début du siècle passé, avaient pu être justifiés à l'origine en raison des passions soulevées à l'époque par les problèmes de religion et de laïcité (v. CE 19 févr. 1909, *Abbé Olivier** et nos obs.) ; leur maintien devenait au contraire illégal à partir du moment où les risques de trouble et de désordre avaient disparu (CE 25 janv. 1933, *Abbé Coiffier*, Rec. 100).

La jurisprudence *Despujol* a été appliquée aux arrêtés préfectoraux fixant le jour de fermeture hebdomadaire des magasins : la validité de ces arrêtés est subordonnée à l'existence d'un accord intersyndical exprimant l'opinion de la majorité des intéressés ; si l'accord est ultérieurement dénoncé ou si l'opinion de la majorité se modifie, le préfet est tenu de prendre un nouvel arrêté (CE 1er avr. 1936, *Syndicat des épiciers détaillants de Toulon*, Rec. 435).

3 Ces quelques applications pouvaient paraître constituer un maigre bilan. Un premier arrêt rendu le 10 janv. 1964 a montré que la source n'était pas tarie (Ass., *Ministre de l'agriculture c. Simonnet*, Rec. 19 ; RD publ. 1964.182, concl. Braibant et 455, note M. Waline ; AJ 1964.150, chr. Fourré et Puybasset ; D. 1964.414, note Touscoz ; JCP 1964.II.13574, note Blaevoet ; S. 1964.234, note J.-M. Auby). En 1933, un décret avait réparti un contingent de production de rhum entre les sucreries de la Guadeloupe en fonction de leur activité au cours des années antérieures ; en 1956, ce décret était toujours en vigueur, alors qu'entre-temps la production globale de sucre de l'île avait triplé et que l'activité des diverses entreprises avait évolué de façon très variable ; un industriel demanda que les règles de répartition du contingent soient modifiées en conséquence ; il déféra le refus du ministre de l'agriculture au tribunal administratif de Basse-Terre, qui lui donna satisfaction en appliquant la jurisprudence *Despujol* ; le ministre ayant fait appel, le Conseil d'État eut ainsi l'occasion de préciser les contours de cette jurisprudence.

Conformément aux conclusions du commissaire du gouvernement, l'arrêt étend au domaine économique l'obligation d'adapter les règlements à l'évolution des circonstances ; toutefois, comme dans ce domaine le gouvernement dispose de pouvoirs discrétionnaires et que les situations de fait ne conditionnent pas étroitement la validité des actes réglementaires, le Conseil a assorti le principe général de restrictions particulières ; allant plus loin dans ce sens que son commissaire du gouvernement, qui avait proposé de tenir compte de tout « changement important », il a posé l'exigence d'un véritable bouleversement, dans des termes qui rappellent ceux de l'arrêt du *Gaz de Bordeaux** : « *en matière économique* », « *le changement des circonstances dans lesquelles la disposition litigieuse trouvait sa base légale* » doit revêtir, « *pour des causes indépendantes de la volonté des intéressés, le caractère d'un bouleverse-*

ment tel qu'il ne pouvait entrer dans les prévisions de l'auteur de la mesure et qu'il a eu pour effet de retirer à celle-ci son fondement juridique ». Ainsi la théorie de l'imprévision est en quelque sorte transposée du domaine des contrats dans celui des règlements. En l'espèce, le Conseil a jugé que ces conditions n'étaient pas remplies et a admis en conséquence la validité du refus de modifier le règlement initial. L'arrêt, même s'il ouvre des perspectives nouvelles à la jurisprudence *Despujol*, apparaît ainsi comme assez restrictif.

Ses principes ont été confirmés par un arrêt du 26 avr. 1985, *Entreprises maritimes Léon Vincent* (Rec. 126 ; LPA 30 juill. 1986, note Moderne ; RA 1986.46, note Pacteau), non seulement « *en matière économique* », mais « *plus généralement dans les matières où l'administration dispose de pouvoirs étendus pour adapter son action à l'évolution des circonstances de fait* », et par un arrêt du 30 janv. 1987, *Gestin*, Rec. 22, « *en matière fiscale* ».

L'arrêt précité du 2 juin 1999, *Meyet* relève que le changement d'une situation de fait ne saurait empêcher d'appliquer la loi mais peut seulement conduire le législateur à la modifier. Il n'exclut pas qu'un changement puisse rendre la loi incompatible avec une convention internationale et donc conduire à l'écarter (en ce sens Crim., 4 sept. 2001, *Amaury*, Bull. crim., n° 170).

4 ***B.*** — Alors il y a un changement dans les *circonstances de droit*. C'est de celles-là que l'arrêt *Despujol* parle à propos de « la loi qui serait venue ultérieurement créer une situation juridique nouvelle », et qui ouvrirait un nouveau délai de recours pour excès de pouvoir – ce qu'il n'a pas admis en l'espèce.

Dans des arrêts ultérieurs, le Conseil d'État a encore rejeté les recours au motif que les textes invoqués n'avaient eu ni pour objet ni pour effet d'imposer une modification de la réglementation ou de priver cette dernière de sa base légale (par ex. 12 févr. 1954, *Société Roger Grima*, Rec. 97 ; – 3 juill. 1959, *Fédération des syndicats de marins*, Rec. 433) – ce qui paraissait donner à l'arrêt *Despujol* un destin plus limité encore pour les circonstances de droit que pour les circonstances de fait.

Le second arrêt du 10 janv. 1964 (Ass., *Syndicat national des cadres des bibliothèques*, Rec. 17 ; RD publ. 1964.459, concl. Questiaux) est venu démentir cette impression en reconnaissant pour la première fois positivement une situation juridique nouvelle créée par une nouvelle loi et en en tirant les conséquences. La loi du 19 oct. 1946 portant statut général des fonctionnaires imposait, pour le recrutement de certaines catégories d'emplois, l'organisation de concours distincts réservés « aux candidats fonctionnaires ayant accompli une certaine durée de services publics » ; dans la mesure où il méconnaissait ce principe, le décret du 16 mai 1952 portant statut particulier des bibliothécaires était illégal ; mais, faute d'avoir été attaqué dans le délai contentieux, il était devenu définitif. L'ordonnance du 4 févr. 1959 a repris les dispositions de la loi de 1946, en les modifiant légèrement : le concours spécial doit être ouvert désormais « aux candidats fonctionnaires ou aux agents en fonctions » ; le Conseil d'État a estimé que l'adjonction de ces derniers mots avait créé une situation juridique nouvelle, permettant aux intéressés de demander la modification du décret de 1952.

Un autre exemple de situation juridique nouvelle née de l'adoption d'une loi a été donné par l'institution du pacte civil de solidarité : le pouvoir réglementaire doit en tirer toutes les conséquences (CE, Ass., 28 juin 2002, *Villemain*, Rec. 229, RFDA 2002.723, concl. Boissard ; AJ 2002.586, chr. Donnat et Casas ; DA oct. 2002, p. 21, obs. R.S. ; RD publ. 2003.447, note Guettier).

5 La reconnaissance nouvelle de la portée d'un principe général du droit peut à elle seule constituer un changement dans les circonstances de droit. Tel est l'un des apports de deux arrêts d'Assemblée du 22 janv. 1982, *Butin* (Rec. 27) et *Ah won* (Rec. 33 ; RD publ. 1982.816, note R. Drago et 822, concl. Bacquet ; AJ 1982.440, chr. Tiberghien et Lasserre ; D. 1983.IR. 235, obs. P.D. ; JCP 1983.II.19968, note Barthélémy ; RA 1982.390, note Pacteau). Dans ces affaires le Conseil d'État était saisi, sur renvoi du juge judiciaire, de deux recours en appréciation de légalité de certaines dispositions du décret du 21 nov. 1933 fixant les règles de la procédure judiciaire en Océanie, décret pris par le président de la République sur le fondement de l'article 18 du sénatus-consulte du 3 mai 1854 qui lui permettait de prendre dans les colonies des mesures relevant en métropole du domaine de la loi. Un des articles de ce règlement réservait aux seuls notables le droit d'être assesseurs de la Cour criminelle et en excluait les « domestiques » et « les serviteurs à gage ». Le Conseil d'État a jugé qu'aucune nécessité propre au territoire de la Polynésie française n'autorisait, depuis l'institution outre-mer d'un nouveau régime juridique par la Constitution du 27 oct. 1946, le maintien en vigueur dans ce territoire « de dispositions réglementaires qui dérogent aux principes généraux d'égalité devant la loi et d'égal accès aux fonctions publiques » et a déclaré illégaux les articles en cause du décret.

Ce faisant, il a aussi admis une nouvelle possibilité de mettre en œuvre la théorie du changement de circonstances.

II. — La portée des circonstances nouvelles

6 Les circonstances nouvelles ont des conséquences qui dépendent du *caractère des actes* auxquels elles se rapportent (A) et qui peuvent être tirées selon certaines *modalités* (B). Elles peuvent être invoquées à l'occasion d'un recours contre l'acte initial (C).

A. — L'arrêt *Despujol* considère uniquement le cas des *règlements*. Ce sont eux qui ont principalement fait l'objet de la jurisprudence ultérieure. Les règlements pouvant être modifiés à toute époque, les circonstances nouvelles survenues depuis leur adoption justifient logiquement leur modification.

Le Code des relations entre le public et l'administration (CRPA) adopté par l'ordonnance du 23 oct. 2015 systématise la solution dans son article L. 243-2 alinéa 1 : « L'administration est tenue d'abroger expressément un acte réglementaire illégal ou dépourvu d'objet, que cette situation existe depuis son édiction ou qu'elle résulte de circonstances de droit ou de fait postérieures », et ajoute « sauf à ce que l'illégalité ait cessé » (ce qui peut se produire en raison du changement de circonstances, comme l'avait déjà admis la jurisprudence : CE 10 oct. 2013, *Fédération française de gymnastique*, Rec. 251 ; v. n° 82.7).

La modification à réaliser peut ne pas être immédiate mais doit intervenir dans un délai raisonnable : le changement de circonstances peut ne pas entraîner instantanément l'illégalité des règlements pris sur leur fondement ; mais le pouvoir réglementaire doit prendre en temps utile les mesures assurant la conformité des règlements aux nouvelles données. Ainsi, « *dans le cas du pacte civil de solidarité, cette obligation impose au pouvoir réglementaire de mettre à jour l'ensemble des textes qui ouvrent des droits, créent des avantages ou, plus généralement, fixent une règle en se fondant sur la qualité de célibataire, de concubin, ou de conjoint, de manière à rapprocher, en fonction de l'objet de chacun de ces textes, la situation du signataire d'un pacte civil de solidarité de celle applicable à l'une des trois catégories énumérées ci-dessus* » ; en appliquant encore pendant un certain temps les règlements en vigueur, l'administration ne commet pas d'illégalité ; mais « *l'abstention du pouvoir réglementaire, si elle se prolongeait au-delà* (d'un) *délai raisonnable serait entachée d'illégalité* » (CE 28 juin 2002, *Villemain*, préc.).

Le cas des *actes non réglementaires* est différent, notamment en ce qu'ils sont susceptibles de créer des droits. Cette considération détermine le régime de leur abrogation et de leur retrait (v. nos obs. sous l'arrêt *Ternon** du 26 oct. 2001). Elle commande les effets que peuvent avoir sur eux des circonstances nouvelles.

Ils ne peuvent concerner les actes non réglementaires *créateurs de droits*. Par exemple une nomination prononcée dans les conditions prévues par un texte ne peut être remise en cause si un nouveau texte modifie les conditions de nomination.

En revanche, pour les actes non réglementaires *non créateurs de droits*, la théorie du changement de circonstances peut jouer. Le Conseil d'État l'a admise pour des actes particuliers qui, n'étant ni réglementaires ni individuels, ne peuvent créer de droits, comme c'est le cas des déclarations d'utilité publique (CE, Sect., 25 mai 1979, *Mme Bayret*, Rec. 239 ; JCP 1980.II.19277, concl. Genevois). Il considère pour eux que des changements dans les circonstances de droit ou de fait permettent à l'administration de revenir sur sa décision (CE, Ass., 8 janv. 1971, *Union pour le recouvrement des cotisations de sécurité sociale et d'allocations familiales des Alpes-Maritimes*, Rec. 11, concl. Vught ; AJ 1971.161, note Ferrari) et même l'y obligent si les intéressés le demandent (CE, Sect., 30 nov. 1990, *Association « Les Verts »*, Rec. 339 ; v. n° 81.8).

L'article L. 243-2 alinéa 2 du CRPA systématise également la solution : « L'administration est tenue d'abroger expressément un acte non réglementaire non créateur de droits devenu illégal ou sans objet en raison de circonstances de droit ou de fait postérieures à son édiction, sauf à ce que l'illégalité ait cessé ».

7 ***B.*** — Des *modalités* permettent de surmonter l'irrecevabilité résultant de l'expiration du délai de recours contre l'acte qui avait été adopté sous l'empire de circonstances antérieures. Les nouvelles circonstances permettent de le remettre en cause par voie d'*action* (1°) et aussi par voie d'*exception* (2°).

1°) L'arrêt *Despujol* n'envisage que le *recours contre l'acte* affecté par les circonstances nouvelles. Il admet que l'intervention d'une nouvelle loi permet à tout intéressé d'attaquer le règlement initial mais il ne le permet que dans le délai de deux mois consécutif à la loi. L'arrêt *Syndicat national des cadres des bibliothèques* du 10 janv. 1964, précité, a nuancé cette solution : il considère que l'intervention de la loi nouvelle donne aux intéressés la faculté de demander, non pas l'annulation du règlement lui-même, mais seulement sa modification pour l'avenir. Cette solution est logique : la légalité d'un acte doit en effet s'apprécier à la date à laquelle il a été pris, et des circonstances postérieures, qu'elles soient de droit ou de fait, ne peuvent affecter rétroactivement sa validité initiale.

La jurisprudence a apporté certaines précisions. D'une part, l'arrêt *Villemain* révèle que la loi créant une situation juridique nouvelle n'entraîne pas immédiatement l'illégalité des règlements en vigueur mais peut laisser courir un délai raisonnable. D'autre part, selon l'arrêt *Alitalia** du 3 févr. 1989, les intéressés peuvent à toute époque demander l'abrogation d'un règlement illégal soit dès l'origine soit par suite d'un changement de circonstances.

8 *2°)* L'*exception d'illégalité* permet également d'écarter un acte à l'occasion de son application, alors qu'il n'a pas été lui-même attaqué dans le délai de recours.

Elle a depuis longtemps été admise à l'encontre des règlements illégaux dès leur origine (CE 24 janv. 1902, *Avezard*, Rec. 44) : à toute époque, il reste possible de se prévaloir de leur illégalité pour contester les mesures auxquelles ils servent de fondement. La jurisprudence récente a cependant exclu de cette possibilité la mise en cause des conditions d'élaboration du règlement (v. nos obs. sous CE 18 mai 2018, *Fédération des finances et affaires économiques de la CFDT**).

Pour les règlements qui, légaux au moment de leur adoption, n'apparaissent illégaux qu'à la suite de circonstances de droit ou de fait nouvelles, on aurait pu considérer qu'ils ne pouvaient être écartés que par une abrogation prononcée par l'administration soit de sa propre initiative soit à la demande d'un administré. Dans les arrêts du 22 janvier 1982, *Butin* et *Ah Won*, précités, le Conseil d'État a admis que cela n'est pas nécessaire : un règlement devenu illégal par suite d'un changement de circonstances peut à ce titre faire l'objet d'une exception d'illégalité. Cela permet de ne pas l'appliquer, même s'il n'est pas expressément abrogé.

9 *C.* — On peut rapprocher de la théorie du changement de circonstances ouverte par l'arrêt *Despujol* la possibilité pour le juge de l'excès de pouvoir d'apprécier dans certains cas la légalité de l'acte qui lui est déféré, non au jour de l'édiction de celui-ci, mais au jour où il statue. S'il est de principe que la légalité d'un acte dépend des normes applicables au jour où il est pris (v. nos obs. sous l'arrêt *Lamotte**), par exception l'office du juge de l'excès de pouvoir le conduit parfois à apprécier la légalité de l'acte attaqué, pour donner un « effet utile » à sa décision, « au regard des règles applicables et des circonstances prévalant à la date » de celle-ci.

Le Conseil d'État l'a fait d'abord à l'occasion d'un recours dirigé contre le refus d'abroger un acte réglementaire (Ass., 19 juill. 2019, *Association des Américains accidentels*, Rec. 297, concl. Lallet ; RFDA 2019.891, concl. ; AJ 2019.1986, chr. Malverti et Beaufils ; JCP 2019.1193, note Defoort), puis d'un recours contre un refus de mettre en demeure un moteur de recherche de procéder à un déréférencement (6 déc. 2019, *Mme Chupin*, Rec. 427 ; v. n° 84.4).

La motivation de l'arrêt du Conseil d'État (Ass.) du 12 juin 2020, *Graner* (Rec. 214 ; AJ 2020.1416, chr. Malverti et Beaufils), relatif au refus de la consultation anticipée de certaines archives du président Mitterrand, est particulièrement explicite : « *par exception au principe selon lequel le juge de l'excès de pouvoir apprécie la légalité d'un acte administratif à la date de son édiction, il appartient au juge, eu égard à la nature des droits en cause et à la nécessité de prendre en compte l'écoulement du temps et l'évolution des circonstances de droit et de fait afin de conférer un effet pleinement utile à son intervention, de se placer à la date à laquelle il statue* ».

La solution ne se limite pas aux recours contre une décision de refus comme dans la plupart des affaires ; elle peut jouer aussi pour d'autres cas, tel le recours contre une mesure de suspension provisoire d'un sportif (CE 28 févr. 2020, *Stassen*, Rec. 63, concl. Odinet ; RFDA 2020.469, concl. ; AJ 2020.725, chr. Malverti et Beaufils ; DA juin 2020, comm. 28, Bouiller) : les circonstances nouvelles auraient pu conduire le juge, non pas exactement à l'annuler, mais à « en prononcer l'abrogation ».

La théorie des circonstances nouvelles conduit ainsi le juge de l'excès de pouvoir à modifier son propre office.

40

LIBERTÉ DU COMMERCE ET DE L'INDUSTRIE CONCURRENCE ENTRE PERSONNES PUBLIQUES ET ENTREPRISES PRIVÉES

Conseil d'État Sect., 30 mai 1930, *Chambre syndicale du commerce en détail de Nevers*
(Rec. 583 ; RD publ. 1930.530, concl. Josse ; S. 1931.3.73, concl., note Alibert ; RJEP févr. 2011.1, comm. Lombard ; GCJA, vol. 1, nº 78, concl.)

Cons. que si, en vertu de l'art. 1er de la loi du 3 août 1926, qui l'autorisait à apporter tant aux services de l'État qu'à ceux des collectivités locales, toutes réformes nécessaires à la réalisation d'économies, le président de la République a pu légalement réglementer, dans les conditions qui lui ont paru les plus conformes à l'intérêt des finances communales, l'organisation et le fonctionnement des régies municipales, les décrets des 5 nov. et 28 déc. 1926, par lesquels il a réalisé ces réformes, n'ont eu ni pour objet, ni pour effet, d'étendre en matière de créations de services publics communaux, les attributions conférées aux conseils municipaux par la législation antérieure ; *que les entreprises ayant un caractère commercial restent, en règle générale, réservées à l'initiative privée et que les conseils municipaux ne peuvent ériger des entreprises de cette nature en services publics communaux que si, en raison de circonstances particulières de temps et de lieu, un intérêt public justifie leur intervention en cette matière ;*

Cons. que l'institution d'un service de ravitaillement destiné à la vente directe au public constitue une entreprise commerciale et qu'aucune circonstance particulière à la ville de Nevers ne justifiait la création en 1923 et le maintien au cours des années suivantes d'un service municipal de cette nature dans ladite ville ; que le sieur Guin est dès lors fondé à soutenir qu'en refusant de déclarer nulles de droit les délibérations par lesquelles le conseil municipal de Nevers a organisé ce service, le préfet de la Nièvre a excédé ses pouvoirs ; ... (Annulation).

OBSERVATIONS

L'arrêt Chambre syndicale du commerce en détail de Nevers *est une étape importante de la jurisprudence sur les interventions économiques des personnes publiques. Il est moins restrictif que l'arrêt* Casanova* *; il sera suivi de nombreuses atténuations. Le principe de liberté du com-*

merce et de l'industrie sur lequel il se fonde sera confirmé par l'arrêt Daudignac*.

1 Par plusieurs délibérations prises en 1925, 1926 et 1927, le conseil municipal de Nevers avait autorisé le maire à créer un service municipal de ravitaillement en denrées de toutes sortes. La municipalité espérait ainsi enrayer la montée du coût de la vie. Saisi des plaintes des commerçants, le préfet avait refusé de déclarer nulles de droit les délibérations du conseil municipal. Son refus fut déféré au Conseil d'État.

La jurisprudence n'avait admis jusqu'alors l'érection en service public par les collectivités locales de certaines activités commerciales ou industrielles que s'il n'y avait aucun autre moyen de satisfaire les besoins de la population.

Or deux textes de 1926 manifestaient le désir du gouvernement de favoriser à l'avenir les interventions économiques des communes. Le décret du 28 déc. 1926 disposait que « les communes et les syndicats de communes peuvent être autorisés à exploiter directement des services d'intérêt public à caractère industriel et commercial » et que « sont considérées comme industrielles et commerciales les exploitations susceptibles d'être gérées par des entreprises privées... par application de la loi du 2-17 mars 1791 ». Les auteurs de ces textes voulaient développer les interventions communales. Les rapports au président de la République levaient toute hésitation à ce sujet. Le commissaire du gouvernement Josse cita un passage de celui précédant le décret du 28 déc. 1926, d'après lequel la jurisprudence « en dépit de son évolution » demeurait encore « en arrière des nécessités actuelles ».

La façon dont il écarta l'argument des travaux préparatoires est assez caractéristique des méthodes d'interprétation du Conseil d'État : « *D'une part l'idée que les auteurs du décret se sont fait de votre jurisprudence n'était peut-être pas très exacte... D'autre part et surtout, quels que soient les désirs des rédacteurs du décret, les textes ne permettent pas de conclure à une modification profonde des principes déjà posés par vous... L'expression "services d'intérêt public" est la confirmation éclatante de l'œuvre jurisprudentielle. Donc, d'après le texte même, dans tous les domaines énumérés par les décrets, l'intervention municipale ne sera légale que si un intérêt public la rend légitime... Que l'intérêt public puisse être entendu plus largement qu'autrefois, d'accord, mais nous sommes fondés à conclure que les décrets de 1926 ne dérogent pas aux principes* ».

Le Conseil d'État appliqua effectivement aux faits de l'espèce les principes qui régissaient sa jurisprudence avant la publication des décrets ; constatant que la ville de Nevers n'invoquait aucune circonstance particulière (coalition, spéculation...) mais seulement la lutte contre la vie chère, il annula les délibérations attaquées. La même solution fut appliquée peu après à une délibération par laquelle le conseil municipal de Draguignan avait organisé et concédé un service de représentations cinématographiques, parce qu'« il n'existait aucune circonstance particulière pouvant faire regarder l'exploitation d'un cinématographe comme ayant un caractère d'intérêt public municipal » (Sect., 27 févr. 1931, *Giaccardi*, Rec. 225 ; S. 1931.3.73, note Alibert).

Cette jurisprudence est très marquée par le contexte économique et social dans lequel elle a été rendue. Depuis lors, l'évolution de la société a comporté un double mouvement : elle a d'abord été favorable à une extension des initiatives publiques dans le domaine industriel et commercial ; mais aussi elle a conduit à ne les admettre qu'à condition qu'elles s'exercent à égalité avec les initiatives privées.

L'arrêt du Conseil d'État (Ass.) du 31 mai 2006, *Ordre des avocats au barreau de Paris* (Rec. 272 ; concl. Casas, BJCP 2006.295, CJEG 2006.430 et RFDA 2006.1048 ; AJ 2006.1584, chr. Landais et Lenica ; ACCP oct. 2006, p. 78, note Renouard ; CCC oct. 2006, comm. Rolin ; CMP juill. 2006, n° 202, note Eckert ; DA août-sept. 2006, n° 129, note Bazex ; JCP Adm. 2006.113, note Linditch ; Gaz. Pal. 7 déc. 2006, p. 7, note Renaudie ; RLC oct.-déc. 2006, p. 44, note Clamour) fait la synthèse des solutions auxquelles la jurisprudence est aujourd'hui parvenue : outre « *les activités nécessaires à la réalisation des missions de service public dont elles sont investies* » et pour lesquelles elles « *bénéficient... de prérogatives de puissance publique* », les personnes publiques, « *si elles entendent, indépendamment de ces missions, prendre en charge une activité économique... ne peuvent le faire que dans le respect tant de la liberté du commerce et de l'industrie que du droit de la concurrence* ».

En schématisant, on peut dire qu'on est passé de l'interdiction à la liberté (I) et de la liberté à l'égalité de concurrence (II).

I. — De l'interdiction à la liberté

2 *L'interdiction* des initiatives publiques dans des domaines où s'exercent normalement des activités privées a tenu à plusieurs considérations. Les unes sont d'ordre financier, compte tenu des risques que l'exercice de telles activités fait courir aux personnes qui les entreprennent. Les autres sont plus strictement juridiques : d'une part, les compétences des personnes publiques comportent des limites qu'elles ne peuvent dépasser, particulièrement en matière industrielle et commerciale ; d'autre part, le principe de liberté du commerce et de l'industrie doit être respecté. Or on a pu considérer qu'en intervenant dans des domaines relevant normalement de l'initiative privée, les personnes publiques limitent d'autant les possibilités de celles-ci : elles leur prennent des parts de marché ; elles réduisent leur activité.

Le principe de liberté du commerce et de l'industrie, qui interdit aux pouvoirs publics de limiter les activités industrielles et commerciales des personnes privées par voie de prescriptions (v. CE 22 juin 1951, *Daudignac** et nos obs.) leur interdirait aussi de les limiter par des prestations venant les concurrencer. La liberté pour les personnes privées aurait pour corollaire l'interdiction pour les personnes publiques.

Ainsi ont été censurées aussi bien l'exploitation d'activités industrielles et commerciales par l'État (CE, Sect., 13 nov. 1953, *Chambre* *syndicale des industries et du commerce des armes, munitions et articles de chasse*, Rec. 487 ; D. 1954.553, note Reuter) ou les collectivités locales (CE 4 juill. 1984, *Département de la Meuse c. Poilera*, RD publ. 1985.199, note de Soto ; RFDA 1985.58, note Douence), que les aides publiques accordées à des professionnels pour l'exercice de leur activité (CE 29 mars 1901, *Casanova** : traitement accordé par une commune à un médecin pour soigner gratuitement les habitants ; 6 mars 1914, *Syndicat de la boucherie de la ville de Châteauroux*, Rec. 308 : « subventions sur les fonds communaux à une entreprise privée pour la favoriser dans la concurrence qu'elle soutient contre les autres commerçants de la localité »).

Cette rigueur cède devant la nécessité d'agir « dans l'intérêt public », déjà évoqué par l'arrêt du 30 mai 1930 et rappelé par celui du 31 mai 2006. Si cet intérêt est justifié, il permet aux personnes publiques d'agir non seulement en certaines circonstances (A) mais encore en toutes circonstances (B).

3 *A.* — Pour admettre en raison de *certaines circonstances* la création d'un service public dans un domaine relevant normalement de l'initiative privée, la jurisprudence n'avait retenu dans l'arrêt *Casanova**, du 29 mars 1901, que « *des circonstances exceptionnelles* » – formule qui renvoie à des événements aussi graves que la guerre (v. CE 28 juin 1918, *Heyriès** ; – 28 févr. 1919, *Dames Dol et Laurent**, et nos obs.). L'arrêt *Chambre syndicale du commerce en détail de Nevers* constitue un premier assouplissement puisqu'il se contente « *de circonstances particulières de temps et de lieu* » – formule que l'on retrouve à propos des mesures de police (v. CE 19 mai 1933, *Benjamin** ; – 22 juin 1951, *Daudignac**, et nos obs.).

4 *1°)* Il s'agit « notamment de la carence de l'initiative privée » comme le dit encore l'arrêt du 31 mai 2006. Cette carence tient à l'absence ou à l'insuffisance, quantitative ou qualitative, de l'initiative privée pour répondre à des besoins de la population. La condition de carence de l'initiative privée et la conception des besoins à satisfaire ont été assouplies et élargies. Elles ne couvrent plus seulement, comme dans les années 1930, les commerces d'alimentation ou la constitution de sociétés de gestion immobilière chargées de la construction et de l'exploitation d'immeubles pour combattre la crise du logement (CE, Sect., 22 nov. 1935, *Chouard et autres*, Rec. 1080 ; S. 1936.3.9, note Bonnard).

En matière de spectacles, le Conseil d'État a admis la création de théâtres municipaux, en vue d'« assurer un service permanent de représentations théâtrales de qualité, d'après un répertoire établi avec le souci de choisir et de varier les spectacles, en faisant prédominer les intérêts artistiques sur les intérêts commerciaux de l'exploitation » (21 janv. 1944, *Léoni*, Rec. 26), ou même pour « mettre à la disposition de la population de larges possibilités de distraction en plein air » (Sect., 12 juin 1959, *Syndicat des exploitants de cinématographes de l'Oranie*, Rec. 363 ; D. 1960.402, note Robert ; AJ 1960. II.85, concl. Mayras).

Ont été également admises la création d'un terrain de camping dans une station balnéaire (Sect., 17 avr. 1964, *Commune de Merville-Franceville*, Rec. 231 ; AJ 1964.288, chr. Fourré et Puybasset ; RA 1965.31, note Liet-Veaux), l'ouverture d'un cabinet dentaire municipal (Sect., 20 nov. 1964, *Ville de Nanterre*, Rec. 563 ; AJ 1964.686, chr. Puybasset et Puissochet ; RA 1965.31, note Liet-Veaux), la réalisation d'une piscine municipale pour « améliorer l'équipement en piscine de la ville » (CE, Sect., 23 juin 1972, *Société La plage de la forêt*, Rec. 477 ; RD publ. 1972.1259, concl. A. Bernard ; AJ 1972.452. chr. Labetoulle et Cabanes), mais non l'aménagement d'un service de télésurveillance relié à la police municipale (CAA Versailles 5 juill. 2018, *Commune de Drancy*, AJ 2019.858, chr. Ribeiro Mengoli).

De manière générale, « *l'existence d'un besoin local des populations, qui ne peut être satisfait par les activités privées existantes, permet d'établir l'intérêt local de l'objet d'une délibération par laquelle une collectivité, dans l'exercice des compétences qui lui sont dévolues à cette fin, décide d'une action de soutien à une activité économique* » (CE 20 oct. 2010, *Province des Îles Loyauté*, Rec. 653, à propos de l'octroi d'une aide financière pour l'achat d'un navire assurant la desserte des îles).

5 *2°)* Un service public industriel et commercial peut être aussi exploité par une collectivité publique dans la mesure où il constitue le *prolongement, temporel ou matériel, d'un service existant.*

La recherche de l'équilibre financier a pu justifier le maintien, au moins pendant le temps nécessaire pour amortir les frais d'établissement, d'un service économique dont la création avait été justifiée par des « circonstances particulières », alors même que ces circonstances avaient disparu (Ass., 23 juin 1933, *Lavabre*, Rec. 677 ; concl. Rivet, RD publ. 1934.280 et S. 1933.3.81, avec note Alibert : maintien des boucheries municipales créées à Millau en 1927 ; plus net encore, Ass., 24 nov. 1933, *Zénard*, Rec. 1100 ; concl. Detton, S. 1934.3.105, avec note Mestre et D. 1936.3.33, avec note P.L.J.). A. Mestre observait très justement à ce sujet que l'intérêt public avait absorbé l'intérêt économique.

D'un prolongement temporaire, on passe à un prolongement permanent pour des activités s'ajoutant utilement à celles dont l'exploitation par les personnes publiques est justifiée à titre principal.

Les communes pouvaient ainsi, au-delà du monopole des pompes funèbres que leur attribuait la loi, assurer des prestations funéraires complémentaires (CE, Sect., 10 févr. 1988, *Mézy*, Rec. 53 ; D. 1988.SC.263, obs. Llorens). Elles peuvent compléter un parc de stationnement par une station-service (CE, Sect., 18 déc. 1959, *Delansorme*, Rec. 692 ; AJ 1960. II.213, concl. Mayras, D. 1960.371, note Lesage), des services de contrôle et d'entretien de l'assainissement collectif par un service facultatif d'entretien et de réhabilitation des installations d'assainissement autonome, « dans l'intérêt de l'hygiène et de la sécurité publique » (CE 23 mai 2003, *Communauté de communes Artois-Lys*, Rec. 234 ; BJCL 2003, n° 10, p. 753, concl. Collin ; DA 2003, n° 208, note M. Lombard ; RFDA 2004.299, note Faure).

Les mêmes solutions se retrouvent pour les autres personnes publiques (CE, Ass., 27 févr. 1942, *Mollet*, Rec. 64 ; S. 1942.3.41, note P.L. : création de la cité universitaire de Paris, qui constitue « le complément du service public de l'enseignement » ; – Sect., 14 oct. 1955, *Association des concerts Colonne et autres*, Rec. 483 ; AJ 1955.426, concl. Heumann ; AJ 1955.II*bis*.23, chr. Long : exploitation de l'orchestre national par la radiodiffusion française, en dehors des émissions radiophoniques, en concert public ; – 23 juin 1965, *Société aérienne de recherches minières*, Rec. 380 : location de matériel de photographie aérienne par l'Institut géographique national ; – 4 juill. 1973, *Syndicat national des entreprises de diffusion*, Rec. 462 ; D. 1973.743, note G.W. ; Gaz. Pal. 1974.I.61, note Moderne : extension des activités de la poste au transport et à la distribution d'objets n'entrant pas dans le monopole postal ; – 20 oct. 2010, *Province des Îles Loyauté*, préc. : activité d'un navire hors du territoire de la collectivité, contribuant à l'équilibre financier de l'activité qu'il exerce dans le ressort de celle-ci.

6 *B.* — L'intérêt public peut également justifier des initiatives publiques *en toutes circonstances*. Il n'est plus nécessaire alors de constater la carence de l'initiative privée ; l'existence de celle-ci ne saurait empêcher l'intervention publique.

1°) Les pouvoirs publics doivent être à même d'intervenir sur les objets inhérents à leur rôle.

Celui-ci peut relever de la police. Cette considération anime la jurisprudence admettant l'ouverture, par les communes, de bains-douches et de lavoirs pour améliorer « le fonctionnement du service public de l'hygiène » (CE, Ass., 19 mai 1933, *Blanc*, Rec. 540 ; S. 1933.3.81, note Alibert ; – Ass., 12 juill. 1939, *Chambre syndicale des maîtres buandiers de Saint-Étienne*, Rec. 478 ; D. 1940.3.1., note Josse), de restaurants économiques au titre de l'assistance aux indigents (CE, Ass., 19 févr. 1943, *Ricordel*, Rec. 43), de parcs de stationnement dans l'intérêt de la circulation (CE, Sect., 18 déc. 1959, *Delansorme*, préc.). Plus largement (CE 3 mars 2010, *Département de la Corrèze*, Rec. 652 ; AJ 2010.957, concl. N. Boulouis ; CMP 2010.146, comm. Eckert ; RDSS 2010.341, note Koubi et Guglielmi ; RJEP août-sept. 2010, p. 30, note Pellissier ; RLCT 2010, n° 24, note Clamour), un service de téléassistance, « ouvert à toutes les personnes âgées ou dépendantes… indépendamment de leurs ressources, satisfait aux besoins de la population et répond à un intérêt public local » ; par suite, sa création « n'a pas porté une atteinte illégale au principe de la liberté du commerce et de l'industrie ».

D'autres interventions sont justifiées, indépendamment de l'idée de police, par leur nature proprement administrative, qui par là même ne comporte pas interférence avec le marché. Deux arrêts le soulignent particulièrement.

Le premier a été rendu par le Conseil d'État le 17 déc. 1997, *Ordre des avocats à la Cour de Paris* (Rec. 491 ; AJ 1998.362, concl. Combrexelle et 369, note Nouël ; CJEG 1998.105, concl. ; D. 1998.591, note Jorion) : « *la mise à disposition et la diffusion de textes, décisions et documents juridiques..., dans des conditions adaptées à l'état des techniques, s'appliquant, sans exclusive ni distinction, à l'ensemble de ces textes, décisions et documents – et notamment de ceux dont la diffusion ne serait pas économiquement viable – et répondant aux exigences d'égalité d'accès, de neutralité et d'objectivité découlant du caractère de ces textes, constituent, par nature, une mission de service public au bon accomplissement de laquelle il appartient à l'État de veiller* » ; le gouvernement a pu par décret « *organiser le service public des bases de données juridiques ainsi défini* ».

Le second arrêt est celui, déjà cité, du 31 mai 2006, *Ordre des avocats au barreau de Paris*, relatif à la mission d'appui à la réalisation des contrats de partenariat : en la chargeant d'apporter aux personnes publiques qui le lui demandent un appui dans la préparation, la négociation et le suivi des contrats de partenariat, le gouvernement « *s'est borné à mettre en œuvre la mission d'intérêt général, qui relève de l'État, de veiller au respect, par les personnes publiques et les personnes privées chargées d'une mission de service public, du principe de légalité* » ; « *en particulier, en prévoyant que cet organisme peut fournir "un appui" dans la négociation des contrats* », il « *n'a pas entendu permettre à cette mission de les négocier en lieu et place d'une personne publique contractante autre que l'État ; ... ainsi aucune des attributions confiées à la mission... n'emporte intervention sur un marché* » ; « *par suite, elles n'ont... ni pour objet, ni pour effet de méconnaître le principe de la liberté du commerce et de l'industrie et le droit de la concurrence* ». Il en va de même du médiateur des entreprises, service du ministère de l'économie et des finances chargé de proposer gratuitement à toutes les entreprises un processus de solution des différends, corollaire d'une bonne administration de la justice (CE 17 mars 2017, *Perez, Ordre des avocats de Paris*, Rec. 493 ; BJCP 2017.216, concl. Henrard ; ACCP 2017.71, note Laffite).

7 *2°)* Au-delà de la spécificité de l'objet de certains services, les personnes publiques peuvent encore directement exercer pour elles-mêmes les mêmes activités que les entreprises privées.

Elles ont toujours la possibilité d'accomplir par leurs propres moyens les missions de service public qui leur incombent (CE, Ass., 26 oct. 2011, *Association pour la promotion de l'image et autres*, Rec. 506, concl. Boucher ; v. n° 26.10), et donc sans recourir au marché (au sens économique) ni passer de marché (au sens juridique) (CE, Sect., 27 juin 1930, *Bourrageas et Moullot*, Rec. 659 : une commune peut instituer un service spécial chargé de grouper les achats de papier et de fournitures de bureau dont elle a besoin et faire procéder par ses propres agents aux travaux d'imprimerie nécessaires au fonctionnement de ses services ; – 29 avr. 1970, *Société Unipain*, Rec. 280 ; AJ 1970.340, concl. Braibant ; RD publ. 1970.423, note M. Waline ; GCJA, vol. 2, n° 45, concl. : une boulangerie militaire peut fournir du pain à des établissements pénitentiaires ; – 26 janv. 2007, *Syndicat professionnel de la géomatique*, Rec. 20 ; RJEP 2007.265, concl. N. Boulouis ; AJ 2007.744, note Nicinski : l'État a pu instituer pour ses propres besoins une base de données géographiques ; – Ass., 26 oct. 2011, *Association pour la promotion de l'image et autres* : l'administration peut prendre elle-même des images numérisées du visage des détenteurs de passeport). Le Code de la commande publique dispose dès son article L. 1 : « Les acheteurs et les autorités concédantes choisissent librement, pour répondre à leurs besoins, d'utiliser leurs propres moyens… » La Cour de justice des Communautés européennes a admis, dans le même sens, qu'une collectivité publique peut, sans observer les règles d'attribution des marchés publics, passer commande à une personne sur laquelle elle exerce un contrôle analogue à celui qu'elle exerce sur ses propres services et qui réalise l'essentiel de son activité pour elle (18 nov. 1999, *Teckal Srl c. Comune di Viano*, aff. C-107/98, Rec. I.8121 ; BJCP 2000.43, concl. Cosmas), formule que l'on retrouve dans l'arrêt du Conseil d'État du 6 avr. 2007, *Commune d'Aix-en-Provence* (Rec. 155 ; v. n° 47.4) à propos de l'association pour le festival international d'Aix-en-Provence. La Cour de justice admet aussi qu'une commune peut confier, sans faire appel à la concurrence, l'exécution d'un service public à une structure intercommunale dont elle fait partie (13 nov. 2008, *Coditel Brabant SA c. Commune d'Uccle et Région de Bruxelles-Capitale*, aff. C-324/07, Rec. I.8457) ; de la même manière, le Conseil d'État admet que les collectivités publiques peuvent décider d'accomplir en commun certaines tâches et créer un organisme, tel un groupement d'intérêt public, dont l'objet est de leur fournir les prestations dont elles ont besoin et auquel chacune peut recourir sans appel à la concurrence (4 mars 2009, *Syndicat national des industries d'information de santé*, Rec. 76 ; concl. Courrèges, BJCP 2009.237 et JCP Adm. 2009.2149, note Devès ; AJ 2009.891, note J.-D. Dreyfus ; CMP avr. 2009, n° 120, note Soler-Couteaux ; DA 2009, n° 71, obs. Hoepffner ; RDI 2009.423, note Noguellou ; RJEP nov. 2009.12, note Trouilly ; RLCT 2009/47 n° 1370, note D. Capitant ; RFDA 2009.759, note Apollis ; également Sect., 1er juill. 2016, *Commune d'Émerainville et Syndicat d'agglomération nouvelle de Marne-la-Vallée – Val Maubuée*, Rec. 291, concl. Daumas ; v. n° 55.7). Si les collectivités publiques font ainsi concurrence aux entreprises privées, c'est seulement en agissant pour elles-mêmes.

8 Elles peuvent aussi agir pour d'autres personnes publiques en se portant candidates à l'attribution de leurs contrats (marchés ou concessions), comme les entreprises privées et en concurrence avec elles.

L'évolution jurisprudentielle à ce sujet a atteint son point d'orgue avec l'arrêt du 30 déc. 2014, *Société Armor SNC* (Rec. 433, concl. Dacosta ; BJCP 2015.92, BJCL 2015.187 et RFDA 2015.57, concl. ; AJ 2015.449, chr. Lessi et L. Dutheillet de Lamothe ; CMP 2015, n° 36, comm. de Fournoux ; DA 2015, n° 27, comm. Brenet RTD eur. 2015.437, obs. Muller) par lequel le Conseil d'État (Ass.), après avoir rappelé que les collectivités territoriales et leurs établissements publics de coopération exercent leurs compétences « *en vue de satisfaire un intérêt public local* », a considéré qu'« *aucun principe ni aucun texte ne fait obstacle à ce qu'ils se portent candidats à l'attribution d'un contrat de commande publique pour répondre aux besoins d'une autre personne publique* » ; mais il précise qu'« *ils ne peuvent légalement présenter une telle candidature que si elle répond à un tel intérêt public, c'est-à-dire si elle constitue le prolongement d'une mission de service public dont la collectivité ou l'établissement public de coopération a la charge, dans le but notamment d'amortir des équipements, de valoriser les moyens dont dispose le service ou d'assurer son équilibre financier, et sous réserve qu'elle ne compromette pas l'exercice de cette mission* » (également, dans le même esprit : CE 14 juin 2019, *Société Vinci construction maritime et fluvial*, Rec. 200 ; BJCP 2019.319, concl. Le Corre ; AJ 2019.1923, chr. Glaser et 1946, note Hul ; CMP 2019, comm. 257, Eckert ; JCP Adm. 2020.2002, note Viala). La jurisprudence européenne va dans le même sens (CJUE 18 déc. 2014, *Azienda Ospedaliero-Universitaria di Careggi-Firenze c. Data Medical Service Srl*, BJCP 2015.183, obs. S. N. ; CMP 2015, n° 37, note Eckert).

Mais la condition d'un intérêt public ne s'impose pas pour un établissement public non local (CE 18 sept. 2019, *Communauté de communes de l'Île-Rousse-Balagne et Office d'équipement hydraulique de la Corse*, Rec. 601 ; BJCP 2019.403, concl. Pellissier ; AJ 2019.2447, note Hul et 2596, note Glaser ; CMP 2019 comm. 378, Eckert).

La possibilité pour les personnes publiques de prendre de telles initiatives les met à égalité avec les entreprises privées.

II. — De la liberté à l'égalité de concurrence

9 L'interdiction qui, pendant longtemps, a pesé sur les personnes publiques, d'exercer ou de soutenir des activités industrielles et commerciales, était liée autant à l'inégalité que leur statut risque d'introduire à leur profit au détriment des entreprises, qu'à la délimitation de la sphère publique : les avantages de la puissance publique, en faussant la concurrence, défavorisent l'initiative privée.

Mais, si les personnes publiques y renoncent, la concurrence se trouve rétablie. L'égalité est devenue une condition même de la légalité des interventions publiques concurrençant l'initiative privée. L'arrêt du 31 mai 2006, *Ordre des avocats au barreau de Paris*, précité, considère qu'« *une fois admise dans son principe* », l'intervention d'une personne publique sur un marché « *ne doit pas se réaliser suivant des modalités telles qu'en raison de la situation particulière dans laquelle se trouverait cette personne publique par rapport aux autres opérateurs agissant sur le même marché, elle fausserait le libre jeu de la concurrence sur ce marché* ». L'arrêt *Société Armor SNC* enchaîne : « *une fois admise dans son principe* », la candidature d'une collectivité territoriale ou d'un établissement public territorial de coopération à un contrat public « *ne doit pas fausser les conditions de la concurrence ; … en particulier, le prix proposé doit être déterminé en prenant en compte l'ensemble des coûts directs et indirects concourant à sa formation, sans que la collectivité publique bénéficie, pour le déterminer, d'un avantage découlant des ressources ou des moyens qui lui sont attribués au titre de ses missions de service public et à condition qu'elle puisse, si nécessaire, en justifier par ses documents comptables ou tout autre moyen d'information approprié* ». L'arrêt *Société Vinci construction maritime et fluvial* ajoute qu'il appartient au pouvoir adjudicateur et, en cas de recours, au juge de s'assurer qu'il en est bien ainsi. L'exigence de vérification s'impose particulièrement lorsque l'offre de la personne publique diffère substantiellement de celles des autres candidats (CE 18 sept. 2019, *Communauté de communes de l'Île-Rousse-Balagne*..., préc.).

Ces principes se combinent avec les textes.

L'ordonnance du 1er déc. 1986 relative à la liberté des prix et de la concurrence dispose, dans son article 53, repris par l'article L. 410-1 du Code de commerce, qu'elle s'applique à « *toutes les activités de production, de distribution et de services, y compris celles qui sont le fait de personnes publiques, notamment dans le cadre de conventions de délégation de service public* » (v. nos obs. sous CE 3 nov. 1997, *Société Million et Marais**). L'article 90-2 du traité de Rome (devenu l'art. 106-2 du traité sur le fonctionnement de l'Union européenne) stipule que « *les entreprises chargées de la gestion de services d'intérêt économique général... sont soumises aux règles du présent traité, notamment aux règles de concurrence...* ».

10 L'égalité de concurrence interdit aussi que les personnes publiques accordent des aides aux entreprises privées, autant en droit national qu'en droit européen (art. 92-1 du traité de Rome, devenu art. 107-1 du traité sur le fonctionnement dur l'Union européenne). Si certaines aides peuvent être consenties, c'est dans des conditions liées à l'intérêt général (art. L. 1511-2, 7 et 8., L. 2251-2, du Code général des collectivités territoriales ; art. 93, du traité de Rome, devenu l'art. 107 du traité sur le fonctionnement de l'Union européenne). La jurisprudence veille à leur respect (par ex. à propos de la vente de terrains à bas prix CE, Sect., 3 nov. 1997, *Commune de Fougerolles*, Rec. 391 ; CJEG 1998.16 et RFDA 1998.12, concl. Touvet ; AJ 1997.1010, note Richer ; D. 1998.131, note Davignon ; DA 1997, n° 222, obs. R.S. ; JCP 1998.II.10007, note Piastra ; JCP E 1998.270, comm. Chouvel ; JCP N 1998.64, note Bardon).

En sens inverse, les contraintes pesant spécialement sur les services publics, que ne subissent pas les entreprises privées, peuvent être compensées.

La jurisprudence communautaire a ainsi admis que La Poste bénéficie d'un abattement égal à 85 % de ses bases d'imposition « en raison des contraintes de desserte de l'ensemble du territoire national et de participation à l'aménagement du territoire qui s'impose à cet exploitant » : l'avantage fiscal n'est que la contrepartie des surcoûts pesant sur elle, il permet de rétablir l'égalité de concurrence avec les entreprises privées qui ne subissent pas les mêmes contraintes (TPI 27 févr. 1997, *Fédération française des sociétés d'assurances*, aff. T. 106/95,

Rec. II.229 ; CJCE 25 mars 1998, aff. C-174/97, Rec. I.1303). De même, la compensation financière des obligations de service public est admise (CJCE 24 juill. 2003, *Altmark*, aff. C-280/00, Rec. I.7747 ; D. 2003.2814, note Clergerie ; RMCUE 2004.633, note Thouvenin et Lorieux ; RTD eur. 2004.33, note Bracq).

Au principe de non-concurrence des entreprises privées par les personnes publiques retenu par l'arrêt *Chambre syndicale du commerce en détail de Nevers*, l'évolution législative et jurisprudentielle, tant en droit administratif qu'en droit européen, aboutit à substituer aujourd'hui celui de l'égale concurrence entre personnes publiques et entreprises privées.

41

FONCTION PUBLIQUE RÉPARATIONS PÉCUNIAIRES

Conseil d'État Ass., 7 avril 1933, *Deberles*
(Rec. 439 ; S. 1933.3.68, concl. Parodi ; RD publ. 1933.624, concl.)

....

Sur les conclusions à fin d'allocation de traitement et d'indemnité : – Cons. que si l'arrêté du maire d'Haillicourt du 25 mai 1925, prononçant la révocation du sieur Deberles, a été annulé par décision du Conseil d'État le 20 juill. 1927, et si l'arrêté du 17 déc. 1928, prononçant à nouveau cette révocation, est annulé par la présente décision, *le requérant, en l'absence de service fait, ne peut prétendre au rappel de son traitement; mais qu'il est fondé à demander à la commune d'Haillicourt la réparation du préjudice qu'il a réellement subi du fait de la sanction disciplinaire prise à son encontre dans des conditions irrégulières ; qu'il convient, pour fixer l'indemnité à laquelle le requérant a droit, de tenir compte notamment de l'importance respective des irrégularités entachant les arrêtés annulés et des fautes relevées* à la charge du sieur Deberles, telles qu'elles résultent de l'instruction ; qu'il sera fait une exacte appréciation des circonstances de la cause en condamnant la commune d'Haillicourt à payer au sieur Deberles une indemnité de 10 000 F pour le préjudice subi jusqu'à la date de la présente décision ; ... (Annulation ; indemnité accordée).

OBSERVATIONS

Des conséquences d'une annulation dégagées par l'arrêt Rodière*, *l'arrêt* Deberles *précise les aspects pécuniaires.*

1 Le sieur Deberles avait été révoqué de son emploi à la commune d'Haillicourt (Pas-de-Calais) par une mesure que le Conseil d'État avait annulée par le motif qu'elle avait été prise sans la consultation préalable du conseil de discipline. Il demanda, à la suite de cette annulation, une réparation pécuniaire égale au *traitement* qu'il aurait dû percevoir durant son éviction du service. Mais le Conseil d'État ne lui alloua qu'une *indemnité* qu'il calcula en tenant compte de la gravité des fautes qui avaient provoqué la révocation du requérant et des émoluments perçus par lui durant la période litigieuse. Il suivit, en prenant cette décision, son

commissaire du gouvernement, qui lui avait demandé « d'abandonner la théorie que nous appellerons, pour simplifier, *la théorie du traitement*, et d'appliquer à tous les fonctionnaires, aussi bien aux fonctionnaires de l'État qu'aux employés communaux, la théorie que nous appellerons *la théorie de l'indemnité* ».

Jusqu'en 1933, en effet, le Conseil d'État décidait, avec des nuances il est vrai (v. l'historique dans les conclusions de M. Parodi), que le fonctionnaire dont la désinvestiture venait à être annulée pour excès de pouvoir avait droit au rappel intégral du traitement et des indemnités accessoires dont il avait été privé du fait de la mesure illégale qui l'avait frappé. Il y avait là une conséquence du principe selon lequel un acte annulé est censé n'être jamais intervenu : de même que le fonctionnaire dont la révocation est annulée doit être réintégré dans son emploi à la date même à laquelle il en a été évincé (CE, Ass., 27 mai 1949, *Véron-Réville*, v. n° 38.4), de même il est censé n'avoir jamais quitté ce poste et doit percevoir le rappel de son traitement.

Comme l'a dit le commissaire du gouvernement Parodi, ce système « faisait une part tout à fait excessive... à une déduction purement logique, initialement fondée sur une fiction ». L'annulation de la mesure de désinvestiture ne supprime pas la réalité matérielle qui est l'absence de service fait ; or le droit au traitement est attaché, non à la qualité d'agent public, mais au service fait (D. 31 mai 1862, art. 10).

L'arrêt *Deberles* substitue ainsi au rappel du traitement le versement d'une indemnité destinée à couvrir le préjudice réellement subi par l'agent du fait de la sanction qui l'a irrégulièrement frappé. L'arrêt précise que, pour fixer cette indemnité, il faut en outre « tenir compte notamment de l'importance respective des irrégularités entachant les arrêtés annulés et des fautes relevées » à la charge de l'intéressé.

Les éléments qui doivent être pris en considération dans le calcul de l'indemnité sont donc au nombre de trois.

2 *a) Préjudice effectivement subi par l'agent* : à ce titre, le juge tient compte de la privation du traitement, de l'atteinte portée à la réputation de l'agent (CE, Sect., 16 oct. 1959, *Guille*, Rec. 561) ou plus généralement, à ses conditions d'existence (CE, Ass., 27 mai 1949, *Véron-Réville* ; v. n° 38.4).

Dans l'appréciation du préjudice lié à la perte des émoluments, la jurisprudence a progressivement exclu diverses indemnités « *liées à l'exercice effectif des fonctions* », sans opérer de distinction entre, d'une part, des primes destinées à récompenser l'agent pour ses mérites, telle une prime de rendement (CE 7 nov. 1969, *Vidal*, Rec. 481) et, d'autre part, des indemnités destinées à compenser des sujétions liées à l'exercice des fonctions, telle une indemnité de résidence à l'étranger (CE 10 juin 2011, *Ministre d'État, ministre des affaires étrangères et européennes c. Mme Pion*, Rec. 983 ; AJ 2011.1901, concl. Botteghi).

Le Conseil d'État est revenu pour partie sur cette double exclusion, en énonçant que doit être prise en compte la perte des primes et indemnités dont l'intéressé avait « *une chance sérieuse de bénéficier* », tout en excluant « *seulement* » celles qui sont destinées à « *compenser des frais, charges ou contraintes liés à l'exercice effectif des fonctions* » (CE, Sect., 6 déc. 2013, *Commune d'Ajaccio*, Rec. 306 ; RFDA 2014.276, concl. Dacosta ; AJ 2014.219, chr. Bretonneau et Lessi ; AJFP 2014.326, note Diemer ; JCP 2014.96, note Lapouble ; DA 2014, n° 27, note Éveillard).

La réparation intégrale du préjudice peut comprendre la perte de chance de bénéficier du régime des astreintes (CE 26 juill. 2018, *Giroux*, Rec. 736 ; AJ 2018.2092, note Deliancourt) ainsi que, la réduction de droits à l'indemnisation du chômage que l'intéressé a pu acquérir (CE 20 mars 2017, *Descaves*, Rec. 804).

L'indemnité est diminuée lorsque l'agent évincé a trouvé entre-temps un nouvel emploi rétribué, que cet emploi soit public ou privé (CE 15 juill. 1960, *Pedoussaut*, Rec. 485).

3 *b) Fautes commises par l'administration* : l'indemnité sera plus importante lorsque la mesure a été annulée pour un vice de fond que si elle l'a été pour un simple vice de forme (CE 28 juill. 1952, *Liénart*, Rec. 413 : faute particulièrement grave entraînant une indemnité égale au plein traitement ; – Sect., 14 juin 1946, *Ville de Marseille*, Rec. 164 et Sect., 26 janv. 1962, *Guichon*, Rec. 68 : éviction annulée pour vice de forme, indemnité refusée).

4 *c) Fautes commises par l'agent*, qui justifient l'allocation d'une indemnité réduite, ou même le refus de toute indemnité (– Sect., 6 mai 1955, *Haut-Commissaire de France en Indochine c. Hauger*, Rec. 242 ; – 16 juin 1986, *Dame Krier*, Rec. 166 ; D. 1987.193, note Pacteau ; LPA 21 nov. 1986, note Terneyre ; – 28 mars 2018, *Jougla*, Rec. 749).

5 Dans la mesure où l'indemnité correspond à la compensation de la perte d'émoluments, elle constitue un revenu, qui est comme tel soumis à l'impôt (CE 21 juin 1955, *Sieur V...*, Rec. 345 ; Dr. fisc. 1955.10, concl. Lasry) ; si l'impôt devait être normalement perçu par voie de précompte pendant la période d'éviction, les sommes qui auraient été retenues à ce titre sur le traitement doivent être déduites de l'indemnité (CE, Sect., 29 mars 1957, *Aublant*, Rec. 227) ; dans le cas où l'impôt est perçu par voie de rôle, il sera calculé après le versement de l'indemnité, selon le régime fiscal en vigueur à la date de ce versement et compte tenu de l'ensemble des ressources et des charges de l'intéressé (CE, Sect., 9 nov. 1966, *Helouis*, Rec. 594 ; Dr. fisc. 1957, 3 févr., concl. Braibant).

6 Ces règles ont été, depuis l'arrêt *Deberles*, appliquées par la jurisprudence à la réparation de tous les préjudices de carrière illégalement causés à des agents publics – par exemple mutation d'office entraînant une diminution de traitement (CE 27 déc. 1950, *Dame Baudrand*, Rec. 646), nomination à des fonctions inférieures à celles pour lesquelles l'intéressé avait été engagé (CE 27 juin 1956, *Commune de Houilles*, Rec. 271), ou relèvement de fonctions d'un agent occupant un emploi à la discrétion du gouvernement (CE, Sect., 29 mars 1957, *Lévêque*, Rec. 226).

42

POLICE – LIBERTÉ DE RÉUNION

Conseil d'État, 19 mai 1933, *Benjamin*
(Rec. 541 ; S. 1934.3.1, concl. Michel, note Mestre ; D. 1933.3.354, concl. GCJA, vol. 1, n° 82, concl. ; RFDA 2013.1020, P.H. Prélot, « L'actualité de l'arrêt Benjamin » ; GAP, p. 173)

Cons. que les requêtes susvisées, dirigées contre deux arrêtés du maire de Nevers interdisant deux conférences, présentent à juger les mêmes questions ; qu'il y a lieu de les joindre pour y être statué par une seule décision :

En ce qui concerne l'intervention de la Société des gens de lettres : – Cons. que la Société des gens de lettres a intérêt à l'annulation des arrêtés attaqués ; que dès lors son intervention est recevable ;

Sur la légalité des décisions attaquées ; – Cons. que s'il incombe au maire, en vertu de l'art. 97 de la loi du 5 avr. 1884, de prendre les mesures qu'exige le maintien de l'ordre, il doit concilier l'exercice de ses pouvoirs avec le respect de la liberté de réunion garantie par les lois du 30 juin 1881 et du 20 mars 1907;

Cons. que pour interdire les conférences du sieur René Benjamin figurant au programme des galas littéraires organisés par le syndicat d'initiative de Nevers, qui présentaient toutes deux le caractère de conférences publiques, le maire s'est fondé sur ce que la venue du sieur Benjamin à Nevers était de nature à troubler l'ordre public ;

Cons. qu'il résulte de l'instruction que l'éventualité de troubles, alléguée par le maire de Nevers, ne présentait pas un degré de gravité tel qu'il n'ait pu, sans interdire la conférence, maintenir l'ordre en édictant les mesures de police qu'il lui appartenait de prendre ; que, dès lors, sans qu'il y ait lieu de statuer sur le moyen tiré du détournement de pouvoir, les requérants sont fondés à soutenir que les arrêtés attaqués sont entachés d'excès de pouvoir ; ... (Annulation).

OBSERVATIONS

L'arrêt Benjamin *est au cœur de la jurisprudence sur le contrôle des mesures de police portant atteinte aux libertés, illustrée par les arrêts* Abbé Olivier* *et* Daudignac*, *et de la jurisprudence sur le contrôle de la qualification juridique des faits ouverte par l'arrêt* Gomel*.

1 **I.** — René Benjamin devait donner à Nevers une conférence littéraire : « Deux auteurs comiques : Courteline et Sacha Guitry ». Les instituteurs syndiqués firent savoir au maire qu'ils s'opposeraient par tous les moyens à ce qu'ait lieu la conférence d'un homme « qui avait sali dans ses écrits le personnel de l'enseignement laïque ». Par la presse, les tracts et les affiches, ils convièrent à une contre-manifestation les défenseurs de l'école publique, les syndicats, les groupements de gauche. Le maire de Nevers prit, à la suite de cette campagne, un arrêté interdisant la conférence de René Benjamin. Le syndicat d'initiative fit alors paraître dans la presse un communiqué annonçant la substitution à la conférence publique d'une conférence privée. Le maire l'interdit encore. René Benjamin déféra au Conseil d'État les deux arrêtés d'interdiction, invoquant à la fois la violation des lois du 30 juin 1881 et du 28 mars 1907 sur la liberté de réunion, et le détournement de pouvoir.

L'examen du premier moyen supposait que fût préalablement définie la « réunion publique ». Le commissaire du gouvernement Michel la distingua de la manifestation, de l'association, de la conférence et du spectacle, et la définit comme « un groupement momentané de personnes formé en vue d'entendre l'exposé d'idées ou d'opinions, ou de se concerter pour la défense d'idées ou d'intérêts ». Il n'était dès lors pas douteux que la conférence littéraire de René Benjamin fût juridiquement une réunion publique, qu'elle fût ou non déguisée sous le nom de conférence privée.

Or la liberté de réunion est l'une des mieux garanties par la loi : la loi du 30 juin 1881 se borne à exiger des organisateurs une simple déclaration, et la loi du 28 mars 1907 a même supprimé cette exigence. Le législateur a donc expressément exclu toute mesure de police préventive qui pût être de nature à entraver la liberté de réunion. Il faut cependant concilier le respect des textes garantissant la liberté de réunion avec le devoir qui incombe à l'autorité municipale, en vertu de l'art. 97 de la loi du 5 avr. 1884 devenu l'art. L. 2212-2 du Code général des collectivités territoriales, de maintenir l'ordre public. Il en résulte que si l'autorité municipale ne dispose véritablement, pour assurer le maintien de l'ordre, d'aucun autre moyen efficace que l'interdiction préventive, celle-ci sera licite, mais il faudra que la menace pour l'ordre public soit exceptionnellement grave, et que le maire ne dispose pas des forces de police nécessaires pour permettre à la réunion de se tenir tout en assurant le maintien de l'ordre.

Or, en l'espèce, le maire aurait pu, en faisant appel à la gendarmerie et à la garde mobile, éviter tout désordre, tout en laissant René Benjamin donner sa conférence. C'est pourquoi le Conseil d'État annula les décisions attaquées, réservant la question que soulevait le requérant en arguant du détournement de pouvoir et en soutenant que le maire avait été plus inspiré par le désir de satisfaire ses amis politiques que par celui de maintenir l'ordre. Le Conseil d'État a ensuite jugé que le maire avait commis une faute lourde en interdisant la réunion et que sa décision engageait la responsabilité de la ville (Sect., 3 avr. 1936, *Syndicat d'initiative de Nevers et Benjamin*, Rec. 453 ; S. 1936.III.108, concl. Detton).

Le Conseil d'État devait faire preuve du même libéralisme, résumé par la formule souvent répétée par les commissaires du gouvernement : « la liberté est la règle, la restriction de police l'exception », dans l'arrêt *Bujadoux* (5 févr. 1937, Rec. 153 ; D. 1938.3.19, concl. Lagrange) : à la suite des événements du 6 févr. 1934 s'étaient formés à côté des partis politiques, et collaborant avec eux, des groupements ayant le caractère d'organisations de combat ; la loi du 10 janv. 1936 permettait au président de la République de les dissoudre par décret pris en Conseil des ministres ; ainsi, le décret du 13 févr. 1936 prononça-t-il la dissolution des ligues d'Action française. Quelques jours plus tard, la presse monarchiste de Lyon annonçait le banquet du Groupement médical corporatif de Lyon que devait présider Charles Maurras ; le maire de Lyon l'interdit par un arrêté du 17 févr. 1936, qui fut déféré au Conseil d'État. Le banquet ne constituait pas une réunion privée quoi qu'aient pu dire les organisateurs : les inscriptions étaient très largement ouvertes et une large publicité lui avait été faite par la presse ; c'était donc une réunion publique. On ne pouvait d'autre part y voir une manifestation organisée par les ligues dissoutes, puisque le décret de dissolution avait laissé subsister l'Union des corporations de France. Le Conseil d'État devait donc appliquer et préciser la doctrine de l'arrêt *Benjamin* ; le commissaire du gouvernement observa qu'en lui-même ce banquet politico-professionnel ne présentait pas de danger, mais cela ne lui suffit pas ; il se demanda si, dans le climat de l'époque, le banquet ne pouvait apparaître comme une provocation ; mais, même dans l'hypothèse où une contre-manifestation eût été à redouter, le préfet du Rhône eût disposé des forces de police suffisantes pour maintenir l'ordre. Le Conseil d'État annula donc l'arrêté. Il se montra encore une fois aussi libéral, dans un cas assez voisin (2 févr. 1938, *Xavier Vallat*, Rec. 117).

2 Mais les passions politiques s'exacerbaient ; l'ordre public était sans cesse plus menacé ; les décrets-lois commençaient à restreindre les libertés publiques. Le Conseil d'État ne pouvait rester insensible à cette transformation de l'ambiance politique et tendit à abandonner une jurisprudence élaborée en des temps plus pacifiques pour faire prévaloir les nécessités du maintien de l'ordre. L'arrêt *Bucard* (Ass., 23 déc. 1936, Rec. 1151) annonce l'évolution : le Conseil d'État rejette le recours formé contre un arrêté préfectoral interdisant même des *réunions privées*, données en des points très disséminés d'un département frontière, alors que le préfet n'avait pas les forces de police suffisantes pour assurer le maintien de l'ordre partout où il eût pu être menacé. Dans la même ligne, s'inscrivent les arrêts *Beha* et *Masson* du 9 mars 1938 (Rec. 246), qui, par opposition aux annulations intervenues le même jour dans les affaires *Bouchez* et *Blum (ibid.)*, donnent une idée précise de l'attitude du Conseil d'État. Sous l'occupation, celui-ci en vint à considérer comme légale l'interdiction, dès que la réunion « risque de troubler sérieusement l'ordre public » (17 avr. 1942, *Wodel*, Rec. 122).

3 Le Conseil d'État est revenu, après la guerre, au libéralisme de la jurisprudence *Benjamin* dans l'arrêt de Section *Naud* du 23 janv. 1953 (Rec. 32) : « Cons. que, s'il appartient au préfet de police de prendre les dispositions qu'exige le maintien de l'ordre, il lui incombe, dans l'exercice de ses pouvoirs, de concilier son action avec le respect de la liberté de réunion garantie par les lois des 30 juin 1881 et 28 mars 1907 ; cons. qu'il ne ressort pas de l'instruction que la conférence projetée par le sieur Naud pour le 25 févr. 1949 au Théâtre Marigny fût de nature à menacer l'ordre public dans des conditions telles qu'il ne pût être paré au danger par des mesures de police appropriées, lesquelles pouvaient être prises dans l'espèce ; que, dès lors, le requérant est fondé à soutenir que l'arrêté attaqué portant interdiction de la réunion susvisée est entaché d'excès de pouvoir ».

L'arrêt *Houphouët-Boigny* du 19 juin 1953 également rendu en Section (Rec. 298) consacre les mêmes principes et ne rejette le recours qu'en raison de la menace de troubles graves que faisait peser sur l'ordre public la réunion d'un congrès en territoire africain.

Les termes de l'arrêt *Benjamin* étaient d'ailleurs confirmés moins de deux mois après : l'interdiction de réunions organisées contre la guerre d'Indochine à la fin de 1946 et au début de 1947 par le parti communiste internationaliste est illégale, car il ne ressort pas de l'instruction qu'elle était de nature à menacer l'ordre public dans des conditions telles qu'il ne pouvait être paré au danger par les mesures de police qui auraient pu être prises (29 juill. 1953, *Damazière et autres*, Rec. 407).

La rigueur du contrôle exercé en ce domaine par le juge administratif ne peut qu'inciter l'autorité de police à la prudence. Le Conseil d'État a ainsi confirmé l'annulation par le tribunal administratif de Rennes d'un arrêté du maire de cette ville qui était revenu sur une décision antérieure permettant la tenue, salle de la Cité, d'une réunion publique à l'occasion de la venue du délégué général du Front national. Le Conseil a estimé qu'« il ne ressort pas des pièces du dossier que cette réunion ait été de nature à menacer l'ordre public dans des conditions telles qu'il ne pouvait être paré à tout danger par des mesures de police appropriées » (CE 29 déc. 1997, *Maugendre*, Rec. 826).

4 **II.** — Le juge exerce dans cette matière un contrôle particulièrement poussé ; il vérifie en effet non seulement s'il existait dans les circonstances de l'espèce une menace de trouble de l'ordre public susceptible de justifier une mesure de police, mais encore si cette mesure était appropriée par sa nature et sa gravité à l'importance de la menace ; il contrôle ainsi l'adéquation de la mesure aux faits qui l'ont motivée (v. par ex. CE, Sect., 26 avr. 1968, *Morel et Rivière*, Rec. 264, à propos des mesures de police prises pour réglementer les rapports entre propriétaires et locataires dans les « bidonvilles » de La Réunion, et Sect., 4 mai 1984, *Préfet de police c. Guez*, Rec. 164 ; AJ 1984.393, concl. O. Dutheillet de Lamothe, à propos de l'interdiction par le préfet de police à Paris des activités musicales et des attractions de bateleurs dans la plupart des rues et places de la capitale réservées aux piétons).

Le juge administratif s'efforce, par cette jurisprudence, comme il le fait par ses décisions sur les processions et les manifestations (CE 19 févr. 1909, *Abbé Olivier**) ou par la théorie des circonstances exceptionnelles (CE 28 juin 1918, *Heyriès** ; – 28 févr. 1919, *Dames Dol et Laurent**), de concilier les exigences parfois contradictoires de l'ordre et de la liberté, en tenant compte des circonstances de l'espèce, du rapport des forces en présence et du climat politique du moment. On en trouve une illustration avec le contrôle exercé par le Conseil d'État sur l'interdiction d'écrits périodiques (v. par ex. : CE, Sect., 23 nov. 1951, *Société nouvelle d'imprimerie, d'édition et de publicité*, Rec. 553 ; v. nº 72.2 – Sect., 22 avr. 1966, *Société Union africaine de presse*, Rec. 576 ; v. nº 74.7 ; – 10 janv. 1968, *Association Enbata*, Rec. 28), sur la dissolution d'associations (Ass., 21 juill. 1970, *Boussel dit Lambert*, Rec. 504 ; AJ 1970.607 chr. Labetoulle et Cabanes ; D. 1970.633, note Broutin ; JCP 1971.II.16672, note Loschak ; – 30 juill. 2014, *Association « Envie de rêver », K. Conette et S. Ayoub*, Rec. 257 ; RFDA 2014.1158, concl. Crépey) ou sur la police du stationnement des nomades (CE 2 déc. 1983, *Ville de Lille*, Rec. 470 ; D. 1985.388, note Romi).

La même attitude a été adoptée à propos de la police spéciale des baignades. A été jugé illégal, en l'absence de risques de troubles à l'ordre public, l'arrêté du maire d'une commune du littoral interdisant le port du burkini (CE (ord.) 26 août 2016, *Ligue des droits de l'Homme et autres et Association de défense des droits de l'Homme – Collectif contre l'islamophobie en France*, Rec. 390 ; AJ 2016.2122, note Gervier ; RFDA 2016.1227, note Bon ; DA 2016, comm. 59, note Éveillard ; RJDH 2017.407, note Wattier ; JCP 2016.1560, note Lenoir). Au titre de la police générale, est illégal un arrêté municipal imposant un couvre-feu aux mineurs de treize ans dans le centre de la ville de Béziers (CE 6 juin 2018, *La Ligue des droits de l'Homme*, Rec. 685 ; AJ 2018.2155, note Avvenire ; JCP Adm. 2018.2303, note Turk) – À l'inverse, a été admise la légalité d'un arrêté municipal réglementant l'exercice de la fouille des poubelles (CE 15 nov. 2017, *Ligue française pour la défense des droits de l'Homme et du citoyen*, Rec. 488 ; AJ 2018.62, concl. L. Marion ; JCP Adm. 2017.2330, note Pauliat) et celle de décrets de dissolution de deux associations prônant un islam radical (CE 26 janv. 2018, *Association Fraternité musulmane Sanâbil-Les Épis*, Rec. 570 ; du même jour, *Association Rahma de Torcy Marne-la-Vallée*, Rec. 569).

Le Conseil d'État a rejeté une requête contestant, au regard notamment du droit à la vie garanti par la Convention européenne des droits de l'Homme, l'emploi du lanceur de balles de défense (LBD) lors des manifestations au motif que son usage est limité, « outre les cas de légitime défense et d'état de nécessité, aux seules hypothèses dans lesquelles, dans le cadre de la dispersion d'un attroupement… des violences ou voies de fait sont exercées contre les représentants de la force publique ou lorsque ces derniers sont dans l'impossibilité de défendre autrement le terrain qu'ils occupent » (CE 24 juill. 2019, *Ligue des droits de l'Homme, Confédération générale du travail*, AJ 2020.463, note Bioy).

5 La portée de l'intervention du juge ne doit être ni méconnue ni exagérée. En rappelant aux autorités de police, chaque fois qu'il en a l'occasion, que seules des circonstances anormalement graves leur permettent de porter atteinte aux libertés fondamentales et en exerçant un contrôle étroit sur les mesures qu'elles prennent, le juge administratif contribue à la protection nécessaire des droits de l'Homme. Mais ses décisions d'annulation perdent une grande partie de leur valeur, lorsqu'elles interviennent parfois plusieurs années après la mesure d'interdiction : la situation peut avoir profondément évolué entre-temps et le préjudice politique et moral subi par les organisateurs de la réunion n'est guère atténué par l'annulation ou par l'octroi d'une indemnité (CE, Sect., 3 avr. 1936, *Syndicat d'initiative de Nevers et Benjamin*, préc.). Seule une décision du juge ordonnant qu'il soit sursis à l'exécution de la décision attaquée est à même de renforcer efficacement le contrôle de la légalité.

Depuis la loi du 2 mars 1982 relative aux droits et libertés des communes, des départements et des régions, le président du tribunal administratif ou son délégué, peut dans les 48 heures de sa saisine par le préfet, ordonner le sursis à exécution de l'acte d'une autorité locale qui « est de nature à compromettre l'exercice d'une liberté publique ou individuelle ». Sur ce fondement, le président du tribunal administratif d'Orléans a, par une ordonnance rendue le 3 oct. 1985 à 10 h 30, ordonné le sursis à l'exécution d'un arrêté du maire de Dreux du 1er oct. 1985 qui avait interdit pendant toute la durée de la foire de Dreux (du 3 au 7 oct.) toute installation de stand fixe de caractère politique ou parapolitique (TA Orléans 3 oct. 1985, *Commissaire de la République du département d'Eure-et-Loir*, RFDA 1987.201, note G. Melleray).

À cette voie de recours ouverte uniquement au préfet, s'ajoutent les procédures de référé administratif instituées par la loi du 30 juin 2000 et qui peuvent être mises en œuvre par toute partie intéressée. Particulièrement significative à cet égard est une ordonnance du 19 août 2002 du juge des référés du Conseil d'État, prise sur le fondement de l'article L. 521.2 du Code de justice administrative (*cf.* nos obs. sous l'arrêt *Commune de Venelles** du 18 janv. 2001), suspendant les effets d'une décision du 29 juillet 2002 du maire d'Annecy qui étaient d'interdire la tenue dans cette commune du 26 au 30 août de l'université d'été du Front national, au motif qu'il était porté à la liberté de réunion dont bénéficient les partis politiques légalement constitués, une atteinte grave et manifestement illégale (CE ord. 19 août 2002, *Front national, Institut de formation des élus locaux*, Rec. 311 ; AJ 2992.1017, note X. Braud).

Des solutions du même ordre ont été adoptées à propos d'une décision du maire de Paris visant à interdire une réunion de l'association cultuelle des témoins de Jéhovah prévue le 23 mai 2004 au stade Charléty (TA Paris réf., 13 mai 2004, *Association cultuelle des témoins de Jéhovah de France*, AJ 2004.1597, note Gonzalez), et à l'égard d'une décision du maire de Lyon refusant de louer un local communal pour permettre aux témoins de Jéhovah de tenir une réunion dans cette ville (CE ord. 30 mars 2007, *Ville de Lyon*, Rec. 1013 ; AJ 2007.1742, note Damarey ; LPA, 6 août 2007, note Le Bot ; DA 2007, nº 90, note F. Melleray).

Vis-à-vis des mesures interdisant les spectacles du personnage très controversé qu'est Dieudonné, l'attitude du juge a été fonction de leur contenu rapproché des circonstances locales.

L'interdiction du Dieudobus est apparue injustifiée (CE 26 févr. 2010, *Commune d'Orvault*, AJ 2010.1104 ; TA Lille 3 juin 2010, *Colman* ; AJ 2010.1536, concl. Bauzerand).

Ultérieurement, dans un contexte où les propos antisémites de l'auteur du spectacle étaient notoires et avaient suscité une forte émotion, le juge du référé-liberté du Conseil d'État a refusé de suspendre l'arrêté d'interdiction du spectacle prévu le jour même à Nantes, au motif qu'il n'était pas entaché d'une illégalité grave et manifeste (CE ord. 9 janv. 2014, *Ministre de l'intérieur c. Société les Productions de la Plume et Dieudonné M'Bala M'Bala*, Rec. 1 ; AJ 2014.129, trib. Seiller, 473, trib. Broyelle, 866, note Petit ; AJCT 2014.157, note Le Chatelier ; RFDA 2014.87, note Gohin ; même revue 521, comm. Broyelle ; même revue 525, comm. Baranger ; JCP Adm. 2014.55, note B. Bonnet et Chabanol ; DA 2014, n° 33, note Éveillard ; RTDH 2014.515, note de Fontbressin ; LPA 20 janv. 2014, note Frison-Roche ; Gaz. Pal. 23 janv. 2014, note Touzeil-Divina). De façon significative, l'ordonnance du 9 janv. 2014 mentionne dans ses visas : l'arrêt *Benjamin**, l'arrêt *Commune de Morsang-sur-Orge**, qui fait figurer la dignité de la personne humaine au nombre des composantes de l'ordre public ainsi que l'avis contentieux du 16 févr. 2009, *Mme Hoffman-Glemane* relatif à la « *réparation des souffrances exceptionnelles endurées par les personnes victimes de persécutions antisémites* » (v. n° 98.9).

Plus d'un an après, en raison des modifications apportées au contenu du spectacle de Dieudonné, son interdiction a été regardée comme constitutive d'une atteinte grave et manifestement illégale à l'exercice de la liberté d'expression et de la liberté de réunion (CE ord. 6 févr. 2015, *Commune de Cournon d'Auvergne*, Rec. 55 ; AJ 2015.1658, note Saillant-Maraghni ; D. 2015.544, note Quiriny).

De son côté, la Cour européenne des droits de l'Homme a déclaré irrecevable la requête de l'intéressé contre sa condamnation pour injure publique envers des personnes d'origine ou de confession juive, en relevant qu'en vertu de l'art. 17 de la Convention européenne relatif à l'abus de droit, il ne peut bénéficier de la protection de la liberté d'expression (CEDH 20 oct. 2015, *Dieudonné M'bala, M'Bala c. France* ; GADLF n° 16 ; AJ 2015.2512, note Bioy ; Legipresse, mars 2016, note Chr. Pettiti).

Le Conseil d'État a admis la légalité de la circulaire du ministre de l'intérieur incitant les préfets à faire preuve d'une vigilance particulière à l'égard des spectacles de Dieudonné (CE 9 nov. 2015, *Alliance générale contre le racisme et le respect de l'identité française et chrétienne (AGRIF) et SARL Les producteurs de la Plume et M. Dieudonné M'Bala M'Bala*, Rec. 377 ; AJ 2015.2508, concl. Bretonneau ; RFDA 2016.721, note Bon).

En application de ces critères, a été regardée comme justifiée l'interdiction d'une réunion organisée par Dieudonné où des propos négationnistes devaient être tenus (TA Clermont-Ferrand, *ord., 24 janv. 2020*, AJ 2020.1363, note Hochmann).

6 **III.** — À l'occasion de la pandémie de Covid-19, le Conseil d'État a cherché à assurer le respect de la liberté de manifestation dans une mesure compatible avec les exigences sanitaires. Le juge du référé-liberté a suspendu l'exécution des dispositions d'un décret du 31 mai 2020 interdisant tout rassemblement ou réunion à un titre autre que professionnel sur la voie publique ou dans un lieu public, mettant en présence de manière simultanée plus de dix personnes, en tant que l'interdiction édictée s'appliquait aux manifestations soumises à déclaration préalable en vertu du Code de la sécurité intérieure (CE ord. 13 juin 2020, *Ligue des droits de l'Homme, Confédération générale du travail*, AJ 2020.1198). Le lendemain de la décision du Conseil d'État, un décret du 14 juin 2020 a soumis à autorisation les manifestations sur la voie publique, en l'absence de laquelle toute manifestation de plus de dix personnes est interdite. Ce décret a lui aussi été suspendu en référé au motif qu'il n'impartissait aucun délai au préfet pour prendre une décision sur la demande d'autorisation et qu'ainsi aucun recours utile n'était assuré devant le juge administratif avant la date de manifestation (CE ord. 6 juill. 2020, *Confédération générale du travail et autres*, AJ 2020.1385). Par ailleurs, le décret du 29 oct. 2020, bien que ne prévoyant pas la participation à une manifestation, au nombre des motifs légaux de sortie du domicile en période de confinement, a fait l'objet d'une interprétation le rendant compatible avec la participation à une manifestation (CE ord. 21 nov. 2020, *Association Force jaune, Association L'avenir pour tous*, AJ 2020.2295).

En sus de ces mesures prises en référé, le Conseil d'État statuant au fond a jugé que, si la loi du 23 mars 2020 permet au Premier ministre de réglementer les rassemblements sur la voie publique ainsi que les réunions de toute nature et, le cas échéant, de les interdire, elle ne l'habilite pas à subordonner les manifestations sur la voie publique à un régime d'autorisation. En outre, la prohibition de tout événement réunissant plus de 5 000 personnes a été regardée comme portant à la liberté de manisfester « une atteinte qui n'est ni nécessaire, ni adaptée, ni proportionnée » (CE 15 janv. 2021, *Confédération générale du travail et autres*, AJ 2021.819, note Jobart ; JCP Adm. 2021.2105, note Bailleul).

Saisi par plusieurs groupements du schéma du maintien de l'ordre défini par le ministre de l'intérieur, le Conseil d'État en a annulé plusieurs dispositions au motif qu'elles sont insuffisamment précises quant à la possibilité de recourir à l'encerclement des manifestants ou qu'elles restreignent de manière excessive l'activité des journalistes (CE 10 juin 2021, *Syndicat national des journalistes et autres*, AJ 2021.1239).

43

RESPONSABILITÉ – COMPÉTENCE FAUTE PÉNALE

Tribunal des conflits, 14 janvier 1935, *Thépaz*
(Rec. 224 ; S. 1935.3.17, note Alibert)

Cons. qu'un convoi de camions militaires, allant à la vitesse de 20 kilomètres à l'heure, sous les ordres d'un gradé, a dépassé, sur la route, un cycliste, le sieur Thépaz, et que la remorque d'un de ces camions, à la suite d'un coup de volant donné par son conducteur, le soldat Mirabel, en vue d'éviter le choc du camion précédent, qui avait brusquement ralenti son allure, a renversé et blessé le cycliste ;

Cons. qu'à raison de cet accident, l'action publique a été mise en mouvement, en vertu de l'art. 320 du Code pénal, à la requête du ministère public, contre Mirabel, lequel a été condamné par le tribunal correctionnel, puis la cour d'appel de Chambéry, à 25 F d'amende et au paiement à Thépaz, partie civile, d'une provision de 7 000 F en attendant qu'il soit statué sur les dommages-intérêts ; que, devant la cour d'appel, l'État, qui n'avait pas été mis en cause par la partie civile, est intervenu pour décliner la compétence de l'autorité judiciaire, aux fins de faire substituer sa responsabilité civile à celle du soldat ;

Cons. que, dans les conditions où il s'est présenté, le fait imputable à ce militaire, dans l'accomplissement d'un service commandé, n'est pas constitutif d'une faute se détachant de l'exercice de ses fonctions ; que, d'autre part, la circonstance que ce fait a été poursuivi devant la juridiction correctionnelle, en vertu des dispositions du nouveau Code de justice militaire sur la compétence, et puni par application de l'art. 320 du Code pénal ne saurait, en ce qui concerne les réparations pécuniaires, eu égard aux conditions dans lesquelles il a été commis, justifier la compétence de l'autorité judiciaire, saisie d'une poursuite civile exercée accessoirement à l'action publique ; ... (Arrêté de conflit confirmé).

OBSERVATIONS

L'arrêt Thépaz *affine le critère de distinction de la faute personnelle et de la faute de service qu'avait établi l'arrêt* Pelletier*.

1 Il le fait à propos d'un accident provoqué par le conducteur d'un camion militaire, qui avait été condamné à une amende par les tribunaux répressifs ; peut-il être également condamné aux réparations pécuniaires

réclamées par la victime ? Ou l'accident n'engage-t-il, sur le plan civil, que la responsabilité de l'État ? En d'autres termes, la faute pénale qu'il a commise est-elle civilement une faute personnelle ou une faute de service ? Le Tribunal des conflits, optant par l'arrêt *Thépaz*, pour la seconde solution apporte une contribution importante à l'identification de *la faute de service* (I) ainsi qu'à la détermination de la *juridiction compétente* pour apprécier la responsabilité de l'administration lorsqu'elle est mise en cause devant un tribunal répressif (II).

2 **I.** — Avant l'arrêt du Tribunal des conflits, *la faute d'un fonctionnaire*, lorsqu'elle était *constitutive d'un crime ou d'un délit*, était toujours considérée comme une faute personnelle : l'exécution du service public excluait, par hypothèse, la possibilité d'une infraction pénale. Toutefois, le Tribunal des conflits avait déjà admis qu'en l'absence de toute instance pénale, de « simples faits d'excès de vitesse et d'inobservation du droit de priorité... ne constitueraient pas, s'ils étaient établis, une faute se détachant de l'exercice des fonctions » (TC 16 avr. 1929, *Claire*, Rec. 389).

Allant plus loin dans cette voie, et marquant nettement l'abandon des conceptions traditionnelles, l'arrêt *Thépaz* consacre le principe que, de même qu'il est des fautes personnelles qui ne constituent pas un délit pénal, de même il est des délits pénaux qui ne constituent pas une faute personnelle, telle que l'avait définie Laferrière – celle qui fait apparaître chez le fonctionnaire « l'homme avec ses faiblesses, ses passions, ses imprudences » : il en est ainsi d'un coup de volant malheureux.

La Cour de cassation elle-même, contrairement à sa position antérieure, a finalement admis qu'une infraction pénale puisse constituer une faute de service (Crim., 23 avr. 1942, *Leroutier*, D. 1942.137, note M. Waline ; JCP 1942.II.1953, note Brouchot ; 25 janv. 1961, JCP 1961.II.12032 *bis*, note Maestre ; S. 1961.293, note Meurisse).

Il incombe aux juridictions pénales de rechercher si une infraction pénale commise dans l'exercice des fonctions est une faute personnelle (Crim., 15 mars 2016, Bull. crim., n° 81 : s'agissant de propos diffamatoires tenus par un maire au cours d'une séance du conseil municipal).

3 Les applications de l'arrêt *Thépaz* sont nombreuses. Par exemple, deux arrêts du Tribunal des conflits, coulés dans le même moule, jugent que les fautes commises par des conducteurs de véhicules administratifs condamnés pour blessures involontaires ne constituent pas des fautes se détachant de l'exercice de leurs fonctions (TC 30 juin 1949, *Vernet* et *Arnoux*, Rec. 605 et 606). Toutefois, en substituant dans tous les cas, à l'égard des tiers, la responsabilité de la personne morale de droit public à celle de son agent dans le contentieux des accidents de véhicules, la loi du 31 déc. 1957 a privé la jurisprudence *Thépaz* de son application la plus fréquente : désormais les fautes pénales dans la conduite de véhicules, volontaires ou involontaires, engagent toujours la responsabilité de l'administration à l'égard de la victime.

Mais cette jurisprudence continue à s'appliquer en d'autres domaines (TC 9 déc. 1948, *Delle Urban c. Mouche et État*, Rec. 521 : utilisation accidentelle d'une arme à feu ; – 19 oct. 1998, *Préfet du Tarn c. Cour d'appel de Toulouse*, Rec. 822 ; JCP 1999.II.10225, concl. Sainte Rose, note du Cheyron ; D. 1999.127, note Gohin : falsification d'un plan d'occupation des sols pour permettre la délivrance d'un permis de construire ; Crim., 13 oct. 2004, *Bonnet, Mazères et autres*, v. n° 2.3 : incendie de paillotes par des gendarmes sur l'ordre du préfet).

Comme ces derniers arrêts l'impliquent, la jurisprudence *Thépaz* ne joue pas seulement en cas d'infractions involontaires, même si elles sont l'exemple-type de fautes pénales ne constituant pas des fautes personnelles.

Le développement des incriminations relatives aux « maladresse, imprudence, inattention, négligence ou manquement à une obligation de sécurité ou de prudence imposée par la loi ou les règlements » (art. 221-6 et 222-19 C. pén.) et à l'omission de porter secours (art. 223-6 et 7), outre les homicides et blessures involontaires, donnent à la jurisprudence *Thépaz* un regain d'actualité. Ainsi, à la suite de la tempête Xynthia des 27-28 févr. 2010, si le maire a été condamné pénalement pour ne pas avoir accompli certaines fonctions (CA Poitiers 4 avr. 2016, AJ 2016.1296, note Cans, Pontier et Thouret), il ne l'a pas été civilement, ses fautes n'ayant pas le caractère de faute personnelle (Crim., 2 mai 2018, n° 16-83432) ; c'est la commune qui l'a été pour faute de service (TA Nantes 12 févr. 2018, AJ 2018.1734, note Belrhali).

4 Bien entendu, lorsque la faute pénale est commise hors du service ou que, commise dans le service ou à l'occasion du service, elle comporte une intention de nuire ou présente une gravité inadmissible au regard du service, elle constitue une faute personnelle engageant la responsabilité personnelle de son auteur. Dans un arrêt rendu le même jour que les arrêts *Vernet* et *Arnoux*, cités plus haut, le Tribunal des conflits reconnaît qu'un gardien de la paix, en poursuivant en dehors de ses heures de service un individu qu'il soupçonnait d'avoir voulu pénétrer de nuit par effraction dans sa maison, et en le blessant mortellement d'un coup de feu, avait commis une faute personnelle (TC 30 juin 1949, *Dame Vve Chulliat*, Rec. 606). Plus récemment (TC 19 mai 2014, *Mme Berthet c. Filippi*, Rec. 461 ; v. n° 30.7), il a considéré comme une faute personnelle eu égard à sa gravité et aux objectifs personnels poursuivis par son auteur, les agissements d'un maire ayant entraîné sa condamnation pénale pour subornation de témoin.

La Cour de cassation statue dans le même sens pour une faute pénale intentionnelle d'un dirigeant de société, commise dans l'exercice de ses fonctions, dont il doit seul assumer les conséquences (Com. *18 sept. 2019*, n° 16-26962).

5 **II.** — La possibilité de joindre devant les juridictions pénales l'action civile en dommages-intérêts à l'action publique répressive soulève la question de *compétence* : dans quelle mesure le juge répressif peut-il à la fois statuer sur l'action publique dirigée contre un agent public et condamner à des dommages-intérêts soit l'agent auteur de la faute constitutive d'une infraction pénale, soit l'administration en tant que civilement responsable de son agent.

Les tribunaux répressifs sont, tout d'abord, et sauf dérogation législative, exclusivement compétents pour connaître de l'*action publique* dirigée contre l'agent.

Quant à l'*action civile*, le juge répressif n'est compétent pour en connaître que dans la mesure où elle est dirigée contre l'agent auteur d'une faute personnelle (TC 9 juill. 1953, *Delaître c. Bouquet*, Rec. 592 ; JCP 1953.II.7797, note Rivero – pour une application v. CE, Ass., 12 avr. 2002, *Papon**) ; sa compétence disparaît lorsque l'action civile est dirigée soit contre l'agent auteur d'une faute de service (*Thépaz* ; TC 26 mai 1924, *Dame Vve Limetti c. Ville de Paris*, Rec. 502 ; S. 1924.3.49, note Hauriou ; 19 oct. 1998, *Préfet du Tarn*, préc. ; CA Poitiers 4 avr. 2016, préc.), soit contre l'administration prise comme civilement responsable de son agent – en particulier quand la faute pénale est une faute personnelle commise dans le service ou à l'occasion du service ou n'est pas dépourvue de tout lien avec le service. Dans ce dernier cas, la victime peut poursuivre l'agent en raison de sa faute personnelle devant la juridiction judiciaire et l'administration devant la juridiction administrative en ce que cette faute n'est pas dépourvue de tout lien avec le service, sans pouvoir cependant obtenir une réparation supérieure au montant du préjudice subi (TC 19 mai 2014, *Mme Berthet c. Filippi*, préc.). La juridiction administrative est également compétente pour statuer sur l'action récursoire, contre l'administration, de l'agent qui a été condamné personnellement à la fois sur le plan pénal et sur le plan civil (*Papon**).

6 La loi est intervenue dans certains cas pour permettre aux tribunaux judiciaires de se prononcer soit à la fois sur la demande en dommages-intérêts dirigée contre l'agent pour sa faute personnelle et sur celle dirigée contre l'administration civilement responsable (article 136 C. pr. pén. pour les atteintes à la liberté individuelle), soit sur la responsabilité de l'administration, substituée à celle de son agent à l'égard de la victime (loi du 31 déc. 1957 relative aux accidents causés par les véhicules), soit sur la responsabilité de l'agent alors même que sa faute ne se détacherait pas du service (art. 91 C. pr. pén. : TC 21 juin 2004, *Préfet des Alpes-Maritimes c. CA Aix-en-Provence*, Rec. 518 ; JCP 2004.II.10146, note S. Petit ; JCP Adm. 2004.1600, note J. Moreau).

En outre, le Tribunal des conflits lui-même a décidé, dans un arrêt de principe du 13 juin 1960, *Douieb c. Stokos* (Rec. 865 ; S. 1960.272, concl. Chardeau ; D. 1960.576, concl., note Josse ; CJEG 1961. chr. 21, note Carron ; JCP 1960.II.11727, note Pépy ; RA 1960.276, note Liet-Veaux) que, lorsque l'exécution défectueuse d'un *travail public* par un *entrepreneur* ou par son *préposé* constitue un délit pénal, la victime peut, à son gré, demander réparation du préjudice subi par elle à la juridiction administrative en vertu de la théorie des dommages de travaux publics, ou se constituer partie civile devant le tribunal répressif, qui pourra condamner à des dommages-intérêts non seulement l'auteur du dommage mais également son employeur. Mais l'option ainsi ouverte à la victime ne joue que si est recherchée la responsabilité d'un entrepreneur ou de son préposé – qui sont des *personnes privées*. Elle ne joue pas lorsque la victime recherche la responsabilité d'une *personne publique* : les solutions de la jurisprudence *Thépaz* doivent alors s'appliquer.

44

POUVOIR RÉGLEMENTAIRE DES MINISTRES

Conseil d'État Sect., 7 février 1936, *Jamart*
(Rec. 172 ; S. 1937.3.113, note Rivero ; GAP, p. 203)

Cons. que si, même dans le cas où les ministres ne tiennent d'aucune disposition législative un pouvoir réglementaire, il leur appartient, comme à tout chef de service, de prendre les mesures nécessaires au bon fonctionnement de l'administration placée sous leur autorité, et s'ils peuvent notamment, dans la mesure où l'exige l'intérêt du service, interdire l'accès des locaux qui y sont affectés aux personnes dont la présence serait susceptible de troubler le fonctionnement régulier dudit service, ils ne sauraient cependant, sauf dans des conditions exceptionnelles, prononcer, par une décision nominative, une interdiction de cette nature contre les personnes qui sont appelées à pénétrer dans les locaux affectés au service pour l'exercice de leur profession ;

Cons. qu'il résulte de l'instruction que les lettres adressées par le sieur Jamart au ministre des pensions, quel qu'ait été leur caractère regrettable, ne contenaient pas de menace précise de nature à troubler le fonctionnement du centre de réforme de Paris où le requérant, docteur en médecine, était appelé à pénétrer pour assister, en vertu de l'art. 9, § 5 de la loi du 31 mars 1919, les anciens militaires bénéficiaires de ladite loi ; que, par suite, en lui interdisant, d'ailleurs sans limitation de durée, l'accès de tous les centres de réforme, le ministre des pensions a excédé ses pouvoirs ; ... (Annulation).

OBSERVATIONS

Aux actes réglementaires que l'arrêt Jamart *reconnaît aux ministres le pouvoir d'adopter, s'ajoutent des actes qui, sans être réglementaires, ont un caractère général, comme le reconnaîtront les arrêts* Crédit foncier*, Mme Duvignères*, GISTI* *du 12 juin 2020.*

1 À la suite de divers incidents, le ministre des pensions avait interdit au docteur Jamart l'accès aux centres de réforme où il était appelé à pénétrer pour assister les anciens militaires titulaires de pensions lors des examens médicaux périodiques qu'ils devaient subir pour pouvoir continuer à bénéficier de leur pension. Sur recours de l'intéressé, le Conseil d'État annula cette mesure comme entachée d'excès de pouvoir.

L'intérêt de l'arrêt provient moins de l'annulation de la décision attaquée – annulation prononcée pour des raisons tirées des circonstances de l'espèce – que du considérant de principe relatif au pouvoir des ministres et des chefs de service.

I. — Ni les lois constitutionnelles de 1875, ni la Constitution de 1946, ni celle de 1958 ne confèrent un pouvoir réglementaire aux ministres. Ils ne peuvent en principe exercer un tel pouvoir qu'en vertu de la loi (ou éventuellement d'un décret). Un exemple caractéristique est donné par la loi sur l'état d'urgence sanitaire du 23 mars 2020 qui, outre les pouvoirs attribués au Premier ministre, permet au ministre de la santé de prendre, dans les circonscriptions territoriales où l'état d'urgence sanitaire est déclaré, « toute mesure réglementaire relative à l'organisation et au fonctionnement du dispositif de santé » (art. L. 3131-6 du Code de la santé publique).

À défaut d'autorisation législative, les mesures réglementaires arrêtées par un ministre sont entachées d'incompétence (par ex., CE 5 déc 2005, *Mann Singh*, Rec. 545 ; AJ 2006.211, concl. Chauvaux : incompétence du ministre de l'intérieur pour réglementer les photographies devant figurer sur les permis de conduire ; – 4 déc. 2009, *Mme Lavergne*, Rec. 489 ; RFDA 2010.175, étude Pez ; JCP Adm. 2010.2037, note Dieu : incompétence du ministre de la justice pour imposer un double tiret entre les noms doubles que les parents veulent donner à leurs enfants).

Il arrive que puisse être donnée d'une autorisation législative, dans un souci de réalisme administratif, une large interprétation, qui permet de fonder l'adoption d'un texte réglementaire par un ministre (par ex., CE, Ass., 23 oct. 1964, *Fédération des syndicats chrétiens de cheminots*, Rec. 484 ; v. n° 57.7, au sujet de la réglementation de la grève SNCF ; –Sect., 6 nov. 1964, *Réunion des assureurs maladie des exploitants agricoles*, Rec. 521 ; AJ 1964.692, chr. Puybasset et Puissochet, au sujet des conditions de l'octroi d'avances pour financer un régime d'assurances sociales).

Mais, faute d'une autorisation législative, même de sérieuses considérations pratiques n'ont pas permis au Conseil d'État de reconnaître à un ministre un pouvoir réglementaire qui serait « autonome » (ainsi au sujet de la fixation par le ministre des Finances des critères d'octroi des agréments fiscaux que la loi lui permet d'accorder : CE, Sect., 23 mai 1969, *Société « Distillerie Brabant et Cie »*, Rec. 264, concl. Questiaux ; GCJA, vol. 2, n° 44, concl. ; AJ 1969.640, concl., note Tournié ; RD publ. 1969.1127, concl. ; D. 1970.770, note Fromont).

II. — Cependant, par l'arrêt *Jamart* le Conseil d'État admet que, « *même dans le cas où les ministres ne tiennent d'aucune disposition législative un pouvoir réglementaire, il leur appartient, comme à tout chef de service, de prendre les mesures nécessaires au bon fonctionnement de l'administration placée sous leur autorité* ». Il l'a encore rappelé dans l'arrêt du 10 juin 2021, *Syndicat national des journalistes et autres* (v. n° 42.6), à propos du ministre de l'intérieur.

Ce pouvoir est reconnu à *tout chef de service* mais doit s'exercer dans *certaines limites.*

2 La qualité de chef de service permettant d'adopter des mesures réglementaires à l'égard de celui-ci n'appartient pas seulement aux ministres (ni même à tous les ministres : ceux qui, dans certains gouvernements, n'ont pas de « portefeuille » et donc pas de service n'ont pas à l'exercer). Elle est reconnue aussi, plus généralement, aux autorités placées à la tête d'une administration : directeur d'un service de l'État (CE 13 nov. 1992, *Syndicat national des ingénieurs des études et de l'exploitation civile*, AJ 1993.221, note Mathieu : directeur général de l'aviation civile ; 9 mars 2016, *UNSA-ITEFA*, Rec. 606 : directeur des ressources humaines d'un ministère), maire (CE 25 juin 1975, *Riscarrat et Rouquairol*, Rec. 898), directeur d'un établissement public (CE 12 déc. 2012, *Syndicat des médecins inspecteurs de la santé publique*, Rec. 412 ; AJ 2013.481, concl. Vialettes ; DA avr. 2013, p. 42 note Guignard). Elle se combine avec le pouvoir hiérarchique que détiennent les ministres et autres chefs de service à l'égard des agents placés sous leur autorité et qui leur permet de leur adresser des instructions sur les mesures à prendre (CE 12 déc. 2012, *Syndicat national des établissements privés pour personnes âgées (SYNERPA)*, Rec. 414 et mêmes références ; 3 févr. 2016, *Conseil national de l'ordre des infirmiers*, Rec. 602). Plusieurs chefs de service peuvent adopter conjointement un acte unique définissant les conditions d'exercice en commun des fonctions de services placés sous leur autorité respective (CE 11 avr. 2018, *Fédération des acteurs de la solidarité*, Rec. 522 ; AJ 2018.985, concl. Odinet).

Ce pouvoir est fondé sur la nécessité d'un «*fonctionnement régulier*» des services publics et sur l'idée que toute autorité doit disposer des moyens nécessaires à l'accomplissement de sa mission. C'est pourquoi il a été reconnu à toute « *autorité administrative responsable du fonctionnement d'un service public* », en particulier « *dans le cas d'un établissement public responsable de ce bon fonctionnement, ainsi que dans celui d'un organisme de droit privé responsable d'un service public* », à « *leurs seuls organes dirigeants, agissant en vertu des pouvoirs généraux d'organisation des services placés sous leur autorité,... sauf dispositions contraires* » (CE, Ass., 12 avr. 2013, *Fédération Force Ouvrière Énergie et Mines et autres*, Rec. 94 ; v. n° 57.4, à propos de la limitation, par les organes dirigeants de la société EDF, du droit de grève dans les centrales nucléaires).

3 Peuvent être ainsi fixées les modalités d'organisation et de fonctionnement du service. Sont visées à ce titre : la création du service (par ex. celle des aumôneries dans les lycées : CE, Ass., 1er avr. 1949, *Chaveneau*, Rec. 161 ; S. 1949.349, note Delpech ; D. 1949.531, concl. Gazier, note Rolland), celle d'un organisme consultatif (CE 11 mai 1979, *Syndicat CFDT du ministère des affaires étrangères*, Rec. 204, concl. Galabert ; – Sect., 29 déc. 1995, *Syndicat national des personnels de préfecture CGT-FO*, DA févr. 1996, n° 57 ; CFPA juin 1996, p. 19, concl. Maugüé), celle d'une instance de dialogue social (CE 9 mars 2016,

UNSA-ITEFA préc.), et même l'interruption du service (CE, Sect., 27 janv. 1961, *Vannier*, Rec. 60, concl. Kahn, v. nº 15.4 : interruption des émissions d'une station de télévision).

Un ministre est également « compétent en vertu de ses pouvoirs généraux pour réglementer la situation des agents placés sous ses ordres » (CE, Sect., 24 avr. 1964, *Syndicat national des médecins des établissements pénitentiaires*, Rec. 242) ; il peut notamment prendre à l'égard de ces agents des mesures de caractère général relatives à leur rémunération (CE 21 sept. 2015, *Uguen*, Rec. 311 ; AJ 2015.1935, concl. Dumortier), à l'exercice du droit de grève (CE 7 juill. 1950, *Dehaene**) ou à leur évaluation (CE 17 juill. 2013, *Dahan*, Rec. 650). De même, le ministre de la défense, responsable de l'emploi des militaires placés sous son autorité et du maintien de l'aptitude de ces derniers aux missions qui peuvent à tout moment leur être confiées, a pu leur rendre obligatoires certaines vaccinations (CE, Ass., 3 mars 2004, *Association « Liberté, Information, Santé »*, Rec. 113 ; RFDA 2004.581, concl. Le Chatelier ; AJ 2004.971, chr. Donnat et Casas ; D. 2004.1257, note Ritleng ; JCP Adm. 2004.1321, note Jean-Pierre ; RDSS 2004.608, note Deguergue) ; le garde des Sceaux, ministre de la justice, a pu « proscrire la détention et la consommation d'alcool dans l'ensemble du périmètre des établissements pénitentiaires, aux fins d'assurer le bon fonctionnement du service et de prévenir les risques liés à la consommation d'alcool pour la sécurité des personnels et des détenus » (CE 11 avr. 2008, *Union générale des syndicats pénitentiaires CGT*, Rec. 579 ; AJ 2008.1142, concl. Landais).

La réglementation du service peut atteindre les personnes qui sont en relation avec lui, et notamment les usagers, par exemple en établissant la liste des renseignements à fournir à l'appui de demandes de subventions (CE, Ass., 29 janv. 1954, *Institution Notre-Dame du Kreisker*, Rec. 64 ; v. nº 99.1), en édictant les règles relatives à l'usage des punitions scolaires (CE 8 mars 2006, *Fédération des conseils de parents d'élèves des écoles publiques*, Rec. 112 ; v. nº 99.6). Pour les usagers un peu particuliers que sont les détenus des établissements pénitentiaires, le ministre de la justice a, « en sa qualité de chef de service, le pouvoir de déterminer certaines des conditions dans lesquelles (leurs) fouilles… seraient effectuées » en application du Code de procédure pénale (CE 8 déc. 2000, *Frérot*, Rec. 589 ; LPA 8 févr. 2001, concl. Schwartz ; DA 2001, nº 32, obs. R.S.) ; il est compétent pour édicter les règles relatives aux mesures de bon ordre à l'égard des détenues mineures « au titre de son pouvoir réglementaire d'organisation des services placés sous son autorité » (CE 24 sept. 2014, *Association Ban Public*, Rec. 493).

Quant au Premier ministre, « *il lui est toujours loisible, sur le fondement des dispositions de l'article 21 de la Constitution en vertu desquelles il dirige l'action du Gouvernement, d'adresser aux membres du Gouvernement et aux administrations des instructions leur prescrivant d'agir dans un sens déterminé ou d'adopter telle interprétation des lois et règlements en vigueur* » (CE 26 déc. 2012, *Association « Libérez Les Mademoiselles »*, Rec. 501 ; RFDA 2013.233, concl. Bourgeois-Machureau ; JCP Adm. 2013.30, note Tollinchi, et 31, note Pauliat, à propos de la circulaire du Premier ministre relative à la suppression des termes « Mademoiselle » et autres, dans les formulaires et correspondances des administrations ; également, au sujet de la circulaire relative à la féminisation de la langue française : CE 28 févr. 2019, *Association groupement d'information et de soutien sur les questions sexuées et sexuelles*, AJ 2019.484 ; JCP Adm. 2019.2072, note Koubi).

4 **III.** — Mais le pouvoir ainsi reconnu aux ministres et autres chefs de service rencontre des *limites* : il ne peut « s'exercer que dans la mesure où les nécessités du service l'exigent, et envers les seules personnes qui se trouvent en relation avec le service, soit qu'elles y collaborent, soit qu'elles l'utilisent » (concl. M. Bernard sur CE 6 oct. 1961, *UNAPEL*, RD publ. 1961.1279). Pour le personnel titulaire, un ministre ne peut fixer des règles statutaires (CE, Sect., 4 nov. 1977, *Dame Si Moussa*, Rec. 417, concl. Massot, pour une circulaire du ministre des affaires étrangères). En toute hypothèse, les mesures ne doivent pas être excessives (CE 27 nov. 2013, *Sud Travail-Affaires sociales*, Rec. 398 ; JCP Adm. 2014.2198, concl. Lallet).

C'est ainsi que plus de cinquante ans après l'arrêt *Jamart*, dans des circonstances rappelant celles de cette affaire, le Conseil d'État a considéré que « le ministre de l'intérieur ne tenait d'aucun texte le pouvoir d'interdire par une mesure générale et impersonnelle l'accès aux réunions syndicales de tous représentants des syndicats de policiers ayant perdu du fait de leur révocation la qualité de fonctionnaire » (CE, Sect., 28 juill. 1989, *Halbwax*, Rec. 174 ; RFDA 1990.43, concl. Tuot ; AJ 1989.600, chr. Honorat et Baptiste).

Ne peuvent être prises non plus les mesures d'organisation ou de fonctionnement pour l'adoption desquelles un texte de loi ou de décret impose une formalité particulière (CE, Sect., 8 janv. 1982, *SARL Chocolat de régime Dardenne*, Rec. 1 ; D. 1982.261, concl. Genevois ; RA 1982.624, note Pacteau). Ainsi, « *s'il appartenait au ministre, dans l'exercice de son pouvoir d'organisation des services déconcentrés de la direction générale des finances publiques, de préciser, dans le respect de la réglementation applicable, les modalités pratiques de mesure du temps de travail effectif des agents placés sous son autorité, l'introduction d'un mode de calcul forfaitaire de la durée de travail présente un caractère statutaire et ne peut donc être légalement édictée que par décret en Conseil d'État* » : la circulaire établissant ce système est donc illégale.

L'arrêt (Ass.) du 30 juin 2000, *Association « Choisir la vie » et autres* (Rec. 249 ; AJ 2000.729, concl. Boissard ; D. 2001.2224, note Legrand ; JCP 2000.II.10423, note Peigné ; RFDA 2000.1282, note Canedo, et 1305, note Dubouis), illustre bien le fondement et les limites du pouvoir réglementaire des ministres : « *s'il appartient au ministre de l'éducation nationale, ou le cas échéant au ministre délégué auprès de lui, chargé... de promouvoir la santé des enfants et des adolescents en milieu scolaire, d'adresser aux infirmières scolaires placées sous son autorité les instructions nécessaires à l'accomplissement de leur mission, il ne peut faire usage de ce pouvoir que sous réserve des compétences attribuées à d'autres autorités par des textes législatifs et réglementaires en vigueur et dans le respect des lois et règlements qui régissent les activités qu'il entend confier à ces agents* » (en l'espèce, le ministre a méconnu les dispositions législatives en confiant le rôle de prescription et de délivrance du *Norlevo* aux infirmières scolaires).

Le ministre de la défense n'a donc pu imposer des mesures de vaccination dans les établissements de prévention ou de soins relevant de son administration, le Code de la santé publique réservant aux ministres de la santé et du travail la détermination des catégories d'établissements ou organismes intéressés dans lesquels des vaccinations sont obligatoires (CE, Ass., 3 mars 2004, *Association « Liberté, Information, Santé »*, préc.).

5 **IV.** — L'adoption de mesures réglementaires par un ministre, que ce soit légalement en vertu d'une autorisation législative ou comme chef de service, ou illégalement, peut prendre diverses formes, notamment celle d'arrêté ou de circulaire.

Les circulaires ne sont pas toutes réglementaires, mais elles peuvent l'être. S'est posée la question de leur identification en vue de déterminer d'une part si elles relèvent du pouvoir du ministre, d'autre part si elles peuvent faire l'objet d'un recours pour excès de pouvoir. Pendant un temps, leur nature réglementaire a constitué le critère de la possibilité de ce recours (CE, Ass., 29 janv. 1954, *Institution Notre-Dame du Kreisker*, Rec. 64 ; v. n° 99.2) ; elle a été englobée dans leur caractère impératif (CE, Sect., 18 déc. 2002, *Mme Duvignères**), et même désormais dans leur portée générale (CE, Sect., 12 juin 2020, *GISTI**).

À défaut de prendre une mesure réglementaire, un ministre peut adopter une « directive » ou des « lignes directrices » se bornant à déterminer des principes d'action sans les imposer absolument. Il le peut faire, comme un succédané, en l'absence de pouvoir réglementaire (CE 11 déc. 1970, *Crédit foncier de France c. Dlle Gaupillat et Dame Ader**) ; il peut le faire aussi alors même qu'il dispose d'un pouvoir réglementaire (CE 21 sept. 2020, *Durand*, Rec. 318 ; BJCL 2020.681 et JCP Adm. 2020.2257, concl. Cytermann ; DA 2021, comm. 1, Éveillard) – à moins que l'habilitation qui lui est donnée lui impose de l'exercer pleinement.

Ainsi l'arrêt *Jamart* apparaît à plusieurs égards, sinon comme le point de départ, du moins comme un point d'orgue de la jurisprudence sur les pouvoirs et les actes ministériels.

45

FONCTION PUBLIQUE – ÉGALITÉ DES SEXES

Conseil d'État Ass., 3 juillet 1936, ***Demoiselle Bobard et autres***
(Rec. 721 ; D. 1937.3.38, concl. R. Latournerie ; RD publ. 1937.684, concl. GCJA, vol. 1, n° 87, concl. ; GAP, p. 219)

Cons. que les deux requêtes susvisées sont dirigées contre le même décret et que leurs conclusions à fin d'annulation sont fondées sur des moyens de droit semblables ; qu'il y a lieu de les joindre pour y statuer par une seule décision ;

Cons. que, si les femmes ont l'aptitude légale aux emplois dépendant des administrations centrales des ministères, il appartient au gouvernement, en vertu de l'art. 16 de la loi du 29 déc. 1882 modifié par l'art. 35 de la loi du 13 avr. 1900, *de fixer par des règlements d'administration publique les règles relatives au recrutement et à l'avancement du personnel de ces administrations, et de décider, en conséquence, à cette occasion, si des raisons de service nécessitent, dans un ministère, des restrictions à l'admission et à l'avancement du personnel féminin ;*

Cons., par suite, que le gouvernement a pu légalement, par le décret du 15 août 1934, modifiant la réglementation antérieure, réserver pour l'avenir au personnel masculin les emplois de rédacteur et ceux d'un grade supérieur à l'administration centrale du ministère de la guerre, en vue de satisfaire aux exigences spéciales du service dans ce ministère ; qu'il n'est pas établi par les requérants que le décret dont il s'agit ait été motivé par d'autres considérations ;

Cons. qu'il résulte de ce qui précède que la demoiselle Bobard et autres, d'une part, la demoiselle Bertrand et autres, d'autre part, ne sont pas fondées à demander l'annulation du décret ; ... (Rejet).

OBSERVATIONS

L'arrêt Demoiselle Bobard *précise la portée et les limites de l'égalité des sexes dans l'administration ; l'arrêt* Barel* *y assurera plus fermement celles du principe d'égalité en général.*

1 **I.** — Un décret du 15 août 1934 ayant réservé au personnel masculin l'accès aux échelons élevés de la hiérarchie de l'administration centrale du ministère de la guerre, la demoiselle Bobard et une quarantaine de ses collègues de cette administration attaquèrent ce texte en soutenant qu'il violait le principe de l'égale admission de tous aux emplois publics. Le Conseil d'État décida :

1°) que « les femmes ont l'aptitude légale aux emplois dépendant des administrations centrales des ministères » ;

2°) mais qu'il appartient au gouvernement de décider « si des raisons de service nécessitent, dans un ministère, des restrictions à l'admission et à l'avancement du personnel féminin », le juge se réservant de contrôler si la mesure prise n'a pas été « motivée par d'autres considérations », c'est-à-dire si elle n'est pas entachée de détournement de pouvoir.

En l'espèce « les exigences spéciales du service » au ministère de la guerre permettaient de réserver aux hommes l'accès aux emplois supérieurs : la requête fut donc rejetée.

Anticipant sur l'évolution ultérieure du droit, le commissaire du gouvernement R. Latournerie avait proposé d'aller plus loin encore et de reconnaître aux femmes un véritable droit d'accès à la fonction publique, auquel il ne pourrait être apporté que les limitations indispensables, sous un contrôle juridictionnel analogue à celui qui s'exerce sur les mesures de police : « cette aptitude aurait alors le caractère d'un droit individuel en tous points analogue à ceux que lèsent les mesures de police. Et l'exclusion des femmes, en pareil cas, de tel ou tel emploi par voie de mesure réglementaire, ne saurait être regardée comme justifiée que si cette exclusion est motivée par les nécessités spéciales des emplois en question ».

Sans suivre entièrement son commissaire du gouvernement, le Conseil d'État, par l'arrêt qu'il rendit, reconnut, dès avant la Seconde Guerre mondiale, l'aptitude légale des femmes aux emplois publics ; mais cette affirmation voyait sa portée immédiatement réduite par la possibilité reconnue au gouvernement d'édicter des restrictions à l'admission et à l'avancement du personnel féminin, pour des raisons tirées de l'intérêt du service et sans contrôle juridictionnel autre que celui du détournement de pouvoir.

II. — Après la guerre, le principe de l'égale admission des femmes aux emplois publics a été progressivement consacré tant par les textes que par la jurisprudence.

2 *a)* En 1946, le principe d'égalité fut affirmé tout à la fois, par la loi du 11 avr. 1946, en ce qui concerne l'accès à la magistrature, par le statut général de la fonction publique (article 7 de la loi du 19 oct. 1946 qui dispose qu'« aucune distinction, pour l'application du présent statut, n'est faite entre les deux sexes, sous réserve des dispositions spéciales qu'il prévoit »), et enfin, par le troisième alinéa du Préambule de la Constitution du 27 oct. 1946 aux termes duquel « la loi garantit à la femme, dans tous les domaines, des droits égaux à ceux de l'homme ». En présence de ces textes, le Conseil d'État n'a pu que renforcer la portée du principe posé dans l'arrêt *Delle Bobard*. C'est ainsi qu'ont été annulées des décisions refusant à une femme le droit de prendre part à l'examen professionnel de la magistrature coloniale (CE, Ass., 3 déc. 1948, *Dame Louys*, Rec. 451 ; RJPUF 1949.63, concl. Gazier ; D. 1949.553, note Rolland), ou rejetant la demande de nomination d'une femme reçue à cet examen (CE 13 janv. 1956, *Dame Defix, épouse*

Gaillard, Rec. 14 ; RJPUF 1956.613, concl. Fougère ; JCP 1956.II.9110, note Sauvageot ; AJ 1956.II.95, chr. Gazier). Au prix d'un important effort d'interprétation des textes, le Conseil d'État a jugé applicable à une veuve ayant des enfants à charge une disposition reculant l'âge limite d'admission à un emploi public « d'un an par enfant à charge des candidats pères de famille mariés ou veufs » (CE, Ass., 20 oct. 1950, *Dame Vve Oster*, Rec. 508 ; S. 1951.3.21, concl. Barbet).

L'arrêt d'Assemblée du 6 janv. 1956, *Syndicat national autonome du cadre d'administration générale des colonies* (Rec. 4 ; RA 1956.33 et RJPUF 1956.605, concl. Laurent ; RD publ. 1956.1295, note M. Waline ; AJ 1956.II.95, chr. Gazier ; Rec. Penant 1956.I.297, note de Soto) montre clairement la différence entre le système défini par la jurisprudence *Delle Bobard* et la situation juridique résultant du statut général des fonctionnaires et du Préambule de la Constitution. Avant la loi du 19 oct. 1946 le gouvernement pouvait restreindre l'accès du personnel féminin à un cadre pour des raisons de service, « sans que cette appréciation d'opportunité pût être discutée devant le juge administratif » ; depuis le statut de 1946, il ne peut apporter de dérogations au principe de l'égalité des sexes que « dans le cas où la nature des fonctions exercées ou les conditions d'exercice de ces fonctions exigent de telles dérogations » et « sous le contrôle du juge » ; en l'espèce, il a été décidé que l'exclusion des femmes des fonctions de rédacteur du cadre d'administration générale de la France d'outre-mer était justifiée. Le Conseil d'État a en revanche annulé : le refus de promouvoir une femme à un poste d'inspecteur d'un bureau mixte des PTT (CE, Sect., 2 mai 1959, *Dame Viauroux*, Rec. 280 ; Dr. soc. 1960.1, concl. Chardeau ; AJ 1959.II.209, note V.S.) ; l'établissement d'une sorte de *numerus clausus* pour l'avancement dans le corps des contrôleurs des PTT car les promotions doivent être fondées sur l'appréciation de l'aptitude individuelle des agents intéressés (CE, Ass., 22 avr. 1960, *Dame Legrand*, Rec. 261 ; AJ 1960.I.99, chr. Combarnous et Galabert) ; l'exclusion de principe des femmes mariées des emplois de la ville de Strasbourg (CE, Sect., 11 mars 1960, *Ville de Strasbourg*, Rec. 194 ; Dr. soc. 1966.416, concl. A. Bernard ; AJ 1960.I.99, chr. Combarnous et Galabert).

3 *b)* Le deuxième statut général des fonctionnaires s'est inspiré des formules jurisprudentielles en prévoyant que le principe d'égalité des sexes s'applique en matière de fonction publique sous réserve des mesures exceptionnelles prévues dans les statuts particuliers et commandées par la nature des fonctions (*cf.* ord. du 4 févr. 1959, art. 7) ou leurs conditions d'exercice (loi du 10 juill. 1975).

Le Conseil d'État a fait application de ces dispositions, en maintenant sa jurisprudence antérieure, aux personnels de la police : il a jugé que « la nature des fonctions exercées dans les services actifs de la police nationale et les conditions d'exercice de ces fonctions » étaient de nature à justifier l'exclusion des candidats de sexe féminin de l'accès à ces fonctions (Ass., 28 janv. 1972, *Fédération générale des syndicats de la police CGT*, Rec. 90 ; AJ 1972.405, note V.S. ; RA 1972.25, note

Liet-Veaux) ; il a en revanche annulé une disposition instituant pour les candidats des deux sexes des conditions différentes de recrutement et de service pour l'accès aux concours de recrutement des officiers de police adjoints, cette discrimination n'étant pas « exigée par la nature des fonctions ou les conditions d'exercice de celles-ci » (Ass., 21 avr. 1972, *Syndicat chrétien du corps des officiers de police*, Rec. 300 ; RD publ. 1973.240, note M. Waline ; AJ 1973.43, note V.S.), ou encore les résultats d'un concours pour le recrutement de secrétaire de mairie présidé par un maire qui avait manifesté son refus de nommer une femme à cet emploi (CE 9 nov. 1966, *Commune de Clohars-Carnoët*, Rec. 591 ; D. 1967.92, concl. Braibant ; AJ 1967.34, chr. Lecat et Massot ; RD publ. 1967.334, note M. Waline).

La légalité de l'institution de concours de recrutement distincts, pour les instituteurs, d'une part, et pour les institutrices, d'autre part, a été admise par le Conseil d'État, d'abord par référence aux conditions d'exercice des fonctions des intéressées (CE, Ass., 9 juin 1978, *Ministre de l'éducation c. Delle Bachelier*, Rec. 239 ; AJ 1978.448, chr. O. Dutheillet de Lamothe et Robineau), puis en considération de la nature de la fonction éducative (CE 24 nov. 1982, *CFDT*, Rec. 393).

Le Conseil d'État a eu également l'occasion de juger que le principe d'égalité interdit aussi les discriminations au profit des femmes et que l'administration ne peut, par exemple, leur réserver certains emplois d'avancement (CE, Sect., 23 févr. 1968, *Michel*, Rec. 132).

4 *c)* Dans son dernier état, le statut général affirme le principe de l'égalité des sexes, sous la seule réserve de la possibilité d'édicter des règles de recrutement distinctes pour les hommes ou les femmes lorsque « l'appartenance à l'un ou à l'autre sexe constitue une condition déterminante pour l'exercice des fonctions » (loi du 7 mai 1982, dont le contenu a été repris par l'art. 6 de la loi du 13 juill. 1983 et par l'art. 21 de la loi du 11 janv. 1984).

Faisant application de ces nouvelles dispositions, le Conseil d'État a admis la légalité de recrutements distincts pour le corps des instituteurs et des institutrices, pour les professeurs d'éducation physique et sportive, pour les personnels de services extérieurs de l'administration pénitentiaire ainsi que pour certains corps de la police nationale (CE 16 avr. 1986, *CFDT*, Rec. 104, concl. Boyon ; AJ 1986.431, chr. Azibert et de Boisdeffre). Toutefois, par un arrêt du 30 juin 1988 (*Commission c. France,* aff. 318/86, Rec. 3559) la Cour de justice des Communautés européennes a jugé que « la République française, en maintenant en vigueur des systèmes de recrutements distincts en fonction du sexe, non justifiés par la directive n° 76/207 du Conseil du 9 févr. 1976, relative à la mise en œuvre du principe de l'égalité de traitement entre hommes et femmes en ce qui concerne l'accès à l'emploi, à la formation et à la promotion professionnelles, et les conditions de travail, aux fins de la nomination dans les corps du personnel de direction et du personnel technique et de formation professionnelle des services extérieurs de l'administration pénitentiaire, ainsi que dans l'ensemble des cinq corps de la police nationale, a manqué aux obligations qui lui incombent en vertu du traité » (RFDA 1988.976, note Bonichot ; Gaz. Pal. 10 avr. 1989, note C. Pettiti ; LPA 21 avr. 1989, note Flauss ; Rev. Marché commun 1990.39, note Labayle).

Compte tenu notamment de la jurisprudence communautaire, le Conseil d'État a annulé le refus opposé à la candidature d'une femme à une affectation dans un emploi d'enseignant spécialisé dans une maison d'arrêt (CE 7 déc. 1990, *Ministre de l'éducation nationale c. Mme Buret*, Rec. 556 ; AJ 1991.405, obs. Salon).

Il a également déclaré illégales des dispositions statutaires qui instauraient une discrimination non justifiée par la nature des fonctions ou leurs conditions d'exercice, entre les élèves masculins et féminins de l'École de l'air, pour l'accès au corps des officiers de l'air (CE 29 déc. 1993, *Melle Martel*, Rec. 377 ; AJ 1994.407, obs. Salon) ou qui limitaient à 20 % le recrutement des femmes dans le corps du commissariat de l'armée de terre (CE 11 mai 1998, *Melle Aldige*, Rec. 708 ; RFDA 1998.1011, concl. Savoie).

d) Eu égard aux termes de l'art. 6 de la Déclaration des droits de 1789, qui fondent le principe d'égal accès aux emplois publics, les dispositions de l'art. 20 *bis* ajouté à la loi du 11 janv. 1984 par celle du 9 mai 2001, selon lesquelles « les jurys dont les membres sont désignés par l'administration sont composés de façon à concourir à une représentation équilibrée entre les femmes et les hommes », ont été interprétées comme édictant un objectif à prendre en compte et non comme une règle imposant, pour la composition des jurys, une proportion de personnes de chaque sexe (CE, Sect., 22 juin 2007, *Lesourd*, Rec. 253, concl. Olson ; RFDA 2007.1077, concl. ; RFDA 2007.1287, chr. Roblot-Troizier ; AJ 2007.2130, chr. Boucher et Bourgeois-Machureau ; DA 2007, n° 140, note F. Melleray ; JCP Adm. 2007.2255, note Cassia).

e) La loi du 12 mars 2012 relative à l'accès à l'emploi titulaire, puis la loi du 6 août 2019 de transformation de la fonction publique n'en ont pas moins prévu que les nominations aux emplois supérieurs devaient se rapprocher progressivement de l'exigence de parité.

f) Seul le législateur, agissant sur le fondement de l'art. 1er de la Constitution tel qu'il a été complété par la révision constitutionnelle de juill. 2008, a compétence pour adopter les règles destinées à favoriser l'égal accès des femmes et des hommes aux fonctions et mandats à caractère professionnel ou social (CE, Ass., 7 mai 2013, *Fédération CFDT de l'agriculture et Fédération générale des travailleurs de l'agriculture, de l'alimentation, des tabacs et services annexes Force ouvrière*, Rec. 119, concl. Pellissier ; RFDA 2013.868, concl., note Roman et Hennette-Vauchez ; 1251, note Le Pourhiet ; DA 2013, n° 61, note Éveillard ; AJ 2013.1564, chr. Domino et Bretonneau).

5 **III.** — En dehors des conditions d'accès aux emplois publics, le principe d'égalité des sexes est appliqué par le juge administratif à l'effet de promouvoir :

– l'égalité de rémunération (CE, Sect., 11 juin 1982, *Mme Diebolt*, Rec. 227 ; Dr. soc. 1984.138, concl. Genevois ; – Sect., 6 nov. 1992, *Mme Perrault*, Rec. 398 ; JCP 1993.II.22055, concl. Lasvignes) ;

– l'égalité au sein des organes représentatifs (CE 26 juin 1989, *Fédération des syndicats généraux de l'éducation nationale et de la recherche*, Rec. 152 ; RA 1989.424, note Terneyre ; AJ 1989.725, obs. Prétot) sans cependant qu'une parité effective au sein de la commission paritaire soit indispensable (CE 1er mars 2013, *Ministre de la culture et de la communication c. M. Hoddé*, Rec. 408) ;

– l'égalité dans la durée d'exercice des fonctions (CE, Sect., 6 févr. 1981 *Melle Baudet*, Rec. 53 ; AJ 1981.489, concl. Dondoux ; D. 1981.IR. 289, obs. P. Delvolvé) ;

– l'égalité dans l'exercice des activités sportives (CE 27 juin 1986, *Époux Lezzerio*, Rec. 368 ; AJ 1986.431, chr. Azibert et de Boisdeffre ; Gaz. Pal. 1987.1.62, note Houver ; Rev. jur. et écon. du sport, no 1, 1987.87, obs. J. Morange).

Sur un plan différent mais non moins révélateur de l'orientation de la jurisprudence, le Conseil d'État a jugé légal un décret s'opposant à l'acquisition de la nationalité française par mariage, motivé par le fait que l'intéressé a adopté un mode de vie « caractérisé par une soumission de sa femme qui ne correspond pas aux valeurs de la société française, notamment l'égalité entre les sexes » (CE 9 nov. 2020, *M. A*, no 436548 ; AJ 2021.400, note Galliffet).

6 **IV.** — On notera également que le traité de Rome proclame dans son article 119, devenu à la suite du traité d'Amsterdam l'article 141 et, depuis le 1er déc. 2009, l'art. 157 du traité sur le fonctionnement de l'Union européenne, le principe de l'égalité des rémunérations entre travailleurs masculins et travailleurs féminins pour un même travail. Ces dispositions ont une valeur supérieure à celle de la loi interne, même postérieure (*cf.* nos obs. sous l'arrêt *Nicolo**). À la suite de renvois préjudiciels, la Cour de justice des Communautés européennes a jugé contraire au principe d'égalité de rémunération posé par le traité, d'une part, l'exclusion des hommes du bénéfice des bonifications d'ancienneté allouées aux fonctionnaires mères retraitées, si les pères font la preuve de l'éducation de leurs enfants (CJCE 29 nov. 2001, aff. C-366/99, *Griesmar*, Dr. soc. 2002.178, note Fitte-Duval ; AJFP 2002.1, p. 11, note Boutelat ; JCP 2002.II.10102, note Moniolle) d'autre part, l'exclusion des fonctionnaires de sexe masculin du droit à une pension de retraite à jouissance immédiate quand le conjoint est atteint d'une infirmité ou d'une maladie incurable le plaçant dans l'impossibilité d'exercer une profession quelconque (CJCE 13 déc. 2001, aff. C-206/00, *Mouflin*).

Le Conseil d'État a tiré les conséquences de la chose jugée par la Cour de justice (CE 29 juill. 2002, *Griesmar*, Rec. 284, AJ 2002.823, concl. Lamy ; Dr. soc. 2002.1131, note Prétot) et plus généralement de l'interprétation donnée par elle du traité de Rome (CE 18 déc. 2002, *Plouhinec et Syndicat CFDT chimie énergie Lorraine*, Rec. 476 : illégalité du régime de retraite d'EDF-GDF en ce qu'il maintient des avantages spécifiques aux mères de famille en en excluant les pères).

Le législateur est également intervenu. La bonification d'ancienneté au profit de la femme fonctionnaire ayant élevé trois enfants a été étendue aux fonctionnaires de sexe masculin avec la loi du 21 août 2003, par un dispositif qui n'a été considéré comme inconventionnel (CE 29 déc. 2004, *d'Amato*, Rec. 473 ; RJS 5/05, p. 331, note Lhernould ; Dr. soc. 2006.82, note Zarca). Le droit à jouissance immédiate de la pension du fonctionnaire parent de trois enfants, quel que soit son sexe, a été aménagé par la loi de finances rectificative pour 2004, dans des conditions qui ont encouru la critique uniquement en raison de leurs modalités d'application dans le temps (CE, Ass., avis, 27 mai 2005, *Mme Provin*, Rec. 212, concl. Devys ; v. n° 13.7). La Cour de justice a émis des réserves à l'égard de ces dispositions au motif qu'elles bénéficient en fait aux fonctionnaires de sexe féminin et s'analysent en une discrimination indirecte (CJUE 17 juill. 2014, *Leone*, aff. C-173/13 ; AJ 2014.2296, chr. Broussy, Cassagnabère et Gänser ; RDSS 2014.1072, note Boutayeb). Le Conseil d'État a estimé cependant que le maintien, à titre provisoire, d'une différence indirecte de traitement est justifié par l'objectif social de compenser les désavantages de carrière subis par les femmes ayant eu des enfants et qui résultent d'une situation passée (CE, Ass., 27 mars 2015, *Quintanel*, Rec. 119, RFDA 2015.550 concl. Dacosta ; AJ 2015.1761, note Alberton ; RTD eur. 2015.858, note Bouveresse). De son côté, la Cour européenne a écarté une contestation mettant en cause l'impartialité du Conseil d'État pour statuer (CEDH 8 juill. 2021, *Mme Quintanel*, AJ 2021.1472).

7 V. — Indépendamment de l'application du principe d'égalité des sexes, l'accent est mis dans la période récente sur la mise en œuvre du principe d'égalité entre les personnes mariées, les concubins et les partenaires d'un pacte civil de solidarité (PACS) institué par la loi du 15 nov. 1999. S'il n'y a pas d'obligation juridique générale de traiter de la même façon ces catégories de personnes, il peut en aller autrement compte tenu de l'objet de certaines législations ou réglementations, spécialement dans le droit de la fonction publique.

À cet égard, le Conseil d'État a invité l'administration à modifier la réglementation en vigueur à l'effet de prendre en compte la situation des personnes unies par un pacte civil de solidarité (Ass., 28 juin 2002, *Villemain*, v. n° 39.4).

La situation du fonctionnaire vivant en concubinage par rapport au fonctionnaire marié fait l'objet d'une appréciation différente selon la législation en cause : regardée comme discriminatoire pour ce qui est de l'attribution d'une indemnité d'éloignement (CE, Sect., 15 juill. 2004, *M. et Mme Leroy*, Rec. 338 ; RFDA 2004.908, concl. Donnat ; AJ 2004.1923, chr. Landais et Lenica ; RD publ. 2004.515, note Guettier) ou de l'indemnité pour charges militaires (CE 29 oct. 2012, *Ministre de la défense et des anciens combattants c. Ulvoas*, Rec. 580, du même jour, *Ministre de la défense et des anciens combattants c. Péru*, AJ 2012.2336, concl. Pellissier), elle n'a pas été jugée critiquable s'agissant des conditions d'octroi d'une pension de réversion, faute pour le concubinage d'établir un lien de solidarité financière entre les intéressés au même titre que le mariage (CE 6 déc. 2006 *Mme Ligori*, Rec. 496 ; AJ 2007.142, concl. Vallée). La Cour européenne des droits de l'Homme s'est prononcée dans le même sens : CEDH 21 sept. 2010, *Manenc c. France* ; AJ 2011.895, chr. Burgorgue-Larsen). Le Conseil constitutionnel a fait un raisonnement identique, non seulement pour le concubinage, mais également pour le pacte civil de solidarité (CC *n° 2011-155 QPC, 29 juill. 2011*, Rec. 404).

L'approche consistant à apprécier l'existence ou non d'une discrimination entre personnes contractant mariage ou concluant un pacte civil de solidarité au regard de l'objet de la législation en cause, a été retenue également par la Cour de justice (CJUE 12 déc. 2013, *Hay c. Crédit agricole mutuel de Charente-Maritime et des Deux-Sèvres*, aff. C-267/12 ; Europe, févr. 2014, n° 50, note D. Simon).

46

RESPONSABILITÉ DU FAIT DES LOIS

Conseil d'État Ass., 14 janvier 1938, *Société anonyme des produits laitiers « La Fleurette »*

(Rec. 25 ; S. 1938.3.25, concl. Roujou, note P. Laroque ; D. 1938.3.41, concl., note Rolland ; RD publ. 1938.87, concl., note Jèze ; GCJA. vol. 1, n° 89, concl.)

Cons. qu'aux termes de l'art. 1er de la loi du 29 juin 1934 relative à la protection des produits laitiers : « Il est interdit de fabriquer, d'exposer, de mettre en vente ou de vendre, d'importer, d'exporter ou de transiter : 1°) sous la dénomination de « crème » suivie ou non d'un qualificatif ou sous une dénomination de fantaisie quelconque, un produit représentant l'aspect de la crème, destiné aux mêmes usages, ne provenant pas exclusivement du lait, l'addition de matières grasses étrangères étant notamment interdite » ;

Cons. que l'interdiction ainsi édictée en faveur de l'industrie laitière a mis la société requérante dans l'obligation de cesser la fabrication du produit qu'elle exploitait antérieurement sous le nom de « Gradine », lequel entrait dans la définition donnée par l'article de loi précité et dont il n'est pas allégué qu'il présentât un danger pour la santé publique ; *que rien, ni dans le texte même de la loi ou dans ses travaux préparatoires, ni dans l'ensemble des circonstances de l'affaire, ne permet de penser que le législateur a entendu faire supporter à l'intéressée une charge qui ne lui incombe pas normalement ; que cette charge, créée dans un intérêt général, doit être supportée par la collectivité ;* qu'il suit de là que la société La Fleurette est fondée à demander que l'État soit condamné à lui payer une indemnité en réparation du préjudice par elle subi ;

Mais cons. que l'état de l'instruction ne permet pas de déterminer l'étendue de ce préjudice ; qu'il y a lieu de renvoyer la requérante devant le ministre de l'agriculture pour qu'il y soit procédé à la liquidation, en capital et intérêts, de l'indemnité qui lui est due ; ... (Annulation ; renvoi de la société devant le ministre de l'agriculture pour liquidation de l'indemnité).

OBSERVATIONS

L'arrêt La Fleurette *étend à la responsabilité du fait des lois la responsabilité sans faute sur le fondement du principe d'égalité devant les charges publiques, admise par l'arrêt* Couitéas* *pour l'administration. La responsabilité du fait des lois inconstitutionnelles sera réglée différemment par l'arrêt* Société hôtelière Paris Eiffel Suffren*.

1 **I.** — En 1838, un siècle avant l'arrêt *La Fleurette*, le Conseil d'État, dans un arrêt de principe, l'arrêt *Duchâtellier*, avait conclu à l'irresponsabilité totale de l'État législateur. Le sieur Duchâtellier était fabricant de tabac factice. Une loi du 12 févr. 1835 avait interdit la fabrication, la circulation et la vente du tabac factice – uniquement pour mieux garantir le monopole fiscal des tabacs et sans alléguer contre les fabricants le caractère nuisible pour la santé publique du tabac factice – et n'avait pas prévu d'indemnité pour ceux dont cette interdiction léserait les intérêts. Le Conseil d'État ne s'était pas reconnu le pouvoir, dans le silence de la loi, d'accorder une telle indemnité (CE 11 janv. 1838, *Duchâtellier*, Rec. 7). Il s'était prononcé dans le même sens à propos de l'établissement du monopole des allumettes par la loi du 2 août 1872 (5 févr. 1875, *Moroge*, Rec. 89).

Cette jurisprudence se comprenait fort bien à une époque où la responsabilité de l'État administrateur n'était pas encore entièrement reconnue. La doctrine l'expliquait en arguant de la généralité des actes législatifs et de la souveraineté du législateur. « La loi est un acte de souveraineté et le propre de la souveraineté est de s'imposer à tous sans qu'on puisse réclamer d'elle aucune compensation. Le législateur peut seul apprécier, d'après la nature et la gravité du dommage, d'après les nécessités et les ressources de l'État, s'il doit accorder cette compensation. *Les juridictions ne peuvent l'allouer à sa place* » (Laferrière).

Cependant dès le dernier quart du XIXe siècle, l'irresponsabilité de l'État législateur, suivant l'évolution de la responsabilité de l'administration, ne s'est plus imposée avec la même évidence.

Le droit à l'indemnité fut reconnu aux cocontractants de l'État qui, du fait de dispositions législatives nouvelles, subissaient des charges nouvelles et imprévues (CE 27 juill. 1906, *Compagnie PLM*, Rec. 702, concl. Teissier ; – 2 mars 1932, *Société Mines de Joudreville*, Rec. 246 : arrêts reconnaissant à des sociétés minières concessionnaires de l'État le droit d'être indemnisées du préjudice par elles subi en raison des pouvoirs donnés par la loi du 27 juin 1880 aux préfets d'interdire les travaux souterrains à proximité d'une ligne de chemins de fer).

En dehors de ce cas particulier, le Conseil d'État continuait à refuser d'accorder une indemnité aux requérants qui se plaignaient d'avoir été lésés par une loi ; mais il ne se fondait plus sur des motifs aussi généraux et absolus que par le passé.

C'est ainsi qu'en 1921, la Société Premier et Henry, fabricant d'absinthe, demanda réparation pour le préjudice qu'elle avait subi du fait de la loi du 16 mars 1915 interdisant la fabrication de l'absinthe. Le Conseil d'État rejeta la requête, en ne se fondant pas, comme dans l'arrêt *Duchâtellier*, sur le *silence* du législateur, mais sur la *volonté* de ce même législateur. Autrement dit, le Conseil d'État ne se bornait plus à appliquer la lettre des actes législatifs, mais aussi leur esprit. Dans l'espèce *Premier et Henry*, le Conseil d'État, considérant que la loi du 16 mars 1915 était une mesure générale prise exclusivement en vue d'empêcher la fabrication de produits dangereux pour la santé publique et qui n'avait « prévu aucune indemnité », conclut à la volonté du législateur de ne pas indemniser les requérants (CE 29 avr. 1921, *Société Premier et Henry*, Rec. 424 ; S. 1923.3.14, note Hauriou).

De même, le Conseil d'État a refusé toute indemnité pour la réparation des conséquences dommageables pour certains commerçants de la loi du 16 oct. 1919 « qui, par mesure générale et *en vue exclusivement de mettre fin à des abus constatés depuis longtemps,* a frappé des peines prononcées au § 1er de l'art. 411 du Code pénal ceux qui avaient acheté ou vendu habituellement des récépissés de nantissement des monts-de-Piété ou caisses de crédit municipal » (14 nov. 1923, *Chambre syndicale des marchands de reconnaissance du Mont-de-Piété*, Rec. 726).

Il fallait déduire de ces formules que, si les dispositions législatives en cause n'avaient pas eu pour objet de mettre fin à des situations ou à des activités critiquables, la responsabilité de l'État législateur aurait pu être engagée.

II. — La Société des produits laitiers La Fleurette, à la suite du vote de la loi du 9 juin 1934 relative à la protection des produits laitiers qui interdisait la fabrication et le commerce de tous les produits destinés aux mêmes usages que la crème et ne provenant pas exclusivement du lait, avait été obligée d'interrompre la fabrication du produit dénommé « Gradine », composé de lait, d'huile d'arachide et de jaunes d'œufs.

2 Comme dans les arrêts antérieurs, le Conseil d'État analyse la volonté du législateur, non seulement dans le texte de la loi, mais aussi dans les travaux préparatoires, mais contrairement à ces arrêts et contrairement aussi à l'avis de son commissaire du gouvernement, il conclut que le législateur n'a pas voulu faire supporter par le requérant la charge qu'il a créée. Comme dans les arrêts précédents, le Conseil d'État recherche si l'activité de la société n'a pas un caractère répréhensible ou nuisible pour la société, mais en l'espèce, il conclut par la négative. Il accorde donc une indemnité en invoquant l'entorse faite au principe de l'égalité de tous devant les charges publiques. La charge subie par la société La Fleurette est si importante, si grave (la société étant obligée d'arrêter son activité), si particulière (la société semble avoir été la seule touchée par l'art. 1er de la loi sur les produits laitiers), qu'elle atteint le principe de l'égalité devant les charges publiques et qu'elle doit donc « être supportée par la collectivité ».

Avec l'arrêt *La Fleurette,* qui systématise et développe la jurisprudence antérieure, il apparaît clairement que le préjudice causé par des dispositions législatives peut donner droit à réparation, même dans le silence de la loi :

– lorsqu'il ressort de la loi ou des travaux préparatoires que le législateur n'a pas voulu faire supporter le préjudice par les victimes de la loi, et notamment lorsque l'activité de celles-ci n'avait pas un caractère répréhensible, contraire aux bonnes mœurs ou à l'ordre public ;

– lorsque la charge incombant aux intéressés est particulièrement grave, importante et spéciale.

3 Le Conseil d'État a étendu ces principes aux décrets coloniaux (Ass., 14 janv. 1938, *Compagnie générale de grande pêche*, Rec. 23 ; S. 1938.3.25, note Laroque ; D. 1938.3.41, note Rolland), aux décrets-lois (Ass., 22 oct. 1943, *Société des Établissements Lacaussade*, Rec. 231), aux règlements légalement édictés (Sect., 27 janv. 1961, *Vannier*, Rec. 60, concl. Kahn ; v. nº 15.4 ; – Sect., 22 févr. 1963, *Commune de Gavarnie*, Rec. 113 ; v. nº 38.7) et aux mesures individuelles d'application d'une loi (Sect., 28 oct. 1949, *Société des Ateliers du Cap Janet*, Rec. 450 ; v. nº 37.7 ; – Sect., 25 janv. 1963, *Ministre de l'intérieur c. Bovero*, Rec. 53 ; JCP 1963.II.13326, note Vedel ; AJ 1963.94, chr. Gentot et Fourré), enfin aux conventions internationales introduites dans l'ordre juridique interne (CE, Ass., 30 mars 1966, *Compagnie générale d'énergie radio-électrique**).

III. — L'arrêt *La Fleurette*, précisé par la jurisprudence ultérieure, subordonne la responsabilité de l'État du fait de la loi, en raison de la rupture de l'égalité devant les charges publiques, à deux conditions.

1. — Conditions tenant à la volonté du législateur

4 La responsabilité de l'État législateur n'est admise que si le texte même de la loi et ses travaux préparatoires ne permettent pas de penser que le législateur a entendu exclure toute indemnisation (CE, Sect., 22 nov. 1957, *Compagnie de navigation Fraissinet*, Rec. 635).

Le Conseil d'État a ainsi déduit des travaux préparatoires d'une loi du 12 juill. 1983 interdisant dans des lieux publics certains jeux de hasard, la volonté du législateur d'exclure toute indemnisation du préjudice résultant des prescriptions légales (CE 11 juill. 1990, *Société Stambouli Frères*, Rec. 963 ; D. 1991.SC.286, obs. Bon et Terneyre).

La tendance de la jurisprudence était de considérer que toute loi intervenue dans un intérêt général et prééminent contient implicitement une telle exclusion. Cette notion d'intérêt général était elle-même interprétée de manière de plus en plus large.

La réparation a été refusée tout d'abord lorsque la loi a cherché à réprimer des activités frauduleuses ou répréhensibles (CE, Ass., 14 janv. 1938, *Compagnie générale de grande pêche*, préc. : exportation frauduleuse d'alcool ; – 1er mars 1940, *Société Chardon et Cie*, Rec. 82 : répression de fraudes alimentaires), ou à mettre fin à une activité dangereuse ou nuisible à la santé publique (CE 6 janv. 1956, *Manufacture française d'armes et de cycles*, Rec. 3 : contrôle de la fabrication des armes à feu établi en vue de protéger les utilisateurs de ces armes contre les dangers d'une fabrication défectueuse ; – Ass., 8 janv. 1965, *Société des Établissements Aupinel*, Rec. 15 : contrôle du transport et de la commercialisation des spiritueux en vue de lutter contre la fraude sur les alcools et de contribuer ainsi à la sauvegarde de la santé publique).

5 L'éventualité d'une réparation était écartée également lorsque la loi a été prise dans un intérêt économique et social d'ordre général. Ainsi la responsabilité de l'État législateur n'a pas été reconnue à l'occasion de

l'application des lois intervenues pour lutter contre la hausse des prix (CE 15 juill. 1949, *Ville d'Elbeuf*, Rec. 359 : blocage du prix du gaz), pour la fixation des modalités de calcul des indemnités d'expropriation (Sect., 14 mars 1975, *SCI de la vallée de Chevreuse*, Rec. 197, concl. Dondoux ; JCP 1975.II.18077, note Homont, AJ 1975.224, chr. Franc et Boyon), pour régulariser un marché ou organiser une production (21 juin 1957, *Société d'exploitation des Établissements Pathé-Cinéma*, Rec. 415 : interdiction de fabriquer des films de certains formats édictée en vue « d'organiser la production cinématographique, notamment au point de vue du rendement, de la qualité et du coût des produits »).

6 La jurisprudence s'est montrée très stricte en écartant toute possibilité de réparation en raison de l'application de la loi du 29 oct. 1974 interdisant certaines formes de publicité dans un but d'économie d'énergie (CE 24 oct. 1984, *Société Claude Publicité*, Rec. 338 ; CJEG 1985.51 note Dupiellet ; RA 1985.45, note Pacteau ; D. 1986.IR. 249, obs. Bon et Moderne), de la loi du 23 juin 1941 interdisant l'exportation d'objets d'art (CE 7 oct. 1987, *Ministre de la culture c. Genty*. Rec. 304 ; RFDA 1988.858, concl. Van Ruymbeke ; AJ 1987.720, chr. Azibert et de Boisdeffre ; LPA 18 déc. 1987, note Moderne ; D. 1988.269, note Laveissière).

Dans la ligne de cette jurisprudence rigoureuse le Conseil d'État a estimé que la responsabilité sans faute de l'État n'était pas engagée du fait de l'édiction de mesures de protection d'espèces animales prises sur le fondement de l'art. 1er de la loi du 10 juill. 1976 relative à la protection de la nature (*cf.* à propos des dégâts occasionnés par les flamants roses : CE 21 janv. 1998, *Ministre de l'environnement c. M. Plan*, Rec. 19, RFDA 1998.568, note Bon). Mais il a infléchi cette jurisprudence, s'agissant du moins des préjudices causés aux tiers par une mesure de protection, dans un litige où des pisciculteurs se plaignaient du dommage grave et spécial causé par des décisions protégeant les grands cormorans (CE, Sect., 30 juill. 2003, *Association pour le développement de l'aquaculture en région Centre, ADARC*, Rec. 367 ; RFDA 2004.114, concl. Lamy, note Bon ; RFDA 2004.156, note Pouyaud ; AJ 2003.1815, chr. Donnat et Casas ; D. 2003.2527, note Guillard ; JCP 2003.II.10173, note Jobart ; Rev. Dr. rur. 2004.112, note M.C. ; Dr. envir. 2003.176, note Deliancourt ; LPA 16 déc. 2003, note Boumediene ; RD publ. 2004.400, note Guettier ; LPA 16 mars 2004, note Cazcarra ; LPA 23 avr. 2004, note Carrius ; JCP Adm. 2003.1896, note Broyelle).

Par ailleurs, le Conseil d'État présume que le législateur a entendu exclure tout autre forme d'indemnisation lorsqu'il a organisé lui-même un système de compensation des conséquences dommageables de la loi, sous forme, par exemple, de pensions ou d'indemnités de licenciement (CE 7 oct. 1966, *Asope*, Rec. 523).

Mais aujourd'hui le silence observé par la loi ne saurait exclure toute possibilité de mise en jeu de la responsabilité de l'État législateur pour rupture d'égalité devant les charges publiques. Le Conseil d'État intervenant comme juge de cassation a été conduit à le rappeler (CE 2 nov.

2005, *Société coopérative agricole Ax'ion*, Rec. 468 ; RFDA 2006.349, concl. Guyomar, note Guettier ; AJ 2006.142 ; chr. Landais et Lenica ; RD publ. 2006.1427, note Broyelle, concl.).

Cette approche, ouvrant une perspective d'indemnisation a été réitérée en ce qui concerne la législation sur le prix de vente des produits pétroliers (CE 30 juin 2016, *Société Total Réunion*, Rec. 845), et celle relative à l'indemnisation des dommages causés par les sangliers en Alsace-Moselle (CE 12 oct. 2016, *Fonds départemental d'indemnisation des dégâts de sangliers du Bas-Rhin*, Rec. 936).

7 Dans d'autres affaires le Conseil d'État a certes reconnu que ni les dispositions de la loi ni ses travaux préparatoires n'excluaient en principe la possibilité d'une indemnisation (CE, Ass., 1er déc. 1961, *Lacombe*, Rec. 674 ; D. 1962.89, concl. A. Dutheillet de Lamothe ; AJ 1962.24, chr. Galabert et Gentot, pour une loi validant des actes annulés pour excès de pouvoir ; – Sect., 26 oct. 1962, *Consorts Olivier*, Rec. 569 ; RD publ. 1963.79, concl. Heumann, pour une réglementation économique) ; mais il a rejeté les demandes d'indemnité sur un autre terrain, en se fondant sur des considérations relatives à la nature du préjudice.

2. — Conditions tenant aux caractères du préjudice

8 Le préjudice doit naturellement répondre aux conditions habituelles posées par la jurisprudence générale sur la responsabilité de la puissance publique ; il n'est indemnisable notamment que s'il a un caractère direct et certain (v. *Lacombe*, préc. ; CE 2 juin 2010, *Abolivier et autres*, Rec. 934). Mais, pour la mise en jeu de la responsabilité sans faute du fait des lois, la jurisprudence impose des conditions supplémentaires.

9 *a)* Il faut que le préjudice dont il est demandé réparation soit *spécial* au requérant. N'est pas spécial, en raison de la généralité du champ d'application du texte, le préjudice résultant de la législation sursoyant à toute mesure d'expulsion d'occupants de logements pendant l'hiver (CE, Ass., 10 févr. 1961, *Ministre de l'intérieur c. Consorts Chauche*, Rec. 108). Tel n'est pas le cas en revanche du dommage causé à un propriétaire par l'application d'une ordonnance interdisant l'expulsion de leur logement des familles de militaires servant en Algérie (CE, Sect., 25 janv. 1963, *Ministre de l'intérieur c. Bovero*, préc.).

Dans une affaire où était invoquée la responsabilité de l'État législateur, faute pour le requérant d'avoir pu anticiper l'interprétation donnée par la Cour de cassation de dispositions du Code du travail relatives à l'établissement d'un plan social, le Conseil d'État a estimé que, quelle que soit la portée donnée à la loi par le juge, la condition de spécialité du préjudice n'était pas remplie (CE 23 juill. 2014, *Société d'Éditions et de Protection route*, Rec. 238 ; RFDA 2014.1178, concl. Lallet, note Blandin, RJEP nov. 2014, concl. ; même revue 2015.159, comm. Santulli ; JCP Adm. 2015.2083, note Pauliat ; AJ 2014.2538, note Broyelle ; DA 2015, n° 9, note Éveillard, RTD eur. 2015.431, note Rietleng).

10 *b)* Le préjudice doit, d'autre part, être *anormalement grave*, faute de quoi il demeure à la charge de la victime (CE, Ass., 22 oct. 1943, *Société des Établissements Lacaussade*, préc. n° 46.3 ; – Sect., 27 janv. 1961, *Vannier*, préc. n° 46.3).

À propos d'un nouveau litige relatif aux effets de la protection des grands cormorans, le Conseil d'État a jugé que le préjudice ne revêt un caractère anormal qu'au-delà de l'aléa inhérent à l'activité économique de la victime (CE 1er févr. 2012 *Bizouerne*, Rec. 14 ; RFDA 2012.333, concl. Roger-Lacan ; DA 2012, n° 53, note Broyelle, AJ 2012.1079 note Belrhali-Bernard ; JCP Adm. 2012.2146, note Pacteau).

C'est dans cette mesure que la Cour administrative d'appel de Versailles a regardé comme satisfaisant à la double condition de spécialité et d'anormalité le préjudice causé à une société titulaire de permis de recherches d'hydrocarbures liquides ou gazeux du fait de la loi du 13 juill. 2011 interdisant la technique de la fracturation hydraulique (CAA Versailles, 21 déc. 2017, *Société Schuepbach Energy Llc* ; AJ 2018.1625, note Bompard).

IV. — La problématique de la responsabilité de l'État législateur a été renouvelée à différents points de vue.

11 *1)* Une importance particulière doit être donnée au contrôle exercé par le Conseil constitutionnel sur une loi avant sa promulgation au regard du principe d'égalité devant les charges publiques (*n° 84-182 DC, 18 janv. 1985*, Rec. 27 ; D. 1986.425, note Renoux ; AIJC 1985.425, comm. Genevois ; – *n° 2000-440 DC, 10 janv. 2001*, Rec. 39, LPA 16 févr. 2001, obs. Schoettl).

Le juge constitutionnel peut ainsi s'opposer à l'interprétation d'une loi comme excluant par avance tout droit à réparation, ou au contraire allouant une réparation supérieure au préjudice subi (CC *n° 2010-624 DC, 20 janv. 2011*, Rec. 66 : censure de dispositions législatives qui, à la suite de la suppression du monopole de représentation des avoués devant les cours d'appel, ont prévu la réparation d'un préjudice économique qui serait purement éventuel).

12 *2)* Du fait de la multiplication des lois constitutionnelles ayant procédé à la révision de la Constitution de 1958, la question s'est posée de savoir si les principes définis par la jurisprudence *La Fleurette* pouvaient être étendus à l'intervention d'une loi constitutionnelle. Sur un plan théorique, il a été proposé de répondre par l'affirmative (*cf.* CAA Paris 8 oct. 2003, *Mme Demaret*, AJ 2004.277, concl. Folscheid). On imagine mal cependant comment une disposition constitutionnelle dont la portée est en principe générale, pourrait causer un préjudice anormal et spécial.

13 *3)* Le législateur ne pouvant lui-même se lier, une disposition législative posant le principe de l'intervention d'une loi ultérieure ne saurait constituer une promesse dont le non-respect constituerait une faute susceptible d'engager, devant le juge administratif, la responsabilité de l'État (CE 27 juin 2016, *Bernabé et autres*, Rec. 935 ; AJ 2017.67, note Jacquemet-Gauché).

14 *4)* Au régime de responsabilité de l'État du fait des lois ayant pour fondement l'égalité des citoyens devant les charges publiques, le Conseil d'État a adjoint en 2007 une autre hypothèse. Il s'agit de l'engagement de la responsabilité de l'État « en raison des obligations qui sont les siennes pour assurer le respect des conventions internationales par les autorités publiques, *pour réparer l'ensemble des préjudices qui résultent de l'intervention d'une loi adoptée en méconnaissance des engagements internationaux* de la France » (CE, Ass., 8 févr. 2007, *Gardedieu*, Rec. 78, concl. Derepas ; RFDA 2007.361, concl. ; RFDA 2007.525, note Pouyaud et 2007.789, comm. Canedo-Paris ; AJ 2007.585, chr. Lenica et Boucher ; LPA 7 août 2007, note Canedo-Paris ; JCP Adm. 2007.2083, note Broyelle ; D. 2007.1214, chr. Clamour ; DA mai 2007, comm. Gautier et F. Melleray ; AJ 2007.1097, trib. Cassia ; JCP Adm. 2007.I.166, n° 7, obs. Plessix ; RGDIP 2007.488, note Poirat ; RTDH 2007.907, note Lemaire ; RTD civ. 2007.297, note Marguénaud).

Consacrée à propos d'une loi de validation contraire à l'art. 6 de la Convention européenne de sauvegarde des droits de l'Homme, la solution a, de par sa motivation, une portée générale et vaut pour l'ensemble des engagements internationaux. Il a même été jugé que les principes généraux du droit de l'Union européenne figurent au nombre des « *engagements internationaux* », dont la méconnaissance peut être invoquée (CE 23 juill. 2014, *Société d'Éditions et de Protection route*, v. n° 46.9 ; – 22 oct. 2014, *Société Métropole Télévision (M6)*, Rec. 312 ; AJ 2014.2433 chr. Lessi et L. Dutheillet de Lamothe ; RTD eur. 2015.433, note Rietleng).

Le fondement juridique de la solution est néanmoins malaisé à déterminer. Alors que la doctrine n'hésitait pas à fonder une semblable solution sur la faute commise par le législateur du fait de la méconnaissance d'une norme juridique supérieure (*cf.* R. Chapus, DAG, t. 1, 15e éd., n° 1519), l'arrêt *Gardedieu* évite de retenir une telle qualification. Quel que soit son fondement, l'indemnisation est subordonnée à l'existence d'un lien de causalité directe entre l'adoption de la loi contraire à un traité et le préjudice invoqué (CE 5 oct. 2015, *Ministre des affaires sociales et de la santé*, Rec. 340 ; AJ 2015.2227, concl. Decout-Paolini).

15 *5)* Un pas supplémentaire dans l'évolution de la responsabilité du fait des lois a été franchi avec la reconnaissance de l'engagement de cette responsabilité en raison de l'application de dispositions législatives déclarées contraires à la Constitution par une décision du Conseil constitutionnel (v. nos obs. sous CE, Ass., 24 déc. 2019, *Société hôtelière Paris Eiffel Suffren**).

47

ORGANISMES PRIVÉS GÉRANT UN SERVICE PUBLIC

Conseil d'État Ass., 13 mai 1938, ***Caisse primaire « Aide et Protection »***
(Rec. 417 ; D. 1939.3.65, concl. R. Latournerie, note Pépy ;
RD publ. 1938.830, concl. ; GCJA, vol. 1, n° 90, concl.)

Cons. qu'aux termes du dernier alinéa de l'art. 1er de la loi du 20 juin 1936, « seront supprimés les cumuls de retraites, de rémunérations quelconques et de fonctions contraires à la bonne gestion administrative et financière du pays » ;

Cons. qu'il résulte tant des termes de la loi que de ses travaux préparatoires que cette disposition vise tous les agents ressortissant à *un organisme chargé de l'exécution d'un service public, même si cet organisme a le caractère d'un « établissement privé » ;*

Cons. que le service des assurances sociales est un service public ; que sa gestion est confiée notamment à des caisses dites primaires ; que, par suite, et nonobstant la circonstance que, d'après l'art. 28, § 1er, du décret du 30 oct. 1935, celles-ci sont instituées et administrées conformément aux prescriptions de la loi du 1er avr. 1898 et constituent ainsi des organismes privés, leurs agents ont pu légalement être compris parmi ceux auxquels il est interdit d'exercer un autre emploi ;

Cons., d'autre part, qu'aucune obligation n'incombait au gouvernement d'édicter, pour le cas de cumul d'un emploi dépendant d'un service public et d'un emploi privé, des dispositions analogues à celles qu'il a prévues pour atténuer la prohibition de cumul entre emplois publics ; ... (Rejet).

OBSERVATIONS

L'arrêt Caisse primaire « Aide et Protection » *ouvre la jurisprudence reconnaissant que les organismes de droit privé peuvent être chargés d'un service public et dotés de prérogatives de puissances publique, et à ce titre être soumis à un régime administratif et adopter des actes administratifs, contrôlés par la juridiction administrative. Il sera prolongé quelques années plus tard par les arrêts* Monpeurt* *et* Bouguen*.

1 L'institution des assurances sociales entre les deux guerres a posé de nombreux problèmes juridiques et administratifs. Il s'agissait notamment de savoir si elles seraient régies par le droit privé ou par le droit public, et si leur gestion serait confiée à des institutions privées ou à des organismes publics. D'une part, le système des assurances s'appliquait essentiellement aux salariés et aux entreprises privées et couvrait un secteur d'activité, celui de l'assurance, jusque-là réservé à l'initiative privée ; mais d'autre part, il se caractérisait par un ensemble de règles et d'obligations s'imposant de façon générale aux bénéficiaires et aux cotisants, eux-mêmes définis par la loi, et visait à garantir des catégories défavorisées de citoyens contre des risques sociaux. La combinaison de ces caractéristiques divergentes devait aboutir à un système complexe où s'enchevêtrent les règles traditionnelles du droit privé et du droit public. C'est ainsi que le contentieux relatif aux caisses chargées de la gestion des assurances sociales était tantôt judiciaire (élections aux conseils d'administration des caisses, par ex.), et tantôt administratif (contrôle exercé par l'administration sur les caisses, par ex.).

Dans ces conditions, la question devait finalement se poser de savoir quelle était la nature juridique de ces caisses. Cette question n'était pas purement théorique car de nombreux textes ne sont applicables, expressément ou implicitement, qu'aux services publics, ou plus exactement aux organismes chargés de la gestion d'un service public : tel était le cas d'une loi du 20 juin 1936 relative aux cumuls d'emplois et de rémunérations. La caisse « Aide et Protection » déféra au Conseil d'État un décret du 29 oct. 1936 pris en application de cette loi, qui en étendait le dispositif au personnel des caisses d'assurances sociales.

Le commissaire du gouvernement R. Latournerie a montré que les caisses d'assurances sociales, instituées et administrées conformément aux dispositions de la loi du 1er avr. 1898 sur les sociétés de secours mutuels, étaient certes des organismes privés, mais que le législateur avait voulu les soumettre partiellement, à raison du caractère d'intérêt général de leur activité, à un régime de droit public. Le droit français, qui reconnaissait déjà la possibilité d'une gestion privée par les personnes publiques (v. 6 févr. 1903, *Terrier** ; – 31 juill. 1912, *Société des granits porphyroïdes des Vosges** ; – 22 janv. 1921, *Société commerciale de l'Ouest africain**), allait connaître désormais ce que l'on pourrait appeler une gestion publique par les personnes privées. Une double conséquence allait en découler. D'une part, comme le dit M. Latournerie, « *l'aspect que notre droit offre à présent… n'est pas celui d'une séparation absolue et tranchée entre le domaine du droit public et celui du droit privé, mais celui d'une gradation, d'une hiérarchie des services, où, d'échelon en échelon, les deux droits se combinent et s'entrepénètrent…* ». D'autre part, la notion même de service public, conçue jusque-là dans son sens organique d'entreprise de l'administration – c'est dans ce sens que l'expression est employée dans l'arrêt *Blanco** – acquiert la signification purement matérielle d'activité exercée dans l'intérêt général et soumise à ce titre, au moins partiellement, à un régime de droit public.

Conformément aux conclusions, le Conseil d'État rejeta le recours en déclarant que la loi sur les cumuls était applicable « *à tous les agents ressortissant à un organisme chargé de l'exécution d'un service public, même si cet organisme a le caractère d'un établissement privé* », et en définissant le service des assurances sociales comme un service public.

2 Déjà, dans l'arrêt du 20 déc. 1935, *Établissements Vézia* (Rec. 1212 ; RD publ. 1936.119, concl. R. Latournerie), le Conseil d'État (Ass.) avait amorcé la dissociation entre le service public entendu comme *institution*, comme *organe* administratif, et le service public entendu comme *mission*, comme *fonction* : il avait admis que les sociétés de prévoyance, de secours et de prêts mutuels agricoles groupant obligatoirement les cultivateurs et éleveurs de statut indigène en Afrique occidentale française réalisaient des opérations présentant un « caractère d'intérêt public » justifiant le recours à l'expropriation à leur profit.

L'arrêt *Caisse primaire « Aide et Protection »* va plus loin en introduisant dans le droit administratif français la notion d'organisme privé assurant la gestion d'un service public.

Ses principes devaient rapidement être étendus à d'autres domaines (v. les arrêts des 31 juill. 1942, *Monpeurt** ; – 2 avr. 1943, *Bouguen** ; – Sect., 5 mai 1944, *Compagnie maritime de l'Afrique orientale*, Rec. 129 ; v. n° 66.12). Cette extension a permis de préciser *les critères* permettant de reconnaître les organismes privés chargés d'une mission de service public (I) et *le régime* qui leur est applicable (II).

3 **I.** — Les organismes privés chargés d'une mission de service public selon la jurisprudence *Aide et Protection* ne doivent pas être confondus avec les entreprises privées tenant d'un contrat conclu avec une personne publique une mission de service public. La solution existait bien avant l'arrêt *Caisse primaire « Aide et Protection »* avec le système de la concession de service public, qui avait donné lieu à des arrêts importants (CE 10 janv. 1902, *Compagnie nouvelle du gaz de Deville-lès-Rouen*, Rec. 5 ; v. n° 19.2 ; – 11 mars 1910, *Compagnie générale française des tramways** ; – 30 mars 1916, *Gaz de Bordeaux**). L'arrêt *Bertin** du 20 avr. 1956 devait illustrer plus tard d'autres modes contractuels d'attribution à des personnes privées de l'exécution même du service. Le législateur lui-même reconnaît et encadre les « conventions de délégation de service public » (loi du 29 janv. 1993), les concessions de service public (désormais Code de la commande publique).

L'une des innovations de l'arrêt *Caisse primaire « Aide et Protection »* tient à ce qu'il reconnaît qu'un organisme privé peut être chargé d'un service public en dehors d'un système contractuel, et en le distinguant des établissements publics, voire d'autres personnes publiques spécialisées comme les groupements d'intérêt public, qui sont le plus souvent chargés d'une mission de service public et dotés de prérogatives de puissance publique (v. nos obs. sous TC 9 déc. 1899, *Canal de Gignac** ; 14 févr. 2000, *GIP-HIS c. Mme Verdier*, Rec. 748 ; AJ 2000.465, chr. Guyomar et Collin ; AJFP juill.-août 2000.13, comm. Mekhantar ; JCP 2000.II.10301, note Eveno ; LPA 4 janv. 2001, note Gégout et 24 juill. 2001, note Demaye ; RTD com. 2000.602, obs. Orsoni ; v. n° 7.4).

Ici il s'agit de personnes morales de droit privé. Pour reconnaître qu'elles sont chargées d'une mission de service public, la jurisprudence a pu paraître fluctuante.

L'arrêt *Narcy*, rendu par le Conseil d'État (Sect.) le 28 juin 1963 (Rec. 401 ; AJ 1964.91, note de Laubadère ; RD publ. 1963.1186, note M. Waline), subordonne cette reconnaissance à trois critères cumulatifs : une mission d'intérêt général confiée à l'organisme ; les prérogatives de puissance publique qui lui sont attribuées à cette fin ; le contrôle que l'administration exerce sur lui. Mais, dans l'arrêt *Ville de Melun et Association « Melun-culture-loisirs » c. Vivien et autres* du 20 juill. 1990 (Rec. 220 ; AJ 1990.820, concl. Pochard ; JCP 1991.II.21663, note Fâtome), le Conseil d'État a regardé une association « *comme gérant, sous le contrôle de la commune, un service public communal* », « *alors même que l'exercice de ses missions ne comporterait pas la mise en œuvre de prérogatives de puissance publique* ». Selon les cas, les prérogatives de puissance publique pouvaient apparaître nécessaires ou indifférentes à la reconnaissance d'un service public ou à l'application d'un régime de droit public.

4 Par l'arrêt du 22 févr. 2007, *Association du personnel relevant des établissements pour inadaptés* (Rec. 92, concl. Verot ; JCP Adm. 2007.2066, concl., note Rouault ; RDSS 2007.499, concl., note Koubi et Guglielmi ; AJ 2007.793, chr. Lenica et Boucher ; JCP 2007.I.166, chr. Plessix ; JCP Adm. 2007.2145, note Guglielmi et Koubi ; RFDA 2007.803, note Boiteau ; DA oct. 2015, étude 12 J. David), relatif, comme l'arrêt *Caisse primaire « Aide et Protection »*, à l'application d'une législation sur le service public (l'accès aux documents administratifs), le Conseil d'État (Sect.) a levé les ambiguïtés.

Il a d'abord réservé les « *cas dans lesquels le législateur a lui-même entendu reconnaître ou, à l'inverse, exclure l'existence d'un service public* ». En l'espèce, contrairement à l'opinion du commissaire du gouvernement, il a considéré « *que si l'insertion sociale et professionnelle des personnes handicapées constitue une mission d'intérêt général, il résulte toutefois des dispositions de la loi du 30 juin 1975, éclairées par leurs travaux préparatoires, que le législateur a entendu exclure que la mission assurée par les organismes privés gestionnaires de centres d'aide par le travail revête le caractère d'une mission de service public* » (dans le même sens, CE 26 mars 2019, *Mmes Fleury*, Rec. 641).

En l'absence d'une qualification législative (expresse, par exemple pour *France Télévisions* : CE 4 avr. 2019, Rec. 105, ou implicite, positive ou négative), le Conseil d'État considère qu'un organisme privé peut être chargé d'une mission de service public dans deux hypothèses alternatives.

La première apparaît comme le principe : « *une personne privée qui assure une mission d'intérêt général sous le contrôle de l'administration et qui est dotée à cette fin de prérogatives de puissance publique est chargée de l'exécution d'un service public* ». Ainsi se retrouvent les trois critères posés par l'arrêt *Narcy*. Ils avaient été illustrés précédemment avec par exemple : – les groupements de défense contre les ennemis des cultures (CE, Sect., 13 janv. 1961, *Magnier*, Rec. 33 ; RD publ. 1961.155, concl. Fournier ; AJ 1961.142, note C.P. ; Dr. soc. 1961.335, note Teitgen ; GCJA, vol. 2, n° 36, concl.) ; – les organismes sportifs chargés d'organiser des compétitions nationales ou régionales en vertu de dispositions législatives (Sect., 15 mai 1991, *Association « Girondins de Bordeaux Football club »*, Rec. 180, concl. Pochard ; CE 23 oct. 2020, *SA Olympique lyonnais*, Rec. 1022). Ils le sont encore avec les organismes de protection sociale (CE 4 mai 2011, *Bernardie*, Rec. 198 ; Dr. soc. 2011.974, concl. Vialettes) ou d'encadrement bancaire (CE 13 déc. 2016, *Confédération nationale du crédit mutuel*, AJ 2017.540, note Terneyre).

La seconde hypothèse rejoint la solution de l'arrêt *Ville de Melun* : « *même en l'absence de telles prérogatives, une personne privée doit également être regardée, dans le silence de la loi, comme assurant une mission de service public lorsque, eu égard à l'intérêt général de son activité, aux conditions de sa création, de son organisation ou de son fonctionnement, aux obligations qui lui sont imposées ainsi qu'aux mesures prises pour vérifier que les objectifs qui lui sont assignés sont atteints, il apparaît que l'administration a entendu lui confier une telle mission* ».

Cette seconde hypothèse se trouve réalisée avec le festival d'Aix-en-Provence (CE, Sect., 6 avr. 2007, *Commune d'Aix-en-Provence*, Rec. 155 ; concl. Séners, BJCP 2007.283 avec obs. Schwartz, RFDA 2007.812 avec note Douence, RJEP 2007.273 ; AJ 2007.1020, chr. Lenica et Boucher ; BJCL 2007.558, note Mollion ; ACCP 2007, n° 68, p. 45 et p. 64, note Proot ; CMP juin 2007, n° 151, note Eckert ; DA juin 2007, n° 95, note Bazex et Blazy ; JCP 2007.I.166, chr. Plessix, et II.10132, note Karpenschif ; JCP Adm. 2007.2111, note Karpenschif, n° 2125, note Linditch, n° 2128, note Pontier ; RDC 2007.86, note Brunet ; RD publ. 2007.1367, note Bui-Xuan) : l'association qui le gère a été créée par l'État, la région Provence-Alpes-Côte d'Azur, le département des Bouches-du-Rhône et la commune d'Aix-en-Provence, qui désignent la presque totalité de son conseil d'administration, le financent pour moitié, lui accordent différentes aides ; ainsi les collectivités publiques ont « *décidé... de faire du festival international d'Aix-en-Provence un service public culturel* » (ce qui n'est pas le cas de la Philarmonie de Paris : TC 6 juill. 2020, *Société Huet location c. Établissement public Cité de la musique*, Rec. 616 ; BJCP 2020.394, concl. Polge, note S. N. ; AJ 2021.739, chr. Malverti et Beaufils).

Cet exemple s'ajoute à ceux qu'on avait pu rencontrer avec notamment les Centres régionaux de lutte contre le cancer (TC 20 nov. 1961, *Centre régional de lutte contre le cancer « Eugène Marquis »*, Rec. 879 ; v. n° 7.5), l'Association française de normalisation (CE 17 févr. 1992, *Société Textron*, Rec. 66 ; v. n° 7.6), la Cinémathèque française (CE Section de l'intérieur, avis du 18 mai 2004 ; EDCE 2005, n° 56, p. 185).

5 Les deux hypothèses d'organismes privés chargés d'une mission de service public que reconnaît la jurisprudence (lorsque la loi n'a pas elle-même déterminé cette qualification) se distinguent essentiellement par les prérogatives de puissance publique, qui, nécessaires dans un cas, ne le sont pas dans l'autre. Mais elles se rejoignent sur deux aspects.

Le premier est l'intérêt général. Dans tous les cas, la mission accomplie par l'organisme doit être d'intérêt général. La notion est relative et peut faire l'objet d'appréciations divergentes selon les époques et selon les activités. Ainsi la Française des jeux, faute d'exercer une activité d'intérêt général, n'est pas chargée d'une mission de service public (CE, Sect., 27 oct. 1999, *Rolin*, Rec. 327, concl. Daussun ; CJEG 2000.24, concl. ; RD publ. 1999.1845, concl. et 2000.269, note Eckert, et 390, obs. Guettier ; AJ 1999.1008, chr. Fombeur et Guyomar ; JCP 2000.II.10365, note Corneloup). Mais France Galop, qui participe à l'amélioration de l'espèce équine et de promotion de l'élevage, l'est (CE 12 oct. 2018, *Boutin et société d'entraînement Mathieu Boutin*, Rec. 611 ; AJ 2018.2338, concl. Odinet).

Même si un organisme exerce une mission d'intérêt général, il n'assure un service public que si les autres critères sont satisfaits. Ainsi, si une société d'économie mixte créée par une ville pour exploiter un cinéma, « qui n'est pas dotée de prérogatives de puissance publique, a, en vertu de ses statuts, une mission d'intérêt général..., son activité, eu égard notamment à l'absence de toute obligation imposée par la ville et de contrôle d'objectifs qui lui auraient été fixés, ne revêt pas le caractère d'une mission de service public... » (CE 5 oct. 2007, *Société UGC-Ciné-Cité*, Rec. 418 ; BJCP 2007.483, concl. Casas ; AJ 2007.2260, note J.-D. Dreyfus ; ACCP 2008.68, note Terrien et Cochi ; CMP 2007 n° 308, note Eckert ; DA 2007, n° 165, note Ménéménis ; JCP 2007.I.214, obs. Plessix ; JCP Adm. 2007.2294, note Linditch ; RLCT 2008.26, note Mondou). De même, des éléments tels que l'installation par une ville d'un club sportif dans un stade avec quelques obligations, « s'ils concernent des activités d'intérêt général, ne se traduisent pas par un contrôle permettant de caractériser la volonté de la ville d'ériger ces activités en mission de service public » (CE, Sect., 3 déc. 2010, *Ville de Paris et Association Paris Jean-Bouin*, BJCP 2011.36, concl. Escaut ; AJ 2011.21, note Glaser ; CMP janv. 2011, p. 38, note Eckert ; ACCP janv. 2011, note Hansen ; DA févr. 2011.36, note Brenet et Melleray ; RDI mars 2011.162, note Braconnier et Noguellou).

Le second aspect concerne l'importance du rôle de l'administration à l'égard de l'organisme privé. Normalement, c'est d'elle qu'il doit tenir la mission à laquelle sera reconnue la qualité de service public. Mais il peut arriver qu'un organisme privé ait eu l'initiative d'une activité d'intérêt général et qu'ensuite l'administration soit intervenue (c'est le cas de la Cinémathèque selon l'avis préc. de la Section de l'intérieur du 18 mai 2004). Cette intervention ne doit pas se limiter à un contrôle : il faut qu'elle manifeste la volonté de l'administration de confier à l'organisme la mission d'intérêt général dans certaines conditions. À cet égard, la rédaction de l'arrêt du 22 févr. 2007 paraît plus exigeante dans la seconde hypothèse que dans la première. Mais, dans les deux cas, l'intervention de l'administration apparaît comme un élément indispensable à l'attribution d'une mission de service public à un organisme privé.

La Cour de justice de l'Union européenne reconnaît de manière semblable la particularité d'organismes de droit privé chargés par un État de l'accomplissement d'une mission d'intérêt public et qui détiennent à cet effet des pouvoirs exorbitants (par ex. 10 oct. 2017, *Elaine Farrel c. Alan Whitty*, off. C-413/15 ; RFDA 2018, 378, chr. Mayeur-Carpentier).

6 **II.** — La reconnaissance du caractère d'organisme privé chargé d'une mission de service public entraîne *un régime* comportant dans une certaine mesure l'*application du droit public*, et, en cas de litige, *la compétence du juge administratif.*

L'arrêt *Caisse primaire « Aide et Protection »* en donne une particulière illustration : parce que cette caisse gère un service public, son personnel est soumis aux règles sur les cumuls d'emplois dans les services publics. De même la législation et la jurisprudence sur la grève dans les services publics s'appliquent à ce type d'organismes (v. nos obs. sous l'arrêt CE 7 juill. 1950, *Dehaene**).

Toutefois le droit administratif ne s'applique pas entièrement à eux, la juridiction administrative n'est pas toujours compétente à leur égard : l'un et l'autre n'interviennent *que dans la mesure* où le *service public* qu'elles assurent et, le cas échéant, les prérogatives de *puissance publique* qu'elles exercent sont en cause.

Leurs *actes unilatéraux* ne sont administratifs et ne peuvent être appréciés par le juge administratif que s'ils sont pris en vertu de ces prérogatives dans l'accomplissement du service public (par ex. Civ. 1re 20 déc. 2017, nº 16-26391 ; v. nos obs. sous l'arrêt CE 31 juill. 1942, *Monpeurt** et l'arrêt TC 15 janv. 1968, *Époux Barbier**).

Leurs *contrats* avec d'autres personnes privées ne sont pas administratifs, faute de comporter parmi les cocontractants une personne publique, dont la présence est nécessaire à la qualification de contrat administratif (*cf.* nos obs. sous l'arrêt TC 9 mars 2015, *Mme Rispal c. Société des autoroutes du Sud de la France**).

Leur *responsabilité extra-contractuelle* ne relève du droit administratif et n'est appréciée par la juridiction administrative que si elle est engagée par l'exercice de leurs prérogatives de puissance publique (CE 23 mars 1983, *SA Bureau Véritas*, Rec. 134 ; v. nº 1.5). En l'absence de l'utilisation de ces pouvoirs, elle relève du droit privé et de la compétence judiciaire, alors même que l'activité en cause se rapporte au service public dont elles sont chargées (TC 3 juill. 2017, *Jashari c. Association de réinsertion sociale – service d'accueil et d'orientation de Nancy*, Rec. 521 ; v. nos obs. sous l'arrêt *Monpeurt**).

Plus généralement tout ce qui concerne l'organisation et le fonctionnement internes de ces institutions reste placé sous l'emprise du droit privé. Leur personnel, même si, comme le souligne l'arrêt *Aide et Protection*, il doit respecter certaines règles de droit public, reste composé d'agents de droit privé : les litiges le concernant continuent à relever du juge judiciaire

Ainsi l'attirance vers le droit public et le juge administratif des organismes de droit privé chargés d'un service public, dans la mesure du service qu'ils assurent et des prérogatives qu'ils exercent, n'a pas supprimé leur soumission au droit privé et à la compétence judiciaire dans la mesure de leur personnalité de droit privé.

48

COMPÉTENCE ADMINISTRATIVE ORGANISMES CHARGÉS D'UN SERVICE PUBLIC ACTES ADMINISTRATIFS

Conseil d'État Ass., 31 juillet 1942, *Monpeurt*
(Rec. 239 ; D. 1942.138, concl. Ségalat, note P.C. ;
JCP 1942.II.2046, concl., note P. Laroque ; RD publ. 1943.57,
concl., note Bonnard ; S. 1942.3.37, concl. ; GCJA, vol. 2, n° 1, concl.)

Sur la compétence : Cons. que la requête susvisée tend à l'annulation d'une décision du 10 juin 1941 par laquelle le secrétaire d'État à la production industrielle a rejeté le recours formé par le sieur Monpeurt contre une décision du Comité d'organisation des industries du verre et des commerces s'y rattachant, en date du 25 avr. 1941, déterminant les entreprises autorisées à fabriquer les tubes en verre neutre ou ordinaire pour ampoules en leur imposant de livrer à une usine, dont la demande de mise à feu du four n'avait pas été admise, un tonnage mensuel de verre à titre de compensation ;

Cons. qu'en raison des circonstances qui nécessitaient impérieusement l'intervention de la puissance publique dans le domaine économique, la loi du 16 août 1940 a aménagé une organisation provisoire de la production industrielle afin d'assurer la meilleure utilisation possible des ressources réduites existantes, préalablement recouvrées, tant au point de vue du rendement que de la qualité et du coût des produits, et d'améliorer l'emploi de la main-d'œuvre dans l'intérêt commun des entreprises et des salariés ; qu'il résulte de l'ensemble de ses dispositions que ladite loi a entendu instituer à cet effet un service public ; que, pour gérer le service en attendant que l'organisation professionnelle ait reçu sa forme définitive, elle a prévu la création de comités auxquels elle a confié, sous l'autorité du secrétaire d'État, le pouvoir d'arrêter les programmes de production et de fabrication, de fixer les règles à imposer aux entreprises en ce qui concerne les conditions générales de leur activité, de proposer aux autorités compétentes le prix des produits et services ; *qu'ainsi, les comités d'organisation, bien que le législateur n'en ait pas fait des établissements publics, sont chargés de participer à l'exécution d'un service public, et que les décisions qu'ils sont amenés à prendre dans la sphère de ces attributions, soit par voie de règlement, soit par des dispositions d'ordre individuel, constituent des actes administratifs ;* que le Conseil d'État est, dès lors, compétent pour connaître des recours auxquels ces actes peuvent donner lieu ;

Sur la légalité de la décision attaquée : Cons. que, par sa décision, en date du 25 avr. 1941, le directeur responsable du Comité d'organisation des industries du verre et des commerces s'y rattachant a mis en application, en raison de la pénurie de matières premières et de combustibles, un plan de fabrication intéressant l'industrie des tubes en verre neutre pour ampoules ; que le plan comportait, d'une part, le chômage d'une usine, d'autre part, un régime de compensation en nature au bénéfice de cette usine et à la charge de celles qui étaient autorisées à continuer leur activité, au nombre desquelles se trouvait l'entreprise dont le requérant est propriétaire ; qu'un tel plan entre dans le cadre des attributions données aux comités d'organisation par l'art. 2 de la loi du 16 août 1940, notamment en ses §§ 2 et 4 ; qu'en s'inspirant pour l'établir de considérations tirées de la nécessité d'une judicieuse utilisation des matières premières, le directeur responsable n'a pas empiété sur les pouvoirs dévolus à l'Office central de répartition et aux sections dudit office par la loi du 10 sept. 1940, alors qu'il n'est même pas allégué qu'il ne se soit pas conformé aux règles édictées par ces organismes ;

Cons. qu'aucune disposition législative ou réglementaire n'oblige les comités à régler l'activité des entreprises, lors de l'établissement des programmes de fabrication, suivant une référence à une période antérieure déterminée ; qu'il leur appartient de tenir compte de tous les éléments de la situation du secteur industriel dont ils ont la charge, à l'époque de la décision, et, en particulier, de la capacité des entreprises qui demandent à continuer ou à reprendre leur production ; que le sieur Monpeurt n'est donc pas fondé à arguer de la situation des Établissements Boralex antérieurement au 1er sept 1935 pour contester la légitimité de la compensation en nature prescrite au profit de cette société ; que le requérant ne justifie pas que le directeur responsable des industries du verre ait fait une appréciation erronée des moyens dont disposait la Société Boralex à l'époque où son activité industrielle s'est trouvée arrêtée par la décision du 25 avr. 1941 ; que, d'autre part, il n'est pas fondé à soutenir que la compensation dont elle bénéficie en vertu de cette décision constitue un enrichissement sans cause ;

Cons. qu'il ne ressort pas des pièces du dossier que la décision attaquée ait été prise par le directeur responsable pour un but autre que celui en vue duquel ses pouvoirs lui ont été conférés tant par l'art. 2 de la loi du 16 août 1940 que par l'art. 12 du décret du 11 déc. 1940 constituant un Comité d'organisation des industries du verre et des commerces s'y rattachant ; ... (Rejet).

OBSERVATIONS

L'arrêt Monpeurt *poursuit l'ouverture du droit administratif et de la juridiction administrative à des organismes de droit privé engagée par l'arrêt* Caisse primaire « Aide et Protection »*, *en reconnaissant dans leurs décisions des actes administratifs pouvant faire l'objet d'un recours pour excès de pouvoir.*

1 La loi du 16 août 1940 créa les comités d'organisation, institutions de caractère corporatif chargées de l'organisation de la production industrielle ; ces comités avaient notamment pour tâche, dans le cadre des textes en vigueur, de contribuer à limiter ou à atténuer les effets de la pénurie sévissant à l'époque. C'est ainsi que, pour parer aux conséquences de celle du charbon, le Comité d'organisation de l'industrie du verre s'efforça, au début de 1941, de provoquer des ententes volontaires qui permettraient aux entreprises de répartir entre elles les possibilités de production au mieux de leurs intérêts respectifs. Mais, craignant sans doute que cette politique ne s'avérât insuffisante, il alla plus loin encore et s'engagea sur la voie des ententes obligatoires ; son directeur prit notamment, le 25 avr. 1941, une décision concernant le secteur particulier des tubes en verre neutre ou ordinaire, dont la fabrication était assurée par trois entreprises, rejetant une demande d'autorisation de mise à feu présentée par l'une d'elles, imposant en compensation aux deux autres l'obligation de lui livrer vingt tonnes de tubes par mois avec un rabais de 20 % sur le tarif normal. Saisi par le directeur de l'une de ces deux entreprises d'un recours contre cette décision, le Conseil d'État devait examiner la question de savoir s'il était compétent pour y statuer ; il était une nouvelle fois en présence d'un problème né des transformations de l'intervention des pouvoirs publics. La jurisprudence avait déjà eu l'occasion de tirer les conséquences juridiques et contentieuses de l'exploitation d'activités industrielles et commerciales par les personnes publiques, en les soumettant en principe au droit privé et à la compétence judiciaire (TC 22 janv. 1921, *Société commerciale de l'Ouest africain**). Elle avait aussi reconnu, dans le domaine social, que des personnes privées se trouvaient chargées d'une mission de service public et étaient donc soumises au régime de celui-ci (CE, Ass., 13 mai 1938, *Caisse primaire « Aide et Protection »**). Il fallait ici déterminer si des organismes créés par les pouvoirs publics, sans en préciser la nature, pour administrer l'économie avec le concours des professionnels, remplissaient, comme les autorités administratives classiques, un rôle relevant du contrôle de la juridiction administrative. Le Conseil d'État répondit par l'affirmative, en se fondant essentiellement sur la constatation que les comités d'organisation « *sont chargés de participer à l'exécution d'un service public* », et que les décisions qu'ils prennent dans la sphère de leurs pouvoirs d'intervention économique constituent des actes administratifs.

Ainsi est évoqué le *statut de ces organismes* (I) et précisé celui de *leurs décisions* (II).

2 **I.** — *Le statut de ces organismes* est essentiellement caractérisé par *leurs fonctions* (A) ; il est resté longtemps incertain quant *à la nature de leur personnalité* (B).

A. — Le commissaire du gouvernement Ségalat montra d'abord que la mission dévolue aux comités d'organisation constituait un *service public* : « *l'intérêt général qui s'attache à la bonne marche de la production dans les circonstances présentes, la nature et l'étendue de la mission que la loi assigne aux comités d'organisation, les prérogatives de puissance publique qu'elle consacre, ce sont là des éléments que la jurisprudence retient pour définir et caractériser le service public* ». Ainsi se trouvent définis des éléments d'identification du service public que la jurisprudence antérieure avait déjà permis de dégager et que la jurisprudence ultérieure devait confirmer (v. nos obs. sous l'arrêt CE 13 mai 1938, *Caisse primaire « Aide et Protection »**).

3 *B.* — Ces organismes, auxquels l'État a confié la gestion du service public de l'organisation de la production, quelle est leur *nature juridique* ? Le commissaire du gouvernement indiqua d'abord qu'ils possèdent sans aucun doute la personnalité morale mais qu'il est impossible de déterminer avec précision si ce sont des personnes morales de droit public ou de droit privé. Il pensait qu'il s'agissait d'une institution entièrement nouvelle ne pouvant être intégrée dans les cadres juridiques anciens. Il y voyait « *des organismes professionnels, se plaçant à la frontière du droit public et du droit privé, retenant du premier ses prérogatives de puissance publique, empruntant au second ses modes de gestion, affirmant en définitive la tendance au développement d'un droit professionnel* ». Le Conseil d'État a considéré que le législateur n'a pas fait des comités d'organisation des établissements publics, alors qu'ils sont chargés de participer à l'exécution d'un service public.

La solution entraîne deux conséquences, mais laisse planer une incertitude.

4 Son premier effet est de faire perdre définitivement à la notion de *service public* sa signification organique. La gestion des services publics peut désormais être confiée, non plus seulement aux personnes publiques classiques, – État, collectivités territoriales et établissements publics –, mais encore à des organismes qui ne constituent pas des « services administratifs détachés de l'administration générale de l'État » (CE, Ass., 16 mars 1956, *Garnett*, Rec. 125 ; RA 1956.380, note R.E.C.) ou même à des personnes purement privées (v. CE 13 mai 1938, *Caisse primaire « Aide et Protection »** ; – Sect., 5 mai 1944, *Compagnie maritime de l'Afrique orientale*, Rec. 129 ; v. n° 66.12).

L'arrêt *Monpeurt*, en second lieu, fait perdre à *l'établissement public* sa définition traditionnelle de service public doté de la personnalité morale ou de personne morale dotée de prérogatives de puissance publique (v. nos obs. sous l'arrêt TC 9 déc. 1899, *Canal de Gignac**) : il existe maintenant des services publics personnalisés, ainsi que des personnes dotées de prérogatives de puissance publique, auxquels le Conseil d'État dénie expressément la qualité d'établissements publics.

5 Sont-ils des personnes de droit public ou de droit privé ? Le commissaire du gouvernement paraissait voir dans les comités d'organisation le premier exemple d'une nouvelle catégorie de personnes morales, celle des personnes de droit professionnel. Ni l'arrêt *Monpeurt* ni la jurisprudence ultérieure n'ont confirmé ce point de vue, et la *summa divisio* demeure celle des personnes publiques et des personnes privées. Le Conseil d'État a expressément considéré que les organismes professionnels de même type que les comités d'organisation de l'arrêt *Monpeurt* sont des personnes de droit privé. Outre l'arrêt *Magnier* (Sect., 13 janv. 1961, Rec. 33 ; v. n° 47.4), un arrêt du 7 déc. 1984, *Centre d'études marines avancées* (Rec. 413 ; RFDA 1985.381, concl. O. Dutheillet de Lamothe, note Moderne ; AJ 1985.274, note Godfrin) est particulièrement net : le Conseil d'État y juge, d'une part, que l'Institut français du pétrole, « créé sous la forme d'établissement professionnel en vertu des dispositions de la loi du 17 nov. 1943 sur la gestion des intérêts professionnels, ne présente pas le caractère d'un établissement public », d'autre part, qu'il est une « personne morale de droit privé ».

Désormais, il n'y a plus d'ambiguïté : les organismes professionnels constituent des personnes privées. Ils s'insèrent dans l'ensemble plus général des organismes de droit privé chargés d'une mission de service public (v. nos obs. sous l'arrêt *Caisse primaire « Aide et Protection »**).

Cela n'empêche pas leurs actes de pouvoir être administratifs.

6 **II.** — Après avoir considéré le rôle de ces organismes, l'arrêt *Monpeurt* détermine *le statut de leurs décisions :* il y voit de véritables *actes administratifs* (A) dont le contentieux relève de la *juridiction administrative* (B).

A. — Les comités d'organisation étant « *chargés de participer à l'exécution d'un service public* », « *les décisions qu'ils sont amenés à prendre dans la sphère de ces attributions, soit par voie de règlement, soit par des décisions d'ordre individuel, constituent des actes administratifs* ». Ainsi la *nature administrative d'un acte* est dissociée de la nature de son auteur (1°) ; elle est au contraire associée aux attributions de celui-ci (2°).

7 *1°)* Traditionnellement la notion d'acte administratif s'entendait d'acte émané de l'administration et, plus précisément, d'une personne publique (collectivité publique ou établissement public). Désormais un acte administratif peut émaner d'une personne privée. Tel est le cas par exemple :

– des actes adoptés par des organismes professionnels ou économiques (outre l'arrêt *Magnier*, préc., CE, Sect., 28 juin 1946, *Morand*, Rec. 183 ; S. 1947.3.19, note P.M. ; – Sect., 6 oct. 1961, *Fédération nationale des huileries métropolitaines*, Rec. 544 ; v. n° 7.6 ; – Ass., 30 mars 1962, *Association nationale de la meunerie*, Rec. 233 ; D. 1962.630, concl. M. Bernard ; S. 1962.178, concl. ; AJ 1962.286, chr. Galabert et Gentot) ;

– des actes adoptés par des organismes sociaux (TC 22 avr. 1974, *Directeur régional de la sécurité sociale d'Orléans c. Blanchet*, Rec. 791 ; Dr. soc. 1974.495, concl. Blondeau ; D. 1975.107, note Lachaume ; JCP 1974.II.17856, note Saint-Jours) ou des groupements d'intérêt économique constitués pour agir au nom et pour le compte de caisses de sécurité sociale (TC 23 sept. 2002, *Sociétés Sotrame et Metalform c. GIE Sesam-Vitale*, Rec. 550 ; BJCP 2003, n° 26, p. 48, concl. Bachelier ; AJ 2002.1437, chr. Donnat et Casas) ;

– des actes adoptés par des organismes sportifs (CE, Sect., 22 nov. 1974, *Fédération des industries françaises d'articles de sport*, Rec. 577, concl. J. Théry ; v. n° 7.6 ; – Sect., 15 mai 1991, *Association « Girondins de Bordeaux Football Club »*, Rec. 180, concl. Pochard ; 9 juill. 2015, *Football Club des Girondins de Bordeaux*, Rec. 239 ; BJCP 2015.414, concl. Bourgeois-Machureau ; CE 23 oct. 2020, *SA Olympique lyonnais*, Rec. 1022) ;

– des actes adoptés par des organismes de chasse (CE, Sect., 7 juill. 1978, *Ministre de la qualité de la vie c. Vauxmoret*, Rec. 295 ; TC

24 sept. 2001, *Bouchot-Plainchant c. Fédération départementale des chasseurs de l'Allier*, Rec. 746 ; AJ 2002.155, concl. Arrighi de Casanova) ;

– des actes de la Fondation pour la cité universitaire (CE 15 oct. 1982, *Melle Mardirossian*, Rec. 348) ;

– des actes d'une entreprise publique (TC 15 janv. 1968, *Époux Barbier**).

8 *2°)* La nature administrative des actes des comités d'organisation résulte, selon l'arrêt *Monpeurt*, de ce qu'ils sont pris « dans la sphère (des) attributions » des comités, « chargés de participer à l'exécution d'un service public ».

Le critère du service public est donc à lui seul déterminant pour reconnaître un acte administratif, que l'acte soit réglementaire ou individuel. L'arrêt *Monpeurt* confirme ainsi l'importance de la notion de service public en droit administratif, dans le prolongement des arrêts TC 8 févr. 1873, *Blanco**, CE 6 févr. 1903, *Terrier**, CE 4 mars 1910, *Thérond**.

D'autres arrêts rendus à propos d'organismes privés mettent encore l'accent sur la relation de leurs actes avec le service public, soit qu'ils contribuent à son exécution (*Morand, Association nationale de la meunerie, Directeur régional de la sécurité sociale d'Orléans c. Blanchet*, préc.), soit qu'ils touchent à son organisation (*Époux Barbier**, préc.), soit, plus généralement, qu'ils soient « accomplis dans l'exercice d'une mission de service public ».

A fortiori des actes adoptés par des organismes publics au titre du service public sont, de ce seul chef, administratifs (par ex. CE, Ass., 13 juill. 1967, *Allegretto*, Rec. 315 ; D. 1968.47, concl. Galabert ; AJ 1967.534, chr. Massot et Dewost ; TC 22 avr. 1974, *Directeur régional de la sécurité sociale de Nancy c. Dame Léotier*, Rec. 792 ; Dr. soc. 1974.493, concl. Braibant ; D. 1974.773, note Lachaume ; JCP 1974.II.17856, note Saint-Jours).

9 Pourtant, quel que soit le rôle du critère du service public dans l'identification de l'acte administratif, il n'exclut pas celui de prérogatives de puissance publique, indirectement ou directement.

Tout d'abord, la présence de prérogatives de puissance publique permet de reconnaître un service public dans une activité d'intérêt général confiée par les pouvoirs publics à un organisme (v. nos obs. sous l'arrêt *Caisse primaire « Aide et Protection »**). Elle a été expressément relevée par M. Ségalat dans ses conclusions sur l'arrêt *Monpeurt* : si un acte est administratif comme pris dans la sphère des attributions de service public dont est chargé cet organisme, ces attributions comportent elles-mêmes des prérogatives de puissance publique.

En second lieu, le critère de la puissance publique peut s'ajouter voire se substituer à celui du service public pour reconnaître à un acte une nature administrative. Certains arrêts ne se contentent pas de considérer qu'une mesure est prise pour l'exécution d'un service public ; ils ajoutent qu'elle l'est en vertu des prérogatives de puissance publique attribuées à l'organisme (*Magnier, Fédération des industries françaises d'articles de sport, Mardirossian*, préc.). D'autres ne mentionnent même que la présence de prérogatives de puissance publique, sans faire mention du service public (*Fédération nationale des huileries métropolitaines*). D'autres enfin, tout en reconnaissant qu'un organisme privé est chargé d'une mission de service public, refusent de voir un acte administratif dans une mesure qui « ne ressortit à l'exercice d'aucune prérogative de puissance publique » (CE 17 févr. 1992, *Société Textron*, Rec. 66 ; v. nº 7.6).

La jurisprudence récente confirme qu'un acte adopté par un organisme de droit privé est administratif par le cumul de deux conditions : la mission de service public dans le cadre duquel il est pris, l'exercice d'une prérogative de puissance publique (TC 24 sept. 2001, *Bouchot-Plainchant c. Fédération départementale des chasseurs de l'Allier*, préc. ; – 13 déc. 2004, *Société Guibor EURL c. Société Euronext Paris*, Rec. 520 ; JCP E 2005.783, note Touboul ; – 30 déc. 2013, *SIEMP de la ville de Paris*, Rec. 340 ; AJ 2014.2189, note D. Costa).

Ainsi l'acte administratif reste autant un acte de puissance publique qu'un acte de service public.

L'arrêt *Monpeurt,* dès lors qu'est admise la nature administrative des actes des comités d'organisation, ne fait pas de distinction selon qu'ils ont un caractère réglementaire ou individuel : dans les deux cas, ils sont également administratifs.

À ce sujet la jurisprudence ultérieure devait apporter des précisions fondées sur le caractère du service public à la réalisation duquel contribuent les actes. Si le service public a un caractère administratif, la solution de l'arrêt *Monpeurt* reste toujours valable : toutes les décisions unilatérales, réglementaires ou non, sont des actes administratifs. En revanche, si le service public est industriel et commercial, seuls ses actes réglementaires sont administratifs, non les autres (v. nos obs. sous TC 15 janv. 1968, *Époux Barbier**).

10 *B.* — La reconnaissance de la nature administrative des décisions des organismes privés entraîne *la compétence de la juridiction administrative* pour statuer sur les recours dirigés contre eux (1º) ; cette compétence ne s'exerce pas pour autant sur tout le contentieux de ces organismes (2º).

1º) Le principal intérêt de l'identification d'un acte administratif est de permettre de le contester devant la juridiction administrative, notamment par la voie du recours pour excès de pouvoir.

En admettant que les actes d'organismes privés sont des actes administratifs, le Conseil d'État a permis de les attaquer devant la juridiction administrative. La solution a un intérêt à la fois pratique et théorique.

D'une part, elle permet d'assurer le contrôle du juge administratif sur des décisions qui, si elles lui avaient échappé, n'auraient pu sans doute être soumises au respect de la légalité avec toute la rigueur désirable.

D'autre part, elle fait apparaître la qualité d'autorité administrative des organismes en cause. L'article 9 de la loi du 24 mai 1872, encore en vigueur lors de l'arrêt *Monpeurt* disposait : « le Conseil d'État statue souverainement... sur les demandes d'annulation pour excès de pouvoir formées contre les actes des diverses autorités administratives ». Si les actes d'organismes de droit privé sont susceptibles de recours pour excès de pouvoir, c'est qu'ils émanent d'autorités administratives.

La légalité de ces actes peut être également mise en cause devant le juge administratif à l'occasion d'actions en responsabilité.

Dans ses conclusions sur l'arrêt *Monpeurt,* M. Ségalat avait reconnu « la juridiction administrative compétente tant pour en apprécier la légalité que pour se prononcer sur leurs conséquences dommageables ». La seconde hypothèse ne devait être effectivement confirmée qu'une quarantaine d'années plus tard (CE 23 mars 1983, *SA Bureau Véritas*, Rec. 134 ; v. n° 1.5) : « *la société anonyme Bureau Véritas doit être regardée comme participant à l'exécution du service public de la sécurité aérienne ; ... elle se trouvait investie de prérogatives de puissance publique ; ... la juridiction administrative est compétente pour connaître des litiges relatifs aux dommages causés par cette société dans l'exercice des prérogatives de puissance publique qui lui ont été conférées pour l'exécution de la mission de service public dont elle est investie* » (également TC 23 sept. 2002, *Sociétés Sotrame et Metalform c. GIE Sesam-Vitale*, v. n° 48.7).

11 *2°)* La compétence du juge administratif à l'égard des organismes privés chargés d'une mission de service public se trouve limitée.

Elle peut l'être par l'effet d'une disposition législative, comme c'est le cas pour les sociétés d'aménagement foncier et d'établissement rural (SAFER) créées en vertu de la loi d'orientation agricole du 5 août 1960, qui disposent dans certaines conditions d'un droit de préemption sur les fonds agricoles : contrairement à la solution adoptée par le Conseil d'État (Sect., 13 juill. 1968, *Capus*, Rec. II ; D. 1968.674, concl. Bertrand ; JCP 1969.II.15719, note Ourliac et de Juglart ; AJ 1968.577, note J.D.M.), le Tribunal des conflits (après partage, sous la présidence du garde des Sceaux) a considéré que l'appréciation de la régularité des décisions de préemption relève de la compétence judiciaire, la compétence de la juridiction administrative se limitant aux actes de tutelle par lesquels les commissaires du gouvernement institués auprès de ces sociétés ou les ministres qu'ils représentent approuvent ces décisions (TC 8 déc. 1969, *Arcival et autres c. SAFALT* et *SAFER de Bourgogne c. Époux Soyer et Valla*, Rec. 695, concl. Kahn et Schmelck ; RD publ. 1970.187, concl. ; JCP 1970.II.16285, note Fleuriet et Y. Gaudemet ; D. 1970. chr. 9, chr. Sabourin ; AJ 1970.92, chr. Denoix de Saint Marc et Labetoulle ; CJEG 1970.45, note A.C. ; AJPI 1970.226, note Mégret).

12 La jurisprudence elle-même dénie compétence à la juridiction administrative pour d'autres contentieux.

Dans ses conclusions sur l'arrêt *Monpeurt,* M. Ségalat avait affirmé : « *le fonctionnement interne du comité, ses rapports avec le personnel, les actes de la vie civile qu'il accomplit... relèvent du droit privé et rentrent, par suite, dans la compétence des tribunaux judiciaires* ».

Les arrêts ultérieurs devaient confirmer cette opinion :

– à propos du fonctionnement interne (CE, Sect., 28 juin 1946, *Morand*, préc. ; – 19 déc. 1984, *Automobile Club de Monaco*, Rec. 426 ; RFDA 1985.257, concl. Denoix de Saint Marc ; TC 9 févr. 2015, *Union interprofessionnelle CFDT de Saint-Pierre-et-Miquelon*, Rec. 602), et spécialement des actes unilatéraux que ces organismes ne prennent pas pour l'accomplissement de leur mission de service public ni en vertu de prérogatives de puissance publique (CE 19 déc. 1988, *Mme Pascau*, Rec. 459 ; G.P. 1989.2.589, concl. Vigouroux ; AJ 1989.271, note J. Moreau ; D. 1990. SC. 280, obs. Dudognon) ;

– à propos des rapports avec le personnel (CE 4 avr. 1962, *Chevassier*, Rec. 244 ; v. n° 7.5 ; TC 4 mai 1987, *Melle Egloff*, Rec. 448 ; AJ 1987.446, chr. Azibert et de Boisdeffre ; JCP 1988.II.20955, note Plouvin) ;

– à propos des contrats conclus avec d'autres personnes privées (v. nos obs. sous l'arrêt TC 9 mars 2015, *Mme Rispal c. Société des autoroutes du Sud de la France**) ;

– à propos de la responsabilité extra-contractuelle, lorsque l'activité dommageable ne comporte pas l'exercice de prérogatives de puissance publique (CE, Sect., 13 oct. 1978, *Association départementale pour l'aménagement des structures agricoles du Rhône*, Rec. 368 ; v. n° 1.5 ; TC 25 juill. 1982, *Dame Cailloux*, Rec. 449, concl. Labetoulle ; AJ 1982.720, note Pécheul ; RD publ. 1983.819, note de Soto ; TC 3 juill.2017, *Jashari c. Association de réinsertion sociale – service d'accueil et d'orientation de Nancy*, Rec. 521).

En définitive, la solution et les virtualités de l'arrêt *Monpeurt* ont été confirmées par la suite. Si les circonstances dans lesquelles le Conseil d'État a statué ont disparu, les principes qu'il a posés restent inchangés.

49

COMPÉTENCE
ORDRES PROFESSIONNELS

Conseil d'État Ass., 2 avril 1943, *Bouguen*
(Rec. 86 ; D. 1944.52, concl. Lagrange, note Jacques Donnedieu de Vabres ; S. 1944.3.1, concl., note Mestre ; JCP 1944.II.2565, note Célier ; GCJA, vol. 2, n° 3, concl.)

Sur la compétence : Cons. qu'il résulte de l'ensemble des dispositions de la loi du 7 oct. 1940, en vigueur à la date de la décision attaquée, et notamment de celles qui prévoient que les réclamations contre les décisions du Conseil supérieur de l'ordre des médecins prises en matière disciplinaire et en matière d'inscription au tableau seront portées devant le Conseil d'État par la voie du recours pour excès de pouvoir, que *le législateur a entendu faire de l'organisation et du contrôle de l'exercice de la profession médicale un service public ; que, si le Conseil supérieur de l'ordre des médecins ne constitue par un établissement public, il concourt au fonctionnement dudit service ;* qu'il appartient au Conseil d'État de connaître des recours formés contre les décisions qu'il est appelé à prendre en cette qualité et notamment contre celles intervenues en application de l'art. 4 de la loi précitée, qui lui confère la charge d'assurer le respect des lois et règlements en matière médicale ; que, par suite, le docteur Bouguen est recevable à déférer au Conseil d'État une décision par laquelle le Conseil supérieur a confirmé l'interdiction qui lui avait été faite de tenir des cabinets multiples et lui a ordonné de fermer son cabinet de Pontrieux ;

Sur la légalité de la décision attaquée : Sans qu'il soit besoin de statuer sur les autres moyens de la requête : – Cons. que les dispositions de l'art. 27, alin. 2, du Code de déontologie arrêté par le Conseil supérieur de l'ordre des médecins, en vertu desquelles il est interdit à un médecin installé dans une commune d'établir une consultation dans une autre commune, ont pour objet de déterminer l'une des règles générales applicables à la répartition géographique des cabinets médicaux ; qu'elles excèdent ainsi les limites des attributions conférées au Conseil supérieur de l'ordre par l'art. 4 de la loi précitée du 7 oct. 1940 qui le charge seulement d'édicter tous règlements d'ordre intérieur nécessaires pour atteindre les buts qui lui sont fixés ; que, par suite, en se fondant exclusivement, pour ordonner la fermeture du cabinet de consultations tenu à Pontrieux par le docteur Bouguen, médecin oto-rhino-laryngologiste, sur ledit texte et sur les instructions émises pour son application, sans examiner d'ailleurs, ainsi que l'y invitaient expressément les dispositions mêmes de l'article précité, si la situation particulière dudit cabinet n'était pas de nature à justifier son maintien, le Conseil départemental de l'ordre des médecins des Côtes-du-Nord a pris une décision qui manque de base légale ; que, dès lors, le docteur Bouguen est fondé à soutenir qu'en confirmant ladite décision le Conseil supérieur a commis lui-même un excès de pouvoir ; ... (Annulation).

OBSERVATIONS

L'arrêt Bouguen *étend les principes des arrêts* Caisse primaire « Aide et Protection »* *et* Monpeurt* *à d'autres organismes, tels les ordres professionnels, qui ne sont pas intégrés aux structures administratives mais exercent des fonctions administratives.*

1 La question posée était de savoir si le Conseil d'État était compétent pour connaître d'un litige soulevé par la décision du Conseil supérieur de l'ordre des médecins refusant à un médecin de maintenir un cabinet secondaire dans une commune autre que celle où il était installé. Le commissaire du gouvernement Lagrange montra que l'ordre des médecins, en dépit de son caractère corporatif, exécutait un véritable service public : sa mission ne concerne pas seulement la défense des intérêts professionnels mais, avant tout, l'organisation et la discipline de la profession dans un but d'intérêt général ; le législateur « *a entendu faire de l'organisation et du contrôle de cette profession un service public qui confère aux décisions prises par les organismes professionnels, dans toute la mesure où ils participent à l'exécution du service, le caractère d'actes administratifs* ». La compétence de la juridiction administrative s'impose donc sans qu'il soit besoin « de rechercher si l'organisme duquel émane la décision attaquée... constitue un établissement public ou une institution privée ».

Le sens profond de la question est souligné par le commissaire du gouvernement : « *Le pays qui a su soumettre la puissance publique elle-même au contrôle juridictionnel ne saurait tolérer qu'y échappent tels ou tels organismes investis du pouvoir de créer, d'appliquer ou de sanctionner des règlements, sous le prétexte qu'on serait en présence d'un droit autonome ou d'un droit* sui generis ». Il faut soumettre le « *pouvoir professionnel* » à des modes de contrôle qui ont fait leur preuve dans le cas de la puissance publique et assurer la survivance du principe selon lequel « *toute règle doit être assortie d'une sanction et sa violation permettre à la victime de trouver un juge* ».

L'arrêt *Bouguen* a été rendu en ce sens ; comme il l'avait fait dans l'arrêt *Monpeurt* pour les comités d'organisation, le Conseil d'État considère, d'une part, que, si les ordres professionnels ne constituent pas des établissements publics, ils participent au service public institué par le législateur, d'autre part, que les décisions qu'ils prennent à ce titre sont des actes administratifs susceptibles d'être attaqués devant le juge administratif par la voie du recours pour excès de pouvoir (v. nos obs. sous l'arrêt *Monpeurt**).

Si, sur le fond, l'arrêt *Bouguen* est dépassé comme l'est l'arrêt *Monpeurt*, compte tenu des modifications ultérieures de la législation, la solution de principe n'en reste pas moins actuelle en ce qui concerne tant *la compétence du juge administratif* à l'égard des ordres professionnels (I) que *le contrôle* exercé sur leurs actes et leurs activités (II).

2 **I.** — La *compétence* de la juridiction administrative à l'égard des ordres professionnels est indépendante de leur qualification juridique : s'il est certain que ce ne sont pas des établissements publics, il n'a jamais été affirmé explicitement que ce sont des personnes privées. Pourtant la jurisprudence qui, à propos d'autres organismes professionnels, a parlé explicitement de personnes de droit privé (v. nos obs. sous l'arrêt *Monpeurt**), conduit à faire pencher plutôt en ce sens la qualification des ordres professionnels.

Cela n'empêche pas leur contentieux de relever du juge administratif en ce qui concerne leurs *actes unilatéraux*, leurs *décisions juridictionnelles* et leur *responsabilité*.

– Tout d'abord, peuvent être déférés à la juridiction administrative leurs *actes administratifs unilatéraux*, c'est-à-dire ceux qu'ils prennent dans l'accomplissement de la mission de service public dont les a chargés le législateur.

Il peut s'agir d'actes individuels, notamment concernant l'inscription au tableau de l'ordre (CE, Ass., 12 déc. 1953, *de Bayo*, Rec. 544 ; RPDA 1954.3, concl. Chardeau ; AJ 1954.II.138, note de Soto et II *bis*, chr. Gazier et Long ; GCJA, vol. 2, n° 22, concl.) ou la cessation d'une activité (CE 9 juill. 1958, *Eon*, Rec. 427 ; D. 1958.697, concl. Guldner).

Les actes réglementaires des ordres professionnels relèvent *a fortiori* de la compétence du juge administratif (par ex. CE 31 janv. 1969, *Union nationale des grandes pharmacies de France*, Rec. 54 ; AJ 1969.161, chr. Dewost et Denoix de Saint Marc ; D. 1969.360, note Guibal ; Dr. soc. 1970.137, note Bazex ; RTDSS 1969.187, note J.-M. Auby ; – Sect., 14 févr. 1969 *Association syndicale nationale des médecins exerçant en groupe ou en équipe*, Rec. 96 ; JCP 1969.II.15849, note Savatier ; Dr. soc. 1969.273, concl. Baudouin ; RTDSS 1969.177, concl. ; AJ 1969.161, chr. Dewost et Denoix de Saint Marc).

Tous ces actes peuvent faire l'objet soit de recours pour excès de pouvoir soit d'exception d'illégalité.

3 – D'autres décisions ont une *nature juridictionnelle*. Leur identification est parfois délicate (v. l'arrêt *de Bayo*, préc. ; Sect., 24 mai 1974, *Diot*, Rec. 306). Elle est liée au pouvoir disciplinaire que le législateur a attribué aux ordres professionnels. Ils l'exercent dans des formations qui sont de véritables juridictions administratives. Les sanctions qu'ils infligent en dernier ressort relèvent, conformément au principe établi par l'arrêt *d'Aillières** du 7 févr. 1947, du Conseil d'État par la voie du recours en cassation (par ex. Ass., 2 juill. 1993, *Milhaud*, Rec. 194, concl. Kessler ; v. n° 87.2).

4 – Enfin la *responsabilité* de l'ordre (ou plus exactement de ses organes ayant la personnalité juridique) peut être engagée devant la juridiction administrative (CE, Sect., 5 déc. 1947, *Froustey*, Rec. 464 ; S. 1948.3.9., note M.L. ; – Sect., 1er oct. 1954, *Delle Costier*, Rec. 504 ;

Dr. soc. 1955.81, concl. Laurent ; JCP 1954.II.8446, note R. Savatier ; AJ 1954.II.442. note Dubisson ; – 12 juin 1987, *Preyval*, Rec. 210 ; D. 1988. SC. 165, obs. Moderne et Bon).

5 **II.** — La compétence du Conseil d'État permet d'exercer un *contrôle approfondi*, de censurer notamment les atteintes abusives portées à la liberté des membres de la profession et de protéger les tiers contre certaines tendances conservatrices et particularistes des ordres, sur le terrain de la *légalité* (A) et sur celui de la *responsabilité* (B).

A. — La *légalité* des actes des ordres professionnels a pu ainsi être garantie dans le cadre tant du recours pour excès de pouvoir que du recours en cassation.

Les codes de déontologie et autres règles professionnelles élaborés soit par le gouvernement avec ou sans le concours des ordres soit par les ordres eux-mêmes ont donné lieu à plusieurs annulations, notamment pour incompétence (par ex. CE 31 janv. 1969, *Union nationale des grandes pharmacies*, préc. : incompétence de l'ordre ; – 16 mars 1988, *Lasry*, Rec. 122 : incompétence du ministre et violation des principes généraux du droit ; CE, Ass., 29 juill. 1950, *Comité de défense des libertés professionnelles des experts-comptables brevetés par l'État* ; Rec. 492 ; RD publ. 1951.212, concl. R. Odent, note M. Waline ; Dr. soc. 1950.391, note Rivero ; RA 1950.471, note Liet-Veaux : atteinte à la liberté des membres de l'Ordre par l'interdiction d'engager des démarches et réclamations en dehors des organes de l'Ordre).

Les refus d'inscription à l'ordre (par ex. CE, Ass., 22 janv. 1982, *Conseil régional de Paris de l'ordre des experts-comptables*, Rec. 28 ; AJ 1982.402, concl. Franc), les refus d'autorisation (par ex. CE, Sect., 3 mai 1982, *Conseil départemental de l'ordre des médecins de l'Essonne*, Rec. 167, à propos de l'ouverture d'un cabinet secondaire), les refus d'approbation (CE 21 févr. 1973, *Cottes*, Rec. 163, à propos des clauses d'un contrat de présentation de clientèle), les mises en demeure de cesser une activité (même arrêt), les mesures de suspension (CE, Sect., 24 mai 1974, *Diot*, préc.) ont donné lieu à un contentieux abondant, dans lequel le juge exerce désormais un contrôle normal (v. nos obs. sous l'arrêt CE 4 avr. 1914, *Gomel**).

6 En ce qui concerne les mesures disciplinaires, le Conseil d'État exerce un contrôle poussé sur le caractère fautif des agissements incriminés (Ass., 12 avr. 1957, *Dévé*, Rec. 266 ; S. 1957.241, concl. Gazier ; D. 1957.336, concl. ; AJ 1957.II.275, chr. Fournier et Braibant et II.317, concl. ; à propos d'une expérimentation sur un sujet après sa mort : – 2 juill. 1993, *Milhaud*, préc. ; à propos de l'inoculation de substances létales à des patientes : CE, Ass., 30 déc. 2014, *Bonnemaison*, Rec. 444, concl. Keller ; v. n° 51.10 ; à propos des procédés publicitaires d'un médecin : CE 15 mars 2017, *Cohen*, Rec. 787 ; à propos de messages polémiques contestant une vaccination obligatoire : CE 24 juill. 2019, *Conseil national de l'Ordre des médecins*, Rec. 1980). Il est amené à rechercher, pour l'application des lois d'amnistie, si ces agissements sont contraires à l'honneur ou à la probité (4 déc. 1956, *Dame Baudin*, Rec. 478 ; AJ 1957.II.99, chr. Fournier et Braibant ; – Sect., 28 janv. 1994, *Cohen*, Rec. 35 ; RFDA 1994.443, concl. Bonichot).

Il contrôle également la régularité de la procédure suivie devant les juridictions disciplinaires (Sect., 18 févr. 1955, *Offner*, Rec. 101 ; RPDA 1955.80, concl. Laurent) et la motivation de leurs décisions (CE 7 déc. 1993, *Mme Barbotin*, Rec. 998 ; JCP 1994.II.22247, concl. Schwartz).

Le contentieux des sanctions disciplinaires infligées par les ordres professionnels est une particulière illustration du degré de contrôle du Conseil d'État comme juge de cassation (v. nos obs. sous l'arrêt CE 2 févr. 1945, *Moineau**).

7 *B.* — Le Conseil d'État a également censuré ces comportements sur le terrain de la *responsabilité*.

À ce sujet l'exercice des fonctions administratives des ordres professionnels ne soulève pas de difficulté particulière. Elles donnent lieu à indemnisation pour faute simple ; les condamnations sont parfois lourdes (CE 5 déc. 1947, *Froustey*, préc. ; – 1er oct. 1954, *Delle Costier*, préc. ; – 12 juin 1987, *Preyval*, préc.).

Pour les sanctions disciplinaires infligées par les ordres professionnels, en raison de leur caractère juridictionnel se pose la question de savoir si et de qui elles peuvent engager la responsabilité : elle trouve une réponse dans l'arrêt *Mme Popin** du 27 févr. 2004.

*
* *

8 Le juge administratif exerce les mêmes contrôles sur les organisations qui, sans être érigées en ordre, ont un pouvoir professionnel portant sur l'accès à la profession ou son exercice (CE 17 nov. 2004, *Société d'exercice libéral Landwell, Société d'avocats EY Law*, Rec. 427 ; JCP 2004.II.10137, note Bandrac, et 10188, concl. Aguila ; AJ 2005.319, note Pontier ; D. 2004.2740, note Blanchard) et permettent d'infliger des sanctions allant jusqu'à l'interdiction (CE, Sect., 26 nov. 1976, *Fédération française de cyclisme*, Rec. 513 ; v. no 7.6 ; – Sect., 18 mars 1977, *Dame Meaux*, Rec. 158 ; AJ 1977.46, concl. Massot).

La Haute assemblée a été par là même amenée à défendre les droits et libertés des individus contre l'arbitraire des institutions professionnelles comme elle les défend depuis longtemps contre l'arbitraire de l'État.

Ainsi, si « le Conseil national des barreaux est investi par la loi d'un pouvoir réglementaire, qui s'exerce en vue d'unifier les règles et usages des barreaux et dans le cadre des lois et règlements qui régissent la profession », « ce pouvoir trouve cependant sa limite dans les droits et libertés qui appartiennent aux avocats et dans les règles essentielles d'exercice de la profession » : a donc été annulée une disposition permettant aux avocats de domicilier une partie de leur activité dans les locaux d'une entreprise, au risque de les placer dans une situation de dépendance matérielle et fonctionnelle vis-à-vis de celle-ci (CE 29 janv. 2018,

Conférence des Bâtonniers et autres, Rec. 11 ; AJ 2018.634, concl. L. Dutheillet de Lamothe).

La juridiction administrative n'est en revanche pas compétente à l'égard d'organismes qui soit n'ont qu'un rôle de gestion d'une profession et n'exercent aucun pouvoir sur ses membres, tant en ce qui concerne leur inscription qu'en matière disciplinaire (TC 13 févr. 1984, *Cordier*, Rec. 447 ; LPA 14 nov. 1984, concl. Labetoulle ; RD publ. 1994.1139, note R. Drago ; RA 1984.588, note Pacteau ; – 16 mai 1994, *Guez c. Chambre nationale de discipline des commissaires aux comptes*, Rec. 601), soit, même s'ils exercent un pouvoir disciplinaire sur leurs membres, ne le font pas dans le cadre d'une mission de service public (CE 19 mars 2010, *Chotard*, Rec. 81 ; AJ 2010.1443, note Lapouble).

50

PRINCIPES GÉNÉRAUX DU DROIT
DROITS DE LA DÉFENSE

Conseil d'État Sect., 5 mai 1944, ***Dame Veuve Trompier-Gravier***
(Rec. 133 ; D. 1945.110, concl. Chenot, note de Soto ; RD publ. 1944.256, concl., note Jèze ; GCJA, vol. 2, nº 7, concl.)

Cons. qu'il est constant que la décision attaquée, par laquelle le préfet de la Seine a retiré à la dame veuve Trompier-Gravier l'autorisation qui lui avait été accordée de vendre des journaux dans un kiosque sis boulevard Saint-Denis à Paris, a eu pour motif une faute dont la requérante se serait rendue coupable ;

Cons. qu'eu égard au caractère que présentait, dans les circonstances susmentionnées, le retrait de l'autorisation et à la gravité de cette sanction, *une telle mesure ne pouvait légalement intervenir sans que la dame veuve Trompier-Gravier eût été mise à même de discuter les griefs formulés contre elle ;* que la requérante, n'ayant pas été préalablement invitée à présenter ses moyens de défense, est fondée à soutenir que la décision attaquée a été prise dans des conditions irrégulières par le préfet de la Seine et est, dès lors, entachée d'excès de pouvoir ; ... (Annulation).

OBSERVATIONS

L'arrêt Dame Trompier-Gravier *fait partie, au sujet des droits de la défense, des arrêts qui ont lancé la jurisprudence sur les principes généraux du droit, appelée à se développer, notamment avec l'arrêt* Société des concerts du Conservatoire* *et l'arrêt* Syndicat général des ingénieurs-conseils*.

1 **I.** — Par cet arrêt, le Conseil d'État a consacré expressément un principe que des décisions antérieures avaient déjà esquissé et qui allait connaître une grande fortune dans la jurisprudence ultérieure : « lorsqu'une décision administrative prend le caractère d'une sanction et qu'elle porte une atteinte assez grave à une situation individuelle, la jurisprudence exige que l'intéressé ait été mis en mesure de discuter les motifs de la mesure qui le frappe » (concl. Chenot). Cette extension aux décisions administratives d'une règle de procédure fondamentale en

matière juridictionnelle (v. CE 20 juin 1913, *Téry**), facilitée par les dispositions législatives relatives à la discipline des fonctionnaires, constitue l'une des applications les plus remarquables de la théorie des principes généraux du droit (v. nos obs. sous l'arrêt du 9 mars 1951, *Société des concerts du Conservatoire**).

Le respect des « droits de la défense » n'est normalement exigé, en l'absence de texte, que lorsque la mesure présente le caractère d'une sanction et que cette sanction est suffisamment grave. En l'espèce, la dame Trompier-Gravier, qui bénéficiait de l'autorisation de vendre des journaux dans un kiosque du boulevard Saint-Denis, s'était vue retirer celle-ci, pour avoir voulu extorquer des fonds à son gérant ; la mesure étant motivée, non par l'intérêt de la voirie, mais par une faute alléguée à l'encontre de l'intéressée, elle aurait dû être préalablement mise en mesure de discuter les griefs formulés contre elle.

II. — Le domaine d'intervention du principe des droits de la défense en matière administrative a été en s'élargissant sous l'action de la jurisprudence prolongée elle-même, dans le cas des mesures de police, par l'évolution des textes.

1. — Dans la perspective dégagée par le commissaire du gouvernement Chenot le principe doit recevoir application à des mesures présentant le caractère de sanction. Mais tout en restant fidèle à cette orientation initiale, la jurisprudence n'a pas limité la portée des droits de la défense à cette seule hypothèse.

2 *a)* Entrent tout naturellement dans le champ d'application du principe les mesures d'éviction ou de licenciement qui constituent des sanctions ou sont prises en considération de la personne qui en est l'objet. Le Conseil d'État l'a jugé dans les domaines les plus divers : épuration administrative (CE, Ass., 26 oct. 1945, *Aramu*, Rec. 213 ; S. 1946.3.1., concl. R. Odent ; EDCE 1947.48, concl. ; GADLF, n° 52 ; D. 1946.158, note G. Morange) ; éviction d'un agent public d'un emploi à la discrétion du gouvernement en raison de la personne de l'intéressé (CE, Sect., 20 janv. 1956, *Nègre*, Rec. 24 ; D. 1957.319. concl. Guionin) ; mesures de mise en congé spécial d'office (CE, Ass., 23 oct. 1964, *d'Oriano*, Rec. 486 : v. n° 72.9) ; licenciement d'un agent auxiliaire prononcé en fonction de la personne de l'intéressé (CE, Sect., 9 déc. 1955, *Ministre des PTT c. Garysas*, Rec. 585) ; licenciement d'un agent public pour inaptitude physique (CE, Sect., 26 oct. 1984, *Centre hospitalier général de Firminy c. Mme Chapuis*, Rec. 342 ; RD publ. 1985.209, concl. Labetoulle).

3 *b)* Le respect du principe s'impose également à l'administration lorsqu'elle entend opérer le retrait d'une qualité ou d'un avantage en considération de la personne du bénéficiaire. Tel est le cas pour les décisions administratives individuelles entravant l'exercice d'une activité professionnelle (Sect., 8 janv. 1960, *Ministre de l'intérieur c. Rohmer et Faist*, Rec. 12 ; RD publ. 1960.333, concl. Braibant ; – Sect., 8 nov. 1963,

Ministre de l'agriculture c. Société coopérative d'insémination artificielle de la Vienne, Rec. 532 ; D. 1964.492, note Maestre ; AJ 1964.28 chr. Fourré et Puybasset ; – Ass., 13 juill. 1967, *Allegretto*, Rec. 315 ; D. 1968.47, concl. Galabert) ; pour le retrait de la reconnaissance d'utilité publique d'un groupement (CE, Ass., 31 oct. 1952, *Ligue pour la protection des mères abandonnées*, Rec. 480), ou encore pour le retrait d'un agrément fiscal accordé à une entreprise (CE, Sect., 25 oct. 1985, *Société des plastiques d'Alsace*, Rec. 300 ; RJF 1985.797, concl. Chahid-Nouraï ; D. 1986.IR. 146, obs. Llorens).

4 *c)* Si, pendant longtemps le Conseil d'État a estimé que les décisions par lesquelles l'administration refuse une autorisation ou un avantage ne sont pas, sauf texte contraire, soumises au principe (CE, Sect., 16 mars 1979, *Ministre du travail c. Stephan*, Rec. 120 ; AJ 1979, n° 12, p. 46, concl. contr. Galabert), la jurisprudence impose cependant son respect lorsqu'une décision refusant l'agrément d'un agent public (CE 6 avr. 1992, *Procureur de la République c. Pirozelli*, Rec. 150) ou rejetant une demande d'exercice d'une profession réglementée est prise en considération de la personne de l'intéressé et repose sur des faits qui ne sont pas mentionnés dans sa demande (CE 25 nov. 1994, *Palem*, Rec. 753).

Elle n'en continue pas moins d'écarter l'application du principe en cas de refus de titularisation d'un agent public stagiaire à l'issue de son stage, en raison du caractère probatoire et provisoire de ce dernier (CE, Sect., 3 déc. 2003, *Mme Mansuy*, Rec. 469 ; AJ 2004.30, concl. Guyomar ; RFDA 2004.1014, note Mahinga).

5 *d)* Ainsi, dès lors que la décision revêt un caractère de gravité suffisante et qu'elle est prise en fonction du comportement de la personne concernée ou de ses activités, l'administration doit respecter le principe.

En dehors du droit de la fonction publique, le Conseil d'État a exigé le respect des droits de la défense préalablement à la résiliation d'un contrat (CE, Sect., 19 mars 1976, *Ministre de l'économie et des finances c. Bonnebaigt*, Rec. 167), à la dissolution d'un organisme d'HLM (CE 24 avr. 1964, *SA coopérative d'habitation à bon marché de Vichy*, Rec. 244), au déclassement d'un vin d'appellation (CE, Sect., 9 mai 1980, *Société des Établissements Cruse*, Rec. 217 ; AJ 1980.482, concl. Genevois ; Gaz. Pal. 1980.2.749, note Rozier et Thévenin ; D. 1980.IR. 557, obs. P. Delvolvé) ou encore à l'édiction d'une mesure privant un distributeur de bière de la possibilité de se porter acquéreur d'entrepôts (CE, Sect., 9 avr. 1999, *Société Interbrew France*, Rec. 117 ; CJEG 1999.214, concl. Stahl).

Atténuant quelque peu l'exigence tirée du comportement de la personne concernée ou de ses activités, le Conseil d'État impose le respect des droits de la défense lorsqu'une réglementation prévoit qu'un prélèvement est assis sur la base d'éléments qui doivent être déclarés par le redevable et que l'administration fixe le montant de ce prélèvement en retenant des éléments autres que ceux ressortant de la déclaration de l'intéressé (CE, Sect., 7 déc. 2001, *SA Ferme de Rumont*, Rec. 138 ; RFDA 2002.46, concl. Séners).

Dans le droit de la fonction publique, le Conseil d'État considère, en s'inspirant des termes de l'article 65 de la loi du 22 avr. 1905, que les droits de la défense doivent être respectés pour la plupart des mesures prises en considération de la personne des intéressés : mutation d'un officier décidée en considération de faits personnels (CE, Ass., 21 juin 1974, *Gribelbauer*, Rec. 356, concl. Braibant ; AJ 1974.429, chr. Franc et Boyon) ; placement d'office et par anticipation d'un officier général dans la 2e section (CE 26 avr. 1967, *Ploix*, Rec. 176) ; mise en disponibilité non disciplinaire d'un officier général (CE, Sect., 23 juin 1967, *Mirambeau*, Rec. 213) ; radiation d'un magistrat de la liste d'aptitude (CE, Sect., 5 nov. 1976, *Zervudacki*, Rec. 477).

2. — La jurisprudence a cependant posé deux limites à l'application du principe, qui ont été partiellement remises en cause par le décret du 28 nov. 1983 puis par la loi du 12 avr. 2000.

6 *a)* Le principe ne s'applique pas, sauf texte contraire, lorsqu'est prise une mesure de police, au motif que celle-ci revêt un caractère préventif sans constituer pour autant une sanction. Dans le silence des textes, n'étaient donc pas soumises au principe des droits de la défense les mesures prises dans l'intérêt de l'ordre, de la santé ou de la sécurité publique. Il en allait ainsi par exemple du retrait du visa des spécialités pharmaceutiques décidé dans l'intérêt de la sauvegarde de la santé publique (CE, Sect., 25 avr. 1958, *Société « Laboratoires Geigy »*, Rec. 236, concl. Heumann ; AJ 1958.II.227, chr. Fournier et Combarnous) ainsi que des mesures de police prises dans l'intérêt de l'ordre public : fermeture d'un débit de boissons (CE 11 déc. 1946, *Dames Hubert et Crépelle*, Rec. 300) ; mesures de police prises en vertu de l'état d'urgence institué par la loi du 3 avr. 1955 (CE, Ass., 16 déc. 1955 *Dame Bourokba*, Rec. 590 ; v. no 114.2) ; dissolution d'une association sur le fondement de la loi du 10 janv. 1936 (Ass., 21 juill. 1970, *Krivine*, Rec. 499 ; AJ 1970.607, chr. Labetoulle et Cabanes ; D. 1970.633, note Broutin ; JCP 1971.II.16672, note Loschak).

7 Toutefois, d'abord en vertu de l'article 8 du décret du 28 nov. 1983, aujourd'hui abrogé, puis de l'art. 24 de la loi du 12 avr. 2000, de portée générale, ne peuvent légalement intervenir qu'après que l'intéressé a été mis à même de présenter ses observations, les décisions administratives qui doivent être motivées sur le fondement de la loi du 11 juill. 1979, ce qui englobe notamment les mesures de police. L'article 8 du décret puis l'art. 24 de la loi, repris aux articles L. 121-1 et L. 121-2 du Code des relations entre le public et l'administration, réservent les cas d'urgence, de circonstances exceptionnelles ainsi que les nécessités de l'ordre public et de la conduite des relations internationales. C'est dans le cadre de ces nouvelles dispositions que le Conseil d'État a été conduit à faire application à certaines mesures de police du principe des droits de la défense : dissolution d'une association (CE 26 juin 1987, *Fédération* *d'action nationale et européenne*, Rec. 235 ; LPA 31 juill. 1987, note Pacteau ; AJ 1987.679 obs. Prétot ; D. 1989.168 note C.S.) ; interdiction de vente aux mineurs et d'exposition de publications (CE 19 janv. 1990, *Société française des revues SFR*, Rec. 553 ; AJ 1990.93, chr. Honorat et Baptiste).

Néanmoins le principe général des droits de la défense n'implique pas que les personnes faisant l'objet d'une enquête administrative préalablement à leur recrutement par certaines entreprises de transport, soient mises à même de présenter leurs observations avant que l'autorité administrative émette son avis au vu du résultat de l'enquête (CE 1er juin 2018, *Confédération générale du travail et autres*, Rec. 533 ; Constitutions 2018.285, note Domingo).

8 *b)* Le respect du principe n'est pas non plus exigé dans les hypothèses où l'administration ne porte aucune appréciation sur le comportement d'un administré ou d'un agent public et se borne à tirer les conséquences juridiques d'une situation à caractère objectif. Il en va ainsi de l'éviction d'un agent nécessairement impliquée par son échec à un examen (CE 26 mars 1982, *Delle Sarrabay*, Rec. 521 ; RA 1982.389, note Pacteau), de la rétrogradation d'un club de football consécutive à la mise en règlement judiciaire de la personne morale qui en est le support (CE, Sect., 12 juill. 1991, *Ministre de la jeunesse et des sports et association nouvelle des Girondins de Bordeaux*, Rec. 285, concl. Pochard ; RFDA 1992.203, note Simon) ou de la constatation de la caducité d'une autorisation administrative (CE, Sect., 22 mars 1996, *Société NRJ, SA*, Rec. 91 ; RD publ. 1996.1762, concl. Fratacci).

Un raisonnement identique avait été adopté à propos du retrait d'un acte administratif opéré pour des motifs de légalité (CE, Sect., 20 févr. 1953, *Dame Cozic-Savoure*, Rec. 86). Mais cette solution a été infléchie depuis qu'en vertu des dispositions conjuguées de l'art. 8 du décret du 28 nov. 1983 et de la loi du 11 juill. 1979, le retrait d'un acte créateur de droits, qui doit être motivé en la forme, ne peut intervenir sans que la personne concernée ait été mise à même de présenter ses observations (CE 28 janv. 1991, *Ministre des affaires sociales et de l'emploi c. Melle Lopez*, Rec. 672).

9 **III.** — Les droits de la défense comportent essentiellement trois aspects. En premier lieu, l'intéressé doit être informé qu'une procédure est engagée contre lui et doit recevoir communication des griefs invoqués à son encontre ; cette information, qui doit le mettre en mesure de présenter utilement sa défense, doit intervenir dans un délai raisonnable avant l'édiction de la sanction ou de la mesure le concernant, c'est-à-dire ni trop tôt (CE, Sect., 8 nov. 1963, *Ministre de l'agriculture c. Société coopérative d'insémination artificielle de la Vienne*, préc. nº 50.3), ni trop tard (CE, Sect., 20 janv. 1956, *Nègre*, préc. nº 50.2). Ainsi, le délai dont il dispose pour préparer sa défense doit être suffisant. En deuxième lieu, en vertu des textes relatifs à la profession d'avocat, l'intéressé a, en matière disciplinaire, droit à l'assistance d'un avocat sauf lorsque celle-ci est incompatible avec le fonctionnement de l'organisme en cause ou est exclue par les dispositions statutaires régissant les personnes intéressées (CE, Sect., 4 mai 1962, *Lacombe*, Rec. 300 ; AJ 1962.289, chr. Galabert et Gentot ; – Sect., 8 nov. 1963, *Ministre de l'agriculture c. Latour*, Rec. 532 ; AJ 1964.28, chr. Fourré et Puybasset). Enfin, lorsque le texte applicable prévoit que l'intéressé a droit à la communication de son dossier personnel, cette communication doit être intégrale.

Lorsqu'une enquête administrative a été diligentée sur le comportement d'un agent public, y compris si elle a été confiée à un corps d'inspection, le rapport établi à l'issue de l'enquête ainsi que les procès-verbaux des auditions des personnes entendues sur le comportement de l'agent font partie des pièces du dossier dont ce dernier doit recevoir communication, sauf si la communication serait de nature à porter gravement préjudice aux personnes qui ont témoigné (CE 5 févr. 2020, *Decottignies*, Rec. 24 ; AJ 2020.802, concl. L. Dutheillet de Lamothe ; RFDA 2021.535, note Landros-Fournalès).

S'agissant des mesures à caractère de sanction, le respect du principe général des droits de la défense exige que la personne concernée soit informée avec une précision suffisante avant le prononcé de la sanction des griefs formulés à son encontre et « puisse avoir accès aux pièces au vu desquelles les manquements ont été retenus », à tout le moins lorsqu'elle en fait la demande (CE 19 juin 2020, *Société Google LLC*, Rec. 229).

10 **IV.** — La Charte des droits fondamentaux de l'Union européenne, qui s'impose aux États membres lorsqu'ils mettent en œuvre le droit de l'Union, proclame dans son article 41, paragraphe 2, « *le droit de toute personne d'être entendue avant qu'une mesure individuelle qui l'affecterait défavorablement ne soit prise à son encontre* ».

Le Conseil d'État a appliqué ces dispositions de façon pragmatique en jugeant, à propos de la procédure d'éloignement des étrangers en situation irrégulière, que si le préfet, avant de prendre une décision portant obligation de quitter le territoire doit mettre l'intéressé en mesure d'être entendu, il était satisfait à cette exigence dans l'hypothèse où l'obligation de quitter le territoire est prise concomitamment à un refus de titre de réjouir lui-même précédé du respect du droit d'être entendu (CE 4 juin 2014, *Halifa*, Rec. 152 ; JCP Adm. 2014.2355, note Marti ; AJ 2014.1501, concl. Domino).

Pareille interprétation n'a pas été jugée contraire au droit de l'Union européenne (CJUE 5 nov. 2014, *Mme Mukarubega*, aff. C-166/13 ; AJ 2014.2158).

11 **V.** — Dans sa partie législative annexée à l'ordonnance du 23 oct. 2015, le Code des relations entre le public et l'administration a traduit l'état du droit résultant aussi bien des textes que de la jurisprudence, au sujet des décisions administratives soumises au respect d'une procédure préalable contradictoire (articles L. 121-1 et L. 121-2), dont sont précisées les modalités de mise en œuvre (articles L. 122-1 et L. 122-2).

51

RECOURS EN CASSATION

Conseil d'État Sect., 2 février 1945, *Moineau*
(Rec. 27 ; D. 1945.269, note Colliard ; S. 1946.3.9, note L'Huillier)

Cons. qu'il ne ressort pas des pièces du dossier au vu duquel a statué la chambre de discipline de l'ordre national des médecins que sa décision soit fondée sur des faits matériellement inexacts ;

Cons., d'autre part, que l'appréciation que la chambre de discipline a faite de la valeur de certaines méthodes pratiquées par le sieur Moineau échappe au contrôle du juge de cassation ;

Cons. enfin que, compte tenu de cette appréciation souveraine, les actes reprochés au requérant étaient de nature à motiver le refus de son inscription au tableau de l'ordre des médecins ; ... (Rejet).

OBSERVATIONS

L'arrêt Moineau *établit le cadre du contrôle exercé en cassation par le Conseil d'État. Son importance apparaîtra avec la reconnaissance du caractère de droit commun du pourvoi en cassation contre les décisions rendues en dernier ressort par les juridictions administratives et avec l'élargissement du rôle de cassation du Conseil d'État par la loi du 31 décembre 1987.*

1 Le sieur Moineau avait, sous l'empire des lois de Vichy réservant l'exercice des professions médicales aux membres de l'ordre des médecins institué par la loi du 7 oct. 1940, sollicité son inscription au tableau de cet ordre. Le conseil régional refusa de l'inscrire, estimant qu'il ne remplissait pas les conditions de moralité professionnelle qui étaient exigées ; le refus fut confirmé par la chambre de discipline du conseil national de l'ordre. L'intéressé attaqua cette décision devant le Conseil d'État, conformément à l'art. 38 de la loi du 10 sept. 1942. Le Conseil d'État avait déjà été appelé à se prononcer sur des recours formés contre des décisions émanant du conseil supérieur de l'ordre des médecins et les avait traités comme des recours pour excès de pouvoir (2 avr. 1943, *Bouguen**). Les modifications apportées par la loi du 10 sept. 1942,

chargeant de l'inscription des médecins les conseils régionaux et, en appel, la chambre de discipline de l'ordre national, non seulement composée de médecins, mais présidée par un conseiller d'État et statuant selon une procédure contradictoire garantissant les droits de la défense, ont conduit le Conseil d'État à voir dans cet organisme une juridiction statuant en dernier ressort, dont les décisions relèvent de son contrôle par la voie du recours en cassation (*cf.* nos obs. sous l'arrêt *d'Aillières**, 7 févr. 1947). Par la suite l'arrêt *de Bayo* du 12 déc. 1953 (Rec. 544 ; v. n° 49.2) fait relever du recours pour excès de pouvoir toutes les décisions prises en matière d'inscription au tableau. Mais l'arrêt *Moineau* demeure important, parce que dans ses trois paragraphes d'une brièveté et d'une clarté remarquables *le Conseil d'État a défini la nature et l'étendue de ses pouvoirs de juge de cassation.*

La chambre de discipline s'était fondée sur les méthodes suivies par le docteur Moineau en matière de diagnostic pour refuser de l'inscrire au tableau de l'ordre.

Le Conseil d'État a d'abord accepté de vérifier, d'après les pièces du dossier, la matérialité des faits retenus à l'encontre du docteur Moineau ; il a vérifié si les faits appréciés par le juge du fond étaient de nature à motiver sa décision ; mais il ne s'est pas reconnu le pouvoir de contrôler l'appréciation donnée de ces faits par le juge du fond.

Depuis l'arrêt *Moineau*, le recours en cassation revêt une importance considérable avec les réformes du contentieux administratif réalisées par le décret du 30 sept. 1953 et surtout par la loi du 31 déc. 1987 : désormais le Conseil d'État apparaît comme étant normalement un juge de cassation. En effet, s'il n'en est pas disposé autrement, le contentieux administratif relève en premier ressort des tribunaux administratifs et en appel des cours administratives d'appel : les arrêts de celles-ci sont déférés au Conseil d'État par la voie du recours en cassation (art. 10 de la loi du 31 déc. 1987 – art. L. 821-1 CJA). Dans plusieurs procédures, notamment de référé, les décisions des tribunaux administratifs ne peuvent faire l'objet que d'un pourvoi en cassation devant le Conseil d'État.

Le recours en cassation, loin de connaître l'agonie qu'avait pu, un temps, annoncer la doctrine, bénéficie d'un renouveau. Les arrêts rendus à son sujet depuis le 1er janv. 1989 ont prolongé les éléments de la jurisprudence antérieure sur *l'étendue du contrôle de cassation* (I) et sa *portée* (II).

2 **I.** — *Le contrôle de cassation* peut, comme celui de l'excès de pouvoir, être analysé en considérant les aspects externes (A) et internes (B) de la décision attaquée.

A. — En ce qui concerne ses aspects *externes, l'incompétence* ne peut guère soulever de difficultés que lorsque la juridiction se compose de plusieurs sections spécialisées (v. par ex. CE, Sect., 6 déc. 1957, *Conseil central des pharmaciens d'officine (Section A)*, Rec. 664). Le *vice de forme* tient au contraire une place très importante parmi les cas d'ouverture du recours en cassation, notamment au double point de vue de la violation des droits de la défense et de l'insuffisance des motifs de la décision attaquée.

La procédure juridictionnelle doit être *contradictoire* (CE 20 juin 1913, *Téry** ; – 7 févr. 1947, *d'Aillières**). Les membres de la juridiction doivent être impartiaux (CE 30 nov. 2016, *Dessale*, Rec. 890).

Le Conseil d'État, comme la Cour de cassation (22 déc. 1922, S. 1924.I.235), exerce sur la *motivation* des décisions qui lui sont déférées un contrôle sévère, qui porte sur l'*existence* même de la motivation (l'obligation de motiver s'impose pour toutes les décisions de justice : CE 23 nov. 1979, *Landsmann*, Rec. 430) et sur le *contenu* de la motivation. Deux aspects peuvent être relevés à ce sujet. L'un concerne l'obligation pour le juge du fond de se prononcer sur toutes les conclusions et sur tous les moyens soulevés, à l'exception des moyens inopérants (CE, Sect., 25 mars 1960, *Boileau*, Rec. 234 ; AJ 1960.I.95, chr. Combarnous et Galabert ; GACA, n° 64). L'autre concerne la qualité de la motivation : elle doit être suffisante pour justifier le dispositif de la décision et « mettre le juge de cassation à même d'exercer le contrôle de légalité qui lui appartient » (CE, Ass., 20 févr. 1948, *Dubois*, Rec. 87 ; D. 1948.557, note P.L.J.).

3 Cette obligation impose d'établir que les circonstances retenues sont de celles qui permettent d'appliquer ou d'écarter les dispositions en cause. Il en est ainsi notamment en matière de sanction (CE, Ass., 20 févr. 1948, *Dubois*, préc.). Dans le prolongement des solutions applicables à l'ancien sursis à exécution des décisions administratives, (v. nos obs. sous CE 18 janv. 2001, *Commune de Venelles**, et 5 mars 2001, *Saez**), le juge du référé-suspension doit indiquer, d'une part, le moyen propre à créer, en l'état de l'instruction, un doute sérieux quant à la légalité de la décision (CE 14 mars 2001, *Ministre de l'intérieur c. Massamba*, Rec. 1099 ; comp. – Sect., 5 nov. 1993, *Commune de Saint-Quay-Portrieux*, Rec. 306 ; RFDA 1994.43, concl. Schwartz ; AJ 1993.844, chr. Maugüé et Touvet), d'autre part, « les raisons de droit ou de fait pour lesquelles soit il considère que l'urgence justifie la suspension de l'acte attaqué soit il estime qu'elle ne la justifie pas » (CE, Sect., 25 avr. 2001, *Association des habitants du littoral du Morbihan*, Rec. 220 ; RFDA 2001.849, concl. Lamy ; RD publ. 2002.962, obs. Guettier).

4 ***B.*** — Le contrôle de la *légalité interne* de la décision attaquée est plus délicat, car le juge de cassation, tout en devant veiller au respect de la règle de droit par le juge du fond, ne doit pas devenir un troisième degré de juridiction : il « n'est pas le juge du litige mais celui du jugement qui a statué sur le litige » (concl. Stahl sur CE, Sect., 22 avr. 2005, *Commune de Barcarès*, Rec. 170 ; BJDU 2005.201 et RFDA 2005.557).

L'attitude du Conseil d'État depuis 1989 tend à laisser aux cours administratives d'appel une liberté d'appréciation conforme à leur statut et à leur rôle, tout en garantissant le maintien de l'unité du droit. Cette nécessité est bien marquée par l'arrêt (Sect.) du 27 mars 1998, *Société d'assurances La Nantaise et l'Angevine réunies* (Rec. 109 ; RFDA 1998.732, concl. Bergeal, note Bourrel), à propos d'un cahier des clauses administratives générales approuvé par décret : si « *les stipulations de celui-ci ne s'appliquent qu'aux marchés qui s'y réfèrent expressément, ces stipulations sont, en raison des conditions de leur élaboration, de leur portée et de leur approbation par l'autorité administrative, appelées à s'appliquer à un grand nombre de marchés sur l'ensemble du territoire national ; il appartient, dès lors, au juge de cassation, qui a pour mission d'assurer l'application uniforme de la règle de droit, de contrôler l'interprétation que les juges du fond ont donnée des stipulations dudit cahier* » (dans le même sens CE 9 avr. 2010, *Société Vivendi*, Rec. 860 ; v. n° 20.3) – alors que normalement l'interprétation d'un contrat relève de l'appréciation souveraine du juge du fond, sous réserve de dénaturation que contrôle le juge de cassation (CE, Sect., 10 avr. 1992, *SNCF c. Ville de Paris*, Rec. 168 ; RFDA 1992.79, concl. Tabuteau).

Le même équilibre est recherché dans le contentieux de l'excès de pouvoir, à l'égard duquel le rôle du Conseil d'État en cassation n'a pu commencer à se développer que depuis son attribution complète aux cours administratives d'appel par la loi du 8 févr. 1995. En cette matière, le pourvoi en cassation présente des particularités, notamment lorsque la décision juridictionnelle attaquée prononce l'annulation d'un acte administratif par des moyens dont l'un quelconque peut suffire à la justifier : si le juge de cassation doit rejeter le pourvoi, il « ne saurait, sauf à méconnaître son office, prononcer ce rejet sans avoir, au préalable, censuré celui ou ceux de ces motifs qui étaient erronés » (*Commune de Barcarès*). Ainsi la revue de tous les motifs du jugement ou de l'arrêt attaqué permet d'éviter que soient maintenus ceux qui n'étaient pas fondés : c'est une garantie de la légalité, qui est l'objet même du recours pour excès de pouvoir, donc du recours en cassation exercé dans ce contentieux.

On peut distinguer théoriquement trois aspects du contrôle de la légalité interne du jugement ou de l'arrêt qui fait l'objet du pourvoi en cassation : la violation directe de la règle de droit, l'erreur de droit, les erreurs relatives aux faits. Avant de reprendre chacun de ces éléments, on doit observer que leur distinction est elle-même relative : entre la méconnaissance directe de la règle de droit et l'erreur de droit, entre l'erreur de droit et l'erreur dans la qualification juridique des faits ou leur dénaturation, il peut exister seulement des nuances que les formules des arrêts ne permettent pas toujours de relever.

5 *1. — La violation directe de la règle de droit* est sanctionnée très normalement par le juge de cassation puisque son rôle est essentiellement de veiller au respect du droit par les juges du fond. On en a une illustration ancienne avec la méconnaissance de l'autorité de la chose jugée (CE 8 juill. 1904, *Botta**).

À ce sujet, le Conseil d'État (Sect., 16 févr. 2018, *Mme Thomas*, Rec. 41, concl. Crépey ; AJ 2018.852, chr. Roussel et Nicolas ; RFDA 2018.1091, note Simon et Sourzat), rappelant « *l'autorité de la chose jugée appartenant aux décisions des juges répressifs devenues définitives qui s'impose aux juridictions administratives* » pour « *la constatation matérielle des faits mentionnés dans le jugement et qui sont le support nécessaire du dispositif* », a précisé que « *le moyen tiré de la méconnaissance de cette autorité, qui présente un caractère absolu, est d'ordre public et peut être invoqué pour la première fois devant le Conseil d'État, juge de cassation, ... même si le jugement pénal est intervenu postérieurement à la décision de la juridiction administrative frappée de pourvoi devant le Conseil d'État* ».

2. — *L'erreur de droit* comporte principalement trois formes : – méconnaissance par le juge du fond de ses propres pouvoirs : ainsi, lorsqu'il méconnaît « les pouvoirs du juge des contrats, qui ne peut prononcer la déchéance d'un concessionnaire que si celui-ci a commis une faute d'une particulière gravité » (CE 12 mars 1999, *SA Méribel 92*, Rec. 61 ; v. n° 20.8) ; – application d'un texte ou d'une règle qui ne s'appliquait pas (par ex. en matière de responsabilité, exigence d'une faute lourde, alors qu'une faute simple suffisait : CE, Ass., 9 avr. 1993, *D.*, Rec. 110, concl. Legal ; v. n° 85.2 ; exigence d'une faute alors que la responsabilité de l'administration est engagée sans faute : CE, Ass., 26 mai 1995, *Consorts Nguyen, Jouan et consorts Pavan*, Rec. 221 ; v. n° 85.4), ou au contraire inapplication d'un texte ou d'une règle qui devait s'appliquer (CE 5 déc. 2005, *Mann Singh*, Rec. 545 ; v. n° 44.1 : erreur consistant à ne pas avoir soulevé d'office un moyen d'incompétence) ; – prise en considération d'éléments sans incidence sur l'affaire (CE, Sect., 17 janv. 1992, *Université de Dijon c. Mmes Picard et Brachet*, Rec. 24) ou au contraire absence d'examen de ceux qui étaient nécessaires pour adopter la décision (CE, Sect., 28 juill. 1993, *Ministre de la défense c. Stefani*, Rec. 231 ; AJ 1993.685, chr. Maugüé et Touvet, et 746, obs. J. Moreau).

À l'égard des ordonnances rendues par le juge des référés, « eu égard à l'office » que les articles L. 511-1 et L. 521-1 CJA attribuent à celui-ci, le contrôle exercé en cassation sur l'erreur de droit se limite aux hypothèses d'une lourde erreur (CE, Sect., 29 nov. 2002, *Communauté d'agglomération Saint-Étienne Métropole*, Rec. 421 ; Justice et cassation, 2005, p. 259, concl. Vallée ; AJ 2003.278, chr. Donnat et Casas ; GACA, n° 17).

6 *3.* — C'est à propos des *faits* que le juge de cassation doit être le plus attentif à ne pas se transformer en juge du fond. Il n'en examine pas moins leur matérialité et leur qualification juridique. Il ne contrôle pas leur appréciation, sous réserve de leur dénaturation.

a) Selon l'arrêt *Moineau*, le Conseil d'État contrôle la *matérialité* des faits, c'est-à-dire si les faits relevés par le juge du fond existaient matériellement, à l'instar du contrôle effectué dans le recours pour excès de pouvoir (CE 14 janv. 1916, *Camino**) et à la différence de celui qu'exerce la Cour de cassation. L'erreur matérielle doit exclusivement ressortir des pièces du dossier ; elle ne peut être décelée par de nouvelles investigations du juge de cassation (CE 28 juill. 1993, *Consorts*

Dubouloz, Rec. 250 ; RFDA 1994.36, concl. Bonichot ; AJ 1993.685, chr. Maugüé et Touvet).

7 *b)* Le contrôle de la *qualification juridique* des faits peut être comparé à celui qui est entrepris dans le recours pour excès de pouvoir (CE 4 avr. 1914, *Gomel**) tout en distinguant selon que le recours en cassation porte sur des jugements ou arrêts rendus hors recours pour excès de pouvoir ou sur ceux qui l'ont été sur recours pour excès de pouvoir.

Dans les contentieux autres que celui de l'excès de pouvoir, le Conseil d'État considère par exemple qu'en matière de responsabilité, relèvent de la qualification juridique le caractère fautif d'un comportement de l'administration (CE 9 avr. 1993, *D.*, préc.), le caractère exceptionnellement dangereux d'un ouvrage public (CE 5 juin 1992, *Ministre de l'équipement, du logement et de la mer c. Époux Cala*, Rec. 225 ; RFDA 1993.68, concl. Le Chatelier ; AJ 1992.650, chr. Maugüé et Schwartz), le caractère direct du lien entre les faits constatés et le préjudice (CE 26 nov. 1993, *SCI Les jardins de Bibemus*, Rec. 327).

Dans le contentieux de l'excès de pouvoir, le Conseil d'État considère qu'il lui appartient de contrôler en cassation la qualification au regard de la législation d'urbanisme d'un équipement (CE 29 oct. 1997, *Commune de Toulouges*, Rec. 380), d'un espace remarquable (CE 7 avr. 2021, *Commune de Sète*, n° 428233), celle d'un bien au sens du Code civil et de la législation sur les monuments historiques (CE 24 févr. 1999, *Société Transurba*, Rec. 33), celle du harcèlement moral infligé par un supérieur à ses subordonnés (CE 21 nov. 2014, *Chambre de commerce et d'industrie de Nice-Côte d'Azur*, Rec. 720), celle d'une insuffisance professionnelle justifiant un licenciement (CE 20 mai 2016, *Communauté urbaine de Strasbourg*, Rec. 180 ; AJ 2016.1533, concl. Cortot-Boucher), celle de la « raison impérative d'intérêt public majeur » pouvant justifier une dérogation à la protection d'espèces animales et végétales (CE 3 juin 2020, *Ministre de la transition écologique, Société La Provençale*, Rec. 856), mais est laissé au juge du fond, sous réserve de dénaturation, le point de savoir s'il existe ou non une autre solution satisfaisante (CE 15 avr. 2021, *Société pour la protection des paysages et de l'esthétique de la France*, n° 430500). Pour l'autorisation de consultation anticipée d'archives publiques, « l'appréciation portée… par le juge de l'excès de pouvoir est soumise, devant le juge de cassation, au contrôle de la qualification juridique des faits » (CE, Ass., 12 juin 2020, *Graner*, Rec. 214 ; v. n° 39.9). Les deux types de contrôle se rejoignent.

Le rapprochement du contrôle de cassation exercé par le Conseil d'État dans le contentieux de l'excès de pouvoir et de celui qu'il exerce lorsqu'il est lui-même saisi comme juge de l'excès de pouvoir est marqué dans les cas où la légalité d'une décision est commandée par sa proportionnalité. C'est ainsi que le Conseil d'État vérifie en cassation : la qualification de l'utilité publique d'une opération (CE, Sect., 3 juill. 1998, *Mme Salva-Couderc*, Rec. 297 ; v. n° 77.9) ; le degré d'atteinte au droit d'un étranger au respect de sa vie familiale (CE, Sect., 11 juin 1999,

Ministre de l'intérieur c. El Mouhaden, Rec. 176 ; *Cheurfa*, Rec. 177 ; AJ 1999.789, chr. Fombeur et Guyomar ; v. – 8 déc. 1978, *GISTI** ; pour le licenciement d'un salarié protégé, selon trois arrêts de Section du 11 juin 1999 (*Prouvost, Mme Chicard, Société « Les Grands Moulins de Strasbourg »*, Rec. 180 et s., concl. Bachelier ; AJ 1999.789, chr. Fombeur et Guyomar), la réalité du motif économique, le degré de faute ainsi que la nature des responsabilités dans l'entreprise, pouvant le justifier.

Le contrôle de la qualification juridique des faits est guidé par la volonté d'éviter des incertitudes et des contradictions dans l'application du droit par les juges du fond : il s'agit d'assurer la cohérence du droit, au regard de la généralité d'une règle. Lorsque les faits d'une espèce sont prédominants, ils ne relèvent que d'une appréciation.

8 *c)* L'*appréciation des faits* par les juges du fond est *souveraine* : elle échappe au contrôle du juge de cassation. L'arrêt *Moineau* le dit expressément. Une jurisprudence abondante le confirme. Par exemple, c'est « par une appréciation souveraine des faits » que le juge du fond relève qu'une jeune fille porte « en permanence » et « avec intransigeance » un « carré de tissu de type bandana couvrant la chevelure » (CE 5 déc. 2007, *M. et Mme Ghazal*, Rec. 464 ; v. n° 22.6) – le caractère ostensible de l'appartenance religieuse induit par un tel comportement relevant de la qualification.

9 *d)* La *dénaturation* peut porter sur *les faits de la cause* (CE, Ass., 4 janv. 1952, *Simon*, Rec. 13, concl. Letourneur) (notamment, dans la procédure de référé, sur l'urgence : CE, Sect., 22 févr. 2002, *Société des pétroles Shell-Berre*, Rec. 59 ; CJEG 2002.454, concl. Lamy ; RD publ. 2003.467, note Guettier), sur les *pièces du dossier* (CE 3 oct. 2011, *Syndicat mixte des transports en commun (SMTC) Tisseo et Société de la mobilité de l'agglomération toulousaine (SMAT)*, Rec. 1062 ; AJ 2012.57, note Depigny ; CE 11 déc. 2020, *Société Copra Méditerranée*, Rec. 958, à propos d'une résiliation tacite d'un contrat administratif) et sur *les actes en cause* dans le litige : la dénaturation peut concerner notamment l'interprétation des clauses d'un contrat ou de la commune intention des parties (CE 10 avr. 1992, *SNCF c. Ville de Paris*, préc. ; – 10 mai 1995, *Centre hospitalier du Faucigny*, JCP 1995.II.22454, concl. Aguila).

Le juge de cassation peut ainsi censurer des erreurs grossières du juge du fond dans les domaines où celui-ci dispose d'un pouvoir « souverain ». Le contrôle de la dénaturation en cassation s'apparente à celui de l'erreur manifeste d'appréciation en excès de pouvoir.

Le contentieux contractuel illustre particulièrement la variété du degré de contrôle exercé en cassation, comme le montre parmi d'autres exemples l'arrêt du Conseil d'État du 6 déc. 2017, *Société Aera Impianti* (Rec. 772 ; BJCP 2018.165, concl. Henrard, note S. N.), qui, ne contrôlant ni l'appréciation souveraine des clauses du contrat ni celle de l'existence d'une intention dolosive d'un contractant, vérifie, outre l'erreur de droit consistant en la méconnaissance d'un texte applicable, la qualification d'une erreur ou d'un dol d'un cocontractant, celle des effets de la suppression d'une clause du contrat, et la dénaturation des clauses du contrat.

10 En matière disciplinaire le recours en cassation présente des particularités par rapport au recours pour excès de pouvoir.

La première est celle de la recevabilité du recours des tiers, spécialement de ceux qui ont déposé une plainte. Dans le contentieux disciplinaire ordinaire, relevant d'une autorité administrative, le recours pour excès de pouvoir contre le refus de donner suite à une plainte n'est pas recevable (par ex. CE, Sect., 10 juill. 1995, *Mme Laplace*, Lebon 302 ; v. n° 12.8) ; il ne l'est que si ce refus émane d'une autorité spécialement chargée de recueillir des plaintes (par ex. la CNIL : CE 28 mars 1997, *Solana*, Rec. 119) ou d'une « autorité administrative indépendante qui dispose en vertu de la loi d'un pouvoir de sanction qu'elle exerce de sa propre initiative et dont l'objet… consiste… à assurer la sécurité d'un marché », et seulement de la part des personnes intervenant sur ce marché (CE 30 nov. 2007, *Tinez c. Autorité de contrôle des assurances et autres*, Rec. 459 ; v. n° 8.7). Dans le contentieux disciplinaire relevant d'une juridiction (notamment d'une juridiction ordinale, telle une chambre disciplinaire de l'Ordre des médecins), le refus de la saisir peut faire l'objet d'un recours pour excès de pouvoir de la part de l'auteur de la plainte (CE 1er juin 2018, *Mme Zimmer*, Rec. 815).

Une deuxième différence, plus marquée, est celle du sort de la plainte qui a été accueillie. L'auteur de la plainte n'est pas recevable à intenter un recours pour excès de pouvoir contre la décision prise par l'autorité administrative (CE 21 juin 2018, *Loumi*, Rec. 819) ; il ne peut contester ni l'absence ni l'insuffisance de sanction ; si une sanction est prise, seule la personne qui en fait l'objet ou l'autorité de poursuite peut l'attaquer. En revanche, dans le contentieux disciplinaire relevant d'une juridiction, le plaignant a désormais la qualité de partie et peut ainsi notamment se pourvoir en cassation contre une décision abaissant le niveau d'une sanction (CE, Sect., 1er juill. 2019, deux arrêts, *Vignes et Mme Caput*, Rec. 286, *Mme Delorme*, Rec. 288 ; AJ 2019.1744, chr. Malverti et Beaufils ; JCP 2019.11662, note Seurot).

Enfin le contrôle de cassation de la sanction infligée par une juridiction disciplinaire se distingue du contrôle en excès de pouvoir de la sanction infligée par une autorité disciplinaire (v. nos obs. sous l'arrêt *Gomel* du 4 avr. 1914*, et CE, Ass., 13 nov. 2013, *Dahan*, Rec. 279, concl. Keller ; n° 27.11). Dans l'arrêt *Bonnemaison* du 30 déc. 2014 (Rec. 444, concl. Keller ; RFDA 2015.67, concl. ; AJ 2015.749, chr. Lessi et L. Dutheillet de Lamothe), rendu sur le pourvoi contre une décision de la chambre disciplinaire nationale de l'ordre des médecins ayant radié un médecin du tableau de l'ordre pour avoir pratiqué une injection létale sur trois patientes, le Conseil d'État identifie précisément les différents chefs de contrôle.

Les uns portent sur la régularité de la décision attaquée (signature, procédure, motivation). Les autres, portant sur son bien-fondé, sont particulièrement affinés ; ils sont distingués en trois éléments.

Le premier concerne la matérialité des faits : « *il appartient au juge de cassation de s'assurer que la décision des juges du fond a été légalement rendue, au vu des pièces du dossier soumis à leur examen* », et de censurer une éventuelle dénaturation.

Vient ensuite la question du principe de la sanction : le juge de cassation vérifie qu'il n'est entaché ni d'erreur de droit ni d'erreur de qualification juridique des faits reprochés à l'intéressé.

Enfin, « *si le choix de la sanction relève de l'appréciation des juges du fond au vu de l'ensemble des circonstances de l'espèce, il appartient au juge de cassation de vérifier que la sanction retenue n'est pas hors de proportion avec la faute commise et qu'elle a pu dès lors être légalement prise* ».

En excès de pouvoir, « *il appartient au juge de l'excès de pouvoir... de rechercher si les faits reprochés à un agent public ayant fait l'objet d'une sanction disciplinaire constituent des fautes de nature à justifier une sanction et si la sanction retenue est proportionnée à la gravité de ces fautes* » (CE, Ass., 13 nov. 2013, *Dahan*, Rec. 279 ; v. n° 26.11). C'est un contrôle de proportionnalité.

En cassation, « *la constatation et la caractérisation des faits reprochés à l'agent relèvent, dès lors qu'elles sont exemptes de dénaturation, du pouvoir souverain des juges du fond ; le caractère fautif de ces faits est susceptible de faire l'objet d'un contrôle de qualification juridique de la part du juge de cassation ; l'appréciation du caractère proportionné de la sanction au regard de la gravité des fautes commises relève, pour sa part, de l'appréciation des juges du fond et n'est susceptible d'être remise en cause par le juge de cassation que dans le cas où la solution qu'ils ont retenue quant au choix, par l'administration, de la sanction est hors de proportion avec les fautes commises* » (CE 27 févr. 2015, *La Poste*, Rec. 64 ; AJ 2015.1045, concl. Domino ; 18 juill. 2018, *Ministre de l'éducation nationale c. Thibon*, Rec. 367 ; AJ 2018.1979, note Orizet). C'est un contrôle de disproportionnalité (CE 11 déc. 2020, *Société Air France*, Rec. 465).

Un arrêt du 27 mars 2020, *Société Orange*, Rec. 955, fait clairement la distinction.

11 **II.** — *La portée* des arrêts rendus en cassation a été précisée par le Conseil d'État (Sect.) dans l'arrêt du 30 déc. 2005, *Commune de Beausoleil* (Rec. 410, concl. Verclytte ; BJDU 2005.431, concl., obs. Touvet ; JCP 2005.II.10175, concl. ; RFDA 2005.1141, concl. ; AJ 2005.2450, chr. Landais et Lenica) : « *en règle générale, les décisions prises par le juge de cassation ne sont revêtues que de l'autorité relative de la chose jugée* » (caractérisée par l'identité de parties, de cause et d'objet) ; « *il en va autrement lorsque le juge de cassation annule une décision juridictionnelle elle-même revêtue de l'autorité absolue ou la confirme par d'autres motifs* » (ce qui concerne principalement les décisions d'annulation rendues sur recours pour excès de pouvoir ; v. nos obs. sous CE 8 juill. 1904, *Botta** et 26 déc. 1925, *Rodière**).

Lorsqu'il censure la décision du juge du fond, le juge de cassation ne prononce pas nécessairement son annulation ni le renvoi de l'affaire pour être de nouveau jugée.

La cassation est évitée lorsque, la décision étant entachée d'une erreur de droit, le Conseil d'État peut procéder à une substitution de motif, voire à une substitution de base légale. Dans le premier cas, on trouve l'exemple d'un moyen qui avait été rejeté au fond par la cour administrative d'appel alors qu'il était inopérant (CE 20 mai 1994, *Gouelo*, Rec. 252). Le second cas est particulièrement illustré par l'arrêt CE, Ass., 2 juill. 1993, *Milhaud*, Rec. 194, concl. Kessler ; v. n° 87.2 : pour sanctionner un médecin qui avait pratiqué des expérimentations sur un mort, la section disciplinaire du conseil national de l'ordre des médecins s'est fondée à tort sur des dispositions du Code de déontologie qui ne peuvent s'appliquer qu'à des personnes vivantes, mais, les principes déontologiques fondamentaux relatifs au respect de la personne humaine interdisant des expérimentations sur un sujet après sa mort, la sanction reste justifiée.

Même lorsqu'une décision est cassée, le renvoi de l'affaire au juge du fond ne s'ensuit pas nécessairement. Deux hypothèses doivent être distinguées.

L'une tient à ce qu'il n'y a pas matière à renvoyer, parce qu'il n'y a pas de question à rejuger ou que la juridiction, compte tenu des conditions dans lesquelles elle a statué, ne peut statuer à nouveau sur l'affaire (par ex. CE, Sect., 20 oct. 2000, *Société Habib Bank*, Rec. 433, concl. Lamy ; v. n° 93.9).

L'autre résulte de l'article 11 de la loi du 31 déc. 1987 (art. L. 821-2 CJA), qui permet au Conseil d'État « de régler l'affaire au fond si l'intérêt d'une bonne administration de la justice le justifie » – ce que désormais la Cour de cassation peut également faire (loi du 18 nov. 2016 ; art. L. 411-3 CJA). Le Conseil d'État utilise cette possibilité pour éviter d'allonger les délais de jugement.

Lorsque, après cassation d'une décision, l'affaire est renvoyée, elle l'est devant une autre juridiction de même nature ou, le cas échéant, devant la même juridiction statuant dans une autre formation sauf impossibilité.

Si un second pourvoi en cassation est formé contre la décision rendue par la juridiction de renvoi et que le Conseil d'État y fait droit à nouveau, il statue définitivement sur l'affaire, comme le prévoit l'art. 11 de la loi du 31 déc. 1987 (par ex. CE 1er juin 2018, *Contant*, Rec. 728).

52

RESPONSABILITÉ
AUTORITÉS DE TUTELLE
OU DE CONTRÔLE

Conseil d'État Ass., 29 mars 1946, *Caisse départementale d'assurances sociales de Meurthe-et-Moselle c. État*
(Rec. 100 ; RD publ. 1946.490, concl. Lefas, note Jèze ; S. 1947.3.73, note Mathiot ; GAP, p. 229)

Cons. que le préjudice dont la Caisse départementale d'assurances sociales de Meurthe-et-Moselle demande réparation à l'État résulte du non-remboursement par la caisse du Crédit municipal de Bayonne d'un bon à ordre qu'elle avait souscrit et qui paraissait émis pour assurer le fonctionnement de cet établissement public communal : qu'il est constant que ce titre, dont la nullité n'est pas contestée, provient d'émissions frauduleuses réalisées par le sieur Stavisky avec la complicité de l'appréciateur et du directeur-caissier du crédit municipal ; que la caisse requérante soutient qu'elle est en droit de réclamer directement à l'État la réparation du préjudice subi, par les motifs, d'une part, que le ministre du travail aurait favorisé le placement des bons dont s'agit et, d'autre part, que les autorités de tutelle auraient gravement méconnu les obligations qui leur incombaient ;

Cons. que les lettres du ministre du travail et du directeur général des assurances sociales, critiquées par la requérante, se bornaient à indiquer que les bons émis par des caisses de crédit municipal étaient rangés par la loi au nombre des valeurs susceptibles de servir de placement aux caisses d'assurances sociales pour les fonds dont elles ont la gestion ; que, dès lors, elles ne sont pas de nature par elles-mêmes à justifier la demande d'indemnité formée par la Caisse départementale d'assurances sociales de Meurthe-et-Moselle ;

Mais cons. que les agissements criminels du sieur Stavisky et de ses complices n'ont été rendus possibles que par la *faute lourde* commise par le préfet des Basses-Pyrénées dans le choix du personnel dirigeant du Crédit municipal de Bayonne lors de sa création en 1931 et dans le maintien en fonctions de ce personnel, ainsi que par la négligence prolongée des différents services de l'État qui sont chargés du contrôle de ces établissements publics communaux et qui n'ont procédé que tardivement aux investigations de toute nature que l'ampleur anormale des opérations du Crédit municipal de Bayonne leur commandait de faire ; que la caisse requérante est fondée à soutenir que ces fautes sont de nature à engager la responsabilité de l'État ;

Cons. qu'il sera fait une exacte appréciation de la part de responsabilité incombant à ce dernier, compte tenu, d'une part, de l'imprudence commise par la caisse requérante, qui aurait dû montrer plus de circonspection dans l'acquisition du bon litigieux, ainsi que des conditions irrégulières dans lesquelles elle a décidé cette acquisition, d'autre part, des fautes commises par la ville de Bayonne, telles qu'elles ont été reconnues par une décision du Conseil d'État en date de ce jour, en condamnant l'État à payer à la caisse départementale d'assurances sociales de Meurthe-et-Moselle une indemnité correspondant au quart du montant du bon litigieux et s'élevant, par suite, à 250 000 F ;

Sur les intérêts : Cons. que ladite somme doit porter intérêts à compter du 26 mars 1934, date de la réception de la demande d'indemnité par le ministre des finances ;

Sur les intérêts des intérêts : Cons. que la caisse requérante a demandé la capitalisation des intérêts le 1er déc. 1937 ; qu'à cette date il était dû au moins une année d'intérêts ; qu'il y a donc lieu, par application de l'art. 1154 c. civ., de faire droit à ses conclusions ; ... (Décision en ce sens).

OBSERVATIONS

La condition de la faute lourde qu'établit l'arrêt Caisse départementale... de Meurthe-et-Moselle *pour la responsabilité des services de contrôle sera progressivement atténuée voire supprimée, comme elle le sera pour d'autres services, notamment par l'arrêt* Époux V*.

1 Cet arrêt est l'une des nombreuses décisions de justice relatives à la tristement célèbre affaire Stavisky. La Caisse de crédit municipal de Bayonne (familièrement, Mont-de-Piété) s'était procuré sous la forme d'émissions de bons à ordre de très importants fonds de roulement. Or ces émissions étaient frauduleuses (sur le détail de l'opération, v. les concl. du commissaire du gouvernement Lefas). Elles avaient été réalisées par Stavisky avec la complicité d'agents municipaux et grâce à la négligence de la municipalité de Bayonne, chargée par la loi d'exercer une surveillance étroite sur la gestion financière de la caisse de crédit municipal, ainsi qu'à celle du préfet et des divers services de l'État investis d'un pouvoir de contrôle à l'égard de la caisse. Les souscripteurs de bons, dont l'émission atteignait plusieurs centaines de millions de francs, ne pouvant espérer obtenir une réparation des coupables eux-mêmes en raison de leur insolvabilité, s'adressèrent à l'État et à la ville de Bayonne en invoquant les fautes commises par leurs services dans l'exercice de leurs pouvoirs de contrôle. L'arrêt reproduit statue sur le recours formé contre l'État par une caisse d'assurances sociales qui avait souscrit à des bons ; une décision du même jour adopte une solution semblable pour le recours dirigé par le même organisme contre la ville de Bayonne.

Dans les deux cas, a été admise la responsabilité des autorités de contrôle *à l'égard des tiers* (I) ; elle devait l'être ultérieurement *à l'égard des organismes soumis à contrôle* (II).

I. — L'autonomie reconnue à des personnes distinctes de l'État est compensée par les pouvoirs reconnus à celui-ci sur elles. Pendant longtemps, on a parlé à ce sujet de tutelle ; la loi du 2 mars 1982 sur les droits et libertés des communes, des départements et des régions a remplacé pour eux ce mot par celui de contrôle et en a sensiblement allégé les modalités. *Le problème de la responsabilité, à l'égard des tiers*, des organes de tutelle ou de contrôle dans l'exercice de cette activité n'en subsiste pas moins, tant à propos des collectivités territoriales que d'autres personnes publiques (notamment les établissements publics, comme c'est le cas des caisses de crédit municipal) ou de personnes privées.

La reconnaissance de cette responsabilité se heurte au rôle propre que joue l'institution sous tutelle ou sous contrôle : d'une part, il peut en gêner l'exercice (A) ; d'autre part, il soulève la question de la collectivité responsable (B).

2 *A.* — Les *difficultés* rencontrées par les organes de tutelle ou de contrôle ont conduit le Conseil d'État à n'admettre initialement leur responsabilité qu'en cas de faute lourde. Cette condition s'est rencontrée pour la même raison dans d'autres domaines, par exemple celui de la police (v. nos obs. sous CE 10 févr. 1905, *Tomaso Grecco**). Elle concerne le plus souvent l'abstention ou l'inertie des autorités de tutelle ou de contrôle dans l'accomplissement de leurs missions. Ainsi, dans l'arrêt *Caisse de Meurthe-et-Moselle*, le Conseil d'État a relevé que l'escroquerie de Stavisky et de ses complices n'a été rendue possible que par la faute lourde commise par le préfet dans le choix du personnel dirigeant du Mont-de-Piété de Bayonne ainsi que « par la négligence prolongée des différents services de l'État qui sont chargés du contrôle de ces établissements publics communaux ». Compte tenu des autres fautes commises dans l'affaire, l'État a été condamné à une indemnité correspondant au quart du préjudice subi par la requérante. Une décision analogue a été prise en ce qui concerne les fautes lourdes commises par la ville de Bayonne (*cf.* CE 22 oct. 1954, *Ganiayre*, Rec. 552).

La jurisprudence s'est appliquée dans le même sens au contrôle des organismes privés (CE 23 févr. 1977, *Verheyde*, Rec. 112 : tutelle des caisses de sécurité sociale ; – Sect., 2 févr. 1960, *Kampmann*, Rec. 107 ; AJ 1960.I.47, chr. Combarnous et Galabert ; – Sect., 24 janv. 1964, *Ministre des finances c. Achard*, Rec. 43 ; AJ 1964.I.58, chr. Fourré et Puybasset : contrôle des banques).

Le Conseil d'État a également exigé une faute lourde pour que soit engagée la responsabilité de l'État : – du fait du contrôle exercé par le préfet sur les collectivités territoriales, notamment lorsqu'il s'abstient de déférer leurs actes au tribunal administratif (6 oct. 2000, *Ministre de l'intérieur c. Commune de Saint-Florent*, Rec. 395 ; CTI déc. 2000, concl. Touvet ; AJ 2001.201, note Cliquennois ; JCP 2001.II.10516, note Rouault ; RFDA 2001.152, obs. Bon) ou de prendre, en cas de carence d'une collectivité ou d'un établissement public à assurer l'exécution d'une décision juridictionnelle passée en force de chose jugée, les mesures nécessaires à cette exécution (CE, Sect., 18 nov. 2005, *Société fermière de Campoloro*, Rec. 515 ; v. n° 79.12 ; 29 oct. 2010, *Ministre de l'alimentation, de l'agriculture et de la pêche c. Société Sofunag*

Environnement, Rec. 982 ; CMP févr. 2011 n° 60, obs. Pietri ; RD publ. 2011.573, note Pauliat) ; – pour les fautes commises par l'ancienne Commission bancaire dans l'exercice de sa mission de surveillance et de contrôle des établissements de crédit (Ass., 30 nov. 2001, *Ministre de l'économie, des finances et de l'industrie c. Kechichian*, Rec. 588, concl. Seban ; RFDA 2002.742, concl., note Moderne ; CJEG 2002.380, concl. ; AJ 2002.133, chr. Guyomar et Collin ; JCP 2002.II.10042, note Menuret).

3 Toutefois, on constate, dans ce domaine comme dans d'autres (police : v. nos obs. sous l'arrêt *Tomaso Grecco** du 10 févr. 1905 ; activités médicales : 10 avr. 1992, *Époux V.**), un mouvement qui a fini par supprimer presque partout l'exigence de la faute lourde.

Le Conseil d'État s'est contenté d'abord de la faute simple lorsque la collectivité secondaire « *est restée complètement étrangère* » aux décisions illégales qui ont provoqué le dommage litigieux (CE, Sect., 14 nov. 1958, *Delle Bosshard*, Rec. 557 ; AJ 1959.I.37, chr. Combarnous et Galabert : retrait d'agrément prononcé par le recteur, qui a entraîné l'éviction d'un agent municipal).

Puis la faute simple a été jugée suffisante dans des hypothèses de contrôle d'activités privées : autorisation de licencier des salariés protégés (CE, Sect., 9 juin 1995, *Ministre des affaires sociales et de l'emploi c. Lesprit*, Rec. 239 ; AJ 1995.745, concl. Arrighi de Casanova) ; contrôle de sécurité d'un navire (CE, Sect., 13 mars 1998, *Améon*, Rec. 81 ; v. n° 14.4) ; contrôle des installations classées pour la protection de l'environnement (CE 17 déc. 2014, *Ministre de l'écologie, du développement durable et de l'énergie c. Gilbert et autres*, Rec. 754 ; AJ 2015.592, note Jacquemet-Gauché : absence de faute dans le contrôle des installations de l'usine AZF qui ont explosé à Toulouse en 2001).

De même, dans une matière relevant autant de la police sanitaire que d'une activité de contrôle, la carence de l'État à propos des risques présentés par l'amiante pour les travailleurs professionnels a engagé sa responsabilité pour faute simple (CE, Ass., 3 mars 2004, *Ministre de l'emploi et de la solidarité c. Consorts Botella*, Rec. 126 ; CJEG 2004.281, concl. Prada-Bordenave ; RFDA 2004.612, concl. ; AJ 2004.974, chr. Donnat et Casas ; D. 2004.973, note Arbousset ; DA 2004, n° 87, note Delaloy ; Dr. soc. 2004.569, obs. Prétot ; JCP 2004.II.10098, note Trébulle ; JCP Adm. 2004.1204, note Benoît ; RD publ. 2004.1433, note Delhoste) – ce qu'a nettement confirmé l'arrêt du 18 déc. 2020, *Ministre du travail c. Antoniotti*, Rec. 502, concl. Villette ; RFDA 2021.381, concl. ; AJ 2021.506, chr. Malverti et Beaufils.

Dans l'affaire du Médiator, la solution a été expressément formulée : « *eu égard tant à la nature des pouvoirs conférés... aux autorités chargées de la police sanitaire relative aux médicaments, qu'aux buts en vue desquels ces pouvoirs leur ont été attribués, la responsabilité de l'État peut être engagée par toute faute commise dans l'exercice de ces attributions* » (CE 9 nov. 2016, *Mme Georgel* – du même jour, *Mme Faure* ; *Mme Bindjouli*, Rec. 496, concl. Lessi ; AJ 2017.426, note Brimo ; DA 2017, comm. 3, Lantero ; JCP 2017.58, note Rotoullié).

4 *B.* — La question de *la personne responsable* se pose en raison du rôle que joue la personne soumise à contrôle : même si le contrôleur a commis une faute, le contrôlé en a le plus souvent commis une aussi.

Cela n'empêche que la personne à laquelle incombe le contrôle doit répondre de la faute qu'elle a commise dans l'exercice de ce contrôle. C'est normalement l'État. Mais si le pouvoir de contrôle a été confié à une autorité distincte de l'État, c'est elle qui est responsable, comme l'a reconnu le Conseil d'État dans un avis de son Assemblée générale du 8 sept. 2005 à propos de l'ancienne Commission de contrôle des assurances, des mutuelles et des organismes de prévoyance (EDCE 2006, n° 57, p. 211 ; CJEG 2006.359, note Labetoulle).

La faute du contrôlé peut exonérer le contrôleur de tout ou partie de l'obligation de réparer les dommages. C'est ce qu'admet le Conseil d'État dans l'un des arrêts du 9 nov. 2016, *Mme Faure :* l'État peut invoquer la faute d'une personne privée qui est soumise à son contrôle ou à celui d'une autorité agissant en son nom. Mais il ne peut invoquer *« les fautes commises par des personnes publiques ou privées avec lesquelles il collabore étroitement dans le cadre de la mise en œuvre d'un service public ».*

5 Ces principes trouvent une application particulière dans le cas où le pouvoir de contrôle ou de tutelle comporte le *pouvoir de substitution*, qui permet à son titulaire d'accomplir des actes à la place de l'organe contrôlé, soit en cas de défaillance de celui-ci (par ex. en matière de police municipale, art. L. 2215-3 du Code général des collectivités territoriales), soit même directement, en l'absence de défaillance (par ex. ord. du 29 nov. 1944, art. 3, qui attribuait aux préfets la réintégration des employés municipaux évincés sous l'Occupation). Le Conseil d'État considère que dans ce cas l'autorité de tutelle agit pour le compte de la collectivité décentralisée et en déduit qu'elle engage par ses actes la responsabilité de celle-ci (CE, Ass., 24 juin 1949, *Commune de Saint-Servan*, Rec. 310 ; RA 1949.465, note Liet-Veaux ; Ass., 1er juin 1956, *Ville de Nîmes c. Pabion*, Rec. 218, v. n° 9.3).

6 Toutefois cette solution rencontre *deux limites.*

La première concerne le *défaut d'exercice* du pouvoir de substitution. L'inertie de l'autorité de tutelle ou de contrôle n'engage la responsabilité que de celle-ci (CE, Sect., 14 déc. 1962, *Doublet*, Rec. 680 ; D. 1963.117, concl. Combarnous ; AJ 1963.85, chr. Gentot et Fourré ; – 29 avr. 1987, *Ministre de l'intérieur et de la décentralisation et ministre de l'éducation nationale c. École Notre-Dame de Kernitron*, Rec. 161 ; RFDA 1987.989, concl. Roux) ; mais la responsabilité de la personne sous contrôle ou sous tutelle peut être engagée par la faute propre qu'elle a commise.

La seconde limite concerne l'*illégalité de l'exercice* du pouvoir de substitution : la collectivité contrôlée ne peut se voir imputer les conséquences dommageables d'une faute commise par l'autorité de tutelle ou de contrôle en se substituant à elle. Le législateur a d'ailleurs prévu dans l'article 16 de la loi du 7 janv. 1983 relative à la répartition de compétences entre les communes, les départements, les régions et l'État, modifié par la loi du 22 juill. 1983, que « *la commune ou le département voit sa responsabilité supprimée ou atténuée lorsqu'une autorité relevant de l'État s'est substituée, dans des hypothèses ou selon des modalités non prévues par la loi, au maire ou au président du conseil général pour mettre en œuvre des mesures de police* » (ces dispositions sont reprises aujourd'hui par les articles L. 2216-1 et L. 3143-1 du Code général des collectivités territoriales).

7 **II.** — Une fois admise à l'égard des tiers, *la responsabilité des services de tutelle ou de contrôle* n'allait pas tarder à l'être *également à l'égard de la personne morale contrôlée elle-même*. Cette extension, qui consacre le principe de l'indépendance juridique de la collectivité contrôlée à l'égard de la personne publique investie du pouvoir de tutelle (à ce sujet, v. aussi CE 18 avr. 1902, *Commune de Néris-les-Bains**), a été réalisée par un arrêt d'Ass. du 27 déc. 1948, *Commune de Champigny-sur-Marne* (Rec. 493 ; D. 1949.408, concl. Guionin) : la ville de Champigny-sur-Marne a obtenu la condamnation de l'État à lui rembourser le quart du préjudice que lui avaient causé d'importants détournements du receveur municipal rendus possibles par la carence de l'administration des finances. Mais, pour que la responsabilité de l'autorité de tutelle soit engagée à l'égard de la collectivité sous tutelle, le Conseil d'État exige que l'étendue des pouvoirs de la première entraîne une véritable participation de ses agents à la gestion de la seconde « *de telle sorte que les actes ou les abstentions desdits agents concourent directement et nécessairement à la production du dommage* » que peut éprouver la personne morale sous tutelle. Le juge reconnaîtra donc plus difficilement la responsabilité de l'autorité de tutelle à l'égard des personnes contrôlées qu'à l'égard des tiers.

Si elle peut être admise dans toutes les hypothèses où la personne contrôlée a subi un *préjudice* qui lui est propre (A), elle ne peut l'être qu'à raison de la *faute* commise (B).

8 *A.* — Le *préjudice subi par la personne contrôlée* peut apparaître directement dans ses relations avec l'organe de tutelle ou de contrôle ou à la suite d'une condamnation au bénéfice de tiers.

Le comportement des organes de tutelle ou de contrôle peut n'avoir nui qu'à la personne placée sous cette tutelle ou sous ce contrôle, sans avoir atteint autrui. Elle seule peut s'en plaindre et en demander réparation. Il n'y a évidemment aucun obstacle à ce qu'elle le fasse : selon le droit commun de la responsabilité, l'auteur du préjudice doit en répondre à l'égard de la victime. C'est cette hypothèse qui était en cause dans l'arrêt *Commune de Champigny-sur-Marne*, et que l'on retrouve dans d'autres arrêts concernant tant des collectivités publiques (CE 20 juin 1973, *Commune de Chateauneuf-sur-Loire*, Rec. 428 ; AJ 1973.545, concl. Rougevin-Baville) que des organismes privés (CE 17 janv. 1969, *Bagot*, Rec. 28).

Le préjudice subi par la personne contrôlée peut résulter aussi de sa propre condamnation à indemniser un tiers par suite des fautes commises par l'autorité de tutelle ou de contrôle agissant en son nom. Comme le commissaire du gouvernement Laurent l'a souligné dans ses conclusions sur l'arrêt *Ville de Nîmes c. Pabion*, précité, la personne condamnée dans un premier temps peut se retourner ensuite vers la collectivité qui a exercé le contrôle ou la tutelle (CE, Sect., 5 déc. 1958, *Commune de Dourgne*, Rec. 606, concl. Guldner ; RD publ. 1959.950, note M. Waline ; AJ 1959.I.37, chr. Combarnous et Galabert).

9 ***B.*** — Encore faut-il, dans un cas comme dans l'autre, que l'autorité de tutelle ou de contrôle ait commis une *faute*. La condition de la faute lourde s'est retrouvée à propos de la responsabilité à l'égard de la personne contrôlée. Cela explique la fréquence des arrêts refusant d'admettre la responsabilité de l'autorité de contrôle à l'égard de celle-ci.

La limitation de l'exigence de la faute lourde à l'égard des tiers devrait s'appliquer à la responsabilité des autorités de contrôle à l'égard des personnes soumises à contrôle. De toute façon, la responsabilité paraît dépendre plus du *lien de causalité* entre la faute et le dommage que de la gravité de la faute.

Trois hypothèses doivent être distinguées.

La première concerne l'inertie des autorités de tutelle ou de contrôle, l'inutilisation de leurs pouvoirs à l'égard de la personne contrôlée. Autant les tiers peuvent s'en plaindre, autant il paraît difficile d'admettre que la personne contrôlée puisse le faire. De la même manière qu'un agent, auteur d'une faute personnelle, ne peut invoquer contre son administration l'insuffisante surveillance dont il fait l'objet (CE 28 juill. 1951, *Laruelle**), une collectivité ne peut invoquer contre l'autorité chargée de la contrôler le défaut de contrôle. Dans ce cas, si l'organe de tutelle ou de contrôle n'a pas à réparer les conséquences dommageables de son inaction vis-à-vis de la personne contrôlée, c'est moins parce qu'elle n'a pas commis de faute que parce que le préjudice subi par la personne contrôlée résulte d'abord de l'activité de celle-ci, et non pas du défaut de contrôle. L'auteur d'une faute ne peut reprocher à une autre personne la faute qu'elle a commise en ne l'ayant pas empêché de commettre cette faute (en ce sens, pour des fautes de surveillance de la part des autorités de police : CE, Sect., 7 mars 1980, *SARL Cinq-sept*, Rec. 129, concl. Massot ; – pour des fautes de surveillance de l'architecte à l'égard des entrepreneurs : – Sect., 21 oct. 1966, *Benne*, Rec. 562 ; AJ 1967.110, concl. Baudouin – 19 nov. 2018, *Société Travaux du Midi Var*, Rec. 774). L'abstention des organes de tutelle ou de contrôle ne peut engager leur responsabilité à l'égard de la personne contrôlée que si elle a entraîné pour celle-ci un dommage dans la réalisation duquel elle n'a eu aucune part (*cf.* l'arrêt *Commune de Champigny-sur-Marne*, préc.).

Dans une deuxième hypothèse, l'organe de tutelle ou de contrôle, s'il agit effectivement et prend une mesure positive, ne fait qu'ajouter sa décision à celle qui a déjà été prise ou qui sera prise par la personne contrôlée : cas de l'approbation, de l'autorisation. Ici encore la personne contrôlée, qui a l'initiative de la mesure approuvée ou autorisée, ne peut se plaindre de la faute que comporte cette approbation ou cette autorisation. C'est elle qui a voulu cette mesure ; elle ne peut reprocher à l'organe de tutelle ou de contrôle de l'avoir approuvée ou autorisée.

Reste la troisième hypothèse, dans laquelle l'organe de tutelle ou de contrôle, non seulement prend effectivement une décision, mais le fait à la place de l'organe qu'il contrôle (substitution). Dans ce cas, l'un, non seulement a agi à la place de l'autre, mais a forcé sa volonté. Dès lors le comportement de l'organe contrôlé ne doit plus pouvoir être invoqué pour s'opposer à la mise en cause de l'organe de tutelle ou de contrôle : la faute de celui-ci a, en elle-même, causé le dommage subi par la personne contrôlée ; elle justifie la condamnation de la collectivité de tutelle ou de contrôle.

53

RESPONSABILITÉ COLLABORATEURS OCCASIONNELS DES SERVICES PUBLICS

Conseil d'État Ass., 22 novembre 1946, *Commune de Saint-Priest-la-Plaine*
(Rec. 279 ; D. 1947.375, note Blaevoet ; S. 1947.3.105, note F.P.B.)

Sur la recevabilité des requêtes : Cons. que le maire de la commune de Saint-Priest-la-Plaine a produit un extrait d'une délibération du conseil municipal, en date du 9 déc. 1945, l'autorisant à interjeter appel devant le Conseil d'État des arrêtés susvisés du Conseil de préfecture de Limoges ; qu'ainsi, les pourvois formés pour la commune contre lesdits arrêtés sont recevables ;

Sur la responsabilité de la commune : Cons. qu'il est constant que les sieurs Rance et Nicaud, qui avaient accepté bénévolement, à la demande du maire de Saint-Priest-la-Plaine, de tirer un feu d'artifice à l'occasion de la fête locale du 26 juill. 1936, ont été blessés, au cours de cette fête, par suite de l'explosion prématurée d'un engin, sans qu'aucune imprudence puisse leur être reprochée ; que la charge du dommage qu'ils ont subi, alors qu'ils assuraient l'exécution du service public dans l'intérêt de la collectivité locale et conformément à la mission qui leur avait été confiée par le maire, incombe à la commune ; que, dès lors, celle-ci n'est pas fondée à soutenir que c'est à tort que le conseil de préfecture l'a condamnée à réparer le préjudice éprouvé par les intéressés ;

Sur le recours incident des ayants droit du sieur Rance : Cons., d'une part, qu'il résulte de ce qui précède que la commune est entièrement responsable du dommage subi par le sieur Rance ; qu'ainsi, c'est à tort que le conseil de préfecture a limité aux deux tiers sa part de responsabilité ; que la commune ne conteste pas l'évaluation qui a été faite par les premiers juges du montant du dommage ; que, dès lors, il y a lieu de faire droit aux conclusions du recours incident tendant à ce que l'indemnité soit portée à 22 500 F ;

Cons., d'autre part, que les héritiers du sieur Rance ont droit aux intérêts de la somme susmentionnée à compter du 8 juill. 1937, date de l'introduction de la demande devant le conseil de préfecture ;

Cons. enfin que, dans les circonstances de l'affaire, les dépens de première instance afférents à la réclamation du sieur Rance doivent être mis entièrement à la charge de la commune ; ... (Décision en ce sens).

OBSERVATIONS

L'arrêt Cames* *a ouvert la responsabilité pour risque de l'administration à l'égard de ses agents permanents ; l'arrêt* Commune de Saint-Priest-la-Plaine *l'étend à tous ses collaborateurs occasionnels.*

1 Deux habitants d'une petite ville qui avaient accepté bénévolement, à la demande du maire, de tirer un feu d'artifice à l'occasion d'une fête locale, avaient été blessés par l'explosion prématurée d'un engin dans des conditions telles qu'aucune faute ne pouvait être relevée ni à leur charge ni à la charge des autorités communales. Ils se retournèrent néanmoins contre la commune et obtinrent satisfaction devant le conseil de préfecture de Limoges. Sur appel de la commune, le Conseil d'État confirme la décision de première instance.

Cet arrêt est le point d'aboutissement d'une longue évolution tendant à accorder aux collaborateurs des services publics le droit d'obtenir réparation des préjudices subis par eux au cours de l'accomplissement de leur mission, alors même qu'aucune faute ne peut être reprochée à l'administration. La notion de risque inaugurée par l'arrêt *Cames** du 21 juin 1895 a été étendue par le Conseil d'État d'abord aux seuls collaborateurs occasionnels de l'administration requis par elle (CE, Sect., 5 mars 1943, *Chavat*, Rec. 62 : le requérant avait été blessé alors qu'il avait été requis par la gendarmerie pour lutter contre un incendie) ; les collaborateurs volontaires et bénévoles ne pouvaient au contraire obtenir une indemnité qu'en prouvant une faute de l'administration (Ass., 22 oct. 1943, *Sarda*, Rec. 232 ; GCJA, vol. 2, n° 4, concl. Odent : conseiller municipal blessé alors qu'il avait bénévolement accepté de tirer un feu d'artifice communal). Puis, la notion de réquisition a été entendue de plus en plus largement : obtinrent ainsi une indemnité le particulier blessé en luttant contre un incendie, alors que, sans avoir été requis, il « avait été alerté par le tocsin, dont la sonnerie présente le caractère d'un appel à l'ensemble des habitants » (CE, Ass., 30 nov. 1945, *Faure*, Rec. 245 ; S. 1946.3.37, note Bénoit), et la personne à laquelle des agents de police ont demandé de leur prêter main-forte pour empêcher une tentative de suicide (CE, Sect., 15 févr. 1946, *Ville de Senlis*, Rec. 50). L'arrêt *Commune de Saint-Priest-la-Plaine* achève cette évolution, en admettant la responsabilité de la commune à l'égard d'un collaborateur bénévole dans une affaire identique à celle qui avait donné lieu en 1943 à une décision en sens contraire (22 oct. 1943, *Sarda*, préc.).

La jurisprudence ultérieure devait confirmer la solution de l'arrêt *Commune de Saint-Priest-la-Plaine* tout en précisant les conditions de la responsabilité des personnes publiques à l'égard des collaborateurs occasionnels du service public : elles tiennent à *l'existence d'un service public* (I), à *la collaboration* de la victime à ce service (II), à *l'origine* de cette collaboration (III).

2 **I.** — Il faut d'abord que l'activité à laquelle la victime a participé constitue un *véritable service public*, relevant de la personne publique dont la responsabilité est recherchée.

Dans certains cas, l'*existence d'un service public* n'est pas douteuse : on est en présence d'une activité d'intérêt général spécialement organisée par une personne publique. Il en est ainsi par exemple du service communal de lutte contre l'incendie (CE, Sect., 19 janv. 1962, *Ministre de l'agriculture c. Barcons et Commune de Vernet-les-Bains*, Rec. 52), des services hospitaliers (CE 13 déc. 1957, *Hôpital-hospice de Vernon*, Rec. 680), des fêtes communales traditionnelles (CE 24 oct. 1958, *Commune de Clermont-l'Hérault c. Begnes*, Rec. 502), du service des douanes (CE 24 juin 1966, *Ministre des finances c. Lemaire*, Rec. 416 ; AJ 1966.637, concl. Bertrand ; D. 1967.343, note Lavroff).

Mais des activités peuvent être entreprises par des personnes publiques sans constituer un service public, car manque soit la finalité d'intérêt général soit la particularité du régime nécessaire à caractériser un tel service. Ainsi les fêtes non traditionnelles organisées par les communes ne correspondent pas à un service public (CE 12 avr. 1972, *Chatelier*, Rec. 262 ; D. 1973.545, note Duprat).

L'existence d'un service public peut être admise sans que, matériellement, une personne publique ait pris les dispositions nécessaires pour l'organiser. Il en est ainsi notamment du « *soin de prévenir, par des précautions convenables, et de faire cesser, par la distribution des secours nécessaires, les accidents et les fléaux calamiteux..., de pourvoir d'urgence à toutes les mesures d'assistance et de secours...* » qui est confié au maire au titre de la police municipale (aujourd'hui art. L. 2212-2-5° du Code général des collectivités territoriales) ; même si l'administration n'a concrètement organisé aucun service de secours, l'activité de secours aux victimes d'accidents relève d'un service public dont est chargé le maire pour le compte de la commune (CE, Sect., 11 oct 1957, *Commune de Grigny*, Rec. 524 ; RD publ. 1958.306, concl. Kahn et 298, note M. Waline ; AJ 1957.II.499, chr. Fournier et Braibant ; D. 1958.768, note Lucchini ; – Sect., 25 sept. 1970, *Commune de Batz-sur-Mer et Dame Vve Tesson*, Rec. 540 ; D. 1971.55, concl. Morisot ; AJ 1971.37, chr. Labetoulle et Cabanes ; JCP 1970.II.16525, note X ; RTDSS 1971.294, note Dubouis ; – Sect., 9 oct. 1970, *Gaillard*, Rec. 565, concl. Rougevin-Baville ; RD publ. 1970.1431, concl.).

Une activité d'intérêt général organisée par des personnes privées sans qu'intervienne une collectivité publique et sans que la loi la range dans ses attributions ne peut être un service public (CE 13 juill. 1966, *Leygues*, Rec. 475), mais une activité exercée par une association entièrement contrôlée par une collectivité publique peut l'être (v. nos obs. sous CE 13 mai 1938, *Caisse primaire « Aide et Protection »**) : le collaborateur occasionnel doit être indemnisé du préjudice subi en lui prêtant son concours (CE, Sect., 13 janv. 1993, *Mme Galtié*, Rec. 11 ; D. 1994.SC.59, obs. Bon et Terneyre ; RFDA 1994.91, note Bon : accident subi par une personne sollicitée par le proviseur du lycée franco-hellénique pour encadrer une sortie à Delphes organisée dans le cadre des activités scolaires pour des élèves de cet établissement).

3 **II.** — Même s'il existe un service public, la responsabilité pour risque ne peut bénéficier qu'aux *personnes ayant collaboré* à son exécution (A) *de manière effective* (B).

A. — Cette *collaboration* peut prendre diverses formes. Dans les affaires *Commune de Grigny, Commune de Batz-sur-mer, Gaillard*, précitées, elle consistait en un secours apporté à des victimes d'accidents. Dans les fêtes locales, elle porte sur l'organisation même de la manifestation (tir du feu d'artifice : *Commune de Saint-Priest-la-Plaine* ; *Commune de Clermont-l'Hérault*, préc. ; – participation de musiciens amateurs à l'animation de la fête : CE 2 juin 1972, *Commune de la Hérie*, Rec. 1220 ; D. 1973.545, note Duprat). Il peut s'agir également de la réalisation de prestations dues par un particulier à une personne publique (CE, Sect., 23 oct. 1959, *Commune de Montaut*, Rec. 539 : exécution de prestations vicinales), de don du sang à un service de transfusion sanguine (CAA Nantes, 11 juin 1992, *Delhommeau*, Rec. 539 ; JCP 1993.II.22094, note Rouault). Le Conseil d'État a interprété largement la notion de participation à un service public : il a jugé qu'en reconduisant en automobile à la gare, sur leur demande, des douaniers qui venaient de procéder à une perquisition et à une saisie de marchandises chez un particulier, celui-ci avait apporté son concours au fonctionnement du service des douanes (CE, Sect., 24 juin 1966, *Ministre des finances c. Lemaire*, préc.).

Dans la plupart des cas, la collaboration est bénévole. Son caractère onéreux n'exclut pas cependant la responsabilité pour risque. Le collaborateur permanent, payé par l'administration, a pu depuis longtemps bénéficier du régime de responsabilité pour risque (CE 21 juin 1895, *Cames**) ; le collaborateur occasionnel rémunéré doit être indemnisé du préjudice subi du fait de sa participation autant que le collaborateur permanent rémunéré et le collaborateur occasionnel bénévole (CE, Sect., 26 févr. 1971, *Aragon*, Rec. 172 ; AJ 1971.156, chr. Labetoulle et Cabanes : l'expert judiciaire, qui, en cette qualité, a « *participé au fonctionnement du service public de la justice administrative* », a droit, au titre de sa collaboration, à l'indemnisation par l'État du préjudice subi du fait de l'insolvabilité de la partie qui lui doit des honoraires ; mais les avocats, même s'ils sont des « auxiliaires de justice », ne sont pas considérés comme des collaborateurs du service public : Civ. 1re 13 oct. 1998, Bull. civ. I, n° 294, p. 204 ; D. 2000.576, note Lemaire).

4 *B.* — Il faut que la collaboration soit *effective*. Cette condition se dédouble.

D'une part, il faut que l'intéressé participe *réellement* au service public. L'intention d'y participer et même les dispositions prises en vue d'y participer ne suffisent pas. Un commencement d'exécution est au moins nécessaire (CE, Sect., 22 mars 1957, *Compagnie d'assurances l'Urbaine et la Seine*, Rec. 200 ; AJ 1957.II.185, chr. Fournier et Braibant : un particulier qui se rendait, à l'appel du tocsin, sur les lieux où sévissait un incendie pour se mettre à la disposition du service de lutte contre le sinistre ne peut être considéré comme un collaborateur de la commune avant toute participation effective aux opérations sous la direction du service).

5 D'autre part, il faut que l'intéressé, même s'il intervient réellement dans le service, le fasse comme collaborateur *direct* de celui-ci.

Tel n'est pas le cas de l'usager du service public : sa participation au service public a pour objet d'en bénéficier ; s'il apporte un concours au service public à cette occasion, il n'en est pas le collaborateur, au moins en ce qui concerne la contribution qui peut être normalement due par l'usager en contrepartie des avantages que lui apporte le service public (CE 27 oct. 1961, *Caisse primaire de sécurité sociale de Mulhouse et Kormann*, Rec. 602 : élève victime d'une chute alors que, présente sur le stade pour y subir les épreuves physiques du baccalauréat, elle ramassait à la demande des examinateurs, les balles lancées par les autres candidats ; – 23 juin 1971, *Commune de Saint-Germain-Langot*, Rec. 468 : élève victime d'un accident au cours d'un exercice scolaire de gymnastique pour lequel il avait été chargé de tenir une corde élastique). C'est ce qui explique que les personnes participant aux compétitions et jeux organisés au cours des fêtes locales ne puissent prétendre, même lorsque ces fêtes correspondent à un service public, à la qualité de collaborateur du service (CE, Sect., 30 oct. 1953, *Bossuyt*, Rec. 466 ; JCP 1953.I.1142, chr. Gazier et Long ; RD publ. 1954.178, note M. Waline : personne participant à une course de chevaux ; – Sect., 10 févr. 1984, *Launey*, Rec. 65 ; AJ 1984.405, note J. Moreau ; JCP 1984.II.20227, note Moderne : membre d'une équipe locale de rugby blessé au cours d'un jeu organisé dans le cadre d'une fête communale de caractère traditionnel), alors que, comme on l'a vu plus haut, les personnes participant à l'organisation de ces fêtes sont des collaboratrices du service public.

La question de la collaboration directe au service se pose lorsque l'intéressé y participe comme membre d'un organisme auquel le service a été confié. La jurisprudence a répondu négativement pour un agent d'une collectivité publique que celle-ci met à la disposition d'une autre (CE, Ass., 9 juill. 1976, *Gonfond*, Rec. 354 ; v. n° 6.2 : soldat du contingent mis, avec d'autres éléments de l'armée, par son chef de corps, à la disposition d'un maire pour lutter contre un incendie) et pour un employé d'une entreprise liée par contrat à une collectivité publique (CE 12 mai 1967, *Époux Capaci*, Rec. 215).

Mais le Conseil d'État (Sect., 12 oct. 2009, *Mme Chevillard*, Rec. 387 ; AJ 2009.2170, chr. Liéber et Botteghi ; DA déc. 2009, n° 170, note Melleray ; JCP Adm. 2009.2306 et JCP 2009.162, note Idoux) a admis « *que le collaborateur occasionnel du service public, par ailleurs titulaire d'un contrat de travail, lorsqu'il est victime à l'occasion de sa collaboration d'un accident susceptible d'ouvrir droit à réparation en application du régime de couverture des risques professionnels dont il bénéficie, a droit, et le cas échéant ses ayants cause, à être indemnisé, par la collectivité publique ayant bénéficié de son concours, des souffrances physiques ou morales et des préjudices esthétiques ou d'agré-*

ment ainsi que du préjudice économique résultant de l'accident, dans la mesure où ces préjudices n'ont pas été réparés par son employeur ou par son régime de couverture des risques professionnels » (application au cas du pilote d'un hélicoptère employé par une entreprise appelée à porter secours à un navire). La solution est du même ordre que celle qui octroie aux agents publics bénéficiaires de pensions l'indemnisation des préjudices que celles-ci ne couvrent pas (CE, Ass., 4 juill. 2003, *Mme Moya-Caville*, Rec. 323, concl. Chauvaux ; v. n° 6.2 et 6.6).

6 La situation particulière de la victime ne l'empêche pas de contribuer objectivement au service public.

La question s'est posée essentiellement pour les sauveteurs bénévoles se portant au secours d'un membre de leur famille en un lieu public où doit s'exercer le service public de secours aux victimes d'accidents. Le Conseil d'État a jugé, contrairement aux conclusions de son commissaire du gouvernement, qu'un homme s'étant noyé en tentant de porter secours à un baigneur en difficulté, cousin de sa femme, avait participé au service public communal (CE, Sect., 1er juill. 1977, *Commune de Coggia*, Rec. 301 ; AJ 1978.286, concl. Morisot; RD publ. 1978.1141, note M. Waline). La même solution a été reprise à propos d'un homme qui avait traversé les flammes d'un incendie pour sauver son fils et sa sœur (CE 22 juin 1984, *Mme Nicolaï*, Rec. 729) et d'une mère d'élève, blessée à l'occasion d'une sortie pédagogique (CE, Sect., 13 janv. 1993, *Mme Galtié*, préc.).

On est ici à la limite de la jurisprudence sur les collaborateurs bénévoles. Elle ne s'appliquerait sans doute pas aux accidents et secours dépourvus de tout caractère public.

7 **III.** — La condition relative à *l'origine de la collaboration* illustre la souplesse et l'évolution de la jurisprudence, qui est passée *des collaborateurs obligés* (A) aux *collaborateurs spontanés* (B).

A. — Le bénéfice de la responsabilité pour risque n'a d'abord été accordé qu'aux personnes *obligées*, en vertu d'une réquisition (CE, Sect., 5 mars 1943, *Chavat*, préc. ; – 2 févr. 1944, *Commune de Saint-Nom-la-Bretèche*, Rec. 40), ou d'autres mesures (CE 12 mars 1975, *Ministre de l'éducation nationale c. Mazuel*, Rec. 189), d'apporter leur concours au service public.

Il a été étendu aux collaborateurs dont l'aide avait été *demandée*, sans être imposée, par l'autorité publique. La demande peut être adressée individuellement à certaines personnes *(Commune de Saint-Priest-la-Plaine)*. Elle peut l'être généralement à un nombre indéterminé et indifférencié (CE, Ass., 30 nov. 1945, *Faure*, préc. : appel du tocsin). Elle émane le plus souvent d'une autorité administrative (par ex. le maire). Elle peut venir aussi d'une personne que cette autorité a elle-même chargée d'agir (CE, Sect., 16 nov. 1960, *Commune de Gouloux*, Rec. 628 ; D. 1961.353, note Salomon : en chargeant deux habitants de la commune d'organiser une battue au loup, le maire les a par là même autorisés à solliciter le concours d'autres chasseurs et rabatteurs).

Un nouveau pas a été franchi en admettant le cas des personnes dont le concours, sans avoir été demandé, a été *accepté* par la collectivité publique (CE, Ass., 27 nov. 1970, *Appert-Collin*, Rec. 708 ; AJ 1971.37, chr. Labetoulle et Cabanes ; D. 1971.270, note Moderne : le maire d'une petite commune accidenté alors qu'il effectuait bénévolement, à son initiative, sur un terrain municipal des travaux de nivellement destinés à l'aménager en terrain de sport, ainsi qu'il le faisait fréquemment en accord avec le conseil municipal, collaborait à un service communal).

8 *B.* — Ce dernier arrêt rejoint la jurisprudence admettant qu'en cas d'urgence et en l'absence de demande ou même seulement d'acceptation de l'autorité publique, une personne se portant *spontanément* au secours de la victime d'une agression ou d'un accident soit considérée comme un collaborateur du service public (CE, Sect., 17 avr. 1953, *Pinguet*, Rec. 177 ; S. 1954.3.69, note G. Robert ; D. 1954.7, note G. Morange : passant blessé par un malfaiteur à la poursuite duquel il s'était spontanément lancé ; – *Commune de Grigny*, préc. : médecin blessé par une explosion, alors qu'il portait secours, à la demande de voisins, aux victimes d'une intoxication par le gaz ; – *Commune de Batz-sur-mer et Dame Vve Tesson, Commune de Coggia*, préc. : personnes s'étant portées au secours de baigneurs en difficulté et s'étant elles-mêmes noyées ; – *Gaillard*, préc. : personne ayant répondu aux appels au secours d'une femme tombée dans une fosse).

Ces décisions manifestent un certain assouplissement des conditions de mise en jeu de la responsabilité pour risque ; elles traduisent le souci du Conseil d'État de dédommager ceux qui se portent courageusement à l'aide de personnes en danger, comme y incitent d'ailleurs l'article 63 de l'ancien Code pénal et les articles 223-6 et 7 du nouveau, ou qui donnent volontairement et gratuitement une partie de leur temps et de leurs forces à une collectivité publique.

Il n'en reste pas moins que, sauf le cas d'urgence, une manifestation de volonté, plus ou moins explicite, de la part des autorités responsables du service reste nécessaire. Une personne qui, sans intervention d'aucune sorte de l'autorité publique, intervient dans l'exécution du service public, ne peut bénéficier de la protection accordée au collaborateur du service public (CE 31 mai 1989, *Pantaloni*, Rec. 144 ; AJ 1989.611, chr. Honorat et Baptiste ; D. 1990.SC. 296, obs. Bon et Terneyre : un particulier avait fait prendre la mer à un bateau lui appartenant en vue de procurer à des résidents du Vanuatu dont la sécurité apparaissait menacée, la possibilité de quitter ce territoire, et son bateau avait été saisi par une puissance agissant pour le compte du Vanuatu ; l'intéressé, qui n'avait été ni requis ni même invité par une autorité de l'État français à intervenir de cette manière, alors que la France disposait sur place d'une représentation diplomatique et de moyens appropriés lui permettant d'intervenir à bref délai, ne pouvait soutenir « qu'il avait, compte tenu de l'urgence d'une intervention, la qualité de collaborateur occasionnel et bénévole du service public »).

La jurisprudence sur les collaborateurs occasionnels est ainsi empreinte de réalisme : dans son souci de protéger les victimes, elle n'en a pas moins marqué des limites destinées à éviter les abus.

9 Elle a été étendue au-delà des dommages subis par les collaborateurs de services publics administratifs.

D'une part, elle s'applique aux dommages *causés* par ces collaborateurs. De la même manière que l'administration répond des fautes de service ou de fautes personnelles non dépourvues de tout lien avec le service commises par ses agents permanents (TC 30 juill. 1873, *Pelletier** ; CE 3 févr. 1911, *Anguet* ; 26 juill. 1918, *Époux Lemonnier** ; 18 nov. 1949, *Delle Mimeur*, Rec. 492 ; v. n° 30.5), elle répond de celles commises par ses collaborateurs occasionnels – si, du moins, ils ont bien cette qualité (CE, Sect., 22 mars 1957, *Compagnie d'assurances l'Urbaine et la Seine*, préc. ; – 24 juin 1966, *Ministre des finances c. Lemaire*, préc.).

Elle doit même le cas échéant les couvrir des condamnations civiles prononcées contre eux dans la mesure où une faute personnelle détachable du service ne leur est pas imputable (CE 13 janv. 2017, *Fiévet*, Rec. 1, concl. Crépey ; AJ 2017.1075, note Froger ; DA 2017 comm. 26 Éveillard, à propos d'un indicateur des douanes), comme pour les agents publics (CE, Sect., 26 avr. 1963, *Centre hospitalier de Besançon*, Rec. 243, concl. Chardeau ; v. n° 59.7).

D'autre part, les juridictions judiciaires appliquent aux collaborateurs occasionnels du service public judiciaire les principes dégagés par la jurisprudence administrative : ils bénéficient également du régime de responsabilité pour risque (Civ. 23 nov. 1956, *Trésor public c. Giry** ; Civ. 1re 30 janv. 1996, *Morand c. Agent judiciaire du Trésor*, v. n° 67.7).

54

JURIDICTIONS ADMINISTRATIVES DÉFINITION

Conseil d'État Ass., 7 février 1947, *d'Aillières*
(Rec. 50 ; RD publ. 1947.68, concl. R. Odent, note M. Waline ;
JCP 1947.II.3508, note G. Morange ; GCJA, vol. 2, nº 9, concl. ; GAP, p. 239)

Sur la compétence : Cons. qu'il résulte de l'ensemble des prescriptions législatives relatives au jury d'honneur et notamment de celles qui concernent tant sa composition et ses pouvoirs que les recours en révision dont il peut être saisi, que cet organisme a le caractère d'une juridiction qui, par la nature des affaires sur lesquelles elle se prononce, appartient à l'ordre administratif et relève à ce titre du contrôle du Conseil d'État statuant au contentieux ;

Cons. à la vérité qu'aux termes du 3ᵉ al. de l'art. 18 bis ajouté à l'ordonnance du 21 avr. 1944 par celle du 6 avr. 1945, qui était en vigueur au moment de l'introduction de la requête et dont la modification ultérieure par l'ordonnance du 13 sept. 1945 n'a d'ailleurs eu ni pour but ni pour effet de changer sur ce point la signification, la décision du jury d'honneur « n'est susceptible d'aucun recours » :

Mais cons. que l'expression dont a usé le législateur ne peut être interprétée, en l'absence d'une volonté contraire clairement manifestée par les auteurs de cette disposition, comme excluant le recours en cassation devant le Conseil d'État ;

Sur la légalité de la décision attaquée : Cons. qu'en raison du caractère juridictionnel ci-dessus reconnu à ses décisions, le jury d'honneur est tenu, même en l'absence de texte, d'observer les règles de procédure dont l'application n'est pas écartée par une disposition législative formelle, ou n'est pas incompatible avec l'organisation même de cette juridiction ;

Cons. qu'en admettant que le jury d'honneur ait eu la faculté de se saisir d'office du cas du requérant dans les conditions prévues par l'ordonnance du 6 avr. 1945, alors en vigueur, il ne pouvait, dans cette hypothèse, statuer valablement sans aviser l'intéressé de la procédure suivie à son égard et sans le mettre ainsi en mesure de présenter devant le jury d'honneur telles observations que de droit ;

Cons. qu'il sest constant que le sieur d'Aillières, qui n'avait pas présenté de demande en vue d'être relevé de l'inéligibilité, n'a à aucun moment été informé par le jury d'honneur de l'instance pendante devant cette juridiction ; que, dès lors, la décision attaquée a été rendue sur une procédure irrégulière et que, par suite, sans qu'il soit besoin d'examiner les autres moyens, le requérant est fondé à en demander l'annulation ;

Cons. qu'en l'état de la législation en vigueur, telle qu'elle résulte du nouvel art. 18 *bis* de l'ordonnance du 21 avr. 1944 modifiée par l'ordonnance du 13 sept.

1945, « le jury d'honneur est saisi d'office du cas des intéressés » ; qu'il y a lieu dans ces conditions de renvoyer l'affaire devant le jury pour y être statué sur l'inéligibilité du requérant ; ... (Annulation et renvoi).

OBSERVATIONS

L'arrêt d'Aillières *reconnaît le recours en cassation comme ouvert même sans texte contre toute décision juridictionnelle rendue en dernier ressort, comme l'arrêt* Dame Lamotte* *le reconnaîtra pour le recours pour excès de pouvoir contre tout acte administratif.*

Le Comité français de Libération nationale avait, dès avant la Libération, déchu du droit d'appartenir aux futures assemblées départementales ou communales les parlementaires qui avaient voté en faveur du Maréchal Pétain au cours de la séance de l'Assemblée nationale du 10 juill. 1940. L'inéligibilité fut étendue en 1945 et en 1946 à l'Assemblée constituante et aux assemblées prévues par la Constitution du 27 oct. 1946. Mais il était possible aux parlementaires visés par cette inéligibilité de s'en faire relever par un jury d'honneur spécialement institué à cet effet. Un ancien sénateur et quatre anciens députés ayant voté le 10 juill. 1940 la délégation du pouvoir constituant à Pétain déférèrent au Conseil d'État cinq décisions du jury d'honneur refusant de les relever de l'inéligibilité. Ces décisions ont donné lieu aux arrêts du 7 févr. 1947, *d'Aillières, Robert, Fauchon, Barety, de Grandmaison.*

1 **I.** — Le premier problème qui se posait au Conseil d'État était celui de savoir si les décisions du jury d'honneur étaient ou non juridictionnelles. Si elles l'étaient, le contrôle du Conseil d'État n'était en effet que le contrôle qu'il exerce comme juge de cassation ; si elles étaient de simples décisions administratives, le contrôle s'exerçant sur elles était celui du juge de l'excès de pouvoir.

Les critères auxquels se reconnaît une juridiction sont classés en deux groupes : les critères matériels d'une part, les critères organiques et formels d'autre part. Le critère matériel est celui qui saisit l'acte en lui-même et le définit par ses qualités intrinsèques, sans rechercher la qualité de son auteur, ni le caractère de ses formes : l'acte juridictionnel est alors celui qui tranche définitivement une contestation conformément au droit. Les critères organiques et formels définissent au contraire l'acte par son origine et par ses formes.

Le Conseil d'État n'a jamais pris ouvertement parti en faveur de l'une ou de l'autre de ces constructions doctrinales. Dans l'arrêt *Téry** du 20 juin 1913, il avait reconnu au Conseil supérieur de l'instruction publique le caractère d'une juridiction, mais sans en donner les raisons. Le commissaire du gouvernement Corneille invoquait dans ses conclusions (Rec. 736 ; S. 1920.3.13) l'expression « jugement » employée par la loi du 27 févr. 1880 pour qualifier les décisions de ce conseil : il en déduisait qu'il s'agissait d'une juridiction. De même, le Conseil d'État a dénié le caractère de juridiction aux commissions départementales des bénéfices de guerre : « Cons. que la commission... n'est qu'un organe de taxation ; que ses décisions n'ont pas le caractère de décisions de justice », tout en reconnaissant le caractère d'une juridiction à la commission supérieure des bénéfices de guerre, qui statuait sur les recours formés contre les décisions des commissions départementales (CE 10 août 1918, *Villes*, Rec. 841, concl. Berget) ; pour en décider ainsi, le Conseil d'État, qui s'est fondé notamment sur les travaux préparatoires de la loi du 1er juill. 1916 instituant ces organismes, avait renoncé à faire appel à des critères matériels. Dans l'arrêt de Section *Leroux* (CE 12 juill. 1929, Rec. 710) le Conseil d'État s'attache en outre au caractère de la procédure : « Cons. que la décision attaquée émane de la chambre du contentieux administratif de l'Office supérieur des assurances de la Moselle qui, en vertu de la loi du 19 mai 1911, est un organe administratif ; que ladite chambre statue d'autre part selon une procédure juridictionnelle ; qu'elle constitue, dès lors, une juridiction administrative... ». L'arrêt d'Assemblée *Bugnet* du 19 févr. 1943 (Rec. 46 ; Dr. soc. 1943.173, concl. Léonard) se situe dans la même ligne : le caractère juridictionnel a été reconnu à la chambre de discipline de la compagnie des commissaires aux comptes agréés par la Cour d'appel de Paris ; le commissaire du gouvernement Léonard avait souligné son indépendance, le caractère contradictoire de la procédure, la motivation obligatoire des décisions. Par l'arrêt *Moineau** (CE, Sect., 2 févr. 1945) le Conseil d'État a reconnu le caractère juridictionnel à la chambre de discipline du Conseil national de l'ordre des médecins. L'arrêt n'en donne pas les raisons, mais il constitue un revirement de jurisprudence assez éloquent. En effet, le 2 avr. 1943, dans l'arrêt *Bouguen**, le Conseil d'État avait reconnu un caractère administratif aux décisions du même organisme dans une espèce tout à fait analogue. Mais l'arrêt *Bouguen* avait été pris sur la base de la loi du 7 oct. 1940, sous l'empire de laquelle le Conseil supérieur de l'ordre n'était astreint en ces matières à aucune règle légale de procédure, tandis que l'arrêt *Moineau** est intervenu en application de la loi du 10 sept. 1942, qui plaçait l'organisme en cause sous la présidence d'un conseiller d'État et soumettait sa décision à l'observation d'une procédure contradictoire.

Le commissaire du gouvernement Odent se référa à l'ensemble de ces critères pour établir le caractère juridictionnel du jury d'honneur ; l'appellation même de « jury », sa présidence confiée au vice-président du Conseil d'État, la forme de ses décisions comportant des visas, des considérants et un dispositif, le recours en révision organisé contre ses décisions – autant de signes du caractère juridictionnel du jury d'honneur. Le Conseil d'État a confirmé ces conclusions en jugeant qu'il résultait tant de sa composition et de ses pouvoirs que des recours en révision dont il peut être saisi que le jury d'honneur a le caractère d'une juridiction.

Restait à savoir si cette juridiction appartenait à l'ordre administratif. Sur ce second point, le Conseil d'État ne suivit pas les conclusions de son commissaire du gouvernement qui avait estimé que le jury d'honneur ayant pour unique attribution de relever certains citoyens d'une déchéance électorale appartenait à l'ordre juridictionnel politique, au même titre par exemple que la Haute Cour de justice, et ne relevait donc pas du contrôle du Conseil d'État.

L'arrêt *d'Aillières* est révélateur de l'utilisation par le Conseil d'État d'un faisceau d'indices lui permettant de déceler la volonté du législateur : composition de l'organisme, indépendance de ses membres, caractère de la procédure, recours prévus par la loi, nature des litiges dont il est saisi.

2 **II.** — Postérieurement à l'arrêt *d'Aillières* le Conseil d'État, tout en cherchant toujours à dégager la volonté du législateur, a davantage pris en compte dans la définition de la notion de juridiction les éléments matériels et, en particulier, la nature de la mission confiée à l'organisme et l'objet des litiges qu'il est appelé à trancher. L'orientation en ce sens de sa jurisprudence résulte de la décision d'Assemblée du 12 déc. 1953, *de Bayo* (Rec. 544 ; v. n° 49.2), dont il ressort que bien qu'émanées du même organisme, les décisions des ordres professionnels sont administratives lorsqu'elles concernent l'inscription au tableau et juridictionnelles lorsqu'elles interviennent en matière disciplinaire.

a) En application des critères retenus par le juge administratif, un caractère juridictionnel a été reconnu aux organismes collégiaux investis par la loi d'une mission de répression disciplinaire (CE, Sect., 12 oct. 1956, *Desseaux*, Rec. 364 ; RD publ. 1957.114, concl. Lasry ; D. 1956.758, note R. Drago : commission de contrôle des banques statuant en matière disciplinaire ; – Sect., 30 juin 1967, *Caisse de compensation de l'ORGANIC*, Rec. 286) et en particulier au Conseil supérieur de la magistrature statuant en tant que conseil de discipline des magistrats du siège (CE, Ass., 12 juill. 1969, *L'Étang*, Rec. 388 ; RD publ. 1970.387, note M. Waline ; AJ 1969.559, chr. Dewost et Denoix de Saint Marc). Toutefois, afin d'éviter de priver un organisme disciplinaire qui n'a pas été créé par une loi ou sur le fondement d'une loi de toute existence légale, le Conseil d'État peut, pour ce motif, lui dénier un caractère juridictionnel (CE, Sect., 19 déc. 1980, *Hechter*, Rec. 488 ; Gaz. Pal. 1981.2.544, concl. Genevois ; D. 1981.296 note Plouvin et 431, note G. Simon ; JCP 1982.II.19784, note Pacteau ; – 16 nov. 1984, *Woetglin*, Rec. 373 ; D. 1985.58, concl. Stirn).

En dehors du domaine disciplinaire, ont été considérés comme étant de nature juridictionnelle, les conseils de révision avant l'intervention de la loi du 9 juill. 1965 qui leur a substitué des commissions administratives (CE, Sect., 31 janv. 1958, *Brunet*, Rec. 54 ; RD publ. 1958.752, concl. Tricot ; AJ 1958.II.91, chr. Fournier et Braibant), la commission des recours instituée par la loi du 25 juill. 1952, ultérieurement dénommée Cour nationale du droit d'asile, lorsqu'elle se prononce sur la qualité de réfugiés des étrangers (CE, Sect., 29 mars 1957, *Paya Monzo*, Rec. 225) ainsi que l'instance arbitrale instituée par la loi du 2 janv. 1978, relative à l'indemnisation des rapatriés (CE, Ass., 6 févr. 1981, *Melle Balzano*, Rec. 68 ; AJ 1981.267 note Peiser).

3 *b)* À l'inverse, ont simplement un caractère administratif : le Conseil supérieur de l'électricité et du gaz (Ass., 27 mai 1955, *Électricité de France*, Rec. 298 ; CJEG 1955.44, concl. Chardeau ; D. 1956.45, chr. de Soto ; D. 1956.J.308, note L'Huillier ; RD publ. 1955.721, note M. Waline) ; la décision prise par un organisme juridictionnel lorsqu'il édicte une règle générale sans avoir été saisi par une partie (CE, Sect., 3 nov. 1961, *Association des instituts spécialisés de l'ouest et École technique Saint-Joseph*, Rec. 608 et 609 ; RD publ. 1962.730, note M. Waline ; AJ 1961.603, chr. Galabert et Gentot ; D. 1962.516, note J.D.) ; la commission de la concurrence (Ass., 13 mars 1981, *Ordre des avocats à la Cour d'appel de Paris et autres*, Rec. 135 ; JCP 1981.II.19580, concl. Hagelsteen ; D. 1981.418, note Gavalda ; RD publ. 1981.1428, note Y. Gaudemet ; Gaz. Pal. 1981.1.280 note Gohin). Il en va de même, en vertu de l'ord. du 1er déc. 1986, du Conseil de la concurrence (CC *23 janv. 1987**), auquel a succédé, depuis l'entrée en vigueur de la loi du 4 août 2008 de modernisation de l'économie, l'Autorité de la concurrence.

La reconnaissance du caractère administratif d'un organisme au regard du droit d'origine interne n'exclut pas qu'il puisse être considéré, pour l'application de l'article 6 de la Convention européenne de sauvegarde des droits de l'Homme et des libertés fondamentales, comme un « tribunal » au sens de ce texte (v. nos obs. sous l'arrêt *Didier**).

4 **III.** — L'autre intérêt que présente l'arrêt *d'Aillières* est d'avoir posé en principe que le recours en cassation est toujours possible contre les décisions des juridictions administratives statuant en dernier ressort : il en est ainsi, non seulement en l'absence d'un texte le prévoyant expressément, mais aussi alors même que la loi a prévu que la décision ne serait « susceptible d'aucun recours », une telle disposition ne pouvant être interprétée comme excluant le recours en cassation. Ce dernier constitue ainsi un recours de droit commun au même titre que le recours pour excès de pouvoir (v. CE, Ass., 17 févr. 1950, *Ministre de l'agriculture c. Dame Lamotte**).

Le Conseil constitutionnel est parvenu à des solutions identiques en rattachant à la garantie des droits au sens de l'art. 16 de la Déclaration de 1789 le droit à un recours effectif contre un acte administratif (*no 96-373 DC, 9 avr. 1996* ; v. no 56.4) ou une décision juridictionnelle (*no 2013-314 QPC, 14 juin 2013*, Rec. 824).

55

ACTES ADMINISTRATIFS – NON-RÉTROACTIVITÉ

Conseil d'État Ass., 25 juin 1948, ***Société du journal « L'Aurore »***
(Rec. 289 ; Gaz. Pal. 1948.2.7, concl. Letourneur ; S. 1948.3.69, concl. ; D. 1948.437, note M. Waline ; JCP 1948.II.4427, note Mestre)

Sur la fin de non-recevoir opposée par le ministre de l'industrie et du commerce :

Cons. que le ministre de l'industrie et du commerce, se fondant sur les stipulations de l'avenant n° 5, en date du 7 juin 1939, à la convention conclue le 5 sept. 1907 entre la ville de Paris et la Compagnie parisienne de distribution d'électricité à laquelle est substituée, par l'effet de la loi du 8 avr. 1946, l'Électricité de France, soutient que ledit avenant entraîne pour la société requérante les mêmes obligations que l'arrêté attaqué et qu'ainsi ladite société est sans intérêt à se pourvoir contre cet arrêté ;

Cons. que, comme il sera indiqué ci-après, la disposition critiquée par la requête fait par elle-même grief à la société « L'Aurore », qui est, par suite, recevable à en demander l'annulation ;

Sur la légalité de l'art. 4 de l'arrêté du 30 déc. 1947 :

Cons. qu'aux termes de cet article les majorations du prix de vente de l'énergie électrique « sont applicables pour l'ensemble des départements métropolitains à toutes les consommations qui doivent normalement figurer dans le premier relevé postérieur à la date de publication du présent arrêté, c'est-à-dire au 1er janv. 1948 » ;

Cons. qu'il est constant qu'en raison de l'intervalle de temps qui sépare deux relevés successifs de compteur le premier relevé postérieur au 1er janv. 1948 comprend, pour une part plus ou moins importante selon la date à laquelle il intervient, des consommations antérieures au 1er janv. ; qu'en décidant que ces consommations seront facturées au tarif majoré, l'arrêté attaqué viole tant *le principe en vertu duquel les règlements ne disposent que pour l'avenir* que la règle posée dans les art. 29 et suivants de l'ordonnance du 30 juin 1945 d'après laquelle le public doit être avisé, avant même qu'ils soient applicables, des prix de tous les produits et services arrêtés par l'autorité publique ; qu'en outre la disposition contestée a pour conséquence de faire payer à des tarifs différents le courant consommé dans les dernières semaines de l'année 1947 par les usagers, selon que leurs compteurs sont relevés avant ou après le 1er janv. 1948 ; qu'il méconnaît ainsi *le principe de l'égalité entre les usagers du service public ;* qu'il était loisible aux auteurs de l'arrêté attaqué de soustraire celui-ci à toute critique d'illégalité en prenant toutes mesures appropriées en vue de distinguer, fût-ce même forfaitairement, les consommations respectivement afférentes à la période antérieure au 1er janv. 1948 et à la période postérieure à cette date, et en ne faisant application qu'à ces dernières du tarif majoré ;

Cons., il est vrai, que, pour affirmer la légalité de l'arrêté attaqué, le ministre de l'industrie et du commerce tire d'une part argument de la date à laquelle la vente du courant à l'abonné serait réalisée et oppose d'autre part à la société requérante les stipulations de l'avenant n° 5 à la convention susmentionnée du 5 sept. 1907 ;

Cons., sur le premier point, que le ministre allègue en vain que la vente du courant ne serait parfaite qu'à la date du relevé du compteur et qu'ainsi le nouveau tarif ne s'appliquerait, aux termes mêmes de la disposition critiquée, qu'à des ventes postérieures au 1er janv. 1948 ; qu'en effet, il résulte clairement des stipulations des contrats d'abonnement que la vente de l'électricité résulte de la fourniture même du courant à l'usager, qu'elle est parfaite à la date où cette fourniture est faite et que le relevé du compteur qui intervient ultérieurement constitue une simple opération matérielle destinée à constater la quantité de courant consommée ;

Cons., sur le second point, qu'aux termes de l'avenant n° 5 « pour la basse tension il sera fait application de l'index économique pour les consommations relevées à partir du premier jour du mois suivant la date d'homologation dudit index » ; que le ministre soutient que la société requérante, usagère à Paris de l'énergie électrique à basse tension, se trouvait ainsi obligée, par le contrat d'abonnement même qu'elle a souscrit et qui se réfère au contrat de concession, de supporter l'application du nouveau tarif aux consommations relevées après le 1er janv. 1948, c'est-à-dire dans des conditions semblables à celles qu'elle critique ;

Cons. qu'il résulte des dispositions de l'art. 1er de l'ordonnance du 30 juin 1945 que les prix de tous produits et services sont fixés par voie d'autorité, notamment par des arrêtés ministériels, et qu'aux termes de l'art. 19 de ladite ordonnance « sauf autorisation expresse accordée par des arrêtés pris en application de l'art. 1er est suspendue, nonobstant toutes stipulations contraires, l'application des clauses contractuelles qui prévoient la détermination d'un prix au moyen de formules à variation automatique » ;

Cons. que l'arrêté attaqué a été pris dans le cadre de l'ordonnance du 30 juin 1945 qu'il vise expressément, et n'autorise pas le maintien des clauses contractuelles qui prévoient la détermination du prix du courant électrique au moyen de formules à variation automatique ; que ledit arrêté consacre ainsi un régime autonome de fixation du prix du courant électrique, conforme aux principes de la législation nouvelle et différent du système de révision automatique et périodique qui résulte du contrat ; que d'ailleurs, il détermine lui-même les conditions dans lesquelles il doit recevoir application, suivant des modalités différentes de celles prévues au contrat de concession ; que, dès lors, et sans qu'il y ait lieu pour le juge de l'excès de pouvoir de rechercher si le système contractuel pouvait encourir le reproche de rétroactivité, le ministre n'est pas fondé à opposer à la société requérante une clause contractuelle avec laquelle le nouveau mode de fixation du prix du courant est inconciliable ;

Cons. qu'il résulte de tout ce qui précède que la société « L'Aurore » est recevable et fondée à demander l'annulation de la disposition contestée ; ... (Annulation de la disposition attaquée en tant qu'elle a effet rétroactif).

OBSERVATIONS

En imposant le respect du principe de non-rétroactivité des actes administratifs, l'arrêt Journal L'Aurore *pose l'une des bases du régime de l'application dans le temps, auquel l'arrêt* KPMG* *apportera un complément en ce qui concerne l'avenir.*

1 Un arrêté du 30 déc. 1947 majorait le prix de vente de l'électricité pour toutes les consommations qui devaient figurer dans le premier relevé postérieur au 1er janv. 1948, date de la publication dudit arrêté. Sur recours de la société du journal *L'Aurore,* le Conseil d'État annule cet arrêté en tant qu'il concerne les consommations antérieures au 1er janv. 1948, et cela pour un double motif :

– « en raison de l'intervalle de temps qui sépare deux relevés successifs de compteur, le premier relevé postérieur au 1er janv. 1948 comprend, pour une part plus ou moins importante selon la date à laquelle il intervient, des consommations antérieures au 1er janv. ; en décidant que ces consommations seront facturées au tarif majoré, l'arrêté attaqué viole... *le principe en vertu duquel les règlements ne disposent que pour l'avenir...* » ;

– « en outre la disposition contestée a pour conséquence de faire payer à des tarifs différents le courant consommé dans les dernières semaines de l'année 1947 par les usagers, selon que leurs compteurs sont relevés avant ou après le 1er janv. 1948 » : l'arrêté attaqué « méconnaît ainsi *le principe de l'égalité entre les usagers du service public...* ».

Le Conseil d'État fait ainsi appel à deux « principes généraux du droit » : l'égalité entre les usagers d'un service public (v. nos obs. sous l'arrêt du 9 mars 1951, *Société des concerts du Conservatoire**) et la non-rétroactivité des actes administratifs.

Ce second principe est fermement établi (I) même s'il peut, dans certains cas, donner lieu à des atténuations (II).

2 **I.** — En vertu d'*une jurisprudence constante*, une décision administrative entre en vigueur au plus tôt, si elle est réglementaire à compter du jour de sa publication, si elle est individuelle à compter du jour de sa notification à l'intéressé (v. les articles L. 221-2 et L. 221-8 du Code des relations entre le public et l'administration). Toute décision qui prévoit une date d'application antérieure est illégale en tant qu'elle est rétroactive.

A. — La *justification* de cette règle est la même que celle de l'art. 2 du Code civil aux termes duquel « la loi ne dispose que pour l'avenir ; elle n'a point d'effet rétroactif ». Il serait illogique d'appliquer une règle juridique à une époque où elle ne pouvait encore être connue ; il serait contraire à la fonction fondamentale du droit, qui est d'assurer la *sécurité*, de remettre en cause des actes ou des situations conformes au droit en vigueur à l'époque où ils ont été établis. À quoi s'ajoute l'idée que les auteurs d'une décision rétroactive empiètent sur la compétence de leurs prédécesseurs, violant ainsi ce que l'on a appelé le principe de la compétence *ratione temporis* (Teissier, concl. sur CE 17 mai 1907, *Le Bigot*, Rec. 460).

Le principe de non-rétroactivité des actes administratifs est appliqué par la jurisprudence depuis le XIXe siècle, mais les arrêts n'indiquaient pas son fondement juridique. Le « principe en vertu duquel les règlements ne disposent que pour l'avenir » a été invoqué expressément pour la première fois dans un arrêt du 28 févr. 1947, *Ville de Lisieux*, Rec. 83, relatif à des tarifs rétroactifs, et étendu ensuite à toutes les décisions administratives, réglementaires ou individuelles. L'arrêt *L'Aurore* le confirme alors que la décision attaquée pouvait se justifier par des considérations d'opportunité : le commissaire du gouvernement avait demandé cette solution « comme un acte de foi dans la suprématie du droit ». Il a confirmé depuis lors la rigueur de sa jurisprudence : la solution dégagée par l'arrêt *L'Aurore* pour les arrêtés de fixation des prix a été étendue aux clauses des cahiers des charges-types des concessions, destinées à figurer dans les contrats de concession et dans les polices d'abonnement de clauses sur les tarifs (CE, Ass., 5 mai 1961, *Ville de Lyon*, Rec. 294 ; CJEG 1961.175, concl. Braibant, note Teste et Chaudouard).

3 La jurisprudence du Conseil d'État sur la rétroactivité est abondante. Il a censuré notamment à plusieurs reprises la rétroactivité, de textes fiscaux (par ex. CE, Ass., 16 mars 1956, *Garrigou*, Rec. 121 ; v. n° 17.3 ; – Ass., 14 mai 1965, *Secrétaire d'État aux finances et ministre des finances et affaires économiques c. Jacquier*, Rec. 278 ; RD publ. 1966.164, concl. Lavondès), de règlements relatifs au statut et à la rémunération des fonctionnaires (par ex. CE, Sect., 14 févr. 1958, *Chamley et Perret*, Rec. 99 ; RD publ. 1958.991, concl. Long), ou encore de textes faisant courir un délai ou donnant effet à une déchéance avant leur entrée en vigueur (CE, Ass., 30 juin 1959, *Metge*, Rec. 89 ; D. 1959.92, concl. Fournier).

4 *B.* — La jurisprudence a pu préciser *en quoi consiste* la rétroactivité. Elle permet de distinguer deux cas.

Le premier est celui de la *rétroactivité au sens strict*, comportant effet dans le passé d'une décision nouvelle.

Elle est réalisée lorsque l'acte prévoit lui-même son application antérieurement soit à son adoption (*Garrigou* ; CE 10 juill. 2006, *Société Bouygues Télécom et autres*, Rec. 330 : décret du 13 mai 2004 permettant d'exiger les contributions provisionnelles dues par les opérateurs de télécommunication dès le 1er mai 2004), soit à la publicité dont il doit faire l'objet (19 juin 1985, *Commune de Saintes*, Rec. 191 ; RFDA 1985.657, concl. Roux ; AJ 1985.402, chr. Hubac et Schoettl : décision préfectorale mettant à la charge d'une commune les dépenses de fonctionnement d'une école privée bénéficiant d'un contrat d'association, à une date antérieure à la notification de cette décision).

Les actes des collectivités territoriales dont le caractère exécutoire est subordonné à la fois à leur transmission au représentant de l'État et à leur publication ou leur notification, sont entachés de rétroactivité lorsqu'ils prévoient leur entrée en vigueur à une date antérieure à l'accomplissement de ces deux formalités (CE, Sect., 30 sept. 1988, *Ville de Nemours c. Mme Marquis*, Rec. 320 ; AJ 1988.739, concl. Y. Moreau).

Le second cas, qu'on peut considérer comme une *rétroactivité au sens large*, est celui de l'application dans l'avenir d'une mesure nouvelle à une situation qui a été constituée dans le passé, et particulièrement à un contrat antérieurement conclu qui est encore en cours d'exécution (CE

24 mars 2006, *KPMG**). Elle est également interdite. L'article L. 221-4 du Code des relations entre le public et l'administration le dit expressément : « ... une nouvelle réglementation ne s'applique pas aux situations juridiques définitivement constituées avant son entrée en vigueur ou aux contrats formés avant cette date ».

5 **II.** — En dépit de sa rigueur, le principe de non-rétroactivité connaît des *aménagements*, et même des *exceptions*.

A. — Dans l'arrêt *Journal l'Aurore*, le Conseil d'État indique à l'administration qu'elle peut échapper au grief de rétroactivité dans de pareilles affaires en distinguant « fût-ce forfaitairement » entre les consommations antérieures à la date de publication de l'arrêté majorant les tarifs et celles qui sont postérieures. D'autres solutions sont possibles.

Les autorités administratives peuvent se fonder sur des circonstances passées pour déterminer des solutions qui s'appliqueront dans l'avenir (CE, Sect., 19 juin 1959, *Villard*, Rec. 373, concl. Braibant). En particulier, elles peuvent fixer de nouvelles règles en tenant compte de résultats antérieurs (CE, Ass., 9 nov. 1988, *Fourcade*, Rec. 399 ; AJ 1989.173, concl. de Saint Pulgent, note Rouquette ; RFDA 1989.738, note Louit ; – 11 déc. 2013, *M. et Mme Touraine et M. et Mme Parthonnaud*, Rec. 424 ; JCP Adm. 2014.2185, note Otero).

Elles peuvent aussi appliquer immédiatement des dispositions nouvelles à des situations qui, ayant leur origine dans le passé, ne sont pas définitivement acquises. Des mesures fiscales peuvent ainsi s'appliquer à des exercices non clos, en couvrant éventuellement les revenus ou bénéfices réalisés avant qu'elles interviennent (CE 8 janv. 1959, *Union de la propriété bâtie de France*, Rec. 13). Une réglementation de la commercialisation de produits agricoles qui ne s'applique qu'aux opérations effectuées postérieurement à son entrée en vigueur n'est pas entachée de rétroactivité même si elle porte sur des produits récoltés antérieurement (CE 27 mai 1987, *Syndicat national des producteurs et sélectionneurs de greffes d'asperges*, Rec. 181). Les autorités de police peuvent, dans l'exercice de pouvoirs qui leur appartiennent en vue d'assurer la sécurité des personnes, prescrire l'application de nouvelles dispositions à des immeubles déjà construits, dans les limites n'excédant pas les charges nécessitées par la sécurité (CE, Sect., 26 oct. 1984, *SCI du Chemin vert*, Rec. 342 ; JCP 1985.II.20424, concl. O. Dutheillet de Lamothe), sous réserve, le cas échéant, de mesures transitoires (CE 24 mars 2006, *KPMG**).

6 *B.* — La rétroactivité proprement dite est admise dans certains cas.

Une disposition rétroactive, si elle « échappe au pouvoir réglementaire » (CC *n° 69-57 L, 24 oct. 1969*, Rec. 32), peut éventuellement être édictée ou autorisée par une loi, le principe de non-rétroactivité n'ayant pas de manière générale une valeur constitutionnelle (en ce sens CC *n° 79-109 DC, 9 janv. 1980*, Rec. 29 ; D. 1980.249, note J.-B. Auby ; RD publ. 1980.1361, note Favoreu).

Toutefois la rétroactivité législative se heurte à trois limites.

La première concerne la matière répressive, pour laquelle le principe de non-rétroactivité retrouve une valeur constitutionnelle, et qui couvre autant les sanctions administratives que les sanctions pénales (CC *n° 82-155 DC, 30 déc. 1982*, Rec. 88 ; RA 1983.142, note M. de Villiers ; RD publ. 1983.333, note Favoreu ; – *n° 87-237 DC, 30 déc. 1987*, Rec. 63 ; RFDA 1988.350, note Genevois ; RA 1988.136, note Lambert).

En deuxième lieu, même en matière non répressive, la rétroactivité peut être exclue par des exigences constitutionnelles résultant de l'article 16 de la Déclaration de 1789 et, s'agissant des contrats, de son article 4 ; elle doit être justifiée par un motif impérieux d'intérêt général et proportionnée à l'objectif poursuivi (CC *n° 2016-736 DC, 4 août 2016*). De plus doivent être respectées les exigences résultant de conventions internationales. Ainsi (CE plén. fisc. 9 mai 2012, *Ministre du budget, des comptes publics et de la fonction publique c. Société EPI*, Rec. 200, concl. Boucher ; v. n° 102.4), l'espérance légitime que donne le législateur fiscal en aménageant un système de crédit d'impôt constituant un bien au sens du Premier Protocole additionnel à la Convention européenne de sauvegarde des droits de l'Homme et des libertés fondamentales, sa suppression rétroactive est contraire à la Convention.

Enfin la validation par une loi ayant une portée rétroactive d'actes administratifs faisant l'objet d'une contestation contentieuse peut être exclue tant par le principe de séparation des pouvoirs et le droit à un recours juridictionnel effectif, découlant de l'article 16 de la Déclaration de 1789, que par le droit à un procès équitable, reconnu par l'article 6 de la Convention européenne de sauvegarde des droits de l'Homme et des libertés fondamentales (v. nos obs. sous CE 8 juill. 1904, *Botta**).

Lorsque, en dehors de ces hypothèses, la loi prévoit la rétroactivité, soit expressément (CE 30 déc. 1998, *Entreprise Chagnaud*, Rec. 721 ; AJ 1998.96) soit même implicitement (CE, Sect., 12 janv. 1951, *Association professionnelle des banques*, Rec. 21 ; RD publ. 1951.895, note M. Waline), un acte administratif peut et même parfois doit être rétroactif. La même solution peut résulter d'une convention internationale (CE, Ass., 8 avr. 1987, *Procopio*, Rec. 136 ; AJ 1987.472, concl. Schrameck).

7 En dehors des cas prévus par une loi ou une convention internationale, un acte administratif peut comporter un effet rétroactif dans trois séries de cas, dans lesquels la sécurité juridique n'est pas remise en cause.

La première concerne la régularisation de mesures antérieures (CE, Sect., 1er juill. 2016, *Commune d'Émerainville et Syndicat d'agglomération nouvelle de Marne-la-Vallée – Val Maubuée*, Rec. 291, concl. Daumas ; RFDA 2017.289, concl. ; AJ 2016.1859, chr. L. Dutheillet de Lamothe et Odinet ; DA mars 2017 n° 4, art. Daumas), notamment, pour tirer les conséquences d'une annulation pour excès de pouvoir (CE 26 déc. 1925, *Rodière**, avec nos obs.), ou pour procéder au retrait d'une décision illégale (CE 26 oct. 2001, *Ternon**, avec nos obs.)

La rétroactivité est admise aussi pour des actes venant s'ajouter à des mesures antérieures dont ils conditionnent l'application.

C'était le cas des mesures d'approbation prises par les autorités de tutelle à l'égard des collectivités locales : elles rétroagissaient à la date d'effet de la décision approuvée (CE, Sect., 17 juin 1960, *Contessoto*, Rec. 406 ; RA 1960.497, note Liet-Veaux ; Dép. et com. 1960.61, note Hourticq ; – Sect., 19 mars 1965, *Jean-Louis, Sévère et Caraman*, Rec. 181 ; D. 1966.162, concl. Galabert ; AJ 1965.469, chr. Puybasset et Puissochet). La même solution peut encore se retrouver (CE 9 déc. 1994, *Assemblée des présidents des conseils généraux de France*, Rec. 772 : rétroactivité légale de l'agrément d'une convention à la date de signature de celle-ci).

De même, un premier acte peut prévoir que ses mesures d'application rétroagiront au jour de son entrée en vigueur (CE, Sect., 30 sept. 1955, *Société Roger Grima*, Rec. 451). Un décret a pu prévoir, après une période de stage, la titularisation de fonctionnaires à la date de leur nomination, eu égard à la nature juridique du stage et de la titularisation (CE, Ass., 8 nov. 1974, *Association des élèves de l'École nationale d'administration*, Rec. 541 ; RA 1975.32, concl. G. Guillaume). La sécurité juridique n'est pas affectée par cette rétroactivité car, dès l'origine, les intéressés en sont informés.

Le Conseil d'État admet une rétroactivité sans laquelle des situations ne peuvent être réglées : pour une campagne de production, celle d'un règlement adopté en cours de campagne en l'absence de dispositions antérieures effectives, et prenant effet au début de cette campagne (CE, Ass., 21 oct. 1966, *Société Graciet*, Rec. 560 ; AJ 1967.275, concl. Baudouin ; – Ass., 8 juin 1979, *Confédération générale des planteurs de betteraves*, Rec. 269 ; D. 1979.IR.382, obs. P. Delvolvé) ; pour un décret déterminant les droits à rémunération de professeurs nommés antérieurement (CE 7 févr. 1979, *Association des professeurs agrégés des disciplines artistiques*, Rec. 41 ; RD publ. 1980.523, note M. Waline).

Par l'arrêt *Anschling* du 28 avr. 2014 (Rec. 96, concl. de Barmon ; RFDA 2014.512, concl. ; RJEP août-sept. 2014.13, concl. ; AJ 2014.1264, chr. Bretonneau et Lessi ; DA 2014.42, note Éveillard), le Conseil d'État (Sect.) a admis la rétroactivité de nouveaux tarifs applicables aux usagers d'un service d'eau auxquels les tarifs initiaux n'avaient pu être appliqués par suite de la déclaration d'illégalité qu'ils avaient obtenue du tribunal administratif de Strasbourg : « *eu égard à la nature et à l'objet des redevances pour service rendu, qui constituent la rémunération des prestations fournies aux usagers, cette déclaration d'illégalité ne saurait avoir pour effet de décharger les usagers ayant ainsi contesté les montants de redevance mis à leur charge de toute obligation de payer une redevance en contrepartie du service dont ils ont effectivement bénéficié ; dès lors, le syndicat intercommunal a pu légalement, pour régulariser les situations nées de ces litiges, adopter une délibération fixant de manière rétroactive, dans le respect des motifs constituant le support nécessaire du jugement du tribunal administratif..., le tarif de l'eau devant être appliqué, pour les périodes de consommation litigieuses, aux usagers ayant bénéficié du service et contesté, par la voie contentieuse, les montants de redevance mis à leur charge en raison de l'illégalité des délibérations fixant le tarif de l'eau* ». La justification très précise de la rétroactivité dans une telle hypothèse souligne le caractère limité de l'exception admise.

Au-delà, le principe exprimé par l'arrêt *Journal L'Aurore* garde toute sa fermeté.

56

RECOURS POUR EXCÈS DE POUVOIR ÉTENDUE

Conseil d'État Ass., 17 février 1950, *Ministre de l'agriculture c. Dame Lamotte*
(Rec. 110 ; RD publ. 1951.478, concl. J. Delvolvé, note M. Waline ; GADLF, n° 53, obs. X. Dupré de Boulois ; GCJA, vol. 2, n° 15, concl.)

Cons. que, par un arrêté du 29 janv. 1941 pris en exécution de la loi du 27 août 1940, le préfet de l'Ain a concédé « pour une durée de neuf années entières et consécutives qui commenceront à courir le 1er févr. 1941 » au sieur de Testa le domaine de Sauberthier (commune de Montluel), appartenant à la dame Lamotte, née Vial ; que, par une décision du 24 juill. 1942, le Conseil d'État a annulé cette concession par le motif que ce domaine « n'était pas abandonné et inculte depuis plus de deux ans » ; que, par une décision ultérieure du 9 avr. 1943, le Conseil d'État a annulé, par voie de conséquence, un second arrêté du préfet de l'Ain, du 20 août 1941, concédant au sieur de Testa trois nouvelles parcelles de terre, attenantes au domaine ;

Cons. enfin que, par une décision du 29 déc. 1944, le Conseil d'État a annulé comme entaché de détournement de pouvoir un troisième arrêté, en date du 2 nov. 1943, par lequel le préfet de l'Ain, « en vue de retarder l'exécution des deux décisions précitées du 24 juill. 1942 et 9 avr. 1943 », avait réquisitionné au profit du même sieur de Testa le domaine de Sauberthier ;

Cons. que le ministre de l'agriculture défère au Conseil d'État l'arrêté en date du 4 oct. 1946, par lequel le conseil de préfecture interdépartemental de Lyon, saisi d'une réclamation formée par la dame Lamotte contre un quatrième arrêté du préfet de l'Ain, du 10 août 1944, concédant une fois de plus au sieur de Testa le domaine de Sauberthier, a prononcé l'annulation de ladite concession : que le ministre soutient que le conseil de préfecture aurait dû rejeter cette réclamation comme non recevable en vertu de l'art. 4 de la loi du 23 mai 1943 ;

Cons. que l'art. 4, alin. 2 de l'acte dit loi du 23 mai 1943 dispose : « L'octroi de la concession ne peut faire l'objet d'aucun recours administratif ou judiciaire » ; que, si cette disposition, tant que sa nullité n'aura pas été constatée conformément à l'ordonnance du 9 août 1944 relative au rétablissement de la légalité républicaine, a pour effet de supprimer le recours qui avait été ouvert au propriétaire par l'art. 29 de la loi du 19 févr. 1942 devant le conseil de préfecture pour lui permettre de contester, notamment, la régularité de la concession, elle n'a pas exclu *le recours pour excès de pouvoir devant le Conseil d'État contre l'acte de concession, recours qui est ouvert même sans texte contre tout acte administratif, et qui a pour effet d'assurer, conformément aux principes généraux du droit, le respect de la légalité ;* qu'il suit de là, d'une part, que le ministre de l'agriculture est fondé à demander l'annulation de l'arrêté susvisé du conseil de préfecture de Lyon du 4 oct. 1946, mais qu'il y a lieu, d'autre part, pour le Conseil d'État, de statuer comme juge de l'excès de pouvoir sur la demande en annulation de l'arrêté du préfet de l'Ain du 10 août 1944 formée par la dame Lamotte ;

Cons. qu'il est établi par les pièces du dossier que ledit arrêté, maintenant purement et simplement la concession antérieure, faite au profit du sieur de Testa, pour une durée de neuf ans, « à compter du 1er févr. 1941 » ainsi qu'il a été dit ci-dessus, n'a eu d'autre but que de faire délibérément échec aux décisions susmentionnées du Conseil d'État statuant au contentieux, et qu'ainsi, il est entaché de détournement de pouvoir ; ... (Annulation).

OBSERVATIONS

L'arrêt Dame Lamotte *érige le recours pour excès de pouvoir en garantie de la légalité ; le contrôle qu'il permet (*Pariset*, Gomel*, Camino*, Ville Nouvelle Est**), les conséquences qu'il entraîne (*Rodière*, Mme Menneret*, Association AC !**) avaient déjà été et seront encore développés.*

1 **I.** — La loi du 27 août 1940 prescrivait aux maires de dresser la liste des exploitations abandonnées ou incultes depuis plus de deux années, et permettait au préfet de concéder, sans même attendre les résultats de cet inventaire, pour mise en culture immédiate, toute parcelle abandonnée ou inculte depuis plus de deux ans. C'est l'application de cette loi qui a donné lieu au litige *Ministre de l'agriculture c. Dame Lamotte.* Le Conseil d'État avait dû annuler le 24 juill. 1942 et le 9 avr. 1943 deux concessions de terres appartenant à la dame Lamotte, faites par le préfet de l'Ain au sieur de Testa. Le préfet réquisitionna alors le domaine et le Conseil d'État annula la réquisition. Nullement découragé, le préfet prit le 10 août 1944 un nouvel arrêté de concession, mais entre-temps la loi du 23 mai 1943, pour briser la résistance des juges, avait supprimé toute possibilité de recours contre les actes de concession.

Le rappel de la législation et de ces faits était nécessaire, car le caractère exorbitant du droit commun de la législation sur les concessions, le conflit auquel elle a donné lieu entre l'administration et les juges, la violation par l'administration de la chose jugée par le Conseil d'État, la suppression par voie législative de tout recours juridictionnel créent le climat de l'affaire et expliquent la solution, à première vue surprenante, donnée par le Conseil d'État dans cet arrêt.

En l'espèce, la volonté du législateur ne pouvait faire aucun doute, puisque l'art. 4 de la loi du 23 mai 1943 disposait : « l'octroi de la concession ne peut faire l'objet d'aucun recours administratif ou judiciaire ». La Haute juridiction n'en a pas moins considéré que ce texte ne pouvait avoir pour effet d'exclure le recours pour excès de pouvoir, destiné à « assurer, conformément aux principes généraux du droit, le respect de la légalité ». Cette jurisprudence hardie, qui fait de ce recours un instrument général du contrôle de la légalité, a été confirmée plusieurs fois depuis lors (CE, Ass., 17 avr. 1953, *Falco et Vidaillac*, Rec. 175, RD publ. 1953.448, concl. Donnedieu de Vabres, note M. Waline ; D. 1953.683, note Eisenmann ; JCP 1953.II.7598, note Vedel ; à propos des décisions du bureau de vote du Conseil supérieur de la magistrature ; – Sect., 16 déc. 1955, *Époux Deltel*, Rec. 592 ; D. 1956.44, concl. Laurent ; RD publ. 1956.150, note M. Waline, à propos des décisions de la commission de répartition de l'indemnité des nationalisations yougoslaves ; – Sect., 17 mai 1957, *Simonet*, Rec. 314, concl. Heumann ; S. 1957.351, concl. ; D. 1957.580, note Jeanneau ; AJ 1957.II.270, chr. Fournier et Braibant, à propos des décisions de la commission chargée de statuer sur l'éligibilité des membres du Conseil économique et sur la régularité de leur désignation). Il en résulte notamment que le gouvernement ne peut, ni dans l'exercice du pouvoir réglementaire autonome qu'il tient de l'art. 37 de la Constitution, ni dans celui du pouvoir de prendre des ordonnances qu'il tient de l'art. 38, soustraire certains de ces actes à tout contrôle juridictionnel, soit en écartant le recours pour excès de pouvoir, soit en prononçant la validation de certaines décisions administratives (CE, Ass., 24 nov. 1961, *Fédération nationale des syndicats de police*, Rec. 658 ; S. 1963.59, note L. Hamon ; D. 1962.424, note Fromont ; AJ 1962.114, note J. T.). La jurisprudence *Dame Lamotte* se révèle ainsi être une sauvegarde du contrôle de la légalité contre la tentation que pourrait avoir le gouvernement de limiter ce contrôle grâce à son pouvoir réglementaire.

2 **II.** — Le respect de la légalité au moyen du recours pour excès de pouvoir postule que la conformité à la règle de droit d'un acte administratif « s'apprécie au regard des dispositions en vigueur à la date de sa signature » (CE, Sect., 30 juill. 2003, *Groupement des éleveurs mayennais de trotteurs*, Rec. 346 ; AJ 2003.1813, chr. Donnat et Casas ; RFDA 2003.1134, concl. Séners). De là découle aussi le fait que l'annulation de l'acte illégal produit un effet rétroactif (v. nos obs. sous CE 26 déc. 1925, *Rodière**) hors le cas où, pour des raisons de sécurité juridique, le juge décide d'en moduler les effets dans le temps (v. nos obs. sous CE 11 mai 2004, *Association AC ! et autres**). Dans la mesure où la légalité de l'acte administratif est appréhendée de façon objective à sa date d'édiction, se trouve pleinement justifiée la jurisprudence selon laquelle l'acte administratif illégal est par là même constitutif d'une faute de nature à engager la responsabilité de la puissance publique (CE, Sect., 26 janv. 1973, *Ville de Paris c. Driancourt*, Rec. 78, v. n° 14.4).

Des exceptions ont néanmoins été apportées à cette règle d'or du contentieux de la légalité, depuis une décision du Conseil d'État (Ass.) du 19 juill. 2019, *Association des Américains accidentels* (v. n° 39.9) relative à la date à laquelle s'apprécie la légalité d'une décision refusant d'abroger un règlement argué d'illégalité. De façon très explicite la décision d'Assemblée du 12 juin 2020, *Graner* (Rec. 213, v. n° 39.9) consacre cette orientation jurisprudentielle en relevant que, par exception au principe selon lequel le juge de l'excès de pouvoir apprécie la légalité d'un acte administratif à la date de son édiction, il lui appartient cependant, « eu égard à la nature des droits en cause et à la nécessité de prendre en compte l'écoulement du temps et l'évolution des circonstances de droit et de fait » et afin de « *conférer un effet pleinement utile à son intervention* », de se placer à la date à laquelle il statue, lorsqu'il est saisi d'un refus d'accès à des documents d'archive ou dans d'autres hypothèses (v. nos obs. sous CE 17 mai 1985, *Mme Menneret**).

La jurisprudence traditionnelle n'en conserve pas moins sa valeur de principe comme l'attestent les décisions par lesquelles le Conseil d'État s'est prononcé sur la légalité des mesures prises pour faire face à l'épidémie de Covid-19, qui mettent l'accent sur le niveau de l'épidémie et l'état des connaissances scientifiques à leur date d'adoption, s'agissant aussi bien des modalités d'interruption volontaire de grossesse par voie médicamenteuse (CE 16 déc. 2020, *Association Juristes pour l'enfance et association Alliance Vita*, Rec. 491), que de l'encadrement du recours à l'hydroxychloroquine (CE 28 janv. 2011, *Bonnet et autres*, AJ 2021.243).

Quelle que soit la date d'appréciation de la légalité d'un acte administratif, la jurisprudence Dame Lamotte conserve toute sa pertinence.

III. — Sous la double influence de la place grandissante des conventions internationales dans l'ordre interne et de l'extension du contrôle de constitutionnalité des lois exercé par le Conseil constitutionnel, une disposition législative qui viendrait à soustraire un acte administratif à tout contrôle juridictionnel heurterait aussi bien la norme internationale que la norme constitutionnelle.

3 *1°)* S'agissant d'une contradiction avec les traités, on se référera à l'art. 13 de la Convention européenne de sauvegarde des droits de l'Homme et des libertés fondamentales aux termes duquel « toute personne dont les droits et libertés reconnus dans la présente Convention ont été violés a droit à l'octroi d'un recours effectif devant une instance nationale, alors même que la violation aurait été commise par des personnes agissant dans l'exercice de leurs fonctions officielles ». Sur ce fondement, la Cour européenne des droits de l'Homme peut, en certaines circonstances, relever une lacune du droit interne, que ce soit à propos de l'expulsion des gens du voyage (CEDH 14 mai 2020, *Hirtu c. France*, AJ 2020.2165, note E. Aubin, et F. Aumont) ou des droits des détenus (CEDH 30 janv. 2020, *JMB c. France*, v. n° 87.2).

Dans le même esprit que la jurisprudence Dame Lamotte, doit être mentionnée la reconnaissance par la Cour de justice des Communautés européennes, du contrôle juridictionnel en tant qu'expression « d'un principe général du droit qui se trouve à la base des traditions constitutionnelles communes aux États membres » (CJCE 15 mai 1986, *Marguerite Johnston*, aff. 222/84, Rec. 1651 ; GACJUE, n° 20).

4 *2°)* Il est revenu au juge constitutionnel, comme l'y invitait une partie de la doctrine, de rattacher l'exercice du droit de recours aux dispositions de l'art. 16 de la Déclaration des droits de l'Homme et du citoyen relatives à la « garantie des droits ». Annoncée par la décision *n° 93-335*

DC, 21 janv. 1994 (Rec. 40 ; RA 1994.75, note Morand-Deviller ; RFDC 1994.364, note Mélin-Soucramanien ; RFDA 1995.7, note Hocréteire), cette solution a été explicitée par la décision *n° 96-373 DC, 9 avr. 1996* (Rec. 43 ; AJ 1996.371, note Schrameck), qui déduit de l'art. 16 de la Déclaration « qu'en principe il ne doit pas être porté d'atteintes substantielles au droit des personnes intéressées d'exercer un recours effectif devant une juridiction ». Une semblable approche a trouvé un écho dans la jurisprudence administrative qui se réfère désormais au « droit constitutionnellement garanti à toute personne à un recours effectif devant une juridiction » (CE, avis, 6 mai 2009, *Khan*, Rec. 187).

Un lien est même établi entre ce droit et l'existence d'un régime d'aide juridictionnelle (CE ord. 8 févr. 2012, *Ministre de l'intérieur, de l'outre-mer, des collectivités territoriales et de l'immigration c. K...*, Rec. 30 ; DA 2012, n° 67, note Tchen ; JCP 2012.219, obs. Erstein).

Pour le Conseil constitutionnel, un délai de cinq jours ouvert à un détenu de nationalité étrangère pour contester une obligation de quitter le territoire, porte, en raison de sa brièveté, atteinte au droit au recours (*n° 2018.-709 QPC 1er juin 2018* ; AJ 2018.1131).

A fortiori, en va-t-il de même de l'absence de voie de recours à l'encontre d'une décision du ministère public de transfèrement international d'un détenu (*n° 2021-905 QPC*, 7 mai 2021, AJ 2021.998 ; AJ pénal 2021.330, obs. Y. Carpentier).

Le droit au recours déborde ainsi le cas de la juridiction administrative. Pour celle-ci, il englobe non seulement l'exigence du recours pour excès de pouvoir mais aussi la possibilité de former un recours en cassation devant le Conseil d'État contre les décisions des juridictions administratives rendues en dernier ressort.

5 **IV.** — Il existe en effet une analogie entre l'arrêt *Dame Lamotte* et la solution adoptée par le Conseil d'État pour le recours en cassation. On a vu qu'à propos d'une loi qui disposait que la décision de la juridiction administrative en cause (jury d'honneur) n'était « susceptible d'aucun recours », le juge administratif a estimé que « l'expression dont a usé le législateur ne peut être interprétée, en l'absence d'une volonté contraire clairement manifestée par les auteurs de cette disposition, comme excluant le recours en cassation devant le Conseil d'État » (Ass., 7 févr. 1947, *d'Aillières**). Le même raisonnement a été fait à propos des décisions du Conseil supérieur de la magistrature statuant en tant que conseil de discipline des magistrats du siège (CE, Ass., 12 juill. 1969, *L'Étang*, Rec. 388 ; v. n° 54.2). En matière pénale, le Conseil d'État a annulé une ordonnance prise en vertu d'une loi d'habilitation et instituant une cour militaire de justice, pour le motif notamment qu'elle excluait toute possibilité de recours en cassation (CE, Ass., 19 oct. 1962, *Canal, Robin et Godot**).

Le Conseil d'État statue en ces matières, sinon *contra legem*, du moins *praeter legem*. Sauf dans le cas où l'auteur du texte a exprimé formellement, en termes exprès sa volonté d'exclure tout recours, le juge administratif tient peu compte de l'« intention » – au sens psychologique du terme – du législateur : lorsqu'un texte est clair par lui-même, le Conseil d'État se borne à l'appliquer ; s'il laisse place à un doute, il recherchera l'intention du législateur telle qu'elle se déduit des travaux préparatoires. Mais dans cette recherche il présuppose que le législateur n'a pas entendu se soustraire au respect des principes généraux du droit. En fonction de ces prémisses, il peut arriver que le Conseil d'État détermine lui-même « l'intention du législateur ».

Le Conseil d'État peut également combler ce qui lui paraît constituer une lacune de la loi (v. nos obs. sous CE, Ass., 14 févr. 2014, *Mme Lambert et autres**).

57

GRÈVE DANS LES SERVICES PUBLICS

Conseil d'État Ass., 7 juillet 1950, *Dehaene*
(Rec. 426 ; RD publ. 1950.691, concl. Gazier, note M. Waline ; JCP 1950.II.5681, concl. ; RA 1950.366, concl., note Liet-Veaux ; Dr. soc. 1950.317, concl. ; S. 1950.3.109, note J.D.V. ; D. 1950.538, note Gervais ; GADLF, n° 54, obs. X. Dupré de Boulois ; GCJA, vol. 2, n° 16, concl.).

En ce qui concerne le blâme :

Cons. que le sieur Dehaene soutient que cette sanction a été prise en méconnaissance du droit de grève reconnu par la Constitution ;

Cons. qu'en indiquant dans le Préambule de la Constitution que « le droit de grève s'exerce dans le cadre des lois qui le réglementent », l'Assemblée constituante a entendu inviter le législateur à opérer la conciliation nécessaire entre la défense des intérêts professionnels dont la grève constitue une modalité et la sauvegarde de l'intérêt général auquel elle peut être de nature à porter atteinte ;

Cons. que les lois des 27 déc. 1947 et 28 sept. 1948, qui se sont bornées à soumettre les personnels des compagnies républicaines de sécurité et de la police à un statut spécial et à les priver, en cas de cessation concertée du service, des garanties disciplinaires, ne sauraient être regardées, à elles seules, comme constituant, en ce qui concerne les services publics, la réglementation du droit de grève annoncée par la Constitution ;

Cons. qu'en l'absence de cette réglementation la reconnaissance du droit de grève ne saurait avoir pour conséquence d'exclure les limitations qui doivent être apportées à ce droit comme à tout autre en vue d'en éviter un usage abusif ou contraire aux nécessités de l'ordre public ; qu'en l'état actuel de la législation, il appartient au gouvernement, responsable du bon fonctionnement des services publics, de fixer lui-même, sous le contrôle du juge, en ce qui concerne ces services, la nature et l'étendue desdites limitations ;

Cons. qu'une grève qui, quel qu'en soit le motif, aurait pour effet de compromettre dans ses attributions essentielles l'exercice de la fonction préfectorale porterait une atteinte grave à l'ordre public ; que, dès lors, le gouvernement a pu légalement faire interdire et réprimer la participation des chefs de bureau de préfecture à la grève de juillet 1948 ;

Cons. qu'il est constant que le sieur Dehaene, chef de bureau à la préfecture d'Indre-et-Loire a, nonobstant cette interdiction, fait grève du 13 au 20 juill. 1948 ; qu'il résulte de ce qui précède que cette attitude, si elle a été inspirée par un souci de solidarité, n'en a pas moins constitué une faute de nature à justifier une sanction disciplinaire ; qu'ainsi le requérant n'est pas fondé à soutenir qu'en lui infligeant un blâme le préfet d'Indre-et-Loire a excédé ses pouvoirs ; ... (Rejet).

OBSERVATIONS

Par référence au Préambule de la Constitution de 1946, l'arrêt Dehaene *reconnaît le droit de grève dans les services publics, avec les limites de leurs nécessités, particulièrement leur continuité, dont le principe fait partie des principes généraux du droit reconnus par l'arrêt* Société des concerts du Conservatoire*.

1 **I.** — Le 13 juill. 1948, un mouvement de grève à l'origine duquel se trouvaient des revendications d'ordre professionnel se déclenchait parmi les fonctionnaires des préfectures. Le ministre de l'intérieur fit savoir, le jour même, que tous les agents d'autorité – plus précisément les agents d'un grade égal ou supérieur à celui de chef de bureau – qui se mettraient en grève devaient être immédiatement suspendus. La majorité des agents ainsi visés cessa néanmoins le travail, et ne le reprit qu'une semaine plus tard, lorsque leur syndicat leur en eut donné la consigne. Les préfets prononcèrent, le 13 juill., la suspension des chefs de bureau en grève ; lors de la reprise du travail, la suspension fut remplacée par un blâme.

Six chefs de bureau de la préfecture d'Indre-et-Loire formèrent un recours contre la sanction dont ils étaient frappés, soutenant que l'exercice du droit de grève reconnu par le Préambule de la Constitution ne pouvait constituer une faute de nature à justifier une sanction disciplinaire.

2 **II.** — La législation française est demeurée longtemps muette au sujet de la grève des fonctionnaires. Un seul texte pouvait être considéré comme régissant cette matière : c'était l'art. 123 du Code pénal aux termes duquel « Tout concert de mesures contraires aux lois pratiqué soit par la réunion d'individus ou de corps dépositaires de quelque partie de l'autorité publique, soit par députation ou correspondance entre eux, sera puni d'un emprisonnement… ». Jèze observait en 1909 (RD publ. 1909.500) que ce texte, qui n'avait jamais été appliqué sous les régimes monarchiques et sous l'Empire, ne le serait jamais sous la IIIe République. Il ne se trompait que de fort peu, l'art. 123 n'ayant été appliqué qu'une seule fois (T. corr. de la Seine, 4 déc. 1934, D. 1935.2.57, note M. Waline). C'est donc à la jurisprudence administrative qu'il revint d'élaborer les règles de droit relatives à la grève des agents publics. Elle adopta une attitude rigoureuse, en considérant que l'agent qui se mettait en grève s'excluait par là même du service et, par voie de conséquence, du bénéfice des garanties disciplinaires (CE 7 août 1909 *Winkell*, Rec. 826 et 1296, concl. Tardieu ; S. 1909.3.145, concl., note Hauriou ; RD publ. 1909.494, note Jèze ; GCJA, vol. 1, no 45, concl.).

Cette jurisprudence sévère pour les grévistes appelait tout naturellement une jurisprudence favorable aux mesures prises par les pouvoirs publics pour faire échec aux grèves de fonctionnaires ou d'agents des services concédés. Ainsi le Conseil d'État jugeait que le rappel des cheminots pour une période militaire ne constituait pas un détournement de pouvoir alors même que cette mesure était prise dans le but de briser une grève (18 juill. 1913, *Syndicat national des chemins de fer de France et des colonies*, Rec. 882 ; v. nº 29.1) et estimait légale la réquisition par décret des agents et ouvriers des services publics concédés, effectuée dans le même but (5 déc. 1941, *Sellier*, Rec. 208 ; S. 1942.3.25, note Mestre).

La jurisprudence devint la loi avec le statut des fonctionnaires du 14 sept. 1941, dont l'art. 17 disposait : « Tout acte d'un fonctionnaire portant atteinte à la continuité indispensable à la marche normale du service public qu'il a reçu mission d'assurer constitue le manquement le plus grave à ses devoirs essentiels. Lorsqu'un acte de cette nature résulte d'une action collective ou concertée, il a pour effet de priver le fonctionnaire des garanties prévues par le présent statut en matière disciplinaire. » Mais cette loi fut déclarée nulle par l'ordonnance du 9 août 1944 portant rétablissement de la légalité républicaine.

3 **III.** — Les données juridiques du problème furent modifiées par le Préambule de la Constitution du 27 oct. 1946, d'après lequel : « Le droit de grève s'exerce dans le cadre des lois qui le réglementent. » Or la loi du 19 oct. 1946 relative au statut des fonctionnaires leur reconnaissait le droit syndical, mais restait muette sur l'exercice du droit de grève. Deux lois seulement étaient venues réglementer ce droit : la loi du 27 déc. 1947 sur les compagnies républicaines de sécurité qui le retirait à leurs membres et assimilait la grève à l'abandon de poste, et la loi du 28 sept. 1948 relative à la police qui disposait que « toute cessation concertée du service pourra être sanctionnée en dehors des garanties disciplinaires ». Le commissaire du gouvernement Gazier n'eut guère de peine à convaincre le Conseil d'État que ces lois ne pouvaient constituer la réglementation d'ensemble du droit de grève.

Il restait alors à apprécier la valeur juridique du Préambule de la Constitution. La doctrine lui assignait, en général, la valeur de règle de droit positif, tout au moins à l'égard du pouvoir exécutif et du juge. Elle était plus partagée sur la question de savoir si la formule du Préambule était assez précise pour s'appliquer : les auteurs admettaient cependant, à peu près unanimement, que le Préambule réservait la matière à la loi.

Le commissaire du gouvernement Gazier soutint au contraire que le Préambule n'exprimait que des principes fondamentaux du droit et que le principe du droit de grève devait être concilié avec d'autres principes non moins respectables, notamment celui de la continuité du service public : « Admettre sans restriction la grève des fonctionnaires, ce serait ouvrir des parenthèses dans la vie constitutionnelle et, comme on l'a dit, consacrer officiellement la notion d'un État à éclipses. Une telle solution est radicalement contraire aux principes les plus fondamentaux de notre droit public. » Le maintien de l'ancienne jurisprudence n'était cependant plus possible : outre qu'elle ne cadrait plus avec le Préambule, elle était en divorce complet avec les faits ; elle opposait radicalement les agents des services publics et les salariés de droit commun, dont la condition ne cessait de se rapprocher ; d'autre part « la ligne de démarcation entre les activités professionnelles qui ne peuvent être interrompues sans atteinte profonde à la vie nationale et celles qui peuvent s'accommoder de la grève ne coïncide pas avec celle qui oppose les agents des services publics aux salariés de droit privé... La grève des boulangers et celle des laitiers affecte plus la vie de la nation que celle des gardiens de musée ou des conservateurs des hypothèques ». Il vaut donc mieux admettre que la grève n'est plus nécessairement illicite, mais que, dans l'attente des lois la réglementant, le gouvernement peut limiter son exercice si l'ordre public l'exige.

Le Conseil d'État a admis le raisonnement de son commissaire et s'est, depuis lors, tenu, pour l'essentiel, à la jurisprudence *Dehaene*, malgré les critiques d'une partie de la doctrine qui estima que la matière était réservée par la Constitution au pouvoir législatif.

4 **IV.** — La Constitution de 1958 et la législation qui a suivi n'ont pas changé les données du problème. Le Préambule de l'actuelle Constitution a confirmé celui de 1946. L'ordonnance du 4 févr. 1959 sur le statut des fonctionnaires était tout aussi muette sur le droit de grève que la loi du 19 oct. 1946. La loi du 31 juill. 1963 relative à certaines modalités de la grève dans les services publics, qui interdit les grèves « surprises » et les grèves « tournantes », n'a pas été regardée, en raison de son caractère très partiel, comme pouvant « constituer à elle seule l'ensemble de la réglementation du droit de grève annoncée par la Constitution » (CE, Ass., 4 févr. 1966, *Syndicat unifié des techniciens de la RTF*, Rec. 81 ; RD publ. 1966.324 et CJEG 1966.121, concl. Bertrand ; D. 1966.720, note Gilli ; JCP 1966.II.14802, note C. Debbasch). Quant à la loi du 13 juill. 1983 relative aux droits et obligations des fonctionnaires, elle réaffirme que les « fonctionnaires exercent le droit de grève dans le cadre des lois qui le réglementent ».

Par rapport à l'état de la législation à l'époque de l'arrêt *Dehaene*, on doit relever simplement que de nouvelles catégories d'agents publics se sont vues refuser le droit de grève par la loi (ord. du 6 août 1958, pour les agents des services extérieurs de l'administration pénitentiaire ; ord. du 22 déc. 1958, pour les magistrats ; loi du 31 juill. 1968, pour les agents du service des transmissions du ministère de l'intérieur ; loi du 13 juill. 1972, pour les militaires).

L'accent mis par le Conseil constitutionnel sur les responsabilités du législateur en matière de réglementation du droit de grève (*n° 79-105 DC, 25 juill. 1979*, Rec. 33 ; RD publ. 1979.1705, comm. Favoreu ; D. 1980.101, note Paillet ; AJ 1980.191, note Legrand ; RA Est France, n° 18.77, note Jarnevic ; Dr. soc. 1980.7, note Leymarie ; JCP 1981.II.19547, note Béguin) a conduit une partie de la doctrine à mettre en doute la pérennité de la jurisprudence *Dehaene* en tant qu'elle reconnaît au gouvernement des possibilités d'intervention. Le Conseil d'État n'en est pas moins resté fidèle à sa jurisprudence, faute pour le législateur d'avoir édicté une réglementation d'ensemble (CE, Sect., 17 mars 1997, *Fédération nationale des syndicats du personnel des industries de l'énergie électrique, nucléaire et gazière* ; Rec. 90 ; du même jour, *Hotz* ; AJ 1997.533, note Bellanger et Darcy). Ainsi, pour la plupart des agents des services publics, c'est la jurisprudence *Dehaene*, complétée et précisée depuis lors par de nombreux arrêts, qui demeure applicable.

Cette conclusion n'est pas infirmée par l'intervention de lois particulières, dont l'objet, pour important qu'il soit, reste limité : loi du 21 août 2007 qui, dans les services publics de transports terrestres réguliers de voyageurs, subordonne le dépôt d'un préavis de grève à une procédure de prévention des conflits et prévoit en cas de grève un niveau minimum de service ; loi du 20 août 2008 qui fait bénéficier les élèves des écoles maternelles et élémentaires d'un service d'accueil lorsque les enseignements ne peuvent être dispensés, en particulier du fait d'une grève ; loi du 19 mars 2012 relative à l'organisation du service et à l'information des passagers dans les entreprises aériennes de transport des passagers.

Tout au contraire, une décision de principe a réaffirmé la jurisprudence *Dehaene*, en l'enrichissant d'un motif supplémentaire de restriction de l'exercice du droit de grève. Aux limitations destinées à éviter « un usage abusif ou contraire aux nécessités de l'ordre public », a été ajoutée la nécessité de pourvoir « *aux besoins essentiels du pays* » (CE, Ass., 12 avr. 2013, *Fédération Force Ouvrière Énergie et Mines et autres*, Rec. 94 ; RFDA 2013.637, concl. Aladjidi, 669, chr. Roblot-Troizier ; AJ 2013.1052, chr. Domino et Bretonneau ; DA 2013, n° 59, note Éveillard ; Dr. soc. 2013.608, note Gadhoun ; JCP Adm. 2013.2308, note Pauliat).

5 Bien que l'entreprise soit téméraire, il n'est pas sans intérêt d'essayer d'énoncer les quelques principes qui régissent à l'heure actuelle la grève dans les services publics.

1°) La grève des agents publics est en principe licite.

2°) Mais elle n'est licite que « pour la défense des intérêts professionnels » ; la formule est dans l'arrêt *Dehaene* : la grève politique n'est donc pas légitime (CE 8 févr. 1961, *Rousset*, Rec. 85, concl. Braibant ; Dr. ouvr. 1961.380, concl.). Le gouvernement n'est cependant pas obligé de « prévoir une réglementation différente selon la nature des objectifs visés par les grévistes » (CE, Sect., 28 nov. 1958, *Lepouse*, Rec. 596 ; D. 1959.263, note Quermonne ; RD publ. 1959.306, note M. Waline ; AJ 1958.I.128. chr. Combarnous et Galabert).

3°) Le droit de grève doit se concilier avec le devoir de réserve qui s'impose à tout agent public (CE 12 oct. 1956, *Delle Coquand*, Rec. 362 : l'incitation par voie de tracts et de harangues, même en dehors du service, à une grève politique, constitue une faute disciplinaire).

6 *4°)* Même lorsque la grève est licite, le gouvernement peut prendre les mesures propres à « en éviter un usage abusif ou contraire aux nécessités de l'ordre public ». Cette compétence n'est reconnue « qu'en l'état actuel de la législation » et n'a donc qu'un caractère supplétif par rapport au législateur. Elle peut s'exercer par voie de circulaires ministérielles (CE 18 mars 1956, *Hublin*, Rec. 117 ; AJ 1956.II.222, chr. Fournier et

Braibant ; RPDA 1956.84, chr. P.M. Gaudemet) ou de décisions de chefs de service (CE, Sect., 19 janv. 1962, *Bernadet*, Rec. 49 ; D. 1962.202, note Leclercq).

Dans le cas d'un établissement public comme de celui d'un organisme de droit privé responsable d'un service public, seuls leurs organes dirigeants, agissant en vertu des pouvoirs généraux d'organisation des services placés sous leur autorité, sont, sauf dispositions contraires, compétents pour déterminer les limitations à l'exercice du droit de grève (*cf.* CE, Ass., 12 avr. 2013, *Fédération Force Ouvrière Énergie et Mines et autres*, préc.). Si ces autorités sont compétentes pour apporter de telles limitations, c'est dans la mesure où les solutions alternatives à l'exercice d'un tel pouvoir font défaut (même décision).

Toutefois, le ministre chargé de l'enseignement supérieur, au titre de l'exercice de ses pouvoirs de tutelle sur les établissements publics d'enseignement supérieur est compétent « *pour rappeler* » le cadre juridique applicable à l'exercice du droit de grève par les enseignants-chercheurs (CE 12 févr. 2020, *Mme Champeil-Desplats et autres*, Rec. 776).

7 *5°)* Les contours du pouvoir reconnu à l'autorité administrative ont été progressivement précisés par le Conseil d'État depuis l'arrêt *Dehaene*. La jurisprudence paraît s'inspirer de deux considérations. D'une part, l'ordre public doit être assuré en priorité ; c'est pourquoi, généralisant la formule de l'arrêt *Dehaene*, l'arrêt *Lepouse* (préc.) décide qu'« une grève, qui aurait pour effet de compromettre dans ses éléments essentiels l'action gouvernementale, porterait une atteinte grave à l'ordre public » et doit donc être évitée. D'autre part, seules doivent être apportées au droit de grève les limitations en vue d'en éviter un usage abusif, ou bien contraire aux nécessités de l'ordre public ou aux besoins essentiels du pays.

Le juge administratif exerce un contrôle très serré aussi bien sur la nécessité d'assurer en tout état de cause telle ou telle activité que sur la désignation du personnel nécessaire au maintien de cette activité. Comme l'a dit le commissaire du gouvernement Gand dans ses conclusions sur l'affaire *Lepouse*, « nous sommes dans un domaine où une interdiction a d'autant plus de chance d'être respectée – ce qui est l'essentiel – qu'elle est limitée, précise et ne prête pas le flanc à la critique ».

En application de ces principes, le Conseil d'État a considéré comme légales l'interdiction de la grève faite aux personnels des PTT indispensables à la sécurité des personnes, à la conservation du matériel et au fonctionnement des liaisons indispensables à l'action gouvernementale (28 nov. 1958, *Lepouse*, préc.), ou celle faite aux agents occupant des emplois indispensables au fonctionnement normal des services de sécurité aérienne (26 oct. 1960, *Syndicat général de la navigation aérienne*, Rec. 567 ; Dr. soc. 1961.100, concl. Fournier ; Dr. ouvr. 1961.38, concl., note Piquemal : ce dernier arrêt va même jusqu'à admettre la légalité de l'exigence d'un préavis individuel de cinq jours pour la grève de certains agents). Il a considéré comme valable le refus du droit de grève aux gardiens de passages à niveau et l'interdiction des grèves tournantes aux agents de la SNCF, les autres grèves devant être précédées d'un préavis de cinq jours (Ass., 23 oct. 1964, *Fédération des syndicats chrétiens de cheminots*, Rec. 484 ; RD publ. 1964.1210, concl. Bertrand ; JCP 1965.II.14721, note G. Belorgey ; AJ 1964.682, chr. Puybasset et Puissochet ; RD publ. 1965.700, note M. Waline). La loi du 21 août 2007 sur le dialogue social et la continuité du service public dans les transports terrestres de voyageurs a eu pour effet de porter ce préavis à 13 jours.

Le Conseil d'État a estimé que le gouvernement avait valablement pu désigner par circulaire le personnel nécessaire pour assurer la continuité du fonctionnement des services du groupement des contrôles radio-électriques (Ass., 4 févr. 1966, *Syndicat national des fonctionnaires et agents du groupement des contrôles radio-électriques*, Rec. 80 ; D. 1966.720, note Gilli ; JCP 1966.II.14802, note C. Debbasch ; RD publ. 1966.324 et CJEG 1966.J.121, concl. Bertrand). De même, c'est à bon droit que le droit de grève a été refusé par le ministre de l'intérieur à certains fonctionnaires supérieurs des préfectures et aux fonctionnaires de tous grades affectés au cabinet du préfet (Sect., 16 déc. 1966, *Syndicat national des fonctionnaires et agents des préfectures et sous-préfectures de France et d'outre-mer CGT-FO*, Rec. 662 ; AJ 1967.99, concl. Bertrand ; D. 1967.105, note Gilli ; JCP 1967.II.15058, note Sinay ; RD publ. 1967.555, note M. Waline ; RA 1967.30, note Liet-Veaux ; Dr. ouvr. 1967.34, note Piquemal) ; la même solution a été adoptée pour les « personnels d'autorité ou ayant des responsabilités importantes des services extérieurs des douanes » (21 oct. 1970, *Syndicat général des fonctionnaires des impôts FO et syndicat national des agents de direction, de contrôle et de perception des douanes de France et d'outre-mer*, Rec. 596 ; AJ 1971.365, note V.S.). Toutefois, dans ces deux derniers arrêts, les décisions attaquées ont été annulées en tant qu'elles refusaient le droit de grève, d'une part, à la totalité des fonctionnaires de tous grades affectés au secrétariat du secrétaire général, au bureau du cabinet et au bureau du courrier et de la coordination et, d'autre part, à tous les inspecteurs principaux des douanes.

Le Conseil d'État a également annulé une interdiction permanente et absolue de la grève des agents publics chargés de la manœuvre des écluses de la section internationale de la Moselle en relevant d'une part qu'aucune stipulation de la convention du 27 oct. 1956 sur la canalisation de la Moselle ne faisait obligation aux États signataires d'interdire le droit de grève aux personnels assurant le maniement des installations nécessaires à la navigation sur ce fleuve et d'autre part qu'une grève « ne mettrait pas nécessairement en péril, quels qu'en soient les motifs, la date et la durée, soit la conservation des installations et des matériels, soit le fonctionnement d'un service dont la continuité est indispensable à l'action gouvernementale ou à l'ordre public » (CE 4 févr. 1981, *Fédération CFTC des personnels de l'environnement, de l'équipement et du logement, des transports et du tourisme*, Rec. 45 ; Dr. soc. 1981.412, concl. Genevois ; AJ 1981.543, note Salon ; D. 1981.IR. 286, obs. P. Delvolvé).

8 En ce qui concerne les personnels de la radiodiffusion et de la télévision, le Conseil d'État a tout d'abord considéré comme légale l'interdiction faite aux agents de la RTF nécessaires, à tous les échelons de la hiérarchie, pour assurer le fonctionnement des services d'information (18 mars 1956, *Hublin*, préc. n° 57.6) ; il a ensuite admis que le ministre de l'information avait valablement imposé un service minimum à la télévision en cas de grève (CE, Sect., 13 juill. 1968, *Syndicat unifié des techniciens de l'ORTF*, Rec. 444-III ; RD publ. 1968.1094, concl. Bertrand ; AJ 1968.571, chr. Dewost et Denoix de Saint Marc), tout en annulant dans la première de ces décisions l'obligation faite aux agents de la télévision de diffuser un film de 20 h 30 à 22 h 30 en cas de grève. Depuis 1972, la définition du service minimum à la radio et à la télévision résulte de la loi et de mesures réglementaires d'application. Il revient au Conseil constitutionnel, s'il est saisi, d'apprécier la conformité à la Constitution des dispositions arrêtées par le législateur (*n° 79-105 DC*, 25 juill. 1979, préc. n° 57.4 ; *n° 86-217 DC*, 18 sept. 1986, Rec. 141 ; AJ 1987.102, note Wachsmann) et au Conseil d'État de se prononcer sur la légalité des dispositions de nature réglementaire (CE 12 nov. 1976, *Syndicat unifié de radio et de télévision CFDT*, Rec. 484 ; Dr. soc. 1977.261, concl. Massot), pour autant qu'elles fassent grief (CE 31 juill. 1996, *Syndicat national de radiodiffusion et de télévision*, Rec. 320 ; JCP 1996.II.22735, concl. Stahl).

9 *6°)* Le Conseil d'État a jugé légale une réglementation obligeant les agents employés dans les équipements sportifs de la ville de Paris à exercer leur droit de grève dès leur prise de service, mais illégale l'obligation qui leur était faite de se déclarer grévistes 48 heures avant le début de la grève, leur interdisant ainsi de rejoindre un mouvement de grève déjà engagé (CE 6 juill. 2016, *Syndicat CGT des cadres et techniciens parisiens des services publics territoriaux et autres*, Rec. 756)

10 *7°)* Les grévistes n'ont pas le droit d'occuper les locaux administratifs, c'est-à-dire de faire la grève « sur le tas » (CE, Sect., 11 févr. 1966, *Legrand*, Rec. 110).

8°) En l'absence de service fait, l'agent public n'a pas droit à la rémunération correspondant à la durée de l'interruption de travail (CE 9 avr. 1954, *Caubel*, Rec. 225). Dans le silence des textes, le Conseil d'État a jugé que les retenues opérées sur la rémunération des grévistes devaient être proportionnelles à la durée de la grève (CE, Sect., 13 mars 1959, *Syndicat national « Force ouvrière » du ministère de la reconstruction et de l'urbanisme*, Rec. 178 ; RD publ. 1959.766, note M. Waline).

Sous l'empire de la loi du 29 juill. 1961, abrogée par la loi du 19 oct. 1982, puis partiellement remise en vigueur par l'article 89 de la loi du 28 juill. 1987, la retenue pratiquée est, dans le cas des fonctionnaires de l'État, égale à la journée, en application de la règle de la comptabilité publique dite du trentième indivisible, même si la cessation de travail a été d'une durée moindre. Le calcul du montant de la retenue a soulevé des difficultés d'application dans le cas des agents dont les obligations de service chevauchent deux journées (CE, Ass., 15 févr. 1980, *Faure*, Rec. 93 ; AJ 1980.282 chr. Robineau et Feffer ; D. 1980.IR.301, obs. P. Delvolvé : l'agent est réputé avoir fait grève pendant deux journées entières) ainsi qu'au cas où un agent a été autorisé à prendre ses congés au cours d'une période déterminée (CE 27 juin 2008, *Ministre de l'économie, des finances et de l'emploi c. Mme Morand*, Rec. 250, Dr. soc. 2009.64, concl. Derepas ; AJ 2008.1667, note Soubirous ; JCP 317.38, chr. Plessix : la retenue sur traitement ne saurait porter atteinte au droit de l'intéressé à son congé annuel). Toutefois, elle peut concerner une journée de récupération accordée à l'agent par son chef de service (CE 4 déc. 2013, *Sambussy*, Rec. 657).

11 *9°)* Les principes de l'arrêt *Dehaene* ne s'appliquent pas seulement aux fonctionnaires et agents de l'État, mais aussi au personnel communal (CE 9 juill. 1965, *Pouzenc*, Rec. 421 ; D. 1966.720, note Gilli), et à celui des services publics industriels et commerciaux, quelle que soit leur forme juridique (Soc. 27 janv. 1956, D. 1956.481, note Gervais et CE, Ass., 23 oct. 1964, *Fédération des syndicats chrétiens de cheminots*, préc. n° 57.7, pour la SNCF ; – Ass., 4 févr. 1966, *Syndicat unifié des techniciens de la RTF*, préc. n° 57.4 et – Sect., 13 juill. 1968, *Syndicat unifié des techniciens de l'ORTF*, préc. n° 57.8, pour la radiodiffusion-télévision).

Dans le premier cas, le pouvoir de réglementation appartient au maire ; en ce qui concerne les services publics dotés de la personnalité morale, ce sont en principe les organes dirigeants de l'établissement qui sont compétents (CE, Ass., 12 avr. 2013, *Fédération Force Ouvrière Énergie et Mines et autres*, préc. ; v. n° 57.4).

12 *10°)* Si une sanction disciplinaire pour fait de grève est encourue, elle ne peut être infligée qu'après communication du dossier (CE, Sect., 25 mars 1955, *Rousset*, Rec. 179) même en cas de grève politique (CE 1er févr. 1963, *Ministre des armées c. Audibert*, Rec. 66).

Pour le Conseil constitutionnel, le respect du contradictoire s'impose préalablement au prononcé éventuel d'une sanction disciplinaire à l'égard d'un agent de l'administration pénitentiaire ayant pris part, en méconnaissance de son statut, à une cessation concertée du travail (*n° 2019-781 QPC, 10 mai 2019* ; AJ 2019.1020 ; Dr. ouvr. 2020.257, note Silva-Descas).

V. — Si, depuis l'arrêt *Dehaene*, la jurisprudence est plus libérale que par le passé en ce qui concerne les droits reconnus aux fonctionnaires qui ont fait grève, le Conseil d'État admet que le gouvernement puisse user de certains de ses pouvoirs pour faire échec à une grève ou pallier ses conséquences.

13 *1°)* Le recours au droit de réquisition est possible tout en étant soumis au contrôle du juge. Les tribunaux judiciaires saisis par la voie de l'exception d'illégalité, n'ont guère exercé, jusqu'à présent, qu'un contrôle de régularité formelle ; la Cour de cassation estime en effet

« qu'il appartient à l'administration, seule responsable de la bonne marche des services publics, de déterminer, lorsqu'elle procède à une réquisition, les catégories de personnels indispensables à la satisfaction des besoins essentiels du public », et qu'il ne saurait appartenir au juge répressif de substituer son appréciation à celle de l'autorité administrative (Crim., 2 févr. 1956, *Gros*, D. 1956.678, note Maynier). En revanche, le juge administratif, saisi par la voie du recours pour excès de pouvoir, exerce son contrôle sur les appréciations faites par le gouvernement et interdit ainsi à ce dernier de supprimer complètement en pratique, par la voie de la réquisition, un droit reconnu par la Constitution. C'est ainsi qu'à la suite de la réquisition du personnel de la Régie autonome des transports de la ville de Marseille, le Conseil d'État a jugé qu'« il ne ressort pas des pièces du dossier que les perturbations qui sont résultées (de la grève tournante) aient eu pour effet de porter, soit à la continuité du service des transports, soit à la satisfaction des besoins de la population, une atteinte suffisamment grave pour justifier légalement la réquisition du personnel de cette régie » (CE, Sect., 24 févr. 1961, *Isnardon*, Rec. 150 ; J. 1961.I.204, chr. Galabert et Gentot ; Dr. soc. 1961.357, note J. Savatier).

À la suite d'une grève des sages-femmes dans le département d'Indre-et-Loire a été jugée excessive la réquisition par arrêté préfectoral de l'ensemble des personnels intéressés, sans qu'ait été envisagée une mesure plus sélective (CE 9 déc. 2003, *Mme Aguillon*, Rec. 497 ; RFDA 2004.306, concl. Stahl, note Cassia ; Dr. soc. 2004.172, concl. ; AJ 2004.1138, note Le Bot ; JCP 2004.II.10076, note Prétot ; JCP Adm. 2004.1054, note J. Moreau ; *ibid.*, n° 1096, note Maillard Desgrées du Loû ; AJFP 2004.148, note Moniolle).

En d'autres circonstances, le Conseil d'État a admis le recours à la réquisition (CE 26 oct. 1962, *Le Moult et Syndicat « Union des navigants de ligne »*, Rec. 580 ; AJ 1962.671, chr. Gentot et Fourré ; Dr. soc. 1963.224 note J. Savatier : à propos de la grève déclenchée au sein de la Compagnie Air France par la totalité du personnel navigant sur les appareils Boeing). De même, a été considérée comme valable la réquisition des personnels assurant la sécurité aérienne (CE 9 févr. 1966, *Fédération nationale de l'aviation civile*, Rec. 101 ; D. 1966.720, note Gilli ; Dr. soc. 1966.565, note Courvoisier).

14 *2°)* Le Conseil d'État a admis que l'administration, tenue d'assurer la continuité du service public, peut à cette fin embaucher du personnel d'appoint, pour une durée limitée, en cas de grève des agents publics. Toutefois, s'agissant de l'exécution du service public administratif, elle doit, sauf impossibilité résultant de circonstances exceptionnelles, recruter des agents publics à titre temporaire, dans le cadre de la loi (aujourd'hui loi du 11 janv. 1984, art. 6 al. 2 ; loi du 26 janv. 1984, art. 3 al. 2) et non du personnel fourni par un entrepreneur privé de travail temporaire (CE, Ass., 18 janv. 1980, *Syndicat CFDT des postes et télécommunications du Haut-Rhin*, Rec. 31 ; AJ 1980.89, chr. Robineau et Feffer ; D. 1980.IR. 302, obs. P. Delvolvé ; JCP 1980.II.19450, note Zoller ; RA

1980.606, obs. Bienvenu et Rials). La Cour de cassation a adopté une attitude beaucoup plus restrictive (Soc. 19 mai 1998, *La Poste c. Syndicat départemental CGT-PTT* ; AJFP nov.-déc. 1998.27, note Petit).

3°) La mise en demeure à des agents grévistes d'avoir à reprendre leur travail a été jugée légale dans un cas où le directeur de la comptabilité publique avait enjoint à des agents des services du Trésor d'un département, en grève depuis dix-huit jours, d'avoir à se mettre à la disposition du Trésorier-payeur général pour assurer le versement des traitements et pensions des personnels (CE 25 sept. 1996, *Ministre du budget c. Mme Emard*, Rec. 351).

15 **VI.** — Le juge administratif a été également appelé à préciser la portée des lois les plus récentes.

Le Conseil d'État a jugé que l'obligation faite au salarié par la loi du 21 août 2007 de déclarer son intention de participer à une grève au moins quarante-huit heures avant d'y participer lui-même, ne lui interdit pas de rejoindre un mouvement de grève déjà engagé et auquel il n'avait pas initialement l'intention de prendre part, dès lors qu'il en informe son employeur quarante-huit heures à l'avance (CE 19 mai 2008, *Syndicat Sud RATP*, Rec. 588 ; RJEP 2008, comm. 32, concl. Lenica ; AJ 2008.1718, note Chifflot ; JCP 2008.I.191, § 3, chr. Plessix).

La circonstance que le dispositif d'accueil exigé par la loi du 20 août 2008 puisse entraîner des difficultés d'organisation compte tenu notamment du nombre de personnes nécessaires pour remplacer les grévistes, n'autorise pas une commune à refuser de mettre en œuvre cette loi (CE 7 oct. 2009, *Commune de Plessis-Pâté*, Rec. 922 ; JCP Adm. 2009.2273, note Raimbault ; RLCT 2010/53, note Guglielmi et Koubi).

VII. — Il ne faut sans doute pas trop attendre de ces textes nombreux et divers et de cette jurisprudence fort nuancée. La fréquence, l'ampleur et le succès des mouvements de grève dépendent essentiellement des conditions de fait et des rapports de force, et échappent dans une large mesure à l'emprise des limitations juridiques ; l'échec de la réquisition des mineurs en 1963, la multiplication des grèves sans préavis ou avec occupation des locaux, montrent que, dans la pratique, les autorités gouvernementales et administratives ne sont pas toujours en mesure d'user des pouvoirs que leur donnent le législateur et le juge.

58

PRINCIPES GÉNÉRAUX DU DROIT

Conseil d'État Sect., 9 mars 1951, ***Société des concerts du Conservatoire***
(Rec. 151 ; Dr. soc. 1951.168, concl. Letourneur, note Rivero ;
S. 1951.3.81, note C.H. ; GCJA, vol. 2, n° 17, concl.)

Cons. qu'il résulte de l'instruction qu'à la suite de la sanction infligée par le comité de direction de la société des concerts du Conservatoire, conformément aux statuts de celle-ci, à deux membres de cette association qui, au lieu d'assurer leur service dans son orchestre, ont malgré la défense qui leur en avait été faite, prêté leurs concours à un concert organisé à la Radiodiffusion française le 15 janv. 1947, l'administration de la Radiodiffusion française a décidé de suspendre toute retransmission radiophonique des concerts de la société requérante jusqu'à ce que le ministre chargé des Beaux-Arts se soit prononcé sur la demande de sanction qu'elle formulait contre le secrétaire général de ladite société ;

Cons. qu'en frappant la société requérante d'une mesure d'exclusion à raison des incidents sus-relatés sans qu'aucun motif tiré de l'intérêt général pût justifier cette décision, *l'administration de la Radiodiffusion française a usé de ses pouvoirs pour un autre but que celui en vue duquel ils lui sont conférés et a méconnu le principe d'égalité qui régit le fonctionnement des services publics* et qui donnait à la société requérante, traitée jusqu'alors comme les autres grandes sociétés philharmoniques, vocation à être appelée, le cas échéant, à prêter son concours aux émissions de la radiodiffusion ; que cette faute engage la responsabilité de l'État ; que, compte tenu des éléments de préjudice dont la justification est apportée par la société requérante, il sera fait une juste appréciation des circonstances de la cause en condamnant l'État à payer à la société des concerts du Conservatoire une indemnité de 50 000 F avec intérêts au taux légal à compter du 24 févr. 1947, date de la réception de sa demande de dommages-intérêts par le président du Conseil des ministres ; ... (Annulation ; indemnité).

OBSERVATIONS

L'arrêt Société des concerts du conservatoire *donne au principe d'égalité une place dans la légalité qui est appelée à un grand avenir jurisprudentiel (*Barel*, Syndicat général des ingénieurs-conseils**).*

1 **I.** — Des sanctions ayant été prises contre des membres de l'orchestre de la société du Conservatoire parce qu'ils avaient prêté leur concours à un concert organisé par la Radiodiffusion française au lieu d'assurer leur service, l'administration de la radiodiffusion, en guise de représailles, refusa momentanément ses antennes à cette société. Saisi de cette affaire par la voie d'un recours en indemnité, le Conseil d'État condamna l'administration, en considérant qu'elle avait commis un détournement de pouvoir et méconnu le « principe d'égalité qui régit le fonctionnement des services publics ».

Cet arrêt et les conclusions sur lesquelles il a été rendu consacrent la théorie des « principes généraux du droit », dont la jurisprudence antérieure s'était souvent inspirée sans la nommer expressément, sauf en de rares occasions (*cf.* CE, Ass., 26 oct. 1945, *Aramu*, Rec. 213 ; v. n° 50.2 ; – Sect., 29 avr. 1949, *Bourdeaux*, Rec. 188). Selon la définition du président Bouffandeau – qui a présidé la Section du contentieux du Conseil d'État de 1952 à 1961 –, les principes généraux du droit sont « des règles de droit non écrites, ayant valeur législative, et qui, par suite, s'imposent au pouvoir réglementaire et à l'autorité administrative, tant qu'elles n'ont pas été contredites par une disposition de loi positive ; … mais ces règles ne peuvent pas être regardées comme faisant partie d'un droit public coutumier, car, pour la plupart, la constatation de leur existence par le juge administratif est relativement récente. En réalité, il s'agit d'une œuvre constructive de la jurisprudence, réalisée pour des motifs supérieurs d'équité, afin d'assurer la sauvegarde des droits individuels des citoyens » (cité *in* : Letourneur, *Les « principes généraux du droit » dans la jurisprudence du Conseil d'État*, EDCE 1951.19). Il s'agit au fond d'une méthode d'interprétation qui tend à présumer chez le législateur la volonté de respecter les libertés essentielles de l'individu.

Comme le déclarait le commissaire du gouvernement Letourneur, la jurisprudence admet aujourd'hui « qu'à côté des lois écrites existent de grands principes dont la reconnaissance comme règles de droit est indispensable pour compléter le cadre juridique dans lequel doit évoluer la nation, étant données les institutions politiques et économiques qui sont les siennes, et dont la violation a les mêmes conséquences que la violation de la loi écrite, c'est-à-dire l'annulation de l'acte intervenu en leur méconnaissance et la constatation d'une faute à la charge de l'autorité ayant pris cet acte » (sur la nature juridique des principes généraux du droit, v. nos obs. sous l'arrêt du 26 juin 1959, *Syndicat général des ingénieurs-conseils**).

II. — L'arrêt *Société des concerts du Conservatoire* consacre le « principe d'égalité qui régit le fonctionnement des services publics ».

2 *A.* — Le principe d'égalité implique que toutes les personnes se trouvant placées dans une situation identique à l'égard du service public doivent être régies par les mêmes règles. Le Conseil d'État a ainsi consacré le principe de l'égalité des citoyens devant les charges publiques (30 nov. 1923, *Couitéas** ; – Ass., 14 janv. 1938, *La Fleurette** ; – Ass., 4 nov. 1960, *Syndicat du personnel de l'Assemblée de l'Union française*,

Rec. 596, concl. M. Bernard ; AJ 1960.I.188, chr. Galabert et Gentot ; Rec. Penant, 1961.61, concl., consult. Vedel) ; celui de l'égalité devant l'impôt (Sect., 4 févr. 1944, *Guieysse*, Rec. 45 ; RD publ. 1944.158, concl. Chenot, note Jèze ; – Ass., 22 févr. 1974, *Association des maires de France*, Rec. 136 ; D. 1974.520, note Durupty ; CJEG 1974.J.77, concl. Gentot ; AJ 1974.269, note Moulié), qui peut d'ailleurs conjuguer ses effets avec l'égalité devant les charges publiques (CE, Ass., 30 juin 1995, *Gouvernement du territoire de la Polynésie française*, Rec. 279 ; AJ 1995.688, chr. Stahl et Chauvaux ; RFDA 1995, p. 1241, note Favoreu et p. 1243, note L. Philip) ; celui de l'égalité des usagers du service public (Ass., 1er avr. 1938, *Société L'Alcool dénaturé*, Rec. 337 ; RD publ. 1939.487, concl. R. Latournerie ; 13 oct. 1999, *Compagnie nationale Air France*, Rec. 303 ; AJ 2000.86, concl. Arrighi de Casanova) ou du domaine public (Sect., 2 nov. 1956, *Biberon*, Rec. 403, concl. Mosset) ; celui de l'égalité entre les candidats à un concours (19 oct. 1960, *Beaufort*, Rec. 545, concl. Braibant) ou à un grade universitaire (Sect., 28 sept. 1962, *Jourde et Maleville*, Rec. 508 ; S. 1963.25 et D. 1963.62, concl. Braibant ; RD publ. 1963.75, note M. Waline ; AJ 1962.547, chr. Galabert et Gentot) ; celui de l'égalité entre les fonctionnaires appartenant à un même corps (Ass., 21 juill. 1972, *Union interfédérale des syndicats de la préfecture de police et de la sûreté nationale*, Rec. 584 ; v. no 16.7) ; celui de l'égalité des sexes (Ass., 3 juill. 1936, *Delle Bobard**).

3 *B.* — Le principe d'égalité n'interdit cependant pas à l'administration de traiter différemment des personnes à la condition que la différence de traitement soit en rapport avec la différence de situation ou qu'elle tienne à des considérations d'intérêt général liées au fonctionnement même du service public (CE, Ass., 13 juill. 1962, *Conseil national de l'ordre des médecins*, Rec. 479 ; RD publ. 1962.739, concl. Braibant : différence des remboursements versés aux assurés sociaux selon que leur médecin est conventionné ou non ; – Ass., 13 déc. 1968, *Fédération nationale des élus républicains*, Rec. 644 ; AJ 1969.33, concl. Kahn ; AJ 1969.22, chr. Dewost et Denoix de Saint Marc : majoration de subventions pour les communes fusionnées ou groupées ; – Sect., 10 mai 1974, *Denoyez et Chorques*, Rec. 274 ; D. 1975.393, note Tedeschi ; AJ 1974.298, chr. Franc et Boyon ; RD publ. 1974.467, note M. Waline ; RA 1974.440, note Moderne : tarif d'un service de bacs différencié selon la résidence des usagers ; – 7 mai 1975, *Comité de défense des riverains de l'aéroport Paris-Nord et autres*, Rec. 284 ; D. 1976.587, note Moderne ; AJ 1977.49, note Thévenin : régime des aides accordées aux riverains d'un aéroport en vue de réduire les nuisances qu'ils subissent, variant en fonction de la situation des immeubles, de leurs dimensions et de la date de leur acquisition ; – 19 juin 1992, *Département du Puy-de-Dôme c. Bouchon*, Rec. 237 ; RFDA 1993.689, concl. Pochard ; AJ 1992.479, chr. Maugüé et Schwartz : les élèves qui fréquentent un établissement d'enseignement situé hors du secteur de ramassage scolaire dont ils dépendent ne se trouvent pas, à l'égard du service public des transports scolaires, dans la même situation que les élèves qui fréquentent un établissement situé dans ce secteur).

L'existence de situations de fait différentes ne crée cependant pas l'obligation d'édicter des règles différenciées. C'est ce qu'a souligné l'arrêt d'Assemblée du 28 mars 1997, *Société Baxter* (Rec. 115 ; RFDA 1997.450, concl. Bonichot, note Mélin-Soucramanien).

C. — L'application de ces critères ne va pas sans soulever des difficultés, d'autant que l'appréciation que porte le juge sur les justifications d'une différence de traitement est susceptible d'évoluer. L'exclusion de la possibilité de retrait d'une association communale de chasse agréée de propriétaires se regroupant *postérieurement* à la constitution de l'association afin d'atteindre une superficie supérieure au seuil d'exercice du droit d'opposition, n'était pas regardée comme contraire au principe d'égalité entre propriétaires (CE, Sect., 7 juill. 1978, *Ministre de la qualité de la vie c. Vauxmoret*, Rec. 295). Le Conseil d'État s'est toutefois prononcé ultérieurement dans un sens contraire (CE, Sect., 5 oct. 2018, *Association Saint-Hubert*, Rec. 362, concl. L. Dutheillet de Lamothe ; RFDA 2018.1121, concl. ; AJ 2018.2181, chr. Nicolas et Faure).

4 *1°)* Selon l'objet de la réglementation ou la nature du service public une différence de situation pourra ou non justifier une différence de traitement. Le Conseil d'État a jugé par exemple que la situation particulière des départements d'outre-mer peut justifier dans ces départements l'application d'un régime de prix des matériaux de construction différent de celui appliqué en métropole (CE 1er juill. 1981, *Centre patronal d'études et d'actions professionnelles*, req. n° 18184) ou l'adoption momentanée de modalités particulières du droit de vote ne portant pas atteinte à la substance de ce droit (CE 9 févr. 1983, *Esdras et autres*, Rec. 48 ; RD publ. 1983.830, concl. Labetoulle) mais n'autorise pas l'administration à édicter pour le concours de recrutement d'inspecteurs élèves des douanes, un régime des épreuves d'admission différent de celui applicable en métropole (CE 14 déc. 1981, *Huet*, Rec. 466).

5 *2°)* Plus fondamentalement, l'appréciation de l'adéquation entre une différence de situation et une différence de traitement peut ne pas aller de soi et ceci quel que soit le domaine d'intervention de la réglementation en cause.

a) N'a pas été jugé contraire au principe d'égalité, le fait pour le Centre des monuments nationaux et le musée du Louvre d'exclure de la gratuité d'accès à leurs collections permanentes dont bénéficient les jeunes de 18 à 25 ans, les touristes ainsi que les étrangers, autres que les ressortissants de l'Union européenne, s'ils se trouvent en situation irrégulière. Pour le Conseil d'État en effet, au regard de la nature du service public en cause et de l'objectif poursuivi par la mesure de gratuité, « consistant à favoriser l'accès à la culture au travers des musées et monuments concernés, des usagers qui, en raison de leur âge, ne disposent pas en général des ressources le leur permettant facilement, et afin d'ancrer des habitudes de fréquentation régulière des monuments et des musées, il était loisible aux établissements concernés de distinguer les personnes qui ont vocation à résider durablement sur le territoire national des autres » (CE, Sect., 18 janv. 2013, *Association SOS Racisme*, Rec. 1 ; AJ 2013.677, note Glaser, et 1010, concl. Hedary ; JCP Adm. 2013.2091, note Pauliat).

N'a pas été non plus regardé comme méconnaissant le principe d'égalité, eu égard aux objectifs poursuivis par le service public de l'enseignement supérieur, le fait d'établir une distinction quant au montant des droits d'inscription exigés des étudiants entre d'une part, ceux qui ont vocation à être durablement établis sur le territoire national et d'autre part, ceux venus en France spécialement pour s'y former, en assujettissant ces derniers à des montants plus élevés (CE 1er juill. 2020, *Association UNEDESEP et autres*, Rec. 247, concl. Dieu ; RFDA 2021.97, concl. et 391, note Santelli ; AJ 2020.1783, chr. Malverti et Beaufils et 2037, note Legrand).

b) Dans un ordre d'idée tout différent, l'Assemblée du contentieux a jugé qu'un décret instituant une « mesure de réparation » pour les orphelins de personnes déportées à partir de la France dans le cadre de persécutions *antisémites* et qui sont mortes en déportation, avait pu, sans méconnaître le principe d'égalité, limiter le bénéfice d'une telle mesure à cette catégorie d'orphelins de personnes mortes en déportation (CE, Ass., 6 avr. 2001, *Pelletier et autres*, Rec. 173, RFDA 2001.712, concl. Austry ; AJ 2001.444, chr. Guyomar et Collin).

c) Le Conseil d'État vérifie s'il n'y a pas de disproportion manifeste entre la différence de traitement et la différence de situation. Ont ainsi été jugées contraires au principe d'égalité des dispositions réglementaires incluant l'intégralité de l'aide personnalisée au logement dans les ressources à prendre en compte pour apprécier le droit au bénéfice de l'aide juridictionnelle. En effet, il en résulte une différence de traitement manifestement disproportionnée par rapport aux différences de situation des demandeurs de l'aide juridictionnelle selon qu'ils bénéficient de l'aide personnalisée au logement ou de l'allocation de logement familiale (CE, Sect., 18 déc. 2002, *Mme Duvignères**).

d) Sur le fondement du principe d'égalité, le Conseil d'État a condamné une « discrimination à rebours », c'est-à-dire la situation dans laquelle le traitement réservé à un ressortissant français est moins favorable que celui dont bénéficient, en application du droit de l'Union européenne, les ressortissants des autres États membres de l'Union (CE 6 oct. 2008, *Compagnie des architectes en chef des monuments historiques*, Rec. 341 ; RJEP 2009, comm. 5, concl. Verot ; Europe nov. 2008.1, obs. Simon ; RFDA 2009.132, note Iliopoulou et Jauréguiberry : les architectes en chef des monuments historiques ne peuvent être privés de la possibilité d'assurer la maîtrise d'œuvre de travaux alors que cette faculté est ouverte aux autres architectes de l'Union européenne).

e) Le droit de l'Union européenne, de par la nécessité de trouver des justifications objectives à des différences de traitement, a conduit le juge administratif à exercer un contrôle approfondi sur les limites d'âge. Si a été admise la légalité de la fixation à 57 ans de la limite d'âge des ingénieurs du contrôle de la navigation aérienne (CE, Ass., 4 avr. 2014, *Ministre de l'écologie, du développement durable et de l'énergie c. Lambois*, Rec. 63 ; AJ 2014.1029, chr. Bretonneau et Lessi ; DA 2014, n° 45, note Éveillard ; RJEP 2014, comm. 32, note Sargos), a été regardée comme constitutive d'une discrimination illégale la fixation à 60 ans de la limite d'âge du personnel navigant de l'aéronautique civile (CE 22 mai 2015, *Société Air France*, Rec. 579 ; RTD eur. 2015.860, note Bouveresse) de même que l'exigence d'avoir atteint l'âge de 40 ans pour se présenter au second concours d'agrégation de droit (CE 26 janv. 2015, *Slama*, Rec. 541).

6 *D.* — S'agissant des services publics communaux, le Conseil d'État a fait application du principe d'égalité en fonction aussi bien de différences de situation objectives que de la finalité sociale plus ou moins accentuée du service. Si le service public municipal ne revêt pas de caractère obligatoire, comme c'est le cas pour une école de musique, *l'accès* à ce service peut être réservé aux personnes ayant un lien avec la commune. Mais ce lien ne saurait être défini uniquement par la résidence des intéressés dans la commune, en excluant par là même les personnes qui y travaillent ou celles dont les enfants sont scolarisés dans la commune (CE, Sect., 13 mai 1994, *Commune de Dreux*, Rec. 233 ; RFDA 1994.711, concl. Daël ; AJ 1994.652, obs. Hécquard-Théron).

Cette orientation de la jurisprudence a semblé être renforcée dans le cas des cantines scolaires par les dispositions de la loi du 27 janv. 2017 relative à l'égalité et à la citoyenneté, aux termes desquelles l'inscription « à la cantine des écoles primaires, lorsque ce service existe, est un droit pour tous les enfants scolarisés » et qu'il ne peut être établi « aucune discrimination selon leur situation ou celle de leur famille ». Cependant, il a été jugé que ces dispositions ne font pas obstacle à ce que les collectivités territoriales puissent légalement refuser d'y admettre un élève lorsque, à la date de leur décision, « la capacité maximale d'accueil » de ce service est atteinte (CE 22 mars 2021, *Commune de Besançon*, AJ 2021.959, chr. Malverti et Beaufils).

Pour ce qui est de la *tarification* des services communaux, le Conseil a admis la légalité de tarifs de cantine scolaire plus élevés pour les élèves domiciliés hors de la commune que pour les élèves domiciliés dans la commune dès lors que les tarifs les plus élevés n'excèdent pas le prix de revient du repas (CE, Sect., 5 oct. 1984, *Commissaire de la République de l'Ariège*, Rec. 315, concl. Delon ; RFDA 1985.241, concl. ; AJ 1984.675, chr. Hubac et Schoettl ; RA 1985.39, note Morand-Deviller et Pellat ; D. 1985.592, note F. Hamon). Sous réserve que les tarifs les plus élevés demeurent inférieurs au coût de fonctionnement du service, il n'a pas jugé contraire au principe d'égalité le fait que les tarifs d'une crèche soient fonction des ressources des familles des enfants fréquentant la crèche et du nombre de personnes vivant au foyer (CE 20 janv. 1989, *Centre communal d'action sociale de La Rochelle*, Rec. 8 ; AJ 1989.398, obs. Prétot). De même, et revenant en cela sur une jurisprudence antérieure contraire, le Conseil d'État a jugé que les tarifs d'une école de musique municipale peuvent varier en fonction du niveau des ressources de la famille de l'élève (CE, Sect., 29 déc. 1997, *Commune de Gennevilliers*, Rec. 499 ; RFDA 1998.539, concl. Stahl ; AJ 1998.168, chr. Girardot et Raynaud ; RD publ. 1998.899, note Borgetto).

7 **III.** — En dehors du principe de l'égalité des citoyens, le Conseil d'État a consacré nombre d'autres principes généraux du droit : non-rétroactivité des actes administratifs (Ass., 25 juin 1948, *Société du journal « L'Aurore »**) ; principe de sécurité juridique (Ass., 24 mars 2006, *KPMG**) ; liberté de conscience (Ass., 1er avr. 1949, *Chaveneau*, Rec. 161 ; D. 1949.531, concl. Gazier, note Rolland ; S. 1949.3.49, note Delpech) ; droits de la défense (Sect., 5 mai 1944, *Dame Vve Trompier-Gravier**) ; possibilité d'attaquer tout acte administratif par la voie du recours pour excès de pouvoir (Ass., 17 févr. 1950, *Ministre de l'agriculture c. Dame Lamotte**) ; maintien aux membres d'une profession organisée des libertés essentielles du citoyen (Ass., 29 juill. 1950, *Comité de défense des libertés professionnelles des experts-comptables brevetés par l'État*, Rec. 492 ; RD publ. 1951.212, concl. R. Odent, note M. Waline ; Dr. soc. 1950.321, note Rivero ; RA 1950.471, note Liet-Veaux) ; principe du caractère contradictoire de la procédure (CE, Sect., 12 mai 1961, *Société La Huta*, Rec. 313) ; obligation pour les collectivités publiques de couvrir leurs agents des condamnations civiles prononcées contre eux alors qu'aucune faute personnelle ne leur est imputable (Sect., 26 avr. 1963, *Centre hospitalier de Besançon*, Rec. 243, concl. Chardeau ; D. 1963.597, note Lindon ; S. 1963.338, note) ; obligation qui a été étendue aux agents non titulaires de l'État recrutés à l'étranger et en particulier aux interprètes auprès des forces françaises alors déployées en Afghanistan (CE 1er févr. 2019, *Ibrahimi*, Rec. 13, concl. Henrard ; AJ 2019.744, chr. Malverti et Beaufils) ; obligation de publier les règlements administratifs (CE 12 déc. 2003, *Syndicat des commissaires et hauts-fonctionnaires de la police nationale*, Rec. 506 ; BJCL 2004.237, concl. Olson ; AJ 2004.442, note H.M.), etc.

En outre, la jurisprudence du Conseil d'État tend à reconnaître la valeur de principes généraux du droit aux dispositions contenues dans le Préambule de la Constitution (*cf.* Ass., 7 juill. 1950, *Dehaene**, pour le droit de grève ; Ass., 28 mai 1954, *Barel**, pour l'égal accès de tous les citoyens aux fonctions publiques). Certains arrêts mentionnent même explicitement « les principes généraux du droit tels qu'ils résultent, notamment, du Préambule de la Constitution » (CE 25 janv. 1957, *Syndicat fédéral des fonctionnaires malgaches et assimilés*, Rec. 65 ; v. aussi 26 juin 1959, *Syndicat général des ingénieurs-conseils**).

La notion de principes généraux a été étendue à des secteurs nouveaux. Tel est le cas tout d'abord pour le service public de la justice ; le Conseil d'État a reconnu notamment deux principes intéressant son fonctionnement : la faculté pour le juge de prononcer des astreintes (Ass., 10 mai 1974, *Barre et Honnet*, Rec. 276 ; AJ 1975.525, chr. Franc et Boyon) et la publicité des débats judiciaires (CE, Ass., 4 oct. 1974, *Dame David*, Rec. 464, concl. Gentot ; AJ 1974.525, chr. Franc et

Boyon ; JCP 1975.II.17967, note R. Drago ; D. 1975.369, note J.-M. Auby). Des principes généraux ont été dégagés également en matière sociale (v. nos obs. sous l'arrêt *GISTI** du 8 déc. 1978) ainsi qu'en ce qui concerne le droit de l'extradition et la situation des réfugiés politiques (v. nos obs. sous l'arrêt *Koné** du 3 juill. 1996).

Le Conseil d'État a également consacré des « principes qui découlent de l'exigence d'égal accès à la commande publique » : liberté d'accès, égalité de traitement des candidats, transparence des procédures (CE, Sect., 30 janv. 2009, *Agence nationale pour l'emploi*, Rec. 3, concl. Dacosta ; CMP 2009, n° 122, note Zimmer ; RJEP 2009, comm. 32, D. Moreau).

Le Conseil constitutionnel reconnaît de son côté et sanctionne l'existence de principes de valeur constitutionnelle (*cf.* nos obs. sous l'arrêt *Syndicat général des ingénieurs-conseils** du 26 juin 1959).

8 **IV.** — Nombreuses enfin sont les hypothèses où le Conseil d'État refuse de reconnaître l'existence d'un principe général s'appliquant même sans texte. Tel est le cas notamment du principe de l'opportunité des poursuites qui, bien qu'énoncé par le Code de procédure pénale, ne s'impose pas en matière administrative ou disciplinaire (CE, Ass., 6 juin 2014, *Fédération des conseils de parents d'élèves des écoles publiques*, Rec. 157 ; RFDA 2014.753, concl. Keller, note Gourdou ; DA 2014, n° 66, note Éveillard).

59

LIBERTÉ DU COMMERCE ET DE L'INDUSTRIE - POLICE

Conseil d'État Ass., 22 juin 1951, *Daudignac*
(Rec. 362 ; D. 1951.589, concl. Gazier, note J.C. ; GDDAB, n° 47, obs. F. Melleray)

Sur la légalité de l'arrêté du maire de Montauban en date du 2 mars 1949 :

Cons. que, par cet arrêté, le maire a soumis à une autorisation, dont les conditions étaient fixées par l'acte attaqué, l'exercice, même temporaire, de la profession de photographe sur la voie publique ; qu'il est constant qu'il a entendu viser ainsi notamment la profession dite de photographe-filmeur ;

Cons. que les opérations réalisées par ces photographes n'ont pas le caractère de ventes au déballage, soumises à autorisation spéciale du maire par la loi du 30 déc. 1906 ; qu'en admettant même qu'elles soient faites par des personnes ayant la qualité de marchand ambulant au sens de l'art. 1er de la loi du 16 juill. 1912, le maire, qui tient de l'art. 97 de la loi du 5 avr. 1884, le pouvoir de prendre les mesures nécessaires pour remédier aux inconvénients que ce mode d'exercice de la profession de photographe peut présenter pour la circulation et l'ordre public, – notamment en défendant à ceux qui s'y livrent de photographier les passants contre leur volonté ou en interdisant, en cas de nécessité, l'exercice de cette profession dans certaines rues ou à certaines heures, – *ne saurait, sans méconnaître la loi précitée du 16 juill. 1912 et porter atteinte à la liberté de l'industrie et du commerce garantie par la loi, subordonner l'exercice de ladite profession à la délivrance d'une autorisation* ; que dès lors, le sieur Daudignac est fondé à soutenir que l'arrêté attaqué est entaché d'excès de pouvoir ; ... (Annulation).

OBSERVATIONS

L'arrêt Daudignac *prolonge l'arrêt* Chambre syndicale du commerce en détail de Nevers* *par la reconnaissance du principe de liberté du commerce et de l'industrie et son application aux mesures de police ; il sera lui-même prolongé par l'arrêt* Société Million et Marais* *en ce qui concerne le droit de la concurrence.*

1 Le photographe-filmeur qui prend par surprise dans la rue les passants qui lui paraissent photogéniques, avait remplacé, comme le déclarait spirituellement le commissaire du gouvernement Gazier, « le photographe

à barbiche, caché sous son voile noir, derrière son trépied, pour "tirer leur portrait" dans les squares aux militaires et aux bonnes d'enfants». Cette profession nouvelle s'était rapidement développée et heurtée à l'hostilité des photographes en boutique, ainsi qu'à celle des promeneurs et passants estimant que personne n'a le droit de les photographier et de reproduire leur effigie sans leur consentement préalable. Un assez grand nombre de municipalités, sensibles à ces protestations, ont interdit ou réglementé l'exercice de cette activité. Ainsi le maire de Montauban l'avait soumise à une autorisation préalable assortie de multiples conditions : autorisation annuelle, personnelle, révocable, onéreuse, unique par famille, réservée aux personnes sans profession, accordée dans les limites d'un maximum... Les photographes-filmeurs furent bientôt en contravention avec l'arrêté municipal. L'un d'eux, le sieur Daudignac, déjà relaxé d'ailleurs par le juge de simple police qui avait estimé illégale la réglementation édictée par le maire, forma un recours devant le Conseil d'État afin d'obtenir l'annulation qui le mettrait à l'abri de telles mesures administratives.

Le maire avait donné trois fondements juridiques à son arrêté :

– la loi du 30 déc. 1906 qui soumet à une autorisation spéciale les ventes au déballage ; le commissaire du gouvernement n'eut aucune peine à démontrer que l'activité des photographes-filmeurs n'avait rien de commun avec les ventes au déballage ;

– la loi du 16 juill. 1912 sur l'exercice des professions ambulantes ; le commissaire du gouvernement estimait que les photographes-filmeurs ne répondent pas à la définition que donne cette loi de la profession ambulante ; l'arrêt n'a pas résolu cette question, car elle ne modifiait pas la solution à donner au cas d'espèce ;

– l'article 97 de la loi du 5 avr. 1984 (devenu l'article L. 2212-2 du Code général des collectivités territoriales) d'après lequel le maire doit maintenir l'ordre dans la rue ; ce texte fournissait à l'arrêté municipal sa base la plus solide et plaçait le juge administratif en face d'un problème qui lui est familier : la conciliation de l'exercice d'une liberté avec l'obligation qui incombe à l'autorité publique de maintenir l'ordre (v. nos obs. sous CE 19 mai 1933, *Benjamin**). Mais la liberté dont se prévalaient les photographes-filmeurs était celle du commerce et de l'industrie, et l'on pouvait se demander si les atteintes nombreuses qui lui avaient été portées depuis 1939 n'avaient pas fait disparaître le principe même de cette liberté.

Le Conseil d'État a reconnu qu'*il subsiste toujours* (I), tout en précisant *ses limites* (II).

I. — L'affirmation du principe de liberté du commerce et de l'industrie

2 Avant la guerre, une jurisprudence fort nombreuse censurait des arrêtés réglementant d'une manière trop sévère par rapport aux exigences réelles du maintien de l'ordre, l'exercice d'un commerce (CE 30 nov. 1928,

Penicaud, Rec. 1227 ; S. 1929.3.1, note Hauriou). Elle censurait également les interventions des collectivités publiques concurrençant l'initiative privée, comme méconnaissant la liberté du commerce et de l'industrie (v. nos obs. sous CE 30 mai 1930, *Chambre syndicale du commerce en détail de Nevers**).

Ultérieurement le Conseil d'État ne cessa de se référer au principe traditionnel, le plus souvent implicitement, parfois en parlant expressément de « liberté du commerce et de l'industrie » (CE 30 janv. 1948, *Syndicat départemental des industriels en lentilles de la Haute-Loire*, Rec. 42).

Dans ses conclusions sur l'affaire *Daudignac*, le commissaire du gouvernement Gazier affirma que « là où aucune loi n'est intervenue, le principe subsiste toujours, qui demeure le droit commun de l'activité industrielle en France », et que la loi des 2-17 mars 1791 proclamant la liberté du commerce et de l'industrie restait applicable. L'arrêt énonce fermement « la liberté de l'industrie et du commerce garantie par la loi », et la loi des 2-17 mars 1791 est citée dans les visas.

Le Conseil d'État a fait des applications remarquables de ce principe. Dans l'arrêt *Daudignac*, il a décidé que le maire ne pouvait subordonner à autorisation l'exercice d'une profession non réglementée par la loi. Dans un arrêt de Section du 29 juill. 1953, *Société générale des travaux cinématographiques* (Rec. 430), il est allé encore plus loin. Dans cette affaire, il était en présence d'une loi subordonnant l'exercice d'une activité à l'obtention d'une autorisation précaire et révocable ; il a considéré que « si le directeur général du centre national de la cinématographie a compétence pour accorder, refuser ou retirer l'autorisation et peut subordonner celle-ci à certaines conditions, le pouvoir qui lui est ainsi reconnu est toutefois limité par le respect dû à la liberté du commerce et de l'industrie, dans la mesure où la loi ne lui a pas porté atteinte », et annulé en conséquence des dispositions subordonnant une autorisation à la désignation d'un commissaire du gouvernement ayant le droit d'assister à toutes les séances des organes de la société requérante, pouvant obtenir communication de tout document et possédant le droit de suspendre l'exécution de toute décision : « *ces dispositions constituent des atteintes à la liberté du commerce et de l'industrie et ne pourraient être valablement édictées qu'en application d'une disposition législative expresse* ».

3 Sous l'empire de la Constitution de 1958, le Conseil d'État considère que la liberté du commerce et de l'industrie figure parmi les libertés publiques placées par l'article 34 de la Constitution sous la sauvegarde du législateur (Sect., 28 oct. 1960, *de Laboulaye*, Rec. 570 ; AJ 1961.20, concl. Heumann ; Dr. soc. 1961.141, concl., note Teitgen ; – 9 mars 2016, *Société UBER France et autre*, Rec. 607 ; LPA 2016, n° 97-98, note Chaltiel) et que le gouvernement ne peut porter atteinte au « libre accès à l'exercice par les citoyens de toute activité professionnelle n'ayant fait l'objet d'aucune limitation légale » (Ass., 22 juin 1963, *Syndicat du personnel soignant de la Guadeloupe*, Rec. 386 ; AJ 1963.460, chr. Gentot et Fourré : annulation d'un décret limitant l'accès à une profession antérieurement libre ; – Ass., 16 déc. 1988, *Association des pêcheurs aux filets et engins, Garonne, Isle et Dordogne maritimes*, Rec. 448 ; RD publ. 1989.521, concl. E. Guillaume ; AJ 1989.82, chr. Azibert et de Boisdeffre ; D. 1990.201, note Llorens et Soler-Couteaux : annulation des dispositions d'un décret imposant des conditions de majorité et de capacité pour l'exercice de la profession de pêcheur).

La liberté du commerce et de l'industrie fait partie des libertés fondamentales pour la sauvegarde desquelles a été instituée la procédure de référé-liberté, particulièrement utilisée au sujet de l'interdiction de certaines activités pendant la crise sanitaire provoquée par le coronavirus (v. nos obs. sous *Commune de Venelles**, *Saez**).

Des arrêts continuent à viser la loi des 2-17 mars 1791 et à parler du « principe de la liberté du commerce et de l'industrie » (CE 9 nov. 1988, *Territoire de la Polynésie française*, Rec. 406 ; RD publ. 1989.242, concl. E. Guillaume ; D. 1990.201, note Llorens et Soler-Couteaux, à propos d'un arrêté réglementant l'importation de ciments en Polynésie).

La jurisprudence souligne la nécessité pour les autorités de police de tenir compte de la liberté du commerce et de l'industrie : « *dès lors que l'exercice de pouvoirs de police est susceptible d'affecter des activités de production, de distribution ou de services, la circonstance que les mesures de police ont pour objectif la protection de l'ordre public ou, dans certains cas, la sauvegarde des intérêts spéciaux que l'administration a pour mission de protéger ou de garantir n'exonère pas l'autorité investie de ces pouvoirs de police de l'obligation de prendre en compte également la liberté du commerce et de l'industrie et les règles de concurrence* » (CE Sect., avis, 22 nov. 2000, *Société L. et P. Publicité*, Rec. 526, concl. Austry ; RFDA 2001.872, concl. ; D. 2001.2110, note Albert ; RD publ. 2001.393, note Guettier). La formule fait référence à l'ordonnance du 1er déc. 1986 (v. nos obs. sous CE 3 nov. 1997, *Société Million et Marais**) : « le principe de la liberté de la concurrence... découle notamment » de cette ordonnance et s'insère dans le droit de la concurrence que la jurisprudence cite à côté de la liberté du commerce et de l'industrie.

Plus largement, le Conseil constitutionnel a reconnu « *le libre exercice de l'activité professionnelle* » (CC *n° 76-88 L, 3 mars 1976*, Rec. 49) et « *la liberté d'entreprendre* » en se fondant sur la Déclaration de 1789 (CC *n° 81-132 DC, 16 janv. 1982*, Rec. 18 ; AJ 1982.377, note Rivero ; D. 1983.169, note L. Hamon ; JCP 1982.II.19788, note Nguyen Quoc Vinh et Franck ; GDCC, n° 32). Comme lui, le Conseil d'État parle du « *principe constitutionnel de la liberté d'entreprendre* » (CE 10 juin 2009, *Société L'oasis du désert, Syndicat union des professionnels du narguilé*, Rec. 610).

La question se pose de savoir si celle-ci recouvre toutes les autres, notamment la liberté du commerce et l'industrie et la liberté de concurrence, en leur donnant la même valeur, ou si les autres s'en distinguent avec seulement valeur législative. D'un côté, on peut faire valoir que la liberté d'entreprendre est liée au droit de propriété et concerne essentiellement la liberté du chef d'entreprise, et que le Conseil d'État distingue la liberté du commerce et de l'industrie de la liberté d'entreprendre (par ex. CE 6 oct. 2010, *Muntoni*, Rec. 763 ; RJEP janv. 2011.49, note Benoît Delaunay). En sens contraire, on peut soutenir que la liberté du commerce et de l'industrie est nécessaire à la liberté d'entreprendre, et que le Conseil d'État l'a qualifiée de « *composante de la liberté fondamentale d'entreprendre* » (CE ord. 12 nov. 2001, *Commune de Montreuil-Bellay*, Rec. 551 ; ord. 1er avr. 2020, *Fédération nationale des marchés de France*, nº 439762 ; v. nº 94.9). La liberté de la concurrence ne serait qu'une composante du droit de la concurrence (en ce sens, CE, Ass., 31 mai 2006, *Ordre des avocats au barreau de Paris*, Rec. 272 ; v. nº 40.1) ou « une exigence, notamment pour garantir le respect du principe d'égalité ou de la liberté d'entreprendre », sans faire partie des droits et libertés garanties par la Constitution (CE 2 mars 2011, *Société Manirys*, Dr. fisc. 2011, nº 18, comm. 340, concl. Geffray).

II. — Les limites de la liberté du commerce et de l'industrie

4 La liberté du commerce et de l'industrie n'est pas illimitée. Des dispositions législatives (A), les nécessités de l'ordre public (B), voire d'autres considérations publiques (C) permettent de l'encadrer.

A. — Elle peut trouver des limitations soit dans *la loi* elle-même, soit dans des dispositions que la loi permet à l'administration de prendre (par ex. CE 19 nov. 1986, *Société SMANOR*, Rec. 260 ; v. nº 82.2, relatif à un décret réglementant les yaourts : « à supposer même que les dispositions du décret attaqué restreignent la liberté du commerce et de l'industrie, elles trouvent, en tout état de cause, une base légale dans la loi du 1er août 1905… qui confie au gouvernement le soin de fixer la définition, la composition et la dénomination des marchandises de toute nature »). Lorsqu'une profession, telle celle de conducteur de taxi, « a le caractère d'une activité réglementée » (par la loi), le gouvernement peut, dans l'exercice de son pouvoir réglementaire autonome « fixer (…) des prescriptions complémentaires » et les assortir d'une sanction administrative comme le retrait d'une carte professionnelle (CE, Ass., 7 juill. 2004, *Ministre de l'intérieur... c. Benkerrou*, Rec. 298, concl. Guyomar ; RFDA 2004.913, concl., et 1130, note Degoffe et Haquet ; AJ 2004.1695, chr. Landais et Lenica ; CJEG 2004.543, note M.V. ; DA nov. 2004, p. 27, note Breen ; RD publ. 2005.500, comm. Guettier).

Le Conseil constitutionnel considère, dans une formule constante, « qu'il est loisible au législateur d'apporter à la liberté d'entreprendre… des limitations liées à des exigences constitutionnelles » (telle celle de la sauvegarde de l'ordre public) « ou justifiées par l'intérêt général, à la condition qu'il n'en résulte pas d'atteintes disproportionnées au regard de l'objectif poursuivi » (par ex. CC *nº 2012-290/291 QPC, 25 janv. 2013* Rec. 118, JCP 2013.374, note Feldman ; *nº 2014-373 QPC, 4 avr. 2014, Sephora* Rec. 234, Constitutions 2014.381, note Bioy).

Naguère le principe de la liberté du commerce et de l'industrie ne pouvait être utilement invoqué à l'égard de professions dont la loi elle-même subordonne l'exercice à une autorisation ou une concession de l'administration (pour le transport aérien, CE, Ass., 12 déc. 1953, *Syndicat national des transporteurs aériens*, Rec. 547 ; 20 déc. 2011, *Briand*, Rec. 813). C'est en vertu de cette idée que le Conseil d'État a considéré que la loi du 30 mars 1928 conférait au gouvernement, « dans l'intérêt de la défense et de l'économie nationale, un contrôle étroit sur l'activité des entreprises qui se livrent à l'importation de produits pétroliers en France », et l'autorisait à soumettre à un régime restrictif, non seulement les opérations d'importation directement visées par la loi, mais aussi les opérations de distribution, et notamment la création et l'extension des stations-service (CE, Ass., 19 juin 1964, *Société des pétroles Shell-Berre et autres*, Rec. 344 ; RD publ. 1964.1019, concl. Questiaux ; AJ 1964.438, note de Laubadère).

Désormais, alors même que la loi a réglementé une profession, il est possible d'invoquer la liberté d'entreprendre et la liberté du commerce et de l'industrie à l'encontre de dispositions réglementaires s'y ajoutant (CE, Ass., 18 mai 2018, *Louvion*, Rec. 168, concl. L. Dutheillet de Lamothe ; RFDA 2018.728, concl. ; AJ 2018.1212, chr. Roussel et Nicolas).

5 ***B.*** — Les nécessités de l'*ordre public* permettent aussi aux autorités de police de réglementer l'exercice des professions dans la mesure où elles risquent d'y porter atteinte. Il s'agit d'ailleurs là d'une application particulière des principes généraux régissant la police municipale (v. CE 19 mai 1933, *Benjamin**).

Dans l'affaire des photographes-filmeurs, le commissaire du gouvernement a reconnu le danger que des passants soient photographiés contre leur volonté, que des incidents se produisent entre eux et les photographes-filmeurs ou qu'un usage indiscret soit fait des photographies ainsi prises, et donc la légalité d'une réglementation limitée de la profession. Le Conseil d'État a suivi ces suggestions. Il est ainsi conduit à exercer un contrôle étroit sur l'action des autorités de police ; par exemple, il a confirmé l'annulation d'un arrêté du maire de Rouen qui interdisait l'exercice de la profession de photographe-filmeur dans une zone comportant « l'ensemble des voies les plus favorables » à cette activité, et à l'intérieur de laquelle « la circulation s'effectue dans des conditions d'intensité et de difficulté très inégales », tout en réservant la possibilité d'interdire cette activité « dans certaines rues ou à certaines heures où la circulation est particulièrement intense et difficile » (CE 26 févr. 1960, *Ville de Rouen*, Rec. 154 ; dans le même sens, pour Paris, – Sect., 15 oct. 1965, *Préfet de police c. Alcaraz*, Rec. 516 ; AJ 1965.663, concl. Kahn). En revanche, il a considéré comme valable l'interdiction de l'activité des photographes-filmeurs pendant la saison touristique sur toute la portion de la route nationale conduisant au Mont-Saint-Michel ainsi que sur les aires de stationnement aménagées de part et d'autre de cette route (13 mars 1968, *Ministre de l'intérieur c. Époux Leroy*, Rec. 179 ; AJ 1968.221, chr. Massot et Dewost).

6 Le Conseil d'État a appliqué la même jurisprudence à d'autres professions (CE, Sect., 2 avr. 1954, *Pétronelli*, Rec. 208 ; RPDA 1954.98, concl. Laurent ; AJ 1954.II *bis*.9, chr. Long : la circulation de véhicules publicitaires dans les rues d'une ville peut être réglementée par le maire, mais non pas interdite ou soumise à autorisation ; – Sect., 2 nov. 1956, *Biberon*, Rec. 403, concl. Mosset : un maire peut, sans porter atteinte à la liberté du commerce et de l'industrie, interdire de procéder dans l'enceinte des abattoirs à l'habillage des cuirs et peaux, cette opération présentant des dangers de contamination pour les viandes ; – Sect., 5 janv. 1968, *Préfet de police c. Chambre syndicale patronale des enseignants de la conduite des véhicules à moteur*, Rec. 14 ; RD publ. 1968.905, concl. Fournier ; AJ 1968.221, chr. Massot et Dewost ; JCP 1968.II.15529, note Vincent : le préfet de police a pu imposer à tout exploitant d'une « auto-école » de disposer d'un local ou d'un terrain pour recevoir ses voitures, sans porter à la liberté du commerce et de l'industrie « une atteinte qui ne soit pas justifiée par la nécessité d'assurer, dans des conditions satisfaisantes, la circulation automobile dans la ville de Paris »).

Parmi une abondante jurisprudence, on peut relever l'arrêt du Conseil d'État du 15 mai 2009, *Société Compagnie des Bateaux Mouches* (Rec. 201 ; RJEP déc. 2009, p. 17 ; AJ 2009.1815, note Nicinsky), qui, reprenant les formules de l'avis contentieux du 22 nov. 2000, *Société L. et P. publicité*, précité, admet comme nécessaires et proportionnées les mesures de sécurité imposées sur les bateaux à passagers non soumis à la réglementation maritime (essentiellement les bateaux de tourisme) (dans le même sens, CE 27 mars 2017, *Syndicat interprofessionnel de la montagne*, AJ 2017.1237, note Yolka, à propos des obligations imposées aux organismes de formation des guides de montagne).

Comme d'autres libertés, la liberté du commerce et de l'industrie a particulièrement été affectée par les interdictions temporaires imposées pour lutter contre la pandémie de Covid-19. Ainsi, « *eu égard à l'objectif de sauvegarde de la santé publique que poursuit l'interdiction de tenue des marchés, à son caractère provisoire, à la perspective que se développent sur l'ensemble du territoire, dans le respect des règles de sécurité sanitaire, les autorisations d'ouverture des marchés alimentaires ainsi qu'aux mesures de soutien mises en place par l'État... les dispositions litigieuses ne caractérisent, en l'état de l'instruction, aucune atteinte grave et manifestement illégale à la liberté d'entreprendre, à la liberté du commerce et de l'industrie qui en est une composante et à la liberté d'exercice d'une profession* » (CE 1er avr. 2020, *Fédération nationale des marchés de France*, nº 439762) ; il en a été de même pour la fermeture des librairies pendant un certain temps (CE ord. 13 nov. 2020, *Société Le Poirier-au-Loup*, nº 445883). En revanche, celle des locations saisonnières du 6 au 20 févr. 2021 qu'a voulu imposer le maire de Nice, outre qu'elle portait sur une matière relevant d'une police spéciale de la compétence des autorités de l'État (Premier ministre, préfets), a constitué une atteinte grave et manifestement illégale au droit de propriété et à la liberté du commerce et de l'industrie, alors que ne pouvait être démontrée l'existence de raisons impérieuses liées à des circonstances locales propres à la ville de Nice (CE ord. 16 févr. 2021, *Commune de Nice* ; AJ 2021.1289, note J. Martin ; JCP 2021.415, note Éveillard ; AJ 2021.1289, note J. Martin).

7 *C.* — La liberté du commerce et de l'industrie peut être en cause à propos de l'utilisation du *domaine public* par les particuliers. Si la décision de délivrer ou non à une personne privée l'autorisation d'occuper une dépendance de ce domaine en vue d'y exercer une activité économique « n'est pas susceptible, par elle-même, de porter atteinte à la liberté du commerce et de l'industrie » (CE 23 mai 2012, *Régie autonome des transports parisiens*, BJCP 2012.291, concl. N. Boulouis ; AJ 2012.1151, note E.G. ; DA nov. 2012.22, note Brenet ; JCP Adm. 2013.2012, note Pauliat ; RDI 2012.566, note Foulquier ; RFDA 2012.1181, note Nicinski ; GADLF n° 61), cette utilisation peut donner lieu à une réglementation limitant l'activité d'autres entreprises (v. CE 29 janv. 1932, *Société des autobus antibois*, Rec. 117 ; v. n° 66.12, et 5 mai 1944, *Compagnie maritime de l'Afrique orientale*, Rec. 129 ; v. n° 66.12). Mais l'octroi d'une autorisation et la réglementation doivent respecter le droit de la concurrence, qui constitue un relais du principe de liberté du commerce et de l'industrie. (v. nos obs. sous CE 3 nov. 1997, *Société Million et Marais**).

60

RESPONSABILITÉ – COMPÉTENCE
FAUTE PERSONNELLE ET FAUTE DE SERVICE
ACTIONS RÉCURSOIRES

Conseil d'État Ass., 28 juillet 1951, *Laruelle*

Conseil d'État Ass., 28 juillet 1951, *Delville*
(Rec. 464 ; D. 1951.620, note Nguyen Do ; JCP 1951.II.6532, note J.J.R. ; JCP 1952.II.6734, note Eisenmann ; RD publ. 1951.1087, note M. Waline ; S. 1952.3.25, note Mathiot ; S. 1953.3.57, note Meurisse)

I. *Laruelle*

Sur la responsabilité encourue par le sieur Laruelle :

Cons. que, si les fonctionnaires et agents des collectivités publiques ne sont pas pécuniairement responsables envers lesdites collectivités des conséquences dommageables de leurs fautes de service, il ne saurait en être ainsi quand le préjudice qu'ils ont causé à ces collectivités est imputable à des fautes personnelles, détachables de l'exercice de leurs fonctions ;

Cons. qu'il résulte de l'instruction que le sieur Laruelle, sous-officier du corps des assimilés spéciaux de rapatriement, lorsqu'il a renversé, le 15 juin 1945, la dame Marchand sans qu'aucune faute puisse être relevée à la charge de la victime, utilisait en dehors du service, pour des fins personnelles, la voiture militaire dont il était le conducteur ; qu'il a ainsi commis une faute personnelle de nature à engager envers l'État sa responsabilité pécuniaire ;

Cons. que la décision qui a été rendue par le Conseil d'État le 12 mars 1948 sur l'action intentée contre l'État par la dame Marchand et qui mentionne d'ailleurs les faits sus-relatés, n'a pas effet de chose jugée en ce qui concerne le litige qui s'est élevé ultérieurement entre l'État et le sieur Laruelle ;

Cons. enfin que, si, comme l'a constaté la décision du Conseil d'État du 12 mars 1948, l'autorité militaire n'avait pas pris des mesures suffisantes pour assurer le contrôle de la sortie des voitures gardées dans le garage et si le Conseil, a pour ce motif, condamné l'État à réparer entièrement le préjudice subi par la dame Marchand, il ressort des pièces versées au dossier que la faute du service public a été provoquée par les manœuvres auxquelles s'est livré le requérant afin d'induire en erreur le gardien des véhicules de l'armée ; que, dans les circonstances de l'affaire, le sieur Laruelle ne saurait se prévaloir de l'existence de la faute du service public, engageant la responsabilité de l'État envers la victime, pour soutenir que la responsabilité pécuniaire qu'il a personnellement encourue à l'égard de l'État se trouve atténuée ;

Sur le montant de la somme due à l'État par le requérant :

Cons. que la somme de 140 773 F mise à la charge du sieur Laruelle par l'arrêté attaqué correspond à l'indemnité payée par l'État à la dame Marchand en exécution de la décision précitée du Conseil d'État et aux dépens exposés lors de cette instance ; que par suite le ministre des anciens combattants et victimes de la guerre était fondé à demander au sieur Laruelle le remboursement de la totalité de ladite somme ; ... (Rejet).

II. *Delville*

Cons. que, si au cas où un dommage a été causé à un tiers par les effets conjugués de la faute d'un service public et de la faute personnelle d'un agent de ce service, la victime peut demander à être indemnisée de la totalité du préjudice subi soit à l'administration, devant les juridictions administratives, soit à l'agent responsable, devant les tribunaux judiciaires, la contribution finale de l'administration et de l'agent à la charge des réparations doit être réglée par le juge administratif compte tenu de l'existence et de la gravité des fautes respectives constatées dans chaque espèce :

Cons. que le sieur Delville, employé au ministère de la reconstruction et de l'urbanisme en qualité de chauffeur, a été condamné définitivement par les tribunaux judiciaires à payer la somme de 170 771,40 F au sieur Caron en réparation de l'intégralité des dommages subis par ce dernier du fait d'un accident causé le 20 févr. 1947 par un camion de l'administration, que conduisait le requérant ;

Cons. qu'il résulte de l'instruction que cet accident est imputable tout à la fois et dans une égale mesure, d'une part, à l'état d'ébriété du sieur Delville, faute qui dans les circonstances de l'affaire constituait une faute personnelle caractérisée, et d'autre part au mauvais état des freins du camion, constituant une faute à la charge de l'État ; que dès lors le sieur Delville est fondé à demander à l'État le remboursement de la moitié des indemnités dont il est débiteur envers le sieur Caron, soit d'une somme de 85 385,70 F, avec intérêts au taux légal à compter du jour de la réception de sa demande d'indemnité par le ministre de la reconstruction et de l'urbanisme ;

Cons. qu'il résulte de l'instruction que le refus du ministre de payer ladite indemnité au sieur Delville n'est pas le fait d'une mauvaise volonté systématique ; qu'ainsi le sieur Delville n'est pas fondé à réclamer des dommages-intérêts compensatoires ;

Cons. enfin que, s'étant rendu coupable d'une faute personnelle, ainsi qu'il a été dit ci-dessus, le requérant n'est pas fondé à demander à l'État le remboursement de tout ou partie des frais qu'il a exposés devant les tribunaux judiciaires pour défendre à l'action du sieur Caron ; ... (Décision en ce sens).

OBSERVATIONS

Les arrêts Laruelle *et* Delville *élargissent la jurisprudence sur les rapports entre la responsabilité de l'administration et celle de ses agents, dont les bases avaient été établies par les arrêts* Pelletier* *et* Lemonnier*.

1 Le sieur Laruelle, sous-officier, avait causé un accident en utilisant en dehors du service, à des fins personnelles, la voiture militaire dont il était le conducteur. La victime avait obtenu la condamnation de l'administration pour la faute de service que celle-ci avait commise en ne pre-

nant pas les mesures suffisantes pour assurer le contrôle de la sortie de ses voitures. L'administration demandait la condamnation de son agent à lui rembourser les sommes qu'elle avait dû verser à la victime.

Le sieur Delville, chauffeur du ministère de la reconstruction et de l'urbanisme, avait été condamné par les tribunaux judiciaires à réparer l'intégralité des conséquences dommageables d'un accident qu'il avait causé en conduisant en état d'ébriété un camion de l'administration. Il demandait à celle-ci de le rembourser des sommes qu'il avait dû verser à la victime, parce que l'accident était imputable, au moins pour partie, au mauvais état des freins du camion.

Dans le premier arrêt, le Conseil d'État admet l'action récursoire de l'administration, condamnée pour une faute de service, contre l'agent à raison de sa faute personnelle, dans le second, l'action récursoire de l'agent, condamné pour une faute personnelle, contre l'administration à raison de sa faute de service.

Les arrêts *Laruelle* et *Delville* s'insèrent dans toute une *évolution jurisprudentielle* (I). Ils permettent de déterminer le *régime des actions récursoires* (II).

2 **I.** — Dans l'*évolution jurisprudentielle*, ils constituent un *point d'aboutissement* (A) et un *point de départ* (B).

A. — L'arrêt du Tribunal des conflits du 30 juill. 1873, *Pelletier** avait créé un système distinguant, pour déterminer tant la personne responsable (collectivité publique ou agent) que la juridiction compétente (administrative ou judiciaire), entre la faute de service et la faute personnelle. La jurisprudence ultérieure avait restreint progressivement la responsabilité personnelle des agents publics : la notion même de faute personnelle avait été conçue de manière de plus en plus étroite (v. notamment TC 14 janv. 1935, *Thépaz** et 8 avr. 1935, *Action française*, Rec. 1226, concl. Josse ; v. n° 109.1) ; dans des cas de plus en plus fréquents une faute personnelle pouvait engager, à l'égard de la victime, la responsabilité de la collectivité publique (CE 26 juill. 1918, *Époux Lemonnier** ; – 18 nov. 1949, *Delle Mimeur*, Rec. 492 ; v. n° 31.5).

Destinée avant tout à protéger les victimes contre l'insolvabilité éventuelle des agents publics, cette jurisprudence avait en fait conduit à une véritable irresponsabilité des fonctionnaires pour les fautes, même personnelles, qu'ils pouvaient commettre ; cette irresponsabilité était encore accentuée par l'impossibilité dans laquelle la jurisprudence *Poursines* (CE 28 mars 1924, Rec. 357 ; D. 1924.3.49, note Appleton ; RD publ. 1924.601, note Jèze ; S. 1926.3.17, note Hauriou) mettait l'administration de se retourner contre l'agent fautif : irresponsables envers les victimes de leurs agissements, les agents publics n'étaient pas davantage responsables envers l'administration qui avait indemnisé la victime des conséquences de leurs fautes personnelles.

Ainsi, si les victimes étaient efficacement protégées, l'administration, elle, l'était infiniment moins ; l'intérêt général souffrait de l'irresponsabilité presque totale des agents publics. Il fallait, par une modification de la jurisprudence, « moraliser » la fonction publique en rendant aux agents le sentiment de leur responsabilité personnelle, sans pour autant priver les victimes des avantages que leur avait apportés la jurisprudence sur le cumul des fautes et des responsabilités. Tel est le sens des deux arrêts du 28 juill. 1951.

3 L'arrêt *Delville* confirme la protection apportée à la victime par la jurisprudence antérieure : « *Au cas où un dommage a été causé à un tiers par les effets conjugués de la faute d'un service public et de la faute personnelle d'un agent de ce service, la victime peut demander à être indemnisée de la totalité du préjudice soit à l'administration, devant les juridictions administratives, soit à l'agent responsable, devant les tribunaux judiciaires* ». Mais, de cette *obligation* à la dette, l'arrêt distingue aussitôt la *contribution* à la dette : en effet, « *la contribution finale de l'administration et de l'agent doit être réglée par le juge administratif compte tenu de l'existence et de la gravité des fautes respectives constatées dans chaque espèce* ». Ainsi l'agent qui a indemnisé la victime de la totalité du préjudice peut se retourner contre l'administration devant les tribunaux administratifs pour récupérer tout ou partie de l'indemnité. Cette solution allait trouver une illustration particulière dans l'arrêt du 12 avr. 2002, *Papon**.

De la même façon, l'administration qui a indemnisé la victime de l'intégralité du préjudice doit pouvoir se retourner contre son agent. Pour rendre possible une telle action, interdite jusque-là par l'arrêt *Poursines*, un revirement de la jurisprudence était nécessaire. Il est réalisé par l'arrêt *Laruelle* : « *si les fonctionnaires et agents des collectivités publiques ne sont pas pécuniairement responsables envers lesdites collectivités des conséquences dommageables de leurs fautes de service, il ne saurait en être ainsi quand le préjudice qu'ils ont causé à ces collectivités est imputable à des fautes personnelles, détachables de l'exercice de leurs fonctions* ». L'État n'agit pas contre l'agent aux lieu et place de la victime ; il ne demande pas à l'agent l'indemnité que celui-ci aurait dû verser à la victime si elle l'avait poursuivi pour sa faute personnelle ; il demande réparation du préjudice qu'il a subi directement du fait qu'il a été tenu d'indemniser la victime. Il exerce un droit d'action qui lui est propre. De cette jurisprudence peut être rapprochée celle de la Cour de cassation qui admet dans certains cas le recours de l'employeur contre son salarié pour sa faute propre (Civ. 1re 13 nov. 2002, Bull. civ. I, nº 263, p. 205 ; D. 2003.459, obs. Jourdain, et 580, note Deis-Beauquesne ; JCP 2003.II.10096, note Billiau.).

4 *B.* — Destinées primitivement à couronner l'édifice jurisprudentiel dont l'arrêt *Pelletier** constituait la base, les décisions *Laruelle* et *Delville* ont constitué *le point de départ* d'une nouvelle évolution jurisprudentielle : au contentieux de la responsabilité de l'administration et de ses agents envers les tiers s'est ajouté celui de la responsabilité des agents publics envers leur administration.

Le droit de la fonction publique s'est du même coup enrichi d'un chapitre nouveau, auquel la jurisprudence a depuis lors apporté d'importantes précisions, notamment dans plusieurs arrêts du Tribunal des conflits et du Conseil d'État intervenus dans l'affaire *Jeannier-Moritz*. Le soldat Jeannier avait profité de sa fonction de chauffeur du colonel pour sortir un véhicule de la caserne en compagnie d'un caporal dont la présence pouvait faire croire qu'il s'agissait d'une mission officielle. Une fois sortis de la caserne, ils firent monter quatre de leurs camarades, et le chauffeur attitré passa le volant à l'un d'eux. Celui-ci blessa mortellement un cycliste en effectuant un dépassement irrégulier. Saisi d'une demande d'indemnité par les ayants droit de la victime, l'État leur donna satisfaction. Puis il se retourna contre les six militaires en leur adressant des états exécutoires les constituant solidairement débiteurs de cette somme envers le Trésor. Deux d'entre eux formèrent des pourvois contre ces décisions, l'un devant les tribunaux judiciaires, l'autre devant le Conseil d'État. Le conflit ayant été élevé devant les tribunaux judiciaires, le Tribunal des conflits eut à trancher les problèmes de compétence, et le Conseil d'État les problèmes de fond (TC 26 mai 1954, *Moritz*, Rec. 708 ; S. 1954.385, concl. Letourneur ; D. 1955.385, note Chapus ; JCP 1954.II.8334, note Vedel ; – Sect., 22 mars 1957, *Jeannier*, Rec. 196, concl. Kahn ; D. 1957.748, concl., note Weil ; S. 1958.32, concl. ; GCJA, vol. 2, n° 30, concl. ; AJ 1957.II.186, chr. Fournier et Braibant ; JCP 1957.II.10303 *bis*, note Louis-Lucas ; – Sect., 19 juin 1959, *Moritz*, Rec. 377 ; S. 1960.59, concl. Braibant ; AJ 1959.II.304, note R. Drago).

5 **II.** — Ils ont ainsi déterminé *le régime des actions récursoires*.

A. — En ce qui concerne *la compétence*, l'arrêt *Delville* décide, de manière très générale, que « la contribution finale de l'administration et de l'agent à la charge des réparations doit être réglée *par le juge administratif* ».

Il n'y a pas de difficulté pour *l'action récursoire de l'agent contre l'administration* : celle-ci étant mise en cause pour sa faute de service, la juridiction administrative est très normalement compétente pour en connaître. Les deux ordres de juridiction pouvant être successivement appelés à statuer sur la responsabilité dans une même affaire – les tribunaux judiciaires sur celle de l'agent pour sa faute personnelle, les juridictions administratives sur celle de l'administration pour sa faute de service – se pose la question de l'autorité de la chose jugée dans un premier temps par les tribunaux judiciaires : l'action de l'agent devant la juridiction administrative étant dirigée contre une personne publique absente de l'instance précédente, portant sur un autre objet (réparation du préjudice subi par l'agent, et non de celui qu'a subi la victime initiale), étant fondée sur une autre cause (la faute de service, et non la faute personnelle), les conditions de l'autorité de chose jugée (identité de parties, d'objet, de cause) ne sont pas remplies (v. nos obs. sous l'arrêt *Papon** du 12 avr. 2002).

Pour l'action récursoire de l'administration contre son agent, l'arrêt *Laruelle* se prononce sur la responsabilité personnelle du sieur Laruelle envers l'État sans fournir aucune explication sur la question de compétence. L'arrêt *Moritz* du 26 mai 1954 la donne : « *s'agissant des rapports entre l'État et un de ses agents, le litige qui s'est élevé au sujet de tels rapports ne peut trouver sa solution que dans les principes du droit public et la juridiction administrative a seule qualité pour en connaître »*. Il en va ainsi non seulement lorsque l'administration a été condamnée par une décision juridictionnelle à indemniser la victime, mais aussi lorsqu'elle a indemnisé celle-ci spontanément ou dans le cadre d'une transaction (CE 6 août 2008, *Mazière*, Rec. 919 ; v. n° 1.6).

La considération du droit applicable à l'action récursoire – le droit administratif – détermine la compétence administrative. On trouve ici une illustration du principe de la liaison de la compétence et du fond, déjà exprimé dans l'arrêt *Blanco** du 8 févr. 1873.

6 On en rencontre une autre lorsque l'administration recherche directement la responsabilité de son agent, sans avoir été elle-même condamnée auparavant à indemniser un tiers. La juridiction administrative est compétente pour la seule raison que cette responsabilité est régie par les principes du droit public : la solution de compétence établie par l'arrêt *Moritz* du 26 mai 1954 couvre toute action des personnes publiques contre leurs agents pour les fautes personnelles qu'ils ont commises à leur égard (TC 21 janv. 1985, *Hospice de Chateauneuf-du-Pape et Commune de Chateauneuf-du-Pape c. Jeune*, Rec. 519 ; RD publ. 1985.1356, note R. Drago ; RFDA 1985.716, obs. Denoix de Saint Marc : action d'une commune et de l'hospice communal contre l'ancien maire en raison du comportement de celui-ci dans l'exercice de ses fonctions ; CE 15 juill. 1964, *Hôpital-hospice d'Aulnay-sur-Odon*, Rec. 410 ; AJ 1964.555, chr. Fourré et Puybasset ; RD publ. 1964.1010, note M. Waline : action d'un hôpital contre son chirurgien qui avait « liquidé » son service et quitté ses fonctions).

Normalement tout le contentieux de la responsabilité des agents publics (fonctionnaires ou autres) envers les personnes publiques est attribué à la juridiction administrative.

Cette solution présente d'indéniables avantages pratiques. Non seulement aucune distinction n'est faite entre la compétence contentieuse sur l'action récursoire selon que cette dernière émane de l'agent *(Delville)* ou de l'administration *(Laruelle)*, mais encore c'est un seul et même juge – le juge administratif – qui va connaître des diverses responsabilités encourues dans une même affaire : il va d'abord condamner l'administration envers la victime, puis répartir la charge de l'indemnité envers l'État et les agents coupables *(Laruelle)* et enfin, le cas échéant, effectuer une sous-répartition entre les agents coauteurs de la faute *(Jeannier)*.

7 Toutefois, par suite de la loi du 31 déc. 1957 sur les accidents de véhicules attribuant compétence aux tribunaux judiciaires pour connaître des actions en indemnité formées contre l'administration par les victimes d'accidents causés par ses véhicules, le contentieux de l'action de la victime et celui de l'action récursoire se trouvent dissociés entre les deux ordres de juridiction ; la juridiction administrative reste compétente pour statuer sur l'action récursoire de l'administration contre son agent (TC 22 nov. 1965, *Collin*, Rec. 820 ; D. 1966.195, concl. Lindon ; AJ 1966.304, note J. Moreau). Il en va de même pour les dommages imputés aux membres de l'enseignement, dont, depuis la loi du 5 avr. 1937 (art. L. 911-4 C. éduc.), la réparation doit être demandée à l'État devant les tribunaux judiciaires : l'action récursoire reste de la compétence administrative (CE 13 juill. 2007, *Ministre de l'éducation nationale, de l'enseignement supérieur et de la recherche*, Rec. 336 ; JCP Adm. 2007.2196, concl. Séners ; CFPA déc. 2007, comm. Guyomar ; LPA 7 nov. 2007, note S. Petit).

8 *B.* — L'originalité des *règles de fond* qui déterminent la compétence administrative tient à *l'autonomie des actions récursoires*, marquée particulièrement par *l'autonomie des fautes* qui peuvent être invoquées.

1°) L'autonomie des actions récursoires tient à ce que tant la responsabilité des agents publics envers l'administration que celle de l'administration envers les agents publics met en jeu exclusivement le fonctionnement interne des services publics et leurs relations avec le personnel.

Le Conseil d'État ne tranche pas ces litiges sur la base des règles classiques de la responsabilité quasi délictuelle ; il prend en considération notamment l'organisation du service et les nécessités d'une bonne administration ; il donne à ce contentieux une coloration disciplinaire.

Certes un tel caractère n'apparaît pas lorsqu'un agent demande à son administration de le couvrir des condamnations prononcées contre lui par une juridiction judiciaire alors qu'il n'a pas commis une faute personnelle détachable de l'exercice de ses fonctions (art. 11 de la loi du 13 juill. 1983 ; CE, Sect., 26 avr. 1963, *Centre hospitalier de Besançon*, Rec. 243, concl. Chardeau ; v. n° 58.7).

Mais il se trouve dans le jeu des actions récursoires prévues par les arrêts *Delville* et *Laruelle* en vue de régler « *la contribution finale de l'administration et de l'agent à la charge des réparations* », soit en cas de cumul de fautes soit *a fortiori* en cas de faute personnelle liée au service ou non dépourvue de tout lien avec lui.

L'esprit même de la jurisprudence *Laruelle* le montre : c'est pour « moraliser » la fonction publique en faisant peser sur les fonctionnaires une responsabilité pécuniaire que le Conseil d'État a effectué le revirement de 1951, prolongé par l'arrêt *Jeannier* de 1957. L'arrêt *Moine* du 17 déc. 1999 (Rec. 425 ; v. n° 2.3) illustre cet esprit en soulignant que le tir à balles réelles pratiqué par un officier sur des appelés « en dehors de tout exercice organisé par l'autorité supérieure » était d'une « extrême gravité », justifiant ainsi qu'outre la sanction disciplinaire infligée à l'intéressé, soit engagée sa responsabilité pécuniaire.

9 Mais une responsabilité pécuniaire trop étendue peut risquer, en s'ajoutant aux sanctions disciplinaires classiques, de paralyser toute initiative dans les services publics. Un autre danger, fortement souligné par M. Kahn dans ses conclusions sur l'arrêt *Jeannier*, est l'injustice : la mise en œuvre de la responsabilité des agents étant laissée à l'initiative des chefs de service, « *il est à craindre que cette responsabilité ne soit d'autant plus aisément recherchée que l'agent est plus éloigné du sommet de la hiérarchie, pour ne rien dire de l'éventualité dans laquelle* *l'état exécutoire deviendrait, tantôt une sanction déguisée prononcée sans aucune garantie, tantôt un moyen de pression particulièrement odieux* ». Enfin, la distinction de la faute et de la fonction n'est guère possible qu'aux échelons inférieurs, de sorte que la faute personnelle risque fort d'être « une faute de subalterne ».

Il appartient à l'administration, sous le contrôle du juge administratif, de réaliser un équilibre entre la nécessité d'une certaine responsabilité pécuniaire des fonctionnaires envers l'administration et les dangers d'une responsabilité trop accentuée. Ces considérations ont conduit le Conseil d'État à décider, pour éviter d'imposer une charge trop lourde aux agents publics, que, s'ils « *sont pécuniairement responsables envers* (les) *collectivités du préjudice qu'ils ont causé par leurs fautes personnelles, il doit être, dans la détermination de ce préjudice, tenu compte de la nature des liens existant entre les fonctionnaires et agents incriminés et la collectivité dont ils dépendent* » (CE, Ass., 6 mai 1966, *Chedru*, Rec. 310 ; D. 1967.48, concl. Questiaux). C'est une confirmation de la spécificité des actions récursoires.

10 *2°)* Celle-ci est prolongée par *l'autonomie des fautes* que peuvent se reprocher mutuellement l'administration et ses agents par rapport à celles qu'ont pu leur reprocher les administrés.

En ce qui concerne la *faute personnelle*, l'agent peut être reconnu responsable envers l'administration d'un agissement qui n'aurait pas été considéré comme tel par le juge judiciaire saisi d'une action de la victime. Ainsi, dans l'affaire *Jeannier*, la seule faute susceptible d'engager une responsabilité envers la victime ou ses ayants droit était la faute de conduite commise par le soldat qui tenait le volant ; les autres passagers de la voiture n'avaient commis aucune faute au sens du droit civil. Le Conseil d'État considéra néanmoins qu'envers l'État ils avaient engagé leur responsabilité pour la faute personnelle de chacun consistant à avoir « utilisé sciemment un véhicule de l'armée à des fins étrangères au service », c'est-à-dire une faute disciplinaire qui avait eu des conséquences pécuniaires.

Il en résulte que les coauteurs d'une faute personnelle ne sont pas responsables solidairement envers l'État, comme le seraient des codébiteurs en droit civil. Il ne s'agit pas de protéger l'État contre l'insolvabilité de l'un de ses débiteurs ou de lui éviter des actions multiples, mais de proportionner la sanction pécuniaire à la gravité des fautes commises. Le juge administratif est conduit à des appréciations précises et complexes de la part de responsabilité de chacun, compte tenu de la nature de ses fonctions, de son rang dans la hiérarchie, de ses obligations de service et du rôle qu'il a joué dans l'opération dommageable. Dans les arrêts *Jeannier* et *Moritz*, le Conseil d'État, après avoir considéré « *que les militaires impliqués dans l'affaire ne sont responsables envers l'État que des fautes qu'ils ont personnellement commises ; que leur part de responsabilité doit être appréciée en raison de la gravité des fautes imputables à chacun d'eux* », a imputé le quart de l'indemnité versée à la victime au soldat Jeannier, qui avait la garde et la conduite de la voiture, puis seulement le douzième au soldat Moritz, dont le seul tort avait été de participer à l'escapade. Dans l'arrêt *Moine*, le Conseil d'État a jugé « *qu'en raison de son extrême gravité,* (la) *faute justifie qu'ait été mise à la charge* (de l'officier) *la totalité des conséquences dommageables qui en sont résultées* ».

La transposition de la notion de faute personnelle, des relations entre l'agent et la victime aux rapports entre l'agent et l'État, s'est accompagnée d'un changement dans sa signification : la faute personnelle de l'arrêt *Laruelle* n'est plus la faute civile qu'elle était dans le système de l'arrêt *Pelletier**, mais la faute disciplinaire ayant eu pour l'État des conséquences pécuniaires.

11 La *faute de service* dont peut se prévaloir la victime contre l'administration n'est pas non plus nécessairement celle que peut invoquer l'agent dans ses relations avec l'administration.

Déjà, lorsque la faute de service, non seulement se cumule avec une faute personnelle, mais s'en distingue nettement, l'agent n'ayant contribué qu'à la seconde, non à la première (comme dans l'arrêt *Anguet* préc.), la répartition définitive entre l'administration et l'agent est faite par le juge administratif « *compte tenu de l'existence et de la gravité des fautes respectives constatées dans chaque espèce* ». Dans l'affaire *Delville*, le conducteur du camion du ministère, condamné à réparer l'intégralité des dommages subis par la victime, a obtenu du Conseil d'État la condamnation de l'État au remboursement de la moitié de l'indemnité : l'accident était dû en effet, tout à la fois et dans une égale mesure, à l'état d'ébriété du chauffeur (faute personnelle) et au mauvais état des freins du véhicule (faute de service). L'arrêt *Papon** procède également à un partage par moitié entre l'agent et l'État.

Lorsque l'agent a contribué à la réalisation de la faute de service, il ne peut s'en prévaloir pour s'exonérer de sa responsabilité envers l'administration en cas d'action récursoire de celle-ci, ou pour rechercher la responsabilité de l'administration par une action récursoire exercée contre elle. Ainsi, dans l'arrêt *Laruelle*, le Conseil d'État a condamné le chauffeur militaire à rembourser à l'État l'intégralité de la somme que celui-ci avait dû verser à la victime, en soulignant que la faute que l'on pouvait imputer à l'État dans la garde des véhicules avait été « *provoquée par les manœuvres auxquelles s'était livré le requérant afin d'induire en erreur le gardien des véhicules de l'armée* », et il a refusé au sieur Laruelle le droit de se prévaloir d'une négligence qu'il avait lui-même provoquée.

Ainsi, à côté de la faute de service proprement dite, qui tient à une mauvaise organisation du service, et qui existe soit seule soit accompagnée d'une faute personnelle (cumul de fautes), il y a aujourd'hui une faute de service qui n'a d'effet qu'à l'égard de la victime, mais qui disparaît dans les rapports entre l'administration et son agent.

On mesure ainsi les profonds bouleversements apportés au système de l'arrêt *Pelletier** par les deux arrêts du 28 juill. 1951. Ils seront exposés de manière catégorique dans l'arrêt *Papon**.

61

COMPÉTENCE
SERVICE PUBLIC DE LA JUSTICE

Tribunal des conflits, 27 novembre 1952, *Préfet de la Guyane*
(Rec. 642 ; JCP 1953.II.7598, note Vedel)

Cons. que l'action engagée par les officiers ministériels de Cayenne devant le tribunal civil de Cayenne et portée par eux en appel devant la chambre d'appel détachée à Cayenne de la Cour d'appel de Fort-de-France, tend à obtenir la condamnation de l'État au paiement de dommages et intérêts en réparation du préjudice que leur aurait causé l'arrêt, pendant une certaine période, du fonctionnement des juridictions auprès desquelles ils exerçaient leurs fonctions en Guyane ;

Cons. que les actes incriminés sont relatifs, non à l'exercice de la fonction juridictionnelle, mais à l'organisation même du service public de la justice ; que l'action des requérants a pour cause le défaut de constitution des tribunaux de première instance et d'appel dans le ressort de la Guyane, résultant du fait que le gouvernement n'a pas pourvu effectivement ces juridictions des magistrats qu'elles comportaient normalement ; qu'elle met en jeu la responsabilité du service public indépendamment de toute appréciation à porter sur la marche même des services judiciaires ; qu'il appartient dès lors à la juridiction administrative d'en connaître et que c'est à bon droit que le préfet a élevé le conflit dans l'instance ; ... (Arrêté de conflit confirmé).

OBSERVATIONS

En vertu de la jurisprudence Terrier*, *la juridiction administrative est compétente en principe pour les litiges portant sur le service public ; l'arrêt* Préfet de la Guyane *le confirme en ce qui concerne l'organisation du service public judiciaire, tout en réservant à la compétence judiciaire ce qui concerne son fonctionnement.*

Certaines juridictions de la Guyane ne purent fonctionner pendant un certain temps parce que les magistrats nécessaires à leur constitution n'avaient pas été nommés en temps utile. Lésés par cette situation, les officiers ministériels de Cayenne intentèrent une action en indemnité contre l'État devant les juridictions civiles. Le préfet éleva le conflit. Le Tribunal des conflits décida que les actes incriminés, étant « relatifs non à l'exercice de la fonction juridictionnelle, mais à l'organisation même du service public de la justice », relevaient de la compétence de la juridiction administrative.

Cet arrêt, rédigé dans les termes d'un arrêt de principe, contient ainsi une définition de la frontière qui sépare la compétence des deux ordres de juridictions en ce qui concerne le contrôle juridictionnel des actes du service public de la justice. Mais si le principe est clair, son application ne laisse pas de poser des problèmes fort délicats. Deux questions doivent être examinées : d'une part, celle de la distinction entre l'organisation et le fonctionnement du service judiciaire en ce qui concerne l'étendue de la compétence administrative ; d'autre part, celle de la portée exacte de la compétence des tribunaux judiciaires en ce qui concerne le fonctionnement proprement dit de ce service.

1 **I.** — S'agissant d'un service de l'État, le service public de la justice aurait pu relever, pour le contrôle juridictionnel de son activité, des juridictions administratives. Mais un double facteur s'est traditionnellement opposé à cette compétence.

D'une part, la séparation des autorités administrative et judiciaire, établie par les lois révolutionnaires, entraîne non seulement une distinction des compétences respectives de chacune d'elles, mais également une indépendance de l'une par rapport à l'autre, en ce sens que, si l'autorité judiciaire ne doit pas « troubler les opérations des corps administratifs » (loi des 16-24 août 1790 et décret du 16 fructidor an III), l'administration – et il faut entendre par là aussi bien l'administration active que la juridiction administrative – ne doit pas davantage « s'immiscer dans les objets dépendant de l'ordre judiciaire » (Constitution de l'an III, art. 189). D'autre part, le « service public de la justice » ne saurait être assimilé purement et simplement aux autres services publics : ces derniers dépendent du pouvoir exécutif et c'est à ce titre que leur activité relève de la juridiction administrative ; le « service public de la justice » constitue au contraire un « pouvoir judiciaire », ou plus exactement selon la Constitution de 1958, une « autorité judiciaire » indépendante dans une large mesure du pouvoir exécutif, et cette indépendance a été singulièrement renforcée par la création, en 1946, d'un Conseil supérieur de la magistrature.

En l'état de la législation en vigueur à la date d'intervention de la décision du Tribunal des conflits, le « service public de la justice » pouvait être rapproché du « service public de la législation ». Pour ce dernier, et dans le silence des textes, le juge administratif déclinait sa compétence tant à l'égard de l'activité législative proprement dite que pour les actes émanant des services administratifs des assemblées parlementaires. Dans cette perspective, l'ensemble des actes du service public judiciaire aurait pu échapper au contrôle de la juridiction administrative.

Mais l'application de ce principe est loin d'être simple. À la tête de l'appareil judiciaire se trouve en effet le ministre de la justice, garde des Sceaux, qui est également un organe purement administratif, gouvernemental, exécutif, dont on ne voit pas pourquoi les décisions ne seraient pas soumises au contrôle de la juridiction administrative. Or, avant 1946, l'organisation du service judiciaire relevait presque entièrement de l'autorité gouvernementale : garde des Sceaux, Conseil des ministres, président de la République. Aussi le Conseil d'État avait-il tout naturellement tendu à se reconnaître compétent pour les actes relatifs à l'organisation du service et à ne décliner sa compétence que pour ceux concernant son fonctionnement. La Constitution de 1946 ayant créé un Conseil supérieur de la magistrature, indépendant de l'exécutif et chargé d'assurer, conformément à la loi, « la discipline des magistrats, leur indépendance et l'administration des tribunaux judiciaires » (art. 84), on pouvait se demander si le Conseil d'État n'abandonnerait pas la distinction classique entre l'organisation et le fonctionnement du service au profit d'une distinction fondée sur l'organe dont émane l'acte incriminé : il se serait alors reconnu compétent pour les seuls actes émanés encore de l'exécutif (nomination des magistrats, effectuée par le président de la République avec le contreseing du garde des Sceaux et sur la « présentation » du Conseil supérieur de la magistrature) et aurait décliné sa compétence pour tous les actes, quel que soit leur objet, émanés soit du Conseil supérieur de la magistrature, soit des organes judiciaires proprement dits. L'arrêt *Préfet de la Guyane* montre qu'il n'en est rien : le Tribunal des conflits maintient l'ancienne distinction entre l'organisation et le fonctionnement du service. Le Conseil d'État s'est prononcé dans le même sens par son arrêt d'Assemblée du 17 avr. 1953 *Falco et Vidaillac* (Rec. 175 ; v. n° 56.1). La Constitution de 1958 n'a pas entraîné de modification sur ce point, même si les attributions du Conseil supérieur de la magistrature ont été étendues par des révisions constitutionnelles et, en dernier lieu, par la loi constitutionnelle du 23 juill. 2008.

2 Le juge administratif est incompétent pour connaître de toute décision, même émanée d'un organe exécutif, dès lors qu'elle a trait à l'exercice même de la fonction juridictionnelle. En revanche, il est compétent pour connaître de toute décision, même émanée d'un organe judiciaire, dès lors qu'elle est relative à l'organisation du service public de la justice. Cette substitution d'un critère matériel à un critère organique s'éloigne du fondement primitif de l'incompétence du Conseil d'État, juge de l'exécutif, pour tout ce qui concerne la marche de l'appareil judiciaire, et se rattache à la jurisprudence qui tend à faire du service public entendu au sens matériel le critère de la compétence administrative (*cf.* CE 31 juill. 1942, *Monpeurt** ; – 2 avr. 1943, *Bouguen** ; – 20 avr. 1956, *Grimouard** et *Époux Bertin**). Les solutions adoptées sont fort nuancées, et l'on ne peut rendre compte de la jurisprudence en la matière qu'en recourant à l'énumération des principales applications de la distinction entre l'organisation du service et son fonctionnement.

3 *1.* — « La création des tribunaux, leur répartition sur le territoire, leur organisation générale, la nomination des magistrats et tout ce qui concerne l'organisation de leur carrière, leur rémunération, leur avancement, et, sauf le cas d'une mesure disciplinaire intéressant les magistrats du siège, leur cessation de fonctions, toutes ces questions ne sont point l'exercice même de la fonction judiciaire. Elles constituent les éléments d'une organisation du service public de la justice dont les pouvoirs publics ont la responsabilité et dont le Conseil d'État a le contrôle juridictionnel » (concl. Jean Donnedieu de Vabres sur l'affaire *Falco et Vidaillac*, Rec. 175 ; v. n° 56.1). La jurisprudence ne fait aucune distinction à cet égard entre les décisions émanant d'un organe exécutif et celles prises par un organe judiciaire investi d'une mission d'organisation du service public de la justice judiciaire (concl. préc.) : cette assimilation a soulevé de vives critiques de la part de la doctrine, mais elle est certaine en jurisprudence.

La juridiction administrative est ainsi compétente pour statuer sur la responsabilité de l'État du fait d'un arrêt temporaire du fonctionnement de certains tribunaux *(Préfet de la Guyane)* ou sur la légalité d'un décret supprimant un tribunal (CE, Sect., 23 mai 1952, *Ville de Saint-Dié*, Rec. 278) ou procédant à une réforme d'ensemble (CE 19 févr. 2010, *Molline et autres*, Rec. 20).

Elle a surtout admis de plus en plus largement sa compétence en ce qui concerne le statut des magistrats : elle se prononce aujourd'hui sur toutes les mesures relatives à son application quels qu'en soient la nature, l'auteur et les motifs. C'est ainsi que le Conseil d'État a examiné la validité d'une décision prise par le bureau de vote chargé de vérifier le résultat des élections de certains membres du Conseil supérieur de la magistrature (CE, Ass., 17 avr. 1953, *Falco et Vidaillac* préc.). Le juge administratif statue également sur la légalité des mesures relatives à la nomination et à la réintégration des magistrats (CE, Ass., 27 mai 1949, *Véron-Réville*, v. n° 38.4), à leur avancement (CE, Ass., 5 nov. 1976, *Lyon-Caen*, Rec. 472 ; AJ 1977 1977.29, chr. Nauwelaers et Fabius ; Sect., 10 mars 2006, *Carre Pierrat*, Rec. 136 ; AJ 2006.802, chr. Landais et Lenica ; RD publ. 2007.605, comm. Guettier), à leur notation (CE, Ass., 31 janv. 1975, *Volff et Exertier*, Rec. 70 et 74 ; JCP 1975.II.18099, note Albertini ; RD publ. 1975.811, note Robert ; AJ 1975.124, chr. Franc et Boyon).

Le Conseil d'État veille notamment au respect par l'exécutif des attributions dévolues au Conseil supérieur de la magistrature (CE, Ass., 8 juin 2016, *Prats*, Rec. 236, concl. von Coester ; JCP 2016.935, note Pauliat).

La création d'une inspection des juridictions rattachée à l'administration centrale du ministère de la justice, constitue une mesure d'organisation du service relevant de la compétence du juge administratif. Le Conseil d'État a censuré des dispositions faisant entrer la Cour de cassation dans le champ de compétence de l'inspection, sans comporter de garanties suffisantes destinées à assurer l'indépendance de la plus haute juridiction de l'ordre judiciaire (CE, Sect., 23 mars 2018, *Syndicat Force ouvrière Magistrats et autres*, Rec. 75, concl. L. Dutheillet de Lamothe ; RFDA 2018.509, concl. et 519, note P. Delvolvé ; AJ 2018.966, chr. Roussel et Nicolas ; JCP Adm. 2018.299, note Clemmy).

Les sanctions infligées aux magistrats relèvent également de la compétence administrative (CE, Sect., 1er déc. 1972, *Delle Obrégo*, Rec. 751 ;

RD publ. 1973.516, concl. S. Grévisse ; D. 1973.190, note Robert ; JCP 1973.II.17324, note Blin ; AJ 1973.31, chr. Cabanes et Léger ; AJ 1973.37 et Dr. soc. 1973.346, concl. ; Gaz. Pal. 1973. Doct. 211, note F. Dreyfus). Cette compétence s'exerce par la voie du recours pour excès de pouvoir pour les sanctions infligées à un magistrat du parquet (CE, Sect., 20 juin 2003, *Stilinovic*, Rec. 258, concl. Lamy ; AJ 2003.1334, chr. Donnat et Casas ; AJFP 2004.36, note Moniolle ; LPA 19 avr. 2004, note de Bernardinis) et par la voie du recours en cassation contre les mesures disciplinaires prises par le Conseil supérieur de la magistrature à l'égard des magistrats du siège (CE, Ass., 12 juill. 1969, *L'Étang*, Rec. 388 ; v. n° 54.2).

Alors qu'il s'était, dans un premier état de sa jurisprudence, refusé à exercer un contrôle sur la qualification juridique des faits lorsqu'ils étaient relatifs à l'exercice de la fonction judiciaire (CE, Ass., 26 juin 1953, *Dorly*, Rec. 326 ; S. 1954.3.1, note de Laubadère ; RD publ. 1954.173, chr. Gazier et Long ; JCP 1953.II.7810, note Cartou ; « Le pouvoir judiciaire » oct. 1953, note Vedel), le Conseil d'État a supprimé cet obstacle à l'exercice d'un contrôle effectif de sa part, en matière disciplinaire (CE, Sect., 14 mars 1975, *Rousseau*, Rec. 194 ; RD publ. 1975.823, concl. Dondoux ; JCP 1976.II.18423, note Nérac ; AJ 1975.350, chr. Franc et Boyon) comme dans le contentieux de la notation des magistrats (CE, Sect., 13 mars 1987, *Bauhain*, Rec. 95 ; AJ 1987.402, concl. Marimbert ; D. 1987.523, note Doumbé-Billé).

2. — Dès lors qu'on quitte le domaine de la création des juridictions et les questions se rapportant à la carrière des magistrats, la ligne de partage entre l'organisation et le fonctionnement est parfois malaisée à tracer.

4 *a)* Tout ce qui se rattache à l'activité juridictionnelle des tribunaux judiciaires échappe à la compétence des juridictions administratives. Il en va ainsi des actes juridictionnels eux-mêmes et des actes préparatoires aux décisions judiciaires proprement dites : mise en mouvement de l'action publique et mesures qui en sont le préalable nécessaire (TC 19 déc. 1988, *Rey*, Rec. 496 ; Gaz. Pal. 18-20 juin 1989, concl. M. Laroque) ; action visant à la réparation des conséquences dommageables de l'acte par lequel une autorité administrative avise le procureur de la République d'un crime ou d'un délit en application de l'art. 40 du Code de procédure pénale, dès lors que l'appréciation de cet avis « *n'est pas dissociable* » de celle que peut porter l'autorité judiciaire (TC 8 déc. 2014, *Bedoian c. Autorité de contrôle prudentiel et de résolution*, Rec. 479) ; décret de renvoi d'un inculpé devant une juridiction d'exception (CE, Sect., 11 mai 1962, *Salan*, Rec. 317 ; RD publ. 1962.542, concl. Henry) ; décision par laquelle un juge d'instruction suspend ou supprime le permis de visite qu'il avait accordé à un prévenu placé en détention provisoire (CE 15 avr. 2011, *Garde des Sceaux, ministre de la justice et des libertés c. Mme Ribailly*, Rec. 165 ; AJ 2011.1507, note Robert-Cuendet) ; décision du procureur de délivrer ou de refuser de délivrer un permis de visite à une personne écrouée à la suite de l'émission d'un mandat d'arrêt européen (CE 6 juill. 2015, *Garde des Sceaux, ministre de la justice c. M. et Mme Rizvanovic*, Rec. 603) ; délibération de la Haute Autorité pour la transparence de la vie publique de transmettre au Procureur de la République sur le fondement de l'art. 40 du Code de procédure pénale le dossier d'un parlementaire (CE 4 mai 2016, *Le Pen*, AJ 2016.1579, note Taboui).

Plus généralement, échappent à la compétence administrative tous actes de police judiciaire (v. par ex. CE, Sect., 11 mai 1951, *Consorts Baud*, Rec. 205 ; S. 1952.3.13, concl. J. Delvolvé, note R. Drago : accident mortel causé par des inspecteurs à la recherche d'une bande de malfaiteurs ; TC 15 janv. 1968, *Consorts Tayeb*, Rec. 791 ; D. 1968.417, concl. Schmelck : coups de feu tirés par un officier de paix sur un suspect dont la fuite lui a fait croire qu'il s'agissait d'un délinquant ; CE 13 janv. 1992, *Grasset*, Rec. 16 ; RD publ. 1992.1470, note J.-M. Auby : mise en fourrière d'un véhicule dans le cadre d'une opération de police judiciaire).

De son côté, le Conseil constitutionnel, en se référant à l'art. 66 de la Constitution de 1958, a jugé que « la police judiciaire doit être placée sous la direction et le contrôle de l'autorité judiciaire » (*n° 2018-778 DC, 21 mars 2019*, point 141).

Il appartient toutefois au juge de donner ou de restituer à l'acte litigieux sa véritable qualification, en tenant compte essentiellement de son objet. C'est ainsi que le Tribunal des conflits a jugé qu'une opération intervenue « en dehors de tout ordre ou intervention de l'autorité judiciaire » se rattachait à la police administrative et que ses conséquences relevaient pour ce motif de la compétence de la juridiction administrative (TC 7 juin 1951, *Consorts Noualek*, Rec. 636, concl. J. Delvolvé). De même, il a considéré que la juridiction administrative était compétente pour se prononcer sur les conséquences dommageables résultant de la carence des services de police lors d'une opération de transfert de fonds (TC 12 juin 1978, *Société « Le Profil » c. ministre de l'intérieur*, Rec. 649, concl. Morisot ; AJ 1978.444, chr. O. Dutheillet de Lamothe et Robineau ; D. 1978.626, note Moulin). Allant plus loin dans cette voie, le Conseil d'État s'est reconnu compétent pour statuer sur la validité d'une saisie de journaux ordonnée par un arrêté préfectoral visant l'article 10 C. instr. crim., parce qu'il résultait « manifestement de l'ensemble des circonstances de l'affaire », que, sous cette apparence de police judiciaire, l'opération constituait en réalité une mesure de police administrative (CE, Ass., 24 juin 1960, *Société Frampar*, Rec. 412, v. n° 4.4).

5 *b)* Les actes d'exécution des jugements rendus par les juridictions de l'ordre judiciaire ne ressortissent pas non plus à la compétence administrative : décisions du chef de l'État en matière de grâce (CE 28 mars 1947, *Gombert*, Rec. 138 ; v. n° 3.2) ; mesures d'exécution des peines dont l'examen impliquerait une appréciation sur le fonctionnement des juridictions judiciaires (CE, Sect., 18 mai 1951, *Dame Vve Moulis*, Rec. 277 ; S. 1952.3.19, note R. Drago : exécution d'un individu condamné à mort par une cour martiale illégale dont le jugement a été ultérieurement cassé par la Cour de cassation dans l'intérêt de la loi et du condamné ; – Sect., 3 janv. 1958, *Consorts Touron*, Rec. 4 ; RD publ. 1958.748, note M. Waline : exécution d'un individu condamné par une cour martiale qui avait été dissoute avant le prononcé du verdict).

A été assimilée à un acte d'exécution d'un jugement, la décision du juge de l'application des peines, d'accorder une réduction d'une peine privative de liberté (CE, Sect., 9 nov. 1990, *Théron*, Rec. 313 ; AJ 1991.546, note Belloubet-Frier ; RFDA 1991.671, note Pradel ; D. 1991.390, note Plouvin) ou fixant la durée d'un placement sous surveillance électronique (CE 26 oct. 2011, *Beaumont*, Rec. 838 ; AJ 2012.434, note Éveillard).

Plus généralement, il n'appartient pas à la juridiction administrative de connaître des litiges relatifs à la nature et aux limites d'une peine infligée par une juridiction judiciaire et dont l'exécution est poursuivie à la diligence du ministère public comme c'est le cas pour l'octroi ou la révocation d'une mesure de libération conditionnelle d'un détenu (CE, Sect., 4 nov. 1994, *Korber*, Rec. 489 ; LPA 23 janv. 1995, concl. Bonichot ; LPA 12 avr. 1995, note Pacteau ; RFDA 1995.817, note Pradel ; JCP 1995.II.22422, note Lemaire) ou pour l'octroi ou le refus d'une permission de sortir (CE 9 févr. 2001, *Malbeau*, Rec. 54 ; LPA 3 août 2001, concl. Seban).

Le Conseil d'État accepte cependant de se prononcer sur la légalité des décrets individuels d'amnistie au motif qu'il s'agit « d'actes émanant d'une autorité administrative » (CE, Ass., 24 nov. 1961, *Électricité de Strasbourg c. Schaub*, Rec. 660 ; RD publ. 1962.339, concl. Heumann ; AJ 1962.18, chr. Galabert et Gentot ; – Sect., 22 nov. 1963, *Dalmas de Polignac*, Rec. 565 ; RD publ. 1964.692, concl. Henry ; D. 1964.161, note C. Debbasch ; AJ 1964.23, chr. Fourré et Puybasset). Il se reconnaît compétent pour apprécier la légalité d'un arrêté par lequel le ministre de l'intérieur fixe la liste des lieux où s'applique une interdiction de séjour (CE, Ass., 2 mars 1979, *Linné*, Rec. 89 ; AJ 1979.5.74, chr. O. Dutheillet de Lamothe et Robineau ; D. 1979.IR. 261, obs. P. Delvolvé). Les litiges relatifs à l'octroi ou au refus du concours de la force publique pour l'exécution des jugements relèvent de la compétence administrative (CE 30 nov. 1923, *Couitéas**). Il en va pareillement des litiges qui se rattachent au fonctionnement administratif du service pénitentiaire (CE, Ass., 27 janv. 1984, *Caillol*, Rec. 28 ; RD publ. 1984.483, concl. Genevois ; AJ 1984.72, chr. Lasserre et Delarue ; RFDA 1984.187, note Moderne : placement d'un prévenu dans un quartier de haute sécurité ; – 14 nov. 2008, *El Shennawy*, Rec. 417 ; DA 2009, n° 11, comm. F. Melleray : décision de soumettre un détenu à une fouille corporelle intégrale alors même qu'elle est opérée à l'occasion de son extraction judiciaire sur ordre du procureur de la République).

6 *c)* Les actes relatifs à la désignation et à la discipline des auxiliaires de la justice ainsi que les conséquences de leur activité ressortissent en principe à la compétence judiciaire (21 nov. 1941, *Raux*, Rec. 195 :

discipline individuelle des avocats ; – 7 déc. 1960, *Jardin*, Rec. 681 ; AJ 1961.429, note A. de L. : décision du parquet relative aux droits et obligations d'un greffier ; – Sect., 13 juill. 1961, *Jobard*, Rec. 489, concl. Kahn ; D. 1962.275, note C. Debbasch ; AJ 1961.471, chr. Galabert et Gentot : établissement par la cour d'appel de la liste des syndics et administrateurs judiciaires ; – Sect., 5 nov. 1976, *Hénin et autres*, Rec. 474, concl. Franc et TC 2 mai 1977, *Hénin et autres*, Rec. 666 ; RD publ. 1977.1063, note J.-M. Auby : instructions adressées par le premier président d'une cour d'appel aux greffiers pour assurer le respect du monopole des avocats ; TC 2 avr. 2012, *Proyart c. Ordre des avocats du barreau de Lille*, Rec. 509 : refus du bâtonnier de désigner un nouvel avocat au titre de l'aide juridictionnelle).

Toutefois, une solution différente a prévalu s'agissant d'autres collaborateurs du service public de la justice. Ainsi la juridiction administrative a été reconnue compétente pour statuer sur la décision par laquelle un procureur de la République agrée ou refuse d'agréer une personne en vue de l'organisation de stages de sensibilisation à la sécurité routière, qui a été regardée comme une mesure d'organisation du service public (TC. 12 oct. 2015, *Hoareau*, Rec. 510 ; AJ 2015.2370, chr. L. Dutheillet de Lamothe et Odinet)

A été également reconnue la compétence du juge administratif s'agissant de l'appréciation de la légalité des décisions par lesquelles le Conseil national des barreaux prend des mesures d'ordre déontologique relatives à l'exercice sur le plan national de la profession d'avocat (TC 18 juin 2001, *Ordre des avocats au barreau de Tours*, Rec. 745 ; LPA 30 juill. 2001, concl. Schwartz ; AJ 2001.847, chr. Guyomar et Collin ; JCP 2001.II.10586, note Martin).

7 *d)* Échappent totalement à la compétence administrative les actes se rapportant à l'aménagement interne des juridictions : décisions relatives au rang des magistrats (CE, Sect., 14 févr. 1936, *Darracq*, Rec. 203) ; décision du Premier président d'une cour d'appel répartissant les juges dans les chambres et les différents services de la juridiction (CE 23 juill. 2010, *Syndicat de la magistrature et Mme Trébucq*, Rec. 337 ; RD publ. 2011.556, note Pauliat) ; décision prise par le président d'une juridiction judiciaire de modifier une ordonnance de roulement (TC 12 févr. 2018, *Santelli c. Ministère de la justice*, Rec. 493).

8 *e)* En revanche, a été jugée détachable de la procédure judiciaire, et susceptible de faire l'objet d'un recours pour excès de pouvoir, la décision par laquelle le procureur de la République refuse de faire procéder à l'effacement des données concernant une personne qui figure dans le système de traitement des infractions constatées (CE 17 juill. 2013, *Elkaim*, Rec. 217 ; AJ 2013.2032, concl. Crépey ; RLDI, mai 2015, p. 32, note Forest) ou dans le fichier « *traitement des antécédents judiciaires* », qui lui a succédé (CE 11 avr. 2014, *Ligue des droits de l'Homme*, Rec. 487).

Ces derniers exemples sont, on le constate, au moins aussi proches de « l'organisation » que du « fonctionnement » du service : les deux notions ne sont pas aussi distinctes qu'on pourrait le penser : l'organisation d'un service est toujours la condition de son fonctionnement.

Le Tribunal des conflits a ainsi été amené à une distinction au sujet de l'installation de boxes de sécurité dans les tribunaux : la décision de cette installation dans une juridiction déterminée ou celle d'en faire usage au cours d'une audience, indissociable de la fonction juridictionnelle, ne peut être contestée que devant le juge judiciaire ; en revanche, l'appréciation de la légalité des dispositions à portée générale et impersonnelle d'un arrêté ministériel relatives à cette installation, qui concernent l'organisation du service public de la justice, relève de la compétence de la juridiction administrative (TC 8 févr. 2021, *Syndicat des avocats de France c. Garde des sceaux, ministre de la justice*, AJ 2021.727, chr. Malverti et Beaufils ; JCP 2021.384, note Mangiavillano).

9 **II.** — Si le fonctionnement des services judiciaires ne relève pas de la compétence de la juridiction administrative, relève-t-il au moins de celle des tribunaux judiciaires ?

La réponse doit être nuancée. Dans la plupart des cas, les plaideurs ne trouveront pas devant les tribunaux judiciaires l'équivalent du recours pour excès de pouvoir et ne pourront obtenir l'annulation des décisions litigieuses. En ce qui concerne les réparations pécuniaires, les tribunaux ont longtemps refusé d'admettre que la responsabilité de l'État puisse, en l'absence de texte, être engagée par le fonctionnement des services judiciaires ; mais un arrêt important de la Cour de cassation a amorcé une évolution de jurisprudence, en étendant les principes généraux de la responsabilité de la puissance publique aux collaborateurs occasionnels de la police judiciaire (Civ. 23 nov. 1956, *Trésor public c. Giry**). En outre, deux lois ont étendu dans des hypothèses encore limitées le principe de la responsabilité de la puissance publique dans le domaine du service public judiciaire : la loi du 17 juill. 1970 (art. 149 et s. du Code de procédure pénale) qui prévoit la possibilité d'une indemnisation à raison d'une détention préventive, lorsque le préjudice est manifestement anormal et d'une particulière gravité ; et la loi du 5 juill. 1972 dont l'art. 11 prévoit que « l'État est tenu de réparer le dommage causé par le fonctionnement défectueux du service de la justice » en cas de faute lourde ou de déni de justice (v. nos obs. sous CE 27 févr. 2004, *Mme Popin**).

10 **III.** — On relèvera enfin que la distinction entre l'organisation et le fonctionnement d'une institution a trouvé à s'exprimer lorsque le Conseil d'État a été invité à contrôler le règlement par lequel le Conseil constitutionnel a fixé le régime particulier d'accès à ses archives, lesquelles comprennent notamment une recension des débats de la Haute Institution. Les règles d'accès aux archives affectent par là même *le fonctionnement* interne du Conseil constitutionnel. Le Conseil d'État a en conséquence décliné sa compétence pour en connaître, contrairement aux conclusions de son commissaire du gouvernement (CE, Ass., 25 oct. 2002, *Brouant*, Rec. 345, concl. Goulard ; RFDA 2003.1, concl., note Favoreu, 14, note Gonod et Jouanjan ; AJ 2002.1332, chr. Donnat et

Casas ; D. 2002.3034, note Moutouh ; RD publ. 2002.1855, note Camby ; JCP 2003.II.10008, note Chaminade).

La même solution a prévalu à propos du refus du Conseil constitutionnel d'adopter un règlement intérieur régissant la pratique des contributions spontanées extérieures aux procédures pendantes devant lui (CE 11 avr. 2019, *Association « Les Amis de la Terre France »*, Rec. 520).

62

FONCTIONNAIRES DISCIPLINE – LIBERTÉ D'OPINION

Conseil d'État Ass., 13 mars 1953, *Teissier*
(Rec. 133 ; D. 1953.735, concl. Jean Donnedieu de Vabres)

Cons., d'une part, que, d'après l'art. 22 du décret, en date du 11 juin 1949, portant réorganisation du Centre national de la recherche scientifique, le directeur du Centre est nommé par décret sur le rapport du ministre de l'éducation nationale ; que l'autorité investie du pouvoir de nomination a compétence pour prononcer la cessation des fonctions ; qu'aucune disposition législative ou réglementaire n'a prévu que le conseil d'administration et le directeur du Centre national de la recherche scientifique doivent émettre un avis sur la cessation des fonctions du directeur du Centre ; qu'en l'absence de disposition législative imposant l'accomplissement de ces formalités, le décret du 11 juin 1949 a pu valablement, sur ce point, ne prévoir aucune consultation desdits organismes ; que, dès lors, le sieur Teissier n'est pas fondé à soutenir que le conseil d'administration et le directeur du Centre national de la recherche scientifique auraient dû être consultés avant qu'il soit mis fin à ses fonctions ;

Cons., d'autre part, qu'il résulte de l'instruction que la mesure prise à l'encontre du sieur Teissier a été motivée par l'attitude de ce fonctionnaire après la réception par le ministre de l'éducation nationale d'une lettre ouverte, diffusée dans la presse, par laquelle l'Union française universitaire, dont le requérant est président d'honneur, se livrait à des attaques violentes et injurieuses contre le gouvernement français ; que, si le sieur Teissier n'a pas participé à l'élaboration de ladite résolution et ne l'a pas signée, son nom figurait sur la lettre parmi ceux des présidents d'honneur de l'Union française universitaire ; que le requérant, auquel le ministre de l'éducation nationale avait demandé des explications, a refusé de désavouer les termes de la lettre dont s'agit ; qu'il doit ainsi être regardé comme s'étant solidarisé avec les signataires de la résolution ; que le grief tiré par le gouvernement de l'attitude adoptée, dans les circonstances sus-indiquées, par le directeur du Centre national de la recherche scientifique a pu être légalement retenu à la charge de ce fonctionnaire ; que, dès lors, le sieur Teissier n'est fondé ni à soutenir que le décret attaqué manque de base légale, ni à alléguer que ledit acte est entaché de détournement de pouvoir ; ... (Rejet).

OBSERVATIONS

L'arrêt Tessier *précise la portée et les limites de la liberté d'opinion des agents publics, comme d'autres arrêts le font pour la liberté de culte (*Abbé Olivier**), la liberté de réunion (*Benjamin**), la liberté du commerce et de l'industrie (*Daudignac**).*

1 **I.** — M. Teissier, directeur du Centre national de la recherche scientifique (CNRS), était en même temps l'un des présidents d'honneur de l'Union française universitaire. Cette organisation fit circuler, à la fin de 1949, une résolution qui s'élevait, en les qualifiant, tour à tour de scandaleuses, d'odieuses et d'inqualifiables, contre de récentes mesures d'expulsion prises à l'encontre de professeurs polonais enseignant en France.

Le ministre de l'éducation nationale demanda aux hauts fonctionnaires dont le nom figurait sur le papier à en-tête qui portait ce texte s'ils étaient effectivement solidaires de cette manifestation. M. Teissier, pour sa part, répondit que, s'il n'avait pas pris part personnellement à l'élaboration du document, son opinion sur celui-ci ne relevait que de sa conscience. Le ministre ne fut pas satisfait de cette réponse, et mit fin aux fonctions de M. Teissier, qui se pourvut contre cette décision.

Le commissaire du gouvernement Jean Donnedieu de Vabres montra d'abord que le poste de directeur du CNRS était l'un de ces emplois supérieurs qui sont à la discrétion du gouvernement, la liste donnée de ces emplois par le décret du 20 juill. 1949 (préfets, directeurs d'administration centrale, recteurs, etc.) n'étant pas limitative ; le gouvernement aurait donc pu mettre fin aux fonctions de M. Teissier pour simple convenance politique et en dehors de toute considération disciplinaire (*cf.* pour un directeur de ministère : 10 déc. 1948, *Lavaud*, Rec. 467 ; pour le directeur de l'Agence France-Presse : – Sect., 24 juin 1949, *Nègre*, Rec. 304 ; D. 1949.570, note J.G.

Mais, en l'occurrence, le ministre avait fondé sa décision sur une faute qu'aurait commise M. Teissier et s'était donc placé sur le terrain disciplinaire. La question se posait de savoir si le requérant avait commis une faute disciplinaire en refusant de désavouer des attaques violentes et injurieuses contre le gouvernement : ainsi était soulevé l'ensemble du problème de la liberté d'opinion et du loyalisme des fonctionnaires.

Le commissaire du gouvernement déclara, à propos de la lettre du professeur Teissier qui avait motivé la sanction prise à son égard, que l'on y retrouvait « ce souci d'indépendance et de dignité qui sont dans les traditions de l'Université française ». Mais il estima que, compte tenu de son rang et de ses responsabilités, le directeur du Centre national de la recherche scientifique était tenu à une réserve particulière à l'égard du gouvernement et qu'il avait commis une faute disciplinaire en refusant de désapprouver un texte qui constituait une manifestation publique et violente contre le gouvernement. Suivant son commissaire du gouvernement, le Conseil d'État rejeta la requête.

2 Deux affaires importantes ont, l'année suivante, posé à nouveau devant le Conseil d'État le problème de la liberté d'opinion des fonctionnaires. Dans l'affaire *Barel*, la Haute assemblée rappela que le principe de l'égal accès de tous les citoyens aux emplois publics interdit au gouvernement d'exclure des candidats du concours de l'École nationale d'administration pour des motifs tirés de leurs opinions (CE, Ass., 28 mai 1954, *Barel**). Dans l'affaire *Guille*, le Conseil d'État annula une mesure de relèvement de fonctions prise à l'encontre de l'inspecteur d'académie de la Haute-Marne, qui était en même temps conseiller municipal communiste de Chaumont, en se fondant sur le motif que l'emploi d'inspecteur d'académie n'est pas, contrairement à ce que croyait le ministre, à la discrétion du gouvernement ; le commissaire du gouvernement Laurent fit, à cette occasion, le point de la jurisprudence relative à la liberté d'opinion des agents publics (CE, Sect., 1er oct. 1954, *Guille*, Rec. 496 ; RA 1954.512, concl. Laurent ; D. 1955.431, note Braibant).

II. — Compte tenu de ces arrêts et des conclusions qui les accompagnent, les règles actuelles sur le loyalisme des fonctionnaires peuvent être résumées comme suit.

3 ***A.*** — *La liberté de conscience* est en principe absolue. Les convictions religieuses ou politiques d'un fonctionnaire ne sauraient justifier ni un rejet de candidature (*Barel**) ni une mesure disciplinaire (*Guille*). Ce principe n'est que l'application aux fonctionnaires de l'alinéa 5 du Préambule de la Constitution de 1946, selon lequel « nul ne peut être lésé, dans son travail ou son emploi, en raison de ses origines, de ses opinions et de ses croyances ». L'article 6 de la loi du 13 juill. 1983 portant droits et obligations des fonctionnaires dispose à cet égard que « la liberté d'opinion est garantie aux fonctionnaires » et l'article 18 précise en outre qu'il ne peut être fait état dans le dossier d'un fonctionnaire, de même que dans tout document administratif, « des opinions ou des activités politiques, syndicales, religieuses ou philosophiques de l'intéressé ».

Tout agent public est fondé à demander la suppression de telles mentions dans son dossier (CE 25 juin 2003, *Calvet*, Rec. 291 ; AJ 2003.1493, concl. Guyomar).

B. — *La liberté d'expression* est reconnue aux fonctionnaires avec plus de réserves.

4 *a)* « *Dans l'exécution du service*, l'État peut exiger du fonctionnaire qu'il s'abstienne de tout acte propre à faire douter, non seulement de sa neutralité, mais de son loyalisme envers les institutions, voire, compte tenu de l'obéissance hiérarchique, envers le gouvernement » (concl. Laurent ; *cf.* CE, Sect., 3 mars 1950, *Delle Jamet*, Rec. 247 : « devoir de stricte neutralité qui s'impose à tout agent collaborant à un service public »).

5 *b) En dehors du service*, la liberté d'expression constitue le principe. Le fonctionnaire peut être inscrit à un parti politique, militer activement dans un groupement d'opposition, parler et écrire librement, se présenter aux élections (v. par ex. CE 3 janv. 1962, *Ministre des armées c. Hocdé*, Rec. 3 ; Droit ouvrier 1962.43, concl. Kahn). L'appartenance à un parti légalement formé, fût-il d'opposition, ne constitue pas une faute disciplinaire. L'exercice de la liberté d'expression ne saurait pas davantage justifier une mesure « dans l'intérêt du service ».

Le Conseil d'État a même censuré comme portant une atteinte excessive à la liberté d'expression une circulaire du ministre du travail qui exigeait de façon générale qu'un agent, même si sa qualité de fonctionnaire n'y apparaît pas, soumette ses articles ou ouvrages préalablement à leur publication à son supérieur hiérarchique « si les sujets abordés touchent aux fonctions qu'il exerce ou s'il risque de manifester son opposition ou ses critiques à l'égard de l'action du gouvernement » (CE 29 déc. 2000 *Syndicat Sud Travail*, Rec. 798 ; JCP Adm. 2001.1065, note Koubi ; Dr. soc. 2001.263, concl. Fombeur). La jurisprudence administrative française est sur ce point plus protectrice de la liberté d'expression que ne l'est celle de la Cour de justice des Communautés européennes, qui a estimé que l'obligation faite aux fonctionnaires de demander une autorisation préalable pour la publication d'ouvrages se rattachant à l'activité des Communautés n'était pas, par elle-même, contraire à la liberté d'expression (CJCE 6 mars 2001, aff. C-274/99 *Connoly c. Commission*, D. 2002.690, note Rideau ; RTDH 2002.325, note Larralde).

C. — Ces principes comportent cependant une double exception.

6 *1°)* La première vise le cas *des emplois supérieurs* qui sont à la discrétion du gouvernement. Ces emplois sont énumérés par décrets (décret du 21 mars 1959 pour les organismes dotés d'une personnalité propre ; décret du 24 juill. 1985 pour les administrations de l'État). Mais ceux-ci n'ont pas de caractère limitatif.

Ont été rangés parmi les emplois de ce type : celui de directeur général des hospices civils de Lyon (CE 14 mai 1986, *Rochaix*, Rec. 574 ; JCP 1987.II.20715, note Gabolde) ; celui de président de l'office national pour les rapatriés (CE, Ass., 22 déc. 1989, *Morin*, Rec. 279 ; AJ 1990.90, chr. Honorat et Baptiste) ; celui de chef du service de l'Inspection générale de la police nationale (CE 17 juin 1992, *Leclerc*, Rec. 687 ; RD publ. 1992.1830, note R. Drago) ; celui de chef du service de l'Inspection générale de l'administration au ministère de l'intérieur (CE, Ass., 11 juill. 2012, *Syndicat autonome des inspecteurs généraux et inspecteurs de l'administration au ministère de l'intérieur*, Rec. 275 ; RFDA 2012.953, concl. Escaut ; AJ 2012.1624, chr. Domino et Bretonneau), celui de directeur de l'Agence nationale des titres sécurisés (CE 26 mai 2014, *Maréchaux*, Rec. 708) ou encore celui de directeur général de l'Institut national de la consommation (CE 9 juin 2017, *Mme Chol*, Rec. 636 ; AJFP 2017.333, note Seurot).

Il est généralement admis que ces emplois supérieurs exigent un véritable loyalisme envers le gouvernement, et que leurs titulaires peuvent être révoqués pour des motifs de simple convenance politique, sous la réserve toutefois que, lorsque la mesure est prise « en considération de la personne » de l'intéressé, celui-ci doit recevoir communication de son dossier de manière à pouvoir présenter ses observations sur la mesure envisagée (CE, Sect., 20 janv. 1956, *Nègre*, Rec. 24 ; D. 1957.319, concl. Guionin ; – 26 févr. 2014, *Debbasch* ; AJ 2014.936, note Toulemonde). Mais si le gouvernement peut ainsi relever de leurs fonctions les titulaires des emplois supérieurs pour des raisons de convenance, il doit établir l'existence d'une faute disciplinaire lorsqu'il invoque un grief précis à l'encontre de l'intéressé (arrêt *Teissier*).

La notion d'emploi supérieur à la discrétion de l'exécutif ne s'étend pas à des fonctions comme celles de directeur d'une école d'architecture (CE, Sect., 29 mars 1991, *Fraisse*, Rec. 112 ; RFDA 1992.104, concl. de Montgolfier), de chef de bureau d'une administration centrale (CE 5 avr. 1991, *Mme Imbert-Quaretta*, Rec. 987 ; AJ 1991.509, chr. Schwartz et Maugüé), de directeur du Centre national des œuvres universitaires et scolaires (CE 27 janv. 2016, *Mme Boutet-Waiss*, Rec. 4, concl. Dumortier) non plus qu'à une nomination d'un magistrat du parquet à un poste hors hiérarchie, en raison du souci du juge administratif d'assurer le respect de l'indépendance de l'autorité judiciaire (CE, Sect., 19 avr. 1991, *Monnet*, Rec. 150 ; AJ 1991.509, chr. Schwartz et Maugüé et p. 557, concl. Lamy).

À la différence de l'emploi d'ambassadeur celui de chef d'un poste consulaire ne peut être rangé au nombre des emplois à la discrétion du gouvernement, hors le cas où son titulaire est en charge de responsabilités particulières comme c'est le cas du consul général à Jérusalem auprès de l'Autorité palestinienne (CE, Sect., 27 mars 2019, *Syndicat CFDT du ministère des affaires étrangères* ; v. n° 4.9).

Si les présidents des sociétés de l'audiovisuel public relèvent quant à leur nomination et à leur désinvestiture, non du gouvernement mais du Conseil supérieur de l'audiovisuel, ce dernier a pu légalement mettre un terme anticipé au mandat du président de Radio France au motif qu'une condamnation pénale de l'intéressé, bien que non définitive, était intervenue dans un contexte exigeant une concertation permanente entre les pouvoirs publics et les dirigeants du secteur public (CE, Ass., 14 déc. 2018, *Gallet*, Rec. 453, concl. Polge ; RFDA 2019.129, concl., AJ 2019.567, note Idoux).

7 *2°)* Les agents, supérieurs ou subalternes, qui, dans la manifestation de leurs opinions, commettent une faute contre le service en manquant à *la réserve qui s'impose à eux* (CE, Sect., 11 janv. 1935, *Bouzanquet*, Rec. 44), s'exposent à des sanctions disciplinaires. La jurisprudence estime que les devoirs des agents en dehors du service doivent être appréciés « à la mesure des responsabilités qu'ils assument dans la vie sociale, en raison de leur rang dans la hiérarchie et de la nature de leurs fonctions » (concl. Laurent). C'est ainsi que le devoir de réserve et de retenue est plus strict pour les titulaires de hautes fonctions administratives d'autorité qui sont associés étroitement aux responsabilités du gouvernement – tel un préfet, assujetti à une obligation de réserve et de loyauté (CE 21 sept. 2010, *Girot de Langlade*, req. n° 333708 ; AJ 2010.1801) –, que pour les agents occupant un rang subalterne. L'appréciation du caractère fautif d'un acte est évidemment faite sous le contrôle du juge, qui se prononce en tenant compte des circonstances et du climat de l'affaire, des caractères de la manifestation d'opinion et de la nature des fonctions de l'agent.

Ainsi ont été considérés comme ayant commis des fautes disciplinaires : un secrétaire de mairie qui s'est livré à de violentes attaques contre son maire dans la presse locale (CE 11 juill. 1939, *Ville d'Armentières*, Rec. 468) ; un policier qui, en civil et en dehors du service, a distribué à proximité de son commissariat des tracts critiquant l'action de la police au cours d'une grève (CE 20 févr. 1952, *Magnin*, Rec. 117) ; un gardien de la paix qui a choisi de faire paraître un livre au ton délibérément polémique à l'égard de l'institution policière sans avoir épuisé les voies de recours internes permettant de remédier aux abus qu'il dénonce (CAA Paris 31 déc. 2014, *Mme Souid* ; AJ 2015.639, concl. Oriol) ; un agent de bureau du cadre complémentaire des PTT qui a participé, en dehors des heures de service, à une manifestation interdite par le gouvernement (CE, Ass., 27 mai 1955, *Dame Kowalewski*, Rec. 297 ; D. 1955.687, concl. Mosset, note G. Morange ; AJ 1955.II.281, note Long) ; un inspecteur d'académie, détaché auprès de l'Institut national pédagogique, qui a fait, au cours d'un séjour à Alger en 1963, des déclarations hostiles à la politique gouvernementale en Martinique, en acceptant qu'elles soient enregistrées, et sans prendre les précautions nécessaires pour en éviter la publication dans un journal algérien (CE, Sect., 8 mars 1968, *Plenel*, Rec. 168 ; AJ 1968.223, chr. Massot et Dewost) ; un haut fonctionnaire qui a pris publiquement à partie la gestion de son ministre lors d'une campagne électorale sans être d'ailleurs ni candidat ni électeur inscrit dans la circonscription (CE 10 mars 1971, *Jannès*, Rec. 203 ; D. 1972.735, note Guibal ; AJ 1971.622, note V.S. ; Dr. ouvr. 1971.70, note X) ; un administrateur civil, détaché dans les fonctions de sous-préfet, qui publie sur un site internet sous sa signature le 13 mars 2008 un article intitulé « Quand le lobby pro-israélien se déchaîne contre l'ONU », où il s'exprime de manière vivement polémique à l'égard tant de différentes personnalités françaises que d'un État étranger (CE 23 avr. 2009, *Guigue*, Rec. 165 ; AJ 2009.1373, concl. de Silva ; JCP Adm. 2009.2153, note Dieu) ; un général qui a participé, fût-ce en tenue civile, à une manifestation interdite dirigée contre la politique migratoire du gouvernement (CE 22 sept. 2017, *Piquemal*, Rec. 467 ; v. n° 26.11).

En revanche, n'a pas été considéré comme ayant manqué au devoir de réserve un inspecteur des douanes en coopération technique au Maroc, qui a signé en 1959, avec d'autres ressortissants français établis dans le même pays, une motion demandant au président de la République d'ouvrir une négociation pour mettre fin à la guerre d'Algérie, et qui n'est pas à l'origine de la publication de cette motion dans la presse (CE 23 juill. 1966, *Ministre des finances c. Leblanc*, Rec. 476).

Dans son dernier état, la jurisprudence met en balance l'ampleur du manquement à l'obligation de réserve et la gravité de la sanction infligée. Ainsi, tout en relevant de la part d'un chef d'escadron de gendarmerie ayant critiqué publiquement la politique de rattachement de la gendarmerie au ministère de l'intérieur, une méconnaissance de la réserve à laquelle il est tenu, le Conseil d'État n'en juge pas moins manifestement disproportionnée et par suite illégale, une sanction excluant l'intéressé du service (CE 12 janv. 2011, *Matelly*, Rec. 3 ; v. n° 26.11). En revanche, n'a pas été regardée comme disproportionnée une sanction de dix jours d'arrêt de rigueur infligée à un officier supérieur pour la tenue de propos sexistes et vexatoires devant témoins (CE 12 avr. 2021, *Souprayen* ; AJ 2021.1396, note Fraysse).

Il peut encore advenir qu'un manquement à la réserve se conjugue avec une atteinte à l'obligation de discrétion professionnelle (CE 31 mars 2017, *Pichon*, Rec. 606).

On relèvera enfin qu'ayant à prendre position sur la question de savoir si l'anonymat exonère son auteur de l'obligation de réserve, le Conseil d'État a, ce qui n'allait pas de soi, apporté une réponse négative (CE 27 juin 2018, *D'Argent de Deux Fontaines*, Rec. 558 ; AJ 2018.2260, note Lavaine).

8 *D.* — Les mêmes principes s'appliquent dans des conditions particulières aux agents investis de *fonctions syndicales*, en raison de la liberté d'expression que postule la nature même de leurs fonctions. Le Conseil d'État a décidé que n'avait commis aucune faute disciplinaire le secrétaire général d'un syndicat de fonctionnaires qui avait protesté en cette qualité, dans une lettre véhémente adressée à son ministre, contre la mesure disciplinaire prise à l'encontre d'un agent du ministère ; comme l'avait souligné le commissaire du gouvernement Heumann, les obligations de réserve et de déférence exigées des fonctionnaires sont « la traduction d'un principe de subordination », alors que « le syndicalisme, dont l'arme principale est la grève, signifie combat », et il en avait conclu que, dès lors qu'il s'agit bien, non pas d'une manœuvre politique, mais d'une défense des intérêts professionnels des adhérents du syndicat, « le dirigeant d'un syndicat de fonctionnaires échappe dans une large mesure aux obligations dont il est tenu en qualité de fonctionnaire » (CE 18 mai 1956, *Boddaert*, Rec. 213 ; RPDA 1956.105, concl. Heumann). De même, le Conseil d'État a annulé la révocation du secrétaire général de la fédération syndicale des personnels de police, qui avait transmis à la presse, en vue de leur publication, des communiqués de cette organisation protestant contre l'éventualité d'une sanction envisagée à son encontre, puis contre la mise à pied de cinq jours qui lui a été infligée (CE 25 mai 1966, *Rouve*, Rec. 361 ; D. 1967.6, concl. Rigaud), les décisions procédant à l'abaissement des notes attribuées à des magistrats qui étaient fondées sur leurs activités syndicales, notamment à l'occasion de déclarations à la presse (CE, Ass., 31 janv. 1975, *Volff* et *Exertier*, Rec.

70 et 74 ; v. n° 61.3) ou encore la décision évaluant un magistrat en faisant référence aux convictions syndicales de l'intéressé (CE 28 déc. 2005, *de Charette*, Rec. 952, Gaz. Pal. 2006, n°s 67/68, concl. Guyomar).

9 En revanche, le Conseil d'État a jugé qu'en signant un accord passé entre son syndicat et un syndicat étranger, le secrétaire général de la fédération nationale des travailleurs des PTT a, compte tenu des termes de cet accord et de son caractère politique, commis une faute disciplinaire, « nonosbstant sa qualité de dirigeant d'un syndicat de fonctionnaires » (CE, Sect., 8 juin 1962, *Ministre des postes et télécommunications c. Frischmann*, Rec. 382 ; D. 1962.492, note Dubouis ; AJ 1962.I.418, chr. Galabert et Gentot). Il a également considéré qu'en participant à la diffusion d'une protestation qui critiquait une décision du tribunal relative à la nomination du juge taxateur, un magistrat a manqué au devoir de réserve, alors même qu'il aurait agi en tant que membre d'une section syndicale (CE, Sect., 1er déc. 1972, *Delle Obrégo*, Rec. 751 ; v. n° 61.3).

Le Conseil d'État a estimé que le fait pour un avocat général à la Cour de cassation d'avoir publié un article critique à l'encontre d'un de ses collègues magistrat, comportant un calembour antisémite, était constitutif d'une faute disciplinaire, alors même que l'article incriminé a été publié dans une revue syndicale (CE 18 oct. 2000 *Terrail*, Rec. 430 ; AJ 2001.288, note Rouault ; JCP II.10011, note Lanoy).

Tout en réaffirmant que les agents publics qui exercent des fonctions syndicales « bénéficient de la *liberté d'expression particulière* qu'exigent l'exercice de leur mandat et la défense des intérêts qu'ils représentent », le Conseil d'État souligne que cette liberté « doit être conciliée avec le respect de leurs obligations déontologiques » et, qu'en particulier, « des propos ou un comportement agressifs à l'égard d'un supérieur hiérarchique ou d'un autre agent » sont susceptibles d'avoir le caractère d'une faute disciplinaire (CE 27 janv. 2020, *Mme Kabèche*, Rec. 798 ; AJ 2020.1436, note Sibileau et Duez-Gündel).

10 **III.** — Le Conseil d'État a été appelé à se prononcer sur la légalité de mesures prises sur le fondement de la loi du 20 avril 2016 relative à la déontologie et aux droits et obligations des fonctionnaires, s'appliquant à ses membres comme à l'ensemble des membres de la juridiction administrative. La loi charge le vice-président du Conseil d'État d'établir, après avis du collège de déontologie de la juridiction administrative, « *une charte déontologique* », énonçant « les principes déontologiques et les bonnes pratiques » propres à l'exercice des fonctions des intéressés. Le Conseil constitutionnel n'a pas jugé contraire aux droits et libertés constitutionnellement garantis la compétence attribuée au vice-président (*n° 2017.666 QPC*, 20 oct. 2017). Entre autres dispositions, la charte déontologique recommande aux membres de la juridiction administrative « la plus grande retenue dans l'usage des réseaux sociaux », en les invitant à faire preuve dans leurs propos, s'agissant de l'actualité juridique et administrative, d'une « vigilance équivalente à celle qu'impliquerait leur publication dans une revue scientifique ».

Pour le Conseil d'État statuant au contentieux, ces dispositions ne méconnaissent pas la liberté d'expression au motif qu'elles tendent à « assurer le respect de l'obligation de réserve à laquelle les membres de la juridiction administrative sont tenus », qui « vise à éviter que la diffusion de leurs propos porte atteinte à la nature et à la dignité des fonctions qu'ils exercent et à garantir l'indépendance, l'impartialité et le bon fonctionnement de la juridiction » (CE 25 mars 2020, *Syndicat de la juridiction administrative*, Rec. 139, concl. Chambon ; RFDA 2020.1113, concl. ; AJ 2020.1371, note Mérenne ; du même jour, *Le Gars*, Rec. 126, même rapporteur public).

11 **IV.** — En dehors du droit de la fonction publique, la liberté d'opinion est particulièrement protégée par le juge administratif. Le Conseil d'État a posé en principe que l'exercice d'une activité politique licite ne pouvait légalement justifier une opposition à l'acquisition par l'intéressée de la nationalité française par mariage (CE, Ass., 28 avr. 1978, *Dame Weisgal*, Rec. 196 ; D. 1979.265, concl. Genevois ; AJ 1979.1.26, chr. O. Dutheillet de Lamothe et Robineau ; JDI 1978.878, note Ruzié).

Il a été conduit à contrôler l'exercice par le Conseil supérieur de l'audiovisuel de son rôle de régulateur de la liberté de communication, que celui-ci agisse par voie de mise en demeure ou par l'infliction de sanctions (*cf.* AJ 2018.2383, chr. Nicolas et Faure). Il a admis le bien-fondé de sanctions justifiées par des séquences inappropriées de l'émission de télévision, « *Touche pas à mon poste* » (CE 18 juin 2018, *Société C8*, Rec. 888 ; du même jour, même requérant, Rec. 891 ; RFDA 2018.949, concl. L. Marion). À l'inverse il a censuré une sanction prononcée au titre d'une séquence de « *caméra cachée* » dans le cadre de l'émission précitée (CE 18 juin 2018, *Société C8*, Rec. 891). A été également annulée une mise en demeure consécutive à des propos d'un éditorialiste qui, s'ils exprimaient « *de manière polémique* » un point de vue sur la prohibition des discriminations, étaient intervenus dans le cadre d'une émission quotidienne intitulée « *On n'est pas forcément d'accord* » (CE 15 oct. 2018, *Société RTL France Radio*, Rec. 686 ; RFDA 2019.137, concl. Polge).

63

FONCTIONNAIRES – LIBERTÉ D'OPINION ÉGALITÉ D'ACCÈS À LA FONCTION PUBLIQUE

Conseil d'État Ass., 28 mai 1954, *Barel*
(Rec. 308, concl. Letourneur ; RD publ. 1954.509, concl., note M. Waline ; RPDA 1954.149, concl., note Eisenmann ; RA 1954.393, concl., note Liet-Veaux ; AJ 1954.II.396, note Long ; D. 1954.594, note G. Morange ; S. 1954.3.97, note Mathiot ; AJ 2014.88, note Stahl ; GCJA, vol. 2, n° 24, concl. ; GAP, p. 275)

Sur la légalité des décisions attaquées :

Sans qu'il soit besoin d'examiner les autres moyens des pourvois :

Cons. qu'aux termes de l'art. 1er du décret du 13 janv. 1950, modifiant le décret du 9 oct. 1945 relatif à l'École nationale d'administration, « les conditions générales d'admission au concours, le nombre des places mises au concours, la date d'ouverture des épreuves et la liste des candidats admis à y prendre part sont fixés par arrêtés du président du conseil » ; que, par décret du 18 juill. 1953, le secrétaire d'État à la présidence du conseil a été chargé d'exercer les attributions conférées au président du conseil par les décrets susvisés des 9 oct. 1945 et 13 janv. 1950 ;

Cons. que, s'il appartient au secrétaire d'État, chargé par les textes précités d'arrêter la liste des candidats admis à concourir, d'apprécier dans l'intérêt du service, si les candidats présentent les garanties requises pour l'exercice des fonctions auxquelles donnent accès les études poursuivies à l'École nationale d'administration et s'il peut, à cet égard, tenir compte de faits et manifestations contraires à la réserve que doivent observer ces candidats, il ne saurait, sans méconnaître le principe de l'égalité de l'accès de tous les Français aux emplois et fonctions publics, écarter de ladite liste un candidat en se fondant exclusivement sur ses opinions politiques ;

Cons. que les requérants, auxquels le secrétaire d'État à la présidence du conseil a, par les décisions attaquées, refusé l'autorisation de prendre part au concours ouvert en 1953 pour l'admission à l'École nationale d'administration, soutiennent qu'ils n'ont été éliminés de la liste des candidats arrêtée par ledit secrétaire d'État qu'à raison des opinions politiques qui leur ont été imputées ; qu'ils se prévalent à l'appui de leur allégation de circonstances et de faits précis constituant des présomptions sérieuses ; que, néanmoins, le secrétaire d'État, dans ses observations sur les pourvois, s'il a contesté la portée des circonstances et faits susmentionnés, s'est borné à indiquer, en outre, qu'il appartenait au Conseil d'État de rechercher parmi les pièces versées aux dossiers celles qui lui permettraient de dégager les motifs des décisions prises et s'est ainsi abstenu de faire connaître le motif de ses décisions ; *qu'en cet état de la procédure la Section du contentieux, chargée de l'instruction des requêtes, usant du pouvoir qui appartient au Conseil d'État d'exiger de l'administration compétente la production de tous documents susceptibles d'établir la conviction du juge* et de permettre la vérification des allégations des requérants a, par délibération du 19 mars 1954, demandé au secrétaire d'État la production des dossiers constitués au sujet de la candidature de chacun des requérants ; qu'en ce qui concerne les sieurs Barel et Bedjaoui, aucune suite n'a été donnée par le secrétaire d'État à cette demande ; que, s'agissant des sieurs Guyader, Fortuné et Lingois, la Section du contentieux a, en réponse à une lettre du secrétaire d'État en date du 13 mai 1954 concernant ces trois candidats, précisé que les dossiers dont le Conseil d'État réclamait la communication comprennent l'ensemble des pièces, rapports et documents au vu desquels les décisions attaquées ont été prises ; qu'il n'a pas été satisfait à cette dernière demande par les productions faites le 25 mai 1954 ; qu'il ressort de l'ensemble des circonstances sus-relatées de l'affaire que le motif allégué par les auteurs des pourvois doit être regardé comme établi ; que, dès lors, les requérants sont fondés à soutenir que les décisions déférées au Conseil d'État reposent sur un motif entaché d'erreur de droit et, par suite, à en demander l'annulation pour excès de pouvoir ; ... (Annulation).

OBSERVATIONS

L'arrêt Barel *assure, outre la liberté d'opinion, le respect du principe d'égalité comme principe général du droit, en rejoignant d'autres (*Société des concerts du conservatoire**), et manifeste le pouvoir d'injonction du juge administratif dans l'instruction d'une affaire, qui sera élargi plus tard à l'exécution de ses décisions (*Mme Menneret**).*

1 **I.** — L'intérêt de l'arrêt *Barel* n'est pas moins grand au point de vue juridique qu'au point de vue politique. Sur le plan juridique, il définit avec netteté les limites du *pouvoir discrétionnaire*, et il précise d'autre part les *règles relatives à la charge de la preuve* et les *pouvoirs d'instruction* du juge administratif. Sur le plan politique, il donne toute sa portée au principe de la liberté d'opinion des fonctionnaires.

Par décisions des 3 et 7 août 1953, le secrétaire d'État à la présidence du conseil refusait les candidatures au concours d'entrée de l'École nationale d'administration des sieurs Barel, Guyader, Fortuné, Lingois et Bedjaoui. Quelques jours après, le journal *Le Monde* publiait un communiqué d'après lequel un membre du cabinet du secrétaire d'État avait déclaré que le gouvernement était décidé à n'accepter aucun candidat communiste à l'ENA. Le communiqué provoqua une grande émotion, mais ne fut pas démenti. Cependant, le 4 puis le 14 nov. 1953, le secrétaire d'État, interpellé à l'Assemblée, affirma qu'aucun candidat n'avait été exclu du concours pour des motifs politiques et que les déclarations faites au journal *Le Monde* émanaient d'un « irresponsable non identifié ». Entre-temps, le directeur de l'École avait d'ailleurs déclaré à l'un des candidats qu'il avait été exclu parce qu'il était communiste. Les candidats estimèrent, malgré les dénégations du ministre, avoir assez de preuves de l'illégalité du refus qui leur avait été opposé pour le déférer au Conseil d'État, qui l'a annulé moins d'un an après en avoir été saisi. La brièveté du délai de jugement est bien explicable. D'une part, le débat à l'Assemblée et l'ordre du jour du 14 nov. étaient une invitation à régler rapidement le litige ; d'autre part, le dossier n'étant pas en état lors de l'entrée en vigueur de la réforme du contentieux, eût dû être envoyé au Tribunal administratif de Paris, si le Conseil d'État ne l'avait conservé par la mise en demeure prévue par l'art. 4 du décret du 30 sept. 1953 : cette mise en demeure engageait moralement le Conseil d'État à juger rapidement la requête ; enfin il était souhaitable que l'affaire fût jugée avant le concours suivant, afin que le gouvernement et les candidats sachent à quoi s'en tenir.

L'affaire fut encore corsée par le refus du ministre de produire les pièces qui devaient permettre au Conseil d'État de se faire une opinion sur les motifs réels de la décision attaquée : ainsi la décision devait-elle prendre une importance capitale du point de vue juridique puisque le Conseil d'État était amené à préciser l'étendue de son contrôle et les moyens dont il dispose pour l'exercer.

2 **II. —** ***A.*** — Ainsi que l'exposa le commissaire du gouvernement Letourneur, lorsqu'aucun texte législatif ou réglementaire ne limite le droit d'action qui appartient normalement à l'administration, le juge ne peut que vérifier, d'une part *si l'acte est fondé sur un motif de droit erroné ou sur des faits matériellement inexacts*, d'autre part *s'il est entaché de détournement de pouvoir*. Or la jurisprudence a toujours considéré que les candidats, même remplissant les conditions législatives et réglementaires, n'avaient pas de droit à concourir, mais qu'il appartenait au ministre d'écarter, dans l'intérêt du service, ceux qu'il estimait incapables de remplir la fonction « selon l'esprit et le but en vue desquels la loi l'a instituée ». Le ministre dispose, à cet égard, d'un pouvoir d'appréciation très large sur les faits de nature à justifier une décision de refus, tels que les propos ou attitudes incompatibles avec la réserve que doit observer tout candidat à un emploi public : encore ce pouvoir est-il soumis au contrôle minimum de l'erreur de droit dans les motifs, de l'inexactitude matérielle des faits et du détournement de pouvoir (CE 10 mai 1912, *Abbé Bouteyre** ; – 8 déc. 1948, *Delle Pasteau*, Rec. 464 ; v. n° 65.3 ; – Sect., 29 juill. 1953, *Lingois*, Rec. 413 ; D. 1954.99, note G. Morange). L'existence de ce contrôle implique la possibilité pour le juge de l'exercer. Or le juge administratif dirige l'instruction : il ne met pas la preuve à la charge du demandeur. Il lui demande seulement de se montrer précis et de réunir, à l'appui de ses allégations, tous les moyens de preuve dont il peut disposer (*cf.* CE, Sect., 23 déc. 1955, *Lévy*, Rec. 608 ; D. 1956.27, concl. Lasry) : si la requête est vague ou imprécise, elle sera rejetée parce que le requérant n'établit pas la véracité de ses dires (CE 9 juill. 1954, *Cordelet*, Rec. 439 ; AJ 1954.II.396, note Long) ; si au contraire elle comporte un ensemble de présomptions sérieuses, le juge se doit de compléter le dossier par des mesures d'instruction. C'est ce qu'a fait, en l'espèce, la Section du contentieux, chargée de l'instruction de l'affaire. En quoi allaient consister les mesures d'instruction ainsi ordonnées ? Les conclusions du commissaire ne reflètent pas exactement, sur ce point, la doctrine de l'Assemblée : le Conseil d'État n'a pas demandé au ministre *les motifs* d'une décision, mais *l'ensemble des documents* au vu desquels elle a été prise.

3 Une telle méthode d'instruction n'était pas nouvelle ; mais elle n'avait été utilisée jusque-là qu'en de rares occasions (v. par ex. CE, Sect., 1er mai 1936, *Couespel du Mesnil*, Rec. 485 ; GACA, n° 73) ; depuis l'arrêt *Barel*, la juridiction administrative y recourt plus fréquemment, ce qui conduit, lorsque la carence de l'administration est avérée, à l'annulation de la décision contestée : arrêté d'assignation à résidence qui, selon le requérant, était fondé sur des motifs matériellement inexacts (CE, Ass., 30 juin 1959, *Grange*, Rec. 85, concl. Chardeau ; AJ 1959.2.23, chr. Combarnous et Galabert) ; mesure de licenciement prise pour des motifs politiques (CE 26 oct. 1960, *Rioux*, Rec. 558, concl. Chardeau) ; nomination au Conseil économique et social sans que l'administration ait pu justifier de la consultation des organisations professionnelles (Ass., 11 mai 1973, *Sanglier*, Rec. 344 ; AJ 1973.428, note Larger ; RD publ. 1973.1747, note M. Waline) ; refus de la Haute Autorité de santé d'abroger une recommandation relative au traitement du diabète prise au vu du rapport d'un groupe de travail, sans que l'administration ait pu établir que les membres le composant ne se trouvaient pas en situation de conflit d'intérêts (CE 27 avr. 2011, *Association pour une formation médicale indépendante*, Rec. 168 ; AJ 2011.1326, concl. Landais ; JCP Adm. 2011.2244, note Villeneuve et 2321, note Moquet-Anger ; RDSS 2011.483, note Peigné ; RJEP août-sept. 2011.20, note Friboulet).

4 Le pouvoir d'instruction du juge peut cependant se heurter à des secrets protégés par la loi et susceptibles de lui être opposés : s'impose dans le même temps le respect du caractère contradictoire de la procédure juridictionnelle. La prise en compte de ces impératifs antagonistes aboutit à des solutions nuancées.

Le respect du contradictoire a ainsi conduit le juge à écarter du débat des pièces produites par l'administration avec l'indication qu'elles sont secrètes et ne peuvent être transmises à l'autre partie (CE ord. 23 déc. 2016, *Section française de l'Observatoire international des prisons*, Rec. 886 ; AJ 2017.736, chr. Odinet et Roussel).

Si le caractère contradictoire de la procédure exige en principe la communication à chacune des parties de toutes les pièces produites au cours de l'instance, cette exigence est nécessairement exclue en ce qui concerne les documents dont le refus de communication constitue l'objet du litige. En pareil cas, le juge peut se faire communiquer, hors procédure contradictoire, le document litigieux (CE, Sect., 23 déc. 1988, *Banque de France c. Huberschwiller* Rec. 688 ; AJ 1989.99 chr. Azibert et de Boisdeffre ; – 11 juill. 2016, *Ministre de l'intérieur et de la défense c. Cagnolari*, Rec. 336)

La loi du 24 juillet 2015 relative au renseignement a même confié à une formation spécialisée du Conseil d'État, dont les membres sont habilités au secret défense, le soin de connaître du contentieux de fichiers intéressant la sûreté de l'État ou nés de la mise en œuvre des techniques de renseignement. La formation spécialisée se prononce, hors contradictoire, sur les éléments couverts par le secret de la défense nationale (CE 19 oct. 2016, *Sottani*, Rec. 430 – du même jour, *Chapon-Féron*, Rec. 433 ; AJ 2017.581, note Gottot). Elle a ainsi ordonné l'effacement de données qui figuraient illégalement dans un fichier de police (CE 5 mai 2017, *Purpan*, Rec. 446 JCP 2017.652, note Latour ; CE 8 nov. 2017, *M*[me] *Polloni*, Rec. 616 ; AJ 2018.406, note Schmitz).

5 Le Conseil d'État ne s'est pas heurté à des difficultés du même ordre, s'agissant d'autres secrets. Le secret des affaires ne constitue pas un obstacle aux pouvoirs d'instruction du juge (CE 17 oct. 2016, *Commune d'Hyères-les-Palmiers*, Rec. 884, AJ 2016.2475, chr. Glaser) même si la loi du 30 juill. 2018 implique qu'il soit concilié avec les exigences du contradictoire. Pour ce qui est du secret médical, il a posé en principe « qu'il appartient au juge administratif, pour l'instruction d'une affaire dont il est saisi, de requérir des administrations compétentes la production de tous documents qu'il juge de nature à permettre la vérification des allégations des parties en cause à la seule exception de ceux de ces documents dont la communication contreviendrait à une disposition législative » ; il en a déduit que le juge ne peut prescrire la communication de documents d'ordre médical qu'à l'intéressé lui-même, qui pourra décider de les lui transmettre ou de lui en révéler le contenu (CE, Sect., 24 oct. 1969, *Ministre de l'équipement et du logement c. Gougeon*, Rec. 457 ; D. 1969.732, concl. G. Guillaume ; JCP 1970.II.16569, note Morand ; RD publ. 1970.394, note M. Waline ; AJ 1969.689, chr. Denoix de Saint Marc et Labetoulle ; – 20 juill. 1971, *Pasquier*, Rec. 563 ; AJ 1971.529, chr. Labetoulle et Cabanes).

6 Il a étendu au contentieux économique les principes qu'il avait mis en œuvre dans l'affaire *Barel* en accentuant le caractère inquisitoire de ses pouvoirs d'instruction ; il en a usé sur la base de « l'argumentation développée par la société requérante », sans exiger que celle-ci fournisse des présomptions sérieuses, précises et concordantes ; et, se conformant cette fois à la lettre aux conclusions développées quinze ans plus tôt par le commissaire du gouvernement Letourneur, il a reconnu au juge administratif le pouvoir de demander au ministre intéressé « les raisons de fait et de droit » de sa décision (CE, Sect., 26 janv. 1968, *Société « Maison Genestal »*, Rec. 62, concl. Bertrand ; AJ 1968.102, chr. Massot et Dewost ; Dr. soc. 1968.295, note Besson ; JCP 1968.I.2203, chr. Colson ; JCP 1968.II.15.581, note Blancher ; D. 1969.456, note Fromont).

7 Il a défini les conditions dans lesquelles pouvait être établi devant le juge qu'une mesure prise par l'administration était ou non constitutive d'une « *discrimination* directe ou indirecte » contraire au principe d'égalité de traitement (v. nos obs. sous l'arrêt *Mme Perreux** du 30 oct. 2009). Plus généralement, il affirme « ses pouvoirs généraux d'instruction des requêtes » (CE 26 nov. 2012, *Mme Cordière*, Rec. 394, concl.

Bourgeois-Machureau ; AJ 2012.2373, chr. Domino et Bretonneau ; DA févr. 2013.29, note Éveillard).

Dans le domaine de la protection de l'environnement, ces pouvoirs l'ont conduit à prescrire à l'administration de produire « les éléments et motifs » permettant d'établir la compatibilité du refus opposé à des demandes tendant à ce que soient prises toutes mesures utiles permettant d'infléchir la courbe des émissions de gaz à effet de serre produits sur le territoire national, avec la trajectoire de réduction résultant du décret du 21 avril 2020 relatif aux budgets carbone nationaux et à la stratégie nationale bas carbone (CE 19 nov. 2020, *Commune de Grande-Synthe et autre*, Rec. 406, v. n° 79.11).

8 La jurisprudence a également pris position sur la licéité des modes de preuve. Le Conseil d'État a consacré une obligation de loyauté de l'employeur public vis-à-vis de ses agents en lui interdisant en principe de fonder une sanction disciplinaire sur des éléments recueillis déloyalement (CE, Sect., 16 juill. 2014, *Ganem*, Rec. 224, concl. Daumas ; AJ 2014.1701, chr. Bretonneau et Lessi ; RFDA 2014.924, concl. ; JCP 2014.1058, note Guinaman ; DA 2014, n° 73, note Éveillard).

Revenant sur sa jurisprudence antérieure, le Conseil d'État juge désormais que l'administration fiscale ne peut se prévaloir, pour établir une imposition, de pièces ou documents obtenus par une autorité administrative ou judiciaire dans des conditions déclarées ultérieurement illégales par la juridiction compétente (CE 15 avr. 2015, *Société Car Diffusion 78* Rec. 144 ; Dr. fisc. 2015, n° 419, concl. Aladjidi).

Plus généralement, s'il entre dans les pouvoirs d'instruction d'une juridiction administrative d'ordonner les mesures d'instruction qu'elle estime utiles à la solution du litige, elle doit y procéder dans le respect des principes de confidentialité et d'égalité des armes (CE, Sect., 1er oct. 2014, *Erden*, Rec. 288, concl. Hedary ; AJ 2014.2185, chr. Lessi et L. Dutheillet de Lamothe ; DA 2015, n° 31, note Éveillard).

9 ***B.*** — Le perfectionnement des modes de preuve, même s'il se heurte parfois à des limites, va de pair avec un accroissement du contrôle des motifs de la décision. Le Conseil d'État exerce non plus seulement un contrôle restreint sur les décisions de refus d'admission à concourir, mais un contrôle normal, ce qui implique la censure éventuelle de toute erreur dans la qualification juridique des faits (CE 18 mars 1983, *Mulsant*, Rec. 125 ; – Sect., 10 juin 1983, *Raoult*, Rec. 251 ; v. n° 26.5). Le Conseil d'État peut être ainsi conduit à procéder à des appréciations délicates : s'il a estimé que des faits d'éthylisme anciens ne font pas obstacle à l'accès aux fonctions d'élève surveillant de prison (CE 10 juin 1991, *Garde des Sceaux, ministre de la justice c. Vizier*, Rec. 229 ; AJ 1991.504, chr. Maugüé et Schwartz), il a jugé que l'accès aux concours d'inspecteur de police pouvait être refusé à un candidat qui avait participé à plusieurs manifestations publiques à l'occasion desquelles il avait été interpellé ou blessé (CE 27 janv. 1992, *Ministre de l'intérieur c. Castellan*, Rec. 1003 ; LPA 6 mai 1992, note Pacteau).

10 **III.** — Mais dans l'affaire *Barel*, le gouvernement, qui refusa de communiquer au Conseil d'État les dossiers que celui-ci lui réclamait, renonçait en quelque sorte à se placer sur le terrain des faits relatifs à chaque candidat et posait au juge la question de la légalité de motifs tenant uniquement à l'opinion politique des candidats. Il espérait sans doute obtenir une décision de principe du Conseil d'État interdisant l'accès, sinon de la fonction publique, du moins de l'École nationale d'administration, aux candidats communistes.

Le commissaire du gouvernement posa la question de la façon suivante : l'exclusion d'un candidat en raison de ses opinions politiques est-elle fondée sur un motif juridiquement valable ? La réponse ne pouvait qu'être négative : la Déclaration des droits de 1789, le Préambule de la Constitution de 1946 posent le principe de l'égalité des citoyens pour l'accès aux fonctions publiques, sans distinction d'origines, d'opinions ou de croyances. Or ces textes ont valeur de principes généraux du droit supérieure à celle de tout acte de l'exécutif (*cf.* CE, Ass., 7 juill. 1950, *Dehaene**).

À vrai dire, en posant la question sous cette forme, le commissaire du gouvernement a fait un choix, car elle pouvait être posée autrement : l'opinion communiste n'est-elle pas différente des autres, et l'appartenance au parti communiste n'est-elle pas incompatible avec l'exercice de la fonction publique ? Des pays comme les États-Unis, l'Angleterre, la Suisse, l'Allemagne fédérale écartent ouvertement les communistes de certaines fonctions publiques ; mais il est vrai qu'aucun texte législatif ne leur fait en France une situation d'exception. C'est pourquoi le commissaire n'a pas fait à l'opinion communiste une place particulière. Il ne suffisait d'ailleurs pas de constater l'absence de texte législatif : dans sa décision *Dehaene* précitée, l'absence de texte législatif n'a pas empêché le Conseil d'État de tirer du principe général de la continuité du service public une limitation du droit de grève. Mais le Conseil d'État s'est précisément refusé à jouer dans l'arrêt *Barel* le rôle de législateur secondaire qu'il avait joué dans l'arrêt *Dehaene*. La différence des attitudes éclaire d'ailleurs la nature des principes généraux du droit : le Conseil d'État ne les crée pas ; il les dégage, il les constate dans un certain climat juridique résultant à la fois de notre tradition et de la situation actuelle au point de vue politique, social, institutionnel.

Suivant la formule du doyen Vedel, « les principes généraux sont dans une certaine mesure l'œuvre du juge qui les dégage de la gangue du milieu juridique ; ils ne sont pas une œuvre arbitraire car ils sont extraits du droit positif existant à un moment donné » (note sous CE, Ass., 4 avr. 1952, *Syndicat régional des quotidiens d'Algérie*, JCP 1952.II.7138).

Le Conseil d'État n'a donc pas trouvé de principe permettant de faire une situation d'exception à une certaine catégorie de Français. Une décision en sens contraire eût étrangement rappelé les lois d'exception de la période 1940-1944, et le gouvernement n'avait d'ailleurs jamais déposé le projet de loi un moment envisagé, interdisant aux communistes l'accès à la fonction publique. Par l'arrêt *Barel* le Conseil d'État a ainsi confirmé avec éclat sa jurisprudence classique sur la liberté d'opinion des fonctionnaires (v. nos obs. sous l'arrêt *Teissier**).

11 **IV.** — Tout en étant affirmé avec force par l'arrêt *Barel*, l'égal accès aux emplois publics ne revêt cependant pas un caractère absolu.

Le Conseil d'État a admis qu'un tempérament pouvait être apporté à ce principe lorsqu'une autorité administrative procède au *recrutement* des membres de son *cabinet* (CE 26 janv. 2011, *Assemblée de Polynésie française*, Rec. 990). Le Conseil constitutionnel a jugé que la loi du 11 janv. 1984 relative à la notion d'emploi à la décision du gouvernement (v. nos obs. sous l'arrêt *Teissier**) ne contrevient pas à l'art. 6 de la Déclaration de 1789, dès lors quc le choix opéré prend en compte les capacités requises pour l'exercice des attributions afférentes à l'emploi (CC *n° 2010-94 QPC, 28 janv. 2011*, Rec. 91).

64

TRAVAUX PUBLICS DÉFINITION

Tribunal des conflits, 28 mars 1955, *Effimieff*
(Rec. 617 ; AJ 1955.II.332, note J.A. ; JCP 1955.II.8786, note Blaevoet ; RA 1955.285, note Liet-Veaux)

Cons. que le litige qui oppose le sieur Effimieff à l'Association syndicale de reconstruction de Toulon porte sur l'exécution d'un marché de travaux, passé par celle-ci avec cet entrepreneur de maçonnerie ; que l'art. 17 de la loi du 6 juin 1948 a attribué aux associations syndicales de reconstruction le caractère d'établissements publics ; *que le législateur a ainsi expressément manifesté son intention d'assigner à ces organismes, dans l'œuvre de la reconstruction immobilière, une mission de service public, dans les conditions définies et pour les fins d'intérêt national visées par la loi et le règlement et, corrélativement, de les soumettre, qu'il s'agisse des prérogatives de puissance publique attachées à cette qualité ou des sujétions qu'elle entraîne, à l'ensemble des règles de droit public correspondant à cette mission ; qu'il suit de là que, nonobstant le fait que les immeubles reconstruits ne sont pas la propriété de ces associations qui, aux termes de l'art. 39 de la loi du 16 juin 1948, « sont maîtres de l'œuvre jusqu'à réception définitive des travaux », les opérations de reconstruction qui ont lieu par leur intermédiaire, qu'elles intéressent des immeubles appartenant à des particuliers ou des biens de collectivités publiques, constituent des opérations de travail public ;* qu'elles sont notamment réglementées, à ce titre, par les prescriptions du décret du 2 août 1949, pris en exécution du décret du 12 nov. 1938, lesquelles ont édicté, pour les marchés relatifs à ces opérations, des dispositions inspirées de celles du décret du 6 avr. 1942, modifié par le décret du 1er avr. 1948, qui régissent les marchés de l'État ; qu'il résulte de ce qui précède que les litiges soulevés par l'exécution de tels marchés relèvent de la compétence du juge des travaux publics ; qu'ainsi c'est à bon droit que le préfet du Var a, par l'arrêté susvisé, revendiqué la connaissance du présent litige pour la juridiction administrative ; ... (Arrêté de conflit confirmé).

OBSERVATIONS

L'arrêt Effimieff *complète les critères des travaux publics qu'avait reconnus l'arrêt* Commune de Monségur*.

1 **I.** — Afin d'accélérer et de coordonner la reconstruction des immeubles sinistrés par fait de guerre, le législateur a institué, par une loi du 16 juin 1948, deux catégories de groupements : les sociétés coopératives de reconstruction, qui sont des organismes de droit privé, et les associations syndicales de reconstruction, qui sont, aux termes mêmes de la loi, des établissements publics. Ces groupements ont eu pour mission de faire exécuter les travaux de reconstruction pour le compte de leurs membres.

Ces travaux ont donné naissance à de nombreux litiges, opposant les groupements de reconstruction aux entrepreneurs avec lesquels ils avaient traité ou aux sinistrés dont ils sont les mandataires. La question s'est alors posée de savoir si les travaux exécutés par les associations syndicales de reconstruction, c'est-à-dire par des personnes morales de droit public, pour le compte de particuliers, avaient le caractère de travaux publics ou de travaux privés. Cette question, qui intéressait plusieurs centaines d'associations syndicales groupant au total près de cent mille sinistrés, avait une très grande importance pratique : elle commandait en effet à la fois la détermination de la juridiction compétente – administrative ou judiciaire – et celle des règles de fond applicables – droit public ou droit privé.

Dans leur majorité, les tribunaux judiciaires ont admis leur compétence, en estimant que ces travaux avaient un caractère privé (v. notamment AJ 1954.II.267, note Liet-Veaux, et AJ 1955.II.331, note J.A.). Les tribunaux administratifs avaient au contraire tendance à adopter la solution inverse. Toutefois, ni la Cour de cassation ni le Conseil d'État n'avaient encore eu l'occasion de se prononcer sur cette question avant que le Tribunal des conflits ne la tranchât dans le sens de la compétence administrative par la décision *Effimieff*.

2 **II.** — La solution retenue par les tribunaux judiciaires était conforme à la définition classique des travaux publics, qui exigeait la réunion de trois conditions : travaux immobiliers – exécutés pour le compte d'une personne publique – dans un but d'utilité générale (*cf.* CE 10 juin 1921, *Commune de Monségur**, et nos obs.). En l'espèce, les travaux avaient évidemment un caractère immobilier ; mais ils avaient pour objet la reconstruction d'immeubles appartenant à des propriétaires privés ; l'on pouvait ainsi se demander s'ils répondaient à un but d'intérêt général, et, en tout cas, l'on pouvait affirmer qu'ils n'étaient pas exécutés pour le compte d'une personne publique.

Jusqu'alors, la jurisprudence n'avait reconnu un caractère public à des travaux exécutés pour des particuliers que de façon tout à fait exceptionnelle, lorsqu'ils étaient l'accessoire d'un travail public (CE 21 janv. 1927, *Compagnie générale des eaux*, Rec. 94 ; D. 1928.3.57, note Blaevoet). En dehors de ce cas, les travaux faits sur des immeubles privés n'étaient regardés comme des travaux publics que dans la mesure où ils avaient été exécutés en réalité pour le compte, non de leur propriétaire, mais de la collectivité publique (CE 26 nov. 1948, *Chardon*, Rec. 446 : démolition d'immeubles sinistrés ; – Sect., 29 avr. 1949, *Consorts*

Dastrevigne, Rec. 185 : travaux ordonnés par le maire pour parer à un danger grave et imminent). La jurisprudence traditionnelle conduisait donc à dénier aux travaux exécutés par les associations syndicales de reconstruction pour des sinistrés privés le caractère de travaux publics.

Mais le Tribunal des conflits ne s'est pas arrêté à ces notions traditionnelles. Il a estimé que le législateur, en attribuant aux associations syndicales de reconstruction le caractère d'établissements publics, avait ainsi manifesté son intention de leur assigner une « mission de service public », pour « des fins d'intérêt national », et de les soumettre en conséquence « aux règles de droit public correspondant à cette mission » ; il en a déduit que leurs travaux, quel qu'en soit le destinataire, sont des travaux publics.

3 **III.** — Le Tribunal des conflits a dégagé ainsi une définition nouvelle et singulièrement extensive de la notion de travaux publics. Cette définition n'est pas incompatible avec la précédente, et elle ne s'y substitue pas : les deux conceptions coexistent dans la jurisprudence actuelle. Constituent donc, des travaux publics :

– soit les travaux exécutés pour une personne publique dans un but d'utilité générale (jurisprudence *Commune de Monségur**) ;

– soit les travaux exécutés par une personne publique dans le cadre d'une mission de service public (jurisprudence *Effimieff*).

Ainsi l'accent est mis tantôt sur la destination des travaux, tantôt sur leurs modalités d'exécution. Mais, dans l'un et l'autre cas, deux conditions fondamentales doivent être réunies, qui donnent à la notion de travaux publics son unité : il faut que les travaux correspondent à *une fin d'intérêt général* et qu'ils comportent, à un stade quelconque, en qualité d'intermédiaire ou de bénéficiaire, de maître d'œuvre ou de maître de l'ouvrage, *l'intervention d'une personne publique* (TC 6 oct. 2009, *Pragnère et société Garage du Faucigny c. Société Construction de lignes électriques*, Rec. 592).

Si l'une de ces deux conditions fait défaut, les travaux ont un caractère privé, quelle que soit d'ailleurs leur utilité, et même s'ils bénéficient de procédés juridiques exorbitants du droit commun : tel est le cas des constructions exécutées pour leur propre compte ou sur leur parc de logements par les sociétés d'habitations à loyers modérés (CE, Sect., 7 nov. 1958, *Entreprise Eugène Revert*, Rec. 541 ; RD publ. 1959.596, concl. Heumann ; AJ 1959.II.196, note Gardies ; TC 14 déc. 2009, *Société d'HLM pour Paris et sa région c. Société Dumez Île de France*, Rec. 592), ou des travaux exécutés pour le compte de particuliers par les coopératives de reconstruction qui, à la différence des associations syndicales de reconstruction, sont des organismes de droit privé (CE 18 mai 1960, *Époux Grenet*, Rec. 340), mais de tels travaux revêtent le caractère de travaux publics à partir du moment où la coopérative de reconstruction, personne privée, est transformée en établissement public, personne publique (TC 25 nov. 1963, *Rauby*, Rec. 789 ; JCP 1964.II.13479, note R.L. ; AJ 1964.116, notes Moreau et Montmerle). De même, n'ont pas le caractère de travaux publics les travaux exécutés sur une portion de la voie publique par un particulier, titulaire d'une permission de voirie, pour son propre compte (CE, Sect., 11 mai 1962, *Dame Ymain*, Rec. 316 ; S. 1962.243 et D. 1962.556, concl. Combarnous ; AJ 1962.424, chr. Galabert et Gentot : remise en état de la chaussée par un particulier à la suite de la pose d'un branchement d'égout desservant son immeuble).

IV. — Depuis 1955, la jurisprudence a fait application, parallèlement, de la définition classique et de la définition nouvelle des travaux publics.

4 Conformément à la première, le caractère de travaux publics a été reconnu, par exemple, à la construction, pour le compte du département du Var, du barrage de Malpasset (TC 14 nov. 1960, *Pourcin*, Rec. 1152 ; RA 1960.609, note Liet-Veaux), à la reconstruction d'une église par une société coopérative de reconstruction pour le compte d'une commune (CE, Sect., 2 juin 1961, *Leduc*, Rec. 365 ; AJ 1961.345, concl. Braibant), à l'établissement d'un barrage sur un torrent, par une commune, en vue de son alimentation en eau potable (TC 21 mars 1966, *Commune de Soultz*, Rec. 828 ; JCP 1966.II.14687, note Dufau ; AJ 1966.306, note Gautron). La même jurisprudence s'applique aux travaux des services publics industriels et commerciaux, lorsque ces derniers sont gérés par un établissement public comme l'était EDF ou lorsqu'ils sont concédés à une personne de droit privé comme l'était et est redevenue la SNCF (TC 17 févr. 1972, *SNCF c. Solon et Barrault*, Rec. 944 ; RD publ. 1972.465, concl. Braibant ; AJ 1972.353, note Dufau ; CJEG 1973.J.29, note Caron ; JCP 1973.II.17.312, note Moderne).

5 D'autre part, le Conseil d'État a appliqué la jurisprudence *Effimieff* aux travaux de reboisement exécutés par l'État pour le compte de particuliers (Sect., 20 avr. 1956, *Grimouard**), aux travaux effectués d'office par une commune, afin d'assurer la sécurité publique, sur un immeuble privé qui menace ruine (Ass., 12 avr. 1957, *Mimouni*, Rec. 262 ; v. n° 65.7 ; – Sect., 21 déc. 1962, *Ville de Thiais*, Rec. 701 ; AJ 1963.89, chr. Gentot et Fourré) ou sur un immeuble insalubre (CE 30 mai 1962, *Poplin*, Rec. 359). Il en va de même des travaux de curage d'un cours d'eau non navigable ni flottable exécutés d'office par l'administration (CE, Sect., 1er oct. 1966, *Bachimont*, Rec. 510) ainsi que de travaux effectués par un syndicat intercommunal sur la propriété d'un riverain d'un cours d'eau non domanial, dans un but d'intérêt général, sur le fondement de l'art. L. 211-7 du Code de l'environnement (CE 13 mars 2019, *Syndicat intercommunal pour l'aménagement hydraulique du bassin de la Berre et du Rieu et autre* ; AJ 2019.610). S'agissant des travaux exécutés sur des immeubles classés monuments historiques la jurisprudence, après les avoir considérés comme des travaux privés (CE, Ass., 13 févr. 1942, *Commune de Sarlat*, Rec. 49 ; D. 1942.167, note P.L.J. ; RD publ. 1943.349, concl. Léonard, note R.B.) opère une distinction entre les travaux effectués de son plein gré par un propriétaire, qui ont un caractère privé (TC 28 avr. 1980, *Prunet c. Le Bras*, Rec. 507 ; AJ 1980.605, note Moderne), et ceux qui sont exécutés d'office par l'État en application de l'article 9 de la loi du 31 déc. 1913, qui ont le caractère de travaux publics (Sect., 5 mars 1982, *Guetre*, Rec. 100 ; Gaz. Pal. 1982.2.651, concl. Genevois).

6 Les deux définitions se recouvrent lorsque les travaux ont été effectués par une personne publique, dans un but d'intérêt général ou de service public, et pour son propre compte : tel est le cas, notamment, de l'ensemble des travaux exécutés par les collectivités publiques sur leurs voies publiques.

7 La décision *Effimieff*, en mettant l'accent sur la mission de service public dévolue aux associations syndicales de reconstruction, s'inscrit dans la ligne d'une série d'arrêts qui ont eu pour objet de redonner à la notion de service public un rôle essentiel dans la délimitation entre les compétences administrative et judiciaire et dans la définition du droit public. Avec les arrêts *Effimieff* et *Grimouard**, la mission de service public est devenue l'un des éléments fondamentaux de la notion de travaux publics ; selon la décision *Époux Bertin**, du 20 avr. 1956, l'exécution du service public constitue l'un des critères des contrats administratifs ; dans la décision *Société « Le Béton »** du 19 oct. 1956, l'affectation au service public sert à définir le champ d'application du régime de la domanialité publique.

8 La définition de *l'ouvrage public* se situe dans la même ligne. Dans son dernier état, la jurisprudence considère, qu'indépendamment de la qualification d'ouvrage public par détermination de la loi, présentent ce caractère, en particulier, les biens immeubles résultant d'un aménagement qui sont directement affectés à un service public, y compris s'ils appartiennent à une personne privée chargée de l'exécution de ce service public. Relèvent de cette qualification les ouvrages affectés au service public de la distribution d'électricité et, en matière de production, les ouvrages qui, en raison des contraintes particulières qui leur sont imposées, sont affectés au service public de la sécurité de l'approvisionnement en électricité (CE, Ass., avis, 29 avr. 2010, *M. et Mme Béligaud*, Rec. 126, concl. Guyomar ; RFDA 2010.557, note F. Melleray ; AJ 2010.1642, chr. Liéber et Botteghi ; JCP Adm. 2010.1015, note Sorbara ; RJEP 2010, comm. 54, note Y. Gaudemet ; – dans le même sens, TC 12 avr. 2010, *Électricité Réseau Distribution France c. M. et Mme Michel*, Rec. 585, concl. Guyomar ; RFDA 2010.551, concl. ; JCP Adm. 2010.2173, note Moreau).

A également le caractère d'ouvrage public l'ouvrage réalisé par la Philharmonie de Paris, association créée à l'initiative de l'État et de la ville de Paris, dans l'exercice d'une mission de service public (TC. 5 sept. 2016, *Jean Nouvel c. Association Philarmonie de Paris*, Rec. 588 ; BJCP 2017 49, note Dal Farra).

En revanche, par interprétation de la volonté du législateur, les lignes téléphoniques appartenant à la société France Télécom ont été regardées comme n'ayant pas la qualité d'ouvrage public (TC 5 mars 2012, *Société Generali assurances IARD*, Rec. 648 ; AJ 2012.1964, note Cartier-

Bresson). Et un ouvrage implanté sur le domaine public sans être affecté à un service public n'est pas un ouvrage public (CE 27 mars 2015, *Société Titaua Ltd*, Rec. 124, concl. Escaut ; AJ 2016.113, note Camus).

9 **V.** — On relèvera enfin que le domaine des marchés de travaux publics demeure moins étendu que celui des travaux publics eux-mêmes : lorsque des marchés qui ont pour objet l'exécution de tels travaux sont passés par une personne de droit privé avec une autre personne de droit privé, ils constituent des contrats de droit privé (*SNCF c. Solon et Barrault*, préc. ; v. nos obs. sous les arrêts *Grimouard** et *Mme Rispal c. Société des Autoroutes du Sud de la France**).

65

CONTRATS – TRAVAUX PUBLICS CRITÈRE – SERVICE PUBLIC

Conseil d'État Sect., 20 avril 1956, *Époux Bertin et Ministre de l'agriculture c. Consorts Grimouard*

I. *Époux Bertin*

(Rec. 167 ; AJ 1956.II.272. concl. Long et 221, chr. Fournier et Braibant ; RD publ. 1956.869, concl., note M. Waline ; D. 1956.433, note de Laubadère ; RA 1956.496, note Liet-Veaux ; GCJA, vol. 2, n° 27, concl.)

Sur la compétence :

Cons. qu'il résulte de l'instruction que, par un contrat verbal passé avec l'administration le 24 nov. 1944, les époux Bertin s'étaient engagés, pour une somme forfaitaire de 30 francs par homme et par jour, à assurer la nourriture des ressortissants soviétiques hébergés au centre de rapatriement de Meaux en attendant leur retour en Russie ; *que ledit contrat a eu pour objet de confier, à cet égard, aux intéressés l'exécution même du service public alors chargé d'assurer le rapatriement des réfugiés de nationalité étrangère se trouvant sur le territoire français ; que cette circonstance suffit, à elle seule, à imprimer au contrat dont s'agit le caractère d'un contrat administratif ;* qu'il suit de là que, sans qu'il soit besoin de rechercher si ledit contrat comportait des clauses exorbitantes du droit commun, le litige portant sur l'existence d'un engagement complémentaire à ce contrat, par lequel l'administration aurait alloué aux époux Bertin une prime supplémentaire de 7,50 francs par homme et par jour en échange de l'inclusion de nouvelles denrées dans les rations servies, relève de la compétence de la juridiction administrative ;

Au fond :

Cons. que les époux Bertin n'apportent pas la preuve de l'existence de l'engagement complémentaire susmentionné ; que, dans ces conditions, ils ne sont pas fondés à demander l'annulation de la décision, en date du 1er juin 1949, par laquelle le ministre des anciens combattants et victimes de la guerre a refusé de leur verser le montant des primes supplémentaires qui auraient été prévues audit engagement ; ... (Rejet avec dépens).

II. *Ministre de l'agriculture c. Consorts Grimouard*

(Rec. 168 ; AJ 1956.II.187, concl. Long et 221, chr. Fournier et Braibant ; D. 1956.429, concl., note P.L.J. ; RD publ. 1956.1058, concl., note M. Waline ; RA 1956.496, note Liet-Veaux)

Cons. que, par des contrats en date des 26 avr. et 11 mai 1951, l'État français s'est engagé, dans le cadre des dispositions du décret du 3 mars 1947, portant règlement d'administration publique pour l'application de la loi du 30 sept. 1946, à effectuer des travaux de reboisement sur des terrains appartenant aux dames de la Chauvelais et de la Villemarqué et situés sur le territoire des communes de Chènevelles, Monthoiron, et Senillé (Vienne) ; que, le 5 juill. 1952, à la suite d'un retour de flamme survenu dans le tuyau d'échappement d'un tracteur appartenant au sieur Fumeron, entrepreneur chargé des travaux, un incendie s'est allumé et a ravagé non seulement des terrains visés aux contrats susmentionnés, mais encore des bois appartenant tant aux dames de la Chauvelais et de la Villemarqué qu'à d'autres propriétaires ; que le recours du ministre de l'agriculture tend à l'annulation du jugement, en date du 29 sept. 1954, par lequel le tribunal administratif de Poitiers a déclaré l'État et l'entrepreneur solidairement responsables des dommages causés par ledit incendie ;

Sur la compétence :

Cons. qu'aux termes de l'art. 1er de la loi du 30 sept. 1946 « le ministre de l'agriculture est chargé de la reconstitution de la forêt française, selon les modalités fixées par des règlements d'administration publique, en vue de l'organisation des travaux de boisement et de reboisement, de la mise en valeur et de la conservation des terrains boisés, de la meilleure utilisation des produits de la forêt, et, en général, de tout ce qui a pour but d'accroître les ressources forestières, de faciliter l'écoulement des produits forestiers et de mieux satisfaire les besoins de la population » ; qu'il résulte tant de ces prescriptions que de l'ensemble des dispositions de ladite loi et, notamment, de la faculté qu'elle a donnée aux règlements d'administration publique prévus pour son application d'imposer aux propriétaires certaines obligations pour leur exécution, ainsi que de la création d'un fonds forestier national alimenté par des taxes, que *le législateur a entendu créer, pour les fins ci-dessus mentionnées, un service public, préposé tant à la conservation, au développement et à la mise en valeur de la forêt française qu'à l'utilisation et à l'écoulement de ses produits dans les conditions les plus conformes à l'intérêt national ; que les opérations de boisement ou de reboisement entreprises par l'administration des eaux et forêts sur des terrains privés, en vertu de contrats passés par elle avec les propriétaires de ces terrains, telles qu'elles sont prévues par les art. 5, 8 et suivants du règlement d'administration publique du 3 mars 1947, qui soumet les terrains en question au régime forestier jusqu'au remboursement complet du montant des dépenses engagées, constituent l'une des modalités de l'exécution même de ce service ; qu'il suit de là que, malgré la circonstance que les terrains où s'effectuent ces opérations ne sont pas destinés à devenir la propriété de l'État et que les dépenses engagées par lui sont récupérées sur le produit de l'exploitation, lesdites opérations ont le caractère de travaux publics et que, quelle que puisse être la nature des stipulations incluses dans les contrats dont il s'agit, ceux-ci tiennent de leur objet même le caractère de contrats administratifs ;* qu'ainsi le ministre de l'agriculture n'est pas fondé à soutenir que c'est à tort que le tribunal administratif s'est reconnu compétent en la cause pour statuer sur les demandes d'indemnité présentées contre l'État, en sa qualité de maître de l'œuvre, ainsi que contre l'entrepreneur chargé par lui des travaux, tant par les signataires des contrats ci-dessus mentionnés que par d'autres propriétaires ;

Sur le droit à indemnité :

Cons. qu'en ce qui concerne lesdits propriétaires, qui ne se trouvent pas, à l'égard de l'État, dans une situation contractuelle et qui ont ainsi la qualité de tiers par rapport aux travaux publics litigieux, la responsabilité de l'État se trouve engagée envers eux sans qu'ils aient à faire d'autre preuve que celle de la relation de cause à effet entre le travail public dont s'agit et le préjudice invoqué ; qu'il résulte des affirmations des propriétaires intéressés, confirmées ou non contestées par l'administration, qu'au moment où l'incendie qui a causé le préjudice a pris naissance, le tracteur du sieur Fumeron se trouvait sur le chemin rural desservant les terrains à reboiser, en bordure desdits terrains ; que ledit sieur Fumeron lui-même parcourait ces terrains afin de déterminer les conditions d'exécution du travail de débroussaillage qu'il s'apprêtait à entreprendre ; qu'il suit de là que le préjudice dont s'agit se rattache à la réalisation des opérations de reboisement ; qu'il en est de même en ce qui concerne le préjudice causé aux signataires des contrats ci-dessus indiqués, quant aux terrains qui ne faisaient pas l'objet des travaux de reboisement en cours ;

Cons., en ce qui concerne les terrains faisant l'objet desdits travaux, qu'il résulte de l'instruction que les dommages litigieux sont uniquement dus au fait qu'aucune des mesures de sécurité exigées notamment par la saison où s'exécutait le reboisement n'a été prescrite par l'administration ou prise par le sieur Fumeron ; que ce fait constitue un manquement aux obligations résultant des contrats susmentionnés ;

Cons. que, de tout ce qui précède, il résulte que c'est à bon droit que le tribunal administratif a déclaré l'État solidairement responsable des dommages causés tant à ses cocontractants qu'aux autres propriétaires par l'incendie susmentionné ; ... (Rejet avec dépens).

OBSERVATIONS

Dans la ligne des arrêts Terrier*, Thérond*, *les arrêts* Époux Bertin *et* consorts Grimouard *reprennent le critère du service public pour identifier les contrats administratifs et les travaux publics.*

1 Dans la première affaire, les ressortissants soviétiques qui se trouvaient en France au moment de la Libération avaient été hébergés dans des centres de rapatriement placés sous l'autorité du ministre des anciens combattants. Le 22 nov. 1944, les époux Bertin s'étaient engagés à les héberger par un contrat verbal passé avec le chef du centre de Meaux. Le 1er déc. 1944, celui-ci leur demanda de servir un supplément de nourriture, mais le ministre des anciens combattants refusa de payer le montant d'une prime pour ce supplément. L'affaire fut portée devant le Conseil d'État, dont le ministre déclina la compétence. Suivant les conclusions du commissaire du gouvernement Long, le Conseil d'État admit que le contrat, qui confiait à un particulier « *l'exécution même d'un service public* », est à ce titre un contrat administratif.

Dans la seconde affaire, l'administration des eaux et forêts avait entrepris des opérations de reboisement sur des terrains privés, en vertu de contrats passés avec les propriétaires, suivant la procédure fixée par la loi du 30 sept. 1946 et le règlement d'application du 3 mars 1947. L'arrêt considère que l'exécution de ces opérations constitue l'une des « *modalités de l'exécution* » même « *du service public préposé tant à la conservation qu'au développement et à la mise en valeur de la forêt française* » ; il s'ensuit que ces opérations « *ont le caractère de travaux publics et que, quelle que puisse être la nature des stipulations incluses dans les contrats, ceux-ci tiennent de leur objet même le caractère de contrats administratifs* ».

Les deux arrêts, par une référence commune *à l'exécution du service public*, apportent une contribution essentielle à la définition des *contrats administratifs* (I) et des *travaux publics* (II) et, au-delà, au rôle de la *notion de service public*, comme fondement, sinon unique, du moins majeur, de toutes les théories du droit administratif et du droit public.

2 **I.** — En ce qui concerne les *contrats administratifs*, l'arrêt *Époux Bertin* résout le conflit, au moins latent, qui existait entre les jurisprudences *Thérond** et *Société des granits porphyroïdes des Vosges**.

L'espèce était assez insolite puisque l'accord passé entre l'administration et les époux Bertin était *verbal*. Il ne contenait manifestement aucune clause exorbitante du droit commun. Le commissaire du gouvernement invita en termes pressants le Conseil d'État à réexaminer le fondement de sa jurisprudence.

« Allez-vous juger que le contrat est de droit privé ? Vous y êtes conduit si votre jurisprudence exige… la juxtaposition de deux conditions – chacune nécessaire et chacune insuffisante – pour qu'un contrat soit administratif : la participation au service public ; l'existence de clauses exorbitantes du droit commun. La seconde de ces conditions – celle qui tend à être considérée actuellement comme la condition essentielle – manque incontestablement en l'espèce. Cependant, la solution en face de laquelle vous vous trouvez n'est pas admissible pour le juge administratif. Le rapatriement des ressortissants étrangers, leur hébergement avant leur départ, entre dans les attributions les plus traditionnelles, les moins discutables de l'État. C'est une mission qui peut même engager sa responsabilité internationale : l'on connaît bien la sensibilité des opinions publiques nationales à cet égard. Si la détermination des activités de service public de l'État peut parfois prêter à discussion, nous sommes ici incontestablement en présence d'une *mission de service public*, et nous dirions même si c'était nécessaire, de *puissance publique*… Nous ne pouvons en tout cas pas laisser l'administration confier à un simple particulier *l'exécution d'une mission de service public*, et se dépouiller, en même temps, des droits et prérogatives que lui assure le *régime de droit public*. Dès lors, nous devons nous demander si, *lorsque l'objet d'un contrat est l'exécution même du service public, cet objet ne suffit pas à le rendre administratif, même s'il ne contient pas de clauses exorbitantes du droit commun* ».

La réponse du Conseil d'État a été positive.

3 Ce n'était pas une innovation totale. Un certain nombre d'arrêts intervenus après la fin de la Première Guerre mondiale, avaient appliqué la solution de l'arrêt *Thérond** (par ex. CE 29 avr. 1931, *Société lyonnaise des eaux et de l'éclairage c. commune de Talence*, Rec. 450). Notamment, pour les contrats de transports maritimes, lorsque l'armateur exécutait lui-même le service, le contrat était déclaré administratif ; lorsqu'il se bornait à fournir les moyens nécessaires à son accomplissement, le contrat était de droit privé (CE 7 mars 1923, *Iossifoglu*, Rec. 222 ; – 13 févr. 1948, *de la Grange*, Rec. 76). Cette jurisprudence toutefois paraissait contredite par d'autres décisions. Elle ne s'était véritablement imposée, après des retournements et des arrêts précurseurs (CE 8 déc. 1948, *Delle Pasteau*, Rec. 464 ; RD publ. 1949.73, note M. Waline ;

S. 1949.3.43, note Rivero), que dans le domaine des contrats de louage de services : il résultait des arrêts (Sect.) du 4 juin 1954, *Vingtain* et *Affortit* (Rec. 342, concl. Chardeau ; GCJA, vol. 2, nº 25, concl. ; AJ 1954.II *bis* 6, chr. Gazier et Long) que l'exercice de fonctions correspondant à l'objet du service public détermine par lui-même l'application du régime de droit public. Le Conseil d'État a, le 20 avr. 1956, donné à cette solution une portée beaucoup plus large, puisqu'il a étendu à l'ensemble des contrats passés par l'administration le critère tiré de l'exécution du service public par le cocontractant.

4 La jurisprudence a, *depuis lors*, confirmé et précisé cette solution, notamment pour les contrats de louage de service (*cf.* nos obs. sous l'arrêt CE 26 janv. 1923, *de Robert Lafrégeyre**).

Pour les autres contrats, le critère du service public apparaît à des degrés divers :

– tantôt le contrat « a pour objet de *confier* (au cocontractant) l'exécution même du service public » (*Époux Bertin*) ou « l'exécution directe d'une mission de service public » (TC 6 nov. 1967, *Compagnie Fabre et Société générale de transports maritimes*, Rec. 657 ; JCP 1968.II.15495 *bis*, concl. Gégout), ou plus simplement « l'exécution d'une mission de service public » (CE 6 mai 1985, *Association Eurolat, Crédit foncier de France*, Rec. 141 ; v. nº 20.4) ; ce peut être le cas d'un contrat par lequel une personne de droit privé confie à une personne publique « l'exécution même de la mission de service public de l'archéologie préventive » (TC 2 nov. 2020, *Société Eveha c. Institut national de recherches archéologiques préventives*, Rec. 531 ; v. nº 23.2).

– tantôt le contrat est administratif comme *faisant participer* le cocontractant à l'exécution du service public (TC 23 févr. 2004, *Société Leasecom*, Rec. 628) ou comme l'associant au service public (TC 8 déc. 2014, *Chambre nationale des services d'ambulance (CNSA) c. Union nationale des caisses d'assurance maladie et autres*, Rec. 474 : la convention conclue entre les caisses nationales d'assurance maladie et quatre organisations syndicales représentatives du secteur des transports sanitaires, dont l'objet est d'organiser les rapports entre transporteurs sanitaires et organismes de sécurité sociale, associe les cocontractants à l'exécution du service public administratif de l'assurance maladie ; TC 6 juin 2016, *Commune d'Auvers-sur-Oise*, Rec. 689 ; BJCP 2016.338, concl. Escaut : contrat associant le cocontractant à l'organisation et au fonctionnement du camping municipal) ;

– tantôt c'est le contrat qui « a eu *pour objet l'exécution même du service public* » dont est investie la personne publique qui conclut le contrat (TC 24 juin 1968, *Société « Distilleries Bretonnes »* et *Société d'approvisionnements alimentaires*, Rec. 801, concl. Gégout ; JCP 1969.II.15764, concl., note Dufau ; AJ 1969.311, note A. de Laubadère ; D. 1969.116, note Chevallier ; – 18 déc. 2000, *Préfet de l'Essonne c. TGI d'Evry*, Rec. 779 : contrat « ayant pour objet l'exécution même du service public de formation professionnelle continue assuré par l'université » ; CE 8 oct. 2010, *Société d'HLM Un toit pour tous*, Rec. 843 ;

CMP 2011, n° 37, obs. Eckert ; DA 2011, n° 4, obs. Billet ; JCP Adm. 2010.2375, note Guigue : « convention dont l'objet est l'exécution même du service public de logement des étudiants ») ; en particulier, en prenant en charge une opération « dans l'intérêt général et avec des procédés de droit public », une collectivité assure « l'exécution même du service public » ; « il suit de là que le contrat ayant eu cet objet présente le caractère d'un contrat administratif » (CE 26 juin 1974, *Société « La Maison des Isolants-France »*, Rec. 365 ; RD publ. 1974.1486, note J.-M. Auby) ;

– tantôt enfin le contrat assure la *coordination* des missions de service public dont les cocontractants sont respectivement chargés en vertu de titres extérieurs à ce contrat (TC 16 janv. 1995, *Compagnie nationale du Rhône c. EDF*, Rec. 49 ; CJEG 1995.259, concl. Ph. Martin, note Delpirou), ou encore l'articulation entre les obligations qui lient un concessionnaire de service public et un concessionnaire de travaux publics à l'autorité concédante (CE 6 déc. 2013, *Société Keolis Caen*, Rec. 507, RJEP juill. 2014, p. 18, concl. Pellissier ; BJCP 2014.93, concl.).

Il existe ainsi des variables : dans certains cas, le *cocontractant* est chargé de l'exécution même du service public (le service public n'est assuré que grâce à la mission que lui confie le contrat) ; dans d'autres, il contribue à l'exécution du service public, soit en y étant associé soit en y participant, mais sans en avoir la charge exclusive ou totale ; dans d'autres enfin, c'est *le contrat*, et non le cocontractant, qui est en lui-même une modalité d'exécution du service public.

Lorsque le contrat n'a pas pour objet de faire participer le cocontractant à l'exécution du service public ou n'est pas une modalité d'exécution du service public, et qu'il est seulement conclu pour les besoins du service public, il n'est pas administratif à ce titre (TC 30 mars 2005, *SCP de médecins Reichheld et Sturtzer*, Rec. 128 ; AJ 2005.1844, note M. Audit ; CE 2 mai 2016, *Centre hospitalier régional universitaire de Montpellier*, Rec. 957 ; BJCP 2016.333, concl. L. Marion : contrat entre un hôpital et une société ayant seulement pour objet de mettre en relation les patients avec des entreprises de transport privées, non de lui confier une mission de service public). Ainsi lorsqu'une convention met un stade à la disposition d'un club sportif avec quelques obligations qui, si elles concernent des activités d'intérêt général, ne traduisent pas la volonté de la collectivité contractante d'ériger ces activités en service public, la convention ne confie pas au cocontractant une mission de service public ; elle n'est un contrat administratif que, par détermination de la loi, en ce qu'elle comporte occupation du domaine public (CE, Sect., 3 déc. 2010, *Ville de Paris et Association Paris Jean-Bouin* ; v. n° 47.5).

5 Si le critère du service public ne joue pas, un contrat peut néanmoins être administratif dès lors qu'il comporte des clauses impliquant qu'il relève du régime exorbitant des contrats administratifs (*cf.* nos obs. sous CE 31 juill. 1912, *Société des granits porphyroïdes des Vosges**).

En l'absence de ces critères, et sauf disposition législative particulière (notamment pour les contrats comportant occupation du domaine public), les contrats de l'administration restent des contrats de droit privé (par ex. CE, Sect., 11 mai 1956, *Société française des transports Gondrand frères*, Rec. 202 ; AJ 1956.II.247, concl. Long ; D. 1956.433, note Laubadère ; RA 1956.495, note Liet-Veaux ; RD publ. 1975.101, note M. Waline ; TC 24 avr. 1978, *Société Boulangerie de Kourou*, Rec. 645 ; D. 1978.585, note P. Delvolvé). Il en est ainsi même s'ils ont un certain lien avec le service public (par ex TC 1er juill. 2019, *Société EcoDDS c. Syndicat mixte Sud Rhône environnement*, Rec. 507, BCJP 2019.381, concl. Liffran : convention par laquelle une collectivité territoriale collabore à la collecte de déchets ménagers avec un éco-organisme).

La distinction entre l'exécution du service et la simple contribution au service apparaît encore mieux à la confrontation de l'arrêt *Époux Bertin* et de l'arrêt *Société française des transports Gondrand frères*, rendu quelques jours plus tard (préc.). Du contrat passé par l'État avec une entreprise de transport, et qui ne fut pas considéré comme administratif, le commissaire du gouvernement avait pu dire : « il répond à un intérêt public, mais ne confie nullement à la société l'exécution directe et immédiate du service public ; la société assure une fois pour toutes le déchargement, le dédouanement et le transport aux gares d'une certaine quantité de marchandises, mais son rôle s'arrête là ».

6 **II.** — En ce qui concerne les *travaux publics*, la décision *Ministre de l'agriculture c. Consorts Grimouard* confirme l'évolution que venait de réaliser le Tribunal des conflits.

Pour qu'il y ait travail public, on exigeait traditionnellement la réunion de trois conditions : travail effectué sur un immeuble, dans un intérêt général, pour le compte d'une collectivité publique (v. CE 10 juin 1921, *Commune de Monségur** et nos obs.).

Mais, comme l'a indiqué le commissaire du gouvernement, le rôle de l'État s'est transformé : « pendant très longtemps, il a fait appel à des particuliers pour construire des ouvrages appelés à tomber dans le domaine public lorsque les entrepreneurs auraient tiré leur rémunération de la disposition de l'ouvrage pendant un certain nombre d'années. De nos jours, c'est souvent l'État qui offre ou impose ses services d'entrepreneur ou de maître d'œuvre aux particuliers et leur confie, après s'être payé, le fruit de ses travaux ». C'est de cette évolution que le Conseil d'État a tenu compte, après le Tribunal des conflits.

Dans l'arrêt *Effimieff**, du 28 mars 1955, ce dernier avait en effet admis que les travaux effectués par les associations syndicales de reconstruction, bien que portant sur des immeubles privés et accomplis grâce à des fonds privés, constituaient, en raison de la mission de service public confiée à ces établissements publics, des travaux publics. Le problème se posait dans les mêmes termes pour le reboisement : l'État s'engage à reboiser une propriété privée ; il est le maître d'œuvre ; mais il ne conserve pas la propriété de la plantation ; et s'il fait l'avance des fonds nécessaires aux travaux, il se rembourse ensuite sur le produit de l'exploitation ; néanmoins le travail est public, car il constitue l'objet même du service public de reboisement.

7 La portée de la jurisprudence *Effimieff** et *Consorts Grimouard* a été précisée. C'est ainsi que le Conseil d'État a décidé, contrairement à sa jurisprudence antérieure et aux conclusions du commissaire du gouvernement Tricot, que constituent des travaux publics les travaux effectués d'office, afin d'assurer la sécurité publique, sur un immeuble menaçant ruine, en vertu d'un arrêté de péril du maire ou d'un jugement du tribunal administratif : en exécutant de tels travaux sur des immeubles appartenant à des particuliers et aux frais de leurs propriétaires, la commune remplit en effet une mission de service public (CE, Ass., 12 avr. 1957, *Mimouni*, Rec. 262 ; S. 1957.284, concl. Tricot ; D. 1957.413, concl., note P.L.J. ; AJ 1957.II.272, chr. Fournier et Braibant ; RA 1957.369, note Brichet). Comme le signalait le commissaire du gouvernement, la solution de l'arrêt *Mimouni* dépasse le cas particulier des immeubles menaçant ruine et a été logiquement étendue à une série de travaux analogues (v. nos obs. sous l'arrêt *Effimieff**, préc.).

En revanche, des travaux exécutés pour la gestion des biens faisant partie du domaine privé des collectivités publiques, comme, par exemple, l'ouverture d'une route forestière dans les forêts domaniales, ne sont pas des travaux publics (TC 25 juin 1973, *Office national des forêts c. Béraud et entreprise Machari*, Rec. 847 ; v. n° 35.3 ; – 5 juill. 1999, *Mme Menu et SA des établissements Gurdebeke et Office national des forêts*, Rec. 458), à moins qu'elle permette aussi la circulation générale (CE 28 sept. 1988, *Office national des forêts c. Delle Dupouy*, Rec. 317 ; v. n° 35.3).

8 Ces décisions ont contribué à *revitaliser la notion de service public.* Elles ont alimenté une vaste controverse doctrinale. Bien accueillies par les tenants de l'école du service public, elles ont pu apparaître comme dépassées à ceux qui, au lendemain des arrêts du Tribunal des conflits *Naliato* (22 janv. 1955, Rec. 614 ; v. n° 34.3) et *Confédération générale des petites et moyennes entreprises* (28 mars 1955, Rec. 616 ; JCP 1955.II.8971, note Rivero), avaient cru pouvoir affirmer que la notion de service public avait perdu sa valeur explicative du droit administratif. Les arrêts *Bertin* et *Grimouard* montrent qu'il n'en est rien.

La décision *Grimouard* définit le service public par la conjonction de trois éléments : *une mission d'intérêt général* (en l'espèce la reconstitution de la forêt française) ; *un organe* chargé de la mettre en œuvre (administration des eaux et forêts) ; *des prérogatives spéciales* conférées à cet organisme (obligations pouvant être imposées aux propriétaires par le règlement d'administration publique et perception de taxes pour alimenter le fonds forestier national). Ainsi se trouvent réunies, au sein de ce qu'un commentateur a appelé un « climat juridique de droit public », les deux notions fondamentales du but de service public et des procédés exorbitants du droit commun. Elles sont dissociables : il peut y avoir service public sans prérogatives de puissance publique (CE, Sect., 22 févr. 2007, *Association du personnel relevant des établissements pour inadaptés*, Rec. 92, concl. Verot ; v. n° 47.4) et prérogatives de puissance publique sans service public (TC 9 déc. 1899, *Canal de Gignac**, avec nos obs.).

L'une et l'autre, ensemble ou séparément, constituent les deux notions fondamentales du droit administratif.

66

DOMAINE PUBLIC

Conseil d'État Sect., 19 octobre 1956, ***Société « Le Béton »***
(Rec. 375 ; D. 1956.681, concl. Long ; RD publ. 1957.310, concl. ; AJ 1956.II.472, concl. et 488, chr. Fournier et Braibant ; JCP 1957.II.9765, note Blaevoet ; RA 1956.617, et 1957.131, notes Liet-Veaux et Morice ; GCJA, vol. 2, n° 28, concl.)

Cons. qu'il ressort des pièces du dossier que, par décret en date du 4 févr. 1932, ont été concédés à l'Office national de la navigation, préposé, en sa qualité d'établissement public, à la gestion du service public désigné par son titre même : « 1° l'exploitation de l'outillage du port de transbordement et de stockage de Bonneuil-sur-Marne ; 2° l'extension des installations actuelles du port ; 3° l'aménagement d'un port local dans le voisinage immédiat du précédent ; 4° l'aménagement éventuel d'un port industriel dans le voisinage du port actuel, en utilisant les terrains dépendant du port qui sont ou seront raccordés aux voies de terre existantes et à la voie ferrée » ; qu'aux termes de l'article 19 *ter* du cahier des charges annexé à ce décret, « les terrains compris dans la concession pourront être loués à des particuliers pour être affectés à des usages industriels », dans les conditions définies par ledit article ; qu'il est notamment précisé, aux alinéas 3 et 4 de celui-ci, d'une part que « les conditions de ces locations feront l'objet de contrats spéciaux qui devront, en tout cas, soit obliger le locataire en fin de bail à la remise des lieux en l'état où ils se trouvaient avant la location, soit prévoir l'abandon à l'État des constructions édifiées sur le terrain », d'autre part, que « ne pourront bénéficier des locations de terrains desservis par voie d'eau que les établissements commerciaux ou industriels utilisant habituellement la navigation fluviale pour la réception ou pour l'expédition des marchandises faisant l'objet de leur trafic ou de leur fabrication sur les terrains en cause » ;

Cons., d'une part, qu'à supposer même qu'ainsi que la société requérante le prétend, dans un bail consenti en 1926 à la société dont elle a pris la place, le terrain litigieux ait été déclaré faire partie du domaine privé de l'État, il est constant que le contrat de location qui a donné lieu à la présente instance a été conclu par l'Office national de la navigation avec la société « Le Béton » les 24 juin et 29 juill. 1937, c'est-à-dire à une date postérieure à la concession sus-indiquée et sous le régime de cette concession ; que, par suite, c'est par rapport à ce régime que doit être actuellement apprécié le caractère juridique du terrain ;

Cons., d'autre part, qu'il résulte des dispositions du décret du 4 févr. 1932 et du cahier des charges y annexé, notamment de celles précitées, que, sous le régime de ce décret, *la partie des terrains que groupe le « port industriel » constitue l'un des éléments de l'organisation d'ensemble qui forme le port de Bonneuil-sur-*

Marne; qu'elle est, dès lors, au même titre que les autres parties de ce port, affectée à l'objet d'utilité générale qui a déterminé la concession à l'Office national de la navigation de la totalité de ces terrains et en raison duquel ceux-ci se sont trouvés incorporés, du fait de cette concession, dans le domaine public de l'État; que la circonstance qu'à la différence des autres terrains aménagés en vue d'une utilisation commune par les usagers de ce port, les terrains dont s'agit font l'objet de contrats d'utilisation privative, au profit de particuliers ou de sociétés exerçant des activités purement privées, ne saurait avoir pour conséquence de les soustraire au régime de la domanialité publique, dès lors qu'il est dans leur nature même de ne concourir que sous cette forme au fonctionnement de l'ensemble du port et qu'il résulte, d'autre part, de l'instruction que lesdits terrains ont fait l'objet d'installations destinées à les rendre propres à cet usage par leur raccordement aux voies fluviales, ferrées ou routières dont l'aménagement et la liaison constituent le port;

Cons. qu'il résulte de ce qui précède que le contrat litigieux, dénommé « bail de location d'un terrain industriel » compris dans les limites de la concession, comportait occupation du domaine public; qu'en se déclarant compétent pour statuer sur le litige soulevé par l'application des stipulations de ce contrat, le conseil de préfecture de la Seine a fait, dès lors, une exacte application des dispositions du décret du 17 juin 1938; ... (Rejet).

OBSERVATIONS

Avec l'arrêt Société « Le Béton », *le service public, déjà reconnu comme critère de la compétence de la juridiction administrative (*Terrier**), du contrat administratif (*Thérond*, Époux Bertin**), des travaux publics (*Effimieff**), l'est aussi du domaine public.*

1 **I.** — Concessionnaire du port fluvial de Bonneuil-sur-Marne, l'Office national de la navigation (ONN) a été chargé par le décret de concession du 4 févr. 1932 d'aménager dans le voisinage un port industriel, étant précisé qu'il pouvait dans ce but louer à des particuliers des terrains dépendant du port. Tel fut l'objet d'un bail consenti à une société qui aménagea une cimenterie sur le terrain loué. Un litige s'étant élevé entre les parties, la détermination de l'ordre de juridiction compétent – et par voie de conséquence les règles de fond applicables – dépendait de la question de savoir si le terrain faisait ou non partie du domaine public.

Pour résoudre ce problème, le Conseil d'État devait préciser la définition du domaine public. Ainsi que devait le déclarer le commissaire du gouvernement Long : « La richesse des antécédents historiques, les solutions partielles et disparates données par la loi, les formules prudentes et évolutives de la jurisprudence, l'intérêt juridique du problème lié à l'une des pièces fondamentales et les plus élaborées du droit privé – la propriété – tout devait faire du critère de la domanialité publique le problème d'élection des constructions doctrinales, et il est bien connu que chacun des maîtres du droit public a laissé son nom à une conception du domaine, ou, au besoin, à une théorie déniant toute utilité à cette notion ».

a) « La doctrine estime à peu près unanimement aujourd'hui, a rappelé le commissaire du gouvernement, que font partie du domaine public les biens affectés à l'usage public ou spécialement aménagés pour l'exploitation d'un service public. L'exigence d'un aménagement spécial a paru nécessaire pour ne pas faire entrer dans le domaine l'ensemble des biens affectés au service public, et c'est précisément sur la portée de cette limitation que les auteurs se séparent, les uns exigeant des biens qu'ils soient essentiels, irremplaçables pour le service, les autres se contentant d'un simple aménagement, ou ne le réclamant même que pour les biens meubles.

« La Cour de cassation a consacré, dans ses grandes lignes, la position doctrinale par l'arrêt de sa chambre civile du 7 nov. 1950 (Civ. 7 nov. 1950 ; S. 1952.1.173, note G. Tixier) qui a suivi, presque à la lettre, la définition adoptée le 6 nov. 1947 par la commission de réforme du Code civil, et d'après laquelle : « sauf dispositions contraires de la loi, les biens des collectivités administratives et des établissements publics ne sont compris dans le domaine public qu'à la condition :

– soit d'être mis ou placés à la disposition du public usager ;

– soit d'être affectés à un service public, pourvu qu'en ce cas ils soient – par nature ou par des aménagements particuliers – adaptés exclusivement ou essentiellement aux besoins particuliers de ces services… ».

2 *b)* La jurisprudence du Conseil d'État n'avait pas encore pris parti aussi nettement malgré l'invitation déjà ancienne du commissaire du gouvernement R. Latournerie concluant sur l'affaire *Marécar* (CE, Sect., 28 juin 1935, Rec. 734 ; S. 1937.3.43, concl. R. Latournerie ; D. 1936.3.20, concl., note M. Waline ; RD publ. 1935.590, concl., note G.J., GDDAB, n° 41) : « Les biens du domaine public sont, parmi les propriétés domaniales, celles qui, affectées à un service public, sont telles que leur emploi, leur mise en œuvre constituent l'objet même du service, à l'exclusion de celles qui sont seulement l'un des moyens par lesquels le service accomplit sa mission… ». Mais l'arrêt, bien qu'adoptant la solution proposée, l'avait fait par des motifs plus discrets et plus classiques, relevant notamment le fait que les cimetières sont affectés à l'usage du public.

La jurisprudence témoignait cependant d'un élargissement et d'une évolution. Elle avait refusé la domanialité publique à des terrains dépendant du port autonome de Bordeaux pour le motif qu'ils n'avaient jamais reçu d'affectation publique (CE 30 mai 1951, *Sempé*, Rec. 297), formule large et vague, trahissant peut-être des hésitations et réservant en tout cas l'avenir. La Section du contentieux devait bientôt se montrer plus précise en refusant encore la domanialité à un terrain acquis par la SNCF par le motif qu'il n'avait pas été aménagé en vue du service public (CE, Sect., 30 oct. 1953, *SNCF*, Rec. 463). Enfin, elle avait admis que les colonnes d'affichage installées sur la voie publique font partie du domaine public (CE, Sect., 20 avr. 1956, *Ville de Nice*, Rec. 162 ; RD publ. 1956.582, concl. Long ; AJ 1956.II.266, note P. Weil), mais la solution s'explique surtout par le fait que ces colonnes, bien qu'utilisées par les afficheurs, sont l'accessoire de la voirie urbaine dans son aspect moderne.

Il ressortait d'autre part des décisions du Conseil d'État que l'affectation comporte un élément formel et un élément de fait. L'élément formel, appelé aussi classement, est l'acte juridique « qui prononce officiellement la destination d'un bien à tel ou tel but d'utilité publique » (M. Waline). Mais cet acte ne produit par lui-même aucun effet s'il n'est pas effectivement suivi de l'affectation en fait à ce but (CE 15 juin 1932, *Dame Lafitte*, Rec. 587). L'affectation – au sens formel – n'est pas un acte solennel ; elle peut être implicite, c'est-à-dire résulter indirectement d'un acte administratif dont elle n'est pas l'objet unique, ni direct – d'un contrat par exemple (CE 24 mars 1905, *Commune de Saint-Géréon*, Rec. 300). « Ainsi le classement et l'affectation ne sont-ils que les deux aspects d'une même réalité ; par le premier l'administration détermine le but assigné à un bien, et par la seconde elle poursuit la réalisation de ce but » (concl. Long).

3 *c)* Le Conseil d'État, suivant les conclusions de son commissaire, s'est rallié de la manière la plus nette et la plus expresse à la définition du domaine contenue dans le projet de réforme du Code civil, et adoptée par la Cour de cassation : après avoir relevé que l'ONN était investi d'une mission de service public, comportant l'aménagement d'un port industriel, il a constaté que le terrain loué à la société avait fait l'objet d'installations destinées à le rendre propre à cet usage et en a déduit son appartenance au domaine public.

II. — Importante par son caractère de principe, cette décision l'est aussi par les précisions qu'elle donne aux deux éléments – service public et aménagement spécial – du critère adopté :

4 *1°)* Le service public s'y présente de façon originale puisqu'il consiste à permettre l'installation et le fonctionnement d'un port industriel et que les terrains loués sont affectés à la réalisation de cet objet. Peu importe dès lors qu'ils soient le lieu d'exercice d'une activité privée, puisqu'ils ne peuvent concourir que sous cette forme à l'organisation du port. La domanialité publique n'est nullement incompatible avec l'exercice d'une industrie, car, loin d'exclure, elle appelle parfois l'utilisation privative d'une parcelle du domaine, ainsi que le prouve l'exemple des titulaires des droits de place dans les halles et les marchés. Le Conseil d'État a même jugé que l'occupation du domaine public peut être conciliée avec le contrat de concession funéraire qui cependant – ainsi que le note la décision – « n'a pas le caractère précaire et révocable qui s'attache, en général, aux occupations du domaine public » (CE, Ass., 21 oct. 1955, *Delle Méline*, Rec. 491 ; S. 1956.111, et D. 1956.543, concl. Guionin).

5 *2°)* Quant à l'aménagement spécial, il n'est requis que pour éviter que la domanialité publique ait un contenu exagérément développé (CE 8 août 1990, *Ministre de l'urbanisme, du logement et des transports c. Ville de Paris*, Rec. 247 ; CJEG 1991.15, concl. Frydman). Cet aménagement peut être aussi bien naturel qu'artificiel : dans l'affaire *Le Béton*, c'est surtout la situation des terrains loués – au point de jonction des diverses voies de communication – qui les rend irremplaçables et permet d'affirmer leur appartenance au domaine public.

6 **III.** — Le Code général de la propriété des personnes publiques (CGPPP), entré en vigueur le 1er juill. 2006, a cherché à cerner de façon plus stricte encore le critère réducteur tiré de la notion d'aménagement spécial en lui substituant, dans son article L. 2111-1, celui « d'aménagement indispensable » à l'exécution du service public en cause. Une telle précision semble devoir renforcer l'exigence du caractère spécial de l'aménagement découlant de la décision *Société « Le Béton »*, qui conserve sa valeur de principe. Au demeurant, la définition donnée par le code n'a pas eu, par elle-même, pour effet de déclasser des biens appartenant au domaine public antérieurement à son entrée en vigueur (CE 3 oct. 2012, *Commune de Port-Vendres*, Rec. 742 ; BJCP 2013.44, concl. Dacosta ; AJ 2013.471, note Fatôme, Raunet et Léonetti ; AJCT 2013.42, note Grimaud).

L'appartenance au domaine public en vertu des critères antérieurs au code produit effet lorsqu'il était prévu de façon certaine de réaliser un aménagement spécial en vue du service public (CE 11 mai 2016, *Communauté urbaine Marseille-Provence-Métropole*, Rec. 162, concl. Henrard). L'idée sous-jacente à cette jurisprudence de domanialité publique « virtuelle » a été utilisée depuis l'entrée en vigueur du code pour l'application du critère de l'aménagement indispensable, aussi bien par le Conseil d'État (CE 13 avr. 2016, *Commune de Baillargues*, Rec. 131, concl. Escaut ; AJ 2016.1171, chr. L. Dutheillet de Lamothe et Odinet) que par le Tribunal des conflits (TC. 14 nov. 2016, *Association « Mieux vivre à Béziers et son agglomération, tourisme et loisirs »*, Rec. 686 ; AJ 2017.234, note Monot-Fouletier ; RDI 2017.150, note Foulquier)

7 **IV.** — La décision *Société « Le Béton »* s'inscrit dans la ligne des arrêts *Époux Bertin** et *Grimouard** du 20 avr. 1956 qui, concernant respectivement les contrats et les travaux des collectivités publiques, ont réaffirmé le rôle éminent joué par la notion de service public dans la détermination de la compétence administrative. La jurisprudence subséquente a largement répondu au vœu exprimé par le commissaire du gouvernement Long, qui voyait dans la notion de service public « le dénominateur commun des critères des contrats, des travaux et du domaine public… » ; car « sans suffire à rendre compte aujourd'hui du champ d'application du droit administratif, elle est la seule à pouvoir produire des effets déterminants sur le fond des litiges et à justifier l'application d'un régime de droit public ».

En tout cas, antérieurement à l'entrée en vigueur de l'article L. 2111-1 du CGPPP, le Conseil d'État a appliqué avec constance le critère tiré de l'affectation au service public et de l'aménagement spécial du bien. Il a ainsi jugé que font partie du domaine public :

– l'allée des Alyscamps qui, appartenant à la ville d'Arles, « est affectée à un service public de caractère culturel et touristique et a fait l'objet d'aménagements spéciaux en vue de cet usage » (CE, Ass., 11 mai 1959, *Dauphin*, Rec. 294 ; S. 1959.117 et D. 1959.314, concl. Mayras ; JCP 1959.II.11269, note de Lanversin ; AJ 1959.II.113, chr. Combarnous et Galabert ; AJ 1959.II.228, note Dufau, GDDAB, n° 6) ;

– le stade municipal de Toulouse, « édifié en vue de permettre le développement d'activités sportives et d'éducation physique présentant un caractère d'utilité générale » (CE 13 juill. 1961, *Ville de Toulouse*, Rec. 513 ; AJ 1961.467, chr. Galabert et Gentot) ; en revanche pour le « Parc des Princes » de Paris, la jurisprudence s'est fondée, pour admettre la compétence administrative, sur l'existence de clauses exorbitantes dans le contrat de bail, réservant ainsi la question de savoir si ce stade, utilisé surtout pour l'organisation de spectacles sportifs, appartient au domaine public (CE, Ass., 26 févr. 1965, *Société du vélodrome du Parc des Princes*, Rec. 133 ; RD publ. 1965.506, concl. Bertrand ; RD publ. 1965.1175, note M. Waline ; CJEG 1966.32, note A.C. ; TC 16 janv. 1967, *Société du vélodrome du Parc des Princes c. Ville de Paris*, Rec. 652 ; D. 1967.416, concl. Lindon ; JCP 1967.II.15246, note Charles ; JCP 1968.I.2173, chr. Batailler-Demichel) ;

– le garage souterrain de l'hôtel Terminus de la gare de Lyon-Perrache qui, servant de parking aux voyageurs, est affecté au service public des chemins de fer, et qui est considéré comme spécialement aménagé à cette fin du fait qu'il est situé à proximité immédiate de la gare (CE, Sect., 5 févr. 1965, *Société lyonnaise des transports*, Rec. 76 ; RD publ. 1965.493, concl. Galmot ; CJEG 196.31, note A.C.), de même que le garage d'un aéroport (TC 17 nov. 1975, *Gamba*, Rec. 800 ; AJ 1976.82, chr. Boyon et Nauwelaers) ;

– l'hôtel de ville de Saint-Étienne, « spécialement aménagé en vue du groupement des services publics municipaux auxquels il est affecté » (CE, Sect., 17 mars 1967, *Ranchon*, Rec. 131 ; D. 1968.247, note Leclercq ; RD publ. 1968.180, note M. Waline ; AJ 1967.415, note Dufau) ;

– le Palais de Justice de Paris (CE 23 oct. 1968, *Époux Brun*, Rec. 503) ;

– la dalle centrale du quartier de la Défense dans la banlieue parisienne, bien qu'elle soit la propriété d'un établissement public et non d'une collectivité publique (CE 21 mars 1984, *Mansuy*, Rec. 616 ; CJEG 1984.J.258, note Sablière et p. 274, concl. Dondoux ; RFDA 1984.54, note A.A. ; D. 1984.510, note Moderne ; JCP 1985.II.20393, note Hervouet ; RD publ. 1984.1059, note Y. Gaudemet) ;

– les biens appartenant au Muséum national d'histoire naturelle (CE 23 juin 1986, *Thomas*, Rec. 167 ; AJ 1986.550, chr. Azibert et de Boisdeffre ; RFDA 1987.194, concl. Stirn).

La même solution d'appartenance au domaine public a été retenue pour des halles que le conseil municipal avait pourtant classées dans le domaine privé ; cela confirme que la définition du domaine public est fondée sur un critère matériel et non formel (CE, Sect., 22 avr. 1977,

Michaud, Rec. 185 ; AJ 1977.441, concl. Franc, note de A. Laubadère ; RA 1977.376, obs. Darcy).

8 Par ailleurs, mettant fin à des controverses et à des hésitations qui duraient depuis plus d'un siècle, le Conseil d'État a inclus dans le domaine public les promenades publiques « affectées en cette qualité à l'usage du public et aménagées à cette fin » (Ass., 22 avr. 1960, *Berthier*, Rec. 264 ; RD publ. 1960.1213, concl. Henry ; AJ 1960.I.78, chr. Combarnous et Galabert ; AJ 1960.I.140, note Vergnaud : place aménagée en jardin public ; – Sect., 13 juill. 1961, *Dame Lauriau*, Rec. 486 ; RD publ. 1962.524, note M. Waline ; AJ 1961.469, chr. Galabert et Gentot : parc municipal ; – Sect., 13 juill. 1961, *Compagnie fermière du casino municipal de Constantine*, Rec. 487 ; RD publ. 1961.1087, concl. A. Bernard ; AJ 1961.469, chr. Galabert et Gentot : square). En vertu de cette jurisprudence, le bois de Vincennes a été considéré comme appartenant au domaine public (CE 14 juin 1972, *Eidel*, Rec. 442 ; AJ 1973.495, note Dufau). Il en a été jugé de même pour la plage de Bonnegrâce à Six-Fours (Var), qui « est affectée à l'usage du public et fait l'objet d'un entretien dans des conditions telles qu'elle doit être regardée comme bénéficiant d'un aménagement spécial à cet effet » (CE, Sect., 30 mai 1975, *Dame Gozzoli*, Rec. 325 ; AJ 1975.348, chr. Franc et Boyon). Cette dernière décision montre que la notion d'aménagement spécial a été entendue largement, puisque cet aménagement ne consistait en l'espèce que dans l'obligation contractuelle de nettoyer et de rincer la plage. Une telle solution ne devrait pas pouvoir être maintenue sous l'empire de l'art. L. 2111-1 du Code général de la propriété des personnes publiques.

L'exigence d'un « aménagement indispensable » posée par ce code a été retenue pour justifier la soumission au régime de la domanialité publique des biens créés ou acquis dans le cadre d'une délégation de service public ou d'une concession de travaux et qui sont nécessaires au fonctionnement du service public. De tels biens doivent, dans le silence de la convention, faire retour à l'issue de cette dernière, à l'autorité publique (CE, Ass., 21 déc. 2012, *Commune de Douai*, Rec. 477, concl. Dacosta ; RFDA 2013.25, concl. ; BJCP 2013.136, concl. ; AJ 2013.457, chr. Domino et Bretonneau ; CMP, févr. 2013.2, note Llorens et Soler-Couteaux et comm. 41, note Eckert ; CMP juill. 2013, étude 7, Llorens ; RFDA 2013.513, note Janicot et Lafaix ; AJCT févr. 2013.91, note Didriche ; JCP Adm. 2013.2044, note Boda et Guellier ; DA 2013, n° 20, note Éveillard ; LPA 22 mars 2013, note F. Michel ; ACCP avr. 2013, p. 79, note Sestier, GDDAB, n° 63).

Il en va ainsi alors même que les biens ont été apportés par le concessionnaire, s'ils sont nécessaires au service public (CE, Sect., 29 juin 2018, *Ministre de l'intérieur c. Communauté de communes de la Vallée de l'Ubaye* ; Rec. 285, concl. Henrard ; RFDA 2018.939, concl. ; AJ 2018.1656, chr. Nicolas et Faure). La jurisprudence sur les biens de retour a été reprise par l'art. L. 3132-5 du Code de la commande publique.

9 La notion de domaine public définie par la jurisprudence rencontre en tout état de cause certaines limites.

Ainsi, s'agissant d'une église appartenant à une commune et ayant été antérieurement désaffectée et déclassée, le Conseil d'État a jugé que la mise à disposition de l'édifice à une association n'entraînait pas son affectation à l'usage direct du public (CE, Sect., 19 oct. 1990, *Association Saint Pie V et Saint Pie X de l'Orléanais*, Rec. 285 ; RD publ. 1990.1874 et AJ 1991.46, concl. de la Verpillière ; JCP 1991.II.21649, note Davignon ; CJEG 1991.179, note C. Mestre).

Par ailleurs, le domaine public n'a pas été étendu à des ensembles aussi vastes que les massifs forestiers, tels que la forêt de Fontainebleau (CE, Sect., 20 juill. 1971, *Consorts Bolusset*, Rec. 547 ; AJ 1971.527, chr. Labetoulle et Cabanes), même lorsqu'ils sont ouverts au public et aménagés spécialement à cette fin (CE, Sect., 28 nov. 1975, *Office national des forêts c. Abamonte*, Rec. 602 ; D. 1976.355, note J.-M. Auby ; JCP 1976.II.18467, note Boivin ; AJ 1976.149, note Julien-Laferrière ; RD publ. 1976.1051, note M. Waline ; RA 1976.36, note Moderne).

10 En ce qui concerne les ouvrages affectés à la circulation, l'exigence d'un aménagement spécial n'a pas toujours été expressément formulée ; mais elle n'est pas abandonnée pour autant, car ces ouvrages ont nécessairement fait l'objet d'un tel aménagement pour répondre à leur objet (CE 14 juin 1972, *Elkoubi*, Rec. 436, pour la place d'armes de Versailles, « affectée à la circulation générale »).

La solution conserve toute sa valeur sous l'empire du Code général de la propriété des personnes publiques. Relève ainsi du domaine public routier, une place ouverte à la circulation des piétons, affectée à cette fin et appartenant à une personne publique (TC 13 avr. 2015, *SNC Worex c. Communauté urbaine de Lyon et société Thierry Chefneux assainissement*, Rec. 594).

Toutefois, le seul fait qu'une parcelle de terrain soit effectivement utilisée pour la circulation des piétons n'entraîne pas son appartenance au domaine public dès lors que la collectivité propriétaire ne l'a pas affectée expressément à cet usage (CE 2 nov. 2015, *Commune de Neuves-Maisons*, Rec. 665 ; AJ 2016.204, concl. Lessi, note Fatôme).

11 L'application du code n'a pas fait obstacle à ce que soit admise l'appartenance au domaine public :

– du domaine de Chambord, à l'exception des forêts qui y sont incluses, lesquelles relèvent du domaine privé en vertu de la loi (Avis de l'Assemblée générale du Conseil d'État du 19 juill. 2012 ; AJ 2013.1789, note F. Melleray) ;

– des pistes de ski alpin propriété d'une personne publique, qui ont fait l'objet de l'autorisation d'aménagement prévue à l'article L. 473-1 du Code de l'urbanisme (CE, Sect., 28 avr. 2014, *Commune de Val d'Isère*, Rec. 107, concl. Lallet ; RJEP oct. 2014. p. 16, concl. ; AJ 2014.1258, chr. Bretonneau et Lessi ; RDI 2014.571, note Foulquier ; JCP Adm. 2014.2235, note Cornille ; DA 2014, n° 50, note Éveillard) ;

– du site du Grand Parquet qui, tout en étant soustrait au régime forestier, est affecté à un service public consistant en l'exploitation d'un stade équestre par l'organisation de compétitions sportives et de manifestations pour le grand public et en la mise en œuvre d'une politique d'animation qui intègre notamment les publics jeunes (TC 5 juill. 2021, n° 4213 ; AJ 2021.1418).

12 **V.** — Capital pour la détermination du critère de la domanialité, l'arrêt *Société « Le Béton »* est également intéressant par la confirmation qu'il apporte de la transformation de la domanialité publique. La définition des conditions d'utilisation de ce domaine est un des procédés d'organisation d'un service public (v. CE, Sect., 5 mai 1944, *Compagnie maritime de l'Afrique orientale*, Rec. 129 ; S. 1945.3.15 et D. 1944.164, concl. Chenot ; RD publ. 1944.236, concl., note Jèze ; Penant, 1947.101, note M. Waline). Est ainsi illustré un thème souvent développé tant par le président Laroque (*cf.* note, S. 1932.3.65) que par le commissaire du gouvernement Chenot (concl. préc.) suivant lequel : « Le domaine public n'est plus seulement un objet de la police administrative, c'est l'assiette d'un nombre toujours croissant de services d'intérêt général et c'est un bien dont l'administration doit assurer, dans l'intérêt collectif, la meilleure exploitation ». Dans le même sens : CE, Sect., 29 janv. 1932, *Société des autobus antibois*, Rec. 117 ; S. 1932.3.65, note P.L. ; D. 1932.3.60, concl. R. Latournerie, note Blaevoet ; RD publ. 1932.505, concl.). Les circonstances de l'affaire *Société « Le Béton »* montrent bien comment l'évolution de la domanialité a été assez souple et assez profonde pour pouvoir s'harmoniser avec la conception moderne du port, considéré comme l'ensemble des terrains qui, bien situés au nœud des communications maritimes ou fluviales, ferroviaires et routières, et desservis en énergie, constituent le siège idéal pour l'exploitation d'installations industrielles.

67

SERVICES JUDICIAIRES COMPÉTENCE – RESPONSABILITÉ

Civ., 23 nov. 1956, *Trésor public c. Giry*
(Bull. civ. II, 407 ; D. 1957.34, concl. Lemoine ; AJ 1957.II.91, chr. Fournier et Braibant ; JCP 1956.II.9681, note Esmein ; RD publ. 1958.298, note M. Waline ; GCJA, vol. 2, n° 29, concl.)

Sur le premier moyen : – Attendu qu'il résulte de l'arrêt attaqué que les époux Duhamel, hôteliers, ont été découverts, dans leur chambre, asphyxiés par une émanation de gaz, qui incommoda deux de leurs clients occupant une pièce voisine ; que le commissaire de police se transporta sur les lieux, accompagné du docteur Giry ; qu'une explosion, dont la cause est demeurée inconnue, détruisit l'immeuble ; que le docteur Giry fut blessé, ainsi que plusieurs autres personnes ; – Attendu que le docteur Giry intenta contre le ministre de la justice et contre l'agent judiciaire du Trésor une action, tendant à la réparation du préjudice par lui subi ; – Attendu qu'il est précisé par les juges du second degré que le docteur Giry, accessoirement appelé à donner ses soins aux personnes intoxiquées, a été requis, dans les conditions prévues par les art. 43 et 44 C. instr. crim., par un commissaire de police agissant, dans une instance pénale, en qualité d'auxiliaire du procureur de la République ; qu'ils ont déduit à bon droit de ces énonciations que l'événement générateur du dommage s'était produit au cours d'une opération de police judiciaire ; – Attendu qu'il est fait grief à l'arrêt attaqué d'avoir fondé la condamnation des défendeurs sur l'art. 1384, al. 1er, c. civ., aux termes duquel le gardien d'une chose inanimée est, de plein droit, responsable du dommage qu'elle a causé ; – Attendu que ce grief est justifié ; – Attendu, en effet, que le gardien d'une chose inanimée est celui qui en a l'usage et qui détient le pouvoir de la surveiller et de la contrôler ; – Attendu que les éléments de la cause ne permettaient pas d'attribuer à la police judiciaire la qualité de gardien de l'immeuble sinistré, au sens qui vient d'être rappelé du texte précité ; – Mais *attendu que la juridiction de l'ordre judiciaire, régulièrement saisie en vertu des principes de la séparation des pouvoirs et de l'indépendance du pouvoir judiciaire, était appelée à se prononcer, au fond, sur un litige mettant en cause la responsabilité de la puissance publique, dont l'exercice du pouvoir judiciaire constitue, au premier chef, une manifestation ; – Attendu que la Cour d'appel s'est appuyée, à tort, sur les dispositions de droit privé relatives aux délits et quasi-délits, qui ne peuvent être invoquées pour fonder la responsabilité de l'État ; qu'elle avait, en revanche, le pouvoir et le devoir de se référer, en l'espèce, aux règles du droit public* ; – Attendu qu'il ressort de l'arrêt attaqué qu'à l'instant où il fut blessé, le docteur Giry, requis par le représentant d'un service public, était devenu le collaborateur occasionnel de ce service ; – Attendu que la victime d'un dommage subi dans de telles conditions n'a pas à le supporter ; que la réparation de ce dommage – toute recherche d'une faute étant exclue – incombe à la collectivité dans l'intérêt de laquelle le service intéressé a fonctionné ; – Attendu que, par ces motifs de pur droit, tirés des constatations des juges du fait et substitués d'office à ceux de l'arrêt attaqué, la décision dudit arrêt se trouve légalement justifiée ;

Sur le second moyen pris en sa première branche : – Attendu qu'à la date à laquelle est intervenu l'arrêt attaqué, aucun texte n'interdisait le maintien en la cause du ministre de la justice ; que la loi du 3 avr. 1955, qui confère à l'agent judiciaire du Trésor le monopole de la représentation de l'État en justice, n'a pas d'effet rétroactif ;

Sur le second moyen pris en ses deuxième et troisième branches : – Attendu, nonobstant tout motif surabondant, que l'arrêt attaqué a confirmé le jugement de première instance ; que ledit jugement condamnait le Trésor public et le ministre de la justice, autrement dit l'État, en la personne du ministre intéressé, au versement de la provision allouée au sieur Giry ; d'où il suit que le moyen n'est pas fondé en sa première branche et qu'il manque, par le fait qui lui sert de base, en ses deuxième et troisième branches ; ... (Rejet).

OBSERVATIONS

Rendu par la Cour de cassation, l'arrêt Trésor public c. Giry *confirme le lien entre service public et droit public reconnu par l'arrêt* Blanco*, *le service public fût-il judiciaire, et applique aux collaborateurs occasionnels le régime de responsabilité établi par le Conseil d'État par l'arrêt* Commune de Saint-Priest-la-Plaine*.

1 Un matin du mois de déc. 1949, des pêcheurs venus se restaurer à la « Bonne Auberge », à Grigny, trouvent les patrons de l'hôtel asphyxiés, dans leur chambre, par le gaz d'éclairage. Ils appellent un médecin, le docteur Perrier, et ils alertent la police.

Le docteur Perrier, après avoir constaté le décès des hôteliers et donné ses soins à deux autres victimes, rencontre, au moment de quitter les lieux, un de ses confrères, le docteur Giry, qui avait été requis par le commissaire de police pour faire un rapport sur les causes de l'asphyxie et l'état des victimes ; il retourne alors dans l'immeuble, en compagnie de ce praticien ; à ce moment se produit une violente explosion ; une trentaine de personnes, dont les deux médecins, sont gravement blessées. Les causes des émanations de gaz et de l'explosion sont demeurées inconnues.

Le docteur Perrier a demandé une indemnité à la commune de Grigny ; le tribunal administratif de Versailles lui a donné satisfaction, par des jugements que le Conseil d'État a confirmés en appel ; la jurisprudence administrative avait déjà admis en effet que les collaborateurs occasionnels des services publics ont le droit d'obtenir réparation des dommages qu'ils ont subis lors de l'accomplissement de leur mission, même si aucune faute ne peut être reprochée à l'administration (v. CE 22 nov. 1946, *Commune de Saint-Priest-la-Plaine**, et nos obs.) ; la circonstance que le concours n'avait pas été sollicité par l'autorité municipale ne pouvait faire obstacle à l'application de cette jurisprudence, dès lors que l'intervention du docteur Perrier était motivée par l'urgence (CE, Sect., 11 oct. 1957, *Commune de Grigny*, Rec. 524 ; v. n° 53.2).

Le docteur Giry, qui avait été requis par l'autorité de police en vue de participer à une enquête pénale, demanda de son côté une indemnité à l'État, devant les tribunaux judiciaires. Saisi de cette instance, le tribunal de la Seine estima que les textes du Code civil, notamment l'art. 1984 sur le mandat et l'art. 1384 sur la responsabilité des commettants, ne permettaient pas de donner satisfaction au requérant, parce qu'ils ne concernent que les relations entre particuliers ; mais il se référa aux « principes généraux du droit qui commandent tout à la fois le droit public et le droit civil, autrefois réunis sous le terme de *jus civile* », et dont « l'application n'est pas le monopole d'une juridiction déterminée » ; il range au nombre de ces principes la règle d'équité selon laquelle « le préjudice subi par un particulier, au cours d'une opération indispensable exécutée dans l'intérêt d'un service public, par conséquent général, doit être supporté par la collectivité et non par la seule victime » ; faisant ainsi application des principes de la jurisprudence administrative sur les collaborateurs occasionnels du service public, il admit que l'État devait réparer intégralement les dommages subis par le docteur Giry (T. civ. Seine 28 nov. 1952, JCP 1953.II.7371, note Vedel).

Cette solution, approuvée sans réserve par le Doyen Vedel, fut, sur appel de l'administration, censurée par la Cour de Paris. La Cour estima en effet que les tribunaux de l'ordre judiciaire doivent appuyer leurs décisions sur des textes, et qu'aucun texte n'alloue d'indemnité aux requis en cas d'accident ; si elle confirma la condamnation de l'État, ce fut par le motif que l'art. 1384 du Code civil crée une présomption de responsabilité à la charge du gardien de la chose inanimée qui a causé le dommage, et qu'en l'espèce la garde de l'immeuble appartenait au moment de l'accident à la police judiciaire (CA Paris 2 févr. 1955, JCP 1955.II.8619, note Esmein ; Gaz. Pal. 1955.1.169, concl. Dupin).

Le pourvoi formé contre cet arrêt par l'administration donna à la Cour de cassation l'occasion de rendre une décision de principe aussi importante par ses fondements doctrinaux que par ses conséquences pratiques. Après avoir écarté l'art. 1384 – la police judiciaire ne pouvant être regardée comme le gardien d'un immeuble dans lequel elle n'avait pénétré que pour rechercher les causes d'un accident, non pour en acquérir l'usage et en assurer la surveillance –, la Cour de cassation reprend la solution adoptée par le tribunal de la Seine : le litige met en cause la responsabilité de la puissance publique à l'occasion du fonctionnement du service public de la justice ; les tribunaux judiciaires ont en pareil cas « *le pouvoir et le devoir de se référer aux règles du droit public* » ; ils doivent en l'espèce appliquer le principe selon lequel la responsabilité de l'administration est engagée sans faute à l'égard de ses collaborateurs occasionnels, qu'ils soient bénévoles ou requis.

2 Bien qu'elle ait été admise sans hésitation par les juges de première instance, d'appel et de cassation, et qu'elle ait été généralement approuvée par les commentateurs, la compétence des tribunaux judiciaires pour connaître du litige peut prêter à discussion. Si ces tribunaux connaissent, en vertu du principe de la séparation des pouvoirs, des affaires intéressant le fonctionnement des services de police judiciaire (v. nos obs. sous TC 27 nov. 1952, *Préfet de la Guyane**), cette compétence est limitée aux dommages causés soit aux personnes recherchées ou poursuivies soit aux tiers ; elle ne s'étend pas normalement aux préjudices subis, dans l'accomplissement de leur mission, par les agents permanents du service, auxquels sont assimilés les collaborateurs occasionnels : c'est ainsi que le Conseil d'État s'était reconnu compétent pour statuer sur le pourvoi d'un passant blessé par un malfaiteur à la poursuite duquel il s'était lancé (Sect., 17 avr. 1953, *Pinguet*, Rec. 177 ; v. n° 53.8) ; cette solution, adoptée dans le cas d'une collaboration bénévole et spontanée, devrait s'appliquer à plus forte raison aux requis ; la situation de ces derniers en effet se rattache plus à l'organisation même de la police judiciaire, qui relève de la compétence de la juridiction administrative, qu'à son fonctionnement, qui est seul soumis au contrôle des tribunaux judiciaires.

Ces réserves sur la question de compétence ne diminuent en rien l'importance de l'arrêt, qui, sur le fond, apporte une réponse à deux questions :

– les tribunaux de l'ordre judiciaire peuvent-ils appliquer les règles du droit public ? (I) ;

– l'action des services judiciaires peut-elle engager la responsabilité de l'État ? (II).

I. — L'application du droit administratif par les juridictions judiciaires

3 En principe, le droit administratif est appliqué par le juge administratif (A). Mais il peut l'être dans certains cas par le juge judiciaire (B).

A. — Dans le système français de la séparation des juridictions administrative et judiciaire, *la compétence et le fond sont étroitement liés.* L'arrêt *Blanco** exprime ce principe fondamental : c'est parce que la responsabilité de la puissance publique est soustraite à l'application des règles établies par le Code civil que son contentieux est confié au juge administratif.

Lorsque des situations sont régies par des rapports de droit public, leur contentieux relève de la juridiction administrative (par ex. les recours des personnes publiques contre leurs agents : v. nos obs. sous CE 28 juill. 1951, *Laruelle** et *Delville**). À l'inverse, lorsque l'action administrative s'exerce dans les mêmes conditions que celles d'une personne privée, elle est à la fois régie par le droit privé et soumise à la compétence judiciaire (par ex. les contrats de droit commun conclus par l'administration : CE 31 juill. 1912, *Société des granits porphyroïdes des Vosges** ;

les services publics industriels et commerciaux : TC 22 janv. 1921, *Société commerciale de l'Ouest africain**).

Cette conception, qui domine toute la jurisprudence relative à la répartition des compétences, se retrouve également dans les textes ; fréquemment, les lois qui confient aux tribunaux judiciaires le contentieux de certaines activités administratives disposent en même temps que ces activités seront jugées selon les règles du droit civil : tel est le cas par exemple de la loi du 5 avr. 1937 sur les dommages causés ou subis par les élèves des écoles publiques, ou encore de la loi du 31 déc. 1957 sur les accidents causés par les véhicules administratifs ; en sens contraire, le décret-loi du 17 juin 1938, qui a reconnu à la juridiction administrative la compétence pour les litiges relatifs aux contrats comportant occupation du domaine public (aujourd'hui art. L. 2331-1-1° du code général de la propriété des personnes publiques), avait pour objet et a eu pour effet de soumettre ces contrats aux règles du droit public.

Le principe de la liaison de la compétence et du fond n'a pas empêché le Conseil d'État de recourir le cas échéant à des dispositions du Code civil. On a même pu observer un rapprochement entre certaines solutions du droit administratif et celles du droit privé, notamment dans le domaine de la responsabilité (v. n° 1.7, nos obs. sous TC 8 févr. 1873, *Blanco**).

Il n'en reste pas moins, d'une part, que le Conseil d'État garde toujours la maîtrise de l'utilisation de textes de droit privé et de l'adoption de solutions inspirées par celui-ci, d'autre part, que les tribunaux judiciaires se refusent généralement à faire directement application des règles de droit administratif.

4 ***B.*** — L'arrêt *Giry* leur en fait au contraire une obligation quand ils ont à connaître d'un contentieux qui, parce qu'il concerne un *service judiciaire*, relève de leur compétence, mais aussi, parce qu'il concerne un service public, relève, au fond, du *droit public*.

La Cour de cassation adopte dans cet arrêt une solution qui, loin de s'appuyer sur des textes de droit civil, se borne à transposer les principes dégagés par le Conseil d'État dans le domaine de la responsabilité de l'administration à l'égard de ses collaborateurs occasionnels. La compétence de l'autorité judiciaire ne se justifie pas, en l'espèce, par le souci de soumettre au droit privé une activité de service public ; lorsque l'État exerce sa mission de police judiciaire, il ne se comporte pas comme un particulier ; il se manifeste, au contraire, en tant que puissance publique ; il doit, dès lors, être soumis au régime de la responsabilité de la puissance publique, quel que soit le juge compétent. Il serait anormal, contraire à la logique et au bon sens, que la police administrative et la police judiciaire, qui sont souvent exercées par les mêmes personnes, et qui comportent la mise en œuvre des mêmes moyens matériels, soient régies par des systèmes de responsabilité différents pour le seul motif qu'elles sont jugées par des juridictions différentes.

En décidant de dissocier en pareil cas la compétence et le fond, la Cour de cassation a fait prévaloir la nature de l'activité jugée sur celle de l'organe de jugement ; et, en reprenant purement et simplement des règles dégagées par le juge normal de la puissance publique, elle a consacré, au-dessus de la dualité des autorités contentieuses, l'unité fondamentale des principes juridiques. Ainsi une action en réparation du préjudice subi par un tiers à une opération de perquisition judiciaire relève de la compétence judiciaire alors qu'est recherchée la responsabilité sans faute de l'État sur le terrain de la rupture de l'égalité devant les charges publiques (TC 8 févr. 2021, *Garde des Sceaux, ministre de la justice c. Nicolas Rahmani*, n° 4205) – sur ce régime de responsabilité, v. nos obs. sous l'arrêt *Couitéas**.

5 La jurisprudence *Giry* a également des prolongements au-delà des services judiciaires, dans des contentieux que le législateur a transférés aux juridictions judiciaires alors qu'ils portent sur des questions d'ordre administratif (v. nos obs. sous CC *23 janv. 1987, Conseil de la concurrence**).

Le transfert de compétence n'a eu ni pour objet ni pour effet de changer la nature des litiges et du droit applicable : les juridictions judiciaires appliquent des solutions de droit public.

Ainsi, la Cour d'appel de Paris a statué sur les recours contre certaines décisions de la Commission des opérations de bourse tantôt comme juge de l'excès de pouvoir (CA Paris 12 juill. 1989, Bull. Jol. 1989.829 ; Com. 26 oct. 1993, Bull. civ. IV, n° 352, p. 254 ; D. 1993.237, note Decoopman) tantôt comme juge de pleine juridiction (CA Paris 12 janv. 1994, RD bancaire et bourse 1994.37, note Germain et Frison-Roche ; Bull. Jol. Bourse 1994.120, note Decoopman ; 16 mars 1994, JCP E 1994.II.605, note Forsbach et Leloup).

Quant au fond, elle applique les règles du droit administratif, telles celles qui imposent la motivation des actes administratifs (CA Paris 13 juill. 1988, D. 1989.160, note Le Cannu) ou qui exigent une faute lourde pour que soit engagée la responsabilité des organes de contrôle (CA Paris 6 avr. 1994, D. 1994.511, note Decoopman), exactement comme le faisait précédemment le Conseil d'État (CE 22 juin 1984, *Société « Pierre et Cristal »*, Rec. 736 ; Rev. sociétés 1985.634, note Daigre).

En outre, le juge judiciaire répressif, qui a pleine compétence pour apprécier la légalité des actes administratifs, réglementaires ou non, servant de fondement aux poursuites ou à la défense (v. n° 89.2), le fait en appliquant les mêmes normes et en exerçant le même contrôle que le juge administratif. Le juge judiciaire non répressif peut le faire aussi pour l'application d'une jurisprudence administrative « bien établie » (TC 17 oct. 2011, *SCEA du Chéneau**).

Ainsi des actes et des activités à caractère administratif restent régis par le droit administratif alors même que les juridictions judiciaires sont appelées à en connaître.

Cela n'abolit pas la règle de la liaison de la compétence et du fond mais conduit seulement à l'écarter dans les cas où son application est dépourvue de toute justification logique et risque d'aboutir à des résultats inéquitables.

II. — La responsabilité de l'État du fait des services judiciaires

6 Le second mérite de l'arrêt *Giry* est d'avoir marqué les limites de l'irresponsabilité de l'État en raison de l'activité des services judiciaires.

Jusqu'à cet arrêt, les tribunaux se refusaient, en l'absence de texte, à admettre que cette activité engage la responsabilité de l'administration ; les plaideurs n'avaient alors en pratique à leur disposition, en dehors de la révision des erreurs judiciaires, que la procédure de la prise à partie, qui est difficile à mettre en œuvre et dont le champ d'application est limité aux fautes graves des magistrats et fonctionnaires qui leur sont assimilés par la jurisprudence (membres du parquet, officiers de police judiciaire, commissaires de police...).

Il était dès lors communément admis que toute déclaration d'incompétence du juge administratif aboutissait en fait dans cette matière à un déni de justice.

Cette situation n'était ni conforme à l'équité ni fondée en droit. Dans ses conclusions sur l'affaire *Baud* (CE 11 mai 1951, S. 1952.3.13), le commissaire du gouvernement J. Delvolvé avait montré que l'irresponsabilité de l'État trouve à la fois son fondement et sa limite dans l'autorité des décisions de justice : ces décisions, qui ont force de vérité légale, ne peuvent être critiquées par la voie d'une action en indemnité ; mais « cette règle ne vaut que pour l'acte de juridiction lui-même... et non pour les actes et opérations qui concourent à sa préparation ». Cette doctrine est entrée dans le droit positif avec l'arrêt *Giry*, par lequel la Cour de cassation admet que la responsabilité de l'État est engagée sans faute, sur le terrain du risque, en application des principes généraux du droit public, à l'égard des collaborateurs occasionnels du service public judiciaire.

7 *La police judiciaire* a été le principal domaine d'application de la jurisprudence *Giry*, ainsi pour l'usage d'armes à feu, les arrestations (affaire *Issartier* : Cass. civ. 13 nov. 1968, Bull. civ. II, n° 266, p. 186 ; RTD civ. 1969.575, obs. Durry ; – civ. 16 mars 1972, Bull. civ. III, n° 82, p. 63 ; – affaire *Vavon* : TGI Paris 13 mai 1970, AJ 1970.508, note G. Dreyfus), et les saisies (CA Douai 3 janv. 1962, *Lenfant*, JCP 1962.II.15260, note Vedel : saisie d'une voiture), notamment de livres ou de journaux sous le couvert de l'ancien art. 30. C. pr. pén. (CA Paris 3 juin 1964, *Papon et Agent judiciaire du Trésor c. Société Fermière « Libération »*, D. 1965.98, note Maestre ; JCP 1964.II.13833, note Ch. Debbasch ; CA Orléans 15 juin 1966, *Société « Le Nouvel Observateur »*, JCP 1967.II.15104, note Ch. Debbasch).

Des services, tel celui de l'état-civil, placés sous le contrôle de l'autorité judiciaire, donnent également lieu à un contentieux judiciaire dans lequel doit être appliqué le droit public (Civ. 1re 6 févr. 2007, Bull. civ. I, n° 49, p. 43 ; AJ 2008.531, note Van Lang ; JCP Adm. 2007.2131, note Renard-Payen ; RFDA 2007.1263 note Éveillard). Cela donne l'occasion aux tribunaux judiciaires de faire application de diverses règles de la responsabilité de la puissance publique : distinction de la faute personnelle et de la faute de service (Civ. 1re 6 févr. 2007, préc. : faute de service d'un maire à propos de la célébration d'un mariage; Crim., 14 juin 2005, AJ 2006.1058, note Deffigier : faute inexcusable d'une particulière gravité d'un gendarme dans l'exercice d'une activité de police judiciaire, ayant le caractère de faute personnelle), technique du cumul des responsabilités, exigence de la faute lourde, responsabilité pour risque à l'égard des collaborateurs occasionnels comme dans l'affaire *Giry*, ou du fait de l'usage d'armes à feu (24 juin 1949, *Consorts Lecomte*, Rec. 307 ; v. nº 32.2).

S'agissant des collaborateurs occasionnels, la Cour de cassation a fait bénéficier du régime de la responsabilité sans faute un mandataire judiciaire à la liquidation des entreprises (Civ. 1re 30 janv. 1996, *Morand c. Agent judiciaire du Trésor*, Bull. civ. I, nº 51, p. 32; JCP 1996.II.22608, rapport Sargos; D. 1997.83, note Legrand; RD publ. 1997.235, note J.-M. Auby; RFDA 1997.1301, note Bon), prolongeant ainsi non seulement l'arrêt *Giry*, mais la jurisprudence du Conseil d'État appliquant le même régime à un expert judiciaire ayant « participé au fonctionnement du service public de la justice administrative » (CE, Sect., 26 févr. 1971, *Aragon*, Rec. 172 ; v. nº 53.3).

Mais, alors que la responsabilité pour faute en matière de police administrative est engagée désormais pour faute simple (v. nos obs. sous CE 10 févr. 1905, *Tomaso Grecco**), elle l'est encore pour faute lourde pour la police judiciaire, en raison des termes de la loi (Cass. 1re civ. 9 nov. 2016 ; v. nº 14.6 : à propos d'un contrôle d'identité discriminatoire effectué après un vol).

8 Le service public judiciaire ne se limite pas à la police judiciaire. Il couvre aussi, et même surtout, l'*activité juridictionnelle* à proprement parler, qui consiste à rendre la justice.

La mise en jeu de sa responsabilité soulève des problèmes d'imputabilité et se heurte à des objections qui sont les mêmes pour la justice judiciaire que pour la justice administrative, et a fait l'objet de dispositions législatives (v. nos obs. sous CE 27 févr. 2004, *Mme Popin**).

68

ACTES ADMINISTRATIFS
INEXISTENCE

Conseil d'État Ass., 31 mai 1957, *Rosan Girard*
(Rec. 355, concl. Gazier ; AJ 1957.II.273, chr. Fournier et Braibant ; D. 1958.152, note P.W.)

Cons. que le document enregistré sous le n° 26.188 au secrétariat du contentieux du Conseil d'État ne constitue pas une requête dirigée contre le décret du 2 mai 1953, mais seulement une demande tendant à ce qu'il fût statué d'urgence par ledit conseil sur le pourvoi que le sieur Rosan Girard devait former contre le décret susmentionné :

Sur la requête du sieur Rosan Girard :

Cons. qu'aux termes de l'article 44 de la loi du 5 avr. 1884, « lorsqu'un conseil municipal ne peut être constitué, une délégation spéciale en remplit les fonctions » ; que le décret attaqué, qui a institué une délégation spéciale dans la commune du Moule (Guadeloupe), a été pris en application de cet article :

Cons. qu'il ressort des pièces versées au dossier qu'un procès-verbal de recensement général des votes, qui mentionne la proclamation de l'élection de vingt-sept conseillers municipaux et qui, d'après ses indications, a été dressé le 26 avr. 1953 à 24 heures, a été établi par le président et les membres du 1er bureau, chargé des fonctions du bureau centralisateur, à la suite des opérations électorales auxquelles il avait été procédé ledit jour dans la commune du Moule pour le renouvellement du conseil municipal ; que, si le ministre de l'intérieur soutient, dans ses observations sur le pourvoi, qu'aucune proclamation n'aurait été faite publiquement et que le procès-verbal susmentionné constituerait un document purement fictif, aucune pièce versée au dossier n'apporte un commencement de preuve à l'appui de ces allégations, expressément démenties par le requérant qui avait présidé le bureau centralisateur ; que ni la circonstance que des incidents s'étaient produits pendant le scrutin, ni le fait qu'en raison de la saisie par la gendarmerie de l'urne du 2e bureau et de son transfert à la préfecture en vue de son dépouillement par le conseil de préfecture, siégeant en bureau électoral en vertu d'un arrêté préfectoral du 26 avr. 1953, d'ailleurs rapporté le lendemain, le recensement général, opéré par le bureau centralisateur, n'avait porté que sur les résultats de trois bureaux sur quatre, ne sauraient faire regarder comme inexistante la proclamation faite par ledit bureau ; que les vices qui entachaient cette proclamation étaient seulement de nature à justifier l'annulation des opérations électorales par le juge de l'élection, régulièrement saisi à cette fin par un déféré du préfet ou par une protestation d'un électeur ; que, dès lors, le préfet de la Guadeloupe, en prétendant constater, par son arrêté n° 53-618 du 27 avr. 1953, l'inexistence des opérations électorales effectuées le jour précédent dans la ville du Moule, est intervenu dans une matière réservée par la loi à la juridiction administrative ; *qu'eu égard à la gravité de l'atteinte ainsi portée par l'autorité administrative aux attributions du juge de l'élection, ledit arrêté doit être regardé comme un acte nul et non avenu ;* que, par suite, bien qu'il n'ait pas été déféré au juge compétent en premier ressort pour en déclarer la nullité, il ne saurait faire obstacle aux effets de la proclamation faite par le bureau centralisateur ;

Cons. que, si le conseil de préfecture, siégeant comme bureau électoral, a constaté, le 29 avr. 1953, qu'il n'y avait lieu à proclamation, il ressort de ce qui a été dit ci-dessus qu'en l'état de l'instruction la proclamation de l'élection de vingt-sept conseillers municipaux doit être regardée comme ayant été faite le 26 avr. 1953 par le bureau centralisateur ; que cette proclamation, qui n'a pas été attaquée devant le conseil de préfecture, est devenue définitive ;

Cons. qu'il résulte de tout ce qui précède que les dispositions sus-reproduites de l'article 44 de la loi du 5 avr. 1884, ne pouvaient recevoir légalement application en l'espèce ; que, dès lors, le sieur Rosan Girard est fondé à soutenir que le décret attaqué, instituant une délégation spéciale au Moule en exécution de cet article, est entaché d'excès de pouvoir ; ... (Décret annulé).

OBSERVATIONS

En reconnaissant l'inexistence d'un acte, l'arrêt Rosan Girard *va plus loin que l'annulation d'un acte pour excès de pouvoir (*Rodière*, Dame Lamotte**) : il permet de le contester et de le retirer à toute époque en l'absence de tout droit pouvant en résulter (*Ternon**).*

1 Des élections municipales eurent lieu dans la commune du Moule (Guadeloupe) le 26 avr. 1953. Des incidents se produisirent pendant le scrutin et lors du dépouillement. Le soir, la gendarmerie saisit l'une des quatre urnes et le préfet enjoignit au docteur Rosan Girard, député communiste, maire sortant et président du bureau centralisateur, de faire porter à la préfecture les procès-verbaux de recensement des trois autres bureaux de vote, afin que le conseil de préfecture, siégeant en bureau électoral, procédât au dépouillement de l'urne saisie et à l'établissement du procès-verbal général. Le docteur Rosan Girard refusa de tenir compte de ces instructions ; le bureau centralisateur proclama élue, à minuit, la liste communiste, sur la base des résultats qui étaient en sa possession.

Au lieu de déférer ces résultats au conseil de préfecture selon la procédure habituelle, le préfet prit le 27 avr. un arrêté constatant l'inexistence des opérations électorales. Une délégation spéciale fut alors instituée par un décret du 2 mai 1953, pris en vertu de l'art. 44 de la loi du 5 avr. 1884 ; de nouvelles élections eurent lieu, le 5 juill. suivant ; elles donnèrent la majorité aux listes non communistes. Le docteur Rosan Girard et ses amis attaquèrent à la fois les actes administratifs intervenus et les nouvelles opérations électorales. Après avoir rejeté certains de leurs recours comme tardifs ou portés devant une juridiction incompétente, le Conseil d'État leur donna satisfaction au fond par deux arrêts d'Assemblée du 31 mai 1957.

Le Conseil d'État déclare : que l'arrêté du préfet constatant l'inexistence des opérations électorales du 26 avr. 1953 est lui-même inexistant ; qu'ainsi, et bien qu'il n'ait pas été déféré en temps utile au juge compétent, il ne peut servir de base légale au décret qui a institué la délégation spéciale ; que, d'autre part, la proclamation des résultats de ces élections par le bureau centralisateur est, elle, devenue définitive faute d'avoir été attaquée. En conséquence, il annule le décret instituant une délégation spéciale (décision *Rosan Girard*), et les élections du 5 juill. 1953 (décision CE, Ass., 31 mai 1957, *Lansier et Herem*, Rec. 359).

L'affaire n'était pas terminée pour autant. Se refusant à tirer les conséquences de la chose jugée, le gouvernement, au lieu de faire procéder à l'installation du conseil municipal élu le 26 avr. 1953 et illégalement évincé de la mairie depuis quatre ans, prononça sa dissolution par décret du 4 juill. 1957 et institua une nouvelle délégation spéciale. Ce décret fut annulé à son tour, sur un nouveau pourvoi du sieur Rosan Girard, par une décision du 9 nov. 1959 (Rec. 584 ; D. 1960.83, note M.A.). Entre-temps, de nouvelles élections avaient eu lieu le 1er sept. 1957 : la liste communiste avait emporté vingt sièges sur vingt-sept.

Sur le plan juridique, l'arrêt *Rosan Girard* est important par l'application qu'il fait de la théorie de l'inexistence en droit administratif. Le Conseil d'État y qualifie en effet l'arrêté préfectoral du 27 avr. 1953 de « nul et non avenu » : cette expression signifie qu'il le considère comme inexistant.

La notion d'inexistence juridique a fait l'objet, depuis Laferrière, de nombreuses études et controverses doctrinales. Mais elle apparaît rarement dans la jurisprudence, et il est difficile de tirer du droit positif une théorie générale. Les arrêts ne donnent que des indications fragmentaires sur ses *conditions* (I) et sur ses *effets* (II).

2 **I.** — *Les conditions de l'inexistence* sont résumées par un arrêt du Conseil d'État du 28 sept. 2016, *Association pour la prévention de la corruption et pour l'éthique en politique (Anticor)*, JCP Adm. 2016.2316, note Degboe : « un acte ne peut être regardé comme inexistant que s'il est dépourvu d'existence matérielle ou s'il est entaché d'un vice d'une gravité telle qu'il affecte, non seulement sa légalité, mais son existence même ».

A. — Un acte peut ne pas exister *matériellement* ; c'est-à-dire qu'il n'a, en fait, jamais été pris (CE, Sect., 26 janv. 1951, *Galy*, Rec. 46 ; S. 1951.3.52, concl. Odent : acte dont aucune trace n'a pu être retrouvée dans les archives de l'administration ; – 28 févr. 1947, *Mégevand*, Rec. 85 ; S. 1948.3.41, note J.-M. Auby : prétendue délibération du conseil municipal qui n'était qu'une motion adoptée par un certain nombre de conseillers ; – 28 févr. 1986, *Commissaire de la République des Landes*, Rec. 50 ; AJ 1986.326, note J. Moreau ; RD publ. 1986.1468, note J.-M. Auby ; RFDA 1987.219, note Douence ; GACA, nº 50 : de « prétendues délibérations, qui émanent en réalité du maire et qui n'ont jamais été adoptées par le conseil municipal, doivent donc être regardées comme des actes nuls et de nul effet » ; – 9 mai 1990, *Commune de*

Lavaur c. Lozar, Rec. 115 ; D. 1991.SC.136, obs Llorens et Soler-Couteaux : si la question de l'achat éventuel d'un château et de son parc a été évoquée au cours d'une séance d'un conseil municipal, aucune délibération du conseil municipal n'a décidé cette acquisition ni autorisé le maire à y procéder ; « cette prétendue délibération doit donc être regardée comme un acte nul et de nul effet dont l'inexistence peut être constatée à tout moment »). Il peut être constaté qu'un acte n'existe pas, au sens banal du terme. La question ne soulève que des problèmes pratiques de preuve.

Dans l'affaire *Rosan Girard*, le ministre avait soutenu qu'il n'y avait pas eu, en fait, de proclamation publique des résultats électoraux et que le procès-verbal qui en faisait état était un document purement fictif : en l'absence de tout commencement de preuve apporté à l'appui de ces allégations démenties formellement par le président du bureau, le Conseil d'État les a écartées.

3 *B. — L'inexistence juridique* est plus difficile à identifier lorsqu'un acte a été formellement adopté ; il peut cependant être tenu pour inexistant. Les conditions de cette inexistence sont incertaines. L'acte inexistant est toujours un acte entaché d'une illégalité particulièrement grave et flagrante ; mais il n'est pas possible, dans l'état actuel de la jurisprudence, d'en donner une définition moins vague, qui énoncerait l'ensemble des conditions nécessaires et suffisantes applicables à toutes les hypothèses.

On s'est demandé si la théorie de l'inexistence avait le même champ d'application que celle de la voie de fait, qui a fait l'objet d'une jurisprudence abondante et précise (v. nos obs. sous TC 17 juin 2013, *Bergoend c. Société ERDF Annecy Léman**). Le Conseil d'État a rejeté cette assimilation, en considérant certains actes constitutifs d'une voie de fait comme illégaux, et non comme inexistants (CE, Sect., 31 janv. 1958, *Société des établissements Lassalle-Astis*, Rec. 63 ; AJ 1958.II.90, chr. Fournier et Braibant). Le Tribunal des conflits a au contraire lié les deux notions : les décisions qui ont le caractère de voie de fait « doivent être regardées comme nulles et non avenues », ce qui revient à les tenir pour inexistantes (TC 27 juin 1966, *Guigon*, Rec. 830 ; v. n° 109.6) ; et le Conseil d'État s'est conformé à cette solution (13 juill. 1966, *Guigon*, Rec. 476 ; D. 1966.669, note F.-G. Bertrand ; – pour un autre exemple de décision constitutive d'une voie de fait devant, par suite, être regardée comme nulle et non avenue : CE 11 mars 1998, *Ministre de l'intérieur c. Mme Auger*, Rec. 676).

Toutefois, il ne résulte pas de cette jurisprudence que les domaines respectifs de la voie de fait et de l'inexistence se recouvrent entièrement. D'une part, la voie de fait peut être constituée, non par une décision, mais par l'exécution matérielle d'une décision dans des conditions irrégulières, alors que seul un acte juridique peut être qualifié d'inexistant. D'autre part, le Conseil d'État considère comme inexistants des actes qui ne sont pas constitutifs d'une voie de fait ; comme il n'en a pas donné une définition générale, il faut se borner à faire l'inventaire des principaux cas dans lesquels il a écarté ou retenu cette solution.

4 L'inexistence d'un acte devant être soulevée d'office par le juge, le Conseil d'État l'écarte implicitement chaque fois qu'il rejette une requête ou qu'il annule l'acte attaqué pour simple illégalité. Dans certains cas, rares en pratique, l'argumentation des plaideurs l'a amené à écarter expressément l'inexistence ; c'est ce qu'il a fait notamment à propos de certaines décisions prises à l'égard de fonctionnaires : nominations par un ministre autre que celui dont ils relèvent ou sans le contreseing de ce dernier (CE, Sect., 18 déc. 1953, *Welter*, Rec. 564 ; – 22 janv. 1954, *Pacha*, Rec. 46 et 17 mars 1954, *Dame Dardant*, Rec. 163 ; AJ 1954.II *bis*.5, chr. Gazier et Long) ; nominations ou promotions à un grade supprimé (CE 7 août 2008, *Mme Le Cointe*, Rec. 575 ; BJCL 2008.756, concl. Glaser) ou à un emploi qui ne pouvait être créé (CE 2 juin 2010, *Commune de Loos*, Rec. 186 ; AJ 2010.2216, note de Montecler ; JCP Adm. 2010.2345, note Jean-Pierre), ou encore intervenues malgré une condamnation pénale antérieure qui devait y faire obstacle (CE, Ass., 10 févr. 1961, *Chabran*, Rec. 102, concl. Heumann). On trouve des exemples négatifs dans d'autres domaines : expulsion du territoire français d'une personne de nationalité française (CE, Sect., 4 juill. 1980, *Zemma*, Rec. 299, concl. Bacquet ; AJ 1980.640, chr. Feffer et Robineau) ; délibération qui aurait porté sur une question non inscrite à l'ordre du jour, aurait été votée dans la confusion et dont le registre des délibérations aurait été signé avec retard par les conseillers municipaux (CE 13 juin 1986, *Toribio et Bideau*, Rec. 161 ; AJ 1986.503, concl. Roux).

Quant aux décisions positives, on n'en trouve dans la jurisprudence que quelques cas, intéressant presque tous le contentieux de la fonction publique : nominations ou promotions pour ordre, c'est-à-dire non suivies d'une affectation (CE, Sect., 30 juin 1950, *Massonaud*, Rec. 400, concl. J. Delvolvé ; S. 1951.3.57, note F.M. ; – Ass., 15 mai 1981, *Maurice*, Rec. 221 ; AJ 1982.86, concl. Bacquet ; D. 1981.IR. obs. P. Delvolvé ; D. 1982.147, note Blondel et Julien-Laferrière ; – Sect., 18 janv. 2013, *Syndicat de la magistrature*, Rec. 5 ; v. n° 16.5) ; actes pris à l'égard d'un fonctionnaire ou par un fonctionnaire qui a atteint la limite d'âge, en méconnaissance de la rupture des liens de ce fonctionnaire avec le service (CE, Sect., 3 févr. 1956, *de Fontbonne*, Rec. 45 ; RD publ. 1956.859, note M. Waline ; AJ 1956.II.93, chr. Gazier ; – 26 oct. 2005, *Pinguet et autres*, Rec. 442). Toutefois, une évolution se fait jour pour admettre qu'en pareil cas, le maintien en activité est illégal sans être frappé d'inexistence (CE 19 nov. 2010, *Caisse des dépôts et consignation*, sol. impl., Rec. 827 ; CAA Paris, *S...*, 6 févr. 2018, AJ 2018.924, concl. Oriol).

Est inexistant un acte pris sur le fondement d'un acte lui-même inexistant, tel un arrêté nommant un attaché territorial sur le fondement d'une fausse délibération d'un conseil municipal (CE 3 mars 2017, *Mme Goupil*, Rec. 432 ; BJCL 2017.203, concl. Pellissier).

Dans l'arrêt *Rosan Girard,* le Conseil d'État a adopté une motivation plus précise et doctrinale, en se fondant sur « la gravité de l'atteinte portée par l'autorité administrative aux attributions du juge de l'élection ».

5 Mais, des décisions rendues, on ne peut déduire des formules générales. Il est des empiétements de l'administration sur les attributions du juge – qu'il s'agisse du juge disciplinaire, du juge du contrat, ou même, tout comme dans l'affaire *Rosan Girard,* du juge de l'élection – qui sont seulement qualifiés d'illégaux et annulés pour simple excès de pouvoir (v. par ex. : CE 29 mars 1950, *Torregrosa*, Rec. 194 ; – 26 mai 1950, *Chambre syndicale des agents de change, courtiers de la Réunion et autres*, Rec. 313 ; – 2 nov. 1957, *Société des hauts fourneaux de Rouen*, Rec. 580). Et la méconnaissance de la chose jugée, si elle constitue une illégalité, n'atteint pas, le plus souvent, le seuil de l'inexistence (v. nos obs. sous CE 8 juill. 1904, *Botta** ; – 26 déc. 1925, *Rodière**).

La catégorie des actes inexistants comprend ainsi, d'une part des décisions constitutives d'une voie de fait, et d'autre part les décisions et même les conventions (TA Versailles 12 déc. 1991, *Préfet du Val d'Oise c. Commune de Goussainville, Compagnie des eaux de Goussainville*, CJEG 1992.126) gravement illégales auxquelles le juge veut refuser tout effet juridique.

6 **II.** — Les *effets* de l'inexistence sont mieux définis par la jurisprudence que ses caractéristiques.

Il est tout d'abord certain que l'acte juridiquement inexistant ne l'est pas au point de ne pouvoir faire l'objet d'un recours contentieux. Les intéressés peuvent l'attaquer, en demander la suspension (CE 26 janv. 2007, *Commune de Neuville-sur-Escaut*, Rec. 1009 ; BJCL 2007.126, concl. Derepas ; JCP Adm. 2007.2058, note Caille ; JCP 2007.I.120, § 7, obs. Plessix), et le juge, l'examiner comme un acte ordinaire. La seule différence de ce point de vue tient à ce que l'acte inexistant sera déclaré « nul et non avenu », ou « nul et de nul effet », alors que l'acte illégal est annulé. C'est au demeurant une différence purement formelle, puisque, dans l'un et l'autre cas, la décision disparaît en principe rétroactivement et qu'elle « est réputée n'être jamais intervenue » (v. CE 26 déc. 1925, *Rodière** et 11 mai 2004, *Association AC !**).

Plus importante est la règle selon laquelle l'inexistence constitue, en raison de sa gravité, un moyen d'ordre public et doit, par suite, être soulevée d'office par le juge (*cf.* CE 5 mai 1971, *Préfet de Paris et ministre de l'intérieur*, Rec. 329 ; AJ 1972.301, note V.S.). « Le juge de l'excès de pouvoir, saisi d'un recours dirigé contre un acte nul et non avenu, est tenu d'en constater la nullité à toute époque » (CE, Sect., 18 janv. 2013, *Syndicat de la magistrature*, Rec. 5 ; v. n° 16.5).

Bien plus, l'acte inexistant peut être remis en cause indéfiniment : il peut être déféré au juge sans condition de délai (CE 15 mai 1981, *Maurice*, préc. ; – 28 févr. 1986, *Commissaire de la République des Landes*, préc.) ; son inexistence peut être invoquée par voie d'exception à tout moment (*Rosan Girard* ; – 9 nov. 1983, *Saerens*, Rec. 453), alors que les recours contre les actes simplement illégaux doivent être exercés dans les délais de recours contentieux (13 juin 1986, *Toribio et Bideau*, préc.), et que l'exception tirée de l'illégalité d'un acte individuel doit être soulevée dans ces mêmes délais (CE 10 mai 1957, *Enjalbert*, Rec. 304).

Le régime contentieux des actes inexistants se répercute sur leur statut propre : ils ne peuvent ni créer de droits ni devenir définitifs. Ils peuvent être retirés à tout moment par l'administration (CE 3 févr. 1956, *de Fontbonne*, préc.), alors que les actes créateurs de droits ne peuvent l'être que dans certaines conditions (CE 26 oct. 2001, *Ternon**, avec nos obs.).

7 Ce sont précisément les effets de l'inexistence, que le juge administratif a lui-même définis, qui l'incitent à faire appel dans certains cas à cette notion lui permettant d'échapper, lorsqu'il l'estime nécessaire, à la logique rigoureuse des délais de procédure et des règles du retrait (*cf.* Prosper Weil, *Une résurrection : la théorie de l'inexistence en droit administratif,* D. 1958, chr. 49). Il l'utilise dans des cas où il serait particulièrement choquant, voire scandaleux, qu'un acte crée des droits (nomination pour ordre) ou serve de base légale à un autre acte *(Rosan Girard),* ou encore lorsque l'application des principes habituels risquerait de favoriser des abus qui, mineurs en eux-mêmes, deviendraient graves s'ils se généralisaient (jurisprudence sur les limites d'âge). Mais on comprend également que le recours à cette notion doive demeurer exceptionnel, faute de quoi le principe même de l'intangibilité des droits nés d'une décision individuelle deviendrait lettre morte.

La théorie de l'inexistence apparaît ainsi comme une construction essentiellement empirique : le juge en a une conception non pas doctrinale, mais utilitaire ; elle est pour lui un moyen pratique de renforcer, dans des cas tout à fait exceptionnels qu'il détermine lui-même, le contrôle juridictionnel qu'il exerce sur l'administration.

69

POUVOIR RÉGLEMENTAIRE PRINCIPES GÉNÉRAUX DU DROIT

Conseil d'État Sect., 26 juin 1959, *Syndicat général des ingénieurs-conseils*
(Rec. 394 ; RD publ. 1959.1004, concl. Fournier ; Rev. jur. et pol. d'outre-mer, 1960.441, concl. ; AJ 1959.I.153, chr. Combarnous et Galabert ; D. 1959.541, note L'Huillier ; RA 1959.381, note Georgel ; S. 1959.202, note R. Drago ; GCJA, vol. 2, n° 32, concl.)

Sur les fins de non-recevoir opposées à la requête du syndicat général des ingénieurs-conseils par le ministre de la France d'outre-mer :

Cons., d'une part, que si, après avoir été publié au *Journal officiel* de la République française du 27 juin 1947, le décret attaqué n'a fait l'objet, antérieurement à la date d'introduction de la requête, d'aucune mesure de publication dans les territoires qui relevaient alors du ministère de la France d'outre-mer, cette circonstance ne faisait pas obstacle à ce que ledit décret fût attaqué par la voie du recours pour excès de pouvoir par les personnes auxquelles il était susceptible de devenir opposable par l'effet d'une publication ultérieure dans les territoires d'outre-mer :

Cons., d'autre part, que le syndicat général des ingénieurs-conseils, dont un certain nombre de membres exercent, dans les territoires où le décret attaqué est susceptible d'être appliqué, une activité professionnelle que ledit décret tend à limiter au profit des personnes auxquelles le titre d'architecte est réservé, justifie, de ce fait, d'un intérêt lui donnant qualité pour poursuivre l'annulation de ce décret ; que, dès lors, la requête susvisée est recevable ;

Sur l'intervention du syndicat des entrepreneurs métropolitains de travaux publics travaillant aux colonies :

Cons. que ledit syndicat a intérêt à l'annulation du décret attaqué qui limite le choix des personnes auxquelles les maîtres d'ouvrage peuvent s'adresser pour diriger les travaux de construction ; que, dès lors, son intervention au soutien de la requête dirigée contre le décret précité par le syndicat susvisé est recevable ;

Sur la légalité du décret attaqué :

Cons. que le 25 juin 1947, alors que n'avait pas pris fin la période transitoire prévue par l'article 104 de la Constitution du 27 oct. 1946, le président du Conseil des ministres tenait de l'article 47 de ladite Constitution le pouvoir de régler par décret, dans les territoires dépendant du ministère de la France d'outre-mer, en application de l'article 18 du sénatus-consulte du 3 mai 1854, les questions qui, dans la métropole, ressortissaient au domaine de la loi ; *que, dans l'exercice de ces attributions, il était cependant tenu de respecter, d'une part, les dispositions des lois applicables dans les territoires d'outre-mer, d'autre part, les principes généraux du droit qui, résultant notamment du Préambule de la Constitution, s'imposent à toute autorité réglementaire même en l'absence de dispositions législatives ;*

Cons., en premier lieu, que la loi du 31 déc. 1940 n'était pas applicable dans les territoires visés par le décret attaqué ; que les dispositions du Code civil, ayant été introduites dans ces territoires par décret, y avaient seulement valeur réglementaire ; que, par suite, le syndicat requérant n'est pas fondé à soutenir que le décret attaqué serait entaché d'illégalité en tant qu'il méconnaîtrait les prescriptions de ces deux textes ;

Cons., en second lieu, qu'en réservant aux architectes, dans les territoires qu'il concerne, le soin de « composer tous les édifices, d'en déterminer les proportions, la structure, la distribution, d'en dresser les plans, de rédiger les devis et de coordonner l'ensemble de leur exécution » et en interdisant ainsi aux membres d'autres professions de se livrer à ces activités, le décret attaqué, s'il est intervenu dans une matière réservée dans la métropole au législateur, n'a porté à aucun des principes susmentionnés une atteinte de nature à entacher d'illégalité les mesures qu'il édicte ; ... (Rejet).

OBSERVATIONS

L'arrêt Syndicat général des ingénieurs-conseils *soumet l'exercice du pouvoir réglementaire « autonome » du gouvernement aux principes généraux du droit, comme celui de toutes les autorités administratives (*Société des concerts du conservatoire**).*

1 **I.** — Selon le sénatus-consulte du 3 mai 1854, les colonies étaient régies par décret ; l'exécutif était ainsi, pour les colonies, investi du pouvoir de prendre des mesures ressortissant au domaine de la loi. Ce régime était encore en vigueur lorsque le président du conseil, agissant comme législateur colonial, prit, le 25 juin 1947, un décret réglementant la profession d'architecte dans les territoires relevant du ministère de la France d'outre-mer. Ce décret avait notamment pour effet d'instituer un monopole étendu au profit des architectes inscrits au tableau de l'ordre et de limiter la responsabilité des architectes par rapport à celle des entrepreneurs et fournisseurs ; c'est pourquoi il fut attaqué par le syndicat des ingénieurs-conseils, car ces derniers étaient lésés par le monopole, ainsi que par le syndicat des entrepreneurs de travaux publics travaillant aux colonies, qui étaient inquiets de voir leur responsabilité élargie.

Lorsque le Conseil d'État jugea cette affaire, en 1959, elle ne présentait qu'un intérêt pratique limité car le décret n'avait été rendu applicable qu'à de rares territoires (*cf.* pour la Polynésie, un arrêté gubernatorial du 19 août 1947).

Mais il arrive que des affaires qui, en fait, n'intéressent plus guère ni les requérants ni l'administration, posent des problèmes juridiques d'une grande importance ; et le Conseil d'État a souvent élaboré des jurisprudences fondamentales à l'occasion de litiges mineurs. Tel fut le cas de l'affaire des *Ingénieurs-conseils.* Les requérants invoquaient notamment, contre le décret attaqué, un moyen tiré de la violation du principe de la liberté du commerce et de l'industrie. Le Conseil d'État était ainsi conduit à préciser les limites des pouvoirs du législateur colonial. D'une façon plus générale, il devait rechercher, pour reprendre l'expression de son commissaire du gouvernement, « si l'autorité réglementaire, lorsqu'elle dispose d'un pouvoir autonome, qui ne se réduit pas à l'exécution des lois, est ou non limitée par des règles non écrites ».

La Constitution du 4 oct. 1958 donnait à cette question une importance particulière. Elle délimite en effet, notamment dans son art. 34, le domaine de la loi ; par son art. 37, elle confère au gouvernement, en dehors de ce domaine, un pouvoir réglementaire autonome, et lui permet, dans les matières qui échappent ainsi à la compétence du législateur, de modifier ou d'abroger les lois existantes.

Les actes pris en vertu de ce pouvoir réglementaire ont un caractère administratif et sont soumis au contrôle du juge, comme les règlements d'administration publique, les décrets en Conseil d'État, les décrets coloniaux et des décrets-lois non encore ratifiés (v. en ce sens CE, Sect., 12 févr. 1960, *Société Eky*, Rec. 101 ; v. n° 17.4 ; – 18 mai 1960, *Karle*, Rec. 333, concl. Fournier ; – Sect., 28 oct. 1960, *de Laboulaye*, Rec. 570 ; v. n° 59.3).

Encore fallait-il rechercher quelles seraient en cette matière l'étendue des pouvoirs du gouvernement et l'efficacité du contrôle juridictionnel. Ou bien le gouvernement aurait le droit de tout faire en son domaine : dans la sphère de sa compétence, ses pouvoirs seraient illimités ; en ce cas, le risque d'arbitraire serait sérieux, et l'intervention du juge aurait un caractère purement formel. Ou bien au contraire le gouvernement devrait respecter, outre la Constitution elle-même, certains principes généraux dégagés par la jurisprudence ; le contrôle juridictionnel pourrait alors s'exercer utilement sur la validité des règlements autonomes et limiter ainsi l'extension des prérogatives de l'exécutif. C'est à ces questions que le Conseil d'État a apporté une réponse dans l'arrêt *Ingénieurs-conseils.*

2 **II.** — Cet arrêt, dont la motivation est concise et discrète, doit être éclairé par les conclusions du commissaire du gouvernement Fournier.

a) Celui-ci a rappelé tout d'abord que la jurisprudence avait déjà admis que certains principes généraux s'imposaient au « législateur colonial » (CE 23 nov. 1936, *Abdoulhoussen et autres*, Rec. 1015 ; S. 1937.3.25, note M.L.) : le gouvernement ayant, en la matière, le pouvoir de légiférer, cette jurisprudence ne pouvait s'expliquer que si une valeur supérieure à la loi, c'est-à-dire constitutionnelle ou quasi constitutionnelle, était reconnue aux principes généraux en question.

b) Le commissaire du gouvernement a estimé d'autre part que les règles non écrites dégagées par la jurisprudence ne sont pas toutes de même nature : les unes n'ont qu'une valeur législative ou réglementaire, les autres ont un caractère constitutionnel ; aux premières on donne depuis lors le nom de « règles », la dénomination de « principes » étant réservée aux secondes.

Les « règles », qui sont les plus nombreuses, sont simplement interprétatives ou supplétives. « Elles ne s'appliquent qu'à défaut de dispositions écrites contraires, et elles ont une simple valeur d'interprétation. Suivant la matière qu'elles concernent, elles s'inclineront devant la loi ou le règlement. Telles sont, par exemple, les règles générales de procédure applicables même sans texte devant toutes les juridictions administratives ». Il faudrait ainsi ranger dans cette catégorie, notamment, l'obligation de motiver les jugements et d'y mentionner le nom des juges, ou la faculté de former un recours administratif préalable au recours contentieux, ou encore les règles de calcul du quorum dans les organismes collégiaux.

Parmi les « principes » qui ont une valeur supérieure, une nouvelle distinction doit être faite entre les règles de compétence et les règles de fond.

Les règles de compétence fixent les pouvoirs respectifs du législateur et du gouvernement ; elles résultaient, avant 1958, de la « tradition constitutionnelle républicaine », rappelée notamment dans un avis du Conseil d'État en date du 6 févr. 1953 (RD publ. 1953.170) ; elles sont inscrites, aujourd'hui, dans la Constitution elle-même, notamment dans son art. 34. Ces règles, par définition, ne s'imposaient pas au législateur colonial, dont la compétence était définie par le sénatus-consulte du 3 mai 1854 ; et elles ne s'imposent pas au gouvernement dans l'exercice de la compétence qui lui est reconnue par l'art. 37 de la Constitution de 1958.

Quant aux règles de fond, « ce sont les principes généraux du droit proprement dits, posés par les déclarations des droits ou déduits par le juge de ces déclarations. Parmi ces principes fondamentaux, qui sont à la base de notre régime politique, il faut sans doute ranger l'égalité des citoyens, la garantie des libertés essentielles, la séparation des pouvoirs et l'autorité de la chose jugée, la non-rétroactivité des actes de la puissance publique et l'intangibilité des droits acquis, le droit pour le citoyen de contester les actes du pouvoir, droit qui a une forme passive (respect de la défense) et une forme active (faculté de former un recours pour excès de pouvoir). Il faut y ranger également, en contrepartie, le principe de la continuité des services publics, essentiel à la vie de la nation ». Ce sont ces principes « qui s'imposent à l'autorité réglementaire même lorsqu'elle n'est pas limitée par la loi ».

c) Le commissaire du gouvernement, après avoir posé ces distinctions, a considéré que l'évolution récente du droit ne permettait plus de ranger la liberté du commerce et de l'industrie parmi ces règles fondamentales, et qu'ainsi le législateur colonial pouvait la restreindre à son gré. Sur ce point, la jurisprudence ultérieure a cependant démenti les vues du commissaire du gouvernement (v. nos obs. sous l'arrêt *Daudignac** du 22 juin 1951).

3 **III.** — L'arrêt lui-même déclare que le gouvernement était tenu de respecter « les principes généraux du droit qui, résultant notamment du Préambule de la Constitution, s'imposent à toute autorité réglementaire même en l'absence de disposition législative » ; d'autre part, dans des termes analogues à ceux d'une décision antérieure (CE, Ass., 20 déc.

1935, *Établissements Vézia*, Rec. 1212 ; v. n° 47.2), il estime qu'en l'espèce le décret attaqué « n'a porté à aucun de ces principes une atteinte de nature à entacher d'illégalité les mesures qu'il édicte ».

Sans doute cette rédaction laconique ne permet-elle pas de savoir exactement dans quelle mesure le Conseil d'État a entendu faire siennes les propositions formulées par son commissaire du gouvernement ; l'arrêt n'en revêt pas moins une grande importance, à la fois par la contribution qu'il apporte à la théorie des principes généraux du droit et par la volonté qu'il manifeste de soumettre le pouvoir réglementaire au respect de ces principes.

4 *1°)* L'arrêt *Syndicat général des ingénieurs-conseils* consacre et précise la notion de principes généraux du droit, qui joue un rôle essentiel dans la jurisprudence du Conseil d'État (v. notamment Ass., 25 juin 1948, *Société du journal « L'Aurore »** ; – Ass., 17 févr. 1950, *Ministre de l'agriculture c. Dame Lamotte** ; – Sect., 9 mars 1951, *Société des concerts du Conservatoire**).

Certes, il n'a pas reconnu expressément à ces principes une valeur constitutionnelle ; le Conseil d'État n'a donc pas démenti formellement les conceptions doctrinales qui les placent sur le même plan que la loi (*cf.* nos obs. sous l'arrêt *Société des concerts du Conservatoire** du 9 mars 1951) ; il avait d'ailleurs lui-même parlé de « principes généraux du droit ayant valeur législative » dans une décision du 7 févr. 1958 (*Syndicat des propriétaires de forêts de chênes-lièges d'Algérie*, Rec. 74 ; AJ 1958.II.130, concl. F. Grévisse), et il a repris cette expression, postérieurement à l'arrêt *Ingénieurs-conseils,* dans deux décisions du 19 févr. 1960 (*Fédération algérienne des syndicats de défense des irrigants*, Rec. 129 et 130).

Mais, quelle que soit la terminologie employée, le Conseil d'État a certainement entendu, conformément aux conclusions de son commissaire du gouvernement, établir des distinctions entre les règles générales dégagées par la jurisprudence et réserver l'expression de « principes généraux du droit » aux règles de fond qui n'ont pas un caractère simplement interprétatif ou supplétif. Il a ainsi admis l'existence de principes d'une valeur supérieure, qui sont, pour l'essentiel, ceux qu'avait énumérés M. Fournier dans ses conclusions, et qui, seuls, s'imposent au pouvoir réglementaire autonome (pour une énumération plus complète, v. Braibant, *L'arrêt « Syndicat général des ingénieurs-conseils » et la théorie des principes généraux du droit,* EDCE 1962.67). Il a également, à côté de cette catégorie supérieure, reconnu l'existence de normes supplétives, qu'un texte même réglementaire peut écarter et auxquelles il réserve généralement l'appellation de « règles ». Il en va ainsi de l'obligation de motiver dans certains cas un acte administratif (CE, Sect., 26 janv. 1973, *Garde des Sceaux c. Lang*, Rec. 72 ; D. 1973.606, note Pacteau), sauf si cet acte inflige une sanction. Dans cette dernière hypothèse, l'obligation de motiver découle de la « garantie des droits » prévue par l'art. 16 de la Déclaration de 1789 (CC *n° 2000-433 DC, 27 juill. 2000*, Rec. 121).

Les règles de fonctionnement des juridictions administratives sont également à ranger parmi les règles de procédure, à l'exception du caractère contradictoire de la procédure qui a valeur de principe général (v. nos obs. sous l'arrêt *Téry** du 20 juin 1913) et sous réserve du respect des art. 6 (droit à un procès équitable) et 13 (droit à un tribunal) de la Convention européenne des droits de l'Homme.

5 *2°)* En ce qui concerne les principes généraux du droit proprement dits, « il n'appartient qu'au législateur d'en déterminer l'étendue, d'en étendre ou d'en restreindre les limites » (CE, Ass., 4 oct. 1974, *Dame David*, Rec. 464, concl. Gentot ; D. 1975.369, note J.-M. Auby ; AJ 1974.525, chr. Franc et Boyon ; JCP 1975.II.19967, note R. Drago). En conséquence et pour reprendre la formule de l'arrêt *Ingénieurs-conseils,* « toute autorité réglementaire est tenue de les respecter ». En utilisant une formule aussi générale, le Conseil d'État a marqué sa volonté d'appliquer la même jurisprudence au pouvoir réglementaire nouveau qui résulte de l'art. 37 de la Constitution de 1958 (v., en ce sens, CE, Sect., 28 oct. 1960, *de Laboulaye*, préc. n° 59.3 ; – Ass., 13 juill. 1962, *Conseil national de l'ordre des médecins*, Rec. 479 ; RD publ. 1962.739, concl. Braibant). Il l'a étendue également aux ordonnances prises par le gouvernement en matière législative en vertu de l'art. 38 de la Constitution (CE, Ass., 24 nov. 1961, *Fédération nationale des syndicats de police*, Rec. 658 ; v. n° 17.6), ou en vertu d'une habilitation consentie par une loi adoptée par référendum (CE, Ass., 19 oct. 1962, *Canal, Robin et Godot** : cependant, la loi du 15 janv. 1963, votée par le Parlement, a reconnu aux ordonnances prises en vertu de la loi référendaire du 13 avr. 1962 le caractère législatif).

Le gouvernement ne peut donc pas, lorsqu'il prend des mesures relevant de sa compétence, méconnaître les principes généraux du droit. S'il entend, dans une matière réglementaire par nature, porter atteinte à l'un de ces principes, tels que la non-rétroactivité ou l'autorité de la chose jugée, il doit s'adresser au Parlement et obtenir le vote d'une loi. C'est ainsi que le gouvernement n'a pas le droit de valider lui-même rétroactivement des décisions illégales qui sont déférées à la juridiction administrative ou qui ont déjà été annulées par elle, même si ces décisions ont été prises dans le domaine qui lui est réservé par l'art. 37.

Rendu à propos de mesures prises, en 1947, sur le fondement d'un texte de 1854, l'arrêt *Syndicat général des ingénieurs-conseils* a ainsi permis au Conseil d'État de dégager des principes fondamentaux applicables au fonctionnement des institutions de la Ve République.

IV. — La théorie des principes généraux du droit élaborée par le Conseil d'État a connu deux prolongements, l'un dans l'ordre juridique interne avec certains aspects de la jurisprudence du Conseil constitutionnel, l'autre dans l'ordre juridique communautaire.

1°) Le Conseil constitutionnel a eu recours à la notion de principe général du droit dans deux perspectives différentes :

6 *a)* Il lui est arrivé d'en faire usage à l'effet d'étendre par ce biais le domaine d'intervention de la loi : la décision *n° 69-55 L, 26 juin 1969* (Rec. 27 ; JCP 1969.I.229 chr. Voisset) énonce que « d'après un principe général de notre droit le silence gardé par l'administration vaut décision de rejet, et qu'en l'espèce, il ne peut y être dérogé que par une décision législative » ; la décision *n° 69-57 L, 24 oct. 1969* (Rec. 32), après avoir reconnu le caractère réglementaire de dispositions dispensant les anciens élèves de l'École polytechnique de rembourser à l'État leurs frais de scolarité, estime cependant que la disposition donnant un caractère *rétroactif* à la dispense de remboursement échappe pour ce motif à la compétence réglementaire ; la décision *n° 72-75 L, 21 déc. 1972* (Rec. 36) fait expressément référence au principe des droits de la défense à propos des règles de procédure à suivre devant les juridictions administratives.

7 *b)* Le Conseil constitutionnel a parfois fait figurer certains principes généraux du droit au nombre des normes qu'il oppose au législateur dans le cadre du contrôle de constitutionnalité des lois. La décision *n° 79-104 DC, 23 mai 1979* (Rec. 27 ; RD publ. 1979.1695, note Favoreu ; D. 1981.IR. 363, obs. L. Hamon) a conféré valeur constitutionnelle au principe de la séparation des pouvoirs sans le rattacher expressément à un texte. De façon plus significative, la décision *n° 79-105 DC, 25 juill. 1979* relative à l'exercice du droit de grève à la radiodiffusion-télévision française (Rec. 33 ; RD publ. 1979.1705, note Favoreu ; D. 1980.101, note Paillet ; AJ 1980.191, note Legrand ; RA Est. Fr. n° 18.77, note Jarnevic ; Dr. soc. 1980.7, note Leymarie ; JCP 1981.II.19547, note Beguin) a énoncé, sans rattachement à un texte, que le principe de la continuité du service public est un principe de valeur constitutionnelle.

Il reste que l'usage qui est fait des principes généraux du droit est resté très limité car le Conseil constitutionnel préfère fonder ses décisions sur des textes ayant eux-mêmes valeur constitutionnelle et non sur des principes non écrits, afin de conforter sa position dans ses rapports avec le législateur. Ainsi, le principe d'égalité qui est pour le Conseil d'État un principe général du droit sera pour le juge constitutionnel un principe qui se déduit directement de l'article 6 de la Déclaration des droits de l'Homme et du citoyen et de l'article 2 de la Constitution devenu, à la suite de la loi constitutionnelle du 4 août 1995, l'article 1er. De même, le Conseil constitutionnel rangera parmi les « principes fondamentaux reconnus par les lois de la République » mentionnés au Préambule de la Constitution de 1946 et réaffirmés par le Préambule de l'actuelle Constitution, des principes qui sont regardés par le Conseil d'État comme des principes généraux du droit. La liberté de l'enseignement participe de cette dualité selon qu'elle est appliquée par le juge administratif (CE, Ass., 7 janv. 1942, *Union nationale des parents d'élèves de l'enseignement libre*, Rec. 2) ou par le juge constitutionnel (*n° 77-87 DC, 23 nov. 1977*, Rec. 42 ; AJ 1978.565, note Rivero ; RD publ. 1978.830, note Favoreu ; Gaz. Pal. 1978. Doct.1.293, note Flauss).

La publicité des audiences devant les juridictions civiles et administratives a été déduite par le Conseil constitutionnel de l'art. 16 de la

Déclaration de 1789 (*n° 2018-778 DC, 21 mars 2019*, point 102) alors qu'en ce qui concerne le juge civil, le Conseil d'État l'avait dégagée en tant que principe général du droit (CE, Ass., 4 oct. 1974, *Dame David* ; v. n° 69.5).

Certains auteurs en ont inféré que le Conseil d'État devrait désormais privilégier la source écrite des principes dont il fait application. Mais se trouveraient alors perdues de vue et l'originalité de la théorie des principes généraux du droit et sa parfaite adéquation au contrôle exercé par le juge administratif.

Au demeurant, lorsqu'il se réfère à des normes réglementaires soumises au contrôle du Conseil d'État, le Conseil constitutionnel souligne lui-même, en se plaçant sur un terrain identique à celui sur lequel se situe le juge administratif, que ce contrôle englobe le respect des principes généraux du droit (CC *n° 91-167 L, 19 déc. 1991*, Rec. 134 ; RFDC 1992.105, obs. Favoreu ; CC *n° 2005-198 L, 3 mars 2005*, Rec. 47 ; AJ 2005.519, chr. Brillié).

La jurisprudence du Conseil d'État, rendue à propos de l'appréciation de la légalité de délibérations des assemblées territoriales des territoires d'outre-mer, devenues pour l'essentiel les collectivités d'outre-mer, reste fidèle à la théorie des principes généraux du droit, alors même que, par l'effet conjugué de l'art. 74 de la Constitution et du statut du territoire considéré, son assemblée territoriale peut régir des matières qui, en métropole, relèvent de la loi (Ass., 30 juin 1995, *Gouvernement du territoire de la Polynésie française*, Rec. 279 ; v. n° 58.2).

8 *2°)* La notion de principes généraux du droit a également trouvé un prolongement dans la jurisprudence de la Cour de justice des Communautés européennes. Cette haute juridiction se réfère tant à des principes qui sont déduits par elle de la nature des traités instituant les Communautés qu'à des principes qui sont inspirés du droit des États membres. C'est à ce dernier titre que la conception française des principes généraux du droit a joué un rôle important. Dès 1960, l'avocat général Lagrange avait recommandé à la Cour, à défaut d'appliquer directement les règles de droit interne constitutionnelles, de « s'en inspirer éventuellement pour y voir l'expression d'un principe général du droit susceptible d'être pris en considération pour l'application du traité » de Rome (*cf.* concl. sur CJCE 15 juill. 1960, *Comptoirs de vente du charbon de la Ruhr*, Rec. 1960.890).

Ces différents exemples montrent le rôle précurseur joué par la jurisprudence du Conseil d'État.

9 Avec le recul, force est néanmoins de constater que les théories jurisprudentielles fondées sur la notion de principes généraux *non écrits* perdent une partie de leur intérêt pratique, dès lors que le justiciable est à même d'invoquer une *norme écrite* supérieure. Il peut le faire au titre du contrôle de conventionnalité (v. nos obs. sous l'arrêt *Nicolo**). C'est le cas également, depuis le 1er mars 2010, de la question prioritaire de constitutionnalité, qui permet de contester la conformité de dispositions législatives aux droits et libertés garantis par la Constitution. Tel est enfin le cas de la possibilité de critiquer les mesures prises pour l'application du droit de l'Union européenne au regard de la Charte des droits fondamentaux de l'Union, laquelle a acquis l'autorité d'un traité depuis le 1er déc. 2009, date d'entrée en vigueur du traité de Lisbonne.

70

POLICE MUNICIPALE – CINÉMA

Conseil d'État Sect., 18 décembre 1959, ***Société « Les Films Lutetia » et syndicat français des producteurs et exportateurs de films***
(Rec. 693 ; S. 1960.94, concl. Mayras ; AJ 1960.I.21, chr. Combarnous et Galabert ; D. 1960.171, note Weil ; JCP 1961.II.11898, note Mimin ; RA 1960.31, note Juret ; GCJA, vol. 2, n° 33, concl.)

Cons. qu'en vertu de l'art. 1er de l'ordonnance du 3 juill. 1945 la représentation d'un film cinématographique est subordonnée à l'obtention d'un visa délivré par le ministre chargé de l'information ; qu'aux termes de l'art. 6 du décret du 3 juill. 1945 portant règlement d'administration publique pour l'application de cette ordonnance, « le visa d'exploitation vaut autorisation de représenter le film sur tout le territoire pour lequel il est délivré » ;

Cons. que, si l'ordonnance du 3 juill. 1945, en maintenant le contrôle préventif institué par des textes antérieurs, a, notamment, pour objet de permettre que soit interdite la projection des films contraires aux bonnes mœurs ou de nature à avoir une influence pernicieuse sur la moralité publique, cette disposition législative n'a pas retiré aux maires l'exercice, en ce qui concerne les représentations cinématographiques, des pouvoirs de police qu'ils tiennent de l'art. 97 de la loi municipale du 5 avr. 1884 ; *qu'un maire, responsable du maintien de l'ordre dans sa commune, peut donc interdire sur le territoire de celle-ci la représentation d'un film auquel le visa ministériel d'exploitation a été accordé mais dont la projection est susceptible d'entraîner des troubles sérieux ou d'être, à raison du caractère immoral dudit film et de circonstances locales, préjudiciable à l'ordre public ;*

Cons. qu'aucune disposition législative n'oblige le maire à motiver un arrêté pris par lui en vertu de l'art. 9 susmentionné de la loi du 5 avr. 1884 ;

Cons. que l'arrêté attaqué, par lequel le maire de Nice a interdit la projection du film « Le feu dans la peau » constitue une décision individuelle ; que, dès lors, le moyen tiré par les requérants de ce que le maire aurait excédé ses pouvoirs en prenant, en l'espèce, un arrêté de caractère réglementaire est, en tout état de cause, inopérant ;

Cons. que le caractère du film susmentionné n'est pas contesté ; qu'il résulte de l'instruction que les circonstances locales invoquées par le maire de Nice étaient de nature à justifier légalement l'interdiction de la projection dudit film sur le territoire de la commune ;

Cons., enfin, que le détournement de pouvoir allégué ne ressort pas des pièces du dossier ;

Cons. qu'il résulte de tout ce qui précède que les requérants ne sont pas fondés à soutenir que c'est à tort que, par le jugement attaqué, le tribunal administratif a rejeté la demande de la Société « Les Films Lutetia » tendant à l'annulation de l'arrêté contesté du maire de Nice ; ... (Rejet).

OBSERVATIONS

L'arrêt Société « Les films Lutetia » *identifie les pouvoirs de police générale du maire à l'égard du cinéma, qui fait l'objet d'une police spéciale d'un ministre, comme le fera l'arrêt* Commune de Morsang-sur-Orge* *pour d'autres spectacles.*

1 Par divers arrêtés de l'année 1954, le maire de Nice interdisait la projection, sur le territoire de la commune, de certains films revêtus du visa ministériel de contrôle, auxquels le maire reprochait d'être « contraires à la décence et aux bonnes mœurs » (*Le feu dans la peau, Avant le déluge, Le blé en herbe,* etc.). Ces mesures, prises sur l'intervention pressante de l'Union départementale des associations familiales, s'inséraient dans une vaste campagne menée par divers groupements contre le « libéralisme » de la commission de contrôle auquel, pensait-on, la rigueur des autorités locales de police pourrait seule porter remède.

En attaquant ces arrêtés devant le tribunal de Nice (TA Nice 11 juill. 1955, D. 1956.13, note Weil), puis, en appel, devant le Conseil d'État, les sociétés productrices posaient le problème des pouvoirs des maires et des préfets à l'égard des films cinématographiques revêtus du visa ministériel de contrôle. C'est dire l'importance qu'a eue en son temps la décision de principe *Société « Les Films Lutetia »* tant sur le plan juridique qu'en ce qui concerne le développement de l'industrie et de l'art cinématographiques en France.

Le contrôle de la production cinématographique est régi par une ordonnance du 3 juill. 1945, reprise en 1956 dans le Code de l'industrie cinématographique, puis en 2009 dans le Code du cinéma et de l'image animée. La représentation et l'exportation des films sont subordonnées à l'obtention de visas délivrés par le ministre chargé du cinéma après avis d'une commission de contrôle des films, dont la composition et les pouvoirs sont fixés par décret. Les textes, jusqu'en 2009, ne précisaient pas les motifs dont le ministre et la commission devaient s'inspirer, laissant ainsi à leur appréciation un caractère largement discrétionnaire. En outre, si le décret d'application prévoit que « le visa d'exploitation vaut autorisation de représenter le film sur tout le territoire pour lequel ce visa est délivré », l'intervention des autorités locales de police, une fois le visa ministériel accordé, n'est ni formellement prévue, ni expressément écartée.

Dans ces conditions deux questions se posaient sur le plan juridique :

1°) L'institution d'un contrôle confié au pouvoir central a-t-elle pour conséquence d'exclure l'exercice des pouvoirs de police des maires et des préfets ?

2°) Dans la négative, quelle est l'étendue des pouvoirs des maires et des préfets et, notamment, pour quels motifs pourraient-ils interdire la projection de certains films ?

2 **I.** — Sur le premier point le commissaire du gouvernement M. Mayras a souligné dans ses conclusions, que « l'exercice d'un pouvoir de police par l'autorité supérieure ne fait pas obstacle à l'intervention de l'autorité locale, et particulièrement du maire, lorsque des circonstances locales justifient qu'une mesure plus restrictive que celle qui vaut sur le plan national soit prise ». Cette jurisprudence a été dégagée à propos du concours entre deux polices générales (CE 18 avr. 1902, *Commune de Néris-les-Bains** ; – 8 août 1919, *Labonne**). Elle a été transposée au concours d'une police spéciale et de la police générale du préfet ou du maire, qu'il s'agisse de la police des établissements dangereux, incommodes ou insalubres (CE, Sect., 22 mars 1935, *Société Narbonne*, Rec. 379) ou de la police des films (CE 25 janv. 1924, *Chambre syndicale de la cinématographie*, Rec. 94 ; D. 1924.3.30, note L. J).

C'est ce précédent qui a inspiré la décision *Société « Les Films Lutetia »* : « si l'ordonnance du 3 juill. 1945… a, notamment, pour objet de permettre que soit interdite la projection de films contraires aux bonnes mœurs ou de nature à avoir une influence pernicieuse sur la moralité publique, cette disposition législative n'a pas retiré aux maires l'exercice, en ce qui concerne les représentations cinématographiques, des pouvoirs de police qu'ils tiennent de l'art. 97 de la loi municipale du 5 avr. 1884 ». Le pouvoir ainsi reconnu aux maires (et à Paris au préfet de police) appartient également aux préfets pour toutes les communes du département ou pour certaines d'entre elles (L. 5 avr. 1884, art. 99).

Il convient de relever cependant qu'il est des hypothèses où le Conseil d'État a interprété des lois instituant une police spéciale étatique comme faisant échec à l'intervention des autorités locales, du moins sous la forme d'une règlementation : pour la police des chemins de fer (CE 13 mars 1914, *Gumez*, Rec. 350) ; pour la police de la circulation aérienne (CE, Ass., 7 mars 1930, *Compagnie aérienne française et Chambre syndicale de l'industrie aéronautique*, Rec. 257).

Dans la période récente il a renoué avec ce courant jurisprudentiel en jugeant que la police spéciale des communications électroniques confiée par la loi à l'État régit de manière complète et exclusive les modalités d'implantation des antennes de téléphonie mobile ainsi que les mesures de protection du public contre les effets des ondes électromagnétiques, excluant par conséquent une intervention concurrente des maires sur le fondement de leurs pouvoirs de police générale (CE, Ass., 26 oct. 2011, *Commune de Saint-Denis*, Rec. 529 ; RJEP 2012.17, concl. de Lesquen ; AJ 2011.2219 chr. Stahl et Domino ; RD publ. 2012.1245, comm. Hoepffner et Janicot ; RDI 2012.153, note Van Lang ; JCP Adm. 2012.2004, note Charmeil et n° 2005, note Billet ; LPA 15 févr. 2012, note Hamri et Sorba). L'autorité locale ne saurait méconnaître la règlementation nationale (CE 26 déc. 2012, *Commune de Saint-Pierre d'Iroube*, Rec. 883 ; AJ 2013.1292, note Van Lang). Une solution analogue a prévalu s'agissant de la police spéciale des organismes génétiquement modifiés (CE 24 sept. 2012, *Commune de Valence*, Rec. 335 ; AJ 2012.2122, note E. Untermaier ; JCP Adm. 2013.2006, note Billet ;

Dr. rur. 2012. Étude 14, obs. Hermon ; Envir. 2012, comm. 92, obs. Trouilly ; RJEP 2013.9, note Caudal), des mesures relatives à la gestion des réseaux publics de transport et de distribution d'électricité, y compris l'implantation des compteurs dénommés *Linky* (CE 11 juill. 2019, *Commune de Cast*, Rec. 760) ou encore de la police spéciale de la mise sur le marché, de la détention et de l'utilisation des produits phytopharmaceutiques (CE 31 déc. 2020, *Commune d'Arcueil*, Rec. 592 ; AJ 2020.754, note Rouillier).

A été réservée cependant la question de savoir si l'autorité de police locale, à défaut d'être compétente pour édicter des mesures réglementaires, n'était pas habilitée à prendre des décisions individuelles, en cas de péril imminent.

« Dans le cadre de l'état d'urgence sanitaire », déclaré à l'occasion de l'épidémie de Covid-19, « le législateur a institué une police spéciale donnant aux autorités de l'État... la compétence... pour édicter les mesures générales ou individuelles... en vue, notamment, d'assurer... leur cohérence et leur efficacité sur l'ensemble du territoire concerné ; le maire peut, le cas échéant, prendre des dispositions destinées à en assurer la bonne application ; mais la police spéciale instituée par le législateur fait obstacle, pendant la période où elle trouve à s'appliquer, à ce que le maire prenne au titre de son pouvoir de police générale des mesures destinées à lutter contre la crise sanitaire », sauf pour des raisons impérieuses liées aux circonstances locales en rendant l'édiction indispensable et sans compromettre la cohérence et l'efficacité des mesures prises par les autorités compétentes de l'État. Ainsi a été regardé manifestement illégal un arrêté municipal imposant le port d'un masque (CE ord. 17 avr. 2020, *Commune de Sceaux*, Rec. 869 ; AJ 2020.1013, note B. Faure).

Quoi qu'il en soit de ces évolutions récentes, l'autorité de police municipale a été reconnue compétente dans l'affaire soumise au Conseil d'État en 1959.

II. — Il restait alors à déterminer pour quels motifs les maires (et préfets) peuvent intervenir et quelle est l'étendue de leurs pouvoirs.

1. — En ce qui concerne les motifs de l'intervention des autorités locales, l'arrêt *Films Lutetia* en reconnaît deux, de caractère très différent.

3 *a)* Le premier est classique : c'est la menace de « troubles sérieux », c'est-à-dire de désordres matériels dus, par exemple, à des manifestations violentes d'hostilité de la part de certains habitants de la ville. On se trouve ici sur le terrain traditionnel du pouvoir de police municipale défini par l'arrêt du 19 mai 1933, *Benjamin** ; s'agissant d'un spectacle, le contrôle est moins rigoureux que pour une réunion ; mais la jurisprudence a employé, dans une série de décisions d'Assemblée du 19 avr. 1963 (notamment *Ville de Dijon,* Rec. 227 ; AJ 1963.374, note A. de L. ; D. 1964.122, note Blaevoet ; JCP 1963.II.13237, note Mimin), l'expression « troubles matériels sérieux », qui est plus restrictive que « troubles sérieux ». L'éventualité de troubles dus à la projection d'un film est assez théorique. Aussi est-ce sur le second motif que l'attention doit être avant tout portée.

4 *b)* On se demandait en effet si le caractère immoral d'un film pouvait constituer un motif légal d'interdiction. Le doute était permis pour une double raison. D'une part, l'immoralité du film a déjà fait l'objet d'un examen par la commission de contrôle et par le ministre : or il était couramment admis que l'autorité de police générale ne peut intervenir que pour des motifs strictement locaux et qu'elle ne peut se fonder sur des considérations déjà retenues par l'autorité chargée de la police spéciale. D'autre part, on considérait généralement, comme l'a rappelé M. Mayras, que, « si la police administrative se définit par son but : le maintien de l'ordre public, il ne s'agit, selon l'expression d'Hauriou, que de l'ordre « matériel et extérieur » ; l'autorité de police ne peut prévenir les désordres moraux sans porter atteinte à la liberté de conscience : ou alors, elle tend à imposer l'ordre moral ». Aussi le commissaire du gouvernement concluait-il à l'annulation d'un arrêté fondé exclusivement sur le caractère immoral du film visé : « Il nous paraît impossible, dit-il, d'admettre que la seule atteinte à la moralité publique, c'est-à-dire le trouble dans les consciences, soit, en elle-même, un motif justifiant l'interdiction de représentation d'un film, s'il n'est pas établi que des désordres matériels risqueraient d'en résulter ». Et M. Mayras d'ajouter que derrière l'intervention des maires se profile en réalité celle de groupements plus ou moins privés qui, au lieu de recommander simplement à leurs adhérents de ne pas assister à la projection de certains films, pèsent sur l'autorité de police pour faire prévaloir leurs vues : ces « censures officieuses ou privées » ont certes « le droit de faire connaître leur opinion : mais leurs avis, leurs protestations, voire leurs mises en demeure ne peuvent lier l'autorité de police ».

Le Conseil d'État ne s'est pas arrêté à ces objections et a décidé que l'interdiction est légale lorsque la projection du film est susceptible « d'être, à raison du caractère immoral dudit film et de circonstances locales, préjudiciable à l'ordre public ». En d'autres termes, l'immoralité du film est un motif valable d'interdiction, mais à condition qu'elle soit accompagnée de circonstances locales.

La notion d'immoralité est évidemment difficile à cerner. Elle va au-delà de celles d'obscénité ou d'indécence, mais n'atteint pas l'immoralité abstraite, au sens philosophique du mot. En d'autres termes, le juge administratif ne s'est pas contenté du caractère immoral du film, non contesté pour le film *Le feu dans la peau,* pour admettre son interdiction : il a examiné si cette immoralité était de nature à justifier légalement l'interdiction compte tenu des circonstances locales. Celles-ci étaient assez vagues dans l'affaire *Société « Les Films Lutetia »*. Elles ont été examinées avec plus de précision dans la jurisprudence ultérieure (CE, Sect., 14 oct. 1960, *Société « Les Films Marceau »*, Rec. 533 et Sect., 23 déc. 1960, *Union générale cinématographique*, Rec. 731 ; RD publ. 1961.140, note M. Waline ; AJ 1961.80, chr. Galabert et Gentot : annulation de l'interdiction de projection à Nice du film *La neige était sale,* et rejet du recours contre l'interdiction de projeter à Nice le film *Avant le déluge*) – ce qui fut de nature à calmer les appréhensions de ceux qui craignaient de voir la morale en tant que telle considérée comme un but valable de police. Il n'en reste pas moins que l'appréciation de la moralité d'un film demeure assez largement subjective. Elle ne l'est cependant pas plus que celle du caractère monumental d'une perspective ou de l'utilité d'une quelconque mesure de police : on est ici en présence d'un exemple, significatif certes, mais non point exceptionnel, de contrôle de la qualification juridique des faits par le juge de l'excès de pouvoir (v. CE 4 avr. 1914, *Gomel** et nos obs.). Le trait le plus intéressant de ce contrôle demeure probablement le fait que pour chaque cas litigieux les membres de la formation de jugement se sont fait projeter le film en présence des avocats des parties.

5 Pour échapper au rôle de gardien de la morale en soi, le Conseil d'État a donc décidé que l'immoralité d'un film devait, pour justifier l'interdiction, être assortie de certaines « circonstances locales », dont le juge se réservait d'ailleurs le contrôle. L'arrêt *Films Lutetia* n'était certes pas très explicite sur ce point : son laconisme se comprend si l'on tient compte de ce que la seule « circonstance locale » invoquée par le maire de Nice était « la vague d'immoralité qui a déferlé sur la ville de Nice au début de l'année 1954 ».

La notion de circonstances locales a été précisée par onze arrêts d'Assemblée du 19 avr. 1963, relatifs aux *Liaisons dangereuses 1960 :* les circonstances locales retenues dans ces affaires ont consisté, soit dans la « composition particulière de la population » (nombre exceptionnellement important des établissements scolaires à Senlis), soit dans les « protestations » émanant de « milieux locaux divers » ou dans « l'attitude prise par diverses personnalités représentant ces milieux » ; là où aucune de ces circonstances ne pouvait être relevée, l'interdiction de projection a été annulée.

Dans la ligne de cette jurisprudence plus libérale, le juge administratif a annulé l'interdiction de *La main chaude* à Nice (CE 23 févr. 1966, *Société Franco-London Film et Société « Les Films Gibe »*, Rec. 1121 ; JCP 1966.II.14608, concl. Rigaud), celle de *La jument verte* à Versailles (CE 25 févr. 1966, *Société nouvelle des établissements Gaumont*, Rec. 1121), celle du film *Le Pull-over rouge* à Aix-en-Provence (CE 26 juill. 1985, *Ville d'Aix-en-Provence c. société Gaumont-distribution et autres*, Rec. 236 ; RFDA 1986.439, concl. Genevois), et celle de *La dernière tentation du Christ* à Arcachon (TA Bordeaux 13 déc. 1990, *United International Pictures*, LPA 11 déc. 1991, note Pacteau). On relèvera incidemment que la Cour interaméricaine des droits de l'Homme a pareillement condamné l'interdiction de ce dernier film au Chili (CIADH 5 févr. 2001, *Olmedo Bustos et autres c. Chili*, GDCIADH, p. 296 et p. 593).

Une mesure d'interdiction générale d'une catégorie de films n'a pu qu'encourir la censure du juge administratif (TA Amiens 10 avr. 1973,

Chambre syndicale des producteurs de films français, Rec. 780 : annulation d'un arrêté du maire de Saint-Quentin interdisant sur le territoire de la ville « toutes projections de films à caractère érotique, pornographique ou licencieux »).

6 *2.* — Quant à l'étendue des pouvoirs des maires et préfets, la jurisprudence a eu jusqu'ici à se prononcer le plus souvent, comme dans l'arrêt rapporté, sur des cas d'interdiction totale de projection.

Les autorités locales peuvent-elles également, au lieu d'interdire complètement la projection d'un film, relever simplement l'âge d'admission dans les salles ? La Section de l'intérieur du Conseil d'État avait répondu à cette question par la négative dans un avis du 9 mai 1950. Mais dans plusieurs des arrêts précités du 19 avr. 1963, l'Assemblée plénière statuant au contentieux a estimé licite une telle mesure, qui est, somme toute, moins attentatoire à la liberté que l'interdiction pure et simple.

L'illégalité d'une interdiction partielle ou totale d'un film n'entraîne pas seulement son annulation en cas de recours. Elle est susceptible également d'engager la responsabilité de la commune sur le terrain de la faute simple (CE, Sect., 25 mars 1966, *Société « Les Films Marceau »*, Rec. 240 ; AJ 1966.254, concl. Rigaud).

III. — En fait, pour des raisons qui tiennent plus à l'évolution des mœurs qu'à la crainte de difficultés contentieuses, les maires ont renoncé à utiliser les pouvoirs qui leur avaient été reconnus, de sorte que la jurisprudence *Films Lutetia* s'est rapidement tarie.

Seul s'exerce sur le plan administratif le contrôle confié au ministre chargé du cinéma qui peut prendre la forme, soit du refus de visa d'exploitation ou de conditions mises à son octroi, soit du classement de certains films dans la catégorie des films pornographiques ou d'incitation à la violence.

7 *1.* — S'agissant de la délivrance des visas, le Conseil d'État a estimé, sous l'empire de la législation applicable antérieurement au Code du cinéma et de l'image animée annexé à l'ordonnance du 24 juill. 2009, que, si l'exercice de ce pouvoir n'était soumis par les textes à aucune condition de fond particulière, le ministre n'en était pas moins tenu de « concilier les intérêts généraux dont il a la charge avec le respect dû aux libertés publiques et notamment à la liberté d'expression » (CE, Ass., 24 janv. 1975, *Ministre de l'information c. société Rome-Paris Films*, Rec. 57 ; RD publ. 1975.296, concl. Rougevin-Baville ; JCP 1976.II.18395, note Bazex ; AJ 1975.131 chr. Franc et Boyon ; Gaz. Pal. 1975.1.350, note Mourgeon). Dans cette affaire, qui concernait le refus du visa d'exploitation demandé pour le film *Suzanne Simonin, la Religieuse de Diderot,* le Conseil d'État a jugé que « ni les situations, ni les comportements des personnages » n'étaient de nature à justifier légalement l'interdiction générale d'exploiter le film en France dont il avait été pendant un temps l'objet. Est donc exercé un contrôle normal sur le fait de nature à justifier l'interdiction d'un film et seuls des intérêts généraux peuvent motiver légalement des restrictions à la liberté d'expression.

8 Une autre affaire concernant le film *Les Noces rouges* a donné l'occasion au Conseil d'État de préciser cette notion d'intérêts généraux (CE, Ass., 8 juin 1979, *Chabrol et SA films La Boétie*, Rec. 271 ; RD publ. 1980.222, concl. Bacquet ; AJ 1979 n° 10.24, chr. Robineau et Feffer ; D. 1979.IR. 381, obs. P. Delvolvé ; D. 1979.634, note Julien-Laferrière). Ce film empruntait l'essentiel de son histoire et de ses personnages à une affaire criminelle dont la solution judiciaire n'était pas intervenue lorsque la commission de contrôle cinématographique et le ministre furent appelés à se prononcer sur les demandes de visas requis pour l'exploitation du film. Le ministre décida afin de ne pas nuire à la « sérénité du jugement à intervenir » que la validité du visa d'exploitation du film ne prendrait effet qu'après l'achèvement de l'instance pénale. Le Conseil d'État a confirmé la légalité de cette décision en soulignant que « ... lorsque la représentation publique d'un film cinématographique, eu égard notamment à la référence faite à des éléments d'un procès criminel en cours ou à des personnes qui y sont en cause, comporte le risque sérieux d'apporter un trouble grave à la sérénité de l'appréciation des faits par la juridiction devant laquelle le procès est porté, le ministre est fondé à prendre les mesures restrictives que rend nécessaire la protection des droits et intérêts essentiels des parties ».

Le contrôle du juge s'exerce sur l'octroi du visa dans les mêmes conditions que sur le refus (CE 9 mai 1990, *de Bénouville*, Rec. 117 ; D. 1990.374, concl. Stirn ; RA 1990.431, note Ruiz-Fabri : admission de la légalité de l'octroi du visa au film *Que la vérité est amère*, dont il était soutenu qu'il portait atteinte à la Résistance).

9 Il s'agit donc d'un contrôle normal, qui a conduit le Conseil d'État, saisi d'un pourvoi dirigé contre la décision du ministre de la culture et de la communication d'accorder au film *Baise moi* un visa d'exploitation assorti uniquement d'une interdiction de diffusion aux mineurs de *seize ans* d'en prononcer l'annulation (CE, Sect., 30 juin 2000, *Association Promouvoir, M. et Mme Mazaudier*, Rec. 265, concl. Honorat ; AJ 2000.674, chr. Guyomar et Collin ; D. 2001.590, note Boitard ; RFDA 2000.1282, note Canedo, et 1311, note J. Morange ; LPA 15 déc. 2000, note Lecuq ; « L'Europe des libertés » n° 4, janv. 2001, note Wachsmann ; RD publ. 2001.367, note Guettier). La Section du contentieux, dont les membres avaient au préalable vu le film en vidéo, a relevé qu'il était composé pour l'essentiel d'une succession de scènes de grande violence et de scènes de sexe non simulées, sans que les autres séquences traduisent l'intention, affichée par les réalisatrices, de dénoncer la violence faite aux femmes par la société. Elle en a déduit que ce film constituait un message pornographique et d'incitation à la violence susceptible d'être vu ou perçu par des mineurs, qui pourrait relever de l'incrimination prévue par l'article 227-24 du Code pénal. La Section a jugé que dès lors que les dispositions du décret du 23 févr. 1990 définissant les pouvoirs du ministre chargé du cinéma ne prévoient pas qu'une œuvre cinématographique puisse être interdite de représentation aux mineurs de *dix-huit ans* autrement que par son inscription sur la liste des films pornographiques ou d'incitation à la violence, le film relevait de l'inscription sur cette liste. Faute d'avoir procédé à un tel classement, le visa d'exploitation délivré a encouru l'annulation.

10 *2.* — Postérieurement à la décision du Conseil d'État, un décret du 12 juill. 2001 a introduit la possibilité d'assortir le visa accordé à un film d'une interdiction de représentation aux mineurs de dix-huit ans sans conduire pour autant à l'inscrire sur la liste des films pornographiques. Il en est résulté une harmonisation entre les dispositions du Code pénal relatives à la protection des mineurs et les règles de délivrance des visas à des œuvres cinématographiques. Sur ce fondement, a pu être légalement accordé au film *Baise moi*, un visa d'exploitation assorti uniquement de l'interdiction de représentation aux mineurs de dix-huit ans (CE 14 juin 2002, *Association Promouvoir*, Rec. 217).

Par la suite les litiges dont le juge a eu à connaître ont porté exclusivement sur l'étendue de l'interdiction dont un film peut faire l'objet : aux mineurs de 18 ans, aux seuls mineurs de 16 ans, ou encore aux seuls mineurs de 12 ans.

Depuis l'entrée en vigueur du Code du cinéma et de l'image animée, le contrôle s'exerce au regard des dispositions de l'art. L. 211-1 de ce Code, aux termes desquelles le visa peut être refusé ou sa délivrance subordonnée pour des motifs tirés « *de la protection de l'enfance et de la jeunesse ou du respect de la dignité humaine* ».

L'interdiction de l'œuvre aux moins de 18 ans est apparue comme pouvant seule être légalement prise dans nombre de cas.

Le Conseil d'État a ainsi annulé l'octroi du visa au film *Ken Park*, en tant qu'il prévoit une interdiction aux seuls mineurs de seize ans et non aux mineurs de dix-huit ans, en raison du contenu du film : scène de sexe non simulée qui revêt un caractère particulièrement cru et explicite et d'autres scènes représentant des adolescents en mêlant sexe et violence (CE 4 févr. 2004, *Association Promouvoir*, Rec. 887 ; JCP Adm. 2004.1286, concl. de Silva ; JCP 2004.II.10045, note Tifine ; RRJ 2004.2647, note V. Le Grand). Il a adopté une position identique à l'égard du film *Nymphomaniac – volume 1 –* (version longue) (CE 28 juill. 2017, *Association Promouvoir et autre*, n° 403445).

Dans le même esprit, il a admis la légalité de l'interdiction aux mineurs de dix-huit ans du film *Quand l'embryon part braconner*, au motif qu'il comporte de « nombreuses scènes de torture et de sadisme d'une grande violence physique et psychologique et présente une image des relations entre les sexes fondée sur la séquestration, l'humiliation et l'avilissement du personnage féminin, dont la mise en scène est de nature à heurter la sensibilité des mineurs » (CE 6 oct. 2008, *Société Cinéditions*, AJ 2009.544, note M. Le Roy).

A été en revanche, annulée une décision du ministre de la Culture assortissant le visa d'exploitation du film *Saw 3D Chapitre final* d'une interdiction aux mineurs de seize ans alors que ce film justifie une interdiction aux mineurs de dix-huit ans, dès lors qu'il comporte « *un grand nombre de scènes filmées avec un grand réalisme montrant des actes répétés de torture et de barbarie et représentant, de manière particulièrement complaisante, les souffrances atroces, tant physiques que psychologiques, des victimes prises dans des pièges mis au point par un tueur, où elles sont incitées à se mutiler elles-mêmes soit pour échapper à la mort, soit pour sauver des proches* » (CE 1er juin 2015, *Association Promouvoir*, Rec. 178 ; AJ 2015.1599 note M. Le Roy ; *ibid.* 2108, concl. Lallet).

11 Le Conseil d'État s'est montré moins strict à propos de la nature de l'interdiction dont devait être assorti le film intitulé « *La vie d'Adèle : chapitres 1 et 2* ». Alors que la Cour administrative d'appel de Paris, avait jugé illégale l'interdiction de ce film aux seuls mineurs de 12 ans le Conseil d'État s'est prononcé dans un sens différent en relevant que si les scènes de sexe qu'il comporte, bien que simulées, présentent un caractère de « *réalisme indéniable* » elles sont « *exemptes de toute violence* », « *filmées sans intention dégradante*, et s'inscrivent de façon cohérente dans la trame narrative de l'œuvre, dont l'ambition est de dépeindre le caractère passionné d'une relation amoureuse entre deux jeunes femmes », ce qui justifiait légalement la position du ministre (CE 28 sept. 2016, *Ministre de la culture et de la communication c. Association Promouvoir et autres*, Rec. 644 ; AJ 2016.2278, concl. Bretonneau ; D. 2016.2323, note Quiriny).

Le contrôle de proportionnalité a également conduit le Conseil d'État à annuler une décision du Ministre ayant interdit aux moins de 18 ans le film intitulé « *Salafistes* », au motif qu'il s'agit d'un documentaire, dont l'objet est d'informer le public sur la réalité de la violence salafiste sans la présenter sous un jour favorable ou la banaliser, et qui ne peut être considéré comme comportant des scènes « *de grande violence* » susceptibles de justifier légalement son interdiction aux mineurs (CE 5 avr. 2019, *Société Margo Cinéma* ; Rec. 110, concl. Iljic ; AJ 2019.1761, note M. Le Roy).

12 **IV.** — On relèvera enfin que lors de la pandémie de Covid-19, le juge des référés du Conseil d'État a souligné que « la fermeture au public des cinémas, théâtres et salles de spectacle porte une atteinte grave aux libertés fondamentales que constituent la liberté d'expression et la libre communication des idées, la liberté de création artistique, la liberté d'accès aux œuvres culturelles, la liberté d'entreprendre et la liberté du commerce et de l'industrie ainsi que le droit au libre exercice d'une profession ». Néanmoins, cette atteinte n'a pas été regardée comme manifestement illégale, en l'absence, à la date d'intervention du juge, de perspective d'éradication du virus dans un avenir proche (CE ord. 23 déc. 2020, *M. Y et autres*, no 447698, AJ 2021.7).

71

RESPONSABILITÉ – PRÉJUDICE MORAL

Conseil d'État Ass., 24 novembre 1961, *Ministre des travaux publics c. Consorts Letisserand*
(Rec. 661 ; D. 1962.34, concl. Heumann ; S. 1962.82, concl., note Vignes ; AJ 1962.22, chr. Galabert et Gentot et 2014.88, note Botteghi ; JCP 1962.II.12425, note Luce ; RD publ. 1962.330, note M. Waline)

… *En ce qui concerne le sieur Letisserand (Camille) :* Cons. que s'il n'est pas établi – ni même allégué – que le décès du sieur Letisserand (Paul) ait causé au sieur Letisserand (Camille) un dommage matériel ou ait entraîné des troubles dans ses conditions d'existence, *la douleur morale qui est résultée pour ce dernier de la disparition prématurée de son fils est par elle-même génératrice d'un préjudice indemnisable ;* qu'il sera fait une exacte appréciation des circonstances de l'affaire en allouant de ce chef au sieur Letisserand (Camille) une indemnité de 1 000 NF ; … (Annulation : indemnité).

OBSERVATIONS

En admettant la réparation du préjudice moral, l'arrêt Letisserand *rejoint la jurisprudence de la juridiction judiciaire.*

1 Le 3 mai 1955, un camion des ponts et chaussées entra en collision avec une motocyclette conduite par le sieur Paul Letisserand et sur le tansad de laquelle avait pris place le jeune fils de ce dernier, âgé de sept ans. Les deux passagers de la motocyclette furent tués. Des demandes d'indemnité furent adressées à l'administration, d'une part par la dame Letisserand agissant tant en son nom personnel que comme tutrice de ses trois enfants mineurs, d'autre part par le sieur Camille Letisserand, père et grand-père des victimes. Si le principe même de la responsabilité du département de l'Allier, pour le compte duquel le camion des ponts et chaussées circulait, ne soulevait guère de difficulté, il en allait autrement pour certaines des demandes d'indemnité. Sans doute la dame Letisserand pouvait-elle faire état de divers dommages d'ordre matériel (frais de réparation de la motocyclette, privation des revenus du ménage, troubles dans ses conditions d'existence). Le père de la victime, en revanche, ne pouvait guère invoquer que la douleur morale, le chagrin,

que lui avait causés la mort prématurée de son fils. Une indemnité pouvait-elle être accordée de ce chef ? Telle est la question qu'avait à résoudre l'Assemblée plénière statuant au contentieux.

2 **I.** — La jurisprudence administrative exige traditionnellement que, pour être susceptible de réparation, le préjudice subi soit évaluable en argent.

A. — Le Conseil d'État accepte cependant depuis longtemps de réparer, outre le dommage matériel proprement dit, certains préjudices immatériels qui lui paraissent susceptibles d'être appréciés en argent et qui constituent ce que le commissaire du gouvernement Fougère (concl. sur CE, Ass., 29 oct. 1954, *Bondurand*, Rec. 565 ; D. 1954.767, note de Laubadère ; GCJA, vol. 2, n° 26, concl.) a appelé la « *partie sociale du patrimoine moral* ».

C'est ainsi qu'ont été réparés : – le préjudice esthétique (CE, Ass., 11 juill. 1947, *Salgues*, Rec. 315 ; – Sect., 23 mars 1962, *Caisse régionale de sécurité sociale de Normandie*, Rec. 211, concl. Heumann) ; – les atteintes à l'honneur (CE 8 déc. 1948, *Époux Brusteau*, Rec. 465 ; RD publ. 1949.228, concl. Chardeau, note Jèze : préjudice résultant de mentions diffamatoires contenues dans une décision administrative), à la réputation (CE, Sect., 3 avr. 1936, *Sudre*, Rec. 452 ; D. 1936.3.57 : préjudice subi par un sculpteur qui avait fait don à son village natal d'une fontaine qui fut mal entretenue et dut finalement être démolie) ou aux convictions religieuses (CE 7 mars 1934, *Abbé Belloncle*, Rec. 309 : préjudice résultant pour un ministre du culte de sonneries de cloches illégalement ordonnées par le maire).

De même, après avoir refusé de réparer la souffrance physique *(pretium doloris),* le Conseil d'État accepta d'indemniser, d'abord la souffrance physique « exceptionnelle » (CE, Ass., 24 avr. 1942 *Morell*, Rec. 136 ; RD publ. 1943.80, concl. Léonard, note Bonnard), puis toute souffrance physique « de nature à ouvrir droit à réparation », c'est-à-dire toute souffrance tant soit peu sérieuse (CE, Sect., 6 juin 1958, *Commune de Grigny*, Rec. 323 ; S. 1958.319 et D. 1958.551, concl. Chardeau ; AJ 1958.II.313, chr. Fournier et Combarnous). Il en est ainsi même si la victime est dans un état végétatif (CE 24 nov. 2004, *Époux Maridet*, Rec. 445 ; AJ 2005.336, concl. Olson ; JCP 2005.II.1282, obs. Rouault).

Enfin, sous le couvert de la réparation des « troubles de toute nature apportés dans les conditions d'existence » du requérant, le Conseil d'État en était arrivé à indemniser des préjudices moraux fort proches de la simple douleur morale ; il avait ainsi accordé des indemnités aux parents, même naturels, d'un enfant mineur décédé dans un accident imputable à l'administration, alors que la perte de l'enfant ne leur causait aucun préjudice matériel (CE 17 déc. 1948, *Époux Marx*, Rec. 484 ; RD publ. 1949.232, concl. Gazier, note Jèze ; – 18 nov. 1960, *Savelli*, Rec. 640), ou à une jeune fille injustement soupçonnée d'avoir transmis une maladie vénérienne et contrainte pour ce motif de se soumettre à un examen médical (CE, Sect., 5 juill. 1957, *Département de la Sarthe c. Delle*

Artus, Rec. 454 ; AJ 1957.II.320, concl. Tricot, et 395, chr. Fournier et Braibant ; D. 1958.188, note Blaevoet).

3 *B.* — Mais le Conseil d'État refusait traditionnellement d'aller plus loin et d'indemniser ouvertement la « *partie affective du patrimoine moral* », c'est-à-dire la douleur morale, le chagrin. Cette exclusion du *pretium affectionis* se fondait sur l'affirmation péremptoire que « la douleur morale, n'étant pas appréciable en argent, ne constitue pas un dommage susceptible de donner lieu à réparation ». Elle était d'autant plus vivement combattue que les tribunaux judiciaires acceptent depuis la fin du XIXe siècle de réparer la douleur morale et qu'ils admettent aujourd'hui l'indemnisation, non seulement pour la rupture des liens d'affection entraînée par la mort, mais aussi pour les inquiétudes et les angoisses causées aux proches parents par les blessures ou l'infirmité de la victime ou par le spectacle d'un être souffrant (Civ. 22 oct. 1946, D. 1947.59). La position du Conseil d'État était tellement contestée qu'à plusieurs reprises des tribunaux administratifs prirent l'initiative d'accorder une réparation pour la douleur morale (TA Lille 28 févr. 1958, *Dame Vve Cousinard*, Rec. 689 ; AJ 1958.II.105, concl. Delevallé ; S. 1958.153 et D. 1958.216, concl. ; TA Nantes 14 mars 1958, *Époux Rigollet*, Rec. 699 ; TA Bordeaux 15 févr. 1961, *Meunier*, AJ 1961.361, concl. Luce ; RA 1961.154, concl., note Liet-Veaux). Le commissaire du gouvernement Fougère, concluant en 1954 devant l'Assemblée plénière du Conseil d'État dans une affaire particulièrement douloureuse (un jeune homme avait perdu toute sa famille dans un accident d'automobile), demanda instamment l'abandon d'une jurisprudence dont il démontra la faiblesse : le Conseil d'État se contenta pourtant de reprendre son affirmation traditionnelle (CE, Ass., 29 oct. 1954, *Bondurand*, préc.).

La doctrine redoubla ses critiques contre une jurisprudence aussi peu défendable : il était difficile d'expliquer aux justiciables que le Conseil d'État se considérait comme incapable d'évaluer en argent un préjudice que les juges judiciaires réparaient depuis plus d'un demi-siècle ; pourquoi l'idée que « les larmes ne se monnayent pas » aurait-elle cours devant l'un des ordres juridictionnels et non devant l'autre ? Ces critiques furent notamment évoquées lors des débats parlementaires qui ont conduit à la loi du 31 déc. 1957 transférant aux tribunaux judiciaires le contentieux des accidents causés par des véhicules administratifs.

4 *C.* — Aussi le commissaire du gouvernement Heumann crut-il pouvoir faire une nouvelle tentative devant l'Assemblée plénière du Conseil d'État dans l'affaire *Letisserand.* Il montra d'abord que l'indemnisation de la douleur morale était possible. En quoi est-il plus difficile d'évaluer en argent le chagrin que la souffrance physique ? Sans doute la réparation pécuniaire n'effacera-t-elle jamais tout à fait l'atteinte aux sentiments d'affection ; mais « cette imperfection ne saurait cependant justifier le refus de toute indemnité, car mieux vaut une réparation imparfaite qu'une absence totale de réparation ». Au surplus, ajoutait M. Heumann, « il ne s'agit pas de remplacer, dans un patrimoine, un élément de valeur déterminée par une indemnité équivalente... L'octroi d'une somme en argent tend seulement à procurer une satisfaction, un plaisir, qui peut atténuer, voire même effacer, le sentiment de peine ». Mais une telle réparation ne heurte-t-elle pas le sentiment moral ? Le commissaire du gouvernement ne le pensait pas : « un avantage matériel peut procurer une diversion, améliorer un état moral ou psychique ébranlé par un bouleversement affectif ». Il n'y a d'ailleurs pas de différence fondamentale entre douleur morale et douleur physique : « l'une et l'autre entament la capacité de résistance de l'organisme et diminuent l'aptitude au travail ». Possible et légitime, le revirement de jurisprudence était également opportun : « En répudiant une théorie surannée, vous répondrez, après une longue attente, aux aspirations de la conscience juridique et remplirez ainsi, avec exactitude, la mission du juge qui est de dégager, le moment venu, la règle de droit destinée à donner à un besoin d'ordre social son expression juridique. »

Cette fois-ci le Conseil d'État se laissa fléchir : « s'il n'est pas établi, ni même allégué, que le décès du sieur Letisserand (Paul) ait causé au sieur Letisserand (Camille) un dommage matériel ou ait entraîné des troubles dans ses conditions d'existence, *la douleur morale qui est résultée pour ce dernier de la disparition prématurée de son fils est par elle-même génératrice d'un préjudice indemnisable* ».

L'arrêt *Letisserand* a été accueilli avec faveur par l'ensemble de la doctrine (outre les notes préc., *cf.* Luce, La question du préjudice moral dans la jurisprudence administrative, JCP 1961.I.1645, et « Nouvelles réflexions sur la réparation du préjudice moral par le juge administratif », JCP 1962.I.1685 ; v. cependant, en sens contraire, G. Morange, « À propos d'un revirement de jurisprudence : la réparation de la douleur morale par le Conseil d'État », D. 1962, chr., p. 15, qui estimait que la « commercialisation des sentiments » est en « opposition absolue avec les valeurs fondamentales dont se réclame la civilisation occidentale »).

5 **II.** — Restaient cependant ouvertes certaines questions et certaines interrogations.

A. — On pouvait d'abord se demander si la réparation de la douleur morale absorberait celle des *troubles apportés aux conditions d'existence.* À cette première question, l'arrêt *Letisserand* paraît bien apporter une réponse négative. D'une part, il accorde au père de la victime une indemnité pour douleur morale en relevant que le requérant n'a subi ni préjudice matériel ni trouble dans ses conditions d'existence. D'autre part, Madame Letisserand se voit octroyer une réparation non seulement pour les dommages matériels subis (réparation de la motocyclette, perte de revenus) mais pour les « troubles de toute nature que la disparition du chef de famille a créés dans la vie familiale » ainsi que ceux entraînés par la mort de son fils.

Tantôt, sous le chef des troubles dans les conditions d'existence, le Conseil d'État répare les modifications apportées au mode de vie des requérants en dehors même du dommage matériel et de la douleur morale (*cf.* CE 12 juin 1963, *Ministre des travaux publics c. Dame Féraud*, Rec. 361 : réparation d'une « gêne physique qui, si elle n'a pas empêché (la requérante) de retrouver son emploi antérieur…, apporte un trouble certain dans ses conditions d'existence ; l'indemnité due en raison de ce trouble ne dépend ni directement ni indirectement du montant des revenus professionnels de l'intéressé » ; – Sect., 13 mai 1983, *Mme Lefebvre*, Rec. 194 ; AJ 1983.476, concl. Boyon : indemnisation distincte de la douleur morale éprouvée par une mère du fait de la mort de son fils et des troubles dans les conditions de son existence).

Tantôt, si le chef des troubles dans les conditions d'existence et celui du préjudice moral sont distingués, ils donnent lieu à une indemnité indifférenciée, qui les couvre globalement (CE 9 juill. 1969, *Époux Pech*, Rec. 373 ; RTDSS 1970.81, concl. Morisot ; – Sect., 25 sept. 1970, *Commune de Batz-sur-mer et Dame Vve Tesson*, Rec. 540 ; v. n° 53.2 ; – 9 déc. 1988, *Bazin*, Rec. 1018 ; D. 1989.SC. 348 obs. Moderne et Bon).

Tantôt le chef des troubles dans les conditions d'existence couvre l'ensemble des préjudices subis, y compris la douleur morale (par ex. CE, Sect., 14 juin 1963, *Époux Hébert*, Rec. 364, concl. Méric ; D. 1964.326, note Lalumière – accordant 25 000 F pour les troubles dans les conditions d'existence causés aux parents d'un garçon de quatorze ans qui avait trouvé la mort dans une piscine municipale à la suite de diverses fautes de l'administration).

Tantôt le préjudice moral peut consister lui-même dans les troubles de toute nature dans les conditions d'exercice d'une profession (CE, Ass., 22 oct. 2010, *Mme Bleitrach*, Rec. 399, concl. Roger-Lacan ; v. n° 37.6).

Tantôt enfin la douleur morale est indemnisée seule, sans considération des troubles dans les conditions d'existence (par ex. CE 10 oct. 2003, *Consorts Cohen*, Rec. 395 ; AJ 2003.2391, concl. Chauvaux, note Deguergue). Elle est souvent appelée aujourd'hui préjudice d'affection.

6 Le préjudice moral n'est pas seulement la douleur morale. Il peut consister par exemple dans l'impossibilité pour un patient, faute d'avoir été informé par un médecin ou un chirurgien des risques que comporte une intervention chirurgicale, d'avoir pu y consentir et se préparer à cette éventualité (CE 10 oct. 2012, *M. B et Mme Lemaître*, Rec. 357 ; AJ 2012.2232, note Lantero ; JCP Adm. 2012.2369, note Vioujas), ou encore dans les inquiétudes, distinctes des troubles dans les conditions d'existence et des souffrances physiques, résultant de la contamination par le virus de l'hépatite C (CE 27 mai 2015, *Cogez*, Rec. 835 ; AJ 2015.2340, note Pouillaude). Comme la Cour de cassation (Ass. plén., 5 avr. 2019, D. 2019.922, note Jourdain), le Conseil d'État admet l'indemnisation du préjudice d'anxiété, telle celle que peut susciter le risque d'une pathologie à condition qu'elle constitue un préjudice direct et certain (CE 9 nov. 2016, *Mme Bindjouli*, Rec. 496, concl. Lessi ; v. n° 52.3). « *Une atteinte à la dignité humaine* » telle qu'elle peut résulter des conditions de détention « *est de nature à engendrer, par elle-même, un préjudice moral pour la personne qui en est la victime* » (CE, Sect., 3 déc. 2018, *Bermond*, Rec. 438, concl. Bretonneau ; AJ 2019.279, chr. Faure et Malverti ; DA 2019, comm. 17, Fort ; JCP Adm. 2019.2221, note Sourzat). Un préjudice moral peut résulter aussi de la durée excessive de procédures juridictionnelles (v. CE 28 juin 2002, *Magiera*, Rec. 248, concl. Lamy ; v. n° 100.3), notamment lorsqu'elles comportent la saisine successive des juridictions judiciaires et des juridictions administratives : le Tribunal des conflits a reconnu qu'il était constitué alors par « des désagréments qui vont au-delà des préoccupations habituellement causées par un procès » (TC 9 déc. 2019, *Brasseur c. État*, Rec. 510 ; AJ 2000.1186, note Pouillaude) ou par « une situation prolongée d'incertitude » (TC 8 juin 2020, *Commune de Saint-Esprit*, Rec. 981), et l'a évalué dans chaque cas, y compris pour une commune, à 4 000 euros.

Le préjudice moral est réparable aussi bien en cas de responsabilité sans faute que de responsabilité pour faute (CE 27 oct. 2000, *Centre hospitalier de Seclin*, Rec. 478 ; D. 2001.1196, concl. Chauvaux ; AJ 2001.307, note Deguergue).

7 *B.* — Le second problème apparaît plus délicat : il est de savoir jusqu'*où s'étend la douleur morale* susceptible de donner lieu à réparation. Il n'y a en général pas de doute en cas de perte d'un conjoint, d'un père ou d'une mère, d'un enfant mineur ou majeur (v. par ex. Sect., 4 nov. 1966, *Département de la Vendée et Consorts Alonzo Hoffmann*, Rec. 587 ; AJ 1967.35, chr. Lecat et Massot ; – Sect., 25 sept. 1970, *Commune de Batz-sur-mer et Dame Vve Tesson*, préc. ; – Ass., 14 févr. 1975, *Consorts Vimart*, Rec. 113, concl. Rougevin-Baville ; RTDSS 1975.501, note Moderne), d'un frère ou d'une sœur, d'un grand-parent ou d'un petit enfant (par ex. CE 2 juill. 1980, *Consorts Pasquier*, Rec. 884).

On peut trouver des cas-limites. Dans ses conclusions sur l'arrêt *Letisserand,* M. Heumann avait déjà fait allusion à la « comédie odieuse » que pourraient jouer certains requérants, qui demanderaient l'indemnisation d'un chagrin qu'ils n'auraient nullement éprouvé. M. Morange a, de son côté, évoqué l'hypothèse d'une jeune veuve à qui l'indemnité versée à la suite de la mort de son mari permettrait de se marier une seconde fois. Les tribunaux judiciaires ont eux-mêmes dû limiter les abus en excluant du droit à indemnité les parents trop éloignés ou les simples amis de la victime (*cf.* cependant Civ. 16 janv. 1962, S. 1962.281, note Foulon-Piganiol ; JCP 1962.II.12557, note Esmein : réparation du chagrin causé par la mort d'un cheval). Le Conseil d'État a dû poser des limites analogues et refuser, par exemple, toute indemnité au titre du *pretium doloris* à une femme qui vivait depuis longtemps séparée de son mari (CE, Sect., 19 mai 1961, *Entreprise de travaux publics Daniel*, Rec. 354), ou à une belle-mère (mère de l'épouse ou de l'époux, CE, Sect., 4 nov. 1966, *Département de la Vendée et Consorts Alonzo Hoffmann*, préc.).

En revanche, ont été réparés les troubles dans les conditions d'existence ou la douleur morale d'un père de cinq enfants qui, après avoir perdu sa femme, s'était remarié (CE 29 nov. 1972, *Commune de Saint-Barthélémy-de-Vals*, Rec. 1231), du beau-père (ou second mari de la mère) de la victime qu'il avait élevée depuis son jeune âge (CE 9 déc. 1970, *Ministre de l'équipement et du logement c. Époux Losser*, Rec.

745), de la belle-fille majeure de la victime (CE 23 juin 1986, *Centre hospitalier spécialisé de Maison-Blanche*, Rec. 720), ou encore des beaux-parents, remariés après divorce, d'une adolescente avec laquelle ils avaient noué des liens affectifs (CE, Sect., 3 juin 2019, *Mme Fougère-Derouet et M. Miez*, Rec. 196 ; AJ 2019.1578 chr. Malverti et Beaufils ; DA 2019, n° 10, p. 38, note Éveillard).

On ne peut, en ce domaine, recourir qu'à des présomptions, accompagnées d'évaluations plus ou moins forfaitaires, pour éviter des contestations sur l'existence et l'intensité du chagrin invoqué. Comme l'a dit M. Heumann, « c'est là une méthode empirique qui... permettra d'éviter des abus et aussi de proportionner l'indemnité à la nature des liens familiaux invoqués par le demandeur ».

8 *C.* — Il reste enfin à savoir si *l'indemnisation* de la douleur morale est faite largement ou si elle est calculée avec rigueur. L'arrêt *Letisserand* semble s'orienter vers la seconde hypothèse, puisque le Conseil d'État a borné la réparation accordée au père de la victime à la somme de 1 000 F, alors que le requérant avait demandé 5 000 F, somme qui ne paraissait « *nullement excessive* » au commissaire du gouvernement – ces sommes n'étant plus, de toute façon, significatives aujourd'hui compte tenu de l'érosion monétaire.

La jurisprudence accorde pour la douleur morale proprement dite des sommes non négligeables (v. CE, Ass., 10 avr. 1992, *Époux V.** ; – Sect., 3 nov. 1997, *Hôpital Joseph Imbert d'Arles*, Rec. 412 ; v. n° 89.4). Le Conseil d'État (Sect.) dans l'arrêt du 12 oct. 2009, *Mme Chevillard et autres* (Rec. 387 ; v. n° 53.5), à l'occasion du décès accidentel d'un homme, a alloué 20 000 euros à l'épouse, 15 000 aux enfants âgés respectivement de 18 et 21 ans, 8 000 pour la fille aînée, 3 000 au petit-fils et 4 000 aux frères. Des sommes d'un montant semblable sont encore accordées aujourd'hui (par ex. CAA Bordeaux 3 janv. 2017, *X...*, n° 14BX02796 : 30 000 euros pour l'épouse, 20 000 pour chacun des enfants ; CE 3 juin 2019, préc. : 6 000 euros pour chacun des beaux-parents).

Ces évaluations peuvent être rapprochées de celles qu'accordent les juridictions judiciaires dans des cas analogues, auxquelles elles ne paraissent plus systématiquement inférieures.

La réforme issue de la loi du 31 déc. 1987 donnant normalement au Conseil d'État un rôle de juge de cassation dans le contentieux de la réparation, il n'a plus guère à statuer lui-même sur le quantum de l'indemnité (v. cependant l'arrêt *Mme Chevillard* et l'arrêt *Cogez*) et ne contrôle pas les appréciations du juge du fond en la matière (v. nos obs. sous l'arrêt du 2 févr. 1945, *Moineau**).

*

* *

9 Parallèlement à l'évolution de la réparation du préjudice moral, la jurisprudence a évolué quant à la date d'appréciation du préjudice de la victime : elle est, pour les préjudices matériels, celle du jour où peuvent être réalisés les travaux permettant de les réparer (CE, Ass., 21 mars 1947, *Compagnie générale des eaux*, Rec. 122 ; D. 1947.225, note P.-L. J. ; RD publ. 1947.198, note Jèze ; S. 1947.3.85, note D.P.), pour les préjudices corporels, celle du jour où il est statué sur la demande de réparation (CE, Ass., 21 mars 1947, *Dame veuve Aubry*, mêmes références).

La jurisprudence s'est affinée.

Comme la Cour de cassation (Cass., ch. mixte, 6 nov. 1974, JCP 1975.II.17978, concl. Gégout, note R. Savatier ; RTD civ. 1975.114 et 549, obs. Durry), le Conseil d'État admet qu'« aucune disposition législative n'interdit au juge, qui est tenu d'assurer une réparation intégrale du préjudice quelles que soient les circonstances économiques, d'indexer les rentes qu'il accorde » (CE, Sect., 12 juin 1981, *Centre hospitalier de Lisieux c. Harel*, Rec. 262, concl. Y. Moreau ; AJ 1981.488, chr. Tiberghien et Lasserre). Cette décision complète heureusement la jurisprudence *Dame Vve Aubry,* en permettant de tenir compte de la dépréciation monétaire postérieure à la date à laquelle le juge statue.

Des progrès de l'identification et de l'indemnisation des préjudices consécutifs à un dommage corporel résultent, comme le fait le juge judiciaire, de l'utilisation de la nomenclature « Dintilhac » (CE 7 oct. 2013, *Ministre de la défense c. M. H*, Rec. 244 ; – 16 déc. 2013, *Mme de Moraes*, Rec. 315 ; RFDA 2014.317, note Lantero ; AJ 2014.524, concl. Lambolez ; même revue 1809, art. Pouillaude) : préjudices patrimoniaux (dépenses de santé, frais liés à un handicap, frais d'obsèques et de sépulture, perte de revenus), préjudices « personnels » (« souffrances..., préjudice esthétique, préjudice sexuel, préjudice d'agrément lié à l'impossibilité de continuer à exercer une activité spécifique, sportive ou de loisirs, préjudice d'établissement lié à l'impossibilité de fonder une famille »), dont particulièrement le préjudice moral.

10 L'affinement de la jurisprudence s'est porté aussi sur le cas de la perte de chance d'éviter un dommage : le montant de la réparation doit être fixé à la fraction du dommage déterminée en fonction de l'ampleur de la chance perdue (CE 21 déc. 2007, *Centre hospitalier de Vienne*, Rec. 546 ; RFDA 2008.34, concl. Olson ; AJ 2008.135, chr. Boucher et Bourgeois-Machureau ; RD publ. 2008.664, note Guettier), et non pas à la hauteur de l'intégralité du préjudice (CE 22 oct. 2014, *Centre hospitalier de Dinan c. Consorts Étienne*, Rec. 316 ; DA 2015, n° 16, comm. Éveillard ; AJ 2015.292, note Minet). Ainsi, pour le dommage résultant de la perte de l'usage d'un œil, évalué à 50 000 euros, la perte de chance étant de 30 %, l'indemnité est de 15 000 euros (*Centre hospitalier de Vienne*). Pour la perte de chance résultant du défaut d'information avant une intervention chirurgicale, v. CE, Sect., 20 nov. 2020, *Mme Valquin*, Rec. 433 ; v. n° 85.3.

C'est encore une illustration de la protection assurée aux victimes et à leurs ayants droit par le droit de la responsabilité administrative.

72

ACTES DE GOUVERNEMENT POUVOIRS SPÉCIAUX DU PRÉSIDENT DE LA RÉPUBLIQUE

Conseil d'État Ass., 2 mars 1962, *Rubin de Servens et autres*
(Rec. 143 ; JCP 1962.II.12613, concl. Henry ; RD publ. 1962.294, concl. ; AJ 1962.214, chr. Galabert et Gentot ; D. 1962.109, chr. G. Morange ; JCP 1962.I.1711, chr. Lamarque ; RD publ. 1962.288, note Berlia ; S. 1962.147, note Bourdoncle ; GAP, p. 320 ; GCJA, vol. 2, n° 37, concl.)

Cons. que, par décision en date du 23 avr. 1961, prise après consultation officielle du Premier ministre et des présidents des assemblées et après avis du Conseil constitutionnel, le président de la République a mis en application l'art. 16 de la Constitution du 4 oct. 1958 ; *que cette décision présente le caractère d'un acte de gouvernement dont il n'appartient au Conseil d'État ni d'apprécier la légalité ni de contrôler la durée d'application ; que ladite décision a eu pour effet d'habiliter le président de la République à prendre toutes les mesures exigées par les circonstances qui l'ont motivée et, notamment, à exercer dans les matières énumérées à l'art. 34 de la Constitution le pouvoir législatif et dans les matières prévues à l'art. 37 le pouvoir réglementaire ;*

Cons. qu'aux termes de l'art. 34 de la Constitution « la loi fixe les règles concernant... la procédure pénale... la création de nouveaux ordres de juridiction » ; que la décision attaquée en date du 3 mai 1961, intervenue après consultation du Conseil constitutionnel, tend d'une part à instituer un tribunal militaire à compétence spéciale et à créer ainsi un ordre de juridiction au sens de l'art. 34 précité, et, d'autre part, à fixer les règles de procédure pénale à suivre devant le tribunal ; qu'il s'ensuit que ladite décision, qui porte sur des matières législatives et qui a été prise par le président de la République pendant la période d'application des pouvoirs exceptionnels, présente le caractère d'un acte législatif dont il n'appartient pas au juge administratif de connaître ; ... (Rejet).

OBSERVATIONS

L'arrêt Rubin de Servens *reconnaît à une décision créant une juridiction spéciale, prise en application de l'article 16 de la Constitution, la qualification d'acte de gouvernement qu'avait commencé à réduire l'arrêt* Prince Napoléon* *– ce que ne fera pas l'arrêt* Canal* *pour une ordonnance ayant un objet semblable prise sur habilitation référendaire.*

1 **I.** — Parmi les innovations apportées dans le droit public français en 1958, l'art. 16 de la Constitution du 4 oct. 1958 fut en son temps l'un des plus controversés. Disposant notamment que « lorsque les institutions de la République, l'indépendance de la nation, l'intégrité de son territoire ou l'exécution de ses engagements internationaux sont menacés d'une manière grave et immédiate et que le fonctionnement régulier des pouvoirs publics constitutionnels est interrompu, le président de la République prend les mesures exigées par ces circonstances, après consultation officielle du Premier ministre, des présidents des assemblées ainsi que du Conseil constitutionnel », l'art. 16 de la Constitution a divisé la doctrine sur sa signification exacte comme sur sa portée éventuelle, et fit l'objet d'interprétations nettement divergentes ; aussi attendait-on avec curiosité l'attitude du Conseil d'État.

La tentative de putsch survenue à Alger au printemps 1961 fournit cette occasion : dès le 23 avr. en effet, le président de la République décida, après avoir procédé aux consultations prévues, de recourir à l'art. 16 ; le putsch s'effondra dans la nuit du 25 au 26 et, dès le 26, les autorités légales furent rétablies en Algérie ; l'art. 16 fut cependant maintenu en vigueur jusqu'au 29 sept. 1961, date à laquelle fut prise la décision d'en suspendre l'application.

De nombreuses « décisions » furent prises par le président de la République durant cette période en vertu de l'art. 16. L'une d'elles, en date du 3 mai, portant création d'un tribunal militaire spécial chargé de juger « les auteurs et complices de crimes et délits contre la sûreté de l'État et contre la discipline des armées » et fixant les règles de procédure à suivre devant ce tribunal, fut la première à permettre au juge d'apporter son interprétation de l'art. 16 et des décisions prises sur son fondement. Deux requêtes furent en effet présentées aux fins d'annulation de cette décision, l'une par dix officiers du 1er REP – dont le sieur Rubin de Servens – l'autre par les sieurs Sabouret, Garat de Nedde et Dupont, tous jugés par ledit tribunal et condamnés à diverses peines. Ces requêtes s'articulaient autour de trois moyens. Le premier moyen invitait le juge à déclarer que les conditions mises par l'art. 16 à son application n'étaient pas réunies à la date du 3 mai, lorsque fut prise la décision attaquée, aucune menace grave et immédiate telle que celles prévues par l'art. 16 n'étant plus alors perceptible et les pouvoirs publics constitutionnels fonctionnant normalement à cette date ; le deuxième moyen était fondé sur la violation des principes généraux du droit pénal, particulièrement de la règle selon laquelle l'instruction des affaires criminelles est nécessairement confiée à un organe indépendant du pouvoir exécutif – principe que consacrent l'art. 68 du Code de procédure pénale (L. 31 déc. 1957), l'art. 42 du Code de justice militaire et même l'ordonnance du 2 janv. 1959 sur la Haute Cour, mais qu'ignorait la décision attaquée, dont les art. 8, 9 et 10 confiaient l'instruction au ministère public ; le troisième moyen était tiré de la méconnaissance du principe de non-rétroactivité de la loi pénale, la décision du 3 mai s'appliquant à des crimes et délits commis avant son entrée en vigueur et qui relevaient alors des tribunaux militaires.

2 La chambre criminelle de la Cour de cassation saisie par voie d'exception, se prononça dès le 21 août 1961 ; elle refusa d'apprécier la légalité interne de la décision attaquée et se limita à en examiner la légalité externe. L'arrêt relève que, l'art. 16 ayant été régulièrement appliqué, la légalité de la décision attaquée ne peut être contestée devant l'autorité judiciaire en raison de sa conformité à la Constitution ; la Cour note en effet qu'il a été procédé aux consultations prévues et même que l'avis du Conseil constitutionnel « énonce que les conditions exigées par la Constitution pour l'application de l'art. 16 se trouvent réunies », dépassant ainsi le simple contrôle de l'existence de la décision pour en esquisser un contrôle de légalité externe, d'ailleurs assez vain (Crim., 21 août 1961, *Fohran*, Bull. crim. 1961.695 ; v. également Crim., 10 mai 1962, *Dovecar et Piegts*, JCP 1962.II.12736, note Michaud).

Le Conseil d'État se trouva amené à se prononcer à son tour, à la fois sur sa propre compétence et sur la nature des décisions prises par le président de la République en vertu de l'art. 16. Rendu par l'Assemblée plénière du contentieux conformément aux conclusions de M. Henry, l'arrêt *Rubin de Servens* opère une distinction capitale entre, d'une part, la décision initiale de recourir à l'art. 16 et, d'autre part, les décisions prises en vertu de l'art. 16 au cours de sa période d'application.

II. — La décision initiale de mettre en application l'art. 16 de la Constitution présente, affirme le Conseil d'État, le « caractère d'un acte de gouvernement », dont il ne lui appartient « ni d'apprécier la légalité, ni de contrôler la durée d'application ».

3 *A.* — La Constitution de 1958 attribue au président de la République un certain nombre de « pouvoirs propres », qu'il exerce le plus souvent sans contreseing ministériel, parmi lesquels figurent ceux définis par l'art. 16, dont les origines et la signification font l'objet d'une minutieuse analyse par le commissaire du gouvernement. M. Henry souligne que tous les actes accomplis en vertu de ces pouvoirs propres ne sont pas nécessairement qualifiables d'actes de gouvernement : ainsi le Conseil d'État serait-il compétent pour statuer par exemple sur la légalité du tableau d'avancement des magistrats du siège, qu'arrête sous sa seule signature le président de la République ; d'autre part, rappelle le commissaire du gouvernement, si le Conseil d'État se déclare aujourd'hui incompétent pour connaître de la décision de refuser une grâce, ce qui constitue un autre « pouvoir propre » du président de la République, c'est parce qu'un tel acte relève du domaine judiciaire de l'exécution des peines et non plus parce qu'il constituerait un acte de gouvernement (CE 28 mars 1947, *Gombert*, Rec. 138 ; v. n° 3.2). Toutes les décisions prises par le président de la République dans l'exercice de ses pouvoirs propres ne constituent donc pas pour autant des actes de gouvernement. Mais certains de ces pouvoirs intéressent les rapports du Parlement et du gouvernement et, à ce titre, leur exercice n'est pas susceptible d'être critiqué devant le juge, qui n'hésitera pas à qualifier d'actes de gouvernement les actes pris en vertu de ces pouvoirs : c'est le cas des pouvoirs que le président de la République tient de l'art. 16. L'arrêt *Rubin de Servens* apporte à cet égard une solution qui ne peut guère être contestée : dans la mesure où la décision de recourir à l'art. 16 réalise immédiatement une confusion organique des pouvoirs au profit du président de la République, elle bouleverse *ipso facto* la répartition des compétences entre les pouvoirs constitutionnels, et se trouve dans le champ d'application classique de la notion d'acte de gouvernement (v. CE 19 févr. 1875, *Prince Napoléon** et nos obs.).

Il est remarquable qu'à cette occasion, le Conseil d'État ait employé les termes mêmes d'« acte de gouvernement », qu'il répugnait à utiliser et que l'on ne rencontrait que dans la jurisprudence du Tribunal des conflits (TC 12 févr. 1953, *Secrétaire du comité d'entreprise de la SNCASE*, Rec. 585 ; – 24 juin 1954, *Barbaran*, Rec. 712). Peut-être faut-il y voir la volonté de réaffirmer l'existence d'une notion combattue par la doctrine en tant que théorie originale, dans un cadre institutionnel propice à un tel renouveau (v. également CE, Ass., 19 oct. 1962, *Brocas*, Rec. 553 ; v. n° 3.4).

S'interdisant ainsi d'apprécier la légalité interne de la décision du 23 avr. 1961 et de l'examiner au fond, le Conseil d'État note cependant qu'elle a été « prise après consultation officielle du Premier ministre et des présidents des assemblées et après avis du Conseil constitutionnel », marquant ainsi, comme la Cour de cassation, son désir d'en contrôler la régularité externe. Encore convient-il de souligner qu'il s'agit tout au plus d'une constatation de l'existence de la décision et faut-il marquer les limites d'un tel contrôle : le Conseil d'État n'apprécie pas en effet si les circonstances de fait permettaient le recours à l'art. 16 et si les conditions mises par celui-ci à son application étaient effectivement remplies ; de plus, la simple constatation de la régularité formelle de la décision ne constitue pas une garantie bien efficace : « tout contrôle intervenant *a posteriori* » de la part du Conseil d'État « serait ou inutile – si la décision d'appliquer l'art. 16 est conforme à la Constitution – ou dérisoire – si elle ne l'est pas » : on serait alors « en présence d'un coup d'État que le Parlement n'aurait pu éviter et il serait trop tard pour le condamner » (concl. Henry).

4 *B.* — Les mêmes considérations ont conduit le Conseil d'État à décider, comme le suggérait le commissaire du gouvernement, qu'il ne saurait pas davantage contrôler la durée d'application de l'art. 16. Le Conseil d'État s'est ainsi refusé à examiner le moyen tiré de la prolongation, estimée abusive par les requérants, de l'application de l'art. 16, écartant ainsi par avance sa compétence pour apprécier la décision par laquelle le président de la République met un terme à l'application de cette disposition. La Haute assemblée n'a toutefois pas eu l'occasion de dire que cette décision avait le caractère d'un acte de gouvernement, sa jurisprudence ultérieure ayant seulement précisé que la décision du

29 sept. 1961 échappait à son contrôle en raison de sa nature législative, les décisions qu'elle maintenait en vigueur ayant elles-mêmes le caractère législatif (CE 13 nov. 1964, *Livet*, Rec. 534 ; D. 1965.668, note A. Demichel ; JCP 1965.II.14286, note Langavant ; AJ 1965.365, note A.H.).

5 *C.* — Ces précisions permettent de constater que, contrairement à certains commentaires doctrinaux de l'art. 16 présentés en 1958, le Conseil d'État a écarté l'idée d'une application possible, en ce domaine, de sa jurisprudence sur les circonstances exceptionnelles. Si cela avait été le cas, il eût en effet contrôlé non seulement l'existence d'une situation susceptible de justifier la mise en œuvre de l'art. 16 (donc si les conditions prévues à l'art. 16 étaient effectivement remplies), mais aussi la réalité de la persistance de ces circonstances jusqu'à la date où l'art. 16 cessa d'être appliqué ; de même aurait-il alors refusé toute valeur aux décisions maintenues en vigueur après cette date (v. CE, Ass., 16 avr. 1948, *Laugier*, Rec. 161 ; v. n° 29.3 ; – Sect., 7 janv. 1955, *Andriamisera*, Rec. 13 ; RJPUF 1955.859, concl. Mosset ; RD publ. 1955.709, note M. Waline ; v. – 28 juin 1918, *Heyriès** et nos obs.).

III. — Contrairement à la décision de recourir à l'art. 16, les décisions prises par le président de la République en cours d'application de l'art. 16 et en vertu de celui-ci ne constituent pas des actes de gouvernement ; le Conseil d'État ne pouvait en décider autrement, sauf à revenir à la théorie du mobile politique, abandonnée par la décision *Prince Napoléon**. Les conclusions du commissaire du gouvernement éclairent utilement les motifs et les modalités du contrôle juridictionnel dont l'arrêt *Rubin de Servens* définit ainsi les limites.

6 *A.* — Le Conseil d'État a adopté une solution moyenne ; s'il a en effet refusé d'exercer à propos de l'art. 16 le contrôle qu'il exerce – de façon indulgente sans doute mais dans sa plénitude – dans le cadre de la théorie des circonstances exceptionnelles, il a également écarté la théorie selon laquelle la logique des institutions exigeait que toutes les décisions prises en vertu de l'art. 16 fussent soustraites à tout contrôle en qualité d'actes de gouvernement. Ce faisant, la Haute assemblée a adopté ici son attitude traditionnelle à l'égard des décisions prises par une autorité au profit de laquelle est momentanément réalisée une confusion des pouvoirs. Or, dans le cas des décisions prises en vertu de l'art. 16 comme dans les hypothèses de confusion des pouvoirs déjà rencontrées dans le passé, il s'agit de décisions dont l'apparence formelle est toujours la même, bien qu'elles soient ou puissent être de natures fort diverses. Ainsi le président de la République a, entre le 23 avr. et le 29 sept. 1961, pris des mesures touchant à des domaines variés : création de tribunaux, modification de la procédure pénale, suspension de l'inamovibilité des magistrats du siège, décisions permettant la mise en congé ou la destitution de certains fonctionnaires ou militaires ou modifiant les règles d'avancement dans l'armée, décisions prévoyant l'interdiction de certains écrits périodiques ou restreignant la liberté individuelle. Comme il le fait traditionnellement lorsqu'il est en présence d'une confusion des pouvoirs législatif et exécutif entre les mains d'une même autorité, le Conseil d'État distingue, parmi les décisions prises, celles qui ont une nature législative et celles qui ont une nature réglementaire ; il avait déjà adopté cette solution, par exemple, pour les décrets du Premier Empire (30 juill. 1880, *Brousse*, concl. Chantegrellet, Rec. 704), pour ceux du Prince-Président après le coup d'État du 2 déc. 1851 (28 nov. 1873, *Élections de Maisons-Alfort*, Rec. 882) et pour ceux du gouvernement de la Défense nationale en 1870 (28 mars 1885, *Languellier*, Rec. 389, concl. Gomel). En l'espèce, sa tâche se trouve facilitée par le partage institué par les art. 34 et 37 de la Constitution entre les matières législatives et les matières réglementaires.

7 ***B.*** — *1°)* Le Conseil d'État s'estime incompétent pour apprécier la légalité d'une décision présidentielle touchant aux matières énumérées à l'art. 34 de la Constitution, une telle décision ayant nécessairement valeur législative et ne pouvant faire l'objet d'aucun recours sous réserve, depuis la révision constitutionnelle du 23 juill. 2008, d'une question prioritaire de constitutionnalité.

Le Conseil d'État s'est donc déclaré incompétent pour apprécier la validité de la décision du 3 mai 1961 sitôt qu'il eut constaté que celle-ci, créant un nouvel ordre de juridiction « au sens de l'art. 34 » et instituant des règles particulières de procédure pénale, relevait incontestablement du domaine législatif : l'art. 34 de la Constitution dispose en effet que la loi fixe les règles concernant ces deux questions.

La solution de l'arrêt *Rubin de Servens* a été appliquée par la suite à plusieurs reprises, le Conseil d'État s'interdisant d'examiner la légalité des décisions considérées comme de nature législative telles que : la décision du 24 avr. 1961 habilitant le ministre de l'intérieur à prendre des mesures restrictives de la liberté individuelle (CE 13 nov. 1964, *Livet*, préc. n° 72.4) ; la décision du 27 avr. 1961 autorisant les ministres de l'intérieur et de l'information à interdire par arrêté les écrits qui contenaient des informations considérées comme secrètes (CE, Sect., 22 avr. 1966, *Société Union africaine de presse*, Rec. 276 ; JCP 1966.II.14805, concl. Galmot, note R. Drago) ; et même la décision du 29 sept. 1961 maintenant en vigueur jusqu'au 15 juill. 1962 la décision précitée du 24 avr., elle-même de nature législative (CE 13 nov. 1964, *Livet*, préc.).

Le seul contrôle que le juge administratif accepte d'exercer sur les décisions de caractère législatif prises au titre de l'art. 16 de la Constitution est celui de l'existence et de l'entrée en vigueur de la décision, conformément à sa jurisprudence traditionnelle (CE 22 févr. 1946, *Botton*, Rec. 58 ; S. 1946.356, note P.H. ; – Ass., 1er juill. 1960, *Fédération nationale des organismes de sécurité sociale et Fradin*, Rec. 441 ; D. 1960.690, concl. Braibant, note L'Huillier ; S. 1961.69, concl. ; AJ 1960.I.152, chr. Combarnous et Galabert).

La portée du contrôle que le Conseil d'État exerce sur les décisions de nature législative prises en application de l'art. 16 se trouve ainsi fort restreinte. La méconnaissance, par de telles décisions, des principes généraux du droit ne saurait, notamment, être censurée par le juge. De même, ce dernier ne pourrait apprécier la régularité de ces décisions par rapport aux limites posées par l'art. 16, d'après lequel les mesures prises par le président de la République doivent « être inspirées par la volonté d'assurer aux pouvoirs publics constitutionnels, dans les moindres délais, les moyens d'accomplir leur mission ». Bien mieux : porteraient-elles même atteinte à des dispositions expresses de la Constitution (v. par ex. l'inamovibilité des magistrats du siège en Algérie), les décisions de caractère législatif prises en application de l'art. 16 n'en demeureraient pas moins soustraites au contrôle du Conseil d'État, sauf pour lui, sur la demande d'une partie, à saisir le Conseil constitutionnel d'une question prioritaire de constitutionnalité.

8 *2°)* En revanche, sont soumises au contrôle du juge de l'excès de pouvoir les décisions que le président de la République, dans le cadre du « dédoublement fonctionnel » institué par l'art. 16, prend en sa qualité d'autorité réglementaire. Cette solution était justifiée par M. Henry en fonction d'une conception stricte de la répartition des compétences entre la loi et le règlement qui a prévalu jusqu'à ce que le Conseil constitutionnel décide que l'empiétement du législateur sur le domaine du règlement n'est pas contraire à la Constitution (*n° 82-143 DC, 30 juill. 1982*, Rec. 57). Quoi qu'il en soit, pour justifier le contrôle sur les décisions présidentielles prises dans une matière réglementaire, le commissaire du gouvernement a tiré argument du fait que la décision du 29 sept. 1961 maintient en vigueur certaines des décisions prises durant la période d'application de l'art. 16, mais sous réserve expresse de « ce qui pourrait être décidé par la loi » : or, la loi ne pouvant, à son avis, modifier que les textes de caractère législatif, les décisions de nature réglementaire échapperaient à tout contrôle si le juge de l'excès de pouvoir se déclarait incompétent pour connaître de leur légalité.

La jurisprudence relative à cette période d'application de l'art. 16 n'offre cependant pas d'exemple de décision présidentielle de nature réglementaire soumise au contrôle du juge, la plupart des décisions prises ayant eu un caractère législatif. Mais on peut penser que le Conseil d'État exercerait, sur une telle décision, un contrôle inspiré de celui qu'il exerce dans le cadre de la théorie des circonstances exceptionnelles. De même, pour éviter qu'une décision présidentielle comprenant à la fois des dispositions législatives et des dispositions réglementaires soit considérée comme législative et, comme telle, assurée de l'immunité juridictionnelle, le juge distinguerait vraisemblablement les unes des autres et exercerait son contrôle de légalité sur celles des dispositions qui auraient une nature réglementaire.

9 *3°)* Aussi est-ce, en fait, sur les mesures individuelles d'exécution des décisions prises au titre de l'art. 16 – que ces décisions soient de nature législative ou réglementaire – que le contrôle du juge de l'excès de pouvoir a le plus de chances de s'exercer efficacement. Encore faut-il souligner que, leur légalité s'appréciant par rapport à la décision présidentielle qui leur sert de fondement, le Conseil d'État n'en a pas toujours fourni une interprétation susceptible de donner une grande portée à son contrôle. Ainsi le juge tiendra nécessairement pour légale la mesure individuelle méconnaissant une disposition de nature législative ou un principe général du droit que la décision qui lui sert de fondement aura précisément entendu modifier ou écarter ; l'attitude inverse l'eût en effet conduit à censurer indirectement la décision dont la mesure critiquée n'est que l'application, alors qu'une telle décision a nécessairement, dans ces conditions, un caractère législatif (CE 13 nov. 1964, *Livet*, préc. n° 72.4 ; – Sect., 22 avr. 1966, *Société Union africaine de presse*, préc. n° 72.7). Par contre, s'il résulte des termes de la décision présidentielle que la mesure individuelle prise pour son application contient une violation d'une règle législative ou d'un principe général du droit que la décision n'entendait pas écarter, le juge annulera la mesure comme illégale. Le cas s'est présenté à propos d'un décret du 10 oct. 1961 qui avait placé un militaire en position de congé spécial en application de la décision du 7 juin 1961 prévoyant de telles mesures, « nonobstant toute disposition législative ou réglementaire contraire », à l'encontre des personnels militaires de tous grades : le Conseil d'État a annulé ce décret comme illégal pour avoir été pris sans que l'intéressé eût été mis préalablement à même de prendre connaissance de son dossier, les circonstances à la date du décret ne justifiant pas l'omission d'une telle formalité et la décision du 7 juin n'en excluant pas expressément l'observation ; la Haute assemblée s'est inspirée ici du contrôle qu'elle exerce dans le cadre de la théorie des circonstances exceptionnelles (CE, Ass., 23 oct. 1964, *d'Oriano*, Rec. 486 ; RD publ. 1965.282, concl. M. Bernard ; AJ 1964.684, chr. Puybasset et Puissochet ; D. 1965.9, note Ruzié).

10 Enfin, à plusieurs reprises, le Conseil d'État a été amené à restreindre encore la portée réelle de son contrôle juridictionnel, en estimant que les circonstances de l'époque justifiaient une interprétation extensive des décisions prises dans le cadre de l'art. 16. Ainsi a-t-il tranché une difficulté sur laquelle il ne s'était pas prononcé dans la décision *d'Oriano* : une décision du 8 juin 1961, identique à celle du 7 juin précitée (à ceci près qu'elle ne concernait pas les militaires, mais les fonctionnaires des services de police), prévoyait en effet la mise en congé spécial ou la radiation des cadres de ces fonctionnaires « eu égard aux circonstances ayant justifié la mise en œuvre de l'art. 16 de la Constitution ». Or, loin de s'en tenir à utiliser ces pouvoirs contre les fonctionnaires qui n'avaient pas fait preuve de loyalisme dans ces circonstances, le ministre de l'intérieur s'était cru habilité à les appliquer aux fonctionnaires manifestement « inférieurs à leur tâche », les « médiocres » ou « trop fréquemment absents » par « l'abus de congés de maladie répétés » et même les éthyliques (circulaire aux préfets du 16 juin 1961). Le Conseil d'État a eu ainsi à connaître d'un arrêté du ministre de l'intérieur du 4 sept. 1961 plaçant en congé spécial un fonctionnaire qui se trouvait, au mois d'avr. 1961, en congé de convalescence à la suite de l'ablation d'un rein. Contrairement à l'interprétation donnée par le commissaire du gouvernement Kahn (et à celle de M. Michel Bernard dans ses conclusions sur l'affaire *d'Oriano*), le Conseil d'État a estimé que l'interprétation extensive du ministre se justifiait à l'égard des fonctionnaires « dont le comportement général comme l'aptitude professionnelle ou physique ne lui semblaient pas présenter les garanties suffisantes pour faire face, le cas échéant avec l'efficacité nécessaire, à des troubles de même nature que ceux qui ont affecté l'ordre public au cours du mois d'avr. 1961 » (CE, Ass., 13 juill. 1965, *Gauthier*, Rec. 436 ; AJ 1965.466, chr. Puybasset et Puissochet). Dans le même esprit, examinant des arrêtés ministériels et préfectoraux pris sur le fondement d'une décision présidentielle du 27 avr. 1961 dont l'art. 1er autorisait des mesures d'interdiction d'écrits « diffusant des informations secrètes d'ordre militaire et administratif », le Conseil d'État a estimé que cette disposition devait être « interprétée compte tenu des événements de l'époque et des circonstances locales » ; il a déclaré légales les mesures d'interdiction et de saisie prises en application de cette décision, écartant ainsi l'interprétation selon laquelle cette décision aurait eu pour seul objet de concerner la diffusion des secrets protégés par la loi pénale et estimant qu'elle visait en fait « la divulgation de renseignements que le gouvernement entendait éviter de rendre publics en raison des conséquences que cette divulgation pouvait avoir sur l'ordre public ou de la gêne qu'elle était susceptible d'apporter à la mise en œuvre de la politique gouvernementale » (CE, Sect., 22 avr. 1966, *Société Union africaine de presse*, préc. n° 72.7).

L'ensemble des décisions du Conseil d'État témoigne, en définitive, de son constant souci de concilier, tout en les préservant dans la mesure du possible, d'une part la nécessité de la liberté d'action que suppose l'art. 16 de la Constitution, d'autre part le principe du contrôle de légalité. On ne peut que souligner à cet égard que la jurisprudence inaugurée par la décision *Rubin de Servens* a permis, en appliquant des principes traditionnels à une situation nouvelle, d'établir un certain équilibre entre des exigences apparemment contradictoires ; elle a été renforcée en ce qui concerne les mesure prises, non en vertu de l'article 16, mais sur la base d'une habilitation référendaire (CE 19 oct. 1962, *Canal, Robin et Godot** et nos observations).

73

RECOURS POUR EXCÈS DE POUVOIR ORDONNANCES DU PRÉSIDENT DE LA RÉPUBLIQUE CIRCONSTANCES EXCEPTIONNELLES PRINCIPES GÉNÉRAUX DU DROIT

Conseil d'État Ass., 19 octobre 1962, *Canal, Robin et Godot*
(Rec. 552 ; AJ 1962.612, chr. de Laubadère ; JCP 1963.II.13068, note C. Debbasch ; RA 1962.623, note Liet-Veaux ; Mélanges Genevois, p. 617, art. Labetoulle ; Comité d'histoire du Conseil d'État et de la juridiction administrative, Conférences « Vincent Wright », vol. 1, p. 263, art. Ducamin ; AJ 2014.90, note Gentot ; GAP, p. 321)

Sur la fin de non-recevoir opposée par le ministre de la justice et le ministre des armées : – Cons. que l'art. 2 de la loi du 13 avr. 1962 adoptée par le peuple français par la voie du référendum, autorise le président de la République « à arrêter, par voie d'ordonnance ou, selon le cas, de décrets en Conseil des ministres, toutes mesures législatives ou réglementaires relatives à l'application des déclarations gouvernementales du 19 mars 1962 » ; *qu'il résulte de ses termes mêmes que ce texte a eu pour objet, non d'habiliter le président de la République à exercer le pouvoir législatif lui-même, mais seulement de l'autoriser à user exceptionnellement, dans le cadre et dans les limites qui y sont précisées, de son pouvoir réglementaire, pour prendre, par ordonnances, des mesures qui normalement relèvent du domaine de la loi ; qu'il suit de là que l'ordonnance attaquée du 1er juin 1962, qui a été prise en application de l'art. 2 de la loi du 13 avr. 1962, conserve le caractère d'un acte administratif et est susceptible, comme tel, d'être déférée au Conseil d'État par la voie du recours pour excès de pouvoir ;*

Sur la recevabilité de l'intervention des sieurs Bonnefous, Lafay, Plait, Jager et André ; – Cons. que les sieurs Bonnefous, Lafay, Plait, Jager et André ont intérêt à l'annulation de l'ordonnance attaquée et que, par suite, leur intervention est recevable ;

Sur les conclusions de la requête tendant à l'annulation de l'ordonnance du 1er juin 1962 instituant une Cour militaire de justice ;

Sans qu'il soit besoin de statuer sur les autres moyens de la requête : – Cons. que, si l'art. 2 de la loi du 13 avr. 1962 précité a donné au président de la République de très larges pouvoirs en vue de prendre toutes mesures législatives en rapport avec les déclarations gouvernementales du 19 mars 1962 relatives à l'Algérie et si de telles mesures pouvaient comporter, notamment, l'institution d'une juridiction spéciale chargée de juger les auteurs des délits et des infractions connexes commis en relation avec les événements d'Algérie, *il ressort des termes mêmes aussi bien que de l'objet de la disposition législative précitée, que l'organisation et le fonctionnement d'une telle juridiction ne pouvaient légalement porter atteinte aux droits et garanties essentielles de la défense que dans la mesure où, compte tenu des circonstances de l'époque, il était indispensable de le faire pour assurer l'application des déclarations gouvernementales du 19 mars 1962 ;*

Cons. qu'*il ne résulte pas de l'instruction que, eu égard à l'importance et à la gravité des atteintes que l'ordonnance attaquée apporte aux principes généraux du droit pénal, en ce qui concerne, notamment, la procédure qui y est prévue et l'exclusion de toute voie de recours, la création d'une telle juridiction d'exception fût nécessitée par l'application des déclarations gouvernementales du 19 mars 1962 ;* que les requérants sont dès lors, fondés à soutenir que ladite ordonnance, qui excède les limites de la délégation consentie par l'art. 2 de la loi du 13 avr. 1962, est entachée d'illégalité ; qu'il y a lieu, par suite, d'en prononcer l'annulation ; ... (Annulation).

OBSERVATIONS

L'application du critère organique retenu depuis l'arrêt Chemins de fer de l'Est* *conduit à reconnaître par l'arrêt* Canal *le caractère administratif d'une ordonnance adoptée en vertu de pouvoirs spéciaux et à la censurer comme méconnaissant des principes généraux du droit selon la jurisprudence* Société des concerts du Conservatoire* *et* Syndicat général des ingénieurs-conseils*.

1 **I.** — Les principes arrêtés par les « accords » conclus à Évian et les « déclarations gouvernementales » du 19 mars 1962 qui en publiaient les termes furent adoptés par le peuple français lors du référendum du 8 avr. 1962. Le texte soumis au référendum, devenu la loi du 13 avr. 1962, autorisait, dans son art. 2, le président de la République à « arrêter par voie d'ordonnances ou, selon le cas, de décrets en Conseil des ministres, toutes mesures législatives ou réglementaires relatives à l'application des déclarations gouvernementales du 19 mars 1962 ». Parmi les mesures prises par le président de la République en vertu de cette disposition figurait notamment une ordonnance du 1er juin 1962 instituant et organisant une « Cour militaire de justice », juridiction d'exception remplaçant le Haut tribunal militaire créé par une décision prise en application de l'art. 16 de la Constitution et chargée de juger les auteurs et complices de certaines infractions commises en relation avec les événements d'Algérie.

Condamné à mort par cette Cour militaire de justice le 17 sept. 1962, le sieur Canal intenta devant le juge administratif, en même temps que les sieurs Robin et Godot également condamnés, un recours en annulation contre l'ordonnance du 1er juin 1962 ; à ce recours se joignirent, alléguant le dépouillement du pouvoir législatif, cinq sénateurs dont l'intervention fut admise par le Conseil d'État. Selon certaines informations, l'exécution du sieur Canal était prévue pour le 20 oct., et le Conseil d'État rendit son « verdict » le 19 oct. L'arrêt *Canal,* rendu par l'Assemblée plénière du contentieux sur les conclusions contraires du commissaire du gouvernement Chardeau, eut sur le champ un grand retentissement : la Haute assemblée annula en effet l'ordonnance attaquée. Le raisonnement suivi par le juge s'analyse en deux étapes successives : il affirme d'abord que l'ordonnance attaquée reste un acte administratif susceptible, comme tel, d'être annulé par le juge de l'excès de pouvoir ; il établit ensuite qu'en l'occurrence, les circonstances n'excusant pas les graves atteintes qu'elle porte à des principes fondamentaux, cette ordonnance doit être annulée.

2 **II.** — L'arrêt *Canal* pose tout d'abord clairement le principe selon lequel les ordonnances que la loi du 13 avr. 1962 accordait au président de la République le droit de prendre, dans les limites qu'elle précisait, conservaient leur caractère d'actes administratifs et pouvaient donc être attaquées devant le juge de l'excès de pouvoir.

Cette solution n'est que l'application des principes dégagés depuis plus d'un demi-siècle par la jurisprudence et constamment réaffirmés depuis que le Conseil d'État a abandonné la théorie de la « délégation législative ». Depuis 1907 en effet, le juge ne considère plus qu'en cas de délégation législative l'acte accompli par l'autorité qui a reçu délégation ait le même caractère que celui accompli par l'autorité délégante (v. nos obs. sous CE 6 déc. 1907, *Chemins de fer de l'Est et autres**) ; les actes pris par l'autorité administrative en vertu d'une délégation législative restent donc des actes administratifs. Cette jurisprudence a notamment été appliquée aux décrets-lois de la IIIe République (CE, Ass., 25 juin 1937, *Union des véhicules industriels*, Rec. 619 ; v. n° 17.3) et aux décrets pris sur habilitation législative sous la IVe République (CE, Ass., 15 juill. 1954, *Société des Établissements Mulsant*, Rec. 481 ; v. n° 17.3 ; – Ass., 16 mars 1956, *Garrigou*, Rec. 121 ; v. n° 17.3). Sous la Ve République, la même solution s'applique aux ordonnances prises sur habilitation législative en vertu de l'art. 38 de la Constitution, au moins avant leur ratification (CE, Ass., 24 nov. 1961, *Fédération nationale des syndicats de police*, Rec. 658 ; v. n° 17.6). N'échappent à tout contrôle juridictionnel par voie d'action, que les actes émanant de l'autorité investie par la Constitution du pouvoir législatif ou d'une autorité en faveur de laquelle la Constitution a prévu un transfert de la compétence législative ; dans le premier cas, il s'agit de lois proprement dites, parlementaires ou référendaires ; dans le second, il s'agit de décisions de nature législative prises par le pouvoir exécutif pendant une durée limitée, telles les ordonnances prises au cours de la période transitoire organisée par l'art. 92 de la Constitution (CE, Sect., 12 févr. 1960, *Société Eky*, Rec. 101 ; v. n° 17.5) ou les décisions portant sur des matières législatives prises par le président de la République en application de l'art. 16 de la Constitution (CE, Ass., 2 mars 1962, *Rubin de Servens**).

3 En l'occurrence, le Conseil d'État a considéré que le pouvoir exécutif ne pouvait être réputé avoir agi en qualité d'organe législatif. L'arrêt n'est pas très explicite sur les motifs qui ont entraîné la conviction de la Haute assemblée ; il indique seulement « qu'il résulte de ses termes mêmes » que la loi du 13 avr. 1962 a seulement autorisé le président de

la République à user exceptionnellement de son pouvoir réglementaire, dans le cadre et les limites précisés, pour prendre des mesures relevant du domaine législatif, et qu'elle ne l'a, en aucune manière, habilité à exercer le pouvoir législatif lui-même.

Le Conseil d'État a été frappé par la ressemblance existant entre les ordonnances telles que celle du 1er juin 1962 et celles qui peuvent être prises sur habilitation du Parlement en vertu de l'art. 38 de la Constitution. Ainsi s'explique que la Haute assemblée ait appliqué aux premières le régime juridique auquel elle soumet les secondes. De fait, ces deux catégories d'ordonnances présentent une certaine analogie : la détermination, par la loi d'habilitation du 13 avr. 1962, à la fois d'un moyen (prendre des mesures relevant du domaine législatif défini par l'art. 34 de la Constitution), d'un délai (jusqu'à la mise en place de l'organisation politique « éventuellement issue » du référendum d'autodétermination prévu) et d'un objectif (l'application des déclarations gouvernementales du 19 mars 1962) sont autant de modalités comparables à celles prévues par l'art. 38 de la Constitution, et autant d'arguments pour appliquer le même régime juridique dans les deux hypothèses. Le Conseil d'État a jugé qu'en l'absence de disposition constitutionnelle expresse à ce sujet, un véritable transfert de la compétence législative semblable à ceux prévus aux art. 16 et 92 de la Constitution ne se présume pas, et qu'il ne peut donc s'agir en l'espèce que d'une délégation comparable à celle de l'art. 38 ; du moins la répartition des compétences est-elle alors préservée et le contrôle du juge offre-t-il une appréciable garantie. Par une interprétation stricte, le Conseil d'État a considéré que le fait pour le président de la République de pouvoir arrêter par ordonnance « toutes mesures législatives » n'impliquait pas que ces dernières avaient force de loi, mais seulement qu'elles pouvaient être prises en matière législative. L'absence de toute disposition relative à la ratification des mesures prises par le président de la République en vertu de la loi du 13 avr. 1962 ne saurait condamner la solution de l'arrêt *Canal* sous prétexte que le parallèle doit être fait, non avec l'art. 38 de la Constitution qui prévoit une ratification, mais avec les art. 16 ou 92 qui organisent un véritable transfert de compétence et ne prévoient pas de ratification. C'est précisément l'intérêt majeur de la jurisprudence relative à l'art. 38 que de permettre, jusqu'à la ratification, un contrôle par le juge administratif sur les actes pris par l'exécutif sur le fondement de l'habilitation prévue par cette disposition. La décision *Canal* applique le même principe, et assure donc le contrôle du juge jusqu'à ce qu'intervienne une éventuelle ratification qui, lorsqu'elle n'est pas prévue, comme c'est le cas en l'espèce, n'en est pas pour autant exclue, le Parlement pouvant parfaitement y procéder : de fait, cette décision aura eu pour effet d'inciter le gouvernement à faire voter par le Parlement un texte de loi déclarant législatives les ordonnances prises sur le fondement de la loi du 13 avr. 1962 et de provoquer ainsi l'adoption d'un texte équivalant à une ratification (loi du 15 janv. 1963, v. *infra*). En d'autres termes, la décision *Canal* ne fait qu'appliquer aux ordonnances prises en vertu d'une habilitation référendaire le régime appliqué à celles prises sur habilitation parlementaire, bien avant que ce dernier ait été infléchi, sans être modifié en profondeur, afin de prendre en compte une évolution inattendue de la jurisprudence du Conseil constitutionnel (CE, Ass., 16 déc. 2020, *Fédération CFDT Finances et autres*, v. nº 17.8, et nos obs. sous CE *Compagnie des chemins de fer de l'Est et autres**).

III. — Toujours guidé par les principes qui, de longue date, gouvernent sa jurisprudence, le Conseil d'État établit ensuite, par une appréciation des différents éléments entrant en ligne de compte, que les modalités de l'habilitation contenue dans la loi du 13 avr. 1962 ne permettaient pas la création d'une Cour militaire de justice telle que celle instituée le 1er juin 1962 et, en conséquence, il annule l'ordonnance attaquée.

4 *A.* — Le Conseil d'État examine tout d'abord les termes de la loi du 13 avr. 1962 et spécialement les limites qu'elle apporte à l'habilitation qu'elle accorde. Il constate ainsi que le président de la République se voit confier de très larges pouvoirs, puisqu'il peut aller jusqu'à prendre des ordonnances en matière législative ; mais il se voit aussi imposer des limites impératives. Le Conseil d'État relève que le président de la République ne peut exercer ces pouvoirs que dans un but précis : ils ne lui ont en effet été accordés que pour l'application des déclarations gouvernementales du 19 mars 1962. La Haute assemblée constate qu'en soi « l'institution d'une juridiction spéciale chargée de juger les auteurs des délits et des infractions connexes commis en relation avec les événements d'Algérie » peut être considérée comme un moyen d'atteindre ce but.

Mais, selon les principes établis par la décision *Syndicat général des ingénieurs-conseils** (CE, Sect., 26 juin 1959) et appliqués notamment aux ordonnances prises sur le fondement de l'art. 38 de la Constitution (CE, Ass., 24 nov. 1961, *Fédération nationale des syndicats de police*, Rec. 658, v. nº 17.6), tout pouvoir réglementaire est obligé de respecter les principes généraux du droit sauf à encourir la censure du juge, et l'on sait que, s'agissant des principes généraux du droit pénal et des droits de la défense, le juge administratif se montre particulièrement attentif (v. CE, Sect., 5 mai 1944, *Dame Vve Trompier-Gravier** et nos obs.). En l'occurrence, selon le Conseil d'État, l'ordonnance du 1er juin 1962 portait à ces principes d'importantes et graves atteintes « en ce qui concerne, notamment, la procédure qui y est prévue et l'exclusion de toute voie de recours » : l'art. 10 de l'ordonnance excluait en effet tout recours « contre toute décision quelconque de la Cour militaire de justice, de son président ou de son ministère public », tandis qu'en vertu de son art. 11, le seul fait que les auteurs des infractions définies à l'art. 1er soient déférés à la Cour militaire de justice entraînait de plein droit le dessaisissement des juridictions civiles ou militaires, interrompant au besoin les procédures engagées. Or, si le Conseil d'État admet que la création d'une juridiction d'exception entrait dans le cadre des pouvoirs que le président de la République était habilité à exercer par la loi du 13 avr. 1962, il n'accepte pas les atteintes portées aux principes généraux du droit par l'ordonnance du 1er juin.

5 *B.* — Il existe cependant une hypothèse dans laquelle une telle illégalité n'aurait pas suffi à entraîner l'annulation : dans le cadre de sa théorie des circonstances exceptionnelles, le Conseil d'État admet en effet traditionnellement que certaines illégalités puissent être commises sans pour autant encourir la censure du juge (v. nos obs. sous CE 28 juin 1918, *Heyriès**). Encore faut-il pour cela que soient réunies un certain nombre de conditions, telle l'impossibilité pour l'autorité administrative d'agir légalement en raison des circonstances (CE, Ass., 16 avr. 1948, *Laugier*, Rec. 161 ; v. n° 29.3). En l'occurrence, le Conseil d'État s'est placé clairement dans le cadre de cette théorie, puisque sa décision se réfère aux « circonstances de l'époque ». Mais, après avoir nettement posé que les graves illégalités contenues dans l'ordonnance du 1er juin 1962 auraient pu être excusées s'il s'était avéré qu'elles fussent indispensables pour que, dans ces circonstances, fût atteint l'objectif fixé – l'application des déclarations gouvernementales du 19 mars –, le Conseil d'État constate que les circonstances ne justifiaient pas des atteintes aussi importantes et aussi graves et que cet objectif pouvait être atteint sans qu'elles fussent commises. En conséquence, le Conseil d'État a annulé l'ordonnance du 1er juin 1962.

6 **IV.** — Rendue dans un climat passionnel, la décision *Canal* n'a pas manqué de connaître un retentissement inhabituel : annulant une ordonnance du président de la République dans un domaine particulièrement sujet à polémique, et ce quelques jours avant le référendum du 28 oct. 1962 sur l'élection du président de la République au suffrage universel direct, elle fut considérée comme une prise de position politique et exploitée comme telle dans la campagne électorale. Rien n'indique pourtant que la décision du Conseil d'État porte la marque de ces passions ; le Conseil d'État est resté fidèle à des principes traditionnels de sa jurisprudence. L'appréciation qu'il a faite des circonstances de l'époque est certes beaucoup plus sévère que celle qu'il avait portée en des circonstances graves pendant la guerre de 1914-1918, mais, depuis trente ans, la jurisprudence évoluait en ce sens.

Dans le prolongement de ces réactions, la décision *Canal* eut également des répercussions juridiques : pour priver l'arrêt de toute portée pratique et rendre impossible un contrôle juridictionnel des ordonnances prises en vertu de l'art. 2 de la loi du 13 avr. 1962, le gouvernement a inséré dans son projet de loi relatif à la Cour de sûreté de l'État, et fait voter par le Parlement, une disposition (art. 50 de la loi du 15 janv. 1963) selon laquelle ces ordonnances « ont et conservent force de loi à partir de leur publication », permettant ainsi à la Cour militaire de justice de continuer à siéger dans les affaires dont elle avait été saisie. On a souligné plus haut que cette disposition pouvait être considérée comme valant ratification, confirmant ainsi le parallèle établi avec le mécanisme de l'art. 38 de la Constitution.

7 Avec le recul du temps et en fonction de la jurisprudence du Conseil constitutionnel relative aux lois de validation (*n° 80-119 DC, 22 juill. 1980*, Rec. 46 ; AJ 1980.602, note Carcassonne ; RD publ. 1980.1658, note Favoreu ; D. 1981.IR. 257, obs. L. Hamon et 65, note Franck ; JCP 1981.II.19603, note Nguyen Quoc Vinh ; RA 1980.497, obs. Bienvenu et Rials ; RA 1981.33, obs. de Villiers ; Gaz. Pal. 1981. Doct. 1.93, comm. Plouvin ; GDCC, n° 7), il est possible d'avancer que le fait pour le législateur d'avoir conféré valeur législative à l'ordonnance du 1er juin 1962, alors que celle-ci avait été annulée, a constitué une atteinte au principe constitutionnel de la séparation des pouvoirs. Pour le juge constitutionnel en effet, « il n'appartient ni au législateur, ni au gouvernement de censurer les décisions des juridictions » (décision *n° 80-119 DC* préc.). Or, selon le juge constitutionnel, la validation par la loi de l'acte administratif qui a été annulé par une décision passée en force de chose jugée, équivaut à une censure de l'activité juridictionnelle (*cf. a contrario, n° 87-228 DC, 26 juin 1987*, Rec. 38, cons. 8).

74

CONVENTIONS INTERNATIONALES RESPONSABILITÉ SANS FAUTE – ÉGALITÉ DEVANT LES CHARGES PUBLIQUES

Conseil d'État Ass., 30 mars 1966, *Compagnie générale d'énergie radio-électrique*
(Rec. 257 ; RD publ. 1966.774, concl. Michel Bernard et 955, note M. Waline ; AJ 1966.350, chr. Puissochet et Lecat ; D. 1966.582, note Lachaume ; JCP 1967.II.15000, note Dehaussy ; GCJA, vol. 2, n° 41, concl.)

Cons. que, pour demander à l'État français la réparation du préjudice correspondant tant à la privation de jouissance de locaux réquisitionnés par l'armée d'occupation qu'à la perte d'industrie afférente à cette réquisition, la Compagnie générale d'énergie radio-électrique se fonde en premier lieu sur les dispositions de la loi du 30 avr. 1946, relative aux réclamations nées à l'occasion des réquisitions allemandes en matière de logement et de cantonnement :

Cons. qu'aux termes de l'art. 1er de ladite loi « le préfet statue sur les réclamations auxquelles donne lieu l'évaluation des indemnités de réquisitions exercées en vue du logement et du cantonnement des troupes allemandes » ; qu'il ressort des termes mêmes de cet article que ladite loi n'a mis à la charge de l'État français que les indemnités dues à raison de réquisitions prononcées pour satisfaire aux seuls besoins du logement ou du cantonnement des troupes allemandes ; qu'il est constant que la réquisition en 1940 par la puissance occupante des locaux et installations techniques de la station de radiodiffusion « Poste Parisien » dont la Compagnie générale d'énergie radio-électrique était propriétaire n'a pas été exercée en vue d'un tel objet ; qu'il s'ensuit que la compagnie requérante ne tient de la loi du 30 avr. 1946 aucun droit à indemnité à l'encontre de l'État français :

Cons. en second lieu qu'aux termes de l'art. 53 de l'annexe jointe à la convention de La Haye du 18 oct. 1907 concernant les lois et coutumes de la guerre sur terre « tous les moyens affectés sur terre... à la transmission des nouvelles... peuvent être saisis, même s'ils appartiennent à des personnes privées, mais devront être restitués et les indemnités seront réglées à la paix » ; que la compagnie requérante soutient que les conditions d'exercice du droit de créance que l'art. 53 précité lui reconnaît à l'encontre de la puissance occupante ont été modifiées à son détriment par l'intervention de l'accord concernant les réparations à recevoir de l'Allemagne et l'institution d'une agence interalliée des réparations signé à Paris le 14 janv. 1946 et surtout par l'accord sur les dettes extérieures allemandes signé à Londres le 27 févr. 1953 entre les gouvernements alliés et la République fédérale d'Allemagne et dont l'art. 5, § 2, diffère « jusqu'au règlement définitif du problème des réparations l'examen des créances, issues de la Deuxième Guerre mondiale, des pays qui ont été en guerre avec l'Allemagne ou ont été occupés par elle... et des ressortissants de ces pays à l'encontre du Reich... » ; qu'en conséquence ladite compagnie prétend avoir droit au paiement d'une indemnité à la charge de l'État français, à raison du préjudice résultant de la rupture d'égalité devant les charges publiques que la signature par le gouvernement français d'accords internationaux entravant ou retardant le règlement de sa créance a entraînée pour elle ;

Cons. que *la responsabilité de l'État est susceptible d'être engagée, sur le fondement de l'égalité des citoyens devant les charges publiques, pour assurer la réparation de préjudices nés de conventions conclues par la France avec d'autres États et incorporées régulièrement dans l'ordre juridique interne, à la condition d'une part que ni la convention elle-même ni la loi qui en a éventuellement autorisé la ratification ne puissent être interprétées comme ayant entendu exclure toute indemnisation et d'autre part que le préjudice dont il est demandé réparation soit d'une gravité suffisante et présente un caractère spécial ;*

Cons. qu'il résulte de l'instruction que cette dernière condition n'est pas remplie en l'espèce ; qu'eu égard en effet à la généralité des accords susmentionnés et au nombre des ressortissants français victimes de dommages analogues au dommage allégué par la compagnie requérante, celui-ci ne peut être regardé comme présentant un caractère spécial de nature à engager la responsabilité sans faute de l'État envers ladite compagnie ;

Cons. qu'il résulte de tout ce qui précède que la société requérante n'est pas fondée à soutenir que c'est à tort que, par les jugements attaqués, le Tribunal administratif de Paris a rejeté sa demande d'indemnité ; ... (Rejet).

OBSERVATIONS

À la responsabilité sans faute fondée sur le principe d'égalité devant les charges publiques admise par l'arrêt Couitéas* *pour les actes administratifs et par l'arrêt* La Fleurette* *pour les lois, l'arrêt* Compagnie générale d'énergie radio-électrique *ajoute la responsabilité du fait des conventions internationales.*

1 **I.** — La Compagnie générale d'énergie radio-électrique était propriétaire des locaux et des installations de radiodiffusion du « Poste parisien », qui ont été utilisés par les Allemands pendant toute l'Occupation. Après la guerre, elle demanda à l'État français une indemnité en réparation du préjudice que lui avaient causé la privation de jouissance des locaux réquisitionnés par l'armée d'occupation et l'arrêt d'exploitation de ses installations. N'ayant pu obtenir satisfaction, elle saisit le tribunal administratif, puis, en appel, le Conseil d'État.

Devant ce dernier, la Compagnie invoquait deux moyens. Le premier, fondé sur une loi du 30 avr. 1946 qui avait mis à la charge de l'État français les « indemnités de réquisitions exercées en vue du logement et du cantonnement des troupes allemandes », ne pouvait qu'être rejeté, la réquisition du « Poste Parisien » en 1940 n'ayant manifestement pas eu ce caractère. Le second moyen soulevait, en revanche, des difficultés sérieuses.

L'annexe jointe à la Convention de La Haye du 18 oct. 1907 concernant les lois et coutumes de la guerre sur terre prévoyait que « tous les moyens affectés… à la transmission des nouvelles… peuvent être saisis même s'ils appartiennent à des personnes privées, mais devront être restitués et les indemnités seront réglées à la paix ». La Compagnie tenait, de ce texte, une créance sur l'Allemagne au lendemain de la guerre. Les accords signés entre les Alliés et la République fédérale allemande en 1946 et 1953 avaient cependant différé « jusqu'au règlement définitif du problème des réparations l'examen des créances, issues de la Deuxième Guerre mondiale, des pays qui ont été en guerre avec l'Allemagne ou ont été occupés par elle… et des ressortissants de ces pays à l'encontre du Reich ». La Compagnie prétendait qu'elle avait droit au paiement d'une indemnité à la charge de l'État français en raison du préjudice résultant de la rupture de l'égalité devant les charges publiques qu'avait entraînée pour elle la signature par le gouvernement français d'accords internationaux empêchant jusqu'à une date indéterminée toute réclamation de sa créance à l'égard de l'État allemand.

2 **II.** — Le Conseil d'État se trouvait ainsi saisi du problème de principe de la responsabilité de l'État français pour le préjudice que des conventions internationales auxquelles il est partie peuvent occasionner à des particuliers.

À ce problème une jurisprudence traditionnelle apportait une réponse fondée sur la théorie des actes de gouvernement (sur cette notion v. CE 19 févr. 1875, *Prince Napoléon**) : la signature par la France d'un accord international et les conditions dans lesquelles il a été appliqué « ont trait aux rapports de la France avec une puissance étrangère » et, partant, « ne peuvent pas servir de base à une action contentieuse devant le Conseil d'État » (CE 1er juin 1951, *Société des étains et wolfram du Tonkin*, Rec. 312 ; v. n° 3.8), ni sur le plan de l'excès de pouvoir ni sur celui de la responsabilité ; cette jurisprudence n'était d'ailleurs qu'une application du principe plus général selon lequel l'ensemble des actes ayant trait aux rapports internationaux de la France constituent des actes de gouvernement échappant à tout contrôle juridictionnel (v. nos obs. sous l'arrêt *Prince Napoléon**, préc.).

Le commissaire du gouvernement Michel Bernard se demanda toutefois s'« il existe encore des raisons de refuser systématiquement toute réparation aux personnes qui subissent un préjudice du fait d'une convention internationale ».

En premier lieu en effet, « la théorie des actes de gouvernement a subi depuis quelque vingt ans des transformations profondes ». Alors que naguère on s'entendait à y voir une « survivance de la raison d'État » (Gros) dépourvue de toute justification juridique, de nombreux auteurs pensent aujourd'hui que cette théorie « n'est plus une exception aux règles normales de compétence, mais qu'elle constitue l'application même de ces règles ».

C'est ainsi que l'incompétence du juge administratif à l'égard de l'activité diplomatique de l'État français s'explique, très simplement, par le fait qu'elle s'exerce dans le cadre international et relève du droit international ; elle cesse dès lors que cette activité « produit des effets dans l'ordre juridique interne et ne met pas en cause l'appréciation de la conduite des relations extérieures de l'État ».

À cette première évolution s'est ajoutée une seconde, à savoir le rapprochement du régime juridique des conventions internationales régulièrement ratifiées et publiées avec celui des lois. Les Constitutions de 1946 et 1958 confèrent à ces conventions force de loi, et même une autorité supérieure à celle de la loi (Constitution de 1958, art. 55 : « les traités ou accords régulièrement ratifiés ou approuvés ont, dès leur publication, une autorité supérieure à celle des lois... »). Or le juge administratif a déjà tiré plusieurs conséquences de ce principe. Dans le domaine de l'excès de pouvoir, le moyen tiré de la violation d'un traité est recevable au même titre que celui tiré d'une violation de la loi (CE, Ass., 30 mai 1952, *Dame Kirkwood*, Rec. 291 ; v. n° 3.8). Dans le domaine de la responsabilité contractuelle, le Conseil d'État a décidé que la disposition du contrat conclu entre la SNCF et l'État qui prévoyait une indemnisation au profit de la SNCF pour les réductions de tarifs qui lui seraient imposées par la « voie législative ou réglementaire » s'appliquait aux tarifs réduits résultant de conventions régulièrement ratifiées et publiées, car celles-ci ont « acquis force de loi et s'imposent par suite à la SNCF dans les mêmes conditions que les actes émanant des seules autorités françaises » (CE, Sect., 22 déc. 1961, *Société nationale des chemins de fer français*, Rec. 738, concl. Combarnous ; AJ 1962.16, chr. Galabert et Gentot ; RD publ. 1962.646, chr. R.M. Chevallier). M. Michel Bernard proposait que cette assimilation des conventions internationales aux lois fût étendue de la responsabilité contractuelle à la responsabilité extra-contractuelle.

Une fois admis qu'une demande de réparation d'un préjudice causé par une convention internationale régulièrement ratifiée et publiée ne pouvait plus être rejetée pour incompétence en application de la théorie des actes de gouvernement, il restait à rechercher quel devait être sur le fond le régime de responsabilité applicable à ce genre de préjudices.

Le commissaire du gouvernement rappela qu'en vertu de la jurisprudence *La Fleurette** (CE, Ass., 14 janv. 1938, *La Fleurette**), telle qu'elle a été précisée par les arrêts ultérieurs, et notamment par l'arrêt *Ministre de l'intérieur c. Bovero* (CE, Sect., 25 janv. 1963, Rec. 53 ; v. n° 46.3), le préjudice résultant d'une loi peut dans certaines conditions, ouvrir droit à réparation à la charge de l'État sur le fondement du principe de l'égalité des citoyens devant les charges publiques. M. Bernard proposa au Conseil d'État d'étendre purement et simplement le régime de la responsabilité du fait des lois élaboré par la jurisprudence *La Fleurette** à la responsabilité du fait des conventions internationales ayant force de loi.

III. — Le Conseil d'État a suivi en tous points son commissaire.

3 *a)* L'arrêt pose d'abord le principe, entièrement nouveau, que « la responsabilité de l'État est susceptible d'être engagée, sur le fondement de l'égalité des citoyens devant les charges publiques, pour assurer la réparation des préjudices nés de conventions conclues par la France avec

d'autres États et incorporées régulièrement dans l'ordre juridique interne ».

b) La réparation est cependant subordonnée à deux conditions :

– il faut, en premier lieu, que « ni la convention elle-même ni la loi qui en a éventuellement autorisé la ratification ne puissent être interprétées comme ayant entendu exclure toute indemnisation » ;

– il faut, en second lieu, que « le préjudice dont il est demandé réparation soit d'une gravité suffisante et présente un caractère spécial ».

Dans le cas de l'espèce, le Conseil d'État a relevé qu'un grand nombre de ressortissants français étaient victimes de dommages analogues à celui allégué par la compagnie requérante : celui-ci ne pouvait donc être regardé comme présentant le caractère de spécialité requis. La demande de la société fut, en conséquence, rejetée.

IV. — L'arrêt *Compagnie générale d'énergie radio-électrique* est important à plusieurs titres ; sa portée doit cependant être bien mesurée.

4 *a)* En assimilant sur le plan de la responsabilité l'accord international à la loi interne, il confirme les principes consacrés par la Constitution en ce qui concerne les rapports entre le droit international et le droit interne. Il faut souligner que cette assimilation ne vaut en principe que pour les conventions internationales « incorporées régulièrement dans l'ordre juridique interne », c'est-à-dire régulièrement ratifiées (ou approuvées) et publiées (CE, Sect., 13 juill. 1979, *SA Compagnie de participations de recherches et d'exploitations pétrolières*, Rec. 319 ; AJ 1980.371, concl. Bacquet).

Le Conseil d'État a cependant atténué la portée de cette exigence en admettant que la responsabilité de l'État puisse être engagée pour assurer la réparation de préjudices nés de conventions conclues par la France avec d'autres États et « *entrées en vigueur dans l'ordre interne* », alors même que la régularité de leur introduction dans l'ordre juridique national pouvait prêter à discussion en raison d'un défaut d'autorisation du Parlement dans un cas où celle-ci semblait requise par l'article 53 de la Constitution (CE 29 déc. 2004, *M. Almayrac et autres*, Rec. 465 ; RFDA 2005.586, concl. Stahl ; AJ 2005.427, chr. Landais et Lenica ; JCP Adm. 2005.1109, note Rouault).

En outre, il a été admis qu'une réparation pouvait être demandée en raison d'un préjudice résultant non seulement d'une convention internationale mais également d'« *une règle coutumière* reconnaissant aux États une immunité de juridiction pour certains des actes qu'ils accomplissent à l'étranger » (CE 4 oct. 1999, *Syndicat des copropriétaires du 14-16 boulevard Flandrin*, Rec. 297, JCP 2000.II.10387 note Faupin ; RGDIP 2000.263, note Poirat ; – CE, Sect., 14 oct. 2011, *Mme Saleh et autres*, Rec. 473, concl. Roger-Lacan ; RFDA 2012.46, concl. ; DA 2011, n° 101, note F. Melleray ; AJ 2011.2482, note Broyelle ; RD publ. 2012.491, comm. Pauliat).

5 *b)* L'arrêt du 30 mars 1966 est important également au regard de la théorie des actes de gouvernement. Sans doute une convention internationale n'est-elle pas par elle-même un acte de gouvernement, car deux ou plusieurs États sont impliqués par elle et non un seul. Mais les actes qui concourent à son introduction dans l'ordre juridique interne ont pour la plupart le caractère d'actes de gouvernement en l'état actuel de la jurisprudence (*cf.* nos obs. sous l'arrêt *Prince Napoléon**). Or, avec l'arrêt *Compagnie générale d'énergie radio-électrique,* le juge administratif, sans pouvoir se prononcer sur la régularité de certaines décisions touchant aux relations internationales, ouvre la voie à une indemnisation de leurs conséquences dommageables sur le fondement du principe d'égalité des citoyens devant les charges publiques. L'évolution qui se dessine demeure limitée aux seules conventions internationales introduites dans l'ordre juridique interne. Quant aux conventions non ratifiées (ou approuvées) ou non publiées, et aux autres actes diplomatiques, ils échappent toujours à toute discussion contentieuse, que ce soit sur le plan de l'indemnité ou sur celui de l'annulation. Les conclusions de M. Michel Bernard sont parfaitement claires sur ce point. Une extension ultérieure ne peut cependant être exclue.

6 *c)* Sur le plan pratique, l'exigence des deux conditions de gravité et de spécialité, empruntées à la jurisprudence relative à la responsabilité du fait des lois pour rupture de l'égalité devant les charges publiques, laisse présager que rares seront les hypothèses où il y aura une condamnation effective de l'État. Cela n'avait pas échappé au commissaire du gouvernement qui soulignait que le législateur intervient dans les cas les plus graves, comme cela s'est produit pour ce qui concerne le reclassement et l'indemnisation des Français rapatriés d'outre-mer. De plus, la plupart des conventions internationales touchant un très grand nombre de personnes, la condition de spécialité se trouvera réalisée seulement dans des cas exceptionnels.

La jurisprudence postérieure à 1966 en apporte la confirmation puisque la responsabilité de l'État n'a été effectivement admise du fait d'une convention internationale que dans un nombre limité d'hypothèses.

Empêchés par l'accord de siège passé entre la France et l'UNESCO de faire valoir en justice leurs droits contre le délégué permanent du Honduras à l'UNESCO auquel ils avaient loué un appartement à Paris, les propriétaires de cet appartement ont obtenu une indemnité sur la base de la rupture de l'égalité des citoyens devant les charges publiques, le Conseil d'État ayant constaté que ni l'accord de siège, ni la loi autorisant sa ratification n'avaient entendu exclure toute indemnisation et que la location avait été conclue à une date où les propriétaires ne pouvaient prévoir que leur locataire bénéficierait ultérieurement des immunités diplomatiques (CE, Sect., 29 oct. 1976, *Ministre des affaires étrangères c. Consorts Burgat*, Rec. 452 ; RD publ. 1977.213, concl. Massot ; AJ 1977.30, chr. Nauwelaers et Fabius ; JCP 1977.II.18606, note Julien-Laferrière ; D. 1978.77, note Vier et Lamoureux).

Une solution analogue a été adoptée, à propos du préjudice subi par une salariée employée par le représentant du sultanat d'Oman auprès de l'UNESCO, qui n'avait pu obtenir le paiement de rappels de salaires de la part de son employeur en raison de l'immunité d'exécution dont bénéficiait ce dernier en vertu de l'accord de siège (CE 11 févr. 2011, *Melle Susilawati*, Rec. 36 ; RFDA 2011.573, concl. Roger-Lacan ; AJ 2011.906, note Belrhali-Bernard ; JCP Adm. 2011.2103, note Pacteau ; DA 2011, n° 42, note F. Melleray ; RD publ. 2012.491, comm. Pauliat), ainsi que pour plusieurs salariées n'ayant pu obtenir le versement de rappels de salaires et de diverses indemnités de licenciement dus par leur employeur, l'ambassadeur du Koweït, lequel avait invoqué l'immunité d'exécution des États reconnue par le droit international coutumier (CE, Sect., 14 oct. 2011, *Mme Saleh et autres*, v. n° 74.4).

Saisi par des pilotes illégalement licenciés par la Compagnie Air Afrique, le Conseil d'État a estimé que l'accord sous forme d'échange de lettres signé le 13 juill. 1989 entre la France et la Côte-d'Ivoire modifiant l'accord de coopération entre les deux pays le 24 avr. 1961 avait eu pour effet de priver les requérants d'une chance réelle et sérieuse d'obtenir définitivement des juridictions françaises l'indemnisation de la résiliation abusive de leurs contrats de travail. Après avoir interprété l'accord comme ne prévoyant pas l'exclusion de toute réparation et constaté que le préjudice causé était grave et spécial, il a condamné l'État à verser aux pilotes les sommes qu'ils demandaient et qui leur avaient été allouées par les conseils de prud'hommes saisis antérieurement à l'intervention de l'accord international (CE 29 déc. 2004, *M. Almayrac et autres*, v. n° 74.4).

Dans d'autres affaires, le Conseil d'État a rejeté le recours en indemnité, soit pour absence de lien de causalité entre l'application de la convention internationale et le préjudice invoqué (CE 1er juin 1984, *Ministre des relations extérieures c. Tizon et Millet*, Rec. 194 ; D. 1986.IR. 34 obs. Moderne ; RFDA 1985.117, note Bon), soit en raison du défaut de spécialité du préjudice (CE 26 mars 2003 *Santinacci*, Rec. 151 ; JCP Adm. 2003.591, note Jean-Pierre : refus d'indemnisation du préjudice résultant de la minoration d'une pension de retraite libellée en francs de la coopération financière en Afrique centrale – francs CFA – du fait de la dévaluation de cette monnaie, décidée par le comité monétaire chargé de mettre en œuvre une convention du 23 nov. 1972 liant les États membres de la Banque des États de l'Afrique centrale et la République française).

Le caractère direct du préjudice invoqué peut prêter à discussion si l'intéressé est susceptible d'en obtenir réparation par la voie de l'arbitrage (CE 11 déc. 2015, *Ministre des affaires étrangères et du développement international c. Cavaciuti*, Rec. 863)

7 *d)* Sur le plan théorique, l'arrêt du 30 mars 1966 confirme la tendance du Conseil d'État à décrocher en quelque sorte l'indemnisation des conséquences dommageables d'un acte ou d'une activité de l'appréciation de sa régularité. Non seulement la jurisprudence admet de plus en plus fréquemment que la responsabilité de l'administration puisse être engagée sans qu'aucune faute ne soit relevée à sa charge (v. nos obs., sur CE 28 mars 1919, *Regnault-Desroziers**), mais en outre la théorie de l'égalité des citoyens devant les charges publiques permet au juge administratif d'accorder une réparation pour les dommages causés par une décision dont il reconnaît explicitement qu'elle était parfaitement régulière, qu'il s'agisse d'une décision individuelle (CE 30 nov. 1923, *Couitéas** ; – Sect., 15 févr. 1961, *Werquin*, Rec. 118 ; v. n° 37.7) ou d'une décision réglementaire (CE, Sect., 22 févr. 1963, *Commune de Gavarnie*, Rec. 113 ; v. n° 37.7), ou bien par un acte dont il lui est impossible d'apprécier la régularité, telle une loi (*La Fleurette**, préc.) ou aujourd'hui une convention internationale introduite dans l'ordre juridique interne. L'arrêt du 30 mars 1966 marque une étape importante dans cette évolution, qui n'est sans doute pas achevée compte tenu de la place croissante des engagements internationaux.

8 V. — On indiquera enfin que le régime jurisprudentiel de responsabilité sans faute de l'État en raison de la règle coutumière d'immunité d'exécution, si celle-ci entraîne un préjudice anormal et spécial, a été pris en considération par la Cour européenne des droits de l'Homme : servant de fondement à une voie de recours interne, celui-ci doit être épuisé préalablement à la saisine de la Cour (CEDH 13 janv. 2015, *NML Capital Ltd c. France*, req. n° 23242/12). La jurisprudence du Conseil d'État se trouve ainsi consacrée au plan international.

75

COMPÉTENCE – ACTE ADMINISTRATIF SERVICES PUBLICS INDUSTRIELS ET COMMERCIAUX

Tribunal des conflits, 15 janvier 1968, *Compagnie Air France c. Époux Barbier*
(Rec. 789, concl. Kahn ; Dr. ouvr. 1969.177, concl., note Boitel ;
RD publ. 1968.893, note M. Waline et 1969.142, concl. ;
AJ 1968.225, chr. Massot et Dewost ; CJEG 1969.J.525, note A.C. ;
D. 1969.202, note J.-M. Auby ; Dr. soc. 1969.51, note J. Savatier ;
GCJA, vol. 2, concl. n° 42)

Cons. que si la Compagnie Air France, chargée de l'exploitation de transports aériens, est une société anonyme, c'est-à-dire une personne morale de droit privé, et si, par suite, il n'appartient qu'aux tribunaux de l'ordre judiciaire de se prononcer au fond sur les litiges individuels concernant les agents non fonctionnaires de cet établissement, les juridictions administratives demeurent, en revanche, compétentes pour apprécier, par voie de question préjudicielle, la légalité des règlements émanant du conseil d'administration qui, touchant à l'organisation du service public, présentent un caractère administratif ; qu'aux termes du décr. n° 50.835 du 1er juin 1950 et de l'art. 143 du Code de l'aviation civile et commerciale alors en vigueur, le personnel de la Compagnie Air France est soumis à un statut réglementaire, arrêté par le conseil d'administration et approuvé par le ministre chargé de l'aviation civile et commerciale et par le ministre des finances et des affaires économiques ; que, dès lors, en application de ces dispositions, combinées avec celles de l'art. 31 du Livre 1er du Code du travail, les conditions de travail de ce personnel ne sont pas fixées par voie de convention collective ;

Cons. que le règlement, établi le 20 avr. 1959, dans le cadre des prescriptions ci-dessus analysées, par la Compagnie nationale Air France pour fixer les conditions de travail du personnel navigant commercial, comporte, notamment en son art. 72 – lequel dispose que le mariage des hôtesses de l'air entraîne, de la part des intéressées, la cessation de leurs fonctions – des dispositions qui apparaissent comme des éléments de l'organisation du service public exploité ; que ces dispositions confèrent audit acte dans son intégralité un caractère administratif et rendent compétentes les juridictions administratives pour apprécier sa légalité ; ... (Juridictions administratives déclarées compétentes).

OBSERVATIONS

L'arrêt Époux Barbier *est dans la ligne de l'arrêt* Monpeurt* *en reconnaissant le caractère administratif d'un règlement adopté par une personne privée chargée d'un service public. Il affine l'arrêt* Société commerciale de l'Ouest africain* *en réservant à la compétence administrative le contentieux d'un règlement d'un service public industriel et commercial qui porte sur l'organisation de ce service.*

1 En 1959, la Compagnie Air France a introduit dans le règlement de son personnel des dispositions nouvelles concernant les hôtesses de l'air. Jusque-là elle n'acceptait de recruter ses hôtesses que parmi les femmes célibataires, veuves ou divorcées ; la question se posait de savoir si le mariage en cours de carrière entraînait la perte de l'emploi ; pour clore toute discussion, la compagnie a précisé, dans le règlement du 20 avr. 1959 relatif aux conditions de travail et de rémunération du personnel navigant commercial, que « pour les hôtesses le mariage entraîne cessation de fonctions de la part des intéressées. À la seule exception du remboursement des frais de formation, dont la période d'exigibilité est réduite dans ce cas, le mariage de l'hôtesse produit les mêmes effets que ceux prévus en cas de démission ».

Une hôtesse qui avait été engagée avant l'intervention du règlement de 1959 et qui s'est mariée après a été licenciée en application de ces dispositions nouvelles. Elle a demandé avec son mari au Tribunal de grande instance de la Seine de condamner la Compagnie à leur payer des indemnités pour rupture abusive du contrat de travail ; le tribunal les a déboutés ; la Cour d'appel leur a au contraire donné satisfaction en estimant que la clause de licenciement en cas de mariage était inapplicable aux hôtesses recrutées avant son adoption, et qu'elle était au surplus « nulle en son principe » comme « attentatoire à un droit fondamental de la personnalité » et aux « bonnes mœurs », et constitutive d'une « fraude à la loi » (CA Paris 30 avr. 1963, S. 1963.179, note Toulemon ; D. 1963.428, note Rouast). La Compagnie Air France a déféré cet arrêt à la Cour de cassation qui a vu une difficulté sérieuse de compétence dans le problème de la nature du règlement litigieux, et l'a renvoyée en conséquence au Tribunal des conflits en application du décr. du 25 juill. 1960 (Civ. 7 juin 1967, Bull. civ. IV, 387).

2 Le Tribunal des conflits a jugé, conformément aux conclusions du commissaire du gouvernement Kahn, que le règlement avait un caractère administratif et qu'en conséquence les juridictions administratives étaient seules compétentes pour en apprécier la légalité.

Le commissaire du gouvernement avait affirmé, en premier lieu, que ni le caractère de personne morale de droit privé de la Compagnie Air France ni la circonstance qu'elle gère un service public industriel ou commercial, ne faisaient obstacle à une telle solution. *« Rien n'empêche, en principe, qu'on reconnaisse le caractère d'actes administratifs aux décisions prises, dans certaines conditions, par les organes d'une personne morale de droit privé chargée de la gestion d'un service public industriel ou commercial* » « *dans la mesure et les limites où ils sont expressément habilités à prendre unilatéralement des décisions obligatoires* », et seulement pour « *les éléments de l'organisation du service public* », au nombre desquels figure le règlement du personnel.

Ces conclusions, rapprochées des termes de l'arrêt, permettent d'en préciser la portée, qui, même si elle a pu être expressément confirmée (par ex. TC 17 avr. 2000, *Collet et autres c. Air France*, Rec. 760 ; AJ 2000.410, chr. Guyomar et Collin), se trouve aujourd'hui limitée par deux arrêts du Tribunal des conflits du 15 déc. 2008, *Voisin c. RATP ; Kim c. Établissement français du sang* (Rec. 563 ; RJEP mars 2009, p. 33, concl. de Silva ; AJ 2009.365, chr. Liéber et Botteghi).

Est établi un lien entre l'organisation du service public et l'acte administratif réglementaire (I) ; sont reconnus aussi des liens entre l'acte administratif et le service public industriel et commercial (II).

3 **I.** — *Le lien entre l'organisation du service public et l'acte administratif réglementaire est double.*

A. — Tout d'abord *les actes touchant à l'organisation du service public sont des actes administratifs* ; leur appréciation ne peut appartenir qu'à la juridiction administrative. Cela n'avait jamais fait de difficulté pour ceux qui émanent de personnes publiques. L'arrêt *Époux Barbier* le reconnaît explicitement pour ceux qu'adoptent des personnes privées.

L'arrêt *Monpeurt** du 31 juill. 1942 avait déjà admis que les décisions prises par des organismes chargés de l'exécution d'un service public constituent des actes administratifs, dès lors qu'elles sont prises dans la sphère de leurs attributions. L'arrêt *Barbier* innove sur deux points : d'une part, la personne qui a adopté le règlement considéré est une véritable entreprise, à statut de société anonyme et exploitant une activité industrielle et commerciale ; d'autre part, c'est parce que ce règlement « comporte… des dispositions qui apparaissent comme des éléments de l'organisation du service exploité » « que ces dispositions confèrent audit acte dans son intégralité un caractère administratif et rendent compétentes les juridictions administratives pour en apprécier la légalité ».

La jurisprudence a été amenée à préciser le critère de l'organisation du service public et à limiter sa portée.

D'une part, elle distingue entre les actes qui touchent à l'organisation du service public lui-même et ceux qui concernent la seule organisation interne de la société chargée de le gérer (TC 11 janv. 2016, *Comité d'établissement de l'unité clients et fournisseurs Ile-de-France des sociétés ERDF et GRDF*, Rec. 581 ; DA 2016, comm. 44, Éveillard ; JCP Adm. 2016.2334, note Lavallois). Seuls les premiers sont administratifs (décisions de directeurs d'un service commun des sociétés ERDF et GRDF concernant les missions d'accueil et d'orientation des fournisseurs d'électricité ; CE 11 févr. 2010, *Mme Borvo et autres*, Rec. 18 ; RFDA concl. Thiellay, note Sudres ; AJ 2010.670, chr. Liéber et Botteghi ; RJEP mai 2010.1, note Labetoulle : délibération du conseil d'administration de France Télévisions de supprimer la publicité à la télévision ; 30 déc. 2016, *Association Euskal Konfederazioa*, Rec. 599 :

détermination par France Télévisions de la part de chaque langue régionale dans le temps d'antenne consacré aux programmes régionaux et locaux). Les autres ne le sont pas (même arrêt : décisions par lesquelles France Télévisions choisit les émissions en langue régionale qu'elle diffuse et arrête les conditions de leur programmation ; TC 15 déc. 2008, *Voisin c. RATP ; Kim c. Établissement français du sang*, préc. : dispositions qui ont pour objet la détermination des conditions d'emploi, de formation professionnelle et de travail, ainsi que les garanties d'emploi des personnels). En référé-liberté (v. nos obs. sour les arrêts *Venelles** et *Saez**), la condition de l'organisation du service public peut être appréciée de manière souple (CE ord. 4 avr. 2019, *Société France Télévisions*, Rec. 105).

D'autre part, dans un même acte, seules les dispositions relatives à l'organisation du service public sont administratives ; elles ne donnent pas ce caractère, contrairement à ce qu'avait jugé l'arrêt *époux Barbier*, à l'ensemble de l'acte (TC 15 déc. 2008, *Voisin c. RATP ; Kim c. Établissement français du sang*, préc.).

4 *B.* — En second lieu, *l'acte administratif touchant à l'organisation du service public est un acte réglementaire.*

L'arrêt *Époux Barbier* n'a pas eu à prendre expressément position sur ce point. Les dispositions régissant le statut du personnel d'Air France se présentaient elles-mêmes comme un règlement. Le problème était de savoir, non s'il était un acte réglementaire, mais d'abord s'il était un acte administratif.

L'ordre des facteurs peut se trouver inversé : un acte peut apparaître administratif ; reste à savoir s'il est réglementaire ou non. Il arrive que le critère de l'organisation du service public soit retenu comme déterminant à la fois le caractère administratif et le caractère réglementaire (CE 12 nov. 1990, *Malher*, Rec. 321 ; AJ 1991.332, note Hecquard-Théron ; Dr. ouvr. 1991.340, note Saramito ; v. aussi, TC 6 juill. 2020, *Société La Poste c. Syndicat pour la défense des postiers*, Rec. 653 ; AJ 2021.1218, note S. Bernard). Il peut aussi jouer seulement pour reconnaître le caractère réglementaire.

Lorsque l'organisation d'un service public fait l'objet, non d'un acte administratif unilatéral, mais d'une convention (CE 14 janv. 1998, *Syndicat départemental Interco 35 CFDT*, AJ 1999.164, note Petit ; DA 1998, n° 231, obs. J.C.B.), celles de ses « stipulations qui règlent l'organisation même du service public assuré ont un caractère réglementaire » (CE, Sect., 18 mars 1977, *Chambre de commerce de La Rochelle*, Rec. 153, concl. Massot). Ainsi s'explique que les tiers puissent, non seulement les invoquer à l'appui d'un recours pour excès de pouvoir (même arrêt), mais aussi les attaquer par un tel recours (CE, Ass., 10 juill. 1996, *Cayzeele*, Rec. 274 ; v. nos obs. sous les arrêts CE 4 avr. 2014, *Département de Tarn-et-Garonne** et 21 déc. 1906, *Croix-de-Seguey-Tivoli**).

5 Le critère de l'organisation du service public pour reconnaître un acte réglementaire peut être difficile à manier, comme le montre une jurisprudence marquée notamment par l'arrêt du Conseil d'État (Sect.) du 1er juill. 2016, *Institut d'ostéopathie de Bordeaux*, Rec. 277, concl. Lessi ; RFDA 2016.1107, concl. ; AJ 2016.1859, chr. L. Dutheillet de Lamothe et Odinet ; DA mars 2017.10, note Éveillard, et juin 2017, étude 11 Untermaier-Kerleo), qui resserre les solutions.

Alors que le Conseil d'État (Sect., 13 juin 1969, *Commune de Clefcy*, Rec. 308) avait jugé que l'arrêté par lequel un sous-préfet institue une commission syndicale et lui donne sa composition a pour objet l'organisation même d'un service public et revêt ainsi un caractère réglementaire, il adopte aujourd'hui une qualification contraire pour « les actes relatifs à l'institution des structures des organismes de coopération entre collectivités territoriales et à la répartition des compétences entre ces organismes et les collectivités qui en sont membres », tels un arrêté préfectoral transférant à un syndicat d'agglomération nouvelle des équipements et services (CE 1er juill. 2016, *Commune d'Emerainville et Syndicat d'agglomération nouvelle de Marne-la-Vallée – Val Maubuée*, Rec. 291, concl. Daumas ; v. n° 55.7), ou encore un arrêté préfectoral adoptant le schéma départemental de coopération intercommunale (CE 21 oct. 2016, *Communauté de communes du Val-de-Drôme*, Rec. 603 ; BJCL 2017.33, concl. Daumas ; AJ 2017.532, note Éveillard). De même, alors que le Conseil d'État (12 févr. 1982, *Université Paris VII*, Rec. 70) a jugé que « les décisions habilitant un établissement public à caractère scientifique et culturel à délivrer des diplômes nationaux présentent un caractère réglementaire », il considère aujourd'hui (1er juill. 2016, *Institut d'ostéopathie de Bordeaux*) que « l'acte, dépourvu de caractère général et impersonnel, par lequel le ministre agrée ou refuse d'agréer » des écoles participant au service public de l'enseignement supérieur, « n'a pas, par lui-même, pour objet l'organisation d'un service public et ne revêt donc pas un caractère réglementaire ». Pour la même raison, l'agrément d'une fédération sportive n'est pas un acte réglementaire (CE 26 avr. 2017, *Fédération de boxe américaine et disciplines associées*, Rec. 430 ; AJ 2017.1629, note Simon) ; en revanche la délégation qui lui est accordée l'est (CE 16 févr. 2018, *Fédération française de vol libre*, Rec. 509 ; AJ 2018.994, note Untermaier-Kerléo).

Si l'arrêté ministériel délimitant les zones dans lesquelles les notaires peuvent librement s'installer et le nombre d'offices à y créer est relatif à l'organisation du service public, la décision créant un nouvel office, qui se rapporte au fonctionnement du service public, est dépourvue de caractère réglementaire (CE 28 déc. 2018, *Laffon et autres*, Rec. 509).

Est réservée l'hypothèse où l'acte aurait un caractère général et impersonnel qui apparaît comme le critère de droit commun de l'acte réglementaire : outre son caractère normatif, propre en principe à tout acte administratif (v. nos obs. sous les arrêts du 21 mars 2016, *Société Fairvesta International* et *Société Numericable**), sa portée générale et impersonnelle est déterminante, sans concerner nécessairement l'organisation du service public.

Ainsi l'acte réglementaire est soit un acte général et impersonnel soit un acte portant sur l'organisation du service public (les deux pouvant se combiner).

6 **II.** — L'arrêt *Époux Barbier* illustre les relations qui peuvent s'établir entre acte administratif et service public industriel et commercial. Il peut surprendre à deux titres.

D'abord il étend la notion d'acte administratif à des décisions d'organismes qui relèvent tout à la fois du droit privé par leur forme et du secteur industriel et commercial par leur objet. Lorsque le législateur a confié aux juridictions administratives le soin de juger les recours pour excès de pouvoir formés contre les actes des diverses autorités administratives, il ne pensait pas que cette compétence s'étendrait un jour aux délibérations du conseil d'administration d'une société anonyme.

Ensuite l'arrêt fait application du droit public à des services publics industriels et commerciaux, soumis en principe au droit privé et à la compétence judiciaire en vertu de la jurisprudence *Bac d'Eloka** (TC 22 janv. 1921), et à un litige concernant leurs agents, considérés comme des personnels de droit privé depuis l'arrêt *de Robert Lafrégeyre** (CE 26 janv. 1923). Pourtant il ne remet pas en cause cette jurisprudence (v. nos obs. sous ces deux arrêts).

Il fait apparaître le caractère irréductible de l'acte administratif, même à propos des services publics industriels et commerciaux.

Il faut distinguer à ce sujet entre les actes pris par des *autorités administratives extérieures* à ces services (A) et ceux qui sont pris par les *organes chargés de les gérer* (B).

7 *A.* — Les actes pris par *les autorités administratives extérieures au service public industriel et commercial* sont toujours administratifs, alors même qu'ils se rapportent à ce service, et sans distinguer selon leur caractère réglementaire ou individuel.

Ainsi les actes généraux concernant le statut des agents des services publics industriels et commerciaux émanant du chef du gouvernement ou d'un ministre ont toujours été considérés comme des règlements administratifs (par ex. CE, Sect., 12 juill. 1955, *Fédération nationale des cadres des transports*, Rec. 427 ; – TC 6 juill. 2020, *Société La Poste c. Syndicat pour la défense des postiers*, préc.).

Il en va de même pour leurs actes individuels, et plus généralement non réglementaires. Les décrets de nomination des dirigeants des entreprises publiques sont toujours évidemment des actes administratifs. C'est aussi le cas d'autres mesures (par ex. CE, Sect., 24 mai 1968, *Dame Bechu*, Rec. 332 : décision du conseil médical de l'aéronautique concernant des hôtesses de l'air ; TC 2 juill. 1979, *Commissariat à l'énergie atomique c. Syndicat CGT-FO du centre d'études nucléaires de Saclay*, Rec. 568 ; Dr. soc. 1980.21 note Moderne : décision d'un inspecteur du travail relative aux élections des délégués du personnel).

8 *B.* — La nature des actes pris par les *organes chargés du service public industriel et commercial* dépend de leur objet.

1°) S'ils portent sur *l'organisation du service public,* ils reçoivent la même qualification, quelle que soit la nature, publique ou privée, de l'institution qui les adopte : ce sont des actes administratifs réglementaires.

Pour les *organes publics* (établissements publics industriels et commerciaux), la jurisprudence avait reconnu, dès avant l'arrêt *Époux Barbier,* le caractère administratif de leurs règlements sans considérer leur relation avec l'organisation du service public. Désormais, elle s'attache particulièrement à cette relation (CE 26 juin 1989, *Association « Études et consommation CFDT »* (Rec. 544 ; CJEG 1990.180, note Lachaume).

Pour les *organes privés,* la solution résulte expressément de l'arrêt *Époux Barbier.* Elle est confirmée par l'arrêt du Conseil d'État (Ass.) du 12 avr. 2013, *Fédération Force Ouvrière Énergie et Mines* (Rec. 94 ; v. n° 57.4) admettant que les dirigeants d'un organisme de droit privé responsable d'un service public (en l'espèce ceux de la société Électricité de France) autant que ceux d'un établissement public (qu'était naguère EDF) prennent les dispositions nécessaires pour assurer le bon fonctionnement du service public (en l'espèce la limitation du droit de grève des agents des centrales nucléaires de production d'électricité), et reconnaissant leur caractère réglementaire.

« Le juge judiciaire est, en revanche, compétent pour trancher un litige lorsque la décision de réorganisation ne tend pas à affecter directement le service public concerné », qu'elle émane d'un établissement public industriel et commercial ou d'une société de droit privé (Soc. 10 juill. 2013, *Société RTE EDF Transport*, Bull. civ. V, n° 187).

9 *2°)* Les *mesures individuelles,* et plus généralement non réglementaires, en toute hypothèse ne sont jamais des actes administratifs et échappent donc à la compétence du juge administratif.

Il en est ainsi en principe de celles qui concernent *les usagers* : (CE 21 avr. 1961, *Dame Vve Agnesi*, Rec. 253 ; v. n° 15.3 ; – 20 janv. 1988, *SCI « La Colline »*, Rec. 21 ; v. n° 34.3 : refus de raccordement au service municipal de distribution d'eau ou d'assainissement ; – 26 juin 1989, *Association « Études et consommation CFDT »*, préc. : application des tarifs du service à l'un de ses usagers).

Les mesures prises à l'égard des *agents* du service, sauf exceptions, ne constituent pas des actes administratifs ; le juge administratif est incompétent pour en connaître. Le Conseil d'État l'avait encore jugé quelques jours avant l'arrêt *Époux Barbier* (Sect., 15 déc. 1967, *Level*, Rec. 501 ; v. n° 36.3) à propos d'un recours dirigé contre la révocation par le président de la chambre de commerce de Paris d'un ouvrier grutier des services portuaires de Gennevilliers, lesdits services ayant un caractère industriel et commercial. Le Tribunal des conflits, par l'arrêt *Époux Barbier,* n'a pas remis en cause cette solution (par ex. TC 7 juin 1982, *Préfet de Paris c. Conseil de prud'hommes de Paris*, Rec. 562 : application individuelle des dispositions statutaires relatives aux agents de l'ORTF).

Mais, si à l'occasion d'un litige concernant ces mesures individuelles devant le juge judiciaire, est soulevée la question de l'illégalité d'un acte administratif réglementaire, seule la juridiction administrative est compétente pour en connaître, sauf compétence du juge judiciaire si l'appréciation à porter relève d'une jurisprudence administrative bien établie (TC 17 oct. 2011, *SCEA du Chéneau**).

Ainsi le Conseil d'État a déclaré illégales : – la clause du règlement intérieur d'Air France qui réservait au personnel navigant commercial masculin la possibilité de prolonger son activité en vol au-delà de 50 ans et jusqu'à 55 ans (CE, Sect., 6 févr. 1981, *Melle Baudet*, Rec. 53 ; AJ 1981.261, concl. Dondoux) ; – celles de règlements régissant le personnel de la SNCF, prévoyant des sanctions pécuniaires (CE, Ass., 1er juill. 1988, *Billard et Volle*, Rec. 268 ; v. nº 78.17), comportant des mesures discriminatoires à l'encontre de grévistes en matière d'avancement (CE 12 nov. 1990, *Malher*, préc.), en méconnaissance de principes généraux du droit du travail applicables aux entreprises publiques et qui ne sont pas incompatibles avec les nécessités de la mission de service public confiée à la SNCF.

76

ACTES ADMINISTRATIFS
DIRECTIVES – LIGNES DIRECTRICES

Conseil d'État Sect., 11 décembre 1970, *Crédit foncier de France c. Demoiselle Gaupillat et Dame Ader*
(Rec. 750, concl. Bertrand ; AJ 1971.196, chr. H.T.C ; D. 1971.674, note Loschak ; JCP 1972.II.17232, note Fromont ; RD publ. 1971.1224, note M. Waline ; RFDA 2013.1119, art. Cyterman)

Cons. que le décret du 26 oct. 1945, portant règlement d'administration publique relatif au Fonds national d'amélioration de l'habitat, confie à une commission nationale et, suivant certaines conditions, à des commissions départementales d'amélioration de l'habitat l'emploi des disponibilités du Fonds national ; que l'art. 5 de l'arrêté du 27 avr. 1946 du ministre de la reconstruction et de l'urbanisme, pris en application de l'art. 7 dudit règlement d'administration publique, précise qu'il appartient à chaque commission « suivant les directives et sous le contrôle de la Commission nationale d'apprécier, selon les besoins régionaux ou locaux, tant au point de vue économique que social, le degré d'utilité des travaux auxquels peut être accordée l'aide financière du Fonds national » ;

Cons. que pour refuser l'allocation mentionnée à l'art. 6 du règlement général du 27 avr. 1946, la Commission nationale s'est référée aux normes contenues dans une de ses propres directives, par lesquelles elle entendait, sans renoncer à exercer son pouvoir d'appréciation, sans limiter celui des commissions départementales et sans édicter aucune condition nouvelle à l'octroi de l'allocation dont s'agit, définir des orientations générales en vue de diriger les interventions du fonds ; que la demoiselle Gaupillat et la dame Ader n'invoquent aucune particularité de leur situation au regard des normes susmentionnées, ni aucune considération d'intérêt général de nature à justifier qu'il y fût dérogé et dont la Commission nationale aurait omis l'examen ; qu'elles ne soutiennent pas davantage que la directive dont s'agit aurait méconnu les buts envisagés lors de la création du Fonds national d'amélioration de l'habitat ; que, dans ces conditions, une telle référence n'entachait pas la décision de refus d'une erreur de droit ; que le Crédit foncier de France, gestionnaire dudit Fonds en vertu de l'art. 292 du Code de l'urbanisme et de l'habitation, est, dès lors, fondé à soutenir que c'est à tort que, par le jugement attaqué, le Tribunal administratif de Paris a annulé la décision de la Commission nationale ; ... (Annulation du jugement ; rejet de la demande de la demoiselle Gaupillat et de la dame Ader ; dépens à la charge de ces dernières).

OBSERVATIONS

L'arrêt Crédit foncier de France *constitue une étape dans la jurisprudence sur les actes administratifs ne consistant pas en des décisions mais pouvant avoir des effets, qui devait aboutir à l'arrêt du 12 juin 2020,* GISTI*.

1 En l'espèce, un décret du 26 oct. 1945 prévoyait que l'emploi des disponibilités financières du Fonds national d'amélioration de l'habitat (remplacé depuis lors par l'Agence nationale de l'habitat) serait effectué par une commission nationale et des commissions départementales et renvoyait, pour la détermination des conditions d'attribution et de versement de l'aide financière, à un règlement général établi par le ministre de la reconstruction ; ce règlement, édicté par un arrêté du 27 avr. 1946, précisait qu'il appartiendrait à chaque commission départementale, « suivant les directives et sous le contrôle de la commission nationale, d'apprécier selon les besoins régionaux ou locaux, tant au point de vue économique que social, le degré d'utilité des travaux auxquels peut être accordée l'aide financière du Fonds national ». Les conditions de l'octroi de l'aide ont ainsi été définies par les directives successives de la commission nationale en fonction des disponibilités du Fonds, du montant des revenus des propriétaires et de la nature des travaux. En application de l'une de ces directives, la commission nationale, par une décision du 2 oct. 1964, n'accorda à la demoiselle Gaupillat et à la dame Ader, pour le ravalement de leur immeuble, qu'un prêt et leur refusa la subvention demandée. Les intéressées ayant déféré ce refus au Tribunal administratif de Paris, celui-ci l'annula au motif que la directive en question avait subordonné l'octroi des subventions à une condition plus rigoureuse que celles qui étaient prévues par la réglementation en vigueur et n'avait pu fournir une base légale à la décision attaquée. Le Crédit foncier de France, chargé de la gestion du Fonds national d'amélioration de l'habitat, porta l'affaire en appel devant le Conseil d'État. Celui-ci admit que la commission nationale avait pu par des *directives*, définir les normes au regard desquelles seraient prises les décisions du Fonds.

La solution s'explique par tout un *contexte* (I). Elle appelle des précisions sur le *statut* de l'acte ainsi reconnu (II).

2 **I.** — Le *contexte* est lié à la question, rappelée par le commissaire du gouvernement Bertrand, « de savoir quelle valeur doit être reconnue aux circulaires, instructions ou directives, par lesquelles une autorité administrative investie du pouvoir de prendre de façon discrétionnaire des décisions individuelles soumet elle-même l'exercice de ce pouvoir à des règles de fond ».

La question n'était pas entièrement nouvelle (A), mais elle se posait en termes nouveaux (B).

A. — Dans le cadre de la jurisprudence relative aux *circulaires*, le Conseil d'État avait eu depuis longtemps à s'interroger sur la valeur juridique de celles par lesquelles un ministre se fixe à lui-même, ou fixe à ses subordonnés, la doctrine à la lumière de laquelle les cas individuels doivent être réglés.

Le problème n'est pas aisé à résoudre. Si l'on peut justifier que soient fixées à l'avance, par voie générale, les conditions auxquelles seront pris des actes individuels, il n'est possible ni de passer outre le principe selon lequel l'administration doit procéder à un examen particulier de chacun des cas sur lesquels elle est appelée à se prononcer, ni de reconnaître au ministre un pouvoir réglementaire qu'il ne détient, en dehors d'une disposition expresse, que dans le cadre de la jurisprudence *Jamart**.

Le Conseil d'État (Sect.) avait déjà admis qu'une circulaire du ministre de la défense nationale précisât, pour l'avancement au choix des officiers, les principes dont il entendait s'inspirer dans l'examen des cas individuels mais à la condition qu'il ne s'estime pas lié par ces directives et que chaque situation particulière soit examinée séparément (Sect., 13 juill. 1962, *Arnaud*, Rec. 474 ; AJ 1962.545, chr. Galabert et Gentot).

3 ***B.*** — Pour les interventions économiques ou sociales se réalisant par la voie d'incitations, notamment par l'octroi d'avantages liés à des opérations, il devenait nécessaire de permettre à l'administration de fixer et de faire connaître aux intéressés les critères objectifs qui allaient inspirer ses décisions. Comme l'a souligné le commissaire du gouvernement, une telle définition est « indispensable autant pour assurer l'égalité des candidats et éviter les discriminations arbitraires entre eux que pour maintenir… la cohérence de l'action administrative, et même laisser place aux perspectives ouvertes par l'informatique ».

La jurisprudence *Arnaud* satisfaisait mal à ces exigences. D'une part, les décisions individuelles prises exclusivement par référence à des critères objectifs fixés d'avance devraient être annulées soit pour incompétence de l'auteur de la directive soit pour méconnaissance de la règle de l'examen individuel, ce qui revenait à exclure toute doctrine administrative. D'autre part, « le contrôle de légalité de la juridiction administrative, qui doit être ici d'autant plus vigilant que les décisions comportent davantage d'incidences sur la vie même du pays, risque de se trouver tout ensemble en porte-à-faux et dépourvu d'efficacité » : à quoi servirait-il en effet que le Conseil d'État ait reconnu au juge, par l'arrêt *Maison Genestal* (CE, Sect., 26 janv. 1968, Rec. 62, concl. Bertrand ; v. n° 61.6), le pouvoir d'exiger de l'administration qu'elle l'éclaire sur les motifs de fait et de droit qui l'ont conduite à prendre sa décision si celle-ci devait être annulée automatiquement pour erreur de droit chaque fois que ces motifs consistent dans l'application de critères objectifs fixés à l'avance ?

Pour remédier à cette situation, il aurait fallu reconnaître le pouvoir réglementaire aux ministres, et même aux autres autorités ou organismes investis d'un pouvoir discrétionnaire de décision. Bien qu'il y ait été vivement incité en 1969 par son commissaire du gouvernement, Mme Questiaux, le Conseil d'État a refusé de s'engager sur cette voie, en raison des obstacles constitutionnels que comporte un élargissement aussi important du pouvoir réglementaire (CE, Sect., 23 mai 1969,

Société Distillerie Brabant et Cie, Rec. 264, concl. Questiaux ; v. n° 44.1).

4 Aussi est-ce une autre voie que M. Bertrand explora pour résoudre le problème. S'inspirant d'une solution admise par les jurisprudences belge et italienne, il proposa d'« *admettre d'une manière générale que les motifs d'une décision individuelle puissent légalement consister en une référence à la doctrine que l'administration s'est donnée et qui, dès lors qu'elle est appliquée, doit l'être à toutes les situations semblables, à peine de méconnaissance de la règle de non-discrimination* » ; cette solution doit toutefois être subordonnée à la double condition « *que les directives invoquées, auxquelles s'étendrait naturellement le contrôle exercé par le juge sur les motifs des décisions individuelles, soient conformes aux fins poursuivies par le législateur ou l'autorité réglementaire, et qu'elles ne soient pas exclusives de dérogations justifiées par des circonstances particulières dont l'administration resterait tenue de rechercher dans chaque cas si elles existent* ». Cette construction n'aboutit pas à conférer aux normes énoncées par l'administration une valeur réglementaire, elle ne conduit pas à « *créer une catégorie nouvelle d'actes administratifs, au-dessous en quelque sorte du règlement, puisqu'elle ne fait en somme des directives qu'une sorte de codification des motifs susceptibles d'être invoqués par l'autorité administrative et que la valeur des normes énoncées ne serait reconnue qu'au plan de la motivation des décisions individuelles* ».

Conformément à ces conclusions, le Conseil d'État décida que le refus de subvention opposé par la commission nationale aux requérantes n'était pas entaché d'une erreur de droit pour le simple motif qu'il était fondé sur les normes contenues dans une directive. L'arrêt prend soin de relever les limites de la directive et de son application.

5 **II.** — Désormais, s'inspirant d'une recommandation du Conseil d'État dans son étude sur *Le droit souple* (2013, p. 141), pour ne pas risquer une confusion avec les directives de l'Union européenne, le mot « directive » est remplacé par l'expression « lignes directrices » (CE 19 sept. 2014, *Jousselin*, Rec. 272 ; AJ 2014.2262, concl. Dumortier ; – Sect., 4 févr. 2015, *Ministre de l'intérieur c. Cortes Ortiz*, Rec. 17, concl. Bourgeois-Machureau ; RFDA 2015.471, concl. ; AJ 2015.443, chr. Lessi et L. Dutheillet de Lamothe ; DA juin 2015, n° 38, p. 26, note Éveillard), qu'avait déjà utilisée la Cour de justice en admettant que « la Commission peut s'imposer des orientations dans l'exercice de ses pouvoirs d'appréciation par des actes comme les lignes directrices…, dans la mesure où ils contiennent des règles indicatives sur l'orientation à suivre par cette institution et où ils ne s'écartent pas des normes du traité » (CJCE 5 oct. 2000, *Allemagne c. Commission*, aff. C-288/96 ; –22 mars 2001, *France c. Commission*, aff. C-17/99). Cela permet de les distinguer aussi des « directives » dont des textes prévoient parfois l'adoption dans l'exercice du pouvoir réglementaire du gouvernement (par exemple directives territoriales d'aménagement et de développement durables prévues par l'article L. 102-4 du Code de l'urbanisme), et de celles qui, sous cette appellation, sont des circulaires, à caractère impératif ou non (v. nos obs. sous CE 18 déc. 2002, *Mme Duvignères**). Il peut arriver à l'inverse que, sous l'appellation « circulaire », on trouve de véritables directives-lignes directrices (CE 18 nov. 1977, *Entreprise Marchand*, Rec. 442, concl. Franc ; AJ 1978.654, note Mesnard).

Leur statut a été précisé en ce qui concerne leur adoption (A), leur portée (B) et leur contrôle (C).

6 *A.* — Pour leur adoption, l'arrêt du Conseil d'État (Sect.) du 4 févr. 2015, *Ministre de l'intérieur c. Cortes Ortiz* donne, « *dans le cas où un texte prévoit l'attribution d'un avantage sans avoir défini l'ensemble des conditions permettant de déterminer à qui l'attribuer parmi ceux qui sont en droit d'y prétendre* », une indication qui peut couvrir toutes les hypothèses dans lesquelles un texte attribue à l'administration le pouvoir de prendre des mesures individuelles selon une appréciation discrétionnaire sans lui attribuer en la matière un pouvoir réglementaire.

« *L'autorité compétente peut encadrer l'action de l'administration dans le but d'en assurer la cohérence* » : elle peut le faire pour elle-même et pour les services placés sous son autorité. Elle peut le faire aussi même si elle dispose d'un pouvoir réglementaire (CE 21 sept. 2020, *Durand*, Rec. 318 ; v. n° 44.5). Elle peut être non seulement une autorité située dans la hiérarchie administrative de droit commun, tel un ministre, mais aussi une autorité spéciale, par exemple une commission nationale sous le contrôle de laquelle agissent des commissions départementales (*Crédit foncier de France*). Un organisme consultatif doit pouvoir aussi encadrer sa propre action (CE 27 oct. 1972, *Ministre de la santé publique et de la sécurité sociale c. Delle Ecarlat*, Rec. 682 ; RDSS 1972.542, note Moderne), par exemple pour les propositions de nomination qu'il lui appartient de présenter (CE, Sect., 10 mars 2006, *Carre Pierrat*, Rec. 136 ; v. n° 61.3).

L'autorité compétente peut déterminer « *par la voie de lignes directrices... des critères permettant de mettre en œuvre le texte en cause* ».

Mais elle ne peut y « *édicter aucune condition nouvelle* » par rapport à lui (*Delle Ecarlat*, précité ; CE 14 déc. 1988, *SA « Gibert Marine »*, Rec. 444 ; AJ 1989.266, note J.-B. Auby), ni méconnaître les buts qu'il vise (CE 20 janv. 1971, *Union départementale des sociétés mutualistes du Jura*, Rec. 45 ; D. 1971.673, note Loschak ; JCP 1972.47132, note Fromont), ni violer les principes généraux du droit (CE, Sect., 29 juin 1973, *Société Géa*, Rec. 453 ; AJ 1973.587, chr. Franc et Boyon et 589, note Vier ; D. 1974.141, note Durupty ; RD publ. 1974.547, note M. Waline), ni enfin lier le pouvoir d'appréciation particulière de l'autorité chargée de prendre les décisions individuelles d'application.

À cet égard, les lignes directrices, comme les directives, n'ont pas théoriquement de caractère réglementaire.

L'arrêt *Société Géa* soustrayait les directives à l'obligation de publication. Désormais l'article L. 312-2 du Code des relations entre le public et l'administration impose la publication des instructions et des circulaires ainsi que des notes et réponses ministérielles qui comportent une interprétation du droit positif ou une description des procédures administratives.

7 *B.* — L'administration est fondée à appliquer les principes qu'elles formulent (*Entreprise Marchand*, préc. ; *SA « Gibert Marine »*, préc.) ; en s'y référant pour prendre une décision individuelle mettant en œuvre le texte auquel elles se rapportent, elle ne commet pas d'erreur de droit, comme le précise l'arrêt *Crédit foncier* (dans le même sens, CE 23 mai 1980, *Agence nationale pour l'amélioration de l'habitat*, Rec. 238). Si elles sont publiées, les intéressés peuvent s'en prévaloir, comme l'a reconnu l'arrêt du 4 févr. 2015, *Min. de l'intérieur c. Cortes Ortiz*, préc. et comme l'indique l'article L. 312-3 du Code des relations entre le public et l'administration.

Mais elles peuvent et même doivent être, le cas échéant, écartées. L'arrêt du 4 févr. 2015 le permet, voire y oblige pour les lignes directrices, comme la jurisprudence précédente pour les directives.

Tout d'abord des motifs d'intérêt général peuvent conduire à y déroger. Ils ne sont pas définis plus précisément. S'ils peuvent être variés, ils doivent être objectifs.

En second lieu, « *l'appréciation particulière de chaque situation* » peut conduire aussi à une décision autre que celle qu'impliqueraient les lignes directrices. À cet égard, comme cela résultait d'arrêts sur les directives (*Ecarlat, Géa, Gibert Marine*) postérieurs à l'arrêt *Crédit foncier de France*, subsiste l'obligation de l'examen de chaque dossier. Ainsi si une autorité « était tenue de suivre la méthode qu'elle s'était donnée », « il lui incombait, pour porter son appréciation sur (un) projet », « de prendre en compte l'ensemble des circonstances pertinentes de la situation particulière qui lui était soumise » (CE 20 mars 2017, *Région Aquitaine-Limousin-Poitou-Charentes*, Rec. 99 ; AJ 2017.1121, concl. Domino ; DA 2017 comm. 25, Idoux ; JCP Adm. 2017.2145, note Pauliat).

Intérêt général et différence de situation sont les deux motifs qui limitent la portée du principe d'égalité (v. nos obs. sous CE 9 mars 1951, *Société des concerts du Conservatoire**) ; ils peuvent aussi limiter la portée des lignes directrices. Lorsqu'ils ne peuvent jouer, celles-ci doivent être suivies ; leur application garantit ainsi l'égalité.

8 *C.* — La portée qui leur est reconnue justifie qu'elles puissent être contestées devant le juge administratif et contrôlées par lui. Cette possibilité a été élargie progressivement.

Elle n'a été reconnue d'abord que par la voie de l'exception : à l'occasion d'un recours contre une décision mettant en œuvre une directive, pouvait être invoquée l'illégalité de celle-ci (CE 29 juill. 1994, *Ministre de l'éducation nationale c. Époux Gentilhomme*, Rec. 371 ; mais le recours pour excès de pouvoir restait exclu (CE, Sect., 29 juin 1973, *Société Géa*, préc.) parce que la directive est dénuée de caractère impératif (CE 3 mai 2004, *Comité anti-amiante Jussieu et Association nationale de défense des victimes de l'amiante*, Rec. 193 ; JCP Adm. 2004.1466, note Benoît).

Puis, en appliquant la solution des arrêts *Fairvesta-Numericable** du 21 mars 2016, le Conseil d'État, par l'arrêt du 13 déc. 2017, *Société Bouygues Télécom et autres* (Rec. 356, concl. Domino ; AJ 2018.571, note L. de Fontenelle ; DA 2018.26, note Mouchette ; JCP Adm. 2018.2137, note Éveillard), a admis la recevabilité du recours pour excès de pouvoir contre « *les lignes directrices par lesquelles les autorités de régulation définissent… les conditions dans lesquelles elles entendent mettre en œuvre les prérogatives dont elles sont investies* » « *lorsqu'elles sont de nature à produire des effets notables notamment de nature économique, ou ont pour effet d'influer de manière significative sur les comportements…* ». Cela laissait hors du champ du recours pour excès de pouvoir les lignes directrices adoptées par d'autres autorités.

Désormais l'arrêt du Conseil d'État du 12 juin 2020, *GISTI**, range les documents qui « présentent le caractère de lignes directrices », quelle que soit l'autorité les ayant adoptés, parmi ceux qui peuvent faire l'objet du recours pour excès de pouvoir.

On observe là une évolution jurisprudentielle aboutissant, d'étape en étape, à affiner et élargir les solutions.

9 **III.** — Une autre étape devrait englober les « orientations générales » qu'« il est loisible à l'autorité compétente de définir pour l'octroi » d'« une mesure au bénéfice de laquelle l'intéressé ne peut faire valoir aucun droit » (« mesures de faveur »). Ces orientations se distinguent des lignes directrices en ce que celles-ci concernent l'octroi d'un avantage auquel certaines personnes peuvent avoir droit alors que celles-là ne se rapportent à aucun droit (CE 4 févr. 2015, *Min. de l'intérieur c. Cortes Ortiz*, préc.).

Selon ce dernier arrêt et celui du 16 oct. 2017, *M. Khodadad et Mme Azizi* (Rec. 316 ; AJ 2017.2424, concl. Odinet ; DA 2018.10, comm. Mouchette), l'intéressé ne peut se prévaloir de telles orientations à l'appui d'un recours formé devant le juge administratif ; *a fortiori* elles ne peuvent faire l'objet d'un recours pour excès de pouvoir.

Mais, d'après M. Odinet dans ses conclusions sur l'arrêt du 12 juin 2020, *GISTI**, par l'ouverture du recours pour excès de pouvoir aux documents de portée générale pouvant avoir des effets notables, « les orientations générales… seront certainement au nombre des actes susceptibles de recours ».

Alors, sur le terrain contentieux, il ne devrait plus y avoir de différence entre lignes directrices et orientations générales.

77

EXPROPRIATION – UTILITÉ PUBLIQUE – CONTRÔLE

Conseil d'État Ass., 28 mai 1971, ***Ministre de l'équipement et du logement c. Fédération de défense des personnes concernées par le projet actuellement dénommé « Ville Nouvelle Est »***

(Rec. 409, concl. Braibant ; AJ 1971.404, chr. Labetoulle et Cabanes et 463, concl. ; RA 1971.422, concl. ; CJEG 1972.J.38, note Virole ; D. 1972.194, note Lemasurier ; JCP 1971.II.16873, note Homont ; RD publ. 1972.454, note M. Waline ; GAP, p. 363 ; GCJA, vol. 2, n° 46, concl. ; RFDA 2021.299, D. Labetoulle, « La jurisprudence Ville Nouvelle Est cinquante ans après »)

Cons. qu'aux termes de l'art. 1er du décret n° 59-701 du 6 juin 1959 portant règlement d'administration publique relatif à la procédure d'enquête préalable à la déclaration d'utilité publique, à la détermination des parcelles à exproprier et à l'arrêté de cessibilité : « l'expropriant adresse au préfet pour être soumis à l'enquête un dossier qui comprend obligatoirement : I. Lorsque la déclaration d'utilité publique est demandée en vue de la réalisation de travaux ou d'ouvrages : 1° Une notice explicative indiquant notamment l'objet de l'opération ; 2° Le plan de situation ; 3° Le plan général des travaux ; 4° Les caractéristiques principales des ouvrages les plus importants ; 5° L'appréciation sommaire des dépenses. – II. Lorsque la déclaration d'utilité publique est demandée en vue de l'acquisition d'immeubles : 1° Une notice explicative indiquant notamment l'objet de l'opération ; 2° Le plan de situation ; 3° Le périmètre délimitant les immeubles à exproprier ; 4° L'estimation des acquisitions à réaliser » ;

Cons. que ces dispositions distinguent, en ce qui concerne la constitution du dossier soumis à l'enquête préalable à la déclaration d'utilité publique, d'une part, dans son paragraphe 1er, le cas où l'expropriation a pour objet la réalisation de travaux ou d'ouvrages, et d'autre part, dans son paragraphe 2, le cas où l'expropriation n'a d'autre objet que l'acquisition d'immeubles ;

Cons. que, si la création d'une ville nouvelle implique normalement, d'une part, l'acquisition de terrains et, d'autre part, la réalisation de travaux et d'ouvrages par la collectivité publique appelée à acquérir ces terrains, l'administration peut se borner à procéder, dans un premier temps, à la seule acquisition des terrains, au lieu de poursuivre simultanément les deux opérations, lorsqu'il apparaît qu'à la date d'ouverture de l'enquête préalable à la déclaration d'utilité publique, l'étude du programme des travaux et ouvrages n'a pu, en l'absence des éléments nécessaires, être suffisamment avancée ; qu'en pareil cas le dossier de l'enquête peut ne comprendre que les documents exigés par le paragraphe II de l'art. 1er du décret du 6 juin 1959 ;

Cons. qu'il résulte des pièces du dossier qu'à la date du 23 sept. 1967, à laquelle a été pris l'arrêté préfectoral ouvrant l'enquête prescrite en vue de la déclaration d'utilité publique de l'acquisition des immeubles nécessaires à la création de la ville nouvelle Est de Lille, l'administration ne possédait qu'une première esquisse du schéma de secteur d'aménagement et d'urbanisme applicable à la ville nouvelle ; que, notamment, ni les établissements universitaires qu'elle doit comporter, ni l'axe routier destiné à la desservir n'avaient fait l'objet, quant à leur implantation et à leurs caractéristiques, d'études précises ; qu'ainsi l'administration n'était pas en mesure de présenter à la date sus-indiquée un plan général des travaux ainsi que les caractéristiques des ouvrages les plus importants ; que, dès lors, elle pouvait, comme elle l'a fait, se borner à procéder à la seule acquisition des terrains nécessaires et a, par suite, pu légalement ne faire figurer au dossier de l'enquête préalable à la déclaration d'utilité publique que les documents exigés par l'art. 1er paragraphe II du décret du 6 juin 1959 précité ;

Cons. qu'il résulte de ce qui précède que c'est à tort que le tribunal administratif s'est fondé sur l'absence, dans le dossier d'enquête, de certains documents exigés par le paragraphe I de l'art. 1er de ce décret pour annuler, comme reposant sur une procédure irrégulière, l'arrêté susvisé du ministre de l'équipement et du logement ;

Cons. toutefois, qu'il appartient au Conseil d'État, saisi de l'ensemble du litige par l'effet dévolutif de l'appel, d'examiner les autres moyens soulevés par la « Fédération de défense des personnes concernées par le projet actuellement dénommé Ville Nouvelle Est » ;

Sur la compétence du ministre de l'équipement et du logement pour déclarer l'utilité publique de l'opération :

Cons. qu'il résulte des dispositions de l'art. 2 de l'ordonnance du 23 oct. 1958 et de l'art. 1er du décret n° 59-680 du 19 mai 1959 que le ministre de l'équipement et du logement était compétent pour déclarer d'utilité publique l'acquisition des terrains nécessaires à la création de la ville nouvelle dès lors que l'avis du commissaire enquêteur était favorable ; que, si, selon ledit art. 1er du décret du 19 mai 1959, la construction d'une autoroute doit dans tous les cas être déclarée d'utilité publique par décret en Conseil d'État, le moyen tiré de ce qu'une telle voie de circulation figure dans les plans établis pour la ville nouvelle manque en fait ; que, si une partie des terrains à acquérir est destinée à des établissements d'enseignement supérieur, aucune disposition législative ou réglementaire n'impose que l'arrêté déclarant cette acquisition d'utilité publique soit signé par le ministre de l'éducation nationale ;

Sur la procédure d'enquête :

Cons. que l'art. 2 du décret du 6 juin 1959, selon lequel « Le préfet désigne par arrêté un commissaire enquêteur ou une commission d'enquête », laisse cette autorité libre de choisir l'une ou l'autre formule ; que la Fédération demanderesse n'est, par suite, pas fondée à soutenir qu'en raison de l'importance de l'opération, une commission aurait dû être désignée ;

Cons. qu'il ressort des pièces du dossier que les prescriptions de l'art. 2 du décret du 6 juin 1959 relatives à la publicité de l'arrêté ordonnant l'enquête ont été respectées ; qu'aucune disposition législative ou réglementaire ne prévoit que le rapport du commissaire enquêteur qui, selon les art. 8 et 20 de ce décret, est transmis au préfet ou au sous-préfet, doive être communiqué aux personnes visées par la procédure d'expropriation ; Cons. qu'il ne ressort pas des pièces du dossier que, comme le soutient la Fédération demanderesse, l'évaluation du coût des acquisitions foncières jointe au dossier d'enquête ait été affectée d'une grave inexactitude ;

Sur l'utilité de l'opération :

Cons. qu'une opération ne peut être légalement déclarée d'utilité publique que si les atteintes à la propriété privée, le coût financier et éventuellement les inconvé-

nients d'ordre social qu'elle comporte ne sont pas excessifs eu égard à l'intérêt qu'elle présente ;

Cons. qu'il ressort des pièces versées au dossier que l'aménagement de la zone sur laquelle porte la déclaration d'utilité publique a été conçu de telle sorte que les bâtiments universitaires qui doivent y trouver place ne soient pas séparés des secteurs réservés à l'habitation ; que l'administration justifie avoir dû, pour assurer un tel aménagement, englober dans cette zone un certain nombre de parcelles comportant des constructions qui devront être démolies ; que, dans ces conditions, et compte tenu de l'importance de l'ensemble du projet, la circonstance que son exécution implique que disparaissent une centaine de maisons d'habitations n'est pas de nature à retirer à l'opération son caractère d'utilité publique ;

Sur le détournement de pouvoir :

Cons. que le détournement de pouvoir allégué n'est pas établi ; ... (Annulation du jugement ; rejet de la demande).

OBSERVATIONS

L'arrêt Ville Nouvelle Est, *en appréciant la légalité d'une déclaration d'utilité publique au regard des avantages et inconvénients de l'opération qui en est l'objet, approfondit le contrôle de la qualification juridique des faits ouvert par l'arrêt* Gomel*.

En 1966 le gouvernement décida une « expérience d'urbanisme » à Lille : en vue tout à la fois de « sortir l'enseignement supérieur du centre ville où il éclate » et de « réintégrer les étudiants dans la ville » en édifiant, à l'occasion d'un programme universitaire, un ensemble urbain nouveau, il adopta un projet de création, à l'est de Lille, d'un complexe universitaire destiné à accueillir plus de trente mille étudiants et d'une ville nouvelle de vingt à vingt-cinq mille habitants. Le projet, qui affectait cinq cents hectares et dont le coût était évalué à un milliard de francs, comportait l'expropriation et la démolition de deux cent cinquante maisons d'habitation dont certaines venaient d'être achevées en vertu de permis de construire délivrés l'année précédente. Devant les vives protestations que souleva cette intention des services de l'équipement de démolir des logements modestes édifiés récemment avec leur accord, l'administration modifia son projet de manière à ramener à quatre-vingt-huit le nombre des habitations à démolir ; elle écarta en revanche la solution que lui avait proposée une association de défense et qui consistait, en vue d'épargner encore quatre-vingts immeubles supplémentaires, à déplacer l'axe routier nord-sud prévu dans le projet. L'opération ayant été finalement déclarée d'utilité publique par un arrêté du ministre de l'équipement et du logement en date du 3 avr. 1968, l'association de défense déféra cet arrêté au juge de l'excès de pouvoir. À côté de plusieurs autres moyens de procédure et de fond, l'association soutenait que la destruction d'une centaine de logements, qu'un tracé différent de l'autoroute aurait permis d'éviter, constituait un prix trop élevé pour l'opération projetée : celle-ci était dès lors, selon la Fédération de défense, dépourvue d'utilité publique et l'arrêté du 3 avr. 1968 devait être annulé.

1 **I.** — Ce n'est évidemment pas la première fois que se trouvait posé devant le Conseil d'État le problème du contrôle du juge de l'excès de pouvoir sur l'utilité publique d'une opération d'expropriation. Traditionnellement le juge administratif vérifiait si l'opération correspondait en elle-même à un but d'utilité publique mais refusait d'examiner le contenu concret du projet et, notamment, le choix des parcelles à exproprier. Ainsi, par exemple, à l'occasion d'une expropriation en vue de la construction d'une autoroute, le juge se bornait à vérifier si la construction d'une autoroute était en elle-même – et indépendamment des caractères propres du projet en cause – d'utilité publique, mais, cela fait, refusait d'examiner le choix du tracé retenu par l'administration (CE, Ass., 30 juin 1961, *Groupement de défense des riverains de la route de l'intérieur*, Rec. 452 ; D. 1961.663, concl. Kahn, note Josse ; AJ 1961.646, concl.). De même, une fois constaté que la création d'un aérodrome était en soi « une opération pouvant être légalement déclarée d'utilité publique », le Conseil d'État refusait d'en apprécier l'opportunité et relevait que « les circonstances, alléguées par les requérants, que l'opération poursuivie par la commune de l'Aigle ne serait pas suffisamment justifiée par les besoins de la population tant au regard du transport aérien qu'au regard de la pratique des sports aéronautiques et excéderait les moyens financiers de la commune ne sauraient être utilement invoquées devant le juge de l'excès de pouvoir » (CE 13 mai 1964, *Malby et Bedouet*, AJ 1965.35, note Laporte). De même encore, après avoir constaté que « les opérations... de construction... de logements nécessaires pour la réalisation d'une zone à urbaniser par priorité peuvent légalement faire l'objet d'une déclaration d'utilité publique », le Conseil d'État indiquait que « les critiques des requérants portant notamment sur le choix des terrains et la localisation prévue des ouvrages ont trait à l'opportunité des opérations envisagées et ne sauraient, dès lors, être utilement discutées devant le juge administratif » (CE 27 févr. 1970, *Chenu*, Rec. 148). Un examen concret de l'opération projetée n'intervenait que pour permettre au juge de déceler un éventuel détournement de pouvoir (par ex. CE 4 mars 1964, *Dame Vve Borderie*, Rec. 157 : création d'un centre hippique municipal destiné en fait à permettre l'installation d'un club hippique privé).

2 **II.** — Conforme à la distinction classique entre le contrôle de la qualification juridique des faits et celui de l'opportunité (v. nos obs. sous CE 4 avr. 1914, *Gomel**), cette jurisprudence devait conduire en pratique à un amenuisement considérable du rôle effectif du juge administratif à partir du moment où la notion d'utilité publique a été conçue de manière de plus en plus large, toute opération ayant un lien, même ténu, avec l'intérêt général étant désormais regardée comme d'utilité publique (v. par ex. CE, Ass., 20 déc. 1938, *Cambieri*, Rec. 962 ; D. 1939.3.15, concl. Josse : construction d'une auberge de jeunesse ; – 12 avr. 1967, *Société nouvelle des entreprises d'hôtels*, Rec. 154 : construction d'un hôtel et d'un casino à Nice). Ce rétrécissement du contrôle juridictionnel sur l'utilité publique des opérations d'expropriation était d'autant plus

regrettable que, dans le même temps, ces opérations changeaient progressivement de visage. À l'expropriation isolée de quelques parcelles rurales dans le but de construire une école ou de rectifier une route, ont succédé de vastes opérations d'urbanisme ou de construction d'autoroutes frappant des centaines de propriétés, et entraînant parfois la démolition de nombreux immeubles d'habitation.

En outre, l'expropriation peut être poursuivie au bénéfice, non plus seulement d'une collectivité publique, mais d'une société d'économie mixte ou même, dans le cas de certaines opérations d'urbanisme, d'un promoteur privé. La distinction des intérêts publics et des intérêts privés s'estompe, l'intérêt général pouvant être satisfait dans certains cas par l'intermédiaire de la satisfaction d'intérêts purement privés (*cf.* CE 20 juill. 1971, *Ville de Sochaux*, Rec. 561 ; AJ 1972.227, note Homont : « si la déviation de la route en question procure à la société automobiles Peugeot un avantage direct et certain, il est conforme à l'intérêt général de satisfaire à la fois les besoins de la circulation publique et les exigences du développement d'un ensemble industriel qui joue un rôle important dans l'économie régionale »).

Comme l'a dit le commissaire du gouvernement Braibant, « la situation se trouve ainsi modifiée et parfois même renversée : il n'y a plus seulement d'un côté la puissance publique et l'intérêt général, et de l'autre la propriété privée ; de plus en plus fréquemment divers intérêts publics se trouvent en présence derrière les expropriants et les expropriés ; et il peut même arriver que les intérêts privés qui bénéficieront de l'opération pèsent plus lourd dans le processus de décision que les intérêts publics auxquels elle est susceptible de nuire. Il n'est donc pas possible de s'en tenir à la question de savoir si l'opération présente par elle-même une utilité publique. Il faut encore mettre en balance ses inconvénients avec ses avantages, son coût avec son rendement, ou, comme diraient les économistes, sa désutilité avec son utilité ».

3 Aussi n'est-il guère étonnant qu'avant même l'intervention de la décision commentée le Conseil d'État ait accepté parfois d'aller au-delà de son contrôle traditionnel sur l'utilité publique *in abstracto* pour examiner la conformité avec l'intérêt général de l'opération envisagée concrètement.

C'est ainsi qu'il a admis l'utilité publique de l'extension de l'hippodrome de Cagnes-sur-Mer compte tenu de ce que cette opération avait « pour but de contribuer au développement économique et touristique des communes de Nice et de Cagnes-sur-Mer » (CE 10 févr. 1958, *Bô*, Rec. 918 ; AJ 1958.II.128, note J.G.). Il a de même admis la rénovation d'un îlot d'immeubles dans le centre de Firminy sans se borner à constater que la rénovation urbaine constituait en soi une opération d'utilité publique mais parce que cette rénovation « est susceptible, notamment par la création d'espaces et d'emplacements réservés au stationnement qui font actuellement défaut, de permettre une meilleure utilisation du centre de la ville de Firminy » (CE 27 mai 1964, *Groupement de défense de l'îlot de Firminy-centre*, Rec. 299 ; AJ 1964.432, concl. Rigaud ; RD publ. 1965.264, note M. Waline). Dans l'affaire dite des « *boues rouges de Cassis* », le Conseil d'État ne s'est pas davantage borné à constater que la construction d'une canalisation destinée au transport des résidus chimiques d'une usine de la Compagnie Péchiney et à leur évacuation dans la baie de Cassis appartenait à une catégorie de travaux que la loi elle-même déclarait d'utilité publique ; il a tenu à relever « que le déversement des déchets doit s'effectuer dans une fosse marine d'au moins mille mètres de profondeur à plus de sept kilomètres de la côte... (et) qu'il ne résulte pas des pièces versées au dossier que... ce déversement serait de nature à porter atteinte à la santé publique ou à la faune et à la flore sous-marines ou à mettre en cause le développement économique et touristique des régions côtières ; que, par suite, les requérants ne sont pas fondés à soutenir que les risques graves que l'exécution des travaux projetés comporterait pour l'intérêt général auraient pour effet d'entacher la déclaration d'utilité publique d'illégalité » (CE 15 mars 1968, *Commune de Cassis*, Rec. 189). Dans le même ordre d'idées, le Conseil d'État a insisté sur l'obligation de faire figurer au dossier d'enquête d'une expropriation une appréciation sommaire des dépenses qui doit « permettre à tous les intéressés de s'assurer que les travaux ou ouvrages, compte tenu de leur coût total réel, tel qu'il peut être raisonnablement apprécié à l'époque de l'enquête, ont un caractère d'utilité publique » (CE, Ass., 23 janv. 1970, *Époux Neel*, Rec. 44, concl. Baudouin ; AJ 1970.298, note Homont).

4 C'est cette évolution que M. Braibant proposa au Conseil d'État de mener à son terme en décidant que, dans chaque cas, l'utilité publique serait appréciée compte tenu de la balance des avantages et des inconvénients de l'opération. À ce titre, le juge devrait naturellement tenir compte, au premier chef, du coût financier de l'opération : « tel projet, valable à l'échelon d'une région ou d'une grande ville, ne le sera plus à celui d'une petite commune pour laquelle il constituerait une charge trop lourde ». Mais à côté du coût financier, il conviendrait aussi de prendre en considération le coût social de l'opération : « À un moment où il est beaucoup question... d'environnement et de cadre de vie, il faut éviter que des projets par ailleurs utiles viennent aggraver la pollution ou détruire une partie du patrimoine naturel et culturel du pays ; la tentation est grande de sacrifier la tranquillité des habitants d'une banlieue à un aérodrome, la forêt de Fontainebleau à une autoroute, ou les pavillons de Baltard à une station de métro. Il importe que, dans chaque cas, le pour et le contre soient pesés avec soin, et que l'utilité publique de l'opération ne masque pas son éventuelle nocivité publique. »

En l'espèce, ajoutait le commissaire du gouvernement, la destruction d'une centaine de logements était compensée par la construction d'un axe routier central d'un ensemble comprenant une ville nouvelle de vingt mille habitants et un complexe universitaire de trente mille étudiants : « l'importance de cette opération doit être mise en balance avec le nombre de logements à détruire ; il serait certainement déraisonnable de déloger cent familles pour en reloger cinquante ; il est déjà beaucoup plus normal de détruire cent logements dans le cas d'une opération qui doit permettre d'en construire plusieurs milliers ». Sans doute aurait-on pu déplacer l'axe routier, comme l'avait demandé la fédération requérante, mais on aurait alors séparé le complexe universitaire du reste de la ville, alors que l'opération avait précisément pour objet de les rapprocher.

Conformément à ces conclusions, l'assemblée du contentieux a posé en principe qu'« une opération ne peut être légalement déclarée d'utilité publique que si les atteintes à la propriété privée, le coût financier et éventuellement les inconvénients d'ordre social qu'elle comporte ne sont pas excessifs eu égard à l'intérêt qu'elle présente », et elle a décidé qu'en l'espèce, « compte tenu de l'importance de l'ensemble du projet, la circonstance que... disparaissent une centaine de maisons d'habitations n'est pas de nature à retirer à l'opération son caractère d'utilité publique ».

III. — Depuis l'arrêt *Ville Nouvelle Est,* le contrôle du juge de l'excès de pouvoir sur l'utilité publique d'une opération a été précisé dans plusieurs directions.

5 *a)* Dans l'appréciation des avantages et inconvénients de l'opération, le Conseil d'État a fait entrer en ligne de compte « l'atteinte à d'autres intérêts publics » que l'opération est susceptible de comporter. Dans un arrêt d'Assemblée du 20 oct. 1972, *Société civile Sainte-Marie de l'Assomption* (Rec. 657, concl. Morisot ; RD publ. 1973.843, concl. ; AJ 1972.576, chr. Cabanes et Léger ; JCP 1973.II.17470, note B. Odent ; CJEG 1973.J.60, note Virole), le Conseil d'État a en effet eu à se prononcer sur l'utilité publique de la construction de l'autoroute nord de Nice destinée à relier la Provence à l'Italie en contournant l'agglomération niçoise, ainsi que sur celle des ouvrages destinés à relier cette autoroute à la voirie urbaine de Nice grâce à une bretelle de raccordement et à un échangeur. Or cette opération menaçait l'hôpital psychiatrique Sainte-Marie, établissement privé faisant face pratiquement à lui seul, en l'absence de tout hôpital public de ce genre dans le département, aux besoins de ce dernier en matière de traitement des maladies mentales : l'autoroute elle-même entraînait la destruction d'un bâtiment de quatre-vingts lits ; la bretelle surplombait de près l'hôpital et interdisait tout projet d'extension ; l'échangeur imposait la démolition d'un réfectoire et privait l'hôpital de ses espaces verts et de son parc de stationnement. L'opération n'opposait donc pas seulement l'intérêt général à des intérêts privés, mais comportait un conflit entre deux intérêts publics : celui de la circulation et celui de la santé publique. Normalement c'est à l'administration qu'il appartient d'arbitrer en pareil cas entre les intérêts publics contradictoires ; mais le commissaire du gouvernement Morisot proposa au Conseil d'État d'inclure dans son contrôle de l'utilité publique l'équilibre réalisé entre eux ; cette extension s'imposait d'autant plus en l'espèce, souligna-t-il, que le ministre de la santé publique n'avait pas été consulté sur l'opération et qu'en cours d'instance il avait même fait connaître son opposition. Aussi M. Morisot demanda-t-il au Conseil de

« refuser de reconnaître l'utilité publique d'une opération qui, quel que soit son intérêt, porte une atteinte grave à un autre intérêt public important ». Le Conseil d'État suivit son commissaire du gouvernement et effectua un arbitrage nuancé entre les deux intérêts publics en cause : la démolition d'un bâtiment de quatre-vingts lits ne lui parut pas constituer un inconvénient excessif par rapport à l'avantage attendu de la liaison autoroutière au nord de l'agglomération ; la construction de la bretelle de raccordement et de l'échangeur fut en revanche condamnée malgré l'intérêt de ces ouvrages pour la circulation, parce qu'elle aurait créé autour de l'hôpital une zone de circulation intense et, partant, de bruit, et qu'elle aurait privé l'établissement de ses espaces verts et de toute possibilité d'extension.

Le décret déclaratif d'utilité publique fut dès lors annulé en tant qu'il prévoyait la construction de la bretelle de raccordement et de l'échangeur : c'est la première fois que la jurisprudence *Ville Nouvelle Est* conduisait à l'annulation d'une déclaration d'utilité publique.

Le principe est donc acquis qu'« une opération ne peut légalement être déclarée d'utilité publique que si les atteintes à la propriété privée, le coût financier et éventuellement les inconvénients d'ordre social ou l'atteinte *à d'autres intérêts publics* qu'elle comporte ne sont pas excessifs eu égard à l'intérêt qu'elle présente ». La formule de l'arrêt *Ville Nouvelle Est* complétée par l'arrêt *Sainte-Marie de l'Assomption* se retrouve depuis lors dans de nombreux arrêts.

6 *b)* Dans la logique de l'examen concret de l'utilité publique, le juge administratif a été conduit à exercer un contrôle sur le choix de la localisation de l'opération projetée. La question s'est posée de manière précise au Conseil d'État dans une affaire jugée le 22 févr. 1974 par l'assemblée du contentieux, *Adam* (Rec. 145 ; RD publ. 1975.486, concl. Gentot ; D. 1974.430, note Gilli ; JCP 1975.II.18064, note B. Odent ; RD publ. 1974.1780, note M. Waline ; AJ 1974.197, chr. Franc et Boyon ; AJPI 1974.430, note Hostiou et Girod ; CJEG 1974.211, note Virole). L'administration, qui avait retenu initialement, pour l'autoroute reliant Freyming à Strasbourg, un tracé empruntant la vallée de la Zorn, couloir naturel où passent déjà la route nationale, la voie de chemin de fer et le canal de la Marne au Rhin, avait opté finalement pour un tracé plus au nord, à travers les collines qui dominent la vallée. Les requérants contestaient l'utilité publique de ce nouveau tracé qui brisait une zone agricole très productive, alors que le passage par la vallée aurait certes été plus coûteux en raison des terrassements qu'il exigeait mais aurait évité la coupure de l'espace agricole. Le commissaire du gouvernement Gentot admit qu'il est « impossible de faire la balance des avantages et des inconvénients de la construction d'un ouvrage routier ou autoroutier en faisant abstraction de son tracé. C'est, bien entendu, en tenant compte de la future implantation de l'ouvrage en cause que le juge peut apprécier l'importance ou la gravité des atteintes qui seront portées aux propriétés privées ; de même le coût de l'opération peut varier sensiblement… suivant que l'on choisit telle ou telle localisation et, s'agissant d'une autoroute, tel ou tel tracé. Ce n'est donc point affaire d'opportunité pour l'administration que de choisir un tracé ; la décision qu'elle prend à cet égard constitue un élément de la légalité de l'opération ». L'appréciation de l'administration redevient toutefois une question de pure opportunité lorsqu'elle choisit entre deux ou plusieurs tracés également d'utilité publique : « il reste, ajoutait en effet M. Gentot, que l'autorité compétente n'est nullement tenue de choisir le meilleur tracé possible, et qu'entre plusieurs tracés possibles, dont aucun ne met en cause l'utilité publique de l'ouvrage projeté, elle doit rester libre de son choix. Vous n'avez donc pas à rechercher... lequel des deux tracés réalise l'utilité publique optimale... ; entre deux décisions légales le gouvernement peut exercer son choix en toute opportunité ». En l'espèce, le tracé par les collines comme celui par la vallée pouvaient être également regardés comme étant d'utilité publique ; M. Gentot ne cachait pas que l'on pouvait déplorer le choix finalement effectué mais précisait-il, « ces regrets ne peuvent concerner que l'opportunité de la décision prise et non pas sa légalité ». Conformément à ces conclusions l'arrêt se borne à examiner si le tracé par les collines, retenu par l'administration, est conforme à l'utilité publique sans rechercher si celui par la vallée n'aurait pas présenté plus d'avantages ou moins d'inconvénients.

Même si la tendance de la jurisprudence plus récente est à l'approfondissement du contrôle (CE 28 mars 2011, *Collectif contre les nuisances du TGV de Chasseneuil, du Poitou et de Migne-Auxances*, Rec. 967 ; BJCL n° 5/11, p. 338, concl. Guyomar ; AJ 2011.2417, note Xenou), ce dernier porte sur les avantages et inconvénients du tracé retenu par l'administration, sans contraindre celle-ci à adopter le tracé qui correspondrait à l'utilité publique optimum.

7 *c)* En amont du contrôle du bilan, la jurisprudence s'est montrée plus stricte dans l'appréciation de l'utilité d'acquisitions de terrains par voie d'expropriation. Le Conseil d'État s'est attaché à vérifier que la collectivité expropriante ne possède pas elle-même des terrains qui lui permettraient de réaliser l'opération envisagée dans des conditions équivalentes (CE 20 nov. 1974, *Époux Thony*, Rec. 1009 ; RA 1975.373, concl. Labetoulle) ; – 11 mai 2016, *Commune de Levallois-Perret*, AJ 2016.1464, note Hostiou). À propos de l'extension des services municipaux de la ville de Sceaux, le juge administratif a considéré que la possession par la ville d'un jardin attenant aux locaux de la mairie ne lui permettait pas de réaliser l'opération projetée dans des conditions équivalentes (CE, Sect., 29 juin 1979, *Malardel*, Rec. 294, concl. Dondoux ; AJ 1979.10.20 chr. Robineau et Feffer ; D. 1979.IR.516, obs. Bon ; RD publ. 1980.1167, note M. Waline ; CJEG 1981.4, note P.L.). En revanche, a été annulée la déclaration d'utilité publique d'une nouvelle mairie d'une commune rurale dans une hypothèse où cette dernière était propriétaire de plusieurs parcelles lui permettant d'exécuter son projet dans des conditions équivalentes (CE 3 avr. 1987, *Consorts Métayer et Époux Lacour*, Rec. 121 ; v. n° 4.8).

8 *d)* D'autres conséquences ont été tirées du bilan « coût-avantage ». Dès lors qu'au regard de ce dernier, l'utilité publique est admise, l'opération en cause ne peut être valablement critiquée sur la base du principe d'égalité des citoyens devant les charges publiques (CE 9 déc. 1994, *Association des riverains de l'autoroute A 12*, Rec. 542 ; AJ 1995.153, concl. Fratacci).

Au motif que le contrôle exercé au titre du bilan répond aux exigences de l'art. 17 de la Déclaration de 1789, le Conseil d'État a jugé qu'il n'y avait pas lieu de renvoyer au Conseil constitutionnel une question prioritaire de constitutionnalité portant sur les dispositions du Code de l'expropriation relatives à la notion de déclaration d'utilité publique (CE 17 oct. 2013, *Collectif des élus qui doutent de la pertinence de l'aéroport de Notre-Dame-des-Landes*, AJ 2013.2550, note Hostiou).

9 *e)* Depuis la réforme du contentieux administratif opérée par la loi du 31 déc. 1987 le Conseil d'État, lorsqu'il est appelé à se prononcer en tant que juge de cassation sur un arrêt de cour administrative d'appel relatif à la légalité d'un acte déclaratif d'utilité publique, exerce un contrôle de qualification juridique sur la notion d'utilité publique (CE, Sect., 3 juill. 1998, *Mme Salva-Couderc*, Rec. 297 ; RFDA 1999.112, concl. Hubert, note Bourrel ; AJ 1998.792, chr. Raynaud et Fombeur ; D. 1999.101, note Hostiou).

10 *f)* Le Conseil d'État a jugé, en se référant aux articles 1er et 5 de la Charte de l'environnement (*cf.* nos obs. sous CE, Ass., 3 oct. 2008, *Commune d'Annecy**) ainsi qu'à l'article L. 110-1 du Code de l'environnement, d'une part, que le « *principe de précaution* » s'applique en cas de risque de dommage grave et irréversible pour l'environnement ou d'atteinte à l'environnement susceptible de nuire de manière grave à la santé, et, d'autre part, qu'une opération qui méconnaît les exigences découlant du principe de précaution ne peut légalement être déclarée d'utilité publique (CE, Ass., 12 avr. 2013, *Association coordination interrégionale Stop THT et autres*, Rec. 60, concl. Lallet ; RFDA 2013.610, concl., 1061, note Canedo-Paris ; AJ 2013.1046, chr. Domino et Bretonneau ; DA 2013, nº 60, note F. Le Bot ; Constitutions 2013.261, note Carpentier ; RJEP juin 2013, p. 38, concl. ; Dr. envir. 2013.344, note Deharbe ; JCP Adm. 2013.2273, note Charmeil ; Constr.-Urb. 2013, nº 83, note Coutan ; RTD eur. 2013.880, obs. Ritleng).

Ont été définies les responsabilités incombant en conséquence à l'autorité administrative et au juge.

Il appartient à l'autorité compétente de l'État, saisie d'une demande tendant à ce qu'un projet soit déclaré d'utilité publique :

– de rechercher s'il existe des éléments circonstanciés de nature à accréditer l'hypothèse d'un risque de dommage grave et irréversible pour l'environnement ou d'atteinte à l'environnement susceptible de nuire de manière grave à la santé, qui justifierait, en dépit des incertitudes subsistant quant à sa réalité et à sa portée en l'état des connaissances scientifiques, l'application du principe de précaution ;

– dans l'affirmative, de veiller à ce que des procédures d'évaluation du risque identifié soient mises en œuvre par les autorités publiques ou sous leur contrôle ;

– de vérifier que, eu égard, d'une part, à la plausibilité et à la gravité du risque, d'autre part, à l'intérêt de l'opération, les mesures de précaution dont l'opération est assortie afin d'éviter la réalisation du dommage ne sont ni insuffisantes, ni excessives.

Il appartient au juge, au vu de l'argumentation dont il est saisi, de vérifier que l'application du principe de précaution est justifiée puis de s'assurer de la réalité des procédures d'évaluation du risque mises en œuvre et de l'absence d'erreur manifeste d'appréciation dans le choix des mesures de précaution. Un tel contrôle doit être effectué préalablement à celui de l'utilité publique de l'opération.

11 *g)* Enfin, en se fondant sur des dispositions tant du Code de l'expropriation pour cause d'utilité publique que du Code de l'environnement et spécialement à l'art. L. 110-1 de ce dernier, le Conseil d'État a jugé que les actes portant déclaration d'utilité publique doivent en application du « *principe dit de prévention* » comporter les mesures appropriées destinées à éviter, réduire, voire compenser « *les effets négatifs notables* » du projet sur l'environnement (CE 9 juill. 2018, *Commune de Villiers-le-Bâcle et autres*, Rec. 722 ; AJ 2018.1661, chr. Nicolas et Faure).

12 **IV.** — Les annulations prononcées par le juge administratif sur le fondement de la théorie du bilan coûts-avantages ont été relativement peu nombreuses.

a) Elles ont frappé le plus souvent des opérations de portée limitée : acquisition d'un hôtel particulier en vue du « desserrement » provisoire de l'école nationale des ponts et chaussées (CE 27 juill. 1979, *Delle Drexel-Dahlgren*, Rec. 349 ; D. 1979.538, note Richer) ou d'intérêt communal : création d'un aérodrome de catégorie D sur le territoire d'une commune d'un millier d'habitants à cinquante kilomètres de Poitiers (Sect., 26 oct. 1973, *Grassin*, Rec. 598 ; AJ 1974.34, concl. Antoine Bernard, note J.K. ; AJ 1973.586, chr. Franc et Boyon) ; aménagement d'un chemin communal causant aux riverains une gêne hors de proportion avec l'intérêt de l'opération (Sect., 4 oct. 1974, *Grimaldi*, Rec. 465 ; AJ 1975.128, chr. Franc et Boyon) ; lotissement communal portant une atteinte excessive à l'environnement eu égard à l'intérêt de l'opération (CE 9 déc. 1977, *Ministre de l'équipement c. Weber*, Rec. 497 ; RJ env. 1978.181, note Flauss) ; réalisation d'une opération touristique dans un site inscrit, portant une atteinte grave à l'environnement (CE 26 mars 1980, *Premier ministre c. Veuve Beau de Loménie*, Rec. 171) ; construction de logements sociaux empêchant l'extension d'un hôtel présentant pour la commune un intérêt économique et touristique (CE 20 févr. 1987, *Commune de Lozanne*, Rec. 67 ; D. 1989.126, note Stéfanski ; RFDA 1987.533, note Pacteau ; JCP 1988.II.20.982, note Hervouet) ; réalisation d'une piste cyclable coupant en deux une importante exploitation maraîchère (CE 27 mai 1987, *Ville de Villeneuve-*

Tolosane, Rec. 770) ; édification d'une place plantée d'arbres dans une commune de 300 habitants déjà riche en espaces verts (CE 25 nov. 1988, *Époux Perez*, Rec. 428 ; AJ 1989.198, note J.-B. Auby ; D. 1990.258, note Philippe) ; rectification minime du périmètre d'un parc communal qui a pour effet d'entraîner la démolition d'un immeuble à usage d'habitation (CE 22 févr. 1993, *Ville de Courbevoie c. Consorts Sanse*, Rec. 821 ; D. 1994. SC. 268, obs. Bon) ; élargissement d'une rue pour faciliter l'accès à une impasse ne présentant pas un intérêt général suffisant pour compenser les atteintes à la propriété privée (CE 7 oct. 1994, *Commune de Saint-Étienne*, Rec. 982) ; aménagement d'un créneau de dépassement sur une route nationale destiné à supprimer un carrefour dangereux mais ayant pour effet, faute de plan d'ensemble, un report de la circulation sur d'autres voies qui entraîne un danger permanent et des nuisances accrues pour la population locale (CE 19 mars 2003, *M. Ferrand*, Rec. 816 ; BJCL 2003.340, concl. Guyomar, note Degoffe) ; acquisition par une communauté de communes de parcelles en vue d'assurer la continuité de deux zones d'activités, sans que l'utilité de cette opération soit démontrée (CE 2 oct. 2006, *SCI Les Fournels*, Rec. 906 ; AJ 2006.2123, concl. Aguila) ; projet de prolongement d'un boulevard urbain à Grasse en raison d'un coût financier très élevé et des atteintes portées à un paysage remarquable (CE 28 juin 2021, *Département des Alpes-Maritimes et autres*, AJ 2021.1357).

Le Conseil d'État a cependant annulé la déclaration d'utilité publique d'un projet d'autoroute reliant les villes d'Annemasse et de Thonon-les-Bains, sans perspective de développement au-delà de cette agglomération, alors que ces villes bénéficient déjà de liaisons routières et que le coût du projet autoroutier était particulièrement élevé au regard d'un trafic automobile attendu limité (CE, Ass., 28 mars 1997, *Association contre le projet de l'autoroute transchablaisienne*, Rec. 121 ; RFDA 1997.740, concl. Denis-Linton, note Rouvillois ; JCP 1997.II.22.909, note Iacono ; RD publ. 1997.1433, note J. Waline), ou encore celle d'un projet de ligne ferroviaire à grande vitesse entre Poitiers et Limoges, qui, en dépit de considérations d'aménagement du territoire lui servant de justification, présente des inconvénients tenant à son coût très élevé sans que son financement soit assuré, à ses incidences négatives sur le trafic des lignes existantes et à sa réalisation à une échéance très lointaine (CE 15 avr. 2016, *Fédération nationale des associations d'usagers des transports et autres*, Rec. 144 ; RFDA 2016.519, note Bon).

Il a également annulé la déclaration d'utilité publique du projet de barrage de la Trézence en raison de sa faible utilité au regard des objectifs annoncés, alors que le coût de l'opération et les atteintes à l'environnement qu'elle est susceptible d'entraîner sont élevés (CE 22 oct. 2003, *Association SOS-Rivières et environnement*, Rec. 417 ; AJ 2004.1193, note Hostiou).

A même été annulée la déclaration d'utilité publique relative à l'établissement de servitudes nécessaires à la réalisation d'un projet de ligne électrique à 400 kv empruntant le site classé des gorges du Verdon, en raison d'une atteinte grave à l'environnement excédant l'intérêt public de l'opération (CE 10 juill. 2006, *Association interdépartementale et intercommunale pour la protection du lac de Sainte-Croix, des lacs et sites du Verdon*, Rec. 332 ; RJEP 2006.456, concl. Verot, note Pilate ; CJFI janv.-févr. 2007, p. 39, comm. Mouton et Sanvée ; JCP Adm. 2006.1256, note Billet ; RDI 2006.367, note Fonbaustier ; RFDA 2006.990, note Delhoste).

13 *b)* Néanmoins, le plus souvent, et pour les opérations d'une ampleur significative au plan régional et *a fortiori* national, le Conseil d'État a considéré que le bilan n'était pas négatif : extension du champ de manœuvre et de tir de Fontevraud (CE 1er juin 1973, *Abraham*, Rec. 394 et CE, Ass., 7 mars 1975, *Association des amis de l'abbaye de Fontevraud*, Rec. 179 ; AJ 1976.208, note Hostiou) ; extension du camp militaire du Larzac (CE, Ass., 5 mars 1976, *Tarlier*, Rec. 130 ; JCP 1977.II.18650, note Truchet ; AJ 1976.253, note Colson) ; réalisation du train à grande vitesse Paris-Nord (CE 3 déc. 1990, *Ville d'Amiens*, Rec. 345 ; LPA 19 juin 1991, note Morand-Deviller) ou encore de la ligne TGV entre Bordeaux et Toulouse (CE 11 avr. 2018, *Fédération Sepanso Aquitaine et autres*, Rec. 720 ; AJ 2018.1286, concl. Odinet) ; extension des capacités de retraitement des combustibles nucléaires du centre de la Hague (CE 10 déc. 1982, *Comité régional d'information et de lutte antinucléaire de Basse-Normandie*, Rec. 416) ; construction de l'autoroute A. 14 entre Orgeval et Nanterre (CE, Ass., 3 mars 1993, *Commune de Saint-Germain-en-Laye*, Rec. 54 ; CJEG 1993.360, concl. Sanson ; AJ 1993.340, chr. Maugüé et Touvet ; RFDA 1994.310, note Morand-Deviller ; D. 1995.335, note Fines) ; travaux tendant à renforcer l'interconnexion des réseaux de transport d'électricité français et espagnols (CE, Ass., 29 avr. 1994, *Association Unimate 65*, Rec. 203 ; CJEG 1994.443, concl. Frydman ; AJ 1994.367, chr. Maugüé et Touvet) ; réalisation en région Île-de-France, d'une part, de la liaison ferroviaire directe entre Paris et l'Aéroport Charles-de-Gaulle (CE 22 oct. 2018, *Commune de Mitry-Mory et autres* ; Rec. 396 ; AJ 2019.295, note de Fontenelle) et, d'autre part, du tronçon de métro automatique du Grand Paris reliant l'aéroport d'Orly à Versailles (CE 9 juill. 2018, *Commune de Villiers-le-Bâcle et autres*, v. no 77.11).

14 *c)* La dissymétrie ainsi observée ne doit pas conduire à inférer que la jurisprudence *Ville Nouvelle Est*, intéressante en théorie, serait inefficace en pratique. D'une part, elle a été largement diffusée aux services locaux par des circulaires ministérielles et la Section des travaux publics du Conseil d'État s'y réfère lorsqu'elle est consultée sur les projets de déclarations d'utilité publique prononcées par décret. D'autre part, l'administration a pris, dans certains cas, l'engagement de mettre en œuvre des mesures destinées à atténuer les inconvénients écologiques ou sociaux de ses projets ; cet engagement a pris parfois la forme d'une « notice » annexée à la déclaration d'utilité publique et le juge en tient compte dans l'application de la jurisprudence *Ville Nouvelle Est*.

15 **V.** — On relèvera enfin que la théorie du bilan a été étendue à d'autres domaines que l'expropriation. À cet égard, ont été visées en premier lieu les dérogations aux plans d'urbanisme (CE, Ass., 18 juill. 1973, *Ville de Limoges*, Rec. 530 ; RD publ. 1974.559, concl. Rougevin-Baville ; D. 1975.49, note Collignon ; JCP 1973.II.17575, note Liet-Veaux ; RD publ. 1974.259, note M. Waline ; AJ 1973.480, chr. Cabanes et Léger). Mais la pérennité de cette jurisprudence est incertaine en raison des possibilités de régularisation ouvertes par les textes (CE 17 déc. 2020, *SCCV Lapeyre*, Rec. 1052). Demeure en revanche pertinent le recours à la théorie du bilan dans d'autres hypothèses : décision du préfet de faire figurer un projet d'intérêt général dans un plan d'occupation des sols communal (CE, Sect., 30 oct. 1992, *Ministre des affaires étrangères et Secrétaire d'État aux grands travaux c. Association de sauvegarde du site Alma Champ de Mars*, Rec. 384 ; AJ 1992.821, concl. Lamy, note Jegouzo) ; servitudes nécessaires à l'établissement d'une ligne électrique (CE, Ass., 24 janv. 1975, *Gorlier et Bonifay*, Rec. 54 ; CJEG 1975.191, concl. Rougevin-Baville et note Carron ; AJ 1975.128, chr. Franc et Boyon) ; approbation d'un plan de servitudes aéronautiques (CE 5 mai 1993, *Association de défense des riverains de l'aéroport de Deauville-Saint-Gatien*, Rec. 1057) ; institution d'une zone de protection autour d'un site classé (CE, Sect., 8 juill. 1977, *Dame Rié et autres* ; AJ 1977.620, chr. Nauwelaers et O. Dutheillet de Lamothe) – mais non le classement même du site, qui est soumis au contrôle normal de la qualification juridique des faits : CE, Ass., 12 mai 1975, *Dame Ebri et autres*, Rec. 280 ; AJ 1975.314, concl. G. Guillaume) ou celui d'une forêt de protection, qui est soumis à un contrôle analogue (CE 22 oct. 2003, *Commune de La Rochette*, Rec. 652).

À côté de la notion d'erreur manifeste d'appréciation, retenue en 1961, et de la jurisprudence sur les directives, adoptée en 1970, la théorie du bilan apparaît ainsi comme l'un des instruments que le Conseil d'État a forgés pour renforcer son contrôle sur le pouvoir discrétionnaire de l'administration.

Elle tend même à déborder du cadre des opérations d'occupation du sol ou d'aménagement, pour recevoir application s'agissant de décisions administratives où sont en balance des intérêts opposés, comme c'est le cas pour l'accès à titre dérogatoire à des documents d'archives sensibles (CE, Ass., 12 juin 2020, *Graner*, Rec. 213, v. nº 39.9).

78

PRINCIPES GÉNÉRAUX DU DROIT
DROIT À UNE VIE FAMILIALE NORMALE

Conseil d'État Ass., 8 décembre 1978, ***GISTI (Groupe d'information et de soutien des travailleurs immigrés), CFDT et CGT***

(Rec. 493 ; Dr. soc. 1979.57, concl. Dondoux ; AJ 1979(3) 38, chr. O. Dutheillet de Lamothe et Robineau ; D. 1979.661, note L. Hamon ; D. 1979.IR.94, obs. P. Delvolvé ; Dr. ouvr. 1979.1, note Bonnechère ; AJ 2014.95, note Fournier ; GCJA, vol. 2, n° 55, concl.)

Cons. que les requêtes du Groupe d'information et de soutien des travailleurs immigrés, de la Confédération française démocratique du travail et de la Confédération générale du travail sont dirigées contre le décret du 10 nov. 1977 ; qu'il y a lieu de les joindre pour qu'elles fassent l'objet d'une même décision ;

Sur la recevabilité des requêtes :

Cons. que la défense des intérêts matériels et moraux des travailleurs étrangers répond à l'objet de l'association et des organisations syndicales requérantes ; qu'ainsi le ministre du travail et de la participation n'est pas fondé à soutenir que les requérants ne justifient pas d'un intérêt suffisant pour demander l'annulation du décret attaqué ;

Sur la légalité du décret attaqué :

Sans qu'il soit besoin d'examiner les autres moyens des requêtes :

Cons. que le décret du 29 avr. 1976, relatif aux conditions d'entrée et de séjour en France des membres des familles des étrangers autorisés à résider en France, détermine limitativement, et sous réserve des engagements internationaux de la France, les motifs pour lesquels l'accès au territoire français ou l'octroi d'un titre de séjour peut être refusé au conjoint et aux enfants de moins de 18 ans d'un ressortissant étranger bénéficiant d'un titre de séjour qui veulent s'établir auprès de ce dernier ; que le décret attaqué du 10 nov. 1977 suspend, pour une période de trois ans, les admissions en France visées par ces dispositions mais précise que les dispositions du décret du 29 avr. 1976 demeurent applicables aux membres de la famille qui ne demandent pas l'accès au marché de l'emploi ; que le décret attaqué a ainsi pour effet d'interdire l'accès du territoire français aux membres de la famille d'un ressortissant étranger titulaire d'un titre de séjour à moins qu'ils ne renoncent à occuper un emploi ;

Cons. qu'il *résulte des principes généraux du droit et, notamment du Préambule de la Constitution du 27 oct. 1946 auquel se réfère la Constitution du 4 oct. 1958, que les étrangers résidant régulièrement en France ont, comme les nationaux, le droit de mener une vie familiale normale ; que ce droit comporte, en particulier, la faculté, pour ces étrangers, de faire venir auprès d'eux leur conjoint et leurs enfants mineurs ; que, s'il appartient au gouvernement, sous le contrôle du juge de l'excès de pouvoir, et sous réserve des engagements internationaux de la France, de définir les conditions d'exercice de ce droit pour en concilier le principe avec les nécessités tenant à l'ordre public et à la protection sociale des étrangers et de leur famille, ledit gouvernement ne peut interdire par voie de mesure générale l'occupation d'un emploi par les membres des familles des ressortissants étrangers ;* que le décret attaqué est ainsi illégal et doit, en conséquence, être annulé ; ... (Annulation).

OBSERVATIONS

L'arrêt GISTI *ajoute aux principes généraux du droit, reconnus notamment par les arrêts* Société des concerts du Conservatoire* *et* Syndicat général des ingénieurs-conseils**, le droit de mener une vie familiale normale.*

1 Le gouvernement avait institué, par décret du 29 avr. 1976, une réglementation libérale du séjour en France des membres de la famille immédiate d'un travailleur étranger régulièrement autorisé à séjourner en France, qui ne pouvaient se voir refuser l'accès au territoire français ou l'octroi d'un titre de séjour que pour des motifs limitativement énumérés, au nombre desquels figuraient la durée de résidence en France du chef de famille, l'inexistence de ressources suffisantes, les conditions de logement et les nécessités de l'ordre public. Les familles des immigrés bénéficiaient ainsi d'un véritable droit au séjour. Mais dix-huit mois plus tard, pour des motifs tirés de la situation de l'emploi, un décret du 10 nov. 1977 suspendit pour une période de trois ans l'application du décret de 1976, sauf à l'égard des membres de la famille d'un étranger résidant en France qui ne demandaient pas l'accès au marché de l'emploi.

Ce décret qui avait ainsi pour effet d'interdire la venue en France des membres de la famille d'un ressortissant étranger titulaire d'un titre de séjour, à moins qu'ils ne renoncent à occuper un emploi, fut attaqué par le Groupe d'information et de soutien des travailleurs immigrés (GISTI), qui deviendra ultérieurement le Groupe d'information et de soutien des immigrés, ainsi que par la CFDT et la CGT. Les requérants invoquaient notamment, contre le décret, un moyen tiré de la violation d'un des principes proclamés par le Préambule de la Constitution de 1946 dans son dixième alinéa et selon lequel : « La nation assure à l'individu et à la famille les conditions nécessaires à leur développement. »

I. — Le Conseil d'État était ainsi conduit à rechercher, pour reprendre l'expression du commissaire du gouvernement Dondoux, « si un principe général comportant la reconnaissance d'un droit à une vie familiale normale et incluant notamment le droit au regroupement familial pouvait être dégagé de l'ensemble du droit public et en particulier du Préambule de la Constitution de 1946 et si ce principe avait été méconnu par le décret attaqué ».

2 *1.* — Sur l'existence d'un principe général du droit comportant la reconnaissance du droit à une vie familiale normale, le commissaire du gouvernement n'éprouvait guère de doutes. Il estimait en effet que dans le Préambule de la Constitution de 1946, un minimum de droits ont été proclamés s'agissant de la famille et il invitait le Conseil d'État à admettre « qu'il existe en vertu du Préambule un principe qui a trait à l'existence même de la famille et qui reconnaît à tout individu le droit de mener, notamment en créant une famille et en vivant avec elle, une existence et une vie familiale normales ». M. Dondoux soulignait en outre que ce principe général du droit pouvait également être déduit d'autres dispositions écrites : d'une part, de certaines des conventions internationales conclues par la France qui reconnaissent, comme la Charte sociale européenne par exemple, le droit au regroupement familial, et, d'autre part, de l'ensemble de la législation familiale française contenue pour l'essentiel dans le Code civil et le Code de la famille qui s'attache à protéger et assurer le développement de la famille et de l'aide sociale.

Il remarquait enfin que ce principe général du droit ne pouvait concerner exclusivement les nationaux français : « Pour l'essentiel le Préambule a une portée beaucoup plus large. Fidèle à une tradition qui conduisait en son temps à déclarer solennellement les droits de l'Homme et pas seulement ceux du citoyen, il proclame des principes qui, quant à leurs bénéficiaires, dépassent en général le cadre de nos frontières ». Suivant son commissaire, le Conseil d'État a admis l'existence « pour les étrangers résidant régulièrement en France, comme pour les nationaux », du droit « de mener une vie familiale normale ». Et il a dégagé ce principe « des principes généraux du droit et notamment, du Préambule de la Constitution de 1946 auquel se réfère la Constitution de 1958 ».

Cette démarche juridique peut sembler nouvelle ; le juge administratif se bornait en effet jusqu'ici à affirmer l'existence d'un principe général du droit, que celui-ci soit ou non susceptible de se rattacher à un texte écrit : ainsi avait-il affirmé que « la faculté reconnue aux juges de prononcer une astreinte en vue de l'exécution tant de leurs décisions que des mesures qui en sont le préalable a le caractère d'un principe général du droit » (CE, Ass., 10 mai 1974, *Barre et Honnet*, Rec. 276 ; v. n° 58.7), ou encore que le « principe général de la publicité des débats judiciaires impose que ceux-ci se déroulent dans un lieu ouvert au public » (CE 16 janv. 1976, *Dreyfus*, Rec. 46). Dans la décision *GISTI,* le Conseil d'État en faisant référence « aux principes généraux du droit » semble avoir admis expressément l'existence d'un corps autonome de règles supérieures, dont le juge extrait en quelque sorte un principe général à caractère particulier. Ce principe peut toutefois trouver un appui dans des dispositions écrites, comme, en l'espèce, dans le Préambule de la Constitution de 1946. Mais ces dispositions écrites ne constituent qu'un support à l'expression de principes généraux qui préexistent au droit écrit positif. Le contenu du principe affirmé par la décision *GISTI* reflète cette autonomie des principes généraux du droit. La démarche du juge administratif est donc originale par rapport à celle du Conseil constitutionnel qui, dans le cadre du contrôle de constitutionnalité des lois veille au respect par le législateur du dixième alinéa du Préambule de la Constitution de 1946, auquel renvoie le Préambule de la Constitution de 1958 (décision *n° 93-325 DC, 13 août 1993*, Rec. 224 ; RFDC 1995.583, note Favoreu ; RFDA 1993.871 note Genevois ; GDCC, n° 34, qui consacre le droit constitutionnel à une vie familiale normale). En effet, dans sa décision, le Conseil d'État n'a pas repris l'expression de « développement de la famille » contenue dans le Préambule de 1946 ou encore celle « de regroupement familial », qui figure dans certaines conventions internationales, mais a consacré de manière prétorienne l'existence d'un droit plus large, celui de « mener une vie familiale normale qui comporte, *en particulier*, la faculté, pour les étrangers, de faire venir auprès d'eux leurs conjoints et leurs enfants mineurs ». Ainsi le principe général du droit reconnu par le Conseil d'État va plus loin que le droit à l'unité et au regroupement familial. Il comporte d'autres aspects, sur lesquels la décision reste silencieuse, mais au nombre desquels on pouvait peut-être ranger le droit de la famille aux conditions matérielles élémentaires nécessaires à son développement.

3 *2.* — Ce principe affirmé, il convenait de rechercher dans quelle mesure le décret attaqué l'avait méconnu. L'arrêt énonce qu'il « appartient au gouvernement, sous le contrôle du juge de l'excès du pouvoir, et sous réserve des engagements internationaux de la France, de définir les conditions d'exercice du droit à une vie familiale normale pour en concilier le principe avec les nécessités tenant à l'ordre public et à la protection sociale des étrangers et de leur famille ».

S'agissant du droit de mener une vie familiale normale, le Conseil d'État a d'abord relevé que la France s'étant engagée, par voie d'accords bilatéraux ou multilatéraux, à faciliter le regroupement de la famille des étrangers autorisés à s'établir sur le territoire national, ces engagements faisaient en tout état de cause obstacle à ce que le gouvernement suspende, par voie réglementaire, le droit qu'ont ces étrangers de se faire rejoindre par leur famille. Mais le Conseil d'État a, dans le même temps, admis que le droit au regroupement familial comportait des limites et qu'il devait se concilier avec les intérêts généraux auxquels il pourrait être de nature à porter atteinte. Ces intérêts généraux, tels qu'ils sont exprimés dans la décision, sont au nombre de deux : l'ordre public, d'une part, qui pourrait justifier que le gouvernement s'oppose à la venue en France des membres de la famille d'un étranger y séjournant régulièrement si cette venue était de nature à compromettre par exemple la sécurité ou la salubrité publique ; « la protection sociale de l'étranger et de sa famille » d'autre part, notion peu explicite, derrière laquelle il y a sans doute l'idée que la famille « rejoignante » doit, afin de pouvoir vivre dans des conditions « normales », être assurée d'un minimum de garanties matérielles, telles que des ressources suffisantes ou un logement convenable. Et le Conseil d'État a jugé qu'en allant au-delà de ces limites et en interdisant de façon générale l'occupation d'un emploi par les membres des familles des ressortissants étrangers, le décret du 10 nov. 1977 avait excessivement restreint la portée du droit au regroupement familial.

4 Dans ses prémisses comme dans sa conclusion, l'arrêt *GISTI* s'inspire directement d'un avis rendu par le Conseil d'État le 27 oct. 1977 sur le projet de décret attaqué. Pour rejeter ce texte, l'Assemblée générale l'avait examiné « au regard des conséquences juridiques que comporte, en ce qui concerne le regroupement en France des familles étrangères, l'application du principe général de notre droit qui reconnaît à tout individu le droit à la vie familiale » ; elle avait précisé que « les étrangers ayant régulièrement leur résidence en France ont un droit fondamental, comme les nationaux, à mener une vie familiale normale. Ce droit comporte en particulier la faculté de se faire rejoindre par leur conjoint et leurs enfants mineurs. Il n'a d'autre limite que celles qu'imposent, compte tenu des circonstances de temps et de lieu, les exigences de l'ordre public et de la protection sociale des étrangers et de leur famille » ; elle en avait déduit qu'il serait illégal « d'interdire d'une manière générale et absolue l'accès du marché du travail en France aux membres des familles étrangères qui ont rejoint, ou qui envisagent de rejoindre, dans le cadre de la procédure du regroupement familial, un étranger déjà établi sur notre territoire ».

Comme il en avait le droit, le gouvernement n'a pas suivi cet avis, mais il s'exposait ainsi à une annulation. L'avis n'ayant pas été rendu public à l'époque, le commissaire du gouvernement, n'avait pu en faire état dans ses conclusions. Mais l'assemblée du contentieux en a repris l'économie générale et même certaines formules. Cet exemple montre à la fois comment le Conseil d'État utilise dans son rôle consultatif la théorie des principes généraux du droit et comment ses arrêts peuvent parfois relayer et confirmer ses avis.

II. — La décision *GISTI* a connu des prolongements importants. Elle doit d'abord être rapprochée de la jurisprudence administrative relative au « statut des étrangers » qui a contribué, sous l'effet conjugué de l'action du juge et des conventions internationales, à assurer aux non-nationaux un minimum de garanties et de protection. La décision *GISTI* est par ailleurs symptomatique de la reconnaissance par le juge administratif de principes généraux du droit à caractère social.

1°) Dans sa jurisprudence relative aux étrangers, le Conseil d'État a clairement manifesté le souci d'atténuer le caractère souvent précaire de la situation des non-nationaux résidant dans notre pays.

5 *a)* Il a été appelé à statuer à plusieurs reprises sur la légalité des dispositions applicables aux étrangers en adaptant son contrôle à l'évolution du cadre juridique. La politique menée par voie de simples circulaires a fréquemment encouru la censure du juge : annulation pour incompétence des circulaires Marcellin-Fontanet des 24 janv. et 23 févr. 1972 qui restreignaient les possibilités d'accès au séjour et au travail des étrangers (CE 13 janv. 1975, *Da Silva et Confédération française démocratique du travail*, Rec. 16 ; Dr. soc. 1975.273, concl. Dondoux ; D. 1975.784, note Julien-Laferrière ; JCP 1976.II.18325, note Pellet ; AJ 1975.258, note André). Il a pour le même motif déclaré illégal le régime dit d'« aide au retour » qui avait été institué par une simple note de service (CE 24 nov. 1978, *Mouvement contre le racisme, l'antisémitisme et pour la paix*, Rec. 464 ; Dr. ouvr. 1979, 1, note Bonnechère). Il censure à l'occasion celles des dispositions des circulaires qui ajoutent aux lois et règlements (CE 27 sept. 1985, *GISTI*, Rec. 260). En particulier, a été annulée à ce titre, une circulaire qui instituait un visa de sortie pour les étrangers (CE 22 mai 1992, *GISTI*, Rec. 669 ; RFDA 1993.567, concl. Abraham). Une circulaire, telle que celle sur la situation administrative des étrangers accueillis dans des structures d'hébergement d'urgence, peut également faire l'objet d'une interprétation restrictive, permettant ainsi d'en admettre la légalité (CE 11 avr. 2018, *Fédération des acteurs de la solidarité et autres*, Rec. 522 ; AJ 2018.985, concl. Odinet).

Plus récemment a été sanctionnée l'incompatibilité avec le droit de l'Union européenne aussi bien de dispositions législatives (CE 31 juill. 2019, *Association La Cimade et autres*, Rec. 334, concl. Odinet ; RTD eur. 2020.943, note Ritleng) que de dispositions réglementaires (CE 27 nov. 2020, *Cimade et autres*, Rec. 647).

6 *b)* Le Conseil d'État a ensuite admis que, si les étrangers pris isolément n'ont pas à proprement parler de droit au séjour et au travail et sont soumis, sur ces deux plans, à un régime d'autorisation, ils ont néanmoins le droit de demander à accéder au séjour et au travail et cette demande doit faire l'objet d'un examen individuel (*Da Silva*, préc. ; – 24 févr. 1984, *Ministre de l'intérieur c. Bouriah*, Rec. 88). Il en va ainsi en particulier pour la délivrance de la carte de commerçant étranger (Sect., 10 juill. 1987, *Lachger*, Rec. 252 et *Abarchich*, Rec. 253 ; RFDA 1989.186, concl. de Clausade ; AJ 1987.585, chr. Azibert et de Boisdeffre). Si des motifs tirés des nécessités de l'ordre public et de l'intérêt de la défense nationale peuvent légalement justifier un refus de carte de séjour (CE 22 juill. 1977, *Mytteis-Hager*, Rec. 366 ; JDI 1978.71, note Ruzié), le juge administratif a progressivement étendu son contrôle en la matière et exerce même, dans le dernier état de sa jurisprudence, un contrôle normal, y compris sur le point de savoir si la présence de l'intéressé en France constitue une menace pour l'ordre public (CE, Sect., 17 oct. 2003, *Bouhsane*, Rec. 413 ; v. nº 26.7).

7 *c)* Les règles régissant les étrangers ont évolué dans un sens plus protecteur de la situation des intéressés par l'effet des conventions internationales, qu'elles soient bilatérales (CE, avis, 9 nov. 2015, *Yatabare*, Rec. 705 ; AJ 2015.2448, concl. Domino) ou multilatérales.

S'agissant des réfugiés politiques, le Conseil d'État, en faisant masse des stipulations de la Convention de Genève du 28 juill. 1951 et de la loi du 25 juill. 1952 instituant l'Office français de la protection des réfugiés et apatrides, a posé en règle générale que ces textes « impliquent nécessairement que l'étranger qui sollicite la reconnaissance de la qualité de réfugié soit en principe autorisé à demeurer provisoirement sur le territoire jusqu'à ce qu'il ait été statué sur sa demande » (CE, Ass., 13 déc. 1991, *Nkodia*, Rec. 439 ; du même jour, Ass., *Préfet de l'Hérault c. Dakoury*, Rec. 440 ; RFDA 1992.90 et RUDH 1992.117, concl. Abraham ; AJ 1992.114, chr. Maugüé et Schwartz ; D. 1992.447, note Julien-Laferrière ; Rev. crit. DIP 1992.455, note Crépeau).

En s'appuyant sur le droit de l'Union européenne, le juge administratif est intervenu pour que le délai d'enregistrement des demandes d'asile soit respecté (CE 28 déc. 2018, *Association La Cimade*, Rec. 561 ; AJ 2019.590, concl. Odinet).

Tirant les conséquences de la jurisprudence de la Cour européenne des droits de l'Homme (CEDH 2 juill. 2020, *N. H. et autres c. France*, AJ 2020.1385), il a veillé à ce que les demandeurs d'asile bénéficient de conditions matérielles d'accueil appropriées (CE 12 mars 2021, *Mme Mubirigi*, AJ 2021.594).

En outre, des principes généraux du droit propres aux réfugiés politiques, y compris en ce qui concerne la reconnaissance de cette qualité aux membres de leur famille, ont été dégagés à partir de la Convention de Genève du 28 juill. 1951 (CE, Ass., 2 déc. 1994, *Mme Agyepong*, Rec. 523, concl. Denis-Linton, RFDA 1995.86, concl. ; AJ 1994.915, chr. Touvet et Stahl).

Ces principes n'impliquent pas cependant de reconnaître le statut de réfugié, par extension, aux ascendants des intéressés (CE, avis, 30 nov. 2013, *M. Fall et Mme Diongue épouse Fall*, Rec. 292 ; AJ 2013.2564, concl. Domino).

Si une personne s'est vue reconnaître le statut de réfugié en France, au titre de l'unité de la famille, sa naturalisation oblige à reconsidérer sa situation (CE 1er juill. 2020, *Office français de protection des réfugiés et apatrides c. M. D.*, Rec. 269 ; AJ 2020.1979, concl. Odinet).

La qualité de réfugié a été entendue de façon extensive de manière à y inclure les personnes menacées de subir une excision dans leur pays d'origine (CE, Ass., 21 déc. 2012, *Mme Fofana*, Rec. 429, concl. Crépey ; RFDA 2013.565, concl. ; AJ 2013.465, chr. Domino et Bretonneau ; JCP 2013.357, note Brice-Delajoux) ou justifiant être menacées en raison de leur refus de pratiquer l'excision (CE, Ass., 21 déc. 2012, *Mme Fofana*, Rec. 418, concl. préc. ; du même jour, *Office français de protection des réfugiés et apatrides*, RFDA 2013.565, concl. ; AJ 2013.465, chr. préc. ; même revue, 2013.476, note Julien-Laferrière ; JCP Adm. 2013.2229, note Marti).

Participe également d'une conception extensive de la qualité de réfugié, l'octroi du statut à des personnes pouvant, en fonction des conditions qui prévalent dans un pays, constituer un groupe social au sens de la Convention de Genève, du fait soit de leur orientation sexuelle (CE 8 févr. 2017, *Kamrul*, Rec. 473), soit de leur appartenance à un groupe de femmes parvenues à s'extraire d'un réseau de traite des êtres humains (CE 16 oct. 2019, *Mme Adeniyi*, Rec. 371), et craignant avec raison d'être persécutées à ce titre.

La reconnaissance de la qualité de réfugié peut tout au contraire être légalement refusée pour une cause qui en justifierait l'exclusion : cas d'un officier supérieur des forces armées rwandaises impliqué dans le massacre des Tutsis (CE 28 févr. 2019, *Nzuwonemeye*, Rec. 43, concl. Roussel).

Le Conseil d'État a admis par ailleurs que tout étranger pouvait se prévaloir des stipulations de l'art. 8 de la Convention européenne des droits de l'Homme qui reconnaissent le droit de tout individu au respect de sa vie familiale, à l'encontre d'un refus de titre de séjour (CE, Sect., 10 avr. 1992, *Marzini*, Rec. 154), comme d'un refus de visa (CE, Sect., 10 avr. 1992, *Aykan*, Rec. 152 ; AJ 1992.332, chr. Maugüé et Schwartz ; RA 1992.416, note Ruiz-Fabri – sur ces deux arrêts, RFDA 1993.541, concl. Denis-Linton ; *cf.* également CE Sect., avis, 30 nov. 1998, *Berrad*, Rec. 451, RFDA 1999.511, concl. Lamy, note Guettier ; DA mars 1999, n° 19, note Traoré ; Rev. crit. DIP 1999.504, note Guimezanes ; JCP 2001.II.10579, note Njimbam).

Toutefois, le moyen tiré de l'article 8 de la Convention a été regardé comme inopérant à l'appui d'un recours formé contre un refus de séjour motivé uniquement par le rejet d'une demande de protection internationale (CE, avis, 15 mars 2017, *Préfet de la Loire-Atlantique*, Rec. 90 ; AJ 2017.1070, concl. Domino).

Sous réserve de cette exception, la Convention européenne des droits de l'Homme prend le relais du principe général du droit dégagé par le juge.

8 *d)* Quoi qu'il en soit, sur le seul fondement de la jurisprudence *GISTI*, les familles des étrangers installés en France ont droit au regroupement familial, dans des limites qui sont fixées, suivant leurs compétences respectives, par le gouvernement, sous le contrôle du juge administratif (CE 26 sept. 1986, *GISTI*, Rec. 219 ; D. 1987.SC. 192, obs. Llorens ; AJ 1987.54 note Richer) ou par le législateur sous le contrôle du Conseil constitutionnel (*n° 2006-539 DC, 20 juill. 2006*, Rec. 79 ; LPA 3 août 2006, note Schoettl), sans préjudice du contrôle de la Cour de justice des Communautés européennes sur les mesures d'harmonisation prises à l'échelon communautaire (CJCE 27 juin 2006, *Parlement européen c. Conseil de l'Union européenne* ; AJ 2006.2285, note Burgorgue-Larsen ; RTD eur. 2006.673, note Masson).

L'étranger n'en doit pas moins *respecter la procédure* de regroupement familial sauf à se retrouver dans une situation irrégulière pouvant justifier l'intervention d'une mesure d'éloignement (CE, Sect., 28 déc. 2009, *Mme Boudaa, épouse Azzi*, Rec. 530 ; JCP 2010.231, note Ferran et Slama ; JCP Adm. 2010.2090, note Gbelé-Bélé).

Certaines procédures suivies au plan national ont été critiquées cependant par la Cour européenne des droits de l'Homme, faute de présenter les garanties de souplesse, de célérité et d'effectivité requises pour assurer *in concreto* le respect du droit garanti par l'art. 8 de la Convention (CEDH 10 juill. 2014, *Tanda-Muzinga* ; du même jour, *Mugenzi*, du même jour, *Senigo Longue et autres* ; AJ 2014.1463).

9 *e)* Le droit à une vie familiale normale n'est pas le seul droit dont les étrangers peuvent se prévaloir. En effet, le Conseil d'État a jugé, par application du principe général d'égalité, que les étrangers ne pouvaient pas du seul fait de leur nationalité être écartés du bénéfice d'une prestation sociale d'assistance (CE 30 juin 1989, *Ville de Paris et bureau d'aide sociale de Paris c. Lévy*, Rec. 157 ; v. n° 4.8).

Pour méconnaissance du principe d'égalité, ont été pareillement censurées par le Conseil d'État des dispositions réglementaires refusant aux étrangers autres que les ressortissants communautaires ou assimilés, la qualité d'électeur et d'éligible aux élections aux chambres des métiers (CE, Ass., 31 mai 2006, *GISTI*, Rec. 268 ; RFDA 2006.1194, concl. Casas ; AJ 2006.1830, chr. Landais et Lenica).

La circulaire du 5 août 2010 visant à faire évacuer de manière prioritaire les campements illicites de Roms a été annulée au motif que le respect du droit de propriété et la sauvegarde de l'ordre public n'autorisaient pas le ministre de l'intérieur « à mettre en œuvre, en *méconnaissance du principe d'égalité* devant la loi, une politique d'évacuation des campements illicites désignant spécialement certains de leurs occupants *en raison de leur origine ethnique* » (CE 7 avr. 2011, *Association SOS Racisme – Touche pas à mon pote*, Rec. 155 ; AJ 2011.1438, note Bailleul).

Le gouvernement ne peut exclure de façon générale les étrangers hors Union européenne de l'accès aux fonctions de maîtres de l'enseignement privé sous contrat (CE 16 juill. 2014, *Association « Sauvons l'Université ! » et autres*, Rec. 695).

10 *f)* Une fois autorisés à séjourner et à travailler, les intéressés ne peuvent faire l'objet d'une mesure d'expulsion que pour des motifs d'ordre public.

Les conditions dans lesquelles l'administration a recours à la procédure d'urgence absolue qui lui permet de prendre une mesure d'expulsion sans que l'intéressé ait été à même de faire valoir sa défense, ont très tôt fait l'objet d'un contrôle normal. La jurisprudence témoigne du souci du juge de limiter l'utilisation de cette procédure dérogatoire (CE, Ass., 18 juin 1976, *Moussa Konaté*, Rec. 321 ; AJ 1976.582, concl. Genevois ; D. 1977.40, note Pacteau ; – Ass., 11 oct. 1991, *Ministre de l'intérieur c. Diouri*, Rec. 1126 ; RFDA 1991.978, concl. de Saint-Pulgent ; AJ 1991.890, chr. Maugüé et Schwartz).

Le Conseil d'État veille également à ce que les arrêtés d'expulsion soient motivés en la forme comme l'exige la loi du 11 juill. 1979 (Sect., 24 juill. 1981, *Belasri*, Rec. 322 ; AJ 1981.473, chr. Tiberghien et Lasserre), même lorsqu'ils sont pris suivant la procédure d'urgence absolue (CE, Sect., 13 janv. 1988, *Albina*, Rec. 5 ; AJ 1988.225, concl. Schrameck).

Le contrôle de légalité interne sur les motifs d'un arrêté d'expulsion a progressivement gagné en intensité. À partir de 1975, il a été restreint sur le point de savoir si la présence de l'étranger présente une menace grave pour l'ordre public (CE 3 févr. 1975, *Ministre de l'intérieur c. Pardov*, Rec. 83 ; AJ 1975.131, chr. Franc et Boyon). Il a été jugé dans ce cadre que les infractions pénales commises par un étranger ne sauraient à elles seules justifier légalement une mesure d'expulsion et qu'elles ne dispensent en aucun cas l'autorité compétente d'examiner si la présence de l'intéressé sur le territoire français est de nature à porter atteinte à l'ordre public (CE, Ass., 21 janv. 1977, *Ministre de l'intérieur c. Dridi*, Rec. 38 ; Gaz. Pal. 1977.1.340, concl. Genevois ; AJ 1977.133, chr. Nauwelaers et Fabius ; D. 1977.527, note Julien-Laferrière). Un manquement à la neutralité politique de la part d'un étranger ne peut justifier son expulsion que pour autant que sa présence constituerait une menace pour l'ordre public (CE, Ass., 13 mai 1977, *Perregaux*, Rec. 216 ; AJ 1977.363, chr. Nauwelaers et Fabius ; JCP 1979.II.19213, note Legrand ; Rev. Ad. Est. France 1978, n° 9, 85, note Flauss ; RD publ. 1978.253, note Robert ; Gaz. Pal. 1978.2.405, note Moderne). Il a été jugé également que la simple détention de faux papiers ne constituait pas à elle seule une menace pour l'ordre public (CE, Ass., 8 déc. 1978, *Ministre de l'intérieur c. Benouaret*, Rec. 502 ; D. 1979.339, concl. Hagelsteen).

Une étape supplémentaire a été franchie depuis que le Conseil d'État a jugé, comme l'avait fait antérieurement la Cour européenne des droits de l'Homme (arrêt *Berrehab* du 21 juin 1988 et arrêt *Moustaquim* du 18 févr. 1991) que l'art. 8 de la Convention, sur le droit au respect de la vie familiale, doit être appliqué par l'administration lorsqu'elle enjoint à un étranger de quitter le territoire national. Le juge administratif exerce sur ce point un contrôle de proportionnalité entre la mesure portant atteinte au droit à la vie familiale et l'intérêt public, contrôle qui absorbe alors le contrôle restreint portant sur la menace à l'ordre public (CE, Ass., 19 avr. 1991, *Belgacem* et *Mme Babas*, Rec. 152 ; du même jour, Ass., *Mme Babas*, Rec. 162 ; RFDA 1991.497, RGDIP 1991.800 et RUDH 1991.242, concl. Abraham ; AJ 1991.551, note Julien Laferrière ; RA 1991.239, note Ruiz-Fabri ; JCP 1991.II.21 757, note Nguyen Van Tuong ; Rev. crit. DIP 1991.677, note Turpin ; Cah. dr. eur. 1991.549, note Nguyen Van Tuong ; GADLF, n° 55).

Ces évolutions ont abouti logiquement à ce que le juge de l'excès de pouvoir, saisi d'un recours contre un arrêté d'expulsion, exerce un contrôle normal sur l'existence d'une « menace grave » à l'ordre public, point sur lequel le juge de cassation exerce pour sa part un contrôle de qualification juridique (CE 12 févr. 2014, *Ministre de l'intérieur c. Diarra Barane*, Rec. 30 ; v. nos obs. sous CE 2 févr. 1945, *Moineau**).

Au titre du contrôle normal, le juge peut être conduit à porter des appréciations délicates, spécialement dans le cas où une mesure d'éloignement visant un ressortissant de l'Union européenne n'est possible que s'il y a une « *menace réelle, actuelle et suffisamment grave pour un intérêt fondamental de la société française* ». Une telle exigence a été admise à propos de l'éloignement des militants de Greenpeace qui étaient entrés de force dans le site d'une centrale nucléaire (CAA Nancy 19 févr. 2015, *Muller* ; AJ 2015.1271, concl. contr. Favret).

11 *g)* Le contrôle du juge porte également sur les mesures d'exécution de la décision d'éloignement. L'étranger peut ainsi contester devant la juridiction administrative la décision d'exécution d'un arrêté d'expulsion lorsqu'elle lui impose un pays de destination déterminé (CE, Ass., 6 nov. 1987, *Buayi*, Rec. 348 ; RFDA 1988.86, concl. Vigouroux ; AJ 1987.713, chr. Azibert et de Boisdeffre ; Rev. crit. DIP 1988.523, concl., note Turpin ; LPA 1988, n° 109, note Morand-Deviller ; – 1er déc. 1997, *Kechemir*, Rec. 457). A dû être précisée la situation résultant de l'absence de mention dans la mesure d'éloignement du pays de destination (CE, avis, 14 déc. 2015, *Ali*, Rec. 463, concl. von Coester).

Le juge des référés a vocation à être saisi. S'il ne l'est pas en temps utile, comme ce fut le cas pour le renvoi aux Comores de mineurs isolés, la France s'expose à être condamnée par la Cour européenne des droits de l'Homme (CEDH 25 juin 2020, *Moustahi c. France*, AJ 2020.1318). La Cour fait obligation d'évaluer les risques encourus par le renvoi de l'intéressé dans le pays de destination (CEDH 15 avr. 2021, *K.I. c. France*, AJ 2021.830).

Le contrôle de la Cour s'exerce également sur les conditions dans lesquelles est maintenu en rétention un étranger, spécialement un mineur, en instance d'éloignement (CEDH 22 juill. 2021, n° 57035/18 ; AJ 2021.1592)

12 *h)* La jurisprudence a précisé que l'annulation pour excès de pouvoir d'un arrêté d'expulsion a pour conséquence de faire revivre à la date de cet arrêté et pour la durée qui restait à courir le titre de séjour que cet arrêté avait abrogé (CE, Sect., 4 nov. 1994, *Al Joujo*, Rec. 492 ; AJ 1995.231, concl. Abraham).

Elle a précisé également qu'en cas d'annulation d'un arrêté de reconduite à la frontière il incombe à l'administration, non seulement de munir l'intéressé d'une autorisation provisoire de séjour, mais aussi, de se prononcer sur son droit à un titre de séjour (CE, Sect., 22 févr. 2002, *Dieng*, Rec. 54 ; RFDA 2003.1080, concl. Chauvaux ; AJ 2002.415, chr. Guyomar et Collin ; RD publ. 2003.441, note Guettier ; GACA, n° 72).

Quant aux obligations pesant sur l'administration en cas d'annulation d'un refus d'admission provisoire au titre de l'asile, elles sont fonction du motif de l'annulation (CE Sect., avis, 30 déc. 2013, *Mme Okosun*, Rec. 342, concl. Domino ; RFDA 2014.76, concl. ; AJ 2014.222, chr. Bretonneau et Lessi ; JCP 2014.94, obs. Erstein).

13 *2°)* Une catégorie d'étrangers a bénéficié d'une attention particulière. Il s'agit des anciens auxiliaires afghans de l'armée française. Le Conseil d'État a censuré, pour erreur manifeste, un refus de visa opposé à l'un d'eux (CE 16 oct. 2017, *Sadeqi*, Rec. 318 ; AJ 2017.2424. concl. Odinet), avant de déduire du principe général du droit à la protection fonctionnelle dont ils bénéficient, l'obligation de leur délivrer un visa (CE 1er févr. 2019, *Ibrahimi* ; v. n° 58.7).

14 *3°)* Les mesures prises pour lutter contre l'épidémie de Covid-19 concernant les étrangers ont donné lieu à plusieurs décisions du juge des référés. A été admise, sous certaines conditions, la possibilité pour le centre de rétention de Vincennes de recevoir, dans un bâtiment dédié, des étrangers contaminés par le virus (CE ord. 7 mai 2020, *Ministre de l'intérieur c. Association « Avocats pour la défense des droits des étrangers et autres »*, Rec. 778). En revanche, il a été enjoint à l'administration de reprendre l'enregistrement des demandes d'asile en Île-de-France (CE ord. 30 avr. 2020, *Ministre de l'intérieur* et *Office français de l'immigration et de l'intégration*, Rec. 607 ; AJ 2020.1748, note E. Aubin). De même, a été suspendue une circulaire du Premier ministre relative aux mesures frontalières prises au titre de l'état d'urgence sanitaire, en ce qu'elle omettait de prévoir des dérogations au profit des bénéficiaires du regroupement familial (CE ord. 21 janv. 2021, *La Cimade, service œcuménique d'entraide*, AJ 2021.181).

15 *4°)* Le principe général du droit affirmé dans l'arrêt *GISTI* doit également être rapproché d'autres principes généraux du droit dont le juge a consacré l'existence en matière sociale.

Le juge administratif, par l'édiction ou la reconnaissance de ces principes, cherche à protéger certaines catégories de travailleurs ou de personnes qui, en raison des lacunes de la législation ou de la réglementation, se trouvent privées de garanties élémentaires qu'il estime applicables à toute personne car ces garanties traduisent l'état minimum de droit auquel la société est parvenue à un moment donné. C'est ainsi que le Conseil d'État a reconnu que le principe général du droit, dont « s'inspire » le Code du travail, selon lequel « un employeur ne peut, sauf dans certains cas, licencier un salarié en état de grossesse » s'applique aux femmes employées dans les services publics, « lorsqu'aucune nécessité propre à ces services ne s'y oppose » (CE, Ass., 8 juin 1973, *Dame Peynet*, Rec. 406, concl. S. Grévisse ; AJ 1973.587, chr. Franc et Boyon ; JCP 1975.II.17957, note Saint-Jours). Dans cette affaire, et par-delà le cas de Mme Peynet, infirmière auxiliaire d'une collectivité territoriale, se trouvait posé le problème des agents non titulaires de l'État, des collectivités territoriales et de leurs établissements qui constituent, pour reprendre l'expression du commissaire du gouvernement Mme Grévisse « une troisième catégorie de travailleurs demeurés à l'écart des grands courants législatifs qui ont fait progresser et les garanties des fonctionnaires et la protection des salariés, et démunis de certains droits sociaux considérés comme élémentaires ». Mais le Conseil d'État n'a toutefois pas été aussi loin que le lui suggérait son commissaire du gouvernement, qui lui proposait de consacrer l'existence d'un principe selon lequel, lorsque les nécessités propres au service n'y font pas obstacle et qu'aucune disposition législative ne l'exclut expressément, les agents des collectivités locales et des organismes publics doivent bénéficier, quelle que soit la nature juridique du lien les unissant à leur employeur, de droits au moins équivalents à ceux que la législation du travail reconnaît à l'ensemble des salariés.

N'ayant pas adopté cette solution, sans doute parce qu'il craignait de reconnaître un principe dont toutes les applications pratiques ne pouvaient être mesurées avec précision, le Conseil d'État a été conduit par la suite à s'interroger au coup par coup sur le point de savoir si telle ou telle disposition du Code du travail constituait une règle applicable aux seuls salariés entrant dans son champ d'application ou s'inspirait au contraire d'un principe général du droit applicable à tous les salariés. Pendant plusieurs années, après la décision *Peynet*, le Conseil d'État a manifesté une certaine réticence à utiliser la technique des principes généraux du droit dans le domaine social : il a ainsi refusé d'ériger en principe général le droit à une indemnité compensatrice de congés payés (CE 6 mars 1981, *Briand*, Rec. 122) ; il en a fait de même avec les dispositions du Code du travail qui interdisent à l'employeur de faire appel à du personnel de remplacement en cas de conflits collectifs du travail (CE, Ass., 18 janv. 1980, *Syndicat CFDT des postes et télécommunications du Haut-Rhin*, Rec. 30 ; v. n° 57.14) ; il a enfin refusé, comme la Cour de cassation, d'appliquer au licenciement d'une stagiaire le principe dégagé dans sa décision de 1973 (CE 26 mai 1982, *Mme Caïus*, Rec. 188).

16 Mais, et alors que l'on pouvait penser que la jurisprudence issue de la décision *Peynet* était tarie, le Conseil d'État, dans la ligne exacte de cette décision, a reconnu à des agents non titulaires d'une commune le droit de percevoir, en vertu « d'un principe général du droit, applicable à tout salarié et dont s'inspire l'article L. 141-2 du Code du travail » un minimum de rémunération qui, en l'absence de dispositions plus favorables, « ne saurait être inférieur au salaire minimum interprofessionnel de croissance » (CE, Sect., 23 avr. 1982, *Ville de Toulouse c. Mme Aragnou*, Rec. 152, concl. Labetoulle ; AJ 1982.440, chr. Tiberghien et Lasserre ; D. 1983.8, note J.-B. Auby). Le commissaire du gouvernement avait souligné, dans ses conclusions sur cette affaire, la réticence manifestée par le juge à créer des principes généraux en matière sociale, qui s'explique par la difficulté d'appliquer dans cette matière une « théorie conçue surtout pour donner une valeur normative à des principes abstraits jusqu'alors latents dans la conscience juridique » alors que le droit social est au contraire caractérisé par le côté « concret, évolutif et souvent pointilliste de ses dispositions » ainsi que « par ses incidences économiques et financières ». Il estimait difficile, sinon impossible de régler le problème complexe de la rémunération des agents non titulaires de l'État et des collectivités locales par la simple affirmation prétorienne d'un principe général du droit. Comment en effet régler le cas des agents travaillant à temps incomplet, calculer les heures « effectives » de travail, tenir compte des avantages en nature ? Cette difficulté n'a pas arrêté le Conseil d'État. Sa décision audacieuse et d'une opportunité indiscutable est d'autant plus intéressante qu'elle consacre un principe général dont le respect concret exige la fixation, par l'autorité compétente, de modalités pratiques d'application.

17 Le juge administratif a également consacré en tant que principe général, le principe en vertu duquel la nation assure à la famille les conditions nécessaires à son développement (CE, Sect., 6 juin 1986, *Fédération des fonctionnaires agents et ouvriers de la fonction publique*, Rec. 158 ; Dr. soc. 1986.725, concl. Massot ; AJ 1986.421, chr. Azibert et de Boisdeffre ; D. 1986.IR.354, obs. Llorens ; RDSS 1987.124, obs. Moneger), la prohibition en droit du travail des amendes et sanctions pécuniaires infligées par l'employeur (CE, Ass., 1er juill. 1988, *Billard et Volle*, Rec. 268 ; Dr. soc. 1988.775, concl. Van Ruymbeke et 512, note Lachaume ; AJ 1988.592, chr. Azibert et de Boisdeffre ; RA 1989.136, note Pertek ; JCP 1989.II.21252, note Saint-Jours), l'interdiction faite à l'employeur d'édicter des mesures discriminatoires en matière de rémunérations et d'avantages sociaux (CE 12 nov. 1990, *Malher*, Rec. 321 ; AJ 1991.332, obs. Hecquard-Théron ; Dr. ouvr. 1991.340, note Saramito ; D. 1992. SC. 159, obs. Chelle et Prétot), l'interdiction de résilier le contrat de travail d'un salarié en raison de sa situation de famille (CE 27 mars 2000, *Mme Brodbeck*, Rec. 129 ; JCP 2000.II.10428, concl. Boissard), le principe faisant obligation de chercher à reclasser un salarié inapte physiquement à ses fonctions (CE 26 oct. 2002, *Chambre de commerce et d'industrie de Meurthe-et-Moselle*, Rec. 319 ; AJ 2002.1294, concl. Piveteau, note de Montecler), le principe subordonnant la modification des éléments essentiels du contrat de travail à l'accord des parties (CE, Ass., 29 juin 2001, *Berton*, Rec. 296 ; Dr. soc. 2001.948, concl. Boissard ; AJ 2001.648, chr. Guyomar et Collin ; CJEG 2002.84, concl., note Maggi-Germain), le principe de l'indépendance des inspecteurs du travail (CE 9 oct. 1996, *Union nationale CGT des affaires sociales*, Rec. 383 ; RD publ. 1997.894, concl. Maugüé ; RGDIP 1997.714, note Alland), le principe selon lequel les frais qu'un salarié expose pour les besoins de son activité professionnelle et dans l'intérêt de son employeur doivent dès lors qu'ils résultent d'une sujétion particulière, être supportés par ce dernier (CE 17 juin 2014, *Société Électricité Réseau Distribution France (ERDF) et autres*, Rec. 504 ; AJ 2014.1963, note Seurot).

La reconnaissance des principes généraux du droit en matière sociale permet ainsi notamment d'étendre le champ d'application d'une protection instituée par un texte à des catégories de personnes que leur situation marginale avait placées en dehors des dispositions protectrices.

79

PROCÉDURE – POUVOIRS DU JUGE INJONCTION – ASTREINTE

Conseil d'État Sect., 17 mai 1985, *Mme Menneret*
(Rec. 149, concl. Pauti ; RFDA 1985.842, concl. ; AJ 1985.399, chr. Hubac et Schoettl ; D. 1985.583, note J.-M. Auby ; JCP 1985.II.20448, note Morand-Deviller ; RA 1985.467, note Pacteau)

Cons. qu'aux termes des dispositions de l'article 2 de la loi susvisée du 16 juill. 1980 : « En cas d'inexécution d'une décision rendue par une juridiction administrative, le Conseil d'État peut, même d'office, prononcer une astreinte contre les personnes morales de droit public pour assurer l'exécution de cette décision » ;

Cons. que, par un jugement du 1er févr. 1977, le tribunal administratif de Limoges a annulé la délibération du conseil municipal de Maisonnais-sur-Tardoire en date du 17 sept. 1971 autorisant le maire à ne pas faire procéder à l'inscription du nom de M. Saumon, « mort pour la France », sur le monument aux morts de la commune, par le motif que cette délibération avait illégalement retiré la délibération, en date du 10 juill. 1971, qui avait décidé ladite inscription et était ainsi créatrice de droits ;

Cons. qu'à la date de la présente décision, le conseil municipal n'a pas pris les mesures propres à assurer l'exécution du jugement du 1er févr. 1977 ; qu'il y a lieu, compte tenu de toutes les circonstances de l'affaire, de prononcer contre la commune, à défaut pour elle de justifier de cette exécution dans un délai de deux mois à compter de la notification de la présente décision, une astreinte de 200 F par jour jusqu'à la date à laquelle le jugement précité aura reçu exécution ; ... (dispositif en ce sens).

OBSERVATIONS

L'arrêt Mme Menneret *utilise le pouvoir d'injonction reconnu par la loi au juge administratif, dont le développement entraînera une transformation du contentieux administratif.*

1 Mme Menneret, dont le père, M. Saumon, avait été tué à la Libération dans des circonstances mal éclaircies, a voulu obtenir sa réhabilitation. À sa demande, le conseil municipal de Maisonnais-sur-Tardoire décida, par une délibération du 10 juill. 1971, d'inscrire le nom de M. Saumon,

« mort pour la France », sur le monument aux morts de la commune. Par une nouvelle délibération, prise le 17 sept. 1971, il autorisa le maire à ne pas procéder à cette inscription. Le tribunal administratif de Limoges, par un jugement du 1er févr. 1977, annula cette seconde délibération comme ayant illégalement retiré la première, qui était créatrice de droits (v. nos obs. sous CE 26 oct. 2001, *Ternon**). Pour respecter l'autorité de la chose jugée, la commune aurait dû procéder à l'inscription (v. nos obs. sous l'arrêt CE 26 déc. 1925, *Rodière**). Elle n'en fit rien, malgré les démarches de Mme Menneret. Celle-ci finit par demander au Conseil d'État – en vertu de la loi du 16 juill. 1980 qui, outre les dispositions relatives à l'exécution des jugements condamnant l'administration au paiement d'une somme d'argent, permet de prononcer des astreintes à l'encontre de l'administration – de condamner la commune à une astreinte de 200 F par jour jusqu'à l'exécution du jugement.

Par son arrêt du 17 mai 1985, le Conseil d'État a fait droit à cette demande. Sa décision tranche par rapport aux solutions antérieures.

2 Pendant longtemps, il s'est refusé à adresser à quiconque une injonction assortie d'astreinte (CE, Sect., 27 janv. 1933, *Le Loir* (Rec. 136 ; S. 1933.3.132, concl. Detton ; D. 1934.3.68, concl.). Il se fondait sur deux idées : les injonctions à l'administration constitueraient une ingérence dans le fonctionnement des services publics, qui est interdite au juge administratif comme au juge judiciaire ; les injonctions aux particuliers seraient inutiles, l'administration disposant à leur égard de pouvoirs suffisants pour arriver à ses fins.

La seconde idée a fini par apparaître fausse : il est des cas – exceptionnels il est vrai – où l'administration se trouve désarmée à l'égard de *personnes privées*, et spécialement de ses cocontractants. L'affaire *Office public d'HLM du département de la Seine* jugée par le Conseil d'État (Sect.) le 13 juill. 1956 (Rec. 338, concl. Chardeau ; AJ 1956.II.312, concl. et 398, chr. Fournier et Braibant ; RD publ. 1957.296, note M. Waline), dans laquelle un entrepreneur avait enlevé un matériel nécessaire à des travaux publics qu'il ne pouvait plus exécuter et qui devaient l'être par un autre, a conduit le Conseil d'État, en référé, à ordonner sous astreinte la restitution « pour assurer la continuité du service public ».

3 Il est allé plus loin en reconnaissant au juge ce pouvoir à l'égard de toutes les personnes privées se trouvant dans une situation de droit public avec l'administration, non seulement en vertu d'un contrat administratif (CE, Ass., 26 févr. 1965, *Société du vélodrome du Parc des princes*, Rec. 133 ; v. no 23.2), mais encore à d'autres titres : l'évacuation de personnes occupant indûment le domaine public (CE, Sect., 25 mai 1960, *Dame Barbey*, Rec. 222, concl. Heumann), voire le domaine privé (CE, Ass., 3 mars 1978, *Lecoq*, Rec. 116 ; AJ 1978.581, concl. Labetoulle, note F. de B.) ; l'interruption des travaux qu'elles y entreprennent sans titre (CE, Sect., 25 janv. 1980, *Société des terrassements mécaniques et Mariani*, Rec. 49 ; AJ 1980.615, concl. Rougevin-Baville) ; la communication à l'administration des documents nécessaires à l'exercice de son contrôle (CE, Sect., 9 juill. 1997, *Agence nationale pour la participation des employeurs à l'effort de construction*, Rec. 299 ; AJ 1997.701, concl. Arrighi de Casanova).

Mais le pouvoir d'injonction, assorti d'astreinte, du juge administratif à l'égard des personnes privées s'arrête aux limites du pouvoir de l'administration elle-même. Lorsqu'elle dispose des moyens juridiques lui permettant de faire exécuter les obligations d'une personne privée, elle ne peut renoncer à les utiliser et demander au juge de prendre à sa place les mesures nécessaires. Ce principe, exprimé depuis longtemps (CE 30 mai 1913, *Préfet de l'Eure*, Rec. 583 ; S. 1915.39, note Hauriou) est réaffirmé dans l'arrêt *Office public d'HLM de la Seine*. Il est toujours actuel.

4 En revanche, le Conseil d'État refusait de se reconnaître le pouvoir d'adresser des injonctions à *l'administration* : « il n'entre pas dans les pouvoirs du juge administratif d'adresser des injonctions à une autorité administrative » (CE 4 févr. 1976, *Elissonde*, Rec. 1069 ; – 3 avr. 1987, *Consorts Heugel*, Rec. 119 ; AJ 1987.534, concl. Hubac), y compris les organes de droit privé chargés d'une mission de service public et dotés de prérogatives de puissance publique (v. nos obs. sous CE 31 juill. 1942, *Monpeurt**) : CE 4 nov. 1983, *Noulard*, Rec. 451 ; AJ 1984.531, chr. Schoettl et Hubac.

5 Le législateur a fini par permettre au juge administratif, lorsqu'il prononce une décision qui oblige l'administration à prendre une mesure d'exécution, de mettre en œuvre des pouvoirs d'injonction et d'astreinte. Ils lui ont été reconnus en deux temps.

La loi du 16 juill. 1980 relative aux astreintes prononcées en matière administrative et à l'exécution des jugements par les personnes morales de droit public, en même temps qu'elle aménage les conditions d'exécution de la condamnation d'une personne publique à payer une somme d'argent (*infra*), a permis au Conseil d'État, « en cas d'inexécution d'une décision rendue par une juridiction administrative », de « prononcer une astreinte ». C'est en vertu de ce texte qu'a été rendu l'arrêt *Mme Menneret.*

La loi du 8 févr. 1995 relative à l'organisation des juridictions et à la procédure civile, pénale et administrative a étendu les pouvoirs d'injonction et d'astreinte aux tribunaux administratifs et aux cours administratives d'appel en complétant la loi de 1980 et le Code des TA-CAA. Ces dispositions sont reprises aujourd'hui aux articles L. 911-1 s. du Code de justice administrative ; elles ont été encore complétées par la loi du 23 mars 2019 de programmation 2018-2022 et de réforme pour la justice (art. 40).

6 Elles permettent d'identifier les conditions formelles d'exercice des pouvoirs ainsi ouverts.

Ils le sont aux juridictions administratives de droit commun (Conseil d'État, cours administratives d'appel, tribunaux administratifs), mais non aux juridictions administratives spécialisées. Normalement c'est à celle des juridictions qui a rendu une décision d'exercer ce pouvoir pour en assurer l'exécution. Mais, d'une part, en cas d'appel, c'est à la juridiction d'appel (normalement cour administrative, dans certains cas, Conseil d'État) ; d'autre part, le Conseil d'État est également compétent, non seulement pour l'exécution de ses propres arrêts, mais aussi, le cas échéant sur renvoi d'un tribunal administratif ou d'une cour administrative, et toujours pour l'exécution des décisions d'une juridiction administrative spécialisée (par ex. commission départementale d'aide sociale : CE, Sect., 5 mai 1995, *Mme Berthaux*, Rec. 200 ; AJ 1995.653, note Muller ; DA 1995.457, note C. M. ; JCP 1995.II.22453, note Breton).

On ne peut évidemment pas demander à une juridiction administrative d'exercer ce pouvoir pour l'exécution d'une décision des tribunaux judiciaires rendue dans un contentieux relevant de leur compétence (par ex. au sujet d'un service public industriel et commercial : CE 13 mars 1998, *Mme Vindevogel*, Rec. 78 ; AJ 1998.408, chr. Raynaud et Fombeur).

Il était nécessaire de préciser les personnes à l'égard desquelles il s'exerce : ce sont autant les organismes de droit privé chargés de la gestion d'un service public (v. nos obs. sous l'arrêt *Monpeurt**) que les personnes morales de droit public. Pour les personnes privées éventuellement attraites dans un contentieux administratif, tels les entrepreneurs de travaux publics, les lois de 1980 et 1995 n'avaient rien à ajouter puisque la jurisprudence reconnaissait déjà la possibilité de leur adresser des injonctions (v. l'arrêt *Office public d'HLM du département de la Seine*, cité plus haut).

L'exercice du pouvoir d'injonction et d'astreinte peut être demandé au juge par les personnes intéressées : ce peuvent être, non seulement les parties à l'instance, mais aussi « les parties directement concernées par l'acte qui a donné lieu à l'instance » (CE, Sect., 13 nov. 1987, *Tusques et Marcaillou*, Rec. 360 ; AJ 1987.715, chr. Azibert et Boisdeffre ; Ass., 10 juill. 2020, *Association Les Amis de la Terre et autres*, cité plus loin). Selon une innovation de la loi du 23 mars 2019, le juge peut aussi exercer ce pouvoir d'office, c'est-à-dire de sa propre initiative.

Le pouvoir d'injonction et d'astreinte peut jouer à deux stades : soit dans la décision même qui statue sur le recours au fond, soit ultérieurement si les conséquences de cette décision n'ont pas été tirées par son destinataire.

7 Quant au fond, le pouvoir d'injonction permet au juge administratif de *prescrire la mesure d'exécution qu'implique nécessairement sa décision* ; il est renforcé par le pouvoir d'assortir cette injonction d'une astreinte, c'est-à-dire de la condamnation à payer une certaine somme par période de retard (jour, semaine, voire mois).

Il se greffe donc sur le contentieux dont a fait l'objet la décision initiale du juge mais il s'en distingue (tout en pouvant le cas échéant rétroagir sur lui, comme on le verra plus loin). Il relève du contentieux de l'exécution.

C'est en lui-même un contentieux de pleine juridiction, même si le litige principal ne l'est pas, notamment le recours pour excès de pouvoir, duquel il est souvent le complément : le juge de l'exécution doit « *toujours (se) comporter comme un juge de pleine juridiction, quand bien même le litige principal sur lequel se greffe la demande d'injonction ressortit au contentieux de l'excès de pouvoir* » (R. Abraham, concl. sur CE 4 juill. 1997, *Époux Bourezak*, RFDA 1997.815). En conséquence, il doit « *statuer sur ces conclusions en tenant compte de la situation de droit et de fait existant à la date de sa décision* » (même arrêt, Rec. 278 ; AJ 1997.584, chr. Chauvaux et Girardot, et 2014.109, note Chauvaux ; RD publ. 1998.271, note Wachsmann ; – CE Sect., avis, 30 nov. 1998, *Berrad*, Rec. 451 ; RFDA 1995.511, concl. Lamy, note Guettier ; DA mars 1999, p. 19, note Traoré).

Le juge doit apprécier « *si, au vu de cette situation de droit ou de fait, il apparaît toujours que l'exécution du jugement ou de l'arrêt implique nécessairement une mesure d'exécution* » ; c'est seulement dans l'affirmative qu'il « *incombe au juge de la prescrire à l'autorité compétente* » (*Berrad*, préc.). Il tient compte de tous les intérêts en présence (*cf.* la rédaction des arrêts *Commune de Clans* et *Commune de Valmeinier*, cités plus loin) pour déterminer la mesure à prendre.

8 La portée de l'injonction pouvant être ordonnée dépend du contenu du jugement ou de l'arrêt dont l'exécution est demandée : tantôt il commande l'adoption d'une mesure déterminée (par exemple l'octroi d'une autorisation qui avait été refusée) ; tantôt il commande seulement le réexamen de la question, laissant ouvert le contenu de la décision qui s'ensuivra. Ces deux hypothèses sont liées à la nature des motifs qui ont fondé le dispositif : des motifs de légalité interne (par ex. erreur de droit) peuvent imposer de reprendre une décision déterminée ; des motifs de légalité externe (compétence, vice de forme ou de procédure), s'ils obligent à revoir la décision, n'interdisent pas toujours de reprendre la même dans le respect des règles qui ont été initialement violées (CE, Sect., 1er juill. 2016, *Commune d'Émerainville et Syndicat d'agglomération nouvelle de Marne-la-Vallée – Val Maubuée*, Rec. 291, concl. Daumas ; v. nº 55.7).

Ainsi apparaissent des solutions variées, d'une intensité croissante : – la décision du juge, même si elle annule l'acte attaqué, n'implique pas nécessairement que soit prise une autre mesure (CE 7 avr. 1995, *Grekos*, Rec. 159), ou, en raison d'un changement dans les circonstances de droit ou de fait, il n'est plus nécessaire qu'il en soit prise une (CE 4 juill. 2017, *Leveau*, Rec. 282 ; RFDA 1997.819, concl. Stahl ; AJ 1997.584, chr. Chauvaux et Girardot) ; – l'inexécution résulte de ce que la décision n'a pas défini les mesures à prendre, mais le juge, de nouveau saisi, pourra le faire ; – le commencement d'exécution par l'administration ne rend pas nécessaire que lui soit adressée une injonction ; – l'inertie de l'administration est telle que doit lui être adressée une injonction, sans aller jusqu'à l'astreinte ; – plus encore, dans certains cas, il peut falloir à la fois injonction et astreinte (CE, Ass., 10 juill. 2020, *Association Les Amis de la Terre et autres*, cité plus loin) ; et un mauvais vouloir persistant peut justifier une majoration de l'astreinte (CE 1er avr. 2019, *Contant*, Rec. 937).

L'astreinte a « un but comminatoire », elle exerce « une contrainte » sur son destinataire pour qu'il s'exécute. Elle peut être provisoire ou définitive ; elle est liquidée en cas d'inexécution totale, d'exécution partielle ou tardive. Elle est distincte des dommages-intérêts. Pour éviter un enrichissement sans cause, une fraction peut ne pas en être versée au requérant, mais à l'État – solution inapplicable lorsqu'il est lui-même débiteur de l'astreinte : dans ce cas, cette fraction peut être affectée « *à une personne morale de droit public disposant d'une autonomie suffisante à l'égard de l'État et dont les missions sont en rapport avec l'objet du litige ou à une personne morale de droit privé, à but non lucratif, menant, conformément à ses statuts, des actions d'intérêt général également en lien avec cet objet* » (CE, Ass., 10 juill. 2020, *Association Les Amis de la Terre et autres*, cité plus loin).

9 L'attribution du pouvoir d'injonction au juge administratif a contribué à modifier l'exercice de certains types de contentieux administratif.

Il en est ainsi particulièrement du recours pour excès de pouvoir.

Tout d'abord, sans aller jusqu'à adresser une injonction à l'administration, ne serait-ce que parce qu'elle ne lui a pas été demandée, le juge peut lui indiquer dans les motifs les obligations résultant de la décision et ajouter dans le dispositif que l'annulation comporte les obligations « ainsi énoncées ».

Cette formule se trouve pour la première fois dans l'arrêt du Conseil d'État (Sect.) du 25 juin 2001, *Société à objet sportif « Toulouse Football Club »* (Rec. 281 ; LPA 28 sept. 2001, concl. de Silva ; AJ 2001.887, note Simon ; RFDA 2003.47, note Duval ; RRJ 2003.1513, note Blanco) à propos de l'organisation des compétitions de la Ligue nationale de football. Elle a été reprise ultérieurement, par exemple pour l'effacement, à la suite de lois d'amnistie ou de décisions de réhabilitation, des condamnations, sanctions etc. figurant dans des fichiers (CE 5 mars 2003, *Titran*, Rec. 113 ; AJ 2003.1008, note Damarey ; RRJ 2003.1513, art. Blanco).

Sans être repris dans le dispositif, parce que celui-ci ne prononce pas d'annulation, les motifs peuvent indiquer les mesures que l'administration est tenue de prendre dans un délai raisonnable, sauf à commettre une illégalité (ainsi à propos du pacte civil de solidarité : CE, Ass., 28 juin 2002, *Villemain*, Rec. 229 ; v. n° 39.4). Formellement, il n'y a pas d'injonction mais, quant au fond, la solution est équivalente.

Ensuite les demandes d'injonction assortissant un recours pour excès de pouvoir, présentées à titre principal ou à titre subsidiaire, déterminent l'ordre dans lequel le juge doit examiner les moyens présentés à l'appui de la requête (v. nos obs. sous CE 21 déc. 2018, *Société Eden**).

Enfin le pouvoir d'injonction conduit le juge de l'excès de pouvoir à examiner dans certains cas la légalité de l'acte contesté, non à la date à laquelle celui-ci a été pris, mais à celle où lui-même statue. On peut voir dans cette solution une application de la théorie du changement de circonstances (v. nos obs. sous CE 10 janv. 1930, *Despujol**). Elle est surtout un effet du pouvoir d'injonction, comme le relève expressément le Conseil d'État dans l'arrêt du 7 févr. 2020, *Confédération paysanne et autres* (Rec. 25, concl. Cytermann ; AJ 2020.1972, note Pauthe) : « *L'effet utile de l'annulation pour excès de pouvoir du refus opposé à une demande... réside dans l'obligation,... pour l'autorité compétente, de prendre les mesures jugées nécessaires. La légalité de ce refus doit, dès lors, être appréciée par ce juge au regard des règles applicables et des circonstances prévalant à la date de sa décision* » (également CE 19 nov. 2020, *Commune de Grande-Synthe et autre*, cité plus loin).

Au surplus, un recours contre un refus de démolir un ouvrage public, qui était considéré naguère comme un recours pour excès de pouvoir, ne donnant d'ailleurs lieu qu'à un contrôle de l'erreur manifeste d'appréciation (CE 19 avr. 1991, *Époux Denard et Martin*, Rec. 148 ; RFDA 1992.59, concl. Toutée, et 65, note Maublanc ; AJ 1991.563, note Teboul ; JCP G 1992.II.21804, note Rouault), est désormais un recours de pleine juridiction, permettant au *juge* « *de déterminer, en fonction de la situation de droit et de fait existant à la date à laquelle il statue, si l'ouvrage est irrégulièrement implanté, puis, si tel est le cas, de rechercher, d'abord, si eu égard notamment à la nature de l'irrégularité, une régularisation appropriée est possible, puis, dans la négative, de prendre en considération, d'une part les inconvénients que la présence de l'ouvrage entraîne pour les divers intérêts publics ou privés en présence, notamment, le cas échéant, pour le propriétaire du terrain d'assiette de l'ouvrage, d'autre part, les conséquences de la démolition pour l'intérêt général, et d'apprécier, en rapprochant ces éléments, si la démolition n'entraîne pas une atteinte excessive à l'intérêt général* » : à partir de ce bilan, une démolition a pu être effectivement ordonnée (CE 29 nov. 2019, *Pinault*, Rec. 402 ; AJ 2020.313, concl. Odinet).

10 Le contentieux de la responsabilité est lui-même touché par le pouvoir d'injonction du juge administratif, que celui-ci exerce en cette matière, non en vertu de celui que lui a attribué la loi, mais au titre de la pleine juridiction dont relève ce contentieux. « *Lorsque le juge administratif statue sur un recours indemnitaire tendant à la réparation d'un préjudice imputable à un comportement fautif d'une personne publique et qu'il constate que ce comportement et ce préjudice perdurent à la date à laquelle il se prononce, il peut, en vertu de ses pouvoirs de pleine juridiction et lorsqu'il est saisi de conclusions en ce sens, enjoindre à la personne publique en cause de mettre fin à ce comportement ou d'en pallier les effets* » (CE 27 juill. 2015, *Baey*, Rec. 285 ; AJ 2015.2277, note A. Perrin ; DA déc. 2015, comm. 78, Zacharie). Cela n'est possible qu'en cas de responsabilité pour faute (CE 18 mars 2019, *Commune de Chambéry*, Rec. 953 ; AJ 2019.2002, note Ferreira ; JCP Adm. 2019.2317, note Reneau). En cas de responsabilité sans faute, « *le juge ne peut faire droit à une demande d'injonction, mais il peut décider que l'administration aura le choix entre le versement d'une indemnité dont il fixe le montant et la réalisation de mesures dont il définit la nature et les délais d'exécution* » (CE, Sect., 6 déc. 2019, *Syndicat des copropriétaires de Monte Carlo Hill*, Rec. 445, concl. Pellissier ; RFDA 2020.121, concl. et 333, note Petit ; AJ 2020.296, chr. Malverti et Beaufils).

11 L'exercice du pouvoir d'injonction par le juge administratif s'est illustré particulièrement à propos de mesures gouvernementales, de travaux et de matières sensibles telles que l'environnement.

Ainsi a été ordonnée l'adoption de décrets (CE, Sect., 26 juill. 1996, *Association lyonnaise de protection des locataires*, Rec. 293, concl. Maugüé ; RFDA 1996.768, concl. ; 30 déc. 2009, *Département de la Seine-Saint-Denis et département de Saône-et-Loire*, Rec. 616 ; AJ 2010.389, note Cassia ; 7 févr. 2020, *Confédération paysanne et autres*, préc.) – en particulier pour abroger un décret antérieur (CE, Ass., 21 avr. 2021, *French Data Network et autres*, RFDA 2021, n° 3, concl. Lallet). Si le décret a été adopté mais qu'il ne comporte pas les dispositions exigées, il doit être annulé (CE 15 avr. 2021, *Forestiers privés de France*, v. n° 83.2).

En matière de travaux, ont été ordonnées : la suspension de l'exécution de travaux en cours et la démolition des parties déjà réalisées (CE, Sect., 14 oct. 2011, *Commune de Valmeinier et Syndicat mixte des Islettes*, Rec. 490 ; RJEP avr. 2012.27, concl. Legras ; AJ 2011.2147, chr. Stahl et Domino ; DA déc. 2011.41, note Éveillard ; JCP Adm. 2011.2297, note Dunyach et 2365, note Manson) ; la dépose d'une ligne électrique (CE, Sect., 29 janv. 2003, *Syndicat départemental de l'électricité et du gaz des Alpes-maritimes et commune de Clans*, Rec. 21, concl. Maugüé ; RFDA 2003.477, concl. et note Lavialle ; AJ 2003.784, note Sablière ; DA avr. 2003, note Maugüé ; JCP 2003.II.10118, note Noël ; JCP Adm. 2003.1342, note Dufau ; LPA 21 mai 2003, note Bougrab) ; la démolition totale de bâtiments ayant la qualité d'ouvrages publics (CE 29 nov 2019, *Pinault*, préc.).

Les injonctions les plus retentissantes sont sans doute celles qui ont été prononcées en matière d'environnement. L'une a été adressée au gouvernement par l'arrêt du 7 févr. 2020, *Confédération paysanne et autres*, préc., au sujet de l'inscription de variétés de plantes obtenues par mutagenèse dans la rubrique des organismes génétiquement modifiés, soumis à une réglementation particulière. Une autre avait déjà été adressée au Premier ministre et au ministre chargé de l'Environnement, à la requête de l'Association Les Amis de la Terre France, par un arrêt du 12 juill. 2017 (Rec. 229, AJ 2018.167, note A. Perrin et Deffairi ; RFDA 2017.1135, note Van Lang ; RTD eur. 2018.392, note Bouveresse), pour qu'ils prennent « *toutes les mesures nécessaires pour que soit élaboré et mis en œuvre... un plan relatif à la qualité de l'air permettant de ramener les concentrations en dioxyde d'azote et en particules fines PM10 sous les valeurs limites* ». Trois ans plus tard (Ass., 10 juill. 2020, Rec. 289, concl. Hoynck ; RFDA 2020.818, concl. ; AJ 2020.1776, chr. Malverti et Beaufils), saisi par la même association et bien d'autres d'une demande d'astreinte pour assurer l'exécution de cette décision, le Conseil d'État a constaté que l'État n'avait pas pris de mesures suffisantes et a prononcé contre lui, à défaut d'une exécution complète dans les six mois suivants, une astreinte de 10 millions d'euros par semestre de retard – montant le plus élevé qui ait jamais été fixé. Le 22 févr. 2021, un communiqué du Conseil d'État a fait le point sur les mesures attendues et les conséquences contentieuses qui en résulteront.

Le même communiqué le fait aussi au sujet des suites de l'arrêt du19 nov. 2020, *Commune de Grande-Synthe et autre* (Rec. 406 ; BJCL 2020.759, concl. Hoynck ; AJ 2021.217, note Delzangles et 226, note Cassela ; DA mars 2021.34, note Rotoullié ; JCP Adm. 2020.2337, note Radiguet ; JCP 2020.2138, note Parence et Rochefeld ; RFDA 2021, nº 4, note Van Lang, Perrin et Deffairi), qui, s'il n'ordonne encore qu'un supplément d'instruction pour apprécier les mesures permettant d'infléchir la courbe des émissions de gaz à effet de serre, n'exclut pas une injonction au gouvernement d'en prendre. C'est ce qu'a fait le Conseil d'État par l'arrêt du 1er juill. 2021, *Commune de Grande-Synthe et autre* (RFDA 2021, nº 4, concl. Hoynck).

On voit par ces exemples le changement profond qui a conduit le juge administratif, du refus d'adresser des ordres à l'administration, à l'ordre au gouvernement de prendre des mesures générales. Il ne faut pas qu'il aboutisse à une immixtion dans la politique gouvernementale.

12 L'astreinte à laquelle peut être condamnée une personne publique en complément d'une injonction peut donner lieu aux voies d'exécution administratives aménagées spécialement par la loi du 19 juill. 1980, dont les dispositions sont reprises aujourd'hui à l'article L. 911-9 CJA – à défaut des voies d'exécution du droit commun, qui sont exclues contre les personnes publiques (Civ. 1re 21 déc. 1987, *Bureau de recherches géologiques et minières c. Société Lloyd Continental*, Bull. civ. I. nº 348, p. 249 ; RFDA 1988.771, concl. Charbonnier, note Pacteau ; CJEG 1988.107, note Richer ; JCP 1989.II.21189, note Picod ; RTD civ. 1989.145, note Perrod).

Ces procédures administratives particulières contre elles peuvent être mises en œuvre pour toute condamnation à payer une somme d'un montant déterminé (notamment en matière de responsabilité), passée en force de chose jugée, et prononcée aussi bien par une juridiction judiciaire que par une juridiction administrative.

En outre, en cas de résistance d'une collectivité territoriale, l'arrêt du Conseil d'État (Sect.) du 18 nov. 2005, *Société fermière de Campoloro* (Rec. 515 ; BJCL 2006.43, concl. N. Boulouis, obs. Touvet ; JCP Adm. 2005.1385, concl. ; AJ 2006.137, chr. Landais et Lenica, et 2007.1218, art. Cassia ; DA mars 2006.33, note Guettier ; JCP 2006.II.10044, note Moustier et Béatrix ; RFDA 2006.341, note Bon) précise les mesures qu'il appartient au préfet de prendre dans l'exercice de son pouvoir de substitution : elles peuvent comporter notamment la vente de biens appartenant à la collectivité qui ne sont pas nécessaires au bon fonctionnement des services dont elle a la charge.

Ainsi est garanti le respect du « droit à un procès équitable » dans l'esprit de la jurisprudence de la Cour européenne des droits de l'Homme (CEDH 19 mars 1997, *Hornsby c. Grèce* ; GACEDH, nº 33).

80

COMPÉTENCE DE LA JURIDICTION ADMINISTRATIVE
FONDEMENT CONSTITUTIONNEL
DROITS DE LA DÉFENSE

Conseil constitutionnel, 23 janvier 1987, n° 86-224 DC, ***Loi transférant à la juridiction judiciaire le contentieux des décisions du Conseil de la concurrence***

(Rec. 8 ; AJ 1987.345, note J. Chevallier ; JCP 1987.II.20854, note Sestier ; LPA 12 févr. 1987, note Sélinsky ; Gaz. Pal. 1987. Doct. 1.209, comm. Lepage-Jessua ; RFDA 1987.287, note Genevois ; RFDA 1987.301, note Favoreu ; RD publ. 1987.1341, note Y. Gaudemet ; D. 1988.117, note F. Luchaire ; RA 1988.29, note Sorel ; AJ 2017.91, note F. Melleray ; GDCC, n° 6 ; GCJA, vol. 2, n° 57, rapport Vedel ; GAP, p. 398)

Le Conseil constitutionnel,

....

Sur la procédure législative :

....

12. Cons. que la loi soumise à l'examen du Conseil constitutionnel modifie les articles 12 et 15 de l'ordonnance du 1er déc. 1986 prise, dans le cadre de l'article 38 de la Constitution, en vertu de la loi du 2 juill. 1986, alors que cette dernière loi accordait au gouvernement l'autorisation de statuer par voie d'ordonnances jusqu'à une date postérieure à celle à laquelle la loi présentement examinée a été votée ;

13. Cons. que l'article 41 de la Constitution dispose : « S'il apparaît au cours de la procédure législative qu'une proposition ou un amendement n'est pas du domaine de la loi ou est contraire à une délégation accordée en vertu de l'article 38, le gouvernement peut opposer l'irrecevabilité. En cas de désaccord entre le gouvernement et le président de l'assemblée intéressée, le Conseil constitutionnel, à la demande de l'un ou l'autre, statue dans un délai de huit jours » ;

14. Cons. qu'au cours de la discussion devant le Parlement de la proposition de loi qui est à l'origine de la loi présentement examinée, le gouvernement n'a opposé aucune irrecevabilité comme il aurait eu la faculté de le faire ; qu'ainsi la procédure législative suivie n'a comporté aucune méconnaissance de la Constitution ;

Sur le transfert à la juridiction judiciaire du contrôle des décisions du conseil de la concurrence :

15. *Cons. que les dispositions des articles 10 et 13 de la loi des 16 et 24 août 1790 et du décret du 16 fructidor An III qui ont posé dans sa généralité*

le principe de séparation des autorités administratives et judiciaires n'ont pas en elles-mêmes valeur constitutionnelle ; que, néanmoins, conformément à la conception française de la séparation des pouvoirs, figure au nombre des « principes fondamentaux reconnus par les lois de la République » celui selon lequel, à l'exception des matières réservées par nature à l'autorité judiciaire, relève en dernier ressort de la compétence de la juridiction administrative l'annulation ou la réformation des décisions prises, dans l'exercice des prérogatives de puissance publique, par les autorités exerçant le pouvoir exécutif, leurs agents, les collectivités territoriales de la République ou les organismes publics placés sous leur autorité ou leur contrôle ;

16. *Cons. cependant que, dans la mise en œuvre de ce principe, lorsque l'application d'une législation ou d'une réglementation spécifique pourrait engendrer des contestations contentieuses diverses qui se répartiraient, selon les règles habituelles de compétence, entre la juridiction administrative et la juridiction judiciaire, il est loisible au législateur, dans l'intérêt d'une bonne administration de la justice, d'unifier les règles de compétence juridictionnelle au sein de l'ordre juridictionnel principalement intéressé ;*

17. Cons. que, si le conseil de la concurrence, organisme administratif, est appelé à jouer un rôle important dans l'application de certaines règles relatives au droit de la concurrence, il n'en demeure pas moins que le juge pénal participe également à la répression des pratiques anticoncurrentielles sans préjudice de celle d'autres infractions intéressant le droit de la concurrence ; qu'à des titres divers le juge civil ou commercial est appelé à connaître d'actions en responsabilité ou en nullité fondées sur le droit de la concurrence ; que la loi présentement examinée tend à unifier sous l'autorité de la Cour de cassation l'ensemble de ce contentieux spécifique et ainsi à éviter ou à supprimer des divergences qui pourraient apparaître dans l'application et dans l'interprétation du droit de la concurrence ;

18. Cons. dès lors que cet aménagement précis et limité des règles de compétence juridictionnelle, justifié par les nécessités d'une bonne administration de la justice, ne méconnaît pas le principe fondamental ci-dessus analysé tel qu'il est reconnu par les lois de la République ;

19. Mais cons. que la loi déférée au Conseil constitutionnel a pour effet de priver les justiciables d'une des garanties essentielles à leur défense ;

20. Cons. en effet que le troisième alinéa de l'article 15 de l'ordonnance du 1er déc. 1986 dispose que le recours formé contre une décision du conseil de la concurrence « n'est pas suspensif » ; que cette disposition n'aurait pas fait obstacle à ce que, conformément à l'article 48 de l'ordonnance n° 45-1708 du 31 juill. 1945 et au décret n° 63-766 du 30 juill. 1963, le Conseil d'État put, à la demande du requérant, accorder un sursis à l'exécution de la décision attaquée si son exécution risquait d'entraîner des conséquences difficilement réparables et si les moyens énoncés dans la requête paraissaient sérieux et de nature à justifier l'annulation de la décision attaquée ;

21. Cons. au contraire, que la cour d'appel de Paris, substituée par la loi présentement examinée au Conseil d'État, saisie d'un recours contre une décision du conseil de la concurrence, ne pourrait prononcer aucune mesure de sursis à exécution ; qu'en effet, la loi a laissé subsister dans son intégralité le troisième alinéa de l'article 15 de l'ordonnance du 1er déc. 1986 et n'a pas donné à la cour d'appel le pouvoir de différer l'exécution d'une décision de caractère non juridictionnel frappée d'un recours auquel est dénié tout effet suspensif, et ceci quelle que soit la gravité des conséquences de l'exécution de la décision et le sérieux des moyens invoqués contre celle-ci ;

22. *Cons. que, compte tenu de la nature non juridictionnelle du conseil de la concurrence, de l'étendue des injonctions et de la gravité des sanctions pécuniaires qu'il peut prononcer, le droit pour le justiciable formant un recours contre*

une décision de cet organisme de demander et d'obtenir, le cas échéant, un sursis à l'exécution de la décision attaquée constitue une garantie essentielle des droits de la défense ;

23. Cons. dès lors que les dispositions de l'article 2 de la loi présentement examinée ne sont pas conformes à la Constitution ; que, les dispositions de l'article 1er n'en étant pas séparables, la loi doit, dans son ensemble, être regardée comme non conforme à la Constitution ;

Sur les dispositions de l'ordonnance du 1er déc. 1986 :

24. Cons. qu'en principe il n'est pas exclu que la ratification de tout ou partie des dispositions d'une des ordonnances visées à l'article 38 de la Constitution puisse résulter d'une loi qui, sans avoir cette ratification pour objet direct, l'implique nécessairement ; que, saisi d'une loi de cette nature, il appartiendrait au Conseil constitutionnel de dire si la loi comporte effectivement ratification de tout ou partie des dispositions de l'ordonnance en cause et, dans l'affirmative, si les dispositions auxquelles la ratification confère valeur législative sont conformes à la Constitution ;

25. Mais, cons. en l'espèce que la déclaration de non-conformité à la Constitution qui doit, pour les raisons sus-énoncées, être prononcée à l'encontre de la loi présentement examinée prive celle-ci d'effet ; que, dès lors, en tout état de cause, l'ordonnance du 1er déc. 1986 est et demeure dans sa totalité, jusqu'à l'intervention d'une loi la ratifiant, un texte de valeur réglementaire dont la régularité juridique ne peut être appréciée par le Conseil constitutionnel ;

Décide :

Article premier – La loi transférant à la juridiction judiciaire le contentieux des décisions du conseil de la concurrence est contraire à la Constitution.

OBSERVATIONS

La décision du Conseil constitutionnel « Conseil de la concurrence *», en faisant de la puissance publique le critère de la compétence irréductible de la juridiction administrative, le met en balance avec le critère du service public issu de la jurisprudence* Terrier*.

1 Émanant du Conseil constitutionnel et non d'une juridiction administrative, la décision du 23 janv. 1987 n'en intéresse pas moins au premier chef la jurisprudence administrative.

Une loi du 2 juill. 1986 habilitait le gouvernement à modifier ou abroger, par voie d'ordonnance et dans les conditions prévues à l'article 38 de la Constitution, « certaines dispositions de la législation économique relatives aux prix et à la concurrence » à l'effet de définir « un nouveau droit de la concurrence ». Sur ce fondement, l'ordonnance du 1er déc. 1986 a notamment créé un organisme administratif, le Conseil de la concurrence, en le dotant de pouvoirs importants en ce qui concerne la répression des pratiques anticoncurrentielles. Il détient en particulier le pouvoir d'infliger des sanctions pécuniaires. Dans sa rédaction initiale l'ordonnance disposait que les décisions du Conseil de la concurrence pouvaient faire l'objet d'un recours de pleine juridiction devant le Conseil d'État de la part de l'entreprise sanctionnée ou du ministre chargé de l'économie.

À l'initiative de plusieurs députés le Parlement a adopté, peu après la publication de l'ordonnance, une loi donnant compétence à la Cour d'appel de Paris pour connaître des décisions du Conseil de la concurrence. Ce texte, une fois voté et avant sa promulgation, a été déféré par plus de soixante députés au Conseil constitutionnel. Était alléguée la violation tant du principe de la séparation des pouvoirs affirmé par l'article 16 de la Déclaration des droits de l'Homme et du citoyen que des dispositions de la loi des 16 et 24 août 1790 sur l'organisation judiciaire.

L'intérêt majeur de la décision rendue par le Conseil constitutionnel résulte de la réponse donnée à cette argumentation. Mais celle-ci doit retenir également l'attention par l'application qu'elle fait du principe des droits de la défense.

I. — La réponse faite par le Conseil constitutionnel à l'argumentation des députés qui l'avaient saisi tient en quatre propositions.

2 *A.* — Le point de départ du raisonnement effectué par le juge constitutionnel a consisté à affirmer que « les dispositions des articles 10 et 13 de la loi des 16 et 24 août 1790 et du décret du 16 fructidor an III qui ont posé dans sa généralité le principe de séparation des autorités administratives et judiciaires n'ont pas en elles-mêmes valeur constitutionnelle ».

Est ainsi nié que le principe de séparation des autorités puisse avoir, « dans sa généralité » tout au moins, valeur constitutionnelle. Cela implique que ce principe ne constitue pas un corollaire nécessaire du principe de la séparation des pouvoirs proclamé par l'article 16 de la Déclaration des droits de l'Homme et du citoyen et dont la valeur constitutionnelle a été antérieurement reconnue par le Conseil constitutionnel (*cf. n° 79-104 DC, 23 mai 1979*, Rec. 27 ; RD publ. 1979.1695, note Favoreu ; D. 1981.IR. 363, obs. L. Hamon).

La défense faite aux tribunaux judiciaires de troubler les opérations des corps administratifs ou de connaître des actes d'administration résulte de textes qui ont formellement valeur législative (article 13 de la loi des 16-24 août 1790 et décret du 16 fructidor an III). De tels textes n'ont donc pas en eux-mêmes valeur constitutionnelle. Tout au plus peuvent-ils être à l'origine d'une tradition législative permettant de dégager un principe fondamental reconnu par les lois de la République au sens donné à cette dernière notion par le Préambule de la Constitution de 1946, auquel renvoie le Préambule de la Constitution de 1958.

3 ***B.*** — C'est dans cette perspective que se situe la deuxième proposition de la décision. Pour le Conseil constitutionnel en effet, « conformément à la conception française de la séparation des pouvoirs, *figure au nombre des "principes fondamentaux reconnus par les lois de la République" celui selon lequel, à l'exception des matières réservées par nature à l'autorité judiciaire, relève en dernier ressort de la compétence de la juridiction administrative l'annulation ou la réformation des décisions prises, dans l'exercice des prérogatives de puissance publique, par les* *autorités exerçant le pouvoir exécutif, leurs agents, les collectivités territoriales de la République ou les organismes publics placés sous leur autorité ou leur contrôle* ».

Cette motivation fait apparaître aussi bien le fondement constitutionnel de la compétence de la juridiction administrative que l'ampleur que revêt, sur le plan constitutionnel, cette compétence.

1°) Le fondement constitutionnel de la compétence du juge administratif procède d'un double rattachement.

Il y a d'abord une référence « à la conception française de la séparation des pouvoirs ». Le juge constitutionnel prend ici acte du fait que si la séparation des autorités administratives et judiciaires n'est pas la conséquence nécessaire de la séparation des pouvoirs, il n'en existe pas moins dans la tradition juridique française une filiation entre les deux notions.

C'est justement la référence à une telle tradition qui a permis au Conseil constitutionnel de rattacher la compétence du juge administratif dans le contentieux de la légalité des actes administratifs aux « principes fondamentaux reconnus par les lois de la République ». Semblable notion a son siège dans le Préambule de la Constitution de 1946 par lequel le peuple français a réaffirmé « solennellement les droits et les libertés de l'Homme et du citoyen consacrés par la Déclaration des droits de 1789 et les principes fondamentaux reconnus par les lois de la République ».

Au nombre de ces principes, la jurisprudence du Conseil d'État a, dès 1956, fait figurer la liberté d'association (CE, Ass., 11 juill. 1956, *Amicale des Annamites de Paris*, Rec. 317 ; AJ 1956.II.400, chr. Fournier et Braibant). Pour sa part, et avant même sa décision du 23 janv. 1987, le Conseil constitutionnel a rangé notamment parmi les principes fondamentaux reconnus par les lois de la République, non seulement la liberté d'association (décision *n° 71-44 DC, 16 juill. 1971*, Rec. 29), mais également la liberté de l'enseignement (*n° 77-87 DC, 23 nov. 1977*, Rec. 42), le principe des droits de la défense (*n° 76-70 DC, 2 déc. 1976*, Rec. 39), l'indépendance de la juridiction administrative, rattachée par la décision *n° 80-119 DC du 22 juill. 1980* (Rec. 46) aux dispositions de la loi du 24 mai 1872 qui ont substitué la justice déléguée à la justice retenue, ainsi que le principe de l'indépendance des enseignants du supérieur (*n° 83-165 DC, 20 janv. 1984*, Rec. 30).

Le principe fondamental reconnu par les lois de la République apparaît ainsi comme un principe essentiel posé par le législateur républicain, touchant à l'exercice des droits et libertés et qui a reçu application avec une constance suffisante dans la législation antérieure à la Constitution du 27 oct. 1946. La jurisprudence postérieure a admis qu'un tel principe puisse également concerner « la souveraineté nationale » ou « l'organisation des pouvoirs publics » (*cf.* nos obs. sous l'arrêt *Koné**).

Nul doute que dans la perspective tracée par la jurisprudence constitutionnelle, l'existence même d'une juridiction administrative compétente pour censurer les actes illégaux de la puissance publique constitue une garantie pour la défense des droits et libertés des individus.

2°) La décision a précisé le contenu du principe qu'elle dégage. Deux points doivent à cet égard être soulignés.

D'une part, la décision fait état du cas des « matières réservées par nature à l'autorité judiciaire ». Il y a là un renvoi global aux règles de répartition des compétences entre les deux ordres de juridiction qui privilégient traditionnellement la compétence des tribunaux judiciaires dans les domaines touchant à la liberté individuelle, au droit de propriété, à l'état et à la capacité des personnes ainsi qu'au fonctionnement des services judiciaires ; le Conseil constitutionnel a par la suite déduit de l'art. 66 de la Constitution que la police judiciaire doit être placée sous la direction et le contrôle de l'autorité judiciaire (*n° 2018-778 DC, 21 mars 2019, point 141*). Pour le Conseil d'État, la protection de la vie privée ne relève pas « par nature » de la compétence exclusive des juridictions judiciaires (CE 27 avr. 2011, *Fedida et autres*, Rec. 176).

D'autre part, et plus fondamentalement, la décision identifie le domaine de compétence spécifique de la juridiction administrative à l'aide de critères organiques et formels. Ne relèvent de la juridiction administrative en vertu d'un principe de valeur constitutionnelle que ceux des recours contentieux tendant à l'annulation ou à la réformation des décisions prises « par les autorités exerçant le pouvoir exécutif, leurs agents, les collectivités territoriales de la République ou les organismes publics placés sous leur autorité ou leur contrôle » (critère organique) « dans l'exercice des prérogatives de puissance publique » (critère formel).

La primauté conférée aux critères organiques et formels n'implique cependant pas que ces derniers doivent jouer un rôle exclusif dans la répartition des compétences. L'analyse suivie par le Conseil constitutionnel se situe uniquement sur un plan constitutionnel et n'interdit en rien que d'autres critères de compétence, comme la notion de service public, puissent recevoir application en dehors de l'idée de puissance publique.

4 *C.* — Une fois affirmée en tant que principe de valeur constitutionnelle, l'existence même de la juridiction administrative et sa compétence propre, le Conseil constitutionnel a reconnu au législateur la possibilité d'aménager à la marge les contours du principe. C'est ce qu'énonce la décision : « Lorsque l'application d'une législation ou d'une réglementation spécifique pourrait engendrer des contestations contentieuses diverses qui se répartiraient, selon les règles habituelles de compétence, entre la juridiction administrative et la juridiction judiciaire, il est loisible au législateur, dans l'intérêt d'une bonne administration de la justice, d'unifier les règles de compétence juridictionnelle au sein de l'ordre juridictionnel principalement intéressé ». Il s'agit là d'une faculté pour le législateur et non d'une obligation (*n° 2010-71 QPC, 26 nov. 2010*, Rec. 343) dont il fera usage pour réformer le contentieux de l'aide sociale (*cf.* l'avis de l'Assemblée générale du Conseil d'État n° 309 291 du 30 juill. 2015 ; Rapport public 2016.237).

5 *D.* — Cet élément de souplesse a joué dans le cas du contentieux des décisions prises par le Conseil de la concurrence.

Sans doute cet organisme est-il de nature administrative et ses décisions s'analysent-elles juridiquement en des décisions à caractère administratif qui constituent l'exercice de prérogatives exorbitantes du droit commun.

Mais, comme l'a relevé le Conseil constitutionnel, les pratiques anticoncurrentielles susceptibles d'être sanctionnées par le Conseil de la concurrence, du chef de l'entreprise qui en est l'auteur, ont ou peuvent avoir des prolongements judiciaires car elles sont frappées de nullité sur le plan civil (*cf.* article 9 de l'ordonnance du 1er déc. 1986) et sont constitutives d'une infraction pénale de la part de la personne physique qui, frauduleusement, a pris une part personnelle et déterminante dans leur conception, leur organisation ou leur mise en œuvre (*cf.* article 17).

Le Conseil constitutionnel a estimé dans ces conditions que n'était pas contraire au principe fondamental dégagé par sa décision, un aménagement « précis et limité » des règles de compétence juridictionnelle qui était justifié par les nécessités d'une bonne administration de la justice.

6 **II.** — Tout en admettant en l'espèce que le transfert de compétence opéré par la loi n'était pas inconstitutionnel, le Conseil constitutionnel n'en a pas moins déclaré le texte soumis à son examen contraire à la Constitution pour violation des droits de la défense.

Le principe des droits de la défense a été dégagé par la jurisprudence du Conseil d'État en tant que principe général du droit (v. nos obs. sous l'arrêt *Dame Vve Trompier-Gravier**). Il implique en matière administrative qu'une mesure individuelle d'une certaine gravité, reposant sur l'appréciation d'une situation personnelle, ne puisse être prise par l'administration sans entendre au préalable la personne qui est susceptible d'être lésée dans ses intérêts moraux ou matériels par cette mesure, sauf si celle-ci constitue par nature une mesure de police. En cas de recours juridictionnel, les droits de la défense s'expriment à travers le principe du caractère contradictoire de la procédure (v. l'arrêt *Téry**).

Principe général du droit pour le juge administratif, le principe des droits de la défense a été considéré par le Conseil constitutionnel dans un premier état de sa jurisprudence, comme un principe fondamental reconnu par les lois de la République ayant à ce titre valeur constitutionnelle.

Ce n'est que postérieurement qu'il a, par sa décision *n° 2006-535 DC du 30 mars 2006*, Rec. 50, rattaché ce principe à l'art. 16 de la Déclaration des droits de l'Homme.

À l'origine le champ d'application du principe était le même dans la jurisprudence constitutionnelle et dans la jurisprudence administrative (CC *n° 72-75 L, 21 déc. 1972*, Rec. 36 : en matière contentieuse ; CC *n° 77-83 DC, 20 juill. 1977*, Rec. 39 et *n° 80-117 DC, 22 juill. 1980*, Rec. 42 : en matière administrative non contentieuse).

Au vu des règles ainsi dégagées, tant les pouvoirs reconnus au Conseil de la concurrence que les voies de recours contre ses décisions n'apparaissaient pas critiquables. Le prononcé d'une sanction par le Conseil de la concurrence ne peut intervenir sans respect des droits de la défense. L'exercice d'un recours contre les décisions de ce conseil donne lieu à une procédure contradictoire.

Mais le Conseil constitutionnel a, en raison de l'ampleur des sanctions susceptibles d'être prononcées par le Conseil de la concurrence (amendes pouvant aller jusqu'à 5 p. 100 du montant du chiffre d'affaires ou 10 millions de F. si le contrevenant n'est pas une entreprise), estimé que le principe des droits de la défense rendait nécessaire l'institution d'une procédure de sursis à exécution à l'encontre des décisions du Conseil de la concurrence. Alors qu'une semblable procédure existe devant le Conseil d'État, elle faisait défaut devant la Cour d'appel de Paris dans l'hypothèse envisagée par la loi soumise à l'examen du juge constitutionnel.

Pour ce motif, la loi a été déclarée inconstitutionnelle.

Postérieurement à la décision, une loi du 6 juill. 1987 a donné compétence à la Cour d'appel de Paris, tout en instituant devant cette juridiction une procédure de sursis à exécution des décisions du Conseil de la concurrence.

III. — La position adoptée par le Conseil constitutionnel sur le problème de la répartition des compétences entre les deux ordres de juridiction a connu deux prolongements importants.

7 *A.* — La question s'est posée de savoir jusqu'à quel point s'étendait la compétence du Conseil de la concurrence et de la Cour d'appel de Paris à l'égard des personnes publiques.

Le changement par la ville de Pamiers de l'entreprise chargée du service public municipal de distribution d'eau potable a été à l'origine d'un contentieux qui a permis d'apporter des éléments de réponse à cette question. La Société d'exploitation et de distribution d'eau (SAEDE), qui était chargée du service dans le cadre d'un contrat de gérance, a en effet contesté la délibération du conseil municipal confiant par contrat d'affermage le service à la Société lyonnaise des eaux, au moyen d'une double action, l'une portée devant le tribunal administratif de Toulouse, l'autre devant le Conseil de la concurrence. Il était demandé à ce dernier, d'une part, de prendre des mesures conservatoires et, d'autre part, d'annuler le contrat d'affermage passé entre la ville et la Société lyonnaise des eaux. Le Conseil de la concurrence a estimé que la délibération d'un conseil municipal décidant de conclure un contrat d'affermage n'était pas au nombre des mesures dont il lui appartenait de connaître. Une telle décision n'a pas, en effet, le caractère d'un acte de production, de distribution ou de services entrant dans le champ des prévisions des dispositions de l'article 53 de l'ordonnance du 1er déc. 1986, qui fixent le champ d'application de ce texte.

Statuant sur les mesures conservatoires, la Cour d'appel de Paris a, par un arrêt en date du 30 juin 1988, décidé au contraire de réintégrer la SAEDE dans le contrat la liant à la ville de Pamiers, ce qui a suscité une importance controverse doctrinale (*cf.* Paris 1re ch. 30 juin 1988,

Gaz. Pal. 1988.2.656, notes Richer et Marchi ; AJ 1988.744, note Bazex ; LPA 20 juill. 1988, obs. Sélinsky ; RFDA 1989.80, note Chapus ; *cf.* également les études de Mme Boutard-Labarde, Gaz. Pal. 1988, Doct. 2 733 ; Llorens et Soler-Couteaux, D. 1989, chr. 67 et P. Bouzat, RTD com. 1989.167).

Le conflit ayant été ultérieurement élevé, le Tribunal des conflits s'est prononcé dans le sens de la compétence administrative par un arrêt du 6 juin 1989, *Préfet de la région Île-de-France*, Rec. 293, rendu conformément aux conclusions du commissaire du gouvernement Stirn (RFDA 1989.457 et Gaz. Pal. 1989.2.582) et qui a été abondamment commenté en doctrine (AJ 1989.431, chr. Honorat et Baptiste ; AJ 1989.467, note Bazex ; JCP 1990.II.21395 note Terneyre ; Juris. PTT, n° 18 p. 71 note Courtois ; RD publ. 1989.1780, note Y. Gaudemet ; D. 1990. SC. 101, obs. Gavalda et Lucas de Leyssac ; GAP, p. 430).

Pour le Haut tribunal, il résulte de l'article 53 de l'ordonnance du 1er déc. 1986 que les règles qui y sont définies ne s'appliquent aux personnes publiques « qu'autant que celles-ci se livrent à des activités de production, de distribution et de services ». Or, selon la décision, échappent à ces prévisions aussi bien « l'organisation du service public de la distribution de l'eau à laquelle procède un conseil municipal » que « l'acte juridique de dévolution de l'exécution de ce service » qui n'est pas, par lui-même, « susceptible d'empêcher, de restreindre ou de fausser le jeu de la concurrence sur le marché ». Par suite, « il n'appartient qu'aux juridictions de l'ordre intéressé », c'est-à-dire de l'ordre administratif, de vérifier la validité de l'acte de dévolution du service au regard des dispositions de l'article 9 de l'ordonnance qui frappent de nullité les conventions se rapportant à une pratique prohibée. Ainsi que le relevait dans ses conclusions le commissaire du gouvernement Stirn, la compétence judiciaire cesse lorsque les personnes publiques « font usage des prérogatives de puissance publique dont elles disposent pour l'accomplissement de leurs missions de service public ».

8 Le Tribunal des conflits a confirmé par la suite sa position à propos de l'exercice par la ligue nationale de football de prérogatives de puissance publique (TC 4 nov. 1996, *Société Datasport c. Ligue nationale de football*, Rec. 552 ; JCP 1997.II.22802, concl. Arrighi de Casanova ; AJ 1997.203, chr. Chauvaux et Girardot) ainsi que de l'usage fait par « Aéroports de Paris » de prérogatives de puissance publique pour la gestion du domaine public qui lui est affecté (TC 18 oct. 1999, *Aéroports de Paris*, Rec. 469, concl. Schwartz ; JCP 2000.II.10143 et CJEG 2000.18, concl. ; AJ 1999.996, chr. Guyomar et Collin, et 1029, note Bazex ; RFDA 2000.567, note Laidié ; LPA 27 avr. 2000, note Guedj).

9 Quoi qu'il en soit, le droit de la concurrence ne peut pas être appliqué sans nuances à un service public. La chambre commerciale de la Cour de cassation l'a rappelé par un arrêt du 12 déc. 1995 (Bull. IV, n° 301, p. 276 ; v. n° 90.6), en censurant un arrêt de la cour d'appel de Paris qui avait regardé comme un abus de position dominante le fait pour la Météorologie nationale de refuser de fournir les messages d'assistance météorologique à la navigation aérienne destinés aux pilotes, à une société qui entendait s'en servir sur le marché de l'information météo visant le grand public.

10 ***B.*** — De son côté, le Conseil constitutionnel a eu l'occasion de faire application à plusieurs reprises des principes posés par la décision du 23 janv. 1987 et, en particulier, à propos d'une loi relative aux conditions de séjour et d'entrée des étrangers en France, qui a donné lieu à la décision *n° 89-261 DC du 28 juill. 1989* (Rec. 81 ; RFDA 1989.621, note Genevois ; AJ 1989.619, note J. Chevallier ; D. 1990.161, note Prétot).

La loi soumise à l'examen du juge constitutionnel avait donné compétence au tribunal de grande instance pour annuler les arrêtés par lesquels le préfet ordonne la reconduite à la frontière d'un étranger en situation irrégulière. Le Conseil constitutionnel, en reprenant les principes qu'il avait posés dans sa décision du 23 janv. 1987 a censuré cette attribution de compétence pour le motif que, s'agissant de l'usage par une autorité exerçant le pouvoir exécutif ou par un de ses agents de prérogatives de puissance publique, les recours tendant à l'annulation des décisions administratives relatives à l'entrée et au séjour en France des étrangers relèvent de la compétence de la juridiction administrative.

C'est également par application de la jurisprudence issue de la décision du 23 janv. 1987 que le Conseil constitutionnel n'a pas déclaré contraire aux droits et libertés constitutionnellement garantis une disposition législative donnant compétence au président du tribunal administratif pour connaître de la requête par laquelle un étranger conteste la décision de l'autorité administrative de le maintenir en rétention au motif que la demande d'asile de l'intéressé a été présentée dans le seul but de faire échec à l'exécution de la mesure d'éloignement dont il est objet (*2019-807 QPC*, 4 oct. 2019, AJ 2020.412, note Schmitz ; DA 2020, comm. 2, note Éveillard ; LPA, 16 janv. 2020, p. 7, note Sagnier).

81

RÈGLEMENTS ILLÉGAUX – ABROGATION

Conseil d'État Ass., 3 février 1989, *Compagnie Alitalia*
(Rec. 44 ; RFDA 1989.391, concl. Chahid-Nourai, notes Beaud et Dubouis ; AJ 1989.387, note Fouquet, et 2014.99, note Guyomar et Collin ; RTD eur. 1989.509, note Vergès)

Cons. que l'autorité compétente, saisie d'une demande tendant à l'abrogation d'un règlement illégal, est tenue d'y déférer, soit que ce règlement ait été illégal dès la date de sa signature, soit que l'illégalité résulte de circonstances de droit ou de fait postérieures à cette date; qu'en se fondant sur les dispositions de l'article 3 du décret du 28 nov. 1983 concernant les relations entre l'administration et les usagers, qui s'inspirent de ce principe, la compagnie Alitalia a demandé le 2 août 1985 au Premier ministre d'abroger l'article 1er du décret n° 67-604 du 27 juill. 1967, codifié à l'article 230 de l'annexe II au Code général des impôts, et les articles 25 et 26 du décret n° 79-1163 du 29 déc. 1979, codifiés aux articles 236 et 238 de l'annexe II au Code général des impôts au motif que leurs dispositions, pour le premier, ne seraient plus, en tout ou partie, compatibles avec les objectifs définis par la sixième directive du Conseil des Communautés européennes et, pour les seconds, seraient contraires à ces objectifs ; que le Premier ministre n'ayant pas répondu à cette demande dans le délai de quatre mois, il en est résulté une décision implicite de rejet, que la compagnie Alitalia a contesté pour excès de pouvoir dans le délai du recours contentieux ;

Cons. qu'il ressort clairement des stipulations de l'article 189 du traité du 25 mars 1957 que les directives du Conseil des communautés économiques européennes lient les États membres « quant au résultat à atteindre » ; que si, pour atteindre ce résultat, les autorités nationales qui sont tenues d'adapter leur législation et leur réglementation aux directives qui leur sont destinées, restent seules compétentes pour décider de la forme à donner à l'exécution de ces directives et pour fixer elles-mêmes, sous le contrôle des juridictions nationales, les moyens propres à leur faire produire leurs effets en droit interne, ces autorités ne peuvent légalement, après l'expiration des délais impartis, ni laisser subsister des dispositions réglementaires qui ne seraient plus compatibles avec les objectifs définis par les directives dont s'agit, ni édicter des dispositions réglementaires qui seraient contraires à ces objectifs ;

Cons. que si les dispositions de l'article 230 de l'annexe II au Code général des impôts comme celles des articles 236 et 238 de la même annexe ont été édictées sur le fondement de l'article 273 paragraphe I du Code général des impôts issu de la loi du 6 janv. 1966, la demande de la compagnie Alitalia n'a pas pour objet, contrairement à ce que soutient le Premier ministre, de soumettre au juge administratif l'examen de la conformité d'une loi nationale aux objectifs contenus dans une directive mais tend seulement à faire contrôler par ce juge la compatibilité avec ces objectifs des décisions prises par le pouvoir réglementaire, sur le fondement d'une habilitation législative, pour faire produire à ladite directive ses effets en droit interne ;

....

Cons. qu'il résulte de tout ce qui précède que le Premier ministre a illégalement refusé dans les limites ci-dessus précisées de déférer à la demande de la compagnie Alitalia tendant à l'abrogation de l'article 1er du décret du 27 juill. 1967 et des articles 25 et 26 du décret du 29 déc. 1979 ; ... (annulation de la décision attaquée en tant que cette décision refuse l'abrogation : – de l'article 1er du décret du 27 juill. 1967... ; – de l'article 25 du décret du 29 déc. 1979... ; – de l'article 26 du même décret... ; rejet du surplus des conclusions).

OBSERVATIONS

Du changement des circonstances dont l'arrêt Despujol* *admet les conséquences sur la légalité d'un acte administratif, l'arrêt* Compagnie Alitalia *tire les conséquences pour l'obligation de l'abroger qui peut en résulter.*

1 Le Code général des impôts (articles 230, 236 et 238 de l'annexe II), dans des dispositions issues respectivement, les premières, d'un décret du 27 juill. 1967, les deux autres, d'un décret du 29 déc. 1979, limitait la possibilité de déduction de la taxe sur la valeur ajoutée.

Or la sixième directive du Conseil des Communautés européennes concernant l'harmonisation des législations des États membres relatives aux taxes sur le chiffre d'affaires, adoptée le 17 mai 1977, a prévu la déduction de la TVA pour les biens livrés et les services rendus à l'assujetti dans le cadre de ses activités professionnelles, et restreint le champ des exclusions du droit à déduction établies par les textes nationaux. Elle imposait aux États membres d'adapter avant le 1er janv. 1978 leur régime de TVA à ses propres dispositions. La neuvième directive, du 26 juin 1978, a repoussé le délai au 1er janv. 1979.

Postérieurement à cette date, la compagnie Alitalia, comme d'autres compagnies aériennes, s'était vu opposer les dispositions du Code général des impôts à l'occasion de demandes de remboursement de la TVA pour des prestations assurées aux passagers en transit. Elle a engagé une procédure de plein contentieux fiscal.

Elle a également utilisé une autre voie, en se fondant sur l'article 3 du décret du 28 nov. 1983 concernant les relations entre l'administration et ses usagers, ainsi rédigé : « l'autorité compétente est tenue de faire droit à toute demande tendant à l'abrogation d'un règlement illégal, soit que le règlement ait été illégal dès la date de sa signature, soit que l'illégalité résulte de circonstances de droit ou de fait postérieures à cette date ».

Soutenant que les articles 230 et 238 de l'annexe II du CGI étaient illégaux au regard des directives communautaires, la compagnie a demandé au Premier ministre leur abrogation. Le silence du Premier ministre gardé pendant quatre mois valait décision de rejet. C'est cette décision que la compagnie a déférée au Conseil d'État par la voie du recours pour excès de pouvoir.

L'affaire soulevait deux questions : celle de l'obligation pour l'administration de faire droit à une demande d'abrogation d'un règlement illégal ; celle de l'obligation pour l'administration d'appliquer les directives communautaires.

2 La solution donnée à la seconde a contribué à renforcer l'autorité des directives (v. nos obs. sous l'arrêt *Mme Perreux** du 30 oct. 2009). Elle a pu être fournie grâce à la réponse apportée à la première, reconnaissant *l'obligation pour l'administration de faire droit à une demande d'abrogation d'un règlement illégal*. Elle avait connu des *précédents* (I) ; elle fait désormais l'objet d'un *principe* (II) ; elle a été prolongée (III).

I. — Les *précédents* étaient d'abord jurisprudentiels ; ils ont été aménagés par voie réglementaire.

A. — Le Conseil d'État avait déjà admis, dans l'arrêt *Despujol** du 10 janv. 1930, qu'en cas de *changement des circonstances* qui ont motivé un règlement, tout intéressé peut demander à son auteur de le modifier ou de l'abroger et, en cas de refus, saisir le juge de l'excès de pouvoir ; la jurisprudence ultérieure devait préciser et affiner le contenu et la portée de cette solution (v. nos obs.).

La question de l'obligation d'abroger un règlement se pose aussi lorsque celui-ci est *illégal dès sa signature*.

Cette illégalité n'est pas seulement sanctionnée par une annulation prononcée par le juge de l'excès de pouvoir. Le Conseil d'État a reconnu depuis longtemps que l'exception d'illégalité est perpétuelle contre les règlements (CE 24 janv. 1902, *Avezard*, Rec. 44), plus tardivement, que l'administration doit spontanément s'abstenir d'appliquer un règlement illégal (CE, Sect., 14 nov. 1958, *Ponard*, Rec. 554) et *a fortiori* qu'elle ne commet pas d'illégalité en ne l'appliquant pas (CE, Sect., 3 janv. 1960, *Laiterie Saint-Cyprien*, Rec. 10). Il n'en reste pas moins que la déclaration d'illégalité n'a pas pour effet de faire disparaître le règlement qui en est l'objet (CE, Sect., 28 avr. 2014, *Anschling*, Rec. 96 ; v. n° 55.7).

De là l'intérêt de reconnaître le droit pour les administrés d'en demander l'abrogation et le devoir pour l'administration de leur donner satisfaction.

3 Le Conseil d'État a eu pourtant à ce sujet une jurisprudence incertaine. Il a d'abord considéré que l'administration n'est pas tenue, après l'expiration du délai de recours, d'abroger un règlement illégal (Sect., 6 nov. 1959, *Coopérative laitière de Belfort*, Rec. 581). Puis il a jugé « que l'auteur d'un règlement illégal ou son supérieur hiérarchique, saisi d'une demande tendant à l'abrogation de ce règlement, est tenu d'y déférer » (12 mai 1976, *Leboucher et Tarandon*, Rec. 246 ; AJ 1977.261, note Ceoara ; CJEG 1976.167, note Virole). Mais un arrêt de Section du 30 janv. 1981, *Ministre du travail et de la participation c. Société Afrique*

France Europe transaction (Rec. 32, concl. Hagelsteen ; AJ 1981.245, chr. Feffer et Pinault ; D. 1981.IR. 277 obs. P.D. ; D. 1982.37, note J.-M. Auby ; Dr. ouvr. 1981.265, note Loschak) est venu limiter la portée de la formule : les administrés ne sont plus recevables à demander l'abrogation du règlement après l'expiration du délai de recours. C'est donc la considération de ce délai qui a conduit le Conseil d'État à écarter l'obligation de faire droit à une demande d'abrogation d'un règlement illégal *ab initio*.

On pouvait observer une certaine contradiction : l'exception d'illégalité contre un règlement est perpétuelle, l'obligation de l'abroger, non ; l'illégalité d'un règlement par suite d'un changement de circonstances oblige l'administration à satisfaire une demande d'abrogation, son illégalité initiale n'impose cette obligation que si la demande est présentée dans le délai de recours.

4 *B.* — Le décret du 28 nov. 1983 a voulu faire échec à cette jurisprudence en obligeant l'administration à faire droit, *sans condition de délai*, à toute demande d'abrogation d'un règlement illégal, que cette illégalité ait existé dès l'origine ou qu'elle résulte d'un changement de circonstances.

Ce décret, délibéré en Conseil des ministres, posait lui-même une question de légalité : le président de la République, dans l'exercice de son pouvoir réglementaire, pouvait-il édicter une telle obligation ? La question se dédoublait.

Le décret concerne toute autorité compétente, sans distinction, et donc aussi bien les organes des collectivités locales que ceux de l'État. Or « les principes fondamentaux de la libre administration des collectivités locales » ne peuvent, selon l'article 34 de la Constitution, être déterminés que par la loi.

Plus généralement, le pouvoir réglementaire peut-il remettre en cause une solution dégagée par la jurisprudence du Conseil d'État, alors que c'est le Conseil d'État qui contrôle l'exercice du pouvoir réglementaire (v. nos obs. sous l'arrêt CE 26 juin 1959, *Syndicat général des ingénieurs-conseils**) ?

L'affaire *Alitalia* a permis au commissaire du gouvernement, M. Chahid-Nouraï, de poser la question devant l'assemblée du contentieux, et à celle-ci de la résoudre par la reconnaissance d'un véritable principe.

5 **II.** — L'arrêt reprend presque les mêmes termes que ceux de l'article 3 du décret du 28 nov. 1983. Mais il les élève au niveau d'un *principe*, dont le contenu doit être précisé.

A. — Ce n'est pas la première fois évidemment que le Conseil d'État reconnaît l'existence d'un principe : la formule des principes généraux du droit est utilisée depuis longtemps (v. nos obs. sous l'arrêt du 9 mars 1951, *Société des concerts du Conservatoire**).

On observera que l'arrêt *Alitalia* parle, non de principe général du droit, comme le font d'autres arrêts (par ex. CE 26 juin 1959, *Syndicat* *général des ingénieurs-conseils**), mais de principe tout court. Toujours est-il que la caractéristique d'un principe, général ou non, est de s'imposer indépendamment et au-delà d'un texte.

La manière dont est reconnu le principe de l'obligation de faire droit à une demande d'abrogation d'un règlement illégal en est une particulière illustration. L'arrêt formule d'abord le principe, pour considérer ensuite que les dispositions de l'article 3 du décret du 28 nov. 1983 s'en inspirent. Le principe préexistait au décret ; ce texte ne fait que le rappeler. Le raisonnement est ici inverse de celui qui conduit, dans d'autres domaines, à reconnaître l'existence de principes à partir de textes.

La formulation du principe permet en même temps de déterminer sa valeur. Certes l'arrêt ne l'indique pas expressément. Mais sa rédaction l'implique nécessairement. Le mot « principe » lui-même n'est pas fortuit : si l'arrêt avait parlé de « règle », la norme exprimée n'aurait eu qu'une valeur réglementaire ; un principe se situe à un niveau plus élevé (le commissaire du gouvernement reconnaissait expressément sa valeur législative).

Si les dispositions du décret avaient contredit une norme qui lui est supérieure, elles auraient été illégales. Ne faisant que reprendre un principe préexistant, elles sont légales ; on peut même dire qu'elles sont inutiles, puisqu'elles n'ajoutent rien à l'état du droit préexistant. D'ailleurs le décret du 28 nov. 1983 est aujourd'hui abrogé.

6 ***B.*** — L'affirmation du principe n'en était pas moins nécessaire compte tenu des incertitudes voire des contradictions de la jurisprudence antérieure.

Désormais l'obligation de déférer à une demande d'abrogation d'un *règlement* illégal est certaine. Selon l'arrêt, elle s'impose :

– à propos de l'abrogation (c'est-à-dire de la suppression de l'acte pour l'avenir), non du retrait (c'est-à-dire de sa suppression rétroactive) (v. nos obs. sous l'arrêt du 26 oct. 2001, *Ternon**) ;

– si une demande a été adressée à l'administration ; il n'est pas dit par l'arrêt que l'administration a l'obligation d'abroger spontanément un règlement illégal ; mais elle peut toujours abroger de son propre chef un règlement, qu'il soit d'ailleurs légal ou illégal ;

– si le règlement est illégal ; mais il n'y a pas lieu de distinguer selon que cette illégalité affecte le règlement dès sa signature ou qu'elle résulte de changement de circonstances ;

– sans considération de délai : la demande peut être présentée à tout moment (en revanche la demande de retrait est soumise, comme le retrait, à un délai ; v. *Ternon**).

7 **III.** — L'arrêt *Alitalia* a été prolongé en jurisprudence et en législation.

A. — Le Conseil d'État en a précisé la portée au sujet des *actes réglementaires.*

En premier lieu, il a établi les limites des recours contre le refus de les abroger.

Classiquement les requérants doivent justifier d'un intérêt leur donnant qualité pour demander l'annulation du refus (CE, Ass., 20 déc. 1995,

Mme Vedel et M. Jannot, Rec. 440 ; CJEG 1996.215 et RFDA 1996.313, concl. Delaruz ; AJ 1996.124, chr. Stahl et Chavaux).

Plus récente est la restriction des moyens pouvant être invoqués à l'appui d'un recours contre le refus d'abroger un acte réglementaire (et à l'appui d'une exception d'illégalité contre celui-ci) : lorsqu'est expiré le délai du recours pour excès de pouvoir contre cet acte réglementaire, ne peuvent plus être invoqués les « conditions d'édiction de cet acte, les vices de forme et de procédure dont il serait entaché » (ces moyens sont désormais « inopérants ») ; seuls peuvent être critiqués le contenu de l'acte (« la légalité des règles fixées par l'acte réglementaire »), « la compétence de son auteur et l'existence d'un détournement de pouvoir » (CE, Ass., 18 mai 2018, *Fédération des finances et affaires économiques de la CFDT**). Cela vaut également pour les actes de « droit souple » (CE 7 juill. 2021, *Etrillard et autres*, n° 438712). C'est une limitation dans le temps de l'invocabilité de vices de légalité externe.

Mais, si un recours initialement intenté contre un règlement a été rejeté, l'autorité de la chose jugée n'empêche pas le même requérant d'intenter un recours contre le refus d'abroger ce même règlement, qui n'a pas le même objet, le changement de circonstances ayant pu rendre ce règlement illégal (CE 17 mars 2021, *Lailler*, AJ 2021.654).

En second lieu, ont été réglées les conséquences de changements intervenus depuis l'adoption du règlement contesté.

Si postérieurement à l'introduction d'une requête contre le refus d'abroger celui-ci, son auteur l'a (expressément ou implicitement) abrogé, la requête perd son objet (CE, Sect., 5 oct. 2007, *Ordre des avocats du barreau d'Evreux*, Rec. 411 ; AJ 2008.64, note Houillon ; DA déc. 2007.20, note F. Melleray ; JCP 2007.I.214, § 8, note Plessix ; LPA 9 juin 2008, note Claeys) – sauf « lorsque cette même autorité reprend, dans un nouveau règlement, les dispositions qu'elle abroge, sans les modifier ou en ne leur apportant que des modifications de pure forme » : cette réserve permet d'éviter les manœuvres de l'administration.

Si l'autorité compétente est saisie d'une demande de réformation d'un règlement illégal, elle doit y substituer les dispositions de nature à mettre fin à cette illégalité (CE 31 mars 2017, *FGTE-CFDT*, Rec. 448), mais il n'y a pas lieu d'abroger un règlement dont l'illégalité a été corrigée (CE 20 mars 2017, *Section française de l'Observatoire international des prisons*, Rec. 448) ou a été effacée par un changement de circonstances (CE 10 oct. 2013, *Fédération française de gymnastique*, Rec. 251 ; AJ 2014.213, chr. Bretonneau et Lessi ; DA avr. 2014, p. 35, note Mauger ; JCP Adm. 2014.2166, note Baumard).

Ainsi, saisi d'un recours contre le refus d'abroger un acte réglementaire, le juge de l'excès de pouvoir, tenant compte des changements intervenus depuis l'adoption de cet acte (v. nos obs. sous l'arrêt *Despujol**), l'examine en considération des règles applicables au jour où il statue. Le Conseil d'État (Ass.) l'a reconnu dans un arrêt du 19 juillet 2019, *Association des Américains accidentels* (Rec. 297, concl. Lallet ; v. n° 39.9) par une motivation explicite :

« *L'effet utile de l'annulation pour excès de pouvoir du refus d'abroger un acte réglementaire illégal réside dans l'obligation... pour l'autorité compétente, de procéder à l'abrogation de cet acte afin que cessent les atteintes illégales que son maintien en vigueur porte à l'ordre juridique. Il s'ensuit que, dans l'hypothèse où un changement de circonstances a fait cesser l'illégalité de l'acte réglementaire litigieux à la date à laquelle il statue, le juge de l'excès de pouvoir ne saurait annuler le refus de l'abroger. À l'inverse, si, à la date à laquelle il statue, l'acte réglementaire est devenu illégal en raison d'un changement de circonstances, il appartient au juge d'annuler ce refus d'abroger pour contraindre l'autorité compétente de procéder à son abrogation.* » Ainsi, « *lorsqu'il est saisi de conclusions aux fins d'annulation du refus d'abroger un acte réglementaire, le juge de l'excès de pouvoir est conduit à apprécier la légalité de l'acte réglementaire dont l'abrogation a été demandée au regard des règles applicables à la date de sa décision.* »

Cette ligne d'appréciation s'applique en particulier aux règles relatives à la détermination de l'autorité compétente pour édicter un acte réglementaire : « *leur changement ne saurait avoir pour effet de rendre illégal un acte qui avait été pris par une autorité qui avait compétence pour ce faire à la date de son édition* » ; « *un tel changement a, en revanche, pour effet de faire cesser l'illégalité dont était entaché un règlement édicté par une autorité compétente dans le cas où ce changement a conduit, à la date à laquelle le juge statue, à investir cette autorité de la compétence pour ce faire* ».

8 Aux *actes non réglementaires*, l'arrêt CE, Sect., 30 nov. 1990 (*Association « Les Verts »*, Rec. 339 ; RFDA 1991.571, concl. Pochard ; AJ 1991.114, chr. Honorat et Schwartz et 2014.101, note Touvet) a étendu pour partie les principes de l'arrêt *Alitalia* : « *il appartient à tout intéressé de demander à l'autorité compétente de procéder à l'abrogation d'une décision illégale non réglementaire qui n'a pas créé de droits, si cette décision est devenue illégale à la suite de changements dans les circonstances de droit ou de fait postérieurs à son édiction* ». La formule n'est pas exactement identique à celle de l'arrêt *Alitalia* pour les actes réglementaires :

– elle ne vise que le cas d'une décision devenue illégale par suite d'un changement de circonstances, non d'une décision illégale dès l'origine ;

– elle ne s'applique qu'à une décision non créatrice de droits : les droits acquis ne peuvent être remis en cause (CE 30 juin 2006, *Société Neuf Télécom*, Rec. 309 ; AJ 2006.1703, note P.-A.J., et 1720, note Sée ; JCP 2007.II.10177, note Chaminade ; RJEP 2007.162, note Fontaine et Weigel).

Ainsi, saisie d'une demande tendant à l'abrogation ou au retrait d'une décision créatrice de droits illégale, l'autorité compétente ne peut faire droit à cette demande que si le délai du retrait n'est pas expiré (CE 21 janv. 1991, *Pain*, Rec. 692).

En revanche, elle doit accueillir la demande d'abrogation d'un acte non réglementaire (individuel ou non), soit, lorsque cet acte est illégal dès l'origine, si la demande est présentée dans le délai du retrait, soit, lorsque cet acte devient illégal par suite du changement de circonstances, s'il n'a pas créé de droits, sans condition de délai.

9 *B.* — Le législateur a repris avec certaines modifications la jurisprudence *Alitalia*, d'abord dans la loi relative aux droits des citoyens dans leurs relations avec les administrations du 12 avr. 2000 (art. 16-1), puis dans le Code des relations entre le public et l'administration adopté par l'ordonnance du 23 oct. 2015, qui désormais dispose dans son article L 243-2 : *L'administration est tenue d'abroger expressément un acte réglementaire illégal ou dépourvu d'objet, que cette situation existe depuis son édiction ou qu'elle résulte de circonstances de droit ou de fait postérieures, sauf à ce que l'illégalité ait cessé.*

L'administration est tenue d'abroger expressément un acte non réglementaire non créateur de droits devenu illégal ou sans objet en raison de circonstances de droit ou de fait postérieures à son édiction, sauf à ce que l'illégalité ait cessé.

Par rapport à la jurisprudence *Alitalia* apparaissent des différences :

– l'obligation d'abroger s'impose non seulement en cas de demande d'une personne intéressée mais aussi d'office en l'absence de demande ;

– l'obligation d'abroger porte non seulement sur les actes illégaux mais aussi sur ceux qui sont devenus sans objet, dont l'identification n'est pas aisée et dont le refus d'abrogation pourrait constituer une illégalité même s'ils ne sont pas en eux-mêmes illégaux ;

– n'est pas mentionnée l'obligation d'abroger dans le délai de retrait (en principe quatre mois) un acte non réglementaire pouvant créer des droits qui était illégal dès l'origine.

Mais, pour l'essentiel, les solutions dégagées par la jurisprudence *Alitalia* restent inchangées : pour les actes réglementaires, obligation d'abroger en raison d'une illégalité d'origine (autre qu'un vice de forme ou de procédure selon l'arrêt préc. du 18 mai 2018) ou apparue par suite du changement de circonstances de droit ou de fait ; pour les actes non réglementaires, obligation d'abroger seulement ceux qui ne sont pas créateurs de droits et sont devenus illégaux par suite du changement de circonstances.

82

TRAITÉS INTERNATIONAUX SUPRÉMATIE SUR LA LOI

Conseil d'État Ass., 20 octobre 1989, *Nicolo*
(Rec. 190, concl. Frydman ; concl., JCP 1989.II.21371, RFDA 1989.812, RTD eur. 1989.771, RGDIP 1989.1041, Rev. crit. DIP 1990.125 ; RUDH 1989.262 ; Gaz. Pal. 12-14 nov. 1989, obs. Chabanol ; RJF 1989.656, note ; AJ 1989, chr. Honorat et Baptiste, 756, et note Simon, 788 ; RFDA 1989.824, note Genevois, 993, note Favoreu, 1000, note Dubouis ; RFDA 1990.267 obs. Ruzié ; LPA 15 nov. 1989, note Gruber, 11 déc. 1989, comm. Lebreton, 7 févr. 1990, comm. Flauss ; JCP 1990.I.3429, comm. Calvet ; Vie jud. 29 janv.-4 févr. 1990, comm. Foyer ; RTD eur. 1989.787, note Isaac ; D. 1990, chr. Kovar, 57, et note Sabourin, J. 135 ; JDI, 1990.5. chr. Dehaussy ; RGDIP 1990.91, note J. Boulouis, Rev. crit. DIP 1990.139, note Lagarde ; Rev. Marché commun, 1990.384, note Lachaume ; RD publ. 1990.801, note Touchard ; AFDI 1989.91, comm. Rambaud ; RFDA 2014.985, art. Labetoulle ; AJ 2014.100, note Long ; GDDIPub, n° 16 ; GCJA, vol. 2, n° 61, concl. ; AJ 2019.2081, trib. Frydman ; AJ 2019.2096, « Les 30 ans de l'arrêt *Nicolo* »).

Vu la Constitution, notamment son article 55 ; le traité en date du 25 mars 1957, instituant la Communauté économique européenne ; la loi n° 77-729 du 7 juill. 1977 ; le Code électoral ; l'ordonnance n° 45-1708 du 31 juill. 1945, le décret n° 53-934 du 30 sept. 1953 et la loi n° 87-1127 du 31 déc. 1987 ; [...]

Cons. qu'aux termes de l'article 4 de la loi n° 77-729 du 7 juill. 1977 relative à l'élection des représentants à l'Assemblée des Communautés européennes « le territoire de la République forme une circonscription unique » pour l'élection des représentants français au Parlement européen ; qu'en vertu de cette disposition législative, combinée avec celles des articles 2 et 72 de la Constitution du 4 oct. 1958, desquelles il résulte que les départements et territoires d'outre-mer font partie intégrante de la République française, lesdits départements et territoires sont nécessairement inclus dans la circonscription unique à l'intérieur de laquelle il est procédé à l'élection des représentants au Parlement européen ;

Cons. qu'aux termes de l'article 227-1 du traité en date du 25 mars 1957 instituant la Communauté économique européenne : « Le présent traité s'applique... à la République française » ; *que les règles ci-dessus rappelées, définies par la loi du 7 juill. 1977, ne sont pas incompatibles avec les stipulations claires de l'article 227-1 précité du traité de Rome ;*

Cons. qu'il résulte de ce qui précède que les personnes ayant, en vertu des dispositions du chapitre 1er du titre 1er du livre 1er du Code électoral, la qualité d'électeur dans les départements et territoires d'outre-mer ont aussi cette qualité pour l'élection des représentants au Parlement européen ; qu'elles sont également éligibles, en vertu des dispositions de l'article LO 127 du Code électoral rendu applicable à l'élection au Parlement européen par l'article 5 de la loi susvisée du 7 juill. 1977 ; que, par suite, M. Nicolo n'est fondé à soutenir ni que la participation des citoyens français des départements et territoires d'outre-mer à l'élection des représentants au Parlement européen, ni que la présence de certaines d'entre eux sur des listes de candidats auraient vicié ladite élection ; que, dès lors, sa requête doit être rejetée ; ... (Rejet).

OBSERVATIONS

En admettant la supériorité des traités internationaux sur les lois, en particulier celle des traités européens et des actes qui en dérivent, l'arrêt Nicolo *ouvre la voie à une abondante jurisprudence sur le contrôle dit de « conventionnalité » et sur l'insertion du droit européen dans le droit national.*

1 De façon cursive et en apparence anodine, l'arrêt *Nicolo* marque une étape décisive de la jurisprudence du Conseil d'État relative à la place respective de la loi et du traité dans l'ordre juridique interne. Il s'agit là d'une question difficile qui s'est posée dans de nombreux pays et a reçu des réponses variées.

Le contentieux de la désignation des représentants élus dans le cadre de la France à l'Assemblée des Communautés européennes, devenue, à la suite de l'Acte unique, le Parlement européen, ressortit à la compétence directe du Conseil d'État en vertu de la loi n° 77-729 du 7 juill. 1977. Cette dernière a fixé les modalités d'application d'un mode d'élection au suffrage universel qui a son siège dans un engagement international dont l'approbation a été autorisée par une loi du 30 juin 1977.

M. Nicolo, agissant en qualité d'électeur, a contesté la régularité des opérations électorales qui ont eu lieu le 18 juin 1989 en raison de la participation au scrutin des citoyens français des départements et territoires d'outre-mer. Pour le requérant il y avait là une violation tant de la loi du 7 juill. 1977 que du traité de Rome du 25 mars 1957 car, selon lui, ce dernier vise seulement le territoire européen de la France.

Comme l'a souligné dans ses conclusions le commissaire du gouvernement Frydman, une telle argumentation ne résiste pas à l'analyse. D'une part, la loi du 7 juill. 1977 disposait que « le territoire de la République forme une circonscription unique », ce qui englobait, en vertu de la Constitution de 1958, les départements et territoires d'outre-mer. D'autre part, le traité de Rome s'applique, aux termes de son article 227-1, repris à l'art. 52 du traité sur l'Union européenne « à la République française » ; si les paragraphes 2 et 3 de l'art. 227, dont la substance figure aux paragraphes 355 du traité sur le fonctionnement de l'UE, ont soumis les départements et territoires d'outre-mer à des règles particulières, ils n'excluent pas pour autant ces collectivités de toute application du traité. La Cour de justice des Communautés européennes s'est d'ailleurs prononcée en ce sens (CJCE 10 oct. 1978, *Hansen* aff. 148/77, Rec. 1787 ;

26 mars 1987, *Coopérative agricole d'approvisionnement des Avirons*, aff. 58/86, D. 1987.564, note Simon et Soler-Couteaux).

L'argumentation du requérant, bien que non fondée, soulevait cependant une difficulté sur le plan de la motivation. Le Conseil d'État devait-il écarter le moyen dont il était saisi en se fondant uniquement sur la loi du 7 juill. 1977 sans avoir à en vérifier la compatibilité avec le traité de Rome, suivant en cela sa jurisprudence antérieure, ou n'y avait-il pas lieu d'innover, comme le proposait M. Frydman, « en considérant que cette loi n'est applicable que parce qu'elle est précisément conforme à ce traité » ?

Toute l'importance de la décision vient de ce que le Conseil d'État a suivi son commissaire du gouvernement, acceptant ainsi l'éventualité d'écarter l'application d'une loi qui serait incompatible avec un traité, quand bien même cette loi serait postérieure.

La solution que consacre l'arrêt *Nicolo* rompt avec une jurisprudence à laquelle le Conseil d'État paraissait très attaché. Mais cette rupture se produit, comme l'attestent les conclusions du commissaire du gouvernement, au vu de solides justifications. Elle fait peser sur la juridiction administrative des responsabilités nouvelles dans un environnement juridique renouvelé par l'effet notamment de la construction européenne.

2 **I.** — La hiérarchie qui s'établit entre le traité international et la loi est définie par l'article 55 de la Constitution aux termes duquel : « Les traités ou accords régulièrement ratifiés ou approuvés ont, dès leur publication, une autorité supérieure à celle des lois, sous réserve, pour chaque accord ou traité, de son application par l'autre partie ».

Dans la mesure où la primauté du traité sur la loi a un fondement constitutionnel, le Conseil d'État a été enclin à considérer que son respect pouvait, dans certains cas, soulever un problème de constitutionnalité.

Sans doute, avant même l'arrêt *Nicolo,* le Conseil d'État n'a pas éprouvé de difficulté à faire prévaloir un traité sur une loi qui lui est antérieure (CE 15 mars 1972, *Dame Vve Sadok Ali*, Rec. 213). Mais en cas de conflit entre le traité et une loi *postérieure*, le Conseil d'État estimait que se trouvait par là même soulevé un problème de constitutionnalité échappant à la compétence de la juridiction administrative. En pareil cas en effet, il peut être soutenu que le législateur, en adoptant une loi contraire à un traité préexistant, a méconnu la hiérarchie des normes fixée par l'article 55 de la Constitution (CE, Sect., 1er mars 1968, *Syndicat général des fabricants de semoules de France*, Rec. 149 ; AJ 1968.235, concl. Questiaux ; D. 1968.285, note M.L. ; Rev. crit. DIP 1968.516, note R. Kovar ; RTD eur.1968.399, note Constantinides-Mégret ; RGDIP 1968.1128, obs. C. Rousseau ; – Ass., 22 oct. 1979, *Union Démocratique du Travail*, Rec. 384 ; RD publ. 1980.531, concl. Hagelsteen ; AJ 1980.39, note B.G. ; Mélanges Charlier, p. 131, comm. Buisson et F. Hamon).

Or le juge administratif s'est toujours refusé à exercer un contrôle de constitutionnalité de la loi, de crainte d'entrer en conflit avec le législateur (CE, Sect., 6 nov. 1936, *Arrighi*, Rec. 966 ; v. n° 17.5).

Conscient du fait que la position qui était la sienne pouvait ne pas permettre une pleine application de l'article 55 de la Constitution, le Conseil d'État avait cherché à en atténuer les effets. Chaque fois que cela était possible il interprétait la loi postérieure comme réservant l'application des traités dans les cas prévus par ces derniers (par ex. CE, Ass., 2 mai 1975, *Mathis*, Rec. 279). Il en allait ainsi en particulier lorsque les termes de la loi postérieure pouvaient se concilier avec le respect dû aux traités (CE 19 nov. 1986, *Société SMANOR*, Rec. 260 ; LPA 1er avr. 1987 et JCP 1987.II.20822, concl. Lasserre ; AJ 1986.681, chr. Azibert et de Boisdeffre).

Néanmoins, en cas de conflit irréductible entre le traité et la loi postérieure, le Conseil d'État considérait qu'il lui fallait s'incliner devant la loi. Semblable attitude était d'ailleurs conforme à celle qui avait été adoptée pendant longtemps par le juge judiciaire (Civ. 22 déc. 1931, S. 1932.1.257, concl. Matter, note Niboyet).

II. — Si fortes que soient ces considérations, elles se heurtaient à des objections tant sur le plan juridique que sur celui de la politique jurisprudentielle.

3 *1°)* Sur le plan juridique, la position traditionnelle du Conseil d'État pouvait être contestée en raison de l'évolution de la jurisprudence du Conseil constitutionnel comme de celle de la Cour de cassation.

Dans un premier temps, le Conseil constitutionnel a, par une décision *n° 74-54 DC du 15 janv. 1975* (Rec. 19 ; GDCC, n° 15) posé en principe qu'une loi contraire à un traité ne serait pas pour autant contraire à la Constitution et il s'est refusé en conséquence à faire figurer les traités parmi les normes de référence du contrôle de constitutionnalité des lois. Cette prise de position repose sur l'idée que les décisions qu'il prend dans le cadre de ce contrôle revêtent un caractère absolu et définitif alors que la supériorité des traités sur les lois affirmée par l'article 55 de la Constitution « présente un caractère à la fois relatif et contingent, tenant d'une part, à ce qu'elle est limitée au champ d'application du traité et, d'autre part, à ce qu'elle est subordonnée à une condition de réciprocité dont la réalisation peut varier selon le comportement du ou des États signataires du traité et le moment où doit s'apprécier le respect de cette condition ».

La doctrine a pu faire observer que ce raisonnement était, comme l'a écrit le professeur Rivero (AJ 1975.134), entaché d'un porte-à-faux en ce que le juge constitutionnel l'a appliqué à la Convention européenne des droits de l'Homme alors que celle-ci n'a ni caractère relatif, car elle crée des obligations pour l'État vis-à-vis de l'ensemble des personnes soumises à sa juridiction, ni caractère contingent, car il s'agit d'une convention humanitaire pour laquelle l'obligation de réciprocité est sans objet.

Le Conseil constitutionnel n'en a pas moins confirmé par la suite sa jurisprudence car les traités ne sont pas assimilables à la Constitution. Sous réserve d'hypothèses de caractère exceptionnel où la Constitution précise par avance qu'une norme interne déterminée devra se conformer à une décision communautaire à venir (CC *n° 92-312 DC, 2 sept. 1992*, Rec. 76 ; RFDA 1992.937, note Genevois, et 1993.47, note Picard : à propos de la reconnaissance du droit de vote et d'éligibilité aux élections municipales des ressortissants des États membres de la Communauté européenne) et du cas particulier des lois transposant des directives (v. nos obs. sous l'arrêt *Société Arcelor Atlantique et Lorraine**), le juge constitutionnel considère que si, dans certains cas, la méconnaissance des traités par la loi peut soulever un problème de constitutionnalité, celui-ci n'est qu'indirect. Au surplus, le Conseil constitutionnel, à tout le moins au stade du contrôle *a priori* de constitutionnalité des lois, n'est pas le mieux placé pour le résoudre en raison de la brièveté des délais qui lui sont impartis pour statuer (un mois en principe et huit jours en cas d'urgence) et des difficultés d'interprétation inhérentes aux engagements internationaux.

Le refus du Conseil constitutionnel d'englober, sauf cas exceptionnel, les traités dans les normes de référence du contrôle de constitutionnalité des lois a incité le juge judiciaire à se reconnaître compétent pour appliquer le droit communautaire et plus généralement le droit international conventionnel aux lieu et place de la loi, même si cette dernière est postérieure à l'introduction en droit interne de la norme internationale (Cass., ch. mixte, 24 mai 1975, *Société des cafés Jacques Vabre*, D. 1975.497, concl. Touffait ; Gaz. Pal. 1975.2.470, concl. et note R.C. ; AJ 1975.567, note Boulouis ; JDI 1975.802, note Ruzié ; Rev. crit. DIP 1976.347, note J. Foyer et D. Holleaux ; RGDIP 1976.690, obs. C. Rousseau ; Cah. dr. eur. 1975.655, note Kovar ; Rev. Marché commun sept. 1975, comm. Druesne).

De son côté le Conseil constitutionnel a précisé davantage sa jurisprudence.

Par une décision *n° 86-216 DC du 3 sept. 1986* (Rec. 135 ; RFDA 1987.120, note Genevois ; JDI 1987.289, note Pinto), il a posé en principe que le respect de la règle posée par l'article 55 de la Constitution « s'impose même dans le silence de la loi » et qu'« il appartient aux divers organes de l'État de veiller à l'application » des conventions internationales « dans le cadre de leurs compétences respectives ».

Au titre du contrôle de constitutionnalité des lois, le juge constitutionnel s'est assuré que le législateur ne méconnaissait pas de façon *directe* l'article 55. Tel est le cas d'une loi qui restreint le domaine d'application du principe posé par l'article 55 aux seuls traités ou accords dûment ratifiés et non dénoncés, alors que cet article vise l'ensemble des traités et engagements internationaux, y compris ceux qui ne sont pas soumis à ratification (*cf.* la décision *n° 86-216 DC* préc.).

Surtout, menant à son terme la logique issue de sa décision du 15 janv. 1975, le Conseil constitutionnel a jugé qu'il lui appartient en tant que juge électoral de ne pas faire application d'une loi qui serait contraire à un traité et ceci bien qu'en l'état de la jurisprudence qui était la sienne avant l'institution de la « question prioritaire de constitutionnalité » il ne pouvait, dans le contentieux électoral, apprécier par la voie de l'exception la constitutionnalité d'une loi (CC 21 oct. 1988, *Ass. nat. Val d'Oise,*

5e circ., Rec. 183 ; RFDA 1988.908, note Genevois ; AJ 1989.128, note Wachsmann ; D. 1989.285, note F. Luchaire).

Au fur et à mesure que se précisait la jurisprudence du Conseil constitutionnel, s'est progressivement développée au sein de la doctrine l'idée selon laquelle l'article 55 de la Constitution, tel qu'il est interprété par le juge constitutionnel, habilite implicitement le juge administratif comme le juge judiciaire à assurer le respect de la hiérarchie des normes qu'il édicte.

4 *2°)* Le commissaire du gouvernement a invité le Conseil d'État à faire sienne cette analyse juridique, tout en mettant également en évidence les considérations d'opportunité qui militaient en faveur du renversement de sa jurisprudence antérieure.

Il a pu évoquer en particulier, le « vide juridictionnel » qui, compte tenu des positions respectives du Conseil d'État et du Conseil constitutionnel, aboutit « à priver... de toute sanction efficace la violation de l'article 55 de la Constitution ». A été souligné également le fait que la divergence existant entre le juge administratif et le juge judiciaire conduit à conférer des conséquences inattendues au principe de séparation des autorités administratives et judiciaires. Qui plus est, dès lors que les juridictions judiciaires ont su s'affranchir du respect dû à l'autorité législative, pour faire prévaloir celle des traités, il y a « quelque paradoxe à voir le Conseil d'État refuser d'entrer dans une telle logique par humilité face au législateur, alors que de simples tribunaux d'instance contrôlent chaque jour, par ce biais, la validité des lois qu'ils ont à appliquer ».

5 *3°)* Ces considérations tant juridiques que pratiques ont emporté la conviction du Conseil d'État dans la mesure où l'arrêt *Nicolo* ne fait application de la loi du 7 juill. 1977 qu'après s'être assuré qu'elle n'est pas contraire aux stipulations du traité de Rome concernant la situation des départements et territoires d'outre-mer.

Le fondement juridique de la solution adoptée n'apparaît cependant que de façon discrète à travers la mention, dans les visas de la décision, de l'article 55 de la Constitution. Il a été explicité par la suite en ces termes : « pour la mise en œuvre du principe de supériorité des traités sur la loi énoncé à l'article 55 de la Constitution, il incombe au juge, pour la détermination du texte dont il doit faire application, de se conformer à la règle de conflit de normes édictée par cet article » (CE 5 janv. 2005, *Melle Deprez et Baillard*, Rec. 1 ; JCP Adm. 2005.1075, concl. Chauvaux ; AJ 2005.845, note Burgorgue-Larsen ; RFDA 2005.56, note B. Bonnet ; RTD eur. 2006.184, note Ondoua).

III. — En acceptant de faire prévaloir le traité sur la loi postérieure le Conseil d'État s'est trouvé par là même conduit à assumer des responsabilités nouvelles. Cela est sensible au regard du droit international général, du droit communautaire et du droit international des droits de l'Homme.

A. — Consécutivement à l'arrêt *Nicolo*, le statut des traités dans l'ordre interne a fait l'objet d'un réexamen par la jurisprudence.

1°) La question s'est posée de savoir si le juge administratif devait vérifier que les conditions mises à la supériorité des traités sur la loi par l'art. 55 de la Constitution étaient réunies : exigence d'une ratification régulière et réserve de réciprocité.

6 *a)* Comme l'avait pressenti la doctrine, le Conseil d'État a été conduit à exercer un contrôle sur la *régularité de la procédure d'introduction des traités dans l'ordre interne*. La jurisprudence traditionnelle excluait que le Conseil d'État statuant au contentieux exerce un contrôle sur la régularité de l'approbation ou de la ratification d'un traité par référence à la notion d'acte de gouvernement (CE 5 févr. 1926, *Dame Caraco*, Rec. 125 ; v. n° 3.10). Depuis une décision rendue en Assemblée le 18 déc. 1998. *SARL du Parc d'activités de Blotzheim* (Rec. 483 ; v. n° 3.9) le Conseil d'État accepte de contrôler le respect par l'exécutif des dispositions constitutionnelles qui exigent que pour certains traités, tels ceux qui modifient des dispositions législatives, la ratification soit autorisée par le Parlement.

Au titre de ce contrôle le juge a été conduit à préciser la notion de traité engageant les finances de l'État requérant, dans l'affirmative, l'intervention du législateur (CE 12 juill. 2017, *Durbano*, Rec. 425 ; AJ 2017.2202, note Goesel-Le Bihan, RFDA 2018.399, chr. Santulli, RTD eur. 2018.391, note Ritleng).

Le Conseil d'État a admis qu'une irrégularité de la procédure d'introduction du traité puisse être invoquée par voie d'exception, à l'occasion d'un litige mettant en cause l'application de l'engagement international (CE, Ass., 5 mars 2003, *Aggoun*, Rec. 77, concl. Stahl ; RFDA 2003.1214, concl., note Lachaume ; AJ 2003.726, chr. Donnat et Casas ; RD publ. 2004.340, comm. Guettier ; RGDIP 2003.492, note Laugier-Deslandes).

7 *b)* Le respect de la *condition de réciprocité* fixée par l'art. 55 a soulevé des difficultés particulières. Sans doute est-il admis que cette condition est sans objet pour les conventions à caractère humanitaire, pour les conventions conclues sous l'égide de l'Organisation internationale du travail et pour le droit de l'Union européenne. Mais elle se pose dans les autres cas et spécialement pour les traités bilatéraux. En la matière, après avoir adopté pendant longtemps une attitude prudente consistant, en cas de doute, à saisir à titre préjudiciel le ministre des affaires étrangères, le Conseil d'État s'est reconnu habilité à vérifier lui-même ce point (CE, Ass., 9 juill. 2010, *Mme Cheriet-Benseghir*, Rec. 251, concl. Dumortier ; v. n° 86.5).

8 *2°)* Le Conseil d'État n'a pas été jusqu'à admettre qu'il puisse être utilement saisi d'un moyen tiré de ce que la procédure d'adoption d'une loi ne serait pas conforme aux stipulations d'un engagement international, en estimant que la régularité de la procédure législative s'apprécie

exclusivement au regard de la Constitution (CE 27 oct. 2015, *Allenbach*, Rec. 367 ; BJCL 2016.9, concl. Daumas ; AJ 2015.2374, chr. L. Dutheillet de Lamothe et Odinet ; JCP 2015.1439, note Verpeaux ; AJ 2018.1255, étude J. David).

9 *3°)* La primauté d'application conférée à la convention internationale sur la norme législative interne vaut, non seulement vis-à-vis de la loi ordinaire mais également à l'égard de la loi organique dès lors que les dispositions de cette dernière ne reprennent pas les termes de la Constitution (CE 6 avr. 2016, *Blanc et autres*, Rec. 119, concl. von Coester ; AJ 2016.948, chr. L. Dutheillet de Lamothe et Odinet ; RTD eur. 2017.321, note Ritleng).

10 *4°)* Le Conseil d'État a eu aussi à s'interroger sur le point de savoir s'il devait, alors qu'il n'y est pas requis par les parties à une instance, soulever d'office l'absence de compatibilité d'une loi ou d'un décret avec un engagement international. Il a jugé que n'était pas d'ordre public la compatibilité d'un texte réglementaire avec les orientations d'une directive communautaire (CE, Sect., 11 janv. 1991, *Société Morgane*, Rec. 9 ; RJF 1991.83 ; RFDA 1991.652, concl. Hagelsteen ; AJ 1991.111, chr. Honorat et Schwartz ; Mélanges Bon, p. 907, comm. Labetoulle).

11 *5°)* L'arrêt *Nicolo* a conduit le juge à s'interroger plus fréquemment que par le passé sur le point de savoir si les stipulations d'un engagement international sont susceptibles d'être invoquées par les particuliers devant la juridiction administrative. Si la réponse est en principe affirmative (CE, Ass., 30 mai 1952, *Dame Kirkwood*, Rec. 291 ; RD publ. 1952.781, concl. Letourneur, note M. Waline), des exceptions étaient admises dans deux séries d'hypothèses. L'une tenait au contenu par trop imprécis du texte, l'autre résultait de l'intention présumée des Parties à un traité. Ce dernier critère qui était apprécié en fonction d'une formulation générale désignant les États signataires comme assujettis à des obligations réciproques, pouvait faire obstacle à ce que des stipulations, même précises, puissent être utilement invoquées devant le juge administratif (CE, Sect., 23 avr. 1997, *GISTI*, Rec. 142, concl. Abraham ; RFDA 1997-585, concl. ; AJ 1997.482, chr. Chauvaux et Girardot ; RGDIP 1998.208, note Alland).

Sensible à ce paradoxe, le Conseil d'État a redéfini les conditions auxquelles les stipulations d'un traité, régulièrement introduit dans l'ordre interne, peuvent être invoquées, par une décision de principe (CE, Ass., 11 avr. 2012, *GISTI, Fédération des associations pour la promotion et l'insertion par le logement*, Rec. 142 ; RFDA 2012.547, concl. Dumortier, note Gautier ; AJ 2012.729, trib. Aguila et 936, chr. Domino et Bretonneau ; JCP Adm. 2012.2171, note Minet ; D. 2012.1712, note B. Bonnet ; DA juin 2012, p. 9, note M. Gautier, et août-sept. 2012, note T. Fleury ; JCP 2012.806, étude Cassia et Robin-Olivier ; RTD eur. 2012.928, comm. Ritleng ; Dr. soc. 2012.1014, note Akandji-Kombé).

Pour le Conseil d'État, sous réserve des cas où est en cause un traité pour lequel la Cour de justice de l'Union européenne dispose d'une compétence exclusive pour déterminer s'il est d'effet direct, une stipulation doit être reconnue d'effet direct par le juge administratif lorsque, « eu égard à l'intention exprimée des parties et à l'économie générale du traité…, ainsi qu'à son contenu et à ses termes, elle n'a pas pour objet exclusif de régir les relations entre États et ne requiert l'intervention d'aucun acte complémentaire pour produire des effets à l'égard des particuliers ». L'arrêt spécifie, que l'absence de tels effets « *ne saurait être déduite de la seule circonstance que la stipulation désigne les États parties comme sujets de l'obligation qu'elle définit* ». De ce dernier point de vue, il y a un élargissement mesuré de l'effet direct des traités.

En outre, même si les stipulations d'une convention internationale requièrent l'intervention d'actes complémentaires pour produire des effets à l'égard des particuliers et sont, par suite, dépourvues d'effet direct, « elles doivent néanmoins être prises en considération dans l'interprétation des dispositions de droit national » (CE 19 nov. 2020, *Commune de Grande-Synthe et autre*, v. n° 79.11).

12 *6°)* S'est posé également le délicat problème de la compatibilité entre elles de plusieurs conventions internationales invoquées simultanément devant le juge.

La jurisprudence en la matière, qui était peu fournie (CE 22 mai 1992, *Mme Larachi*, Rec. 203 ; RD publ. 1992.1793 ; – 21 avr. 2000, *Zaidi*, Rec. 159), a été enrichie par une importante décision admettant la compatibilité de l'accord du 27 mai 1997 conclu entre la France et la Russie pour régler la question des emprunts russes de l'époque tsariste avec la Convention européenne des droits de l'Homme (CE, Ass., 23 déc. 2011, *Kandyrine de Brito Paiva*, Rec. 623, concl. J. Boucher ; RFDA 2012.1, concl. ; même revue 2012.19, *amicus curiae*, G. Guillaume ; même revue, 2012.26, note Alland ; AJ 2012.201, chr. Domino et Bretonneau ; DA 2012. Étude 11, M. Gautier ; RTD eur. 2012.929, comm. Ritleng ; RD publ. 2012.488, comm. Pauliat).

Tout en réservant le cas où serait en cause « l'ordre juridique intégré que constitue l'Union européenne », l'arrêt se refuse à établir une hiérarchie entre les traités. Il en déduit qu'il n'appartient pas au juge administratif, lorsqu'il est saisi d'un recours contre un acte portant publication d'un traité, de se prononcer sur la validité de celui-ci au regard d'autres engagements internationaux de la France. L'articulation entre les traités doit se faire au stade de leur application. En pareil cas, si est invoqué, à l'appui de conclusions dirigées contre une décision administrative faisant application des stipulations inconditionnelles d'un traité, un moyen tiré de leur incompatibilité avec celles d'un autre traité, il incombe au juge administratif, après avoir vérifié que les stipulations de cet autre traité sont invocables devant lui et visent la situation du requérant (CE 11 avr. 2014, *Giorgis*, Rec. 88 ; RFDA 2014.789, chr. Santulli), dans un premier temps, de définir conformément aux principes du droit coutumier international, les modalités d'application respectives des normes internationales en débat, de manière à assurer leur conciliation, en les interprétant, le cas échéant, au regard des règles et principes à valeur constitutionnelle et des principes d'ordre public, avant, dans un second temps, en cas de difficulté persistante de conciliation, « *de faire application de la norme internationale dans le champ de laquelle la décision administrative contestée a entendu se placer.* »

Lorsque le droit de l'Union européenne est en cause, le juge administratif s'assure, avant de faire application d'un traité bilatéral conclu par la France, que celui-ci n'est pas incompatible avec le droit de l'Union (CE, Ass., 19 juill. 2019, *Association des Américains accidentels*, v. n° 39.9).

13 *7°)* Postérieurement à l'entrée en vigueur de la loi du 30 juin 2000 sur le référé, s'est posée la question de savoir s'il entre dans l'office du juge des référés d'apprécier la conventionnalité d'une loi. Initialement, le Conseil d'État a répondu dans le sens de la négative (CE 30 déc. 2002, *Ministre de l'aménagement du territoire et de l'environnement c. Carminati*, Rec. 510 ; AJ 2003.1065, note Le Bot ; AJ 2004.465, note Cassia ; AJ 2006.1875, comm. Girardot). Mais cette prise de position a été abandonnée par une décision d'Assemblée qui, tout en étant rendue dans le cadre d'une procédure de référé-liberté (CE, Ass., 31 mai 2016, *Mme Gonzalez-Gomez*, Rec. 208, concl. Bretonneau ; RFDA 2016.740, concl ; note P. Delvolvé ; AJ 2016.1398 chr. L. Dutheillet de Lamothe et Odinet ; D. 2016.1472, note Fulchiron), semble transposable au référé-suspension.

14 *8°)* Dans la mesure où il repose sur la confrontation de la norme internationale et de la norme interne, le contrôle de conventionnalité s'exerce le plus souvent de façon objective et abstraite. Mais il peut en aller autrement.

a) Une première illustration a été donnée par le contrôle des lois de validation au regard du droit au procès équitable garanti par l'art. 6 de la Convention européenne des droits de l'Homme : celui-ci peut conduire le juge à vérifier, *dans l'espèce* qui lui est soumise, s'il existe bien un motif impérieux d'intérêt général à la validation d'un contrat conclu irrégulièrement, dans l'hypothèse où ce contrat avait été dénoncé (CE, Sect., 10 nov. 2010, *Commune de Palavas-les-Flots, Commune de Lattes*, Rec. 429 ; RFDA 2011.124, concl. N. Boulouis ; RJEP 2011 n° 9, concl. ; AJ 2010.2416, chr. Botteghi et Lallet ; DA 2011, n° 2, note J. Martin et S. Ferrari ; Constitutions 2011.81, note de Baecke).

b) De façon plus novatrice, par une même décision, le Conseil d'État a jugé, d'une part, abstraitement, que les dispositions du Code de la santé publique prohibant l'utilisation à des fins d'insémination des gamètes du mari postérieurement à son décès ainsi que leur exportation à cette fin, n'étaient pas incompatibles avec les dispositions de l'article 8 de la Convention européenne des droits de l'Homme garantissant le droit au respect de la vie privée et familiale, d'autre part, concrètement, que leur application à la situation d'une ressortissante espagnole retournée dans son pays en vue d'une conception posthume dans les douze mois de la mort de son mari ainsi que le permet la loi espagnole, constituait une atteinte manifestement illégale au droit au respect de sa vie privée et familiale (CE, Ass., 31 mai 2016, *Mme Gonzalez-Gomez*. préc.).

La démarche ainsi adoptée n'a cependant pas été reprise dans une hypothèse où la loi, compatible avec les engagements internationaux, édicte, comme c'est le cas pour l'anonymat de l'auteur d'un don de gamètes, une règle ne souffrant aucune exception (CE 28 déc. 2017, *Molenat*, Rec. 404 ; AJ 2018.497, chr. Roussel et Nicolas ; RFDA 2018.706, chr. Dupré de Boulois et Milano).

15 *B.* — C'est en matière de droit communautaire que les prolongements de la jurisprudence *Nicolo* ont été les plus significatifs.

1°) Le Conseil d'État a admis que le principe de suprématie posé par l'art. 55 de la Constitution vaut aussi bien pour le droit communautaire originaire, c'est-à-dire pour les traités instituant les Communautés (CE 5 mai 1995, *Ministre de l'équipement, des transports et du tourisme c. SARL Der*, Rec. 192 ; RD publ. 1995.1102, concl. Scanvic ; AJ 1995.936, note Hamoniaux), qu'en ce qui concerne le droit communautaire dérivé.

Il a ainsi affirmé la priorité des *règlements communautaires* sur les lois nationales (CE 24 sept. 1990, *Boisdet*, Rec. 251 ; LPA 12 oct. 1990, concl. Laroque ; AJ 1990.863, chr. Honorat et Schwartz ; RFDA 1991.172, note Dubouis ; RGDIP 1991.964, note Rousseau).

Le Conseil d'État a également accepté d'écarter l'application d'une disposition législative incompatible avec une directive antérieure, une fois passé le délai de transposition et d'en tirer comme conséquence que la responsabilité de l'État pouvait être engagée à raison de l'intervention d'un acte réglementaire pris sur le fondement d'une loi inapplicable du fait de son incompatibilité avec les objectifs d'une directive (CE, Ass., 28 févr. 1992, *SA Rothmans International France et SA Philip Morris Fr.*, Rec. 81 ; du même jour, Ass., *Société Arizona Tobacco Products et SA Philip Morris Fr.*, Rec. 78 ; Gaz. Pal. 20-22 déc. 1992 ; AJ 1992.210, concl. Laroque ; AJ 1992.329, chr. Maugüé et Schwartz ; RFDA 1992.425, note Dubouis ; RD publ. 1992.1480, note Fines ; Europe avr. 1992, note D. Simon ; D. 1992.208, chr. Kovar ; CJEG 1992.525, note Sabourin ; JCP 1992.II.21859, note Teboul ; D. 1993.SC.141, obs. Bon et Terneyre, Gaz. Pal. 21 juill. 1993, note Clergerie).

L'engagement de la responsabilité de l'État s'est vu conférer une portée générale puisqu'il peut jouer, depuis l'arrêt *Gardedieu* du 8 févr. 2007 (v. n° 46.14), en cas de méconnaissance par le législateur des engagements internationaux de la France et non pas seulement du droit communautaire.

2°) Le Conseil d'État a estimé qu'un arrêt de la Cour de justice des Communautés européennes condamnant la France pour manquement à ses obligations communautaires du fait de la contrariété d'un règlement national avec une directive, avait pour conséquence de rendre ce règlement *de plano* inapplicable (CE 23 mars 1992, *Société Klöckner France*, Rec. 133).

3°) Par référence, non à un arrêt de la Cour de justice, mais à un avis motivé de la Commission contestant la compatibilité d'une loi avec le droit de l'Union européenne, il a été jugé que la responsabilité de l'État n'était pas engagée pour absence d'édiction du décret d'application de ladite loi (CE 22 oct. 2014, *Société Métropole Télévision (M6)*, Rec. 312 ; v. n° 46.14).

16 *C.* — La jurisprudence *Nicolo* a ainsi ouvert la possibilité de contester l'applicabilité de lois au motif qu'elles seraient contraires à des engagements internationaux protecteurs des droits de l'Homme. Dans la mesure où nombre de droits garantis par ces engagements ont leur équivalent comme principe de valeur constitutionnelle, le contrôle de « conventionnalité » de la loi peut aboutir à ce que le juge administratif se trouve confronté à des problèmes touchant à la garantie des droits et libertés analogues à ceux qui ont pu être soulevés devant le Conseil constitutionnel avant la promulgation d'une loi, ou qui le sont au titre du contrôle *a posteriori* introduit par la loi constitutionnelle du 23 juill. 2008.

Les deux types de contrôle sont juridiquement distincts, comme l'ont jugé aussi bien le Conseil constitutionnel (*n° 2020-858/859 QPC*, 2 oct. 2020, v. n° 87.2) que le Conseil d'État (CE 29 juill. 2020, *Autorité de contrôle des nuisances sonores aéroportuaires c. Société Air Horizont Limited*, Rec. 878). Le plus souvent, leur exercice successif débouche sur des solutions harmonieuses.

Tel a été le cas, par exemple, à propos de la législation sur l'interruption volontaire de grossesse, que le Conseil constitutionnel a déclarée non contraire à la Constitution (CC *n° 74-54 DC* préc.). Appelé à apprécier si la même loi ne méconnaissait pas les stipulations de la Convention européenne des droits de l'Homme aux termes desquelles « le droit de toute personne à la vie est protégé par la loi », le Conseil d'État s'est prononcé dans le sens de la négative en s'appuyant sur les dispositions législatives qui garantissent le respect de tout être humain dès le commencement de la vie et qui spécifient qu'il ne saurait être porté atteinte à ce principe qu'en cas de nécessité et selon les conditions et limites définies par la loi (CE, Ass., 21 déc. 1990, *Confédération nationale des associations familiales catholiques*, Rec. 369, concl. Stirn ; RFDA 1990.1065, concl. ; AJ 1991.91, chr. C.M., F.D. et Y.A. ; RD publ. 1991.525, note J.-M. Auby ; D. 1991.283, note Sabourin ; RUDH 1991.1, note Ruiz-Fabri).

Une convergence s'est manifestée à propos de la pénalisation du recours à la prostitution qui, pour le juge constitutionnel, n'est pas contraire aux droits et libertés constitutionnellement garantis (*n° 2018-761 QPC, 1er févr. 2019*, Constitutions 2019.83, note Ponseille ; LPA. 14 juin 2019, note Camby) et, pour le juge administratif, ne contrevient pas au droit au respect de la vie privée énoncé à l'article 8 de la Convention européenne (CE 7 juin 2019, *Médecins du monde et autres*, Rec. 735).

Mais des discordances, au demeurant limitées, peuvent se faire jour. Ainsi, alors que le Conseil d'État a jugé que l'exigence de cession gratuite de terrain à laquelle peut être subordonnée la délivrance d'un permis de construire n'est pas contraire à l'art. 1er du Protocole n° 1 de la

Convention européenne relatif au droit de propriété (CE 11 févr. 2004, *Schiocchet,* Rec. 65 ; CJEG 2004.196, concl. Chauvaux ; BJDU 3/2004.195, concl., note Trémeau ; JCP 2004.II.10180, note Bousquet), le Conseil constitutionnel s'est prononcé dans le sens de l'inconstitutionnalité en fondant son raisonnement sur l'incompétence négative du législateur (CC *n° 2010-33 QPC, 22 sept. 2010,* Rec. 245 ; BJDU 5/2010, note Trémeau ; RFDC 2011.137, note Carpentier ; AJ 2010.2384, note Rolin ; RFDA 2010.1261, chr. Roblot-Troizier).

De même, bien que le Conseil constitutionnel ait déclaré conforme à la Constitution une disposition législative ayant validé le permis de construire accordé pour l'édification d'un musée dans le Bois de Boulogne destiné à accueillir les collections d'art contemporain de la Fondation Louis Vuitton (CC *n° 2011-224 QPC, 24 févr. 2012,* Rec. 136), la cour administrative d'appel de Paris a conclu à l'incompatibilité de cette validation avec les stipulations de l'article 6 de la Convention européenne des droits de l'Homme (CAA Paris 18 juin 2012, *Fondation d'entreprise Louis Vuitton pour la création et Ville de Paris,* RFDA 2012.650, concl. Vidal).

Pareille éventualité ne devrait pas se reproduire depuis qu'en matière de contrôle de constitutionnalité des lois de validation, a été abandonné le critère du « *but d'intérêt général suffisant* » pour celui, inspiré de la jurisprudence de la Cour européenne des droits de l'Homme, « *de motif impérieux d'intérêt général* » (CC *n° 2013-366 QPC, 14 févr. 2014,* Rec. 130).

IV. — Le Conseil d'État a même été invité à aller au-delà de l'arrêt *Nicolo* en faisant prévaloir le droit international non conventionnel sur la loi ainsi que les engagements internationaux de la France sur la Constitution.

17 *A.* — La Constitution de 1958, si elle comporte des dispositions relatives aux traités et accords internationaux (titre VI) et aux Communautés européennes et à l'Union européenne (titre XV ajouté par la loi constitutionnelle du 25 juin 1992) est muette au sujet du droit international non conventionnel, qu'il s'agisse des « principes généraux de droit » ou de la coutume internationale. Toutefois, la doctrine s'accorde à reconnaître que la coutume est implicitement visée par le renvoi opéré par le Préambule de l'actuelle Constitution au Préambule de la Constitution de 1946 dont le 14e alinéa proclame que « la République se conforme aux règles du droit public international ».

Par là même, le constituant a entendu consacrer la coutume internationale à laquelle le juge judiciaire s'est parfois référé, dès lors du moins qu'elle n'était pas mise en échec par la loi.

Le Conseil d'État a manifesté traditionnellement une relative réserve face à la coutume dont certains internationalistes eux-mêmes soulignent qu'il s'agit d'une norme « énigmatique dans sa création » et « difficile dans son identification » (*cf.* P.M. Martin, LPA 6 févr. 1998). En raison de l'incertitude qui affecte cette notion, la Haute Assemblée a jugé postérieurement à l'arrêt *Nicolo,* que ni l'article 55 de la Constitution ni aucune autre disposition constitutionnelle « ne prescrivent ni n'impliquent que le juge administratif fasse prévaloir la coutume internationale sur la loi en cas de conflit entre ces deux normes ». L'existence de la coutume est ainsi reconnue mais non la possibilité pour le juge administratif d'en assurer la primauté (CE, Ass., 6 juin 1997, *Aquarone*, Rec. 206, concl. Bachelier ; AJ 1997.630, chr. Chauvaux et Girardot ; RFDA 1997.1068, concl. ; RGDIP 1997.1053, note Alland ; JCP 1997.II.22945, note Teboul ; LPA 6 févr 1998, note P.M. Martin).

Un raisonnement identique a été adopté pour la combinaison de la loi et des principes généraux de droit international, autre catégorie de norme internationale non conventionnelle (CE 28 juill. 2000, *Paulin*, Rec. 317 ; Dr. fisc. 2001, comm. 163. p. 357, concl. Arrighi de Casanova ; D. 2001.411, note Tixier ; RGDIP 2001.239, note Poirat).

18 ***B.*** — Pas davantage le Conseil d'État n'a estimé possible d'écarter l'application de la Constitution au profit d'un traité (*cf.* nos obs. sous l'arrêt *Sarran** du 30 oct. 1998).

Il reste que même limité aux conflits entre le traité et la loi, la jurisprudence *Nicolo* a une portée considérable car elle a donné naissance à un contrôle de « conventionnalité » (*cf.* nos obs. sous l'arrêt *Diop** du 30 nov. 2001).

83

PROCÉDURE – AVIS SUR RENVOI
RESPONSABILITÉ – ATTROUPEMENTS

Conseil d'État Ass. (avis), 6 avril 1990, *Compagnie financière et industrielle des autoroutes (Cofiroute)*
(Rec. 95, concl. Hubert ; RD publ. 1990.1145, concl. ;
LPA 1er août 1990, note Prélot ; RFDA 1991.562, note Letteron)

Aux termes de l'article 92 de la loi du 7 janv. 1983 relative à la répartition des compétences entre les communes, les départements, les régions et l'État : « L'État est civilement responsable des dégâts et dommages résultant des crimes et délits commis, à force ouverte ou par violence, par des attroupements ou rassemblements armés ou non armés, soit contre les personnes, soit contre les biens... ».

Il résulte des dispositions précitées, qui n'énoncent aucune restriction quant à la nature des dommages indemnisables, que l'État est responsable des dégâts et dommages de toute nature qui sont la conséquence directe et certaine des crimes et délits visés par lesdites dispositions. La responsabilité de l'État peut ainsi être engagée, sur le fondement de ces dispositions, non seulement à raison de dommages corporels ou matériels, mais aussi, le cas échéant, lorsque les dommages invoqués ont le caractère d'un préjudice commercial consistant notamment en un accroissement de dépenses d'exploitation ou en une perte de recettes d'exploitation.

Le présent avis sera notifié au Tribunal administratif de Paris, à la Société « Compagnie financière et industrielle des autoroutes » et au ministre de l'intérieur.

OBSERVATIONS

L'avis Cofiroute *inaugure la procédure d'avis contentieux aménagée par la loi ainsi que la jurisprudence administrative sur la responsabilité de l'administration du fait des attroupements.*

1 Des manifestants avaient occupé des postes de péage d'une autoroute et laissé passer les automobilistes sans payer. Il en était résulté pour la société concessionnaire des pertes de recettes dont elle a demandé à l'État réparation sur le fondement d'une disposition législative (art. 92 de la loi du 7 janv. 1983, repris par l'article L. 2216-3 du Code général des collectivités territoriales puis par l'article L. 211-10 du Code de la

sécurité intérieure), rendant « l'État... civilement responsable des dégâts et dommages résultant des crimes et délits commis à force ouverte ou par violence, par des attroupements ou des rassemblements armés ou non armés, soit contre les personnes, soit contre les biens ».

L'État considérait que ce texte ne s'appliquait pas aux dommages autres que les dégâts matériels.

La société saisit le Tribunal administratif de Paris. Celui-ci, avant de statuer au fond, soumit au Conseil d'État, en application de la loi du 31 déc. 1987 portant réforme du contentieux administratif, la question de savoir si l'article 92 de la loi du 7 janv. 1983 s'applique aux dommages ayant le caractère de frais supplémentaires d'exploitation ou de pertes de recettes.

Dans une autre affaire, des viticulteurs avaient occupé les installations d'une gare de chemin de fer et avaient empêché la circulation des trains : il en était résulté aussi pour la Société nationale des chemins de fer français des frais supplémentaires d'exploitation et des pertes de recettes dont elle avait demandé réparation à l'État. Saisi du litige, le tribunal administratif a également demandé au Conseil d'État si la loi couvrait ce type de dommages.

Le Conseil d'État a répondu par l'affirmative dans deux « avis » du 6 avr. 1990, rendus dans les mêmes termes.

Ils constituent une des premières applications de *la procédure de renvoi* (I) ; ils élargissent *la responsabilité de l'État du fait des attroupements* (II).

I. — Les « avis » de la loi du 31 décembre 1987

2 De tels avis présentent des particularités (A) ayant conduit à les soumettre à certaines conditions (B).

A. — Ils ne doivent pas être confondus avec ceux que le Conseil d'État, dans ses formations administratives, peut être amené à donner en réponse aux questions du gouvernement (par ex., l'avis de l'Assemblée générale du Conseil d'État, en date du 27 nov. 1989, sur le port de signes d'appartenance religieuse, EDCE 1990.239 ; v. n° 22.5).

Ils sont rendus par le Conseil d'État dans une *formation contentieuse* (ici, l'assemblée du contentieux), à la suite d'une question posée par un tribunal administratif (en l'occurrence celui de Paris) ou une cour administrative d'appel, en vertu de l'article 12 de la loi du 31 déc. 1987 (aujourd'hui art. L. 113-1 CJA), ainsi rédigé : « *Avant de statuer sur une requête soulevant une question de droit nouvelle, présentant une difficulté sérieuse et se posant dans de nombreux litiges, le tribunal administratif ou la cour administrative d'appel peut, par un jugement qui n'est susceptible d'aucun recours, transmettre le dossier de l'affaire au Conseil d'État, qui examine, dans un délai de trois mois, la question soulevée. Il est sursis à toute décision sur le fond de l'affaire jusqu'à un avis du Conseil d'État ou, à défaut, jusqu'à l'expiration de ce délai* ». Le même type de procédure a été institué pour les juridictions judiciaires devant la Cour de cassation par la loi du 15 mai 1991 (art. L. 151-1 du Code de l'organisation judiciaire). De manière semblable, le Protocole n° 16 à la Convention européenne des droits de l'Homme permet aux plus hautes juridictions d'un État de demander à la Cour européenne un avis consultatif sur des questions de principe se posant dans une affaire pendante, relatives à l'interprétation ou à l'application des droits et libertés : la Cour de cassation a utilisé cette faculté (16 oct. 2018) et la Cour européenne a répondu (10 avr. 2019) au sujet de la transcription de l'acte de naissance d'un enfant né à l'étranger d'une GPA ; le Conseil d'État l'a fait aussi le 15 avr. 2021 au sujet du retrait de fonds du territoire d'une association communale de chasse (CE 15 avr. 2021, *Forestiers privés de France*, AJ 2021.831 ; JCP 2021.660, note Andriantsimbazovina ; RFDA 2021, n° 4, note Morio).

Cette procédure originale a pour objet « de permettre au Conseil d'État de régler très précisément, et rapidement, un point de droit, décelé par le juge initial, et dont la solution doit être rapidement donnée, pour remédier à un encombrement momentané des juridictions administratives par des litiges de même nature » (M. Laroque, concl. sur l'avis du 7 juill. 1989, *Melle Cale,* citées plus loin).

Initialement il avait été prévu que le Conseil d'État répondrait par de véritables arrêts. Au cours des travaux préparatoires, cette formule a paru excessive. Le législateur a donc décidé que le Conseil d'État ne rendrait en la matière que des « avis », alors même qu'ils émanent de ses formations contentieuses. Le décret du 2 sept. 1988 (aujourd'hui art. R. 113-1 et s. CJA) renvoie, pour l'essentiel, aux dispositions régissant la procédure contentieuse devant le Conseil d'État, y compris en ce qui concerne le rôle des avocats au Conseil d'État.

Quelques particularités doivent être observées, formellement et matériellement. L'avis ne précise pas que le Conseil d'État statue « au nom du peuple français » et « au contentieux ». Il ne comporte pas l'énoncé des moyens des parties. Dès l'origine le raisonnement n'a pas pris la forme de considérants (aujourd'hui les arrêts n'en ont plus aussi), ni le dispositif, celle d'une décision. L'avis est d'abord notifié à la juridiction qui l'a demandé ; il peut mentionner qu'il sera publié au *Journal officiel.* Quant au fond, n'ayant pas la nature d'une décision, il n'est pas susceptible de recours (CE 17 nov. 1997, *Mme Doukouré*, Rec. 426 ; DA 1998, n° 63, note M.C.) ; n'ayant pas l'autorité de la chose jugée, il ne s'impose ni à la juridiction qui l'a demandé ni *a fortiori* aux autres. Mais, réglant une question présentant une difficulté sérieuse rencontrée par la juridiction qui l'a sollicité et se posant dans de nombreux litiges, il paraît difficile, en fait sinon en droit, qu'il ne soit pas suivi.

3 ***B.*** — Les *conditions* d'une demande d'avis sont cumulativement l'existence d'« une question de droit nouvelle, présentant une difficulté sérieuse et se posant dans de nombreux litiges ». Leur application stricte aurait pu conduire le Conseil d'État à refuser de donner un « avis » si elles ne sont pas exactement réunies (comme le fait la Cour de cassation dans le cadre de la loi du 15 mai 1991 ; v. chr. Stahl et Chauvaux, AJ 1995.875).

Il ne s'est pas engagé dans cette voie. Il a choisi une politique jurisprudentielle favorable à l'exercice et au développement du recours à la procédure d'avis.

S'agissant de *questions de droit nouvelles*, elles peuvent porter sur des problèmes de compétence juridictionnelle (répartition des compétences entre juridictions administrative et judiciaire : CE Sect., avis, 10 avr. 1992, *SARL Hofmiller*, Rec. 159 ; v. n° 34.3, ou à l'intérieur de la juridiction administrative : – CE, avis, 28 avr. 1993, *Commune de Royan*, Rec. 139 ; RFDA 1994.230, concl. Vigouroux et note Pouyaud ; D. 1994.SC.271, obs. Bon), de procédure contentieuse (par ex. à propos de l'exercice du pouvoir d'injonction du juge administratif : CE, Sect., 13 mars 1998, *Mme Vindevogel*, Rec. 78 ; v. n° 79.7 ; – Sect., 30 nov. 1998, *Berrad*, Rec. 451 ; v. n° 79.6), autant que sur des problèmes de fond (par ex. les questions d'indemnisation soulevées dans les affaires *Cofiroute* et *SNCF* et, plus grave, celle de la responsabilité de l'État du fait de la déportation de Juifs sous l'Occupation : CE, Ass., 16 févr. 2009, *Mme Hoffman-Glemane*, Rec. 43, concl. Lenica ; v. n° 98.8).

« La nouveauté d'une question de droit... réside moins dans son apparition récente que dans l'absence de décision lui ayant apporté une réponse avec l'autorité qui s'attache (aux) précédents jurisprudentiels » (concl. Abraham sur CE Sect., avis, 9 oct. 1992, *Abihilali*, Rec. 363 et RFDA 1993.175 ; AJ 1992.885, chr. Maugüé et Schwartz ; D. 1993.251, note Maillard ; JCP 1993.II.22025, note Laroche-Gisserot ; JDI 1993.103, note Julien-Laferrière ; Rev. crit. DIP 1993.25, note P.L. : à propos du « mariage blanc » des étrangers).

Même si une question peut trouver une réponse dans des arrêts récents, elle est recevable (CE, avis, 7 juill. 1989, *Compagnie financière et industrielle des autoroutes*, Rec. 162 ; RFDA 1989.909, concl. Ph. Martin ; AJ 1989.606, chr. Honorat et Baptiste).

Sur le *caractère sérieux de la difficulté* en cause, le Conseil d'État n'a pas manifesté de réticence. Au contraire, dès son premier avis (Ass., 7 juill. 1989, *Melle Cale*, Rec. 160 ; RFDA 1989.897, concl. M. Laroque ; AJ 1989.606, chr. Honorat et Baptiste), il a admis d'élargir l'examen de la question qui lui était mal posée à celle qui faisait vraiment difficulté (légalité de l'article 2 alinéa 1er, et non pas seulement alinéa 2, d'un décret du 2 mai 1983 relatif à l'indemnité de logement des instituteurs).

Quant au *nombre de litiges* dans lesquels la question se pose, il peut être difficile à apprécier. Il arrive que leur multiplicité soit patente (par ex. à propos du droit des fonctionnaires à un supplément familial de traitement : CE Sect., avis, 29 mai 1992, *Mme Ferrand*, Rec. 220 ; AJ 1992.530, note Salon), mais aussi que les litiges pendants soient très limités (par ex. à propos du ministère d'avocat devant les tribunaux administratifs de Papeete et Nouméa : CE Sect., avis, 25 févr. 1994, *Mme Peters*, Rec. 97). La recevabilité de la demande d'avis est admise aussi bien dans le second cas que dans le premier.

Le Conseil d'État n'admet cependant pas qu'un tribunal administratif lui pose une question à propos de laquelle celui-ci a déjà rendu plusieurs jugements, suivis d'arrêts de la cour administrative d'appel faisant eux-mêmes l'objet d'un pourvoi en cassation : « eu égard aux instances en cours et aux décisions déjà intervenues, la demande d'avis... ne peut être regardée comme répondant à l'objet assigné par le législateur à l'article 12 de la loi du 31 déc. 1987 » (CE Sect., avis, 6 oct. 1995, *Chevillon*, Rec. 350, RFDA 1996.353, concl. Denis-Linton ; AJ 1995.882, chr. Stahl et Chauvaux) : la procédure d'avis ne peut pas « court-circuiter » les procédures contentieuses dans de telles circonstances.

Dans l'affaire *Cofiroute*, le Tribunal administratif de Paris avait très exactement posé la question à résoudre, quant à la responsabilité de l'État du fait des attroupements ; elle était sérieuse et concernait de nombreux litiges en cours ; elle se posait dans des conditions nouvelles.

Le Conseil d'État a pu y répondre.

II. — La responsabilité de l'État du fait des attroupements

4 Le Conseil d'État avait déjà eu à connaître de la responsabilité des collectivités publiques à l'occasion de rassemblements ou d'émeutes, en application des règles normales de compétence. Il a pu ainsi appliquer les principes de la responsabilité administrative, pour faute ou sans faute, du fait des décisions ou opérations de police interdisant ou dispersant les attroupements, ou du refus de prendre les mesures nécessaires pour les empêcher ou les faire cesser (v. nos obs. sous CE 10 févr. 1905, *Tomaso Grecco** et 30 nov. 1923, *Couitéas**).

Mais la responsabilité pour les dommages causés par les manifestants eux-mêmes est régie depuis longtemps par des textes spéciaux (loi du 10 vendémiaire an IV, loi du 5 avr. 1884, loi du 16 avr. 1914) qui ont attribué en la matière compétence aux juridictions judiciaires pour condamner les communes, sauf à celles-ci à se retourner, au moins pour partie, vers l'État. Toute une jurisprudence de la Cour de cassation et du Tribunal des conflits a précisé les conditions d'application de ces textes, tant sur la compétence que sur le fond.

L'article 92 de la loi du 7 janv. 1983 est venu rendre l'État « responsable des dégâts et dommages résultant des crimes et délits commis, à force ouverte ou par violence, par des attroupements ou rassemblements... ». Une loi du 9 janv. 1986, par l'abrogation des articles L. 133-1 à L. 133-8 du Code des communes, a donné compétence aux juridictions administratives. L'article L. 2216-3 du Code général des collectivités territoriales puis l'article L. 211-10 du Code de la sécurité intérieure ont repris les termes de l'article 92 de la loi de 1983, avec la compétence des juridictions administratives.

Ce double transfert – à l'État, de la charge de la responsabilité, aux juridictions administratives, de la connaissance des litiges – n'a pas nécessairement rendu obsolète la jurisprudence antérieure du Tribunal des conflits et des juridictions judiciaires dans la mesure où les nouvelles dispositions, sauf la personne responsable et les juridictions compétentes, reprennent les précédentes.

Mais il a conduit désormais le juge administratif à apprécier *les conditions* dans lesquelles la responsabilité de l'État se trouve engagée (A) et *quel préjudice* doit être réparé (B).

5 *A.* — Pour reconnaître la responsabilité de l'État, la loi fixe *trois conditions* : lorsqu'elles sont réunies, l'existence de cette responsabilité constitue un moyen d'ordre public, qui doit être soulevé d'office par le juge (CE 30 juin 1999, *Foucher*, Rec. 233).

Deux d'entre elles ne soulèvent en général pas de difficulté : celle de crimes et délits, celle de force ouverte ou de violences. La troisième, relative aux attroupements ou rassemblements, dont l'accomplissement n'était pas contesté dans les affaires *Cofiroute* et *SNCF* s'agissant d'occupation de gares routières ou ferroviaires par des manifestants, peut être plus délicate à apprécier dans certaines circonstances. La loi a voulu essentiellement couvrir des délits et dommages commis à l'occasion des attroupements ou rassemblements eux-mêmes. Elle ne couvre ni ceux qui sont commis de manière isolée (par ex. actions de « *commandos* » : CE 16 juin 1997, *Caisse centrale de réassurance*, Rec. 241) ni ceux que l'attroupement ou le rassemblement n'avait d'autre but que de réaliser (par ex. caractère prémédité de l'interception d'un camion et de la destruction de son chargement par un groupe d'une soixantaine de personnes : CE 26 mars 2004, *Société BV exportslachterig Apeldoorn ESA*, Rec. 142 ; AJ 2004.2349, note Deffigier ; caractère prémédité du blocage d'une plate-forme d'approvisionnement : CE 30 déc. 2016, *Société Generali IARD*, Rec. 940 ; AJ 2017.524, chr. L. Dutheillet de Lamothe et Odinet ; DA 2017, étude 15 Diemer).

Ces distinctions ont été faites notamment pour les violences et dégradations commises lors des troubles d'oct.-nov. 2005 dans les banlieues (CE 11 juill. 2011, *Société mutuelle d'assurances des collectivités locales*, Rec. 1142 ou, plus localement, dans des circonstances analogues (CE 30 déc. 2016, *Société Covea Risks*, Rec. 940 ; AJ 2017.524, chr. L. Dutheillet de Lamothe et Odinet).

On peut trouver des situations intermédiaires, que la jurisprudence cherche à régler en appréciant le lien entre le délit commis et le rassemblement qui s'est produit : dommages causés à l'occasion d'une série d'actions concertées sur l'ensemble du territoire ou une partie substantielle de celui-ci (CE, Ass., avis, 20 févr. 1998, *Société Études et construction de sièges pour l'automobile*, Rec. 60 ; RFDA 1998.584, concl. Arrighi de Casanova ; AJ 1998.1029, note Poirot-Mazères ; JCP 1998.II.10062, note Moniolle) ; dommages causés, non au cours d'une manifestation, mais à l'issue d'un rassemblement spontané qui a dégénéré (CE, Sect., 29 déc. 2000, *Assurances générales de France*, Rec. 679 ; AJ 2001.164, chr. Guyomar et Collin ; – Sect., 13 déc. 2002, *Compagnie d'assurances Les Lloyd's de Londres*, Rec. 461 ; AJ 2003.398, concl. Olson ; dommages causés à l'occasion d'une « rave party » : CAA Versailles 10 juin 2020, *Préfet des Yvelines c. SCI des carrières Champ Fleury*, AJ 2020.2218, note Leleu). Les événements récents peuvent contribuer à enrichir les cas d'application de la responsabilité du fait des attroupements et émeutes.

6 ***B.*** — Dans les affaires *Cofiroute* et *SNCF*, le Conseil d'État admet que peut être indemnisée *toute sorte de préjudice.*

La loi parle « des dégâts et dommages ». Leur lien avec les « crimes ou délits commis... soit contre les personnes, soit contre les biens » peut faire penser qu'il s'agit de dommages corporels ou de dommages matériels comme les destructions ou dégradations de biens. Les textes successifs ont essentiellement couvert cette hypothèse. Les préjudices commerciaux tels que les frais d'exploitation et pertes de recettes sont-ils également réparables ?

La jurisprudence antérieure était plutôt négative et comportait au moins une certaine ambiguïté (TC 7 juin 1982, *Préfet du Pas-de-Calais*, Rec. 457 ; D. 1982.637, concl. Picca).

L'affaire *Cofiroute* a permis au Conseil d'État de la lever. Il rappelle la condition que le préjudice, pour être réparable, doit être direct et certain. Mais il admet qu'il peut être « de toute nature », y compris commerciale, et notamment consister « en un accroissement de dépenses d'exploitation ou en une perte de recettes d'exploitation ».

Plus tard a été admis que cette responsabilité pouvait peser sur l'État à l'égard des communes (ou communautés urbaines) elles-mêmes (CAA Nantes 3 mai 1995, *Ministre de l'intérieur et de l'aménagement du territoire*, AJ 1995.799, note Cadenat ; JCP 1996.II.22612, note Dupont-Marillia ; CE 18 nov. 1998, *Commune de Roscoff*, DA 1999, n° 21, note L.T.) : on est loin de l'époque où la responsabilité du fait des attroupements et émeutes pesait sur les communes seules.

L'attribution au juge administratif d'un contentieux précédemment dévolu au juge judiciaire n'a pas conduit à une réduction de la responsabilité de l'État, mais a conduit à une jurisprudence adaptée à la fois aux termes de la loi et à la réalité des circonstances.

84

TRAITÉS INTERNATIONAUX INTERPRÉTATION COMPÉTENCE DU JUGE ADMINISTRATIF

Conseil d'État Ass., 29 juin 1990, *GISTI (Groupe d'information et de soutien des travailleurs immigrés)*

(Rec. 171, concl. Abraham ; concl., AJ 1990.621, RGDIP 1990.879 et Rev. crit. DIP 1991.61 ; AJ 1990.631, note Teboul ; RFDA 1990.923, note Lachaume ; RD publ. 1990.1579, note Sabiani ; D. 1990.560, note Sabourin ; JCP 1990.II.21.579, note Tercinet ; JDI 1990.965, note Julien-Laferrière ; RJF 1990.626, note ; LPA, 19 sept. 1990, note Flauss ; Rev. crit. DIP 1991.79, note Lagarde ; RGDIP 1991.109, comm. Buffet-Tchakaloff ; RGDIP 1991.753, note C. Rousseau ; Revue de recherche juridique et de droit prospectif, 1991.441, comm. Ghevontian ; GDDIPub, n° 17 ; GCJA, vol. 2, n° 62, concl.)

Vu l'ordonnance du 2 nov. 1945 ; le Code du travail ; *la Convention européenne de sauvegarde des droits de l'Homme* ; l'accord franco-algérien du 27 déc. 1968 modifié par l'avenant et le protocole du 22 déc. 1985 ; l'ordonnance n° 57-1708 du 31 juill. 1945, le décret n° 53-934 du 30 sept. 1953 et la loi n° 87-1127 du 31 déc. 1987 ;

Sur les conclusions tendant à l'annulation des 7e et 10e alinéas du paragraphe 2.2.1.2 de la circulaire du 14 mars 1986 : – Cons. que si l'article 7 de la déclaration de principes relative à la coopération économique et financière entre la France et l'Algérie du 19 mars 1962 reconnaît aux ressortissants algériens résidant en France les mêmes droits qu'aux nationaux français à l'exception des droits politiques, les conditions d'entrée et de séjour des ressortissants algériens en France sont régies par l'accord franco-algérien du 27 déc. 1968 et les conventions qui l'ont modifié ; qu'aux termes de l'article 7 b) dudit accord dans la rédaction issue de son premier avenant du 22 déc. 1985 : « Les ressortissants algériens désireux d'exercer une activité professionnelle salariée reçoivent, après le contrôle médical d'usage et sur présentation d'un contrat de travail visé par les services du ministre chargé des travailleurs immigrés un certificat de résidence valable un an pour toutes professions et toutes régions, renouvelable et portant la mention « salarié » ; cette mention constitue l'autorisation de travail exigée par la législation française » ; qu'en précisant que, pour l'application de cette disposition l'autorisation de travail serait délivrée selon les instructions applicables aux étrangers relevant du régime général et en tenant compte notamment, comme le prévoit l'article R.341-4 du Code du travail, de la situation de l'emploi, les auteurs de la circulaire attaquée se sont bornés à interpréter exactement les stipulations de l'accord ; que, les dispositions critiquées de la circulaire étant ainsi dépourvues de caractère réglementaire, le Groupe d'information et de soutien des travailleurs immigrés n'est pas recevable à en demander l'annulation ;

Sur les conclusions tendant à l'annulation du 24ᵉ alinéa du paragraphe 2.2.1.2. relatif aux autorisations provisoires de travail accordées aux étudiants algériens : – Cons. que le protocole annexé au premier avenant à l'accord franco-algérien du 27 déc. 1968 ne comporte, en ce qui concerne les ressortissants algériens admis à séjourner en France comme étudiants, aucune stipulation qui, lorsqu'ils entendent exercer une activité salariée à titre accessoire, en même temps qu'ils poursuivent leurs études, subordonne l'exercice de cette activité à l'autorisation de travail exigée par la législation française ; qu'en prévoyant que les étudiants algériens voulant travailler seraient soumis à un régime comportant des autorisations provisoires de travail délivrées dans les conditions fixées par les circulaires des 24 févr. 1976 et 1er août 1985, lesquelles disposent qu'il sera tenu compte notamment de la situation de l'emploi, et en abrogeant sur ce point la circulaire du 12 mars 1979 qui constatait qu'ils étaient dispensés d'une telle autorisation par l'article 7 de la déclaration de principes du 19 mars 1962, la circulaire a édicté une règle contraire aux conventions internationales applicables aux intéressés ; que le Groupe d'information et de soutien des travailleurs immigrés est, par suite, recevable et fondé à en demander l'annulation sur ce point ;

Sur les conclusions tendant à l'annulation des dispositions du premier alinéa du paragraphe 3.1.1. en tant qu'elles incluent, parmi les membres de la famille susceptibles de bénéficier du regroupement familial, les « enfants mineurs de dix-huit ans » : – Cons. qu'aux termes du premier alinéa de l'article 4 de l'accord franco-algérien du 27 déc. 1968, dans la rédaction résultant du premier avenant audit accord : « Les membres de la famille qui s'établissent en France sont en possession d'un certificat de résidence de même durée de validité que celui de la personne qu'ils rejoignent » ; qu'aux termes du premier alinéa du titre II du protocole annexé audit avenant : « Les membres de la famille s'entendent du conjoint d'un ressortissant algérien, de ses enfants mineurs ainsi que des enfants de moins de dix-huit ans dont il a juridiquement la charge en vertu d'une décision de l'autorité judiciaire algérienne » ; *qu'il ressort des pièces du dossier que les auteurs dudit avenant et du protocole annexé n'ont pas entendu modifier les stipulations antérieurement en vigueur de l'accord du 27 déc. 1968 qui s'appliquaient au conjoint et aux enfants mineurs de moins de dix-huit ans ;* que, par suite, en indiquant qu'il fallait entendre par enfants mineurs les enfants mineurs de 18 ans, et non ceux de 19 et 21 ans conformément au droit algérien, les auteurs de la circulaire attaquée se sont bornés à interpréter exactement les termes de la convention franco-algérienne ; que la circulaire est donc sur ce point dépourvue de caractère réglementaire ; que le Groupe d'information et de soutien des travailleurs immigrés n'est, par suite, pas recevable à en demander l'annulation ;

Sur les conclusions tendant à l'annulation des dispositions du troisième alinéa du paragraphe 2.2.1.1. et de l'avant-dernier alinéa du paragraphe 2.2.4. de la circulaire attaquée relatives au refus de délivrance d'un certificat de résidence d'un an ou un certificat de résidence de 10 ans si la présence en France de l'intéressé constitue une menace pour l'ordre public : – Cons. qu'aucune disposition de l'accord franco-algérien du 27 déc. 1968 modifié par le premier avenant et le protocole du 22 déc. 1985 ne prive l'administration française du pouvoir qui lui appartient, en application de la réglementation générale relative à l'entrée et au séjour des étrangers en France, de refuser l'admission au séjour d'un ressortissant algérien en se fondant sur la circonstance que sa présence en France constitue une menace pour l'ordre public ; qu'ainsi, et alors même que l'accord susmentionné ne prévoyait pas une telle possibilité, les auteurs de la circulaire attaquée n'ont édicté sur ce point aucune règle nouvelle dont le Groupe d'information et de soutien des travailleurs immigrés serait recevable à contester la légalité :

Sur les autres dispositions de la circulaire attaquée : – Cons. que si l'association requérante soutient que l'ensemble de la circulaire devrait être annulé en raison de l'incompétence des ministres signataires, elle ne précise pas les dispositions de ladite circulaire, autres que celles précédemment analysées, qui auraient un caractère réglementaire ; qu'elle n'est par suite, pas recevable à demander cette annulation ; ... (annulation du 24e alinéa du paragraphe 2.2.1.2. de la circulaire ; rejet du surplus des conclusions de la requête).

OBSERVATIONS

Après que l'arrêt Nicolo* *a rendu effective la supériorité des engagements internationaux sur la loi, l'arrêt* GISTI *consacre la compétence du juge administratif pour les interpréter.*

1 **I.** — De la même façon qu'il avait contesté la légalité d'un décret du 10 nov. 1977 relatif au regroupement de la famille immédiate d'un travailleur étranger autorisé à séjourner en France (*cf.* nos obs. sous l'arrêt du 8 déc. 1978, *GISTI**), le Groupement d'information et de soutien des travailleurs immigrés a déféré au Conseil d'État une circulaire interministérielle (intérieur et affaires sociales) du 14 mars 1986 relative aux conditions de circulation, d'emploi et de séjour en France des ressortissants algériens et de leur famille. Cette circulaire procédait non à l'interprétation d'une loi ou d'un décret mais à celle d'un engagement international à savoir un accord franco-algérien du 27 déc. 1968, tel qu'il a été profondément modifié par un avenant et un protocole du 22 déc. 1985 publiés par décret du 7 mars 1986.

Alors que, dans le cadre du litige qui a donné lieu à l'arrêt précité du 8 déc. 1978, la contestation portait sur le point de savoir si un décret contrevenait à un principe général du droit, il était reproché à la circulaire du 14 mars 1986 d'avoir méconnu sur plusieurs points le sens et la portée de l'engagement international qu'elle entendait mettre en œuvre.

Dirigée contre une circulaire interprétative, la requête du GISTI ne pouvait être regardée comme recevable que si et dans la mesure où l'interprétation donnée de l'accord franco-algérien était effectivement erronée. Envisagée sous cet angle, la décision rendue par le Conseil d'État le 29 juin 1990 frappe par son classicisme. Le pourvoi est déclaré recevable et fondé en tant qu'il mettait en cause le régime des autorisations provisoires de travail accordées aux étudiants algériens. En effet, la procédure d'autorisation prévue en pareil cas par la circulaire ne trouvait aucun fondement dans les stipulations de l'accord franco-algérien. Sur tous les autres points contestés, le Conseil d'État considère que les auteurs de la circulaire ont interprété exactement les termes de la convention franco-algérienne.

Mais la décision ne se borne pas à faire application d'une jurisprudence alors bien établie. Il se trouve en effet que, parmi les stipulations de la convention, une difficulté d'interprétation très sérieuse se présentait s'agissant de la détermination des membres de la famille des ressortissants algériens bénéficiaires du regroupement familial car l'accord franco-algérien vise sans autre précision les « enfants mineurs ». Pour le GISTI, cette notion devait s'apprécier en fonction de la loi algérienne qui fixe la majorité à 19 ans pour les garçons et à 21 ans pour les filles. La circulaire du 14 mars 1986 considérait au contraire que l'accord avait entendu viser les « enfants mineurs de moins de dix-huit ans ».

En présence de cette difficulté, le Conseil d'État, s'il s'en était tenu à sa jurisprudence traditionnelle, aurait dû s'en remettre à l'interprétation donnée par le ministre des affaires étrangères, qui avait d'ailleurs pris position dans le cadre de l'instruction du pourvoi. Toutefois, ce n'est pas ce cheminement qui a été choisi par le juge. L'originalité de la décision vient de ce que l'Assemblée du contentieux a omis de mentionner expressément la position du Quai d'Orsay pour, se référant aux « *pièces du dossier* », dégager elle-même la portée à conférer à la notion d'enfants mineurs au sens de la convention.

La conception retenue par la circulaire a – comme le proposait dans ses conclusions le commissaire du gouvernement Abraham – été entérinée au motif notamment que la nouvelle convention n'avait pas entendu modifier les stipulations antérieurement en vigueur de l'accord du 27 déc. 1968 qui s'appliquaient au conjoint et aux enfants de moins de dix-huit ans.

En procédant de la sorte le Conseil d'État a opéré un important revirement de jurisprudence en ce qui concerne la *détermination de l'autorité compétente pour interpréter une convention internationale* dont le contenu est ambigu ou incertain.

II. — L'ampleur du changement apparaît à la lecture des conclusions du commissaire du gouvernement Abraham. Celui-ci, après avoir rappelé la jurisprudence traditionnelle qui déniait au juge administratif la possibilité d'interpréter de sa propre autorité une convention internationale, a exposé les raisons qui militaient en faveur de son abandon.

2 *A.* — Partant de l'idée que l'activité diplomatique ne participe pas de l'action administrative soumise au contrôle du juge de l'excès de pouvoir, le Conseil d'État considérait que l'interprétation des conventions internationales relevait en cas de difficulté du ministre des affaires étrangères.

Selon la distinction faite par le commissaire du gouvernement Ettori dans ses conclusions sur un arrêt d'Ass. du 3 juill. 1931, *Karl et Toto Samé* (Rec. 727 ; v. n° 3.9), si le juge administratif a compétence pour *appliquer* une convention internationale dont les termes sont clairs, il doit, en cas de difficulté d'interprétation, en référer au ministre des affaires étrangères. Le renvoi à titre préjudiciel au Quai d'Orsay trouve sa justification dans le fait que ce département est informé des conditions dans lesquelles un traité a été négocié et peut, si besoin est, solliciter le point de vue de l'autre partie à l'effet de dégager une interprétation uniforme. Par là même, il peut être coupé court à toute complication sur le plan international.

3 *B.* — Pour inviter le Conseil d'État à abandonner la pratique du renvoi préjudiciel au ministre, M. Abraham s'est appuyé sur plusieurs ordres de considérations.

1°) Il a montré tout d'abord que les raisons invoquées en faveur de l'interprétation ministérielle n'étaient pas pleinement convaincantes. En particulier, l'argument selon lequel le juge n'a pas directement accès aux travaux préparatoires de la convention perd de sa force pour nombre de conventions multilatérales négociées dans le cadre des organisations internationales, dont les débats font l'objet d'une large publicité. La jurisprudence postérieure montre par exemple que la Convention de Genève sur le statut des réfugiés peut être interprétée au vu de ses travaux préparatoires (CE 11 avr. 2018, *Kaya*, Rec. 567 ; AJ 2018.1114, concl. Bretonneau). Qui plus est, dans le cas de la Convention européenne des droits de l'Homme, l'examen de la jurisprudence des organes institués par ladite convention (Commission et Cour européenne des droits de l'Homme) est plus utile qu'un renvoi au ministre des affaires étrangères.

Mais, même pour ce qui est des accords bilatéraux, M. Abraham contestait que l'interprétation juridictionnelle soit vouée à être « plus souvent erronée que l'interprétation ministérielle » alors surtout que le juge peut être éclairé par les observations du ministre et qu'il lui est loisible de mettre en œuvre les techniques d'interprétation résultant des principes généraux du droit international public.

2°) Le commissaire du gouvernement n'a pas manqué non plus de relever que la technique du renvoi préjudiciel au ministre n'avait pas d'équivalent en droit comparé et pouvait même être contestée au regard des exigences du droit européen telles qu'elles ressortent de la Convention européenne des droits de l'Homme. Pour M. Abraham, dans la mesure où l'art. 6 de la convention garantit le droit pour le demandeur d'obtenir une décision d'un juge, il fait obstacle « à ce que le juge abandonne son pouvoir de décision au profit d'une autorité non juridictionnelle ».

La Cour européenne des droits de l'Homme devait d'ailleurs ultérieurement prendre position en ce sens (CEDH 24 nov. 1994, *Consorts Beaumartin c. France*, RUDH 1994.405 ; D. 1995.273, note Prétot).

3°) Par ailleurs, se référant à la pleine application depuis l'arrêt *Nicolo** du 20 oct. 1989, du principe constitutionnel de suprématie du traité sur la loi, le commissaire du gouvernement a tiré argument du fait que le recours à l'interprétation ministérielle, s'il était maintenu, aurait pour conséquence que le pouvoir que tire le juge de l'art. 55 de la Constitution d'écarter l'application d'une loi contraire à un traité, se trouverait « en quelque sorte… délégué à une autorité gouvernementale ».

III. — La position adoptée par le Conseil d'État à propos de l'interprétation de l'accord franco-algérien du 22 déc. 1985 concrétise le renversement de jurisprudence préconisé par M. Abraham. La nouvelle jurisprudence emporte de nombreuses implications.

Elles peuvent être dégagées à partir de la logique qui lui sert de fondement, à savoir l'affirmation de la compétence du juge par rapport à la mission impartie à l'autorité administrative et à la lumière de la jurisprudence postérieure.

4 *A.* — La suppression du renvoi préjudiciel au ministre des affaires étrangères demeure sans incidence sur les règles d'interprétation propres au droit de l'Union européenne. Pour ce dernier, le renvoi préjudiciel à la Cour de justice en cas de difficulté d'interprétation s'impose en vertu des engagements internationaux souscrits par la France : art. 177 du traité instituant la Communauté économique européenne devenu, depuis l'entrée en vigueur du traité de Lisbonne l'art. 267 du traité sur le fonctionnement de l'Union européenne.

Au nom du droit au procès équitable, la Cour européenne des droits de l'Homme fait obligation au juge interne de motiver le rejet d'une demande de renvoi préjudiciel à l'autre Cour européenne, la Cour de justice de l'Union européenne (CEDH 13 févr. 2020, *Sanofi Pasteur c. France*, AJ 2020.1809, note Sibileau).

Le Conseil d'État se dispense souvent de procéder à un renvoi préjudiciel, en s'appuyant pour interpréter le droit de l'Union européenne sur la jurisprudence de la Cour de justice, ainsi que cette dernière le permet (CJCE 6 octobre 1982, *CILFIT* aff. 283/81, Rec. 314). Pareille attitude peut l'exposer, comme cela s'est produit en une circonstance, à voir sa position désavouée par la Cour de justice, au point même d'entraîner une condamnation de la France pour non-respect de l'art. 267 du traité précité (CJUE 4 oct. 2018, *Commission c. France*, aff. C-146/1, AJ 2018.2280, chr. Bonneville, Broussy, Cassagnabère et Gänser ; RFDA 2019.139, note Iliopoulou-Penot). Nombreux sont cependant les cas où le juge administratif n'hésite pas à saisir la Cour de Luxembourg de questions préjudicielles relatives à la portée même de la jurisprudence de celle-ci. Il en a été ainsi à propos du droit au déréférencement des données personnelles, encore appelé droit à l'oubli, affirmé par la Cour (CJUE 13 mai 2014, *Google Spain*, aff. C-131/12 ; AJ 2014.1147, chr. Aubert, Broussy et Cassagnabère), qui a suscité de la part du Conseil d'État un nombre élevé de questions préjudicielles (CE, Ass., 24 févr. 2017, *Mme Chupin et autres*, Rec. 59, concl. Bretonneau ; RFDA 2017.535, concl. ; AJ 2017.740, chr. Odinet et Roussel ; CE 19 juill. 2017, *Google Inc.*, RFDA 2017.972, concl. Bretonneau ; RTD eur. 2018.396, note Bouveresse).

Dans un second temps, au vu de l'interprétation donnée du droit de l'Union européenne par la Cour de justice (CJUE 24 sept. 2019, *Google LLC c. CNIL*, aff. C-507/17 ; du même jour, *GC. c. CNIL*, aff. C-136/17 ; AJ 2019.2295, chr. Bonneville, Gänser et Markarian ; JCP Adm. 2019.2360, note Mattatia), le Conseil d'État a tranché le litige au fond, en ce qui concerne tant le champ d'application géographique du droit au déréférencement (CE 27 mars 2020, *Société Google Inc.*, Rec. 154, concl. Lallet ; RFDA 2020.880, note Bouveresse) que sa portée (CE 6 déc. 2019, *Mme Chupin*, Rec. 427 ; RFDA 2020.93, concl. Lallet ; AJ

2020.725, chr. Malverti et Beaufils et 1115, note Cottereau ; RTD eur. 2020.952, note Bouveresse).

Au besoin, un renvoi préjudiciel peut s'accompagner d'une invitation faite à la Cour à modifier sa jurisprudence (CE 26 juill. 2018, *Quadrature du Net et autres et Igwan.net*, Rec. 595 ; AJ 2018.2017, note Bréchot).

La Cour peut ne pas être insensible aux préoccupations exprimées par le juge national ainsi que cela ressort de l'interprétation donnée du droit de l'Union européenne relatif à la connexion des données et à leur durée de conservation (CJUE 6 oct. 2020, *Association « La Quadrature du Net » et autres*, aff. C-511/18, AJ 2020.1880). Le Conseil d'État, tout en se référant à cette interprétation, s'assure cependant que l'application du droit de l'Union ne compromet pas des exigences constitutionnelles (CE, Ass., 21 avr. 2021, *French Data Network et autres*, v. n° 103.8 et nos obs. sous CE 8 févr. 2007, *Société Arcelor Atlantique et Lorraine**).

5 *B.* — S'est posée la question de savoir si le renvoi préjudiciel au ministre des affaires étrangères devait être maintenu pour apprécier si la condition de réciprocité exigée par l'art. 55 de la Constitution était satisfaite au stade de l'application du traité.

Dans le cadre de l'Union européenne, on peut considérer que le problème est résolu par la faculté dont dispose le gouvernement français de saisir, si besoin est, la Cour de justice d'un recours en manquement dirigé contre un État membre de l'Union.

S'agissant des traités bilatéraux, le Conseil d'État a pendant longtemps été sensible au fait que l'appréciation du respect de la condition de réciprocité mettait en jeu des considérations d'opportunité touchant aux relations d'État à État dont l'autorité publique devait être seule juge. C'est pourquoi, lorsqu'il a été appelé à se prononcer la première fois sur la question, à propos des accords d'Évian conclus en 1962 entre la France et l'Algérie, il a préféré laisser au ministre des affaires étrangères le soin de prendre position (CE, Ass., 29 mai 1981, *Rekhou*, Rec. 220 ; RD publ. 1981.1707, concl. J.-F. Théry ; AJ 1981.485, chr. Tiberghien et Lasserre ; JDI 1982.410, note Blumann ; D. 1981.IR. 531, obs. P. Delvolvé ; D. 1982.137, note Calonec ; JDI 1982.440, note Chappez ; RGDIP 1982.410, note Blumann ; Rev. crit. DIP 1982.78, note Lagarde). Cette jurisprudence a même été maintenue postérieurement à la décision *GISTI* de 1990 (CE, Ass., 9 avr. 1999, *Mme Chevrol-Benkeddach*, Rec. 115 ; RFDA 1999.937, note Lachaume ; AJ 1999.401, chr. Raynaud et Fombeur). Toutefois, sur ce même sujet, la Cour européenne des droits de l'Homme a estimé que le renvoi opéré au ministre des affaires étrangères était contraire à l'art. 6 de la Convention (CEDH 13 févr. 2003, *Chevrol* ; AJ 2003.1984, note Th. Rambaud ; D. 2003.931, note Moutouh ; RTDH 2003.1379, note V. Michel ; LPA 18 août 2003, obs. F. Melleray ; JCP Adm. 2003.623, note Tabaka ; RTD civ. 2003.573, obs. Libchaber et Molfessis). Au visa tant de la Constitution que de la Convention européenne, le Conseil d'État est revenu sur sa jurisprudence. Il considère désormais qu'il appartient au juge administratif, lorsque la question est soulevée devant lui, « de vérifier si la condition de réciprocité est ou non remplie », après avoir recueilli, dans le cadre de la procédure contradictoire, l'avis du ministre des affaires étrangères (CE, Ass., 9 juill. 2010, *Mme Cheriet-Benseghir*, Rec. 251, concl. Dumortier ; RFDA 2010.1133, concl., note Lachaume ; RFDA 2011.173, chr. Santulli ; AJ 2010.1396, chr. Liéber et Botteghi). L'appréciation qu'il est amené à porter à ce titre peut s'avérer concrètement très délicate (CE, Ass., 19 juill. 2019, *Association des Américains accidentels*, Rec. 297, concl. Lallet ; v. n° 39.9).

6 *C.* — Les méthodes d'interprétation des conventions internationales utilisées par le juge administratif devraient s'inspirer des principes applicables en cette matière en vertu de la convention de Vienne du 23 mai 1969 sur le droit des traités. Expressément préconisée par le commissaire du gouvernement dans ses conclusions sur l'affaire *GISTI*, cette orientation a été ultérieurement suivie (CE 22 mai 1992, *Mme Larachi*, Rec. 203 ; v. n° 82.12). Elle peut obliger le juge administratif à combiner entre elles des conventions internationales qui entrent en concurrence (CE, Ass., 23 déc. 2011, *Kandyrine de Brito Paiva*, Rec. 623, concl. J. Boucher ; v. n° 82.12). Il peut même être conduit à faire application des règles coutumières du droit international public en matière de succession d'États dans les droits et obligations nés d'un traité antérieur (CE 17 sept. 2010, *SA Trans World Finances*, Rec. 348 ; RFDA 2011.178, chr. Santulli). Il revient également au juge, en fonction des mêmes sources, d'apprécier si les stipulations d'une convention créent uniquement des obligations dans les rapports d'État à État ou peuvent être invoquées par des particuliers devant lui (CE, Ass., 11 avr. 2012, *GISTI, Fédération des associations pour la promotion et l'insertion par le logement*, Rec. 142 ; v. n° 82.11).

Toutefois, c'est par référence aux règles gouvernant la hiérarchie des normes dans l'ordre interne que le Conseil d'État a jugé qu'une convention d'extradition devait être interprétée comme respectant les principes qui découlent de la Constitution (CE, Ass., 3 juill. 1996, *Koné**).

7 *D.* — Tant pour la Convention européenne des droits de l'Homme que pour le Pacte de New York sur les droits civils et politiques existent, au plan international, des organismes habilités à veiller à leur respect : Cour européenne des droits de l'Homme dans le premier cas ; Comité des droits de l'Homme des Nations unies, dans le second. La jurisprudence dégagée par ces instances devrait servir de référence au juge national.

a) S'agissant de la Convention européenne des droits de l'Homme, le Conseil d'État, en revenant au besoin sur sa jurisprudence antérieure, s'est progressivement rallié aux interprétations données par la Cour de Strasbourg sans que l'on puisse exclure qu'il marque un jour sa différence, dans les cas, nécessairement exceptionnels, où une jurisprudence par trop prétorienne entraverait le bon fonctionnement de nos institutions.

b) S'agissant de la doctrine du Comité des droits de l'Homme des Nations unies, les points d'interférence avec le juge administratif ont été jusqu'ici limités.

Le Conseil d'État a donné toute sa portée à la consécration par le Pacte des Nations unies sur les droits civils et politiques de la règle *non bis idem* qui interdit de poursuivre plus d'une fois la même personne en raison des mêmes faits (CE, Sect., 9 déc. 1983, *Gasparini*, Rec. 495 ; JCP 1984.II.20193, conl. Genevois) alors que le Comité en limite l'application à la condamnation prononcée par un même État (CDH, avis du 2 nov. 1987).

À l'inverse, le Conseil a été moins loin que le Comité à propos de l'art. 26 du Pacte sur les droits civils et politiques qui prohibe les discriminations. Alors que dans un avis du 3 avr. 1989, le Comité avait opté pour une application très générale de la prohibition, le Conseil d'État a jugé qu'elle ne s'appliquait qu'aux droits garantis par le Pacte (CE, Ass., avis, 15 avr. 1996, *Mme Doukouré*, Rec. 126 ; AJ 1996.565, chr. Chauvaux et Girardot ; RFDA 1996.808, concl. Ph. Martin, 1239, note Dhommeaux et 1997.966, note Sudre).

85

RESPONSABILITÉ SERVICES CHIRURGICAUX ET MÉDICAUX

Conseil d'État Ass., 10 avril 1992, *Époux V.*
(Rec. 171, concl. Legal ; AJ 1992.355, concl. ; RFDA 1992.571, concl. ; GCJA, vol. 2, n° 63, concl. ; D. 1993. SC. 146, obs. Bon et Terneyre ; JCP 1992.II.21881, note Moreau ; LPA 3 juill. 1992, note Haïm ; GADS, n° 35)

Sur le principe de la responsabilité : – Cons. que Mme V. a subi, le 9 mai 1979, quelques jours avant le terme de sa grossesse, à l'hôpital clinique du Belvédère à Mont-Saint-Aignan (Seine-Maritime), une césarienne pratiquée sous anesthésie péridurale ; qu'au cours de l'opération, plusieurs chutes brusques de la tension artérielle se sont produites, suivies d'un arrêt cardiaque ; que Mme V. a pu être réanimée sur place, puis soignée au centre hospitalier régional de Rouen, où elle a été hospitalisée jusqu'au 4 juill. 1979 ; qu'elle demeure atteinte d'importants troubles neurologiques et physiques provoqués par l'anoxie cérébrale consécutive à l'arrêt cardiaque survenu au cours de l'intervention du 9 mai 1979 ;

Cons. qu'il résulte de l'instruction et, notamment, de l'ensemble des rapports d'expertise établis tant en exécution d'ordonnances du juge d'instruction que du jugement avant-dire-droit du tribunal administratif de Rouen en date du 4 avr. 1986, que la césarienne pratiquée sur Mme V. présentait, en raison de l'existence d'un placenta praevia décelé par une échographie, un risque connu d'hémorragie pouvant entraîner une hypotension et une chute du débit cardiaque ; qu'il était par ailleurs connu, à la date de l'intervention, que l'anesthésie péridurale présentait un risque particulier d'hypotension artérielle ;

Cons. que le médecin anesthésiste de l'hôpital a administré à Mme V., avant le début de l'intervention, une dose excessive d'un médicament à effet hypotenseur ; qu'une demi-heure plus tard une chute brusque de la tension artérielle, accompagnée de troubles cardiaques et de nausées a été constatée ; que le praticien a ensuite procédé à l'anesthésie péridurale prévue et a administré un produit anesthésique contre-indiqué compte tenu de son effet hypotenseur ; qu'une deuxième chute de la tension artérielle s'est produite à onze heures dix ; qu'après la césarienne et la naissance de l'enfant, un saignement s'est produit et a été suivi, à onze heures vingt-cinq, d'une troisième chute de tension qui a persisté malgré les soins prodigués à la patiente ; qu'à douze heures trente, du plasma décongelé mais insuffisamment réchauffé a été perfusé provoquant immédiatement une vive douleur suivie de l'arrêt cardiaque ;

Cons. que *les erreurs ainsi commises, qui ont été selon les rapports d'expertise la cause de l'accident survenu à Mme V., constituent une faute médicale de nature à engager la responsabilité de l'hôpital*; que par suite, M. et Mme V. sont fondés à demander l'annulation du jugement attaqué du 4 avr. 1986 en tant que par ce jugement, le tribunal administratif de Rouen a rejeté les conclusions de M. et Mme V. ;

Sur l'évaluation du préjudice : – Cons. qu'à la suite de l'accident d'anesthésie dont a été victime Mme V., alors âgée de 33 ans, celle-ci reste atteinte de graves séquelles à la jambe gauche et, dans une moindre mesure, au membre supérieur gauche ; qu'elle souffre de graves troubles de la mémoire, d'une désorientation dans le temps et l'espace, ainsi que de troubles du caractère ; qu'elle a dû subir une longue période de rééducation ; que, du fait de son handicap physique, elle subit un préjudice esthétique ; qu'enfin, si elle n'apporte aucun commencement de preuve d'une perte de salaire effective, il est établi qu'avant son accident, elle exerçait la profession de maître auxiliaire dans un collège d'enseignement secondaire et qu'elle a perdu toute perspective de reprendre une activité professionnelle correspondant à ses titres universitaires ; qu'il sera fait une juste appréciation de l'ensemble de ces éléments du préjudice, en lui allouant une indemnité d'un montant d'un million de francs ;

Cons. que M. V., mari de la victime, subit un préjudice moral du fait de l'état de sa femme et, qu'ayant trois enfants à charge, il subit des troubles dans ses conditions d'existence ; qu'il sera fait une juste appréciation de ce préjudice en lui allouant une indemnité de 300 000 F ;

Cons. que M. et Mme V. ont droit aux intérêts des indemnités qui leur sont accordées à compter du 12 nov. 1982, date de réception par l'hôpital clinique du Belvédère de la demande d'indemnité qu'ils lui ont présentée ;

Cons. que M. et Mme V. ont demandé le 2 juin 1986 puis le 28 févr. 1990 la capitalisation des intérêts ; qu'à chacune de ces dates, il était dû au moins une année d'intérêts ; que, dès lors, conformément aux dispositions de l'article 1154 du Code civil, il y a lieu de faire droit à ces demandes ;

Sur les frais d'expertise exposés en première instance : – Cons. qu'il y a lieu, dans les circonstances de l'affaire, de mettre à la charge de l'hôpital clinique du Belvédère les frais d'expertise exposés en première instance ; ... (annulation du jugement attaqué en tant qu'il a rejeté les conclusions de M. et Mme V et mis à leur charge les frais d'expertise ; condamnation de l'hôpital clinique du Belvédère à verser à Mme V., la somme d'un million de francs et à M. V., la somme de 300 000 F, ces sommes portant intérêts au taux légal, à compter du 12 nov. 1982, les intérêts échus les 2 juin 1986 et 28 févr. 1990 étant capitalisés à ces dates pour produire eux-mêmes intérêts ; frais d'expertise exposés en première instance mis à la charge de l'hôpital clinique du Belvédère ; rejet du surplus des conclusions de la requête).

OBSERVATIONS

L'arrêt Époux V. *s'inscrit dans le mouvement jurisprudentiel qui assouplit les conditions de la responsabilité de l'administration en abandonnant l'exigence de la faute lourde, comme en matière de police après l'arrêt* Tomaso Grecco* *et en matière de contrôle après l'arrêt* Caisse départementale de Meurthe-et-Moselle*.

1 À l'occasion d'un accouchement par césarienne sous anesthésie péridurale dans un hôpital public, Madame V. fut victime d'une série de mesures médicales ; un arrêt cardiaque d'une demi-heure a entraîné une anoxie cérébrale avec coma de plusieurs jours, troubles respiratoires,

hémiplégie gauche initialement massive. Il en est resté des séquelles importantes d'ordre neurologique.

Alors qu'en première instance, le tribunal administratif avait considéré que n'avait pas été commise une faute lourde, seule de nature, selon la jurisprudence antérieure, à engager la responsabilité des services publics hospitaliers pour leurs activités médicales ou chirurgicales, le Conseil d'État a considéré en appel « *que les erreurs ainsi commises... constituent une faute médicale de nature à engager la responsabilité de l'hôpital* » : ainsi la faute lourde n'est plus jugée nécessaire.

L'arrêt est le point d'orgue de toute l'évolution de la responsabilité en matière médicale (I). L'exigence de la faute lourde a été également abandonnée ou limitée en d'autres domaines (II).

2 **I.** — *La responsabilité des services publics hospitaliers* n'était pas régie par des règles uniformes avant l'arrêt *Époux V.* (A). Avec cet arrêt, elle peut être engagée par une faute simple (B). Elle peut même, le cas échéant, l'être sans faute (C).

A. — La *jurisprudence antérieure* distinguait entre, d'une part, l'organisation et le fonctionnement du service public hospitalier et, d'autre part, les activités médicales et chirurgicales proprement dites.

L'organisation et le fonctionnement du service public hospitalier ne présentent pas de difficulté particulière. En conséquence, la jurisprudence reconnaît depuis longtemps qu'une faute simple suffit pour engager la responsabilité du service à ce titre (CE, Sect., 8 nov. 1935, *Dame Vion*, *Dame Philipponeau*, deux arrêts, Rec. 1019 et 1020). Elle a été amenée à entendre largement ce qui entre dans la notion d'organisation et de fonctionnement. Celle-ci ne couvre pas seulement ce qui se rapporte aux aspects administratifs de l'hôpital (par ex. CE, Sect., 11 janv. 1991, *Mme Biancale*, Rec. 12 ; RDSS 1991.269, concl. Hubert ; AJ 1991.479, obs. Prétot : défaut d'information d'un malade sur les conséquences financières de son transfert dans une unité de long séjour ; 25 nov. 2015, *Ministre des affaires sociales et de la santé et des droits des femmes c. Mme Touboul*, Rec. 730 : faute dans la gestion administrative des personnels hospitaliers). Elle s'applique aussi à des activités comportant déjà un aspect médical : d'une part, l'organisation et la préparation de l'activité médicale (CE 7 avr. 1967, *Centre hospitalier régional d'Orléans c. Fichon*, Rec. 300 : absence du personnel médical nécessaire) ; d'autre part, les actes de soins courants pouvant être exécutés sans l'intervention ou la surveillance personnelle d'un médecin (CE, Sect., 26 juin 1959, *Rouzet*, Rec. 405 ; AJ 1959.273, concl. Fournier), tels que piqûres, injections, perfusions (par ex. CE 9 janv. 1980, *Mme Martins*, Rec. 4).

C'est au titre de la faute simple également qu'a été reconnue la responsabilité de l'État du fait de l'organisation du service public de la transfusion sanguine (CE, Ass., 9 avr. 1993, *D.*, Rec. 110, concl. Legal ; D. 1993.312 et RFDA 1993.583, concl. ; AJ 1993.344, chr. Maugüé et Touvet ; D. 1994.56.63, obs. Bon et Terneyre ; JCP 1993.II.110, note Debouy ; RA 1993.561, note Fraisseix).

Pour les actes médicaux proprement dits, la jurisprudence continuait à exiger une faute lourde, qu'il s'agisse du diagnostic (CE 6 mai 1988, *Administration générale de l'Assistance publique à Paris c. Consorts Leone*, Rec. 186 ; AJ 1988.555, note Moreau), de la prescription ou de l'absence de prescription d'analyses (CE, Sect., 19 déc. 1984, *Boehrer*, Rec. 433, concl. Stirn ; AJ 1985.90, chr. Schoettl et Hubac), du traitement et des soins (CE 16 oct. 1987, *Melle Richard*, Rec. 317), de l'opération chirurgicale (CE, Ass., 28 mai 1971, *Centre hospitalier de Reims*, Rec. 418).

La rigueur de cette jurisprudence n'en était pas moins tempérée par un raisonnement considérant que la gravité des conséquences d'une intervention bénigne révélait une faute dans l'organisation et le fonctionnement du service (CE, Ass., 7 mars 1958, *Secrétaire d'État à la santé publique c. Dejous*, Rec. 153 ; v. nº 32.8), ce qui déplaçait la responsabilité du terrain de l'acte médical à celui de l'organisation et du fonctionnement du service et même permettait de présumer la faute.

3 *B.* — Les glissements progressifs de la jurisprudence administrative ont conduit le Conseil d'État par l'arrêt *Époux V.* à abandonner la condition de la faute lourde pour les actes médicaux et chirurgicaux.

Dans ses conclusions, M. Legal a souligné que « *l'état actuel du droit positif se caractérise par un rétrécissement du domaine de l'acte médical et, au sein de ce domaine, par une banalisation de la faute lourde* », et « *qu'il existe une certaine incohérence entre les décisions qui s'en tiennent à l'exigence d'une faute lourde classique et d'autres qui restreignent en fait à l'hypothèse d'une simple erreur non fautive le refus d'engager la responsabilité* ». « *Dans ces conditions,... une simplification est nécessaire...* ».

Dans différents domaines, la jurisprudence est passée du principe de l'irresponsabilité à la responsabilité pour faute manifeste et d'une particulière gravité, puis à la responsabilité pour faute lourde et enfin à la responsabilité pour faute simple – sans compter les hypothèses de présomption de faute ou de responsabilité pour risque. « *La faute lourde inscrite dans ce schéma... paraît former un composé juridique très instable...* ».

Même si le maintien de son exigence en matière médicale pouvait se justifier au plan théorique, « *dans le contentieux de la réparation, le juge ne peut être indifférent à l'évolution de la sensibilité de ses concitoyens* » : or les malades, les médecins, le public en général comprennent mal qu'une faute lourde soit nécessaire pour engager la responsabilité hospitalière. À cela s'ajoute l'évolution de la pratique thérapeutique, dans laquelle se démultiplient les possibilités de traitement et les choix opératoires, et corrélativement s'accroît la difficulté de distinguer ce qui relève de la faute lourde et de la faute simple.

Dans le cas de Mme V., plusieurs erreurs ont été successivement commises ; mais aucune ne pouvait, sans forcer les mots, être qualifiée de faute lourde. En considérant, conformément aux conclusions du commissaire de gouvernement, qu'elles « *constituent une faute médicale de nature à engager la responsabilité de l'hôpital* », le Conseil d'État a simplifié et unifié le régime de la responsabilité hospitalière.

Cela n'a pour effet cependant, selon M. Legal, « *ni de transformer l'obligation de moyens en obligation de résultat ni d'assimiler la faute médicale à d'autres fautes... Il s'agit d'une faute spécifique régie par les lois particulières de la discipline en cause* ». La faute doit être appréciée *in concreto*. À cet égard, une erreur n'est pas nécessairement fautive.

La faute peut tenir à un défaut d'information préalable du patient sur les risques d'une intervention chirurgicale, même s'ils sont exceptionnels. L'exigence de cette information, aujourd'hui formulée à l'article L. 1111-2 du Code de la santé publique, l'avait été auparavant par la Cour de cassation (Civ. 1re 7 oct. 1998, deux arrêts, Bull. civ. I, no 287, p. 199, et no 291, p. 202 ; JCP 1998.II.10179, concl. Sainte Rose, note Sargos ; D. 1999.145, note Porchy ; RTD civ. 199.111, obs. Jourdain) et par le Conseil d'État (sect. 5 janv. 2000, *Consorts Telle, Assistance publique-Hôpitaux de Paris*, Rec. 5, concl. Chauvaux ; RFDA 2000.641, concl. note Bon ; AJ 2000.137, chr. Guyomar et Collin ; DA 2000.46, note Esper ; JCP 2000.II.10271, note J. Moreau ; RD publ. 2001.412, note Guettier ; RDSS 2000.357, note Dubouis).

Par l'arrêt du 20 nov. 2020, *Mme Valquin* (Rec. 433 ; RFDA 2021.375, concl. Polge ; AJ 2020.2494, chr. Malverti et Beaufils), le Conseil d'État (Sect.) a précisé le contenu de l'information à donner et la portée du défaut d'information : d'une part, « *doivent être portés à la connaissance du patient, préalablement au recueil de son consentement à l'accomplissement d'un acte médical, les risques connus de cet acte qui, soit présentent une fréquence statistique significative, quelle que soit leur gravité, soit revêtent le caractère de risques graves, quelle que soit leur fréquence* » ; d'autre part, « *en cas de manquement à cette obligation d'information, si l'acte de diagnostic ou de soins entraîne pour le patient, y compris s'il a été réalisé conformément aux règles de l'art, un dommage en lien avec la réalisation du risque qui n'a pas été porté à sa connaissance, la faute commise en ne procédant pas à cette information engage la responsabilité de l'établissement de santé à son égard, pour sa perte de chance de se soustraire à ce risque en renonçant à l'opération* ». Mais si, compte tenu de l'état de santé du patient, de son évolution prévisible en l'absence de réalisation de l'acte, des alternatives thérapeutiques ainsi que de tous autres éléments, il aurait de toute façon consenti à l'acte en question, le défaut d'information n'entraîne pas de perte de chance.

Lors du contrôle des dispositifs médicaux (qui relève de la police sanitaire) « toute faute commise » est également de nature à engager la responsabilité de l'État « pour autant qu'il en soit résulté un préjudice direct et certain » (CE 16 nov. 2020, *Ministre des solidarités et de la santé, Mme Karatepe*, deux arrêts, Rec. 395 ; DA févr. 2021.42, note Lantero ; JCP 2021.98, note Brimo). Ainsi se rejoignent les conditions de la responsabilité en matière de police et en matière médicale.

4 *C.* — Elles se rejoignent aussi en ce que, comme en matière de police, dans certains cas la responsabilité hospitalière peut être engagée sans faute.

Dans un arrêt du 9 avr. 1993, *Bianchi* (Rec. 126, concl. Daël ; RFDA 1993.573. concl. ; AJ 1993.344. chr. Maugüé et Touvet ; D. 1994.SC. 65, obs. Bon et Terneyre ; JCP 1993.II.22061, note Moreau ; RD publ. 1993.1099, note Paillet ; RA 1993.561, note Fraissex), le Conseil d'État (Ass.) a jugé que, même si « *aucune faute ne peut être relevée* », « *lorsqu'un acte médical nécessaire au diagnostic ou au traitement du malade présente un risque dont l'existence est connue mais dont la réalisation est exceptionnelle et dont aucune raison ne permet de penser que le patient y soit particulièrement exposé, la responsabilité du service public hospitalier est engagée si l'exécution de cet acte est la cause directe de dommages sans rapport avec l'état initial du patient comme avec l'évolution prévisible de cet état, et présentant un caractère d'extrême gravité* ». Cette solution a été admise « *alors même que l'acte médical a été pratiqué lors d'une intervention dépourvue de fin thérapeutique* » (en l'espèce circoncision rituelle) (CE, Sect., 3 nov. 1997, *Hôpital Joseph Imbert d'Arles*, Rec. 412 ; RFDA 1998.90, concl. Pécresse ; AJ 1997.959, chr. Girardot et Raynaud ; D. 1998.J.146, note Chrestia et 1999.SC.45, obs. Bon et de Béchillon ; DA 1998, n° 32, note Esper ; G.P. 1998.I.1, note Bonneau et 31, note Hermon ; JCP 1998.II.10016, note Moreau ; RD publ. 1998.891, note J.-M. Auby ; RDSS 1998.519, note Clément). Elle l'est aujourd'hui alors même que le risque est « *commun à une large catégorie d'actes médicaux* » (CE 19 mars 2010, *Consorts Ancey*, Rec. 975 ; JCP Adm. 2010.2316, note Lantero).

La Cour de cassation n'a pas transposé en droit privé la jurisprudence *Bianchi* : elle s'en tient à la condition de la faute (Civ. 1re 8 nov. 2000, Bull. civ. I, n° 287, p. 186 ; JCP 2001.II.10493, rapport Sargos, note Chabas).

La responsabilité sans faute a également été reconnue à la charge des centres de transfusion sanguine, « *eu égard tant à la mission qui leur est... confiée par la loi qu'aux risques que présente la fourniture de produits sanguins* » (CE, Ass., 26 mai 1995, *Consorts Nguyen, Jouan et consorts Pavan*, Rec. 221 ; RFDA 1995.748, concl. Daël ; AJ 1995.508, chr. Stahl et Chauvaux ; JCP 1995.II.22468, note Moreau ; RD publ. 1995.1609, note Lajartre). En tant que dispensateurs de prestations médicales, les hôpitaux doivent également répondre sans faute de la défaillance des produits et appareils de santé utilisés (CE 9 juill. 2003, *Assistance publique – Hôpitaux de Paris c. Mme Marzouk*, Rec. 338 ; AJ 2003.1946, note Deguergue ; JCP Adm. 2003.1897, note Chavrier), y compris pour une prothèse, indépendamment des dispositions d'une directive européenne sur la responsabilité en matière de produits défectueux (CE, Sect., 25 juill. 2013, *Falempin*, Rec. 226 ; AJ 2013.1972, chr. Domino et Bretonneau ; D. 2013.2438, note Bacache).

5 Le législateur a voulu améliorer la situation des victimes par des dispositions de la loi du 4 mars 2002 relative aux droits des malades et à la qualité du système de santé, complétées par la loi du 30 déc. 2002 relative à la responsabilité civile médicale, mais il est revenu à certains égards sur l'acquis jurisprudentiel.

D'une part, selon le § I de l'article L. 1142-1 nouveau du Code de la santé publique, « ... *les professionnels de santé... ainsi que tout établissement, service ou organisme dans lesquels sont réalisés des actes individuels de prévention, de diagnostic ou de soins ne sont responsables des conséquences dommageables* (de ces actes) *qu'en cas de faute* » – ce qui exclut la responsabilité pour risque admise dans certains cas par le Conseil d'État. Toutefois, pour les dommages résultant d'infections nosocomiales (contractées au cours d'une hospitalisation), les établissements, services ou organismes sont responsables « *sauf s'ils rapportent la preuve d'une cause étrangère* » ; à partir d'un certain seuil, ces dommages sont pris en charge au titre de la solidarité nationale. Il s'agit d'une solution d'ordre public, dont le moyen doit être relevé d'office par le juge (CE 6 mars 2015, *Centre hospitalier de Roanne*, Rec. 82 ; AJ 2015.1379, note Lantero).

D'autre part, selon le § II, lorsque la responsabilité des professionnels ou des institutions (hôpitaux, cliniques) n'est pas engagée (les conditions définies au § I n'étant pas remplies), « *un accident médical, une affection iatrogène ou une infection nosocomiale ouvre droit à la réparation... au titre de la solidarité nationale, lorsqu'ils sont directement imputables à des actes de prévention, de diagnostic ou de soins et qu'ils ont eu pour le patient des conséquences anormales au regard de son état de santé comme de l'évolution prévisible de celui-ci et présentent un caractère de gravité...* » – ce qui rejoint les formules de l'arrêt *Bianchi*. Mais le droit à réparation n'est ouvert que pour les préjudices correspondant à un taux d'incapacité permanente déterminé par décret (alors que précédemment le préjudice indemnisable devait être évalué dans les conditions de droit commun) ; la réparation est prise en charge par un Office national créé sous forme d'établissement public de l'État à caractère administratif (alors que précédemment elle devait l'être par l'institution au sein de laquelle le préjudice avait trouvé son origine).

6 **II.** — L'exigence de la faute lourde *a été abandonnée ou limitée* dans d'autres domaines. Les motifs de trois ordres qui, comme le rappelait M. Legal dans ses conclusions dans l'affaire *Époux V.*, pouvaient la justifier (« *la difficulté technique de l'activité, la nature régalienne du service, le souci moral d'effacer les effets d'un comportement scandaleux* ») ne jouent plus nécessairement.

A. — La considération de *la difficulté de l'activité exercée* prédominait à propos des services de tutelle ou de contrôle (v. nos obs. sous CE 29 mars 1946, *Caisse départementale d'assurances sociales de Meurthe-et-Moselle**) et des services de police (v. nos obs. sous CE 10 févr. 1905, *Tomaso Grecco**) ; elle ne joue plus aujourd'hui.

Des *services pénitentiaires*, la difficulté des fonctions n'est pas douteuse. Elle a pu justifier l'exigence d'une faute lourde (CE, Sect., 5 févr. 1971, *Ministre de la justice c. Dame Vve Picard*, Rec. 101 ; AJ 1971.147, chr. Labetoulle et Cabanes ; D. 1971.503, note Moderne ; JCP 1973.III.1517, note Fransès-Magre). Désormais, une faute simple est jugée suffisante (CE 23 mai 2003, *Mme Chabba*, Rec. 240 ; AJ 2004.157, note Albert ; DA 2003, n° 207, note Lombard ; JCP Adm. 2003.175, note J. Moreau ; 9 juill. 2008, *Garde des Sceaux, ministre de la justice*, Rec. 262 ; JCP 2008.II.10159, concl. Aguila ; AJ 2008.2294, note Brondel ; 17 déc. 2008, *Garde des Sceaux, ministre de la justice c. M. et Mme Zaouiya*, Rec. 465 ; AJ 2009.432, concl. de Silva ; JCP 2009.II.10049, 3e esp., note Merenne). De plus, les méthodes modernes adoptées par le législateur en vue de favoriser la réinsertion sociale des délinquants ont conduit le Conseil d'État à adopter dans certains cas un régime de responsabilité pour risque (v. nos obs. sous l'arrêt du 28 mars 1919, *Regnault-Desroziers**).

7 ***B.*** — La *nature régalienne du service* est inhérente à celui de la *justice*. Elle a longtemps été un obstacle à la reconnaissance de la responsabilité de l'État en ce domaine. Toute l'évolution jurisprudentielle a conduit d'un régime d'irresponsabilité à un régime de responsabilité pour faute lourde, puis pour faute simple (v. nos obs. sous CE 27 févr. 2004, *Mme Popin**).

Les services du *fisc* sont un autre aspect de l'activité régalienne de l'État. Pendant longtemps leur responsabilité n'était engagée que pour « faute manifeste et d'une particulière gravité ». Cette exigence a été abaissée d'un degré et ramenée à celle de la faute lourde par deux arrêts CE, Sect., 21 déc. 1962, *Dame Husson-Chiffre* (Rec. 701 ; AJ 1963.106, chr. Gentot et Fourré ; D. 1963.588, note Lemasurier). Cette condition s'est trouvée plusieurs fois satisfaite (par ex. CE 11 juill. 1984, *Société industrielle de Saint-Ouen*, Rec. 272 ; Gaz. Pal. 14 déc. 1984, concl. Fouquet ; JCP 1985.II.20394, note Louit ; RFDA 1985.120, note Bon). Elle a été limitée aux *services d'assiette et de recouvrement*. Même pour eux, une faute simple a suffi dès lors que l'appréciation de la situation du contribuable ne présente pas de difficulté particulière (CE, Sect., 27 juill. 1990, *Bourgeois*, Rec. 242 ; RFDA 1990.899, concl. Chahid-Nouraï ; RJF 1990.548, concl. ; AJ 1991.53, note Richer ; D. 1991.346, note R. Debbasch : « *erreurs... relevées dans la saisie et le traitement informatisé des déclarations et dans l'exécution automatique des prélèvements mensuels* » ; Sect., 29 déc. 1997, *Commune d'Arcueil*, Rec. 512 ; CJEG 1998.159, RFDA 1998.97 et RJF 1998.81, concl. Goulard ; D. 1999.SC.53, obs. Bon et de Béchillon, concl. ; AJ 1998.112, chr. Girardot et Raynaud : absence d'assujettissement d'une entreprise à la patente, puis à la taxe professionnelle, au détriment d'une commune).

Enfin, par l'arrêt du 21 mars 2011, *Krupa* (Rec. 101, concl. Legras ; RFDA 2011.340, concl. ; AJ 2011.1278, note Barque ; DA 2011, n° 52, note F. Melleray ; JCP Adm. 2011.2185, note Erstein ; RJEP juin 2011, J. n° 30, p. 40, note Collet ; Just. et cass. 2012, note Hern de Quelen), le Conseil d'État (Sect.) a considéré « *qu'une faute commise par l'administration lors de l'exécution d'opérations se rattachant aux procédures d'établissement et de recouvrement de l'impôt est de nature à engager la responsabilité de l'État à l'égard du contribuable ou de toute autre personne si elle leur a directement causé un préjudice* ». En mentionnant « *toute autre personne* », l'arrêt vise en particulier les collectivités territoriales, dans la mise en œuvre des impôts desquelles l'État intervient : c'est ce qu'a précisé expressément l'arrêt du 16 juill. 2014, *Ministre délégué, chargé du budget c. Commune de Cherbourg-Octeville*, Rec. 220), en y ajoutant « *toute autre personne publique.* » Ainsi a été reconnue la faute de l'État à l'égard d'une commune en s'abstenant de vérifier les bases de la taxe professionnelle due par une entreprise. Le système de la faute simple se trouve ainsi étendu à toute la matière fiscale. Celle-ci est une illustration particulièrement nette d'une évolution jurisprudentielle aboutissant à un alignement sur le régime de droit commun de la responsabilité administrative.

8 *C.* — L'exigence d'une faute lourde ne doit pas d'ailleurs toujours être considérée comme une contrainte pour les victimes. D'une manière générale, la reconnaissance d'une faute lourde constitue pour l'administration une appréciation sévère.

Elle a permis de tourner les régimes d'irresponsabilité qu'elle avait primitivement admis (par ex. en matière de police), et aussi ceux qui résultent de dispositions législatives. Dans la responsabilité contractuelle, la faute lourde d'une partie ne lui permet pas de se prévaloir d'une clause l'exonérant de sa responsabilité.

Ainsi, si l'abandon de la faute lourde constitue généralement une simplification favorable aux victimes, son utilisation ne leur est pas systématiquement contraire. Comme d'autres notions du droit administratif, la faute lourde est un instrument permettant au juge de tenir compte des « besoins du service » et de « concilier les droits de l'État avec les droits privés » (*Blanco**). Lorsqu'elle ne joue plus ce rôle, le juge peut y renoncer ; lorsqu'elle reste utile, il continue à y recourir.

86

MESURES D'ORDRE INTÉRIEUR

Conseil d'État Ass., 17 février 1995, *Hardouin*

Conseil d'État Ass., 17 février 1995, *Marie*

(Rec. 82 et 85, concl. Frydman ; AJ 1995.379, chr. Touvet et Stahl ; D. 1995.381, note Belloubet-Frier ; JCP 1995.II.22426, note Lascombe et Bernard ; LPA 28 avr. 1995, note Vlachos, 9 juin 1995, note Nguyen Van Tuong, 4 août 1995, note Otekpo ; Gaz. Pal. 30-31 août 1995, note Otekpo ; RD publ. 1995.1338, note Gohin ; GCJA, vol. 2, n° 67, concl.)

I. *Hardouin*

Cons. qu'aux termes du dernier alinéa de l'article 30 du décret du 28 juill. 1975 modifié portant règlement de discipline générale dans les armées : « À l'exception de l'avertissement, les sanctions disciplinaires font l'objet d'une inscription motivée au dossier individuel ou au livret matricule » ; que l'article 31 du même décret, dans sa rédaction résultant du décret du 21 août 1985 dispose : « les arrêts sanctionnent une faute grave ou très grave ou des fautes répétées de gravité moindre. Le militaire effectue son service dans les conditions normales mais il lui est interdit, en dehors du service de quitter son unité ou le lieu désigné par son chef de corps (...). Le nombre de jours d'arrêt susceptibles d'être infligés est de un à quatre. Pendant l'exécution de cette punition, le militaire ne peut prétendre au bénéfice d'une permission » ; *que, tant par ses effets directs sur la liberté d'aller et venir du militaire, en dehors du service, que par ses conséquences sur l'avancement ou le renouvellement des contrats d'engagement, la punition des arrêts constitue une mesure faisant grief, susceptible d'être déférée au juge de l'excès de pouvoir*; que M. Hardouin est, dès lors, fondé à demander l'annulation du jugement attaqué, par lequel le tribunal administratif de Rennes a rejeté comme non recevables ses conclusions tendant à l'annulation de la décision du 14 mars 1986 par laquelle le ministre de la défense a rejeté son recours contre la punition de dix jours d'arrêts qui lui a été infligée le 8 nov. 1985 par le commandant de son unité ;

Cons. qu'il y a lieu d'évoquer et de statuer immédiatement sur la demande présentée par M. Hardouin devant le tribunal administratif de Rennes ;

Cons. qu'il ressort des pièces du dossier que, conformément aux dispositions de l'article 33 du décret du 28 juill. 1975 modifié, M. Hardouin a été mis à même de s'expliquer devant son chef de corps avant qu'une punition ne lui soit infligée ;

Cons. que si M. Hardouin, se fondant sur les dispositions de la loi du 11 juill. 1979, soutient que la décision par laquelle le ministre de la défense a rejeté son recours hiérarchique contre la décision qui lui avait infligé des arrêts, est irrégulière faute d'être motivée, l'obligation de motivation des sanctions posées par cette loi concerne la décision infligeant la sanction et non la décision qui se borne à rejeter la réclamation contre cette sanction ;

Cons. qu'il est établi que, lors de son retour le 8 nov. 1985 vers 0 h 45 sur l'unité navale sur laquelle il servait, M. Hardouin, alors maître timonier manifestait des signes d'ébriété ; qu'il a refusé de se soumettre à l'épreuve d'alcootest ; que ces faits étaient de nature à justifier une punition disciplinaire et qu'en infligeant une punition de 10 jours d'arrêt, l'autorité militaire n'a pas commis d'erreur manifeste d'appréciation ;

Cons. qu'il résulte de tout ce qui précède que M. Hardouin n'est pas fondé à soutenir que la décision du ministre de la défense, en date du 14 mars 1986, est entachée d'excès de pouvoir ; ... (Rejet).

II. *Marie*

Cons. qu'aux termes de l'article D. 167 du Code de procédure pénale : « La punition de cellule consiste dans le placement du détenu dans une cellule aménagée à cet effet et qu'il doit occuper seul ; sa durée ne peut excéder quarante-cinq jours... » ; que l'article D. 169 du même Code prévoit que « La mise en cellule de punition entraîne pendant toute sa durée, la privation de cantine et des visites. Elle comporte aussi des restrictions à la correspondance autre que familiale... » ; qu'en vertu de l'article 721 du même Code, des réductions de peine peuvent être accordées aux condamnés détenus en exécution de peines privatives de liberté « s'ils ont donné des preuves suffisantes de bonne conduite » et que les réductions ainsi octroyées peuvent être rapportées « en cas de mauvaise conduite du condamné en détention » ; *que, eu égard à la nature et à la gravité de cette mesure, la punition de cellule constitue une décision faisant grief susceptible d'être déférée au juge de l'excès de pouvoir ;* que M. Marie est, dès lors, fondé à demander l'annulation du jugement attaqué, par lequel le tribunal administratif de Versailles a rejeté comme non recevable sa demande tendant à l'annulation de la décision du 29 juin 1987 par laquelle le directeur de la maison d'arrêt de Fleury-Mérogis lui a infligé la sanction de mise en cellule de punition pour une durée de huit jours, avec sursis, ainsi que de la décision implicite du directeur régional des services pénitentiaires rejetant son recours hiérarchique contre cette décision ;

Cons. qu'il y a lieu d'évoquer et de statuer immédiatement sur la demande présentée par M. Marie devant le tribunal administratif de Versailles ;

Cons. qu'aux termes de l'article D. 262 du Code de procédure pénale, « Les détenus peuvent, à tout moment, adresser des lettres aux autorités administratives et judiciaires françaises (...) Les détenus qui mettraient à profit la faculté qui leur est ainsi accordée soit pour formuler des outrages, des menaces ou des imputations calomnieuses, soit pour multiplier des réclamations injustifiées ayant déjà fait l'objet d'une décision de rejet, encourent une sanction disciplinaire, sans préjudice de sanctions pénales éventuelles » ;

Cons. que, pour infliger à M. Marie la sanction de huit jours, avec sursis, de cellule de punition, le directeur de la maison d'arrêt de Fleury-Mérogis s'est fondé sur ce que la lettre du 4 juin 1987 adressée par ce détenu au chef du service de l'inspection générale des affaires sociales, pour se plaindre du fonctionnement du service médical de l'établissement, avait le caractère d'une réclamation injustifiée ;

Cons. qu'il ne ressort pas des pièces du dossier et qu'il n'est du reste pas allégué, que cette réclamation, à la supposer injustifiée, ait fait suite à de précédentes plaintes ayant fait l'objet de décisions de rejet ; que si le garde des Sceaux, ministre de la justice soutient que cette réclamation comportait des imputations calomnieuses, un tel grief ne figure pas dans les motifs de la décision attaquée et qu'au surplus, si la lettre de M. Marie énonce des critiques dans des termes peu mesurés, elle ne contient ni outrage, ni menace, ni imputation pouvant être qualifiés de calomnieux ; que, dès lors, en prenant la décision attaquée, le directeur de la maison d'arrêt dont la décision a été implicitement confirmée par le directeur régional des services pénitentiaires, s'est fondé sur des faits qui ne sont pas de nature à justifier une sanction ; que, par suite, et sans qu'il soit besoin d'examiner les autres moyens de la requête, M. Marie est fondé à demander l'annulation de ces décisions ; ... (Annulation).

OBSERVATIONS

En admettant la recevabilité du recours pour excès de pouvoir contre des actes considérés précédemment comme des mesures d'ordre intérieur, les arrêts Hardouin *et* Marie *élargissent l'accès au juge et le contrôle de légalité, comme le feront plus tard les arrêts* Fairvesta*, Numericable* *et* GISTI* *du 12 juin 2020 pour les mesures de droit souple.*

1 **I.** — Le 8 nov. 1985, vers 0 h 45, le maître timonier Philippe Hardouin, en service sur le navire de guerre « le Vauquelin », qui faisait escale aux Canaries, était en état d'ivresse et a refusé de se soumettre à une épreuve d'alcootest ; il a été puni, pour ce motif, de dix jours d'arrêt.

M. Pascal Marie, détenu à la prison de Fleury-Mérogis a écrit au chef du service de l'inspection générale des affaires sociales pour se plaindre d'un refus de soins dentaires. En raison de cette plainte, il s'est vu infliger par le directeur de l'établissement, le 29 juin 1987, une sanction de mise en « cellule de punition » pour une durée de huit jours, avec sursis.

Ces deux affaires banales et mineures ont provoqué un important revirement de jurisprudence inscrit dans deux décisions rendues le même jour par l'Assemblée du contentieux.

En effet, ceux qui avaient fait l'objet de ces sanctions les ont déférées aux tribunaux administratifs de Rennes et de Versailles territorialement compétents. Ces deux juridictions ont rejeté les requêtes comme irrecevables, en appliquant une jurisprudence constante du Conseil d'État selon laquelle de telles punitions constituent des « mesures d'ordre intérieur » qui ne sont pas susceptibles de faire l'objet d'un recours contentieux.

Sur l'appel des intéressés, le Conseil d'État a abandonné cette jurisprudence. Il a considéré que la punition frappant M. Hardouin pouvait être attaquée par la voie du recours pour excès de pouvoir en raison de « ses effets directs sur la liberté d'aller et venir du militaire, en dehors du service » et de « ses conséquences sur l'avancement ou le renouvellement des contrats d'engagement ». Il a adopté la même solution pour la punition de cellule infligée à M. Marie, « eu égard à la nature et à la gravité de cette mesure ». Mais les sorts des deux requérants diffèrent en ce qui concerne le fond de l'affaire : la sanction infligée au militaire est jugée légale, en raison des fautes qu'il a commises, alors que celle dont le prisonnier a fait l'objet est annulée parce que les critiques qu'il avait formulées contre l'administration pénitentiaire, même si elles étaient énoncées en termes peu mesurés, ne contenaient ni outrage, ni menace, ni imputation calomnieuse.

2 **II.** — Le Conseil d'État a suivi les conclusions du commissaire du gouvernement Patrick Frydman. La jurisprudence antérieure était fondée principalement sur deux idées : les mesures d'ordre intérieur étant d'importance minime, le juge ne devait pas en être saisi en vertu du vieil adage latin *de minimis non curat praetor* ; et l'intervention du contrôle juridictionnel aurait risqué d'affaiblir la discipline nécessaire, notamment dans l'armée, les prisons et les écoles. Le commissaire du gouvernement a proposé de la faire évoluer en invoquant notamment cinq arguments :

– *« on ne peut manquer d'être sensible aux conséquences préjudiciables qui s'attachent, pour les personnes concernées, au prononcé de sanctions disciplinaires et corrélativement, au considérable progrès du droit que représenterait la soumission de telles mesures au contrôle du juge… les punitions infligées tant aux détenus qu'aux militaires comportent en réalité des effets de droit et de fait qui, non seulement, s'avèrent plus sensibles que ceux de bien d'autres actes dont le juge administratif examine chaque jour la légalité, mais, surtout, rendent à nos yeux indispensable la soumission de telles sanctions à un contrôle juridictionnel… l'on ne peut, de ce point de vue, s'empêcher de voir dans votre jurisprudence actuelle une manifestation d'archaïsme, sinon constitutive – comme il a parfois été dit – d'un véritable déni de justice, du moins difficilement compatible avec les principes de l'État de droit tel qu'il est aujourd'hui entendu » ;*

– *« le revirement jurisprudentiel ainsi rendu nécessaire nous apparaît par ailleurs facilité, en deuxième lieu, par l'évolution récente qu'a connue notre droit en direction d'un rétrécissement du domaine des mesures d'ordre intérieur… La méthode que vous avez adoptée pour ce faire consiste précisément à exclure de cette catégorie les décisions ayant en réalité pour effet de porter une atteinte substantielle aux droits et libertés ou à la situation juridique ou statutaire de leurs destinataires » ;*

– *« le renversement de votre position traditionnelle nous paraît impliqué, en troisième lieu, par un facteur juridique qui n'est d'ailleurs pas sans lien avec cette évolution plus générale du droit des mesures d'ordre intérieur :… les obligations, résultant de certains engagements souscrits par la France et, tout particulièrement, de la Convention européenne de sauvegarde des droits de l'Homme et des libertés fondamentales du 4 nov. 1950 » ;*

– *« parmi les éléments qui militent fortement en faveur de la recevabilité des recours dirigés contre les sanctions disciplinaires figure également, en quatrième lieu, le constat suivant lequel de tels recours sont possibles… dans la plupart des États comparables au nôtre » ;*

– *« ce renversement nous paraît par ailleurs favorisé, en cinquième lieu, par la notable évolution sociologique qu'ont connue le milieu pénitentiaire et l'armée dans les dernières décennies, et qui les a conduits tout à la fois à mieux reconnaître les droits de l'individu et à s'ouvrir à un contrôle extérieur ».*

Cette forte argumentation reprenait des critiques formulées depuis une vingtaine d'années par une partie de la doctrine contre une jurisprudence séculaire. Il est intéressant de constater qu'elle s'appuie en outre sur des considérations de droit international et sur des éléments de droit comparé : ce sont là des attitudes nouvelles pour le juge administratif, qui s'est situé pendant très longtemps dans un cadre purement et spécifiquement français.

3 **III.** — Ainsi que l'a souligné le commissaire du gouvernement, la catégorie des mesures d'ordre intérieur était en voie de rétrécissement, tout comme l'autre grand secteur des actes insusceptibles de recours, celui des actes de gouvernement (CE 19 févr. 1875, *Prince Napoléon**).

Pour s'en tenir aux principales décisions d'ordre individuel, le Conseil d'État avait accepté d'examiner les recours dirigés contre les notes attribuées aux fonctionnaires (Sect., 23 nov. 1962, *Camara*, Rec. 627 ; AJ 1962.666, chr. Gentot et Fourré), aux magistrats (Ass., 31 janv. 1975, *Volff*, Rec. 70 ; v. n° 61.3) ou aux militaires (Sect., 22 avr. 1973, *Pierron*, Rec. 184 ; AJ 1977.360, chr. Nauwelaers et Fabius ; RA 1977.378, note Darcy), ou encore des mesures prises en matière de résultats de compétitions sportives (Sect., 25 janv. 1991, *Vigier*, Rec. 29 ; AJ 1991.389, concl. Leroy ; D. 1991.611, note Doumbé-Billé ; RFDA 1992.216, note Fernandez-Maublanc ; LQJ 6 juill. 1991, note Maligner).

4 La principale avancée jurisprudentielle dans ce domaine a concerné le secteur de l'éducation nationale. Alors que l'interdiction de porter un insigne à l'école était considérée comme une mesure d'ordre intérieur (CE, Sect., 21 oct. 1938, *Lote*, Rec. 786), l'affaire dite du « foulard islamique » a conduit le Conseil d'État à abandonner cette jurisprudence : désormais, le règlement intérieur d'une école qui interdit « le port de tout signe distinctif, vestimentaire ou autre, d'ordre religieux, politique ou philosophique », et l'exclusion des élèves qui avaient porté un foulard couvrant leur chevelure sont des décisions susceptibles de recours (CE 2 nov. 1992, *Kherouaa*, Rec. 389 ; v. n° 22.5).

5 En revanche, la jurisprudence demeurait ferme dans le domaine des punitions militaires (CE, Sect., 11 juill. 1947, *Dewavrin*, Rec. 307) et pénitentiaires (Ass., 27 janv. 1984, *Caillol*, Rec. 28 ; v. n° 61.5). Cette dernière décision, rendue en Assemblée du contentieux contrairement aux conclusions du commissaire du gouvernement, était particulièrement caractéristique : le juge administratif refusait en effet d'examiner la mesure par laquelle un détenu avait été placé en « quartier de plus grande sécurité ».

Le maintien de cette jurisprudence rigoureuse était d'autant plus difficile que les punitions en question revêtaient parfois une certaine gravité et, que dans l'armée, elles coexistaient avec des sanctions dites statutaires comme le retrait d'emploi, qui ont toujours fait l'objet d'un contrôle juridictionnel.

IV. — Il reste à préciser la portée de la nouvelle jurisprudence.

Le commissaire du gouvernement a indiqué qu'elle ne devrait pas concerner toutes les punitions infligées dans les prisons ou dans l'armée, mais seulement celles « qui entraîneraient soit une atteinte sensible à des libertés ou droits protégés – critère qui intégrerait d'ailleurs notamment l'éventuelle aggravation sensible des conditions de vie de la personne punie, soit une atteinte substantielle à la situation statutaire ou administrative de l'intéressé – critère qui couvrirait en particulier, pour sa part, les éventuelles conséquences de la mesure sur les perspectives de carrière ».

Dans ses décisions du 17 févr. 1995, le Conseil d'État a retenu ces limites.

6 **V.** — Les suites données aux arrêts du 17 févr. 1995 n'ont pas été les mêmes selon qu'il s'agit des détenus ou des militaires. Pour ces derniers, compte tenu notamment du rapprochement de leur statut avec celui des fonctionnaires civils, effectué par la loi du 24 mars 2005 (reprise dans le Code de la défense), le contentieux afférent aux punitions disciplinaires a été peu nourri. Dans la ligne de la jurisprudence *Hardouin*, il a été jugé qu'un blâme peut faire l'objet d'un recours pour excès de pouvoir (CE 12 juill. 1995, *Monfroy*, Rec. 304).

De son côté, le Conseil constitutionnel a jugé que le régime des arrêts infligé aux militaires n'est pas contraire à la Constitution (*n° 2014-450 QPC, 27 févr. 2015, Pierre et autres*, Rec. 159 ; RFDA 2015.608, comm. Roblot-Troizier, AJFP. sept-oct. 2015, p. 244, note Videlin).

S'agissant des détenus, la jurisprudence issue de la décision *Marie* a été illustrée et prolongée grâce à la conjonction de plusieurs éléments : l'état préoccupant des prisons ; l'action conduite par la section française de l'Observatoire international des prisons ; la réforme des procédures d'urgence par la loi du 30 juin 2000 (v. nos obs. sous CE, Sect., 18 janv. 2001, *Commune de Venelles**) ; la jurisprudence de la Cour européenne des droits de l'Homme, protectrice des détenus. On relèvera que les mêmes causes ont été à l'origine de la loi pénitentiaire du 24 nov. 2009.

Si le contrôle exercé sur cette loi, avant sa promulgation, par le Conseil constitutionnel avait été très limité (*n° 2009-593 DC, 19 nov. 2009*), il en a été autrement dans le cadre de questions prioritaires de constitutionnalité. À ce titre, ont été déclarées contraires au droit au recours les dispositions de l'art. 40 de la loi en ce qu'elles n'ouvrent pas aux personnes placées en détention provisoire un recours lorsque l'autorité judiciaire s'oppose à ce qu'elles correspondent avec toute personne de leur choix (*n° 2018-715 QPC, 22 juin 2018* ; Cah. CC. 2018.37, note Bonis). L'art. 34 de la loi pénitentiaire a de même été censuré en raison de l'absence de voie de recours permettant aux prévenus de contester l'avis conforme par lequel l'autorité judiciaire peut s'opposer au bénéfice du *rapprochement familial* (*n° 2018-763 QPC, 8 févr. 2019* ; AJ 2019.314).

Pour le surplus, la loi pénitentiaire a servi de fondement à certaines solutions adoptées par le Conseil d'État. Son article 39, relatif à la possibilité pour les détenus de téléphoner dans les cas qu'il vise, n'autorise pas la mise à leur charge du coût de la mesure de police que constitue le contrôle de leurs communications (CE 14 nov. 2018, *De Jésus* ; Rec. 419 ; AJ 2019.475, note Mouchette).

Son article 26 relatif à la liberté de religion a conduit à juger que les détenus témoins de Jéhovah puissent bénéficier d'aumôniers (CE 16 oct. 2013, *Garde des Sceaux, ministre de la justice c. Fuentès*, Rec. 682 ; AJ 2013.2386, concl. Hedary).

Il a été jugé en revanche que ni la loi ni l'art. 9 de la Convention européenne des droits de l'Homme n'imposent à l'administration pénitentiaire de garantir, en toute circonstance aux détenus, une alimentation respectant leurs convictions religieuses (CE 16 juill. 2014, *Garde des Sceaux, ministre de la justice*, AJ 2014.2321, note P. H. Prélot).

En la matière, pèse sur l'administration une obligation de moyens (CE 10 févr. 2016 *Khadar*, Rec. 27, concl. Bretonneau ; AJ 2016.1127, note Bioy).

Au total a vu le jour une politique jurisprudentielle qui a revêtu trois caractères : la réduction sensible des mesures d'ordre intérieur ; un contrôle de légalité accru ; l'émergence de procédures allant au delà de ce contrôle.

Le Conseil d'État a été en outre confronté a la situation d'urgence sanitaire dans les prisons.

7 *A.* — La jurisprudence *Marie* a été précisée et enrichie, de telle sorte que la possibilité de former un recours pour excès de pouvoir a été étendue. Cela résulte principalement de trois décisions de l'assemblée du contentieux rendues le 14 déc. 2007 (CE, Ass., 14 déc. 2007, *Garde des Sceaux, ministre de la justice c. Boussouar*, Rec. 495 ; Rec. 476 et RFDA 2008.87, concl. Guyomar ; AJ 2008.128, chr. Boucher et Bourgeois-Machureau ; DA 2008, n° 24, note F. Melleray ; Gaz. Pal. 8/9 août 2008, comm. Pissaloux et Minot ; JCP 2008.I.132, § 3, chr. Plessix ; D. 2008.820, note Herzog-Evans ; RSC 2008.404, comm. Poncela ; RD publ. 2009.217, note Groulier ; du même jour, *Planchenault*, Rec. 474 ; mêmes références ; du même jour, *Payet*, Rec. 498 ; mêmes références ; add. RFDA 2008.104, concl. Landais ; LPA 3 juin 2008, note Canedo-Paris ; RD publ. 2008.658, comm. Guettier ; JCP 2008.II.10036, note Ngampio-Obélé-Bélé).

Comme dans l'affaire *Marie*, ces décisions font dépendre la possibilité de former un recours pour excès de pouvoir de la nature et de l'importance des effets de la mesure contestée sur la situation des détenus. Mais, dans un souci de lisibilité de la jurisprudence elles énumèrent certaines catégories d'actes qui, au regard de ce critère, sont toujours susceptibles de recours. Cette détermination *a priori* tient compte en particulier, du fait que les établissements pour peines (maisons centrales, centres de détention) se caractérisent par rapport aux maisons d'arrêt par des modalités d'incarcération différentes et notamment par l'organisation d'activités orientées vers la réinsertion ultérieure des personnes concernées et la préparation de leur élargissement.

En conséquence, sont susceptibles de recours : un changement d'affectation d'un détenu d'une maison centrale à une maison d'arrêt (arrêt

Boussouar) ; un déclassement d'emploi (arrêt *Planchenault*) ; le placement d'un détenu sous le régime des rotations de sécurité (arrêt *Payet*).

La même solution vaut pour les décisions de mise à l'isolement, que ce soit à titre disciplinaire (CE 30 juill. 2003, *Garde des Sceaux, ministre de la justice c. Remli*, Rec. 366 ; D. 2003.2331, note Herzog-Evans ; AJ 2003.2090, note D. Costa ; RFDA 2003.1012, note Céré ; JCP 2004.II.10067, note S. Petit) ou à titre préventif (CE 17 déc. 2008, *Section française de l'Observatoire international des prisons*, JCP 2009.II.10049, 1re espèce, note Merenne) ; pour l'inscription d'un détenu sur le répertoire des détenus particulièrement signalés (CE 30 nov. 2009, *Garde des Sceaux, ministre de la justice c. Kehli*, Rec. 480 ; AJ 2009.2320) ; pour une décision portant organisation des visites aux détenus (CE 26 nov. 2010, *Ministre d'État, garde des Sceaux, ministre de la justice c. Bompard*, AJ 2010.678, note Poujol) ; pour la décision soumettant un détenu au régime différencié « portes fermées » (CE 28 mars 2011, *Garde des Sceaux, ministre de la justice c. Bennay*, Rec. 137 ; AJ 2011.1364, chr. Domino et Bretonneau) ; pour les décisions par lesquelles le président de la commission de discipline prononce une sanction d'avertissement (CE 21 mai 2014, *Garde des Sceaux, ministre de la justice c. Guimon*, Rec. 139 ; Gaz. Pal. 25 juin 2014, note Guyomar).

En sens inverse, d'autres mesures n'entrent pas *a priori* dans la catégorie des décisions faisant grief : décision de changement d'affectation entre établissements de même nature ou de changement d'affectation d'une maison d'arrêt à un établissement pour peines (arrêt *Boussouar*) ; refus opposé à une demande d'emploi (arrêt *Planchenault*). Mais il peut en aller autrement si la mesure aboutit *in concreto* à mettre en cause des libertés et droits fondamentaux des détenus, en fonction d'une approche au cas par cas (CE 9 avr. 2008, *Rogier*, Rec. 800 ; AJ 2008.1827, note D. Costa ; – 13 nov. 2013, *Agamenon*, Rec. 683 ; du même jour, *Puce et Garde des Sceaux, ministre de la justice*, Rec. 683 ; RFDA 2014.965, note Pollet-Panoussis).

Si constituent des mesures d'ordre intérieur les décisions de contrôler l'équipement informatique d'un détenu et de lui refuser d'acquérir un nouveau système d'exploitation tel n'est pas le cas de la décision de retenue administrative de ses équipements, qui est susceptible de faire l'objet d'un recours pour excès de pouvoir (CE 9 nov. 2015, *Dos Santos Pedro*, Rec. 742 ; du même jour, même requérant, Rec. 742 ; AJ 2016.53, concl. Bretonneau)

8 ***B.*** — Le contrôle exercé dans le cadre du contentieux de l'excès de pouvoir a porté davantage sur des mesures réglementaires que sur des décisions individuelles, objet initial de la jurisprudence *Marie*.

1°) S'agissant des mesures réglementaires le Conseil d'État a annulé plusieurs dispositions du décret du 21 mars 2006 relatif à l'isolement des détenus soit parce qu'elles empiètent sur la compétence reconnue au législateur par l'article 34 de la Constitution, soit parce qu'elles méconnaissent des engagements internationaux de la France (CE, Sect., 31 oct.

2008, *Section française de l'Observatoire international des prisons* ; Gaz. Pal. 13 déc. 2008 et RFDA 2009.73, concl. Guyomar ; AJ 2008.2389, chr. Geffray et Liéber ; DA 2009, n° 10, note F. Melleray ; D. 2009.134, note Herzog-Evans).

A été admise la légalité : des restrictions apportées au régime de l'encellulement individuel des prévenus dans les maisons d'arrêt par le décret du 10 juin 2008 (CE 29 mars 2010, *Section française de l'Observatoire international des prisons*, Rec. 84) ; des modalités d'exécution de la surveillance de sûreté et de la rétention de sûreté fixées par le décret du 4 nov. 2008 (CE 26 nov. 2010, *Lavie et Section française de l'Observatoire international des prisons*, Rec. 457 ; DA 2011, n° 33, note Lacaze), des modalités de communication entre le détenu et un avocat (CE 24 oct. 2014, *Stojanovic*, Rec. 663 AJ 2015.1371, note Falxa ; – 25 mars 2015, même requérant, Rec. 741).

2°) Le contrôle de légalité exercé sur les mesures individuelles a gagné en intensité compte tenu notamment de la rigueur dont fait preuve la Cour européenne des droits de l'Homme. Appelée en effet à statuer sur l'affaire *Payet*, la Cour a estimé que les conditions de détention d'un détenu particulièrement signalé constituaient un traitement inhumain, tout en jugeant que les transfèrements répétés de l'intéressé étaient justifiés (CEDH 20 janv. 2011, *Payet c. France*, D. 2011.643, note Céré).

La jurisprudence européenne a entraîné le passage à un contrôle normal, et non plus restreint, sur la question de savoir si la sanction prononcée à l'égard d'un détenu est proportionnée à la gravité des fautes (CE 1er juin 2015, *Boromée*, Rec. 185, concl. Bretonneau ; v. n° 26.11). Les fouilles intégrales sont soumises à une double exigence de nécessité et de proportionnalité (CE 30 janv. 2019, *Cosson* ; Rec. 811). De plus, les décisions individuelles prises par l'administration pénitentiaire ont été appréhendées compte tenu de leur application *in concreto*, grâce au développement des procédures de référé.

9 *C.* — Le recours aux procédures de référé s'est manifesté de diverses façons. Le référé-liberté (*cf.* nos obs. sous CE *Commune de Venelles**) a permis de dénoncer l'état de la prison des Baumettes à Marseille (CE ord. 22 déc. 2012, *Section française de l'Observatoire international des prisons*, Rec. 496), ou celui de la maison d'arrêt de Nîmes (CE ord. 30 juill. 2015, *Section française de l'observatoire des prisons (OIP-SF) et ordre des avocats au barreau de Nîmes*, Rec. 305 ; AJ 2015.2216, note Le Bot). Néanmoins, l'intervention du juge du référé-liberté ne lui permet pas de prescrire « des mesures d'ordre structurel reposant sur des choix de politique publique » (CE 28 juill. 2017, *Section française de l'Observatoire international des prisons*, Rec. 285, concl. Crépey ; AJ 2017.2540, note Le Bot). Au titre du référé-suspension, la condition d'urgence est présumée remplie en cas de contestation d'une décision de placement d'office à l'isolement (CE 7 juin 2019, *Mme Madani*, Rec. 199 ; AJ 2019.2137, concl. Iljic). Le référé « mesures utiles », a été mis en œuvre pour assurer la confidentialité des conversations téléphoniques des détenus (CE 28 juill. 2014, *Garde des Sceaux*, AJ 2014.1587). Le référé-provision peut être utilisé pour faire évaluer le préjudice subi par un détenu en raison de conditions de détention révélant l'existence d'une faute de nature à engager la responsabilité de la puissance publique (CE, Sect., 6 déc. 2013, *Thévenot*, Rec. 309 ; AJ 2014.237, concl. Hedary ; Gaz. Pal. 30 janv. 2014, note Guyomar). Il a été spécifié que des conditions de détention indignes engendrent par elles-mêmes un préjudice moral et que le seul écoulement du temps aggrave l'intensité du préjudice subi (CE, Sect., 3 déc. 2018, *Bermond*, Rec. 438, concl. Bretonneau ; v. n° 71.6).

10 *D.* — Toutes ces évolutions, rendues possibles par le recul de la notion de mesure d'ordre intérieur, qu'illustre l'arrêt *Marie*, ont néanmoins été insuffisantes pour remédier à la surpopulation carcérale. En effet, si utile que soit l'intervention du juge du référé-liberté, il n'entre pas dans son office de prescrire des « mesures d'ordre structurel insusceptibles d'être mises en œuvre à très bref délai » (CE 19 oct. 2020, *Garde des Sceaux, ministre de la justice c. Section française de l'Observatoire international des prisons*, Rec. 351, AJ 2021.694, note Schmitz ; DA 2021, comm. 7, note Éveillard ; JCP Adm. 2020.2295, note Parinet-Hodimont). Il n'en a pas moins ordonné des mesures ciblées d'amélioration de la situation des détenus de la prison de Nouméa (CE 18 nov. 2020, *Section française de l'Observatoire international des prisons*, Rec. 815).

La prise en compte des moyens susceptibles d'être mis en œuvre a également amené le juge des référés à ne pas conclure à une carence grave des mesures concernant la situation des détenus lors de la crise sanitaire, qu'il s'agisse du dispositif de libération de personnes détenues à titre provisoire (CE ord. 8 avr. 2020, *Section française de l'Observatoire international des prisons*, AJ 2020.1298, note Schmitz), de la distribution des masques (CE ord. 7 mai 2020, *Garde des Sceaux, ministre de la justice c. Ordre des avocats du barreau de la Martinique*, Rec. 816 ; AJ 2020.1300, note Schmitz), du port des masques (CE ord. 8 oct. 2020, *Garde des Sceaux, ministre de la justice*, n° 444741, AJ 2021.41, note Schmitz) ou de l'accès à la vaccination (CE ord. 5 févr. 2021, *Association Robin des lois*, n° 449081).

87

DIGNITÉ DE LA PERSONNE HUMAINE ORDRE PUBLIC – POLICE

Conseil d'État Ass., 27 octobre 1995, *Commune de Morsang-sur-Orge*
(Rec. 372, concl. Frydman ; RFDA 1995.1204, concl. ; RF décentr. 1996, n° 3, p. 85, concl., obs. Vigouroux ; RTDH 1996.657, concl., note Deffains ; AJ 1995.878, chr. Stahl et Chauvaux ; D. 1996.177, note G. Lebreton ; JCP 1996.II.22630, note F. Hamon ; RD publ. 1996.536, notes Gros et Froment ; AJ 2014.106, note Franc ; « les vingt ans de l'arrêt Morsang-sur-Orge », RFDA 2015.869 et 1075 ; GADLF n° 55, obs. X. Dupré de Boulois ; GAP, p. 479 ; GCJA, vol. 2, n° 62, concl.)

Vu le Code des communes et notamment son article L. 131-2 ; la Convention européenne de sauvegarde des droits de l'Homme et des libertés fondamentales ; le Code des tribunaux administratifs et des cours administratives d'appel ; l'ordonnance n° 45-1708 du 31 juill. 1945, le décret n° 53-934 du 30 sept. 1953 et la loi n° 87-1127 du 31 déc. 1987 ; ...

Sans qu'il soit besoin d'examiner les autres moyens de la requête :

Cons. qu'aux termes de l'article L. 131-2 du Code des communes : « La police municipale a pour objet d'assurer le bon ordre, la sûreté, la sécurité et la salubrité publique » ;

Cons. qu'il appartient à l'autorité investie du pouvoir de police municipale de prendre toute mesure pour prévenir une atteinte à l'ordre public ; que *le respect de la dignité de la personne humaine est une des composantes de l'ordre public ;* que *l'autorité investie du pouvoir de police municipale peut, même en l'absence de circonstances locales particulières, interdire une attraction qui porte atteinte au respect de la dignité de la personne humaine* ;

Cons. que l'attraction de « lancer de nain » consistant à faire lancer un nain par des spectateurs conduit à utiliser comme un projectile une personne affectée d'un handicap physique et présentée comme telle ; que, *par son objet même, une telle attraction porte atteinte à la dignité de la personne humaine ;* que *l'autorité investie du pouvoir de police municipale pouvait, dès lors, l'interdire même en l'absence de circonstances locales particulières et alors même que des mesures de protection avaient été prises pour assurer la sécurité de la personne en cause et que celle-ci se prêtait librement à cette exhibition, contre rémunération ;*

Cons. que, pour annuler l'arrêté du 25 oct. 1991 du maire de Morsang-sur-Orge interdisant le spectacle de « lancer de nains » prévu le même jour dans une discothèque de la ville, le tribunal administratif de Versailles s'est fondé sur le fait qu'à supposer même que le spectacle ait porté atteinte à la dignité de la personne humaine, son interdiction ne pouvait être légalement prononcée en l'absence de circonstances locales particulières ; qu'il résulte de ce qui précède qu'un tel motif est erroné en droit ;

Cons. qu'il appartient au Conseil d'État saisi par l'effet dévolutif de l'appel, d'examiner les autres moyens invoqués par la société Fun Production et M. Wackenheim tant devant le tribunal administratif que devant le Conseil d'État ;

Cons. que *le respect du principe de la liberté du travail et de celui de la liberté du commerce et de l'industrie ne fait pas obstacle à ce que l'autorité investie du pouvoir de police municipale interdise une activité même licite si une telle mesure est seule de nature à prévenir ou faire cesser un trouble à l'ordre public ;* que tel est le cas en l'espèce, eu égard à la nature de l'attraction en cause ;

Cons. que le maire de Morsang-sur-Orge ayant fondé sa décision sur les dispositions précitées de l'article L. 131-2 du Code des communes qui justifiaient, à elles seules, une mesure d'interdiction du spectacle, le moyen tiré de ce que cette décision ne pouvait trouver sa base légale ni dans l'article 3 de la Convention européenne de sauvegarde des droits de l'Homme et des libertés fondamentales, ni dans une circulaire du ministre de l'intérieur, du 27 nov. 1991, est inopérant ;

Cons. qu'il résulte de tout ce qui précède que c'est à tort que, par le jugement attaqué, le tribunal administratif de Versailles a prononcé l'annulation de l'arrêté du maire de Morsang-sur-Orge en date du 25 oct. 1991 et a condamné la commune de Morsang-sur-Orge à verser aux demandeurs la somme de 10 000 F ; que, par voie de conséquence, il y a lieu de rejeter leurs conclusions tendant à l'augmentation du montant de cette indemnité ; ... (annulation du jugement et rejet de la demande).

OBSERVATIONS

L'arrêt Commune de Morsang-sur-Orge *contribue à préciser l'objet et l'étendue des pouvoirs de police, qu'avaient déjà appréciés les arrêts* Abbé Olivier*, Benjamin*, Daudignac*, *ainsi que la combinaison des pouvoirs de polices nationale et locale, comme l'avait fait l'arrêt* Commune de Néris-les-Bains*.

1 Le « lancer de nain » est un « jeu » consistant à projeter le plus loin possible un nain revêtu d'un costume permettant à la fois de le saisir par des poignées et de le protéger dans sa chute, sur un tapis de réception. Cette pratique a commencé à se développer en France au début des années 1990, essentiellement dans des discothèques, où elle a donné lieu à une exploitation commerciale ; la personne même en faisant l'objet s'y prêtait et en tirait revenu.

Le maire de Morsang-sur-Orge a pris un arrêté interdisant ce spectacle dans une discothèque de sa commune. Celui d'Aix-en-Provence a pris la même mesure quelques mois plus tard. Les tribunaux administratifs de Versailles (25 févr. 1992, *Société Fun Productions, M. Wackenheim c. Commune de Morsang-sur-Orge*, AJ 1992.525, note Vimbert ; RFDA 1992.1026, note Flauss) et de Marseille (8 oct. 1992, mêmes requérants c. *Ville d'Aix-en-Provence*) en prononcèrent l'annulation comme excédant les pouvoirs de police du maire. Le Conseil d'État en a admis au contraire la légalité par deux arrêts rendus le 27 oct. 1995 dans les mêmes termes, aux conclusions de M. Frydman. Le Comité des droits de l'Homme des Nations unies a confirmé cette position (26 juill. 2002, *Wackenheim*, RTDH 2003.1017, note Levinet ; RUDH 2004.193).

Le Conseil d'État s'est fondé sur « *le respect de la dignité de la personne humaine* » (I), qui est « *une des composantes de l'ordre public* » (II) et qu'il revient aux maires d'assurer dans l'exercice de leur *pouvoir de police* (III).

2 **I.** — *Le respect de la dignité humaine* fait pour la première fois l'objet d'une reconnaissance dans la jurisprudence administrative (A) pour être appliqué à une activité qui lui porte atteinte (B).

A. — Il est d'ordre essentiellement philosophique comme lié à la conception de la nature humaine. Sa traduction dans l'ordre juridique est relativement récente. La Déclaration des droits de l'Homme et du citoyen ne le mentionne pas, même si l'on peut considérer que « les droits naturels, inaliénables et sacrés » qu'elle proclame sont inséparables d'une dignité qui est au moins sous-jacente. Les atteintes dont elle a fait l'objet à l'époque contemporaine ont conduit à lui donner une formulation juridique.

Plusieurs instruments internationaux en ont reconnu des éléments. Le Pacte international sur les droits civils et politiques du 16 déc. 1966, auquel la France a adhéré en vertu de la loi du 25 juin 1980, reconnaît « que ces droits découlent de la dignité inhérente à la personne humaine ». La Convention européenne de sauvegarde des droits de l'Homme et des libertés fondamentales du 4 nov. 1950 interdit notamment, dans son article 3, les « traitements inhumains ou dégradants » ; l'essence même de la Convention est « le respect de la dignité et de la liberté humaines » (CEDH 22 nov. 1995, *SW c. Royaume-Uni*, Série A 335 B, § 44 ; GACEDH n° 38). La Charte des droits fondamentaux de l'Union européenne lui consacre son article 1er.

La Cour de justice des Communautés européennes a reconnu que « l'ordre juridique communautaire tend indéniablement à assurer le respect de la dignité humaine en tant que principe général du droit » (14 oct. 2004, *Omega*, aff. C-36/02, AJ 2005.152, note von Walter ; DA 2005, n° 11, note Cassia ; Europe 2004, n° 407, note D. Simon ; JCP 2004.II.10199, note Zarka) et permet en conséquence aux autorités nationales d'interdire une activité y portant atteinte (jeux de simulation d'actes homicides dits « laserdrome »).

La loi du 30 sept. 1986 relative à la liberté de communication, a limité celle-ci « dans la mesure requise... par le respect de la personne humaine ». Celle du 29 juill. 1994 relative au respect du corps humain a introduit dans le Code civil un article 16 selon lequel « la loi assure la primauté de la personne, interdit toute atteinte à la dignité de celle-ci et garantit le respect de l'être humain dès le commencement de sa vie ».

À cette occasion, le Conseil constitutionnel (*nos 94-343/344 DC, 27 juill. 1994*, Rec. 100 ; D. 1995.J.237, note Mathieu, et SC. 299, obs. Favoreu ; RD publ. 1994.1647, comm. F. Luchaire ; RFDA 1994.1019, comm. Mathieu ; RFDC 1994.799, comm. Favoreu ; GDCC, n° 35), en s'appuyant sur la première phrase du Préambule de la Constitution de 1946, a considéré « que la sauvegarde de la dignité de la personne humaine contre toute forme d'asservissement et de dégradation est un principe à valeur constitutionnelle ».

Le Conseil d'État lui-même avait déjà souligné la nécessité de préserver « la dignité... de la personne » à l'occasion des contrôles exercés sur les salariés (11 juill. 1990, *Ministre des affaires sociales et de l'emploi c. Syndicat CGT de la Société Griffine-Maréchal*, Rec. 215), et rappelé « les principes déontologiques fondamentaux relatifs au respect de la personne humaine, qui s'imposent au médecin dans ses rapports avec son patient (et) ne cessent de s'appliquer avec la mort de celui-ci » (Ass., 2 juill. 1993, *Milhaud*, Rec. 194, concl. Kessler ; RDSS 1994.52, concl. ; RFDA 1993.1002, concl. ; AJ 1993.530, chr. Maugüé et Touvet ; D. 1994.74, note Peyrical ; JCP 1993.II.22133, note Gonod).

L'affirmation du « respect de la dignité de la personne humaine » par le Conseil d'État dans les arrêts *Commune de Morsang-sur-Orge* et *Ville d'Aix-en-Provence* ne constitue ainsi qu'un prolongement de solutions bien établies en droit positif. Elle a été rehaussée ultérieurement par celle du niveau constitutionnel de ce principe (par ex. CE 8 nov. 2017, *GISTI*, Rec. 458 ; JCP Adm. 2018.2006, concl. Domino ; AJ 2017.2408, chr. Roussel et Nicolas). Son champ couvre notamment les conditions d'accueil et de vie de rapatriés dans des camps (CE 3 oct. 2018, *Tamazount*, Rec. 359 ; RFDA 2018.1131, concl. Bretonneau ; AJ 2018.2181, chr. Nicolas et Faure ; JCP Adm. 2019.2074, note Pauliat) et les conditions de détention des prisonniers.

Une jurisprudence abondante a été rendue à leur sujet, par la Cour européenne des droits de l'Homme, qui a condamné fermement des conditions de détention indignes (CEDH, 30 janv. 2020, *JMB et autres c. France*, AJ 2020.1064, note Avvenire ; RFDA 2020.496, note Portier ; D. 2020.753, note Renucci ; JCP 2021.123, note Milano), par la Chambre criminelle de la Cour de cassation, qui a estimé que la prise en compte de conditions de détention indignes, en contradiction avec l'article 3 de la Convention européenne des droits de l'Homme, pouvait légalement justifier la remise en liberté d'une personne placée en détention provisoire (Crim., 8 juill. 2020, *n° 20-81739*, D. 2021.432, note Afroukh et Marguénaud ; JCP 2020.1075, note Peltier ; RFDA 2021.87, note Perrier ; RTDH 2021.141, note Roets) et par le Conseil constitutionnel, qui a relevé l'absence de recours devant le juge judiciaire permettant qu'il soit mis fin aux atteintes à la dignité résultant des conditions de la détention (*n° 2020-858/859 QPC*, 2 oct. 2020, AJ 2020.2158, note J. Bonnet et Gadhoun ; D. 2021.57, note Roux ; RFDA 2021.87, note Perrier ; RTDH 2021.141, note Roets ; AJ Pénal 2020.580, obs. Frinchaboy ; RFDC 2021.236, note Lavric ; RTD civ. 2021.28, note Deumer). Il s'en est suivi une intervention du législateur y portant remède (loi du 8 avril 2021).

3 *B.* — La nouveauté en 1995 tenait aux circonstances de l'affaire. Jusqu'alors, ce sont les atteintes aux personnes par les pouvoirs, publics ou privés, qui avaient été surtout visées. Dans l'affaire du « lancer de nain », elles résultaient du comportement de simples particuliers avec l'accord de l'intéressé.

Les organisateurs du spectacle, les spectateurs procédant ou assistant au « lancer » n'exercent pas de contrainte sur celui qui en fait l'objet. Il y consent pleinement, trouvant dans cette activité une rémunération substantielle : lui-même contestait les arrêtés municipaux qui, interdisant l'une, le privaient de l'autre.

Ces considérations ne sont pas suffisantes pour qu'une telle pratique ne porte pas atteinte à la dignité humaine. Celle-ci n'a pas seulement à être respectée par les autorités ; elle doit l'être tout autant par les individus dans leurs rapports entre eux et par chacun pour soi-même. On ne peut consentir à sa propre dégradation.

Or le lancer de nain fait d'une personne un objet entre les mains des autres. Bien plus, le handicap dont elle est atteinte est en lui-même un élément de l'attraction, non seulement parce que son poids facilite le lancer mais parce que sa difformité suscite curiosité voire perversité.

Le Conseil d'État a donc considéré, conformément à la démonstration de M. Frydman, « *que l'attraction de "lancer de nain" consistant à faire lancer un nain par des spectateurs conduit à utiliser comme un projectile une personne affectée d'un handicap physique et présentée comme telle ; que, par son objet même, une telle attraction porte atteinte à la dignité de la personne humaine* ».

4 **II.** — Encore faut-il, pour que le pouvoir de police puisse s'exercer, que le respect de la dignité de la personne humaine fasse partie de *l'ordre public* qu'il a pour but d'assurer. Les *composantes* en sont souvent présentées de manière limitative (A). Elles englobent pourtant dans une certaine mesure la moralité publique (B) et, à coup sûr, la dignité humaine (C).

A. — La trilogie des éléments qui, selon la présentation courante, constituent l'ordre public a pour origine les formules de lois anciennes (1789-1790, 1884), reprises à l'article L. 131-2 du Code des communes puis à l'article L. 2212-2 du Code général des collectivités territoriales ; elle couvre, « le bon ordre », « la sûreté, la sécurité et la salubrité publiques ». La sûreté et la sécurité concernent la liberté individuelle et la protection des personnes et des biens contre les risques divers dont ils peuvent être victimes ; la salubrité est liée à l'hygiène et à la santé ; s'y ajoute « la tranquillité publique », que peuvent perturber notamment les manifestations et autres tumultes.

Aucun de ces aspects n'était affecté par le lancer d'un nain : celui-ci « se prêtait librement à cette exhibition » ; des précautions, dans sa tenue et dans le tapis le recevant, le protégeaient contre les accidents ; ni l'hygiène ni la santé de l'intéressé ou des spectateurs n'étaient menacés ; la tranquillité publique ne l'était pas non plus, puisque l'exercice ne provoquait pas de tumulte extérieur : si des nuisances peuvent être causées au voisinage, c'est par la sonorité de la « musique » des discothèques (par ex. CE 12 mars 1986, *Préfet de police de Paris c. Metzler*, Rec. 70 ; D. 1986.422, note Terneyre), non par le lancer de nain lui-même.

Reste « le bon ordre » dans son sens général et imprécis. On peut se demander s'il englobe des aspects distincts des précédents.

5 ***B.*** — La question se pose spécialement à propos de la *moralité publique*.

Celle-ci dépasse « l'ordre matériel et extérieur », que, selon M. Hauriou, couvre seulement l'ordre public. Elle ne peut rejoindre l'ordre moral, qu'un État libéral se refuse à imposer.

Pourtant la jurisprudence a déjà eu l'occasion de tenir compte de considérations morales en liaison avec d'autres.

L'arrêt du 18 déc. 1959, *Société « Les Films Lutetia »**, a admis que la projection d'un film peut être interdite notamment « à raison du caractère immoral dudit film et de circonstances locales ». L'arrêt (Sect.) du 30 juin 2000, *Association Promouvoir, M. et Mme Mazaudier* (Rec. 265 v. n° 70.9) a annulé la décision accordant un visa d'exploitation au film *Baise-moi* car celui-ci, « composé pour l'essentiel d'une succession de scènes de grande violence et de scènes de sexe non simulées », « constitue ainsi un message pornographique et d'incitation à la violence… qui pourrait relever des dispositions de l'article 227-24 du Code pénal » (v. nos obs. sous CE 6 déc. 1996, *Société Lambda**). Si « la moralité publique » a également justifié dans le passé des mesures de police contre la prostitution, c'est en liaison avec « le bon ordre » (CE 17 déc. 1909, *Chambre syndicale de la corporation des marchands de vins et liquoristes de Paris*, Rec. 990), « l'ordre, la santé » (CE 11 déc. 1946, *Dames Hubert et Crépelle*, Rec. 300), pour « faire cesser un trouble apporté à l'ordre public » (CE 30 sept. 1960, *Jauffret*, Rec. 504). Un maire a pu « prescrire les mesures nécessaires pour assurer le maintien du bon ordre et de la décence sur le rivage de la mer » (CE, Sect., 30 mai 1930, *Beaugé*, Rec. 582). La mention du « bon ordre » à côté de celle de la moralité ou de la décence peut apparaître purement formelle.

Elle disparaît dans certains cas, pour ne laisser place qu'à celle de la moralité. En prononçant l'interdiction de combats de boxe comme « contraires à l'hygiène morale », le maire de Châlons-sur-Marne s'est fondé sur des motifs « qui ne peuvent être regardés comme étrangers à l'ordre public » (CE 7 nov. 1924, *Club indépendant sportif du châlonnais*, Rec. 863). Encore « le caractère brutal et parfois sauvage » de ces combats était-il associé aux motifs retenus. La considération de la sécurité reste sous-jacente.

M. Frydman a reconnu, se référant à de bons auteurs (R. Chapus), que « selon la jurisprudence, la moralité publique est la quatrième composante de la notion d'ordre public ».

C. — L'arrêt ne va pas jusque-là. Alors que M. Frydman soutenait « que le respect de la dignité humaine constitue lui-même l'une des composantes essentielles de la moralité publique », le Conseil d'État considère directement « que le respect de la dignité de la personne humaine est une des composantes de l'ordre public », sans mentionner la moralité publique.

Il évite ainsi de faire référence à une notion approximative, évolutive et difficile à manier en matière de police.

Il n'en donne que plus de force à l'insertion du respect de la dignité de la personne humaine dans la notion d'ordre public : par lui-même, sans référence à la moralité et *a fortiori* à la morale, ce respect fait partie intégrante de l'ordre public.

Celui-ci ne peut être défini comme seulement « matériel et extérieur ». Il ne se limite pas à la sûreté, à la sécurité, à la salubrité et à la tranquillité publiques. Il couvre une conception de l'homme, que la société doit respecter et les pouvoirs publics, faire respecter.

6 **III.** — Il n'était pourtant pas absolument évident qu'il revînt aux maires de le faire en prenant, dans l'exercice de leur *pouvoir de police générale* (A), une mesure aussi grave que *l'interdiction* (B).

A. — *Le pouvoir de police générale* des maires s'exerce normalement en l'absence de polices spéciales et en présence de circonstances locales.

Or, s'agissant du lancer de nain, il existe une police spéciale et il n'existe pas de circonstances locales.

Cela n'empêche pas que le maire puisse agir.

1°) Les spectacles sont régis par une ordonnance du 13 oct. 1945. Elle les soumet à « une législation spéciale » et les classe en six catégories, dans la dernière desquelles figurent les « spectacles forains, exhibitions de chants et de danse dans les lieux publics et tous spectacles de curiosités ou de variétés », qui à l'époque étaient « soumis à une autorisation du maire ».

Il n'est pas douteux que le lancer de nain est un spectacle de curiosité pour lequel une autorisation aurait dû être demandée. Si elle l'avait été, le maire n'aurait eu qu'à la refuser (comme celui de Châlons-sur-Marne avait pu le faire pour les combats de boxe : CE 7 nov. 1924, *Club indépendant sportif du châlonnais*, préc.).

L'existence d'une police spéciale peut exclure l'intervention des autorités de police générale, soit parce qu'elle porte sur un objet étranger à la police générale soit parce qu'elle est entièrement substituée à la police générale (par ex. à propos de l'utilisation des herbicides, CE 31 déc. 2020, *Commune d'Arcueil*, Rec. 868 ; BJCL 2021.197, concl. Merloz ; AJ 2021.754, note Rouillier ; DA 2021, comm. 18, note Éveillard ; v. nos obs. sous CE 18 déc. 1959, *Société « Les Films Lutetia »**). Les deux polices peuvent aussi se combiner. En l'espèce, l'objet particulier de la police des spectacles n'empêche pas qu'elle s'exerce pour les mêmes motifs d'ordre public et par la même autorité que pour la police générale. Mais, puisque le législateur a permis l'adoption de mesures particulières (le refus d'une autorisation), y avait-il lieu d'en prendre une autre au titre de la police générale (interdiction) ? Deux raisons conduisaient à l'admettre. La première, de fait, tient à ce qu'aucune demande d'autorisation n'ayant été demandée, le maire n'avait pas été mis à même de la refuser en vertu du pouvoir spécial qui lui est attribué. La seconde, de droit, est que la législation spéciale sur les spectacles de curiosité, en exigeant une autorisation du maire, fait de l'interdiction le principe, et de l'autorisation, l'exception. En interdisant le spectacle en vertu de son pouvoir de police générale, le maire n'a fait que rejoindre le principe du dispositif de la législation spéciale : la police générale vient ainsi à l'appui de la police spéciale. Cet aspect n'a pas été exprimé par l'arrêt ni même souligné ailleurs.

La possibilité de combiner police spéciale et police générale peut se trouver renforcée à propos des spectacles depuis que la loi du 18 mars 1999 a abrogé l'article 13 de l'ordonnance de 1945, qui exigeait une autorisation pour les « spectacles forains… et tous spectacles de curiosités ou de variétés ».

7 *2°)* Le pouvoir de police générale du maire lui est attribué pour faire face aux circonstances sur le territoire de sa commune : elles lui permettent d'aggraver les dispositions prises par d'autres autorités de police, générale (CE 18 avr. 1902, *Commune de Néris-les-Bains** ; – 8 août 1919, *Labonne**) ou spéciale (*Société « Les Films Lutetia »**), en raison de particularités propres à la commune. C'est ce qu'avait relevé le Conseil d'État dans l'arrêt précité du 30 mai 1930, *Beaugé* : « le maire de Biarritz, en raison de la disposition naturelle et de la fréquentation des plages et falaises de cette commune, a pu, sans excès de pouvoir, interdire aux baigneurs de se déshabiller et de se rhabiller sur lesdites plages ou falaises ».

Or, s'agissant du lancer de nain, il n'existait ni à Morsang-sur-Orge ni à Aix-en-Provence de circonstance particulière. Certes l'annonce du spectacle avait suscité des protestations. Mais elles n'étaient pas propres à ces deux communes. En réalité, le spectacle était contesté en lui-même, en quelque lieu que ce fût : c'est au niveau national que le problème se posait.

La solution aurait pu être donnée par les autorités chargées des pouvoirs de police à ce niveau, c'est-à-dire normalement aujourd'hui le Premier ministre (8 août 1919, *Labonne**). Mais, outre qu'il n'était pas évident qu'elles auraient dû l'adopter (puisque l'exigence d'une autorisation pour ce type de spectacle équivalait déjà à une interdiction de principe), elles ne l'avaient pas fait.

L'absence de mesure au niveau national pour une atteinte à l'ordre public qui peut se produire sur tout le territoire ne peut priver les autorités locales de police du pouvoir de prendre, dans le ressort dont elles ont la charge, celles qui sont nécessaires pour assurer l'ordre public si une activité lui porte atteinte. C'est ce que reconnaît expressément l'arrêt : « l'autorité investie du pouvoir de police municipale pouvait, dès lors, l'interdire même en l'absence de circonstances locales particulières ».

La solution peut jouer en sens inverse au profit des autorités de police nationales : « *il appartient…, en tout état de cause, aux autorités titulaires du pouvoir de police générale, garantes du respect du principe constitutionnel de sauvegarde de la dignité humaine, de veiller, notamment, à ce que le droit de toute personne à ne pas être soumise à des traitements inhumains ou dégradants soit garanti et de prendre toute mesure en ce sens* » ; en conséquence, « *la compétence de principe du département en matière d'aide sociale à l'enfance ne fait pas obstacle à l'intervention de l'État, au titre de ses pouvoirs de police, pour la prise en charge, à titre exceptionnel, des mineurs, dès lors qu'une telle intervention est nécessaire, lorsqu'il apparaît que, du fait notamment de l'ampleur et de l'urgence des mesures à prendre, le département est manifestement dans l'impossibilité d'exercer sa mission de protection des mineurs* » – comme cela a été le cas pour l'accueil de mineurs isolés à Calais (CE 8 nov. 2017, *GISTI*, préc.).

8 ***B.*** Dans l'affaire du lancer de nain, la mesure de police la plus grave, l'*interdiction* pure et simple, a pu être prise.

Car il n'y avait ni libertés qui puissent s'y opposer ni autre solution qui pût être adoptée.

1°) Les autorités de police doivent tenir compte des libertés dont bénéficie une activité et les respecter dans toute la mesure du possible (v. nos obs. sous CE 19 mai 1933, *Benjamin**).

En l'espèce, au profit du « lancer de nain » pouvaient en être invoquées plusieurs, négativement et positivement.

Aucune incrimination pénale n'existe à son sujet : c'est donc une activité licite. Cela est sans conséquence en matière de police. Des activités protégées par la loi peuvent donner lieu à des mesures de police (par ex. les réunions : *cf. Benjamin**), *a fortiori*, d'autres, pour lesquelles la protection du législateur ne peut être invoquée : « une activité même licite » n'est pas exclue du pouvoir de police.

Plus positivement, la liberté individuelle pouvait être invoquée par celui qui se prête à l'exhibition : peut-on être protégé contre soi-même, alors qu'au cas d'espèce il n'y a même pas de danger pour la sécurité (*supra*) ? Déjà le Conseil d'État avait écarté l'argument à propos de l'obligation du port de la ceinture de sécurité, en considérant qu'elle a pour objet de « réduire les conséquences des accidents de la route » (CE 4 juin 1975, *Bouvet de la Maisonneuve et Millet*, Rec. 330) – ce qui laissait une place à la considération des intérêts de la société. L'atteinte à la dignité de la personne humaine, à laquelle nul ne peut consentir (*supra*), constitue une atteinte à la société puisque le respect de cette dignité fait partie de l'ordre public (II. C).

La liberté du travail, si importante qu'elle soit, *a fortiori* la liberté du commerce et de l'industrie (v. CE 22 juin 1951, *Daudignac**) ne peuvent non plus faire obstacle à ce qu'une telle activité soit interdite, si cette mesure « est seule de nature à prévenir ou faire cesser un trouble à l'ordre public ».

9 *2°)* Par cette formule est soulignée la gravité de l'interdiction.

C'est le degré suprême de la décision de police, qui ne peut être atteint qu'en cas de nécessité absolue, à défaut de toute autre solution possible (v. nos obs. sous les arrêts *Benjamin** et *Daudignac**).

Or, en la matière, on ne voit pas d'autre solution puisque par sa nature même, quelles que soient les précautions prises en matière de sécurité, le « lancer de nain » porte atteinte à la dignité de la personne humaine. La seule mesure adéquate est l'interdiction.

L'arrêt ne reconnaît pas seulement le pouvoir de la prendre. Il implique le devoir de le faire car « il appartient à l'autorité investie du pouvoir de police de prendre toute mesure pour prévenir une atteinte à l'ordre public ». L'obligation de prendre des mesures de police avait déjà été admise *a contrario*, sur le terrain de la légalité (CE 23 oct. 1959, *Doublet*, Rec. 540, RD publ. 1959.1235, concl. A. Bernard et 1960.802, note M. Waline) et sur celui de la responsabilité (par ex. CE, Sect., 13 mai 1983, *Mme Lefebvre*, Rec. 194 ; v. n° 14.4). Elle paraît s'imposer particulièrement en cas d'atteinte à la dignité de la personne humaine.

Le respect de celle-ci se trouve ainsi garanti par les pouvoirs et les devoirs de police.

La jurisprudence ultérieure a eu l'occasion de le rappeler. Dans le cadre de la police des installations classées pour la protection de l'environnement, le Conseil d'État a vérifié que, pour l'implantation d'un centre de traitement et valorisation des déchets sur un site qui avait été le théâtre de nombreux combats pendant la première guerre mondiale, avaient été prescrites les mesures nécessaires pour assurer le respect de la dignité humaine dans l'hypothèse où des restes humains seraient exhumés (CE 26 nov. 2008, *Syndicat mixte de la vallée de l'Oise*, Rec. 439 ; BJCL 2009.33, concl. Guyomar ; Gaz. Pal. 3-4 juill. 2009, note Cassara).

Au titre de la police générale, a pu être également interdit un spectacle contenant des propos tenus « en méconnaissance de la dignité humaine » (CE ord. 9 janv. 2014, *Ministre de l'intérieur c. Société les Productions de la Plume et Dieudonné M'Bala M'Bala*, Rec. 1 ; v. n° 42.5).

88

PRINCIPES FONDAMENTAUX RECONNUS PAR LES LOIS DE LA RÉPUBLIQUE

Conseil d'État Ass., 3 juillet 1996, *Koné*

(Rec. 255 ; RFDA 1996.870 et RTDH 1997.747, concl. Delarue ; RFDA 1996.882, notes Favoreu, Gaïa, Labayle, P. Delvolvé ; AJ 1996.722, chr. Chauvaux et Girardot ; D. 1996.509, note Julien-Laferrière ; JCP 1996.II.22720, note Prétot ; RD publ. 1996.1751, note Braud ; RGDIP 1997.237, note Alland ; RTDH 1997.762, note Pierucci ; Rev. belge de dr. const. 1997.123, note Larsonnier ; LPA 27 déc. 1996, note Guiheux ; ibid. 20 déc. 1997, note Pélissier ; AJ 2014.107, note Denoix de Saint Marc ; GCJA, vol. 2, n° 69, concl.)

– (...) *Vu la Constitution* : – Vu l'Accord de coopération en matière de justice entre la France et le Mali du 9 mars 1962 ; – Vu la loi du 10 mars 1927 relative à l'extradition des étrangers ; – Vu l'ordonnance n° 46-1708 du 31 juill. 1945, le décret n° 53-934 du 30 sept. 1953 et la loi n° 87-1127 du 31 déc. 1987 ; (...)

Cons. que le décret attaqué accorde l'extradition de M. Koné, demandée à la France par les autorités maliennes pour l'exécution d'un mandat d'arrêt délivré par le Président de la chambre d'instruction de la Cour suprême du Mali le 22 mars 1994 dans le cadre de poursuites engagées à son encontre pour les faits de « complicité d'atteinte aux biens publics et enrichissement illicite » relatifs aux fonds transférés hors du Mali provenant de trafics d'hydrocarbures susceptibles d'avoir été réalisés à l'aide de faux documents douaniers par Mme Mariam Cissoko et son frère M. Cissoko ;

Cons. que l'erreur matérielle figurant dans le décret attaqué sur le nom matrimonial de Mme Cissoko, qui n'est pas de nature à faire naître un doute sur la véritable identité de l'intéressée, mentionnée dans la demande d'extradition comme dans l'avis de la chambre d'accusation de la Cour d'appel de Paris, est sans incidence sur la légalité dudit décret ;

Cons. qu'aux termes de l'article 48 de l'Accord de coopération en matière de justice entre la France et le Mali du 9 mars 1962 susvisé : « La demande d'extradition sera adressée par la voie diplomatique... Les circonstances des faits pour lesquels l'extradition est demandée,... la qualification légale et les références aux dispositions légales qui leur sont applicables seront indiquées le plus exactement possible. Il sera joint également une copie des dispositions légales applicables... » ;

Cons. que la demande d'extradition adressée à la France par le Mali le 27 mars 1994 répond à ces prescriptions ; qu'elle précise notamment que les faits reprochés à M. Koné constituent les infractions de « complicité d'atteinte aux biens publics et enrichissement illicite » prévues et réprimées par la loi malienne n° 82-

39/AN-RM du 26 mars 1982 et l'ordonnance n° 6/CMLN du 13 févr. 1974, dont la copie figure au dossier, d'une peine d'emprisonnement de trois à cinq années ; que l'erreur matérielle sur la date de ladite ordonnance dans l'une de ces copies n'est pas de nature à entacher d'irrégularité le décret attaqué ;

Cons. qu'il ne ressort pas des pièces du dossier que le requérant puisse encourir la peine capitale à raison des faits qui lui sont reprochés ;

Cons. qu'aux termes de l'article 44 de l'Accord de coopération franco-malien susvisé : « L'extradition ne sera pas exécutée si l'infraction pour laquelle elle est demandée est considérée par la partie requise comme une infraction politique ou comme une infraction connexe à une telle infraction » ; *que ces stipulations doivent être interprétées conformément au principe fondamental reconnu par les lois de la République, selon lequel l'État doit refuser l'extradition d'un étranger lorsqu'elle est demandée dans un but politique*; qu'elles ne sauraient dès lors limiter le pouvoir de l'État français de refuser l'extradition au seul cas des infractions de nature politique et des infractions qui leur sont connexes ; que, par suite, M. Koné est, contrairement à ce que soutient le garde des Sceaux, fondé à se prévaloir de ce principe ; qu'il ne ressort toutefois pas des pièces du dossier que l'extradition du requérant ait été demandée dans un but politique ;

Cons. qu'il résulte de tout ce qui précède que M. Koné n'est pas fondé à demander l'annulation du décret attaqué.

Décide (Rejet).

OBSERVATIONS

Alors que les principes généraux du droit selon l'arrêt Société des concerts du Conservatoire* *sont une source de la légalité administrative, l'arrêt* Koné *situe au niveau constitutionnel les principes fondamentaux reconnus par les lois de la République mentionnés dans le Préambule de la Constitution de 1946, auquel renvoie le Préambule de la Constitution de 1958.*

1 Cet arrêt concerne la situation d'un ressortissant malien, M. Koné, qui a fait l'objet de la part des autorités de son pays d'une demande d'extradition.

On a coutume de définir l'extradition comme une procédure d'entraide pénale internationale par laquelle un État (l'État requis) sur le territoire duquel se trouve un individu, remet ce dernier à un autre État (l'État requérant) afin qu'il le juge ou lui fasse exécuter sa peine.

En l'absence de traité, les conditions, la procédure et les effets de l'extradition sont déterminés par la loi du 10 mars 1927, incorporée dans le Code de procédure pénale depuis une loi du 9 mars 2004. Même si les sources du droit de l'extradition se trouvent de plus en plus dans des conventions bilatérales ou dans des engagements multilatéraux comme par exemple la Convention européenne d'extradition du 13 déc. 1957, la loi de 1927 régit les modalités d'intervention de l'acte par lequel le gouvernement français accorde ou refuse l'extradition. La loi prévoit que la demande d'extradition est soumise à l'avis de la chambre d'accusation, devenue depuis la loi du 15 juin 2000, chambre de l'instruction. Si l'avis est défavorable, l'extradition ne peut être accordée. Dans le cas contraire, le ministre de la justice propose, s'il y a lieu, au Premier ministre un décret autorisant l'extradition.

Longtemps considérés comme des actes de gouvernement, les décrets d'extradition sont, depuis 1937, susceptibles d'être attaqués par la voie du recours pour excès de pouvoir (CE, Ass., 28 mai 1937, *Decerf*, Rec. 534, 5.1937.3.73, note Laroque, et nos obs. sous CE 19 févr. 1875, *Prince Napoléon**).

Dans le cas de M. Koné l'extradition était demandée pour complicité d'atteinte aux biens publics du fait de transferts de fonds provenant d'un trafic d'hydrocarbures. L'extradition ayant été accordée par le gouvernement français l'intéressé a déféré le décret pris à cette fin au Conseil d'État en faisant valoir notamment que les autorités maliennes, en sollicitant sa remise, avaient entendu le sanctionner pour les liens d'amitié qu'il avait noués avec les dirigeants au pouvoir dans son pays d'origine avant leur renversement en mars 1991.

M. Koné en déduisait qu'il y avait eu violation par les autorités françaises des dispositions de l'article 5 (2°) de la loi du 10 mars 1927 qui prohibent l'extradition, non seulement à raison d'infractions politiques, mais aussi lorsqu'elle est demandée « dans un but politique ».

Le ministre de la justice soutenait que le moyen ainsi invoqué était inopérant dans la mesure où les règles de fond régissant l'extradition entre la France et le Mali sont régies non par la loi de 1927 mais par une convention bilatérale conclue le 9 mars 1962, dont l'article 44 interdit l'extradition pour une infraction politique ou une infraction qui lui est connexe, mais non en fonction du mobile de la demande.

Tout en reconnaissant que l'argumentation de l'administration correspondait au dernier état de la jurisprudence qui assure la suprématie d'une convention d'extradition sur la loi interne (CE 23 oct. 1991, *Urdiain Cirizar*, Rec. 347 ; AJ 1992.82, note Julien-Laferrière) le commissaire du gouvernement J.-M. Delarue n'en invitait pas moins le Conseil d'État à « contourner cette jurisprudence, en reconnaissant l'existence d'un *principe général du droit* de l'extradition, selon lequel l'État requis refuse l'extradition lorsqu'elle est demandée dans un but politique ».

L'assemblée du contentieux a admis l'invocabilité d'un tel principe tout en estimant dans le cas de M. Koné qu'il ne résultait pas des pièces du dossier que son extradition ait été demandée dans un but politique. Mais au lieu de voir dans cette norme un principe général du droit comme le proposait son commissaire du gouvernement, le Conseil d'État a rattaché le principe en cause aux *principes fondamentaux reconnus par les lois de la République*, ce qu'on appelle parfois par raccourci PFRLR. Il s'agit de principes qui, en raison de leur ancrage dans le texte du Préambule de la Constitution de 1946, auquel se réfère le Préambule de la Constitution de 1958, ont valeur constitutionnelle.

L'apport de l'arrêt *Koné* est triple : il rappelle que le Conseil d'État dispose d'un pouvoir d'interprétation des normes dont il fait application ; il précise la place respective dans la hiérarchie des normes des principes généraux du droit, de la Constitution et des conventions internationales ;

il traduit enfin un accroissement des garanties des personnes faisant l'objet d'une procédure d'extradition.

I. — L'arrêt *Koné* et le pouvoir d'interprétation des normes par le juge administratif

2 Le pouvoir d'interprétation du Conseil d'État se manifeste tant au regard de la Constitution que des conventions internationales.

A. — Les principes fondamentaux reconnus par les lois de la République ont leur ancrage dans la Constitution. Cette notion tire en effet son origine d'une expression figurant dans le Préambule de la Constitution du 27 oct. 1946. Le Conseil d'État s'y était référé sous la IVe République, pour consacrer sur son fondement, la valeur constitutionnelle de la liberté d'association et en reconnaître le bénéfice aux ressortissants de l'Union française (CE, Ass., 11 juill. 1956, *Amicale des Annamites de Paris*, Rec. 317 ; v. n° 80.3).

La position ainsi adoptée par le juge administratif a constitué une source d'inspiration privilégiée pour le Conseil constitutionnel lorsque celui-ci a jugé par sa célèbre décision *n° 71-44 DC du 16 juill. 1971* (Rec. 29) qu'au nombre des principes fondamentaux reconnus par les lois de la République, il y a lieu de ranger la liberté d'association. Par la suite, le Conseil constitutionnel a fait figurer notamment parmi ces principes, la liberté de l'enseignement (*n° 77-87 DC, 23 nov. 1977*, Rec. 42), l'indépendance des professeurs de l'enseignement supérieur (*n° 83-165 DC, 20 janv. 1984*, Rec. 39), l'indépendance de la juridiction administrative (*n° 80-119 DC, 22 juill. 1980*, Rec. 46) et sa compétence dans le contentieux de l'annulation (*n° 86-224 DC, 23 janv. 1987**), ainsi que la compétence de l'autorité judiciaire en matière de protection de la propriété immobilière (*n° 89-256 DC, 25 juill. 1989*, Rec. 53). Le juge constitutionnel a, en outre, précisé les critères d'identification d'un tel principe : il doit s'agir d'un principe essentiel posé par le législateur républicain et auquel ce dernier n'a pas lui-même dérogé antérieurement au Préambule de la Constitution de 1946 (*cf. n° 88-244 DC, 20 juill. 1988*, Rec. 119).

Le domaine d'intervention d'un tel principe doit intéresser « les droits et libertés fondamentaux », « la souveraineté nationale » ou « l'organisation des pouvoirs publics » (*n° 2013-669 DC, 17 mai 2013*, Rec. 721).

Une partie de la doctrine a contesté la possibilité pour le juge administratif de faire application d'un principe fondamental qui n'aurait pas été au préalable dégagé par le Conseil constitutionnel. Une telle prise de position n'emporte pas la conviction. Dans la tradition juridique française, comme l'exprime l'article 4 du Code civil, le juge ne peut se retrancher derrière l'obscurité de la loi pour refuser de dire le droit sauf à commettre un déni de justice. Le texte de la Constitution a vocation à être appliqué et interprété par l'ensemble des juridictions. Si le Conseil constitutionnel dispose seul du pouvoir de déclarer une loi contraire à la

Constitution, il n'y a pas dans le texte de notre Charte fondamentale d'article qui lui confère un monopole d'interprétation en cas de difficulté.

Le véritable débat doit porter sur le point de savoir si le principe consacré par l'arrêt *Koné* répond aux critères habituels d'identification des principes fondamentaux. La position adoptée par l'assemblée du contentieux s'inspire d'un point de vue déjà exprimé par un avis de l'Assemblée générale du Conseil d'État le 9 nov. 1995, dont il ressort que « le principe selon lequel l'État doit se réserver le droit de refuser l'extradition pour les infractions qu'il considère comme des infractions à caractère politique constitue un principe fondamental reconnu par les lois de la République » (*cf.* EDCE 1995.395 ; G. av. n° 27, p. 323). En raison de l'importance et de la constance de ce principe qui figure dans la loi du 10 mars 1927 comme dans toutes les conventions d'extradition conclues par la France, on peut penser qu'il satisfait aux critères d'identification des principes fondamentaux. Sans doute, l'arrêt *Koné* va-t-il plus loin en ce qu'il range parmi de tels principes la prohibition de l'extradition lorsque la demande est présentée « dans un but politique ». Mais, comme l'a relevé M. Delarue, le droit français de l'extradition permet la remise à l'État étranger d'un délinquant et non celle, comme le relevait le rapporteur de la loi de 1927, au Sénat, d'un « adversaire » politique. De ce point de vue les demandes présentées pour un but politique tout comme celles concernant les infractions politiques conduisent à mettre en doute l'impartialité de la répression dans l'État requérant.

3 *B.* — Le pouvoir d'interprétation dont dispose le Conseil d'État à l'égard de la Constitution s'exerce également vis-à-vis des conventions internationales.

Antérieurement à la décision du 29 juin 1990, *GISTI**, l'application par le Conseil d'État de la théorie de l'acte clair le conduisait le plus souvent à privilégier une interprétation littérale et par là même étroite du texte des conventions internationales. Mais dès cette époque il lui était arrivé d'enrichir le contenu d'un traité à la lumière des principes généraux du droit. Ainsi l'arrêt d'Assemblée du 1er avr. 1988 *Bereciartua-Echarri* (Rec. 135 ; JCP 1988.II.20071, concl. Vigouroux ; AJ 1988.322, chr. Azibert et de Boisdeffre D. 1988.413, note Labayle ; Gaz. Pal. 1988.2.549, note Julien-Laferrière ; RFDA 1988.499, note Genevois ; RGDIP 1990.159, obs. C. Rousseau) a jugé que « les principes généraux du droit applicables aux réfugiés résultant notamment » de la définition du réfugié politique donnée par la Convention de Genève du 28 juill. 1951, « font obstacle à ce qu'un réfugié soit remis, de quelque manière que ce soit, par un État qui lui reconnaît cette qualité, aux autorités de son pays d'origine ».

Avec l'arrêt *Koné* le Conseil d'État considère qu'une convention internationale doit être interprétée à la lumière des principes de valeur constitutionnelle, de la même manière que la loi est interprétée en fonction du respect des principes généraux du droit (*cf.* nos obs. sous CE, Ass., 17 févr. 1950, *Ministre de l'agriculture c. Dame Lamotte**).

II. — L'arrêt *Koné* et la hiérarchie des normes

4 La solution retenue par le Conseil d'État, partiellement divergente de celle proposée par son commissaire du gouvernement, a fait naître une double interrogation.

A. — Plusieurs commentateurs n'ont pas manqué de relever la préférence donnée aux principes fondamentaux reconnus par les lois de la République sur les principes généraux du droit et ils se sont interrogés sur les rapports existant entre ces deux notions.

Par principes généraux du droit, il y a lieu d'entendre des principes qui ne figurent pas nécessairement dans des textes, mais que la jurisprudence administrative reconnaît comme devant être respectés par les autorités administratives, leur violation constituant une illégalité.

Dans le cas où un principe général se déduit d'une interprétation d'un texte, il peut être soutenu que sa valeur juridique est identique à celle du texte interprété.

Lorsqu'un principe général est dégagé sans aucun rattachement à un texte sa place dans la hiérarchie des normes prête davantage à controverse. Une partie de la doctrine considère qu'en pareil cas la valeur du principe est législative. Mais, dès lors qu'on admet que les principes généraux préexistent à l'intervention du juge, leur valeur juridique peut être plus élevée. De toute façon quelle que soit leur valeur, le juge administratif, qui n'est pas juge de la constitutionnalité de la loi, ne peut que s'incliner devant la volonté exprimée sans ambiguïté par le législateur sauf si le principe est repris par un traité (*cf.* nos obs. sous l'arrêt *Nicolo**).

Ces nuances et incertitudes ne se retrouvent pas à propos des principes fondamentaux.

Un principe de ce type a toujours, en raison de son ancrage dans un texte auquel renvoie la Constitution, valeur constitutionnelle.

Les deux catégories de principes n'ont donc pas nécessairement la même valeur juridique. Mais il peut se produire qu'une même norme, par exemple le principe de la liberté d'enseignement, puisse être regardée à la fois comme un principe général du droit par le Conseil d'État et comme un principe constitutionnel par le Conseil constitutionnel. Le recoupement entre les deux notions peut être regardé comme une promotion du principe général du droit. Mais il est possible également d'affirmer qu'il y a en réalité coexistence de deux principes, le principe général du droit et le PFRLR, dont seul le second a valeur constitutionnelle. On relèvera que des recoupements de ce type, possibles pour certains principes, ne se vérifient pas pour d'autres principes, par exemple, pour le principe de non-rétroactivité des actes administratifs.

Ainsi s'explique la divergence observée entre les conclusions du commissaire du gouvernement et l'arrêt. Pour le Conseil d'État, la consécration d'un principe général du droit de valeur législative ne suffisait pas à justifier que soit retenue une interprétation restrictive des stipulations de la convention franco-malienne d'extradition. Au contraire, la reconnaissance d'un principe fondamental reconnu par les lois de la République, ayant par définition une valeur constitutionnelle, justifiait plus aisément la solution adoptée.

Par la même approche, l'Assemblée générale du Conseil d'État a été d'avis que l'introduction en droit interne de la décision cadre de l'Union européenne sur le mandat d'arrêt européen nécessitait une révision préalable de la Constitution. En effet, bien que la décision cadre réserve la possibilité pour l'État requis de ne pas donner suite à une demande si elle repose sur un but politique, ce qui est en harmonie avec la jurisprudence *Koné*, elle ne comporte aucune disposition écartant cette procédure pour les infractions de nature politique, ce qui va à l'encontre du PFRLR consacré par l'avis précité du 9 nov. 1995 (AG 26 sept. 2002 ; EDCE n° 54, p. 192 ; RFDA 2003.442, comm. Labayle ; AJ 2003.1368, comm. Ondoua ; Mélanges Léger, p. 135, comm. Denoix de Saint Marc).

5 ***B.*** — La démarche consistant à interpréter une convention internationale à la lumière de principes constitutionnels repose sur l'idée qu'une convention internationale doit normalement se conformer à de tels principes. L'option ainsi choisie par le Conseil d'État sera précisée par la décision du 30 oct. 1998 *Sarran**.

III. — L'arrêt *Koné* et le droit de l'extradition

Le débat doctrinal qu'a suscité l'arrêt *Koné* au regard des pouvoirs du juge administratif et de la conception de la hiérarchie des normes sous-jacente à son raisonnement, ne doit pas occulter son apport au droit de l'extradition.

Il est révélateur d'une orientation de la jurisprudence tendant à accroître en cette matière les droits des individus, sans pour autant méconnaître les impératifs de l'entraide internationale en matière pénale.

6 *A.* — Antérieurement à l'arrêt *Koné*, le Conseil d'État avait annulé un décret d'extradition qui avait accordé à l'Espagne, sous l'empire du régime franquiste, l'extradition d'un militant séparatiste basque pour une infraction de droit commun, en raison de la violation des dispositions de l'article 5 (2°) de la loi du 10 mars 1927 qui prohibent l'extradition lorsqu'il résulte des circonstances qu'elle est demandée dans un but politique (CE, Ass., 24 juin 1977, *Astudillo Calleja*, Rec. 290 ; v. n° 3.10).

Avec la décision d'Assemblée du 26 sept. 1984, *Lujambio Galdeano* (Rec. 380 ; JCP 1984.II.20 346, concl. Genevois ; AJ 1984.669, chr. Schoettl et Hubac ; RSC 1984.804, note Lombois ; RFDA 1985.183, note Labayle) avait déjà été dégagé comme principe général du droit de l'extradition, le principe selon lequel le système juridique de l'État requérant doit respecter les droits et libertés fondamentaux de la personne humaine. Cette exigence est à rapprocher de la jurisprudence de la Cour européenne des droits de l'Homme selon laquelle une extradition peut être refusée au cas où l'intéressé serait exposé à « *un déni de justice flagrant* » (CEDH 17 janv. 2012, *Othman c. Royaume-Uni* ; JCP 2012, act. 222, obs. Milano).

On a vu également que depuis l'arrêt du 1er avr. 1988, *Bereciartua-Echarri*, les réfugiés politiques bénéficient d'une protection particulière.

Dans le même ordre d'idées, on relèvera que le Conseil d'État a annulé comme contraire à l'ordre public français un décret extradant un ressortissant turc à destination de son pays d'origine, dans lequel la peine de mort était toujours en vigueur, motif pris de ce que le gouvernement français n'avait pu obtenir des autorités turques l'assurance que la peine capitale ne serait pas exécutée au cas où elle viendrait à être prononcée à l'encontre de l'intéressé (CE, Sect., 27 févr. 1987, *Fidan*, Rec. 84 ; D. 1987.305, concl. Bonichot).

7 *B.* — Postérieurement à l'arrêt *Koné*, la jurisprudence du Conseil d'État a accru les droits de l'individu de diverses façons en se fondant selon le cas, sur les règles du contentieux administratif, les conventions internationales et les principes généraux du droit.

1°) Sur le plan contentieux le Conseil d'État a procédé à une interprétation constructive des textes et de la pratique pour aboutir à poser comme règle qu'un décret d'extradition ne saurait être mis à exécution tant que le délai de recours n'est pas expiré et, le cas échéant, tant que le Conseil d'État, saisi d'un recours dans ce délai, n'a pas statué (CE 31 déc. 2020, *Compaore*, Rec. 785 ; AJ 2021.512, concl. Odinet). Par transposition de sa jurisprudence sur les changements de circonstances (v. nos obs. sous l'arrêt *Despujol**), il a jugé que lorsque la personne qui a fait l'objet d'un décret d'extradition demeuré inexécuté entend faire valoir que ce décret est devenu illégal à la suite de changements dans les circonstances de droit ou de fait postérieures à son édiction, il lui appartient d'en demander l'abrogation et, en cas de refus, de le saisir par la voie du recours pour excès de pouvoir (CE 10 juin 2020, *Zdancewicz*, Rec. 171, concl. Roussel ; AJ 2020.2039, concl. ; RFDA 2020.907, note Santulli).

2°) Très significatives sont les décisions s'appuyant sur les conventions internationales ou les principes généraux du droit.

a) A été annulé pour méconnaissance des dispositions de la Convention des Nations unies du 10 déc. 1984 contre la torture, un décret accordant aux autorités turques l'extradition d'un de leurs ressortissants au motif qu'il ressort de l'ensemble des pièces du dossier et, en particulier, des précisions apportées par l'intéressé quant aux sévices graves dont il déclare avoir fait l'objet lors de son arrestation à Istanbul, qu'il existe des motifs sérieux de croire qu'il risque, au cas où il serait remis aux autorités turques, d'être soumis à la torture (CE 15 févr. 1999, *Cimpoesu*, Rec. 602).

b) A été reconnu par le Conseil d'État, en tant que principe général du droit, le principe selon lequel l'extradition d'un étranger peut être refusée si elle est susceptible d'avoir des conséquences d'une gravité exceptionnelle pour la personne réclamée, notamment en raison de son âge ou de son état de santé. A été annulé pour violation de ce principe, un décret accordant aux autorités de la Fédération de Russie l'extradition d'un de leurs ressortissants qui était atteint d'une affection diabétique grave, faute pour le gouvernement français d'avoir obtenu de l'État requérant des garanties appropriées de nature à faire en sorte que l'extradition n'engendrerait pas pour l'intéressé des conséquences d'une gravité exceptionnelle (CE 13 oct. 2000, *Kozirev*, Rec. 419 ; RFDA 2001.1042, concl. de Silva).

c) Dans la ligne de la jurisprudence *Bereciartua-Echarri* (v. n° 88.3) le Conseil d'État a jugé que les principes généraux du droit de l'extradition font obstacle à ce que puisse faire l'objet d'une extradition vers son pays d'origine une personne qui, sans avoir le statut de réfugié politique, bénéficie de la « *protection subsidiaire* », accordée à tout individu établissant, soit qu'il est menacé dans son pays de la peine de mort, de tortures ou de traitements inhumains ou dégradants, soit qu'il est exposé, s'agissant d'un civil, à une menace grave contre sa vie ou sa personne en raison d'une violence généralisée résultant d'une situation de conflit armé (CE 30 janv. 2017, *Gjini*, Rec. 16, concl. Domino ; AJ 2017.521, chr. L. Dutheillet de Lamothe et Odinet ; RFDA 2017.550, concl., et 1006, chr. Santulli).

d) Sur le fondement de la jurisprudence *Koné*, c'est-à-dire parce que l'extradition avait été demandée dans un but politique, a été annulé un décret accordant à la Russie l'extradition d'un opposant au régime politique du Kazakhstan s'étant vu reconnaître, en raison des risques qu'il encourt à ce titre, la qualité de réfugié politique par les autorités britanniques (CE, Sect., 9 déc. 2016, *Ablyazov*, Rec. 550).

8 *C.* — Le juge administratif n'en est pas moins sensible aux exigences de l'entraide pénale, comme l'atteste l'application faite du principe de double incrimination par la législation de l'État requérant et celle de l'État requis. Ce principe requiert que les faits motivant une demande d'extradition soient incriminés par l'une et l'autre législation, « *dans le respect des principes de non-rétroactivité de la loi pénale et d'application immédiate de la loi pénale moins sévère* ». Répond à ces impératifs, l'extradition d'un ressortissant de nationalité serbe et bosnienne demandée aux fins de poursuivre des faits qualifiés de « *crimes contre l'humanité* », définis à la date de leur commission en vertu « *des principes généraux du droit international* » auxquels renvoie le droit pénal de la Bosnie, État requérant (CE 18 juin 2018, *Susjnar*, Rec. 265 ; AJ 2018.1446, chr. Roussel et Nicolas ; RFDA 2018.977, chr. Santulli).

89

DROIT ADMINISTRATIF ET DROIT PÉNAL FONCTIONNAIRES ET ENTREPRISES PRIVÉES

Conseil d'État Ass., 6 décembre 1996, *Société Lambda*
(Rec. 466, concl. Piveteau ; RFDA 1997.173, concl. ; AJ 1997.152, chr. Chauvaux et Girardot ; D. 1997.57, note Dobkine ; JCP 1997.II.22752, note Hérisson ; RA 1997.27, note Lemoyne de Forges, et 155, note Degoffe ; RD publ. 1997.567, note J.-M. Auby)

Sur la fin de non-recevoir tirée du défaut d'intérêt à agir de la Société Lambda :
Cons. que la Société Lambda présente, en sa qualité d'actionnaire du Crédit Foncier de France, un intérêt lui donnant qualité pour agir contre la décision portant nomination de l'un des dirigeants de cette société ;
Sur la fin de non-recevoir tirée du défaut de qualité pour agir de M. Géniteau :
Cons. que M. Géniteau, en sa qualité de gérant de la société civile Lambda a qualité pour représenter ladite société en justice ;
Cons. qu'il résulte de ce qui précède que les fins de non-recevoir susmentionnées doivent être écartées ;
Sur les conclusions dirigées contre le décret du 29 déc. 1994 :
Sans qu'il soit besoin d'examiner les autres moyens de la requête :
Cons. que les dispositions de l'article 432-13 du Code pénal interdisent à toute personne ayant été chargée, en tant que fonctionnaire public, à raison même de sa fonction, d'assurer la surveillance ou le contrôle d'une entreprise privée ou d'exprimer son avis sur les opérations effectuées par une entreprise privée, d'occuper un emploi dans ladite entreprise avant l'expiration d'un délai de cinq ans suivant la cessation des fonctions de surveillance ou de contrôle susmentionnées ; qu'elles *font également obstacle à ce que l'autorité administrative nomme un fonctionnaire dans un poste où, quelle que soit la position statutaire qu'il serait amené à occuper, il contreviendrait à ces dispositions* ; que la circonstance que les dispositions de l'article 72 de la loi n° 84-16 du 11 janv. 1984 relative à la fonction publique de l'État et des textes pris pour son application ne s'appliquent pas aux fonctionnaires détachés est sans influence sur l'application des dispositions mentionnées ci-dessus de l'article 432-13 du Code pénal ;
Cons. que, *eu égard à son statut juridique de droit privé et à la composition de son capital, le Crédit Foncier de France est une entreprise privée* ; que M. Beaufret, avant sa nomination au poste de sous-gouverneur au Crédit Foncier de France, exerçait, en sa qualité de chef du service des affaires monétaires et financières à la direction du Trésor, un contrôle direct sur cet établissement ; qu'ainsi, la Société Lambda est fondée à soutenir que le décret nommant M. Beaufret sous-gouverneur du Crédit Foncier de France est entaché d'excès de pouvoir ;

Sur les conclusions dirigées contre l'arrêté du 3 mai 1995 :

Cons. que l'arrêté du 3 mai 1995 du Premier ministre, du ministre de l'économie et des finances et du ministre du budget maintenant M. Beaufret en position de détachement en qualité de sous-gouverneur du Crédit Foncier de France, pour une durée maximale de trois ans à compter du 9 janv. 1995, a été publié au Journal Officiel du 6 mai 1995 ; qu'aucune disposition légale et réglementaire ni aucun principe n'imposaient à l'administration de notifier cette décision à la Société Lambda ; que les conclusions tendant à son annulation n'ont été enregistrées au Conseil d'État que le 23 oct. 1996 ; qu'elles sont donc tardives et par suite irrecevables ;

Sur les conclusions de M. Beaufret tendant à l'application de l'article 75-I de la loi du 10 juill. 1991 :

Cons. que les dispositions de l'article 75-I de la loi du 10 juill. 1991 font obstacle à ce que la Société Lambda, qui n'est pas dans la présente instance la partie perdante, soit condamnée à payer à M. Beaufret la somme de 12 000 F qu'il demande au titre des frais exposés par lui et non compris dans les dépens ;

(Annulation du décret nommant M. Beaufret sous-gouverneur du Crédit foncier.)

OBSERVATIONS

L'arrêt Société Lambda *confirme que la légalité n'est pas constituée seulement de règles de droit administratif mais englobe aussi celles d'autres branches du droit, telles que le droit pénal ou, comme l'arrêt* Société Million et Marais* *le précisera, le droit de la concurrence, dont le respect s'impose aux autorités administratives.*

1 L'arrêt *Société Lambda* a eu un certain retentissement et provoqué une certaine émotion. Une société au nom fantaisiste, voulant dénoncer toute violation du droit, notamment dans le domaine des affaires, avait acquis quelques actions du Crédit foncier de France. Cela suffisait à lui donner qualité pour agir contre le décret nommant un sous-gouverneur de cet établissement (sur l'intérêt pour agir, v. nos obs. sous l'arrêt *Casanova** du 29 mars 1901). Le nouveau sous-gouverneur était précédemment chef d'un service de la direction du Trésor exerçant un contrôle direct sur le Crédit foncier. Or l'article 432-13 du Code pénal institue le délit de prise illégale d'intérêts (appelé naguère délit d'ingérence selon l'article 175 de l'ancien Code pénal) consistant pour un fonctionnaire, notamment, à occuper un emploi dans une entreprise privée qui était antérieurement sous son contrôle. Le Conseil d'État juge que cette disposition est violée par le décret attaqué.

On a vu dans cet arrêt une immixtion du juge administratif dans des appréciations d'ordre pénal et une trop large conception de la notion d'entreprise privée. Pourtant il ne fait que confirmer *les rapports entre droit pénal et légalité* (I) et retenir des *critères stricts de l'entreprise privée* (II).

I. — Droit pénal et légalité

2 L'arrêt *Société Lambda* n'est pas le premier qui établisse une relation entre le droit pénal et la légalité (A). La solution qu'il adopte (B) ne comporte pas d'appréciation pénale.

A. — Les *précédents* révèlent les interférences du droit pénal et de la légalité : le juge judiciaire tient compte de la légalité pour appliquer le droit pénal (1°) ; le juge administratif considère le droit pénal pour déterminer la légalité (2°).

1°) Le *juge judiciaire* répressif s'est vu reconnaître une compétence pour apprécier la légalité des actes administratifs servant de fondement aux poursuites et à la défense, d'abord par la jurisprudence pour les actes réglementaires (TC 5 juill. 1951, *Avranches et Desmarets*, Rec. 638 ; D. 1952.271, note Blaevoet ; JCP 1951.II.6623, note Homont ; RA 1951.492, note Liet-Veaux ; S. 1952.3.1, note J.-M. Auby), ensuite par le législateur tant pour les actes individuels que pour les actes réglementaires (art. 111-5 du Code pénal entré en vigueur le 1er mars 1994).

Cette compétence s'est exercée pendant longtemps surtout pour les règlements de police, dont la violation est punie de peines contraventionnelles. Elle se manifeste aujourd'hui pour des infractions telles que le délit de favoritisme dans la passation des marchés publics et des contrats de concession (art. 432-14 C. pén.) et, plus anciennement, le délit d'ingérence, devenu le délit de prise illégale d'intérêts.

Pour déterminer si une infraction a été commise, le juge judiciaire est ainsi conduit à examiner si des actes administratifs ont été légalement adoptés, et à faire application du droit administratif. Il a, dans certains litiges de caractère civil, l'occasion de le faire sur le terrain de la responsabilité (v. Civ. 23 nov. 1956, *Trésor public c. Giry**, et nos obs.). Dans les procès pénaux, il peut pénétrer sur celui de la légalité – ce qui peut poser des problèmes de concordance avec les solutions que, pour les mêmes actes, adopte le juge administratif (v. par ex. à propos d'un décret d'amnistie, jugé légal par la Cour de cassation, dans un arrêt du 14 nov. 1963, Bull. crim., n° 322, p. 680 ; D. 1964.265, note C.D., puis annulé par le Conseil d'État dans un arrêt (Sect.) du 22 nov. 1963, *Dalmas de Polignac*, Rec. 565 ; RD publ. 1964.692, concl. Henry ; AJ 1964.23, chr. Fourré et Puybasset ; D. 1964.161, note C. Debbasch).

3 *2°)* Le *juge administratif* peut être amené à prendre en compte le droit pénal, non pour dire si une infraction a été commise ni pour prononcer une condamnation, mais pour déterminer si un acte administratif a respecté les prescriptions établies par ce droit.

L'arrêt *Société Lambda* n'innove pas. Le Conseil d'État avait déjà examiné la légalité d'actes administratifs au regard du Code pénal. Il a ainsi annulé, comme contraires à l'ancien article 378 punissant la violation du secret professionnel par le personnel médical, des mesures imposant aux médecins de préciser la maladie des patients bénéficiant de l'aide médicale gratuite, (Sect., 9 nov. 1928, *Bertrand*, Rec. 1149 ;

D. 1929.3.26, concl. Dayras), de communiquer au fisc des renseignements permettant d'identifier les maladies de leurs clients (Ass., 12 mars 1982, *Conseil national de l'ordre des médecins*, Rec. 109, concl. Verny ; AJ 1982.375, chr. Tiberghien et Lasserre). De même a été annulée une directive du Premier ministre définissant les opérations auxquelles seraient inapplicables les articles 187-2 et 416-1 du Code pénal punissant les discriminations dans l'exercice d'une activité économique (CE, Ass., 18 avr. 1980, *Société Maxi-Librati création*, Rec. 186 ; concl. Hagelsteen, JCP 1980.II.19364 ; AJ 1981.227, note Goyard ; D. 1981.3, note Bismuth ; JCP 1981.II.19644, note Laveissière). Un arrêté municipal ordonnant la visite des véhicules des nomades a été également annulé comme méconnaissant l'inviolabilité du domicile consacrée par l'article 184 du Code pénal (CE 2 déc. 1983, *Ville de Lille*, Rec. 470 ; v. n° 42.4). En sens inverse, l'autorité administrative est tenue de tirer les conséquences de la condamnation pénale d'un agent à une peine d'interdiction d'exercer un emploi public pour détournement de fonds publics et prise illégale d'intérêt, en refusant de le reclasser (CE 10 déc. 2020, *Chambre des métiers et de l'artisanat des Vosges*, Rec. 814).

La considération du délit d'ingérence avait conduit plusieurs fois à censurer des actes administratifs violant la disposition qui l'établit. Un arrêt CE, Ass., 27 janv. 1969, *Ministre du travail c. Syndicat national des cadres des organismes sociaux* (Rec. 39 ; Dr. soc. 1969.275, concl. Baudouin ; D. 1969.440, note Dutheil de la Rochère), constatant qu'un inspecteur d'une direction régionale de sécurité sociale avait, en cette qualité, exercé un contrôle direct sur une caisse primaire de sécurité sociale, a annulé l'arrêté interministériel prononçant le détachement de l'intéressé pour y exercer les fonctions de directeur. La même censure a frappé la nomination d'un inspecteur des lois sociales en agriculture en qualité de directeur d'une caisse de mutualité sociale agricole sur laquelle il exerçait auparavant un contrôle direct (CE 31 janv. 1975, *Syndicat national des directeurs de la mutualité sociale agricole*, Rec. 73).

4 *B.* — L'espèce *Société Lambda* ne se présentait pas dans des conditions très différentes de celles des précédentes (1°). Elle est jugée par le Conseil d'État sur le strict terrain de la légalité (2°).

1°) Le service des affaires monétaires et financières de la direction du Trésor avait à l'époque, parmi ses attributions, « *le financement du logement et le secteur immobilier* » ; à ce titre, lui était confiée « *la tutelle du Crédit foncier* ». Cette fonction relevait particulièrement d'un bureau d'une sous-direction du service.

Entre le chef du service des affaires monétaires et financières et le Crédit foncier s'interposaient deux niveaux (celui de la sous-direction et celui du bureau). Le chef du service n'exerçait sans doute pas personnellement et continuellement la tutelle du Crédit foncier. Il n'en tenait pas moins de sa position hiérarchique une fonction consistant à « *assurer la surveillance ou le contrôle* » de l'entreprise, selon les termes de l'article 432-13 du Code pénal.

Pour écarter celui-ci, ont été invoquées les dispositions de l'article 72 de la loi du 11 janv. 1984 relative à la fonction publique de l'État et des textes pris pour son application : elles définissent les activités privées qu'en raison de leur nature, un fonctionnaire ayant cessé définitivement ses fonctions ou étant mis en disponibilité ne peut exercer, mais ne prévoient pas le cas du détachement (position dans laquelle le fonctionnaire, placé hors de son corps d'origine, continue à y bénéficier de ses droits à l'avancement et à la retraite). On pouvait soutenir aussi que le détachement d'un fonctionnaire est expressément prévu auprès d'organismes tels que le Crédit foncier. Ces textes auraient donc permis le détachement au Crédit foncier d'un fonctionnaire en ayant précédemment exercé la surveillance.

Or ils ont un objet propre et un champ d'application limité. Ils n'ont pu écarter le Code pénal, qui a une portée générale. L'article 432-13 ne se limite d'ailleurs pas aux fonctionnaires, il désigne aussi « *tout agent ou préposé d'une administration publique* », sans distinction : ainsi sont couvertes des personnes qui n'ont pas la qualité de fonctionnaire et parmi celles qui ont la qualité de fonctionnaire, tous les fonctionnaires, sans distinction de leur position.

On pouvait observer aussi que le chef du service des affaires monétaires et financières n'avait pas pris l'initiative de sa nomination au Crédit foncier : il ne l'avait pas demandée. C'est le gouvernement qui la lui avait proposée voire imposée. L'intéressé n'était pour rien dans une ingérence dont il a été plus la victime que l'auteur.

5 *2°)* Aussi n'a-t-il pas commis le délit de prise illégale d'intérêts et l'arrêt ne comporte-t-il aucune condamnation à son égard. Comme l'a souligné M. Piveteau dans ses conclusions, son « *intégrité personnelle... n'est pas en cause* » ; « *tout commentaire qui s'appuierait sur* (la) *décision* (du Conseil) *pour flétrir sa conduite serait, sur ce fondement, une imputation diffamatoire* ».

Le Conseil d'État a statué, non en juge pénal, mais en juge administratif. Il n'a pas sanctionné une personne, il a annulé un acte. Il n'a pas condamné l'intéressé pour un délit, il a seulement censuré sa nomination pour excès de pouvoir.

Il a statué exclusivement sur le terrain de la légalité. Celle-ci n'est pas seulement constituée par les normes régissant spécialement l'administration. Elle englobe toutes celles qui, quel que soit leur objet, déterminent l'ordonnancement juridique. Il revient par exemple à l'administration de respecter les dispositions du Code civil relatives à l'état des personnes (CE, Sect., 22 mars 1996, *Mmes Paris et Roignot*, Rec. 99 ; RD publ. 1996.893, concl. Schwartz ; AJ 1996.362, chr. Stahl et Chauvaux ; DA juin 1996, obs. R.S.), les règles du droit de la concurrence (v. 3 nov. 1997, *Société Million et Marais** avec nos obs.), celles du droit de la consommation (CE, Sect., 11 juill. 2001, *Société des eaux du Nord*, Rec. 348, concl. Bergeal ; v. n° 90.7).

De même, les prescriptions dont la violation est sanctionnée pénalement s'imposent autant à l'administration qu'aux administrés. Si les administrés les violent, ils sont passibles d'une condamnation. Si c'est l'administration, ses actes encourent l'annulation.

L'article 432-13 du Code pénal interdit à un fonctionnaire d'occuper un emploi dans une entreprise qu'il a contrôlée. Il interdit à l'autorité administrative de l'y nommer. Le Conseil d'État avait déjà annulé des décisions nommant ou détachant des fonctionnaires dans des établissements privés (*cf.* les arrêts du 27 janv. 1969 et du 31 janv. 1975 cités plus haut). Il a confirmé ultérieurement un avis négatif de la Haute Autorité pour la transparence de la vie publique sur le projet d'un ancien haut fonctionnaire de conclure un contrat avec un organisme comportant des entreprises au conseil d'administration desquelles il avait représenté l'État actionnaire (CE 4 nov. 2020, *Gourdault-Montagne*, Rec. 389 ; AJ 2021.575, note Mangiavillano). L'arrêt *Société Lambda* est du même ordre en annulant le décret nommant sous-gouverneur du Crédit foncier un fonctionnaire précédemment chargé du contrôle direct de celui-ci.

Il a contribué aussi à identifier la nature de cet établissement en le qualifiant expressément d'« *entreprise privée* ».

II. — Droit administratif et entreprise privée

6 L'article 432-13 du Code pénal n'établit le délit de prise illégale d'intérêts que lorsque l'entreprise précédemment contrôlée par un fonctionnaire est une entreprise privée. Il assimile à une entreprise privée toute entreprise publique exerçant son activité dans un secteur concurrentiel et conformément aux règles du droit privé. Dans le cas du Crédit foncier, il fallait savoir s'il était, non pas une entreprise publique assimilée à une entreprise privée, mais une entreprise privée tout court.

Ni la notion d'entreprise ni celle d'entreprise privée ne sont exactement précisées. L'entreprise ne correspond pas à une catégorie juridique homogène ; on la reconnaît dans une organisation destinée à assurer la production et l'échange de biens ou de services. Son caractère, privé ou public, est parfois délicat à identifier, compte tenu du rôle que les pouvoirs publics jouent dans sa création, son organisation et son fonctionnement, comme c'est le cas pour le Crédit foncier de France.

Le Conseil d'État (Section des finances, avis du 23 mars 1993, EDCE 1994, n° 45, p. 357), avait déjà considéré que, l'État ne détenant aucune participation à son capital, et d'autres participations publiques, à hauteur d'environ 15 %, ne donnant à leurs détenteurs aucun pouvoir prépondérant, le Crédit foncier n'était pas soumis au contrôle de la Cour des comptes. L'arrêt *Société Lambda* va plus loin en qualifiant le Crédit foncier d'« *entreprise privée* ».

Il s'attache seulement à deux critères (A) ; les autres considérations sont inopérantes (B).

7 ***A.*** — Pour qualifier le Crédit foncier d'« *entreprise privée* », deux critères sont retenus : son « *statut juridique de droit privé* » (1°), « *la composition de son capital* » (2°).

1°) Le statut juridique de droit privé est en l'espèce celui « *d'une société commerciale* », comme le Conseil d'État l'avait déjà reconnu dans l'arrêt *Dame Culard* du 18 juin 1976 (Rec. 320 ; AJ 1976.579, note Durupty). C'est effectivement, le plus souvent, celui d'une entreprise privée. Mais on ne peut exclure que d'autres formes soient utilisées, telles celles de société civile voire d'association. L'essentiel, dans tous les cas, est que la personnalité de l'institution relève du droit privé.

A contrario, un organisme qui a un statut de droit public ne peut évidemment pas être une entreprise privée, même s'il exerce une activité industrielle et commerciale (sauf assimilation par un texte, comme l'article 432-13 C. pén.). Il en est ainsi notamment des établissements publics industriels et commerciaux, tels EDF et GDF avant la loi du 9 août 2004, ou encore la SNCF avant sa transformation en société d'État par l'effet de la loi du 27 juin 2018. En reconnaissant dans la Banque de France « *une personne publique* », le Tribunal des conflits a exclu qu'elle puisse être tenue pour une entreprise privée (TC 16 juin 1997, *Société La Fontaine de Mars, M. et Mme Muet*, Rec. 532 ; CJEG 1997.363 et RFDA 1997.823, concl. Arrighi de Casanova).

8 *2°)* S'il est une condition nécessaire à la qualification d'entreprise privée, le statut de droit privé n'est pas une condition suffisante : il faut encore considérer *la composition du capital*.

Le Conseil d'État avait déjà jugé qu'appartiennent au secteur public les sociétés dans lesquelles des personnes publiques détiennent, ensemble ou séparément, directement ou indirectement (par l'intermédiaire de filiales), plus de la moitié du capital social (CE, Ass., 24 nov. 1978, *Syndicat national du personnel de l'énergie atomique CFDT* ; du même jour *Schwartz* ; Rec. 465 et 467 ; AJ mars 1979.34, chr. O. Dutheillet de Lamothe et Robineau, et 42, concl. M.A. Latournerie et note Bazex ; Ass., 22 déc. 1982, *Comité central d'entreprise de la Société française d'équipement pour la navigation aérienne*, Rec. 436 ; RD publ. 1983.497, concl. Bacquet, note J.-M. Auby ; AJ 1983.172, chr. Lasserre et Delarue ; D. 1983. IR. 277, obs. P. Delvolvé, et J. 373, note Durupty ; D. 1984.261, note Amiel ; Dr. soc. 1983.676, note Dubois ; JCP 1983.II.20072, note Lombard ; GACA, n° 38) (dans le même sens, art. 2-I-2° de l'ordonnance du 20 août 2014 relative à la gouvernance et aux opérations sur le capital des sociétés à participation publique). La question restait posée de savoir si, à la majorité du capital, devait s'ajouter la majorité des droits de vote.

L'arrêt *Société Lambda* ne précise pas que le capital du Crédit foncier est majoritairement détenu par des personnes privées. Mais M. Piveteau avait souligné dans ses conclusions que « *plus de 80 % du capital du Crédit foncier était détenu à l'époque par des investisseurs privés* », et avait invité le Conseil « *pour cette première fois où (il avait) à qualifier une entreprise d'entreprise "privée", à considérer non pas la stricte répartition du capital, mais plus généralement sa composition, c'est-à-dire également les droits de vote qui s'attachent aux actions détenues* ».

Le Conseil d'État a eu égard, pour reconnaître dans le Crédit foncier une entreprise privée, à la composition de son capital.

On peut se demander si le critère de la composition du capital l'emporte sur celui de la répartition du capital. Dans un avis du 17 sept. 1998 (EDCE, n° 50, p. 220), la Section des finances du Conseil d'État a considéré que « *les cas d'espèce tranchés jusqu'ici ne permett(e)nt pas de déterminer avec certitude si..., dans tous les cas, la détention directe ou indirecte par une personne morale de droit public de plus de la moitié du capital d'une entreprise était la condition à la fois nécessaire et suffisante de l'appartenance de cette entreprise au secteur public* ». Elle a conclu « *qu'il n'y a pas lieu de considérer que la détention par le secteur public de la majorité des droits de vote aux assemblées d'actionnaires suffit à qualifier l'entreprise en cause d'entreprise du secteur public* ». Certes la réponse n'est donnée qu'au regard des lois du 2 juill. et du 6 août 1986 sur les privatisations, mais elle pourrait avoir une portée plus large. Elle peut être inversée : la détention par des personnes privées de la majorité des droits de vote aux assemblées d'actionnaires pourrait ne pas suffire à qualifier l'entreprise en cause d'entreprise privée.

9 ***B.*** — Elle ferait ainsi partie des considérations indifférentes pour identifier une entreprise privée.

Les pouvoirs dont dispose l'État à l'égard des organes d'une entreprise, les contrôles qu'il exerce sur elle ne sont pas suffisants pour en faire une entreprise publique. Les statuts du Crédit foncier de France sont fixés par décret, ses trois principaux dirigeants sont nommés par le président de la République : cela ne l'empêche pas d'être une entreprise privée.

De même, une entreprise peut servir de relais à l'État pour exercer certaines missions (le Crédit foncier, pour accorder des aides à la construction et à l'accession à la propriété), éventuellement même les exercer pour le compte de l'État (ainsi le Crédit foncier, pour l'octroi de certains prêts aux rapatriés, comme l'a reconnu l'arrêt *Dame Culard*, préc.). Elle peut être chargée d'une mission de service public. Elle apparaît alors comme un organisme privé chargé d'une mission de service public mais reste une personne privée (v. nos obs. sous les arrêts *Caisse primaire « Aide et Protection »** et *Monpeurt**).

La sphère publique et la sphère privée restent ainsi délimitées.

Cela ne veut pas dire qu'elles soient séparées. Les pouvoirs publics peuvent être amenés à prendre à l'égard des entreprises privées des mesures qui sont autant d'actes administratifs soumis au contrôle du juge administratif. L'arrêt *Société Lambda* en donne un bon exemple.

90

DROIT ADMINISTRATIF ET DROIT DE LA CONCURRENCE

Conseil d'État Sect., 3 novembre 1997, *Société Million et Marais*
(Rec. 406, concl. Stahl ; CJEG 1997.441, concl. ; RFDA 1997.1228, concl. ; AJ 1997.945, chr. Girardot et Raynaud, 1998.247, note Guézou, et 2014.110, note Lasserre ; RD publ. 1998.256, note Y. Gaudemet ; Rev. conc. consom. 1997, n° 100, p. 46, note Maigre ; GCJA, vol. 2, n° 72, concl.)

Cons. que par un arrêt du 10 mars 1993, la cour d'appel d'Orléans, saisie d'un litige opposant la société Million et Marais et la société des Pompes Funèbres Générales, a sursis à statuer jusqu'à ce que la juridiction administrative se soit prononcée sur la validité du contrat signé le 26 nov. 1987 par le maire de Fleury-les-Aubrais accordant à la société des Pompes Funèbres Générales la concession du service extérieur des pompes funèbres dans cette commune ; que la société Million et Marais fait appel du jugement du 9 mars 1995 par lequel le tribunal administratif d'Orléans a rejeté ses conclusions tendant à ce que le contrat de concession soit déclaré non valide ;

Sur la régularité du jugement :

Cons. qu'il ressort de la minute du jugement attaqué que ses visas comportent la mention et l'analyse de l'ensemble des mémoires échangés ; qu'il a été suffisamment répondu au moyen tiré de la méconnaissance de l'article 86 du traité instituant la Communauté européenne ;

Sur les conclusions relatives à la délibération du conseil municipal de Fleury-les-Aubrais du 30 nov. 1987 :

Cons. qu'il n'appartient pas à la juridiction administrative, saisie sur renvoi préjudiciel ordonné par l'autorité judiciaire, de trancher des questions autres que celles qui ont été renvoyées par ladite autorité ; qu'il ressort des énonciations de l'arrêt de la cour d'appel d'Orléans que celle-ci a entendu surseoir à statuer seulement jusqu'à ce que la juridiction administrative se soit prononcée sur la validité du contrat de concession passée entre la commune de Fleury-les-Aubrais et la société Million et Marais ; que, par suite, les conclusions de la requête tendant à ce que soit prononcée l'illégalité de la délibération du 30 nov. 1987 par laquelle le conseil municipal de Fleury-les-Aubrais a approuvé le contrat et autorisé le maire à le signer ne sont pas recevables ;

Sur la validité du contrat de concession :

Cons. que la cour d'appel n'a renvoyé au juge administratif que l'appréciation du bien-fondé des moyens tirés d'une part de la méconnaissance des règles de la concurrence tant communautaires qu'internes et d'autre part de l'incompétence du maire pour signer le contrat ; que, par suite, la société Million et Marais n'est pas recevable à soumettre à la juridiction administrative des moyens tirés de l'absence d'existence légale de la société des Pompes Funèbres Générales au moment de la signature du contrat, de l'illégalité de la concession à la société des Pompes Funèbres Générales en ce qu'elle lui attribue le monopole d'exploitation du service extérieur des pompes funèbres de la commune et de l'absence d'appel public à la concurrence préalable à la signature du contrat de concession ;

Cons., en premier lieu, qu'il ne ressort pas des pièces du dossier que le contrat de concession du service extérieur des pompes funèbres de la commune de Fleury-les-Aubrais ait été signé par le maire avant la transmission au préfet de la délibération du 30 nov. 1987 par laquelle le conseil municipal de Fleury-les-Aubrais a autorisé le maire à le signer ;

Cons., en deuxième lieu, qu'aux termes de l'article 9 de l'ordonnance du 1er déc. 1986 : « Est nul tout engagement, convention ou clause contractuelle se rapportant à une pratique prohibée par les articles 7 et 8 » ; qu'*est prohibée, notamment, en vertu de l'article 8, l'exploitation abusive par une entreprise ou un groupe d'entreprise d'une position dominante sur le marché intérieur ou une partie substantielle de celui-ci* ; que, toutefois, aux termes de l'article 10 : « Ne sont pas soumises aux dispositions des articles 7 et 8 les pratiques : 1. Qui résultent de l'application d'un texte législatif ou d'un texte réglementaire pris pour son application » ; qu'il résulte de ces dispositions que *si le contrat par lequel une commune a concédé à une entreprise le service extérieur des pompes funèbres ne saurait être utilement critiqué à raison du droit exclusif d'exploitation du service public conféré à cette entreprise en vertu de l'article L. 362-1 précité du Code des communes, les clauses de ce contrat ne peuvent légalement avoir pour effet de placer l'entreprise dans une situation où elle contreviendrait aux prescriptions susmentionnées de l'article 8 ;*

Cons. que si le contrat litigieux, en attribuant à la société des Pompes Funèbres Générales un droit exclusif sur les prestations du service extérieur des pompes funèbres de la commune, a créé au profit de cette entreprise une position dominante au sens des dispositions de l'article 8 de l'ordonnance, la durée de six ans, renouvelable une fois par décision expresse, de cette convention ne met pas la société en situation de contrevenir aux dispositions précitées de l'ordonnance du 1er déc. 1986 ; que le contrat litigieux ne contient aucune clause relative aux conditions de reprise des stocks ou à l'exploitation d'une chambre funéraire ; que la société Million et Marais n'est, dès lors, pas fondée à soutenir que, sur ces deux points, le contrat permettrait à la société des Pompes Funèbres Générales d'abuser de sa position dominante ;

Cons., en troisième lieu, qu'aux termes de l'article 86 du traité instituant la Communauté européenne : « Est incompatible avec le marché commun et interdit, dans la mesure où le commerce entre États membres est susceptible d'en être affecté, le fait pour une ou plusieurs entreprises d'exploiter de façon abusive une position dominante sur le marché commun ou dans une partie substantielle de celui-ci » ; qu'aux termes de l'article 90 : « Les États membres, en ce qui concerne les entreprises publiques et les entreprises auxquelles ils accordent des droits spéciaux ou exclusifs, n'édictent ni ne maintiennent aucune mesure contraire aux règles du présent traité, notamment à celles prévues aux articles 7 et 85 à 94 inclus » ;

Cons. qu'*à supposer que le contrat litigieux ait contribué, en raison du droit exclusif qu'il comporte, à assurer à la société des Pompes Funèbres Générales une position dominante sur une partie substantielle du marché commun des prestations funéraires et soit susceptible d'affecter les échanges intracommunataires, ses clauses ne seraient incompatibles avec l'article 86 du traité que si l'entreprise était amenée, par l'exercice du droit exclusif dans les conditions dans lesquelles il lui a été conféré, à exploiter sa position dominante de façon abusive ;* que la durée d'exploitation stipulée par le contrat litigieux ne constitue pas un abus de nature à mettre la société Million et Marais en situation de contrevenir aux stipulations précitées du traité instituant la Communauté européenne ;

Cons. qu'il résulte de tout ce qui précède que la société Million et Marais n'est pas fondée à se plaindre de ce que le tribunal administratif d'Orléans a déclaré non fondée l'exception d'illégalité du contrat de concession passé entre la commune de Fleury-les-Aubrais et la société des Pompes Funèbres Générales ;

Sur les conclusions tendant à l'application de l'article 75-I de la loi du 10 juill. 1991 :

Cons. que les dispositions de l'article 75-I de la loi du 10 juill. 1991 font obstacle à ce que la commune de Fleury-les-Aubrais et la société des Pompes Funèbres Générales, qui ne sont pas dans la présente instance les parties perdantes, soient condamnées à payer à la société Million et Marais la somme de 10 000 F qu'elle demande au titre des frais exposés par elle et non compris dans les dépens ; qu'il n'y a pas lieu, dans les circonstances de l'espèce, de faire droit aux conclusions de la société des Pompes Funèbres Générales et de condamner la société Million et Marais à lui payer la somme de 12 000 F qu'elle demande au titre des frais exposés par elle et non compris dans les dépens ; (rejet).

OBSERVATIONS

L'arrêt Société Million et Marais *précise le régime des interventions économiques des personnes publiques, sur lequel portaient déjà les arrêts* Chambre syndicale du commerce en détail de Nevers* *et* Daudignac**, en assurant le lien entre droit administratif et droit de la concurrence.*

1 La Société des Pompes funèbres générales, concessionnaire du service extérieur des pompes funèbres de la commune de Fleury-les-Aubrais avait engagé une action en responsabilité devant les juridictions judiciaires contre la Société Million et Marais pour avoir exercé une activité relevant, selon la société concessionnaire, du droit exclusif qu'elle détenait de son contrat de concession. La Société Million et Marais a soutenu que ce droit exclusif était contraire aux dispositions de l'article 8 de l'ordonnance du 1er déc. 1986 relative à la liberté des prix et de la concurrence et aux stipulations de l'article 86 du traité de Rome interdisant l'abus de position dominante (devenu art. 102 du Traité sur le fonctionnement de l'Union européenne). La Cour d'appel d'Orléans a, en vertu de la jurisprudence *Septfonds* (TC 16 juin 1923, Rec. 498 ; v. nº 107.1), sursis à statuer jusqu'à ce que la juridiction administrative ait apprécié la légalité de la clause contestée. Le tribunal administratif d'Orléans a déclaré non fondée l'exception d'illégalité. Le Conseil d'État, qui, selon la réforme du 31 déc. 1987, reste compétent pour statuer en appel sur les recours en appréciation de légalité, confirme ce jugement.

Le droit de la concurrence est constitué notamment (mais non exclusivement) par l'ordonnance du 1er déc. 1986 (reprise aujourd'hui aux articles L. 410-1 et s. du Code de commerce). Sont interdites en particulier les ententes (art. 7 de l'ord. ; art. L. 420-1 du Code), l'exploitation abusive d'une position dominante ou d'une situation de dépendance économique (art. 8 de l'ord., art. L. 420-2 du Code). « *Est nul tout engagement, convention ou clause contractuelle se rapportant à une pratique prohibée* » par ces dispositions. Ces règles s'appliquent « *à toutes les activités de production, de distribution et de services, y compris celles qui sont le fait de personnes publiques, notamment* (selon un ajout de la loi du 8 févr. 1995) *dans le cadre de conventions de délégation de service public* » (art. 53 de l'ord. ; art. L. 410-1 C. com.). Après le Conseil de la concurrence, l'Autorité de concurrence (loi du 4 août 2008) est chargée aujourd'hui de veiller à leur respect : elle peut infliger aux entreprises des sanctions et leur adresser des injonctions, qui sont autant de décisions administratives, prises dans l'exercice de prérogatives de puissance publique. Mais la loi du 6 juill. 1987 en a attribué le contentieux à la Cour d'appel de Paris (v. nos obs. sous CC *23 janv. 1987**).

2 Par un arrêt du 6 juin 1989, *Préfet de la région Île-de-France*, dit plus couramment *Ville de Pamiers* (Rec. 293 ; v. n° 80.7), le Tribunal des conflits a jugé « *que l'organisation du service public de la distribution de l'eau à laquelle procède un conseil municipal n'est pas constitutive d'une telle activité* (de production, de distribution ou de services) *; que l'acte juridique de dévolution de ce service n'est pas, par lui-même, susceptible d'empêcher, de restreindre ou de fausser le jeu de la concurrence sur le marché, et qu'il n'appartient en conséquence qu'aux juridictions de l'ordre intéressé* » (c'est-à-dire la juridiction administrative) « *de vérifier la validité de cet acte au regard des dispositions de l'article 9 de l'ordonnance susvisée* ». Puis le Conseil d'État a considéré que les règles de l'ordonnance de 1986 ne pouvaient être opposées à l'acte de dévolution d'un service public, tel que l'attribution d'un affermage (CE 23 juill. 1993, *Compagnie générale des eaux*, Rec. 226 ; RFDA 1994.252, note Terneyre).

Ainsi la réserve de la compétence de la juridiction administrative pour connaître du contentieux des actes administratifs paraissait soustraire ces mêmes actes aux règles de la concurrence édictées par l'ordonnance de 1986 – ce qui a suscité une vive controverse à la fois sur la compétence, puisque ces actes échappent au contentieux transféré par le législateur à la Cour d'appel de Paris, et sur le fond, puisqu'ils échapperaient aux dispositions sur la concurrence édictées par ce même législateur.

Dans l'affaire *Million et Marais*, le commissaire du gouvernement Stahl a démontré que la compétence du juge administratif n'excluait pas l'application par celui-ci du droit de la concurrence. Le Conseil d'État a effectivement examiné si les concessions de service public dont il lui était demandé d'apprécier la validité l'avaient observé.

Ainsi la dissociation partielle du droit de la concurrence et de la compétence juridictionnelle (I) n'empêche pas la combinaison matérielle du droit de la concurrence et de la légalité (II).

I. — Droit de la concurrence et compétence juridictionnelle

3 Si le droit de la concurrence est souvent en cause dans des litiges relevant de la *compétence judiciaire* (A), il n'est pas leur monopole. Il peut aussi faire l'objet d'un contentieux relevant de la *compétence administrative* (B).

A. — Droit de la concurrence et compétence judiciaire

La compétence judiciaire pour connaître de litiges relatifs à la concurrence n'a rien que de normal lorsqu'aucun acte administratif n'est invoqué ou contesté. La concurrence en matière économique oppose des entreprises. Elles sont les premières visées par son droit. C'est entre elles que naissent essentiellement des litiges relatifs à son application. Leurs différends relèvent très logiquement des juridictions judiciaires.

Cette compétence s'exerce aussi lorsqu'une personne publique exerce une activité de production, de distribution et de services. Le Tribunal des conflits l'a expressément jugé dans plusieurs arrêts avant comme après l'arrêt *Société Million et Marais* (TC 4 nov. 1991, *Coopérative de consommation des adhérents de la Mutuelle assurance des instituteurs de France*, Rec. 476 : demande tendant « *seulement à obtenir réparation de certaines pratiques commerciales imputées* » à l'Union des groupements d'achats publics, établissement public industriel et commercial ; – 19 janv. 1998, *Union française de l'Express c. La Poste*, Rec. 534 ; v. n° 34.4 : demande de sociétés commerciales « *tendant à la cessation et à la réparation des dommages occasionnés par des pratiques commerciales* » imputées à La Poste – « exploitant public » avant d'être transformée en société par la loi du 9 févr. 2010 – et ses filiales).

Il s'agit d'une illustration de la jurisprudence *Société commerciale de l'Ouest africain** (TC 22 janv. 1921), reconnaissant compétence aux juridictions judiciaires pour statuer sur les litiges concernant les services publics industriels et commerciaux.

4 C'est parce que le contentieux de la concurrence est principalement un contentieux judiciaire que le Conseil constitutionnel, dans sa décision du 23 janv. 1987*, a admis que le législateur cherche « *à unifier sous l'autorité de la Cour de cassation l'ensemble de ce contentieux spécifique et ainsi à éviter ou à supprimer des divergences qui pourraient apparaître dans l'application et dans l'interprétation du droit de la concurrence* », et confie à la Cour d'appel de Paris les recours dirigés contre les décisions du Conseil, aujourd'hui de l'Autorité de la concurrence, relatives aux ententes et aux exploitations abusives d'une position dominante ou d'une situation de dépendance.

Cette compétence peut s'exercer pleinement lorsque ces décisions sont prises à l'égard d'entreprises privées ou de personnes publiques pour leurs activités de production, de distribution ou de services. Ainsi la pratique imputée au Centre des monuments nationaux, qui consistait à réduire, voire supprimer les commandes et les ventes d'une société avec laquelle il était lié par un marché public, se rapportait à sa propre activité de production, distribution, de service ; elle était étrangère à l'organisation du service public et ne constituait pas la mise en œuvre de prérogatives de puissance publique : le litige, introduit sur le fondement des règles de la concurrence, relève donc de la compétence judiciaire (TC 4 mai 2009, *Société Éditions Jean-Paul Gisserot c. Centre des monuments nationaux*, Rec. 582 ; BJCP 2009.338, concl. Guyomar ; AJ 2009.1490, note Eckert et 2440, chr. Glaser ; DA 2009, n° 145, note Bazex ; RJEP mars 2010.18, note Benoît Delaunay ; RLC 2009, n° 1468, note Clamour).

À travers la décision qui lui est déférée, la Cour d'appel de Paris examine en réalité le comportement d'opérateurs économiques. Mais sa compétence s'arrête au seuil des actes administratifs dont la légalité est mise en cause à l'occasion de l'examen des pratiques anticoncurrentielles. Car leur appréciation appartient seulement à la juridiction administrative.

B. — Droit de la concurrence et compétence administrative

5 Le Conseil de la concurrence n'émettait initialement que des avis ou des propositions en matière de concentration économique. C'est le ministre de l'économie qui, éventuellement avec le ministre duquel dépend le secteur d'activité concerné, prenait la décision (par ex. acceptation d'un projet de concentration ; injonction de ne pas donner suite à ce projet). Sa décision ne pouvait être contestée que devant la juridiction administrative (plus précisément le Conseil d'État selon l'article R. 311-1 4° CJA).

Le Conseil d'État a ainsi été amené à statuer sur le recours contre un arrêté du ministre de l'économie et du ministre de l'agriculture enjoignant à la Société Coca-Cola de renoncer à l'acquisition des actifs du groupe Pernod-Ricard relatifs aux boissons « Orangina » : après une analyse précise des marchés pertinents à prendre en compte, il a considéré que l'opération projetée aurait des effets anticoncurrentiels, et que les ministres s'y étaient à juste titre opposés (Sect., 9 avr. 1999, *Société The Coca-Cola Company*, Rec. 119 ; CJEG 1999.214 et RFDA 1999.777, concl. Stahl ; AJ 1999.611, note Bazex et Thiry ; D. aff. 2000.J.157, note Troianello). Lorsque le projet a été repris dans de nouvelles conditions, il a considéré qu'elles ne suffisaient pas à supprimer les effets anticoncurrentiels (CE, Sect., 6 oct. 2000, *Société Pernod-Ricard*, Rec. 398 ; CJEG 2001.33, concl. Touvet ; RFDA 2001.409, concl.).

La loi du 4 août 2008 et l'ordonnance du 13 nov. 2008, qui transforment le Conseil de la concurrence en Autorité de la concurrence, lui confient le contrôle des opérations de concentration, ne réservant au ministre de l'économie que le pouvoir d'évoquer l'affaire et statuer pour des motifs d'intérêt général autres que le maintien de la concurrence. Le Conseil d'État reste compétent pour statuer sur les recours en la matière, dirigés aussi bien contre les décisions de l'Autorité de la concurrence que celles du ministre de l'économie (par ex. CE, Sect., 30 déc. 2010, *Société Métropole Télévision (M6)*, Rec. 544 ; RJEP juin 2011, p. 25, concl. Geffray ; AJ 2011.1307, note Glaser). Il exerce un contrôle approfondi (par ex. CE, Ass., 21 déc. 2012, *Société Groupe Canal Plus et Société Vivendi Universal*, Rec. 430 et, du même jour, *Société Groupe Canal Plus et autres*, Rec. 446 ; RFDA 2013.55 et 70, concl. Daumas ; AJ 2013.215, chr. Domino et Bretonneau ; DA mars 2013.31 et avr. 2013.28, notes Bazex ; RJEP avr. 2013.3, note Idoux ; 15 avr. 2016 *Société Compagnie de gaz de pétrole Primagaz*, Rec. 137 ; 6 juill. 2016, *Compagnie de gaz de pétrole Primagaz, Société Vitogaz France*, Rec. 666 ; AJ 2016.1855, chr. Nicinski ; 2016.1871, note F. Blanc) en particulier sur les sanctions infligées aux entreprises pour manquement à leurs engagements (CE 7 nov. 2019, *Société Fnac Darty*, Rec. 385 ; AJ 2019.2594, note Idoux).

6 D'autres actes administratifs ne sont pas pris directement en vertu de l'ordonnance de 1986. Ils relèvent de la compétence du juge administratif selon les règles ordinaires qui la déterminent.

C'est ce qu'a jugé le Tribunal des conflits dans l'arrêt précité *Ville de Pamiers* du 6 juin 1989 à propos de la dévolution d'un service public. Il l'a confirmé à propos de décisions prises dans l'accomplissement d'une mission de service public au moyen de prérogatives de puissance publique, même si elles émanent d'un organisme de droit privé (4 nov. 1996, *Société Datasport c. Ligue nationale de football*, Rec. 552 ; v. n° 80.8 : décision de la Ligue nationale de football d'unifier la billetterie informatique des clubs participant aux manifestations sportives qu'elle organise), ou d'un établissement public ayant aussi des activités industrielles et commerciales (18 oct. 1999, *Aéroports de Paris*, Rec. 469, concl. Schwartz ; v. n° 80.8 : décisions d'Aéroports de Paris relatives aux activités de compagnies aériennes à Orly, « *qui se rattachent à la gestion du domaine public, constituent l'usage de prérogatives de puissance publique* »). La Cour de cassation statue dans le même sens (Com. 12 déc. 1995, *Direction de la météorologie nationale*, Bull. civ. IV, n° 301, p. 276 ; AJ 1996.131, note Bazex ; CJEG 1996.180, note Idot ; JCP E 1996.II.810, note Berlin et Calvet ; RFDA 1996.360, note R. Drago : décision prise dans la gestion du service public de la météorologie aérienne, indépendamment d'une commercialisation auprès du grand public ; – 19 nov. 2002, *Société Au Lys de France*, Bull. IV, n° 170, p. 194 : décision relative à la gestion du domaine public, portant sur la fixation des redevances d'occupation temporaire).

Les actes en cause peuvent être aussi bien des actes administratifs unilatéraux, comme c'était le cas dans les arrêts que l'on vient de citer, que des contrats administratifs, comme ce l'était dans l'affaire *Société Million et Marais* et celles qui ont été jugées le même jour (*Société intermarbres, Société Yonne funéraire*, Rec. 393). Leur contentieux appartient au juge administratif non seulement par voie d'action mais aussi par voie d'exception (TC 19 janv. 1998, *Union française de l'Express c. La Poste*, préc.). Tel était le cas dans les affaires *Société Million et Marais*, et autres, pour des différends opposant les titulaires de concessions à des entreprises empiétant sur l'activité réservée à ces concessions en vertu de clauses dont la validité était contestée au regard du droit de la concurrence.

De même, la juridiction administrative est compétente pour connaître d'une action en responsabilité exercée par une personne publique, non seulement contre ses cocontractants (par ex CE 27 mai 2020, *Société La Croix Signalisation*, Rec. 142, concl. Le Corre), mais également contre des tiers, pour des agissements constitutifs de pratiques anticoncurrentielles commis à l'occasion de la passation d'un contrat administratif (TC 16 nov. 2015, *Région Île de France c. M. Nautin et autres*, Rec. 512 ; AJ 2016.786, note Éveillard).

II. — Droit de la concurrence et légalité

7 La légalité à laquelle est soumise l'administration n'est pas constituée exclusivement par le droit qui régit son organisation et son fonctionnement. Elle comporte l'ensemble des normes qui prescrivent, limitent ou interdisent certains comportements, quel que soit leur objet. Elle englobe par exemple celles que sanctionne le Code pénal (v. nos obs. sous l'arrêt CE 6 déc. 1996, *Société Lambda**) ou le droit de la consommation (CE, Sect., 11 juill. 2001, *Société des eaux du Nord*, Rec. 348, concl. Bergeal ; BJCP 2001.519, concl. ; CJEG 2001.496, concl. ; AJ 2001.853, chr. Guyomar et Collin, et 893, note Guglielmi ; ACCP 2001, n° 3, p. 15, note Nicinski ; D. 2001.2810, note Amar ; JCP 2001.I.370, obs. Ghestin ; JCP E 2002.124, note Sauphanor-Brouillaud ; RD publ. 2001.1495, note Eckert). Elle inclut aussi bien le droit de la concurrence, qu'il soit extérieur à l'ordonnance de 1986 (A) ou qu'il résulte de celle-ci (B).

A. — Le droit de la concurrence extérieur à l'ordonnance de 1986

Le juge administratif a fait application du droit de la concurrence indépendamment de l'ordonnance de 1986.

Il le fait depuis longtemps au sujet de la création par les collectivités publiques de services concurrençant les entreprises privées (v. nos obs. sous CE 30 mai 1930, *Chambre syndicale du commerce en détail de Nevers**). Il le fait aussi à propos des dispositions qui imposent à l'administration une mise en concurrence pour la conclusion des marchés publics et des concessions.

Certaines autorités ont été instituées dans des domaines particuliers, telle l'Autorité de régulation des télécommunications, créée par la loi du 26 juill. 1996 (appelée Autorité de régulation des communications électroniques et des postes par la loi du 20 mai 2005), qui doit veiller « à l'exercice d'une concurrence effective et loyale entre les exploitants de réseaux et les fournisseurs de services de télécommunications » (art.

L. 32-1 du Code des postes et communications électroniques). Le Conseil d'État a considéré que l'attribution du « 12 » aux seuls services de renseignements téléphoniques fournis par les exploitants à leurs abonnés, et non aux autres opérateurs, méconnaissait l'objectif de concurrence loyale et effective, et ordonné que soient attribués des numéros de même format à tous les opérateurs offrant des services de renseignements téléphoniques (CE, Sect., 25 juin 2004, *Société Scoot France et Société Fonecta*, Rec. 274 ; AJ 2004.1702, chr. Landais et Lenica ; CJEG 2005.100, note S.V.C. ; DA août-sept. 2004, p. 31, note Bazex et Blazy). Il contrôle de même l'encadrement tarifaire des prestations de terminaison d'appel vocal sur les réseaux mobiles (CE 24 juill. 2009, *Société Orange France et Société Française du Radiotéléphone*, Rec. 299 ; RJEP oct. 2009.11, concl. Lenica ; AJ 2009.1595, chr. Liéber et Botteghi ; DA 2009, n° 173, comm. Bazex ; RD publ. 2010.825, note Noguellou) et les conditions de délivrance des autorisations d'utilisation des fréquences radio électriques (*cf.* à propos des « licences 3 G », CE 12 oct. 2010, *Société Bouygues Télécom*, Rec. 378 ; RJEP févr. 2011, p. 19, concl. Bourgeois-Machureau, et p. 11, note E. Guillaume et L. Coudray).

8 Le droit européen de la concurrence, comme le droit européen en général (v. nos obs. sous CE 20 oct. 1989, *Nicolo**), fait partie des normes que les autorités administratives doivent respecter et le juge administratif, appliquer.

Il s'agit en particulier des règles de concurrence applicables aux entreprises, notamment pour leur interdire les ententes (art. 85) et les abus de position dominante (art. 86), (aujourd'hui art. 101 et 102 du Traité sur le fonctionnement de l'Union européenne).

Ainsi, dans un arrêt du 8 nov. 1996, *Fédération française des sociétés d'assurances* (Rec. 441 ; AJ 1997.142, chr. Chauvaux et Girardot), le Conseil d'État (Sect.) a annulé des dispositions d'un décret relatif à un régime facultatif d'assurance-vieillesse, « *incompatibles avec les dispositions combinées des articles 86 et 90 du traité* ». Dans les arrêts *Société Million et Marais, Société Intermarbres, Société Yonne funéraire*, il a expressément examiné au regard de l'article 86 les contrats de concession dont il avait à apprécier la validité.

Or les articles 85 et 86 du traité de Rome ont directement inspiré les articles 7 et 8 de l'ordonnance du 1er déc. 1986, qui établissent dans l'ordre interne des interdictions de même type (ententes, abus de position dominante) que celles qui s'imposent dans l'ordre européen. Il était difficile d'admettre que les actes administratifs fussent contrôlés au regard des articles 85 et 86 du traité, non au regard des articles 7 et 8 de l'ordonnance.

Cette considération a joué pour intégrer l'ordonnance de 1986 dans la légalité à laquelle doit se conformer l'administration.

B. — Le droit de la concurrence établi par l'ordonnance de 1986

9 L'arrêt *Ville de Pamiers*, en considérant que « *l'acte juridique de dévolution de l'exécution* » (d'un service public) « *n'est pas, par lui-même, susceptible d'empêcher de restreindre ou de fausser le jeu de la concurrence sur le marché* », en déduisait « *qu'il n'appartient en conséquence qu'aux juridictions de l'ordre intéressé* » (c'est-à-dire l'ordre administratif) « *de vérifier la validité de cet acte au regard des dispositions de l'article 9 de l'ordonnance susvisée* » (déclarant nuls les engagements, conventions ou clauses contraires aux articles 7 ou 8).

L'arrêt *Société Million et Marais* procède à une analyse systématique de la validité d'un contrat de concession au regard de l'ordonnance de 1986, et particulièrement de ses articles 8 et 9.

De nouvelles avancées ont été réalisées : la formule de l'avis contentieux (Sect., 22 nov. 2000, *Société L. et P. Publicité*, Rec. 526, concl. Austry ; v. n° 59.3) selon laquelle l'autorité de police doit, dans l'adoption des mesures nécessaires à la sauvegarde de l'ordre public, « *prendre en compte la liberté du commerce et de l'industrie et les règles de concurrence* », a été reprise par l'arrêt du 15 mai 2009, *Société Compagnie des bateaux mouches*, Rec. 201 et par celui du 27 mars 2017, *Syndicat interprofessionnel de la montagne* ; v. n° 59.6). Une autorisation d'occupation du domaine public ne peut être délivrée lorsqu'elle aurait pour effet de méconnaître le droit de la concurrence (CE 23 mai 2012, *Régie autonome des transports parisiens* ; v. n° 59.7).

Ainsi désormais, la solution est acquise : la légalité des actes administratifs, unilatéraux autant que contractuels, doit s'apprécier au regard du droit de la concurrence issu de l'ordonnance de 1986.

10 Sa violation peut se réaliser dans plusieurs hypothèses.

Les articles 7 ou 8 (L. 420-1 ou 2) seraient violés tout d'abord par un acte administratif s'il mettait une entreprise dans une situation constitutive d'une entente ou d'un abus de position dominante ou de dépendance économique. L'hypothèse rejoindrait celle d'un acte administratif conduisant un administré à tomber sous le coup d'une incrimination pénale (v. nos obs. sous l'arrêt *Société Lambda** du 6 déc. 1996). Elle est particulièrement illustrée à propos de l'abus de position dominante : l'acte administratif permettant cet abus est illégal (en ce sens notamment l'arrêt *RATP* du 23 mai 2012). Dans l'affaire *Société Million et Marais*, le Conseil d'État a procédé à une analyse de laquelle il résultait qu'on ne pouvait soutenir que « *le contrat permettrait à la société... d'abuser d'une position dominante* ».

Peu de temps après, dans un arrêt du 17 déc. 1997, *Ordre des avocats à la Cour de Paris* (Rec. 491 ; v. n° 40.6), le Conseil d'État a considéré « *qu'alors même que... le recours à un concessionnaire conférerait à celui-ci une position dominante, aucune des dispositions du décret attaqué – au respect desquelles, et notamment de celles... de son article 10, tant le contrat de concession que la mise en œuvre de celui-ci par le concessionnaire devront se conformer – n'a pour effet de le placer dans une situation d'abus de position dominante* ». C'était un rappel à l'ordre.

Le pas de l'annulation a été franchi par l'arrêt du 29 juill. 2002, *Société Cegedim* (Rec. 280 ; CJEG 2003.16, concl. Maugüé ; AJ 2002.1072, note Nicinski ; D. 2003.901, obs. Gonzalez ; DA 2002, nº 173, note Bazex et Blazy), censurant l'arrêté qui établissait les tarifs de vente des fichiers de l'INSEE, parce qu'il mettait celui-ci en situation d'abuser automatiquement de sa position dominante.

11 Les articles 7 et 8 (L. 420-1 et 2) seraient violés, en second lieu, plus directement encore si un acte administratif, par lui-même, constituait une entente ou un abus de position dominante : agrément que l'administration donne à une entente entre professionnels, par exemple à une convention collective dont les clauses ont pour effet d'empêcher, restreindre ou fausser le jeu de la concurrence (CE, Sect., 30 avr. 2003, *Syndicat professionnel des exploitants indépendants des réseaux d'eau et d'assainissement*, Rec. 189 ; CJEG 2003.410, concl. Stahl ; BJCP 2004, nº 32, p. 39, concl., obs. Casas ; AJ 2003.1150, chr. Donnat et Casas et 1848, note Subra de Bieusses ; ACCP juill.-août 2003, p. 71, note Richer ; D. 2004.1702, note Chelle et Prétot ; DA juin 2003, p. 22, note Bazex et Blazy ; Dr. ouvr. 2003.261, note G. Lyon-Caen) ; décision d'une autorité chargée de la gestion du domaine public imposant des modalités et conditions de son occupation en faisant un abus de la position dominante qu'elle détient. C'est cette hypothèse qu'a développée M. Stahl dans ses conclusions sur les arrêts (Sect.) du 26 mars 1999, *Société Hertz, Société EDA* (Rec. 96 ; AJ 1999.427, avec note Bazex ; CJEG 1999.264 ; D. 2000.204, note Markus ; RD publ. 1999.1545, note Manson, et 2000.353, obs. Guettier ; RFDA 1999.977, note Pouyaud) : alors que « *le raisonnement de la décision* Million et Marais *saisissait l'acte administratif au travers de la situation d'une entreprise qu'est le concessionnaire de service public* », « *ici, il n'est* stricto sensu *pas d'entreprise qui serait en situation d'abuser d'une position dominante* » ; c'est l'autorité administrative qui est elle-même abusive dans l'adoption d'une mesure qui lui est propre.

Ainsi, avec et depuis l'arrêt *Société Million et Marais,* se réalise ce qu'on peut appeler une « réconciliation » du droit administratif et du droit de la concurrence. Si l'on a pu voir entre les deux un conflit que sous-tendait peut-être un conflit entre ordre judiciaire et ordre administratif, l'arrêt *Société Million et Marais* y a mis un terme.

91

PRIMAUTÉ DE LA CONSTITUTION DANS L'ORDRE INTERNE

Conseil d'État Ass., 30 octobre 1998, ***Sarran, Levacher et autres***
(Rec. 369 ; RFDA 1998.1081, concl. Maugüé, note Alland, et 1999.57, notes Dubouis, Mathieu et Verpeaux, Gohin ; AJ 1998.962, chr. Raynaud et Fombeur ; Europe mars 1999, p. 4, note Simon ; D. 2000.153, note Aubin ; RD publ. 1999.919, note Flauss ; LPA 23 juill. 1999, note Aubin ; JDI 1999.675, note Dehaussy ; AJ 2014.114, note Fombeur ; GDDIPub, n° 24 ; GCJA, vol. 2, n° 75, concl.).

Sur les conclusions à fin d'annulation du décret attaqué :

Cons. que l'article 76 de la Constitution, dans la rédaction qui lui a été donnée par l'article 2 de la loi constitutionnelle du 20 juill. 1998 énonce, dans son premier alinéa, que : « Les populations de la Nouvelle-Calédonie sont appelées à se prononcer avant le 31 déc. 1998 sur les dispositions de l'accord signé à Nouméa le 5 mai 1998 et publié le 27 mai 1998 au Journal officiel de la République française » ; qu'en vertu du deuxième alinéa de l'article 76 : « Sont admises à participer au scrutin les personnes remplissant les conditions fixées à l'article 2 de la loi n° 88-1028 du 9 nov. 1988 » ; qu'enfin, aux termes du troisième alinéa de l'article 76 : « Les mesures nécessaires à l'organisation du scrutin sont prises par décret en Conseil d'État délibéré en Conseil des ministres » ; que le décret du 20 août 1998 a été pris sur le fondement de ces dernières dispositions ;

En ce qui concerne les moyens de légalité externe :

Quant au défaut de consultation du Conseil constitutionnel :

Cons. que selon l'article 60 de la Constitution : « Le Conseil constitutionnel veille à la régularité des opérations de référendum et en proclame les résultats » ; qu'à ce titre, il doit notamment, comme le prescrit l'article 46 de l'ordonnance du 7 nov. 1958 portant loi organique, être « consulté par le gouvernement sur l'organisation des opérations de référendum » ; qu'en vertu de l'article 3 de la Constitution, « la souveraineté nationale appartient au peuple qui l'exerce par ses représentants et par la voie du référendum » ;

Cons. qu'il ressort de ces dispositions que seuls les référendums par lesquels le peuple français exerce sa souveraineté, soit en matière législative dans les cas prévus par l'article 11 de la Constitution, soit en matière constitutionnelle comme le prévoit l'article 89, sont soumis au contrôle du Conseil constitutionnel ;

Cons. qu'il suit de là que le décret attaqué, dont l'objet est limité à l'organisation d'une consultation des populations intéressées de Nouvelle-Calédonie, n'avait pas à être précédé de l'intervention du Conseil constitutionnel, alors même que ladite consultation trouve son fondement dans des dispositions de valeur constitutionnelle ;

Quant au défaut de consultation du Congrès du territoire :

Cons. que, selon le deuxième alinéa de l'article 74 de la Constitution, dans sa rédaction issue de la loi constitutionnelle du 25 juin 1992 : « Les statuts des territoires d'outre-mer sont fixés par des lois organiques qui définissent, notamment, les compétences de leurs institutions propres et modifiés, dans la même forme, après consultation de l'assemblée territoriale intéressée » ; que le troisième alinéa du même article dispose que : « Les autres modalités de leur organisation particulière sont définies et modifiées par la loi après consultation de l'assemblée territoriale intéressée » ;

Cons. que la fixation par voie de décret en Conseil d'État délibéré en Conseil des ministres des mesures de nature réglementaire nécessaires à l'organisation du scrutin prévu par l'article 76 de la Constitution, dans sa rédaction issue de la loi constitutionnelle du 20 juill. 1998, n'entre pas dans le champ des prévisions des dispositions susmentionnées de l'article 74 de la Constitution ; qu'en conséquence, l'avis du Congrès du territoire de Nouvelle-Calédonie n'était pas requis préalablement à l'intervention du décret attaqué ;

En ce qui concerne les moyens de légalité interne :

Quant aux moyens dirigés contre les articles 3 et 8 du décret attaqué :

Cons. que l'article 3 du décret du 20 août 1998 dispose que : « Conformément à l'article 76 de la Constitution et à l'article 2 de la loi du 9 nov. 1988 (...) sont admis à participer à la consultation du 8 nov. 1998 les électeurs inscrits à cette date sur les listes électorales du territoire et qui ont leur domicile en Nouvelle-Calédonie depuis le 6 nov. 1988 » ; qu'il est spécifié que : « Sont réputées avoir leur domicile en Nouvelle-Calédonie alors même qu'elles accomplissent le service national ou poursuivent un cycle d'études ou de formation continue hors du territoire, les personnes qui avaient antérieurement leur domicile dans le territoire » ; que l'article 8 du décret précise dans son premier alinéa, que la commission administrative chargée de l'établissement de la liste des personnes admises à participer à la consultation, inscrit sur cette liste les électeurs remplissant à la date de la consultation la condition de domicile exigée par l'article 2 de la loi du 9 nov. 1988 ;

Cons. qu'ainsi qu'il a été dit ci-dessus, le deuxième alinéa de l'article 76 de la Constitution dispose que : « Sont admises à participer au scrutin les personnes remplissant les conditions fixées à l'article 2 de la loi n° 88-1028 du 9 nov. 1988 » ; que ce dernier article exige que les intéressés soient domiciliés en Nouvelle-Calédonie depuis le 6 nov. 1988, sous réserve des exceptions qu'il énumère dans son second alinéa et qui sont reprises par l'article 3 du décret attaqué ; qu'ainsi, les articles 3 et 8 dudit décret, loin de méconnaître l'article 76 de la Constitution en ont fait une exacte application ;

Cons. que *l'article 76 de la Constitution ayant entendu déroger aux autres normes de valeur constitutionnelle relatives au droit de suffrage, le moyen tiré de ce que les dispositions contestées du décret attaqué seraient contraires aux articles 1er et 6 de la Déclaration des droits de l'Homme et du citoyen,* à laquelle renvoie le Préambule de la Constitution *ou à l'article 3 de la Constitution ne peut qu'être écarté* ;

Cons. que si l'article 55 de la Constitution dispose que « les traités ou accords régulièrement ratifiés ou approuvés ont, dès leur publication, une autorité supérieure à celle des lois sous réserve, pour chaque accord ou traité, de son application par l'autre partie », *la suprématie ainsi conférée aux engagements internationaux ne s'applique pas, dans l'ordre interne, aux dispositions de nature constitutionnelle ; qu'ainsi, le moyen tiré de ce que le décret attaqué, en ce qu'il méconnaîtrait les stipulations d'engagements internationaux régulièrement introduits dans l'ordre interne, serait par là même contraire à l'article 55 de la Constitution, ne peut lui aussi qu'être écarté ;*

Cons. que si *les requérants invitent le Conseil d'État à faire prévaloir les stipulations des articles 2, 25 et 26 du pacte des Nations unies sur les droits civils et politiques, de l'article 14 de la Convention européenne de sauvegarde des droits de l'Homme et des libertés fondamentales et de l'article 3 du protocole additionnel n° 1 à cette convention, sur les dispositions de l'article 2 de la loi du 9 nov. 1988, un tel moyen ne peut qu'être écarté dès lors que par l'effet du renvoi opéré par l'article 76 de la Constitution aux dispositions dudit article 2, ces dernières ont elles-mêmes valeur constitutionnelle;*

Cons. enfin que, dans la mesure où les articles 3 et 8 du décret attaqué ont fait une exacte application des dispositions constitutionnelles qu'il incombait à l'auteur de ce décret de mettre en œuvre, ne sauraient être utilement invoquées à leur encontre ni une méconnaissance des dispositions du Code civil relatives aux effets de l'acquisition de la nationalité française et de la majorité civile ni une violation des dispositions du Code électoral relatives aux conditions d'inscription d'un électeur sur une liste électorale dans une commune déterminée;

Quant aux moyens dirigés contre l'article 13 du décret attaqué : (...) (Rejet)

OBSERVATIONS

Si l'arrêt Nicolo* *a reconnu la primauté des conventions internationales sur la loi, l'arrêt* Sarran *affirme la primauté, dans l'ordre interne, de la Constitution sur les conventions internationales.*

1 S'il fait intervenir le Conseil d'État en sa qualité de juge de la légalité d'un acte administratif, l'arrêt *Sarran*, par les solutions qu'il consacre, déborde du cadre du droit administratif. Cela tient à ce que le décret contesté devant le juge de l'excès de pouvoir a été pris sur le fondement de dispositions constitutionnelles. Il s'agit de l'article 76 de la Constitution, dans sa rédaction issue de la loi constitutionnelle du 20 juill. 1998. L'article 76 nouveau, poursuit un triple objet. Il énonce que les populations de la Nouvelle-Calédonie sont appelées à se prononcer avant le 31 déc. 1998 sur les dispositions de l'accord signé à Nouméa le 5 mai 1998. Il se réfère pour la détermination des personnes admises à participer à ce scrutin au corps électoral qui avait été défini par l'article 2 de la loi du 9 nov. 1988, c'est-à-dire à un corps électoral restreint en raison d'une condition de domicile de dix ans dans le territoire. Il renvoie enfin à un décret le soin de fixer « les mesures nécessaires à l'organisation du scrutin ». À ce titre, a été pris le décret du 20 août 1998, dont plusieurs personnes domiciliées en Nouvelle-Calédonie, mais non admises à participer à la consultation fixée par le décret, au 8 nov. 1998, ont contesté la légalité. Il était soutenu notamment que l'institution d'un corps électoral restreint était contraire à plusieurs dispositions constitutionnelles et méconnaissait en outre, les engagements internationaux de la France.

Le Conseil d'État a statué sur les pourvois par une décision rendue le 30 oct. 1998, soit à une date antérieure à celle de la consultation. Conformément aux conclusions de Mme Maugüé, commissaire du gouvernement, il en a prononcé le rejet. Il lui a fallu par là même prendre position et sur le point de savoir s'il peut écarter l'application d'une loi constitutionnelle au motif qu'elle serait incompatible avec un traité (I), et sur la portée de plusieurs dispositions de la Constitution (II).

I. — Le juge administratif ne peut écarter l'application de la Constitution

Depuis l'arrêt *Nicolo** du 20 oct 1989, le Conseil d'État, en s'appuyant sur les dispositions de l'article 55 de la Constitution, accepte de faire prévaloir un engagement international, même à l'égard d'une loi interne qui lui est postérieure.

Les requérants invitaient le juge administratif à aller plus avant en écartant l'application de l'article 76 de la Constitution au motif qu'il méconnaîtrait le principe d'égalité consacré par plusieurs engagements internationaux et en particulier le Pacte des Nations unies sur les droits civils et politiques, et la Convention européenne de sauvegarde des droits de l'Homme et des libertés fondamentales.

L'Assemblée du contentieux a refusé de s'engager dans cette voie. Après avoir cité le texte de l'article 55 de la Constitution, elle s'est bornée à constater que la suprématie conférée par cet article aux engagements internationaux « ne s'applique pas, dans l'ordre interne, aux dispositions de nature constitutionnelle ».

A. — La motivation adoptée revêt une double signification

2 *1°)* L'accent mis sur le fait que la portée du traité est appréhendée « dans l'ordre interne » implique que le Conseil d'État n'a pas entendu remettre en cause le « principe fondamental en droit international de la prééminence de ce droit sur le droit interne » (*cf.* avis de la Cour internationale de justice du 26 avr. 1988, Accord de siège États-Unis-ONU). Mais ce principe ne déploie son plein effet que dans l'ordre juridique international. Le juge national ne peut en imposer le respect que dans la mesure où son propre ordre juridique, dans lequel la Constitution tient une place essentielle, lui confère un titre l'habilitant à faire prévaloir la norme internationale sur la norme interne quelle qu'elle soit.

3 *2°)* Or force est pour le Conseil d'État de constater que l'article 55, s'il consacre la suprématie du traité sur « les lois », ne vise pas la loi constitutionnelle.

L'arrêt *Sarran* procède ainsi à une lecture « quasi notariale du texte constitutionnel qui ne saurait être très favorable à la norme internationale » (*cf.* L. Dubouis, RFDA 1999.58).

Tout en reconnaissant qu'il était difficile pour le Conseil d'État de statuer autrement sans entrer en conflit avec le pouvoir constituant, plusieurs commentateurs ont estimé que le Conseil aurait dû se référer, non seulement aux dispositions de l'article 55, mais aussi à celles du 14e alinéa du Préambule de la Constitution de 1946. Aux termes de ce texte, « La République française, fidèle à ses traditions, se conforme aux règles du droit public international ». Or le Conseil constitutionnel a jugé qu'au nombre de celles-ci, figure « la règle *Pacta sunt servanda* qui implique que tout traité en vigueur lie les parties et doit être exécuté par elles de bonne foi » (*n° 92-308 DC, 9 avr. 1992*, Rec. 55).

Mais le silence de la décision sur ce point ne saurait surprendre. Outre le fait que les dispositions du Préambule de la Constitution de 1946 n'étaient pas invoquées par les requérants, il est douteux que le Conseil d'État aurait accepté d'y voir une habilitation à écarter l'application de la Constitution. Antérieurement à l'arrêt *Sarran*, il avait jugé que, si les dispositions du 14e alinéa du Préambule consacraient la place de la coutume internationale, elles ne l'habilitaient pas à faire prévaloir cette dernière sur la loi en cas de conflit entre ces deux normes (CE, Ass., 6 juin 1997 *Aquarone*, Rec. 206 ; v. no 82.17).

4 On relèvera que la Cour de cassation lorsqu'elle a été appelée à connaître d'un problème semblable à celui tranché par le Conseil d'État ne s'est pas non plus référée au Préambule de la Constitution de 1946. Le juge judiciaire a été en effet invité à se prononcer sur la conventionnalité d'une part des dispositions de l'art. 77 de la Constitution issues de la loi constitutionnelle du 20 juill. 1998 qui prévoient également, par référence à l'accord de Nouméa du 5 mai 1998, un corps électoral restreint pour les élections au congrès du territoire de Nouvelle-Calédonie et, d'autre part, de la loi organique du 19 mars 1999 prise sur leur fondement. Il s'est refusé à exercer un tel contrôle, non seulement à l'égard de la Constitution mais aussi, ce qui est moins évident, de la loi organique, dont les termes il est vrai reprenaient en substance les dispositions de valeur constitutionnelle relatives au corps électoral restreint (Ass. plén., 2 juin 2000, *Melle Fraisse*, Bull. Ass. plén., no 4, p. 7 ; RD publ. 2000.1037, note Prétot ; Europe août-sept. 2000, p. 3, note Simon ; RGDIP 2000 p. 811, note Poirat et p. 985, comm. Ondoua ; D. 2000.865, note Mathieu et Verpeaux ; LPA 11 déc. 2000, note Jean ; Gaz. Pal. 24-28 déc. 2000, note Flauss ; JCP 2001.II.10454, note de Foucauld).

B. — Les implications de la position adoptée par le Conseil d'État

5 *1o)* Il a été souligné que le Conseil d'État dès lors qu'il assure par son attitude la primauté de la Constitution sur le traité peut, par là même contribuer à ce que la responsabilité internationale de la France se trouve, le moment venu, engagée. Mme Maugüé n'a pas manqué de le relever dans ses conclusions, tout en indiquant que les engagements internationaux dont la violation était invoquée garantissent le droit à des élections libres à une assemblée législative, mais sans ouvrir un droit général à participer à une consultation référendaire.

Lorsqu'elle a eu à se prononcer, la Cour européenne des droits de l'Homme n'a pas adopté un point de vue autre (CEDH 11 janv. 2005, *Py* ; RFDA 2006.139, note Roblot-Troizier et Sorbara ; Rev. jur. pol. éco. de Nouvelle-Calédonie, no 1-2005, p. 42, note P. Jean ; JCP 2005.I.159, no 20, obs. Sudre) si bien qu'aucune violation par la France de ses obligations internationales n'a été relevée.

6 *2°)* En revanche, rien n'indique que le Conseil d'État ait entendu sur un plan général se faire juge de la conformité d'un traité à la Constitution, ou que la position qu'il a adoptée doive le conduire à terme à se faire juge de la constitutionnalité des lois par la voie de l'exception.

a) Par l'arrêt *Sarran* le Conseil d'État a jugé qu'il ne pouvait écarter l'application de la loi constitutionnelle en s'appuyant sur les engagements internationaux souscrits par la France. Mais cela ne signifie nullement qu'à l'avenir il n'assurera la primauté d'un traité sur la loi qu'après vérification préalable de la conformité de ce traité à la Constitution.

Il est vrai que par un arrêt postérieur (Ass., 18 déc. 1998, *SARL du Parc d'activités de Blotzheim* ; Rec. 483 ; v. n° 3.9) le Conseil d'État a contrôlé le respect par l'exécutif des dispositions constitutionnelles qui exigent que pour certains traités, tels ceux qui modifient des dispositions législatives, la ratification soit autorisée par le Parlement. Mais un tel contrôle porte sur la régularité de la procédure suivie par l'exécutif pour introduire un traité dans l'ordre interne au regard de l'article 53 de la Constitution, et non sur la conformité du traité au texte constitutionnel (CE, Ass., 9 juill. 2010, *Fédération nationale de la libre pensée*, Rec. 268, concl. Keller ; v. n° 3.9).

b) Il est donc hasardeux d'avancer que le Conseil d'État se pose désormais en « censeur des traités » et par là même en « censeur des lois ». Postérieurement à l'arrêt *Sarran*, le Conseil d'État a d'ailleurs continué d'affirmer qu'il ne lui appartient pas au contentieux d'apprécier la conformité de la loi à la Constitution (Ass., 5 mars 1999, *Rouquette*, Rec. 37 ; v. n° 97.3).

Si l'arrêt *Nicolo** a ouvert la voie à un contrôle de conventionnalité de la loi, ce dernier ne doit pas être confondu avec le contrôle de constitutionnalité dont le Conseil constitutionnel est seul investi : en vertu de l'article 61 de la Constitution de 1958 avant la promulgation de la loi et, à l'encontre des lois en vigueur, sur le fondement de l'art. 61-1 ajouté à la Constitution par la loi constitutionnelle du 23 juill. 2008, article dont le premier alinéa est ainsi libellé : « lorsque, à l'occasion d'une instance en cours devant une juridiction, il est soutenu qu'une disposition législative porte atteinte aux droits et libertés que la Constitution garantit, le Conseil constitutionnel peut être saisi de cette question sur renvoi du Conseil d'État ou de la Cour de cassation qui se prononce dans un délai déterminé ».

7 *3°)* Les termes de l'arrêt *Sarran* ne réservant pas un sort particulier au droit de l'Union européenne, la suprématie de ce dernier ne saurait prévaloir, dans l'ordre interne, sur la Constitution (CE 3 déc. 2001, *Syndicat national de l'industrie pharmaceutique*, Rec. 624 ; Dr. fisc. 2002.806, concl. Fombeur ; DA 2002, n° 55, note Cassia ; Europe avr. 2002, note Rigaux et Simon ; AJ 2002.1219, note Valembois ; RMCUE 2002.595, note Chaltiel ; RTD eur. 2003.197, art. Castaing ; TDP 2003.139, note Lefeuvre).

Il revient ainsi au Conseil d'État de vérifier que l'application du droit de l'Union européenne, tel qu'interprété par la Cour de justice, ne compromet pas en pratique des exigences constitutionnelles qui ne sont pas garanties de façon équivalente par le droit de l'Union (CE, Ass., 21 avr. 2021, *French Data Network et autres*, v. n° 103.8).

Toutefois, à la différence de la Cour constitutionnelle allemande (Cour const. 5 mai 2020, *Weiss*, RTD eur. 2020.855, note Galetta et Ziller, et 889, note Blumann), le juge administratif français ne s'estime pas habilité à s'assurer « du respect par le droit dérivé de l'Union européenne ou encore par la Cour de justice elle-même, de la répartition des compétences entre l'Union européenne et les États membres » (CE, Ass., 21 avr. 2021, *French Data Network et autres*, point 8, v. n° 103.8).

Tout en affirmant également la primauté de la Constitution, le Conseil constitutionnel a cependant interprété de façon originale l'art. 88-1, issu de la loi constitutionnelle du 25 juin 1992 et aux termes duquel « La République participe aux Communautés européennes et à l'Union européenne, constituées d'États qui ont choisi librement, en vertu des traités qui les ont instituées, d'exercer en commun certaines de leurs compétences ». Pour lui, l'art. 88-1 fonde une exigence constitutionnelle de « transposition en droit interne d'une directive communautaire », « à laquelle il ne pourrait être fait obstacle qu'en raison d'une disposition expresse contraire de la Constitution » (CC *n° 2004-496 DC, 10 juin 2004*, Rec. 101 ; AJ 2004, p. 1385, obs. Cassia, p. 1497, obs. Verpeaux, p. 1535, note Arrighi de Casanova, p. 1537, note M. Gautier et F. Melleray ; RFDA 2004.651, note Genevois ; D. 2004.1739, note Mathieu ; D. 2004.3089, note Bailleul ; D. 2005.199, note Mouton ; LPA 18 juin 2004, note Schoettl ; LPA 14-15 juill. 2004 et RMCUE 2004.450, note Chaltiel ; JCP 2004.II.10116, note Zarka ; RD publ. 2004.878, note Camby, p. 889, note Levade, p. 912, note Roux ; LPA 12 août 2004, note Monjal ; Europe août-sept. 2004, note Magnon ; AJ 2004.2261, chr. J.-M. Belorgey, S. Gervasoni et C. Lambert ; RA 2004.590, comm. Gadhoun ; JCP Adm. 2004.1266, note Gohin ; RRJ 2004 (3).1841, note Biroste ; RTD civ. 2004.605, comm. Encinas de Munagorri ; RGDIP 2004.1053, note Haupais ; RFDC n° 61-2005, p. 147, note Dupré ; ADE 2004.879, note Fines).

Contrairement à ce qui a été parfois soutenu cette jurisprudence ne traduit nullement la suprématie de l'ordre juridique communautaire sur la Constitution. Elle se borne à déduire d'un article de la Constitution, l'art. 88-1, une obligation constitutionnelle de transposition des directives communautaires sous certaines réserves.

Le Conseil d'État s'est rallié à la lecture faite par le juge constitutionnel de l'art. 88-1, tout en maintenant un contrôle sur la constitutionnalité d'un acte réglementaire de transposition d'une directive, par son arrêt du 8 févr. 2007, *Société Arcelor Atlantique et Lorraine**, commenté plus avant.

8 Le débat sur la place respective de la Constitution et du droit de l'Union européenne a rebondi à la faveur de la mise en œuvre, à compter du 1er mars 2010, des dispositions de la loi organique du 10 déc. 2009 prises pour l'application de l'art. 61-1 de la Constitution. Le législateur organique a entendu en effet conférer un caractère prioritaire à la question de constitutionnalité soulevée devant les juridictions ordinaires par rapport au contrôle de conventionnalité. D'où l'emploi des mots « *question prioritaire de constitutionnalité* » (QPC), pour désigner le contrôle de constitutionnalité des lois par voie d'exception. La Cour de cassation a nourri des doutes sur cette priorité d'examen au regard de la primauté et de l'effet direct du droit de l'Union européenne et a procédé à un renvoi préjudiciel à la Cour de justice (Cass. 16 avr. 2010, *Aziz Melki*, n° 10-40.001).

Avant même que la Cour de Luxembourg ne se soit prononcée, aussi bien le Conseil constitutionnel (CC *n° 2010-605 DC, 12 mai 2010*, Rec. 78) que le Conseil d'État (CE 14 mai 2010, *Rujovic*, Rec. 165 ; v. n° 117.3), ont relativisé le caractère prioritaire de la procédure instituée par la loi organique. Selon les termes de l'arrêt *Rujovic*, cette procédure ne fait pas obstacle à ce que le juge administratif « juge de droit commun de l'application du droit de l'Union européenne, en assure l'effectivité, soit en l'absence de question prioritaire de constitutionnalité, soit au terme de la procédure d'examen d'une telle question, soit à tout moment de cette procédure, lorsque l'urgence le commande, pour faire cesser immédiatement tout effet éventuel *de la loi* contraire au droit de l'Union ». Dans la mesure où le Conseil d'État évoque la suspension possible des effets « de la loi », il n'y a pas de remise en cause de la jurisprudence *Sarran*.

Ainsi relativisée dans ses effets, la « priorité » établie par la loi organique n'a pas été regardée comme contraire au droit de l'Union européenne par la Cour de justice (CJUE 22 juin 2010, *Melki et Abdeli*, aff. jointes C-188/10 et C-189/10 ; GACJUE, n° 69).

L'articulation du contrôle de conventionnalité et du contrôle de constitutionnalité de la loi par le biais d'une QPC peut néanmoins soulever des difficultés dans certains cas. Il en a été ainsi à propos de la contestation au regard du principe d'égalité, d'une disposition de la loi fiscale dont il est soutenu qu'elle méconnaît les objectifs d'une directive et ne peut être appliquée de ce fait qu'aux seules situations hors du champ de cette directive, entraînant ainsi une discrimination « à rebours ». Dans la mesure où l'interprétation de la directive soulève une difficulté sérieuse et conditionne l'interprétation et la compatibilité de la loi au droit de l'Union européenne, le Conseil d'État a procédé à un renvoi préjudiciel à la Cour de Luxembourg, tout en laissant ouverte la possibilité pour le requérant de le saisir à nouveau d'une QPC, au vu de la réponse donnée à la question préjudicielle (CE, Ass., 31 mai 2016, *Jacob*, Rec. 191, concl. Cortot-Boucher ; RFDA 2016.989, concl., note Labayle et Mehdi ; AJ 2016.1392, chr. L. Dutheillet de Lamothe et Odinet ; JCP 2016.759, note B. Bonnet ; Gaz. Pal. 11 oct. 2016, note Seiller ; Nouv. Cah. CC, n° 53. p. 99, chr. J. Bonnet et Roblot-Troizier, et p. 171, chr. Austry ; RTD eur. 2017.39, note Jauréguibéry ; JCP Adm. 2017.2077, note Dilloard ; RTD eur. 2017.314, note Ritleng). Toutefois, l'interprétation donnée par la Cour de justice (CJUE 22 mars 2018, *aff. C-327/16 et C. 421/16*) a permis au Conseil d'État de trancher le litige sans avoir à statuer au regard du principe d'égalité ou à saisir le Conseil constitutionnel (CE 21 juin 2018, *Jacob*, n° 393881).

II. — L'interprétation des dispositions de la Constitution

9 L'arrêt *Sarran* ne se borne pas à juger que le Conseil d'État ne peut écarter l'application de la Constitution. En statuant sur les autres moyens invoqués par les requérants, il précise sur plusieurs points la portée de notre Charte fondamentale.

A. — Les requérants avaient critiqué le fait que le Conseil constitutionnel n'ait pas été consulté préalablement à l'intervention du décret attaqué alors que l'article 60 de la Constitution le charge de veiller à la régularité des opérations de référendum. Or, était-il soutenu, la consultation des populations de Nouvelle-Calédonie prévue par l'article 76 de la Constitution, qui a un caractère décisionnel, est assimilable à un référendum.

Dans ses conclusions, Mme Maugüé a fait valoir que les consultations entrant dans le champ des prévisions de l'article 60 de la Constitution sont les référendums *nationaux* prévus par ses articles 11 et 89, mais non les consultations des populations intéressées par la cession d'un territoire (article 53, alinéa 3 de la Constitution) ou par l'évolution de la Nouvelle-Calédonie (article 76).

Le Conseil d'État a fait sienne cette analyse en jugeant que l'article 60 vise uniquement les référendums par lesquels le peuple français « exerce sa souveraineté », soit « en matière *législative* » dans les cas prévus par l'article 11 de la Constitution, soit « en matière *constitutionnelle* », comme le prévoit l'article 89. La rédaction implique que la procédure de l'article 11 ne permet pas de réviser la Constitution.

La solution retenue correspond à l'interprétation que le Conseil d'État, dans ses formations administratives, a toujours donnée de la Constitution de 1958. Un projet de révision constitutionnelle ne peut être soumis au référendum que selon les règles fixées par l'article 89 (avis de l'Assemblée générale du 1er oct. 1962). Et si l'article 6 sur le mode d'élection du président de la République a été modifié par un référendum intervenu sur le fondement de l'article 11 et en dehors de l'article 89, le peuple français a simplement couvert dans un cas particulier un vice de procédure, sans que se trouve par là même instituée une coutume constitutionnelle (avis de l'Assemblée générale des 15-17 mars 1969).

Le Conseil constitutionnel a pris position dans le même sens (avis officieux du 2 oct. 1962, *Grandes délibérations du Conseil constitutionnel – 1958-1983*, Dalloz, 2009, p. 99).

B. — Les requérants avaient également cherché à minorer à un double titre la portée de l'article 76 de la Constitution.

10 *1°)* Selon eux, cet article n'aurait pas permis de déroger à des dispositions aussi essentielles que celles de l'article 6 de la Déclaration des droits de l'Homme et du citoyen qui proclament l'égalité devant la loi ou celles de l'article 3 de la Constitution relatives à l'égalité du suffrage.

Le Conseil d'État a écarté cette argumentation en relevant que l'article 76 de la Constitution a entendu « *déroger* aux autres normes de valeur constitutionnelle relatives au droit de suffrage ».

La loi de révision constitutionnelle a ainsi la même valeur juridique que la Constitution, ce que le Conseil constitutionnel a également admis (*n° 99-410 DC, 15 mars 1999*, Rec. 51 ; AJ 1999.324 comm. Schoettl).

11 *2°)* Les requérants avaient soutenu enfin que les dispositions de la loi du 9 nov. 1988 qui sont mentionnées dans la nouvelle rédaction de l'article 76 de la Constitution n'avaient pas elles-mêmes valeur constitutionnelle. Ils en inféraient que le Conseil d'État devait, en tout état de cause, en écarter l'application sur le fondement de la jurisprudence *Nicolo**.

Dans ses conclusions, Mme Maugüé n'a pas exclu qu'une loi adoptée par voie de référendum en une matière législative, comme c'était le cas de la loi du 9 nov. 1988, puisse être écartée par le juge au motif qu'elle serait incompatible avec un engagement international. En effet, le principe de la suprématie du traité sur les lois posé par l'article 55 de la Constitution ne distingue pas suivant que le texte législatif a été adopté par le Parlement ou par voie de référendum. Mais elle ajoutait que l'argumentation développée par les requérants se heurtait au fait que la loi constitutionnelle du 20 juill. 1998 avait conféré valeur constitutionnelle aux dispositions de l'article 2 de la loi du 9 nov. 1988. C'est ce point de vue qu'entérine l'arrêt commenté.

En définitive, si l'on se garde d'extrapoler son contenu, l'arrêt *Sarran* traduit tout simplement la fidélité du Conseil d'État à la Constitution.

92

ACTES PARLEMENTAIRES COMPÉTENCE ADMINISTRATIVE

Conseil d'État Ass., 5 mars 1999, ***Président de l'Assemblée nationale***
(Rec. 42, concl. Bergeal ; CJEG 1999.181, concl. ; RFDA 1999.333, concl. ; AJ 1999.409, chr. Raynaud et Fombeur ; D. 1999.627, note Brunet ; DA déc. 1999, chr. Haquet ; JCP 1999.II.10090, note Descloduress ; RA 1999.164, note Molandin ; RD publ. 1999.1785, note Thiers ; RFDC 1999.615, note Trémeau ; GCJA, vol. 2, n° 76, concl. ; Mélanges Guibal, p. 305, art. J. Bonnet ; Mélanges Labetoulle, p. 273, art. Denoix de Saint Marc)

Sur la compétence de la juridiction administrative :

Cons. que *les marchés conclus par les assemblées parlementaires en vue de la réalisation de travaux publics ont le caractère de contrats administratifs* ; que, dès lors, et sans qu'y fassent obstacle les dispositions de l'article 8 de l'ordonnance du 17 nov. 1958 susvisée, *il appartient à la juridiction administrative de connaître des contestations relatives aux décisions par lesquelles les services de ces assemblées procèdent au nom de l'État à leur passation ; qu'il en va de même des décisions relatives aux marchés conclus en vue de l'exploitation des installations des assemblées lorsque ces marchés ont le caractère de contrats administratifs ;*

Cons. que les demandes introduites devant le tribunal administratif par la société Gilaudy électronique tendaient à l'annulation de décisions relatives à la passation de deux marchés portant respectivement sur l'installation et sur l'exploitation des équipements audiovisuels de l'Assemblée nationale ; qu'il résulte de ce qui a été dit ci-dessus que le président de l'Assemblée nationale n'est pas fondé à soutenir que la juridiction administrative n'est pas compétente pour connaître de telles demandes ;

Sur la légalité des décisions contestées :

Cons. *qu'en l'absence de réglementation particulière édictée par les autorités compétentes de l'Assemblée nationale, les contrats litigieux sont régis par les prescriptions du Code des marchés publics ;*

Cons., s'agissant du marché relatif à l'installation des équipements audiovisuels, qu'aux termes de l'article 97 du Code des marchés publics, dans sa rédaction applicable à la date des décisions attaquées : « L'administration ne peut rejeter des offres dont le prix lui semble anormalement bas, sans avoir demandé, par écrit, des précisions sur la composition de l'offre et sans avoir vérifié cette composition en tenant compte des justifications fournies » ; qu'il ressort des pièces du dossier que le prix de l'offre de la société Gilaudy électronique a été regardé comme anormalement bas par l'administration de l'Assemblée nationale, sans que cette décision ait été précédée d'une demande écrite de précision à la société Gilaudy électronique; qu'ainsi la décision du 8 oct. 1991 par laquelle le président de l'Assemblée nationale a déclaré infructueux l'appel d'offres lancé en vue de la passation de marchés publics d'installation d'équipements audiovisuels et de gestion de ces équipements est intervenue à la suite d'une procédure irrégulière ; que l'irrégularité de cette décision entraîne par voie de conséquence l'illégalité de celle par laquelle le président de l'Assemblée nationale, après avoir déclaré infructueux l'appel d'offres, a procédé par voie de marché négocié à la conclusion du contrat relatif à l'installation de ces équipements; que le président de l'Assemblée nationale n'est, par suite, pas fondé à soutenir que c'est à tort que, par le jugement attaqué, le Tribunal administratif de Paris a annulé la décision du 8 oct. 1991 ainsi que sa décision de passer le marché d'installation des équipements audiovisuels de l'Assemblée nationale;

Cons., s'agissant du marché relatif à l'exploitation de ces équipements, que selon l'article 94 *ter* du Code des marchés publics, dans sa rédaction applicable à la date de la décision attaquée : « Le délai accordé pour remettre les offres ne peut être inférieur à vingt et un jours à compter de l'envoi de l'avis. En cas d'urgence ne résultant pas de son fait, la personne responsable du marché peut décider de ramener ce délai à quinze jours au moins » ; que, pour fixer à une durée inférieure à vingt et un jours le délai accordé aux entreprises pour remettre leurs offres, les services de l'Assemblée nationale se sont fondés sur des impératifs résultant de la date d'ouverture de la session parlementaire; qu'il leur appartenait de prendre en temps utile les mesures nécessaires pour que les marchés en cause fussent passés avant cette date ; que la circonstance invoquée n'est ainsi pas de nature à constituer un cas d'urgence au sens des prescriptions de l'article 94 *ter* du Code des marchés publics; que le président de l'Assemblée nationale n'est, par suite, pas fondé à soutenir que c'est à tort que, par le jugement attaqué, le Tribunal administratif de Paris a annulé sa décision de passer le marché d'exploitation des équipements audiovisuels de l'Assemblée nationale;

Cons., enfin, que, si la demande de la société Gilaudy électronique devant le tribunal administratif tendait à l'annulation des décisions, détachables des marchés, de passer ceux-ci, elle n'était pas dirigée contre les marchés eux-mêmes; que le tribunal administratif a, dès lors, statué au-delà des conclusions dont il était saisi en prononçant l'annulation de ces marchés; que le président de l'Assemblée nationale est fondé à demander sur ce point l'annulation de son jugement; (annulation du jugement en tant qu'il annule les marchés; confirmation du jugement en tant qu'il annule les décisions détachables des marchés).

OBSERVATIONS

Comme l'arrêt Prince Napoléon* *a limité les actes de gouvernement, l'arrêt* Président de l'Assemblée nationale *limite les actes parlementaires en admettant l'examen par la juridiction administratives d'actes d'autorités parlementaires agissant comme autorités administratives.*

1 Pour rénover le système audiovisuel de l'hémicycle et permettre à toutes les chaînes de télévision de diffuser les séances publiques, les services de l'Assemblée nationale ont lancé un appel d'offres restreint en vue de la passation de marchés relatifs l'un à l'installation, l'autre à la gestion d'équipements audiovisuels.

Cet appel d'offres ayant été déclaré infructueux, le président de l'Assemblée nationale a procédé par voie de marché négocié à la conclusion de chacun des deux contrats. La société qui exploitait précédemment les installations avait présenté une offre, qui fut rejetée comme anormalement basse. Elle attaqua par la voie du recours pour excès de pouvoir devant le Tribunal administratif de Paris, en vertu de la jurisprudence *Martin* du 4 août 1905 (v. nos obs. sous CE 4 avr. 2014, *Département de Tarn-et-Garonne**), les actes détachables des contrats, que constituaient le rejet de son offre, la déclaration du caractère infructueux de l'appel d'offres et les décisions de passer les marchés. Le tribunal administratif, après s'être reconnu compétent, annula non seulement les actes attaqués, mais aussi les marchés eux-mêmes. Le président de l'Assemblée nationale s'est pourvu devant le Conseil d'État, encore compétent en appel à la date où il a été saisi, pour statuer sur ces recours.

Encore fallait-il qu'il fût compétent, comme le tribunal administratif en premier ressort, pour statuer sur des mesures prises par une autorité parlementaire. C'est la question centrale que posait l'affaire. Le Conseil d'État l'a tranchée positivement.

Il restait encore à déterminer si les règles de la passation des marchés de l'Assemblée nationale étaient celles des marchés de l'État et si elles avaient été respectées. Le Conseil d'État répond qu'en l'espèce les règles du Code des marchés publics devaient s'appliquer et qu'elles avaient été violées : en conséquence les décisions attaquées devaient être annulées.

L'arrêt constitue une avancée remarquable dans le contrôle des actes parlementaires, analogue à celle qui a été réalisée par d'autres arrêts pour les actes de gouvernement (v. nos obs. sous CE 19 févr. 1875, *Prince Napoléon** et 15 oct. 1993, *Royaume-Uni*, Rec. 267, v. n° 3.10). Il reconnaît la compétence de la juridiction administrative pour les contrôler.

Il ne se comprend que par *les solutions antérieures* (I). *L'innovation* qu'il réalise comporte encore certaines particularités (II).

I. — Les solutions antérieures

2 Les actes adoptés par le Parlement sont traditionnellement soustraits à tout contrôle de la juridiction administrative en raison d'une incompétence qui a longtemps paru absolue (A). La reconnaissance progressive de la compétence du juge administratif (B) a abouti au présent arrêt.

A. — *L'incompétence de la juridiction administrative* a été fondée sur deux sortes de considérations : la première tient à la « souveraineté » du Parlement, qui serait incompatible avec le contrôle de quelque juridiction que ce soit ; la seconde vient de ce que le juge administratif, compétent à l'égard des autorités administratives, ne peut l'être envers les autorités parlementaires, dont le statut et les fonctions relèvent du législatif. Ces raisons ont prévalu non seulement pour les actes adoptés par les assemblées elles-mêmes (1°) mais pour ceux qui émanaient seulement de certains de leurs organes (2°).

1°) Parmi les actes des assemblées elles-mêmes figurent au premier rang les lois, qui, adoptées exactement dans l'exercice du pouvoir législatif, ne peuvent être contrôlées par le juge administratif (non plus que par le juge judiciaire) ni par voie d'action ni par voie d'exception. En particulier l'exception d'inconstitutionnalité de la loi n'a jamais prospéré devant les juridictions de droit commun (par ex. CE, Sect., 6 nov. 1936, *Arrighi*, Rec. 966 ; v. n° 17.5 ; – Ass., 20 oct. 1989, *Roujansky* ; v. n° 17.4). Si la réforme constitutionnelle du 23 juill. 2008 permet désormais de soulever la question devant elles, il appartient au Conseil d'État ou à la Cour de cassation d'apprécier si elle doit être transmise au Conseil constitutionnel pour qu'il la tranche.

L'incompétence du juge administratif pour apprécier la validité d'une loi tient moins à ce que celle-ci émane des assemblées parlementaires qu'au statut même de la loi. On en a la preuve avec des actes pris par des organes exécutifs exerçant, dans certaines circonstances, un véritable pouvoir législatif (v. les exemples donnés dans nos obs. sous CE 6 déc. 1907, *Chemins de fer de l'Est et autres** et 2 mars 1962, *Rubin de Servens**).

D'autres actes sont votés par les assemblées parlementaires sans être pour autant des lois : il s'agit de leurs règlements, par lesquels elles précisent les modalités de leur organisation et de leur fonctionnement. Ils échappent au contrôle des juridictions de droit commun, non plus en tant qu'actes législatifs, mais véritablement en tant qu'actes parlementaires.

La Constitution de 1958 (art. 61) a innové en soumettant au Conseil constitutionnel, soit dans tous les cas (lois organiques, règlements) soit par une saisine particulière (lois), les actes émanant ainsi du Parlement. S'il en était besoin, la compétence spéciale du Conseil constitutionnel pour les contrôler confirmerait l'incompétence générale des juridictions de droit commun pour le faire.

3 *2°)* Certaines mesures sont prises, non par les assemblées parlementaires elles-mêmes, mais par les organes dont elles se dotent : président, bureau, questeurs. Ils ont la charge d'assurer l'organisation et le fonctionnement de tous les services dont disposent les assemblées, d'en recruter et diriger les agents, d'en assurer la gestion. Ils font par exemple procéder à des travaux, passent des contrats (comme c'était le cas dans l'affaire jugée par le Conseil d'État le 5 mars 1999), prennent des décisions.

Aucun des actes ni aucune des activités ici en cause n'ont de nature législative ni même, au sens strict, parlementaire.

Ils n'en ont pas moins pendant longtemps été considérés, parce qu'émanant d'organes parlementaires, comme échappant à ce seul titre à la compétence du juge administratif (et du juge judiciaire).

Telle fut la position du Conseil d'État, peu de temps après avoir été rétabli par la loi du 24 mai 1872, dans un arrêt du 15 nov. 1872, *Carrey de Bellemare* (Rec. 591 ; S. 1873.2.189, concl. Perret ; GCJA, vol. 1, n° 9, concl.), à propos de décisions d'une commission de l'Assemblée nationale révisant les grades des officiers. Alors que le commissaire du gouvernement leur avait reconnu « *tous les caractères d'un acte d'administration* », pris dans l'exercice d'« *attributions... administratives par nature* » par une commission dont « *l'origine ne peut faire obstacle à ce que ses décisions soient attaquées par la voie du recours pour excès de pouvoir* », le Conseil d'État a jugé « *que les décisions de cette commission ne sont pas, par leur nature, susceptibles d'être attaquées par la voie contentieuse* ».

Cette nature a été explicitée, au moins négativement, dans un arrêt du 31 mai 1957, *Girard* (Rec. 360 ; D. 1957.430 et S. 1957.247, concl. Guldner ; AJ 1957.II.270, chr. Fournier et Braibant) : le Conseil d'État (Ass.) y considère qu'un arrêté prononçant la radiation d'un fonctionnaire des cadres de l'administration de l'Assemblée nationale, « *pris par le Président et les questeurs de l'Assemblée nationale, n'émane pas d'une autorité administrative ; qu'ainsi il n'est pas susceptible de faire l'objet d'un recours pour excès de pouvoir devant la juridiction administrative* ». Dans le même arrêt, il considère au contraire que lorsqu'un ministre avait mis cet agent en disponibilité, il avait « *agi comme autorité administrative* » et que son arrêté était, lui, susceptible de faire l'objet d'un recours pour excès de pouvoir devant le Conseil d'État.

C'est donc le critère organique, strictement entendu, qui a été déterminant (ainsi que peut-être, au moins en 1872, le désir de ne pas entrer en conflit avec une assemblée qui n'avait rétabli le Conseil d'État qu'avec une certaine réticence).

Il entraînait l'incompétence du juge administratif pour statuer non seulement sur les recours pour excès de pouvoir dirigés contre les actes parlementaires, mais aussi sur les recours en indemnité mettant en cause les actes ou les activités parlementaires (par ex. CE 15 déc. 1952, *Compagnie d'assurances générales*, Rec. 580 ; D. 1953.78, note G. Morange ; Rec. Penant 1955.246, note de Soto).

Cette « *discrétion à l'égard des assemblées parlementaires* » pouvait entraîner de « *graves inconvénients* », comme l'a souligné M. Guldner dans l'affaire *Girard*, et même un déni de justice, comme l'a rappelé Mme Bergeal, à la suite de plusieurs auteurs, dans la présente affaire.

Cela a contribué à admettre la compétence du juge administratif.

4 *B. — La reconnaissance de la compétence administrative* à l'égard d'actes parlementaires a été progressive. Elle est résultée de textes (1°). Elle a été reconnue au-delà des textes avant l'arrêt du 5 mars 1999 (2°).

1°) L'ordonnance du 17 nov. 1958 (ayant valeur de loi) relative au fonctionnement des assemblées parlementaires comporte, dans son article 8, deux sortes de dispositions.

D'une part, en matière de responsabilité, elle reconnaît « l'État... responsable des dommages de toute nature causés par les services des assemblées parlementaires », « les actions en responsabilité » devant être « portées devant les juridictions compétentes pour en connaître ». La solution vaut pour la responsabilité contractuelle comme pour la responsabilité extra-contractuelle. La compétence est normalement administrative (dommage de travaux publics, exécution d'un marché de travaux publics par ex.) mais peut être judiciaire (accident de véhicules, exécution d'un contrat de droit privé).

D'autre part, pour les agents titulaires des assemblées, l'article 8 prévoit l'adoption d'un statut. Il ajoute : « la juridiction administrative est appelée à connaître de tous les litiges d'ordre individuel concernant ces agents ».

Cette attribution de compétence au juge administratif (et éventuellement au juge judiciaire pour certains cas de responsabilité) pour des litiges concernant le «*fonctionnement des assemblées parlementaires* », selon le titre de l'ordonnance, pouvait être considérée comme une exception confirmant le principe de l'incompétence des juridictions, administrative ou judiciaire, pour tout autre contentieux parlementaire.

Mme Bergeal, dans ses conclusions, a démontré que cette interprétation restrictive ne s'imposait pas.

5 *2°)* Déjà, avant l'ordonnance de 1958, on avait pu observer certaines solutions, qualifiées par le Président Odent de « *timides tentatives* ». L'« *audace* » du Conseil d'État à avoir reconnu sa compétence pour statuer sur trois recours indemnitaires (en 1899, 1921, 1934) était atténuée par leur rejet au fond. Elle est allée plus loin lorsque le Conseil d'État a jugé, dans l'arrêt *Girard* du 31 mai 1957, déjà cité, que la décision illégale d'un ministre agissant comme autorité administrative à l'égard d'un fonctionnaire parlementaire, devait être annulée, et que la décision prise par le secrétaire général de la questure, qui n'a fait qu'en assurer l'exécution, devait être également contrôlée et annulée.

L'ordonnance de 1958 elle-même a été interprétée et appliquée plus loin que sa lettre. En matière de responsabilité, elle a permis d'agir en justice non seulement aux victimes « *des dommages causés par les services des assemblées parlementaires* », mais aux organes des assemblées parlementaires : le Conseil d'État s'est ainsi reconnu compétent pour une action en responsabilité décennale dirigée par le président de l'Assemblée nationale contre les constructeurs d'un immeuble destiné à cette assemblée (CE 3 juin 1987, *Assemblée nationale*, Rec. 193).

À l'égard des agents des assemblées, l'ordonnance a été mise à profit d'une part, par voie d'action, non seulement pour les titulaires, mais aussi pour les stagiaires et les candidats aux concours d'entrée, d'autre part, par voie d'exception : le Conseil d'État a expressément considéré dans un arrêt du 19 janv. 1996, *Escriva*, Rec. 10, où était en cause le règlement intérieur de l'Assemblée nationale, qu'« *il appartient au juge administratif, saisi d'un recours pour excès de pouvoir tendant à l'annulation d'une mesure à caractère individuel, d'(en) apprécier par voie d'exception la légalité* ».

Un pas plus important est franchi avec l'arrêt du 5 mars 1999.

II. — L'innovation de l'arrêt

6 L'arrêt *Président de l'Assemblée nationale* comporte une double innovation. La plus remarquable est évidemment la reconnaissance de *la compétence de la juridiction administrative* pour statuer sur un recours dirigé contre un acte parlementaire (A). Il ne faut pas sous-estimer *les particularités* qu'elle présente (B).

A. — L'arrêt ne développe pas de considérant de principe « *sur la compétence de la juridiction administrative* ». C'est peut-être une manifestation de prudence ou de réserve dans un domaine où jusqu'à présent, l'incompétence était le principe.

Néanmoins les conclusions de Mme Bergeal ont développé de manière convaincante les raisons pour lesquelles la juridiction administrative peut être reconnue compétente pour des litiges mettant en cause l'administration parlementaire.

Certaines sont particulières (1°), d'autres, plus générales (2°).

7 *1°)* Les premières tiennent d'abord au droit communautaire, et plus particulièrement aux directives relatives aux marchés publics : les marchés dont la conclusion était contestée sont de ceux dont la Cour de justice des Communautés européennes a déjà eu l'occasion de reconnaître qu'ils en relèvent. Dans un arrêt du 17 sept. 1998, *Commission c. Belgique*, aff. C-323/96, Rec. I.5063, concl. Alber, elle a expressément jugé que ces directives s'appliquent aux marchés du Parlement flamand. Il en va nécessairement de même pour ceux du Parlement français. Or ces directives imposent aux États membres d'aménager des recours pour garantir l'effectivité de leur mise en œuvre, ce que la Cour a également eu l'occasion de rappeler (17 sept. 1997, *Dorsch consult*, aff. C-54/96 ; Rec. I.4961, concl. Tesauro). En ne reconnaissant pas la compétence de la juridiction administrative pour statuer sur un recours relatif à un marché public, la France manquerait aux obligations résultant du traité de Rome.

Indépendamment du droit communautaire, on pouvait relever le paradoxe qu'il y avait pour le juge administratif à s'estimer compétent pour connaître de la responsabilité du fait des lois (CE 14 janv. 1938, *La Fleurette**), pour écarter une loi comme contraire à un traité international (CE 20 oct. 1989, *Nicolo**), et incompétent pour statuer sur des litiges de moins grande importance, à la fois théorique et pratique, ne mettant en cause aucune disposition législative.

8 *2°)* Plus généralement, et sans même qu'il soit nécessaire d'invoquer la Convention européenne de sauvegarde des droits de l'Homme, le droit à un recours juridictionnel a été reconnu par le juge administratif puis par le juge constitutionnel. Le Conseil d'État, dans l'arrêt *Dame Lamotte** du 17 févr. 1950, a jugé que le recours pour excès de pouvoir « est ouvert même sans texte contre tout acte administratif », afin « d'assurer, conformément aux principes généraux du droit, le respect de la légalité ». Le Conseil constitutionnel a déclaré contraire à la Constitution une dis-

position législative qui « a pour effet de priver de tout droit au recours devant le juge de l'excès de pouvoir la personne qui entend contester la légalité d'un acte » (CC *n° 96-373 DC, 9 avr. 1996*, Rec. 43).

Encore faut-il que cet acte soit administratif.

C'est en tant qu'un acte pris par un organe parlementaire est administratif que la compétence de la juridiction administrative pouvait être admise. Le « contentieux administratif », pour lequel compétence est donnée aux juridictions administratives ne se limite pas aux actes et activités relevant du pouvoir exécutif. Il englobe toute contestation d'actes ou d'activités relevant du service public et de la puissance publique (v. nos obs. sous TC 8 févr. 1873, *Blanco**). « Les actes des diverses autorités administratives », contre lesquels peuvent être intentés « les recours en annulation pour excès de pouvoir », selon les termes de la loi du 24 mai 1872 et de l'ordonnance du 31 juill. 1945 (non repris aujourd'hui par le Code de justice administrative), ne sont pas seulement ceux de l'exécutif, même largement entendus. Ils peuvent être adoptés par des organismes de droit privé (CE 31 juill 1942, *Monpeurt**, et nos obs.), par des organes judiciaires (CE, Ass., 17 avr. 1953, *Falco et Vidaillac*, Rec. 175 ; v. n° 56.1 ; v. nos obs. sous TC 27 nov. 1952, *Préfet de la Guyane**). Avec l'arrêt *Président de l'Assemblée nationale*, ils peuvent l'être aussi par des organes parlementaires.

La notion « d'autorité administrative » perd un peu plus de son aspect organique. Certes une autorité administrative est un organe ; son caractère administratif tient, non pas à son statut, mais à son objet : la « matière administrative », identifiée à travers les notions de service public et de puissance publique.

L'arrêt du 5 mars 1999 pourtant ne dit expressément ni que les décisions contestées du président de l'Assemblée nationale sont des actes administratifs ni qu'elles ont été prises par une autorité administrative. Ces qualifications sont seulement impliquées par la jurisprudence antérieure. Le Conseil d'État a préféré justifier sa compétence par un raisonnement plus limité.

9 ***B.*** — C'est une des *particularités* de l'arrêt. Elles concernent le titre de compétence qui a été retenu (1°) et aussi le fond du droit applicable (2°).

1°) Le Conseil d'État s'est fondé sur le caractère administratif des contrats auxquels se rapportaient les décisions attaquées pour le reconnaître à celles-ci.

Il n'y a rien de singulier dans la qualification des deux marchés. Pour chacun d'eux, le critère organique, tenant à la présence d'une personne publique, était satisfait puisque l'Assemblée nationale est un organe de l'État, au nom duquel elle agit (sur le critère organique des contrats administratifs, v. nos obs. sous TC 9 mars 2015, *Mme Rispal c. Société des autoroutes du Sud de la France**). Pour le marché relatif à l'installation des équipements, le critère matériel lié à la réalisation de travaux publics était rempli. Le marché relatif à leur exploitation (qui apparaît comme un marché de service) ne pouvait être administratif (avant que la loi du 11 déc. 2001 fasse de tous les marchés relevant du Code des marchés publics, auquel a succédé le Code de la commande publique, des contrats administratifs) qu'en raison soit de clauses exorbitantes du droit commun soit de l'exécution d'une mission de service public (v. nos obs. sous CE 31 juill. 1912, *Société des granits porphyroïdes des Vosges** et 20 avr. 1956, *Époux Bertin**) ; l'arrêt ne précise pas lequel des deux critères a prévalu, mais il admet implicitement que l'un ou l'autre a été satisfait.

De ce que ces marchés étaient administratifs, il déduit « qu'il appartient à la juridiction administrative de connaître des décisions relatives » à leur passation. C'est à ce sujet qu'apparaît une singularité dans le raisonnement. Classiquement les actes unilatéraux détachables des contrats, pris par les autorités administratives, sont administratifs même si les contrats auxquels ils se rapportent sont des contrats de droit privé (par ex. la délibération d'un conseil municipal autorisant la vente d'un immeuble communal : v. notamment CE, Sect., 7 oct. 1994, *Époux Lopez*, Rec. 430, concl. Schwartz ; v. n° 110.7). Ici les décisions du président de l'Assemblée nationale relatives à la passation des marchés sont administratives selon l'arrêt parce que les marchés le sont.

La formule s'explique peut-être par une certaine prudence : le Conseil d'État n'a pas voulu d'emblée affirmer la compétence de la juridiction administrative à l'égard des actes parlementaires, il ne l'a reconnue qu'en raison des marchés dont il était saisi.

La loi n° 2003-710 du 1er août 2003 (art. 60.3°), en reconnaissant la compétence de la juridiction administrative « pour se prononcer sur les litiges *individuels* en matière de marchés publics » des assemblées parlementaires a marqué la volonté du législateur qu'elle n'aille pas au-delà. Le Conseil d'État (10 juill. 2020, *Société Paris Tennis*, Rec. 278 ; BJCP 2020.414, concl. Le Corre, obs. S. N. ; JCP Adm. 2020.2322, note Vila) n'en a pas moins admis que cette compétence s'étend à des contrats pouvant être soumis à des obligations de publicité et de mise en concurrence, tel un contrat d'occupation du domaine public.

10 Pour les décisions à caractère réglementaire régissant le statut des fonctionnaires parlementaires, le Conseil d'État ne s'est pas reconnu compétent par voie d'action ; il ne peut en connaître que par voie d'exception à l'occasion de litiges individuels (CE 28 janv. 2011, *Patureau*, Rec. 23). Le Conseil constitutionnel a admis que cela satisfait à l'exigence constitutionnelle du droit à un recours juridictionnel effectif résultant de l'article 16 de la Déclaration de 1789 (*n° 2011-129 QPC, 13 mai 2011, Syndicat des fonctionnaires du Sénat*, Rec. 129 ; JCP Adm. 2011.2212, note Domingo ; LPA 13 juill. 2011, note Camby ; Constitutions 2011.306, note Baudu ; RFDC 2012.127, note Bon).

Le Conseil d'État reste incompétent, autant par voie d'exception que par voie d'action pour des décisions liées au « statut du parlementaire, dont les règles particulières résultent de la nature de ses fonctions » car « ce statut se rattache à l'exercice de la souveraineté nationale par les membres du Parlement » ; « eu égard à la nature de cette activité, il n'appartient pas au juge administratif de connaître des litiges relatifs au régime de pensions parlementaires » (CE, Ass., 4 juill. 2003, *Papon*, Rec. 308 ; RFDA 2003.917, concl. Vallée ; AJ 2003.1603, chr. Donnat et Casas ; RD publ. 2003.1227, note Camby ; CE 27 juin 2019, *Association Regards citoyens*, Rec. 247 ; D. 2019.1819, note Fargeaud), aux sanctions parlementaires (CE ord. 28 mars 2011, *Gremetz*, D. 2011.1540, note Renaudie ; CAA Paris 12 juill. 2016, *Aubert*, AJ 2016.2058, concl. Cantié ; AJ 2017.41, note Sorin), à l'activité parlementaire (CE 16 avr. 2010, *Fédération chrétienne des témoins de Jehovah France*, Rec. 114 ; DA juin 2010, p. 43, note F. Melleray : décision de publier un rapport parlementaire) et aux élections parlementaires (CE 22 mai 2012, *Dupré et autres*, Rec. 230).

11 *2°)* Le Conseil d'État n'a pas voulu, quant *au fond*, affirmer que les marchés de l'Assemblée nationale relevaient systématiquement du champ d'application du Code des marchés publics. Cela aurait pu être admis pour le seul motif que ce code régit les marchés de l'État et que l'Assemblée nationale est un organe de l'État : les marchés de l'Assemblée nationale seraient donc *ipso facto* soumis au régime des marchés de l'État. Mme Bergeal avait d'ailleurs conclu en ce sens.

L'arrêt comporte un raisonnement plus restrictif : « en l'absence de réglementation particulière édictée par les autorités compétentes de l'Assemblée nationale, les contrats litigieux sont régis par les prescriptions du Code des marchés publics ». Celui-ci ne s'applique que par défaut. Les autorités parlementaires peuvent aussi bien renvoyer elles-mêmes explicitement au Code des marchés publics (v. CE 27 avr. 2011, *Président du Sénat*, Rec. 1006), aujourd'hui le Code de la commande publique.

Ainsi est recherché un équilibre entre l'autonomie administrative des assemblées parlementaires et l'application des normes qui régissent leur activité administrative. L'arrêt *Président de l'Assemblée nationale*, en soumettant de manière mesurée les actes parlementaires au contrôle du juge administratif et à l'application du droit administratif, contribue à la réalisation de cet équilibre.

93

PRINCIPE D'IMPARTIALITÉ CONVENTION EUROPÉENNE DE SAUVEGARDE DES DROITS DE L'HOMME ET DES LIBERTÉS FONDAMENTALES

Conseil d'État Ass., 3 décembre 1999, *Didier*
(Rec. 399 ; RFDA 2000.584, concl. Seban ; AJ 2000.126, chr. Guyomar et Collin et 2019.506, chr. Faure et Malverti ; JCP 2000.II.10267, note Sudre ; RD publ. 2000.349, note Guettier ; RA 2000.43, note Brière ; RTD com. 2000.405, note N. R ; GADLF n° 56, obs. X. Dupré de Boulois)

Sur le moyen tiré de la méconnaissance de l'article 6-1 de la Convention européenne de sauvegarde des droits de l'Homme et des libertés fondamentales : – Cons. qu'au vu d'un rapport d'enquête établi par ses inspecteurs, la Commission des opérations de bourse a saisi le Conseil des marchés financiers en vue de l'ouverture d'une procédure disciplinaire à l'encontre de M. Didier, qu'à l'issue de cette procédure, le Conseil des marchés financiers a retiré à ce dernier sa carte professionnelle pour une période de six mois et lui a infligé une sanction pécuniaire de cinq millions de francs ; que M. Didier soutient que la participation du rapporteur aux débats et au vote du Conseil des marchés financiers a méconnu les stipulations de l'article 6-1 de la Convention européenne de sauvegarde des droits de l'Homme et des libertés fondamentales ;

Cons. qu'aux termes de l'article 6 de la Convention européenne de sauvegarde des droits de l'Homme et des libertés fondamentales susvisée : « 1. Toute personne a droit à ce que sa cause soit entendue équitablement, publiquement et dans un délai raisonnable, par un tribunal indépendant et impartial, établi par la loi, qui décidera soit des contestations sur ses droits et obligations de caractère civil, soit du bien-fondé de toute accusation en matière pénale dirigée contre elle » ;

Cons. que, *quand il est saisi d'agissements pouvant donner lieu aux sanctions prévues par l'article 69 de la loi susvisée du 2 juill. 1996, le Conseil des marchés financiers doit être regardé comme décidant du bien-fondé d'accusations en matière pénale au sens des stipulations précitées de la Convention européenne de sauvegarde des droits de l'Homme et des libertés fondamentales ;* que, compte tenu du fait que sa décision peut faire l'objet d'un recours de plein contentieux devant le Conseil d'État, la circonstance que la procédure suivie devant le Conseil des marchés financiers ne serait pas en tous points conforme aux prescriptions de l'article 6-1 précité n'est pas de nature à entraîner dans tous les cas une méconnaissance du droit à un procès équitable ; que, cependant, et *alors même que le*

Conseil des marchés financiers siégeant en formation disciplinaire n'est pas une juridiction au regard du droit interne, le moyen tiré de ce qu'il aurait statué dans des conditions qui ne respecteraient pas le principe d'impartialité rappelé à l'article 6-1 précité peut, eu égard à la nature, à la composition et aux attributions de cet organisme, être utilement invoqué à l'appui d'un recours formé devant le Conseil d'État à l'encontre de sa décision ;

Cons. que l'article 2 du décret susvisé du 3 oct. 1996 dispose : « Lorsque le conseil agit en matière disciplinaire, le président fait parvenir à la personne mise en cause, par lettre recommandée avec demande d'avis de réception ou remise en main propre contre récépissé, un document énonçant les griefs retenus, assorti, le cas échéant, de pièces justificatives ; il invite la personne mise en cause à faire parvenir ses observations écrites dans un délai qui ne peut être inférieur à dix jours ; l'intéressé est également informé qu'il peut se faire assister par toute personne de son choix » ; qu'aux termes de l'article 3 du même décret : « Les observations produites par la personne mise en cause sont communiquées au commissaire du gouvernement et à l'auteur de la saisine du conseil » ; qu'enfin, l'article 4 est ainsi rédigé : « Le président désigne, pour chaque affaire, la formation saisie et un rapporteur parmi les membres de celle-ci. Le rapporteur, avec le concours des services du Conseil des marchés financiers, procède à toutes investigations utiles. Il peut recueillir des témoignages. Il consigne le résultat de ces opérations par écrit. Les pièces du dossier sont tenues à la disposition de la personne mise en cause » ;

Cons. qu'il résulte des dispositions précitées que le rapporteur, qui n'est pas à l'origine de la saisine, ne participe pas à la formulation des griefs ; qu'il n'a pas le pouvoir de classer l'affaire ou, au contraire, d'élargir le cadre de la saisine ; que les pouvoirs d'investigation dont il est investi pour vérifier la pertinence des griefs et des observations de la personne poursuivie ne l'habilitent pas à faire des perquisitions, des saisies ni à procéder à toute autre mesure de contrainte au cours de l'instruction ; qu'en l'espèce, M. Ferri ayant été désigné rapporteur de la procédure disciplinaire ouverte à l'encontre de M. Didier après saisine du Conseil des marchés financiers par le président de la Commission des opérations de bourse, il n'est pas établi, ni même allégué, qu'il aurait, dans l'exercice de ses fonctions de rapporteur, excédé les pouvoirs qui lui ont été conférés par les dispositions rappelées ci-dessus, et qui ne diffèrent pas de ceux que la formation disciplinaire collégiale du Conseil des marchés financiers aurait elle-même pu exercer ; que, dès lors, il n'est résulté de sa participation aux débats et au vote à l'issue desquels il a été décidé d'infliger une sanction à M. Didier aucune méconnaissance du principe d'impartialité rappelé à l'article 6-1 de la Convention européenne de sauvegarde des droits de l'Homme et des libertés fondamentales ;

Sur le moyen tiré de la violation des droits de la défense : – Cons. que le moyen tiré de l'absence au dossier communiqué à M. Didier de la note de service de l'inspection du Conseil des marchés financiers sur « l'impact financier » de l'opération litigieuse manque en fait ; que les versions préliminaires de ce document n'avaient pas à y figurer ;

Cons. qu'il ne résulte pas de l'instruction qu'une intervention aurait été faite par le Conseil des marchés financiers auprès de la société Dynabourse ; qu'elle ne pouvait donc, en tout état de cause, figurer au dossier ;

Cons. que les courriers adressés par le président du Conseil des marchés financiers au président du « Crédit agricole Indosuez Chevreux » [CAIC] sont sans relation avec la situation personnelle de M. Didier ; que le courrier en date du 19 mai 1998 par lequel le président de la Commission des opérations de bourse [COB] a adressé au président du Conseil des marchés financiers le rapport d'enquête des services de la COB sur la société Dynabourse ne comprend aucun élément qui ne soit contenu dans ledit rapport dont M. Didier a reçu communication ; qu'il en va de même d'une lettre d'information adressée au commissaire du gouvernement ; qu'il suit de là que M. Didier n'est pas fondé à soutenir que l'absence de ces documents au dossier annexé à ce rapport aurait vicié la procédure engagée à son encontre ;

Cons. que l'article 4 du décret précité du 3 oct. 1996 dispose que le rapporteur « peut recueillir des témoignages. Il consigne le résultat de ces opérations par écrit. Les pièces du dossier sont tenues à la disposition de la personne mise en cause » ; que ces dispositions n'ont ni pour objet ni pour effet d'exiger que soient versés au dossier des documents sans rapport avec la procédure en cours ou ne comprenant aucun élément nouveau par rapport aux documents qui ont été communiqués à la personne poursuivie ;

Cons. qu'il résulte de tout ce qui précède que M. Didier n'est pas fondé à soutenir que la procédure suivie par le Conseil des marchés financiers aurait entraîné une méconnaissance du principe des droits de la défense ;

Sur le moyen tiré de l'erreur de fait : – Cons. qu'il résulte de l'instruction que la télécopie adressée, le 20 mars 1998, par la personne chargée des fonctions de négociateur à la table d'arbitrage de la société Dynabourse au service conservation de ladite société, constituait un ordre d'apport de 4 089 000 actions à l'offre publique d'achat dont la date de clôture avait précisément été fixée au 20 mars 1998 ; que son annulation, postérieurement à cette date, constitue dès lors une révocation de cet ordre, décidée en infraction avec l'article 5-2-11 du règlement général du Conseil des bourses de valeurs qui dispose que « les ordres peuvent être révoqués à tout moment jusque et y compris le jour de la clôture de l'offre » ; qu'il suit de là que le Conseil des marchés financiers n'a pas commis d'erreur de fait en fondant la décision attaquée sur la révocation irrégulière de l'ordre passé le 20 mars 1998 ;

Sur le moyen tiré de l'erreur de droit qu'aurait commise le Conseil des marchés financiers dans l'application de l'article 69 de la loi du 2 juill. 1996 : – Cons. qu'aux termes du III de l'article 69 de la loi susvisée du 2 juill. 1996 : « Les personnes placées sous l'autorité ou agissant pour le compte des prestataires de services d'investissement, des entreprises de marché et des chambres de compensation sont passibles des sanctions prononcées par le Conseil des marchés financiers à raison des manquements à leurs obligations professionnelles définies par les lois et règlements en vigueur (...) Les sanctions applicables sont l'avertissement, le blâme et le retrait temporaire ou définitif de la carte professionnelle. En outre, le Conseil des marchés financiers peut prononcer, soit à la place soit en sus de ces sanctions, une sanction pécuniaire dont le montant ne peut être supérieur à 400 000 F ou au triple du montant des profits éventuellement réalisés » ;

Cons. que, pour déterminer le plafond de la sanction pécuniaire encourue par M. Didier, c'est à bon droit que le Conseil des marchés financiers a pris pour base le montant des profits réalisés lors de la revente par la SNC Dynabourse arbitrage des titres non apportés à l'offre publique d'achat, en le rapportant à la part détenue par M. Didier dans le capital de cette société ;

Cons. qu'il résulte de tout ce qui précède que M. Didier n'est pas fondé à demander l'annulation de la décision du 27 janv. 1999 par laquelle le Conseil des marchés financiers lui a retiré sa carte professionnelle pour une période de six mois et lui a infligé une sanction pécuniaire de 5 millions de francs ; ... (rejet de la requête).

OBSERVATIONS

L'arrêt Didier *souligne l'importance de la Convention européenne des droits de l'Homme dans la détermination du contenu du droit adminis-*

tratif, comme les arrêts Diop* *et* Kress*, *et celle du principe d'impartialité comme principe général du droit (*Société des concerts du Conservatoire**) applicable aux autorités administratives autant qu'aux juridictions (*Téry**).*

1 M. Didier, responsable des activités d'« *arbitrage* » dans une société de bourse, a fait l'objet, pour des opérations qui lui étaient reprochées, d'une décision du Conseil des marchés financiers statuant en matière disciplinaire lui retirant sa carte professionnelle pour une période de six mois et lui infligeant une sanction pécuniaire de cinq millions de francs. Il a attaqué cette décision devant le Conseil d'État, compétent en premier et dernier ressort, par un recours de plein contentieux (sur la distinction de celui-ci et du recours pour excès de pouvoir, v. nos obs. sous CE 8 mars 1912, *Lafage**). Il soutenait notamment que la participation du rapporteur aux débats et au vote du Conseil des marchés financiers avait méconnu les stipulations de l'article 6-1 de la Convention européenne de sauvegarde des droits de l'Homme et des libertés fondamentales, reconnaissant le droit de toute personne à un procès équitable, et en particulier à un tribunal impartial. Le Conseil d'État (Ass.), tout en admettant que cet article pouvait utilement être invoqué, a considéré que le rapporteur, compte tenu de son rôle, avait pu participer aux débats et au vote « *sans aucune méconnaissance du principe d'impartialité rappelé à l'article 6-1* ». (M. Didier a ensuite saisi la Cour européenne des droits de l'Homme pour violation de l'article 6-1 tant par le Conseil d'État que par le Conseil des marchés financiers ; la Cour a rejeté sa requête le 27 août 2002, JCP 2003.II.10177, note Gonzalez ; RA 2003.159 note Gambier ; RD publ. 2003.697 obs. Gonzalez).

Le même jour, le Conseil d'État a statué dans le même sens, en Assemblée, sur un recours pour excès de pouvoir dirigé contre un avertissement adressé par la Commission nationale de l'informatique et des libertés à une caisse de crédit mutuel au sujet des informations nominatives contenues dans ses fichiers (*Caisse de crédit mutuel de Bain-Tresbœuf*, Rec. 397 ; RFDA 2000.574, concl. Combrexelle), et en Section (*Leriche*, Dr. soc. 2000.194, concl. Schwartz, et mêmes références à l'AJ et au JCP), sur un pourvoi en cassation contre une sanction infligée au requérant par la section disciplinaire de l'ordre des médecins (v. nos obs. sous CE 2 févr. 1945, *Moineau** et 2 avr. 1943, *Bouguen**).

Ces arrêts ont ainsi été rendus à propos d'organismes échappant à la hiérarchie administrative classique, les uns, déjà anciens, tels les ordres professionnels, les autres, plus nouveaux, participant de la fonction de « *régulation* » et rangés dans la catégorie des autorités administratives indépendantes (Conseil des marchés financiers, Commission nationale de l'informatique et des libertés).

À la même époque, les juridictions de l'ordre judiciaire ont été amenées à trancher des questions identiques pour d'autres autorités administratives indépendantes, dont le contentieux leur a été attribué par le législateur (v. nos obs. sous CC *23 janv. 1987**) : Commission des opérations de bourse (Ass. plén., 5 févr. 1999, *COB c. Oury*, Bull. Ass. plén., n° 1,

p. 1 ; Gaz. Pal. 24-25 févr. 1999, concl. Lafortune, note Degueldre, Gramblat et Herbière ; JCP 1999.II.10060, note Matsopoulou ; CA Paris 7 mars 2000, *KPMG-Fiduciaire de France*, JCP 2000.II.10408, note R. Drago), Conseil de la concurrence (Com. 5 oct. 1999, *SNC Campenon Bernard SGE*, Bull. civ. IV, n° 158, p. 133 ; JCP 2000.II.10255, note Cadou).

Par ses trois arrêts du 3 déc. 1999, le Conseil d'État a contribué à déterminer en matière administrative le champ d'application de l'article 6-1 (I) et les exigences du principe d'impartialité (II).

I. — L'article 6-1 de la Convention européenne en matière administrative

2 L'article 6-1 n'est pas la seule clause de la Convention européenne de sauvegarde des droits de l'Homme et des libertés fondamentales dont la juridiction administrative ait à connaître (v. nos obs. sous CE 30 nov. 2001, *Diop**).

Il a soulevé des difficultés particulières en raison de la rédaction de sa première phrase : « *Toute personne a droit à ce que sa cause soit entendue équitablement, publiquement et dans un délai raisonnable, par un tribunal indépendant et impartial, établi par la loi, qui décidera, soit des contestations sur ses droits et obligations de caractère civil, soit du bien-fondé de toute accusation en matière pénale dirigée contre elle* ».

Ces termes ne suffisent pas à exclure de leur champ d'application le contentieux administratif aussi bien matériellement (A) qu'organiquement (B).

A. — Dans la conception française, les droits et obligations régis par le droit administratif n'ont pas « *de caractère civil* » et la répression administrative ne relève pas de la « *matière pénale* ». L'article 6 n'aurait donc pas à s'y appliquer. Cette conception restrictive a été condamnée par la Cour européenne des droits de l'Homme car les expressions de l'article 6 correspondent à des notions autonomes, indépendantes des conceptions nationales, de telle sorte qu'elles aient une application à la fois uniforme et large dans tous les pays (par ex. 16 juill. 1971, *Ringeisen*, série A n° 13 ; AFDI 1974.334, note Pelloux ; RGDIP 1974.864, note C. Vallée, pour la matière civile ; 8 juin 1976, *Engel*, série A n° 22, GACEDH n° 4 ; AFDI 1977.481, note Pelloux ; Cah. dr. eur. 1978.368, note Cohen-Jonathan, pour la matière pénale).

3 *1°)* S'agissant des *droits et obligations à caractère civil*, la Cour européenne considère que, même relevant du droit administratif, des droits et obligations gardent un caractère civil au sens de l'article 6-1 dès lors qu'ils mettent en cause la situation « *privée* » d'une personne, notamment du point de vue patrimonial.

Cela couvre au premier chef les droits et obligations à caractère pécuniaire, relevant soit d'un régime de responsabilité, contractuelle ou extra-contractuelle, soit d'un système particulier d'indemnisation ou de prestations, soit encore d'un mécanisme de rémunération.

Ainsi, revenant sur sa jurisprudence antérieure (CE 17 mars 1993, *Mme Gabeur*, Rec. 541 ; RDSS 1993.493, concl. Le Chatelier), le Conseil d'État a admis que le contentieux des prestations d'aide sociale relève des contestations relatives à « *des droits et obligations de caractère civil, au sens des stipulations précitées de l'article 6-1* » (Sect., 29 juill. 1994, *Département de l'Indre*, Rec. 363 ; v. n° 25.4). Revenant aussi sur une solution antérieure (Sect., 6 janv. 1995, *Nucci*, Rec. 7 ; JCP 1996.II.22592, note Degoffe ; RA 1995.258, note Fabre), et pour tenir compte de la position de la Cour européenne des droits de l'Homme (7 oct. 2003, *Mme Richard-Dubarry c. France*, RD publ. 2005.776, obs. Surrel ; RFDA 2004.378, note Potteau), il a également admis « que le juge des comptes, lorsqu'il prononce la gestion de fait puis fixe la ligne de compte et met le comptable en débet, tranche des contestations portant sur des droits et obligations à caractère civil » (CE 30 déc. 2003, *Beausoleil et Mme Richard*, Rec. 531 ; BJCL 2004.265, concl. Guyomar, note Vachia ; RFDA 2004.365, concl., note Coutant ; AJ 2004.1301, note Rolin).

De même, toute mesure pouvant compromettre l'exercice d'une profession (telle qu'une suspension, une interdiction) est considérée par la Cour européenne des droits de l'Homme comme touchant à ces droits et obligations – ce qui couvre en particulier les sanctions disciplinaires infligées par les juridictions ordinales (23 juin 1981, *Le Compte, Van Leuven et De Meyere c. Belgique*, série A n° 43 ; GACEDH, n° 21). Le Conseil d'État a d'abord eu une interprétation différente (Sect., 27 oct. 1978, *Debout*, Rec. 395, concl. Labetoulle ; RDSS 1979.59, note Dubouis, et 210, note J.-M. Auby ; JCP 1979.II.19259, note Schultz ; – Ass., 11 juill. 1984, *Subrini*, Rec. 259 ; D. 1985.150, concl. contr. Genevois ; AJ 1984.534, chr. Schoettl et Hubac ; RA 1984.482, note Pacteau ; RDSS 1985.25, note Dubouis). La persistance de la position de la Cour européenne (26 sept. 1995, *Diennet c. France*), à laquelle a adhéré la Cour de cassation (par ex. Civ. 1re 10 janv. 1984, Bull. civ. I, n° 8, p. 6), a incité le Conseil d'État à changer la sienne par son arrêt (Ass.) du 14 févr. 1996, *Maubleu* (Rec. 34, concl. Sanson ; RFDA 1996.1186, concl. ; AJ 1996.358, chr. Stahl et Chauvaux ; JCP 1996.II.22669, note Lascombe et Vion ; RTDH 1998.365, note Andriantsimbazovina). L'arrêt *Leriche* du 3 déc. 1999 en est un prolongement, puisqu'il examine le fonctionnement d'une juridiction ordinale (la section disciplinaire du conseil national de l'ordre des médecins) au regard des exigences de l'article 6-1.

4 *2°)* Si les sanctions ne se rapportent pas seulement à l'exercice d'une activité professionnelle, mais comportent une « *coloration pénale* » (en ce sens CEDH 8 juin 1976, *Engel et autres*, préc. ; 24 févr. 1994, *Bendenoun c. France*, série A n° 284 ; Dr. fisc. 1994.878, note Le Gall et Gérard ; JCP 1995.II.22372, note Frommel ; LPA 11 mai 1994, note Flauss ; RFDA 1995.1182, note Maublanc et Maublanc-Fernandez), elles relèvent de la « *matière pénale* ».

Celle-ci ne couvre donc pas seulement les poursuites devant les tribunaux répressifs de l'ordre judiciaire. Elle englobe le contentieux de la répression devant les tribunaux administratifs (en particulier pour les contraventions de grande voirie) ou les juridictions financières (amendes prononcées par la Cour des comptes : CE 16 nov. 1998, *SARL Deltana et Perrin*, Rec. 415, la Cour de discipline budgétaire et financière : Sect., 30 oct. 1998, *Lorenzi*, Rec. 374 ; RFDA 1999.1022, note Surrel). Elle concerne aussi les sanctions pécuniaires infligées par des autorités administratives, telles que « *des majorations d'imposition... en cas de manœuvres frauduleuses...* » (CE Sect., avis, 31 mars 1995, *Ministre du budget c. SARL Autoroute-Industrie Méric*, Rec. 154 ; RJF 1995.327, concl. Arrighi de Casanova ; AJ 1995.739, note Dreifuss ; RFDA 1995.1185, note Maublanc et Maublanc-Fernandez) ou encore la réduction du nombre de points affecté au permis de conduire (CEDH 23 sept. 1998, *Malige c. France*, Rec. 1998.VII ; Gaz. Pal. 1999, n° 328-329, p. 38, note Couzinet ; JCP 1999.II.10086, note Sudre ; CE, avis, 23 sept. 1999, *Rouxel*, Rec. 280).

Après avoir admis que les contentieux relatifs aux agents dont les fonctions concernent l'exercice de la puissance publique (tels les magistrats, les policiers, les militaires) ne relèvent pas du champ d'application de l'article 6, la Cour européenne des droits de l'Homme, par un arrêt du 19 avr. 2007 (*Vilho Eskelinen et autres*, aff. 63235/00, AJ 2007.1360, note Rolin ; AJFP 2007.246, note Fitte-Duval ; DA 2007, n° 108, note F. Melleray ; JCP 2007.I.166, chr. Plessix, et 182, chr. Sudre ; RFDA 2007.1031, note Gonzalez ; RTDH 2008.1125, comm. Van Compermolle ; GACEDH n° 23), a limité cette exclusion au cas où il est démontré que l'objet du litige se rapporte à l'exercice de l'autorité étatique ou remet en cause le lien spécial de confiance et de loyauté entre l'intéressé et l'État qui l'emploie. Le Conseil d'État s'est rallié à cette position (CE 12 déc. 2007, *Siband*, Rec. 928 ; LPA 29 avr. 2008, concl. Guyomar ; AJ 2008.932, note Tsalpetouros).

Dans l'arrêt *Didier*, le Conseil d'État considère aussi « *que, quand il est saisi d'agissements pouvant donner lieu aux sanctions prévues par l'article 69 de la loi... du 2 juill. 1996, le Conseil des marchés financiers doit être regardé comme décidant du bien-fondé d'accusations en matière pénale au sens des stipulations précitées de la Convention européenne des droits de l'Homme et des libertés fondamentales* ». Il a repris la même analyse pour la commission des sanctions de l'Autorité des marchés financiers, créée par la loi du 1er août 2003 en fusionnant le Conseil des marchés financiers, la Commission des opérations de bourse et le Conseil de discipline de la gestion financière (CE, Sect., 27 oct. 2006, *Parent*, Rec. 454 ; LPA déc. 2006, concl. Guyomar ; AJ 2007.80, note Collet ; RD publ. 2007.670, comm. Guettier).

5 ***B.*** — Encore faut-il que ces organismes soient regardés comme un « *tribunal* » selon l'article 6-1.

Or, en droit français, cette qualification n'est reconnue qu'à des organes répondant à des caractéristiques tenant à leur statut, leurs fonctions, leur organisation, leur procédure (v. CE 20 juin 1913, *Téry** ; – Ass., 12 déc. 1953, *de Bayo*, Rec. 544 ; v. n° 49.2). Elle s'applique à des juridictions disciplinaires comme la section disciplinaire du Conseil national de l'ordre des médecins, dont le fonctionnement était en cause dans l'affaire *Leriche*. Elle ne s'applique pas à des institutions telles que naguère le Conseil de la concurrence, la Commission des opérations de bourse, d'ailleurs expressément reconnus comme autorités administratives par le Conseil constitutionnel (CC *23 janv. 1987** ; *n° 89-260 DC, 28 juill. 1989*, Rec. 71 ; RFDA 1989.671, note Genevois), le Conseil des marchés financiers, aujourd'hui l'Autorité de la concurrence et l'Autorité des marchés financiers.

Le Conseil d'État, considérant d'abord que l'article 6-1 « n'est applicable qu'aux procédures contentieuses suivies devant les juridictions » (CE Sect., avis, 31 mars 1999, *Ministre du budget c. SARL Autoroute-Industrie Méric*, préc.), l'a écarté pour des autorités administratives infligeant des sanctions, telles que l'ancien Conseil des bourses de valeurs (CE, Ass., 1er mars 1991, *Le Cun*, Rec. 71 ; RFDA 1991.612, concl. de Saint Pulgent).

La Cour européenne des droits de l'Homme a une conception plus large et, à ce sujet encore, ne s'arrête pas aux définitions nationales. Un organisme doté de plusieurs attributions, administratives, consultatives, répressives, comme c'est le cas de nombreuses autorités administratives indépendantes en France, peut se voir reconnaître la qualité de « *tribunal* » pour certaines d'entre elles (CEDH 30 nov. 1987, *H. c. Belgique*, série A n° 127) ; « *un "tribunal" se caractérise au sens matériel par son rôle juridictionnel : trancher, sur la base de normes du droit et à l'issue d'une procédure organisée, toute question relevant de sa compétence* » (CEDH 27 août 1991, *Demicoli c. Malte*, série A n° 210).

Pour la Cour de cassation, dans les arrêts déjà cités, la Commission des opérations de bourse et le Conseil de la concurrence, quoique n'étant pas des juridictions, étaient soumis aux stipulations de l'article 6-1. Pour le Conseil d'État aussi (arrêt *Didier*), « *alors même que le Conseil des marchés financiers siégeant en formation disciplinaire n'est pas une juridiction au regard du droit interne* », le moyen tiré de la violation d'un principe rappelé à l'article 6-1, « *peut, eu égard à la nature, à la composition et aux attributions de cet organisme, être utilement invoqué à l'appui d'un recours formé devant le Conseil d'État à l'encontre de sa décision* ». La Cour européenne des droits de l'Homme a dit plus nettement que le Conseil des marchés financiers « doit être regardé comme un "tribunal" au sens des dispositions » en cause (27 août 2002, *Didier*, préc.). Le Conseil d'État a repris la formule à propos de l'ancienne Commission de contrôle des assurances (CE 28 oct. 2002, *Laurent*, Rec. 361 ; AJ 2002.1492, note D. Costa ; RD publ. 2002.1607, note Prétot).

Ces avancées ne conduisent pas cependant à considérer tout organisme collégial remplissant notamment des fonctions de contrôle comme entrant dans le champ de l'article 6-1. C'est ainsi que, dans l'arrêt *Caisse de crédit mutuel de Bain-Tresbœuf*, le Conseil d'État considère que l'avertissement adressé par la Commission nationale de l'informatique et des libertés à une banque « *n'émane pas d'un tribunal au sens de l'article 6-1* ». De même, ni le conseil d'administration de l'Agence nationale de l'habitat, ni son directeur général, compétents pour prendre les mesures de sanction, ne peuvent être regardés comme un tribunal (CE 21 déc. 2018, *Agence nationale de l'habitat*, Rec. 528) : l'article 6-1 n'a donc pas à s'appliquer à leur niveau. Mais, d'une part, le recours de plein contentieux dont ces sanctions peuvent faire l'objet satisfait aux exigences de l'article 6. D'autre part, en toute hypothèse, doit être observé le principe d'impartialité.

Cela n'empêche pas qu'elle doive observer le principe d'impartialité.

II. — Le principe d'impartialité en matière administrative

6 Dans l'arrêt *Didier*, le Conseil d'État examine si « *le principe d'impartialité rappelé à l'article 6-1 précité* » a été respecté par le Conseil des marchés financiers. Il révèle ainsi la généralité du principe (A) et en précise les exigences (B).

A. — Le principe d'impartialité apparaît comme un principe général, affirmé indépendamment et au-delà de l'article 6-1.

1°) Le Conseil d'État a depuis longtemps veillé à son respect, tantôt sans employer l'expression (par ex. 20 déc. 1872, *Ville de Reims*, Rec. 746 ; – Sect., 20 juin 1958, *Louis*, Rec. 368 ; – Sect., 2 mars 1973, *Delle Arbousset*, Rec. 190 ; v. n° 25.6), tantôt en la formulant (CE 17 juin 1927, *Vaulot*, Rec. 683 ; – Sect., 9 nov. 1966, *Commune de Clohars-Carnoët*, Rec. 591 ; D. 1967.92, concl. Braibant ; AJ 1967.34, chr. Lecat et Massot ; RD publ. 1967.334, note M. Waline : « *garanties d'impartialité auxquelles tout candidat* (à un concours) *est en droit de prétendre* »).

Ce principe peut être relié à celui d'égalité devant le service public (v. nos obs. sous CE 9 mars 1951, *Société des concerts du Conservatoire**) et constitue comme lui un principe général du droit.

Il est relié aussi à l'article 16 de la Déclaration des droits de l'Homme et du Citoyen de 1789, duquel il résulte « que les principes d'indépendance et d'impartialité sont indissociables de l'exercice de fonctions juridictionnelles » (CC *n° 2010-110 QPC, 25 mars 2011, Jean-Pierre B.*, Rec. 160 ; AJ 2011.1214, note Crépin-Dehaené ; JCP Adm. 2011.2150, note Fleury ; RFDC 2011.820, note Le Quinio) et aussi, plus généralement, « des pouvoirs de sanction par une autorité indépendante » (CC *n° 2012-280 QPC, 12 oct. 2012, Société Groupe Canal Plus et autre*, Rec. 529 ; DA déc. 2012, p. 29, note Bazex ; Constitutions 2013.95, note Le Bot ; RFDA 2013.144, note Roblot-Troizier ; RJEP 2013.10, note Genevois).

Il ne s'impose pas seulement aux organes juridictionnels au sens du droit français (comme dans les affaires *Ville de Reims, Louis, Arbousset*) ou aux tribunaux au sens de l'article 6-1 de la Convention européenne (comme dans l'affaire *Didier*), mais à des organes hors du champ d'application de l'article 6-1, qu'ils soient purement administratifs (comme la CNIL dans l'affaire *Caisse de crédit mutuel de Bain-Tresbœuf* ; v. *supra*) ou juridictionnels, parce qu'ils ne statuent ni sur des droits et obligations de caractère civil ni sur des accusations en matière pénale.

Par exemple un membre d'un jury doit s'abstenir de participer aux interrogations et délibérations concernant un candidat avec lequel il aurait des liens pouvant influer sur son appréciation ou s'il estime que son impartialité peut être mise en doute, mais la seule circonstance qu'il connaisse un candidat ne suffit pas à justifier son abstention (CE, Sect., 18 juill. 2008, *Mme Baysse*, Rec. 302 ; AJ 2008.2144, concl. Aguila ; DA 2008, n° 136, comm. F. Melleray ; JCP Adm. 2008.2200, note Jean-Pierre). Il en est ainsi en particulier pour les jurys de concours internes, dont les membres ont pu en tant que chefs de service connaître les candidats dont doit être appréciée l'aptitude professionnelle (CE 19 juill. 2010, *Thiebaut et Gehin*, Rec. 812 ; AJ 2010.1996, note Peiser ; CFP sept. 2010.46, note Lenica). Les liens professionnels d'un membre d'un jury avec un candidat peuvent ne pas faire obstacle à sa participation au jury compte tenu du faible nombre de spécialistes (CE 12 juin 2019, *Faille*, Rec. 543 ; JCP Adm. 2019.2351, concl. Dieu).

Le principe d'impartialité doit tout autant être respecté par les organismes consultatifs (par ex. CE 11 févr. 2011, *Société Aquatrium*, Rec. 42 ; RJEP août-sept. 2011, note Friboulet), par les autorités administratives indépendantes (par ex. CE, Sect., 22 juill. 2015, *Société Zambon France*, Rec. 245, concl. Decout-Paolini ; AJ 2015.1626, chr. Lessi et L. Dutheillet de Lamothe ; DA 2015 comm. 79 Éveillard, pour les avis de la Commission de transparence de la Haute Autorité de santé dont certains membres pouvaient être dans une situation de conflit d'intérêts).

7 *2°)* C'est pourquoi, dans l'arrêt *Didier*, le Conseil d'État parle du « principe d'impartialité rappelé à l'article 6-1 précité », et, dans l'arrêt *Leriche* « du principe d'impartialité (et) des autres stipulations de l'article 6-1 », pour souligner que le principe est à la fois antérieur et extérieur à l'article 6-1.

Ainsi, lorsque l'Autorité de la concurrence se prononce sur une opération de concentration qui lui a été notifiée, elle ne prononce pas une sanction mais exerce un pouvoir de police ; ses décisions échappent alors au champ d'application de l'article 6-1 ; elle n'en est pas moins soumise au principe d'impartialité (CE, Ass., 21 déc. 2012, *Société Groupe Canal Plus et autres* ; Rec. 446) ; lorsqu'elle inflige une sanction, ses décisions relèvent de l'article 6-1 (du même jour, *Société Groupe Canal Plus, Société Vivendi Universal*, Rec. 430 ; v. n° 90.5).

On trouve donc aujourd'hui deux séries de cas :

– dans la première, le principe d'impartialité s'impose à la fois en raison du droit interne et de l'article 6-1 ;

– dans la seconde, il s'impose exclusivement en vertu du droit interne (principe général du droit selon le Conseil d'État, principe à valeur constitutionnelle selon le Conseil constitutionnel).

Mais, dans les deux séries de cas, il ne devrait pas avoir une portée différente.

8 ***B.*** — Ses exigences ont été mises en valeur dans les arrêts du 3 déc. 1999 à propos de la participation du rapporteur à un organisme collégial. Elles ne se limitent pas à cet aspect.

1°) Dans l'affaire *Didier*, comme dans les affaires *Leriche* et *Caisse de crédit mutuel de Bain-Tresbœuf* du même jour, la question principale était de savoir si la participation à la formation prenant la décision, du *rapporteur* ayant joué un rôle en amont, était contraire au principe d'impartialité.

Si dans la troisième affaire le Conseil d'État a répondu laconiquement par la négative, dans les deux premières il est arrivé à la même conclusion après une analyse détaillée du rôle du rapporteur, tel qu'il est établi par les textes (impartialité objective) et qu'il a été exercé en fait (impartialité subjective), comme le montrent les passages de l'arrêt reproduits en italique ci-dessus.

9 *2°)* Le débat sur le rôle du rapporteur s'élargit à celui de *la composition* des organismes collégiaux. Si des fonctionnaires peuvent, ès qualités, participer à une juridiction, c'est à condition qu'ils n'exercent pas des activités donnant lieu aux questions qui lui sont soumises (CE, Ass., 6 déc. 2002, *Trognon*, Rec. 427 ; RDSS 2003.92, concl. Fombeur ; RFDA 2003.694, concl. ; JCP Adm. 2003.380, note Jean-Pierre ; du même jour, Sect., *Aïn-Lhout*, Rec. 430 ; RDSS 2003.163, concl. Séners ; RFDA 2003.705, concl. ; AJ 2003.489, chr. Donnat et Casas ; JCP 2003.II.10132, note Boumedienne ; CC *n° 2012-250 QPC, 8 juin 2012, Christian G.*, Rec. 281 ; AJ 2012.1865, note Rihal ; DA oct. 2012.24, note Boudon ; RFDC 2012.878, note Le Quinio). Ainsi a été censurée une disposition prévoyant la participation, même si ce n'est qu'avec voix consultative, du directeur général de la santé ou du pharmacien du service de santé au Conseil national de l'ordre des pharmaciens statuant en matière disciplinaire (CC *n° 2014-457 QPC, 20 mars 2015, Mme Valérie C., épouse D.*, AJ 2015.1322, note Fouassier et van den Brink).

Dans les organes juridictionnels, la participation d'un juge à l'examen d'une affaire n'exclut pas toujours qu'il puisse participer ensuite à son jugement sous un autre aspect (v. nos obs. sous CE 20 juin 1913, *Téry**, n° 25.6).

3°) Quant à *la procédure*, le principe d'impartialité s'oppose à des mécanismes comportant dans un premier temps une appréciation qui constitue un préjugement influant sur la décision finale.

Ainsi si l'autosaisine d'une affaire par un organe appelé à statuer sur elle n'est pas par principe exclue, c'est à « la condition qu'elle soit fondée sur un motif d'intérêt général et que soient instituées… des garanties propres à assurer le respect du principe d'impartialité » (CC *n° 2012-286 QPC, 7 déc. 2012, Société Pyrénées services et autres*, Rec. 642 ;

D. 2013.28, note Frison-Roche, et 338, note Vallens ; CE, Ass., 21 déc. 2012, *Société Groupe Canal Plus et Société Vivendi Universal*, v. n° 90.5).

Car un organisme ou un agent ayant pris une position ne peut prendre une décision, *a fortiori* un jugement sur la même question. C'est ce qu'avait déjà jugé le Conseil d'État dans des arrêts plus anciens (v. *supra,* n° 93.6). C'est ce qu'il a encore censuré plusieurs fois, par exemple lorsque la Cour des comptes, après avoir dénoncé une irrégularité dans son rapport public, a prononcé ensuite une gestion de fait dans la même affaire (CE, Ass., 23 févr. 2000, *Société Labor Métal*, Rec. 83, concl. Seban – v. n° 25.6), ou encore lorsqu'elle a présenté « *pour établis les faits dont elle faisait état et en prenant parti sur leur qualification d'infractions à différentes dispositions législatives et réglementaires* » avant même d'avoir jugé l'établissement (CE, Sect., 20 oct. 2000, *Société Habib Bank Ltd*, Rec. 433, concl. Lamy ; JCP 2001.II.10459, concl. ; AJ 2000.101, chr. Guyomar et Collin, et 1071, note Subra de Bieusses ; D. 2001.2665, note Louvaris ; RD publ. 2001.407, note Guettier).

Cela incite à la vigilance dans l'observation du principe et à la rigueur dans l'organisation des institutions, juridictionnelles ou non, qui ont à prendre des décisions. Tel est le sens de plusieurs réformes (Autorité des marchés financiers, Autorité de la Concurrence, Autorité de régulation des communications électroniques et des postes, Autorité de contrôle prudentiel et de résolution, par ex.), qui ont séparé les fonctions de poursuite et celles de sanction. Mais le principe d'impartialité « ne peut être opposé à l'autorité assurant les fonctions de poursuite, qui n'est pas appelée à décider une éventuelle sanction » (CE 21 avr. 2021, *Favolini*, AJ 2021.893).

94

PROCÉDURES D'URGENCE

Conseil d'État Sect., 18 janvier 2001, *Commune de Venelles*

Conseil d'État, 5 mars 2001, *Saez*

I. *Commune de Venelles*

(Rec. 18, concl. Touvet ; CJEG 2001.161, concl. ; RFDA 2001.378, concl., et 681, note Verpeaux ; AJ 2001.153, chr. Guyomar et Collin ; D. 2002.2227, obs. Vandermeeren ; LPA 12 févr. 2001, note Chahid-Nouraï et Lahami-Dépinay)

Cons. qu'aux termes du premier alinéa de l'article L. 521-2 du Code de justice administrative : « *Saisi d'une demande en ce sens justifiée par l'urgence, le juge des référés peut ordonner toutes mesures nécessaires à la sauvegarde d'une liberté fondamentale à laquelle une personne morale de droit public ou un organisme de droit privé chargé de la gestion d'un service public aurait porté, dans l'exercice d'un de ses pouvoirs, une atteinte grave et manifestement illégale. Le juge des référés se prononce dans un délai de quarante-huit heures* » : que, selon l'article L. 523-1 du même Code : « *Les décisions rendues en application des articles L. 521-1, L. 521-3, L. 521-4 et L. 522-3 sont rendues en dernier ressort. Les décisions rendues en application de l'article L. 521-2 sont susceptibles d'appel devant le Conseil d'État dans les quinze jours de leur notification. En ce cas, le président de la Section du contentieux du Conseil d'État ou un conseiller délégué à cet effet statue dans un délai de quarante-huit heures et exerce le cas échéant les pouvoirs prévus à l'article L. 521-4* » :

Sur la fin de non-recevoir opposée par les intimés :

Cons. qu'il résulte tant de la nature même de l'action en référé ouverte par les dispositions précitées du Code de justice administrative, qui ne peut être intentée qu'en cas d'urgence et ne permet, en vertu de l'article L. 511-1 du même Code, que de prendre des mesures présentant un caractère provisoire, que de la brièveté du délai imparti pour saisir le Conseil d'État d'une ordonnance rendue en première instance sur le fondement de ces dispositions, que le maire peut se pourvoir au nom de la commune contre une telle ordonnance sans avoir à en demander l'autorisation au conseil municipal : que par suite, et si M. Morbelli, maire de la commune de Venelles (Bouches-du-Rhône), n'a pas qualité pour faire appel, en son nom personnel, de l'ordonnance par laquelle le juge des référés du tribunal administratif de Marseille a enjoint au maire de cette commune, sur le fondement de l'article L. 521-2 du Code de justice administrative, de convoquer le conseil municipal en vue de délibérer sur la désignation des délégués communaux au conseil de la communauté d'agglomération du pays d'Aix, il est en revanche recevable à contester cette ordonnance au nom de la commune, alors même que la délégation que lui avait consentie le conseil municipal en application du 16e de l'article L. 2122-22 du Code général des collectivités territoriales lui avait été retirée et qu'il n'a pas demandé audit conseil l'autorisation d'introduire la présente instance : que la fin de non-recevoir opposée à la requête de la commune de Venelles doit, dès lors, être écartée :

Au fond :

Cons. en premier lieu, que, *si le principe de libre administration des collectivités territoriales, énoncé par l'article 72 de la Constitution est au nombre des libertés fondamentales auxquelles le législateur a ainsi entendu accorder une protection juridictionnelle particulière, le refus opposé par le maire de Venelles aux demandes qui lui avaient été présentées en vue de convoquer le conseil municipal pour que celui-ci délibère sur l'objet mentionné ci-dessus ne concerne que les rapports internes au sein de la commune et ne peut, par suite, être regardé comme méconnaissant ce principe* : qu'il suit de là que le juge des référés du tribunal administratif de Marseille a méconnu la portée des dispositions précitées de l'article L. 521-2 du Code de justice administrative en faisant droit sur le fondement de ce texte, aux demandes dont il avait été saisi en vue d'enjoindre au maire de convoquer à cette fin le conseil municipal :

Cons. en second lieu, que le refus de convocation en cause ne porte, contrairement à ce qu'ont soutenu les demandeurs de première instance, aucune atteinte à la liberté d'expression des conseillers municipaux ou au droit d'expression de la démocratie locale, non plus qu'au droit de vote et de représentation ;

Cons. qu'il résulte de tout ce qui précède que la commune de Venelles est fondée à demander l'annulation de l'ordonnance attaquée ;

Cons. que la présente décision ne fait pas obstacle à ce que les intéressés, s'ils s'y croient recevables et fondés, présentent devant le tribunal administratif un recours pour excès de pouvoir contre la décision de refus du maire et saisissent le juge des référés de ce tribunal de conclusions tendant, sur le fondement des dispositions de l'article L. 521-1 du Code de justice administrative, à ce qu'il en ordonne la suspension et assortisse le prononcé de cette mesure de l'indication des obligations qui en découleront pour le maire ;

... (annulation de l'ordonnance du juge des référés du tribunal administratif de Marseille ; rejet des demandes présentées au juge des référés).

II. *Saez*

(Rec. 117 ; CTI juill. 2001, concl. Touvet)

Cons. que le maire de Venelles a refusé le 14 déc. 2000 de faire droit à la demande, présentée par 10 des 29 conseillers municipaux, de réunir son conseil pour délibérer sur le remplacement des délégués de la commune au conseil de la communauté d'agglomération du pays d'Aix ; que, déférant à l'injonction prononcée le 4 janv. 2001 par une ordonnance du juge des référés du tribunal administratif de Marseille, le maire a convoqué son conseil pour délibérer sur ladite question le 18 janv. à 17 h 30 ; que cependant, ayant pris connaissance au début de cette séance de la décision du même jour par laquelle le Conseil d'État avait annulé l'ordonnance du 4 janv. 2001, fondée à tort sur l'article L. 521-2 du Code de justice administrative, le maire leva la séance avant qu'ait pu être débattue la question susmentionnée ;

Cons. que, saisi le 19 janv. 2001 d'une nouvelle demande de suspension, fondée cette fois sur l'article L. 521-1 du Code de justice administrative, le juge des référés du tribunal administratif de Marseille a, par ordonnance du 24 janv. 2001, rejeté cette demande comme irrecevable au motif que, en convoquant son conseil pour la réunion du 18 janv., le maire aurait rapporté sa décision litigieuse du 14 déc. ; qu'il résulte toutefois des conditions dans lesquelles s'est tenue la réunion du 18 janv., telles que décrites dans le mémoire produit par le maire devant le juge des référés, que la décision litigieuse du 14 déc. ne pouvait plus être regardée comme retirée lorsqu'a été rendue l'ordonnance attaquée ; qu'ainsi M. Saez est fondé à soutenir que cette ordonnance est entachée d'erreur de droit et à en demander l'annulation ;

Cons. qu'aux termes de l'article L. 821-2 du Code de justice administrative, le Conseil d'État, s'il prononce l'annulation d'une décision d'une juridiction administrative statuant en dernier ressort, peut « régler l'affaire au fond si l'intérêt d'une bonne administration de la justice le justifie » ; que, dans les circonstances de l'espèce, il y a lieu de régler l'affaire au titre de la procédure de référé engagée ;

Cons. qu'aux termes du premier alinéa de l'article L. 521-1 du Code de justice administrative : « *Quand une décision administrative, même de rejet, fait l'objet d'une requête en annulation ou en réformation, le juge des référés, saisi d'une demande en ce sens, peut ordonner la suspension de l'exécution de cette décision, ou de certains de ces effets, lorsque l'urgence le justifie et qu'il est fait état d'un moyen propre à créer, en l'état de l'instruction, un doute sérieux quant à la légalité de la décision* » ;

Cons. que les requérants ont saisi le tribunal administratif de Marseille d'une requête tendant à l'annulation de la décision de refus en date du 14 déc. 2000 ;

Cons., d'une part, qu'en vertu de l'article L. 2121-9 du Code général de collectivités territoriales, le maire est tenu de convoquer le conseil municipal dans un délai maximum de trente jours quand la demande motivée lui en est faite par le tiers au moins de membres du conseil municipal en exercice dans les communes de 3 500 habitants et plus ; que saisi par dix conseillers municipaux, le maire de Venelles a refusé de convoquer le conseil municipal afin de délibérer sur la question du remplacement des délégués de la commune siégeant à la communauté d'agglomération du pays d'Aix ; qu'en l'état de l'instruction, *le moyen tiré de la méconnaissance des dispositions de l'article précité du Code général des collectivités territoriales est de nature à créer un doute sérieux sur la légalité du refus opposé le 14 déc. 2000 par le maire à cette demande ;*

Cons., d'autre part, que pour nier l'existence d'une urgence à satisfaire la demande de faire délibérer le conseil municipal sur l'éventuel remplacement des délégués de la commune au conseil de la communauté d'agglomération, le maire s'est borné à soutenir que la démarche des dix conseillers auteurs de cette demande était purement politique et qu'il n'y avait pas lieu de penser que la majorité du conseil serait disposée à désigner de nouveaux délégués, comme l'article L. 2121-33 du Code général des collectivités territoriales lui en donne la faculté ; que cette argumentation n'est pas de nature à justifier une méconnaissance par le maire de Venelles du délai d'un mois, qui en l'espèce était largement dépassé et qui est imparti par le législateur pour faire respecter l'exigence de liberté du débat démocratique au sein des conseils municipaux ; qu'ainsi, *la réunion du conseil municipal de Venelles afin qu'il délibère sans plus attendre de la question de la désignation de ses délégués à la communauté d'agglomération du pays d'Aix présente, en l'espèce, un caractère d'urgence ;*

Cons. qu'il résulte de ce qui précède qu'il y a lieu de suspendre la décision susmentionnée du 14 déc. 2000 et d'assortir le prononcé de cette suspension d'une injonction consistant, dans les circonstances de l'espèce, à enjoindre au maire de Venelles de réunir le conseil municipal au plus tard le mercredi 7 mars 2001 à 18 heures afin de délibérer sur la question du remplacement éventuel des délégués de la commune siégeant à la communauté d'agglomération du pays d'Aix ; qu'en revanche il n'y a pas lieu, contrairement à ce que demande le requérant, d'assortir cette injonction d'une astreinte ;

... (annulation de l'ordonnance du juge des référés du tribunal administratif de Marseille ; suspension de la décision du maire de Venelles ; injonction au maire de convoquer le conseil municipal avant le mercredi 7 mars 2001 à 18 heures).

OBSERVATIONS

L'innovation des procédures de référé-suspension et, plus encore, de référé-liberté a renforcé les garanties de la légalité qu'offraient déjà des recours comme le recours pour excès de pouvoir, garantie assurée notamment par l'arrêt Dame Lamotte*.

1 L'arrêt *Commune de Venelles*, du 18 janv. 2001, et l'arrêt *Saez*, du 5 mars 2001, font partie des premières décisions mettant en œuvre les nouvelles dispositions de la loi du 30 juin 2000 relative au référé devant les juridictions administratives, entrée en vigueur le 1er janv. 2001.

Dix conseillers municipaux de la commune de Venelles avaient demandé au maire de convoquer le conseil municipal pour désigner les délégués communaux au conseil de la communauté d'agglomération dont fait partie la commune. Le maire ayant refusé, ils ont saisi le président du tribunal administratif de Marseille, selon la procédure de référé établie par l'article L. 521-2 CJA pour « *la sauvegarde d'une liberté fondamentale* », afin que soit enjoint au maire de convoquer le conseil municipal.

Le président du tribunal administratif a fait droit à cette demande. En appel, le Conseil d'État admet que l'article L. 521-2 pourrait s'appliquer en cas d'atteinte au principe de libre administration des collectivités territoriales, qui « *est au nombre des libertés fondamentales auxquelles le législateur a ainsi entendu accorder une protection juridictionnelle particulière* » ; mais le refus du maire, ne concernant que les rapports internes au sein de la commune, ne peut être regardé comme méconnaissant ce principe ; l'article L. 521-2 ne peut s'appliquer. L'ordonnance du président du tribunal administratif est donc annulée. Mais l'arrêt réserve la possibilité de mettre en œuvre les dispositions de l'article L. 521-1, relatif au référé-suspension.

Les conseillers municipaux ont effectivement engagé contre le refus du maire à la fois un recours pour excès de pouvoir et une procédure de référé-suspension. Le président du tribunal administratif a rejeté la demande pour absence d'urgence. Saisi d'un pourvoi en cassation, le Conseil d'État, par l'arrêt *Saez* du 5 mars 2001, a au contraire considéré qu'étaient satisfaites à la fois la condition de l'urgence et celle d'un doute sérieux sur la légalité de la décision du maire. Il a donc non seulement suspendu celle-ci mais a également enjoint au maire de réunir le conseil municipal avant le 7 mars 2001 à dix-huit heures. Les requérants ont ainsi pu obtenir par le référé-suspension ce qu'ils n'avaient pu avoir par le référé-liberté.

Ces décisions permettent de mesurer les principales innovations résultant de la loi du 30 juin 2000. Celle-ci, à l'élaboration de laquelle le Conseil d'État a directement contribué, a voulu améliorer le référé devant les juridictions administratives, pallier le reproche de lenteur ou d'inefficacité qui leur était adressé, et empêcher les dérives de juridictions judiciaires statuant en référé dans des matières administratives sous prétexte de voie de fait.

Les procédures d'urgence n'étaient pourtant pas absentes du contentieux administratif. Celle du sursis à exécution, dont l'arrêt *Ouatah* du 20 déc. 2000 (Rec. 643, concl. Lamy ; RFDA 2001.371, concl. ; AJ 2001.146, chr. Guyomar et Collin ; LPA 19 mars 2001, note Maillol) a jeté les derniers feux, faisait partie du droit commun. Elle a été illustrée particulièrement par l'arrêt (Ass.) du 12 nov. 1938, *Chambre syndicale des constructeurs de moteurs d'avions* (Rec. 840 ; D. 1939.3.12, concl. Dayras ; S. 1939.3.65, concl.). Le législateur en avait aménagé d'autres, par une sorte d'empilement successif, dont la clarté n'était pas le principal mérite.

2 La loi du 30 juin 2000 a institué deux nouvelles procédures de référés en urgence, celle du référé-suspension (art. L. 521-1 CJA), et celle du référé-liberté (art. L. 521-2), dont la jurisprudence a eu, dès les premiers jours de l'année 2001, à préciser les conditions d'application.

Avant de le faire pour chacun des deux référés, elle a eu à déterminer s'ils pouvaient être engagés par une même requête. La réponse est négative (CE, Sect., 28 févr. 2001, *Philippart et Lesage*, Rec. 111 ; RFDA 2001.390, concl. Chauvaux ; D. 2002.2225, obs. Vandermeeren) car « en distinguant les deux procédures..., le législateur a entendu répondre à des situations différentes ; les conditions... ne sont pas les mêmes, non plus que les pouvoirs dont dispose le juge des référés » (CE ord. 28 févr. 2003, *Commune de Pertuis*, Rec. 68 ; AJ 2003.1171, note Cassia et Béal ; JCP Adm. 2003.1584, note Quillien ; GACA, n° 16). Mais, saisi de deux requêtes ayant le même objet, fondées l'une sur l'article L. 521-1, l'autre sur l'article L. 521-2, le Conseil d'État les joint pour statuer par une seule ordonnance (CE ord. 6 juill. 2020, *Confédération générale du travail et autres, Association SOS Racisme*, nos 441257, 441263).

I. — Le référé-suspension

3 *A.* — Le référé-suspension de l'article L. 521-1 CJA peut porter sur *toute décision administrative, même de rejet,* explicite ou implicite, positive ou négative. Il peut porter aussi sur un contrat administratif, en même temps qu'un recours au fond contre celui-ci selon la jurisprudence *Tarn-et-Garonne** (par ex. CE 9 oct. 2020, *Commune de Montpellier*, Rec. 841, CMP 2020, comm. 346, Dietenhoeffer).

Une décision de rejet a pendant longtemps été considérée comme insusceptible de faire l'objet de l'ancien sursis à exécution (CE, Ass., 23 janv. 1970, *Ministre d'État chargé des affaires sociales c. Amoros*, Rec. 51 ; AJ 1970.174, note Delcros ; RD publ. 1970.1035, note M. Waline). Cette position était fondée sur deux principes.

Le premier est lié à la notion de décision exécutoire. Si « *le caractère exécutoire est la règle fondamentale du droit public* » (CE, Ass., 2 juill.

1982, *Huglo*, Rec. 257 ; AJ 1982.657, concl. Biancarelli, note Lukascewiez ; D. 1983.IR. 270, obs. P. Delvolvé, et J. 327, note Dugrip ; RA 1982.627, note Pacteau), un refus n'apparaît pas, le plus souvent, comme modifiant l'ordonnancement juridique : ne changeant rien, il n'est pas « *exécutoire* » ; dès lors, il n'y aurait pas matière à en ordonner le sursis à exécution.

Un deuxième principe, rappelé par l'arrêt *Amoros*, tient à ce que « *le juge administratif n'a pas qualité pour adresser des injonctions à l'administration* ». Ce principe, qui avait une portée générale (v. nos obs. sous CE 17 mai 1985, *Mme Menneret**), aurait été méconnu par le sursis à exécution d'une décision de rejet : il équivaudrait à ordonner à l'administration de prendre la décision contraire.

Cette jurisprudence a cédé devant deux considérations : les décisions de rejet ont des effets sur les administrés ; la législation sur l'injonction en matière administrative permet désormais au juge administratif d'ordonner à l'administration de prendre les mesures qu'implique nécessairement l'exécution d'un jugement ou d'un arrêt (v. CE 17 mai 1985, *Mme Menneret**). Par l'arrêt *Ouatah* du 20 déc. 2000 (v. *supra*), le Conseil d'État a abandonné la formule selon laquelle « *les juridictions administratives n'ont pas le pouvoir d'ordonner qu'il sera sursis à l'exécution d'une décision de rejet* ». À une demande de sursis à exécution d'un refus de délivrer un visa, il n'oppose plus l'irrecevabilité comme il le faisait précédemment. Il examine l'affaire au fond. Ainsi, s'agissant des décisions de rejet, l'arrêt *Ouatah* a aligné le sursis à exécution sur le référé-suspension, quelques jours avant que le second, se substituant au premier, soit recevable à l'égard de telles décisions.

Dans le cas où un recours contentieux doit obligatoirement être précédé d'un recours administratif lui-même non suspensif, a été admise la possibilité d'engager la procédure de référé-suspension sans attendre l'issue du recours administratif (CE, Sect., 12 oct. 2001, *Société Produits Roche*, Rec. 463 ; RFDA 2002.315, concl. Fombeur ; AJ 2002.123, chr. Guyomar et Collin ; CFPA mars 2002, p. 38, comm. Guyomar ; D. 2002.2226, obs. Vandermeeren ; JCP 2002.II.20020, note Cristol, GACA, n° 13).

4 *B.* — Comme pour l'ancien sursis à exécution, la demande de référé-suspension n'est recevable que si la décision sur laquelle elle porte fait l'objet d'un recours, en annulation ou en réformation, devant la juridiction administrative, y compris en matière fiscale.

Alors que pour le sursis à exécution, il fallait que « l'exécution de la décision attaquée risque d'entraîner des conséquences difficilement réparables » et que « les moyens énoncés dans la requête paraissent, en l'état de l'instruction, sérieux et de nature à justifier l'annulation », le référé-suspension peut jouer « lorsque l'urgence le justifie et qu'il est fait état d'un moyen propre à créer, en l'état de l'instruction, un doute sérieux quant à la légalité de la décision ».

1°) La condition de *l'urgence* n'était pas formellement exprimée pour le sursis à exécution mais elle était liée à celle des conséquences qu'entraînerait l'exécution de la décision. La jurisprudence avait atténué sa rigueur en passant d'un «*préjudice irréparable*» (par ex. CE 2 nov. 1889, *Jugy*, Rec. 874) à «*un état de fait qui entraînerait des changements importants... et qu'il serait pratiquement très difficile de modifier...*» (CE 12 nov. 1938, *Chambre syndicale des constructeurs de moteurs d'avions*, préc.), ou, de manière plus générale, à des «*conséquences difficilement réparables*» selon la formule reprise à l'article 54 du décret du 30 juill. 1963.

Désormais l'article L. 521-1 formule expressément la condition de l'urgence. Mais il ne la définit pas. Pour la reconnaître, l'arrêt rendu par le Conseil d'État (Sect.) le 19 janv. 2001, *Confédération nationale des radios libres* (Rec. 29 ; RFDA 2001.378, concl. Touvet ; AJ 2001.150, chr. Guyomar et Collin ; D. 2001.1414, note Seiller ; D. 2002.2220, obs. Vandermeeren ; GACA, n° 14) établit une double analyse : d'une part, «*la condition de l'urgence... doit être regardée comme remplie lorsque la décision administrative contestée préjudicie de manière suffisamment grave et immédiate à un intérêt public, à la situation du requérant ou aux intérêts qu'il défend*» ; d'autre part, «*il appartient au juge des référés... d'apprécier concrètement, compte tenu des justifications fournies par le requérant, si les effets... sur la situation de ce dernier ou, le cas échéant, des personnes concernées sont de nature à caractériser une urgence...*».

Ainsi l'urgence s'apprécie à la fois «objectivement et compte tenu de l'ensemble des circonstances de chaque espèce», c'est-à-dire «globalement» (CE, Sect., 28 févr. 2001, *Préfet des Alpes-Maritimes et Société Sud-Est Assainissement*, Rec. 109 ; AJ 2001.461, chr. Guyomar et Collin ; D. 2002.2222, obs. Vandermeeren ; GACA, n° 15).

L'assouplissement du référé-suspension est marqué par l'arrêt *Confédération nationale des radios libres*, admettant que la condition d'urgence peut être remplie «*alors même que cette décision n'aurait un objet ou des répercussions que purement financiers et que, en cas d'annulation, ses effets pourraient être effacés par une réparation pécuniaire*».

5 La condition de l'urgence a été considérée comme satisfaite à propos de décisions aussi diverses que le refus de l'ordre des chirurgiens-dentistes d'accorder à deux praticiens l'autorisation d'exercer leur profession à une nouvelle adresse (CE, Sect., 28 févr. 2001, *Philippart et Lesage*, préc.), le refus de convoquer un conseil municipal (CE 5 mars 2001, *Saez*), l'autorisation d'importer des cellules souches humaines d'origine embryonnaire et de procéder à des recherches sur elles (CE 13 nov. 2002, *Association Alliance pour les droits de la vie*, Rec. 393 ; AJ 2002.1506, concl. Chauvaux ; D. 2003.89, note Moutouh ; DA janv. 2003, p. 33, note J.-M. Février ; LPA 3 avr. 2003, note Pauvert), la mise en recouvrement d'une imposition pesant sur une société, «*eu égard à sa situation financière, au montant de l'imposition litigieuse et à l'étendue des mesures susceptibles d'être mises en œuvre par le comp-*

table chargé du recouvrement » (CE, Sect., 25 avr. 2001, *Ministre de l'économie, des finances et de l'industrie c. SARL Janfin*, Rec. 197, concl. Bachelier ; Dr. fisc. 2001.581 et RFDA 2001.837, concl. ; RA 2001.273, comm. Fouquet ; RJF 2001.611, chr. Maia), l'exportation et le transfert vers l'Inde de la coque de l'ancien porte-avions Clemenceau qu'avaient autorisés les autorités françaises (CE 15 févr. 2006, *Association Ban Asbestos France et association Greenpeace France*, Rec. 78 ; RD publ. 2006.1671, concl. Aguila, note Illiopoulou ; Dr. envir. 2006, n° 36, concl. ; AJ 2006.762, note Pontier ; LPA 27 févr. 2006, note Chaltiel), l'abattage de deux éléphants atteints de tuberculose (CE ord. 27 févr. 2013, *Société Promogil*, Rec. 766 ; AJ 2013.1870, note Blanco ; LPA 8 avr. 2013, note O. Le Bot), le refus d'immatriculation de véhicules (CE ord. 27 août 2013, *Société Mercédès-Benz France*, RJEP déc. 2013.22, note Chabrier), le décret sur la réservation préalable des véhicules avec chauffeur (CE ord. 5 févr. 2014, *Société Allocab*, AJ 2014.661, note M.L. ; DA mars 2014, p. 3, note Noguellou ; RJEP juill. 2014.31, note Bretonneau).

La condition d'urgence est parfois regardée comme présumée eu égard à la nature même d'une décision (par ex. la dissolution d'un établissement public de coopération intercommunale : CE 17 mars 2017, *Ministre de l'intérieur c. Communauté de communes de Cordais et du Cousse*, Rec. 489) ou encore le placement d'office d'un détenu à l'isolement (CE 7 juin 2019, *Mme Madani*, Rec. 199 ; v. n° 86.9).

Lorsque la condition de l'urgence n'est pas satisfaite, il n'est pas nécessaire d'examiner la question de la légalité de la décision.

6 *2°)* Si elle l'est, il faut encore, selon l'article L. 521-1, qu'il existe « *un moyen propre à créer... un doute sérieux quant à la légalité de la décision* ». La formule est moins forte que, précédemment, pour le sursis à exécution (« *moyens sérieux et de nature à justifier l'annulation* »). Dans les deux cas, l'appréciation de la légalité se fait « *en l'état de l'instruction* ». Aujourd'hui comme hier (par ex. CE, Sect., 9 déc. 1983, *Ville de Paris et autres*, Rec. 499, concl. Genevois ; AJ 1984.82, chr. Lasserre et Delarue), elle ne préjuge donc pas la solution qui sera rendue au fond.

Il suffit que le doute soit sérieux pour que la suspension puisse être ordonnée (par ex. CE, Sect., 28 févr. 2001, *Philippart et Lesage* ; CE ord. 22 déc. 2020, *Association « La Quadrature du Net »*, Rec. 750 : suspension de l'utilisation des drones à des fins de police administrative). Mais même « *une approche très souple du doute sur la légalité* », selon l'expression de Mme de Silva dans ses conclusions (RFDA 2001.673) sur l'arrêt du 14 mars 2001, *Ministre de l'intérieur c. Mme Ameur*, ne permet pas, eu égard à l'office du juge des référés, de retenir tout moyen.

7 *C.* — Lorsque les conditions du référé-suspension sont réunies, il appartient au juge de prendre les *mesures appropriées.*

Il garde à ce sujet le pouvoir d'appréciation que le Conseil d'État avait reconnu à propos du sursis à exécution.

La mesure essentielle est évidemment la *suspension* de l'exécution de la décision contestée.

Mais il ne s'agit que d'une mesure provisoire, qui ne peut valoir annulation. Lorsque le juge du fond n'a pas de pouvoir d'annulation, le juge du référé ne peut prononcer la suspension (ainsi pour une mesure prise par l'administration à l'égard de son cocontractant, CE 24 juin 2002, *Société Laser*, Rec. 857 ; BJCP 2002.465, concl. Bergeal). Il s'agit seulement d'empêcher l'exécution : lorsque la décision est entièrement exécutée, il n'y a plus lieu d'en suspendre l'exécution ; tel est le cas pour une décision relative à la conclusion d'un contrat, dont l'exécution est effective par la conclusion même de celui-ci (CE 27 nov. 2002, *Région Centre*, Rec. 854 ; BJCP 2003.150 concl. Le Chatelier).

Lorsque la suspension est possible, elle peut être limitée à certains des effets de la décision. Ainsi des arrêtés ministériels radiant des spécialités de la liste de médicaments peuvent n'être suspendus qu'en tant qu'ils ont fixé une période transitoire trop courte (CE 13 juin 2016, *Société Menarini France*, Rec. 879 ; v. n° 102.9).

Pour une décision de rejet, « il appartient au juge des référés, même en l'absence de conclusions expresses, d'assortir la mesure de suspension de l'indication des obligations qui en découlent » (CE 27 juill. 2001, *Ministre de l'emploi et de la solidarité c. Vedel*, Rec. 416).

Peut être utilisé, dans le cadre du référé-suspension, le pouvoir d'injonction reconnu au juge administratif pour ordonner à l'administration de prendre les mesures qu'impose nécessairement l'exécution du jugement ou de l'arrêt, le cas échéant sous astreinte (v. nos obs. sous CE 17 mai 1985, *Mme Menneret**). Ainsi, par l'arrêt *Philippart et Lesage*, le Conseil d'État, après avoir suspendu la décision refusant aux intéressés l'autorisation de s'installer, fait injonction au Conseil national de l'ordre des chirurgiens-dentistes de leur délivrer, « *sous un délai de huit jours à compter de la notification de la présente décision, une autorisation provisoire d'installation* ». Dans *l'affaire de Venelles*, l'arrêt *Saez*, après avoir suspendu la décision du maire refusant de convoquer le conseil municipal, lui ordonne de le réunir avant le 7 mars 2001 à 18 heures : il ne s'agit plus d'une mesure provisoire, mais elle se limite à un moment donné.

Le retournement de la jurisprudence *Amoros* réalisé par l'arrêt *Ouatah* est ainsi complet avec cette nouvelle jurisprudence : l'absence du pouvoir d'injonction empêchait le sursis à exécution d'une décision de rejet ; désormais la suspension d'une décision négative peut entraîner l'injonction de prendre la décision positive contraire.

La crise sanitaire provoquée par le coronavirus a donné lieu à moins de référés-suspension que de référés-liberté.

II. — Le référé-liberté

8 L'article L. 521-2 du CJA permet au juge administratif d'assurer lui-même par une procédure d'urgence la sauvegarde des libertés publiques.

Sa portée a conduit le Tribunal des conflits, par son arrêt du 17 juin 2013, *Bergoend c. Société ERDF Annecy Léman**, à réduire la définition de la voir de fait, tant le référé-liberté est désormais efficace.

A. — Son objet est de protéger les libertés fondamentales auxquelles il est porté atteinte par l'administration.

9 *1°)* « La notion de liberté fondamentale est… une des plus délicates » (concl. L. Touvet, concl. préc. sur CE 18 janv. 2001, *Commune de Venelles* et 19 janv. 2001, *Confédération nationale des radios libres*). La conception adoptée par le Conseil d'État couvre les libertés ayant fait l'objet d'une reconnaissance et d'une protection au niveau constitutionnel, international ou législatif.

Il s'agit d'abord des libertés proprement dites : la liberté individuelle et la liberté personnelle, incluant la liberté de conscience (CE 26 août 2016, *Ligue des droits de l'Homme et autres* et *Assoc. de défense des droits de l'Homme – Collectif contre l'islamophobie en France*, Rec. 390 ; v. n° 42.4) ; la liberté d'aller et venir (CE 9 janv. 2001, *Deperthes*, Rec. 1) ; la liberté de culte (CE ord. 25 août 2005, *Commune de Massat*, Rec. 386 ; AJ 2006.91, note Subra de Bieusses ; JCP 2006.II.10024, note Quiriny) ; la liberté d'expression (CE ord. 9 janv. 2014, *Ministre de l'intérieur c. Société les Productions de la Plume et Dieudonné M'Bala M'Bala*, Rec. 1 ; v. n° 42.5) ; la liberté de réunion (CE ord. 19 août 2002, *Front national, Institut de formation des élus locaux*, Rec. 311 ; v. n° 42.5) ; la liberté du commerce et de l'industrie, composante de la liberté d'entreprendre (CE ord. 12 nov. 2001, *Commune de Montreuil-Bellay*, Rec. 551 ; v. n° 59.3 ; la liberté syndicale (CE 31 mai 2007, *Syndicat CFDT Interco 28*, Rec. 223 ; AJ 2007.1237, chr. Lenica et Boucher ; JCP Adm. 2007.2293, note Dieu) ; et même la liberté des collectivités territoriales (*Commune de Venelles**) ; plus généralement les « libertés fondamentales que l'ordre juridique de l'Union européenne attache au statut de citoyen de l'Union » (CE ord. 9 déc. 2014, *Mme Pouabem*, Rec. 379 ; AJ 2015.379 ; AJ 2015.1116, note M. Gautier).

Des droits font partie aussi des libertés fondamentales : notamment le droit de propriété, d'ailleurs indissociable de la liberté selon la Déclaration de 1789 (CE 29 mars 2002, *SCI Stepaur*, Rec. 117 ; AJ 2003.345, note Grosieux ; D. 2003.1115, note Martin ; JCP 2002.II.10179, note Zarka ; RFDA 2003.270, notes Lequette et Pez) ; le droit au respect de la vie (CE, Sect., 16 nov. 2011, *Ville de Paris et Société d'économie mixte PariSeine*, Rec. 552, concl. Botteghi ; BJCL 2012.60 et RFDA 2012.269, concl. ; DA févr. 2012.18, note Spitz ; JCP Adm. 2012.2017, note Pacteau ; JCP 2012.24, note Le Bot ; RJEP févr. 2012.20, note Chabrier), particulièrement celui de la vie privée (CE ord. 25 oct. 2007, *Mme Y.*, Rec. 1013 ; RFDA 2008.328, note Le Bot) ; le droit de mener une vie familiale normale (CE, Sect., 30 oct. 2001, *Ministre de l'intérieur c. Mme Tliba*, Rec. 523 ; RFDA 2002.324, concl. de Silva ; AJ 2001.1054, concl. et chr. Guyomar et Collin ; GACA, n° 18 ; le droit de ne pas être soumis à des traitements inhumains et dégradants (CE ord. 22 déc. 2012, *Section française de l'Observatoire international des prisons*, Rec. 496 ; JCP Adm. 2013.2017, note Koubi ; GADLF, n° 62) ; le droit d'exercer un recours individuel effectif devant une juridiction (CE ord. 30 juin 2009, *Ministre de l'intérieur, de l'outre-mer et des collectivités territoriales c. Beghal*, Rec. 240) ; le droit à un hébergement d'urgence (CE, Sect., 13 juill. 2016, *Ministre des affaires sociales et de la santé c. M. et Mme Rumija*, Rec. 363) ; le droit d'asile, avec pour corollaire le droit de solliciter le statut de réfugié (CE ord. 12 janv. 2001, *Mme Hyacinthe*, Rec. 12 ; AJ 2001.589, note Morri et Slama) ; et évidemment le droit de grève (CE 9 déc. 2003, *Mme Aguillon*, Rec. 497 ; v. n° 57.13).

Peuvent être considérées comme portant atteinte aux libertés fondamentales certaines discriminations eu égard aux motifs qui les inspirent ou aux effets qu'elles produisent sur l'exercice d'une liberté, alors que normalement la méconnaissance du principe d'égalité ne révèle pas, par elle-même, une atteinte de cette nature (CE, Sect., 28 févr. 2001, *Casanovas*, Rec. 107 ; RFDA 2001.399, concl. Fombeur ; AJ 2001.971, note Legrand et Janicot ; D. 2002.2229, obs. Vandermeeren).

10 *2°)* Le référé-liberté ne peut jouer que s'il est porté à des libertés fondamentales par l'administration une atteinte grave et manifestement illégale et que s'il y a urgence à y remédier.

L'atteinte à une liberté peut résulter : – non seulement d'une autorité administrative proprement dite, mais aussi d'un organisme de droit privé chargé de la gestion d'un service public dans l'exercice de ses pouvoirs, dans le prolongement de la jurisprudence *Montpeurt** (par ex. CE 4 avr. 2019, *Société France Télévisions*, Rec. 105) ; – non seulement d'un comportement actif mais aussi d'une abstention, constitutive de carence (CE, Sect., 16 nov. 2011, *Ville de Paris et Société d'économie mixte PariSeine*, préc. : absence de mesures de sécurité) ; – non seulement d'une décision, mais aussi d'un comportement de fait (CE ord. 22 déc. 2012, *Section française de l'Observatoire international des prisons*, préc. : caractère sordide des prisons).

La gravité de l'atteinte s'apprécie à la fois au regard de la situation personnelle de l'intéressé et de la liberté invoquée. Le caractère manifeste de l'illégalité peut ressortir d'une analyse précise, soit pour l'écarter (par ex. *Ministre de l'intérieur c. Mme Tliba*, préc.), soit pour l'admettre (par ex. *Front national*, préc.).

La condition de l'urgence est appréciée plus strictement que dans le référé-suspension car elle implique qu'une mesure doive être prise dans les 48 heures, mais elle l'est, comme dans le référé-provision, de façon à la fois globale et concrète.

Le cumul d'une atteinte grave et manifestement illégale, d'une part, et de l'urgence, d'autre part, conduira le juge à ordonner les mesures nécessaires.

11 *B.* — Ces mesures doivent être nécessaires à la sauvegarde de la liberté à laquelle il est porté atteinte. Elles peuvent être, non seulement la suspension d'une décision, mais aussi l'injonction d'adopter des mesures juridiques et des solutions pratiques (par ex. CE 31 juill. 2017, *Commune* *de Calais et ministre d'État, ministre de l'intérieur*, Rec. 296 ; JCP Adm. 2017.2225, concl. Dieu).

Ces mesures de sauvegarde doivent en principe présenter un caractère provisoire, apprécié au regard de leur objet et de leurs effets, en particulier leur caractère réversible, sauf si la sauvegarde effective de la liberté en cause impose de prendre une mesure qui ne peut être provisoire (CE 31 mai 2007, *Syndicat CFDT Interco 28*, préc.).

Par exemple ont été ordonnées la restitution à une section syndicale d'un local, des biens et documents qui s'y trouvaient (même arrêt), les mesures nécessaires pour assurer l'hygiène et la salubrité dans les prisons (CE 28 juill. 2017, *Section française de l'Observatoire international des prisons*, Rec. 285, concl. Crépey ; AJ 2017, 2540, note Le Bot) et à Calais (CE 31 juill. 2017, *Commune de Calais et ministre d'État, ministre de l'intérieur*, préc.)

La maturité à laquelle était parvenue la jurisprudence avant la crise du coronavirus a permis de faire face aux nombreux référés-liberté engagés contre les mesures de police sanitaire adoptées : 647 l'ont été de mars 2020 à mars 2021 (d'autres l'ont encore été ultérieurement) ; dans 51 affaires, des mesures ont été suspendues et d'autres ont été ordonnées. Certaines ordonnances ont été signalées dans nos observations sous d'autres décisions du Conseil d'État : 19 févr. 1909, *Abbé Olivier** pour la liberté de culte ; 19 mai 1933, *Benjamin** pour la liberté de réunion et la liberté de manifestation; 22 juin 1951, *Daudignac** pour la liberté du commerce et de l'industrie ; 17 févr. 1995, *Hardouin, Marie** pour la situation dans les prisons ; 18 déc. 1959, *Société « Les films Lutetia »** pour la liberté des spectacles et pour la combinaison des pouvoirs de police des autorités nationales et des autorités locales ; 8 déc. 1978, *GISTI** pour les droits des étrangers ; et plus généralement 28 juin 1918, *Heyriès** pour l'état d'urgence. On peut relever ici d'autres ordonnances significatives et dépassant les solutions exposées ailleurs.

D'emblée, par l'ordonnance du 22 mars 2020, *Syndicat Jeunes médecins* (AJ 2020.851, note Vallar ; RFDA 2020.641, note P. Delvolvé ; RDLF 2020, chr. 12 Dupré de Boulois), rendue collégialement, le Conseil d'État a placé au premier rang « *le droit au respect de la vie* », qui « *constitue une liberté fondamentale* » : « *Lorsque l'action ou la carence de l'autorité publique crée un danger caractérisé et imminent pour la vie des personnes, portant ainsi une atteinte grave et manifestement illégale à cette liberté fondamentale, le juge des référés peut… prescrire toutes les mesures de nature à faire cesser le danger résultant de cette action ou de cette carence… en tenant compte des moyens dont dispose l'autorité administrative compétente et des mesures qu'elle a, dans ce cadre, déjà prises.* ». C'est ainsi que, si a été rejetée une demande de mesures de confinement plus strictes, a été *« enjoint au Premier ministre et au ministre de la santé, de… – préciser la portée de la dérogation au confinement pour raison de santé ; – réexaminer le maintien de la dérogation pour déplacements brefs, à proximité du domicile… ; – évaluer les risques pour la santé publique du maintien en fonctionnement des marchés ouverts, compte tenu de leur taille et de leur niveau de fréquentation* » – ce qui est une incursion dans l'action gouvernementale.

D'autres ordonnances combinent le droit au respect de la vie (voire le droit à la vie) et le droit à la protection de la santé – lesquels ne peuvent imposer l'adoption de mesures pour faciliter l'utilisation d'un médicament controversé comme l'hydroxychloroquine (CE ord. 28 mars 2020, *Bonnet et autres*, Rec. 908). S'en distingue le droit au respect de la vie privée, notamment en ce qui concerne la protection des données personnelles, auquel ont porté atteinte des mesures de surveillance par drone, justifiant leur censure (CE ord. 18 mai 2020, *Association « La Quadrature du Net », Ligue des droits de l'Homme*, AJ 2020.1522, note X. Bioy ; D. 2020.1336, note P. E. Audit ; RTDH 2021.97, note Vandernacht), mais non, en raison de certaines précautions, l'« hébergement » de données de santé (CE ord. 23 oct. 2020, *Association Le Conseil national du logiciel libre*, AJ 2021.741, note Cluzel-Métayer).

Le droit à un procès équitable et les droits de la défense s'opposent à la tenue d'audiences en visio-conférence devant les juridictions criminelles (CE ord. 27 nov. 2020, *Association des avocats pénalistes et autres*, n° 446712) et les autres juridictions pénales (CE ord. 12 févr. 2021, *Syndicat des avocats de France, Conseil national des barreaux* ; AJ 2021.1454, note Suraud), comme l'ont jugé aussi, statuant au fond, le Conseil constitutionnel (15 janv. 2021, *n° 2020-872 QPC*) et le Conseil d'État (5 mars 2021, *Ordre des avocats au Conseil d'État et à la Cour de cassation et Beshoret* ; v. n° 97.10).

Aux libertés proprement dites, il a été porté atteinte cumulativement par plusieurs interdictions. Ainsi, alors que l'interdiction des remontées mécaniques a porté atteinte à la liberté d'aller et venir, à la liberté d'entreprendre, au principe de libre administration des collectivités territoriales, elle avait pour objectif, dans le contexte de la situation épidémique, de limiter les contaminations supplémentaires occasionnées par des flux importants de déplacements et n'a pas été constitutive d'une atteinte manifestement illégale (CE ord. 11 déc. 2020, *Syndicat Domaines skiables de France et autres*, n° 447208).

À la liberté individuelle, il a été porté une atteinte grave et manifestement illégale par le caractère général et absolu de l'interdiction de sortie des résidents des EPHAD (CE ord. 3 mars 2021, *Mme Demay et autres*, AJ 2021.1281, note Zachayus ; JCP 2021.300, note Veron, et 441, note Rousset), mais non, en l'état, au regard des objectifs poursuivis, par les mesures de couvre-feu et de confinement s'appliquant aux personnes vaccinées (CE ord. 1er avr. 2021, *B*, JCP Adm. 2021.2197, note Boyer-Capelle).

Ainsi tout le spectre des libertés et droits fondamentaux a été couvert. L'appréciation des mesures contestées a donné lieu à un examen particulier de la corrélation des mesures prises et des circonstances sanitaires. Le rejet des demandes n'empêchait pas de rappeler à l'administration les obligations à observer et de réserver de nouvelles appréciations en cas de changement des circonstances.

Le référé-liberté s'est ainsi trouvé au carrefour de la jurisprudence sur les mesures de police (*Benjamin**), sur les changements de circonstances (*Despujol**, *Compagnie Alitalia**) et sur l'injonction (*Mme Menneret**).

95

PROCÉDURE DEVANT LE JUGE ADMINISTRATIF ET EXIGENCES DU PROCÈS ÉQUITABLE

Cour européenne des droits de l'Homme, 7 juin 2001, *Kress c. France*
(AJ 2001.675, note Rolin, D. 2003.152, chr. Guinchard ; JCP 2001.II.10578, note Sudre ; RD publ. 2001.895, comm. Maubernard ; 983, note Prétot ; 2002.684, obs. Gonzalez ; D. 2001.2611, note Andriantsimbazovina ; D. 2001.2619, note R. Drago ; RFDA 2001.991, note Genevois ; RFDA 2001.1000, note Autin et Sudre ; le Journal des droits de l'Homme, suppl. au journal « Les Annonces légales de la Seine » 9 août 2001, note Favreau ; RTD eur. 2001.727, note Benoit-Rohmer ; RTDH 2002.223, note Sermet ; Gaz. Pal. 4-5 oct. 2002, note Cohen-Jonathan, AJ 2007.1433, trib. Sermet)

La Cour :

....

En droit :

Sur la violation alléguée de l'article 6 § 1 de la Convention au regard de l'équité de la procédure :

....

A. Argumentation des parties.

(...)

B. Appréciation de la Cour

63. La requérante se plaint, sous l'angle de l'article 6 § 1 de la Convention, de ne pas avoir bénéficié d'un procès équitable devant les juridictions administratives. Ce grief se subdivise en deux branches : la requérante ou son avocat n'a pas eu connaissance des conclusions du commissaire du gouvernement avant l'audience et n'a pu y répondre après, car le commissaire du gouvernement parle en dernier ; en outre, le commissaire assiste au délibéré, même s'il ne vote pas, ce qui aggraverait la violation du droit à un procès équitable résultant du non-respect du principe de l'égalité des armes et du droit à une procédure contradictoire.

1. Rappel de la jurisprudence pertinente

64. La Cour relève que sur les points évoqués ci-dessus, la requête soulève, *mutatis mutandis*, des problèmes voisins de ceux examinés par la Cour dans plusieurs affaires concernant le rôle de l'avocat général ou du procureur général à la Cour de cassation ou à la Cour suprême en Belgique, au Portugal, aux Pays-Bas et en France (v. les arrêts Borgers c. Belgique du 30 oct. 1991, série A n° 214-B, Vermeulen c. Belgique et Lobo Machado c. Portugal du 20 févr. 1996, Recueil 1996-I, Van Orshoven c. Belgique du 25 juin 1997, Recueil 1997-III, et les deux arrêts J.J. et K.D.B. c. Pays-Bas du 27 mars 1998, Recueil 1998-II ; voir également l'arrêt Reinhardt et Slimane-Kaïd c. France du 31 mars 1998, *ibidem*).

65. Dans toutes ces affaires, la Cour a conclu à la violation de l'article 6 § 1 de la Convention à raison de la non-communication préalable soit des conclusions du procureur général ou de l'avocat général, soit du rapport du conseiller rapporteur, et de l'impossibilité d'y répondre. La Cour rappelle en outre que, dans son arrêt Borgers, qui concernait le rôle de l'avocat général devant la Cour de cassation dans une procédure pénale, elle avait conclu au non-respect de l'article 6 § 1 de la Convention, en se fondant surtout sur la participation de l'avocat général au délibéré de la Cour de cassation, qui avait emporté violation du principe de l'égalité des armes (v. paragraphe 28 de l'arrêt).

Ultérieurement, la circonstance aggravante de la participation aux délibérés du procureur ou de l'avocat général n'a été retenue que dans les affaires Vermeulen et Lobo Machado, où elle avait été soulevée par les requérants (arrêts précités, respectivement 34 et 32) ; dans tous les autres cas, la Cour a mis l'accent sur la nécessité de respecter le droit à une procédure contradictoire, en relevant que celui-ci impliquait le droit pour les parties à un procès de prendre connaissance de toute pièce ou observation présentée au juge, même par un magistrat indépendant, et de la discuter.

Enfin, la Cour rappelle que les affaires Borgers c. Belgique, J.J. c. Pays-Bas et Reinhardt et Slimane-Kaïd c. France concernaient des procédures pénales ou à connotation pénale. Les affaires Vermeulen c. Belgique, Lobo Machado c. Portugal et K.D.B. c. Pays-Bas avaient trait à des procédures civiles ou à connotation civile tandis que l'affaire Van Orshoven c. Belgique concernait une procédure disciplinaire contre un médecin.

2. Quant à la spécificité alléguée de la juridiction administrative

66. Aucune de ces affaires ne concernait un litige porté devant les juridictions administratives et la Cour doit donc examiner si les principes dégagés dans sa jurisprudence, telle que rappelée ci-dessus, trouvent à s'appliquer en l'espèce.

67. Elle observe que, depuis l'arrêt Borgers de 1991, tous les gouvernements se sont attachés à démontrer devant la Cour que, dans leur système juridique, leurs avocats généraux ou procureurs généraux étaient différents du procureur général belge, tant du point de vue organique que fonctionnel. Ainsi, leur rôle serait différent selon la nature du contentieux (pénal ou civil, voire disciplinaire), ils ne seraient pas partie à la procédure ni l'adversaire de quiconque, leur indépendance serait garantie et leur rôle se limiterait à celui d'un *amicus curiae* agissant dans l'intérêt général ou pour assurer l'unité de la jurisprudence.

68. Le gouvernement français ne fait pas exception : il soutient, lui aussi, que l'institution du commissaire du gouvernement au sein du contentieux administratif français diffère des autres institutions critiquées dans les arrêts précités, parce qu'il n'existe aucune distinction entre siège et parquet au sein des juridictions administratives, que le commissaire du gouvernement, du point de vue statutaire, est un juge au même titre que tous les autres membres du Conseil d'État et que, du point de vue fonctionnel, il est exactement dans la même situation que le juge rapporteur, sauf qu'il s'exprime publiquement mais ne vote pas.

69. La Cour admet que, par rapport aux juridictions de l'ordre judiciaire, la juridiction administrative française présente un certain nombre de spécificités, qui s'expliquent par des raisons historiques.

Certes, *la création et l'existence même de la juridiction administrative peuvent être saluées comme l'une des conquêtes les plus éminentes d'un État de droit*, notamment parce que la compétence de cette juridiction pour juger les actes de l'administration n'a pas été acceptée sans heurts. Encore aujourd'hui, les modalités de recrutement du juge administratif, son statut particulier, différent de celui de la magistrature judiciaire, tout comme les spécificités du fonctionnement de la justice administrative (paragraphes 33-52 ci-dessus) témoignent de la difficulté qu'éprouva le pouvoir exécutif pour accepter que ses actes soient soumis à un contrôle juridictionnel.

Pour ce qui est du commissaire du gouvernement, la Cour en convient également, il n'est pas contesté que son rôle n'est nullement celui d'un ministère public ni qu'il présente un caractère *sui generis* propre au système du contentieux administratif français.

70. Toutefois, la seule circonstance que la juridiction administrative, et le commissaire du gouvernement en particulier, existent depuis plus d'un siècle et fonctionnent, selon le gouvernement, à la satisfaction de tous, ne saurait justifier un manquement aux règles actuelles du droit européen (voir arrêt Delcourt du 17 janv. 1970, série A n° 11, § 36). La Cour rappelle à cet égard que la Convention est un instrument vivant à interpréter à la lumière des conditions de vie actuelles et des conceptions prévalant de nos jours dans les États démocratiques (voir, notamment, l'arrêt Burghartz c. Suisse du 22 févr. 1994, série A. n° 280-B, § 28).

71. *Nul n'a jamais mis en doute l'indépendance ni l'impartialité du commissaire du gouvernement*, et la Cour estime qu'au regard de la Convention, son existence et son statut organique ne sont pas en cause. Toutefois, la Cour considère que l'indépendance du commissaire du gouvernement et le fait qu'il n'est soumis à aucune hiérarchie, ce qui n'est pas contesté, ne sont pas en soi suffisants pour affirmer que la non-communication de ses conclusions aux parties et l'impossibilité pour celles-ci d'y répliquer ne seraient pas susceptibles de porter atteinte aux exigences d'un procès équitable.

En effet, il convient d'attacher une grande importance au rôle réellement assumé dans la procédure par le commissaire du gouvernement et plus particulièrement au contenu et aux effets de ses conclusions (voir, par analogie et parmi beaucoup d'autres, l'arrêt Van Orshoven précité, § 39).

3. En ce qui concerne la non-communication préalable des conclusions du commissaire du gouvernement et l'impossibilité d'y répondre à l'audience

72. La Cour rappelle que le principe de l'égalité des armes – l'un des éléments de la notion plus large de procès équitable – requiert que chaque partie se voit offrir une possibilité raisonnable de présenter sa cause dans des conditions qui ne la placent pas dans une situation de net désavantage par rapport à son adversaire (voir, parmi beaucoup d'autres, l'arrêt Nideröst-Huber c. Suisse du 18 févr. 1997, Recueil 1997-I, § 23).

73. Or, indépendamment du fait que, dans la majorité des cas, les conclusions du commissaire du gouvernement ne font pas l'objet d'un document écrit, la Cour relève qu'il ressort clairement de la description du déroulement de la procédure devant le Conseil d'État (paragraphes 40 à 52 ci-dessus) que le commissaire du gouvernement présente ses conclusions pour la première fois oralement à l'audience publique de jugement de l'affaire et que tant les parties à l'instance que les juges et le public en découvrent le sens et le contenu à cette occasion.

La requérant ne saurait tirer du droit à l'égalité des armes reconnu par l'article 6 § 1 de la Convention le droit de se voir communiquer, préalablement à l'audience, des conclusions qui ne l'ont pas été à l'autre partie à l'instance, ni au rapporteur, ni aux juges de la formation de jugement (voir l'arrêt Nideröst-Huber, précité, § 23). Aucun manquement à l'égalité des armes ne se trouve donc établi.

74. Toutefois, la notion de procès équitable implique aussi en principe le droit pour les parties à un procès de prendre connaissance de toute pièce ou observation soumise au juge, fût-ce par un magistrat indépendant, en vue d'influencer sa décision, et de la discuter (voir les arrêts précités Vermeulen c. Belgique, § 33, Lobo Machado c. Portugal, § 31, Van Orshoven c. Belgique, § 41, K.D.B. c. Pays-Bas, § 44 et Nideröst-Huber c. Suisse, § 24).

75. Pour ce qui est de l'impossibilité pour les parties de répondre aux conclusions du commissaire du gouvernement à l'issue de l'audience de jugement, la Cour se réfère à l'arrêt Reinhardt et Slimane-Kaïd du 31 mars 1998 (préc.). Dans cette affaire, elle avait constaté une violation de l'article 6 § 1 du fait que le rapport du conseiller rapporteur, qui avait été communiqué à l'avocat général, ne l'avait pas été aux parties (voir paragraphe 105 de l'arrêt). En revanche, s'agissant des conclusions de l'avocat général, la Cour s'est exprimée comme suit au paragraphe 106 de son arrêt : « L'absence de communication des conclusions de l'avocat général est pareillement sujette à caution. De nos jours, certes, l'avocat général informe avant le jour de l'audience les conseils des parties du sens de ses propres conclusions et, lorsque, à la demande desdits conseils, l'affaire est plaidée, ces derniers ont la possibilité de répliquer aux conclusions oralement ou par une note en délibéré (…). Eu égard au fait que seules des questions de pur droit sont discutées devant la Cour de cassation et que les parties y sont représentées par des avocats hautement spécialisés, une telle pratique est de nature à offrir à celles-ci la possibilité de prendre connaissance des conclusions litigieuses et de les commenter dans des conditions satisfaisantes. Il n'est toutefois pas avéré qu'elle existât à l'époque des faits de la cause ».

76. Or, à la différence de l'affaire Reinhardt et Slimane-Kaïd, il n'est pas contesté que *dans la procédure devant le Conseil d'État, les avocats qui le souhaitent peuvent demander au commissaire du gouvernement, avant l'audience, le sens général de ses conclusions. Il n'est pas davantage contesté que les parties peuvent répliquer, par une note en délibéré, aux conclusions du commissaire du gouvernement, ce qui permet*, et c'est essentiel aux yeux de la Cour, *de contribuer au respect du principe du contradictoire.* C'est d'ailleurs ce que fit l'avocat de la requérante en l'espèce (paragraphe 26 ci-dessus).

Enfin, *au cas où le commissaire du gouvernement invoquerait oralement lors de l'audience un moyen non soulevé par les parties, le président de la formation de jugement ajournerait l'affaire pour permettre aux parties d'en débattre* (paragraphe 49 ci-dessus).

Dans ces conditions, la Cour estime que la procédure suivie devant le Conseil d'État offre suffisamment de garanties au justiciable et qu'aucun problème ne se pose sous l'angle du droit à un procès équitable pour ce qui est du respect du contradictoire.

Partant, il n'y a pas eu violation de l'article 6 § 1 de la Convention à cet égard.

4. En ce qui concerne la présence du commissaire du gouvernement au délibéré du Conseil d'État

77. Sur ce point, la Cour constate que l'approche soutenue par le gouvernement consiste à dire que, puisque le commissaire du gouvernement est un membre à part entière de la formation de jugement, au sein de laquelle il officie en quelque sorte comme un deuxième rapporteur, rien ne devrait s'opposer à ce qu'il assiste au délibéré, ni même qu'il vote.

78. Le fait qu'un membre de la formation de jugement ait exprimé en public son point de vue sur l'affaire pourrait alors être considéré comme participant à la transparence du processus décisionnel. Cette transparence est susceptible de contribuer à une meilleure acceptation de la décision par les justiciables et le public, dans la mesure où les conclusions du commissaire du gouvernement, si elles sont suivies par la formation de jugement, constituent une sorte d'explication de texte de l'arrêt. Dans le cas contraire, lorsque les conclusions du commissaire du gouvernement ne se reflètent pas dans la solution adoptée par l'arrêt, elles constituent une sorte d'opinion dissidente qui nourrira la réflexion des plaideurs futurs et de la doctrine.

La présentation publique de l'opinion d'un juge ne porterait en outre pas atteinte au devoir d'impartialité, dans la mesure où le commissaire du gouvernement, au moment du délibéré, n'est qu'un juge parmi d'autres et que sa voix ne saurait peser sur la décision des autres juges au sein desquels il se trouve en minorité, quelle que soit la formation dans laquelle l'affaire est examinée (sous-section, sous-sections réunies, Section ou Assemblée). Il est d'ailleurs à noter que, dans la présente affaire, la requérante ne met nullement en cause l'impartialité subjective ou l'indépendance du commissaire du gouvernement.

79. Toutefois, la Cour observe que cette approche ne coïncide pas avec le fait que, si le commissaire du gouvernement assiste au délibéré, il n'a pas le droit de voter. La Cour estime qu'en lui interdisant de voter, au nom de la règle du secret du délibéré, le droit interne affaiblit sensiblement la thèse du gouvernement, selon laquelle le commissaire du gouvernement est un véritable juge, car un juge ne saurait, sauf à se déporter, s'abstenir de voter. Par ailleurs, il serait difficile d'admettre qu'une partie des juges puisse exprimer publiquement leur opinion et l'autre seulement dans le secret du délibéré.

80. En outre, en examinant ci-dessus le grief de la requérante concernant la non-communication préalable des conclusions du commissaire du gouvernement et l'impossibilité de lui répliquer, la Cour a accepté que le rôle joué par le commissaire pendant la procédure administrative requiert l'application de garanties procédurales en vue d'assurer le respect du principe du contradictoire (paragraphe 76 ci-dessus). La raison qui a amené la Cour à conclure à la non-violation de l'article 6 § 1 sur ce point n'était pas la neutralité du commissaire du gouvernement vis-à-vis des parties mais le fait que la requérante jouissait de garanties procédurales suffisantes pour contrebalancer son pouvoir. La Cour estime que ce constat entre également en ligne de compte pour ce qui est du grief concernant la participation du commissaire du gouvernement au délibéré.

81. Enfin, *la théorie des apparences doit aussi entrer en jeu :* en s'exprimant publiquement sur le rejet ou l'acceptation des moyens présentés par l'une des parties, le commissaire du gouvernement pourrait être légitimement considéré par les parties comme prenant fait et cause pour l'une d'entre elles.

Pour la Cour, un justiciable non rompu aux arcanes de la justice administrative peut assez naturellement avoir tendance à considérer comme un adversaire un commissaire du gouvernement qui se prononce pour le rejet de son pourvoi. À l'inverse, il est vrai, un justiciable qui verrait sa thèse appuyée par le commissaire le percevrait comme son allié.

La Cour conçoit en outre qu'un plaideur puisse éprouver un sentiment d'inégalité si, après avoir entendu les conclusions du commissaire dans un sens défavorable à sa thèse à l'issue de l'audience publique, il le voit se retirer avec les juges de la formation de jugement afin d'assister au délibéré dans le secret de la chambre du conseil (voir, *mutatis mutandis*, l'arrêt *Delcourt c. Belgique* du 17 janv. 1970, série A n° 11, p. 17, § 30).

82. Depuis l'arrêt Delcourt, la Cour a relevé à de nombreuses reprises que, si l'indépendance et l'impartialité de l'avocat général ou du procureur général auprès de certaines cours suprêmes n'encouraient aucune critique, la sensibilité accrue du public aux garanties d'une bonne justice justifiait l'importance croissante attribuée aux apparences (voir l'arrêt Borgers précité, § 24).

C'est pourquoi la Cour a considéré que, indépendamment de l'objectivité reconnue de l'avocat général ou du procureur général, celui-ci, en recommandant l'admission ou le rejet d'un pourvoi, devenait l'allié ou l'adversaire objectif de l'une des parties et que sa présence au délibéré lui offrait, fût-ce en apparence, une occasion supplémentaire d'appuyer ses conclusions en chambre du conseil, à l'abri de la contradiction (voir les arrêts Borgers, Vermeulen et Lobo Machado précités, respectivement 26, 34 et 32).

83. La Cour ne voit aucune raison de s'écarter de la jurisprudence constante rappelée ci-dessus, même s'agissant du commissaire du gouvernement, dont l'opinion n'emprunte cependant pas son autorité à celle d'un ministère public (voir, *mutatis mutandis*, arrêts *J.J. et K.D.B. c. Pays-Bas du* 27 mars 1998, Recueil 1998-II, respectivement 42 et 43).

84. La Cour observe en outre qu'il n'a pas été soutenu, comme dans les affaires Vermeulen et Lobo Machado, que la présence du commissaire du gouvernement s'imposait pour contribuer à l'unité de la jurisprudence ou pour aider à la rédaction finale de l'arrêt (voir, *mutatis mutandis*, arrêt Borgers, précité, § 28). Il ressort des explications du gouvernement que la présence du commissaire du gouvernement se justifie par le fait qu'ayant été le dernier à avoir vu et étudié le dossier, il serait à même pendant les délibérations de répondre à toute question qui lui serait éventuellement posée sur l'affaire.

85. De l'avis de la Cour, *l'avantage pour la formation de jugement de cette assistance purement technique est à mettre en balance avec l'intérêt supérieur du justiciable, qui doit avoir la garantie que le commissaire du gouvernement ne puisse pas, par sa présence, exercer une certaine influence sur l'issue du délibéré. Tel n'est pas le cas dans le système français actuel.*

86. La Cour se trouve confortée dans cette approche par le fait qu'à la Cour de justice des Communautés européennes, l'avocat général, dont l'institution s'est étroitement inspirée de celle du commissaire du gouvernement, n'assiste pas aux délibérés, en vertu de l'article 27 du règlement de la CJCE.

87. *En conclusion, il y a eu violation de l'article 6 § 1 de la Convention, du fait de la participation du commissaire du gouvernement au délibéré* de la formation de jugement.

(...)

OBSERVATIONS

Si l'arrêt Kress *émane de la Cour européenne des droits de l'Homme, il contribue à l'évolution de la juridiction administrative et de la jurisprudence administrative.*

1 Si cet arrêt émane d'une juridiction internationale, il n'en touche pas moins de près au fonctionnement de la justice administrative en France. Il montre que l'introduction de la Convention européenne de sauvegarde des droits de l'Homme et des libertés fondamentales dans notre droit interne ne conduit pas uniquement le Conseil d'État à en faire application aux litiges portés devant lui (*cf.* nos observations sous les arrêts *Didier** et *Diop**) mais également à voir son activité jugée au regard de celle-ci.

La requérante, Mme Kress, avait recherché successivement devant le tribunal administratif de Strasbourg, la cour administrative d'appel de Nancy et le Conseil d'État, la condamnation des hospices civils de Strasbourg à réparer le préjudice subi par elle postérieurement à une intervention chirurgicale. Au terme d'une procédure engagée en 1986 et close en juill. 1997, elle avait obtenu l'allocation d'une indemnité en réparation d'une brûlure à l'épaule consécutive au renversement d'une tasse de thé lors de son hospitalisation. En revanche, elle avait été déboutée des conclusions visant à obtenir l'indemnisation de graves complications postopératoires, en l'absence de faute de l'établissement hospitalier.

Dans sa requête adressée à la Cour européenne des droits de l'Homme, elle ne contestait pas l'appréciation portée sur le fond du litige par les juridictions françaises. Elle dénonçait la durée excessive de la procédure contentieuse, point qui n'était guère contestable, ainsi que le déroulement de celle-ci. Elle se plaignait à ce titre de l'absence de communication avant l'audience des conclusions du commissaire du gouvernement et de n'avoir pu y répliquer. Elle faisait valoir en outre que le commissaire, qui avait conclu au rejet de son pourvoi en cassation, avait participé au délibéré de la formation de jugement. Sur l'un et l'autre de ces points, il était soutenu par l'intéressée qu'elle avait été privée des garanties d'un procès équitable en violation des stipulations de l'article 6 de la Convention. L'argumentation de la plaignante aboutissait ainsi, au-delà de sa situation personnelle, à mettre en cause la procédure suivie habituellement par le Conseil d'État, les cours administratives d'appel et les tribunaux administratifs.

Une pareille éventualité, qui paraissait devoir être exclue lorsque la Convention fut introduite en droit interne, n'en était pas moins devenue une réalité en raison du caractère évolutif de la jurisprudence de la Cour européenne des droits de l'Homme (I). La Cour qui a statué sur la requête de Mme Kress, en grande chambre, a écarté à l'unanimité l'argumentation fondée sur la non-communication préalable des conclusions du commissaire du gouvernement et l'impossibilité d'y répondre à l'audience. En revanche, à la majorité de 10 voix contre 7, elle a condamné la participation du commissaire au délibéré (II). Les suites données à l'arrêt doivent également retenir l'attention (III).

I. — L'évolution jurisprudentielle ayant conduit à la mise en cause de la procédure suivie par le Conseil d'État

2 L'introduction de la Convention en droit interne a paru pendant longtemps n'affecter en rien le rôle particulier joué par le commissaire du gouvernement auprès des formations de jugement du Conseil d'État. Des interrogations ne sont nées qu'en raison de l'évolution de la jurisprudence européenne.

A. — La convergence initiale des jurisprudences

1°) Malgré sa dénomination, en usage jusqu'au décret du 7 janv. 2009, le commissaire du gouvernement devant les juridictions administratives de droit commun n'est pas le représentant du gouvernement. Ainsi que l'énonce le Conseil d'État dans un arrêt du 10 juill. 1957 *Gervaise* (Rec. 466 ; AJ 1957.II.394, chr. Fournier et Braibant) « il a pour mission d'exposer [à la formation de jugement] les questions que présente à juger chaque recours contentieux et de faire connaître, en formulant en toute indépendance ses conclusions, son appréciation, qui doit être impartiale, sur les circonstances de fait de l'espèce et les règles de droit applicables ainsi que son opinion sur les solutions qu'appelle, suivant sa conscience, le litige soumis à la juridiction ».

En tant que membre de la juridiction chargé d'éclairer celle-ci, en toute indépendance, sur la solution à apporter à un litige le commissaire du gouvernement n'est pas une partie à l'instance. Au moment où il se lève pour prononcer à l'audience ses conclusions, l'instruction contradictoire entre le demandeur et le défendeur a déjà eu lieu. C'est en ce sens que son intervention se situe hors du contradictoire et n'affecte pas les droits des parties.

2°) Une pareille analyse se trouvait confortée par un arrêt de la Cour européenne du 17 janv. 1970, *Delcourt* (Cah. dr. eur. 1971, 190, note Marcus-Helmons) rendu à propos du rôle joué par le procureur général près la Cour de cassation de Belgique, et plus encore par une décision de la Commission européenne des droits de l'Homme du 3 sept. 1991 dans une affaire *Bazerque c. France*, relevant que les conclusions du commissaire du gouvernement « présentent seulement le caractère d'un document de travail interne... non communiqué aux parties et mis à la disposition des juges appelés à se prononcer sur une affaire ».

B. — L'évolution de la jurisprudence de la Cour européenne

3 La Cour européenne a cependant infléchi la jurisprudence *Delcourt*, ce qui n'a pas manqué de rejaillir sur la mission dévolue au commissaire du gouvernement.

1°) Par un arrêt *Borgers* du 30 oct. 1991 (RTDH 1992.204, note Callewaert, GACEDH n° 30), la Cour européenne a jugé contraire à l'article 6 de la Convention l'intervention du parquet de la Cour de cassation belge en retenant cumulativement deux motifs : le fait qu'aucune note ne soit reçue après que le ministère public eut présenté ses conclusions et la circonstance que ce même ministère public avait le droit d'assister au délibéré « eu égard aux exigences des droits de la défense et de l'égalité des armes ainsi qu'au *rôle des apparences* dans l'appréciation de leur respect ».

Rendue dans un litige d'ordre pénal, la solution de l'arrêt *Borgers* a été étendue par la suite aux contestations portant sur des droits et obligations de caractère civil (CEDH 20 févr. 1996, *Vermeulen*, RTD eur. 1997.373, note Benoît-Rohmer). Franchissant un pas supplémentaire, la Cour européenne a condamné la procédure suivie devant la Cour de cassation française par un arrêt du 31 mars 1998, *Reinhardt et Slimane Kaïd* (JCP 1999.II.10074, note Soler), en fondant sa position sur deux éléments : d'une part, sur le « déséquilibre » résultant de l'absence de communication au demandeur du rapport du conseiller-rapporteur et du projet d'arrêt préparé par celui-ci, alors que l'avocat général, sans être membre de la formation de jugement, est destinataire de ces documents ; d'autre part, sur l'absence de communication des conclusions de l'avocat général aux parties.

4 *2°)* L'évolution de la jurisprudence a suscité une double réaction.

a) L'une de la part du Conseil d'État, qui s'est attaché dans un arrêt *Mme Esclatine* du 29 juill. 1998 (Rec. 320, concl. Chauvaux ; D. 1999.85, concl. ; JCP 1998.I.176, obs. Bonichot et Abraham ; AJ

1999.69, note Rolin ; même revue 2014.113, note Labetoulle) à souligner que le commissaire du gouvernement « participe à la fonction de juger dévolue à la juridiction dont il est membre » et que l'exercice de cette fonction n'est pas soumis au principe du contradictoire applicable à l'instruction des pourvois.

b) L'autre réaction est venue de la Cour de justice des Communautés européennes qui, par une ordonnance du 4 févr. 2000 *Emesa Sugar* (RFDA 2000.415, note P.D. ; RTDH 2000.582, note Spielmann), a estimé que les conclusions de ses avocats généraux n'avaient pas à faire l'objet d'une communication préalable aux parties et que ces dernières n'avaient pas à être invitées à y répondre.

C'est dans ce contexte, riche de conflits potentiels, qu'a été rendu l'arrêt *Kress*.

II. — Le sens des solutions adoptées par la Cour européenne

5 L'arrêt du 7 juin 2001 juge conforme à la Convention la procédure suivie devant le Conseil d'État, dans ses dispositions essentielles. La Cour condamne cependant, au nom de la « théorie des apparences », la participation du commissaire du gouvernement au délibéré de la formation de jugement.

A. — L'absence d'atteinte au principe du contradictoire

À partir de prémisses différentes de celles du Conseil d'État, la Cour de Strasbourg n'en estime pas moins que la non-communication préalable aux parties des conclusions et l'impossibilité d'y répondre à l'audience, ne heurte pas le droit à un procès équitable.

1°) Les raisonnements du Conseil et de la Cour procèdent de points de départ différents.

Pour le Conseil d'État ainsi que l'a rappelé l'arrêt *Mme Esclatine*, le principe du contradictoire s'applique à la phase *d'instruction* des requêtes, laquelle est close au moment où le commissaire du gouvernement expose oralement ses conclusions.

Pour la Cour, « la notion de procès équitable implique… en principe le droit pour les parties à un procès de prendre connaissance de toute pièce ou observation soumise au juge, fût-ce par un magistrat indépendant, en vue d'influencer sa décision et de la discuter. »

2°) L'intervention à l'audience publique du commissaire du gouvernement n'est pas pour autant condamnée, en fonction de trois ordres de considération mentionnés par la Cour.

L'arrêt relève tout d'abord « que dans la procédure devant le Conseil d'État, les avocats qui le souhaitent peuvent demander au commissaire du gouvernement, avant l'audience, le sens général de ses conclusions ».

L'arrêt souligne ensuite « que les parties peuvent répliquer, par une note en délibéré, aux conclusions du commissaire du gouvernement, ce qui permet,… de contribuer au respect du principe du contradictoire. »

Enfin, l'arrêt retient l'obligation faite au juge, pour le cas où le commissaire du gouvernement invoquerait un moyen non soulevé par les parties, de permettre à celles-ci d'en débattre. Il s'agit là d'une obligation applicable à tout moyen susceptible d'être relevé d'office par la formation de jugement remontant à un décret du 22 janv. 1992, présentement codifié à l'article R. 611-7 CJA.

3°) Au vu de ces différents éléments, la Cour estime que « *la procédure suivie devant le Conseil d'État offre suffisamment de garanties au justiciable* et qu'aucun problème ne se pose sous l'angle du droit à un procès équitable pour ce qui est du respect du contradictoire ».

B. — La participation du commissaire du gouvernement au délibéré

6 La Cour condamne, au nom de la « théorie des apparences » la participation du commissaire du gouvernement au délibéré.

La théorie des apparences est antérieure dans la jurisprudence de la Cour européenne à l'arrêt *Kress*. Elle tire son origine d'un adage énoncé par un juriste britannique, Lord Hewart, selon lequel, « *justice must not only be done ; it must also be seen to be done* ». La justice ne doit pas seulement être rendue, mais il doit être visible qu'elle est rendue.

Alors que dans l'affaire *Delcourt*, le juge européen des droits de l'Homme, tout en citant cet adage, n'en avait pas inféré que l'assistance du procureur général au délibéré de la Cour de cassation belge, méconnaissait la Convention, il s'est prononcé dans un sens différent dans l'affaire *Kress*, conformément à l'orientation de sa jurisprudence la plus récente.

L'arrêt établit le bilan suivant. Si, selon les explications du gouvernement français, la présence du commissaire du gouvernement se justifie par le fait qu'ayant été le dernier à avoir vu et étudié le dossier, il serait à même pendant les délibérations de répondre à toute question qui lui serait éventuellement posée, « l'avantage de cette assistance purement technique est à mettre en balance avec l'intérêt supérieur du justiciable, qui doit avoir la garantie que le commissaire du gouvernement ne puisse pas, par sa présence, exercer une certaine influence sur l'issue du délibéré ».

III. — Les suites de l'arrêt

7 Le Conseil d'État a tiré plusieurs conséquences de l'arrêt *Kress*. Il a cherché à valoriser les usages ayant conduit la Cour à ne pas soumettre à une stricte procédure contradictoire les conclusions du commissaire du gouvernement. Il en a minoré la portée s'agissant de la participation du commissaire au délibéré, sans emporter sur ce point la conviction de la Cour européenne.

A. — L'ébauche d'une réplique aux conclusions

Le Conseil d'État a systématisé sur deux points les usages ayant permis à la Cour d'écarter l'argumentation fondée sur la non-communication préalable des conclusions et sur l'impossibilité d'y répondre à l'audience.

1°) Une directive du président de la Section du contentieux a demandé aux commissaires du gouvernement de faire connaître, avant l'audience, le sens général de leurs conclusions, non seulement aux avocats au Conseil d'État qui en font la demande, mais également à toute partie, même non représentée.

Ultérieurement cette directive est devenue une obligation en vertu de l'art. R. 711-3 CJA dans sa rédaction issue d'un décret du 7 janv. 2009, dont la portée a été précisée par le Conseil d'État. (CE, Sect., 21 juin 2013, *Communauté d'agglomération de Martigues*, Rec. 167 ; RFDA 2013, 805, concl. de Lesquen ; même revue 2014.47, note Pacteau ; AJ 2013.1276, chr. Domino et Bretonneau ; JCP Adm. 2013.2300, note Pauliat ; LPA 28 nov. 2013, note Ferreira ; AJ 2013.1839, comm. F. Melleray et B. Noyer ; Gaz. Pal. 14 sept. 2013, note Seiller ; GACA, n° 78).

2°) La note en délibéré, simple usage permettant aux avocats postérieurement à l'audience de compléter leurs observations orales et de répondre aux conclusions du commissaire du gouvernement a vu son statut officialisé par un arrêt du Conseil d'État du 12 juill. 2002, *M. et Mme Leniau* (Rec. 278 ; RFDA 2003.307, concl. Piveteau ; AJ 2003.2243, comm. Gherardi) puis par un décret du 19 déc. 2005.

Ultérieurement ont été précisés les pouvoirs et les devoirs du juge face à la production d'un élément nouveau après la clôture de l'instruction (CE, Sect., 5 déc. 2014, *Lassus*, Rec. 369, concl. Crépey ; RFDA 2015.78, concl. ; AJ 2015.211, chr. Lessi et L. Dutheillet de Lamothe ; GACA, n° 79).

B. — Une présence au délibéré exclusive de toute participation

8 Si dans le texte de l'arrêt *Kress*, la Cour européenne emploie indifféremment les notions de « présence » et de « participation » du commissaire au délibéré, le dispositif de l'arrêt ne prononce de condamnation sur ce point qu'en raison de la « participation » du commissaire au délibéré.

L'arrêt a donc été interprété comme prohibant la participation du commissaire du gouvernement au délibéré de la formation de jugement et non l'assistance à celui-ci. Dans un souci de clarification, il a été précisé par le décret du 19 déc. 2005 que le commissaire du gouvernement assiste au délibéré sans y prendre part. Si le texte a été accueilli favorablement par une partie de la doctrine (*cf.* F. Sudre, RFDA 2006.286), il n'a pas pour autant conduit la Cour européenne à infléchir sa jurisprudence. Par un arrêt *Martinie* rendu en grande chambre le 12 avr. 2006 (AJ 2006.986, note F. Rolin ; RFDA 2006.577, note Sermet ; JCP Adm.

2006.1131, note Andriantsimbazovina ; Rev. Trésor 2006.350, note Lascombe et Vandendriessche ; LPA 21 juin 2006, note Bensiton ; LPA 24 août 2006, note Boré Éveno ; JDI 2007.707, note Eudes), la Cour a souligné que la jurisprudence *Kress* prohibe, au nom des apparences, aussi bien la participation du commissaire du gouvernement au délibéré que sa présence à ce dernier.

9 Le Code de justice administrative a été modifié pour tirer les conséquences de la jurisprudence de la Cour européenne par un décret du 1er août 2006, dont la légalité a été ultérieurement admise (CE 25 mai 2007 *Courty*, Rec. 852 ; AJ 2007.1424, concl. Keller).

Devant les tribunaux administratifs et les cours administratives d'appel, la présence du commissaire du gouvernement au délibéré est prohibée.

Devant le Conseil d'État, s'applique l'art. R. 733-3 du Code aux termes duquel « sauf demande contraire d'une partie, le commissaire du gouvernement assiste au délibéré. Il n'y prend pas part ». Le texte implique que tout justiciable puisse récuser la présence du commissaire du gouvernement au délibéré. Est ainsi sauvegardée la vision toute subjective du procès équitable adoptée par la Cour européenne. En l'absence de récusation, le commissaire pourra continuer d'assister au délibéré. L'intérêt du maintien de cette possibilité lorsque l'une des parties n'y a pas fait obstacle se justifie plus particulièrement devant le Conseil d'État, juge suprême de l'ordre administratif. En effet, l'assistance au délibéré permet au commissaire de mieux comprendre les raisons pour lesquelles la formation de jugement se rallie à son point de vue ou à l'inverse s'en sépare. La connaissance qu'il acquiert des motivations du juge lui permettra dans des conclusions ultérieures de rendre fidèlement compte de la jurisprudence, ou, s'il n'a pas été convaincu, de proposer à l'avenir son infléchissement.

La Cour européenne a admis que ces dispositions ne méconnaissaient pas les exigences du droit à un procès équitable (CEDH 15 sept. 2009, *Étienne c. France*, AJ 2009.2468, note El Boudouhi).

10 Le décret du 7 janv. 2009 a parachevé l'évolution. Pour couper court à des malentendus sur le rôle du commissaire du gouvernement, il a remplacé sa dénomination par celle de rapporteur public. Il a officialisé, comme il a été indiqué, la possibilité pour les parties d'avoir connaissance, avant l'audience, du sens des conclusions. Il a ouvert la faculté à leur conseil de présenter « de brèves observations orales » après le prononcé des conclusions du rapporteur public.

Ces éléments ont conduit la Cour de Strasbourg à admettre que le fait, qu'à la différence des parties, le rapporteur public ait connaissance de la note du rapporteur et du projet de décision soumis à la formation de jugement n'est pas non plus contraire au droit à un procès équitable (CEDH 4 juin 2013, *Marc-Antoine c. France*, AJ 2013.1580, note Platon ; DA 2013, n° 74, note Éveillard ; DA 2013. Étude 14, note Wavelet ; RD publ. 2013.1123, note Milano ; même revue 2014.800, comm. Schahmaneche, 891, comm. Caylet ; RFDA 2014.47, art. Pacteau, Stahl).

La Cour de Strasbourg n'en continue pas moins, lorsqu'un requérant l'y invite, à s'assurer avec minutie de la manière dont le Conseil d'État accomplit son office de juge (CEDH 11 avr. 2019, *Bonnemaison c. France*, Rec. 2019.1711, note Sibileau).

96

ACTES ADMINISTRATIFS
RETRAIT - ABROGATION

Conseil d'État Ass., 26 octobre 2001, *Ternon*
(Rec. 497, concl. Séners ; RFDA 2002.77, concl., note P. Delvolvé ; AJ 2001.1034, chr. Guyomar et Collin, et 2002.738, note Y. Gaudemet ; DA 2001, n° 253, note Michallet ; LPA 2002, n° 31, p. 7, note Chaltiel ; RGCT 2001.1183, note Laquièze)

Cons. que, par délibération du 16 déc. 1983, le conseil régional du Languedoc-Roussillon a adopté un statut général du personnel de l'établissement public régional ; que, par arrêtés en date du 30 déc. 1983, le président de ce conseil a titularisé à compter du 1er janv. 1984 de nombreux agents contractuels dans des emplois prévus par ce statut, et en particulier M. Éric Ternon, nommé au grade d'attaché régional de première classe, 1er échelon ; que la délibération réglementaire du 16 déc. 1983 ayant été annulée le 14 nov. 1984 par le tribunal administratif de Montpellier, le président du conseil régional a pris le 14 janv. 1986 des arrêtés titularisant à nouveau les intéressés dans les conditions prévues par des délibérations réglementaires en date du 14 févr. et du 7 nov. 1985 ; qu'à la demande du préfet de région, le tribunal administratif de Montpellier a annulé ces arrêtés, par jugement en date du 25 mars 1986 devenu définitif ; que le président du conseil régional a ensuite, en premier lieu, par arrêté du 31 déc. 1987, nommé M. Ternon à compter du 1er janv. 1988 en qualité d'agent contractuel de la région, puis a, en deuxième lieu, par lettre du 25 mars 1988, refusé de l'intégrer en qualité de fonctionnaire territorial et a, en troisième lieu, par arrêté du 7 janv. 1991, licencié M. Ternon pour faute disciplinaire ; que M. Ternon se pourvoit en cassation contre l'arrêt en date du 26 mars 1988 par lequel la cour administrative d'appel de Bordeaux a refusé d'annuler ces trois décisions ;

Sans qu'il soit besoin d'examiner les autres moyens du pourvoi ;

Cons. que la cour, après avoir relevé que M. Ternon soutenait que ces trois décisions méconnaissaient les droits acquis qu'il estimait tenir de l'arrêté de titularisation du 30 déc. 1983, a jugé qu'il n'était pas fondé à se prévaloir de tels droits dès lors que, par lettre du 16 févr. 1984 adressée au président du conseil régional dans le délai du recours contentieux, il avait exprimé son refus d'être titularisé et sa volonté de rester contractuel ; qu'il ressort toutefois du dossier soumis aux juges du fond qu'à supposer que cette lettre du 16 févr. 1984 ait constitué un recours administratif contre l'arrêté du 30 déc. 1983, ce recours n'a pas été accueilli avant que l'intéressé n'y ait renoncé, en entreprenant dès mars 1985 de faire valoir les droits qu'il estimait tenir du caractère définitif de cet arrêté ; que par suite la cour a dénaturé les pièces du dossier en estimant que les deux premières décisions répondaient aux vœux de M. Ternon et que, pour les mêmes motifs, la troisième n'avait pas à respecter les garanties prévues en faveur des fonctionnaires titulaires ; que dès lors M. Ternon est fondé à demander l'annulation de l'arrêt attaqué ;

Cons. qu'aux termes de l'article L. 821-2 du Code de justice administrative, le Conseil d'État, s'il prononce l'annulation d'une décision d'une juridiction administrative statuant en dernier ressort, peut « régler l'affaire au fond si l'intérêt d'une bonne administration de la justice le justifie » ; que, dans les circonstances de l'espèce, il y a lieu de régler les affaires au fond ;

Cons. que les deux requêtes d'appel de M. Ternon, qui sont relatives à sa situation, doivent être jointes pour y être statué par une seule décision ;

En ce qui concerne l'arrêté du 31 déc. 1987 :

Cons. que par décision du 2 mars 1994, le Conseil d'État statuant au contentieux a rejeté les conclusions de M. Ternon dirigées contre cet arrêté ; que l'autorité de chose jugée qui s'attache à cette décision s'oppose à ce que M. Ternon conteste à nouveau le même arrêté par des moyens relevant de la même cause juridique ; que M. Ternon n'est par suite pas fondé à soutenir que c'est à tort que le tribunal administratif a refusé d'annuler cet arrêté ;

En ce qui concerne la décision du 25 mars 1988 :

Cons. que si l'arrêté du 31 déc. 1987, devenu définitif, n'a eu ni pour objet ni pour effet de retirer l'arrêté en date du 30 déc. 1983 par lequel M. Ternon a acquis un droit à être titularisé dans la fonction publique territoriale, telle a été la portée de la décision du 25 mars 1988 par laquelle la région a refusé de régulariser la situation de M. Ternon ; que l'arrêté en date du 25 oct. 1995 par lequel le président du conseil régional a retiré l'arrêté du 30 déc. 1983 n'a fait que confirmer cette décision de retrait ;

Cons. que, sous réserve de dispositions législatives ou réglementaires contraires, et hors le cas où il est satisfait à une demande du bénéficiaire, l'administration ne peut retirer une décision individuelle explicite créatrice de droits, si elle est illégale, que dans le délai de quatre mois suivant la prise de cette décision ;

Cons. que si M. Ternon a demandé le 26 févr. 1984 à l'administration de retirer l'arrêté susmentionné du 31 déc. 1983, il a ensuite, ainsi qu'il a déjà été dit, expressément abandonné cette demande ; que, par suite, le président du conseil régional ne pouvait pas légalement prononcer ce retrait, comme il l'a fait par sa décision du 25 mars 1988, réitérée le 25 oct. 1995 ; que M. Ternon est donc fondé à soutenir que c'est à tort que le tribunal a refusé d'annuler cette décision ;

En ce qui concerne le licenciement du 7 janv. 1991 :

Cons. que l'arrêté du 31 déc. 1983 a conféré la qualité de fonctionnaire territorial à M. Ternon, lequel devait par suite bénéficier des garanties statuaires prévues par la loi susvisée du 26 janv. 1984 ; que M. Ternon est dès lors fondé à soutenir que son licenciement disciplinaire a été prononcé irrégulièrement, faute d'avoir été précédé de l'avis préalable de la commission administrative paritaire siégeant en conseil de discipline exigé par l'article 89 de cette loi, et que c'est à tort que le tribunal a refusé d'annuler la décision du 7 janv. 1991 ;

Sur les conclusions tendant à ce qu'il soit enjoint à la région de régulariser la situation de fonctionnaire territorial de M. Ternon :

Cons. qu'aux termes de l'article L. 911-1 du Code de justice administrative, « lorsque sa décision implique nécessairement qu'une personne morale de droit public (...) prenne une mesure d'exécution dans un sens déterminé, la juridiction, saisie de conclusions en ce sens, prescrit, par la même décision, cette mesure assortie, le cas échéant, d'un délai d'exécution » ; qu'aux termes de l'article L. 911-3 du même Code, « saisie de conclusions en ce sens, la juridiction peut assortir, dans la même décision, l'injonction prescrite en application des articles

L. 911-1 et L. 911-2 d'une astreinte qu'elle prononce dans les conditions prévues au présent livre et dont elle fixe la date d'effet » ;

Cons. que l'annulation de la décision du 25 mars 1988 susmentionnée implique nécessairement que la région Languedoc-Roussillon reconstitue la carrière de l'intéressé et procède à sa réintégration ; que si la région fait valoir qu'elle a explicitement retiré l'arrêté du 30 déc. 1983 par l'arrêté du 25 oct. 1995 susmentionné, cette décision, purement confirmative de celle du 25 mars 1988, est sans effet sur la situation juridique de M. Ternon et ne fait donc pas obstacle à ce qu'il soit maintenant procédé à sa réintégration ; qu'il y a lieu d'enjoindre à la région, d'une part, de procéder à la réintégration juridique de M. Ternon en qualité de fonctionnaire territorial, après avoir reconstitué sa carrière par comparaison avec la progression moyenne des autres agents qu'elle a titularisés dans le grade d'attaché régional par des arrêtés du 31 déc. 1983, d'autre part, de l'affecter dans un emploi correspondant au grade résultant de cette reconstitution, sans préjudice de l'application éventuelle des dispositions de l'article 97 de la loi du 26 janv. 1984 ; que, compte tenu de toutes les circonstances de l'affaire, il y a lieu de prononcer contre la région, à défaut pour elle de justifier de cette exécution dans un délai de trois mois à compter de la notification de la présente décision, une astreinte de 1 000 F par jour jusqu'à la date à laquelle elle aura reçu exécution ;

Sur les conclusions de M. Ternon tendant à ce que le Conseil d'État ordonne la suppression des passages des mémoires de la région qui mettraient en cause sa dignité :

Cons. que M. Ternon invoque à l'appui de ses conclusions les dispositions de l'article 41 de la loi du 29 juill. 1881, reproduites à l'article L. 741-2 du Code de justice administrative, qui permettent aux tribunaux, dans les causes dont ils sont saisis, de prononcer la suppression des écrits injurieux, outrageants ou diffamatoires ; que les mémoires de la région Languedoc-Roussillon ne comportent pas de passages présentant ces caractères ; que les conclusions de M. Ternon doivent par suite être rejetées sur ce point ;

Sur l'application de l'article L. 761-1 du Code de justice administrative :

Cons. qu'il y a lieu, en application des dispositions de cet article, de condamner la région Languedoc-Roussillon à verser à M. Ternon la somme de 5 880 F qu'il demande au titre des frais exposés par lui, non compris dans les dépens et de rejeter les conclusions présentées par la région sur ce point ;

(annulation des décisions du président du conseil régional du 25 mars 1988 refusant d'intégrer M. Ternon comme fonctionnaire territorial et du 7 janv. 1991 procédant à son licenciement, astreinte de mille francs par jour à l'encontre de la Région si elle ne justifie pas avoir, d'une part, dans les trois mois suivant la notification de la présente décision, procédé à la réintégration juridique de M. Ternon en qualité de fonctionnaire territorial après avoir reconstitué sa carrière, d'autre part, l'avoir affecté dans un emploi correspondant au grade résultant de cette reconstitution).

OBSERVATIONS

L'arrêt Ternon *contribue à la rénovation du régime de retrait et même d'abrogation des actes administratifs, comme l'avait fait pour partie l'arrêt* Compagnie Alitalia*.

1 Il modifie le régime du retrait des actes administratifs qui résultait de l'arrêt du Conseil d'État, *Dame Cachet* du 3 nov. 1922 (Rec. 790 ; RD publ. 1922.552, concl. Rivet ; S. 1925.3.9, note Hauriou).

Il a été rendu dans une affaire compliquée concernant un agent de la Région Languedoc-Roussillon, M. Ternon. Celui-ci avait été titularisé par arrêté du 30 déc. 1983 ; il a demandé le 16 févr. 1984 à l'administration de retirer cet arrêté, ce qu'elle n'a pas fait avant que, se ravisant, il entreprenne des démarches faisant valoir le caractère définitif de l'arrêté et des droits en résultant pour lui, pour obtenir la régularisation de sa situation ; par une décision du 25 mars 1988, le président du conseil régional a refusé de le faire, ce qui équivalait au retrait de l'arrêté du 30 déc. 1983.

C'est ce retrait qu'annule notamment l'arrêt du 26 oct. 2001 et c'est à ce sujet qu'il revient sur la jurisprudence *dame Cachet*. Il ne se prononce pas expressément sur l'abrogation, mais au moins indirectement il contribue à en préciser le régime.

Dans les deux cas, il s'agit de mettre fin à un acte antérieur. Le retrait y procède pour le passé, dès l'origine, autant que pour l'avenir, l'abrogation seulement pour l'avenir. Le retrait comporte donc un effet rétroactif contraire au principe de non-rétroactivité des actes administratifs (v. nos obs. sous CE 25 juin 1948, *Société du journal « L'Aurore »**), que n'a pas l'abrogation. Dans les deux cas, apparaissent des exigences contradictoires : si l'acte initial est illégal, cette illégalité justifie qu'il soit remis en cause ; mais les droits acquis qu'il a pu créer, même illégalement, ne doivent pas pouvoir l'être indéfiniment, sauf à compromettre la sécurité juridique (v. nos obs. sous CE 24 mars 2006, *KPMG**). Il faut donc chercher un équilibre entre légalité et sécurité. À cet égard, si l'arrêt *Ternon* innove par rapport à l'arrêt *Dame Cachet* dans la solution qu'il adopte, il se situe dans la même ligne que lui par l'esprit qui l'anime.

Il ne régit pas toutes les hypothèses de retrait et d'abrogation. S'y ajoutent non seulement d'autres décisions de jurisprudence mais des dispositions législatives dont l'ensemble a déterminé des solutions d'une grande complexité. Le nouveau Code des relations entre le public et l'administration adopté par l'ordonnance du 23 oct. 2015 a essayé d'y remédier par certains aménagements, qui n'ont pas fait disparaître toute difficulté dans certains cas (CE (avis) 26 juill. 2018, *Beaumont*, Rec. 323 ; AJ 2018.2020, concl. Burguburu). Le système ne peut s'expliquer dans sa globalité qu'à partir de distinctions.

I. — Les distinctions

2 Si la distinction principale concerne la portée dans le temps de la décision revenant sur un acte antérieur (retrait : dès le passé ; abrogation : pour l'avenir), elle doit se combiner avec des distinctions concernant l'acte initial sur lequel l'administration veut revenir, et portant sur sa nature, sa portée, sa valeur.

A. — La *nature de l'acte initial* doit être identifiée matériellement et formellement.

1°) Selon le premier aspect, l'acte peut être réglementaire ou non.

Il est réglementaire lorsqu'il établit des dispositions générales et impersonnelles ou porte sur l'organisation du service public (v. nos obs. sous TC 15 janv. 1968, *Époux Barbier**).

Non réglementaire, il est le plus souvent individuel, en désignant une personne déterminée (par ex. une nomination, comme c'était le cas dans l'affaire *Ternon*). Il peut n'être ni réglementaire (car n'établissant pas de norme générale et impersonnelle) ni individuel (car ne visant personne) : cet acte particulier est parfois appelé acte intermédiaire (concl. Laurent, AJ 1955.II.290) ou décision d'espèce (l'exemple classique est celui de la déclaration d'utilité publique : CE, Ass., 22 févr. 1974, *Adam*, Rec. 145 ; v. n° 77.6).

2°) Selon le second aspect, l'acte est le plus souvent explicite, formalisé par un document écrit (ex. des décrets, arrêtés). Pour l'application des règles du retrait, « doit être assimilée à une décision explicite accordant un avantage financier celle qui, sans avoir été formalisée, est révélée par des agissements ultérieurs ayant pour objet d'en assurer l'exécution » (CE, avis, 3 mai 2004, *Fort*, Rec. 194 ; AJ 2004.1530, note Hul ; DA 2004, n° 88, note E.G. ; – 25 juin 2012, *Office national de la chasse et de la faune sauvage*, Rec. 534 ; JCP Adm. 2012.2332, note Pauliat).

Les textes ont développé les décisions implicites, acquises à l'expiration d'un certain délai pendant lequel l'administration a gardé le silence sur une demande d'un administré. Pendant longtemps il s'est agi seulement de décisions implicites de rejet, dont le délai de formation était fixé à quatre mois. Après que l'article 21 de la loi du 12 avr. 2000 relative aux droits des citoyens dans leurs relations avec l'administration eut ramené ce délai en principe à deux mois, celle du 12 nov. 2013 a donné à ce silence en principe valeur d'acceptation, sauf exceptions déterminées par décret. Les solutions sont reprises par le Code des relations entre le public et l'administration (art L. 231-1 et s.).

3 ***B.*** — La *portée de l'acte initial* est déterminée en considération des droits qu'il crée ou non au profit des intéressés. La distinction est une des plus délicates qui soient. Elle est plus facile à illustrer par des exemples qu'à systématiser par une définition.

1°) Sont créateurs de droits les actes qui donnent aux intéressés une situation sur laquelle il n'est pas possible en principe à l'administration de revenir. Ils ne peuvent être que des actes individuels.

Le bénéficiaire est le plus souvent la personne même qui fait l'objet de la décision (par ex. le fonctionnaire qui est nommé) ; il peut s'agir le cas échéant de tiers (ainsi le refus de nommer des personnes dans un corps de fonctionnaires peut créer des droits au profit des fonctionnaires appartenant déjà à ce corps : CE, Sect., 12 juin 1959, *Syndicat chrétien du ministère de l'industrie et du commerce*, Rec. 360 ; v. n° 16.5 ; le retrait d'un permis de construire peut créer des droits au profit des voisins : – Sect., 4 mai 1984, *Époux Poissonnier*, Rec. 162 ; AJ 1984.511, concl. Labetoulle ; D. 1985.246, note Fernandez ; le refus d'autoriser un employeur à licencier un salarié protégé est créateur de droits pour celui-ci : CE 22 déc. 2017, *Société Allis*, Rec. 834).

Les exemples classiques d'actes créateurs de droits sont les suivants : nominations, y compris sous forme de contrat de recrutement d'un agent public (CE, Sect., 31 déc. 2008, *Cavallo*, Rec. 481, concl. Glaser ; RFDA 2009.89, concl. ; AJ 2009.142, chr. Liéber et Botteghi ; JCP 2009.I.130, § 8, chr. Plessix ; JCP Adm. 2009.2062, note Jean-Pierre ; DA mars 2009, p. 29, note F. Melleray ; – 21 nov. 2012, *Région Languedoc-Roussillon*, Rec. 533 ; JCP Adm. 2013.2043, concl. Crépey ; DA avr. 2013, p. 37, note Brenet) ; autorisations ; octroi de décorations comme celles de la Légion d'honneur (CE, Sect., 24 févr. 1967, *de Maistre*, Rec. 91 ; JCP 1967.II.15068, concl. Rigaud ; AJ 1967.342, obs. Peiser) ; et même la décision de ne pas infliger une sanction (CE 10 févr. 2017, *Commune de la Crau*). On trouve encore des actes à objet nouveau tels les arrêtés annuels délivrant à un exploitant des quotas d'émission de gaz à effet de serre (CE 17 févr. 2016, *Ministre de l'écologie, du développement durable et de l'énergie c. Société Smurfit Kappa Papier recyclé France*, Rec. 36).

Il faut y ajouter les actes pécuniaires, y compris lorsqu'ils donnent lieu à un contrat, tels les contrats d'agriculture durable (CE 26 juill. 2011, *EARL Le Patis Maillet*, Rec. 419 ; BJCP 2012.41, concl. Cortot-Boucher). La distinction entre les actes pécuniaires accordés dans l'exercice d'une compétence liée, qui n'étaient pas jugés créateurs de droits (CE, Sect., 15 oct. 1976, *Buissière*, Rec. 419, concl. Labetoulle ; AJ 1976.557, chr. Nauwelaers et Fabius), et ceux qui sont pris à la suite d'une appréciation discrétionnaire, jugés créateurs, a été abandonnée par l'arrêt (Sect.) du 6 nov. 2002, *Mme Soulier* (Rec. 369 ; RFDA 2003.225, concl. Austry, note P. Delvolvé ; BJCL 2003.33, concl. ; AJ 2002.1434, chr. Donnat et Casas ; AJFP 2003, n° 2, p. 20, note Fuchs ; DA juill. 2003, p. 6, notes Noguellou et Perdu ; RD publ. 2003.408, note Guettier), renouant avec l'arrêt *Dame Cachet*, qui ne faisait aucune distinction entre les actes pécuniaires : tous sont créateurs de droits. « *En revanche, n'ont pas cet effet les mesures qui se bornent à procéder à la liquidation de la créance née d'une décision prise antérieurement* » (CE, Sect., 12 oct. 2009, *Fontenille*, Rec. 360, concl. N. Boulouis ; AJ 2009.2167, chr. Liéber et Botteghi ; DA déc. 2009.158, obs. F. Melleray ; JCP Adm. 2009.2271, note Jean-Pierre).

Les décisions dont le bénéfice est soumis à certaines conditions (décisions conditionnelles) sont créatrices de droits dès lors que ces conditions sont remplies (par ex. CE 25 juill. 1986, *Société Grandes Distilleries « les fils d'Auguste Peureux »*, Rec. 340 ; RFDA 1987.454, concl. Fouquet), non dans le cas contraire (par ex. CE, Sect., 10 mars 1967, *Ministre de l'économie et des finances c. Société Samat*, Rec. 113 ; AJ 1967.280 ; concl. Galmot). C'est le cas en particulier des subventions (CE 5 juill. 2010, *Chambre de commerce et d'industrie de l'Indre*, Rec. 238 ; RJEP févr. 2011.38, concl. Cortot-Boucher ; JCP Adm. 2010.2285, note Markus ; CE (avis) 29 mai 2019, *Société Royal Cinéma et Romanello*, Rec. 172 ; BJCP 2019.350, concl. Cortot-Boucher ; CMP 2019, comme. 284, Hoepffner ; JCP Adm. 2019.2236, note Pauliat). Lorsque certains actes, tels ceux qui assurent la protection de fonctionnaires (CE, Sect., 14 mars 2008, *Portalis*, Rec. 99, concl. N. Boulouis ; RFDA 2008.482, concl., et 931, note Seiller ; AJ 2008.800, chr. Boucher et Bourgeois-Machureau ; DA 2008, n° 63, note F. Melleray ; JCP 2008.2123, note Jean-Pierre ; RD publ. 2009.507, note Guettier) ne peuvent être assortis de conditions, ils créent des droits purement et simplement.

Le cas des actes relatifs à la conclusion de contrats donne lieu à des distinctions selon le degré d'avancement de la procédure : lorsque l'administration informe un soumissionnaire que son offre est acceptée, cette décision ne crée pour l'attributaire aucun droit à la signature du contrat » (CE 10 juin 2020, *Société méridionale du bâtiment*, AJ 2020.1967, note Leonetti et Lafaix) ; mais « une délibération approuvant un contrat de concession et autorisant le maire à le signer... crée des droits au profit du concessionnaire » (CE 20 nov. 2020, *Association Trans'Club*, Rec. 842 ; BJCP 2021.141, concl. Le Corre ; JCP Adm. 2021.2010, note Hul), de même qu'une délibération sur le transfert de propriété de biens d'une personne publique à une autre dès lors que les parties ont marqué leur accord sur l'objet et les conditions de l'opération (CE 29 juill. 2020, *SIVOM de la région de Chevreuse*, Rec. 624 ; AJ 2020.2511, note Éveillard ; RDI 2021.161, note Giaccuzo) ; les conditions d'une vente parfaite entre une commune et une société ayant été remplies, les délibérations s'y rapportant ont également créé des droits au profit de la société (CE 26 janv. 2021, *Société Pigeon Entreprises*, JCP Adm. 2021.2126, note Yolka).

4 *2°)* D'autres actes ne sont pas créateurs de droits en ce sens que les intéressés n'ont pas droit à leur maintien, mais, tant qu'ils sont en vigueur, ils ont des effets de droit et les intéressés ont droit à leur application. En ce sens on pourrait dire que ce sont des actes créateurs de droit (sans s). C'est le cas de tous les actes réglementaires et, parmi les actes non réglementaires, des actes particuliers (ou décisions d'espèce).

La difficulté d'identification des actes à simple effet de droit concerne les actes individuels. Elle ne peut être levée que par des exemples.

Viennent au premier rang les autorisations de police (CE, Ass., 4 juill. 1958, *Graff*, Rec. 414 ; RD publ. 1959.315, concl. Long ; AJ 1958.II.314, chr. Fournier et Combarnous ; Sect., 1er févr. 1980, *Rigal*, Rec. 64 ; AJ 1981.43, concl. Bacquet), les nominations à des emplois à la discrétion (aujourd'hui « à la décision ») du gouvernement (CE, Ass., 22 déc. 1989, *Morin*, Rec. 279 ; v. n° 62.6). Les sanctions ne sont non plus créatrices de droits, ni évidemment à l'égard de la personne qui en fait l'objet ni à l'égard des tiers (par ex. CE 5 déc. 2016, *Université de Nouvelle-Calédonie*, Rec. 628).

Il faut mettre à part d'autres actes qui ont, eux aussi, des effets de droit tant qu'ils sont en vigueur, mais qui peuvent être remis en cause plus radicalement que les précédents. Il s'agit d'une part des actes obtenus par fraude (CE, Sect., 29 nov. 2002, *Assistance publique –Hôpitaux de Marseille*, Rec. 414 ; RFDA 2003.234, concl. Bachelier, note P. Delvolvé ; AJ 2003.276, chr. Donnat et Casas), d'autre part des actes simplement déclaratifs (ou recognitifs), qui se bornent à tirer les conséquences d'une situation voire à la constater : il en est ainsi des mesures de liquidation d'une créance née d'une décision prise antérieurement (CE 6 nov. 2002, *Mme Soulier* et 12 oct. 2009, *Fontenille*, préc.), de décisions concernant certaines décorations (CE 12 déc. 1941, *Mayer*, Rec. 213 ; 6 mai 1957, *Leseigneur*, Rec. 285), d'actes de délimitation du domaine public (CE 26 juill. 1991, *Consorts Lecuyer*, Rec. 306 ; CJEG 1992.113, concl. Stirn ; AJ 1992.92, note Teboul).

3°) Enfin n'ont aucun effet de droit les actes inexistants, en raison de la gravité même des vices dont ils sont atteints (v. nos obs. sous CE 31 mai 1957, *Rosan Girard**).

C. — On touche là un autre élément de distinction à prendre en compte : celui de la valeur de l'acte initial. S'il est légal, il n'existe pas de motif tenant à la légalité qui justifie que l'administration le fasse disparaître.

En revanche, s'il est illégal (*a fortiori* s'il est inexistant), le principe de légalité voudrait qu'il puisse être supprimé. Encore faut-il tenir compte du moment où l'acte apparaît illégal : tantôt il l'est dès l'origine, tantôt il ne le devient que par suite du changement de circonstances (v. nos obs. sous CE 10 janv. 1930, *Despujol** et 3 févr. 1989, *Alitalia**). Il faut tenir compte aussi de la sécurité juridique, à laquelle les administrés ont droit autant qu'à la légalité, et qui est finalement elle-même un élément de la légalité.

C'est en combinant tous ces éléments de distinction qu'ont pu être adoptées les solutions.

II. — Les solutions

5 Si l'arrêt *Ternon* est revenu sur l'arrêt *Dame Cachet*, certains aspects des solutions qu'il avait entraînées ont elles-mêmes été réaménagées par les articles L 240-1 *s.* du Code des relations entre le public et l'administration adopté par l'ordonnance du 23 oct. 2015, portant sur « la sortie de vigueur des actes administratifs ».

Ils réservent (art. L 241-1), comme la jurisprudence antérieure, les solutions pouvant résulter « *des exigences découlant du droit de l'Union européenne et de dispositions législatives et réglementaires spéciales* », comme l'avait fait l'arrêt *Ternon*. Ainsi, des exigences constitutionnelles, telle celle de l'indépendance des magistrats, ne permettent de revenir sur une mesure de nomination que selon une procédure particulière (CE, Sect., 1er oct. 2010, *Mme Tacite*, Rec. 350 ; Gaz. Pal. 20-21 oct. 2010, concl. Guyomar ; DA déc. 2010.153, note F. Melleray ; JCP Adm. 2011.2090, note Belfanti ; RD publ. 2011.559, note Pauliat). Les règles du droit de l'Union européenne sur la récupération des aides indûment versées élargissent les possibilités de retrait (CE 29 mars 2006, *Centre d'exportation du livre français*, Rec. 173 ; AJ 2006.1396, note Cartier-Bresson ; CJEG 2006.375, note Girardot ; DA 2006.112, note Bazex et

Blazy ; Europe 2006.60, note Cassia) ; elles sont combinées avec celles du droit national en ce qui concerne seulement la forme et la procédure (CE, Sect., 13 mars 2015, *Office de développement de l'économie agricole outre-mer*, Rec. 84 ; AJ 2015.1646, note Mamoudy ; DA juill. 2015 comm. 45 Éveillard ; RTD eur. 2015.853, note Muller).

6 L'abrogation et le retrait relèvent de certaines solutions identiques.

Ainsi, d'une part, « l'autorité compétente pour modifier, abroger ou retirer un acte administratif », est, selon l'arrêt (Sect.) du 30 sept. 2005, *Ilouane* (Rec. 402 ; RD publ. 2006.488, comm. Guettier), « *en principe... celle qui, à la date de la modification, de l'abrogation ou du retrait, est compétente pour prendre cet acte et, le cas échéant, s'il s'agit d'un acte individuel, son supérieur hiérarchique* ». En conséquence, si entre l'acte initial et le nouvel acte, les règles de compétence ont changé, c'est l'autorité nouvelle qu'elles désignent qui seule peut modifier, abroger ou retirer l'acte initial.

D'autre part, deux sortes de décisions peuvent être abrogées ou retirées sans condition de délai : les actes obtenus par fraude (Sect., 29 nov. 2002, *Assistance publique – Hôpitaux de Marseille*, préc. ; art. L 241-2 du Code des relations entre le public et l'administration) ; les sanctions (CE 5 déc. 2016, *Université de Nouvelle-Calédonie*, préc. ; art. L 243-4 du code).

Pour le surplus, il faut procéder à des distinctions. Naguère, on devait présenter séparément à titre principal les règles de l'abrogation et celles du retrait ; désormais il faut partir de la distinction, d'une part, des actes créateurs de droits et, d'autre part, des actes réglementaires et des actes non réglementaires non créateurs de droits.

7 Pour *les actes créateurs de droits* (que le code préfère appeler décisions créatrices de droits), les solutions doivent combiner les exigences de la légalité, qui justifient de supprimer les actes illégaux, et celles des droits acquis, qui doivent être respectés.

La jurisprudence *Dame Cachet* avait lié les conditions de leur retrait à celles du recours dont ils peuvent faire l'objet : le retrait était possible pendant la durée du délai de recours et, si un recours avait été intenté, pendant la durée et dans la limite du recours. Le système avait sa logique : tant qu'un acte pouvait être annulé au contentieux par le juge, il devait parallèlement pouvoir être repris par l'administration. La logique avait été poussée à l'extrême lorsque, faute d'une publicité adéquate, un acte pouvait indéfiniment être attaqué et donc retiré. Les aménagements auxquels avaient procédé la jurisprudence et la législation pour remédier à ces excès n'étaient pas suffisants.

L'arrêt *Ternon* a rompu avec l'arrêt *Dame Cachet* en procédant au découplage du délai de retrait et du délai de recours : « *l'administration ne peut retirer une décision individuelle explicite créatrice de droits, si elle est illégale, que dans le délai de quatre mois suivant la prise de décision* ».

Il n'a pas mentionné l'abrogation ni réglé le cas des décisions implicites, auxquelles s'était appliqué un régime différent déterminé d'abord par la jurisprudence (pour les décisions implicites d'acceptation : CE, Sect., 14 nov. 1969, *Ève*, Rec. 498, concl. Bertrand ; AJ 1969.683, chr. Denoix de Saint Marc et Labetoulle ; RD publ. 1970.784, note M. Waline), puis par la loi du 12 avr. 2000 (art. 23). Désormais le Code des relations entre le public et l'administration ne fait plus de différence entre les décisions implicites (qu'elles soient d'acceptation ou de rejet) et les décisions explicites.

Pour toutes, l'abrogation ou le retrait ne sont possibles que si la décision est illégale et que dans le délai de quatre mois suivant son édiction, qu'ils soient prononcés à l'initiative de l'administration, à la demande d'un tiers (art. L 242-1) ou à celle du bénéficiaire de la décision (art. L 242-3).

Le début du délai de quatre mois doit continuer à être déterminé selon les solutions de la jurisprudence antérieure : il part de la date à laquelle la décision crée des droits, c'est-à-dire dès son adoption (pour une décision explicite, sa signature : CE Sect, 19 déc. 1952, *Dlle Mattei*, Rec. 594 ; Ass., 14 mai 1954, *Clavel*, Rec. 270, concl. Laurent ; RD publ. 1954.801, note M. Waline ; pour une décision implicite, l'expiration du délai à partir duquel elle est considérée comme prise).

Lorsque la décision en cause ne peut être contestée que par la voie d'un recours administratif devant obligatoirement précéder le recours contentieux, le délai de l'abrogation ou du retrait est, non pas le délai de quatre mois, mais le délai imparti à l'administration pour se prononcer sur ce recours administratif préalable obligatoire (art. L 242-5).

Comme l'arrêt *Ternon* l'avait déjà fait, le cas d'une demande de retrait ou d'abrogation par le bénéficiaire donne lieu à certains aménagements. D'une part, si la décision est illégale, l'administration doit, dans le délai de quatre mois, satisfaire à cette demande (art. L 242-3). D'autre part, que la décision soit légale ou illégale, l'administration peut, sans condition de délai, l'abroger ou la retirer si son abrogation ou son retrait n'est pas susceptible de porter atteinte aux droits des tiers et s'il s'agit de la remplacer par une décision plus favorable au bénéficiaire (art. L 242-4).

8 Tous les cas précédents concernaient des décisions qui entraînent sans condition création de droits. Certaines décisions au contraire ne créent des droits que dans la mesure où des conditions sont remplies. Si elles le sont, leur abrogation et leur retrait sont régies par le dispositif qui vient d'être présenté. Si elles ne le sont pas, on ne peut plus parler de décisions créatrices de droits puisque précisément les conditions de cette création ne sont pas satisfaites : c'est pourquoi elles peuvent être plus facilement remises en cause. Le Code en aménage l'abrogation et le retrait en distinguant deux cas (art. L 242-2), que l'administration peut régler sans être soumise à une condition de délai : d'une part, comme le Conseil d'État l'avait déjà jugé (CE, Sect., 6 nov. 2002, *Mme Soulier*, préc.), elle peut « *abroger une décision créatrice de droits dont le maintien est subordonné à une condition qui n'est plus remplie* » *;* d'autre part, l'administration peut, non seulement abroger, comme l'avait admis le Conseil d'État (7 août 2008, *Crédit coopératif*, Rec. 316 ; DA nov. 2008, p. 29, note Glaser ; JCP 2008I225, §, chr. Plessix ; RJEP 2009.31, note D. Moreau), mais « *retirer une décision attribuant une subvention lorsque les conditions mises à son octroi n'ont pas été respectées* ».

Ces solutions rejoignent celles qui s'appliquent aux actes non créateurs de droits.

9 Pour les *actes réglementaires et les actes non réglementaires non créateurs de droits*, le code distingue l'abrogation et le retrait (art. L 243-1 et s.).

Pour l'abrogation, la solution est simple : « *Un acte réglementaire ou un acte non réglementaire non créateur de droits peut, pour tout motif et sans condition de délai, être modifié ou abrogé...* ». Elle avait été reconnue depuis longtemps par la jurisprudence, pour les actes réglementaires (CE 25 juin 1954, *Syndicat national de la meunerie à seigle*, Rec. 379 ; D. 1955.49, concl. Jean Donnedieu de Vabres ; Sect., 27 janv. 1961, *Vannier*, Rec. 60, concl. Kahn ; v. n° 15.4) comme pour les actes non réglementaires, individuels (CE, Ass., 4 juill. 1958, *Graff* ; Ass., 22 déc. 1989, *Morin*, préc.) ou non (CE, Ass., 22 févr. 1974, *Adam*, Rec. 145 ; v. n° 77.6).

Conformément aussi à la jurisprudence antérieure, le code exprime une réserve, celle d'aménager le cas échéant des mesures transitoires (CE 24 mars 2006, *Société KPMG** et nos obs.), et impose deux obligations, celles d'abroger un acte réglementaire illégal ou non réglementaire devenu illégal (CE 3 févr. 1989, *Compagnie Alitalia** et nos obs.) ou dépourvu d'objet.

Pour le retrait, l'article L 243-3 exprime une solution simple qui revient sur celles qu'une jurisprudence tantôt plus stricte tantôt plus souple avait retenues (CE 19 mars 2010, *Syndicat des compagnies aériennes autonomes et autres*, Rec. 625 ; RJEP oct. 2010, concl. Lenica ; Ass., 21 oct. 1966, *Société Graciet*, Rec. 560 ; v. n° 55.7 ; 4 déc. 2009, *Lavergne*, Rec. 489 ; v. n° 44.1) : « *L'administration ne peut retirer un acte réglementaire ou un acte non réglementaire non créateur de droits que s'il est illégal et si le retrait intervient dans le délai de quatre mois suivant son édiction* ». Par exception (art. L 243-4), « *une mesure à caractère de sanction infligée par l'administration peut toujours être retirée* ».

Ainsi, par la combinaison de la jurisprudence et du nouveau Code des relations entre le public et l'administration et au regard de la nécessité de combiner légalité et sécurité, les règles du retrait et de l'abrogation ont été en partie simplifiées ; elles sont devenues plus claires et intelligibles. Elles n'en comportent pas moins des distinctions entre les cas à traiter qu'il faut exactement identifier pour déterminer la solution.

97

PENSIONS DES ANCIENS COMBATTANTS ÉTRANGERS – CONTRÔLE DE CONVENTIONNALITÉ

Conseil d'État Ass., 30 novembre 2001, ***Ministre de la défense, ministre de l'économie, des finances et de l'industrie c. M. Diop***
(Rec. 605, concl. Courtial ; RFDA 2002.573, concl. ; AJ 2001.1039, chr. Guyomar et Collin ; RDSS 2002.611, note Daugareilh ; LPA 12 avr. 2002, note Vial ; LPA 18 juin 2002, note Févrot ; RJS 2002.109, note Lhernould ; RGDIP 2002.207, note Geslin ; RTDH 2003.299, note Wachsmann)

....

Cons. qu'aux termes de l'article 71 de la loi n° 59-1454 du 26 déc. 1959, rendu applicable aux ressortissants sénégalais par l'article 14 de la loi n° 79-1102 du 21 déc. 1979, modifié par l'article 22 de la loi n° 81-1179 du 31 déc. 1981 : « I – À compter du 1er janv. 1961, les pensions, rentes ou allocations viagères imputées sur le budget de l'État ou d'établissements publics, dont sont titulaires les nationaux des pays ou territoires ayant appartenu à l'Union française ou à la Communauté ou ayant été placés sous le protectorat ou sous la tutelle de la France, seront remplacées pendant la durée normale de leur jouissance personnelle par des indemnités annuelles en francs, calculées sur la base des tarifs en vigueur pour lesdites pensions ou allocations à la date de leur transformation... » ;

Cons. qu'il ressort des pièces du dossier soumis aux juges du fond que M. Amadou Diop, a été engagé dans l'armée française à compter du 4 févr. 1937, qu'il a été titularisé comme auxiliaire de gendarmerie le 1er juill. 1947 et rayé des contrôles avec le rang de sergent-chef le 1er avr. 1959 ; qu'en rémunération de ses services, une pension militaire de retraite lui a été concédée à compter de cette date au taux proportionnel en vigueur pour tous les agents ; que, toutefois, après qu'à la suite de l'accession du Sénégal à l'indépendance il eut perdu la nationalité française, sa pension a, en application des dispositions législatives précitées, été remplacée, à compter du 2 janv. 1975, par une indemnité insusceptible d'être revalorisée dans les conditions prévues par le Code des pensions civiles et militaires de retraite ; que le ministre de la défense et le ministre de l'économie, des finances et de l'industrie demandent l'annulation de l'arrêt du 7 juill. 1999, par lequel la cour administrative d'appel de Paris a annulé la décision implicite du ministre de la défense lui refusant la revalorisation de sa pension militaire à concurrence des montants dont il aurait bénéficié s'il avait conservé la nationalité française ainsi que le versement des arrérages qu'il estimait lui être dus, augmentés des intérêts capitalisés ;

Sur la recevabilité du moyen tiré, devant la cour administrative d'appel, de la méconnaissance des stipulations de l'article 14 de la Convention européenne de sauvegarde des droits de l'Homme et des libertés fondamentales, combinées avec celles de l'article 1er du premier protocole additionnel à cette Convention :

Cons. que le moyen présenté en appel, tiré par M. Diop de ce que les dispositions précitées de l'article 71 de la loi du 26 déc. 1959 seraient à l'origine d'une différence de traitement entre les anciens agents publics selon leur nationalité, qui ne serait pas compatible avec les stipulations de l'article 14 de la Convention européenne de sauvegarde des droits de l'Homme et des libertés fondamentales combinées avec celles de l'article 1er de son 1er protocole additionnel, procédait de la même cause juridique que le moyen développé devant le tribunal administratif, tiré de l'incompatibilité de ces mêmes dispositions avec le Pacte international relatif aux droits civils et politiques, ouvert à la signature à New York le 19 déc. 1966, qui mettait également en cause la légalité interne de l'acte attaqué ; que la cour n'a pas commis d'erreur de droit en jugeant que ce moyen ne constituait pas une demande nouvelle irrecevable en appel ;

Sur le bien-fondé du refus de revalorisation de la pension de M. Diop :

Cons. qu'aux termes de l'article 1er de la Convention européenne de sauvegarde des droits de l'Homme et des libertés fondamentales, ratifiée par la France en application de la loi du 31 déc. 1973 et publiée au Journal officiel par décret du 3 mai 1974 : « Les Hautes parties contractantes reconnaissent à toute personne relevant de leur juridiction les droits et libertés définis au titre I de la présente convention » ; qu'aux termes de l'article 14 de la même convention : « La jouissance des droits et libertés reconnus dans la présente convention doit être assurée, sans distinction aucune, fondée notamment sur le sexe, la race, la couleur, la langue, la religion, les opinions politiques ou toutes autres opinions, l'origine nationale ou sociale, l'appartenance à une minorité nationale, la fortune, la naissance ou toute autre situation » ; qu'en vertu des stipulations de l'article 1er du 1er protocole additionnel à cette convention : « Toute personne physique ou morale a droit au respect de ses biens. Nul ne peut être privé de sa propriété que pour cause d'utilité publique et dans les conditions prévues par la loi et les principes généraux du droit international. Les dispositions précédentes ne portent pas atteinte au droit que possèdent les États de mettre en vigueur les lois qu'ils jugent nécessaires pour réglementer l'usage des biens conformément à l'intérêt général ou pour assurer le paiement des impôts ou d'autres contributions ou des amendes » ;

Cons. qu'en vertu de l'article L. 1 du Code des pensions civiles et militaires de retraite, dans sa rédaction issue de la loi du 20 sept. 1948, applicable en l'espèce, les pensions sont des allocations pécuniaires, personnelles et viagères auxquelles donnent droit les services accomplis par les agents publics énumérés par cet article, jusqu'à la cessation régulière de leurs fonctions ; que, dès lors, la cour n'a pas commis d'erreur de droit en jugeant que ces pensions constituent des créances qui doivent être regardées comme des biens au sens de l'article 1er, précité, du premier protocole additionnel à la Convention européenne de sauvegarde des droits de l'Homme et des libertés fondamentales ;

Cons. qu'*une distinction entre des personnes placées dans une situation analogue est discriminatoire, au sens des stipulations précitées de l'article 14 de la Convention européenne* de sauvegarde des droits de l'Homme et des libertés fondamentales, *si elle n'est pas assortie de justifications objectives et raisonnables, c'est-à-dire si elle ne poursuit pas un objectif d'utilité publique, ou si elle n'est pas fondée sur des critères objectifs et rationnels en rapport avec les buts de la loi* ;

Cons. qu'il ressort des termes mêmes de l'article 71, précité, de la loi du 26 déc. 1959, que les ressortissants des pays qui y sont mentionnés reçoivent désormais, à la place de leur pension, en application de ces dispositions, une indemnité non revalorisable dans les conditions prévues par le Code des pensions civiles et militaires de retraite ; que, dès lors, et quelle qu'ait pu être l'intention initiale du législateur manifestée dans les travaux préparatoires de ces dispositions, la cour n'a pas commis d'erreur de droit en jugeant que cet article créait une différence de traitement entre les retraités en fonction de leur seule nationalité ;

Cons. que *les pensions de retraite constituent, pour les agents publics, une rémunération différée destinée à leur assurer des conditions matérielles de vie en rapport avec la dignité de leurs fonctions passées* ; que la différence de situation existant entre d'anciens agents publics de la France, selon qu'ils ont la nationalité française ou sont ressortissants d'États devenus indépendants, ne justifie pas, eu égard à l'objet des pensions de retraite, une différence de traitement ; que, s'il ressort des travaux préparatoires des dispositions précitées de l'article 71 de la loi du 26 déc. 1959 qu'elles *avaient* notamment *pour objectif de tirer* les *conséquences de l'indépendance des pays mentionnés à cet article et de l'évolution désormais distincte de leurs économies et de celle de la France*, qui privait de justification la revalorisation de ces pensions en fonction de l'évolution des traitements servis aux fonctionnaires français, *la différence de traitement qu'elles créent, en raison de leur seule nationalité, entre les titulaires de pensions, ne peut être regardée comme reposant sur un critère en rapport avec cet objectif ; que, ces dispositions étant, de ce fait, incompatibles avec les stipulations précitées de l'article 14 de la Convention européenne* de sauvegarde des droits de l'Homme et des libertés fondamentales, la cour n'a pas commis d'erreur de droit en jugeant qu'elles ne pouvaient justifier le refus opposé par le ministre de la défense à la demande présentée par M. Diop en vue de la revalorisation de sa pension ;

Cons. qu'il résulte de tout ce qui précède que le ministre de la défense et le ministre de l'économie, des finances et de l'industrie ne sont pas fondés à demander l'annulation de l'arrêt attaqué ;

... (rejet des recours...).

OBSERVATIONS

L'arrêt Nicolo*, *en proclamant la supériorité des conventions internationales sur les lois, a conduit particulièrement à faire prévaloir le droit de l'Union européenne. L'arrêt* Diop *en fait autant pour le droit de la Convention européenne de sauvegarde des droits de l'Homme et des libertés fondamentales.*

Par cet arrêt le Conseil d'État approuve la cour administrative d'appel de Paris d'avoir écarté l'application d'une disposition législative limitant les droits à pension des personnes ayant perdu la nationalité française du fait de la décolonisation, en la jugeant incompatible avec les stipulations de la Convention européenne de sauvegarde des droits de l'Homme et des libertés fondamentales et de son Premier Protocole additionnel.

L'arrêt *Ministre de la défense c. Diop* constitue une manifestation très frappante du contrôle de conventionnalité de la loi dans un contexte marqué par l'application sur une longue période d'un dispositif législatif très rigoureux, qui n'a pu être remis en cause sur le plan juridique qu'au prix d'une adhésion du juge administratif à une interprétation extensive de la Convention donnée par la Cour européenne des droits de l'Homme.

En outre, a interféré sur les suites données à l'arrêt commenté, la mise en œuvre de la procédure de question prioritaire de constitutionnalité.

I. — Le mécanisme de cristallisation des pensions institué par le législateur

1 M. Diop, de nationalité sénégalaise, était un ancien militaire de carrière de l'armée française, tombant sous le coup des dispositions de l'article 71 de la loi de finances pour 1960 (n° 59-1454 du 26 déc. 1959) dont l'application a été généralisée par des lois ultérieures, en dépit de certains engagements internationaux.

A. — Le dispositif législatif

Selon l'article 71 de la loi de finances pour 1960, les pensions publiques de retraite ou d'invalidité, dont étaient titulaires les « nationaux des pays ou territoires ayant appartenu à l'Union française ou à la Communauté ou ayant été placés sous le protectorat ou la tutelle de la France » seront remplacées « pendant la durée normale de leur jouissance personnelle par des indemnités annuelles... calculées sur la base des tarifs en vigueur pour lesdites pensions... à la date de leur transformation » sous réserve de dérogations accordées par décret.

1°) Le mécanisme ainsi institué est très rigoureux. À la différence des pensions versées aux citoyens français qui sont périodiquement revalorisées en fonction du traitement des fonctionnaires en activité (règle dite du rapport constant posée par une loi du 20 sept. 1948), les allocations servies au titre de la loi de 1959 ne sont pas indexées. En outre, elles ne donnent pas lieu à réversion au profit du conjoint survivant en cas de décès du bénéficiaire, celui-ci disposant seulement d'un droit de « jouissance personnelle ». Si des mécanismes de revalorisation par décret sont prévus, leur mise en œuvre est à la discrétion du gouvernement.

2°) Les accords d'Évian, dans la mesure où ils ont valeur d'engagement international, permirent de maintenir au profit des ressortissants algériens des droits à pension révisables et non cristallisés (CE 15 mars 1972, *Dame Vve Sadok Ali*, Rec. 213). Mais une loi de finances rectificative du 3 août 1981 (art. 26) fit échec à la jurisprudence en cristallisant les « pensions » des intéressés, avec effet au 3 juill. 1962, date de l'accession de l'Algérie à l'indépendance.

De même, s'il fut un temps possible d'écarter les règles de cristallisation pour les nationaux des pays africains qui avaient adhéré à la Communauté, instituée par la Constitution de 1958 comme cela fut jugé à propos des ressortissants sénégalais (CE, Sect., 15 févr. 1974, *Dame Vve Tamba Samoura*, Rec. 116), la disparition de la Communauté autorisa le législateur à étendre aux pensionnés sénégalais les règles posées en 1959, avec effet rétroactif au 1er janv. 1975 (*cf.* art. 22 de la loi de finances rectificative du 31 déc. 1981).

3°) Plusieurs ressortissants sénégalais saisirent le Comité des droits de l'Homme des Nations unies en soutenant que la législation française était constitutive à leur égard d'une méconnaissance de l'article 26 du Pacte des Nations unies relatif aux droits civils et politiques, qui prohibe toute discrimination dans l'application de la loi, notamment en fonction de l'origine nationale.

Si le Comité leur donna gain de cause (3 avr. 1989, *Gueye c. France* ; RUDH 1989.62), le Conseil d'État ne se rangea pas à cette analyse faute pour les droits à pension de figurer dans la catégorie des droits protégés par le Pacte relatif aux droits civils et politiques (CE, Ass., avis, 15 avr. 1996, *Mme Doukouré*, Rec. 126, RFDA 1996.808, concl. Ph. Martin ; AJ 1996.565, chr. Chauvaux et Girardot ; RFDA 1996.1239, note Dhommeaux et 1997.966, note Sudre).

B. — Son application

2 *1°)* Cet état du droit ne pouvait qu'affecter de façon défavorable la situation de M. Amadou Diop. En tant qu'ancien militaire de carrière ayant servi dans les rangs de l'armée française lui avait été reconnu le droit à une pension proportionnelle à sa durée de service. Mais la pension qui lui avait été servie à compter du 1er avr. 1959, fut cristallisée au 2 janv. 1975. Une demande de revalorisation dont il avait saisi le Premier ministre le 2 août 1994, fut implicitement rejetée. Il contesta ce refus en se prévalant de l'article 26 du Pacte des Nations unies relatif aux droits civils et politiques. Le Tribunal administratif de Paris rejeta sa demande par un jugement reprenant le raisonnement fait par le Conseil d'État dans l'affaire *Mme Doukouré*.

2°) Dans l'appel interjeté contre le jugement, le requérant songea alors à dénoncer le caractère discriminatoire de la législation sur la cristallisation au regard de l'article 14 de la Convention européenne de sauvegarde des droits de l'Homme prohibant les discriminations, combiné avec le Premier Protocole additionnel, dont l'article 1er énonce que « Toute personne physique ou morale a droit au respect de ses biens. Nul ne peut être privé de sa propriété que pour cause d'utilité publique et dans les conditions prévues par la loi et les principes généraux du droit international ».

Conformément aux conclusions de son commissaire du gouvernement, le juge d'appel fit droit à la requête (CAA Paris 7 juill. 1999, *Diop*, Rec. 530 ; RFDA 2000.843, concl. Phémolant).

3°) L'arrêt de la Cour a fait l'objet d'un pourvoi en cassation de la part non seulement du ministre de la défense, mais aussi du ministre de l'économie, des finances et de l'industrie en raison de l'incidence sur les finances publiques de la reconnaissance d'un droit à pension revalorisable au profit de personnes soumises jusque là aux règles de cristallisation. Il en allait ainsi bien que l'article L. 58 du Code des pensions civiles et militaires de retraite subordonne l'octroi d'une pension à la qualité de ressortissant français, car le raisonnement fait par le juge d'appel impliquait l'inconventionnalité de l'article L. 58.

II. — L'adhésion du Conseil d'État à la jurisprudence de la Cour européenne des droits de l'Homme

Concluant devant l'Assemblée du contentieux, le commissaire du gouvernement Courtial souligna que le raisonnement suivi par la cour administrative d'appel pouvait se recommander de plusieurs jurisprudences dégagées par la Cour européenne auxquelles le Conseil d'État s'était d'ores et déjà rallié. Il n'en proposa pas moins l'annulation de l'arrêt au motif que la Cour avait à tort conclu à une « incompatibilité indivisible et absolue » de la loi nationale avec la Convention, alors qu'une interprétation de la loi privilégiant un critère de résidence des intéressés en dehors du territoire français permettait de relativiser et de limiter l'étendue de la contrariété apparente des normes en présence.

Le Conseil d'État a suivi le premier temps du raisonnement. Il s'est séparé de son commissaire dans sa proposition d'annulation de l'arrêt contesté.

A. — La confirmation de jurisprudences antérieures

3 *1°)* Comme l'a souligné M. Courtial, était en cause la portée à conférer à l'article 14 de la Convention et à l'article 1er de son Protocole additionnel.

a) Aux termes de l'article 14, « la jouissance des droits et libertés reconnus dans la présente Convention doit être assurée, sans distinction aucune, fondée notamment sur le sexe, la race, la couleur, la langue, la religion, les opinions politiques ou toutes autres opinions, l'origine nationale ou sociale, l'appartenance à une minorité nationale, la fortune, la naissance ou toute autre situation ».

Le commissaire du gouvernement a rappelé que selon la jurisprudence de la Cour de Strasbourg, l'article 14 n'est pas conçu comme un principe général abstrait ayant une existence indépendante et qu'il fait « partie intégrante de chacune des dispositions » de la Convention et de ses protocoles (CEDH 23 juill. 1968, *Affaire linguistique belge*, GACEDH n° 9). A été souligné également le fait que la prohibition des discriminations selon « l'origine nationale » s'appliquait à des discriminations fondées sur la nationalité des intéressés (CEDH 16 sept. 1996, *Gaygusuz c. Autriche*, D. 1998.438, note Marguénaud et Mouly ; Dr. soc. 1999.215, note Favard). Enfin, l'accent a été mis sur le fait que d'après la jurisprudence de la Cour « une inégalité de traitement dans une situation donnée est acceptable, ou prohibée, au regard de la Convention, selon qu'elle est, ou n'est pas, justifiée de manière *objective et raisonnable* ».

Sur ces différents points et en particulier le dernier, la jurisprudence du Conseil d'État était en harmonie avec celle de la Cour européenne (CE, Ass., 5 mars 1999, *Rouquette*, Rec. 37 ; RFDA 1999.357, concl. Maugüé ; AJ 1999.420, chr. Raynaud et Fombeur ; RFDA 1999.372, note de Béchillon et Terneyre ; RD publ. 1999.1223, obs. Camby ; DA, mai 1999, p. 23, note C. M.).

b) Plus délicat était le rattachement à la notion de respect des biens édictée par l'article 1er du Protocole additionnel, du droit de jouissance d'une pension publique.

Le commissaire du gouvernement s'est prononcé dans le sens de l'affirmative en montrant que la notion de « biens » dans la jurisprudence de la Cour européenne a connu une interprétation extensive, incluant celle d'intérêts patrimoniaux et englobant même les droits de créances à condition d'être suffisamment établis pour être exigibles. Au demeurant, le Conseil d'État a admis que l'article 1er du Protocole additionnel s'applique à des créances constituées par des primes de qualification et de service perçues par les militaires (CE, Ass., 11 juill. 2001 *Ministre de la défense c. Préaud*, Rec. 345 ; RFDA 2001.1047, concl. Bergeal ; AJ 2001.841, chr. Guyomar et Collin ; RTDH 2003.1043, note Kissangoula).

2°) Sur ces différents points la décision de l'Assemblée du contentieux est conforme aux conclusions du commissaire du gouvernement.

a) Le Conseil d'État estime ainsi que les pensions civiles et militaires de retraite « sont des allocations pécuniaires personnelles et viagères, auxquelles donnent droit les services accomplis par les agents publics » et que, par suite, la cour administrative d'appel n'a pas commis d'erreur de droit en jugeant que « ces pensions constituent des *créances qui doivent être regardées comme des biens* au sens de l'art. 1er... du Premier Protocole additionnel à la Convention ».

b) De même, l'arrêt relève qu'une distinction entre des personnes placées dans une situation analogue est discriminatoire au sens des stipulations de l'article 14 de la Convention « si elle n'est pas assortie de justifications objectives et raisonnables, c'est-à-dire si elle ne poursuit pas un objectif d'utilité publique, ou si elle n'est pas fondée sur des critères objectifs et rationnels en rapport avec les buts de la loi ».

B. — L'inconventionnalité du critère servant de fondement à la cristallisation des pensions

4 *1°)* Deux ordres de considérations ont conduit le commissaire du gouvernement à recommander au Conseil d'État d'interpréter la loi interne à l'effet de la rendre compatible avec la norme internationale.

a) Sur un plan général, il est arrivé que le Conseil choisisse d'interpréter la norme d'origine interne à la lumière des exigences découlant de la Convention plutôt que de constater son incompatibilité avec elle. Cela s'est produit aussi bien avant qu'après l'affaire *Ministre de la défense c. Diop*. Avant cet arrêt, la Section du contentieux avait cherché à limiter la portée du régime des publications de provenance étrangère pour en admettre la conventionnalité (CE, Sect., 9 juill. 1997, *Association Ekin*, Rec. 300 ; v. n° 26.10) sans pour autant convaincre la Cour de Strasbourg (CEDH 17 juill. 2001, *Association Ekin* ; RTDH 2002.685, note de Fontbressin ; AJ 2002.52, note Julien-Laferrière ; LPA 22 févr. 2002, note Pech), ce qui a conduit ultérieurement le Conseil d'État à un constat de contrariété à la Convention (CE 7 févr. 2003, *GISTI*, Rec. 30 ;

AJ 2003.996, note Julien-Laferrière ; RFDA 2003.972, note Fitte-Duval et Rabiller ; RD publ. 2003.901, note Mouzet).

Beaucoup plus significative était une autre hypothèse d'interprétation de la législation nationale. Il s'agit de l'appréciation de la compatibilité des dispositions de l'article L. 160-5 du Code de l'urbanisme qui posent le principe de la non-indemnisation des servitudes d'urbanisme avec l'article 1er du Premier Protocole additionnel. Moyennant une extension des exceptions susceptibles d'être apportées au principe de non-indemnisation, la Section du contentieux a pu conclure à l'absence d'incompatibilité avec le Protocole de l'article L. 160-5 (CE, Sect., 3 juill. 1998, *Bitouzet*, Rec. 288, concl. Abraham ; RFDA 1998.1243, concl. et 1999.841, note de Béchillon ; CJEG 1998.441 et BJDU n° 5/98, concl.).

b) Il semblait possible au commissaire du gouvernement Courtial d'interpréter les dispositions de la loi de finances pour 1960 comme fondant la différence de traitement qu'elle instaure au détriment des titulaires étrangers de droit à une pension publique non seulement sur le critère de la nationalité, mais aussi sur un critère, déduit des travaux préparatoires de la loi, *de résidence* à l'étranger. Or, le coût de la vie n'est pas le même selon le lieu de résidence. Ainsi, bien que l'allocation servie à M. Diop n'atteigne que 34 % de celle qui lui serait versée en cas de décristallisation, le pouvoir d'achat de cette allocation représente cinq fois le revenu moyen national au Sénégal.

5 *2°)* L'Assemblée du contentieux n'a pas été aussi loin. Il lui a semblé que les termes mêmes de la loi s'opposaient à l'adjonction par le juge d'un critère de résidence là où le législateur ne retenait que la nationalité. Qui plus est, il aurait été nécessaire de déterminer à quelle date apprécier la condition de résidence. Si la prise en compte de la date d'ouverture des droits à pension apparaît comme la solution la plus logique, elle peut s'avérer inéquitable en cas de changement ultérieur de résidence.

Le Conseil d'État a donc relevé que s'il ressort des travaux préparatoires des dispositions de l'article 71 de la loi du 26 déc. 1959 « qu'elles avaient notamment pour objectif de tirer les conséquences de l'indépendance des pays mentionnés à cet article et de l'évolution désormais distincte de leurs économies et de celle de la France, qui privait de justification la revalorisation [des] pensions en fonction de l'évolution des traitements servis aux fonctionnaires français, la différence de traitement qu'elles créent, *en raison de leur seule nationalité*, entre les titulaires de pensions, ne peut être regardée comme reposant sur un critère en rapport avec cet objectif ».

III. — Les suites de l'arrêt

6 Par sa motivation, l'arrêt *Ministre de la défense c. Diop* illustre bien la façon dont le Conseil d'État applique la Convention européenne de sauvegarde des droits de l'Homme et des libertés fondamentales. Il reste fidèle à l'approche qu'avait préconisée le commissaire du gouvernement Labetoulle dans ses conclusions sur l'affaire *Debout* jugée le 27 oct. 1978 (Rec. 403 ; v. n° 93.3). Selon lui, l'interprétation par le Conseil de la Convention se doit de concilier « dans la mesure du possible, deux préoccupations : d'une part, éviter toute solution qui serait radicalement incompatible avec la jurisprudence de la Cour ; d'autre part, éviter aussi toute solution qui sur un point marquerait une rupture avec le droit national antérieur ». Semblable approche explique pourquoi l'arrêt du 30 nov. 2001, tout en se conformant à la jurisprudence de la Cour, laisse la possibilité au législateur de fonder une éventuelle différence de traitement par référence à la *notion de résidence* du titulaire du droit à pension en dehors du territoire national.

Mais la faculté ainsi ouverte au législateur s'est avérée malaisée à mettre en œuvre, d'autant qu'au contrôle de conventionnalité s'est ajouté le contrôle de constitutionnalité.

Est intervenue tout d'abord la loi de finances rectificative du 30 déc. 2002 (art. 68) qui a institué un mécanisme de décristallisation partielle. En outre, à la suite de l'écho rencontré dans l'opinion par le film « *Indigènes* », le législateur a procédé à la décristallisation totale des pensions militaires d'*invalidité* servies aux ressortissants des anciens territoires placés sous la souveraineté française à compter du 1er janv. 2007, par l'art. 100 de la loi du 21 déc. 2006 portant loi de finances pour 2007.

Le premier de ces textes a été contesté au regard de l'article 14 de la Convention. Alors que son commissaire du gouvernement a conclu à l'inconventionnalité des règles nouvelles en tant qu'elles s'appliquent aux titulaires de pensions militaires *d'invalidité* et à leurs ayants droit, le Conseil d'État a estimé, compte tenu de la marge d'appréciation laissée à chaque État par la Convention, que le fait pour le législateur de prendre en compte comme critère la résidence des intéressés au moment de la liquidation de la pension pour fixer le montant de celle-ci n'était pas incompatible avec l'art. 14 (CE Sect., avis, 18 juill. 2006, *Ka*, Rec. 349, concl. Vallée ; du même jour CE, Sect., *GISTI*, Rec. 353, concl. Vallée ; RFDA 2006.1201, concl. ; AJ 2006.1853, chr. Landais et Lenica).

7 Peu après l'entrée en application de la procédure de question prioritaire de constitutionnalité (v. nos obs. sous l'arrêt *Sarran**), le Conseil d'État a jugé sérieuse et par là même renvoyé au Conseil constitutionnel la contestation au regard des droits et libertés garantis par la Constitution, non seulement de l'art. 68 de la loi du 30 déc. 2002 et de l'art. 100 de la loi du 21 déc. 2006, mais également de l'art. 26 de la loi de finances rectificative pour 1981 réglant la situation des ressortissants algériens.

Le Conseil constitutionnel a censuré au regard du principe d'égalité les dispositions soumises à son examen. Après avoir souligné que les textes contestés avaient pour objet de garantir aux titulaires de pensions civiles ou militaires de retraite, *selon leur lieu de résidence à l'étranger* au moment de l'ouverture de leurs droits, des conditions de vie en rapport avec la dignité des fonctions exercées au service de l'État, il a relevé qu'en prévoyant des conditions de revalorisation différentes de celles prévues par le Code des pensions civiles et militaires de retraite, les dispositions en cause laissaient subsister une différence de traitement avec les *ressortissants français résidant dans le même pays étranger*. Or, si le législateur pouvait fonder une différence de traitement sur le lieu de résidence en tenant compte des différences de pouvoir d'achat, il ne pouvait, sauf à méconnaître le principe d'égalité, établir, compte tenu de l'objet de la loi, de différence selon la nationalité entre titulaires d'une pension civile ou militaire de retraite payée sur le budget de l'État. En conséquence, le Conseil constitutionnel a abrogé à compter du 1er janv. 2011 l'art. 26 de la loi du 3 août 1981 et l'art. 68 de la loi du 30 déc. 2002, de même que l'art. 100 de la loi du 21 déc. 2006, dans la mesure où le maintien en vigueur de cet article aurait eu pour conséquence de créer une rupture d'égalité au détriment des ressortissants algériens (CC *no 2010-1 QPC, 28 mai 2010*, Rec. 91 ; RFDC 2010 no 84, 811, note Racine).

8 Il est revenu au législateur, au Conseil constitutionnel et au Conseil d'État de fixer, chacun dans sa sphère de compétence, les conséquences à tirer de la décision *no 2010-1 QPC*, au besoin en en accentuant les effets.

Le législateur a, par l'art. 211 de la loi du 29 déc. 2010 de finances pour 2011, défini de nouvelles règles pour le calcul des pensions militaires d'invalidité et les pensions civiles et militaires de retraite des personnes entrant dans le champ d'application de l'art. 71 de la loi du 26 déc. 1959, en spécifiant qu'elles sont applicables aux instances en cours à la date de la décision du 28 mai 2010, « *la révision des pensions* » prenant effet à compter de la date de réception par l'administration de la demande qui est à l'origine de ces instances. Le législateur a fixé au 1er janv. 2011 la date d'effet de l'art. 211.

Postérieurement à sa décision *no 2010-1 QPC*, le Conseil constitutionnel a défini, par interprétation des dispositions de l'art. 62 de la Constitution dans leur rédaction issue de la loi constitutionnelle du 23 juill. 2008, les effets d'une décision d'inconstitutionnalité faisant suite à un renvoi du Conseil d'État ou de la Cour de cassation, en ces termes : « si, *en principe*, la déclaration d'inconstitutionnalité doit bénéficier à l'auteur de la question prioritaire de constitutionnalité et *la disposition déclarée contraire à la Constitution ne peut être appliquée dans les instances en cours* à la date de la publication de la décision du Conseil constitutionnel, les dispositions de l'article 62 de la Constitution réservent à ce dernier le pouvoir tant de fixer la date de l'abrogation et reporter dans le temps ses effets que de prévoir la remise en cause des effets que la disposition a produits avant l'intervention de cette déclaration » (CC *no 2010-108 QPC, 25 mars 2011*, Rec. 154).

9 Pour sa part, le Conseil d'État a eu à se prononcer, non seulement sur l'application des dispositions législatives issues de l'art. 211 de la loi de finances pour 2011, mais également à exercer sur certaines questions non expressément réglées par le législateur, le contrôle de conventionnalité dans la ligne de l'arrêt *Diop*, ceci par un arrêt du 13 mai 2011

Mme M'Rida, rendu en Assemblée (Rec. 211, concl. Geffray ; RFDA 2011.789, concl., note Verpeaux ; AJ 2011.1136, chr. Domino et Bretonneau).

S'agissant de l'application du nouveau dispositif législatif, le Conseil d'État s'est appuyé tant sur la décision *n° 2010-1 QPC du 28 mai 2010*, rendue sur le renvoi auquel il avait lui-même procédé, que sur la décision *n° 2010-108 QPC du 25 mars 2011*. Par là même, il a conféré une autorité de chose jugée interprétée à la lecture faite par le Conseil constitutionnel de l'art. 62 de la Constitution.

Au visa des art. 61-1 et 62 de la Constitution et des décisions *n°s 2010-1 QPC* et *2010-108 QPC*, le Conseil d'État considère que : « *lorsque le Conseil constitutionnel, après avoir abrogé une disposition déclarée inconstitutionnelle, use du pouvoir que lui confèrent les dispositions [de l'art. 62], soit de déterminer lui-même les conditions et limites dans lesquelles les effets que la disposition a produits sont susceptibles d'être remis en cause, soit de décider que le législateur aura à prévoir une application aux instances en cours des dispositions qu'il aura prises pour remédier à l'inconstitutionnalité constatée, il appartient au juge, saisi d'un litige relatif aux effets produits par la disposition déclarée inconstitutionnelle, de les remettre en cause en écartant, pour la solution de ce litige,* le cas échéant d'office, *cette disposition, dans les conditions et limites fixées par le Conseil constitutionnel ou le législateur* ».

10 En fonction de cette approche, réitérée par deux autres décisions d'Assemblée du 13 mai 2011, *Mme Lazare* (Rec. 235), d'une part, et *Mme Delannoy et M. Verzele* d'autre part (Rec. 238 ; RFDA 2011.772, concl. Thiellay ; AJ 2011.1136, chr. Domino et Bretonneau), le Conseil d'État a eu le souci de conférer un maximum d'efficacité à la chose jugée par la décision du 28 mai 2010. À cette fin, l'arrêt *Mme M'Rida* interprète « la révision des pensions » rendue possible par l'art. 211 de la loi de finances pour 2011, comme « s'appliquant aussi aux demandes de pension de réversion », qu'il s'agisse d'une pension de veuve ou d'une pension d'orphelin. Qui plus est, dans chacune de ces hypothèses, le Conseil d'État a reconnu un droit à pension dérivé en écartant des dispositions législatives qui l'excluaient à raison de la nationalité étrangère des demandeurs, au motif qu'un tel critère est contraire aux dispositions de l'article 14 de la Convention européenne des droits de l'Homme combinées avec celles de l'article 1er du Premier Protocole additionnel. Ainsi, la mise en œuvre de la jurisprudence *Diop* a permis d'écarter des dispositions législatives non expressément censurées par le Conseil constitutionnel dans sa décision du 28 mai 2010.

Au total, loin d'être incompatibles, le contrôle de constitutionnalité et le contrôle de conventionnalité peuvent utilement conjuguer leurs effets.

Une illustration supplémentaire de cette complémentarité a été donnée à propos de la loi du 3 janv. 1969 relative à l'exercice des activités ambulantes et au régime applicable aux personnes circulant en France sans domicile ni résidence fixe. Sur un plan constitutionnel, les dispositions de cette loi relatives au *carnet* de circulation ont été jugées contraires au principe d'égalité (CC *n° 2012-379 QPC, 5 oct. 2012*, Rec. 314 ; AJ 2012.2393, note E. Aubin), à la différence du *livret* de circulation.

Sur un plan conventionnel, les sanctions prévues par voie réglementaire pour non possession ou non présentation du livret de circulation ont été regardées comme portant une atteinte excessive à la liberté de circulation garantie par l'art. 2 du Protocole n° 4 additionnel à la Convention européenne des droits de l'Homme (CE 19 nov. 2014, *Peillex* ; Rec. 659).

La prise en compte par le juge administratif des stipulations de l'art. 14 de la Convention prohibant les discriminations, rapprochées de celles de l'art. 1er de son Premier Protocole, peut également le conduire à écarter l'application d'une disposition législative contraire à ces stipulations (CE 10 avr. 2015, *Société Red Bull on Premise*, Rec. 675 ; Dr. fisc. 2015.434, concl. Bonhert) dans un cas où le Conseil constitutionnel a, en raison de sa contrariété au principe constitutionnel d'égalité devant l'impôt, abrogé avec effet différé la même disposition (CC *n° 2014.417 QPC, 19 sept. 2014*, Rec. 408).

Sans doute, les effets dans le temps de chaque type de contrôle diffèrent-ils : abrogation par le juge constitutionnel de la disposition législative contraire aux droits et libertés constitutionnellement garantis ; non-application par le juge administratif ou le juge judiciaire de la disposition inconventionnelle. Mais il peut y avoir un rapprochement, dans la mesure où le Conseil d'État s'est, en s'inspirant de sa jurisprudence sur les annulations contentieuses (v. nos obs. sous CE 11 mai 2004, *Association AC ! et autres**), reconnu la possibilité de moduler les effets dans le temps de la déclaration d'inconventionnalité d'une loi (CE 31 juill. 2019, *Association La Cimade et autres*, Rec. 334, concl. Odinet ; v. n° 78.5) ou d'une ordonnance (CE 5 mars 2021, *Ordre des avocat au Conseil d'État et à la Cour de cassation et Beshoret*, AJ 2021.537 ; RFDA 2021.570, chr. Roblot-Troizier).

98

RESPONSABILITÉ
FAUTE PERSONNELLE ET FAUTE DE SERVICE
ACTION RÉCURSOIRE
RÉGIME DE VICHY

Conseil d'État Ass., 12 avril 2002, *Papon*

(Rec. 139, concl. Boissard ; RFDA 2002.582, concl. ; AJ 2002.423, chr. Guyomar et Collin et 2014.115, note Donnat ; LPA 28 mai 2002, concl. Boissard, note E. Aubin ; D. 2003.647, note Delmas Saint-Hilaire ; JCP 2002.II.10161, note Moniolle ; Gaz. Pal. 28-30 juill. 2002.27, note Petit ; RD publ. 2002.1511, note Degoffe, et 1531, note Alvés ; RD publ. 2003.470, note Guettier ; RFDC 2003.513, comm. Verpeaux)

Cons. que M. Papon, qui a occupé de juin 1942 à août 1944 les fonctions de secrétaire général de la préfecture de la Gironde, a été condamné le 2 avr. 1998 par la cour d'assises de ce département à la peine de dix ans de réclusion criminelle pour complicité de crimes contre l'humanité assortie d'une interdiction pendant dix ans des droits civiques, civils et de famille ; que cette condamnation est intervenue en raison du concours actif apporté par l'intéressé à l'arrestation et à l'internement de plusieurs dizaines de personnes d'origine juive, dont de nombreux enfants, qui, le plus souvent après un regroupement au camp de Mérignac, ont été acheminées au cours des mois de juill., août et oct. 1942 et janv. 1944 en quatre convois de Bordeaux à Drancy avant d'être déportées au camp d'Auschwitz où elles ont trouvé la mort ; que la cour d'assises de la Gironde, statuant le 3 avr. 1998 sur les intérêts civils, a condamné M. Papon à payer aux parties civiles, d'une part, les dommages et intérêts demandés par elles, d'autre part, les frais exposés par elles au cours du procès et non compris dans les dépens ; que M. Papon demande, après le refus du ministre de l'intérieur de faire droit à la démarche qu'il a engagée auprès de lui, que l'État soit condamné à le garantir et à le relever de la somme de 4 720 000 F (719 559 euros) mise à sa charge au titre de ces condamnations ;

Sur le fondement de l'action engagée :

Cons. qu'aux termes du deuxième alinéa de l'article 11 de la loi du 13 juill. 1983 portant droits et obligations des fonctionnaires : « Lorsqu'un fonctionnaire a été poursuivi par un tiers pour faute de service et que le conflit d'attribution n'a pas été élevé, la collectivité publique doit, dans la mesure où une faute personnelle détachable de l'exercice de ses fonctions n'est pas imputable à ce fonctionnaire, le couvrir des condamnations civiles prononcées contre lui » ; que pour l'application de ces dispositions, *il y a lieu – quel que soit par ailleurs le fondement sur lequel la responsabilité du fonctionnaire a été engagée vis-à-vis de la victime du dommage – de distinguer trois cas ; que, dans le premier, où le dommage pour lequel l'agent a été condamné civilement trouve son origine exclusive dans une faute de service, l'administration est tenue de couvrir intégralement l'intéressé des condamnations civiles prononcées contre lui ; que, dans le deuxième, où le dommage provient exclusivement d'une faute personnelle détachable de l'exercice des fonctions, l'agent qui l'a commise ne peut au contraire, quel que soit le lien entre cette faute et le service, obtenir la garantie de l'administration ; que, dans le troisième, où une faute personnelle a, dans la réalisation du dommage, conjugué ses effets avec ceux d'une faute de service distincte, l'administration n'est tenue de couvrir l'agent que pour la part imputable à cette faute de service ; qu'il appartient dans cette dernière hypothèse au juge administratif, saisi d'un contentieux opposant le fonctionnaire à son administration, de régler la contribution finale de l'un et de l'autre à la charge des réparations compte tenu de l'existence et de la gravité des fautes respectives ;*

Sur l'existence d'une faute personnelle :

Cons. que l'appréciation portée par la cour d'assises de la Gironde sur le caractère personnel de la faute commise par M. Papon, dans un litige opposant M. Papon aux parties civiles et portant sur une cause distincte, ne s'impose pas au juge administratif statuant dans le cadre, rappelé ci-dessus, des rapports entre l'agent et le service ;

Cons. qu'il ressort des faits constatés par le juge pénal, dont la décision est au contraire revêtue sur ce point de l'autorité de la chose jugée, que M. Papon, alors qu'il était secrétaire général de la préfecture de la Gironde entre 1942 et 1944, a prêté son concours actif à l'arrestation et à l'internement de 76 personnes d'origine juive qui ont été ensuite déportées à Auschwitz où elles ont trouvé la mort ; que si l'intéressé soutient qu'il a obéi à des ordres reçus de ses supérieurs hiérarchiques ou agi sous la contrainte des forces d'occupation allemandes, il résulte de l'instruction que M. Papon a accepté, en premier lieu, que soit placé sous son autorité directe le service des questions juives de la préfecture de la Gironde alors que ce rattachement ne découlait pas de la nature des fonctions occupées par le secrétaire général ; qu'il a veillé, en deuxième lieu, de sa propre initiative et en devançant les instructions venues de ses supérieurs, à mettre en œuvre avec le maximum d'efficacité et de rapidité les opérations nécessaires à la recherche, à l'arrestation et à l'internement des personnes en cause ; qu'il s'est enfin attaché personnellement à donner l'ampleur la plus grande possible aux quatre convois qui ont été retenus à sa charge par la cour d'assises de la Gironde, sur les 11 qui sont partis de ce département entre juill. 1942 et juin 1944, en faisant notamment en sorte que les enfants placés dans des familles d'accueil à la suite de la déportation de leurs parents ne puissent en être exclus ; *qu'un tel comportement, qui ne peut s'expliquer par la seule pression exercée sur l'intéressé par l'occupant allemand, revêt, eu égard à la gravité exceptionnelle des faits et de leurs conséquences, un caractère inexcusable et constitue par là même une faute personnelle détachable de l'exercice des fonctions ;* que la circonstance, invoquée par M. Papon, que les faits reprochés ont été commis dans le cadre du service ou ne sont pas dépourvus de tout lien avec le service est sans influence sur leur caractère de faute personnelle pour l'application des dispositions précitées de l'article 11 de la loi du 13 juill. 1983 ;

Sur l'existence d'une faute de service :

Cons. que si la déportation entre 1942 et 1944 des personnes d'origine juive arrêtées puis internées en Gironde dans les conditions rappelées ci-dessus a été organisée à la demande et sous l'autorité des forces d'occupation allemandes, la mise en place du camp d'internement de Mérignac et le pouvoir donné au préfet, dès oct. 1940, d'y interner les ressortissants étrangers « de race juive », l'existence même d'un service des questions juives au sein de la préfecture, chargé notamment d'établir et de tenir à jour un fichier recensant les personnes « de race juive » ou de confession israélite, l'ordre donné aux forces de police de prêter leur concours aux opérations d'arrestation et d'internement des personnes figurant dans ce fichier et aux responsables administratifs d'apporter leur assistance à l'organisation des convois vers Drancy – tous actes ou agissements de l'administration française qui ne résultaient pas directement d'une contrainte de l'occupant – ont permis et facilité, indépendamment de l'action de M. Papon, les opérations qui ont été le prélude à la déportation ;

Cons. que si l'article 3 de l'ordonnance du 9 août 1944 relative au rétablissement de la légalité républicaine sur le territoire continental constate expressément la nullité de tous les actes de l'autorité de fait se disant « gouvernement de l'État français » qui « établissent ou appliquent une discrimination quelconque fondée sur la qualité de juif », *ces dispositions ne sauraient avoir pour effet de créer un régime d'irresponsabilité de la puissance publique à raison des faits ou agissements commis par l'administration française dans l'application de ces actes, entre le 16 juin 1940 et le rétablissement de la légalité républicaine sur le territoire continental;* que, tout au contraire, les dispositions précitées de l'ordonnance ont, en sanctionnant par la nullité l'illégalité manifeste des actes établissant ou appliquant cette discrimination, nécessairement admis que les agissements auxquels ces actes ont donné lieu pouvaient revêtir un caractère fautif ;

Cons. qu'il résulte de tout ce qui précède que la faute de service analysée ci-dessus engage, contrairement à ce que soutient le ministre de l'intérieur, la responsabilité de l'État ; qu'il incombe par suite à ce dernier de prendre à sa charge, en application du deuxième alinéa de l'article 11 de la loi du 13 juill. 1983, une partie des condamnations prononcées, appréciée en fonction de la mesure qu'a prise la faute de service dans la réalisation du dommage réparé par la cour d'assises de la Gironde ;

Sur la répartition finale de la charge :

Cons. qu'il sera fait une juste appréciation, dans les circonstances de l'espèce, des parts respectives qui peuvent être attribuées aux fautes analysées ci-dessus en condamnant l'État à prendre à sa charge la moitié du montant total des condamnations civiles prononcées à l'encontre du requérant le 3 avr. 1998 par la cour d'assises de la Gironde ; ... [condamnation de l'État à prendre à sa charge la moitié du montant total des condamnations civiles ; rejet du surplus des conclusions].

OBSERVATIONS

L'arrêt Papon, *dans une affaire dramatique, systématise les solutions qu'avaient arrêtées les arrêts* Laruelle* *et* Delville*.

1 Le 2 avr. 1998, la cour d'assises de la Gironde a condamné Maurice Papon à une peine de dix ans de réclusion criminelle pour complicité de crimes contre l'humanité, tenant à l'arrestation et la séquestration, en 1942 et 1944, à une époque où il était secrétaire général de la préfecture de la Gironde, de soixante-seize personnes en raison de leur appartenance à la « race juive » ou à la religion israélite.

Le lendemain, statuant sur les intérêts civils, elle l'a condamné à payer aux parties civiles (ayants cause des victimes, organisations s'étant associées à leur action) une somme globale de 4,72 millions de francs (près de 720 000 euros), correspondant à 3,2 MF au titre des frais exposés et 1,6 au titre des dommages-intérêts.

M. Papon, invoquant l'article 11 de la loi du 13 juill. 1983 sur les droits et obligations des fonctionnaires, a demandé au ministre de l'intérieur de le couvrir des condamnations civiles prononcées contre lui. Sa demande ayant été rejetée, il a saisi la juridiction administrative pour qu'elle condamne l'État. S'agissant d'un litige relatif à la situation individuelle d'un fonctionnaire nommé par décret du président de la République, le Conseil d'État était compétent pour statuer en premier et en dernier ressort.

Par son arrêt du 12 avr. 2002, il a condamné l'État à prendre à sa charge la moitié du montant total des condamnations civiles prononcées à l'encontre du requérant par la cour d'assises.

Ni la sécheresse du rappel des faits ni la rigueur de l'analyse juridique ne peuvent faire oublier « *l'immensité des souffrances de celles et de ceux qui ont été jetés dans (les) convois et précipités vers la mort* », comme l'a souligné Mme Boissard dans ses conclusions.

Si l'on s'en tient au terrain du droit administratif, l'arrêt *Papon* illustre particulièrement l'action récursoire qu'un agent peut engager contre le service (I). Il reconnaît la responsabilité de l'État à travers la succession des régimes politiques (II).

2 **I.** — Les actions récursoires de l'administration contre ses agents et inversement des agents contre leur administration ont donné lieu aux arrêts de principe du Conseil d'État du 28 juill. 1951, *Laruelle**, *Delville**.

L'arrêt *Laruelle* admet qu'une collectivité publique peut se retourner contre ses agents pour le préjudice qu'ils lui ont causé en raison de leurs fautes personnelles détachables de l'exercice de leurs fonctions. L'arrêt *Delville* admet en sens inverse qu'un agent condamné par les juridictions judiciaires à indemniser la victime d'un préjudice dont elles le jugent responsable peut se retourner contre son administration en raison de la faute de service qu'elle a commise et qui a contribué à la réalisation du préjudice.

L'arrêt *Papon* se situe exactement dans la ligne de la jurisprudence *Delville*, mais, outre l'illustration qu'il lui donne eu égard aux faits de la cause, il en rappelle les principes par une rédaction rigoureuse.

Il précise dans quels cas un agent peut se retourner contre son administration (A) et dans quelle mesure celle-ci doit contribuer à la réparation (B).

3 **A.** — L'arrêt rappelle les dispositions de la loi du 13 juill. 1983 portant droits et obligations des fonctionnaires (art. 11 alinéa 2) faisant obligation à l'administration, au cas où un fonctionnaire a été poursuivi par un tiers pour faute de service et où le conflit d'attribution n'a pas été élevé, de le couvrir des condamnations civiles prononcées contre lui dans la mesure où une faute personnelle détachable de l'exercice de ses fonctions ne lui est pas imputable. Des formules semblables avaient déjà été introduites dans les textes antérieurs établissant le statut général des fonctionnaires (« loi » du 14 sept. 1941, art. 24 ; loi du 19 oct. 1946, art. 14 ; ord. du 4 févr. 1959, art. 11). Elles ne font que consacrer un principe général du droit s'appliquant même sans texte (CE, Sect., 26 avr. 1963, *Centre hospitalier de Besançon*, Rec. 243 ; v. n° 58.7).

Elles conduisent à distinguer trois cas.

1°) « Dans le premier,... *le dommage pour lequel l'agent a été condamné civilement trouve son origine exclusive dans une faute de service* ». On peut être surpris qu'il puisse en être ainsi car, normalement, le fonctionnaire ne peut être tenu personnellement responsable des conséquences dommageables d'une faute de service, même si c'est lui qui l'a commise (TC 30 juill. 1873, *Pelletier**) ; s'il est poursuivi pour cette faute de service devant les tribunaux judiciaires, le conflit doit être élevé.

Pourtant il peut arriver qu'un fonctionnaire soit condamné par les juridictions judiciaires pour une faute de service. C'est le cas lorsque l'administration a omis, volontairement ou par négligence ou ignorance, d'élever le conflit. Cela peut résulter aussi de l'impossibilité où elle s'est trouvée d'élever le conflit en raison de textes s'y opposant (l'ordonnance du 1er juin 1828 interdit d'élever le conflit en matière criminelle).

La reconnaissance de la responsabilité personnelle de l'agent par les juridictions judiciaires pour une faute qui lui est reprochée ne lie pas la juridiction administrative. Celle-ci peut estimer que « *la faute ainsi commise présente essentiellement le caractère d'une faute de service à l'exclusion de toute faute personnelle détachable des fonctions* » (*Centre hospitalier de Besançon*) ; s'il en est ainsi, « *l'administration est tenue de couvrir intégralement l'intéressé des condamnations civiles prononcées contre lui* » (*Papon*).

4 *2°)* Le deuxième cas est celui « *où le dommage provient exclusivement d'une faute personnelle détachable de l'exercice des fonctions* ».

Il peut lui-même se décomposer en plusieurs hypothèses.

La plus radicale est celle d'une faute personnelle qui est totalement dépourvue de lien avec le service : l'agent n'a commis sa faute ni dans le service ni hors service avec des moyens qui en auraient permis ou même seulement facilité la réalisation. La victime n'aurait pu rechercher la responsabilité de l'administration ; seul l'agent était responsable envers elle.

Plus nuancée est l'hypothèse d'une faute personnelle qui, tout en étant la seule faute commise, a été réalisée dans le service, ou qui même accomplie hors du service, n'est pas dépourvue de tout lien avec lui. La jurisprudence *Lemonnier** (26 juill. 1918), *Mimeur* (18 nov. 1949, Rec. 492 ; v. n° 30.5) aurait permis à la victime de demander réparation à l'administration car, même si celle-ci n'a pas commis de faute, elle doit répondre des conséquences dommageables de la faute personnelle de son agent non dépourvue de tout lien avec le service. Mais la victime a pu aussi bien rechercher la responsabilité personnelle de l'agent devant les juridictions judiciaires, et celles-ci ont pu justement le condamner puisque sa faute était une faute personnelle.

Dans les deux cas de figure, aucune faute de service ne peut être reprochée à l'administration, ni par la victime ni par l'agent. Celui-ci ne peut exercer d'action récursoire contre l'administration.

La solution est exactement l'inverse de celle qui prévaut lorsque n'a été commise qu'une faute de service. Ici, puisque la seule faute est la faute personnelle de l'agent, « *l'agent qui l'a commise ne peut..., quel que soit le lien entre cette faute et le service, obtenir la garantie de l'administration* ». L'arrêt *Papon* formule à ce sujet un principe qui avait déjà été plusieurs fois appliqué (CE 19 févr. 1954, *Consorts Delaprée*, Rec. 117 ; 9 oct. 1970, *Commune de Lusignan*, Rec. 477 ; 28 déc. 2001, *Valette*, Rec. 680, v. nº 2.3).

3º) Reste le troisième cas, « *où une faute personnelle a, dans la réalisation du dommage, conjugué ses effets avec ceux d'une faute de service distincte* ».

Il s'était déjà présenté dans l'affaire *Delville**, un accident étant imputable à la fois à l'état d'ébriété de l'agent (faute personnelle) et au mauvais état des freins du camion qu'il conduisait (faute de service). Le Conseil d'État avait alors rappelé que « *la victime peut demander à être indemnisée de la totalité du préjudice subi soit à l'administration, devant les juridictions administratives, soit à l'agent responsable, devant les juridictions judiciaires* ».

Devant les juridictions administratives, elle recherche la responsabilité de l'administration, non pas tant parce que la faute personnelle n'est pas dépourvue de tout lien avec le service qu'en raison de la faute de service elle-même (CE 3 févr. 1911, *Anguet*) ; l'administration peut ensuite se retourner contre son agent pour être couverte des conséquences dommageables pour elle de la faute personnelle qu'il a commise (CE 28 juill. 1951, *Laruelle**).

Les victimes peuvent préférer mettre en cause à leur égard la faute personnelle de l'agent et obtenir des juridictions judiciaires sa condamnation à réparer la totalité du préjudice subi. C'est ce qu'elles ont fait dans l'affaire *Papon* : elles se sont portées parties civiles contre lui pour obtenir sa condamnation à la fois sur le plan pénal et sur le plan civil, et l'intéressé a effectivement été condamné par la cour d'assises sur ces deux plans.

Mais, en raison de l'existence d'une faute de service qui, conjuguée avec la faute personnelle, a contribué à la réalisation du dommage, l'agent peut se retourner contre l'administration pour en obtenir le remboursement des indemnités qu'il a lui-même dû payer. C'est ce qu'avait admis l'arrêt *Delville**.

C'est exactement ce que reprend l'arrêt Papon, tout en précisant plus fortement : « *l'administration n'est tenue de couvrir l'agent que pour la part imputable à cette faute de service* ».

5 ***B.*** — Ainsi doit être déterminée sa contribution à la dette. Tout autant que l'action récursoire de l'administration contre l'agent (*Laruelle**), celle de l'agent contre l'administration (*Delville*, Papon*) relève de la

compétence de la juridiction administrative car il s'agit de statuer, dans les deux cas, sur les rapports de droit public entre les parties.

« *Il appartient dans cette... hypothèse au juge administratif de déterminer la contribution finale de l'un(e) et de l'autre à la charge des réparations, compte tenu de l'existence et de la gravité des fautes respectives* ». Il lui revient de statuer sur l'existence d'une faute personnelle, celle d'une faute de service, et sur la répartition finale de la charge entre l'agent et le service.

1°) S'agissant de la faute personnelle, le juge administratif n'est pas lié par la position des juridictions judiciaires, pour deux raisons.

La première tient aux limites de l'autorité de la chose jugée : celle-ci ne s'impose qu'en cas d'identité d'objet, de cause et de parties, en droit administratif comme en droit privé (par ex. CE, Sect., 26 févr. 1937, *Société des ciments Portland de Lorraine*, Rec. 254 ; Sect., 16 mars 1962, *Compagnie d'assurances l'Urbaine et la Seine*, Rec. 182). En cas d'action récursoire de l'agent contre l'administration, alors que le juge judiciaire a statué sur un litige opposant les victimes à l'agent, le juge administratif statue sur un litige opposant l'agent à l'administration (il n'y a donc pas identité de parties) ; le juge judiciaire a condamné l'agent pour sa faute personnelle, le juge administratif est appelé à condamner l'administration pour sa faute de service (il n'y a donc pas identité de cause).

Ainsi « l'appréciation portée par la cour d'assises de la Gironde sur le caractère personnel de la faute commise par M. Papon, dans un litige opposant M. Papon aux parties civiles et portant sur une cause distincte, ne s'impose pas au juge administratif statuant dans le cadre, rappelé ci-dessus, des rapports entre l'agent et le service ».

En second lieu, plus profondément, la faute personnelle ne s'apprécie pas nécessairement de la même manière dans les rapports entre l'agent et la victime d'une part, entre l'agent et l'administration d'autre part. Lorsque c'est l'administration qui engage une action récursoire contre ses agents, elle peut reprocher à ces derniers une faute personnelle que la victime n'aurait pu invoquer contre eux, comme l'a montré l'affaire *Moritz-Jeannier* (TC 26 mai 1954, Rec. 708 ; CE, Sect., 22 mars 1957, Rec. 196 ; v. n° 60.4). À l'inverse, la faute reconnue personnelle dans les rapports de la victime et de l'agent ne l'est pas nécessairement dans ceux de l'agent et du service. Elle peut à cette occasion être tenue exclusivement pour une faute de service.

L'autonomie de la faute personnelle se manifeste aussi par rapport à la faute pénale : la faute pénale n'est pas forcément une faute personnelle (TC 14 janv. 1935, *Thépaz**). En cas de condamnation pénale, la qualification des faits par le juge répressif ne s'impose pas au juge administratif ; seule la constatation des faits relève de l'autorité de la chose jugée (CE, Ass., 8 janv. 1971, *Ministre de l'intérieur c. Dame Desamis*, Rec. 19, AJ 1971.297, concl. J. Théry ; CJEG 1972.1, note J.V.).

C'est donc à partir « des faits constatés par le juge pénal, dont la décision est... revêtue sur ce point de l'autorité de la chose jugée », que le Conseil d'État rappelle dans l'arrêt le rôle de M. Papon. Au terme de son analyse, il conclut « qu'un tel comportement, qui ne peut s'expliquer par la seule pression exercée sur l'intéressé par l'occupant allemand, revêt, eu égard à la gravité exceptionnelle des faits et de leurs conséquences, un caractère inexcusable et constitue par là même une faute personnelle détachable de l'exercice des fonctions ». Au-delà du cas d'espèce, l'arrêt contribue à préciser les critères de la faute personnelle (v. nos obs. sous TC 30 juill. 1873, *Pelletier**).

Il confirme que, même commise dans le service ou *a fortiori* non dépourvue de tout lien avec le service, la faute de l'agent n'en reste pas moins, en raison de ses caractères propres, une faute personnelle.

6 *2°)* Elle peut se cumuler avec une faute de service (*Anguet*).

Celle-ci peut émaner d'un agent exactement identifié : on pourrait parler de faute « individuelle » de service en ce qu'elle est commise par l'agent tout en n'étant que celle d'un « administrateur plus ou moins sujet à erreur » – par opposition à la faute personnelle, commise par l'agent et se détachant du service.

La faute de service peut être anonyme, émanant d'une administration dans son ensemble. Elle apparaît alors comme la faute *du* service. Elle peut résulter d'un ensemble de mesures.

Cette hypothèse se trouve réalisée en l'espèce. L'arrêt analyse les « *actes ou agissements de l'administration française* » (« *l'existence même d'un service des questions juives* », « *l'ordre donné aux forces de police de prêter leur concours aux opérations d'arrestation et d'internement* ») pour aboutir à la constatation d'une faute de service.

L'existence de celle-ci ne suffit pas au succès de l'action récursoire de l'agent contre l'administration. De la même manière qu'en cas d'action récursoire de l'administration contre l'agent (*Laruelle**), celui-ci ne peut pas se prévaloir d'une faute de service provoquée par ses propres manœuvres, il ne peut invoquer la faute de service que dans la mesure où il ne l'a pas fomentée et où elle a contribué, en sus de la faute personnelle, à la réalisation des dommages subis par les victimes.

C'est ce qui s'est produit ici : les « actes ou agissements de l'administration française… ont permis et facilité, indépendamment de l'action de M. Papon, les opérations qui ont été le prélude à la déportation ».

Il en résulte « que la faute de service analysée ci-dessus engage… la responsabilité de l'État ».

7 *3°)* Reste à savoir dans quelle proportion : c'est la question de la répartition finale de la charge.

Tenu à une obligation portant sur la totalité de la dette à l'égard des victimes, l'agent peut demander que l'administration en supporte la charge « *en fonction de la mesure qu'a prise la faute de service dans la réalisation du dommage* ».

Cette mesure peut être délicate à apprécier et laisser prise à une certaine subjectivité. C'est pourtant par une analyse cherchant à identifier la cause adéquate de chaque faute dans la réalisation des dommages que le juge administratif détermine la part de responsabilité devant revenir à chaque auteur des fautes. La méthode n'est pas propre aux actions récursoires, elle est appliquée par le Conseil d'État dans toutes les hypothèses de responsabilité où plusieurs causes ont contribué à la réalisation du dommage : est imputée à chaque coauteur la part de réparation correspondant à l'importance de son rôle. Il en est ainsi en cas d'action récursoire de l'administration contre ses agents (*cf.* l'affaire *Moritz-Jeannier*). Il en va de même pour l'action inverse.

En l'espèce, Mme Boissard proposait de reconnaître la « responsabilité prépondérante » de M. Papon et, sur les 720 000 euros auxquels il avait été condamné par la cour d'assises, de n'en mettre que 200 000 à la charge de l'État. Le Conseil d'État a préféré « une juste appréciation » admettant l'égale part des fautes commises, et a condamné l'État à prendre à sa charge la moitié du montant total des condamnations civiles prononcées à l'encontre du requérant.

Par là même, il a reconnu la responsabilité de l'État pour des faits du régime de Vichy.

8 **II.** — *Il a ainsi écarté une solution d'irresponsabilité* qu'avait retenue la jurisprudence dans des circonstances voisines.

A. — Elle avait été fondée sur la nullité constatée à la Libération de « tous les actes constitutionnels, législatifs ou réglementaires ainsi que les arrêtés pris pour leur exécution… promulgués sur le territoire continental postérieurement au 16 juin 1940 et jusqu'au rétablissement du gouvernement provisoire de la République française » (ordonnances des 9 août 1944 et 31 mars 1945).

Le Conseil d'État avait cru devoir en tirer la conséquence que « cette constatation de nullité vaut pour les effets découlant de l'application » de ces actes, et qu'une mesure en ayant fait application « doit être regardée comme constituant un acte dépourvu de base juridique » et ne pouvant donner lieu à réparation en l'absence de texte législatif (CE, Ass., 4 janv. 1952, *Époux Giraud*, Rec. 14 ; RD publ. 1952.151, note M. Waline ; Sect., 25 juill. 1952, *Delle Remise*, Rec. 401 ; 11 févr. 1959, Vincent, Rec. 1095).

On peut faire un rapprochement entre cette jurisprudence et la position de certains gouvernements selon lesquels les dettes d'un régime n'engagent pas le régime suivant.

De tels raisonnements, outre qu'ils aboutissent à un déni de justice, sont viciés pour deux raisons : d'une part, ils méconnaissent l'unité et la continuité de l'État, quelles que soient les variations de son organisation ; d'autre part, ils contredisent le lien nécessaire entre violation de la légalité et faute. Dès lors que toute illégalité est fautive (CE, Sect., 26 janv. 1973, *Ville de Paris c. Driancourt*, Rec. 78 ; v. n° 14.4), tout acte « nul et non avenu » l'est *a fortiori*. Si un acte inexistant est « nul et de nul effet » (v. nos obs. sous CE, Ass., 31 mai 1957, *Rosan Girard**), l'absence d'effet se situe sur le terrain de la légalité (absence de droit acquis, absence de délai de recours), non sur celui de la responsabilité : l'acte « inexistant » ne peut pas l'être au point de ne pas avoir existé en fait et de ne pas avoir entraîné de conséquences dommageables.

Les arrêts de 1952 et 1959 n'avaient pas de fondement juridique solide (en ce sens notamment la note précitée de M. Waline). Ils ne pouvaient s'expliquer que par une sorte d'assimilation des dommages causés par le régime de Vichy aux dommages de guerre et, comme pour ces derniers, par l'inapplicabilité du régime de droit commun de la responsabilité de la puissance publique et la nécessité d'une législation spéciale, à laquelle indirectement ils font appel.

L'arrêt *Papon* revient sur cette jurisprudence : les dispositions constatant la nullité des actes du gouvernement de Vichy « ne sauraient avoir pour effet de créer un régime d'irresponsabilité de la puissance publique » ; « tout au contraire », « en sanctionnant par la nullité l'illégalité manifeste » de ces actes, elles « ont… nécessairement admis que les agissements auxquels (ils) ont donné lieu pouvaient revêtir un caractère fautif ». Dans l'avis contentieux rendu en Assemblée le 16 févr. 2009, *Mme Hoffman-Glemane* (Rec. 43, concl. Lenica ; RFDA 2009.316, concl., 525, note Delaunay, 536, note Roche ; AJ 2009.589, chr. Liéber et Botteghi ; DA 2009, n° 60, note F. Melleray ; JCP 2009.1074, note Markus), le Conseil d'État a renforcé ces formules.

9 ***B.*** — Pour la réparation des dommages subis par les victimes, le Conseil d'État a été conduit à deux sortes d'appréciation.

Par l'arrêt *Papon*, l'État a été condamné, dans le cadre de l'action récursoire, à prendre en charge une partie de l'indemnité due aux victimes pour les fautes de service qu'il avait lui-même commises.

Dans l'avis contentieux du 16 févr. 2009, *Mme Hoffman-Glemane*, le Conseil d'État a émis une appréciation plus générale. Il a constaté que, « pour compenser les préjudices matériels et moraux subis par les victimes de la déportation et par leurs ayants droit, l'État a pris une série de mesures… ». Il énumère celles qui se sont succédé de 1945 à 2000, parmi lesquelles figurent le décret du 10 sept. 1999 relatif à la réparation des préjudices consécutifs aux spoliations de biens (v. CE 3 oct. 2012, *Kaplan*, Rec. 345 ; JCP Adm. 2013.2020, note Markus) et le décret du 13 juill. 2000 instituant une mesure de réparation pour les orphelins dont les parents ont été victimes de persécutions antisémites. Si celui-ci, par lui-même, selon l'arrêt (Ass.) du 6 avr. 2001, *Pelletier* (Rec. 173 ; v. n° 58.5), « ne modifi(ait) pas les conditions dans lesquelles les personnes qui s'y croient fondées peuvent engager des actions en responsabilité contre l'État », il faisait partie des mesures qui, rappelle l'avis contentieux, « prises dans leur ensemble et bien qu'elles aient procédé d'une démarche très graduelle et reposé sur des bases largement forfaitaires,… doivent être regardées comme ayant permis, autant qu'il a été possible, l'indemnisation… des préjudices de toute nature causés par les actions de l'État qui ont concouru à la déportation ».

L'avis contentieux ajoute encore : « *La réparation des souffrances exceptionnelles endurées par les personnes victimes de persécutions antisémites ne pouvait toutefois se limiter à des mesures d'ordre financier. Elle appelait la reconnaissance solennelle du préjudice collectivement subi par ces personnes, du rôle joué par l'État dans leur déporta-*

tion ainsi que du souvenir que doivent à jamais laisser, dans la mémoire de la nation, leurs souffrances et celles de leurs familles. Cette reconnaissance a été accomplie par un ensemble d'actes et d'initiatives des autorités publiques françaises ».

La Cour européenne des droits de l'Homme a, par une décision du 24 nov. 2009, *JH et autres c. France*, fait sienne cette analyse (*cf.* Mélanges Costa, p. 596).

L'arrêt *Papon* s'insère dans cet ensemble, autant qu'il s'insère dans l'évolution de la jurisprudence sur la faute personnelle et la faute de service.

99

ACTES ADMINISTRATIFS - CIRCULAIRES

Conseil d'État Sect., 18 décembre 2002, *Mme Duvignères*
(Rec. 463, concl. Fombeur ; RFDA 2003.274, concl., et 510, note Petit ; AJ 2003.487, chr. Donnat et Casas ; même revue 2012.691, chr. Domino et Bretonneau ; JCP Adm. 2003, n° 5, p. 94, comm. J. Moreau ; LPA 23 juin 2003, note Combeau ; Mélanges Moderne, p. 357, art. Prétot ; GADLF n° 58, obs. Dupré de Boulois)

Cons. que la demande de Mme Duvignères, à laquelle la lettre du 23 févr. 2001 du garde des Sceaux, ministre de la justice, dont l'annulation est demandée, a opposé un refus, doit être regardée, contrairement à ce qui est soutenu en défense, comme tendant à l'abrogation, d'une part, du décret du 19 déc. 1991 portant application de la loi du 10 juill. 1991 relative à l'aide juridique et, d'autre part, de la circulaire du 26 mars 1997 relative à la procédure d'aide juridictionnelle en tant que ces deux textes n'excluent pas l'aide personnalisée au logement des ressources à prendre en compte pour l'appréciation du droit des intéressés au bénéfice de l'aide juridictionnelle ;

Sur les conclusions tendant à l'annulation de la lettre du 23 févr. 2001 en tant qu'elle porte refus d'abroger partiellement le décret du 19 déc. 1991 :

Cons. que la loi du 10 juill. 1991 relative à l'aide juridique prévoit que cette dernière est accordée sous condition de ressources ; que son article 5 dispose que « sont exclues de l'appréciation des ressources les prestations familiales ainsi que certaines prestations à objet spécialisé selon des modalités prévues par décret en Conseil d'État » ; que l'article 2 du décret du 19 déc. 1991, pris sur le fondement de ces dispositions, indique que sont exclues des ressources à prendre en compte pour apprécier le droit au bénéfice de l'aide juridictionnelle « les prestations familiales énumérées à l'article L. 511-1 du Code de la sécurité sociale ainsi que les prestations sociales à objet spécialisé énumérées à l'article 8 du décret du 12 déc. 1988 (...) » ; que le premier de ces textes mentionne l'allocation de logement familiale mais non l'aide personnalisée au logement instituée par l'article L. 351-1 du Code de la construction et de l'habitation ; que cette dernière prestation n'est pas non plus au nombre de celles que retient l'article 8 du décret du 12 déc. 1988 relatif à la détermination du revenu minimum d'insertion ; qu'il résulte ainsi de l'article 2 du décret du 19 déc. 1991 que l'aide personnalisée au logement doit, à la différence de l'allocation de logement familiale, être prise en compte parmi les ressources permettant d'apprécier le droit au bénéfice de l'aide juridictionnelle ;

Cons. que le principe d'égalité ne s'oppose pas à ce que l'autorité investie du pouvoir réglementaire règle de façon différente des situations différentes ni à ce qu'elle déroge à l'égalité pour des raisons d'intérêt général, pourvu que la différence de traitement qui en résulte soit, dans l'un comme l'autre cas, en rapport avec l'objet de la norme qui l'établit et ne soit pas manifestement disproportionnée au regard des différences de situation susceptibles de la justifier ;

Cons. qu'il résulte des dispositions précitées de la loi du 10 juill. 1991 que le législateur a entendu, d'une part, exclure l'allocation de logement familiale des ressources à prendre en compte pour apprécier le droit au bénéfice de l'aide juridictionnelle, d'autre part, laisser au pouvoir réglementaire le soin de définir les modalités suivant lesquelles certaines « prestations sociales à objet spécialisé » doivent être retenues au même titre ; qu'ainsi, la possibilité de traiter de manière différente les personnes demandant le bénéfice de l'aide juridictionnelle, suivant qu'elles perçoivent l'aide personnalisée au logement ou l'allocation de logement familiale, résulte, dans son principe, de la loi ;

Cons., toutefois, que l'aide personnalisée au logement et l'allocation de logement familiale, qui sont exclusives l'une de l'autre, poursuivent des finalités sociales similaires ; qu'en outre, l'attribution à une famille de la première ou de la seconde dépend essentiellement du régime de propriété du logement occupé et de l'existence ou non d'une convention entre le bailleur et l'État ; que, par suite, le décret contesté ne pouvait, sans créer une différence de traitement manifestement disproportionnée par rapport aux différences de situation séparant les demandeurs d'aide juridictionnelle suivant qu'ils sont titulaires de l'une ou de l'autre de ces prestations, inclure l'intégralité de l'aide personnalisée au logement dans les ressources à prendre en compte pour apprécier leur droit à l'aide juridictionnelle ; qu'ainsi, le décret du 19 déc. 1991 méconnaît, sur ce point, le principe d'égalité ; que, dès lors, Mme Duvignères est fondée à demander l'annulation de la décision contenue dans la lettre du 23 févr. 2001 par laquelle le garde des Sceaux a refusé de proposer l'abrogation partielle de ce décret ;

Sur les conclusions tendant à l'annulation de la lettre du 23 févr. 2001 en tant qu'elle porte refus d'abroger partiellement la circulaire du 26 mars 1997 :

Cons. que l'interprétation que par voie, notamment, de circulaires ou d'instructions l'autorité administrative donne des lois et règlements qu'elle a pour mission de mettre en œuvre n'est pas susceptible d'être déférée au juge de l'excès de pouvoir lorsque, étant dénuée de caractère impératif, elle ne saurait, quel qu'en soit le bien-fondé, faire grief ; qu'en revanche, les dispositions impératives à caractère général d'une circulaire ou d'une instruction doivent être regardées comme faisant grief, tout comme le refus de les abroger ; que le recours formé à leur encontre doit être accueilli si ces dispositions fixent, dans le silence des textes, une règle nouvelle entachée d'incompétence ou si, alors même qu'elles ont été compétemment prises, il est soutenu à bon droit qu'elles sont illégales pour d'autres motifs ; qu'il en va de même s'il est soutenu à bon droit que l'interprétation qu'elles prescrivent d'adopter, soit méconnaît le sens et la portée des dispositions législatives ou réglementaires qu'elle entendait expliciter, soit réitère une règle contraire à une norme juridique supérieure ;

Cons. que si la circulaire contestée du 26 mars 1997 se borne à tirer les conséquences de l'article 2 du décret du 19 déc. 1991, elle réitère néanmoins, au moyen de dispositions impératives à caractère général, la règle qu'a illégalement fixée cette disposition ; que, par suite, Mme Duvignères est recevable et fondée à demander l'annulation de la lettre du 23 févr. 2001, en tant qu'elle porte refus d'abroger dans cette mesure la circulaire contestée ;

(annulation de la décision du garde des Sceaux, ministre de la justice, du 23 févr. 2001 rejetant la demande d'abrogation partielle du décret du 19 déc. 1991 et de la circulaire du 26 mars 1997).

OBSERVATIONS

L'arrêt Mme Duvignères *renouvelle le statut contentieux des circulaires. Ses éléments seront repris dans l'arrêt* GISTI* *du 12 juin 2020.*

1 Il porte, au fond, sur la question de l'imputation de l'aide personnalisée au logement dans les ressources prises en compte pour l'octroi de l'aide juridictionnelle. Il répond négativement par un raisonnement fondé sur le principe d'égalité (v. nos obs. sous CE 9 mars 1951, *Société des concerts du Conservatoire**).

Son importance tient surtout à la solution qu'il apporte au régime contentieux des circulaires.

Celles-ci, sous cet intitulé ou sous d'autres, voisins (instructions, directives, messages électroniques – CE 3 févr. 2016, *Conseil national de l'ordre des infirmiers*, Rec. 602), sont prises par les chefs de service, et notamment les ministres, à l'égard de leurs administrations pour en encadrer l'activité – et auxquelles celles-ci attachent souvent plus d'importance qu'aux dispositions législatives et réglementaires. Comme le disait M. Tricot dans ses conclusions sur l'arrêt *Institution Notre-Dame du Kreisker*, « *la circulaire est un pavillon qui peut recouvrir toutes sortes de marchandises* ». Il faut donc faire un tri pour déterminer les simples documents qui n'ont pas lieu d'être contestés et ceux qui doivent pouvoir l'être. Deux écueils doivent être évités : admettre trop largement le recours pour excès de pouvoir au point d'encombrer inutilement la juridiction administrative ; le restreindre au point de méconnaître l'importance pratique des circulaires dans la vie administrative.

La jurisprudence antérieure à l'arrêt *Mme Duvignères* avait procédé à une première distinction ; l'arrêt *Mme Duvignères* en apporte une nouvelle, qui sera elle-même absorbée par une jurisprudence ultérieure.

2 **I.** — L'arrêt du Conseil d'État (Ass.) du 29 janv. 1954, *Institution Notre-Dame du Kreisker* (Rec. 64 ; RPDA 1954.50, concl. Tricot ; GCJA, vol. 2, n° 23, concl. ; AJ 1954.II *bis*.5 chr. Gazier et Long ; RD publ. 1955.175, note M. Waline) avait pendant longtemps déterminé ce régime contentieux par la distinction des circulaires réglementaires et des circulaires interprétatives : les premières sont susceptibles de faire l'objet d'un recours pour excès de pouvoir, les secondes, non.

Sont réglementaires les circulaires qui créent une véritable règle de droit opposable aux intéressés (par ex. CE, Ass., 1er avr. 1949, *Chaveneau*, Rec. 161 ; v. n° 44.3 : circulaire décidant la suppression des services d'aumônerie dans les lycées, privant ainsi les élèves internes de la possibilité de pratiquer leur culte et de recevoir un enseignement religieux ; – Ass., 29 janv. 1954, *Institution Notre-Dame du Kreisker*, préc. : circulaire du ministre de l'éducation nationale fixant des règles nouvelles pour la constitution de dossiers de demandes de subvention adressées aux départements par des établissements d'enseignement secondaire privés).

Les circulaires interprétatives, qui commentent un texte, rappellent une solution, voire recommandent un certain comportement sans l'exiger, ont longtemps été considérées comme ne faisant pas grief et donc comme insusceptibles de recours.

Ont donc été déclarés irrecevables les recours contre les circulaires par lesquelles le ministre se borne à faire connaître la façon dont il comprend les dispositions qu'il est chargé d'appliquer ou de faire appliquer par les services (par ex. CE 10 juill. 1995, *Association « Un Sysiphe »*, Rec. 292 ; AJ 1995.644, concl. Schwartz ; DA févr. 1996, note Lajartre ; JCP 1995.II.22519, note Ashworth).

La distinction de l'interprétatif et du réglementaire ne valait pas seulement pour les circulaires entre elles ; elle traversait les circulaires, leurs dispositions pouvant être les unes seulement interprétatives, les autres réglementaires ; parmi ces dernières, une nouvelle distinction pouvait s'ouvrir selon qu'elles sont légales ou illégales (CE 13 janv. 1975, *Da Silva et CFDT*, Rec. 16 ; v. n° 78.5).

Claire dans son principe, la distinction des circulaires interprétatives et des circulaires réglementaires n'en était pas moins malaisée à mettre en œuvre. Son application n'était ni absolument constante ni toujours indiscutable.

Certains arrêts relevaient que le ministre s'était borné à interpréter les dispositions d'une loi ou d'un règlement, ou à donner à ses subordonnés des directives pour leur application, alors que l'examen de la circulaire litigieuse faisait apparaître qu'en réalité elle poussait à des solutions nouvelles (ainsi une circulaire prévoyant la prise en compte d'un critère additionnel relatif à l'emploi pour l'attribution des marchés publics : CE 10 mai 1996, *Fédération nationale des travaux publics*, Rec. 164 ; CJEG 1996.433 et RFDA 1997.13, concl. Fratacci ; AJ 1997.196, note Maljean-Dubois ; D. 1997.SC.110, obs. Terneyre). Cela risquait de permettre aux ministres de s'attribuer par voie de circulaires un véritable pouvoir réglementaire dépassant le cadre limité de la jurisprudence *Jamart**, tout en le soustrayant au contrôle juridictionnel.

3 Ces inconvénients ont conduit le Conseil d'État à resserrer son contrôle sur les circulaires, par étapes dont Mme Fombeur a montré la succession dans ses conclusions sur l'arrêt *Mme Duvignères*.

Il est allé, pour déterminer si une circulaire est un acte susceptible de recours pour excès de pouvoir, jusqu'à commencer par examiner si elle est conforme à la légalité. De la réponse dépend la nature de la circulaire : si elle est légale, elle ne fait pas grief : sa légalité la fait apparaître interprétative ; en revanche, si elle est illégale, elle est réglementaire : elle peut être attaquée et doit être annulée. Le raisonnement est très net dans les arrêts du 15 mai 1987, *Ordre des avocats à la Cour de Paris* (Rec. 175 ; RFDA 1988.145, concl. Marimbert), du 29 juin 1990, *GISTI**, et du 2 juin 1999 (Sect.), *Meyet* (Rec. 161 ; v. n° 39.2). Une étape nouvelle a été franchie par l'arrêt du 18 juin 1993, *Institut français d'opinion publique*, Rec. 178 ; RA 1993.322, concl. Scanvic : le caractère interprétatif et le caractère impératif d'une circulaire y sont pris également en considération ; dans la mesure où l'interprétation donnée par la circulaire est contraire à la légalité, elle peut faire l'objet d'un recours pour excès de pouvoir.

L'examen de la légalité de l'interprétation a donné lieu à deux courants jurisprudentiels ainsi résumés par Mme Fombeur : pour l'un, « *le juge doit tenir compte de l'ensemble du droit applicable pour vérifier que la circulaire en donne une correcte interprétation* » ; pour l'autre, « *la circonstance que le texte interprété par la circulaire serait illégal n'est pas de nature à conférer un caractère réglementaire à la circulaire* ».

L'arrêt *Villemain* du 28 juin 2002 (v. n° 39.4) est allé dans le sens du premier courant : en examinant la circulaire attaquée au regard d'une loi créant une situation juridique nouvelle, il révèle que l'interprétation donnée par la circulaire doit être examinée par rapport à la légalité dans son ensemble. Si la formation de jugement qui l'a rendu (l'Assemblée du contentieux) lui donne une autorité particulière, elle avait été saisie plus au sujet des conséquences à tirer de la loi sur le pacte civil de solidarité qu'à propos du statut contentieux des circulaires.

4 **II.** — C'est cette seule question qui a justifié l'examen en Section de l'affaire *Mme Duvignères*.

L'arrêt se prononce explicitement sur les circulaires ou instructions par lesquelles une autorité administrative donne l'interprétation des lois et règlements qu'elle a mission de mettre en œuvre. Désormais, ce n'est pas parce qu'une circulaire donne une interprétation des textes applicables qu'elle ne fait pas grief. La solution dépend, non de son objet (l'interprétation), mais de son effet (l'obligation) : – lorsqu'elle est « *dénuée de caractère impératif* », « *elle ne saurait... faire grief* » ; – en revanche, « *les dispositions impératives... doivent être regardées comme faisant grief* ».

La première n'est donc pas susceptible de faire l'objet d'un recours pour excès de pouvoir, les secondes, si. C'est précisément le cas de la circulaire contestée du 26 mars 1997, qui, « *au moyen de dispositions impératives de caractère général* », inclut l'aide personnalisée au logement dans les ressources à prendre en compte pour l'examen des demandes d'aide juridictionnelle.

La distinction des circulaires impératives et des circulaires non impératives se substitue donc à celle des circulaires réglementaires et des circulaires interprétatives.

Elle ne la contredit pas, car des dispositions réglementaires sont en réalité des dispositions impératives. On peut hésiter, comme dans le cadre de la jurisprudence *Notre-Dame du Kreisker*, sur le degré d'autorité que l'auteur d'une circulaire attache à celle-ci. Si des formules catégoriques ne soulèvent pas de difficulté, d'autres peuvent rester ambiguës : le juge doit s'attacher à identifier ce qui constitue une prescription et ce qui reste une opinion. En outre, au sein d'un même document, peuvent encore se trouver des dispositions impératives et d'autres qui ne le sont pas (par ex. CE 26 avr. 2006, *Syndicat des avocats de France*, Rec. 201).

Si l'arrêt *Mme Duvignères*, comme l'arrêt *IFOP*, ne vise que les circulaires donnant une interprétation des lois et règlements, des circulaires peuvent avoir un objet autre : l'exemple le plus simple est donné par celles que les chefs de service et notamment les ministres prennent pour assurer l'organisation et le fonctionnement des services placés sous leur autorité, en application de la jurisprudence *Jamart** du 7 févr. 1936. Elles sont à la fois impératives et réglementaires. Il existe aussi des circulaires qui ne prescrivent pas un comportement mais le *permettent* (par ex. une circulaire prévoyant des punitions scolaires collectives : CE 8 mars 2006, *Fédération des conseils de parents d'élèves des écoles publiques*, Rec. 112 ; AJ 2006.1107, concl. Keller ; DA 2006, n° 97, note Taillefait).

Ces catégories de circulaires, si elles ne sont pas formellement évoquées par la jurisprudence *IFOP-Duvignères*, n'en sont pas moins englobées dans les distinctions qu'elle commande : il existe d'une part des circulaires non impératives, portant ou non sur une interprétation, et qui donc ne font pas grief, d'autre part des circulaires impératives, imposant ou permettant une solution, même si celle-ci résultait déjà du droit antérieur.

5 À cet égard l'arrêt *Mme Duvignères* lève les ambiguïtés que la jurisprudence pouvait comporter.

En principe une décision qui ne fait que reprendre une décision antérieure, n'ayant aucun effet de droit nouveau, ne fait pas grief et ne peut donc être attaquée par la voie du recours pour excès de pouvoir. On en trouve des exemples en dehors des circulaires avec les décisions « confirmatives » (CE, Ass., 12 oct. 1979, *Rassemblement des nouveaux avocats de France*, Rec. 391 ; v. n° 25.3 : articles du nouveau Code de procédure civile qui se bornent à reproduire, avec des modifications de pure forme, les articles de décrets). C'est également parce qu'elles n'ajoutaient rien aux textes applicables que, par la jurisprudence *Notre-Dame du Kreisker*, des circulaires étaient considérées comme interprétatives, et donc comme ne faisant pas grief.

Désormais, même si les circulaires impératives n'ajoutent rien au droit antérieur et ne font que *réitérer* ce qu'il comportait, elles peuvent faire l'objet d'un recours pour excès de pouvoir. C'est un « souci de réalisme et d'efficacité » (chr. Donnat et Casas) qui a conduit à l'admettre car ces circulaires ont un effet d'autant plus fort que les fonctionnaires leur accordent plus d'importance et leur apportent plus d'attention qu'aux textes qu'elles reprennent.

6 **III.** — C'est ce même souci de réalisme et d'efficacité qui a conduit le Conseil d'État, par l'arrêt du 12 juin 2020, *GISTI**, à dépasser la jurisprudence *Mme Duvignères* tout en l'englobant.

Comme on le verra, en vertu de ce nouvel arrêt, « *les documents de portée générale émanant d'autorités publiques, matérialisés ou non, tels que les circulaires, instructions, recommandations, notes, présentations ou interprétations du droit positif peuvent être déférés au juge de l'excès de pouvoir lorsqu'ils sont susceptibles d'avoir des effets notables sur les droits ou la situation d'autres personnes que les agents chargés, le cas échéant, de les mettre en œuvre* ».

Il n'est donc plus nécessaire qu'une circulaire ait un caractère impératif pour qu'elle puisse être déférée au juge de l'excès de pouvoir : il suffit qu'elle produise des « effets notables ».

Le Conseil d'État précise explicitement qu'« *ont notamment de tels effets ceux de ces documents qui ont un caractère impératif* ».

Ainsi, si le critère de l'impérativité est dépassé, il n'est pas effacé. Il est englobé dans le critère des effets notables produits par le document de portée générale que constitue la circulaire.

L'enchaînement des jurisprudences *Notre-Dame du Kreisker, Mme Duvignères, GISTI**, conduit, non pas à une substitution, mais à un emboîtement des solutions auxquelles elles sont parvenues. Désormais peuvent faire l'objet d'un recours pour excès de pouvoir :

– les circulaires réglementaires (*Kreisker*) ;

– les circulaires impératives autres que réglementaires, notamment celles qui sont interprétatives (*Duvignères*) ;

– les circulaires, qui, sans être ni réglementaires ni impératives, ont des effets notables (*GISTI*).

Il en va tout autant pour des documents qui ne se présentent pas comme des circulaires : c'est ce qu'admettra l'arrêt *GISTI**.

100

RESPONSABILITÉ – JUSTICE
IMPUTABILITÉ – CONDITIONS

Conseil d'État Sect., 27 février 2004, ***Mme Popin***
(Rec. 86, concl. Schwartz ; AJ 2004.653, chr. Donnat et Casas, et 672, concl. Schwartz ; D. 2004.1922, note Legrand ; DA 2004, n° 86, note Lombard n° 102, note R.S. ; LPA 18 oct. 2004, p. 13, obs. F. Melleray ; RD publ. 2005.559, obs. Guettier ; GACA, n° 1, obs. P. Cassia)

Cons. que la justice est rendue de façon indivisible au nom de l'État ; qu'il n'appartient dès lors qu'à celui-ci de répondre, à l'égard des justiciables, des dommages pouvant résulter pour eux de l'exercice de la fonction juridictionnelle assurée, sous le contrôle du Conseil d'État, par les juridictions administratives ; qu'il en va ainsi alors même que la loi a conféré à des instances relevant d'autres personnes morales compétence pour connaître, en premier ressort ou en appel, de certains litiges ;

Cons. que la sanction que le conseil d'administration, constitué en formation disciplinaire, de l'Université des sciences humaines de Strasbourg (Université Marc Bloch Strasbourg II) a infligée le 22 janv. 1998 à Mme Popin, professeur des universités, a été prise dans l'exercice des attributions juridictionnelles que la loi confère en premier ressort aux universités ; qu'il résulte de ce qui a été dit ci-dessus que seule la responsabilité de l'État pourrait, le cas échéant, être engagée à l'égard de Mme Popin du fait de cette décision juridictionnelle ; que, par suite, les conclusions présentées par Mme Popin, tendant à ce que l'Université des sciences humaines de Strasbourg soit condamnée à ce titre, ne peuvent qu'être rejetées ;

Sur l'application de l'article L. 761-1 du Code de justice administrative : – Cons. que ces dispositions font obstacle à ce que l'Université des sciences humaines de Strasbourg-Université Marc Bloch Strasbourg II, qui n'est pas dans la présente instance la partie perdante, paye à Mme Popin la somme que celle-ci demande au titre des frais exposés par elle et non compris dans les dépens ; qu'il n'y a pas lieu, dans les circonstances de l'espèce, de mettre à la charge de Mme Popin la somme que l'Université des sciences humaines de Strasbourg-Université Marc Bloch Strasbourg II demande au même titre (rejet).

OBSERVATIONS

L'arrêt Mme Popin *éclaircit le régime de la responsabilité de l'État du fait de la justice, comme l'arrêt* La Fleurette* *avait ouvert celui de sa responsabilité du fait des lois.*

Mme Popin, professeur à l'Université des sciences humaines Marc Bloch de Strasbourg, avait fait l'objet, par la section disciplinaire du conseil d'administration de cette université, d'une sanction qui, sur appel, fut annulée par le Conseil national de l'enseignement supérieur et de la recherche (CNESER). Elle a alors demandé réparation à l'Université des préjudices qu'elle lui avait causés ; n'ayant pas obtenu satisfaction, elle a saisi le Conseil d'État (compétent directement pour un litige relatif à la situation individuelle d'un fonctionnaire nommé par décret du président de la République) pour qu'il condamne l'Université.

Comme le lui a proposé le commissaire du gouvernement Schwartz, le Conseil d'État a considéré « *que la justice est rendue de façon indivisible au nom de l'État* » et, la sanction infligée à Mme Popin ayant été prise dans « *l'exercice des attributions juridictionnelles que la loi confère en premier ressort aux universités* », a rejeté comme mal dirigées les conclusions présentées par Mme Popin contre l'Université.

Il résout ainsi la question de l'imputabilité des dommages que peut causer la justice (I). Il laisse en suspens celle des conditions dans lesquelles ces dommages peuvent être réparés (II).

I. — L'imputabilité des dommages que peut causer la justice

1 La question de l'imputabilité des dommages que peut causer la justice tient à la diversité des juridictions qui la rendent. Cette diversité ne tient pas seulement à la dualité des deux ordres juridictionnels, l'ordre administratif et l'ordre judiciaire, au sommet desquels se trouvent respectivement le Conseil d'État et la Cour de cassation. Au sein de chaque ordre ont été instituées des juridictions spécialisées, dont la particularité pour certaines tient à leur rattachement à des institutions dotées d'une personnalité juridique. On en trouve au sein des ordres professionnels, tel celui des médecins. À la question de savoir quelle est la nature juridique des ordres professionnels (v. nos obs. sous CE 2 avr. 1943, *Bouguen**), s'ajoute celle de savoir si leurs organes disciplinaires sont des juridictions : le Conseil d'État a répondu positivement en considérant « *la nature de la matière* » dans laquelle ils statuent (*cf.* CE, Ass., 12 déc. 1953, *de Bayo*, Rec. 544 ; v. n° 49.2). D'autres juridictions sont instituées au sein d'établissements publics : tel est le cas des sections disciplinaires des conseils des universités, appelées à statuer sur les fautes reprochées aux professeurs et aux étudiants.

Or, lorsque des institutions distinctes de l'État causent un dommage, c'est à elles et non à l'État qu'il revient normalement de les réparer (par ex., pour les conséquences dommageables du refus illégal d'un conseil d'université de proposer le renouvellement d'un professeur associé : CE 24 janv. 1996, *Collins*, Rec. 14). On pouvait être tenté d'appliquer la même solution lorsque le dommage résulte d'une décision juridictionnelle prise par leurs organes.

La jurisprudence penchait plutôt en sens contraire. Ainsi le Conseil d'État avait rejeté au fond, en raison du principe d'irresponsabilité applicable à l'époque à la fonction juridictionnelle, et non comme mal dirigée, une demande d'indemnité dirigée contre l'État pour une faute reprochée à la juridiction de l'ordre des médecins (CE, Ass., 4 janv. 1952, *Pourcelet*, Rec. 4 ; D. 1952.304, concl. J. Delvolvé ; JCP 1952.II.7126, note Rivero). La solution de l'irresponsabilité rendait inutile de résoudre la question de l'imputabilité. Celle-ci n'était pas nettement tranchée.

L'arrêt *Mme Popin* la règle par une formule lapidaire : « *La justice est rendue de façon indivisible au nom de l'État* ».

Elle peut se prévaloir de toute une tradition remontant à l'Ancien Régime (« *toute justice émane du roi* »), réservant à l'État la fonction régalienne par essence qu'est la justice. Les jugements et arrêts des juridictions de droit commun sont rendus « *au nom du peuple français* », dont l'État est la personnification juridique. Comme l'a souligné le commissaire du gouvernement Schwartz, « notre histoire politique et juridique a fait de la justice, quel que soit l'organe chargé de la rendre, l'expression de la volonté du peuple, dans le cadre de l'exercice de la souveraineté nationale, par nature indivisible... La République française ne connaît qu'un peuple, qu'une souveraineté, qu'un État et qu'une justice ».

Dès lors il n'appartient qu'à l'État de répondre des dommages pouvant résulter de l'exercice de la fonction juridictionnelle.

2 L'arrêt *Mme Popin* paraît comporter deux restrictions.

La première tient à ce qu'il ne couvre expressément *que* « *la fonction juridictionnelle assurée, sous le contrôle du Conseil d'État, par les juridictions administratives* » : les autres juridictions seraient donc laissées hors du champ d'application du principe.

Pourtant les juridictions judiciaires rendent la justice au nom de l'État autant que les juridictions administratives. Si le Conseil d'État n'a pas voulu expressément régler le cas des dommages causés par elles, c'est sans doute par respect pour l'autonomie de l'ordre judiciaire et de sa juridiction suprême, la Cour de cassation, à laquelle il a laissé le soin de prendre éventuellement position.

La même réserve ne s'imposait pas pour les juridictions arbitrales, constituées par convention entre des parties pour le règlement de leurs litiges : il s'agit d'une justice privée, qui ne peut être considérée comme rendue au nom de l'État ; conséquemment celui-ci n'a pas à en répondre. Cela ne présente sans doute pas d'inconvénient pour les arbitrages entre parties privées. La solution paraît plus délicate lorsque participe à l'arbitrage une personne publique et notamment l'État, hypothèse dont l'exclusion de principe (CE, Ass., 13 déc. 1957, *Société nationale des ventes des surplus*, Rec. 677 ; D. 1958.517, concl. Gazier, note L'Huillier ; Dr. soc. 1958.89, concl. ; AJ 1958.II.91, chr. Fournier et Braibant ; JCP 1958.II.10800, note Motulski ; RPDA 1958.80, note Borella) fait place aujourd'hui à de nombreuses exceptions.

La seconde restriction résulte de la précision selon laquelle l'État n'a à répondre de la fonction juridictionnelle qu'« *à l'égard des justiciables* ». Il s'agit des personnes qui ont été parties à l'instance : en matière répressive, comme dans l'affaire *Mme Popin*, ce sont les personnes poursuivies ; en matière non répressive, ce sont les demandeurs, défendeurs, intervenants.

On ne peut exclure que des personnes qui n'ont pas été parties à l'instance soient lésées par une décision de justice : leur qualité de tiers n'empêche pas l'ouverture d'une voie de droit leur permettant de la remettre en cause, la tierce opposition (v. nos obs. sous CE 29 nov. 1912, *Boussuge**) ; elle ne peut les empêcher non plus de chercher éventuellement la responsabilité de l'État.

Si celle-ci est reconnue pour une décision de justice rendue par un organe d'une institution dotée d'une personnalité juridique, distincte de celle de l'État, il doit pouvoir se retourner contre elle par une action récursoire analogue à celle de l'administration contre son agent en cas de faute personnelle de celui-ci (v. nos obs. sous CE 28 juill. 1951, *Laruelle**).

Encore faut-il admettre que la justice puisse commettre des fautes.

II. — Les conditions d'engagement de la responsabilité du fait de la justice

3 La nature de la fonction juridictionnelle a paru longtemps exclusive de toute responsabilité, comme la fonction législative (v. nos obs. sous CE 14 janv. 1938, *La Fleurette**) : « *les décisions prises dans l'exercice de la fonction juridictionnelle ne sont pas de nature à donner ouverture à une action en responsabilité contre l'État* » (CE, Ass., 12 juill. 1969, *L'Étang*, Rec. 388 ; v. n° 54.2). Ainsi l'irresponsabilité l'emportait sur l'imputabilité (v. *supra* CE 4 janv. 1952, *Pourcelet*).

Elle était liée à la force de vérité légale dont est entachée toute décision de justice. Les possibilités de recours dont celle-ci peut faire l'objet permettent de revenir sur une éventuelle erreur. Lorsque les voies de recours sont épuisées, la décision rendue ne peut ni être fautive ni être dommageable puisqu'elle est tenue nécessairement pour vraie.

Cette pétition de principe a fini par céder, comme a été remise en cause l'irresponsabilité du législateur.

Il a d'abord été observé que l'activité juridictionnelle ne comporte pas seulement des décisions investies de l'autorité de la chose jugée : certaines mesures, certains agissements (voire l'inaction ou la lenteur) ne bénéficient pas de la force de vérité légale les mettant à l'abri de toute critique. Ils peuvent être constitutifs de faute. C'est ce qu'a admis le Conseil d'État (Ass.) dans l'arrêt du 29 déc. 1978, *Darmont* (Rec. 542 ; AJ 1979, n° 11, p. 45, note Lombard ; D. 1979.279, note Vasseur ; RD publ. 1979.1742, note J.-M. Auby) : « *en vertu des principes généraux régissant la responsabilité de la puissance publique, une faute... commise dans l'exercice de la fonction juridictionnelle par une juridiction administrative, est susceptible d'ouvrir droit à une indemnité* ». Mais, comme pour d'autres activités régaliennes (fisc, police), cette faute devait être « *lourde* » pour que la responsabilité de l'État pût être engagée.

L'évolution qui a conduit à abaisser le seuil nécessaire pour que la responsabilité de l'administration soit reconnue, de la faute lourde à la faute simple, pour plusieurs activités telles les activités médicales et chirurgicales (CE 10 avr. 1992, *M. et Mme V.**, avec nos obs.) et même pour le fisc et la police (v. nos obs. sous CE 10 févr. 1905, *Tomaso Grecco**), a abouti au même résultat pour la justice : une faute simple suffit.

C'est ce qu'a admis le Conseil d'État (Ass.) dans l'arrêt du 28 juin 2002, *Garde des Sceaux, ministre de la justice c. Magiera* (Rec. 248, concl. Lamy ; RFDA 2002.756, concl. ; AJ 2002.596, chr. Donnat et Casas, et 2003.85, note Andriantsimbazovina ; D. 2003.23, note Holderbach-Martin ; DA oct. 2002, p. 27, note Lombard ; Gaz. Pal. 2002.1444, note Guillaumont ; JCP 2003.II.10151, note Menuret ; GACA, n° 6), pour une procédure excessivement longue. Se fondant à la fois sur les dispositions de l'article 6.1 de la Convention européenne des droits de l'Homme et des libertés fondamentales, pour les litiges entrant dans son champ d'application, et, dans tous les cas, sur les principes généraux qui gouvernent le fonctionnement des juridictions administratives, il a reconnu « *que les justiciables ont droit à ce que leurs requêtes soient jugées dans un délai raisonnable* » ; certes « *la méconnaissance de cette obligation est sans incidence sur la validité de la décision juridictionnelle prise à l'issue de la procédure* », mais « *les justiciables doivent néanmoins pouvoir en faire assurer le respect* » ; ainsi « *lorsque la méconnaissance du droit à un délai raisonnable de jugement leur a causé un préjudice, ils peuvent obtenir la réparation du dommage ainsi causé par le fonctionnement défectueux du service public de la justice* ». La solution vaut également si le justiciable est une collectivité publique autre que l'État (CE, Sect., 17 juill. 2009, *Ville de Brest*, Rec. 286 ; AJ 2009.1605, chr. Liéber et Botteghi ; DA oct. 2009.141, note F. Melleray ; JCP Adm. 2010.2006, note Albert ; RD publ. 2010.1134, note Braud ; RFDA 2010.405, note Givernaud).

4 En vertu du décret du 28 juill. 2005 (art. R. 311-1-5° CJA), le Conseil d'État est compétent en premier et dernier ressort pour connaître des actions en responsabilité dirigées contre l'État pour durée excessive de la procédure devant la juridiction administrative. Cela évite un nouveau risque de durée excessive pour réparer les conséquences dommageables d'une première durée excessive. Une difficulté particulière se présente lorsque la durée excessive résulte d'instances introduites successivement devant les deux ordres de juridiction. Aux solutions apportées par le Tribunal des conflits (TC 30 juin 2008, *M. et Mme Bernardet*, Rec. 559 ; RFDA 2008.1165, concl. de Silva, note Seiller ; AJ 2008.1593, chr. Geffray et Liéber ; DA nov. 2008, p. 55, note F. Melleray ; JCP 2008.II.10153, note Cholet ; JCP Adm. 2008.2273, note Renard-Payen), la loi n° 2015-177 du 16 févr. 2015 a substitué une solution plus simple en le rendant « *seul compétent pour connaître d'une action en indemni-*

sation du préjudice découlant d'une durée totale excessive des procédures afférentes à un même litige et conduites entre les mêmes parties devant les juridictions des deux ordres en raison des règles de compétence applicables et, le cas échéant, devant lui » (par ex. TC 9 déc. 2019, *Brasseur c. État*, Rec. 510 ; AJ 2020.1186, note Pouyaude).

L'arrêt précité du 17 juill. 2009, *Ville de Brest*, a apporté des précisions sur l'appréciation d'une part du délai raisonnable, d'autre part des préjudices subis : le caractère raisonnable du délai doit, pour une affaire, s'apprécier de manière globale, compte tenu notamment de l'exercice des voies de recours, et concrète (complexité de l'affaire, conditions de déroulement de la procédure, comportement des parties, intérêt d'une solution rapide) ; même si globalement le délai est raisonnable, une des instances peut avoir un caractère excessif justifiant l'octroi d'une indemnité ; les préjudices peuvent être tant moraux que matériels, mais outre que, comme dans tout régime de responsabilité, ils doivent être directs et certains, ils peuvent être compensés, au moins en partie, par l'avantage que le retard a procuré à la victime, notamment sur le terrain financier (en l'espèce différence des taux d'intérêt).

La durée excessive d'un recours administratif préalable obligatoire doit être prise en compte dans l'appréciation du caractère raisonnable de la durée globale de la procédure (CE 6 avr. 2016, *Société Stud'Arts*, Rec. 815).

Dans une affaire ayant donné lieu à trois requêtes au Conseil d'État, celui-ci a considéré que pour l'une d'elles, dont « les implications en termes jurisprudentiels ont justifié qu'elle soit jugée par l'assemblée du contentieux », la durée de deux ans et huit mois n'avait pas été excessive, mais que celle, plus longue pour les deux autres, l'avait été eu égard à l'intérêt qui s'attachait à ce que soit tranché rapidement le litige (CE 30 janv. 2015, *Dahan*, Rec. 869 – à rapprocher de CE, Ass., 13 nov. 2013, *Dahan*, Rec. 279 ; v. n° 26.11).

5 Pour les contentieux qui pourraient naître d'un fonctionnement défectueux de la justice administrative autre qu'un délai excessif de jugement, on pouvait se demander d'une part si l'exigence d'une faute lourde était maintenue, d'autre part si la responsabilité de l'État pouvait être reconnue pour le contenu même d'une décision de justice : à ce sujet la Cour de justice des Communautés européennes, par un arrêt du 30 sept. 2003, *Köbler* (aff. C-224/01, Rec.I.10239), a jugé que « *le principe selon lequel les États membres sont obligés de réparer les dommages causés aux particuliers par les violations du droit communautaire qui leur sont imputables est… applicable lorsque la violation en cause découle d'une décision d'une juridiction statuant en dernier ressort, dès lors que la règle de droit communautaire violée a pour objet de conférer des droits aux particuliers, que la violation est suffisamment caractérisée et qu'il existe un lien de causalité directe entre cette violation et le préjudice subi par les personnes lésées* ».

Le Conseil d'État a répondu à ces interrogations par l'arrêt du 18 juin 2008, *Gestas* (Rec. 230 ; RFDA 2008.755, concl. C. de Salins, note Pouyaud ; DA août-sept. 2008, p. 43, note Gautier ; JCP 2008.II.10141 et JCP 2008.I.191, § 6, chr. Plessix ; JCP Adm. 2008.2187, note J. Moreau ; LPA 14 mai 2009, note Chaltiel) : hors le cas d'une durée excessive, la responsabilité de l'État ne peut être engagée du fait de la fonction juridictionnelle exercée par une juridiction administrative que pour faute lourde ; elle ne peut l'être normalement si la faute alléguée résulte d'une décision juridictionnelle devenue définitive.

Mais, exceptionnellement, elle peut l'être « *dans le cas où le contenu de la décision juridictionnelle est entaché d'une violation manifeste du droit communautaire* (aujourd'hui droit de l'Union européenne) *ayant pour objet de conférer des droits à des particuliers* ». Le Conseil d'État a apporté des précisions à ce sujet dans l'arrêt du 9 oct. 2020, *Société Lactalis Ingrédients* (Rec. 338, concl. Chambon ; AJ 2020.25.79, note Jacquemet-Gauché ; JCP Adm. 2021.2024, note Wernert ; RFDA 2021.159, chr. Bouveresse) : « *pour apprécier si le contenu d'une décision juridictionnelle de l'ordre administratif est entaché d'une violation manifeste du droit de l'Union européenne, il appartient au juge administratif de tenir compte de tous les éléments caratérisant la situation qui lui est soumise, notamment du degré de clarté et de précision de la règle de droit de l'Union en question, de l'étendue de la marge d'appréciation que cette règle laisse aux autorités nationales, du caractère intentionnel ou involontaire du manquement commis ou du préjudice causé, du caractère excusable ou inexcusable de l'éventuelle erreur de droit, de la position prise, le cas échéant, par une institution de l'Union européenne et ayant pu contribuer à l'adoption ou au maintien de mesures ou de pratiques nationales contraires au droit de l'Union ainsi que de la méconnaissance, par la juridiction en cause, de son obligation de renvoi préjudiciel* ». Toutefois, dans d'autres circonstances, le Tribunal administratif de Paris s'est prononcé dans le sens de l'engagement de la responsabilité de l'État (TA Paris 21 avr. 2021, *Reiter*, AJ 2021.1345, concl. Breillon). Si une décision du Conseil d'État, rendue au regard de la seule décision de la Cour de justice en la matière, a été démentie ultérieurement par celle-ci dans une interprétation progressive des dispositions en cause, elle ne constituait pas une violation manifeste du droit de l'Union européenne de nature à engager la responsabilité de l'État.

6 Dans l'ordre judiciaire, l'évolution a été semblable mais elle a été principalement suscitée par le législateur. Celui-ci a aménagé, par la loi du 17 juill. 1970, les conditions de l'indemnisation du préjudice causé par une détention provisoire ; il a supprimé, par la loi du 30 déc. 1996, la condition établie en 1970, du caractère manifestement anormal et d'une particulière gravité que devait avoir le préjudice subi.

Plus généralement, la loi du 5 juill. 1972 (art. 11) (aujourd'hui art. L. 141-1 du Code de l'organisation judiciaire), après avoir affirmé que « *l'État est tenu de réparer le dommage causé par le fonctionnement défectueux du service de la justice* », ajoute : « *cette responsabilité n'est engagée que par une faute lourde ou par un déni de justice* ». Les juridictions judiciaires ont eu l'occasion de préciser que cette disposition s'applique aux usagers du service public de la justice (par ex. Civ. 1re 4 nov. 2010, JCP Adm. 2011.2165, note Renard-Payen), d'apprécier si a été commis un déni de justice, pouvant résulter notamment d'une durée excessive de la procédure judiciaire (par ex. même arrêt et Civ. 1re 25 mars 2009, deux arrêts, Bull. civ. I, n° 65 ; JCP Adm. 2009.2287, note Renard-Payen), ou une faute lourde : « *constitue une faute lourde toute déficience caractérisée par un fait ou une série de faits traduisant l'inaptitude du service public de la justice à remplir la mission dont il est investi* » (Ass. plén., 23 févr. 2001, *Mme Bolle, Vve Laroche*, Bull. Ass. plén., n° 7 ; JCP 2001.II.1119, concl. de Gouttes, note Collomp ; AJ 2001.788, note S. Petit ; D. 2001.1752, note C. Debbasch ; JCP 2001.II.10583, note Menuret, à propos de la malheureuse affaire Grégory Villemin ; Civ. 1re 9 nov. 2016, à propos des contrôles d'identité « au faciès », Bull. civ. I, n° 211).

Mais l'article L. 141-1 ne peut être invoqué « que par l'usager qui était, soit directement, soit par ricochet, victime du fonctionnement du service public de la justice » ; il ne peut l'être par une personne qui n'était pas partie à l'instance (Civ. 1re 12 oct. 2011, Bull. civ. I, n° 166 ; D. 2011.3040, note S. Petit).

La formule de la loi de 1972 a conduit à se demander si la responsabilité du fait de la justice pouvait encore se trouver engagée sans faute. Une réponse négative aurait été paradoxale : le législateur a voulu étendre la responsabilité de l'État ; son texte l'aurait limitée à l'hypothèse de la faute lourde, alors que la responsabilité sans faute fait partie du droit commun de la responsabilité de la puissance publique. La loi de 1972, n'ayant pas voulu écarter cette responsabilité sans faute, laisse la possibilité de la reconnaître, au profit des personnes autres que les usagers du service public de la justice, pour risque ou pour rupture de l'égalité devant les charges publiques : la Cour de cassation l'admet par exemple à propos des collaborateurs occasionnels des services judiciaires (30 janv. 1996, *Morand c. Agent judiciaire du Trésor* – v. n° 68.7).

De plus, parallèlement au Conseil d'État, la Cour de cassation reconnaît que la responsabilité de l'État peut être engagée pour des dommages causés aux particuliers si une juridiction judiciaire statuant en dernier ressort « a méconnu de manière manifeste le droit » de l'Union européenne « ou si cette violation intervient malgré l'existence d'une jurisprudence bien établie de la Cour de justice de l'Union européenne » (Cass., Ass. plén., 18 nov. 2016, n° 15-21438, Bull. AP, n° 2).

101

RECOURS POUR EXCÈS DE POUVOIR
EFFET DES ANNULATIONS CONTENTIEUSES
MODULATION DANS LE TEMPS

Conseil d'État Ass., 11 mai 2004, *Association AC ! et autres*
(Rec. 197, concl. Devys ; RFDA 2004.438, étude Stahl et Courrèges, et 454, concl. Devys ; AJ 2004.1049, comm. Bonichot, et 1183, note Landais et Lenica ; DA juill. 2004, note Lombard, et août-sept. 2004, note O. Dubos et F. Melleray ; JCP 2004.II.10189 et JCP Adm. 2004.1826, note Bigot ; LPA 17 nov. 2004, note Montfort, et 4 févr. 2005, note Crouzatier-Durand ; D. 2005.30, comm. Frier ; RD publ. 2005.536, comm. Guettier ; Just. et cass. 2007.15, comm. Arrighi de Casanova ; AJ 2014.116, note Schœttl)

Cons. que les requêtes susvisées sont dirigées contre les arrêtés du 5 févr. 2003 par lesquels le ministre des affaires sociales, du travail et de la solidarité a agréé, d'une part, divers accords se rapportant à la convention du 1er janv. 2001 relative à l'aide au retour à l'emploi et à l'indemnisation du chômage et, d'autre part, la convention du 1er janv. 2004 relative à l'aide au retour à l'emploi et à l'indemnisation du chômage et son règlement annexé, les annexes à ce règlement et les accords d'application relatifs à cette convention ; que, ces requêtes présentant à juger des questions semblables, il y a lieu de les joindre pour statuer par une seule décision ;

Sur la légalité des arrêtés attaqués :

En ce qui concerne la consultation du comité supérieur de l'emploi :

Cons., d'une part, qu'il résulte des dispositions combinées des articles L. 351-8, L. 352-1, L. 353-2 et L. 352-2-1 du Code du travail que les mesures d'application des articles L. 351-3 à L. 351-7 de ce code, qui définissent les principes selon lesquels l'allocation d'assurance à laquelle ont droit les travailleurs privés d'emploi leur est attribuée, sont fixées par voie d'accords conclus entre employeurs et travailleurs et agréés, pour la durée de validité de ces accords, par le ministre chargé du travail, après avis du comité supérieur de l'emploi ; que, lorsque l'accord n'a pas été signé par la totalité des organisations les plus représentatives d'employeurs et de travailleurs, le ministre ne peut procéder à son agrément que si le comité supérieur de l'emploi a émis un avis favorable motivé et que, en cas d'opposition écrite et motivée de deux organisations d'employeurs ou de deux organisations de travailleurs qui y sont représentées, il ne peut y procéder qu'au vu d'une nouvelle consultation du comité, sur la base d'un rapport qui précise la portée des dispositions en cause ainsi que les conséquences de l'agrément ; que la consultation du comité supérieur de l'emploi revêt le caractère d'une formalité substantielle ;

Cons., d'autre part, que, selon les termes des articles R. 322-12 à R. 322-14 du Code du travail, le comité supérieur de l'emploi est composé notamment de dix représentants des organisations professionnelles d'employeurs les plus représentatives et dix représentants des organisations syndicales de travailleurs les plus représentatives, nommés par arrêté du ministre chargé du travail sur proposition de ces organisations ; que la commission permanente, créée au sein de ce comité pour rendre au nom de celui-ci les avis sur les questions présentant un caractère d'urgence, est composée notamment de cinq représentants des organisations professionnelles d'employeurs et cinq représentants des organisations syndicales de travailleurs désignés par le ministre parmi les membres du comité, sur proposition de celui-ci ; que ces dispositions font ainsi obstacle à ce que siègent au sein du comité ou de la commission des personnes qui, n'ayant pas été nommées ou désignées par le ministre, ne sauraient être regardées comme membres du comité ou de la commission dont la consultation est requise, alors même que leur qualité de représentants des organisations d'employeurs ou de travailleurs intéressés ne serait pas contestée ;

Cons. qu'il ressort des pièces du dossier que la commission permanente du comité supérieur de l'emploi a été consultée le 15 janv. 2003, puis, à la suite de l'opposition écrite et motivée de deux organisations de travailleurs, le 6 févr. 2003, sur le projet d'agrément par le ministre des affaires sociales, du travail et de la solidarité, des accords conclus le 27 déc. 2002 relatifs aux conventions du 1er janv. 2001 et du 1er janv. 2004 relatives à l'aide au retour à l'emploi et à l'indemnisation du chômage ; qu'il n'est pas contesté que plusieurs des personnes ayant siégé lors des deux réunions de la commission permanente n'avaient pas été nommées au Comité supérieur de l'emploi par le ministre chargé du travail, contrairement à ce que prévoit l'article R. 322-13 du Code du travail ; qu'ainsi, la Commission permanente du comité supérieur de l'emploi s'est réunie le 15 janv. et le 4 févr. 2003 dans une composition irrégulière ; que, par suite, *les requérants sont fondés à soutenir que la consultation exigée par la loi a eu lieu dans des conditions irrégulières et que les arrêtés attaqués se trouvent dès lors, dans leur totalité, entachés d'illégalité ;*

En ce qui concerne la légalité de certaines clauses des accords agréés :

Cons., en premier lieu, que l'article L. 352-2 du Code du travail donne à l'ensemble des organisations syndicales les plus représentatives d'employeurs et de travailleurs le droit de participer à la négociation et à la conclusion des accords intervenant pour la mise en œuvre de l'article L. 351-8 de ce code et subordonne l'applicabilité de ces accords à l'ensemble des travailleurs et employeurs à la condition qu'ils aient été agréés par le ministre chargé du travail ; qu'il en résulte que les signataires de ces accords ne peuvent légalement renvoyer le soin d'en modifier ou compléter les stipulations à des actes à la négociation desquels ne participeraient pas l'ensemble des organisations syndicales les plus représentatives d'employeurs et de travailleurs ou qui ne feraient pas l'objet d'un agrément du ministre chargé du travail ;

Cons. que l'article 5 de la convention du 1er janv. 2004 agréée par l'un des arrêtés attaqués prévoit la création d'une Commission paritaire nationale composée de représentants des seules organisations signataires de cette convention ; que les articles 2, 4, 6 et 10 du règlement annexé à cette convention renvoient à cette commission le soin de définir respectivement les cas dans lesquels une démission est considérée comme légitime, ceux dans lesquels un départ volontaire n'interdit pas de bénéficier de l'allocation, la procédure d'admission au bénéfice des allocations des salariés dont l'entreprise a réduit ou cessé son activité sans que leur contrat de travail ait été rompu et les cas de réouverture des droits en cas de départ volontaire ; que ces stipulations ont ainsi pour objet et pour effet de réserver aux seules organisations signataires de la convention, membres de la Commission paritaire nationale, le soin de définir dans ces domaines les règles complétant cette convention ; qu'elles méconnaissent dès lors les dispositions de l'article L. 352-2 du Code du travail ; que ces stipulations des articles 2, 4, 6 et 10 qui, si elles sont divisibles des autres stipulations du règlement annexé à la convention du 1er janv. 2004, forment entre elles un tout indivisible, ne pouvaient donc légalement faire l'objet d'un agrément ;

Cons., en second lieu, qu'aux termes des deux premiers alinéas de l'article 1er la loi du 17 juill. 2001 : « À compter du 1er juill. 2001, les contributions des employeurs et des salariés mentionnées à l'article L. 351-3-1 du Code du travail peuvent être utilisées par les parties signataires de l'accord prévu à l'article L. 351-8 du même Code pour financer les mesures définies ci-après favorisant la réinsertion professionnelle des bénéficiaires de l'allocation prévue à l'article L. 351-3 du même Code, chacune dans la limite d'un plafond déterminé par décret. /I. – Les bénéficiaires de l'allocation mentionnée au premier alinéa qui acceptent un emploi dans une localité éloignée du lieu de leur résidence habituelle peuvent bénéficier, sur prescription de l'Agence nationale pour l'emploi, d'une aide à la mobilité géographique (...) » ; que ces dispositions donnent ainsi compétence à l'Agence nationale pour l'emploi pour octroyer une aide à la mobilité géographique aux demandeurs d'emploi indemnisés ;

Cons. que les accords d'application n° 11 des conventions des 1er janv. 2001 et 1er janv. 2004 stipulent que l'aide « est accordée au regard des priorités et orientations fixées par le bureau de l'Assedic » et que son montant est plafonné « dans la limite de l'enveloppe financière affectée à ce type d'aide par le bureau de l'Assedic, selon les modalités fixées par le groupe paritaire national de suivi » ; qu'en donnant ainsi compétence aux Assedic pour l'octroi de cette aide, les signataires de l'accord ont méconnu les dispositions législatives précitées ; que les stipulations des accords d'application n° 11 aux conventions des 1er janv. 2001 et 1er janv. 2004 qui, si elles sont divisibles des stipulations de celles-ci, forment chacune entre elles un tout indivisible, ne pouvaient donc légalement faire l'objet d'un agrément ;

Sur les conséquences de l'illégalité des arrêtés attaqués :

En ce qui concerne l'office du juge :

Cons. que l'annulation d'un acte administratif implique en principe que cet acte est réputé n'être jamais intervenu ; que, toutefois, s'il apparaît que cet effet rétroactif de l'annulation est de nature à emporter des conséquences manifestement excessives en raison tant des effets que cet acte a produits et des situations qui ont pu se constituer lorsqu'il était en vigueur que de l'intérêt général pouvant s'attacher à un maintien temporaire de ses effets, il appartient au juge administratif – après avoir recueilli sur ce point les observations des parties et examiné l'ensemble des moyens, d'ordre public ou invoqués devant lui, pouvant affecter la légalité de l'acte en cause – de prendre en considération, d'une part, les conséquences de la rétroactivité de l'annulation pour les divers intérêts publics ou privés en présence et, d'autre part, les inconvénients que présenterait, au regard du principe de légalité et du droit des justiciables à un recours effectif, une limitation dans le temps des effets de l'annulation ; qu'il lui revient d'apprécier, en rapprochant ces éléments, s'ils peuvent justifier qu'il soit dérogé à titre exceptionnel au principe de l'effet rétroactif des annulations contentieuses et, dans l'affirmative, de prévoir dans sa décision d'annulation que, sous réserve des actions contentieuses engagées à la date de celle-ci contre les actes pris sur le fondement de l'acte en cause, tout ou partie des effets de cet acte antérieurs à son annulation devront être regardés comme définitifs ou même, le cas échéant, que l'annulation ne prendra effet qu'à une date ultérieure qu'il détermine ;

En ce qui concerne l'application de ces principes aux arrêtés litigieux :

Quant aux arrêtés relatifs à la convention du 1er janv. 2004 :

Cons. qu'il ne ressort pas des pièces du dossier que la disparition rétroactive des dispositions des arrêtés agréant les stipulations illégales relatives aux pouvoirs de la Commission paritaire nationale et à l'aide à la mobilité géographique entraînerait des conséquences manifestement excessives, eu égard aux intérêts en présence et aux inconvénients que présenterait une limitation dans le temps des effets de leur annulation ; qu'il n'y a pas lieu, par suite, d'assortir l'annulation de ces dispositions d'une telle limitation ;

Cons., en revanche, qu'il résulte des dispositions du Code du travail mentionnées plus haut que la loi fait obligation aux organisations les plus représentatives des employeurs et des travailleurs et au ministre chargé du travail et, à défaut, au Premier ministre, de prendre les mesures propres à garantir la continuité du régime d'assurance chômage : qu'ainsi, il incombe nécessairement aux pouvoirs publics, en cas d'annulation de l'arrêté par lequel le ministre chargé du travail agrée des accords conclus pour l'application des dispositions de l'article L. 351-8, de prendre, sans délai, les mesures qu'appellent ces dispositions ; qu'eu égard à l'intérêt qui s'attache à la continuité du versement des allocations et du recouvrement des cotisations, à laquelle une annulation rétroactive des dispositions des arrêtés attaqués qui agréent les stipulations de la convention du 1er janv. 2004, ainsi que ses annexes et accords d'application, autres que celles relatives aux pouvoirs de la Commission paritaire nationale et à l'aide à la mobilité géographique, porterait une atteinte manifestement excessive, il y a lieu, pour permettre au ministre chargé du travail ou, à défaut, au Premier ministre de prendre les dispositions nécessaires à cette continuité, de n'en prononcer l'annulation totale – sous réserve des droits des personnes qui ont engagé une action contentieuse à la date de la présente décision – qu'à compter du 1er juill. 2004 ;

Quant aux arrêtés relatifs à la convention du 1er janv. 2001 :

Cons. qu'il n'apparaît pas que la disparition rétroactive des dispositions des arrêtés portant sur la convention du 1er janv. 2001 et agréant les stipulations illégales à l'aide de la mobilité géographique entraînerait des conséquences manifestement excessives de nature à justifier une limitation dans le temps des effets de leur annulation ;

Cons., en revanche, que si la seule circonstance que la rétroactivité de l'annulation pourrait avoir une incidence négative pour les finances publiques et entraîner des complications pour les services administratifs chargés d'en tirer les conséquences ne peut, par elle-même, suffire à caractériser une situation de nature à justifier que le juge fasse usage de son pouvoir de modulation dans le temps des effets de cette annulation, il résulte en l'espèce des pièces du dossier, et en particulier des réponses des parties à la mesure d'instruction ordonnée sur ce point par la 1re sous-section chargée de l'instruction de l'affaire, que la disparition rétroactive des dispositions des arrêtés relatifs à la convention du 1er janv. 2001 autres que celles agréant les stipulations relatives à l'aide à la mobilité géographique, *en faisant revivre les règles antérieurement en vigueur, serait à l'origine des plus graves incertitudes quant à la situation et aux droits des allocataires et des cotisants et pourrait provoquer, compte tenu des dispositions des articles L. 351-6-1 et L. 351-6-2 du Code du travail* relatives aux délais dans lesquels peuvent être présentées de telles réclamations, des demandes de remboursement de cotisations et de prestations *dont la généralisation serait susceptible d'affecter profondément la continuité du régime d'assurance chômage* ; qu'ainsi, une annulation rétroactive de l'ensemble des dispositions des arrêtés attaqués relatifs à cette convention aurait, dans les circonstances de l'affaire, des conséquences manifestement excessives ; que, dans ces conditions, il y a lieu de limiter dans le temps les effets de l'annulation et, compte tenu de ce que les arrêtés attaqués n'ont produit effet que du 1er janv. au 31 déc. 2003 et ne sont, dès lors, plus susceptibles de donner lieu à régularisation, de disposer que, sous réserve des actions contentieuses engagées à la date de la présente décision contre les actes pris sur leur fondement, les effets des dispositions des arrêtés litigieux autres que celles qui agréent l'accord d'application n° 11 relatif à la convention du 1er janv. 2001 doivent être regardés comme définitifs ;

Décide :

Article 1er : Les interventions de M. Barraud, de Mme Semmache, de Melle Szabo et du syndicat CGT chômeurs et précaires de Gennevilliers-Villeneuve-Asnières sont admises.

Article 2 : Les dispositions des arrêtés en date du 5 févr. 2003 par lesquels le ministre des affaires sociales, du travail et de la solidarité a agréé les stipulations de l'article 2, du e) de l'article 4, de l'article 6 et du b) du paragraphe 2 de l'article 10 du règlement annexé à la convention du 1er janv. 2004 relative à l'aide au retour à l'emploi et à l'indemnisation du chômage, en tant que ces stipulations renvoient à des délibérations de la Commission paritaire nationale, ainsi que l'accord d'application n° 11 de cette convention sont annulées.

Article 3 : Sous réserve des actions contentieuses engagées à la date de la présente décision contre les actes pris sur leur fondement, les dispositions, autres que celles annulées à l'article 2, de l'arrêté agréant le règlement annexé à la convention du 1er janv. 2004 et celles des arrêtés agréant cette convention, les annexes I à XII à ce règlement et les accords d'application numérotés de 1 à 10 et 12 de cette convention *sont annulées à compter du 1er juill. 2004.*

Article 4 : L'arrêté en date du 5 févr. 2003 par lequel le ministre des affaires sociales, du travail et de la solidarité a agréé les accords d'application numérotés de 1 à 12 relatifs à la convention du 1er janv. 2001 relative à l'aide au retour à l'emploi et à l'indemnisation du chômage est annulé en tant qu'il agrée l'accord d'application n° 11.

Article 5 : *Les dispositions, autres que celles annulées à l'article 4,* des arrêtés en date du 5 févr. 2003 par lesquels le ministre des affaires sociales, du travail et de la solidarité a agréé les stipulations des accords modifiant ou complétant la convention du 1er janv. 2001 *sont annulées. Toutefois, sous réserve des actions contentieuses engagées à la date de la présente décision contre les actes pris sur leur fondement, les effets antérieurs à cette annulation des dispositions en cause doivent être réputés définitifs...*

OBSERVATIONS

L'arrêt Association AC !, *en reconnaissant au juge le pouvoir de moduler dans le temps l'annulation d'un acte administratif, permet d'éviter les inconvénients des conséquences d'une annulation rétroactive que peut entraîner l'application de la jurisprudence* Rodière*.

1 À l'affirmation de l'arrêt *Rodière** selon laquelle « les actes annulés pour excès de pouvoir sont réputés n'être jamais intervenus », l'arrêt d'Assemblée *Association AC ! et autres*, rendu aux conclusions du commissaire du gouvernement Devys, apporte un tempérament de taille. Sous réserve des conditions qu'il énumère, il intègre dans « l'office du juge » la possibilité de moduler dans le temps les effets d'une annulation contentieuse.

La faculté ainsi ouverte est immédiatement mise en œuvre dans le cadre de plusieurs pourvois formés par divers requérants, dont l'association « les amis d'agir ensemble contre le chômage » dite AC !, à l'encontre d'arrêtés du 5 févr. 2003 du ministre chargé du travail relatifs au régime de l'assurance chômage, ayant un double objet. D'une part, ils donnaient l'agrément à des avenants à la convention d'assurance chômage du 1er janv. 2001, conclue pour trois ans, qui se trouvait en déséquilibre sur le plan financier. Il en résultait la nécessité d'augmenter le taux de cotisation et de réduire les durées d'indemnisation pour la dernière année de validité de la convention. D'autre part, était agréée la nouvelle convention d'assurance chômage, conclue pour une autre période de trois ans, à compter du 1er janv. 2004.

Ainsi que l'a montré M. Devys dans ses conclusions, les agréments ministériels, qui ont le caractère d'actes réglementaires et qui conditionnent l'entrée en vigueur du dispositif conventionnel, étaient entachés de diverses illégalités. Il s'agissait au premier chef d'un vice de procédure tiré de l'irrégularité de la composition du Comité supérieur de l'emploi, dont la consultation était requise en vertu du Code du travail. Sa composition n'avait pas été revue depuis 1990 en dépit des changements survenus dans la représentation des partenaires sociaux.

En outre, des illégalités affectaient certaines stipulations des conventions agréées. Le commissaire du gouvernement en dénombrait trois, en estimant notamment qu'était illégale à ses yeux l'attribution aux associations pour le développement de l'emploi dans l'industrie et le commerce (ASSEDIC) d'un pouvoir de suspension du bénéfice des allocations d'assurance chômage. L'assemblée du contentieux ne l'a suivi qu'en ce qui concerne deux autres causes d'illégalité. L'une consiste pour les parties à la convention à avoir permis aux ASSEDIC de définir les priorités d'octroi de l'aide à la mobilisation géographique alors que cette compétence est dévolue par la loi à l'Agence nationale pour l'emploi (ANPE), établissement public d'État, auquel a succédé « Pôle emploi » par suite d'un regroupement avec l'Union nationale pour l'emploi dans l'industrie et le commerce (UNEDIC). L'autre illégalité résulte de la délégation à une Commission paritaire nationale, émanation des seuls signataires de la convention, du pouvoir de fixer certaines modalités du régime d'indemnisation alors que le Code du travail institue une procédure spécifique de négociation associant au départ l'ensemble des organisations syndicales les plus représentatives.

L'originalité de la décision commentée vient de ce que, tout en faisant produire son plein effet à l'annulation des arrêtés en tant qu'ils agréent des clauses entachées d'illégalités spécifiques, elle a jugé que le vice de procédure affectant dans leur ensemble les arrêtés ne remettait pas en cause le caractère définitif des effets de l'agrément des avenants à la convention du 1er janv. 2001 et, s'agissant de la convention du 1er janv. 2004, ne produirait ses effets qu'à compter du 1er juill. 2004, sous réserve cependant des actions contentieuses engagées antérieurement.

Les conclusions du commissaire du gouvernement éclairent aussi bien les fondements de la solution adoptée que les modalités de sa mise en œuvre. Des décisions ultérieures ont permis de mesurer les implications de ce qu'il est convenu d'appeler la jurisprudence *AC !*

I. — Les fondements de la solution

2 La solution novatrice adoptée par l'assemblée du contentieux se justifie par la conjonction de trois séries d'éléments : la nécessité d'adapter la jurisprudence traditionnelle reposant sur une fiction juridique aux réalités concrètes ; la prise en considération d'enseignements tirés du droit comparé ; le souci du juge de mieux définir les effets de la chose jugée afin d'en assurer le respect effectif.

A. — La réduction de l'écart entre les affirmations de principe et la réalité

3 *1°)* La formule de l'arrêt *Rodière** a pour finalité de donner toute son efficacité au recours pour excès de pouvoir. Toute personne y ayant intérêt doit pouvoir obtenir du juge administratif l'annulation de l'acte administratif illégal avec effet rétroactif. S'il y a une part de fiction dans l'affirmation suivant laquelle l'acte annulé pour excès de pouvoir est réputé n'être jamais intervenu, cette fiction est une garantie pour le justiciable. Il reste cependant que les actes annulés ont, en réalité, existé et ont pu produire des effets en droit comme en fait.

2°) Aussi bien, avant même l'arrêt *AC !*, la jurisprudence a-t-elle fait prévaloir dans certains cas, les exigences de la réalité sur la logique de la disparition rétroactive de l'acte annulé.

a) Dans ses conclusions, M. Devys a rappelé la théorie des fonctionnaires de fait (CE 2 nov. 1923, *Association des fonctionnaires de l'administration centrale des postes et télégraphes*, Rec. 666) ainsi que la jurisprudence sur l'intangibilité des droits acquis par le bénéficiaire d'une décision individuelle, devenue définitive, nonobstant l'illégalité d'un acte antérieur qui en conditionne l'intervention. Tel est le cas par exemple d'une nomination non attaquée dans le délai de recours contentieux, consécutive à un concours ultérieurement annulé (CE, Sect., 10 oct. 1997, *Lugan*, Rec. 346, concl. Pécresse ; AJ 1997.952, chr. Chauvaux et Girardot).

b) Il existe d'autres tempéraments au principe de la disparition rétroactive de l'acte annulé. Pour maintenir la discipline au sein de la fonction publique, le Conseil d'État a estimé que l'obligation d'obéissance à un acte n'était pas effacée rétroactivement par son annulation (CE 18 déc. 1935, *Lavigne*, Rec. 1197). Lorsqu'un texte a prévu que le silence gardé par l'administration à l'expiration d'un délai déterminé valait autorisation, comme c'est le cas en matière de permis de construire, le Conseil d'État a jugé que l'annulation de la décision prise par l'administration dans le délai qui lui était imparti ne rendait pas le demandeur titulaire de l'autorisation sollicitée, afin de ne pas attacher des conséquences aussi insolites que fâcheuses à une annulation en pareil cas (CE, Sect., 7 déc. 1973, *Entreprise J. Fayolle et Fils*, Rec. 703 ; AJ 1974.82, chr. Franc et Boyon ; p. 87, note B.G. ; D. 1974.156, note Liet-Veaux). Pour des considérations élémentaires d'équité, on ne saurait non plus déduire de l'annulation pour excès de pouvoir d'un permis de construire que son titulaire serait rétroactivement passible du délit de construction sans permis (Section des travaux publics, avis n° 321-127 du 13 déc. 1977).

Le souci de sécurité juridique a même conduit à admettre que l'annulation par le juge d'une délibération créant une recette inscrite au budget d'une collectivité territoriale postérieurement au vote de ce budget, n'affectait pas rétroactivement la légalité de ce vote (CE, Sect., 27 mai 1994, *Braun Ortega et Buisson*, Rec. 264).

3°) En dépit de ces aménagements au principe posé par l'arrêt *Rodière**, il arrive fréquemment que la consolidation de certains effets de la situation née de la disparition rétroactive de l'acte annulé, nécessite une intervention du législateur, sous la forme d'une *loi de validation*. Le point central de l'argumentation développée par M. Devys a consisté à montrer qu'une modulation par le juge des effets d'une annulation contentieuse permettrait de faire l'économie d'une loi de validation. La circonstance que ce type de loi fasse l'objet d'un contrôle étendu, à l'initiative du Conseil constitutionnel et sous l'influence de l'art. 6 de la Convention européenne des droits de l'Homme, ne dispense pas d'agir sur les causes mêmes des validations. Et le commissaire de faire valoir que « puisque le juge est *in fine* conduit à apprécier au regard des divers intérêts en présence, s'il existe un intérêt général qui, par son caractère suffisant ou impérieux justifie qu'il soit fait obstacle à la rétroactivité d'une annulation contentieuse, il paraît... préférable, qu'il le fasse au moment où il lui est possible de définir les effets de l'annulation qu'il prononce ».

B. — L'influence du droit comparé

4 Le changement de perspective par rapport à la jurisprudence traditionnelle trouve également une origine dans la prise en compte des enseignements tirés du droit communautaire et du droit constitutionnel comparé.

1°) S'agissant du droit communautaire, le commissaire n'a pas manqué de se référer à l'art. 174 du traité de Rome, aujourd'hui repris à l'art. 264 du traité sur le fonctionnement de l'Union européenne. Après avoir posé en principe que la Cour de justice saisie d'un recours en annulation d'un acte communautaire qu'elle estime fondé, le déclare « nul et non avenu », cet article prévoit une exception en ces termes : « Toutefois, en ce qui concerne les règlements, la Cour de justice *indique*, si elle l'estime nécessaire, *ceux des effets du règlement annulé qui doivent être considérés comme définitifs* ».

La Cour de Luxembourg a fait application de ces stipulations à ses arrêts interprétatifs (CJCE 8 avr. 1976, *Melle Defrenne c. Sabena*, aff. 43/75, Rec. 455) ainsi qu'aux arrêts par lesquels elle examine la validité d'un acte communautaire par la voie de l'exception (CJCE 15 oct. 1980, *Roquette frères*, aff. 145/79, Rec. 2917).

2°) M. Devys a montré également que les juridictions constitutionnelles européennes, lorsqu'elles déclarent par la voie de l'exception une loi inconstitutionnelle, définissent les effets dans le temps de leurs décisions de façon très nuancée. En Allemagne ou en Italie un effet rétroactif est conféré à une telle décision mais il existe des tempéraments destinés à tenir compte d'exigences de justice en matière pénale ou de sécurité juridique. En Autriche, la déclaration d'inconstitutionnalité a un effet simplement abrogatif, mais les droits de la personne qui a saisi le juge sont sauvegardés et le juge constitutionnel a la faculté de décider que sa décision aura un effet plus radical (*cf.* AIJC 1987.34).

C. — Le souci de préciser par avance les effets de la chose jugée

5 Renouant sur ce point avec le caractère didactique de la rédaction de l'arrêt *Rodière**, le Conseil d'État a eu le souci dans la période récente d'indiquer dans les motifs mêmes de ses décisions d'annulation, leur portée. Et le commissaire de citer entre autres, la décision d'Assemblée du 29 juin 2001 *Vassilikiotis* (Rec. 303, concl. Lamy ; AJ 2001.1046, chr. Guyomar et Collin ; RRJ 2003.1513, art. Blanco ; LPA 24 oct. 2001, note Damarey ; GACA, n° 86) qui définit les obligations pesant sur l'administration à la suite de l'annulation d'une disposition réglementaire contraire au droit communautaire et la décision du 27 juill. 2001, *Titran* (Rec. 411) qui diffère de deux mois les effets de l'annulation du refus d'abroger un règlement illégal. Ces influences convergentes prédisposaient à une évolution de la jurisprudence.

II. — Le nouvel office du juge

Dès lors que se faisait jour, une évolution de la jurisprudence, il n'est pas surprenant qu'une fois le changement admis, ce dernier ait pris la forme dans la décision commentée d'un considérant de principe relatif à « l'office du juge ». L'accent doit être mis sur le champ d'application du pouvoir de modulation et les formes qu'elle revêt, sur ses critères de mise en œuvre et sur les obligations procédurales pesant sur le juge.

A. — Le champ de la modulation et les formes qu'elle revêt

6 *1°)* Dans la mesure où comme cela a été rappelé, l'effet rétroactif de l'annulation est une garantie pour le justiciable, il demeure le principe. La modulation de ses effets dans le temps, qui constitue une dérogation au principe, n'est destinée à jouer qu'à « titre exceptionnel ». De plus, sous cette réserve, comme l'a souligné le commissaire, la modulation vaudra essentiellement en cas d'annulation d'actes administratifs réglementaires, même si elle n'est pas exclue *a priori* pour les actes administratifs non réglementaires.

2°) Pour autant que les conditions mises à la modulation sont remplies, il existe deux modalités de dérogation à l'effet rétroactif de l'annulation, elles mêmes assorties de variantes.

a) Dans une première éventualité il appartient au juge de prévoir que « tout ou partie des effets de (l'acte en cause) *antérieurs* à son annulation devront être regardés comme définitifs ».

b) Dans une seconde éventualité, le juge a la faculté de préciser « que l'annulation ne prendra *effet qu'à une date ultérieure* qu'il détermine ».

Par ce biais un laps de temps est laissé à l'administration pour mettre un terme à l'illégalité relevée par le juge.

c) Les deux possibilités ainsi ouvertes ne sont pas exclusives l'une de l'autre et peuvent être mises en œuvre simultanément, ainsi que cela ressort aussi bien de l'arrêt commenté que de la jurisprudence postérieure (CE, Ass., 23 déc. 2013, *Société Métropole Télévision (M6), Société Télévision française 1 (TF1)*, Rec. 322).

d) Le juge peut encore, si les dispositions entachées d'illégalité sont divisibles, maintenir le caractère rétroactif de l'annulation de certaines d'entre elles et en différer les effets pour d'autres (CE 5 oct. 2015, *Association des amis des intermittents et précaires et autres*, Rec. 334).

B. — Les critères de mise en œuvre de la modulation

7 Avant de déroger à l'effet rétroactif de l'annulation le juge doit faire la *balance des intérêts* en présence. Il lui faut rechercher tout d'abord si l'effet rétroactif de l'annulation « est de nature à emporter des conséquences manifestement excessives en raison tant des effets que (l'acte illégal) a produits et des situations qui ont pu se constituer lorsqu'il était en vigueur que de l'intérêt général pouvant s'attacher à un maintien temporaire de ses effets ». Il lui appartient ensuite, sous réserve du respect d'obligations procédurales particulières mentionnées ci-après, de prendre en considération « d'une part, les conséquences de la rétroactivité de l'annulation pour les divers intérêts publics ou privés en présence et, d'autre part, les inconvénients que présenteront au regard du principe de légalité et du droit des justiciables à un recours effectif, une limitation dans le temps des effets de l'annulation ». C'est en rapprochant ces éléments qu'il pourra prévoir de moduler les effets de l'annulation. Si le juge dispose d'une certaine marge d'appréciation, celle-ci se heurte cependant à un butoir. Il doit réserver les actions contentieuses engagées à la date de la décision juridictionnelle d'annulation. Sinon le droit à un recours effectif serait méconnu.

C. — Les obligations d'ordre procédural

8 Deux obligations d'ordre procédural pèsent sur le juge au cas où il envisage de moduler les effets de l'annulation.

1°) Il lui faut recueillir au préalable les observations des parties au litige sur les conséquences de la rétroactivité de l'annulation. Le Conseil d'État a eu le souci que cette question fasse l'objet d'un débat contradictoire approfondi. Un tel débat peut également faire suite à des conclusions d'une des parties portant sur le même objet.

Le juge peut même surseoir à statuer aux fins d'être éclairé sur la question des effets dans le temps de l'annulation qu'il prononce (CE 12 mai 2010, *Fédération départementale des chasseurs de la Drôme*, Rec. 919 ; CE 15 mai 2013, *Fédération nationale des transports routiers*, Rec. 797 ; AJ 2013.1876, note Connil).

2°) Plus contraignante est l'obligation faite au juge d'examiner « l'ensemble des moyens d'ordre public ou invoqués devant lui pouvant affecter la légalité de l'acte en cause ». Ainsi que l'a souligné M. Devys, dès lors qu'il est demandé au juge « de faire la balance entre les conséquences d'une annulation et les exigences de la légalité, il lui faudra faire la « pesée » de l'illégalité au regard des différents moyens invoqués… et des moyens d'ordre public », c'est-à-dire ceux devant être soulevés d'office par le juge, même si l'une ou l'autre des parties a omis de s'en prévaloir.

III. — Les implications de la décision

9 La jurisprudence *Association AC !* a reçu une application plus fréquente et plus large que prévu. Elle est susceptible de jouer en appel d'un jugement prononçant l'annulation d'un acte administratif (CE 17 déc. 2020, *Ministre de la Transition écologique et solidaire c. Société Smurfit Kappa Papier Recycle France*, Rec. 949). Elle joue pleinement son rôle de prévention des lois de validation.

Le souci de sécurité juridique qui l'inspire s'est manifesté également à propos de la détermination des effets dans le temps des changements de jurisprudence.

A. — Une application plus fréquente et plus large que prévu

L'arrêt du 11 mai 2004 a constitué le premier cas d'application. Les conditions posées par la nouvelle jurisprudence se trouvaient réunies dès l'instant où un simple vice de procédure lié à la composition irrégulière d'un organisme consultatif, risquait de mettre en péril le régime d'assurance chômage. Nombreux sont les cas ultérieurs d'application s'inspirant de cette logique. L'expérience a montré en outre que la jurisprudence *Association AC !* était susceptible de s'appliquer à d'autres hypothèses.

Il est apparu que la marge d'appréciation du juge administratif était tributaire de la primauté du droit de l'Union européenne ainsi que de l'incidence du contrôle de constitutionnalité *a posteriori* de la loi.

1°) Dans la plupart des cas le juge administratif a différé les effets dans le temps de l'annulation pour excès de pouvoir *d'un acte réglementaire* s'il y a une disproportion manifeste entre la nature de l'irrégularité qu'il relève et ses conséquences pratiques.

a) Les hypothèses où un tel écart est constaté concernent avant tout des annulations pour des motifs de légalité *externe*.

L'annulation du décret du 26 déc. 2005 fixant les modalités de transferts définitifs aux départements et régions des personnels techniques, ouvriers et de services exerçant dans les collèges et les lycées, pour un vice de procédure, a été différée au 1er janv. 2009 en raison des graves perturbations susceptibles d'en résulter pour les collectivités publiques et les agents concernés (CE 16 mai 2008, *Département du Val-de-Marne*, Rec. 619 ; JCP Adm. 2008.228 et BJCL 2008.509, concl. Séners ; AJ 2008.1504, note Crouzatier-Durand ; RD publ. 2009.1517, comm. Bottini).

Ont été reportés de quatre mois les effets de l'annulation du décret du 19 déc. 2008 fixant, en application de la loi du 5 mars 2007, la liste des tribunaux dans lesquels est créé un pôle de l'instruction des affaires pénales, dès lors que l'illégalité relevée a consisté en une irrégularité de la composition du comité technique paritaire consulté au préalable (CE 19 déc. 2008, *Kierzkowski-Chatal*, Rec. 467). Une solution du même ordre a prévalu à propos de l'annulation partielle, pour vice de procédure, du décret du 15 févr. 2008 fixant le siège et le ressort des tribunaux de commerce (CE 8 juill. 2009, *Commune de Saint-Dié des Vosges et autres*, Rec. 255 ; Gaz. Pal. 30 juill. 2009, p. 2, concl. Guyomar ; AJ 2010.398, note Touzeil-Divina).

L'annulation de l'arrêté du 18 janv. 2008 relatif à la mise en accessibilité des véhicules de transport public guidé urbain aux personnes handicapées, au motif qu'il avait été pris par le ministre chargé des transports sans être signé également par le ministre chargé des handicapés, a été reportée au 1er sept. 2009, compte tenu de l'intérêt général qui s'attache à l'existence d'une telle réglementation (CE 3 mars 2009, *Association française contre les myopathies*, Rec. 69).

En invoquant principalement « l'exigence constitutionnelle de transposition en droit interne des directives communautaires » (v. nos obs. sous l'arrêt *Société Arcelor Atlantique et Lorraine**), le Conseil d'État a différé de près de onze mois les effets de la censure d'un décret ayant procédé à une telle transposition en empiétant sur la compétence du législateur (CE 24 juill. 2009, *Comité de recherche et d'information indépendantes sur le génie génétique*, Rec. 294 ; RFDA 2009.963, concl. Geffray, et 1272, chr. Roblot-Troizier ; AJ 2009.1818, chr. Liéber et Botteghi).

10 *b)* Les cas d'application de la jurisprudence *Association AC !* à la suite d'une annulation d'un règlement pour un motif de *légalité interne* mettent l'accent sur la gravité des conséquences d'une annulation rétroactive.

Le Conseil d'État, après avoir censuré une erreur de droit commise par l'Autorité de régulation des télécommunications (ART) dans la détermination de certains tarifs, a différé d'une durée de deux mois les effets de sa décision afin d'éviter que ne se crée une situation où les tarifs applicables auraient été fixés en violation d'un règlement communautaire (CE, Sect., 25 févr. 2005, *France Télécom*, Rec. 86 ; RFDA 2005.787, concl. Prada-Bordenave ; AJ 2005.997, chr. Landais et Lenica ; DA

2005, nº 57, note Bazex et Blazy ; JCP Adm. 2005.1162, note Saulnier-Cassia ; *ibid.*, nº 1263, note Breen ; RD publ. 2005.1643, note Idoux ; LPA 10 oct. 2005, obs. F. Melleray).

Des considérations touchant à la *continuité du service public* de l'électricité et du gaz et de l'éclairage public ont conduit à différer les effets de l'annulation des clauses tarifaires de nature réglementaire de l'avenant à une concession (CE 31 juill. 2009, *Ville de Grenoble, Société gaz électricité de Grenoble*, Rec. 642 ; BJCP nº 67, 2009.460, concl. N. Boulouis).

Le « *bon fonctionnement du service public de l'enseignement* », a justifié que l'annulation de la circulaire ministérielle du 24 avr. 2017 relative à l'admission post-bac, soit assortie du maintien de ses effets pour l'année universitaire 2017-2018, sous réserve des actions contentieuses antérieurement engagées (CE 22 déc. 2017, *Association SOS Éducation, Association Promotion et Défense des étudiants, Association Droits des lycéens*, Rec. 626).

Le Conseil d'État s'est référé à la *sécurité juridique* pour, soit reporter les effets de l'annulation du relèvement illégal du seuil des marchés publics dispensés de publicité et de mise en concurrence (CE 10 févr. 2010, *Perez*, Rec. 17 ; JCP Adm. 2010.2068, concl. N. Boulouis), soit retenir une date d'effet intermédiaire entre celle de l'édiction de l'acte et celle de sa censure dans un litige complexe relatif à la rémunération du droit d'auteur (CE 17 déc. 2010, *SFIB, Association UFC Que choisir, SA Rue du commerce*, Rec. 927 ; AJ 2011.854, note Bui-Xuan).

11 *2º)* La jurisprudence *Association AC !* n'est pas demeurée cantonnée à l'annulation d'actes réglementaires. Elle a joué aussi pour *des actes individuels.*

Deux arrêts du 12 déc. 2007 ont ainsi différé d'un mois à compter de leur prononcé les effets de l'annulation, pour vice de procédure, de la nomination de magistrats, en raison de l'atteinte au fonctionnement du service public de la justice qui résulterait d'une annulation rétroactive et immédiate (CE 12 déc. 2007, *Sire* ; du même jour, *Vignard* ; AJ 2008.638, concl. Guyomar ; D. 2008.1457, note Caille ; AJFP 2008.172, note Guegen, RD publ. 2009.1157, comm. Bottini ; v. dans le même sens, le report de trois mois de l'annulation pour vice de procédure, de la nomination comme avocat général à la Cour de cassation d'un procureur général près une cour d'appel et de l'annulation, par voie de conséquence, de la nomination de son successeur : CE, Sect., 30 déc. 2010, *Robert*, Rec. 530 ; DA 2011, nº 25, note F. Melleray).

12 *3º)* Au fil des espèces, la détermination des effets de l'annulation apparaît comme un moyen d'assurer au mieux le respect effectif de la chose jugée. Significatives à cet égard, sont les solutions adoptées par le Conseil d'État quant aux conséquences de l'annulation, pour des motifs de légalité interne, de la fixation de tarifs réglementés de vente d'électricité ou de gaz naturel, applicables à une période déterminée. Selon les circonstances, le juge administratif peut décider, soit de reporter la date d'effet de sa décision, par exemple de six mois (CE 28 nov. 2012, *Société Direct Énergie et autres*, Rec. 782), soit au contraire, d'enjoindre à l'administration de se conformer à la chose jugée dans un délai de trois mois (CE 22 oct. 2012, *Syndicat intercommunal de la périphérie de Paris pour l'électricité et les réseaux de communication*, Rec. 781 ; AJ 2012.2373, chr. Domino et Bretonneau, et 2013.126 note Laffaille ; RTD eur. 2013.894, obs. Muller) ou même d'un mois (CE 10 juill. 2012, *SA GDF Suez et association nationale des opérateurs détaillants en énergie*, Rec. 272).

13 *4°)* S'est posée la question de savoir si le pouvoir de modulation dont dispose le juge administratif peut s'exercer en cas de contrariété de l'acte annulé au droit de l'Union européenne.

Lorsque la Cour de justice a rejeté des conclusions tendant à la limitation des effets dans le temps de son arrêt, le juge national ne saurait accueillir des conclusions de même nature (CE 28 mai 2014, *Association Vent de Colère !, Fédération nationale et autres*, Rec. 150 ; RFDA 2014.783, concl. Legras ; Dr. fisc. 2014, comm. 450, note Maitrot de la Motte et Dubout).

Dans un cas où la Cour de Luxembourg ne s'est pas prononcée, le Conseil d'État a estimé pouvoir différer les effets dans le temps de l'annulation d'une mesure nationale méconnaissant le droit de l'Union (CE 23 juill. 2014, *Société Octapharma France*, Rec. 243 ; AJ 2014.2315 note Mamoudy). De façon plus orthodoxe au regard du droit de l'Union, il a, à titre préjudiciel, saisi la Cour de justice de la question dans un litige où était en cause la légalité d'un décret ayant transposé une directive relative à l'évaluation de certains plans ou programmes sur l'environnement (CE 26 juin 2015, *Association France Nature Environnement*, Rec. 577 ; RTD eur. 2015.856, note Muller). Sans exclure la possibilité pour le juge national de moduler dans le temps les effets de l'annulation d'une disposition transposant cette directive, la Cour l'a assortie de conditions restrictives (CJUE 28 juill. 2016, *Association France Nature Environnement*, aff. C379/15 ; AJ 2016.2226, note Mamoudy et 2270, chr. Broussy Cassagnabère et Ganser RTD eur. 2017.400, note Coutron). Le Conseil d'État s'est conformé à ces conditions (CE 3 nov. 2016, *Association France Nature Environnement* Rec. 447 ; DA 2017, comm. 6, note Clemendot ; RTD eur. 2017.333, note Bouveresse).

Tout en rappelant que la faculté de différer certains effets d'une censure d'un acte contraire au droit de l'Union est assujettie à des limites strictes, le Conseil d'État en a fait usage lorsqu'il a jugé contraire au droit de l'Union le régime du prix réglementé du gaz, en évitant ainsi que soit remise en cause pour le passé la situation de neuf millions de consommateurs (CE, Ass., 19 juill.2017, *Association nationale des opérateurs détaillants en énergie*, Rec. 255 ; AJ 2017.1879, chr. Odinet et Roussel ; RFDA 2017-1099, note de la Rosa ; RTD eur. 2018.397, note Muller). La jurisprudence la plus récente consiste, en partant de l'affirmation selon laquelle la décision d'annulation « ne saurait avoir pour effet de maintenir dans l'ordre juridique français des règles incompatibles avec le droit de l'Union », en une définition par le juge d'un régime juridique compatible avec ce droit dans l'attente de l'édiction des dispositions législatives et réglementaires nécessaires au plein respect des exigences dudit droit (CE 5 juill. 2019, *Fédération française du transport de personnes sur réservation*, Rec. 290 ; AJ 2019.1927, note Idoux).

Procède d'une inspiration analogue avec comme objectif la conciliation du droit de l'Union et d'une exigence constitutionnelle, la définition d'un régime transitoire applicable à la conservation des données de connexion (CE, Ass., 21 avr. 2021, *French Data Network et autres*, v. n° 103.8).

14 *5°)* Le pouvoir de modulation dans le temps a enfin été mis en œuvre en ce qui concerne la portée de l'annulation de textes réglementaires pris pour l'application d'une disposition législative jugée contraire aux droits et libertés constitutionnellement garantis. Le Conseil d'État a reporté les effets dans le temps de l'annulation du règlement dans le cas où le Conseil constitutionnel a lui-même différé l'abrogation du texte législatif (CE 14 nov. 2012, *Association France Nature Environnement Réseau juridique*, Rec. 940). En l'absence de report de l'abrogation de la disposition législative par le juge constitutionnel, il considère que le texte réglementaire se trouve privé de fondement légal, non pas à compter de la décision du Conseil constitutionnel, mais de la date d'édiction du règlement qui est ainsi annulé rétroactivement (CE 30 mai 2018, *Mme Schreuer*, Rec. 247 ; DA 2018, comm. 54, note Éveillard).

B. — La prévention des lois de validation

15 L'usage fait par le Conseil d'État du pouvoir de modulation conduit à une réduction du recours à des lois de validation. La décision juridictionnelle tient lieu de substitut à une telle loi, d'autant que chaque fois que l'espèce qui lui est soumise le justifie, le juge prend soin de faire la réserve des actions contentieuses engagées antérieurement au prononcé de son arrêt (CE 16 mai 2008, *Département du Val-de-Marne et autres* ; v. n° 103.9).

Mais on ne saurait conclure pour autant à la disparition des lois de validation.

D'une part, en effet, le juge administratif ne peut appliquer la jurisprudence *Association AC !* qu'aux actes relevant de son contrôle et prévenir seulement dans cette hypothèse les lois de validation. Cette jurisprudence est neutre à l'égard des litiges relevant du juge judiciaire.

D'autre part, postérieurement au refus du Conseil d'État de faire une application positive de cette jurisprudence, le législateur peut juger à propos d'adopter une loi de validation. Ainsi à la suite de l'annulation du décret du 30 sept. 2004 qui avait fixé à 39 heures la durée hebdomadaire du travail dans l'hôtellerie et la restauration (CE 18 oct. 2006, *Fédération des services CFDT et autres*, Rec. 428 ; Dr. soc. 2006.1096, concl. Devys ; JCP S 2006.1875, note Noury), est intervenue une mesure de validation législative à laquelle le Conseil constitutionnel n'a pas fait obstacle (*n° 2006-544 DC, 14 déc. 2006*, Rec. 129 ; JCP 2007. Actu. 1, note Mathieu ; LPA 2 mars 2007, note Disant ; RFDA 2007.134, note Schoettl).

C. — L'extension aux effets des changements de jurisprudence

16 Le Conseil d'État a été confronté à la question de savoir s'il y a lieu de moduler dans le temps les effets d'une nouvelle jurisprudence.

En principe, le juge ne faisant que reconnaître l'état du droit existant doit l'appliquer à l'ensemble des litiges sur lesquels il statue, quelle que soit la date qui leur a donné naissance (CE 7 oct. 2009, *Société d'équipement de Tahiti et des îles*, Rec. 917 ; BJCL 2009.781, concl. N. Boulouis ; AJ 2009.2437, chr. Jeanneney et 2480, note J.D. Dreyfus ; CMP nov. 2009, n° 365, obs. Eckert).

Toutefois, cette position de principe souffre des exceptions :

D'une part, l'application immédiate d'une jurisprudence nouvelle est écartée si elle a pour effet de porter « *une atteinte excessive aux relations contractuelles en cours* » (CE, Ass., 16 juill. 2007, *Société Tropic Travaux Signalisation*, Rec. 360, concl. Casas) ou au droit au recours (CE, Sect., 13 mars 2020, *Société Hasbro European Trading BV*, Rec. 94, concl. Ciavaldini), ou simultanément aux deux (CE, Ass., 4 avr. 2014, *Département de Tarn-et-Garonne**).

D'autre part, dans un litige indemnitaire où des sommes avaient été versées en attendant la fixation définitive de l'indemnité et calculées sur la base de la jurisprudence antérieure, le Conseil d'État juge que les stipulations de l'art. 1er du Premier Protocole additionnel à la Convention européenne des droits de l'Homme relatives à la protection des biens, font obstacle à ce que ces sommes soient remises en cause (CE 22 oct. 2014, *Centre hospitalier de Dinan c. Consorts Étienne*, Rec. 316 ; Gaz. Pal. 26 nov. 2014, note Guyomar ; JCP Adm. 2015.2188, note Lantero).

Qu'il y ait modulation des effets dans le temps d'une annulation pour excès de pouvoir ou d'une nouvelle jurisprudence, se manifeste le pouvoir créateur du juge.

102

PRINCIPE DE SÉCURITÉ JURIDIQUE MESURES TRANSITOIRES

Conseil d'État Ass., 24 mars 2006, ***Société KPMG et Société Ernst & Young et autres***

(Rec. 154 ; RFDA 2006.463, concl. Aguila, note Moderne ; BJCP 2006.173, concl., note Terneyre ; AJ 2006.841, trib. Mathieu, 897, trib. Melleray, 1028, chr. Landais et Lenica ; Bull. Jol. Sociétés 2006.711, note Barbieri, 723, obs. Aguila ; D. 2006.1191, note Cassia ; Europe mai 2006, p. 9, note D. Simon ; JCP 2006.1229, obs. Plessix et 1343, note J.-M. Belorgey ; Procédures mai 2006, p. 4, note Travier ; RDC 2006.856, note Brunet ; RD publ. 2006.1169, art. Camby et 2007.285, art. Woehrling ; RMCUE 2006.457, note Chaltiel ; RTD civ. 2006.527, obs. Encinas de Munagorri ; Rev. soc. 2006.583, obs. Merle)

I — Sur le cadre juridique du litige

Cons. que la loi n° 2003-706 du 1er août 2003, de sécurité financière, a introduit au sein du Code de commerce une section 2 du chapitre II du titre II du livre VIII intitulée « De la déontologie et de l'indépendance des commissaires aux comptes », comprenant les articles L. 822-9 à L. 822-16, ultérieurement complétée par le V de l'article 162 de la loi n° 2005-845 du 26 juill. 2005 instituant une dérogation à l'obligation de secret professionnel et par les articles 13 à 17 de l'ordonnance n° 2005-1126 du 8 sept. 2005 relative au commissariat aux comptes ;

Cons. qu'aux termes de l'article L. 822-16 du Code de commerce : « Un décret en Conseil d'État approuve un Code de déontologie de la profession, après avis du Haut Conseil du commissariat aux comptes et, pour les dispositions s'appliquant aux commissaires aux comptes intervenant auprès des personnes et entités faisant appel public à l'épargne, de l'Autorité des marchés financiers » ;

Cons. qu'aux termes du premier alinéa du I de l'article L. 822-11 : « Le commissaire aux comptes ne peut prendre, recevoir ou conserver, directement ou indirectement, un intérêt auprès de la personne ou de l'entité dont il est chargé de certifier les comptes, ou auprès d'une personne qui la contrôle ou qui est contrôlée par elle au sens des I et II de l'article L. 233-3 » ; qu'aux termes du second alinéa du I, le Code de déontologie prévu à l'article L. 822-16 « définit les liens personnels, financiers et professionnels, concomitants ou antérieurs à la mission du commissaire aux comptes, incompatibles avec l'exercice de celle-ci. Il précise en particulier les situations dans lesquelles l'indépendance du commissaire aux comptes est affectée, lorsqu'il appartient à un réseau pluridisciplinaire, national ou international, dont les membres ont un intérêt économique commun, par la fourniture de prestations de services à une personne ou à une entité contrôlée ou qui contrôle (...) la personne ou l'entité dont les comptes sont certifiés par ledit commissaire aux comptes. Le Code de déontologie précise également les restrictions à apporter à la détention d'intérêts financiers par les salariés et collaborateurs du commissaire aux comptes dans les sociétés dont les comptes sont certifiés par lui » ; que le II de l'article L. 822-11 vise à assurer une séparation des fonctions d'audit et de conseil ; qu'à cette fin son premier alinéa « interdit au commissaire aux comptes de fournir à la personne ou à l'entité qui l'a chargé de certifier ses comptes, ou aux personnes ou entités qui la contrôlent ou sont contrôlées par celle-ci (...), tout conseil ou toute autre prestation de services n'entrant pas dans les diligences directement liées à la mission de commissaire aux comptes, telles qu'elles sont définies par les normes d'exercice professionnel mentionnées au sixième alinéa de l'article L. 821-1 » ; que son second alinéa interdit à un commissaire aux comptes affilié à « un réseau national ou international, dont les membres ont un intérêt économique commun et qui n'a pas pour activité exclusive le contrôle légal des comptes » de « certifier les comptes d'une personne ou d'une entité qui, en vertu d'un contrat conclu avec ce réseau ou un membre de ce réseau, bénéficie d'une prestation de services, qui n'est pas directement liée à la mission du commissaire aux comptes selon l'appréciation faite par le Haut Conseil du commissariat aux comptes (...) » ;

Cons. que, sur le fondement et pour l'application de ces dispositions, le décret attaqué a, par son article 1er, approuvé le Code de déontologie de la profession de commissaire aux comptes qui figure en annexe à ce décret ; que le titre Ier de ce code, relatif aux principes fondamentaux de comportement, mentionne notamment, à l'article 5, l'exigence d'indépendance du commissaire aux comptes ; que le titre II, après avoir dressé, à l'article 10, une liste de prestations de services qu'il est interdit au commissaire aux comptes de fournir, fait obligation aux intéressés, lorsqu'ils se trouvent dans une « situation à risques », de prendre des « mesures de sauvegarde » appropriées ; que le titre III est relatif à l'acceptation, à la conduite et au maintien de la mission du commissaire aux comptes ; que le titre IV concerne l'exercice en réseau ; que l'article 22 définit la notion de réseau ; que l'article 23 exclut qu'un commissaire aux comptes affilié à un réseau certifie les comptes d'une personne à laquelle le réseau fournit une prestation de services non directement liée à sa mission ; que l'article 24 énumère les prestations dont la fourniture, par un membre du réseau, à la personne qui contrôle ou est contrôlée par la personne dont les comptes sont certifiés affecte l'indépendance du commissaire aux comptes ; que le titre V a pour objet de préciser les liens personnels (article 27), financiers (article 28) et professionnels (article 29) incompatibles avec l'exercice par un professionnel de sa mission ; que l'article 29 interdit en particulier au commissaire aux comptes d'accepter une mission légale lorsque lui-même ou son réseau a fourni, dans les deux ans qui précèdent, certaines prestations de services à la personne qu'il serait appelé à contrôler ; que l'article 30 impose au commissaire aux comptes de tirer sans délai les conséquences de la survenance en cours de mission d'une des situations mentionnées aux articles 23, 24, 27, 28 et 29 ; qu'enfin, les titres VI et VII fixent les règles relatives aux honoraires et à la publicité ;

II — Sur les moyens tirés de la violation du droit communautaire

....

III — Sur les moyens tirés de la violation du droit national

....

S'agissant des moyens relatifs à l'entrée en vigueur immédiate du décret :

Quant au moyen tiré de la méconnaissance du principe de confiance légitime :

Cons. que le principe de confiance légitime, qui fait partie des principes généraux du droit communautaire, ne trouve à s'appliquer dans l'ordre juridique national que dans le cas où la situation juridique dont a à connaître le juge administratif français est régie par le droit communautaire ; que tel n'est pas le cas en l'espèce, dès lors que la directive du 10 avr. 1984 relative à l'agrément des personnes chargées du contrôle légal des documents comptables, si elle affirme le principe selon lequel les personnes qui effectuent un contrôle légal doivent être indépendantes, se borne à renvoyer aux États membres le soin de définir le contenu de cette obligation ; que le moyen tiré de la méconnaissance du principe invoqué est, par suite, inopérant ;

Quant au moyen tiré de l'application du Code de déontologie aux situations contractuelles en cours :

Cons. qu'une disposition législative ou réglementaire nouvelle ne peut s'appliquer à des situations contractuelles en cours à sa date d'entrée en vigueur, sans revêtir par là même un caractère rétroactif ; qu'il suit de là que, sous réserve des règles générales applicables aux contrats administratifs, seule une disposition législative peut, pour des raisons d'ordre public, fût-ce implicitement, autoriser l'application de la norme nouvelle à de telles situations ;

Cons. qu'indépendamment du respect de cette exigence, il incombe à l'autorité investie du pouvoir réglementaire d'édicter, pour des motifs de sécurité juridique, les mesures transitoires qu'implique, s'il y a lieu, une réglementation nouvelle ; qu'il en va ainsi en particulier lorsque les règles nouvelles sont susceptibles de porter une atteinte excessive à des situations contractuelles en cours qui ont été légalement nouées ;

Cons. que les dispositions de la loi du 1er août 2003 de sécurité financière relatives à la déontologie et à l'indépendance des commissaires aux comptes, dont la mise en œuvre est assurée par le Code de déontologie, ont, en raison des impératifs d'ordre public sur lesquels elles reposent, vocation à s'appliquer aux membres de la profession ainsi réglementée et organisée sans que leur effet se trouve reporté à l'expiration du mandat dont les intéressés ont été contractuellement investis ; *que toutefois, à défaut de toute disposition transitoire dans le décret attaqué, les exigences et interdictions qui résultent du code apporteraient, dans les relations contractuelles légalement instituées avant son intervention, des perturbations qui, du fait de leur caractère excessif au regard de l'objectif poursuivi, sont contraires au principe de sécurité juridique ;* qu'il y a lieu, par suite, d'annuler le décret attaqué en tant qu'il ne comporte pas de mesures transitoires relatives aux mandats de commissaires aux comptes en cours à la date de son entrée en vigueur intervenue, conformément aux règles de droit commun, le lendemain de sa publication au *Journal officiel* de la République française du 17 nov. 2005 ;

(annulation du décret du 16 nov. 2005 portant approbation du Code de déontologie en tant qu'il ne prévoit pas de mesures transitoires relatives aux mandats de commissaires aux comptes en cours à la date de son entrée en vigueur).

OBSERVATIONS

L'arrêt Société KPMG *contribue, au titre de la sécurité juridique, à la détermination du régime de l'application des actes administratifs dans le temps à venir, comme l'avait fait l'arrêt* Journal l'Aurore* *pour le temps passé.*

1 À la suite des scandales financiers provoqués par les insuffisances du contrôle des comptes de grandes entreprises, notamment aux États-Unis (affaire *Enron*), les États ont voulu renforcer la législation en la matière. En France la loi de sécurité financière du 1er août 2003, qui notamment crée l'Autorité des marchés financiers par fusion de la Commission des opérations de bourse et du Conseil des marchés financiers (v. CE 3 déc. 1999, *Didier**), a réformé la profession de commissaire aux comptes par de nouvelles règles introduites dans le Code de commerce (art. L. 822-1 et s.) ; leur principe essentiel est la séparation des fonctions d'« audit » et de conseil. Après une longue préparation, un décret du 16 nov. 2005 a approuvé le Code de déontologie de la profession.

De grands cabinets mondiaux installés en France l'ont attaqué devant le Conseil d'État. Ils ont invoqué deux sortes de moyens.

Les uns étaient tirés de la violation du droit communautaire : atteinte à la libre concurrence, à la liberté d'établissement et à la liberté de prestation de service, formulées par le traité instituant la Communauté européenne ; méconnaissance d'une directive. Le Conseil d'État les a rejetés après une analyse qui se situe dans la ligne de sa jurisprudence sur les rapports entre droit communautaire et droit national (*cf.* nos obs. sous CE 30 oct. 2009, *Mme Perreux**). Ce passage de l'arrêt n'est pas reproduit ci-dessus.

Les autres moyens étaient tirés de la violation du droit national. A été d'abord rejeté celui qui, quant à la légalité externe, contestait la fixation par le Premier ministre de la liste des conseils et autres prestations de service qu'il est interdit à un commissaire aux comptes de fournir à l'organisme qui l'a chargé de certifier ses comptes, la loi ayant permis cette définition. Quant à la légalité interne, de manière générale ont été examinés les moyens tirés de l'imprécision qui affecterait certains articles du Code de déontologie ; s'ils sont rejetés, l'arrêt admet la possibilité d'invoquer « *la violation de l'objectif de valeur constitutionnelle d'accessibilité et d'intelligibilité de la norme* », reconnu par le Conseil constitutionnel dans sa décision *n° 99-421 DC du 16 déc. 1999*, relative à la codification (Rec. 136 ; AJ 2000.31, note Schoettl ; D. 2000.VII, note Mathieu ; DA avr. 2002, p. 6, note Moysan ; RFDC 2000.120, note Ribes ; RTD civ. 2000.186, note Molfessis) : le moyen est donc « *opérant* », mais il ne prospère pas en l'espèce. Plusieurs articles du Code de déontologie sont ensuite passés en revue : l'analyse précise de chacun d'eux illustre le degré de contrôle du juge, s'agissant notamment de l'adéquation des mesures prises à leur objet (*cf.* nos obs. sous CE 4 avr. 1914, *Gomel**).

L'apport essentiel de l'arrêt se situe dans sa fin, consacrée aux « moyens relatifs à l'entrée en vigueur immédiate du décret » : le Conseil d'État considère, à propos « de l'application du Code de déontologie aux situations contractuelles en cours », qu'« il incombe à l'autorité investie du pouvoir réglementaire, d'édicter pour des motifs de sécurité juridique, les mesures transitoires qu'implique, s'il y a lieu, une réglementation nouvelle ».

Ainsi est reconnue la sécurité juridique comme un élément de la légalité (I) ; elle impose le cas échéant l'adoption de mesures transitoires (II).

2 **I.** — Si importante que soit la reconnaissance de la sécurité juridique par le présent arrêt, elle ne constitue pas une innovation totale : elle avait des précédents (A) ; l'apport de l'arrêt tient à sa formulation expresse (B).

A. — La sécurité juridique sous-tendait déjà nombre de solutions du droit administratif, particulièrement au sujet des actes administratifs.

Il est constant que ces derniers ne peuvent être opposés à leurs destinataires avant d'avoir fait l'objet d'une publicité appropriée permettant de leur faire connaître la mesure qui les vise. La reconnaissance du principe de non-rétroactivité par l'arrêt du 25 juin 1948, *Société du journal « L'Aurore »** était une application du principe de sécurité juridique. L'arrêt *KPMG* la prolonge en « *considérant qu'une disposition législative ou réglementaire nouvelle ne peut s'appliquer à des situations contractuelles en cours à sa date d'entrée en vigueur, sans revêtir par là même un caractère rétroactif* ». Le régime de l'abrogation et du retrait des actes administratifs (v. nos obs. sous CE 26 oct. 2001, *Ternon**), en en limitant la possibilité en cas de droits acquis, assure à la fois la stabilité des situations juridiques et la sécurité juridique de leurs bénéficiaires.

Mais aucune de ces solutions n'était fondée sur le principe de sécurité juridique exprimé en tant que tel.

Il l'était depuis longtemps en droit communautaire. La Cour de justice des Communautés européennes l'a reconnu dès un arrêt du 6 févr. 1962, *Bosch* (aff. 13/61, Rec. 89, concl. Lagrange), comme principe général du droit communautaire. Il a même été reconnu par la Cour européenne des droits de l'Homme comme « nécessairement inhérent au droit de la Convention européenne comme au droit communautaire » (13 juin 1979, *Marckx c. Belgique*, § 58, série A, n° 31 ; AFDI 317, note Pelloux ; JDI 1982.183, obs. Rolland ; GACEDH n° 51).

Lorsqu'il était invoqué comme principe du droit communautaire, le Conseil d'État n'en admettait l'applicabilité qu'en tant que le litige relevait du champ d'application du droit communautaire, non dans les autres cas (par ex. CE 3 déc. 2001, *Syndicat national de l'industrie pharmaceutique*, Rec. 624 ; v. n° 91.7).

Néanmoins, dans ses rapports annuels, il avait dès 1991 (EDCE 1991, n° 43, p. 15) traité « *de la sécurité juridique* », et en 2006 (EDCE 2006, n° 57, p. 227), quelques jours avant l'arrêt *KPMG*, souligné que « *la sécurité juridique constitue l'un des fondements de l'État de droit* ». La doctrine réclamait aussi la reconnaissance d'un véritable principe de sécurité juridique. Progressivement l'accueil de celui-ci mûrissait. Le pas a été franchi avec l'arrêt *KPMG*.

3 ***B.*** — Ce dernier considère expressément que « *les exigences et interdictions qui résultent du code apporteraient... des perturbations qui... sont contraires au principe de sécurité juridique* ». Même insérée en fin de phrase, la formule est sans équivoque.

Elle est renforcée par la rédaction de l'arrêt (Sect.) du 27 oct. 2006, *Société Techna et autres* (Rec. 451 ; RFDA 2007.265, concl. Séners, 601, note Roblot-Troizier ; AJ 2006.2385, chr. Landais et Lenica ; D. 2007.621, note Cassia ; JCP 2006.I.201, 59, obs. Plessix, et II.10208, obs. Damarey ; JCP Adm. 2007.2001, note F. Melleray ; LPA 1-2 janv. 2007, note Chaltiel ; Procédures déc. 2006, p. 21, obs. Deygas), qui parle du « *principe de sécurité juridique, reconnu tant en droit interne que par l'ordre juridique communautaire* ».

On peut observer qu'aucun des deux arrêts ne dit expressément « *principe général du droit* », alors que l'expression est employée dans d'autres arrêts (par ex. CE 26 oct. 1945, *Aramu*, Rec. 213 ; v. n° 50.2 ; 17 févr. 1950, *Ministre de l'agriculture c. Dame Lamotte**). Il n'est pas douteux pourtant qu'on se trouve en présence d'un principe général du droit, qui s'impose même sans texte à toute autorité administrative. Sa reconnaissance montre que la veine des principes généraux du droit qui paraissait s'épuiser après la vague des « *grands* » principes reconnus dans les années 50 et 60 et ne s'appliquer désormais qu'à des principes propres à certaines matières, n'est pas tarie et contient encore des principes d'une grande généralité.

En revanche, l'arrêt *KPMG* ne reconnaît pas en droit interne le principe de confiance légitime. Celui-ci a été reconnu par la Cour de justice des Communautés européennes, certes comme distinct du principe de sécurité juridique (par ex. 5 juin 1973, *Commission c. Conseil*, Rec. 575 ; 4 juill. 1973, *Westzucker*, aff. 1/73, Rec. 723 ; 25 janv. 1979, *Racke*, aff. 98/78, Rec. 69), mais aussi comme son corollaire (CJUE 20 déc. 2017, *Global Starnet*, aff. C-322/16).

La sécurité juridique a un caractère objectif, la confiance légitime un caractère subjectif : elle tient à la croyance que les intéressés peuvent avoir dans l'existence et le maintien d'un certain état du droit. Les deux notions peuvent se recouper mais ne se confondent pas.

4 Lorsqu'une mesure relève du champ d'application du droit de l'Union européenne, le principe de confiance légitime doit être respecté autant que le principe de sécurité juridique (en ce sens par ex. CE 3 déc. 2001, *Syndicat national de l'industrie pharmaceutique*, préc.) ; si les intéressés ont été suffisamment prudents et avisés pour prévoir l'adoption d'une mesure, leur confiance légitime ne se trouve pas surprise (par ex. CE, Ass., 11 juill. 2001, *Fédération nationale des syndicats d'exploitants agricoles*, Rec. 340 ; RFDA 2002.33, concl. Séners, note Dubouis ; 8 avr. 2021, *Société Bouygues Télécom*, n° 442120) ; dans l'hypothèse inverse, ils peuvent légitimement se plaindre.

Hors du champ d'application du droit de l'Union européenne, le moyen tiré de la violation du principe de confiance légitime ne peut être invoqué : il est inopérant (CE, Ass., 5 mars 1999, *Rouquette*, Rec. 37 ; v. n° 97.3). Le Conseil d'État (9 mai 2001, *Entreprise personnelle de transport Freymuth*, Rec. 865) l'a particulièrement jugé contrairement au Tribunal administratif de Strasbourg (8 déc. 1994, AJ 1995.555, concl. Pommier ; JCP 1995.II.22474, concl. ; RFDA 1995.963, art. Heers).

L'arrêt *KPMG* ne fait que reprendre des formules antérieures en « *considérant que le principe de confiance légitime, qui fait partie des principes généraux du droit communautaire, ne trouve à s'appliquer dans l'ordre juridique national que dans le cas où la situation juridique dont a à connaître le juge administratif français est régie par le droit communautaire* » – ce qui n'était pas le cas en l'espèce. Il rejoint la position du Conseil constitutionnel, selon lequel « *aucune norme de valeur constitutionnelle ne garantit un principe dit de confiance légitime* » (CC *n° 97-391 DC, 7 nov. 1997*, Rec. 232 ; AJ 1997.969, note Schoettl ; LPA 4 mars 1998, note Mathieu ; RA 1997.634, note Meindl ; RFDC 1998.157, note L. Philip). Mais en matière fiscale, le Conseil d'État a admis, en liaison avec l'article 1er du protocole additionnel à la Convention européenne de sauvegarde des droits de l'Homme sur le droit à la protection des biens, qu'un contribuable pouvait se prévaloir de « l'espérance légitime » créée par un système de crédit d'impôt, qu'a trahie le législateur en le supprimant rétroactivement (CE plén. fisc. 9 mai 2012, *Ministre du budget, des comptes publics et de la fonction publique c. Société EPI*, Rec. 200, concl. Boucher ; AJ 2012.1392, chr. Domino et Bretonneau – dans le même sens 25 oct. 2017, *Ministre de l'action et des comptes publics c. Société Vivendi*, Rec. 324, concl. Crépey ; RJF 2018.7, note Iljic).

Si le Conseil constitutionnel n'a pas voulu reconnaître encore expressément au principe de sécurité juridique une valeur constitutionnelle, il n'en considère pas moins, se fondant sur l'article 16 de la Déclaration de 1789, que le législateur « *ne saurait... priver de garanties légales des exigences constitutionnelles, ni porter atteinte aux situations légalement acquises ni remettre en cause les effets qui peuvent légitimement être attendus de telles situations* » (CC *n° 2013-682 DC, 19 déc. 2013*, Rec. 1094 ; AJ 2014.649, trib. B. Delaunay ; CCC 2014.130, note Roblot-Troizier) – ce qui n'est pas loin de la confiance légitime et de la sécurité juridique.

II. — La pleine reconnaissance du principe de sécurité juridique par le Conseil d'État le conduit à exiger dans certains cas l'adoption de *mesures transitoires*.

5 Pour comprendre les exigences qu'il formule à ce sujet, il faut rappeler les règles de l'entrée en vigueur des dispositions nouvelles (A) ; ce n'est que dans certaines hypothèses qu'une transition doit être assurée (B).

A. — En principe, toute disposition législative ou réglementaire entre en vigueur immédiatement. Selon l'article 1er du Code civil, dans la rédaction que lui a donnée l'ordonnance du 20 févr. 2004 relative aux modalités et effets de la publication des lois et de certains actes administratifs et à laquelle renvoie l'article L. 221-2 du Code des relations entre le public et l'administration, « *Les lois et, lorsqu'ils sont publiés au Journal officiel de la République française, les actes administratifs entrent en vigueur à la date qu'ils fixent ou, à défaut, le lendemain de leur publication* » (est réservé le cas d'urgence, pour lequel le gouvernement peut ordonner, par une disposition spéciale, l'entrée en vigueur immédiate – ce qu'il a fait pour beaucoup de règlements adoptés à l'occasion de la crise sanitaire provoquée par le coronavirus).

Ce principe se combine avec celui selon lequel nul n'a droit au maintien d'un règlement ; un règlement peut être modifié ou abrogé à toute époque (*cf.* art L 243-1, CRPA), même s'il avait prévu son application pendant un certain temps (CE 25 juin 1954, *Syndicat national de la meunerie à seigle*, Rec. 379 ; v. n° 96.9). Le Conseil d'État l'a encore rappelé dans l'arrêt (Sect.) du 13 déc. 2006, *Mme Lacroix* (Rec. 541, concl. Guyomar ; RFDA 2007.6, concl. et 275, note Éveillard ; AJ 2007.358, chr. Lenica et Boucher ; D. 2007.72, note Bui-Xuan ; RD publ. 2007.590, comm. Guettier ; RTD civ. 2007.72, note Deumier) à propos d'un décret aménageant un nouveau régime des cotisations dues par les commissaires aux comptes.

6 La portée du principe de l'entrée en vigueur immédiate doit cependant être relativisée en fonction de deux considérations.

Tout d'abord, comme le prévoit l'article 1er du Code civil « l'entrée en vigueur (d'un acte)… dont l'exécution nécessite des mesures d'application est reportée à la date d'entrée en vigueur de ces mesures » (dans le même sens art L. 221-2, CRPA). Cela peut valoir pour une disposition législative (par ex. CE 13 juill. 1962, *Kevers-Pascalis*, Rec. 475 ; D. 1963.607, note J.-M. Auby ; Sect., 9 juin 1978, *Époux Jaros*, Rec. 238 ; Gaz. Pal. 22-23 févr. 1979, concl. Genevois, note Flauss), comme pour une disposition réglementaire (CE, Ass., 27 nov. 1964, *Ministre des finances et des affaires économiques c. Dame Vve Renard*, Rec. 590, concl. Galmot ; RD publ. 1965.716, concl. ; AJ 1964.678, chr. Puybasset et Puissochet ; D. 1965.632, note J.-M. Auby). L'autorité chargée de prendre les mesures nécessaires à la mise en œuvre du texte nouveau commet une illégalité et une faute en tardant trop à les adopter. Mais tant que ces mesures n'ont pas été adoptées, le texte nouveau n'est pas applicable.

En second lieu, les dispositions nouvelles ne peuvent s'appliquer « aux situations régulièrement constituées sous l'empire des anciennes règles », comme le relève l'arrêt *Mme Lacroix*. Par exemple, une nouvelle réglementation d'urbanisme ne peut s'appliquer à des immeubles qui ont pu être construits ou dont la construction a été autorisée en application de la réglementation antérieure (CE, Sect., 28 janv. 1955, *Consorts Robert et Bernard*, Rec. 54, concl. F. Grévisse).

La question concerne particulièrement les contrats légalement conclus en vertu d'une législation ou d'une réglementation, dont l'exécution se poursuit pendant une certaine durée. En principe les nouvelles dispositions ne leur sont pas applicables. C'est ce que rappelle expressément l'arrêt *KPMG* : « *une disposition législative ou réglementaire nouvelle ne peut s'appliquer à des situations contractuelles en cours à sa date d'entrée en vigueur, sans revêtir par là même un caractère rétroactif* », et, s'il s'agit d'une disposition réglementaire, sans être illégale (v. nos obs. sous CE 25 juin 1948 *Société du journal l'Aurore**). La Cour de cassation refuse aussi l'application de mesures nouvelles aux contrats en cours (Cass., ch. mixte, 22 sept. 2006, Bull. mixte n° 7, p. 21 ; D. 2006.2391, obs. Robardet ; RTD civ. 2006.779, note Crocq).

7 L'arrêt *KPMG* réserve cependant deux exceptions.

La première tient aux « *règles générales applicables aux contrats administratifs* ». Il est fait ici référence à la mutabilité des contrats administratifs, (v. CE 11 mars 1910, *Compagnie générale française des tramways**) : l'intérêt du service public pour la réalisation duquel ils sont conclus justifie leur modification, sauf compensation de la charge nouvelle qui en résulte pour le cocontractant.

La seconde exception tient à « une disposition législative » qui « seule… peut, pour des raisons d'ordre public, fût-ce implicitement, autoriser l'application de la norme nouvelle à de telles situations » contractuelles (dans le même sens Civ. 1re 8 nov. 2017, *Société Suez c. France*, D. 2018.497, note Mars). Mais « le législateur ne saurait porter aux contrats légalement conclus une atteinte qui ne soit justifiée par un motif d'intérêt général suffisant sans méconnaître les exigences résultant des articles 4 et 16 de la Déclaration de 1789 » : la justification peut se rencontrer (CC *n° 2017-685 QPC 12 janv. 2018*, D. 2018.1299, note Bros, à propos de l'attribution aux emprunteurs de la faculté de résilier leurs contrats d'assurance – dans le même sens, CC 28 déc. 2020, *n° 2020-813 DC*).

Les considérations de la mutabilité des contrats administratifs et de l'impératif d'ordre public peuvent se combiner (CE, Ass., 8 avr. 2009, *Compagnie générale des eaux, Commune d'Olivet*, Rec. 116, concl. Geffray ; RFDA 2009.449, concl. ; AJ 2009.1090, chr. Liéber et Botteghi et 1747, étude Nicinski ; DA 2009, n° 85, note F. Melleray ; JCP Adm. 2009.2147, note Linditch, n° 2157, note Bonnet ; RJEP oct. 2009.16, note Plessix).

La notion d'ordre public couvre des nécessités impérieuses, notamment dans le domaine économique et social. Le cas de la réglementation des prix est sans doute le plus exemplaire : il a toujours été admis que les mesures de blocage des prix s'appliquent aux contrats en cours (CE 17 juill. 1950, *Dilly*, Rec. 443 ; 21 mai 1969, *Entreprise Marc Varnier*, Rec. 261), sauf disposition législative contraire. L'application immédiate des lois d'ordre public (et des réglements pris sur leur fondement) peut être reconnue sans qu'elles l'aient expressément décidée. Pour les « *dispositions de la loi du 1er août 2003 de sécurité financière relatives à la déontologie et à l'indépendance des commissaires aux comptes, dont la mise en œuvre est assurée par le Code de déontologie* », l'arrêt *KPMG* admet qu'« *en raison des impératifs d'ordre public sur lesquelles elles reposent* », elles « *ont vocation à s'appliquer aux membres de la profession ainsi réglementée et organisée sans que leur effet se trouve reporté à l'expiration du mandat dont les intéressés ont été contractuellement investis* ».

Mais, il peut y avoir matière à prendre des mesures transitoires.

8 *B.* — C'est ce qu'affirme l'arrêt *KPMG* : « *il incombe à l'autorité investie du pouvoir réglementaire d'édicter, pour des motifs de sécurité juridique, des mesures transitoires qu'implique, s'il y a lieu, une réglementation nouvelle ; il en va ainsi en particulier lorsque les règles nouvelles sont susceptibles de porter une atteinte excessive à des situations contractuelles en cours qui ont été légalement nouées* ».

Pour les commissaires aux comptes, qui avaient pu légalement, sous l'empire des dispositions antérieures, être chargés par des entreprises de missions dont le nouveau Code de déontologie interdit désormais le cumul, le Conseil d'État relève qu'« *à défaut de toute disposition transitoire dans le décret attaqué, les exigences et interdictions qui résultent du code apporteraient, dans les relations contractuelles légalement instituées avant son intervention, des perturbations qui, du fait de leur caractère excessif au regard de l'objectif poursuivi, sont contraires au principe de sécurité juridique* ».

L'arrêt *KPMG* conduit à faire une balance entre l'objectif poursuivi et les perturbations résultant des règles nouvelles ; c'est le caractère excessif de ces perturbations qui rend nécessaires des mesures transitoires.

Il restait à tirer les conséquences de l'absence de dispositions transitoires dans le décret approuvant le nouveau Code de déontologie. La difficulté tenait à ce qu'en lui-même, il ne comportait aucune disposition illégale ; son illégalité apparaissait seulement par et pour manque de mesures transitoires. Il ne pouvait être annulé pour le tout en raison de cette absence. La solution est son annulation partielle « *en tant qu'il ne comporte pas de mesures transitoires* ». Elle est semblable à celle de l'annulation d'un décret de classement d'un site en tant qu'il n'incluait pas certaines parcelles (CE, Ass., 16 déc. 2005, *Groupement forestier des ventes de Nonant*, Rec. 583 ; v. n° 26.3). Le gouvernement n'a pas tardé à réagir, puisque, un mois après l'arrêt *KPMG*, le 24 avr. 2006, a été adopté un décret laissant aux commissaires aux comptes un délai expirant le 1er juill. 2006 pour se mettre en conformité avec les dispositions du nouveau Code de déontologie.

9 L'exigence de mesures transitoires a été reprise par l'article L 221-5 du Code des relations entre le public et l'administration : « *L'autorité administrative investie du pouvoir réglementaire est tenue, dans la limite de ses compétences, d'édicter des mesures transitoires... lorsque l'application immédiate d'une nouvelle réglementation est impossible ou qu'elle entraîne, au regard de l'objet et des effets de ses dispositions, une atteinte excessive aux intérêts publics ou privés en cause* ».

Cette exigence n'est ni limitée au cas de mesures nouvelles affectant des situations contractuelles ni imposée dans tous les cas. Dans l'affaire *Mme Lacroix*, la nouvelle règle relative au non-paiement des cotisations dues par les commissaires aux comptes, « *qui laissait aux intéressés un temps suffisant pour s'acquitter de leurs obligations,... n'appelait pas sur ce point de dispositions transitoires destinées à en différer ou à en aménager l'application* ». En revanche, de telles dispositions ont été reconnues nécessaires pour la réforme substantielle d'un concours, demandant un travail long et spécifique de préparation (CE 25 juin 2007, *Syndicat CFDT du ministère des affaires étrangères*, Rec. 277 ; AJ 2007.1823, concl. de Silva ; CFP oct. 2007.39, note Guyomar), pour les obligations nouvelles imposées aux maîtres d'ouvrage et donneurs d'ordre recourant à des travailleurs détachés (CE 8 juill. 2016, *Fédération des promoteurs immobiliers*, Rec. 618). Le cas échéant, la suspension d'une mesure peut être ordonnée en référé en tant qu'elle ne comporte pas de disposition transitoire (CE 13 juin 2016, *Société Menarini France*, Rec. 622). Bien plus, un décret imposant des travaux d'amélioration de l'efficacité énergétique a été annulé dans sa totalité comme méconnaissant le principe de sécurité juridique, « son économie générale et son séquençage temporel » imposant des délais impossibles à observer (CE 18 juin 2018, *Conseil du commerce de France*, Rec. 531).

10 L'exigence de mesures transitoires avait été satisfaite par le décret du 1er août 2003 qui était en cause dans l'arrêt *Société Techna* du 27 oct. 2006, précité. Ce décret réglementait, conformément à une directive du 28 janv. 2002, l'information sur les composants des produits alimentaires pour animaux devant figurer sur les emballages de ces produits : il reportait l'entrée en vigueur des nouvelles dispositions et permettait jusqu'à épuisement des stocks la commercialisation des produits étiquetés selon les règles précédemment applicables ; il fixait le terme au 6 nov. 2003, correspondant à la date à laquelle le dispositif adopté par la directive devait être appliqué.

Or ce décret avait été attaqué devant le Conseil d'État ; le juge des référés, par une ordonnance du 29 oct. 2003 (Rec. 422), en avait ordonné la suspension en raison à la fois de l'urgence et du doute sérieux qui pouvait naître sur sa légalité compte tenu de la question préjudicielle posée à la Cour de justice des Communautés européennes par la High Court of Justice au sujet de la validité de la directive pour la transposition de laquelle le décret avait été pris.

Après que la Cour de justice eut jugé le 6 déc. 2005 (aff. C-453/03, C-11/04, C-12/04, C-194/04, *Abna Ltd et autres*, Rec. I. 10423) que, pour l'essentiel, la directive était conforme au traité instituant la Communauté européenne, l'examen du recours au fond contre le décret du 1er août 2003 a pu reprendre ; par l'arrêt du 27 oct. 2006, le Conseil d'État (Sect.), considérant que le décret était légal, a rejeté le recours au fond. Dès lors, le décret dont la suspension avait été décidée devait trouver application « dès le prononcé de cette décision juridictionnelle ». Mais la période transitoire qu'il avait fixée était expirée depuis près de trois ans. L'effet strict de l'arrêt de rejet aurait entraîné l'application immédiate du décret dont la suspension, ayant eu pour conséquence d'empêcher l'application du décret, empêchait par là même le jeu de la période transitoire qu'il aménageait ; et l'administration n'était pas en mesure de faire adopter un décret comportant de nouvelles dispositions transitoires.

L'arrêt *Techna* trouve la solution en ces termes : « *en l'espèce, doivent être conciliés, d'une part, l'objectif de sécurité sanitaire que poursuivent les nouvelles dispositions et l'obligation de pourvoir à la transposition d'une directive communautaire et, d'autre part, le principe de sécurité juridique, reconnu tant en droit interne que par l'ordre juridique communautaire, qui implique au cas présent que les entreprises qui assurent la production et la commercialisation des produits en cause puissent bénéficier, en ce qui concerne les règles d'étiquetage de ces produits, d'une période transitoire, d'ailleurs prévue par le décret du 1er août 2003, leur permettant de s'adapter aux prescriptions nouvelles* ». Est donc reportée au 1er févr. 2007 la date d'effet de l'arrêt, et celui-ci, comme le décret, doit être publié au Journal officiel (ce qui a été fait le 19 nov. 2006) : les intéressés ont disposé ainsi d'un délai de près de trois mois après l'arrêt, soit une durée analogue à celle qui avait été fixée par le décret du 1er août 2003.

Mais, en même temps, est dépassé le délai à l'expiration duquel devait être appliquée la directive que transposait le décret, ce qui normalement n'est pas possible (CE 2 nov. 2014, *Fédération autonome des sapeurs-pompiers professionnels*, Rec. 502 ; AJ 2015.463, note Éveillard). Ce dépassement est le résultat des mécanismes qui, dans l'intérêt du contrôle de légalité, avaient conduit à saisir la Cour de justice pour apprécier la légalité de la directive et conséquemment à suspendre l'application du décret la transposant en attendant qu'elle ait statué.

L'arrêt *Techna* se situe à la jonction à la fois du droit interne et du droit communautaire, de la jurisprudence *AC !* et de la jurisprudence *KPMG* : il module dans le temps les effets d'un arrêt de rejet, comme l'arrêt *AC !* avait modulé les effets d'un arrêt d'annulation ; il met en œuvre le principe de sécurité juridique en aménageant lui-même une période transitoire avant l'application d'un décret précédemment suspendu, comme l'arrêt *KPMG* avait exigé l'aménagement d'une période transitoire lors de l'adoption d'un décret.

On peut rattacher à l'exigence de mesures transitoires la suspension en référé de la fixation trop rapprochée de la date d'entrée en vigueur des dispositions relatives au calcul du salaire journalier pour l'assurance chômage, compte tenu des incertitudes pesant sur le marché du travail (v. nos obs. sous les arrêts *Commune de Venelles**, *Saez**) les dispositions en cause (CE ord. 22 juin 2021, *Confédération française de l'encadrement, Confédération générale des cadres et autres*, AJ 2021.1307).

11 **III.** — La portée du principe juridique de sécurité juridique ne se limite pas à l'exigence de mesures transitoires, à laquelle il a servi de fondement dans l'arrêt *KPMG*. Il peut servir pour d'autres solutions.

Il a ainsi conduit à annuler un arrêté ministériel abrogeant des dispositions sur des tarifs d'électricité trois jours avant leur entrée en vigueur alors que les fournisseurs avaient pu déjà pleinement anticiper les effets de leur mise en œuvre (CE 15 juin 2016, *Association nationale des opérateurs détaillants en énergie (ANODE)*, Rec. 254 ; JCP Adm. 2017.2158, note Boda).

Il a aussi permis au Conseil d'État (Ass.), dans l'arrêt du 13 juill. 2016, *Czabaj* (Rec. 340, concl. Henrard ; RFDA 2016.927, concl. ; AJ

2016.1629, chr. L. Dutheillet de Lamothe et Odinet ; AJ 2016.1769, trib. Julien-Laferrière ; DA 2016, comm. 63, Éveillard ; JCP Adm. 2016.2238, note Pauliat ; JCP 2016.1396, note Souvignet), de déterminer *le délai raisonnable* dans lequel doit être intenté un recours contre une décision qui n'a pas fait l'objet de la publicité nécessaire ouvrant le délai de recours mais dont l'intéressé a néanmoins eu connaissance : « *le principe de sécurité juridique, qui implique que ne puissent être remises en cause sans condition de délai des situations consolidées par l'effet du temps, fait obstacle à ce que puisse être contestée indéfiniment une décision administrative individuelle qui a été notifiée à son destinataire, ou dont il est établi, à défaut d'une telle notification, que celui-ci a eu connaissance* » ; en une telle hypothèse, si ne peuvent être opposés les délais de recours fixés par les textes, « le destinataire de la décision ne peut exercer de recours juridictionnel au-delà d'un délai raisonnable », qui, «en règle générale et sauf circonstances particulières ... ne saurait... excéder un an... ».

Les circonstances particulières attachées à un décret autorisant à perdre la nationalité française ont pu conduire à fixer le délai à trois ans (CE 29 nov. 2019, deux arrêts, *Boumrar* et *Mme Megueddem*, Rec. 399 et 400 ; AJ 2020.406, concl. Odinet).

Le respect d'un délai raisonnable s'impose autant pour une mesure implicite que pour une décision expresse (CE 18 mars 2019, *Jounda Nguegoh*, Rec. 67), pour les décisions « d'espèce » (CE 25 sept. 2020, *SCI La Chaumière et Mme Gaiddon*, Rec. 321 ; BJCL 2020.727, concl. Ciavaldini ; JCP Adm. 2020.2319, note Pauliat ; DA 2021, comm. 2, Éveillard), et autant pour l'exception d'illégalité que pour le recours en annulation (CE 27 févr. 2019, *Law-Tong*, Rec. 41).

Mais il ne s'impose que dans le contentieux de l'annulation et celui de la réformation, non dans celui de la responsabilité car « *la prise en compte de la sécurité juridique, qui implique que ne puissent être remises en cause indéfiniment des situations consolidées par l'effet du temps, est alors assurée par les règles de prescription* » des créances sur les personnes publiques (CE 17 juin 2019, *Centre hospitalier de Vichy*, Rec. 214 ; DA oct. 2019 comm. 46, Éveillard ; JCP Adm. 2020.2004, note Braud), qui, selon la loi du 31 décembre 1968, sont normalement de quatre ans.

12 « L'impératif de sécurité juridique » conduit aussi à n'appliquer une nouvelle règle jurisprudentielle qu'après la lecture de l'arrêt qui l'établit (CE 4 avr. 2014, *Département de Tarn-et-Garonne**) ; il se combine avec le droit au recours lorsqu'est défini par le juge un nouveau régime de forclusion pour en écarter l'application aux requêtes présentées selon le régime antérieur (CE, Sect., 13 mars 2020, *Société Hasbro European Trading BV*, Rec. 95, concl. Ciavaldini).

Se rattache aussi à la recherche de la sécurité la possibilité de régulariser un acte initial. Le législateur a particulièrement développé cette solution en matière d'urbanisme pour permettre la régularisation de permis de construire initialement illégaux. Il en est résulté un contentieux compliqué (CE, Sect., 15 févr. 2019, *Commune de Congolin*, Rec.26, concl. L. Dutheillet de Lamothe ; RFDA 2019.543, concl. ; AJ 2019.752, chr. Malverti et Beaufils ; – CE Sect., avis, 2 oct. 2020, *Société SCI du Petit bois*, Rec. 326, concl. Fuchs ; RFDA 2021.139, concl. ; AJ 2020.2016, chr. Malverti et Beaufils, et, du même jour, *Barrieu*, Rec. 337). Le Conseil d'État aura peut-être l'occasion de rendre un arrêt de principe sur la régularisation en général, qui, pour assurer la sécurité juridique, devra le faire en des termes permettant de répondre aux exigences constitutionnelles d'accessibilité et d'intelligibilité.

Le principe de sécurité juridique apparaît ainsi comme une matrice pour l'adoption de solutions nouvelles.

103

DIRECTIVES COMMUNAUTAIRES TRANSPOSITION CONTRÔLE DE CONSTITUTIONNALITÉ

Conseil d'État Ass., 8 février 2007, *Société Arcelor Atlantique et Lorraine et autres*

(Rec. 55, concl. Guyomar ; RFDA 2007.384, concl. ; RTD eur. 2007.378, concl., note Cassia ; AJ 2007.577, chr. Lenica et Boucher ; DA mai 2007, étude Gautier et F. Melleray ; Europe mars 2007, p. 5, comm. D. Simon ; JCP 2007.II.10049, note Cassia ; JCP Adm. 2007.2081, note G. Drago ; LPA 28 févr. 2007, comm. Chaltiel ; RTD civ. 2007.80, comm. Encinas de Munagorri ; RMCUE 2007.335, comm. Chaltiel ; JCP Adm. 2007.I.166. § 2 et RJEP 2007.298, obs. Plessix ; RFDA 2007.564, 578, 601 et 789, notes Levade, Magnon, Roblot-Troizier Canedo-Paris ; LPA 8 juill. 2007, note Chrestia ; RTD civ. 2007.299, comm. Rémy-Corlay ; D. 2007.2272, note Verpeaux ; D. 2007.2742, comm. Deumier ; RD publ. 2007.1031, note Roux ; RRJ 2008.255, note Michéa ; Mélanges Gicquel, p. 454, comm. Schrameck ; Mélanges Genevois, p. 473, comm. Glaser ; GDDIPub., n° 40)

Sur le cadre juridique du litige :

Cons. qu'afin de favoriser la réduction des émissions de gaz à effet de serre, la directive 2003/87/CE du Parlement européen et du Conseil du 13 oct. 2003 a établi un système d'échange de quotas d'émission de gaz à effet de serre dans la Communauté européenne ; que l'annexe I de la directive fixe la liste des activités auxquelles elle s'applique ; qu'aux termes de son article 4 : « Les États membres veillent à ce que, à partir du 1er janv. 2005, aucune installation ne se livre à une activité visée à l'annexe I entraînant des émissions spécifiées en relation avec cette activité, à moins que son exploitant ne détienne une autorisation [...] » ; qu'aux termes de son article 6, l'autorisation d'émettre des gaz à effet de serre emporte notamment : « e) L'obligation de restituer, dans les quatre mois qui suivent la fin de chaque année civile, des quotas correspondant aux émissions totales de l'installation au cours de l'année civile écoulée [...] » ; que l'article 9 de la directive prévoit que, pour la période de trois ans qui débute le 1er janv. 2005, puis pour les périodes de cinq ans suivantes, chaque État membre doit élaborer un plan national d'allocation de quotas précisant la quantité totale de quotas qu'il a l'intention d'allouer pour la période considérée ; qu'aux termes de son article 10 : « Pour la période de trois ans qui débute le 1er janv. 2005, les États membres allocationnent au moins 95 % des quotas à titre gratuit. Pour la période de cinq ans qui débute le 1er janv. 2008, les États membres allocationnent au moins 90 % des quotas à titre gratuit » ; qu'en vertu de son article 11, il appartient à chaque État membre, sur la base de son plan national d'allocation des quotas, de décider, pour chaque période, de la quantité totale de quotas qu'il allouera et de l'attribution de ces quotas à l'exploitant de chaque installation, une partie de la quantité totale de quotas étant délivrée chaque année ; que son article 12 pose le principe selon lequel les quotas peuvent être transférés d'une personne à l'autre dans la Communauté ;

Cons. que l'ordonnance du 15 avr. 2004 portant création d'un système d'échange de quotas d'émission de gaz à effet de serre a procédé à la transposition en droit interne de celles des dispositions de la directive du 13 oct. 2003 qui relèvent du domaine de la loi ; qu'elle a, à cette fin, introduit au chapitre IX du titre II du livre II du Code de l'environnement une section 2, intitulée « Quotas d'émission de gaz à effet de serre », comprenant les articles L. 229-5 à L. 229-19, dont les modalités d'application sont renvoyées à un décret en Conseil d'État ; qu'a été pris, sur ce fondement, le décret n° 2004-832 du 19 août 2004, modifié par le décret n° 2005-189 du 25 févr. 2005 ; que, par ailleurs, le plan national d'affectation des quotas d'émission de gaz à effet de serre pour la période 2005-2007 a été approuvé par le décret n° 2005-190 du 25 févr. 2005 ;

Cons. que la société Arcelor Atlantique et Lorraine et les autres requérants ont demandé le 12 juill. 2005 au président de la République, au Premier ministre, au ministre de l'Écologie et du Développement durable et au ministre délégué à l'Industrie, à titre principal, l'abrogation de l'article 1er du décret n° 2004-832 du 19 août 2004 en tant qu'il rend applicable ce décret aux installations du secteur sidérurgique et, à titre subsidiaire, celle des I et II de l'article 4 et de l'article 5 de ce décret ; que la présente requête tend à l'annulation des décisions implicites de rejet qui leur ont été opposées et à ce qu'il soit enjoint aux autorités compétentes de procéder aux abrogations en cause ;

Cons. que l'autorité compétente, saisie d'une demande tendant à l'abrogation d'un règlement illégal, est tenue d'y déférer, soit que ce règlement ait été illégal dès la date de sa signature, soit que l'illégalité résulte de circonstances de droit ou de fait postérieures à cette date ;

Sur les conclusions dirigées contre le refus d'abroger l'article 1er du décret :

Cons. qu'aux termes de l'article 1er du décret du 19 août 2004 : « Le présent décret s'applique aux installations classées pour la protection de l'environnement produisant ou transformant des métaux ferreux, produisant de l'énergie, des produits minéraux, du papier ou de la pâte à papier et répondant aux critères fixés dans l'annexe au présent décret, au titre de leurs rejets de dioxyde de carbone dans l'atmosphère, à l'exception des installations ou parties d'installations utilisées pour la recherche, le développement et l'expérimentation de nouveaux produits et procédés » ; qu'aux termes du point II-A de l'annexe au décret, sont visées au titre des activités de production et de transformation des métaux ferreux, les « installations de grillage ou de frittage de minerai métallique, y compris de minerai sulfuré » et les « installations pour la production de fonte ou d'acier (fusion primaire ou secondaire), y compris les équipements pour coulée continue d'une capacité de plus de 2,5 tonnes par heure » ;

Cons. que la soumission des activités de production et de transformation des métaux ferreux au système d'échange de quotas d'émission de gaz à effet de serre est prévue par l'annexe I de la directive du 13 oct. 2003, dont l'annexe au décret du 19 août 2004 se borne à reprendre, à l'identique, le contenu ; qu'ainsi qu'il a été dit, la directive exclut la possibilité, pour un État membre, de soustraire des activités visées à l'annexe I au champ d'application du système ;

Cons., en premier lieu, que le pouvoir réglementaire ne pouvait donc, en l'espèce, se livrer à aucune appréciation quant au champ d'application du décret ; que, dès lors, le moyen tiré de ce que celui-ci serait entaché d'erreur manifeste d'appréciation ne peut qu'être écarté ;

Cons., en deuxième lieu, qu'est invoqué le moyen tiré de ce que l'article 1er du décret méconnaîtrait le principe de sécurité juridique en tant que principe général du droit communautaire ; que, toutefois, la circonstance que les entreprises du secteur sidérurgique ne pourraient prévoir à quel prix elles devront, le cas échéant, acheter des quotas ne saurait caractériser une méconnaissance de ce principe ;

Cons., en troisième lieu, que les sociétés requérantes soutiennent que l'article 1er du décret méconnaîtrait plusieurs principes à valeur constitutionnelle ;

Cons. que si, aux termes de l'article 55 de la Constitution, « les traités ou accords régulièrement ratifiés ou approuvés ont, dès leur publication, une autorité supérieure à celle des lois, sous réserve, pour chaque accord ou traité, de son application par l'autre partie », la suprématie ainsi conférée aux engagements internationaux ne saurait s'imposer, dans l'ordre interne, aux principes et dispositions à valeur constitutionnelle ; *qu'eu égard aux dispositions de l'article 88-1 de la Constitution, selon lesquelles « la République participe aux Communautés européennes et à l'Union européenne, constituées d'États qui ont choisi librement, en vertu des traités qui les ont instituées, d'exercer en commun certaines de leurs compétences », dont découle une obligation constitutionnelle de transposition des directives, le contrôle de constitutionnalité des actes réglementaires assurant directement cette transposition est appelé à s'exercer selon des modalités particulières dans le cas où sont transposées des dispositions précises et inconditionnelles ; qu'alors, si le contrôle des règles de compétence et de procédure ne se trouve pas affecté, il appartient au juge administratif, saisi d'un moyen tiré de la méconnaissance d'une disposition ou d'un principe de valeur constitutionnelle, de rechercher s'il existe une règle ou un principe général du droit communautaire qui, eu égard à sa nature et à sa portée, tel qu'il est interprété en l'état actuel de la jurisprudence du juge communautaire, garantit par son application l'effectivité du respect de la disposition ou du principe constitutionnel invoqué ; que, dans l'affirmative, il y a lieu pour le juge administratif, afin de s'assurer de la constitutionnalité du décret, de rechercher si la directive que ce décret transpose est conforme à cette règle ou à ce principe général du droit communautaire ; qu'il lui revient, en l'absence de difficulté sérieuse, d'écarter le moyen invoqué, ou, dans le cas contraire, de saisir la Cour de justice des Communautés européennes d'une question préjudicielle*, dans les conditions prévues par l'article 234 du traité instituant la Communauté européenne ; *qu'en revanche, s'il n'existe pas de règle ou de principe général du droit communautaire garantissant l'effectivité du respect de la disposition ou du principe constitutionnel invoqué, il revient au juge administratif d'examiner directement la constitutionnalité des dispositions réglementaires contestées ;*

Cons. que les sociétés requérantes soutiennent que seraient méconnus le droit de propriété et la liberté d'entreprendre, dès lors que l'inclusion des entreprises du secteur sidérurgique dans le système les placerait dans une situation où elles seraient contraintes d'acquérir des quotas d'émission de gaz à effet de serre ; qu'en effet, le taux de réduction des émissions de gaz à effet de serre qui leur est imposé serait supérieur aux possibilités de réduction effective des émissions de gaz à effet de serre dont elles disposent en l'état des contraintes techniques et économiques ;

Cons. que le droit de propriété et la liberté d'entreprendre constituent des principes généraux du droit communautaire ; qu'ils ont, au regard du moyen invoqué, une portée garantissant l'effectivité du respect des principes et dispositions de valeur constitutionnelle dont la méconnaissance est alléguée ; qu'il y a lieu, dès lors, pour le Conseil d'État, de rechercher si la directive du 13 oct. 2003, en tant qu'elle inclut dans son champ d'application les entreprises du secteur sidérurgique, ne contrevient pas elle-même à ces principes généraux du droit communautaire ;

Cons. que la seule circonstance que les entreprises du secteur sidérurgique soient incluses dans le système d'échange de quotas d'émission de gaz à effet de serre ne saurait être regardée comme portant atteinte aux principes généraux du droit communautaire qui garantissent le droit de propriété et la liberté d'entreprendre, dès lors qu'une telle atteinte ne pourrait résulter, le cas échéant, que du niveau de réduction des émissions de gaz à effet de serre assigné à ce secteur dans le cadre du plan national d'allocation des quotas prévu par l'article 8 de la directive et approuvé par un décret distinct du décret contesté ;

Cons. que les sociétés requérantes mettent en cause également la méconnaissance du principe à valeur constitutionnelle d'égalité ;

Cons. qu'elles font valoir, tout d'abord, que les entreprises du secteur sidérurgique se trouveraient placées dans une situation différente de celles des autres entreprises soumises au système d'échange de quotas d'émission de gaz à effet de serre et ne pourraient, dès lors, faire l'objet du même traitement ; que, cependant, le principe constitutionnel d'égalité n'implique pas que des personnes se trouvant dans des situations différentes doivent être soumises à des régimes différents ; qu'il suit de là que le moyen ne saurait être utilement invoqué ;

Cons., toutefois, que les sociétés requérantes soutiennent en outre que l'article 1er du décret attaqué méconnaît le principe d'égalité au motif que les entreprises relevant de secteurs concurrents, notamment du plastique et de l'aluminium, et émettant des quantités équivalentes de gaz à effet de serre, ne sont pas assujetties au système d'échange de quotas ;

Cons. que le principe d'égalité, dont l'application revêt à cet égard valeur constitutionnelle, constitue un principe général du droit communautaire ; qu'il ressort de l'état actuel de la jurisprudence de la Cour de justice des Communautés européennes que la méconnaissance de ce principe peut notamment résulter de ce que des situations comparables sont traitées de manière différente, à moins qu'une telle différence de traitement soit objectivement justifiée ; que la portée du principe général du droit communautaire garantit, au regard du moyen invoqué, l'effectivité du respect du principe constitutionnel en cause ; qu'il y a lieu, dès lors, pour le Conseil d'État, de rechercher si la directive du 13 oct. 2003, en tant qu'elle inclut dans son champ d'application les entreprises du secteur sidérurgique, ne contrevient pas à cet égard au principe général du droit communautaire qui s'impose à elle ;

Cons. qu'il ressort des pièces du dossier que les industries du plastique et de l'aluminium émettent des gaz à effet de serre identiques à ceux dont la directive du 13 oct. 2003 a entendu limiter l'émission ; que ces industries produisent des matériaux qui sont partiellement substituables à ceux produits par l'industrie sidérurgique et se trouvent donc placées en situation de concurrence avec celle-ci ; qu'elles ne sont cependant pas couvertes, en tant que telles, par le système d'échange de quotas de gaz à effet de serre, et ne lui sont indirectement soumises qu'en tant qu'elles comportent des installations de combustion d'une puissance calorifique supérieure à 20 mégawatts ; *que si la décision de ne pas inclure immédiatement, en tant que telles, les industries du plastique et de l'aluminium dans le système a été prise en considération de leur part relative dans les émissions totales de gaz à effet de serre et de la nécessité d'assurer la mise en place progressive d'un dispositif d'ensemble, la question de savoir si la différence de traitement instituée par la directive est objectivement justifiée soulève une difficulté sérieuse* ; que, par suite, il y a lieu pour le Conseil d'État de surseoir à statuer sur les conclusions de la requête dirigées contre le refus d'abroger l'article 1er du décret contesté jusqu'à ce que la Cour de justice des Communautés européennes se soit prononcée sur la question préjudicielle de la validité de la directive du 13 oct. 2003 au regard du principe d'égalité en tant qu'elle rend applicable le système d'échange de quotas d'émission de gaz à effet de serre aux installations du secteur sidérurgique, sans y inclure les industries de l'aluminium et du plastique ;

Sur les conclusions dirigées contre le refus d'abroger les I et II de l'article 4 et l'article 5 du décret :

Cons. qu'il résulte du sursis à statuer sur les conclusions principales des sociétés requérantes prononcé par la présente décision qu'il y a lieu pour le Conseil d'État, dans l'attente de la réponse de la Cour de justice des Communautés européennes à la question préjudicielle qui lui est posée, de différer son examen des conclusions de la requête dirigées contre le refus d'abroger les I et II de l'article 4 et l'article 5 du décret du 19 août 2004 ;

Décide :

(sursis à statuer jusqu'à ce que la Cour de justice des Communautés européennes se soit prononcée sur la question de la validité de la directive du 13 oct. 2003 au regard du principe d'égalité en tant qu'elle rend applicable le système d'échange de quotas d'émission de gaz à effet de serre aux installations du secteur sidérurgique sans y inclure les industries de l'aluminium et du plastique).

OBSERVATIONS

L'arrêt Arcelor *est au confluent de la jurisprudence* Nicolo* *sur la supériorité des conventions internationales et de la jurisprudence* Sarran* *sur la supériorité de la Constitution.*

1 L'arrêt *Sarran** du 30 oct. 1998 a affirmé la suprématie de la Constitution dans l'ordre juridique interne. Sans abandonner cette prise de position, le Conseil d'État, avec l'arrêt d'Assemblée, *Société Arcelor Atlantique et Lorraine*, rendu conformément aux conclusions du commissaire du gouvernement Guyomar, adapte les modalités de sa mise en œuvre au contrôle qu'il exerce sur les actes réglementaires de transposition d'une directive communautaire.

Était contestée la légalité d'un décret pris pour assurer la transposition de la directive 2003/87/CE du 13 oct. 2003 établissant un système d'échange de quotas d'émission de gaz à effet de serre. Pour parvenir à une réduction des émissions, la directive fait obligation aux États membres de veiller à ce que, à partir du 1er janv. 2005, aucune installation ne se livre à une des activités visées à son annexe I sans que l'exploitant détienne une autorisation. Les émissions de gaz à effet de serre sont contingentées sur la base d'un plan national pluriannuel soumis à la Commission européenne et font l'objet d'une répartition entre les exploitants sous forme de quotas. Un quota équivaut à l'équivalent d'une tonne de dioxyde de carbone. À la fin de chaque année, l'exploitant déclare le volume réel émis et restitue une quantité de quotas correspondant à ce volume. Il est tenu au versement d'une amende par quota manquant sauf à acquérir sur le marché ledit quota.

Une ordonnance du 15 avr. 2004 ratifiée par une loi du 9 déc. 2004 a transposé les dispositions de la directive relevant de la matière législative. Elle a été suivie par un décret du 19 août 2004 qui reprend dans son annexe, l'annexe I de la directive. Figurent au nombre des activités qui ne peuvent plus entraîner d'émission de gaz à effet de serre sans autorisation, la production et la transformation des métaux ferreux et notamment la production de fonte et d'acier.

Après avoir demandé en vain l'abrogation de ce décret sur le fondement de la jurisprudence *Alitalia**, la société Arcelor Atlantique et Lorraine, important producteur d'acier, a saisi le Conseil d'État en invoquant la méconnaissance par le pouvoir réglementaire de plusieurs principes constitutionnels et en particulier du principe d'égalité. Était critiqué le fait pour le texte de ne pas inclure dans son champ d'application les industries du plastique et de l'aluminium. La société a parallèlement formé un recours contre la directive devant le Tribunal de première instance des Communautés européennes en s'efforçant de démontrer qu'elle l'affecte individuellement et directement – ce qui conditionne la recevabilité de son action – et en se prévalant de la méconnaissance des principes généraux de l'ordre juridique communautaire. Ainsi que l'a souligné le commissaire du gouvernement, le litige soumis au Conseil d'État posait la question de savoir s'il lui appartient de « contrôler la constitutionnalité des actes réglementaires de transposition d'une directive ».

Dans la ligne de la jurisprudence *Sarran** une réponse affirmative était la plus naturelle. La transposition d'une directive dans le droit d'un État membre est régie par les règles propres à ce dernier. Si un décret est contraire à un principe constitutionnel, il encourt normalement la censure du juge de la légalité. Mais ce n'est pas cette solution, du moins dans sa généralité, que retient l'arrêt commenté.

Le commissaire du gouvernement a convaincu le Conseil d'État de reprendre à son compte une jurisprudence du Conseil constitutionnel qui déduit de l'article 88-1 de la Constitution une obligation constitutionnelle de transposition des directives, elle-même assortie de réserves.

À partir de ces prémisses ont été définies des modalités de contrôle de la mesure nationale de transposition des directives respectueuses tant de cette exigence constitutionnelle que de l'ordre juridique communautaire. Une telle approche, concrétisée dans un considérant de principe, n'épuise cependant pas toutes les questions que soulève l'arrêt.

I. — Des références constitutionnelles renouvelées

2 Sur le plan constitutionnel, la construction européenne a pendant longtemps été exclusivement régie par les dispositions de la Constitution applicables à l'ensemble des traités.

L'introduction dans l'ordre juridique national du traité de Paris créant la Communauté européenne du charbon et de l'acier (CECA) puis du traité de Rome instituant la Communauté économique européenne (CEE) a été rendue possible, selon la doctrine des formations administratives du Conseil d'État, par les dispositions du 15e alinéa du Préambule de la Constitution de 1946 aux termes desquelles « sous réserve de réciprocité, la France consent aux limitations de souveraineté nécessaires à l'organisation et à la défense de la paix ». Une fois ces traités introduits dans l'ordre interne, leur autorité est supérieure à celle des lois suivant les termes, sous la IVe République de l'article 28 de la Constitution et, sous la Ve République, de l'article 55.

La loi constitutionnelle du 25 juin 1992, rendue nécessaire par l'introduction en droit interne du traité de Maastricht sur l'Union européenne, a inséré dans le texte de la Constitution des dispositions propres à la construction européenne sous la forme d'un titre XV intitulé « Des communautés européennes et de l'Union européenne ». Les dispositions incluses dans ce titre visaient essentiellement à lever les obstacles d'ordre constitutionnel à la ratification du traité de Maastricht mis en évidence par le Conseil constitutionnel dans sa décision *n° 92-308 DC du 9 avr. 1992* (Rec. 55 ; GDCC, 12e éd., 2003, p. 778). Mais, à la suite d'un amendement parlementaire, elles comportent aussi un article 88-1 aux termes duquel « la République participe aux Communautés européennes et à l'Union européenne, constitués d'États qui ont choisi librement, en vertu des traités qui les ont institués, d'exercer en commun certaines de leurs compétences ».

Considéré pendant longtemps comme un simple article introductif destiné, suivant l'un de ses rédacteurs, le député A. Lamassoure, à éviter que l'Europe ne fasse son entrée dans la Constitution « par la petite porte », l'article 88-1 a servi de fondement à une jurisprudence du Conseil constitutionnel qui constitue le fil directeur de la jurisprudence *Arcelor.*

A. — L'apport de la jurisprudence du Conseil constitutionnel

3 De la jurisprudence du Conseil constitutionnel, marquée principalement par trois décisions, la décision *n° 2004-496 DC du 10 juin 2004* concernant la loi sur l'économie numérique (Rec. 101 ; v. n° 93.7), la décision *n° 2004-505 DC du 19 nov. 2004* relative au traité établissant une Constitution pour l'Europe (Rec. 173 ; GDCC, n° 27) et par la décision *n° 2006-540 DC du 27 juill. 2006* rendue à propos de la loi sur le droit d'auteur (Rec. 88 ; LPA, 14, 15 et 16 août 2006, note Schoettl ; RFDC 2006, n° 68, p. 837, note Chaltiel ; Europe oct. 2006, obs. D. Simon ; D. 2006.2157, note Castets-Renard ; D. 2006.2878, note Magnon ; DA 2006, n° 155, note Cassia et Saulnier-Cassia ; LPA 22 août 2006, note Mathieu ; RTD civ. 2006.791, note Revet ; LPA 4 déc. 2006, note L. Janicot ; JCP 2007.II.10066, note Verpeaux ; RTD civ. 2007.80, note Encinas de Munagorri ; RFDC 2007.100, note Charpy), trois enseignements peuvent être tirés.

1. — L'article 88-1 de la Constitution n'est pas une simple disposition d'introduction du titre XV. Il emporte à tout le moins deux conséquences.

a) Suivant les termes de la décision *n° 496 DC* : « *La transposition en droit interne d'une directive communautaire résulte d'une exigence constitutionnelle* ». Selon la même décision il ne pourrait y être fait obstacle, « qu'en raison d'une disposition expresse contraire de la Constitution ; qu'en l'absence d'une telle disposition, il n'appartient qu'au juge communautaire, saisi le cas échéant à titre préjudiciel, de contrôler le respect par une directive communautaire tant des compétences définies par les traités que des droits fondamentaux garantis par l'article 6 du traité sur l'Union européenne ».

Rappelons que selon l'article 6, paragraphe 2, du traité sur l'Union européenne, celle-ci « respecte les droits fondamentaux, tels qu'ils sont garantis par la Convention européenne de sauvegarde des droits de l'Homme et des libertés fondamentales..., et tels qu'ils résultent des traditions constitutionnelles communes aux États membres, en tant que principes généraux du droit communautaire ». La substance de ce texte a été reprise au paragraphe 3 de l'art. 6, dans sa rédaction issue du traité de Lisbonne.

La décision *n° 496 DC* déduit de l'exigence de transposition qu'il n'appartient pas en principe au Conseil constitutionnel de se prononcer sur les griefs d'inconstitutionnalité argués à l'encontre de dispositions législatives qui « se bornent à tirer les conséquences nécessaires des dispositions inconditionnelles et précises d'une directive ».

b) De son côté, la décision *n° 505 DC* énonce que par l'article 88-1 « le constituant a consacré l'existence d'un ordre juridique communautaire intégré à l'ordre juridique interne et distinct de l'ordre juridique international ».

2. — Le juge constitutionnel ne tire pas cependant des conséquences à caractère général et absolu tant de l'exigence constitutionnelle de transposition des directives que de l'existence de l'ordre juridique communautaire.

a) S'agissant de l'ordre juridique communautaire, le Conseil constitutionnel a, dans sa décision *n° 505 DC*, limité la portée de l'article I-6 du traité établissant une Constitution pour l'Europe, aux termes duquel ladite Constitution et le droit adopté par les institutions de l'Union, dans l'exercice des compétences qui sont attribuées à celle-ci « priment le droit des États membres ». Pour ce faire, il a jugé que l'article I-6 trouvait une limite dans les dispositions de l'article I-5 en vertu desquelles l'Union respecte l'égalité des États membres devant la Constitution ainsi que « *leur identité nationale*, inhérente à leurs structures fondamentales, politiques et constitutionnelles ».

b) L'exigence constitutionnelle de transposition des directives trouve elle aussi une limite en cas « de disposition expresse contraire de la Constitution » française, suivant la terminologie de la décision *n° 496 DC*, à laquelle la décision *n° 540 DC* du 27 juill. 2006 a substitué une autre formule : la transposition d'une directive ne saurait aller à l'encontre d'une règle ou d'un principe « *inhérent à l'identité constitutionnelle de la France* sauf à ce que le constituant y ait consenti ».

Selon les commentateurs autorisés, la réserve de constitutionnalité doit s'entendre comme visant une disposition spécifique à l'ordre juridique français n'ayant pas son équivalent dans les droits fondamentaux garantis par le droit communautaire originaire (traités instituant l'Union européenne et les Communautés européennes) et opposables au droit communautaire dérivé (règlements, directives).

3. — Après avoir conféré un ancrage constitutionnel à la transposition des directives, le Conseil constitutionnel s'est estimé à même, depuis sa décision *n° 540 DC du 27 juill. 2006*, de censurer une disposition de loi transposant une directive communautaire contraire à cette dernière sous la réserve qui vient d'être indiquée de l'absence d'atteinte à une règle ou à un principe « inhérent à l'identité constitutionnelle de la France ». En outre, compte tenu de la difficulté d'ordre pratique pour le juge constitutionnel de saisir d'un renvoi préjudiciel la Cour de justice, la même décision relève qu'il ne saurait déclarer non conforme à l'article 88-1 qu'une disposition législative « *manifestement incompatible* avec la directive qu'elle a pour objet de transposer ».

4. — La jurisprudence constitutionnelle relative à la transposition des directives a été ultérieurement reprise au cas d'un règlement européen, pourtant d'application directe, mais qui nécessite d'adapter la législation nationale (*n° 2018-765 DC, 12 juin 2018* ; AJ 2019.1.191).

B. — La prise en compte de cet apport par le Conseil d'État

4 *1.* — Pour recommander à l'assemblée du contentieux d'adopter la lecture faite par le Conseil constitutionnel de l'article 88-1 de la Constitution, le commissaire du gouvernement a invoqué plus spécialement deux séries d'arguments.

a) Un premier argument a été tiré de ce que la déclaration d'inconstitutionnalité, pour des motifs touchant à une norme substantielle, d'une disposition législative nationale qui assure la pure et simple transcription d'une directive aurait conduit le Conseil constitutionnel à se prononcer « indirectement » sur la constitutionnalité de cette directive. Ce faisant, et alors que les normes de référence peuvent être en substance les mêmes quant aux droits et libertés en cause, le contrôle, bien qu'indirect, méconnaîtrait la communauté de valeurs qui cimente l'Union européenne.

b) M. Guyomar n'a pas manqué non plus de souligner que la solution adoptée par le Conseil constitutionnel était en harmonie avec un courant de jurisprudence dégagé par plusieurs juridictions d'États membres de l'Union européenne et en particulier les juges constitutionnels allemands et italiens.

La Cour constitutionnelle allemande a admis qu'aussi longtemps que la jurisprudence de la Cour de justice permettrait l'exercice d'un contrôle du respect des droits fondamentaux à l'échelon communautaire, il n'y aurait pas lieu pour elle de rechercher si un acte de droit dérivé méconnaît les droits garantis par la Constitution allemande (7 juin 2000, RTD eur. 2001.1, note Grewe). Toutefois, ainsi qu'elle l'a ultérieurement précisé, si une directive laisse aux États membres une marge d'appréciation, un contrôle sur la mesure nationale de transposition est possible (Cour const. ord. 4 oct. 2011, 1 BVL 3/08).

La Cour constitutionnelle italienne reconnaît la suprématie du droit communautaire sous la seule réserve de la sauvegarde des « principes suprêmes » de l'ordre juridique italien hissés par elle à un niveau supraconstitutionnel (*cf.* arrêt nº 232 du 13 avr. 1989, *Société Fragd*, RUDH 1989.258). Cette dernière décision offre également l'intérêt de mettre en évidence qu'il n'y a pas nécessairement coïncidence entre les principes fondamentaux d'un ordre juridique national et les principes généraux de l'ordre juridique communautaire.

2. — Tout en invitant le Conseil d'État à suivre le Conseil constitutionnel « pour juger que découle des dispositions... de l'article 88-1 de la Constitution une obligation constitutionnelle de transposition des directives » et à s'inspirer « des modalités de son contrôle », M. Guyomar n'en a pas moins relevé que la spécificité de la position institutionnelle du Conseil d'État imposait que des adaptations soient apportées.

Pour l'essentiel, il s'agit « à la faveur de l'examen des moyens d'inconstitutionnalité » invoqués à l'encontre de la mesure nationale de transposition, de procéder « au transport du bloc de constitutionnalité français vers l'ordre juridique communautaire ». Cette « opération de translation » doit conduire à ce que le contrôle de constitutionnalité exercé par le Conseil d'État sur l'acte réglementaire de transposition « s'effectue, pour partie, sous le timbre du droit communautaire ».

II. — Les modalités de contrôle de l'acte réglementaire de transposition

Dans la ligne de l'approche recommandée par le commissaire du gouvernement, l'arrêt commenté décrit dans un considérant de principe les modalités du contrôle de l'acte réglementaire de transposition d'une directive en faisant le départ entre les responsabilités exercées en propre par le juge administratif et la part de contrôle qu'il réserve au juge communautaire.

A. — L'office du juge administratif

5 Trois composantes du contrôle relèvent exclusivement du juge administratif français.

1. — Il s'agit tout d'abord du contrôle portant sur la *légalité externe* de l'acte de transposition. À cet égard, l'arrêt énonce que « le contrôle des règles de compétence et de procédure ne se trouve pas affecté ».

Une telle solution est conforme à une jurisprudence bien établie selon laquelle les mesures prises par les autorités nationales pour assurer l'application des normes internationales auxquelles la France a adhéré doivent être édictées dans le respect des règles de répartition des compétences en droit interne (CE, Sect., 7 juill. 1978, *Jonquères d'Oriola*, Rec. 300 ; RD publ. 1979.546, concl. Rougevin-Baville). S'il y a obligation de transposition, elle ne crée pas pour autant de situation de compétence liée. Les autorités nationales doivent se conformer aux règles de compétence et de procédure, quand bien même pourrait-il en résulter un retard de transposition.

2. — Suivant les termes de l'arrêt : « le contrôle de constitutionnalité des actes réglementaires… est appelé à s'exercer selon des modalités particulières dans le cas où sont transposées des *dispositions précises et inconditionnelles* » d'une directive.

Il s'ensuit par un raisonnement *a contrario* que les modalités traditionnelles de contrôle subsistent toutes les fois que la directive laisse aux autorités nationales une marge d'appréciation, sous la forme d'options ouvertes ou lorsqu'il est procédé par la directive à une harmonisation minimale ménageant la possibilité de mesures nationales complémentaires.

3. — Même dans le cas où la transposition porte sur des « dispositions précises et inconditionnelles », le contrôle de constitutionnalité continuera de s'exercer selon les modalités de droit commun lorsque le principe constitutionnel dont la violation est alléguée n'a pas son équivalent dans le droit communautaire originaire.

L'arrêt est formel : « s'il n'existe pas de règle ou de principe général du droit communautaire garantissant l'effectivité du respect de la disposition ou du principe constitutionnel invoqué, il revient au juge administratif d'examiner *directement* la constitutionnalité des dispositions réglementaires contestées ».

B. — La compétence exercée de concert avec le juge communautaire

6 L'originalité de l'arrêt réside dans le recours par le Conseil d'État à un renvoi préjudiciel à la Cour de justice pour qu'elle apprécie la validité de la directive au regard du droit communautaire originaire toutes les fois que le principe constitutionnel dont la violation est invoquée a son équivalent dans l'ordre juridique communautaire. Il s'agit moins de placer le débat sur le terrain de la hiérarchie des normes entre droit d'origine interne et droit communautaire que de faire en sorte qu'un seul juge soit compétent lorsque les deux droits coïncident. D'où la démarche en deux temps décrite par l'arrêt et mise en œuvre par lui : recherche préalable d'une équivalence de contenu des droits en cause ; dans l'affirmative, définition des missions respectives du juge communautaire et du juge national.

1. — La vérification du point de savoir s'il y a identité de contenu entre la norme constitutionnelle et le droit communautaire originaire (traités institutifs y compris les principes généraux de l'ordre juridique communautaire) est décrite par l'arrêt en ces termes : « il appartient au juge administratif, saisi d'un moyen tiré de la méconnaissance d'une disposition ou d'un principe de valeur constitutionnelle, de rechercher s'il existe une règle ou un principe général du droit communautaire, qui, eu égard à sa nature et à sa portée, tel qu'il est interprété en l'état actuel de la jurisprudence du juge communautaire, garantit par son application l'effectivité du respect de la disposition ou du principe constitutionnel invoqué ».

À ce titre, l'arrêt constate que plusieurs principes constitutionnels dont la violation est alléguée, à savoir le droit de propriété, la liberté d'entreprendre et le principe d'égalité, constituent également des « principes généraux du droit communautaire » ayant la même valeur que les traités fondateurs.

2. — Une fois ce recensement effectué, l'arrêt définit les tâches incombant respectivement au juge administratif français et au juge communautaire.

« Il y a lieu pour le juge administratif, afin de s'assurer de la constitutionnalité du décret de rechercher si la directive que ce décret transpose est conforme » à la règle ou au principe général du droit communautaire.

Deux éventualités peuvent alors se présenter :

– « en l'absence de difficulté sérieuse », il revient au juge administratif « d'écarter le moyen invoqué » ; c'est ce que décide l'arrêt s'agissant respectivement des moyens tirés de la violation du droit de propriété et de la liberté d'entreprendre ;

– dans le cas contraire, c'est-à-dire si le juge administratif a un doute sérieux sur la conformité de la directive au regard des principes généraux de l'ordre communautaire, il lui incombe de saisir la Cour de justice d'une question préjudicielle.

Le renvoi à titre préjudiciel est, au demeurant, une obligation pour le juge national en raison de l'exclusivité de la compétence de la Cour de justice pour déclarer invalide un acte de droit dérivé (CJCE 22 oct. 1987, *Foto Frost*, Rec. 4099 ; GACJUE, n° 67) alors que le juge national peut écarter, de son propre chef, un grief d'invalidité non pertinent.

C'est en fonction de ces principes que le Conseil d'État a saisi, à titre préjudiciel, la Cour de Luxembourg de l'appréciation de la validité de la directive au regard du principe d'égalité. En effet, si la production d'acier est soumise à la directive, tel n'est pas le cas des industries plastiques et de l'aluminium, alors que ces industries émettent des gaz à effet de serre et produisent des matériaux qui sont partiellement substituables à ceux produits par l'industrie sidérurgique.

III. — Les prolongements de la jurisprudence

Dès l'intervention de l'arrêt *Arcelor*, il est apparu que la solution qu'il adopte à propos d'actes internes transposant des directives était applicable aux décisions cadres prévues par le traité sur l'Union européenne dans le domaine de la coopération policière et judiciaire en matière pénale.

D'autres implications ont été mises en évidence par des décisions du Conseil d'État relatives au contrôle de conventionnalité ou de constitutionnalité des mesures nationales de transposition des directives et le respect de ces dernières.

On verra enfin que l'institution de la question prioritaire de constitutionnalité (v. nos obs. sous l'arrêt *Sarran**) ne devrait pas conduire à une remise en cause de la solution dégagée par l'arrêt commenté.

A. — L'extension de la jurisprudence Arcelor au contrôle de conventionnalité

7 Le mode de raisonnement qui sous-tend la jurisprudence *Arcelor* a été étendu, moins d'un an après, au contrôle de conventionnalité de la loi lorsque ce dernier interfère avec le contrôle du droit communautaire dérivé par rapport au droit originaire (CE, Sect., 10 avr. 2008, *Conseil national des barreaux*, Rec. 129, concl. Guyomar ; RFDA 2008.575, concl., 608, comm. Roblot-Troizier, 711, note Labayle et Mehdi ; AJ 2008.1085, chr. Boucher et Bourgeois-Machureau ; JCP 2008.II.10125, note Tinière ; DA 2008, n° 83, comm. M. Gautier ; D. 2008.2322, note Cutajar ; RTD civ. 2008.444, comm. Deumier ; RJEP juill. 2008, p. 19 et RGDIP 2008.695, note Azoulai).

À l'occasion d'un pourvoi dirigé contre des mesures réglementaires de transposition d'une directive, était contestée au regard de la Convention européenne des droits de l'Homme, aussi bien la directive que la loi de transposition. Il s'agit de la directive 2001/97/CE du 4 déc. 2001, dite « deuxième directive antiblanchiment » qui a imposé aux États membres de mettre en place un dispositif de lutte contre le blanchiment de capitaux comportant pour certains professionnels une double obligation : celle de déclarer spontanément à l'autorité chargée de la lutte contre le blanchiment les faits pouvant être l'indice d'une telle opération (déclaration de soupçons) et celle de répondre aux demandes d'information formulées par cette autorité.

Une application sans nuance de ces dispositions à la profession d'avocat était susceptible de porter atteinte au secret professionnel protégé aussi bien par le Code pénal que par la Convention européenne des droits de l'Homme. Peuvent être invoqués de ce chef, son article 8 relatif au respect de la vie privée pour ce qui est des activités de conseil de l'avocat, et son article 6 sur le droit à un procès équitable, en ce qui concerne le rôle de représentation en justice de l'avocat.

Le Conseil d'État a accepté d'exercer son contrôle sur chacun de ces points.

Sur le premier, il a déduit de l'article 6 § 2 du traité sur l'Union européenne, selon lequel l'Union respecte les droits fondamentaux garantis par la Convention européenne des droits de l'Homme, en tant que principes généraux du droit communautaire, qu'il lui appartient de rechercher si la directive est compatible avec les droits fondamentaux ainsi garantis. Dans l'exercice de ce contrôle, « *il lui revient, en l'absence de difficulté sérieuse, d'écarter le moyen invoqué, ou, dans le cas contraire, de saisir la Cour de justice des Communautés européennes d'une question préjudicielle* ».

Sur le second point (contrariété de la loi de transposition à la Convention), « il appartient au juge administratif, de s'assurer d'abord que la loi procède à une exacte transposition des dispositions de la directive » et, si tel en est le cas, « le moyen tiré de la méconnaissance de ce droit fondamental par la loi de transposition ne peut être apprécié que selon la procédure de contrôle de la directive elle-même ».

Ainsi, comme dans l'affaire *Arcelor*, le contrôle associe étroitement le juge national et la Cour de justice.

Le Conseil d'État a pu cependant faire l'économie d'un renvoi préjudiciel en se référant à l'interprétation de la directive, compatible avec les droits fondamentaux garantis par la Convention européenne des droits de l'Homme, donnée par la Cour de justice des Communautés européennes par un arrêt du 26 juin 2007 (*Ordre des barreaux francophones et germanophones*, aff. 305/05, Rec. I.5305) rendu sur renvoi de la Cour constitutionnelle belge.

Même si elle a cru pouvoir faire grief au Conseil d'État de n'avoir pas procédé à un renvoi préjudiciel à la Cour de justice, la Cour européenne des droits de l'Homme, devant laquelle avaient été critiquées des mesures d'application de la directive, prises par le Conseil national des barreaux, a estimé que l'obligation de déclaration de soupçons ne portait pas une atteinte disproportionnée au secret professionnel des avocats (CEDH 6 déc. 2012, *Michaud c. France*, AJ 2013.173, comm. Burgorgue-Larsen ; Mélanges Bon, p. 225, comm. Garlicki).

B. — Les effets du contrôle

8 Les effets du contrôle ne sont pas les mêmes selon qu'il y a ou non un renvoi préjudiciel.

1. — En cas de renvoi préjudiciel à la Cour de justice la solution du litige pendant devant le juge administratif, sera fonction de la position adoptée par le juge communautaire.

a) Si ce dernier conclut à l'absence d'invalidité de l'acte de droit dérivé au regard du droit communautaire originaire, le juge administratif ne pourra qu'écarter les moyens d'inconstitutionnalité ou d'inconventionnalité ayant le même contenu que le traité.

Il en a été ainsi dans l'affaire *Arcelor*. La Cour de justice a estimé qu'eu égard au pouvoir d'appréciation du législateur communautaire, à la possibilité pour lui de procéder à une « approche par étapes », à la « complexité et à la nouveauté » du système des quotas de gaz avec effet de serre et au souci de ne pas en perturber « la faisabilité administrative » dans sa phase initiale, la directive n'était pas contraire au principe d'égalité (CJCE gr. ch. 16 déc. 2008, *Arcelor Atlantique et Lorraine*, aff. 127/07 ; RJEP 2009, n° 22, note Donnat ; Europe févr. 2009, n° 56, note D. Simon). Le Conseil d'État n'a pu que tirer les conséquences de cette analyse en rejetant le pourvoi de la société Arcelor (CE 3 juin 2009, Rec. 214 ; RFDA 2009.800, concl. Guyomar, et 1031, chr. Santulli ; Europe 2009, n° 296, note Simon ; RGDIP 2010.223, note Matringe ; AJ 2009.1710, note Lafaille).

Dans le sens de l'approche choisie par la Cour de justice, il est revenu à une nouvelle directive d'intégrer d'autres activités dans le régime de quotas d'émission de gaz à effet de serre, et en particulier les activités aériennes. Le Conseil d'État a exercé sur les actes réglementaires de transposition le même contrôle que dans l'affaire *Arcelor* (CE 6 déc.

2012, *Société Air Algérie*, Rec. 398 ; AJ 2012.2373, chr. Domino et Bretonneau ; RFDA 2013.653, note Cassia, 667, chr. Roblot-Troizier ; RTD eur. 2013.871, obs. Ritleng ; LPA 9 juill. 2013, note Lainé).

b) Si la directive est déclarée en tout ou partie invalide, l'acte réglementaire de transposition sera annulé ou déclaré illégal par la voie de l'exception pour violation du principe constitutionnel dont le contenu est identique à celui de la norme communautaire qui a été transgressée.

c) Entre ces deux hypothèses extrêmes peuvent se présenter des cas intermédiaires, d'autant plus que la jurisprudence *Arcelor* reçoit application aussi bien dans le cas où une ou plusieurs exigences constitutionnelles sont invoquées à l'encontre d'une directive par le demandeur à un pourvoi, comme c'était le cas dans l'affaire *Arcelor*, que dans celui où pareille argumentation émane du défendeur, et spécialement de l'État (CE, Ass., 21 avr. 2021, *French Data Network et autres* ; RFDA 2021.421, concl. Lallet et 576, chr. Roblot-Troizier ; AJ 2021.1194, chr. Malverti et Beaufils ; D. 2021.1247, note Roux et 1268, note Douville et Gaudin ; AJ pénal, juin 2021.309, note Archambault ; JCP 2021.1003, obs. D. Simon ; Europe, juin 2021, comm. 3, D. Simon).

Les hypothèses intermédiaires sont de trois types :

– déclaration d'invalidité de la directive par la Cour justifiée par une règle propre à l'ordre juridique communautaire ;

– déclaration d'invalidité de la directive avec un effet différé dans le temps, pour permettre par exemple aux autorités communautaires de se conformer au principe d'égalité (v. nos obs. sous l'arrêt *Association AC !**) ;

– interprétation de la directive par la Cour de justice dans un sens conforme aux normes du droit de l'Union s'imposant à elle.

Une telle interprétation prévaut en principe. Néanmoins, pour sa mise en œuvre, le Conseil d'État s'assure qu'elle n'aboutit pas à compromettre en pratique des exigences constitutionnelles. Il s'est prononcé en ce sens à la suite d'un double renvoi préjudiciel effectué par lui (CE 26 juill. 2018, *Quadrature du Net et autres*, Rec. 595 ; du même jour, *French Data Network*, AJ 2018.2027, note Bréchot) et de l'arrêt par lequel la Cour de justice a précisé la durée de conservation des données de connexion et les conditions de leur accès (CJUE 6 oct. 2020, *Association « La Quadrature du Net et autres »*, aff. C-511/18 ; AJ 2020.1880). Il a tiré les conséquences de la position adoptée par la Cour à la lumière des exigences constitutionnelles déduites des articles 12 et 16 de la Déclaration des droits de l'Homme et citoyen, à laquelle renvoie le Préambule de la Constitution ; ce sont : « la sauvegarde des intérêts fondamentaux de la Nation, la prévention des atteintes à l'ordre public, notamment celle des atteintes à la sécurité des personnes et des biens, la lutte contre le terrorisme, ainsi que la recherche des auteurs d'infractions pénales » qui constituent « des objectifs de valeur constitutionnelle, nécessaires à la sauvegarde de droits et de principes de même valeur » et qui doivent être conciliés avec l'exercice des libertés constitutionnellement garantis.

Sur ces bases, le Conseil d'État a, tout à la fois, censuré des dispositions réglementaires contraires au droit de l'Union, fait injonction au gouvernement de s'y conformer en ce qu'il est compatible avec les exigences constitutionnelles dans un délai de six mois et maintenu à titre provisoire les effets de certaines mesures (CE, Ass., 21 avr. 2021, *French Data Network*, préc.). L'approche très constructive retenue par le Conseil d'État diffère de l'attitude adoptée par la Cour constitutionnelle belge qui a fait prévaloir, sans aucun tempérament, la jurisprudence de la Cour de justice (Cour const. belge, 22 avr. 2021, *Ordre des barreaux francophones et germanophones et autres*, AJ 2021.897).

9 *2. — En l'absence de renvoi préjudiciel,* il ne devrait pas y avoir normalement de difficulté lorsque le juge administratif estime qu'aucun des moyens invoqués n'est fondé.

Si l'acte de transposition est illégal, les effets de l'arrêt d'annulation dépendront du contenu de l'acte annulé et des motifs de la censure.

a) Si l'annulation repose sur un motif de légalité externe, la transposition se trouvera différée jusqu'à l'intervention d'un texte de droit interne conforme aux règles de compétence et de procédure précédemment méconnues.

b) Si l'annulation porte sur un texte réglementaire transposant une disposition non inconditionnelle de la directive, il appartiendra à l'autorité nationale compétente de réexaminer la situation, en abandonnant, si besoin est, une option ouverte par la directive mais qui s'avère contraire au droit national.

c) Le cas le plus délicat est celui où l'annulation serait motivée par le non-respect d'une exigence constitutionnelle spécifique. Une révision constitutionnelle pourrait supprimer une telle exigence ou y déroger à moins que la France obtienne des autorités communautaires que la directive soit renégociée pour être mise en harmonie avec son droit national.

En définitive, l'arrêt commenté illustre la façon dont le Conseil d'État entend maintenir son contrôle sur les actes des autorités administratives dans le cadre d'un univers juridique multipolaire.

C. — L'incidence limitée de la question prioritaire de constitutionnalité sur la jurisprudence Arcelor

10 La priorité conférée au contrôle de constitutionnalité sur le contrôle de conventionnalité par la loi organique du 10 déc. 2009 prise pour l'application de l'art. 61-1 ajouté à la Constitution par la révision constitutionnelle du 23 juill. 2008 conduit à s'interroger sur la pérennité de la jurisprudence *Arcelor*. Elle ne semble pas devoir s'en trouver affectée.

La Cour de justice de l'Union européenne, par son arrêt du 22 juin 2010 *Melki et Abdeli* (v. n° 91.8) a, par une motivation dont l'importance a été soulignée par des commentateurs autorisés (AJ 2010.1578, chr. Aubert, Broussy et Donnat), dit pour droit que le juge saisi de la constitutionnalité d'une loi transposant une directive doit, *préalablement* au contrôle de constitutionnalité, la saisir de la question de la validité de la directive au regard du droit primaire et que, s'il s'est abstenu de le faire, il appartient en tout état de cause aux juridictions nationales dont les décisions ne sont pas susceptibles d'un recours juridictionnel de procéder à un renvoi.

À la suite d'un renvoi décidé par le Conseil d'État (CE 8 oct. 2010, *Daoudi*, Rec. 371 ; AJ 2010.2433, concl. Liéber ; RFDA 2010.1257, chr. Roblot-Troizier), le Conseil constitutionnel a jugé que le respect de l'exigence constitutionnelle de transposition des directives ne relève pas des droits et libertés que la Constitution garantit et ne saurait par suite être invoqué dans le cadre d'une question prioritaire de constitutionnalité (CC *n° 2010-79 QPC, 17 déc. 2010, M. Kamel Daoudi*, Rec. 406 ; Constitutions 2011.54, note Levade ; Europe 2011, n° 98, note Simon). Ainsi, le Conseil d'État devrait pouvoir maintenir son contrôle sur les actes des autorités administratives transposant des directives de l'Union européenne.

Le Conseil d'État, s'il refuse de renvoyer au juge constitutionnel des dispositions législatives qui se bornent à tirer les conséquences nécessaires de dispositions inconditionnelles et précises d'une directive, réserve l'hypothèse où il serait soutenu qu'elles mettent en cause une règle ou un principe inhérent à l'identité constitutionnelle de la France (CE 8 juill. 2015, *de Praingy*, Rec. 577, AJ 2015.2035, note Haguenau-Moizard ; CE 14 sept. 2015, *Société Notre-Famille.com*, Rec. 576 ; AJ 2015.2441, note Rassu).

104

CHARTE DE L'ENVIRONNEMENT VALEUR CONSTITUTIONNELLE INVOCABILITÉ

Conseil d'État Ass., 3 octobre 2008, ***Commune d'Annecy***
(Rec. 322 ; RFDA 2008.1147, concl. Aguila, 1158, note L. Janicot, 1240, comm. Roblot-Troizier ; Dr. envir. oct. 2008.19, concl. ; RJ env. 2009.85, concl., note X. Braud ; AJ 2008.2166, chr. Geffray et Liéber ; JCP 2008.I.225, § 2, chr. Plessix ; DA 2008, n° 152, note F. Melleray, JCP Adm. 2008.2279, note Billet ; JCP 2009.II.10028 (1re espèce), note Mathieu ; Europe nov. 2008, n° 55, comm. D. Simon ; LPA 2 déc. 2008, note Pissaloux ; BJDU 2008.244, note Carpentier ; RD publ. 2009.449, note Carpentier, 481, note Thibaud ; RLCT n° 40, 2008.50, comm. P. Roche ; RJ env. 2009.219, note Champeil-Desplats ; Politeia 2009, n° 15.109, note A. Rainaud ; D. 2009.1853, note Gay ; Rev. europ. dr. envir., n° 3/2009.435, note Boyer, GADE, n° 4).

Cons. que le décret du 1er août 2006, pris pour l'application de l'article L. 145-1 du Code de l'urbanisme, issu de l'article 187 de la loi du 23 févr. 2005 relative au développement des territoires ruraux, introduit de nouvelles dispositions dans la partie réglementaire du Code de l'urbanisme, relatives à la « délimitation, autour des lacs de montagne, des champs d'application respectifs des dispositions particulières à la montagne et des dispositions particulières au littoral », aux termes desquelles : « (...) Article R. 145-11. – La délimitation du champ d'application, autour des lacs de montagne de plus de mille hectares, des dispositions du présent chapitre et des dispositions particulières au littoral figurant au chapitre VI du présent titre est effectuée soit à l'initiative de l'État, soit à l'initiative concordante des communes riveraines du lac. / Article R. 145-12. – 1. – Lorsque la délimitation est effectuée à l'initiative de l'État, le préfet adresse aux communes riveraines du lac un dossier comprenant : / a) Un plan de délimitation portant sur l'ensemble du lac ; / b) Une notice exposant les raisons, tenant au relief, à la configuration des lieux, bâtis et non bâtis, à la visibilité depuis le lac, à la préservation sur ses rives des équilibres économiques et écologiques ainsi qu'à la qualité des sites et des paysages, pour lesquelles la délimitation proposée a été retenue. / L'avis des communes est réputé émis si le conseil municipal ne s'est pas prononcé dans le délai de deux mois à compter de l'envoi du projet au maire. / II. – Lorsque la délimitation est effectuée à l'initiative des communes, celles-ci adressent au préfet le dossier prévu au 1 du présent article, accompagné de la délibération de chaque conseil municipal. / Article R. 145-13. – Le dossier, accompagné des avis ou propositions des conseils municipaux, est soumis à enquête publique par le préfet dans les conditions prévues par les articles R. 123-7 à R. 123-23 du Code de l'environnement. / À l'issue de l'enquête publique, le préfet adresse au ministre chargé de l'urbanisme le dossier de délimitation ainsi que le rapport du commissaire enquêteur ou de la commission d'enquête et une copie des registres de l'enquête. / Article R. 145-14. – Le décret en Conseil d'État approuvant la délimitation est publié au Journal officiel de la République française. Il est tenu à la disposition du public à la préfecture et à la mairie de chacune des communes riveraines du lac. Il est affiché pendant un mois à la mairie de chacune de ces communes. » ;

Sans qu'il soit besoin d'examiner les autres moyens de la requête ;

Cons. que l'article 34 de la Constitution prévoit, dans la rédaction que lui a donnée la loi constitutionnelle du 1er mars 2005, que « la loi détermine les principes fondamentaux de la préservation de l'environnement » ; qu'il est spécifié à l'article 7 de la Charte de l'environnement, à laquelle le Préambule de la Constitution fait référence en vertu de la même loi constitutionnelle que « Toute personne a le droit, dans les conditions et les limites définies par la loi, d'accéder aux informations relatives à l'environnement détenues par les autorités publiques et de participer à l'élaboration des décisions publiques ayant une incidence sur l'environnement. » ; *que ces dernières dispositions, comme l'ensemble des droits et devoirs définis dans la Charte de l'environnement, et à l'instar de toutes celles qui procèdent du Préambule de la Constitution, ont valeur constitutionnelle ; qu'elles s'imposent aux pouvoirs publics et aux autorités administratives dans leurs domaines de compétence respectifs ;*

Cons. que les dispositions précitées, issues de la loi constitutionnelle du 1er mars 2005, ont réservé au législateur le soin de préciser « les conditions et les limites » dans lesquelles doit s'exercer le droit de toute personne à accéder aux informations relatives à l'environnement détenues par les autorités publiques et à participer à l'élaboration des décisions publiques ayant une incidence sur l'environnement ; qu'en conséquence, ne relèvent du pouvoir réglementaire, depuis leur entrée en vigueur, que les mesures d'application des conditions et limites fixées par le législateur ; que, toutefois, les dispositions compétemment prises dans le domaine réglementaire, tel qu'il était déterminé antérieurement, demeurent applicables postérieurement à l'entrée en vigueur de ces nouvelles normes, alors même qu'elles seraient intervenues dans un domaine désormais réservé à la loi ;

Cons. qu'il résulte de ce qui précède que, *depuis la date d'entrée en vigueur de la loi constitutionnelle du 1er mars 2005 une disposition réglementaire ne peut intervenir dans le champ d'application de l'article 7 de la Charte de l'environnement que pour l'application de dispositions législatives, notamment parmi celles qui figurent dans le Code de l'environnement et le Code de l'urbanisme, que celles-ci soient postérieures à cette date ou antérieures, sous réserve, alors, qu'elles ne soient pas incompatibles avec les exigences de la Charte ;*

Cons., d'une part, que l'article L. 110-1 du Code de l'environnement, qui se borne à énoncer des principes dont la portée a vocation à être définie dans le cadre d'autres lois, ne saurait être regardé comme déterminant les conditions et limites requises par l'article 7 de la Charte de l'environnement ;

Cons., d'autre part, qu'aux termes de l'article L. 145-1 du Code de l'urbanisme : « (...) Autour des lacs de montagne d'une superficie supérieure à 1 000 hectares, un décret en Conseil d'État délimite, après avis ou sur proposition des communes riveraines, en tenant notamment compte du relief, un secteur dans lequel les dispositions particulières au littoral figurant au chapitre VI du présent titre s'appliquent seules. Ce secteur ne peut pas réduire la bande littorale de 100 mètres définie au III de l'article L. 146-4. Dans les autres secteurs des communes riveraines du lac et situées dans les zones de montagne mentionnées au premier alinéa, les dispositions particulières à la montagne figurant au présent chapitre s'appliquent seules. » ; que ces dispositions n'avaient pas pour objet de déterminer les conditions et limites d'application des principes d'accès aux informations et de participation du public s'imposant au pouvoir réglementaire pour la délimitation des zones concernées ; qu'en l'absence de la fixation par le législateur de ces conditions et limites, le décret attaqué du 1er août 2006, dont les dispositions, qui prévoient, outre la mise en œuvre d'une enquête publique, des modalités d'information et de publicité, concourent de manière indivisible à l'établissement d'une procédure de consultation et de participation qui entre dans le champ d'application de l'article 7 de la Charte de l'environnement, a été pris par une autorité incompétente ;

Cons. qu'il résulte de tout ce qui précède que la commune d'Annecy est fondée à demander l'annulation du décret attaqué ;

(Annulation)

OBSERVATIONS

L'arrêt Commune d'Annecy, *à propos de la Charte de l'environnement, confirme la place prééminente de la Constitution, comme l'avait fait l'arrêt* Sarran*.

1 L'arrêt *Commune d'Annecy*, qui annule un décret relatif aux lacs de montagne a été l'occasion pour le Conseil d'État, peu après le Conseil constitutionnel, de faire application de la loi constitutionnelle du 1er mars 2005 relative à la Charte de l'environnement et de préciser sa jurisprudence sur la portée du Préambule de la Constitution.

Le litige tire son origine de la soumission de la commune requérante à un double régime juridique tenant à sa situation géographique. Du fait de son altitude elle entre dans le champ d'application de la loi du 9 janv. 1985 relative au développement et à la protection de la montagne (en abrégé « loi montagne »).

En raison de l'existence sur son territoire d'un lac de plus de 1 000 hectares, elle est soumise à la loi du 3 janv. 1986 relative à l'aménagement, la protection et la mise en valeur du littoral (en abrégé « loi littoral »). Les dispositions de cette dernière loi combinant les deux législations ont été modifiées par un article de la loi du 23 févr. 2005 sur le développement des territoires ruraux, aux termes duquel : « autour des lacs de montagne d'une superficie supérieure à 1 000 hectares, un décret en Conseil d'État délimite, après avis ou sur proposition des communes riveraines, en tenant notamment compte du relief, un secteur dans lequel les dispositions particulières au littoral… s'appliquent seules ».

Avant de prendre pour chaque commune concernée un décret délimitant le secteur où la « loi littoral » s'appliquera seule, le gouvernement a fixé, sur un plan général, une procédure de délimitation comportant une enquête publique par un décret du 1er août 2006. La commune d'Annecy a contesté la légalité de ce décret au regard de la loi constitutionnelle du 1er mars 2005 relative à la Charte de l'environnement. Cette dernière loi modifie dans son article 1er le Préambule de la Constitution de 1958 en ajoutant, à la suite de la Déclaration des droits de 1789 et du Préambule de la Constitution de 1946, un nouveau texte de référence : la Charte de l'environnement de 2004. L'article 2 comporte le texte de la Charte qui se compose lui-même d'un exposé des motifs et de dix articles.

L'article 3 de la loi constitutionnelle complète l'article 34 de la Constitution en prévoyant que la loi détermine les principes fondamentaux « de la préservation de l'environnement ».

La commune a soutenu que le décret méconnaissait le principe de participation énoncé par la Charte dans son article 7. Elle a fait valoir également, dans le cours de la procédure, que le gouvernement avait empiété sur la compétence réservée au législateur tant par l'article 34 de la Constitution que par l'article 7 de la Charte.

Conformément aux conclusions du commissaire du gouvernement Aguila, le Conseil d'État a fait droit au moyen tiré de l'incompétence du pouvoir réglementaire. Son arrêt se présente comme un point d'aboutissement de la jurisprudence relative à la portée du Préambule de la Constitution (I). La solution qu'il consacre est d'autant plus importante qu'elle s'insère dans un contexte renouvelé par la loi constitutionnelle du 23 juill. 2008 (II).

I. — L'aboutissement de l'évolution de la jurisprudence sur la portée du Préambule

Aux interrogations touchant à la portée de l'article 7 de la Charte de l'environnement, le Conseil d'État a, comme l'y invitait M. Aguila son commissaire du gouvernement, apporté une réponse d'ensemble.

A. — L'interrogation sur la portée de la Charte de l'environnement

2 L'article 7 de la Charte, qui était au centre de l'argumentation de la commune, est ainsi libellé : « Toute personne a le droit, dans les conditions et les limites définies par la loi, d'accéder aux informations relatives à l'environnement détenues par les autorités publiques et de participer à l'élaboration des décisions publiques ayant une incidence sur l'environnement ».

À s'en tenir aux travaux préparatoires de la loi constitutionnelle du 1er mars 2005, la portée du texte est incertaine. L'exposé des motifs du projet de loi constitutionnelle soulignait que la Charte « édicte une norme qui s'impose à tous, pouvoirs publics, juridictions et sujets de droit ». Le rapporteur du texte devant le Sénat affirmait « l'applicabilité du nouveau droit créé ». Mais en sens inverse, le rapporteur devant l'Assemblée nationale, tirant argument du fait que le droit de participer s'exerce dans « les conditions et limites définies par la loi » en déduisait que « le droit d'accès à l'information et le droit de participation en matière d'environnement ne seront ni directement applicables, ni directement invocables devant le juge, car leur mise en œuvre passe par la loi ».

L'idée selon laquelle la médiation de la loi est essentielle à la concrétisation des principes énoncés dans la Charte avait trouvé un écho dans la jurisprudence du Conseil d'État. Selon la décision du 19 juin 2006, *Association « Eau et rivières de Bretagne »* (Rec. 703 ; BJCL 2006.775, concl. Guyomar ; AJ 2006.1584, chr. Landais et Lenica) « lorsque des dispositions législatives ont été prises pour assurer la mise en œuvre des principes énoncés aux articles 1, 2 et 6 de la Charte de l'environnement… la légalité des décisions administratives s'apprécie par rapport à ces dispositions, sous réserve, s'agissant de dispositions législatives antérieures à l'entrée en vigueur de la Charte de l'environnement, qu'elles ne soient pas incompatibles avec les exigences qui découlent de cette Charte ».

Pour sa part le Conseil constitutionnel, dans sa décision *n° 2008-564 DC du 19 juin 2008*, rendue à propos de la loi relative aux organismes génétiquement modifiés (Rec. 313 ; JCP 2008.II.10138, note Levade ; AJ 2008.1614, note O. Dord ; RA 2009.130, comm. Arlettaz ; JCP 2009.II.10028 (2e esp.), note Mathieu) a jugé que les dispositions de l'article 5 sur le principe de précaution « comme l'ensemble des droits et devoirs définis dans la Charte de l'environnement ont valeur constitutionnelle » et « s'imposent aux pouvoirs publics et autorités administratives dans leur domaine de compétence respectif ».

En dépit de sa netteté, la position ainsi adoptée n'était pas juridiquement contraignante pour le Conseil d'État. En effet, s'il n'est pas douteux qu'une décision du Conseil constitutionnel statuant sur la constitutionnalité d'un texte déterminé est dotée de l'autorité affirmée par l'article 62 de la Constitution, il n'en va pas de même de la jurisprudence de la Haute instance.

Ce n'est qu'à la faveur de la mise en œuvre de la question prioritaire de constitutionnalité que le Conseil d'État a étendu la portée de la chose jugée par le Conseil constitutionnel (CE 16 janv. 2015, *Société Métropole Télévision (M6)*, Rec. 1).

B. — La solution adoptée

3 *1.* — M. Aguila a soutenu que « tout justiciable doit pouvoir se prévaloir de la Charte devant le juge, et tout particulièrement devant le juge administratif ». Dans son esprit, c'est non seulement la valeur constitutionnelle de la Charte qui devait être consacrée mais également son invocabilité.

La reconnaissance de la valeur constitutionnelle de la Charte ne prêtait pas à controverse dès lors que le juge administratif applique « la Constitution, toute la Constitution », ainsi que le relevait M. Aguila. Aussi est-ce sur le thème de l'invocabilité par le justiciable qu'il a fait porter l'essentiel de son argumentation. Selon lui, « ni le caractère imprécis d'une disposition constitutionnelle, ni le fait qu'elle renvoie à la loi ne constituent un obstacle à son invocation contre un acte administratif ». Nuançant et précisant son analyse il a relevé cependant « *que la portée concrète d'un principe peut varier selon son degré de précision, selon son objet, ou selon la nature du contentieux* ».

En fonction de cette grille d'analyse il a abouti à la conclusion que si « un principe constitutionnel trop général peut difficilement servir de base directe à la reconnaissance d'un droit subjectif au profit d'un particulier » – et le commissaire de citer à titre d'exemple « le droit à l'emploi » ou le principe de solidarité nationale proclamés par le Préambule de la Constitution de 1946 – en revanche, ce principe « peut normalement toujours être invoqué dans le cadre d'un recours pour excès de pouvoir contre un acte réglementaire ».

2. — Sans reprendre en tout point cette analyse, la décision commentée affirme que les dispositions de l'article 7 de la Charte « comme l'ensemble des droits et devoirs définis dans la Charte de l'environnement, *et à l'instar de toutes celles qui procèdent du Préambule de la Constitution, ont valeur constitutionnelle* » et « s'imposent aux pouvoirs publics et aux autorités administratives dans leurs domaines de compétence respectifs ».

II. — Les implications de la solution

Le Conseil d'État a tiré les conséquences de la portée juridique ainsi conférée à la Charte et plus généralement au Préambule de la Constitution. Sa décision a eu d'autres prolongements avec la mise en œuvre du contrôle de constitutionnalité de la loi promulguée, institué par la révision constitutionnelle de juill. 2008.

A. — Les conséquences immédiates

4 La possibilité reconnue à la commune d'Annecy de se prévaloir de l'article 7 de la Charte devait normalement conduire le juge administratif à vérifier si le principe de participation du public avait été méconnu par le décret du 1er août 2006. Mais ce n'est pas sur ce terrain que le Conseil d'État s'est placé. Il a annulé le décret pour violation des règles de répartition des compétences entre la loi et le règlement posées par l'article 7 de la Charte.

S'inspirant sur ce point de la position adoptée par le Conseil constitutionnel dans sa décision *n° 2008-564 DC du 19 juin 2008*, il a estimé que les dispositions de l'article 7 ont réservé au législateur le soin de préciser « les conditions et les limites » dans lesquelles doit s'exercer le droit de toute personne à accéder aux informations relatives à l'environnement détenues par les autorités publiques et à participer à l'élaboration des décisions publiques ayant une incidence sur l'environnement. Il s'ensuit que, depuis l'entrée en vigueur de l'article 7, ne relèvent du pouvoir réglementaire « que les mesures d'application des conditions et limites fixées par le législateur ».

Dès lors que le décret attaqué ne se bornait pas à fixer les mesures d'application de dispositions législatives intervenues dans le champ de l'article 7 de la Charte, il empiétait illégalement sur la compétence dévolue au législateur. Il a pour ce motif été annulé.

L'arrêt prend soin de préciser que l'extension de la compétence du législateur en matière d'environnement ne produit effet que « depuis la date d'entrée en vigueur de la loi constitutionnelle du 1er mars 2005 » et qu'elle n'a pas de portée rétroactive. Il en résulte que « les dispositions compétemment prises dans le domaine réglementaire, tel qu'il était déterminé antérieurement, demeurent applicables postérieurement à l'entrée en vigueur de ces nouvelles normes, alors même qu'elles seraient intervenues dans un domaine désormais réservé à la loi ».

Ainsi que cela a été souligné à juste titre (*cf.* note É. Carpentier, RD publ. 2009.475) la solution adoptée sur ce dernier point est en harmonie avec la jurisprudence du Tribunal constitutionnel espagnol relative à l'application dans le temps de la « réserve de loi » et celle de la Cour constitutionnelle italienne.

Le Conseil constitutionnel a estimé pareillement que la méconnaissance par le législateur de sa compétence ne peut être invoquée à l'encontre d'une disposition législative antérieure à la Constitution de 1958 (CC *n° 2010-28 QPC, 17 sept. 2010*, Rec. 233).

B. — Les prolongements de la décision

5 L'arrêt *Commune d'Annecy* conduit à une valorisation de la Charte de l'environnement devant et par le juge administratif dans un contexte marqué par la mise en œuvre, depuis le 1er mars 2010, de la question prioritaire de constitutionnalité (v. nos obs. sous l'arrêt *Sarran**).

On distinguera les conditions d'intervention respectives du juge administratif et du juge constitutionnel.

6 *1°)* Nombreuses sont les hypothèses où le Conseil d'État a lui-même déterminé la portée de la Charte de l'environnement.

a) Il s'est estimé compétent pour constater l'abrogation par la loi constitutionnelle du 1er mars 2005 de dispositions législatives ou réglementaires antérieures incompatibles avec la Charte (CE 12 janv. 2009, *Association France Nature Environnement*, DA 2009, n° 75, note Fort). Il a ainsi jugé que la Charte avait eu pour effet d'abroger des dispositions législatives antérieures qui habilitaient le pouvoir réglementaire à définir les conditions et limites de l'information du public sur la dissémination des organismes génétiquement modifiés. Il a en conséquence annulé, pour incompétence, des décrets pris postérieurement à la Charte portant sur ces questions (CE 24 juill. 2009, *Comité de recherche et d'information indépendantes sur le génie génétique*, Rec. 294 ; v. n° 101.9).

Si la compétence du législateur est largement entendue s'agissant du principe de participation qui découle de l'art. 7 de la Charte, il n'en va pas de même pour la mise en œuvre du devoir de prévention affirmé par l'art. 3 de la Charte. Ainsi, a été admise la compétence réglementaire pour l'édiction de mesures de protection du patrimoine piscicole prises sur le fondement de l'institution par la loi d'une police spéciale en ce domaine (CE, Ass., 12 juill. 2013, *Fédération nationale de la pêche en France*, Rec. 192, concl. Cortot-Boucher ; RFDA 2014.97, concl., note Robbe ; même revue, 2013.1259, comm. Roblot-Troizier ; DA déc. 2013,

p. 40, note Pissaloux ; AJ 2013.1737, chr. Domino et Bretonneau ; JCP 2013.1215, note Janicot ; Envir. 2013, n° 10, p. 46, note Trouilly ; Mélanges Bon, p. 723, comm. Carpentier).

7 *b)* Dans d'autres cas, c'est sans le détour du constat de l'abrogation de dispositions antérieures contraires que la Charte de l'environnement a été prise en compte.

Le Conseil d'État considère ainsi que le principe de précaution, tel qu'il est énoncé par l'art. 5 de la Charte, n'appelle pas nécessairement de dispositions législatives ou réglementaires en précisant les modalités de mise en œuvre (CE 19 juill. 2010, *Association du quartier des Hauts de Choiseul*, Rec. 333 ; AJ 2010.2114, note Dubrulle ; BJDU n° 4/2010.282, note Trémeau ; Constitutions 2010.611, note Carpentier). Il « s'applique aux activités qui affectent l'environnement dans des conditions susceptibles de nuire à la santé des populations concernées » (CE 8 oct. 2012, *Commune de Lunel*, Rec. 862). À ce titre, il est invocable à l'encontre d'une autorisation d'urbanisme (CE 30 janv. 2012, *Société Orange France*, Rec. 2, concl. Botteghi ; DA 2012, n° 44, comm. Pissaloux ; JCP Adm. 2012.2275, note Charmeil ; RDI 2012.327, note Van Lang) d'un acte déclaratif d'utilité publique (CE, Ass., 12 avr. 2013, *Association coordination interrégionale Stop THT et autres* Rec. 60 ; v. n° 77.10) ou encore d'un décret relatif à la protection contre les risques sanitaires liés à une exposition à l'amiante (CE 26 févr. 2014, *Association Ban Asbestos France et autres*, Rec. 752-753 ; AJ 2014.1566, note Deharbe ; LPA 10 oct. 2014, note Coq).

Lorsque des dispositions législatives permettent d'assurer le respect d'un principe posé par la Charte, le juge administratif s'y réfère. S'il a rejeté un recours dirigé contre un décret autorisant la création d'un réacteur nucléaire de type EPR sur le site de Flamanville, c'est en appréciant la pertinence d'un moyen tiré de la violation de l'art. 7 de la Charte au regard des dispositions législatives mettant en œuvre le principe de participation : CE 23 avr. 2009, *Association France Nature Environnement et autres*, AJ 2009.858, obs. Y.J. ; RJEP août-sept. 2009, p. 25, concl. de Silva).

En se référant tant à la Charte qu'au droit de l'Union européenne, il s'est montré très rigoureux quant à l'application du principe de précaution. Il a ainsi annulé le refus de l'autorité administrative de prendre des mesures de précaution pour la protection de certaines variétés de plantes et lui a enjoint de les prendre (CE 7 févr. 2020, *Confédération paysanne et autres*, Rec. 25, v. n° 79.9).

8 *2°)* Le Conseil constitutionnel est à même de veiller au respect de la Charte de deux façons.

a) Dans le cadre du contrôle *a priori*, il peut apprécier la constitutionnalité d'une loi votée et non encore promulguée au regard des règles et principes constitutionnels et notamment de l'ensemble des dispositions de la Charte (CC *n° 2008-564 DC, 19 juin 2008* ; v. n° 104.2).

Au nombre de celles-ci, figure le droit à un environnement équilibré et respectueux de la santé énoncé à l'article 1er, qui a été qualifié d'« exigence constitutionnelle » (*nº 2019-794 DC, 20 déc. 2019*, AJ 2020.137, trib. Goesel-Le Bihan). Toutefois, le juge constitutionnel n'a pas été jusqu'à conférer valeur constitutionnelle au principe de non-régression de la législation dans le domaine de l'environnement, ce qui lui a permis de ne pas estimer contraire à l'article 1er le recours temporaire aux néonicotinoïdes en cas de danger sanitaire pour les betteraves sucrières (*nº 2020-809 DC*, 10 déc. 2020, AJ 2020.2467).

b) Il peut également être saisi, depuis le 1er mars 2010, sur renvoi opéré par le Conseil d'État ou la Cour de cassation, de l'appréciation de la conformité de dispositions législatives applicables à un litige, aux droits et libertés que la Constitution garantit, et en particulier de ceux énoncés par la Charte de l'environnement (CC *nº 2011-116 QPC, 8 avr. 2011*, Rec. 183 ; D. 2011.1258, note Rebeyrol ; AJ 2011.1158, note K. Foucher).

Dans ce cadre, il a prononcé l'abrogation avec effet différé de plusieurs dispositions législatives (*cf.* par ex. CC *nº 2012-282 QPC, 23 nov. 2012*, Rec. 596 ; JCP Adm. 2013.2005, note Capitani et Moritz) ce qui a conduit à l'adoption de la loi du 27 déc. 2012 relative à la mise en œuvre du principe de participation du public défini à l'article 7 de la Charte de l'environnement, puis de l'ordonnance nº 2013-714 du 5 août 2013.

Surtout, il a consacré la valeur juridique du Préambule de la Charte en relevant que « la protection de l'environnement, patrimoine commun des êtres humains, constitue un objectif de valeur constitutionnelle », lequel peut justifier qu'il soit porté atteinte à la liberté d'entreprendre (*nº 2019-833 QPC*, 31 janv. 2020, AJ 2020.425, trib. Goesel-Le Bihan et 1126, note Savonitto ; RFDA 2020.501, note Roblot-Troizier).

9 *3º)* Aussi bien le Conseil constitutionnel (CC. *nº 2013.308 QPC, 26 avr. 2013*, Rec. 682 ; CC. *nº 2013.317 QPC, 24 mai 2013*, Rec. 756), que le Conseil d'État (CE 23 nov. 2015, *Société Altus Energy et Solais*, Rec. 764) ont apporté une même précision : l'art. 7 de la Charte ne concerne que les décisions susceptibles d'une incidence directe et significative sur l'environnement.

Dans l'affirmative, l'art. 7 implique que les projets d'actes réglementaires de l'État ayant une telle incidence fassent l'objet d'une publication préalable permettant au public de formuler des observations (CE 29 janv. 2018, *Société Marineland, Société Safari Africain de Port-St-Père et autre*, Rec. 14).

*
* *

10 Au total, l'arrêt *Commune d'Annecy* s'inscrit dans un mouvement de portée plus vaste où la Constitution, et non pas seulement la Charte de l'environnement qui lui a été adjointe, tient une place accrue devant l'ensemble des juridictions.

105

DIRECTIVES COMMUNAUTAIRES INVOCABILITÉ CONTRÔLE DES DISCRIMINATIONS

Conseil d'État Ass., 30 octobre 2009, *Mme Perreux*

(Rec. 407, concl. Guyomar ; RFDA 2009.1125, concl., note Cassia ; même revue 2010.126, note Canedo-Paris et 201, chr. Santulli ; AJ 2009.2385, chr. Liéber et Botteghi ; Europe 2009. Repère 11, D. Simon ; même revue mars 2010, chr. Kalflèche p. 10 ; JCP 2009.542, note S. et V. Corneloup ; JCP Adm. 2009.551, § 2, chr. Plessix ; DA 2009. Étude 21, M. Gautier ; JCP Adm. 2010.2036, note O. Dubos et D. Katz ; Europe janv. 2010, p. 5, étude R. Kovar ; D. 2010.351, note Chrestia ; D. 2010.553, note G. Calvès ; « L'Observateur de Bruxelles » janv. 2010, p. 26, comm. J. Biancarelli ; RGDIP 2010.232, note L. Azoulai ; RTD eur. 2010.223, note Ritleng ; AJ 2010.1412, étude L. Coutron ; AJ 2014.120, note Raynaud ; GDDIPub. n° 44).

Cons. que Mme Perreux a demandé, dans sa requête introductive d'instance, l'annulation, d'une part, du décret du 24 août 2006 portant nomination dans la magistrature en tant qu'il la nomme vice-présidente, chargée de l'application des peines, au tribunal de grande instance de Périgueux, et en tant que, selon elle, il nommerait Mme Dunand au sein de l'administration centrale, d'autre part de l'arrêté du 29 août 2006 du garde des Sceaux, ministre de la justice, portant nomination de Mme Dunand, juge de l'application des peines au tribunal de grande instance de Périgueux, en qualité de chargée de formation à l'École nationale de la magistrature à compter du 1er sept. 2006 ;

Sur les conclusions de la requête dirigées contre le décret du 24 août 2006 en tant qu'il nomme Mme Perreux vice-présidente, chargée de l'application des peines, au tribunal de grande instance de Périgueux :

Cons. que, par un mémoire enregistré le 17 janv. 2007, la requérante s'est désistée de ces conclusions ; qu'il convient de lui en donner acte ;

Sur la recevabilité des autres conclusions de Mme Perreux :

Cons. qu'à la suite de ce désistement, Mme Perreux a limité ses autres conclusions à l'encontre du décret du 24 août 2006 à la contestation de la nomination à l'administration centrale de Mme Dunand ; qu'en l'absence d'une telle mesure dans le décret attaqué, que fait valoir à juste titre le garde des Sceaux, ministre de la justice, ces conclusions ne sont pas recevables ; qu'en revanche Mme Perreux a intérêt à agir contre l'arrêté du 29 août 2006, dès lors qu'elle est susceptible d'occuper la fonction à laquelle Mme Dunand a été nommée par cet arrêté ; qu'ainsi ses conclusions à fin d'annulation de cet arrêté sont recevables ;

Sur l'intervention du Syndicat de la magistrature :

Cons. que le litige relatif à la nomination de Mme Perreux comme vice-présidente chargée de l'application des peines au tribunal de grande instance de Périgueux prend fin par suite du désistement dont il est donné acte par la présente décision ; que dès lors l'intervention du Syndicat de la magistrature au soutien des conclusions dont Mme Perreux s'est désistée est devenue sans objet ;

Cons. que, dès lors que les conclusions de Mme Perreux dirigées contre le décret du 24 août 2006 sont irrecevables, l'intervention du Syndicat de la magistrature au soutien de ces conclusions est également irrecevable ;

Cons., en revanche, que le Syndicat de la magistrature a un intérêt de nature à justifier son intervention au soutien des conclusions de la requête de Mme Perreux en tant qu'elles sont dirigées contre l'arrêté du 29 août 2006 ; que, par suite, son intervention est recevable dans cette mesure ;

Sur la légalité des décisions attaquées :

Cons. que Mme Perreux soutient, à l'appui de sa requête, que le garde des Sceaux, ministre de la justice, aurait commis une erreur de droit en écartant sa candidature au poste de chargé de formation à l'École nationale de la magistrature en raison de son engagement syndical et aurait entaché sa décision d'une erreur manifeste d'appréciation en préférant celle de Mme Dunand ;

Cons. que la requérante invoque le bénéfice des règles relatives à la charge de la preuve fixées par l'article 10 de la directive n° 2000/78/CE du Conseil du 27 nov. 2000, dont le délai de transposition expirait le 2 déc. 2003, antérieurement à la date des décisions attaquées, alors que cette disposition n'a été transposée de manière générale que par l'article 4 de la loi du 27 mai 2008 portant diverses dispositions d'adaptation au droit communautaire dans le domaine de la lutte contre les discriminations ;

Cons. que la transposition en droit interne des directives communautaires, qui est une obligation résultant du Traité instituant la Communauté européenne, revêt, en outre, en vertu de l'article 88-1 de la Constitution, le caractère d'une obligation constitutionnelle ; que, pour chacun de ces deux motifs, il appartient au juge national, juge de droit commun de l'application du droit communautaire, de garantir l'effectivité des droits que toute personne tient de cette obligation à l'égard des autorités publiques ; que tout justiciable peut en conséquence demander l'annulation des dispositions réglementaires qui seraient contraires aux objectifs définis par les directives et, pour contester une décision administrative, faire valoir, par voie d'action ou par voie d'exception, qu'après l'expiration des délais impartis, les autorités nationales ne peuvent ni laisser subsister des dispositions réglementaires, ni continuer de faire application des règles, écrites ou non écrites, de droit national qui ne seraient pas compatibles avec les objectifs définis par les directives ; qu'en outre, tout justiciable peut se prévaloir, à l'appui d'un recours dirigé contre un acte administratif non réglementaire, des dispositions précises et inconditionnelles d'une directive, lorsque l'État n'a pas pris, dans les délais impartis par celle-ci, les mesures de transposition nécessaires ;

Cons. qu'aux termes de l'article 10 de la directive du 27 nov. 2000 : 1. Les États membres prennent les mesures nécessaires, conformément à leur système judiciaire, afin que, dès lors qu'une personne s'estime lésée par le non-respect à son égard du principe de l'égalité de traitement et établit, devant une juridiction ou une autre instance compétente, des faits qui permettent de présumer l'existence d'une discrimination directe ou indirecte, il incombe à la partie défenderesse de prouver qu'il n'y a pas eu violation du principe de l'égalité de traitement. / 2. Le paragraphe 1 ne fait pas obstacle à l'adoption par les États membres de règles de la preuve plus favorables aux plaignants. / 3. Le paragraphe 1 ne s'applique pas aux procédures pénales. / 4. Les paragraphes 1, 2 et 3 s'appliquent également à toute procédure engagée conformément à l'article 9, paragraphe 2. / 5. Les États membres peuvent ne pas appliquer le paragraphe 1 aux procédures dans lesquelles l'instruction des faits incombe à la juridiction ou à l'instance compétente. ; qu'en vertu du cinquième paragraphe de cet article, les dispositions précitées relatives à l'aménagement de la charge de la preuve n'affectent pas la compétence laissée aux États membres pour décider du régime applicable aux procédures dans lesquelles l'instruction des faits incombe à la juridiction ; que tel est l'office du juge administratif en droit public français ; qu'ainsi, eu égard à la réserve que comporte le paragraphe 5 de l'article 10, les dispositions de ce dernier sont dépourvues d'effet direct devant la juridiction administrative ;

Cons. toutefois que, de manière générale, il appartient au juge administratif, dans la conduite de la procédure inquisitoire, de demander aux parties de lui fournir tous les éléments d'appréciation de nature à établir sa conviction ; que cette responsabilité doit, dès lors qu'il est soutenu qu'une mesure a pu être empreinte de discrimination, s'exercer en tenant compte des difficultés propres à l'administration de la preuve en ce domaine et des exigences qui s'attachent aux principes à valeur constitutionnelle des droits de la défense et de l'égalité de traitement des personnes ; que, s'il appartient au requérant qui s'estime lésé par une telle mesure de soumettre au juge des éléments de fait susceptibles de faire présumer une atteinte à ce dernier principe, il incombe au défendeur de produire tous ceux permettant d'établir que la décision attaquée repose sur des éléments objectifs étrangers à toute discrimination ; que la conviction du juge, à qui il revient d'apprécier si la décision contestée devant lui a été ou non prise pour des motifs entachés de discrimination, se détermine au vu de ces échanges contradictoires ; qu'en cas de doute, il lui appartient de compléter ces échanges en ordonnant toute mesure d'instruction utile ;

Cons. qu'il ressort des pièces du dossier qu'à l'appui de ses allégations, Mme Perreux se fonde sur des éléments de fait, tenant tant à la qualité de sa candidature qu'à des procédures antérieures de recrutement à la fonction de chargé de formation pour l'application des peines à l'École nationale de la magistrature, pour soutenir que cette candidature aurait été écartée en raison de ses responsabilités syndicales connues de l'administration ; que ces éléments de fait sont corroborés par une délibération en date du 15 sept. 2008 de la Haute Autorité de lutte contre les discriminations et pour l'égalité, que cette dernière a entendu verser au dossier de la procédure en application de l'article 13 de la loi du 30 déc. 2004 ; que, si ces éléments peuvent ainsi faire présumer l'existence d'une telle discrimination, il ressort des pièces du dossier et, notamment, des éléments de comparaison produits en défense par le garde des Sceaux, ministre de la justice, que la décision de nommer Mme Dunand plutôt que Mme Perreux au poste de chargé de formation à l'École nationale de la magistrature repose sur des motifs tenant aux capacités, aptitudes et mérites respectifs des candidates ; que la préférence accordée à la candidature de Mme Dunand procédait en effet d'une analyse comparée des évaluations professionnelles des deux magistrates et des appréciations que comportait l'avis motivé en date du 10 avr. 2006 établi, conformément à l'article 12 du décret du 21 déc. 1999 régissant les emplois de l'École nationale de la magistrature, en vigueur à la date de la décision attaquée, par la commission de recrutement mise en place par l'école ; qu'elle était également en correspondance avec les critères fixés préalablement dans la description du poste publiée par l'école, tenant au fonctionnement et aux caractéristiques de l'équipe pédagogique, ainsi qu'aux capacités linguistiques requises par ses missions internationales ; que, dans ces conditions, ce choix, même s'il n'était pas celui du directeur de l'école, dont l'avis était prescrit par l'article 10 du même décret, doit être regardé comme ne reposant pas sur des motifs entachés de discrimination ; que, dès lors, il n'est pas entaché d'erreur de droit ;

Cons. que, contrairement à ce que soutient la requérante, il ne ressort pas des pièces du dossier que le choix de Mme Dunand est entaché d'erreur manifeste d'appréciation ;

Cons. qu'il résulte de ce qui précède que la requête de Mme Perreux ne peut qu'être rejetée, ainsi, par voie de conséquence, que ses conclusions tendant à l'application des dispositions de l'article L. 761-1 du Code de justice administrative ;

Décide :

(donné acte du désistement des conclusions dirigées contre le décret du 24 août 2006, en tant qu'il nomme Mme Perreux au tribunal de grande instance de Périgueux ; non-lieu à statuer sur l'intervention du syndicat de la magistrature au soutien des conclusions dont la requérante s'est désistée ; non-admission de l'intervention au soutien des autres conclusions dirigées contre le décret ; admission de l'intervention au soutien des conclusions dirigées contre l'arrêté du 29 août 2006 ; rejet du surplus des conclusions de la requête).

OBSERVATIONS

L'arrêt Mme Perreux *renforce la portée des directives européennes, dans le prolongement des arrêts* Nicolo*, Compagnie Alitalia*, Arcelor*, *ainsi que le pouvoir d'instruction du juge, en prolongeant l'arrêt* Barel*.

Le litige qui a donné lieu à l'arrêt *Mme Perreux*, rendu par l'assemblée du contentieux, a pour origine la contestation par la requérante, au regard du droit communautaire, d'une décision du ministre de la justice qui, de l'avis de la Haute Autorité de lutte contre les discriminations et pour l'égalité (HALDE), était intervenue dans des circonstances laissant « présumer » une discrimination en raison des responsabilités syndicales exercées par l'intéressée au sein du Syndicat de la magistrature.

Mme Perreux, entrée dans la magistrature en 1990, exerçait depuis sept. 2002 les fonctions de juge de l'application des peines au tribunal de grande instance de Bordeaux. À trois reprises elle a présenté sa candidature à un poste de chargé de formation à l'École nationale de la magistrature (ENM) mais, en chaque circonstance, une autre candidature fut retenue. En dernier lieu, le choix du ministre de la justice se porta sur une magistrate précédemment juge de l'application des peines au tribunal de grande instance de Périgueux, tandis qu'un décret du 24 août 2006 nomma Mme Perreux vice-présidente de ce même tribunal, poste qu'elle n'avait sollicité qu'à titre subsidiaire, son choix principal demeurant l'exercice des fonctions de chargé de formation à l'ENM. Au soutien de sa requête contestant le rejet de sa candidature, elle s'est prévalue, d'une part, de la position adoptée par la HALDE et, d'autre part, de la directive 2000/78/CE du Conseil du 27 nov. 2000 portant création d'un cadre général en faveur de l'égalité de traitement en matière d'emploi et de travail. Était plus spécialement invoqué le paragraphe 1er de l'art. 10 de ce texte, relatif à la charge de la preuve des discriminations, ainsi libellé : « Les États membres prennent les mesures nécessaires… afin que, dès lors qu'une personne s'estime lésée par le non-respect à son égard du principe de l'égalité de traitement et établit, devant une juridiction… des faits qui permettent de présumer l'existence d'une discrimination directe ou indirecte, il incombe à la partie défenderesse de prouver qu'il n'y a pas eu violation du principe de l'égalité de traitement ».

La directive invoquée n'ayant pas été transposée en droit interne à la date des décisions individuelles litigieuses, la jurisprudence du Conseil d'État devait conduire à regarder le moyen tiré de sa violation comme inopérant. Mais, conformément aux conclusions de M. Guyomar, rapporteur public, le Conseil d'État est revenu sur sa position antérieure. Si son arrêt apporte d'utiles précisions quant à l'office du juge dans le contrôle des mesures susceptibles de revêtir un caractère discriminatoire, il doit surtout retenir l'attention par la reconnaissance de la possibilité pour un particulier de se prévaloir au soutien d'un recours dirigé contre un acte administratif individuel des dispositions précises et inconditionnelles d'une directive même non encore transposée.

Pour apprécier les raisons et la portée du revirement opéré par le juge, il importe de rappeler le contenu de la jurisprudence antérieure ; celle-ci était en réalité très nuancée dans ses manifestations.

I. – La jurisprudence antérieure

1 La jurisprudence du Conseil d'État remontait à un arrêt de principe rendu en Assemblée le 22 déc. 1978, *Ministre de l'intérieur c. Cohn-Bendit* (Rec. 524 ; *Grands arrêts de la jurisprudence administrative*, 17e éd., p. 616). S'il n'est pas douteux qu'à l'origine, cet arrêt traduisait un désaccord entre le juge administratif français et la Cour de justice, un rapprochement des solutions consacrées par chaque juridiction s'était produit par la suite.

A. — Le désaccord initial entre le Conseil d'État et la Cour de justice

2 *1°)* Le désaccord qui a vu le jour avait son siège dans la portée à conférer aux dispositions de l'art. 189 du traité de Rome, devenu à la suite du traité d'Amsterdam l'art. 249, et dont la substance est reprise désormais à l'art. 288 du traité sur le fonctionnement de l'Union européenne.

L'article dont il s'agit énumère et définit les différentes catégories d'actes communautaires dans les termes suivants :

« Le règlement a une portée générale. Il est obligatoire dans tous ses éléments et il est directement applicable dans tout État membre.

La directive lie tout État membre destinataire quant au résultat à atteindre, tout en laissant aux instances nationales la compétence quant à la forme et aux moyens.

La décision est obligatoire en tous ses éléments pour les destinataires qu'elle désigne. Les recommandations et les avis ne lient pas ».

L'opposition entre les règlements et les directives était encore accentuée dans le texte du traité de Rome comme dans celui du traité d'Amsterdam par la circonstance que les règlements sont publiés au Journal officiel de l'Union européenne alors que les directives et les décisions sont notifiées à leurs destinataires.

Dans la pratique la différence entre règlements et directives s'était estompée, les secondes étant devenues de plus en plus précises et faisant l'objet d'une publication au *Journal officiel.*

3 *2°)* La Cour de justice des Communautés européennes a reconnu aux directives comme aux « décisions », un effet direct dans les ordres juridiques nationaux, non certes dans les relations des particuliers entre eux, mais au moins dans leurs relations avec les États, et a autorisé les particuliers à en invoquer les dispositions à l'appui de leurs recours.

Cette solution a été formulée d'abord dans deux arrêts de 1970 (pour les « décisions » : 6 oct. 1970, *Franz Grad*, Rec. 825, concl. Roemer ; pour les directives : 17 déc. 1970, *Société SACE*, Rec. 1213, concl. Roemer).

Elle a été confirmée par la suite par un arrêt du 4 déc. 1974, *Van Duyn* (Rec. 1337, concl. Mayras) à propos de la directive n° 64/221 du 25 févr. 1964 relative à la coordination des mesures spéciales aux étrangers en matière de déplacement et de séjour justifiées par des raisons d'ordre public. Pour la Cour de Luxembourg « si, en vertu des dispositions de l'art. 189 [du traité de Rome] les règlements sont directement applicables et, par conséquent, par leur nature susceptibles de produire des effets directs, il n'en résulte pas que d'autres catégories d'actes visés par cet article ne peuvent jamais produire d'effets analogues » ; et la Cour de souligner qu'« il serait incompatible avec l'effet contraignant que l'art. 189 reconnaît à la directive d'exclure en principe que l'obligation qu'elle impose puisse être invoquée par des personnes concernées ; particulièrement, dans le cas où les autorités communautaires auraient, par directive, obligé les États membres à adopter un comportement déterminé, l'effet utile d'un tel acte se trouverait affaibli si les justiciables étaient empêchés de s'en prévaloir en justice et les juridictions nationales empêchées de les prendre en considération en tant qu'élément du droit communautaire ».

4 *3°)* C'est en se prévalant aussi bien de la directive n° 64/221 du 25 févr. 1964 que de la jurisprudence de la Cour que Daniel Cohn-Bendit avait contesté la légalité du refus du ministre de l'intérieur d'abroger la mesure d'expulsion dont il avait fait l'objet en raison de son rôle lors des événements de mai 1968.

Dans ses conclusions sur ce litige, le commissaire du gouvernement Genevois avait exposé la jurisprudence de la Cour de justice sur les directives sans cacher les réserves qu'elle suscitait au regard de la lettre de l'art. 189 du traité de Rome et de l'équilibre entre les pouvoirs respectifs des institutions communautaires et des autorités nationales. Écartant deux solutions extrêmes, l'une consistant à adopter purement et simplement la solution de la Cour de Luxembourg, l'autre refusant à l'inverse d'appliquer directement à un litige individuel la directive n° 64/221, il préconisait une solution intermédiaire : renvoyer la question au juge communautaire, par déférence, en espérant qu'il modifierait sa solution. Pour lui en effet : « à l'échelon de la Communauté européenne, il ne doit y avoir ni gouvernement des juges ni guerre des juges. Il doit y avoir place pour le dialogue des juges ».

5 *4°)* Le Conseil d'État estima au contraire qu'il ressortait « clairement » de l'art. 189 du traité de Rome que les directives ne sont pas des règlements, que les autorités nationales sont seules compétentes pour assurer leur exécution et pour leur faire produire effet en droit interne et qu'ainsi « quelles que soient d'ailleurs les précisions qu'elles contiennent », elles « ne sauraient être invoquées... à l'appui d'un recours dirigé contre un acte administratif individuel ».

B. — Un rapprochement ultérieur incomplet

6 L'arrêt *Cohn-Bendit* a été très étudié et souvent critiqué par la doctrine, tout en étant repris à leur compte, au moins dans un premier temps, par certaines juridictions des États membres. Il en est résulté un double mouvement.

1°) Les réserves exprimées tant par le Conseil d'État que par d'autres juridictions nationales, en Italie et en Allemagne, à l'égard de la jurisprudence de la Cour de Luxembourg sur les directives, ont conduit cette haute juridiction à en mieux préciser les contours.

Alors qu'au début des années 1970 elle semblait vouloir conférer aux directives un effet direct, elle a adopté une nouvelle formulation à partir de l'arrêt du 5 avr. 1979, *Ratti* (aff. 148/78, Rec. 1629). L'accent a été mis sur le fait qu'un « État membre qui n'a pas pris dans les délais les mesures d'exécution imposées par la directive, ne peut opposer aux particuliers le non-accomplissement par lui-même des obligations qu'elle comporte ». C'est donc moins un effet direct de portée générale que retient la Cour qu'une invocabilité de substitution à l'encontre d'un État défaillant.

Qui plus est, cette invocabilité ne joue qu'à l'égard d'une disposition « inconditionnelle et suffisamment précise » d'une directive. En revanche, une directive ne peut pas, par elle-même, créer d'obligations dans le chef d'un particulier (CJCE 14 juill. 1994, *Faccini Dori*, aff. C-91/92, Rec. 3352).

7 *2°)* De son côté la jurisprudence du Conseil d'État, avant même l'arrêt *Mme Perreux*, veillait, sur le fondement de l'art. 189 du traité, à ce que les autorités nationales se conforment aux directives.

Le cas le plus simple est celui où des mesures nationales de transposition ont été prises. Antérieurement à l'arrêt *Société Arcelor Atlantique et Lorraine**, le Conseil d'État a exercé son contrôle sur la légalité des actes administratifs de transposition au regard des objectifs définis par la directive (CE 28 sept. 1984, *Confédération nationale des sociétés de protection des animaux de France et des pays d'expression française*, Rec. 512 ; AJ 1984.695, concl. Jeanneney ; RD publ. 1985.811, note J.-M. Auby).

Une directive peut également être invoquée à l'appui d'une exception d'illégalité soulevée à l'encontre d'une mesure réglementaire qui n'a procédé à sa transposition que de façon incomplète. Par ce biais, peut être annulé un acte individuel d'application de la disposition réglementaire par hypothèse illégale (CE 8 juill. 1991, *Palazzi*, Rec. 276 ; AJ 1991.827, note Julien-Laferrière ; LPA 17 juill. 1992, note de Béchillon ; JCP 1992.II.21870, note Haïm).

Ce type de raisonnement a été étendu à l'ensemble des hypothèses où il y a défaut de transposition. En particulier, la jurisprudence, dès avant l'arrêt du 30 oct. 2009, a permis aux intéressés, *par la voie de l'exception*, d'invoquer la contrariété à une directive suffisamment précise, de dispositions du droit interne qui servent de fondement à l'acte individuel contesté devant le juge, y compris dans l'hypothèse où les règles de droit interne résultent, non de la loi ou d'un règlement, mais de la jurisprudence, comme c'est le cas par exemple des conditions d'octroi des concessions de travaux publics (CE, Ass., 6 févr. 1998, *Tête*, Rec. 30, concl. Savoie ; AJ 1998.403, chr. Raynaud et Fombeur ; RFDA 1998.407, concl. ; CJEG 1998.283, concl., note Subra de Bieusses ; JCP 1998.II.1223, note Cassia ; – Sect., 20 mai 1998, *Communauté de communes du Piémont de Barr*, Rec. 201, concl. Savoie ; AJ 1998.553, chr. Raynaud et Fombeur ; RFDA 1998.609, concl.).

Au terme de ces évolutions, le désaccord subsistant ne portait plus que sur le refus du Conseil d'État de confronter directement un acte individuel – ou plus exactement un acte non réglementaire, ce qui englobe les actes déclaratifs d'utilité publique – à une directive non encore transposée.

II. – Le ralliement du Conseil d'État à la jurisprudence de la Cour de justice

A. — Les raisons du ralliement

8 Dans ses conclusions, le rapporteur public a exposé de façon exhaustive les raisons militant en faveur de l'abandon de la jurisprudence *Cohn-Bendit*. Elles se situent sur deux plans différents.

1°) Sur un plan général, il a mis en évidence que la position du Conseil d'État depuis 1978 a évolué dans le sens d'une coopération et non d'une confrontation avec le juge communautaire.

Ainsi, revenant sur une jurisprudence antérieure contraire selon laquelle un arrêt rendu par la Cour de justice sur renvoi préjudiciel ne s'impose au juge national que dans les limites de ce renvoi (CE, Sect., 26 juill. 1985, *Office national interprofessionnel des céréales*, Rec. 233 ; AJ 1985.615, concl. Genevois ; AJ 1985.536, chr. Hubac et Schoettl), le Conseil d'État estime désormais que l'interprétation du traité et des actes de droit dérivé donnée par la Cour au titre de la compétence qu'elle tient de l'art. 234 du traité CE est contraignante à l'égard du juge national, alors même qu'elle excéderait les termes du renvoi préjudiciel auquel ce juge a procédé (CE, Ass., 11 déc. 2006, *Société de Groot En Slot Allium Bv*, Rec. 512, concl. Séners ; RFDA 2007.372, concl. ; AJ 2007.136, chr. Landais et Lenica ; D. 2007.994, note Steck ; Europe mars 2007, comm. D. Simon ; RTD civ. 2007.299, comm. Rémy-Corlay ; RTD eur. 2007.473, comm. F. Dieu).

Le Conseil d'État a même jugé que la responsabilité de la puissance publique peut être engagée dans le cas où le contenu d'une décision de la juridiction administrative est entaché d'une violation du droit communautaire ayant pour objet de conférer des droits à des particuliers (CE 18 juin 2008, *Gestas*, Rec. 230 ; v. n° 100.5).

9 *2°)* À s'en tenir à des considérations propres aux directives, M. Guyomar, qui avait conclu sur l'arrêt *Société Arcelor Atlantique et Lorraine**, n'a pas manqué de rappeler que la transposition en droit interne des directives repose sur une double obligation, « communautaire » et « constitutionnelle », dont il importe de tirer toutes les conséquences. Il a souligné également que la question de l'effet direct, appréhendée trente ans auparavant « du point de vue de la répartition des compétences entre les institutions communautaires et les États membres », appelait une autre approche se situant « du point de vue des titulaires des droits ». Et de souligner que dès l'origine, le droit communautaire ne concerne pas seulement les États membres mais aussi leurs ressortissants. Il s'est plus spécialement référé aux termes de l'arrêt de la Cour de justice du 5 févr. 1963, *Van Gend en Loos* (Rec. 3, concl. Roemer) : « le droit communautaire… de même qu'il crée des charges dans le chef des particuliers, est aussi destiné à engendrer des droits qui entrent dans leur patrimoine juridique ».

Le rapporteur public a surtout mis l'accent sur le fait que le Conseil d'État avait d'ores et déjà consacré par sa jurisprudence plusieurs formes d'invocabilité des directives. Reprenant une terminologie de la doctrine, il a mentionné tout d'abord « l'invocabilité de prévention », dont il découle que dès l'édiction d'une directive, ne peuvent être prises des mesures de nature à compromettre sérieusement la réalisation du résultat prescrit par la directive (CE 10 janv. 2001, *France Nature Environnement*, Rec. 9). Il s'est référé également à « l'invocabilité de réparation », qui permet d'obtenir la condamnation de l'État en cas de carence dans la transposition d'une directive (CE, Ass., 28 févr. 1992, *Société Arizona Tobacco Products et SA Philips Morris France*, Rec. 78 ; v. n° 82.15), à « l'invocabilité de contrôle », qui conduit à sanctionner sur le terrain de l'excès de pouvoir une transposition infidèle, et enfin à « l'invocabilité d'exclusion », qui ouvre la possibilité d'écarter la norme nationale incompatible avec les objectifs de la directive (CE, Ass., 6 févr. 1998, *Tête*, préc.).

M. Guyomar invitait le Conseil d'État à franchir un pas supplémentaire en admettant une « invocabilité de substitution », qui conduit non seulement à exclure l'application du droit national contraire à la directive, mais à lui substituer les dispositions inconditionnelles et précises contenues dans la directive. Dans une telle perspective, rien ne s'oppose plus à ce qu'une directive puisse être invoquée à l'appui d'un recours dirigé contre un acte administratif individuel.

B. — Le Conseil d'État s'affirme en tant que juge de droit commun de l'application du droit communautaire

10 L'Assemblée du contentieux a pleinement suivi son rapporteur public.

1°) L'arrêt relève que la transposition en droit interne des directives communautaires, qui est une obligation résultant du traité instituant la Communauté européenne, revêt, en outre, en vertu de l'art. 88-1 de la Constitution, le caractère d'une obligation constitutionnelle.

Il en déduit qu'il appartient « au juge national, juge de droit commun de l'application du droit communautaire, de garantir l'effectivité des droits que toute personne tient de cette obligation à l'égard des autorités publiques ».

Au titre de la recherche de « l'effectivité des droits », l'arrêt énonce l'acquis résultant de la jurisprudence antérieure : « tout justiciable peut en conséquence demander l'annulation des dispositions réglementaires qui seraient contraires aux objectifs définis par les directives et, pour contester une décision administrative, faire valoir, par voie d'action ou par voie d'exception, qu'après l'expiration des délais impartis, les autorités nationales ne peuvent ni laisser subsister des dispositions réglementaires, ni continuer de faire application des règles, écrites ou non écrites, de droit national qui ne seraient pas compatibles avec les objectifs définis par les directives ».

Sur ces différents points, l'arrêt n'innove pas. Il synthétise les solutions précédemment dégagées.

L'innovation de l'arrêt *Mme Perreux* résulte de l'abandon de la position adoptée dans l'affaire *Cohn-Bendit*, qui est ainsi motivée : « *en outre, tout justiciable peut se prévaloir, à l'appui d'un recours dirigé contre un acte administratif non réglementaire, des dispositions précises et inconditionnelles d'une directive, lorsque l'État n'a pas pris, dans les délais impartis par celle-ci, les mesures de transposition nécessaires* ».

11 *2°)* Sur ce dernier point, la solution ne vaut que pour les dispositions « précises et inconditionnelles » d'une directive. La jurisprudence ultérieure a ainsi nié l'effet direct de certaines dispositions d'une directive concernant l'incidence sur l'environnement de projets « en raison de leur imprécision » (CE 17 mars 2010, *Alsace Nature et autres*, Rec. 672). A été admis au contraire que la directive 2008/115/CE du Parlement européen et du Conseil du 16 déc. 2008 relative aux normes et procédures communes applicables dans les États membres au retour des ressortissants de pays tiers en séjour irrégulier (dite « directive retour »), qui n'a pas été transposée en droit français dans le délai qu'elle fixait, est, pour l'essentiel, directement invocable par les étrangers contestant la mesure de reconduite à la frontière dont ils font l'objet (CE, avis, 21 mars 2011,

M. Jin et *M. Thiero*, Rec. 93 ; AJ 2011.1688, note Alcaraz) sans l'être cependant dans sa totalité (CE 9 nov. 2011, *GISTI*, Rec. 963).

Il peut arriver que le droit national satisfasse aux dispositions de la directive, sans requérir de mesures spécifiques de transposition (CE 24 avr. 2013, *Mme Radu*, Rec. 483 ; RTD eur. 2013.875, comm. Ritleng).

12 *3°)* Quoi qu'il en soit, dans l'affaire *Mme Perreux*, le § 1 de l'art. 10 de la directive du 27 nov. 2000 a été regardé comme dépourvu d'effet direct, faute de revêtir un caractère inconditionnel. Cela tient à la possibilité ouverte par le § 5 du même article aux États membres, de ne pas appliquer le § 1 « aux procédures dans lesquelles l'instruction des faits incombe à la juridiction ou à l'instance compétente », ce qui est le cas en droit administratif français (*cf.* nos obs. sous l'arrêt *Barel**).

Le Conseil d'État n'en a pas moins recherché si le refus de nommer Mme Perreux en qualité de chargé de formation à l'ENM ne reposait pas sur des motifs entachés de discrimination. Malgré l'absence d'effet direct de l'art. 10, le juge administratif a estimé qu'il lui appartenait de prendre en compte les difficultés propres à l'administration de la preuve dans les cas où il est soutenu qu'une mesure a pu être empreinte de discrimination. L'arrêt souligne la nécessité de tenir compte en pareil cas des exigences résultant des principes constitutionnels que sont les droits de la défense et l'égalité de traitement des agents publics. Il définit les contours d'un dispositif approprié de charge de la preuve. Selon l'arrêt, il revient au requérant qui s'estime lésé par une mesure discriminatoire de soumettre au juge des éléments de fait susceptibles de faire présumer une atteinte au principe de non-discrimination. Il incombe alors au défendeur de produire tous éléments permettant d'établir que la décision attaquée repose sur des éléments objectifs étrangers à toute discrimination. Au vu de l'ensemble de ces circonstances, il appartient au juge d'apprécier si la décision contestée devant lui a été ou non prise pour des motifs entachés de discrimination.

Appliquant ces principes à l'affaire qui lui était soumise, le Conseil d'État a estimé qu'il n'y avait pas eu discrimination en se fondant sur les critères exigés des candidats, sur les capacités linguistiques de la concurrente de Mme Perreux, et sur une appréciation des possibilités respectives d'insertion des intéressées au sein de l'équipe pédagogique.

La grille d'analyse adoptée par le juge administratif l'a conduit, dans un autre cas de refus de détachement d'une magistrate à un poste de chargé de formation à l'ENM, à censurer une discrimination (CE 10 janv. 2011, *Mme Lévèque*, Rec. 1 ; AJ 2011.901, concl. Roger-Lacan). Elle reçoit également application pour la détermination de la charge de la preuve soit d'une discrimination fondée sur le sexe (CAA Versailles 29 déc. 2009, *Mme Delaunay*, AJ 2010.742, concl. Davesne), soit de faits constitutifs de harcèlement moral (CE, Sect., 11 juill. 2011, *Mme Montaut*, Rec. 349, concl. Guyomar ; AJ 2011.2072, concl. ; JCP Adm. 2011.2377, note Jean-Pierre ; DA 2011, n° 88, note F. Melleray).

Le demandeur doit, à tout le moins, soumettre au juge des éléments de fait susceptibles de faire présumer du sérieux de ses allégations (CE 15 avr. 2015, *Pôle Emploi*, Rec. 146 ; v. n° 12.7).

Il lui est loisible notamment d'apporter des éléments d'ordre statistique de nature à faire présumer une atteinte au principe d'égalité. Le Conseil d'État l'a admis, dans son principe, à propos d'une discrimination qui reposerait sur l'âge (CE 16 oct. 2017, *Huchet*, Rec. 444 ; AJ 2018.2193, chr. Roussel et Nicolas).

*

* *

En définitive, l'arrêt *Mme Perreux* a tout à la fois une valeur symbolique et pratique. Symbolique en ce que le Conseil d'État reconnaît expressément, pour la première fois, qu'il est juge de droit commun de l'application du droit communautaire. Pratique, en ce que le juge administratif met au service de ce droit les modes d'intervention et de contrôle dégagés par sa jurisprudence, en les adaptant pour en accroître l'efficacité.

106

CONTENTIEUX CONTRACTUEL
RECOURS DES PARTIES
POUVOIRS DU JUGE

Conseil d'État Ass., 28 décembre 2009, *Commune de Béziers*

Conseil d'État Sect., 21 mars 2011, *Commune de Béziers*

I. *Commune de Béziers*, 28 déc. 2009

(Rec. 509, concl. Glaser ; concl., BJCP 2010.138, RFDA 2010.506 ; AJ 2010.142, chr. Liéber et Botteghi, et 2011.665, chr. Lallet et Domino ; AJCT nov. 2010.114, note Didriche ; CMP mars 2010.38, note Rees ; Gaz. Pal. 16 mars 2010, p. 13, note Seiller ; JCP Adm. 2010.2072, note Linditch ; RDI 2010.265, note Noguellou ; RD publ. 2010.553, note Pauliat ; RFDA 2010.519, note Pouyaud ; RJEP juin 2010.19, note Gourdou et Terneyre ; GACA n° 8 ; Mélanges Richer 2013.641, art. Glaser)

Cons. qu'il ressort des pièces du dossier soumis aux juges du fond que, dans le cadre d'un syndicat intercommunal à vocation multiple qu'elles avaient créé à cette fin, les communes de Béziers et de Villeneuve-lès-Béziers ont mené à bien une opération d'extension d'une zone industrielle intégralement située sur le territoire de la commune de Villeneuve-lès-Béziers ; que, par une convention signée par leurs deux maires le 10 oct. 1986, ces collectivités sont convenues que la commune de Villeneuve-lès-Béziers verserait à la commune de Béziers une fraction des sommes qu'elle percevrait au titre de la taxe professionnelle, afin de tenir compte de la diminution de recettes entraînée par la relocalisation, dans la zone industrielle ainsi créée, d'entreprises jusqu'ici implantées sur le territoire de la commune de Béziers ; que, par lettre du 22 mars 1996, le maire de Villeneuve-lès-Béziers a informé le maire de Béziers de son intention de résilier cette convention à compter du 1er sept. 1996 ; que, par un jugement du 25 mars 2005, le tribunal administratif de Montpellier, saisi par la commune de Béziers, a rejeté sa demande tendant à ce que la commune de Villeneuve-lès-Béziers soit condamnée à lui verser une indemnité de 591 103,78 euros au titre des sommes non versées depuis la résiliation de la convention, ainsi qu'une somme de 45 374,70 euros au titre des dommages et intérêts ; que, par un arrêt du 13 juin 2007, contre lequel la commune de Béziers se pourvoit en cassation, la cour administrative d'appel de Marseille a, après avoir annulé pour irrégularité le jugement du tribunal administratif de Montpellier, jugé que la convention du 10 oct. 1986 devait être déclarée nulle et rejeté la demande de la commune de Béziers ;

Sans qu'il soit besoin d'examiner les autres moyens du pourvoi ;

Cons., en premier lieu, que les parties à un contrat administratif peuvent saisir le juge d'un recours de plein contentieux contestant la validité du contrat qui les lie ; qu'il appartient alors au juge, lorsqu'il constate l'existence d'irrégularités, d'en apprécier l'importance et les conséquences, après avoir vérifié que les irrégularités dont se prévalent les parties sont de celles qu'elles peuvent, eu égard à l'exigence de loyauté des relations contractuelles, invoquer devant lui ; qu'il lui revient, après avoir pris en considération la nature de l'illégalité commise et en tenant compte de l'objectif de stabilité des relations contractuelles, soit de décider que la poursuite de l'exécution du contrat est possible, éventuellement sous réserve de mesures de régularisation prises par la personne publique ou convenues entre les parties, soit de prononcer, le cas échéant avec un effet différé, après avoir vérifié que sa décision ne portera pas une atteinte excessive à l'intérêt général, la résiliation du contrat ou, en raison seulement d'une irrégularité invoquée par une partie ou relevée d'office par lui, tenant au caractère illicite du contenu du contrat ou à un vice d'une particulière gravité relatif notamment aux conditions dans lesquelles les parties ont donné leur consentement, son annulation ;

Cons., en second lieu, que, lorsque les parties soumettent au juge un litige relatif à l'exécution du contrat qui les lie, il incombe en principe à celui-ci, eu égard à l'exigence de loyauté des relations contractuelles, de faire application du contrat ; que, toutefois, dans le cas seulement où il constate une irrégularité invoquée par une partie ou relevée d'office par lui, tenant au caractère illicite du contenu du contrat ou à un vice d'une particulière gravité relatif notamment aux conditions dans lesquelles les parties ont donné leur consentement, il doit écarter le contrat et ne peut régler le litige sur le terrain contractuel ;

Cons. qu'en vertu des dispositions de l'article 2-I de la loi du 2 mars 1982 relative aux droits et libertés des communes, des départements et des régions, désormais codifiées à l'article L. 2131-1 du Code général des collectivités territoriales : Les actes pris par les autorités communales sont exécutoires de plein droit dès lors qu'il a été procédé à leur publication ou à leur notification aux intéressés ainsi qu'à leur transmission au représentant de l'État dans le département ou à son délégué dans le département ; que l'absence de transmission de la délibération autorisant le maire à signer un contrat avant la date à laquelle le maire procède à sa signature constitue un vice affectant les conditions dans lesquelles les parties ont donné leur consentement ; que, toutefois, eu égard à l'exigence de loyauté des relations contractuelles, ce seul vice ne saurait être regardé comme d'une gravité telle que le juge doive écarter le contrat et que le litige qui oppose les parties ne doive pas être tranché sur le terrain contractuel ;

Cons., dès lors, qu'en jugeant que la convention conclue le 10 oct. 1986 entre les communes de Villeneuve-lès-Béziers et de Béziers devait être déclarée nulle au seul motif que les délibérations du 29 sept. 1986 et du 3 oct. 1986 autorisant les maires de ces communes à la signer n'avaient été transmises à la sous-préfecture que le 16 oct. 1986 et qu'une telle circonstance faisait obstacle à ce que les stipulations du contrat soient invoquées dans le cadre du litige dont elle était saisie, la cour administrative d'appel de Marseille a commis une erreur de droit ; que, par suite, la commune de Béziers est fondée à demander l'annulation de l'arrêt qu'elle attaque ;

Cons. que les dispositions de l'article L. 761-1 du Code de justice administrative font obstacle à ce que soit mise à la charge de la commune de Béziers, qui n'est pas la partie perdante dans la présente instance, la somme que la commune de Villeneuve-lès-Béziers demande au titre des frais exposés par elle et non compris dans les dépens ; qu'il y a lieu, sur le fondement des mêmes dispositions, de mettre à la charge de Villeneuve-lès-Béziers une somme de 3 000 euros à verser à la commune de Béziers ;

(annulation de l'arrêt de la Cour administrative d'appel de Marseille ; renvoi de l'affaire devant la Cour)

II. *Commune de Béziers*, 21 mars 2011

(Rec. 117, concl. Cortot-Boucher ; RFDA 2011.507, concl., 518, note Pouyaud ; AJ 2011.670, note Lallet ; ACCP mai 2011, p. 64, note Le Chatelier ; CMP mai 2011, n° 150, note Pietri ; DA 2011, n° 46, note Brenet et Melleray ; JCP Adm. 2011.2171, note Linditch ; JCP 2011.658, note Ubaud-Bergeron ; RDI 2011.270, note Braconnier ; RJEP oct. 2011.26, note Cossalter, févr. 2013.11, note Gourdou ; GACA n° 8)

Cons. qu'il ressort des pièces du dossier soumis aux juges du fond que, dans le cadre d'un syndicat intercommunal à vocation multiple qu'elles avaient créé à cette fin, les communes de Béziers et de Villeneuve-lès-Béziers ont mené à bien une opération d'extension d'une zone industrielle intégralement située sur le territoire de la commune de Villeneuve-lès-Béziers ; que, par une convention signée par leurs deux maires le 10 oct. 1986, ces collectivités sont convenues que la commune de Villeneuve-lès-Béziers verserait à la commune de Béziers une fraction des sommes qu'elle percevrait au titre de la taxe professionnelle, afin de tenir compte de la diminution de recettes entraînée par la relocalisation, dans la zone industrielle ainsi créée, d'entreprises jusqu'ici implantées sur le territoire de la commune de Béziers ; que, par une délibération du 14 mars 1996, le conseil municipal de la commune de Villeneuve-lès-Béziers a décidé que la commune ne devait plus exécuter la convention de 1986 à compter du 1er sept. suivant et que, par lettre du 22 mars 1996, le maire de la commune de Villeneuve-lès-Béziers a informé le maire de la commune de Béziers de la résiliation de la convention ; que la commune de Béziers se pourvoit en cassation contre l'arrêt du 12 févr. 2007 par lequel la cour administrative d'appel de Marseille a rejeté l'appel qu'elle a formé contre le jugement du 25 mars 2005 par lequel le tribunal administratif de Montpellier a rejeté sa demande dirigée contre cette mesure de résiliation ;

Sans qu'il soit besoin d'examiner les autres moyens du pourvoi ;

Cons. qu'en vertu des dispositions de l'article 2-I de la loi du 2 mars 1982 relative aux droits et libertés des communes, des départements et des régions, désormais codifiées à l'article L. 2131-1 du Code général des collectivités territoriales : « Les actes pris par les autorités communales sont exécutoires de plein droit dès lors qu'il a été procédé à leur publication ou à leur notification aux intéressés ainsi qu'à leur transmission au représentant de l'État dans le département ou à son délégué dans le département » ; *que l'absence de transmission de la délibération autorisant le maire à signer un contrat avant la date à laquelle le maire procède à sa signature constitue un vice affectant les conditions dans lesquelles la commune a donné son consentement ; que, toutefois, eu égard à l'exigence de loyauté des relations contractuelles, ce seul vice ne saurait être regardé comme d'une gravité telle que le juge doive annuler le contrat ou l'écarter pour régler un litige relatif à son exécution* ;

Cons., dès lors, qu'en jugeant que la convention conclue le 10 oct. 1986 entre les communes de Villeneuve-lès-Béziers et de Béziers devait être déclarée nulle au seul motif que les délibérations des 29 sept. 1986 et 3 oct. 1986 autorisant les maires de ces communes à la signer n'ont été transmises à la sous-préfecture que le 16 oct. 1986, pour en déduire que la demande dirigée contre la résiliation de cette convention était privée d'objet et rejeter son appel pour ce motif, la cour administrative d'appel de Marseille a commis une erreur de droit ; que, par suite, la commune de Béziers est fondée à demander l'annulation de l'arrêt qu'elle attaque ;

Cons. que, dans les circonstances de l'espèce, il y a lieu de régler l'affaire au fond en application des dispositions de l'article L. 821-2 du Code de justice administrative ;

Cons. que la commune de Béziers soutient que le tribunal administratif de Montpellier ne pouvait rejeter comme irrecevables ses conclusions dirigées contre la résiliation de la convention du 10 oct. 1986 au motif que les conditions dans lesquelles la résiliation d'un tel contrat intervient ne sont susceptibles d'ouvrir droit qu'à indemnité ;

Sur les voies de droit dont dispose une partie à un contrat administratif qui a fait l'objet d'une mesure de résiliation :

Cons. que le juge du contrat, saisi par une partie d'un litige relatif à une mesure d'exécution d'un contrat, peut seulement, en principe, rechercher si cette mesure est intervenue dans des conditions de nature à ouvrir droit à indemnité ; que, toutefois, une partie à un contrat administratif peut, eu égard à la portée d'une telle mesure d'exécution, former devant le juge du contrat un recours de plein contentieux contestant la validité de la résiliation de ce contrat et tendant à la reprise des relations contractuelles ; qu'elle doit exercer ce recours, y compris si le contrat en cause est relatif à des travaux publics, dans un délai de deux mois à compter de la date à laquelle elle a été informée de la mesure de résiliation ; que de telles conclusions peuvent être assorties d'une demande tendant, sur le fondement des dispositions de l'article L. 521-1 du Code de justice administrative, à la suspension de l'exécution de la résiliation, afin que les relations contractuelles soient provisoirement reprises ;

Sur l'office du juge du contrat saisi d'un recours de plein contentieux tendant à la reprise des relations contractuelles :

Cons. qu'il incombe au juge du contrat, saisi par une partie d'un recours de plein contentieux contestant la validité d'une mesure de résiliation et tendant à la reprise des relations contractuelles, lorsqu'il constate que cette mesure est entachée de vices relatifs à sa régularité ou à son bien-fondé, de déterminer s'il y a lieu de faire droit, dans la mesure où elle n'est pas sans objet, à la demande de reprise des relations contractuelles, à compter d'une date qu'il fixe, ou de rejeter le recours, en jugeant que les vices constatés sont seulement susceptibles d'ouvrir, au profit du requérant, un droit à indemnité ; que, dans l'hypothèse où il fait droit à la demande de reprise des relations contractuelles, il peut décider, si des conclusions sont formulées en ce sens, que le requérant a droit à l'indemnisation du préjudice que lui a, le cas échéant, causé la résiliation, notamment du fait de la non-exécution du contrat entre la date de sa résiliation et la date fixée pour la reprise des relations contractuelles ;

Cons. que, pour déterminer s'il y a lieu de faire droit à la demande de reprise des relations contractuelles, il incombe au juge du contrat d'apprécier, eu égard à la gravité des vices constatés et, le cas échéant, à celle des manquements du requérant à ses obligations contractuelles, ainsi qu'aux motifs de la résiliation, si une telle reprise n'est pas de nature à porter une atteinte excessive à l'intérêt général et, eu égard à la nature du contrat en cause, aux droits du titulaire d'un nouveau contrat dont la conclusion aurait été rendue nécessaire par la résiliation litigieuse ;

Sur l'office du juge du contrat saisi de conclusions tendant à la suspension de l'exécution d'une mesure de résiliation :

Cons., en premier lieu, qu'il incombe au juge des référés saisi, sur le fondement de l'article L. 521-1 du Code de justice administrative, de conclusions tendant à la suspension d'une mesure de résiliation, après avoir vérifié que l'exécution du contrat n'est pas devenue sans objet, de prendre en compte, pour apprécier la condition d'urgence, d'une part les atteintes graves et immédiates que la résiliation litigieuse est susceptible de porter à un intérêt public ou aux intérêts du requérant, notamment à la situation financière de ce dernier ou à l'exercice même de son activité, d'autre part l'intérêt général ou l'intérêt de tiers, notamment du titulaire d'un nouveau contrat dont la conclusion aurait été rendue nécessaire par la résiliation litigieuse, qui peut s'attacher à l'exécution immédiate de la mesure de résiliation ;

Cons., en second lieu, que, pour déterminer si un moyen est propre à créer, en l'état de l'instruction, un doute sérieux sur la validité de la mesure de résiliation litigieuse, il incombe au juge des référés d'apprécier si, en l'état de l'instruction, les vices invoqués paraissent d'une gravité suffisante pour conduire à la reprise des relations contractuelles et non à la seule indemnisation du préjudice résultant, pour le requérant, de la résiliation ;

Cons. qu'il résulte de tout ce qui vient d'être dit que c'est à tort que le tribunal administratif de Montpellier a jugé que les conclusions de la commune de Béziers dirigées contre la mesure de résiliation de la convention du 10 oct. 1986 étaient irrecevables au motif que les conditions dans lesquelles la résiliation d'un tel contrat intervient ne sont susceptibles d'ouvrir droit qu'à indemnité ;

Cons. toutefois que, ainsi qu'il a été dit ci-dessus, le recours qu'une partie à un contrat administratif peut former devant le juge du contrat pour contester la validité d'une mesure de résiliation et demander la reprise des relations contractuelles doit être exercé par elle dans un délai de deux mois à compter de la date à laquelle elle a été informée de cette mesure ;

Cons. qu'il résulte de l'instruction que la demande de la commune de Béziers dirigée contre la résiliation, par la commune de Villeneuve-lès-Béziers, de la convention du 10 oct. 1986 a été enregistrée au greffe du tribunal administratif de Montpellier le 2 mars 2000 ; que la commune de Béziers ne peut sérieusement contester avoir eu connaissance de cette mesure au plus tard par la lettre du 22 mars 1996, reçue le 25 mars suivant, par laquelle le maire de la commune de Villeneuve-lès-Béziers a informé son maire de la résiliation de la convention à compter du 1er sept. 1996 ; qu'aucun principe ni aucune disposition, notamment pas les dispositions de l'article R. 421-5 du Code de justice administrative, qui ne sont pas applicables à un recours de plein contentieux tendant à la reprise des relations contractuelles, n'imposent qu'une mesure de résiliation soit notifiée avec mention des voies et délais de recours ; que, dès lors, la demande présentée par la commune de Béziers devant le tribunal administratif de Montpellier était tardive et, par suite, irrecevable ;

Cons. qu'il résulte de tout ce qui précède que la commune de Béziers n'est pas fondée à se plaindre de ce que, par le jugement attaqué, le tribunal administratif de Montpellier a rejeté comme irrecevables ses conclusions dirigées contre la mesure de résiliation de la convention du 10 oct. 1986 par la commune de Villeneuve-lès-Béziers ;

Sur les conclusions présentées au titre de l'article L. 761-1 du Code justice administrative :

Cons. que ces dispositions font obstacle à ce que soit mise à la charge de la commune de Villeneuve-lès-Béziers qui n'est pas, dans la présente instance, la partie perdante, une somme au titre des frais exposés par la commune de Béziers et non compris dans les dépens ; qu'en revanche, il y a lieu, dans les circonstances de l'espèce, de mettre à la charge de la commune de Béziers la somme de 1 000 euros à verser à la commune de Villeneuve-lès-Béziers au même titre ;

....

(annulation de l'arrêt de la Cour administrative d'appel de Marseille ; rejet de la requête de la Commune de Béziers)

OBSERVATIONS

Les arrêts Commune de Béziers *apportent au contentieux entre* parties *à un contrat administratif une sensible amélioration par rapport aux solutions antérieures. Ils seront suivis, pour le contentieux engagé par* *les* tiers, *d'une autre amélioration par l'arrêt* Département de Tarn-et-Garonne*.

1 Dans l'affaire *Commune de Béziers,* le juge du contrat était sollicité par deux recours, l'un pour reconnaître la nullité du contrat, l'autre pour faire annuler la décision de l'une des parties de le résilier.

Les circonstances étaient les suivantes. Les communes de Béziers et de Villeneuve-lès-Béziers, après avoir créé un syndicat intercommunal pour l'acquisition de terrains permettant d'étendre la zone industrielle située sur le territoire de Villeneuve-lès-Béziers, avaient conclu une convention par laquelle la seconde s'engageait à reverser à la première une part de la taxe professionnelle produite par l'installation d'entreprises dans cette zone. La convention avait été signée avant que les délibérations en autorisant la signature eussent été reçues en préfecture. Au bout de dix ans, la commune de Villeneuve-lès-Béziers décida de ne plus reverser à celle de Béziers la part lui revenant et de résilier la convention.

La commune de Béziers engagea une action contre celle de Villeneuve-lès-Béziers pour qu'elle soit condamnée au versement des sommes convenues et à des dommages-intérêts. À cette occasion, la commune de Villeneuve-lès-Béziers souleva une exception tirée de la nullité de la convention, qui prospéra devant la Cour administrative d'appel de Marseille. C'est sur le pourvoi en cassation dirigé contre son arrêt que s'est prononcé le Conseil d'État par l'arrêt du 28 déc. 2009 : il a à cette occasion établi les principes qui doivent guider le juge du contrat pour reconnaître l'invalidité d'un contrat administratif. Il a renvoyé à la Cour administrative d'appel l'examen de la demande d'indemnité ; la Cour l'ayant rejetée, le Conseil d'État de nouveau saisi en cassation y a au contraire fait droit (27 févr. 2015, Rec. 66, concl. Cortot-Boucher ; AJ 2015.1482, note Bourdon ; DA 2015.40, note Brenet ; RFDA 2015.907, note P. Delvolvé).

La commune de Béziers a également engagé une action en annulation de la décision de résiliation de la convention, et accompagné cette action d'une demande de suspension dans le cadre du référé de l'article L. 521-1 CJA (v. nos obs. sous CE 5 mars 2001, *Saez**). La demande au fond a été rejetée successivement par le Tribunal administratif de Montpellier puis par la Cour administrative de Marseille. Le Conseil d'État s'est prononcé sur le pourvoi en cassation par l'arrêt du 21 mars 2011. Il a considéré que la demande tendant à l'annulation de la décision de résiliation était tardive. Mais il a saisi l'occasion pour déterminer les pouvoirs du juge du contrat à l'égard d'une mesure de résiliation.

Les deux arrêts de 2009 et 2011 se rapportent ainsi aux deux types de contestations que *les parties à un contrat* peuvent engager : par le premier, elles dénient la validité du contrat, par le second celle d'une résiliation du contrat.

La *contestation de la validité du contrat* peut prendre deux formes. Elle peut être l'objet d'une *exception* à l'occasion d'un litige relatif à l'exécution du contrat, dans lequel l'une des parties reproche à l'autre de manquer à ses obligations : les parties (c'était le cas dans l'affaire *Commune de Béziers I*) ou le cas échéant, d'office, le juge peuvent établir que le contrat dont l'exécution est en cause n'est pas valide. La contestation peut être plus directe : par voie d'*action*, une des parties demande au juge du contrat de reconnaître la nullité (aujourd'hui l'invalidité) du contrat. Ce n'est pas cette voie qui a été suivie dans l'affaire *Commune de Béziers*, mais elle pourrait l'être comme le montrent d'autres affaires (CE 4 mai 1990, *Compagnie industrielle maritime*, Rec. 113 ; RFDA 1990.591, concl. de Guillenchmidt). Elle peut l'être pendant toute la durée de l'exécution du contrat (CE Sect., 1er juill. 2019, *Association pour le musée des îles Saint-Pierre-et-Miquelon*, Rec. 269, concl. Lallet ; AJ 2019.1750, chr. Malverti et Beaufils ; CMP 2019, comm. 326, Eckert ; DA 2019, comm. 52, Brenet ; RFDA 2019.1032, note Hoepffner). Les principes dégagés par l'arrêt *Commune de Béziers I* à propos de la contestation d'un contrat valent dans les deux cas.

L'arrêt *Commune de Béziers II* admet que *le contractant conteste la résiliation de son contrat* par l'administration et demande le rétablissement des relations contractuelles. Mais il ne peut contester d'autres mesures, telles celles qui modifient les conditions du contrat ou qui constituent seulement un refus de renouveler ou de reconduire le contrat (CE 6 juin 2018, *Société Orange France*, Rec. 777 ; BJCP 2018.345, concl. Victor ; 21 nov. 2018, *Société Fêtes Loisirs*, Rec. 777 ; AJ 2019.586, note Cafarelli ; DA 2019, comm. 34, Boda, à propos de la convention permettant l'installation de la grande roue place de la Concorde à Paris).

Par ces deux arrêts, le Conseil d'État a renouvelé l'office du juge du contrat dans le plein contentieux dont il est saisi, tant quant aux appréciations qu'il doit émettre (I) qu'aux pouvoirs qu'il peut exercer (II).

I. – Les éléments d'appréciation du juge du contrat

2 Le juge du contrat, dans des contentieux par lesquels les parties contestent la validité soit du contrat qu'elles ont conclu soit de sa résiliation, doit tenir compte des irrégularités commises (A), des relations contractuelles qui ont été nouées (B), des intérêts en présence (C).

A. — Les *irrégularités* pouvant vicier le contrat ou la décision ultérieure s'y rapportant sont multiples. M. Glaser dans ses conclusions a fait l'inventaire de celles qui avaient été retenues par la jurisprudence comme de nature à entraîner la reconnaissance de la nullité du contrat.

Il peut s'agir de vices tenant à la violation de la légalité « *objective* », par exemple :

– conclusion du contrat dans une matière de laquelle les contrats sont exclus (CE, Sect., 20 janv. 1978, *Syndicat national de l'enseignement technique agricole public*, Rec. 22 ; AJ 1979, no 1, p. 37, concl. Denoix de Saint Marc ; 8 mars 1985, *Association « Les Amis de la Terre »*, Rec. 73 ; RFDA 1985.363, concl. Jeanneney) ;

– insertion dans le contrat de clauses incompatibles avec les principes de la domanialité publique et avec les nécessités du fonctionnement d'un service public (CE 6 mai 1985, *Association Eurolat, Crédit foncier de France*, Rec. 141 ; v. nº 20.4) ou avec ceux des contrats publics (ainsi une clause par laquelle la personne publique contractante s'engage à renoncer à l'exercice de son pouvoir de résiliation unilatérale : CE 1er oct. 2013, *Société Espace Habitat Construction*, Rec. 700 ; v. nº 20.4) ;

– conclusion du contrat par une autorité incompétente (CE, Sect., 13 mai 1970, *Larue*, Rec. 331) ;

– conclusion du contrat en violation des règles de publicité et de mise en concurrence (CE, Sect., 26 mars 1965, *Dame Vve Moulinet et demoiselle Moulinet*, Rec. 208) ;

– signature du contrat par un maire avant que la délibération l'autorisant à le faire ait été transmise au préfet (CE Sect., avis, 10 juin 1996, *Préfet de la Côte d'Or*, Rec. 198 ; D. 1996.269, note Nguyen Van Tuong, et 1997.45, note Bénoît ; RDI 1996.562, note Llorens et Terneyre ; RFDA 1997.83, note Douence ; Sect., 20 oct. 2000, *Société Citecable Est*, Rec. 457 ; BJCP 2001.54 et CJEG 2001.21, concl. Savoie).

Ces irrégularités relèvent essentiellement de moyens d'ordre public, pouvant être soulevés autant d'office par le juge que par les parties.

Il peut s'agir aussi d'un vice « *subjectif* » du consentement, tenant à l'erreur, au dol, voire à la violence, dont a été victime l'une des parties. L'hypothèse, assez rare, a pu prospérer, notamment au détriment de l'administration (par exemple en cas d'entente entre les entreprises candidates au contrat : CE 19 déc. 2007, *Société Campenon-Bernard et autres*, Rec. 507 ; RD publ. 2008.1174, concl. N. Boulouis et 1159, note Braconnier ; AJ 2008.814, note J.-D. Dreyfus ; JCP 2008.II.10113, note J. Martin ; RFDA 2008.109, note Moderne ; RJEP mai 2008.16, note Gourdou et Terneyre) ; réticence ou fausse déclaration intentionnelle d'un assuré de nature à avoir changé l'objet du risque ou l'appréciation de l'assureur (CE 6 déc. 2017, *Société Axa Corporate Solutions Assurances*, Rec. 687).

3 Désormais toute irrégularité n'est pas suffisante pour provoquer la remise en cause d'un contrat. Selon l'arrêt *Commune de Béziers I*, « *il appartient… au juge, lorsqu'il constate l'existence d'irrégularités, d'en apprécier l'importance et les conséquences* » ; il doit prendre « *en considération la nature de l'illégalité commise* » ; c'est seulement « *une irrégularité… tenant au caractère illicite du contenu du contrat ou à un vice d'une particulière gravité relative notamment aux conditions dans lesquelles les parties ont donné leur consentement* », qui pourra entraîner l'annulation du contrat.

Ainsi, atténuant la portée de la jurisprudence *Préfet de la Côte-d'Or*, l'arrêt considère que, si « l'absence de transmission de la délibération autorisant le maire à signer un contrat avant la date à laquelle le maire procède à sa signature constitue un vice affectant les conditions dans lesquelles les parties ont donné leur consentement », « *ce seul vice ne saurait être regardé comme d'une gravité telle que le juge doive écarter le contrat* ». C'est « *par exception* », « *eu égard d'une part à la gravité de l'illégalité et d'autre part aux circonstances dans lesquelles elle a été commise* », que le contrat doit être jugé invalide (CE 12 janv. 2011, *Manoukian*, Rec. 5 ; BJCP 2011.121, concl. N. Boulouis ; DA 2011, n° 29, note Brenet ; dans le même sens, pour un contrat administratif donnant lieu à un contentieux judiciaire : Civ. 1re 22 mai 2019, *Société Les fils de Mme Géraud c. commune de Torcy*, AJ 2019.1135).

Parallèlement, dans le contentieux portant sur une mesure de résiliation du contrat, « *il incombe au juge du contrat d'apprécier... la gravité des vices constatés...* » ainsi que les « *motifs de la résiliation* ». Les vices peuvent ne pas être suffisants pour conduire à remettre en cause la décision de résiliation prise par l'administration contractante.

Il y a donc lieu pour le juge de procéder à une appréciation rigoureuse (par ex. CE 10 oct. 2012, *Commune de Baie-Mahaut*, BJCP 2013.27, concl. Dacosta ; JCP Adm. 2013.2272, note Dejoux et Fouidi ; 10 juill. 2020, *Commune de La Guérinière*, BJCP 2020.427, concl. Le Corre : gravité insuffisante des vices de procédure entachant la conclusion d'un marché initial ; mais irrégularité « particulièrement grave » de sa reconduction tacite avec la « volonté de faire obstacle aux règles de la concurrence pour faire bénéficier la société (contractante) de l'exclusivité »). Il ne faut pas confondre illicéité du contrat et irrégularité des conditions de son exécution (CE 10 juill. 2020, *Société de manutention et d'entreposage de grains*, Rec. 830 ; BJCP 2020.423, concl. Pellissier).

L'arrêt *Commune de Béziers I* réserve les « *mesures de régularisation prises par la personne publique ou convenues entre les parties* ». Il pourrait en être ainsi de l'adoption en bonne et due forme par l'assemblée délibérante, de l'autorisation de conclure le contrat, qui était absente ou insuffisante, de l'insuffisance de l'information des membres de l'organe délibérant (CE 11 mai 2016, *Rouveyre*, Rec. 173), ou encore de la notification de l'avis de conclusion du contrat qui manquait. Si la signature d'un contrat par un maire sans l'autorisation du conseil municipal est un vice affectant la validité du contrat, l'approbation donnée ultérieurement par le conseil municipal à une mesure renvoyant à ce contrat constitue un accord *a posteriori* à la conclusion de ce contrat et ne permet pas de l'écarter (CE 8 oct. 2014, *Commune d'Entraigues-sur-la-Sorgue*, Rec. 742 ; BJCP 2015.59, concl. Dacosta ; AJ 2015.175, note J. Martin). L'échange des consentements entre les parties peut être également parachevé.

L'arrêt *Commune de Béziers II* ne fait pas état de possibilités éventuelles de régularisation. Elles ne devraient cependant pas être exclues.

4 ***B.*** — Les relations nouées par la conclusion d'un contrat, en droit administratif comme en droit privé, créent entre les parties des droits et obligations respectifs, desquels elles ne doivent pas pouvoir s'échapper indifféremment ; au surplus, pour un contrat administratif qui, directement ou indirectement, concerne le service public, les exigences de sa continuité peuvent en rendre l'exécution nécessaire même si des irrégularités sont commises. C'est ce qui conduit le Conseil d'État à tempérer les conséquences de ces irrégularités au regard de deux principes.

Le premier est celui de la *loyauté des relations contractuelles*. La notion est proche de celle de la bonne foi, dont le Code civil (art. 1134 al. 3 ancien, nouvel art. 1104) fait un principe de l'exécution des contrats. Elle vaut pour le contrat administratif. Le Conseil d'État a ainsi jugé que, si le cocontractant de l'administration a lui-même commis en pleine connaissance de cause des fautes ayant contribué à la nullité du contrat, elles réduisent d'autant la responsabilité de l'administration à son égard (CE, Sect., 10 avr. 2008, *Société Decaux et département des Alpes Maritimes*, Rec. 152, concl. Dacosta ; BJCP 2008.280 ; JCP Adm. 2008.2116 et RJEP juin 2008.17, concl. ; AJ 2008.1092, chr. Boucher et Bourgeois-Machureau ; DA 2008, n° 78, comm. F. Melleray). Désormais, la loyauté des relations contractuelles empêche qu'un cocontractant se prévale pour échapper au contrat, d'un vice qu'il ne pouvait ignorer et qu'il n'a pas invoqué tant que le contrat ne le gênait pas.

Cela était patent dans l'affaire *Commune de Béziers*. Cette commune et celle de Villeneuve-lès-Béziers savaient que le contrat n'aurait pas dû être signé avant la transmission au préfet des délibérations en autorisant la conclusion. Pendant dix ans, la convention avait été exécutée sans « *broncher* » ; au bout de dix ans, la commune de Villeneuve-lès-Béziers a soulevé le moyen pour échapper à la convention. La loyauté des relations contractuelles s'y est opposée.

La Cour de cassation, ayant à connaître d'un contrat administratif en vertu d'une disposition législative spéciale, a expressément fait référence « à l'exigence de loyauté des relations contractuelles », « conformément à une jurisprudence établie du juge administratif » (Civ. 1re 24 avr. 2013, *Commune de Sancoins et autres c. Société Les Fils de Madame Géraud*, Bull. civ. I, n° 89).

La *stabilité des relations contractuelles* est un second principe. L'expression, qui figure dans l'arrêt *Béziers I*, ne se retrouve pas dans l'arrêt *Béziers II* : l'idée n'y est pas moins sous-jacente en ce qu'elle conduit à déterminer si, en cas de résiliation du contrat, il y a matière à ordonner la reprise des relations contractuelles, de la même manière que, si une irrégularité entache la conclusion du contrat, il peut y avoir lieu d'en maintenir l'exécution. Dans les deux cas aussi est sous-jacente l'idée des droits acquis résultant de la conclusion du contrat, qui, plus explicitement, détermine les conditions du retrait et de l'abrogation des actes administratifs (v. obs. sous CE, Ass., 26 oct. 2001, *Ternon**).

5 *C.* — Elle se rattache aussi aux *intérêts en présence*. Ils sont de deux ordres.

Le premier est *l'intérêt général*, notion qui irrigue tout le droit administratif et en particulier celui des contrats administratifs.

Si le juge envisage de prononcer la résiliation du contrat dont la validité est contestée devant lui, il doit vérifier « *que sa décision ne portera pas une atteinte excessive à l'intérêt général* » (*Béziers I*) ; s'il envisage de faire droit à la demande de reprise des relations contractuelles rompues par la décision de résiliation prise par l'administration contractante, il doit déterminer « *si une telle reprise n'est pas de nature à porter une atteinte excessive à l'intérêt général* » (*Béziers II*).

Il doit le mettre en balance avec *les intérêts des parties*. Dans les deux cas, leurs droits et obligations sont directement en cause. En particulier, si est contestée la résiliation du contrat, il incombe au juge d'apprécier le cas échéant « *la gravité... des manquements du requérant à ses obligations contractuelles* ».

Doit être également pris en considération « *l'intérêt de tiers* ». Celui-ci n'est pas mentionné dans l'arrêt *Béziers I* : les tiers sont néanmoins indirectement en cause en ce que le maintien du contrat peut leur être nécessaire au titre du service public sur lequel porte le contrat. L'arrêt *Béziers II* parle « *notamment* » « *du titulaire d'un nouveau contrat dont la conclusion aurait été rendue nécessaire par la résiliation litigieuse* » ; entre le moment où l'administration a résilié le contrat et celui où le juge statue sur cette résiliation, elle a pu conclure un contrat avec une autre personne pour assurer l'exécution des prestations dont faisait l'objet le contrat résilié. Ce nouveau contrat ouvre à une nouvelle partie, qui est un tiers par rapport au contrat initial, des droits dont il faut tenir compte pour apprécier la résiliation de celui-ci. On est en présence d'un conflit contrat contre contrat, droits du cocontractant initial contre droits du cocontractant nouveau.

Ces considérations doivent être pesées selon un bilan analogue à celui qu'on rencontre dans d'autres contentieux, tels ceux du recours des tiers contre le contrat (*Département de Tarn-et-Garonne**) et du recours pour excès de pouvoir (CE, Ass., 28 mai 1971, *Ville Nouvelle Est**).

Elles doivent déterminer l'exercice des pouvoirs du juge.

II. – Les pouvoirs du juge du contrat

6 L'apport essentiel des deux arrêts *Commune de Béziers* est de permettre au juge du contrat de choisir la solution la plus adéquate en fonction des éléments d'appréciation dont il doit tenir compte. En cela le juge est vraiment un juge de plein contentieux entre les parties. Toutefois, ses pouvoirs ne sont pas totalement identiques selon que le contentieux porte sur la validité du contrat (A) ou sur la résiliation du contrat (B).

A. — Dans le *contentieux de la validité du contrat*, le juge est conduit à statuer non seulement sur cette validité mais sur les conséquences qu'il faut tirer de la reconnaissance de l'invalidité. Il peut devoir le faire dans les deux types de contentieux de la validité déjà identifiés.

Dans le premier (*contestation par voie d'action*), trois solutions sont possibles :

– décider la poursuite de l'exécution du contrat, éventuellement sous réserve de mesures de régularisation prises par la personne publique ou convenues entre les parties ; le contrat, malgré certaines irrégularités, subsiste ;

– prononcer la résiliation du contrat – c'est-à-dire décider qu'il prend fin pour l'avenir : normalement, une telle décision devrait prendre effet, comme toute décision de justice, à la date de sa notification, mais le juge peut, comme pour une décision d'annulation (CE, Ass., 11 mai 2004, *Association AC !**) en différer l'effet ; ainsi, alors même que le contrat est vicié par une irrégularité, il n'est pas nécessairement remis en cause pour le passé ; il peut même être prolongé quelque temps ;

– prononcer l'annulation du contrat ; c'est la sanction la plus sévère ; elle ne peut être prononcée que dans les cas les plus graves : « *le caractère illicite du contenu du contrat ou… un vice d'une particulière gravité relatif notamment aux conditions dans lesquelles les parties ont donné leur consentement* » (par ex. CE 10 juill. 2013, *Commune de Vias et SEM de la Ville de Béziers et du littoral*, Rec. 806 ; BJCP 2013.448, concl. Pellissier ; RJEP févr. 2014.13, note Bonnefont). Elle constitue, non pas une reconnaissance de la nullité du contrat, selon la formule qui était retenue naguère à propos de l'action en nullité, mais une « *annulation* », comme celle qui peut être prononcée à l'encontre d'un acte administratif dans le cadre du recours pour excès de pouvoir ou à l'encontre d'un contrat administratif à l'issue du recours d'un tiers (*Département de Tarn-et-Garonne**).

Il n'est pas dit que la décision peut être accompagnée de dommages-intérêts pour compenser le préjudice subi par la partie dont le contrat est annulé. Mais, si sont présentées des conclusions en ce sens, le juge doit pouvoir y faire droit.

Dans le second cas (*contestation de la validité du contrat par voie d'exception à l'occasion d'un litige relatif à son exécution*), le principe est que le juge doit faire application du contrat. C'est seulement pour les vices les plus graves, ceux-là mêmes qui justifient l'annulation du contrat par voie d'action (caractère illicite du contrat, vice d'une particulière gravité relatif notamment aux conditions dans lesquelles les parties ont donné leur consentement), que le juge « *doit écarter le contrat et ne peut régler le litige sur le terrain contractuel* ». Il peut le régler sur le terrain extra-contractuel, soit quasi délictuel (fautes autres que la violation du contrat) soit quasi contractuel (enrichissement sans cause) (en ce sens notamment CE, Sect., 20 oct. 2000, *Société Citecable Est*, préc.). Pour les vices moins graves, telle la signature du contrat par le maire avant la transmission au préfet de la délibération du conseil municipal, il n'y a pas lieu d'écarter le contrat : le litige opposant les parties doit être tranché sur le terrain contractuel.

7 ***B.*** — Pour le *contentieux de la résiliation du contrat*, la jurisprudence avait toujours été réticente à reconnaître au juge du contrat un pouvoir d'annulation alors qu'il s'agit d'un « *plein contentieux* » : le contentieux des mesures d'exécution apparaît comme un contentieux qui, purement subjectif, ne peut donner lieu qu'à l'octroi de dommages-intérêts. La justification de cette solution n'a jamais pu trouver de véritable fondement théorique. Mais la solution était constante, selon une formule qui, exprimée à propos des marchés de travaux publics, valait pour tous les contrats administratifs (CE, Sect., 26 nov. 1971, *Société industrielle et agricole de fertilisants humiques (SIMA)*, Rec. 723 ; RD publ. 1972.239, concl. Gentot, et 1245, note M. Waline ; AJ 1971.649, chr. Labetoulle et Cabanes).

Le second arrêt *Commune de Béziers* ne rompt pas totalement avec cette jurisprudence ; il en atténue seulement la portée en distinguant le cas des mesures autres que la résiliation du contrat et les mesures de résiliation.

8 Pour les mesures autres que de résiliation, la solution reste inchangée : « *le juge du contrat, saisi par une partie d'un litige relatif à une mesure d'exécution d'un contrat, peut seulement, en principe, rechercher si cette mesure est intervenue dans des conditions de nature à ouvrir droit à indemnité* ». Tel est le cas par exemple pour une mesure de modification unilatérale du contrat : justifiée, elle doit donner lieu à une indemnité compensatrice (v. CE 11 mars 1910, *Compagnie générale française des tramways**) ; injustifiée, elle ne peut pas donner lieu à autre décision du juge que l'octroi d'une indemnité couvrant le préjudice subi. Si la mesure imposée au cocontractant est tellement grave qu'elle justifie une sanction dépassant le droit à une indemnité, le cocontractant peut demander au juge de prononcer la résiliation du contrat pour faute de l'administration. Mais c'est une hypothèse différente de celle où c'est l'administration qui décide elle-même la résiliation.

C'est dans cette autre hypothèse que le second arrêt *Commune de Béziers* élargit le pouvoir du juge du contrat, pour lui permettre le cas échéant de dépasser la *décision de résiliation* prise par l'administration.

Jusqu'à l'arrêt du 21 mars 2011, la jurisprudence ne reconnaissait au juge le pouvoir d'annuler une telle décision que pour certains contrats. Pour les autres, la solution était ferme : il ne pouvait éventuellement qu'accorder des dommages-intérêts.

Désormais l'arrêt *Commune de Béziers II* ne fait plus de distinction : il vise tous les cas de résiliation d'un contrat par une mesure de l'administration contractante « *entachée de vices relatifs à sa régularité ou à son bien-fondé* ».

9 Mais, en même temps, sont apportées certaines précisions et certaines nuances.

Les précisions portent sur le recours lui-même. Il s'agit d'« *un recours de plein contentieux contestant la validité de cette mesure de résiliation et tendant à la reprise des relations contractuelles* » (CE 11 oct. 2012, *Société Orange France*, Rec. 852 ; BJCP 2013.51 et RJEP 2013.22, concl. Bohnert). Il doit être exercé dans les deux mois à compter de la date à laquelle l'intéressé a été informé de la mesure de résiliation, y compris si le contrat est relatif à des travaux publics ; un recours administratif ne peut interrompre ce délai (CE 30 mai 2012, *SARL Promotion de la restauration touristique*, Rec. 237 ; BJCP 2012.443 et JCP Adm. 2012.2257, concl. Escaut ; AJ 2012.1593, note Dizier et 2318, note Traoré) ; le recours contentieux peut être accompagné d'une demande de référé-suspension de l'article L. 521-1 CJA, qui peut prospérer (CE 17 juin 2015, *Commune d'Aix-en-Provence*, Rec. 752 ; RFDA 2015.929, concl. Pellissier, note P. Delvolvé ; BJCP 2015.381, concl.).

Les nuances portent sur la sanction de l'irrégularité de la décision de résiliation. L'arrêt ne parle pas d'annulation : le mot est volontairement omis. Il est simplement dit que l'irrégularité peut conduire à la « *reprise des relations contractuelles* » : la formule a voulu non seulement éviter la brutalité d'une annulation mais encore et surtout tenir compte d'une réalité tenant à ce qu'entre le moment où la résiliation a été décidée par l'administration et celui où le juge statue, les relations contractuelles ont effectivement été interrompues.

Si la résiliation porte sur un contrat entaché de vices tels que son invalidité doit être reconnue, il ne peut y avoir matière à ordonner la reprise des relations contractuelles (CE 1er oct. 2013, *Société Espace Habitat Construction*, Rec. 700 ; v. nº 20.4).

Même si la décision de résiliation est entachée de vices relatifs à sa régularité ou à son bien-fondé, le juge peut ne pas décider la reprise des relations contractuelles, en tenant compte des différents éléments d'appréciation qui doivent le déterminer. (CE 16 nov. 2016, *Commune d'Erstein*, Rec. 833 ; BJCP 2017.64, concl. Henrard). C'est le cas en particulier si, au moment où le juge statue, le contrat a atteint son terme (CE 27 févr. 2019, *Département de la Seine-Saint-Denis*, Rec. 831 ; BJCP 2019.206, concl. Pellissier ; AJ 2019.1056, note Richer ; JCP Adm. 2019.2193, note Gonzague).

Des indemnités peuvent être accordées dans deux cas : soit purement et simplement si, alors même que la résiliation est irrégulière, il n'y a pas lieu, compte tenu des circonstances de droit et de fait, d'ordonner la reprise des relations contractuelles, soit, même en cas de reprise, pour couvrir le préjudice né de la non-exécution du contrat entre la date de sa résiliation et la date fixée pour la reprise des relations contractuelles, sous réserve des indemnités que la collectivité aurait elle-même déjà versées en prononçant la résiliation (CE 27 févr. 2019, *Société Opilo*, Rec. 831 ; BJCP 2019.198, concl. Pellissier ; AJ 2019.1590, note Dubreuil ; DA 2019, comm. 26, Brunet ; JCP Adm. 2019.2315, note Vila).

Ainsi, si les arrêts *Commune de Béziers* ne constituent pas une rupture radicale par rapport aux solutions antérieures, ils apportent une amélioration sensible au contentieux contractuel entre parties.

107

RÉPARTITION DES COMPÉTENCES
APPRÉCIATION DE LA LÉGALITÉ
DES ACTES ADMINISTRATIFS

Tribunal des conflits, 17 octobre 2011, *SCEA du Chéneau et autres c. Interprofession nationale porcine (INAPORC) et autres, Cherel et autres c. Centre national interprofessionnel de l'économie laitière (CNIEL)*
(Rec. 698 ; RFDA 2011.122, concl. Sarcelet, note Seiller, et 1136, note Roblot-Troizier ; AJ 2012.27, chr. Guyomar et Domino ; JCP 2011.1208, note Sorbara, et 1423, chr. Plessix ; JCP Adm. 2011.1423, note Pauliat ; D. 2011.3046, note Donnat ; même revue 2012.244, obs. Fricero ; DA janv. 2012.10, note F. Melleray ; RD publ. 2012.853, comm. Clamour et Coutron ; RTD civ. 2011.735, obs. Rémy-Corlay ; RJEP févr. 2012, repère n° 2, Labetoulle ; Constitutions 2012.294, obs. Levade ; LPA 16 mars 2012, note Graulier ; RTD eur. 2012.135, comm. Ritleng)

Cons. que les arrêtés de conflit visés ci-dessus soulèvent la même question de compétence ; qu'il y a lieu de les joindre et de statuer par une seule décision ;

Cons. que les litiges opposant, devant le tribunal de grande instance de Rennes, d'une part, la SCEA du Chéneau et autres à l'interprofession nationale porcine (INAPORC) et autres et, d'autre part, M. A et autres au Centre national interprofessionnel de l'économie laitière (CNIEL) et autres portent sur le remboursement de « cotisations interprofessionnelles volontaires rendues obligatoires » que les demandeurs ont versées en application d'accords interprofessionnels rendus obligatoires par des arrêtés interministériels pris en application, respectivement, des articles L. 632-3 et L. 632-12 du Code rural et de la pêche maritime ; que, si ces litiges opposant des personnes privées relèvent à titre principal des tribunaux de l'ordre judiciaire, les demandeurs se fondent sur ce que les cotisations litigieuses auraient été exigées en application d'un régime d'aide d'État irrégulièrement institué, faute d'avoir été préalablement notifié à la Commission européenne en application des articles 87 et 88 du traité instituant la Communauté européenne, devenus les articles 107 et 108 du traité sur le fonctionnement de l'Union européenne ; que le préfet de la région Bretagne, préfet d'Ille-et-Vilaine, estimant que la contestation ainsi soulevée portait sur la légalité d'actes administratifs réglementaires, a présenté deux déclinatoires demandant au tribunal de grande instance de se déclarer incompétent pour connaître de cette contestation et de poser en conséquence à la juridiction administrative une question préjudicielle ; que, par jugements du 18 avr. 2011, le tribunal de grande instance a rejeté ces déclinatoires ; que, par arrêtés du 9 mai 2011, le préfet a élevé le conflit ;

Sur la régularité de la procédure de conflit :

Cons. qu'aux termes de l'article 8 de l'ordonnance du 1er juin 1828 : « Si le déclinatoire de compétence est rejeté, le préfet du département pourra élever le conflit dans la quinzaine de réception pour tout délai (...) » et que, selon l'article 11 de la même ordonnance : « Si dans le délai de quinzaine l'arrêté de conflit n'était pas parvenu au greffe, le conflit ne pourrait plus être élevé devant le tribunal saisi de l'affaire » ;

Cons. qu'il ressort des dossiers que la copie de chacun des jugements du 18 avr. 2011 intervenus sur les déclinatoires de compétence a été notifiée au préfet par lettre recommandée reçue le 26 avr. suivant ; que, les arrêtés de conflit pris le 9 mai 2011 ont été reçus au parquet et déposés au greffe du tribunal de grande instance le lendemain 10 mai, soit avant l'expiration du délai de quinzaine prescrit par les articles 8 et 11 de l'ordonnance du 1er juin 1828 ; qu'ainsi, contrairement à ce que soutiennent la SCEA du Chéneau et autres et M. A et autres, le conflit n'a pas été élevé tardivement ;

Sur la validité des arrêtés de conflit :

Cons. qu'en vertu du principe de séparation des autorités administratives et judiciaires posé par l'article 13 de la loi des 16-24 août 1790 et par le décret du 16 fructidor an III, sous réserve des matières réservées par nature à l'autorité judiciaire et sauf dispositions législatives contraires, il n'appartient qu'à la juridiction administrative de connaître des recours tendant à l'annulation ou à la réformation des décisions prises par l'administration dans l'exercice de ses prérogatives de puissance publique ; que de même, le juge administratif est en principe seul compétent pour statuer, le cas échéant par voie de question préjudicielle, sur toute contestation de la légalité de telles décisions, soulevée à l'occasion d'un litige relevant à titre principal de l'autorité judiciaire ;

Cons. que, pour retenir néanmoins sa compétence et rejeter les déclinatoires, le tribunal de grande instance de Rennes s'est fondé sur les dispositions de l'article 55 de la Constitution et sur le principe de la primauté du droit communautaire ;

Cons. que les dispositions de l'article 55 de la Constitution conférant aux traités, dans les conditions qu'elles définissent, une autorité supérieure à celle des lois ne prescrivent ni n'impliquent aucune dérogation aux principes, rappelés ci-dessus, régissant la répartition des compétences entre ces juridictions, lorsqu'est en cause la légalité d'une disposition réglementaire, alors même que la contestation porterait sur la compatibilité d'une telle disposition avec les engagements internationaux ;

Cons. toutefois, d'une part, que ces principes doivent être conciliés tant avec l'exigence de bonne administration de la justice qu'avec les principes généraux qui gouvernent le fonctionnement des juridictions, en vertu desquels tout justiciable a droit à ce que sa demande soit jugée dans un délai raisonnable ; qu'il suit de là que si, en cas de contestation sérieuse portant sur la légalité d'un acte administratif, les tribunaux de l'ordre judiciaire statuant en matière civile doivent surseoir à statuer jusqu'à ce que la question préjudicielle de la légalité de cet acte soit tranchée par la juridiction administrative, il en va autrement lorsqu'il apparaît manifestement, au vu d'une jurisprudence établie, que la contestation peut être accueillie par le juge saisi au principal ;

Cons., d'autre part, que, s'agissant du cas particulier du droit de l'Union européenne, dont le respect constitue une obligation, tant en vertu du traité sur l'Union européenne et du traité sur le fonctionnement de l'Union européenne qu'en application de l'article 88-1 de la Constitution, il résulte du principe d'effectivité issu des dispositions de ces traités, telles qu'elles ont été interprétées par la Cour de justice de l'Union européenne, que le juge national chargé d'appliquer les dispositions du droit de l'Union a l'obligation d'en assurer le plein effet en laissant au besoin inappliquée, de sa propre autorité, toute disposition contraire ; qu'à cet effet, il doit pouvoir, en cas de difficulté d'interprétation de ces normes, en saisir lui-même la Cour de justice à titre préjudiciel ou, lorsqu'il s'estime en état de le faire, appliquer le droit de l'Union, sans être tenu de saisir au préalable la juridiction administrative d'une question préjudicielle, dans le cas où serait en cause devant lui, à titre incident, la conformité d'un acte administratif au droit de l'Union européenne ;

Cons. que, si la contestation soulevée par la SCEA du Chéneau et autres et par M. A et autres met nécessairement en cause la légalité des actes administratifs qui ont rendu obligatoires les cotisations litigieuses, il résulte de ce qui vient d'être dit qu'il appartient à la juridiction de l'ordre judiciaire, compétemment saisie du litige au principal, de se prononcer elle-même, le cas échéant après renvoi à la Cour de justice, sur un moyen tiré de la méconnaissance du droit de l'Union européenne ; que c'est dès lors à tort que le conflit a été élevé ;

Cons. qu'il n'y a pas lieu, dans les circonstances de l'espèce, de faire droit aux conclusions présentés par la SCEA du Chéneau et autres et par M. A et autres en application de l'article 75-I de la loi du 10 juill. 1991 ; ... (Annulation des arrêtés de conflit).

OBSERVATIONS

Si l'appréciation de la légalité d'un acte administratif relève normalement de la compétence de la juridiction administrative, l'arrêt SCEA du Chéneau *la permet aux juridictions civiles dans des cas où la solution est certaine.*

1 En vertu d'une loi du 10 juill. 1975 relative à l'organisation interprofessionnelle agricole, reprise aux art. L. 632-1 et s. du Code rural et de la pêche maritime, des groupements constitués par des organisations professionnelles les plus représentatives peuvent conclure des accords ayant pour objet notamment la régularisation de l'offre de produits, accords dont le contenu devient obligatoire pour l'ensemble d'un secteur en cas d'extension par arrêté du ministre chargé de l'agriculture, qui a le caractère d'un acte réglementaire (CE, Sect., 19 juin 1981, *Syndicat viticole de Margaux*, Rec. 271 ; Dr. rur. 1981.435, concl. Genevois). Le financement des actions communes est assuré par des cotisations qui, en dépit de leur caractère obligatoire pour les membres des professions, ont la nature de créances de droit privé.

Ce mode de financement a été contesté au regard du droit de l'Union européenne devant la juridiction administrative. Mais le Conseil d'État a admis la légalité aussi bien d'un arrêté ministériel d'extension (CE 21 juin 2006, *Confédération paysanne*, Rec. 720) que du refus du Premier ministre de notifier ce mécanisme à la Commission européenne en estimant qu'il n'était pas constitutif d'une aide d'État (CE, Ass., 7 nov. 2008, *Comité national des interprofessions des vins à appellation d'origine*, Rec. 399, concl. Glaser ; v. n° 3.11).

La Cour de justice de l'Union européenne s'est prononcée ultérieurement dans le même sens (CJUE 30 mai 2013, *Doux Élevage SNC*, aff. C-677/11 ; AJ 2013.1694, chr. Aubert, Broussy et Cassagnabère).

Des professionnels relevant soit du secteur porcin, au nombre desquels la SCEA du Chéneau, soit de l'activité laitière, ont parallèlement assigné devant le tribunal de grande instance les groupements professionnels dont ils dépendent, « *Interprofession nationale porcine* » (INAPORC) et « *Centre national interprofessionnel de l'économie laitière* » (CNIEL), aux fins de se voir restituer le montant des cotisations obligatoires. Il était soutenu qu'elles avaient servi à financer des aides d'État n'ayant pas donné lieu à notification préalable à la Commission européenne en méconnaissance du droit de l'Union.

La compétence du juge judiciaire fut mise en cause par des déclinatoires de compétence préfectoraux au motif que la solution du litige nécessitait d'apprécier la légalité des arrêtés ministériels d'extension. Or, en vertu de la jurisprudence classique du Tribunal des conflits, si le juge civil peut interpréter un acte administratif à caractère réglementaire, « *il appartient à la juridiction administrative seule d'en contrôler la légalité* », conformément au principe de séparation des autorités administratives et judiciaires (TC 16 juin 1923, *Septfonds*, Rec. 498 ; D. 1924.3.41, concl. Matter ; S. 1923.3.49, note Hauriou – qui fit partie des *Grands arrêts de la jurisprudence administrative* jusqu'à la 18e édition).

La même solution vaut pour les actes administratifs individuels, qu'il s'agisse d'en apprécier la légalité ou de les interpréter, sous réserve dans ce dernier cas de l'application de la théorie de l'acte clair. Selon celle-ci, dégagée par Laferrière, il n'y a pas lieu à renvoi préjudiciel en interprétation si la détermination du sens de l'acte ne soulève pas de difficulté pour un « *esprit éclairé* ».

Le Tribunal des conflits avait admis cependant qu'il soit dérogé aux principes posés par la jurisprudence *Septfonds* dans deux hypothèses : lorsque l'acte administratif contesté par la voie de l'exception devant le juge civil porte gravement atteinte au droit de propriété ou à la liberté individuelle (TC 30 oct. 1947, *Barinstein*, Rec. 511 ; S. 1948.3.1, note Mestre ; D. 1947.476, note PLJ ; RD publ. 1948.86, note M. Waline ; JCP 1947.II.3966, note Fréjaville) ; par interprétation de dispositions législatives donnant compétence au juge judiciaire à l'effet de promouvoir des « blocs de compétence », comme c'est le cas en matière de fiscalité indirecte ou de droits de douane (TC 12 nov. 1984, *Société Sogedis*, Rec. 451 ; RFDA 1985.445, concl. Picca).

Dans l'affaire *SCEA du Chéneau*, le tribunal de grande instance a écarté les déclinatoires de compétence en se prévalant de la circonstance qu'il avait à se prononcer non sur la conformité à la loi des arrêtés ministériels d'extension mais sur leur compatibilité avec une convention internationale ayant une autorité supérieure à la loi et *a fortiori* à celle d'un règlement. Il releva en outre que les « *normes communautaires sont directement applicables aux ressortissants des États membres et s'imposent aux juridictions, y compris judiciaires* ».

Ce dernier argument, une fois le conflit élevé, fut retenu par le commissaire du gouvernement Sarcelet dans ses conclusions.

L'arrêt rendu par le Tribunal des conflits, tout en adoptant les conclusions sur ce point, redéfinit la portée du principe de séparation des autorités administratives et judiciaires. À certains égards, il conforte des jurisprudences antérieures (I). Mais il innove en introduisant des éléments de souplesse (II).

I. — La confirmation de solutions antérieures

2 Les conséquences attachées au principe de séparation des autorités administratives et judiciaires ne se trouvent pas remises en cause. Le Haut tribunal s'attache même à montrer qu'elles ne sont pas affectées par la place réservée aux traités dans l'ordre interne.

A. — L'arrêt *SCEA du Chéneau* réaffirme sur deux points la compétence de la juridiction administrative, que ce soit par la voie de l'action ou par la voie de l'exception.

1°) Pour le juge des conflits, en vertu du principe de séparation des autorités administratives et judiciaires posé par l'art. 13 de la loi des 16-24 août 1790 et par le décret du 16 fructidor an III à l'exception des matières « *réservées par nature à l'autorité judiciaire et sauf dispositions législatives contraires, il n'appartient qu'à la juridiction administrative de connaître des recours tendant à l'annulation ou à la réformation des décisions prises par l'administration dans l'exercice de ses prérogatives de puissance publique* ».

La rédaction ainsi retenue, bien que très proche de celle adoptée par le Conseil constitutionnel, dans sa décision *n° 86-224 DC du 23 janv. 1987**, en diffère cependant.

Alors que le juge constitutionnel avait rattaché la compétence de la juridiction administrative dans le contentieux de l'annulation des actes administratifs, aux « *principes fondamentaux reconnus par les lois de la République* », réaffirmés par le Préambule de la Constitution de 1958 par renvoi au Préambule de la Constitution de 1946, le juge des conflits se fonde uniquement sur les textes législatifs de la période révolutionnaire.

La nuance ainsi observée s'explique aisément. Le contrôle de constitutionnalité des lois confié au Conseil constitutionnel le conduit nécessairement à placer le débat sur un plan constitutionnel, tandis qu'une telle obligation ne s'impose pas au Tribunal des conflits qui, dès son institution, a visé l'art. 13 de la loi des 16-24 août 1790 et le décret du 16 fructidor an III, et n'est pas juge de la conformité des lois à la Constitution.

3 *2°)* L'arrêt commenté, fidèle sur ce point à la jurisprudence *Septfonds*, rappelle également la compétence du juge administratif pour connaître, par la voie de l'exception, de la légalité d'un acte administratif : il est « *en principe seul compétent pour statuer, le cas échéant par voie de question préjudicielle, sur toute contestation de la légalité de* » décisions prises par l'administration dans l'exercice de ses prérogatives de puissance publique, « *soulevée à l'occasion d'un litige relevant à titre principal de l'autorité judiciaire* ».

4 ***B.*** — La compétence de principe de la juridiction administrative dans le contentieux de l'annulation comme dans celui de l'appréciation de la légalité des actes administratifs, n'est pas mise en échec par l'art. 55 de la Constitution.

1°) L'arrêt du 17 oct. 2011 est en la matière d'une grande fermeté. Les dispositions de l'art. 55 de la Constitution conférant aux traités, dans les conditions qu'elles définissent, une autorité supérieure à celle des lois ne prescrivent ni n'impliquent de dérogation au principe de la compétence administrative lorsqu'est en cause la légalité d'une disposition réglementaire « *alors même que la contestation porterait sur la compatibilité d'une telle disposition avec les engagements internationaux* ».

5 *2°)* Le Haut tribunal se sépare donc du premier motif de rejet des déclinatoires de compétence par le tribunal de grande instance, bien que le raisonnement suivi par celui-ci pût trouver un appui dans une jurisprudence de la Cour de cassation faisant prévaloir les stipulations de la Convention européenne des droits de l'Homme sur des dispositions de nature réglementaires du Code de procédure civile (Cass., Ass. plén., 22 déc. 2000, Bull. Ass. plén., n° 12).

La solution apportée par le Tribunal des conflits tire sa justification du fait que la méconnaissance par un acte administratif de toute norme juridique qui lui est supérieure est constitutive d'une illégalité, sans qu'il y ait lieu de distinguer selon l'origine de cette norme. Les traités introduits dans l'ordre interne font partie intégrante du bloc de légalité. Et s'il est vrai que l'art. 55 de la Constitution a été interprété comme posant une « *règle de conflit de normes* » entre le traité et la loi (v. nos obs. sous CE, Ass., 20 oct. 1989, *Nicolo**), il n'implique nullement qu'il soit dérogé aux conséquences découlant du principe de séparation des autorités administratives et judiciaires.

II. — L'introduction d'éléments de souplesse dans la mise en œuvre du principe de séparation

6 Si le principe de séparation des autorités administratives et judiciaires s'inscrit dans la conception française de la séparation des pouvoirs et illustre la spécialisation de chaque ordre de juridiction, sa mise en œuvre est de nature à retarder l'issue d'un litige dans tous les cas où le juge saisi au principal est tenu de surseoir à statuer dans l'attente de la réponse donnée à une question excédant sa compétence.

Conscient de cette situation, le Tribunal des conflits s'est attaché à assouplir la procédure des questions préjudicielles. Il importe d'en prendre la mesure avant d'en souligner les prolongements dans la jurisprudence administrative.

A. — L'assouplissement apporté à la mise en œuvre du principe de séparation des autorités est justifié par l'arrêt, tant par « *l'exigence de bonne administration de la justice* », qui a été rangée parmi les objectifs de valeur constitutionnelle par la jurisprudence du Conseil constitutionnel (*n° 2006-545 DC, 28 déc. 2006*, Rec. 138), que par les principes généraux qui gouvernent le fonctionnement des juridictions en vertu desquels « *tout justiciable a droit à ce que sa demande soit jugée dans un délai raisonnable* ».

Est ici prise en compte la jurisprudence de la Cour européenne des droits de l'Homme (v. nos obs. sous CE 27 févr. 2004, *Mme Popin**).

Ces impératifs trouvent leur traduction dans l'arrêt de deux façons.

1°) Conformément aux conclusions du commissaire du gouvernement, une exception à la jurisprudence *Septfonds* concerne le traité sur l'Union européenne et plus généralement le droit de l'Union européenne.

À cet égard, l'arrêt relève que « le juge national chargé d'appliquer les dispositions du droit de l'Union » européenne a « l'obligation d'en assurer le plein effet, en laissant au besoin inappliquée, de sa propre autorité, toute disposition contraire ».

À cet effet, il doit pouvoir « en cas de difficulté d'interprétation, en saisir lui-même la Cour de justice à titre préjudiciel ou, lorsqu'il s'estime en état de le faire, appliquer le droit de l'Union sans être tenu de saisir au préalable la juridiction administrative d'une question préjudicielle dans le cas où serait en cause, à titre incident, la conformité d'un acte administratif à ce droit ».

Se trouve ainsi exclue l'éventualité de « *questions préjudicielles imbriquées* », suivant la formule du professeur B. Seiller (*cf.* RFDA 2011.1132).

En se prononçant de la sorte, le juge des conflits a fait sienne une jurisprudence dégagée antérieurement par la Cour de cassation (Com. 6 mai 1996, RFDA 1996.1161, note Seiller ; AJ 1996.1033, note Bazex).

C'est sur ce terrain que l'arrêt annule les arrêtés de conflit.

7 *2°)* Le Haut tribunal aurait pu en rester là. Il a toutefois jugé opportun d'aménager dans l'ordre interne le mécanisme des questions préjudicielles, d'une manière qui n'est pas sans rappeler, les rapports du juge national et de la Cour de justice.

En effet, la Cour de justice des Communautés européennes, devenue la Cour de justice de l'Union européenne, a interprété les dispositions de l'art. 177 du traité de Rome, aujourd'hui reprises à l'art. 267 du traité sur le fonctionnement de l'Union européenne, comme dispensant les juridictions nationales statuant en dernier ressort de la saisir à titre préjudiciel d'une question d'interprétation du droit de l'Union, lorsque celle-ci a donné lieu à « *une jurisprudence bien établie* » (CJCE 6 oct. 1982, *CILFIT*, aff. 283/81, Rec. 314).

En écho à l'attitude de la Cour de Luxembourg vis-à-vis des juridictions nationales, l'arrêt du 17 oct. 2011, admet que le juge civil ne soit pas tenu de surseoir à statuer jusqu'à ce que la question préjudicielle de la légalité d'un acte administratif soit tranchée par la juridiction administrative « *lorsqu'il apparaît, au vu d'une jurisprudence établie* », que la contestation peut être tranchée par le juge saisi au principal.

Dans un arrêt postérieur, le Haut tribunal a précisé sa pensée en dispensant de renvoi à titre préjudiciel « lorsqu'il apparaît *clairement*, au vu *notamment* d'une jurisprudence établie, que la contestation peut être accueillie par le juge saisi au principal » (TC 12 déc. 2011, *Société Green Yellow et autres c. Électricité de France*, Rec. 705 ; RFDA 2011.1141 ; AJ 2012.27, chr. Guyomar et Domino ; JCP Adm. 2012.2061, note Pauliat).

La filiation avec la théorie de l'acte clair apparaît ainsi plus nettement.

Le Protocole n° 14 additionnel à la Convention européenne de sauvegarde des droits de l'Homme et des libertés fondamentales se réfère, quant à lui, à la notion de « jurisprudence bien établie » de la Cour européenne des droits de l'Homme pour permettre, sur le fondement d'une telle jurisprudence, à un comité de trois juges se prononçant à l'unanimité, de statuer sur une requête individuelle, en lieu et place d'une chambre de cette juridiction. Si cet aménagement d'ordre procédural est distinct de la technique des questions préjudicielles, il procède, tout comme la jurisprudence *SCEA du Chéneau,* d'un souci de bonne administration de la justice.

8 ***B.*** — L'assouplissement des modalités de mise en œuvre du principe de séparation des autorités administratives et judiciaires, peut également recevoir application lorsque, saisi au principal, le juge administratif est tributaire de la réponse à donner à une question de droit privé échappant à sa compétence. L'hypothèse se rencontre plus spécialement en cas de contestation devant le juge administratif de la légalité d'un arrêté du ministre chargé du travail procédant à l'extension d'une convention collective, lorsqu'est invoqué un moyen tiré de l'invalidité de cette dernière.

Il était couramment admis que le juge administratif était tenu de surseoir à statuer jusqu'à ce que le juge judiciaire, saisi à titre préjudiciel, se soit prononcé sur la validité de la convention (CE, Sect., 4 mars 1960, *SA « Le Peignage de Reims »*, Rec. 168 ; Dr. soc. 1960.274, concl. Nicolay).

Tout en maintenant dans son principe cette dernière jurisprudence, une décision du Conseil d'État postérieure à l'arrêt *SCEA du Chéneau* (CE, Sect., 23 mars 2012, *Fédération Sud Santé Sociaux*, Rec. 102, concl. Landais ; concl. RFDA 2012.429 et RJEP mai 2012.24 ; AJ 2012.1583, note Marc ; DA 2012, n° 56, comm. F. Melleray ; LPA 29 mai 2012, note Chaltiel ; RTD eur. 2012.926, comm. Ritleng) l'a assortie d'un double tempérament reprenant en substance la jurisprudence du Tribunal des conflits : l'un propre au droit de l'Union européenne ; l'autre plus général visant le cas où « *il apparaît manifestement, au vu d'une jurisprudence établie, que la contestation peut être accueillie par le juge saisi au principal* ». Les modalités de mise en œuvre de ces principes ont été ultérieurement précisées (CE 1er juin 2015, *Fédération UNSA spectacle et communication*, Rec. 180 ; CE 17 mars 2017, *Syndicat national des prestataires de services d'accueil*, Rec. 443).

L'arrêt *SCEA du Chéneau* a ainsi eu le mérite de fixer des modalités de mise en œuvre du principe de séparation des autorités administratives et judiciaires reflétant la diversité des sources du droit et des juridictions chargées d'en assurer le respect tout en se montrant particulièrement sensible à la bonne administration de la justice.

En fonction de cette nouvelle approche du principe de séparation, c'est en s'appuyant sur une jurisprudence bien établie de l'autre ordre de juridiction que le Conseil d'État a constaté lui-même la nullité d'un contrat de cautionnement (CE 19 nov. 2013, *Société Credemlux International*, Rec. 288 ; BJCP 2014.126, concl. Cortot-Boucher, obs. R. S ; CMP janv. 2014, n° 20, note Devillers) et que la Cour de cassation a estimé que le juge judiciaire n'avait pas à renvoyer à la juridiction administrative l'appréciation de la validité d'un contrat administratif lorsque l'irrégularité invoquée n'est pas d'une gravité telle qu'il y ait lieu d'écarter l'application du contrat (Civ. 1re 24 avr. 2013, *Commune de Sancoins c. Société Les Fils de Mme Géraud*, AJ 2013.1630, note J.-D. Dreyfus).

Il peut même se produire que le juge civil se prononce sur la légalité d'une clause indemnitaire incluse dans un contrat de concession en faisant application de la jurisprudence administrative relative d'une part, à la prohibition des libéralités et d'autre part, à l'exigence de loyauté des relations contractuelles (Civ. 1re 22 mai 2019, *n° 18-15.356*, AJ 2019.2195, note Amilhat).

En l'absence de jurisprudence établie, il y a lieu pour le juge saisi au principal, de procéder à un renvoi préjudiciel (CE 28 déc. 2018, *Ministre des solidarités et de la santé et Fédération des établissements hospitaliers et aide à la personne privés à but non lucratif*, Rec. 606 ; Civ. 1re 8 avr. 2021, n° 18-24.494).

108

OFFICE DU JUGE PROCÉDURE CONSULTATIVE IRRÉGULARITÉS – EFFETS

Conseil d'État Ass., 23 décembre 2011, *Danthony et autres*

Conseil d'État Sect., 23 décembre 2011, *Danthony et autres*

I. Ass., *Danthony et autres,* Rec. 649

(RFDA 2012.284, concl. Dumortier, 296, note Cassia, et 423, étude Hostiou ; AJ 2012.195 et 2013.1733, chr. Domino et Bretonneau, 1484, étude Mialot, et 1609, trib. Seiller ; DA mars 2012.22, note F. Melleray ; JCP 2011.2089, note Broyelle ; même revue 2012.558, note Connil ; Hommage à J.-M. Sauvé, article G. Dumortier)

Sur la fin de non-recevoir opposée par le ministre de l'enseignement supérieur et de la recherche :

Cons. que la qualité de membres du conseil d'administration et du comité technique paritaire de l'un des établissements publics regroupés par le décret attaqué de trois des requérants leur confère un intérêt pour demander l'annulation de ce dernier dans toutes ses dispositions ;

Sur les conclusions aux fins d'annulation :

Cons. qu'aux termes de l'article L. 711-1 du Code de l'éducation, les écoles normales supérieures, qui sont des établissements publics à caractère scientifique, culturel et professionnel : « (...) peuvent demander, par délibération statutaire du conseil d'administration prise à la majorité absolue des membres en exercice, le regroupement au sein d'un nouvel établissement ou d'un établissement déjà constitué. Le regroupement est approuvé par décret. (...) » ; qu'en vertu de ces dispositions, le décret attaqué, qui a approuvé le regroupement de l'École normale supérieure de Lyon et de l'École normale supérieure de Fontenay-Saint-Cloud, et défini les statuts de la nouvelle école, devait faire l'objet d'une demande préalable formulée par chacun des conseils d'administration de chaque établissement, statuant séparément ; qu'une telle demande préalable devait elle-même, en vertu des dispositions combinées de l'article 15 de la loi du 11 janv. 1984 et de l'article 12 du décret du 28 mai 1982, être précédée d'un avis du comité technique paritaire attaché à l'établissement ; que, si les délibérations par lesquelles les conseils d'administration de l'École normale supérieure de Lyon et de l'École normale supérieure de Fontenay-Saint-Cloud ont, le 13 mai 2009, donné mandat à leurs directeurs de « mener à bien le projet de création d'une École normale supérieure à Lyon au 1er janv. 2010 », doivent être regardées comme des demandes de regroupement au sens de l'article L. 711-1 du Code de l'éducation, il ressort des pièces du dossier, d'une part, que ces délibérations n'ont pas été prises après avis préalable des comités techniques paritaires, qui n'ont été consultés que postérieurement à ces délibérations, sur le projet de statuts, d'autre part, que les conseils d'administration n'ont pas délibéré séparément sur la demande de regroupement mais à l'occasion d'une réunion commune ;

Cons. que l'article 70 de la loi du 17 mai 2011 dispose que : « Lorsque l'autorité administrative, avant de prendre une décision, procède à la consultation d'un organisme, seules les irrégularités susceptibles d'avoir exercé une influence sur le sens de la décision prise au vu de l'avis rendu peuvent, le cas échéant, être invoquées à l'encontre de la décision » ;

Cons. que ces dispositions énoncent, s'agissant des irrégularités commises lors de la consultation d'un organisme, une règle qui s'inspire du principe selon lequel, si les actes administratifs doivent être pris selon les formes et conformément aux procédures prévues par les lois et règlements, un vice affectant le déroulement d'une procédure administrative préalable, suivie à titre obligatoire ou facultatif, n'est de nature à entacher d'illégalité la décision prise que s'il ressort des pièces du dossier qu'il a été susceptible d'exercer, en l'espèce, une influence sur le sens de la décision prise ou qu'il a privé les intéressés d'une garantie ; que l'application de ce principe n'est pas exclue en cas d'omission d'une procédure obligatoire, à condition qu'une telle omission n'ait pas pour effet d'affecter la compétence de l'auteur de l'acte ;

En ce qui concerne l'irrégularité tenant à ce que les conseils d'administration ont délibéré sans l'avis préalable des comités techniques paritaires :

Cons. que la consultation obligatoire de chaque comité technique paritaire préalablement à l'adoption par le conseil d'administration de chaque établissement public à caractère scientifique, culturel et professionnel de la demande de regroupement prévue par les dispositions précitées de l'article L. 711-1 du Code de l'éducation, qui a pour objet d'éclairer chacun de ces conseils sur la position des représentants du personnel de l'établissement concerné, constitue pour ces derniers une garantie qui découle du principe de participation des travailleurs à la détermination collective des conditions de travail consacré par le huitième alinéa du Préambule de la Constitution de 1946 ; qu'il ressort des pièces du dossier que, si les comités techniques paritaires des deux écoles ont été consultés sur le projet de statuts de la nouvelle École normale supérieure, ils ne l'ont été que lors d'une réunion commune tenue le 9 juill. 2009, soit postérieurement aux délibérations des conseils d'administration formulant la demande de regroupement ; *qu'une telle omission de consultation préalable de chaque comité sur le principe de la fusion, qui a privé les représentants du personnel d'une garantie, a constitué une irrégularité de nature à entacher la légalité du décret attaqué ;*

En ce qui concerne les modalités des délibérations des conseils d'administration :

Cons. que lorsque des établissements demandent leur regroupement, une délibération exprimant la volonté propre du conseil d'administration de chacune des personnes morales concernées doit être prise en ce sens ; qu'une telle nécessité fait obstacle, eu égard à l'objet même de la délibération, à ce qu'un conseil d'administration puisse délibérer en présence de membres des conseils d'administration des établissements avec lesquels le regroupement est envisagé ; qu'il ressort des pièces du dossier que les délibérations par lesquelles les conseils d'administration des deux écoles normales supérieures ont pris parti sur le principe de la fusion avec l'autre établissement ont été émises lors d'une réunion organisée en commun, sous la présidence unique du président du conseil d'administration de l'un des deux établissements, y compris pendant le débat et le scrutin ; qu'eu égard au nombre et à la qualité des personnes irrégulièrement présentes, et en dépit du fait que les administrateurs étaient informés depuis plusieurs mois du projet de regroupement, de telles modalités de délibération ne peuvent être regardées comme dépourvues d'incidence sur le sens des votes, même si ceux-ci ont été émis de façon distincte ; que l'expression du point de vue autonome de chaque établissement a ainsi été altérée ; *que ce vice dans le déroulement de la procédure a donc été susceptible d'exercer une influence sur le sens des délibérations et, par suite, sur le sens du décret attaqué approuvant la demande de regroupement ;*

Cons. qu'il résulte de ce qui précède, et sans qu'il y ait lieu, dans l'intérêt d'une bonne justice, de rouvrir l'instruction pour tenir compte de la question prioritaire de constitutionnalité formulée dans la note en délibéré présentée par M. Danthony et autres, que M. Danthony et autres sont fondés à soutenir que le décret attaqué a été pris au terme d'une procédure irrégulière et à en demander, pour ce motif, l'annulation ;

Sur les conséquences de l'illégalité du décret attaqué :

Cons. que l'annulation d'un acte administratif implique en principe que cet acte est réputé n'être jamais intervenu ; que, toutefois, s'il apparaît que cet effet rétroactif de l'annulation est de nature à emporter des conséquences manifestement excessives en raison tant des effets que cet acte a produits et des situations qui ont pu se constituer lorsqu'il était en vigueur que de l'intérêt général pouvant s'attacher à un maintien temporaire de ses effets, il appartient au juge administratif – après avoir recueilli sur ce point les observations des parties et examiné l'ensemble des moyens, d'ordre public ou invoqués devant lui, pouvant affecter la légalité de l'acte en cause – de prendre en considération, d'une part, les conséquences de la rétroactivité de l'annulation pour les divers intérêts publics ou privés en présence, d'autre part, les inconvénients que présenterait, au regard du principe de légalité et du droit des justiciables à un recours effectif, une limitation dans le temps des effets de l'annulation ; qu'il lui revient d'apprécier, en rapprochant ces éléments, s'ils peuvent justifier qu'il soit dérogé à titre exceptionnel au principe de l'effet rétroactif des annulations contentieuses et, dans l'affirmative, de prévoir dans sa décision d'annulation que, sous réserve des actions contentieuses engagées à la date de celle-ci contre les actes pris sur le fondement de l'acte en cause, tout ou partie des effets de cet acte antérieurs à son annulation devront être regardés comme définitifs ou même, le cas échéant, que l'annulation ne prendra effet qu'à une date ultérieure qu'il détermine ;

Cons. qu'au regard, d'une part, des conséquences de la rétroactivité de l'annulation du décret attaqué, qui produirait des effets manifestement excessifs en raison du risque de mise en cause des nombreux actes individuels et contractuels pris sur le fondement de ses dispositions, relatifs au fonctionnement de l'école, à la situation de ses élèves et de ses professeurs, d'autre part, de la nécessité de permettre au ministre de l'enseignement supérieur et de la recherche de prendre les dispositions nécessaires pour assurer la continuité du service public, et compte tenu tant de la nature du moyen d'annulation retenu que de ce qu'aucun des autres moyens soulevés ne peut être accueilli, il y a lieu de prévoir que l'annulation prononcée par la présente décision ne prendra effet qu'à compter du 30 juin 2012 et que, sous réserve des actions contentieuses engagées à la date de la présente décision contre les actes pris sur son fondement, les effets produits par les dispositions du décret attaqué antérieurement à son annulation seront regardés comme définitifs ;

Sur les conclusions à fin d'injonction et d'astreinte :

Cons. que la présente décision n'implique par elle-même aucune mesure d'exécution ; que, par suite, les conclusions à fin d'injonction et d'astreinte présentées par M. Danthony et autres ne peuvent qu'être rejetées ; ... (Annulation du décret du 10 déc. 2009 à compter du 30 juin 2012).

II. Sect., *Danthony et autres*, Rec. 653

Cons. qu'il ressort des pièces du dossier que, par délibérations prises respectivement le 2 oct. 2007 par le conseil d'administration de l'École normale supérieure de Lyon et le 27 nov. 2007 par celui de l'École normale supérieure de Fontenay-Saint-Cloud, ces deux établissements ont demandé à bénéficier, à compter du 1er janv. 2009, des responsabilités et compétences élargies en matière budgétaire et de gestion de ressources humaines ; que ces délibérations ont été approuvées, à compter du 31 déc. 2009, par deux arrêtés du 29 déc. 2009 du ministre de l'enseignement supérieur et de la recherche et du ministre du budget, des comptes publics, de la fonction publique et de la réforme de l'État, publiés au Journal officiel de la République française du 31 déc. 2009, qui ont modifié l'annexe de l'arrêté du 26 déc. 2008 des ministres de l'enseignement supérieur et de la recherche et du budget, des comptes publics et de la fonction publique, fixant la liste des établissements publics bénéficiant des responsabilités et compétences élargies en matière budgétaire et de gestion des ressources humaines ; que l'entrée en vigueur des arrêtés du 29 déc. 2009 a été fixée, par le décret du 30 déc. 2009, en application du deuxième alinéa de l'article 1er du Code civil, au jour de leur publication, soit le 31 déc. 2009 ;

Sur la légalité des actes attaqués :

Sans qu'il soit besoin d'examiner les autres moyens de la requête ;

Cons. qu'aux termes du I de l'article L. 711-9 du Code de l'éducation : « Les établissements publics à caractère scientifique, culturel et professionnel autres que les universités peuvent demander à bénéficier, dans les conditions fixées par l'article L. 712-8, des responsabilités et des compétences élargies en matière budgétaire et de gestion des ressources humaines mentionnées aux articles L. 712-9, L. 712-10 et L. 954-1 à L. 954-3. » ; qu'en vertu de l'article L. 712-8 du même code, la délibération du conseil d'administration de l'établissement formulant cette demande doit être approuvée par arrêté conjoint du ministre chargé du budget et du ministre chargé de l'enseignement supérieur ; qu'il résulte de ces dispositions que la légalité des arrêtés des ministres approuvant, en application de ces dispositions, les demandes des établissements publics à caractère scientifique, culturel et professionnel autres que les universités de bénéficier des responsabilités et des compétences élargies en matière budgétaire et de gestion des ressources humaines est subordonnée, notamment, à la régularité de la délibération préalable de leur conseil d'administration formulant une telle demande, délibération qui, en vertu des dispositions combinées de l'article L. 951-1-1 du Code de l'éducation, de l'article 15 de la loi du 11 janv. 1984 et de l'article 12 du décret du 28 mai 1982, doit être précédée d'un avis du comité technique paritaire attaché à l'établissement ; qu'il ressort des pièces du dossier que les délibérations des 2 oct. et 27 nov. 2007 par lesquelles les conseils d'administration des deux écoles normales supérieures ont demandé à prendre en charge des responsabilités et compétences élargies en matière budgétaire et de gestion des ressources humaines n'ont pas été précédées de la consultation du comité technique paritaire de ces établissements ;

Cons. que l'article 70 de la loi du 17 mai 2011 dispose que : « Lorsque l'autorité administrative, avant de prendre une décision, procède à la consultation d'un organisme, seules les irrégularités susceptibles d'avoir exercé une influence sur le sens de la décision prise au vu de l'avis rendu peuvent, le cas échéant, être invoquées à l'encontre de la décision » ;

Cons. que ces dispositions énoncent, s'agissant des irrégularités commises lors de la consultation d'un organisme, une règle qui s'inspire du principe selon lequel, si les actes administratifs doivent être pris selon les formes et conformément aux procédures prévues par les lois et règlements, un vice affectant le déroulement d'une procédure administrative préalable, suivie à titre obligatoire ou facultatif, n'est de nature à entacher d'illégalité la décision prise que s'il ressort des pièces du dossier qu'il a été susceptible d'exercer, en l'espèce, une influence sur le sens de la décision prise ou qu'il a privé les intéressés d'une garantie ; que l'application de ce principe n'est pas exclue en cas d'omission d'une procédure obligatoire, à condition qu'une telle omission n'ait pas pour effet d'affecter la compétence de l'auteur de l'acte ;

Cons. que la consultation obligatoire du comité technique paritaire préalablement à l'adoption par le conseil d'administration d'un établissement public à caractère scientifique, culturel et professionnel d'une délibération demandant la prise en charge des responsabilités et compétences élargies en matière budgétaire et de gestion des ressources humaines, qui a pour objet d'éclairer ce conseil sur la position des représentants du personnel de l'établissement concerné, constitue pour ces derniers une garantie qui découle du principe de participation des travailleurs à la détermination collective des conditions de travail consacré par le huitième alinéa du Préambule de la Constitution de 1946 ; que, s'il ressort des pièces du dossier qu'un comité technique paritaire réuni au sein du nouvel établissement a émis le 25 janv. 2010 un avis favorable préalablement à la nouvelle demande de passage aux compétences et responsabilités élargies formulée le 27 janv. 2010 par le conseil d'administration du nouvel établissement, cette consultation a été postérieure aux délibérations des conseils d'administration d'oct. et nov. 2007, sur le fondement desquelles ont été pris les arrêtés attaqués du 29 déc. 2009 ; *qu'une telle omission de consultation préalable des comités techniques paritaires, qui a privé les représentants du personnel d'une garantie, a constitué une irrégularité de nature à entacher la légalité des arrêtés attaqués ;*

Cons. qu'il résulte de ce qui précède que M. Danthony et autres sont fondés à demander l'annulation des arrêtés et du décret attaqués ;

Sur les conclusions tendant à ce que le Conseil d'État limite dans le temps les effets des annulations prononcées par la présente décision :

Cons. qu'il n'y a pas lieu, dans les circonstances de l'espèce, de limiter dans le temps les effets des annulations prononcées par la présente décision ; ... (Annulation des arrêtés du 29 déc. 2009 et du décret du 30 déc. 2009).

OBSERVATIONS

Les arrêts Danthony, *outre l'agencement entre les dispositions législatives et les règles jurisprudentielles, comme dans les arrêts* Dame Lamotte* *et* Alitalia*, *contribuent à l'ajustement des exigences de la légalité et des sanctions contentieuses comme le font les arrêts* Associations AC !*, Fédération... CFDT* *et* Société Eden*.

1 Un décret du 10 déc. 2009 a créé un nouvel établissement public, l'École normale supérieure de Lyon, regroupant l'ancienne École normale supérieure de Lyon et l'École normale supérieure de Fontenay-Saint-Cloud.

Deux arrêtés ministériels du 29 déc. 2009 ont approuvé des délibérations des conseils d'administration des deux établissements publics préexistants, adoptées respectivement le 2 oct. 2007 et le 27 nov. 2007, demandant à bénéficier des responsabilités et compétences élargies en matière budgétaire et de ressources humaines, prévues par les nouvelles dispositions législatives sur l'enseignement supérieur (loi du 10 août 2007 ; art.

L. 711-9 du Code de l'éducation) ; un décret du 30 déc. 2009 a fixé au lendemain l'entrée en vigueur de ces deux arrêtés.

Le décret du 10 déc. 2009 créant la nouvelle École normale supérieure de Lyon avait été précédé le 13 mai 2009 d'une réunion commune des conseils d'administration des deux écoles normales supérieures antérieures, sous la présidence unique du président de l'un d'entre eux, au cours de laquelle les deux conseils ont demandé le regroupement. Les comités techniques paritaires des deux établissements avaient donné un avis sur les projets de statuts au cours d'une réunion également commune, tenue le 9 juill. 2009, soit avant l'adoption du décret, mais après la réunion des conseils d'administration.

Les arrêtés ministériels du 29 déc. 2009 n'avaient pas été précédés de délibérations des comités techniques paritaires de chacun des deux établissements. C'est seulement après la création de la nouvelle École normale supérieure que le comité technique paritaire de celle-ci a, le 25 janv. 2010, donné un avis favorable au passage aux responsabilités et compétences élargies : si cet avis a précédé la demande, formulée le 27 janv. 2010, par le conseil d'administration de la nouvelle École normale supérieure, il était évidemment postérieur à la fois aux délibérations des conseils d'administration des anciennes Écoles normales supérieures et aux arrêtés du 29 déc. 2009 qui les ont approuvées.

M. Danthony et plusieurs autres membres des conseils d'administration et des comités techniques paritaires, qui avaient, en cette qualité, intérêt pour agir contre des actes relatifs aux organes dont ils faisaient partie (v. nos obs. sous les arrêts *Casanova**, *Lot**, *Croix-de-Seguey-Tivoli**), ont attaqué d'une part le décret du 10 déc. 2009, d'autre part les arrêtés du 29 déc. 2009 et le décret du 30 déc. 2009, par deux recours distincts. Le Conseil d'État a statué sur eux le même jour (23 déc. 2011), mais en deux formations distinctes (Assemblée pour le premier décret, Section pour le second décret et les arrêtés).

La question essentielle qui lui était posée était celle des effets d'un vice de procédure, plus précisément de vices entachant la procédure consultative faisant intervenir les conseils d'administration des Écoles normales supérieures et leurs comités techniques paritaires.

Elle s'insère dans un système où se combinent la loi et la jurisprudence (I), qui a conduit à distinguer les vices de procédure (II).

I. — La combinaison de la loi et de la jurisprudence

2 De nombreux textes font précéder de formalités diverses, notamment des consultations, l'adoption des décisions de l'administration, à la fois pour éclairer celle-ci et pour faire participer les intéressés à la préparation de mesures qui les concernent. Mais en même temps ont été développés les risques contentieux si la procédure n'est pas observée exactement.

Le juge saisi de recours contre les décisions dont la préparation n'a pas été fidèle aux exigences de la procédure, en particulier de la consultation, se trouve en présence de considérations contradictoires : la légalité impose la sanction des procédures mal conduites ; le réalisme incite à ne pas censurer les irrégularités qui sont sans conséquence. Les solutions ont été recherchées par une jurisprudence ancienne et assez sinueuse, dont Mme Dumortier a exposé les lignes principales dans ses conclusions. Pour l'essentiel étaient prises en compte les garanties offertes aux administrés, l'influence des procédures suivies sur le contenu de l'acte final, ce qui est substantiel et ce qui ne l'est pas ; était exercée une appréciation tantôt abstraite tantôt concrète. Les solutions n'étaient pas homogènes ni leurs lignes directrices évidentes.

Il en résultait un certain malaise, exprimé par le Conseil d'État lui-même dans son rapport public 2011 « Consulter autrement. Participer activement » ; il a proposé de « se prémunir contre les censures contentieuses sans portée, et génératrices d'un formalisme excessif ».

La même préoccupation a conduit à introduire dans la proposition de loi de simplification et d'amélioration de la qualité du droit examinée par le Parlement au début de l'année 2011, un article destiné, selon l'exposé des motifs, « à renforcer la sécurité juridique des actes pris par les autorités administratives, en limitant les cas d'annulation des décisions prises après avis d'un organisme consultatif » : il était proposé de limiter l'invocation des irrégularités de la consultation d'un organisme aux cas, d'une part, où cette consultation est obligatoire et, d'autre part, où ces irrégularités sont susceptibles d'avoir exercé une influence sur l'avis rendu. Saisi de la proposition de loi en application de la réforme constitutionnelle du 23 juill. 2008 (art. 39, dernier al., de la Constitution), le Conseil d'État avait émis des réserves sur la limitation du dispositif aux seules consultations obligatoires, mais n'avait pas vu « d'obstacle à ce que, dans le cas des consultations facultatives comme des consultations obligatoires, seules les irrégularités substantielles, c'est-à-dire celles ayant exercé une influence sur le sens de la décision prise, puissent être de nature à entacher la légalité de cette décision ».

Ainsi fut rectifiée et adoptée la proposition, qui devint l'art. 70 de la loi du 17 mai 2011 : « *Lorsque l'autorité administrative, avant de prendre une décision, procède à la consultation d'un organisme, seules les irrégularités susceptibles d'avoir exercé une influence sur le sens de la décision prise au vu de l'avis rendu peuvent, le cas échéant, être invoquées à l'encontre de la décision.* »

Ultérieurement, compte tenu de la jurisprudence du Conseil d'État, l'art. 70 de la loi du 17 mai 2011 a été abrogé par l'art. 51 de la loi n° 2018-727 du 10 août 2018.

3 Adoptée après le décret du 10 déc. 2009 et les arrêtés du 29 déc. 2009 contestés devant le Conseil d'État, cette disposition devait-elle être appliquée à l'examen des recours dirigés contre eux ? C'est la question de l'application immédiate d'un texte nouveau à une instance en cours. Elle pouvait être résolue positivement si l'on considérait la loi de 2011 comme une loi de procédure (en ce sens CE, Sect., 13 nov. 1959, *Secrétaire d'État à la reconstruction c. Bacqué*, Rec. 593), négativement si l'on y voyait une restriction du droit au recours ou, au moins, du droit d'invoquer des moyens à l'appui d'un recours (CE, Sect., 5 mai 1995, *Société « Coopérative Maritime Bidassoa »*, Rec. 195 ; AJ 1995.463 et BJDU 1995.250, concl. Lasvignes).

Le Conseil d'État n'a pas eu à trancher la question car il a considéré que les dispositions de l'art. 70 « énoncent, s'agissant des irrégularités commises lors de la consultation d'un organisme, une règle qui s'inspire du principe » relatif aux vices affectant le déroulement d'une procédure administrative préalable, que détaille la suite de la formule. La solution est semblable à celles d'autres arrêts, tel l'arrêt *Alitalia** du 3 févr. 1989, selon lequel, à propos de l'obligation d'abroger un règlement illégal, le décret du 28 nov. 1983 s'était inspiré du principe exprimé par l'arrêt. La portée d'une telle formule est double : d'une part la loi ne fait que mettre en œuvre le principe ; d'autre part, le principe est antérieur à la loi. C'est ce qui permet de l'appliquer en l'espèce sans avoir à trancher la question de l'application immédiate de la loi nouvelle (puisque théoriquement celle-ci n'apporte pas de solution nouvelle).

Cela n'empêche pas de reconnaître que le principe, s'il reprend des solutions de la jurisprudence antérieure, va au-delà de l'art. 70 de la loi du 17 mai 2011. En cela apparaît le pouvoir créateur de la jurisprudence par rapport à la législation, si ce n'est contre la législation (v. par ex. CE 17 févr. 1950, *Ministre de l'agriculture c. Dame Lamotte** au sujet du recours pour excès de pouvoir, que la loi n'a pas pu vouloir exclure).

Il est au moins un aspect sur lequel la rédaction de l'art. 70 et la solution des arrêts *Danthony* concordent : c'est celui de l'égale application aux procédures facultatives et aux procédures obligatoires, des critères d'appréciation du vice affectant leur déroulement (ce que le législateur avait admis par un amendement consécutif aux observations du Conseil d'État). Mais les arrêts vont plus loin.

II. — Les types de vice de procédure

1 Les vices de procédure désignés par l'arrêt vont au-delà de ceux mentionnés par la loi. Leur *nature* et leur *portée* sont plus larges.

1°) Tout d'abord, ils couvrent non seulement la consultation (obligatoire ou facultative) d'un organisme mais aussi toute procédure administrative préalable (également obligatoire ou facultative) : ce peut être la consultation d'une autorité unique (par ex. celle d'un ministre, d'un préfet ou d'un maire), une procédure d'enquête, une étude « d'impact », une publicité préalable, un délai, toute formalité précédant l'adoption d'une décision. Mais ne sont pas couverts les vices de forme, tels ceux qui affectent la motivation d'une décision (CE 7 déc. 2016, *Caisse d'assurance retraite et de santé du travail d'Aquitaine*, Rec. 610).

En second lieu, le vice de procédure peut résulter autant de l'omission d'une procédure que d'une malfaçon dans la procédure.

Avec *l'omission de procédure*, que l'art. 70 de la loi de 2011 n'a pas mentionnée, la procédure à observer n'a pas eu lieu. Il ne peut y avoir d'illégalité dans ce cas que si cette procédure était obligatoire (il n'y a pas d'illégalité à ne pas avoir accompli ce qui n'était pas imposé : il est ainsi fait une distinction dans les obligations relatives à la consultation et à son renouvellement selon qu'elle est facultative ou obligatoire – CE 17 nov. 2017, *Syndicat national des établissements et résidences privés pour les personnes âgées – SYNERPA*, Rec. 437 ; AJ 2017.2403, chr. Roussel et Nicolas). L'omission n'est censurée normalement qu'au regard des mêmes critères que ceux qui sont appliqués en cas de malfaçon. On peut parler d'une omission *ordinaire*.

Elle ne l'est plus si elle a « pour effet d'affecter la compétence de l'auteur de l'acte ». Cette formule un peu sibylline couvre l'hypothèse où la procédure à observer (essentiellement la consultation d'un organisme) associe une autorité à l'adoption de la décision par une autre.

Deux exemples peuvent être cités. L'un est celui de l'avis conforme d'un organisme, nécessaire pour qu'une décision puisse ensuite être prise par l'autorité compétente : l'exercice de cette compétence est subordonné à l'existence de l'avis conforme donné par l'organisme « consulté » ; en réalité, il y a deux coauteurs. Faute d'avoir demandé et obtenu l'avis conforme (ou encore l'accord) de l'organisme qui devait être consulté, l'auteur de la décision n'est pas compétent pour la prendre (CE 27 oct. 2010, *Fischer*, Rec. 671). L'autre cas est celui de la délibération du Conseil d'État dans ses formations administratives qui doit intervenir sur certains projets de textes (ordonnances, décrets en Conseil d'État) : le gouvernement n'est pas tenu de suivre la position du Conseil d'État (ce n'est donc pas un avis conforme), mais il ne peut pas omettre de saisir le Conseil d'État. Même si, statuant au contentieux, le Conseil d'État a renoncé à dire qu'il exerce dans cette hypothèse une compétence conjointement avec le gouvernement (comparer CE 9 juin 1978, *SCI du 61-67 boulevard Arago*, Rec. 237 ; JCP 1979.II.19032, concl. Genevois, et 11 juill. 2007, *Union syndicale des magistrats administratifs et Ligue des droits de l'Homme*, Rec. 638 ; v. n° 25.6), il n'en reste pas moins que le défaut de saisine du Conseil d'État affecte l'exercice de la compétence du gouvernement.

Ces omissions, qu'on peut qualifier de *radicales* en ce qu'elles rejoignent l'illégalité la plus grave, celle de l'incompétence, entachent toujours d'illégalité l'acte qui s'en est suivi, sans qu'il y ait lieu d'appliquer les critères d'appréciation du vice de procédure en cas d'omissions ordinaires et de malfaçons.

Par *malfaçons dans la procédure* (expression que n'emploie pas l'arrêt), on désigne les vices dont est entachée une procédure qui, si elle n'a pas été omise, a été mal conduite. Omission ordinaire et malfaçon peuvent d'ailleurs être difficiles à distinguer si la malfaçon tient à l'omission d'un certain aspect de la procédure : l'application des mêmes critères d'appréciation aux deux cas évite d'avoir à faire de subtiles distinctions. Pour les malfaçons, les critères d'appréciation ne se trouvent pas seulement, selon l'art. 70 de la loi du 17 mai 2011, dans l'influence qu'elles peuvent avoir exercé sur le sens de la décision prise. Ils se trouvent aussi, et l'on peut même dire d'abord, dans la considération de la garantie qu'une formalité est destinée à offrir aux intéressés.

5 Les formules des arrêts *Danthony* placent pourtant le cas de la privation d'une garantie des intéressés après celui d'un vice ayant pu exercer une influence sur le sens de la décision. Cet ordre s'explique par la référence à la formule employée par le législateur (voire par la déférence à son endroit), qu'il fallait citer en premier lieu et à laquelle le Conseil d'État a seulement voulu ajouter un complément. Mais si l'on considère l'importance respective des deux vices de procédure possibles, celui de la violation des garanties est plus important et a une portée plus radicale que celui ayant seulement pu avoir une influence sur le contenu de la décision.

Si c'est bien un ajout à la loi que réalisent les arrêts *Danthony*, ils retiennent en réalité une solution qui prévalait déjà antérieurement dans la jurisprudence et que la loi n'a pas pu vouloir abandonner : celle-ci tendait, selon son titre, à la fois à la simplification et à l'amélioration de la qualité du droit. C'eût été une singulière détérioration de cette qualité que de renoncer à garantir… une garantie. De la même manière qu'en excluant tout recours, la loi ne pouvait sans se contredire exclure le recours pour excès de pouvoir (*Dame Lamotte**), elle ne pouvait sans se contredire exclure des vices de procédure entachant un acte ceux qui violent les garanties protégeant les intéressés.

On est donc en présence de deux types de vice dans la procédure, qui peuvent se rencontrer cumulativement (comme dans le premier arrêt *Danthony*) ou isolément (comme dans le second).

On peut observer que certains arrêts (CE, Sect., 16 mai 2012, *M. et Mme Meyer*, Rec. 149 ; Dr. fisc. 2012.366, concl. Hedary, note Fouquet ; JCP 2012.687, note Collet ; RFDA 2013.1223, chr. Collet) relient les deux types.

6 *2°) La portée du vice de procédure* se différencie en deux cas. *Le vice de procédure privant les intéressés d'une garantie entache la décision prise même s'il n'a pas eu d'influence sur le contenu de celle-ci :* la garantie doit être observée en elle-même, sa méconnaissance doit l'être aussi. C'est ce qui s'est produit avec les délibérations des comités techniques paritaires concernant aussi bien la fusion des deux Écoles normales supérieures que leur passage aux responsabilités et compétences élargies : comme l'a relevé Mme Dumortier, il n'était pas douteux que les comités étaient favorables au principe de la fusion ; comme le relève le second arrêt *Danthony*, ils étaient également favorables au passage aux responsabilités et compétences élargies. L'absence d'incidence du vice de procédure sur le contenu de la décision n'empêche pas, contrairement à ce que proposait Mme Dumortier, de s'en tenir à une solution stricte, c'est-à-dire l'annulation.

La consultation des comités techniques paritaires est « une garantie qui découle du principe de participation des travailleurs à la détermination des conditions de travail consacré par le huitième alinéa du Préambule de la Constitution de 1946 ». Il s'agit d'une garantie d'ordre constitutionnel. En revanche, il faut distinguer entre la consultation des comités techniques paritaires (dont la méconnaissance viole une garantie et est toujours sanctionnée) et le droit d'information des membres de ces comités (dont la méconnaissance n'est sanctionnée que si elle est susceptible d'avoir une incidence sur le sens de l'avis) (CE 27 avr. 2012, *Syndicat national de l'enseignement technique agricole SNETAP-FSU*, Rec. 544) ; de plus, lorsqu'un comité technique paritaire a été consulté sur un projet, il n'est pas nécessaire de lui soumettre ensuite les modifications mineures que lui apporte l'administration (même arrêt).

7 D'autres garanties sont aussi importantes, par leur niveau et par leur portée. Sont évidentes celles qui tiennent au respect des droits de la défense (*cf.* nos obs. sous l'arrêt du 5 mai 1944, *Dame Vve Trompier-Gravier**) – principe de valeur constitutionnelle. Il peut s'agir aussi de garanties essentielles dont l'aménagement relève du domaine de la loi, comme le caractère obligatoire de la consultation de la Commission des clauses abusives avant l'intervention d'un décret en Conseil d'État pour interdire, limiter ou réglementer certaines clauses dans les contrats entre professionnels et non professionnels ou consommateurs (CC *n° 92-170 L 8 déc. 1992*, Rec. 114), ou encore comme la communication des éléments du dossier (CE, 24 juill. 2019, *Mme Fargetton*, Rec. 546).

Ainsi les garanties à observer peuvent résulter de normes de différents niveaux. Dans tous les cas, en tant que garanties, leur méconnaissance vicie la procédure par elle-même, sans qu'il soit besoin d'examiner si elle a eu une influence sur la décision finale.

Une irrégularité tenant à l'inobservation d'une procédure constituant une garantie, telle la consultation d'une commission administrative paritaire avant un détachement, justifie le retrait de celui-ci dans un délai de quatre mois, conformément à la jurisprudence *Ternon** (CE 7 févr. 2020, *Mme Guillaume*, Rec. 585 ; AJ 2020.1795, note Boussarie).

8 Si une procédure ne constitue pas une garantie, il faut vérifier si le vice dont elle est atteinte a eu *une influence sur la décision* (par ex. pour la consultation du service des domaines avant la délibération d'un conseil municipal portant sur la cession d'un immeuble ou de droits réels : CE, Sect., 23 oct. 2015, *Société CFA Méditerranée*, Dec. 357 ; AJ 2015.2382, concl. Bohnert ; JCP Adm. 2016.2248, note I. Martin). Il n'entraîne l'annulation de la décision à laquelle il a abouti que s'il a été susceptible d'exercer une influence sur le sens de la décision prise. La formule des arrêts *Danthony* rejoint ici celle de l'art. 70 de la loi du 17 mai 2011 ; elle rejoint aussi des solutions de la jurisprudence antérieure.

Comme précédemment (par ex. CE 16 mai 2008, *Commune de Cambron d'Albi*, Rec. 177 ; BJCL 2008.505, concl. Séners), il revient au juge d'apprécier si la méconnaissance de règles de procédure, eu égard à ses conséquences, est de nature à justifier une annulation.

Les mêmes analyses sont conduites pour le projet de fusion des deux Écoles normales supérieures à Lyon : les modalités des délibérations des conseils d'administration, qui n'avaient pas paru au rapporteur public avoir eu d'incidence en l'espèce, ont été jugées par le Conseil d'État susceptibles d'exercer une influence sur le sens des délibérations et conséquemment sur la légalité du décret prononçant la fusion : celui-ci est donc annulé.

En revanche, ultérieurement, le Conseil d'État, dans un arrêt du 17 févr. 2012, *Société Chiesi SA* (Rec. 43, concl. Vialettes ; RDSS 2012.532, concl.), a jugé que, si la commission d'autorisation de mise sur le marché de médicaments a émis un avis le 26 mars 2009 pour des décisions qui avaient été prises la veille, « cet avis présentait le caractère d'un avis favorable rendu à l'unanimité ; que, par ailleurs, le groupe de travail de la commission… avait déjà proposé à celle-ci, le 5 févr. 2009, de rendre un avis favorable… ; qu'ainsi, dans les circonstances de l'espèce, il ne ressort pas des pièces du dossier que le vice dans le déroulement de la procédure consultative ait pu exercer une influence sur le sens des décisions prises ; que par ailleurs ce vice n'a pas privé les intéressés d'une garantie » (la distinction des deux types de violation de la procédure est clairement faite).

Même si l'omission d'une consultation a été susceptible d'exercer une influence sur le sens d'une décision, les possibilités de régularisation permettent de surseoir à statuer pour qu'elles soient utilisées et que l'étant effectivement, elles conduisent finalement à considérer la décision comme légale (CE, Sect., 22 déc. 2017, *Commune de Sempy*, Rec. 380 ; AJ 2018.7 obs. Pastor).

C'est donc par une appréciation très concrète, cas par cas, qu'est jugé ce type d'irrégularités. L'office du juge est ainsi particulièrement mis en évidence.

9 Selon l'arrêt *Association AC !** du 11 mai 2004, il appartient aussi au juge, le cas échéant, de limiter dans le temps les effets d'une annulation. Le premier arrêt *Danthony*, reprenant le considérant de principe de l'arrêt *AC !*, en fait application : après avoir jugé qu'en raison des vices de procédure dont le décret portant création de la nouvelle École normale supérieure de Lyon est entaché, il doit être annulé, il décide que l'annulation ne prendra effet qu'au 30 juin 2012.

Ainsi la rigueur du Conseil d'État sur les effets du vice de procédure quant à l'annulation est tempérée par une certaine souplesse quant à la date de l'annulation. Le réalisme vient compenser les contraintes de la légalité. Mais dans le second arrêt, celles-là ont prévalu puisque les effets de l'annulation des arrêtés attaqués n'ont pas été limités dans le temps.

Les deux arrêts manifestent l'importance de l'office du juge, c'est-à-dire de la mission et des pouvoirs qu'il lui revient d'exercer.

Ils illustrent aussi ce qu'à côté du dialogue des juges et de celui de la jurisprudence et de la doctrine, on peut appeler le dialogue de la jurisprudence et de la législation, l'une et l'autre se combinant pour déterminer le contenu et la portée de la règle de droit.

109

COMPÉTENCE - VOIE DE FAIT

Tribunal des conflits, 17 juin 2013, *Bergoend c. Société ERDF Annecy Léman*
(Rec. 370 ; AJ 2013.1568, chr. Domino et Bretonneau ; RFDA 2013.1041, note P. Delvolvé ; LPA 2 sept. 2013, note de Gliniasty ; DA 2013, n° 86, comm. S. Gilbert ; JCP 2013.1057, note Biagini-Girard ; RJEP oct. 2013.17, note Seillier ; JCP Adm. 2013.2301, note Dubreuil ; GADLF, n° 63, obs. X. Dupré de Boulois ; GAP, p. 514)

Vu la loi des 16-24 août 1790 et le décret du 16 fructidor an III ;
Vu la loi du 24 mai 1872 ;
Vu le décret du 26 octobre 1849 modifié et, notamment, ses articles 35 et suivants ;
Vu la Constitution, notamment son Préambule et son article 66 ;
Vu la loi du 15 juin 1906 sur les distributions d'énergie et, notamment, son article 12 ;
Vu le décret n° 70-492 du 11 juin 1970 ;

Cons. que M. Bergoend est devenu propriétaire le 15 juin 1990 d'une parcelle sur laquelle Électricité de France, aux droits de laquelle vient la société ERDF Annecy Léman, avait implanté un poteau en 1983, sans se conformer à la procédure prévue par le décret du 11 juin 1970 pris pour l'application de l'article 35 modifié de la loi du 8 avril 1946, ni conclure une convention avec le propriétaire du terrain ; que, par acte du 24 août 2009, il a fait assigner la société ERDF devant le tribunal de grande instance de Bonneville, afin que soit ordonné le déplacement du poteau litigieux, sous astreinte, aux frais de la société ; que, par un jugement du 21 janvier 2011, le tribunal de grande instance a décliné sa compétence ; qu'en appel, la cour d'appel de Chambéry, par un arrêt du 6 octobre 2011, a également jugé que la juridiction judiciaire était incompétente pour connaître du litige engagé par M. Bergoend ; que, saisie par l'intéressé d'un pourvoi contre cet arrêt, la Cour de cassation a renvoyé au Tribunal des conflits, par application de l'article 35 du décret du 26 octobre 1849, le soin de décider sur la question de compétence ;

Cons. qu'il n'y a voie de fait de la part de l'administration, justifiant, par exception au principe de séparation des autorités administratives et judiciaires, la compétence des juridictions de l'ordre judiciaire pour en ordonner la cessation ou la réparation, que dans la mesure où l'administration soit a procédé à l'exécution forcée, dans des conditions irrégulières, d'une décision, même régulière, portant atteinte à la liberté individuelle ou aboutissant à l'extinction d'un droit de propriété, soit a pris une décision qui a les mêmes effets d'atteinte à la liberté individuelle ou d'extinction d'un droit de propriété et qui est manifestement insusceptible d'être rattachée à un pouvoir appartenant à l'autorité administrative ; que l'implantation, même sans titre, d'un ouvrage public sur le terrain d'une personne privée ne procède pas d'un acte manifestement insusceptible de se rattacher à un pouvoir dont dispose l'administration ;

Cons. qu'un poteau électrique, qui est directement affecté au service public de la distribution d'électricité dont la société ERDF est chargée, a le caractère d'un ouvrage public ; que des conclusions tendant à ce que soit ordonné le déplacement ou la suppression d'un tel ouvrage relèvent par nature de la compétence du juge administratif, sans qu'y fassent obstacle les dispositions de l'article 12 de la loi du 15 juin 1906 sur les distributions d'énergie ; que l'implantation, même sans titre, d'un tel ouvrage public de distribution d'électricité, qui, ainsi qu'il a été dit, ne procède pas d'un acte manifestement insusceptible de se rattacher à un pouvoir dont dispose la société chargée du service public, n'aboutit pas, en outre, à l'extinction d'un droit de propriété ; que, dès lors, elle ne saurait être qualifiée de voie de fait ; qu'il suit de là que les conclusions tendant à ce que soit ordonné le déplacement du poteau électrique irrégulièrement implanté sur le terrain de M. Bergoend relèvent de la juridiction administrative ; ... (compétence administrative)

OBSERVATIONS

Si l'arrêt Bergoend *réduit sensiblement les critères de la voie de fait par rapport à ceux de la jurisprudence antérieure, c'est en raison des pouvoirs que le juge administratif peut exercer dans le référé-liberté selon la jurisprudence* Commune de Venelles* – Saez*.

1 Suivant l'enseignement de Laferrière, repris par le Président Odent, qui présida la Section du contentieux du Conseil d'État de 1966 à 1976, il y a voie de fait lorsque l'administration sortant de ses attributions, prend une décision ou exerce une activité étrangères par leur objet à l'exercice de la fonction administrative. Son action se trouve alors dénaturée et il n'y a pas de raison pour en attribuer la connaissance à la juridiction administrative. En pareil cas, les tribunaux judiciaires ont compétence exclusive pour faire cesser ou réparer les conséquences d'une voie de fait.

Emblématique de cet état du droit était un arrêt du Tribunal des conflits ayant qualifié de « *voie de fait* » la saisie à titre préventif, à Paris et en banlieue, du journal *L'Action française*, ordonnée par le préfet de police au matin du 7 févr. 1934, à la suite des événements du 6 févr. (TC 8 avr. 1935, *Action française*, Rec. 1226, concl. Josse, qui fit partie des *Grands arrêts de la jurisprudence administrative* jusqu'à la 19e édition).

L'arrêt rendu par le Tribunal des conflits le 17 juin 2013, *Bergoend c. Société ERDF Annecy Léman*, tranche avec les solutions antérieurement consacrées.

Il est intervenu, à la suite d'un renvoi de la Cour de cassation, dans une hypothèse où le tribunal de grande instance puis la cour d'appel avaient décliné leur compétence pour connaître d'une action engagée par un propriétaire aux fins d'enjoindre à la société Électricité Réseau Distribution France (ERDF) de déplacer un poteau électrique qui avait été implanté sans qu'ait été respectée la procédure prescrite par un décret du 11 juin 1970.

La question de compétence était délicate : si la possibilité pour le juge judiciaire d'ordonner la démolition d'un ouvrage public existe en cas de voie de fait (Civ. 1re 28 juin 2005, *Bartoli c. Commune de Palneca*, Bull. civ. I, nº 287, p. 238 ; BJCL 09/05, p. 609, obs. L. Janicot), est réservé le cas où une procédure de régularisation est en cours (TC 21 juin 2010, *Arriat c. Commune de Nevers*, Rec. 584).

Le juge des conflits a opté dans le sens de la compétence administrative en procédant à une redéfinition du domaine d'intervention de la voie de fait (I). L'état du droit antérieur relatif aux conséquences de la voie de fait n'a cependant pas été modifié (II).

I. — Le nouveau champ d'application de la voie de fait

2 Tout en s'inscrivant à certains égards dans la continuité de la jurisprudence antérieure, l'arrêt du 17 juin 2013 opère une réduction sensible du domaine d'intervention de la voie de fait.

A. — Les éléments de continuité

La continuité se manifeste sur plusieurs points.

1º) Tout d'abord, la notion de voie de fait, en tant que fondement de la compétence des juridictions de l'ordre judiciaire à l'égard de l'administration est maintenue. Comme par le passé (TC 23 oct. 2000, *Boussadar*, Rec. 775 ; AJ 2001.143, chr. Guyomar et Collin ; D. 2001.2332, concl. Sainte-Rose), l'accent est mis sur le caractère dérogatoire de la voie de fait par rapport à l'ordre normal des compétences. Elle s'applique, « *par exception au principe de séparation des autorités administratives et judiciaires* ».

2º) Est également maintenue la distinction entre deux types de voie de fait : celle résultant sous certaines conditions d'une décision administrative ; celle procédant de « *l'exécution forcée, dans des conditions irrégulières, d'une décision même régulière* ».

De ce dernier point de vue et dans la ligne de l'arrêt *Société immobilière de Saint-Just**, conserve sa valeur tout un pan de la jurisprudence illustrant des cas où la voie de fait résulte d'une exécution forcée irrégulière. Il en va ainsi : de l'exécution forcée d'une réquisition de logement prononcée en vertu de la loi du 11 juill. 1938 dans la mesure où cette loi, à la différence de l'ordonnance du 11 oct. 1945, prévoit des sanctions pénales (TC 27 nov. 1952, *Flavigny*, Rec. 643 ; S. 1953.3.37, concl. Letourneur ; JCP 1953.II.7438, concl., note Blaevoet), de l'expulsion d'office d'un fonctionnaire de son logement de fonction alors que l'autorité administrative disposait d'une procédure juridictionnelle pour ce faire et qu'il n'y avait pas urgence (TC 25 nov. 1963, *Époux Pelé*, Rec.

795 ; JCP 1964.II.13493, note J.-M. Auby), ou encore de l'exhumation d'office de corps enterrés dans un cimetière, en l'absence de toute urgence et alors que la contravention alléguée par l'autorité administrative était passible de sanctions pénales (TC 25 nov. 1963, *Commune de Saint-Just-Chaleyssin*, Rec. 733, concl. Chardeau ; AJ 1964.24, chr. Fourré et Puybasset).

3 *3°)* Enfin et surtout, demeure, en ce qui concerne la voie de fait résultant d'une décision, l'idée de dénaturation, justifiant la compétence judiciaire. La décision doit être « *manifestement insusceptible d'être rattachée à un pouvoir appartenant à l'autorité administrative* ».

Pour l'application de cette exigence, la notion de pouvoir de l'administration peut résulter de l'interprétation donnée par le juge des dispositions législatives (TC 12 mai 1997, *Préfet de police de Paris c. Tribunal de grande instance de Paris*, Rec. 528 ; RFDA 1997.514, concl. Arrighi de Casanova ; Gaz. Pal. 27-28 juin 1997, note Petit et 19-20 déc. 1997, rapp. Sargos ; AJ 1997.635, note Chauvaux et Girardot ; D. 1997.567, note Legrand).

B. — Les éléments de changement

4 Alors que selon la jurisprudence classique la voie de fait supposait « *une atteinte grave au droit de propriété ou à une liberté fondamentale* », résultant, soit de l'exécution forcée dans des conditions irrégulières d'une décision, même régulière, soit d'une décision insusceptible d'être rattachée à un pouvoir appartenant à l'autorité administrative, désormais, dans chacune de ces éventualités (décision ou agissements), il n'y aura voie de fait que dans deux hypothèses : atteinte grave à la liberté individuelle ; extinction du droit de propriété.

1°) La première hypothèse est celle d'atteinte grave à la « *liberté individuelle* ». En la matière, la compétence de l'autorité judiciaire découle de l'article 66 de la Constitution du 4 oct. 1958, spécialement mentionnée dans les visas de l'arrêt du 17 juin 2013.

Elle ne couvre plus les autres libertés. Ainsi, il n'y a plus voie de fait dans des hypothèses où elle avait pu être reconnue par le passé : atteinte à la liberté de la presse résultant d'une mesure préventive de portée trop générale de saisie d'un journal comme dans l'affaire *Action française* ; atteinte à la liberté d'aller et venir résultant du retrait de son passeport à une personne au motif qu'elle est redevable de lourdes impositions et n'offre pas de garanties de solvabilité, sans découler ni de poursuites pénales ni de la mise à exécution d'une contrainte par corps (TC 9 juin 1986, *Commissaire de la République de la région Alsace et autres*, Rec. 301 ; RFDA 1987.33, concl. M. A. Latournerie ; AJ 1986.428, chr. Azibert et de Boisdeffre ; D. 1986.493, note Gavalda ; JCP 1987.II.20746, note Pacteau ; JDI 1987.75, note Julien-Laferrière ; RD publ. 1987.1082, note Robert).

Dans la ligne de cette nouvelle orientation de la jurisprudence, la rétention de documents d'identité d'un ressortissant étranger à son entrée sur le territoire, pendant un temps excédant les nécessités de l'appréciation de leur régularité, n'est pas susceptible de caractériser une voie de fait (TC 12 févr. 2018, *Gueye c. Agent judiciaire de l'État*, Rec. 612 ; DA 2018, comm. 25, note Falgas).

La référence à l'article 66 de la Constitution confère un fondement constitutionnel à la compétence judiciaire. L'interprétation donnée de cet article par le Conseil constitutionnel est ici essentielle.

Après avoir entendu largement le champ de l'art. 66 au point de rattacher à la liberté individuelle la protection de l'inviolabilité du domicile (CC *n*° *83-164 DC, 29 déc. 1983*, Rec. 67) ou la liberté du mariage (CC *n*° *93-325 DC, 13 août 1993*, Rec. 224), le Conseil constitutionnel a progressivement distingué la liberté individuelle visée à l'art. 66, de la liberté personnelle garantie par les art. 2 et 4 de la Déclaration de 1789. La liberté du mariage a été par suite appréhendée comme une composante de la liberté personnelle ainsi entendue (CC *n*° *2006-542 DC, 9 nov. 2006*, Rec. 112).

L'inviolabilité du domicile a été regardée comme une composante du droit au respect de la vie privée, qui se déduit de la Déclaration des droits de l'Homme et du citoyen (CC *n*° *2013-357 QPC, 29 nov. 2013*, Rec. 1053 ; – *n*° *2013-679 DC, 4 déc. 2013*, Rec. 1060).

La liberté individuelle se confond avec la sûreté, autrement dit s'entend de la protection contre toute détention arbitraire : « *nul ne peut être arbitrairement détenu* ».

Dans cette logique, et en se référant au demeurant à des réserves d'interprétation du Conseil constitutionnel, le Tribunal des conflits a jugé qu'il appartient au juge judiciaire de mettre fin à tout moment à la détention administrative d'un étranger lorsque les circonstances de fait ou de droit le justifient (TC 9 févr. 2015, *Hegazy c. Préfet de Seine-et-Marne*, Rec. 497 ; LPA 8 avr. 2015, note Rouault).

Le Conseil constitutionnel a par ailleurs déduit des dispositions de l'art. 66 de la Constitution, en ce qu'elles mentionnent « l'autorité judiciaire », que la police judiciaire doit être placée sous la direction et le contrôle de cette dernière (*n*° *2018-778 DC, 21 mars 2019*, point 141).

5 *2°)* Est également couverte par la notion de voie de fait, l'exécution forcée irrégulière ou la décision manifestement insusceptible de se rattacher à un pouvoir dont dispose l'administration, qui aboutit à « *l'extinction d'un droit de propriété* ».

Le fondement de cette compétence se rattache lui aussi à des dispositions constitutionnelles. Trouve à s'appliquer le « *principe fondamental reconnu par les lois de la République selon lequel l'autorité judiciaire est garante de la propriété* » (CC *n*° *89-256 DC, 25 juill. 1989*, Rec. 53 ; RFDA 1989.1009, note Bon ; CJEG 1990.1, note Genevois).

Antérieurement à l'arrêt du 17 juin 2013, la jurisprudence rangeait au nombre des cas de voie de fait, la prise de possession par l'administration, sans aucun titre, d'un bien appartenant à un particulier (TC 24 juin 1954, *Société Trystram*, Rec. 716) et *a fortiori* sa destruction (TC 4 juill. 1991, *Association maison des jeunes et de la culture Boris*

Vian, Rec. 468 ; Gaz. Pal. 20-21 mai 1992, concl. de Saint-Pulgent ; AJ 1991.697. chr. Schwartz et Maugüé ; – 15 févr. 2010, *Mme Taharu c. Haut commissaire de la République en Polynésie française*, Rec. 575 ; AJ 2010.372, chr. Liéber et Botteghi).

Avec l'arrêt du 17 juin 2013, la voie de fait n'est constituée que si le droit de propriété est radicalement atteint. Elle ne l'est pas par d'autres atteintes, qu'il s'agisse de la simple occupation provisoire, de l'endommagement d'une propriété privée tel que l'abattage d'une haie (Civ. 3e ch. 24 oct. 2019, *Commune de Saint-Génis-des-Fontaines*, AJ 2019.2153), ou encore du fait pour une commune d'avoir procédé à des travaux de voirie ayant conduit à la suppression des signes distinctifs de la limite entre le domaine public et une terrasse privée (Civ. 1re 13 mai 2014, *no 12-28.248*, AJ 2014.1006).

Il est à relever que le critère tiré de « *l'extinction du droit de propriété* » a été repris par le Tribunal des conflits à l'effet de revoir la notion d'emprise.

Cette dernière se définit comme une prise de possession irrégulière par l'administration d'une propriété immobilière. Le juge judiciaire est alors compétent pour réparer les conséquences de la dépossession (TC 17 mars 1949, *Société Hôtel du Vieux Beffroi*, Rec. 592 ; D. 1949.209, concl. J. Delvolvé ; S. 1950.3.1. concl., note Mathiot).

La dépossession constitutive d'une emprise pouvait être définitive ou même temporaire (TC 21 déc. 1923, *Société française des Nouvelles-Hébrides*, Rec. 871 ; CE 19 nov. 1969, *Dame Vve Hatte-Devaux*, Rec. 512). À l'effet de rapprocher la notion d'emprise de celle de voie de fait, le Tribunal des conflits a circonscrit la compétence du juge judiciaire au cas où une décision administrative portant atteinte à la propriété privée « aurait pour effet l'extinction du droit de propriété » (TC 9 déc. 2013, *Panizzon c. Commune de Saint-Palais-sur-Mer*, Rec. 376 ; BJCP 2014.118, concl. Batut, obs. S. N. ; AJ 2014.216, chr. Bretonneau et Lessi ; DA 2014, no 25, note S. Gilbert ; RFDA 2014.61, note P. Delvolvé ; RJEP mai 2014.13, note Lebon).

Rendue au visa de la Constitution et notamment de son Préambule, lequel renvoie, à travers le Préambule de la Constitution de 1946, aux principes fondamentaux reconnus par les lois de la République, la solution de l'arrêt *Panizzon* procède de la même inspiration que l'arrêt du 17 juin 2013. La compétence judiciaire est renforcée par son ancrage constitutionnel tout en étant restreinte dans son champ d'application, même si l'arrêt du 9 déc. 2013 se réfère au droit de propriété et non à la propriété immobilière seule visée par la notion classique d'emprise.

Pour réduire ainsi le champ de la voie de fait, le Tribunal des conflits a pensé que la procédure de référé aménagée par la loi du 30 juin 2000 (v. nos obs. sous CE 18 janv. 2001, *Commune de Venelles**) permet au juge administratif de protéger rapidement et efficacement les libertés fondamentales et le droit de propriété.

Le Tribunal des conflits a eu l'occasion de confirmer sa jurisprudence (TC. 11 janv. 2016, *Réseau Ferré de France c. Menant*, Rec. 693 ; AJ 2016.1344, note N. Sudres).

La Cour de cassation s'est ralliée aux nouvelles définitions de la voie de fait et de l'emprise. Elle a ainsi écarté la compétence du juge judiciaire pour absence de *voie de fait*, pour une atteinte alléguée à la liberté syndicale qui serait résultée de la révocation d'un fonctionnaire (Civ. 1re 19 mars 2015, *nº 14-14.571*, AJ 2015.1302), dans l'hypothèse de la pose de pylônes d'une ligne électrique aérienne par la société Réseau de transport d'électricité, sans l'accord du propriétaire (Civ. 3e, 11 mars 2015, *Société de l'Avenir*, AJ 2015.1301) ou encore en cas d'exécution de travaux de voirie par une personne publique sur des biens appartenant à une société privée (Civ. 1re 9 déc. 2015, *Communauté d'agglomération de Saint-Quentin-en-Yvelines c. société Orange*, AJ 2016.1016, note S. Traoré). Il n'y a pas d'emprise si la remise en état est possible (Civ. 3e 18 janv. 2018, nº 16-21993 ; AJ 2018.136).

Sur un plan général, dans le cas d'une décision administrative portant atteinte à la propriété privée, « l'accord du propriétaire exclut l'existence d'une voie de fait ou d'une emprise irrégulière, à moins que l'action de l'administration n'ait excédé substantiellement les limites prévues par cet accord » (Civ. 1re *5 févr. 2020, nº 19.11.864*, AJ 2020.326).

II. — Les conséquences de la voie de fait

6 Selon les cas, la jurisprudence admet une compétence concurrente des deux ordres de juridiction ou une compétence exclusive du juge judiciaire.

A. — Par une décision de principe remontant à 1966, le Tribunal des conflits a admis une compétence parallèle des deux ordres de juridiction pour constater la nullité d'actes ayant le caractère de voie de fait (TC 27 juin 1966, *Guigon*, Rec. 830 ; JCP 1967.II.15135, concl. Lindon ; D. 1968.7, note Douence ; AJ 1966.547, note de Laubadère).

De même, le Conseil d'État a admis que le juge administratif statuant en référé avait compétence pour enjoindre à l'administration de faire cesser une voie de fait (CE ord. 23 janv. 2013, *Commune de Chirongui*, AJ 2013.788, chr. Bretonneau et Domino ; DA 2013, nº 24, comm. Gilbert ; JCP Adm. 2013.2047, note Pauliat et 2048, note Le Bot ; RFDA 2013.299, note P. Delvolvé).

7 *B.* — La compétence des tribunaux judiciaires n'est par suite exclusive que si elle porte sur le contentieux de la réparation des conséquences dommageables de la voie de fait.

Contrairement à la solution adoptée par le Tribunal des conflits dans l'arrêt *Action française*, le Conseil d'État s'était reconnu, en une circonstance, compétent pour allouer une indemnité en réparation du préjudice causé par une saisie de journaux qui était intervenue en dehors de toute urgence (CE, Sect., 4 nov. 1966, *Ministre de l'intérieur c. Société « Le Témoignage chrétien »*, Rec. 584 ; AJ 1967.40, concl. Questiaux, et 32, chr. Lecat et Massot ; JCP 1967.II.14914, note R. Drago). Pour considérer que cette saisie n'était pas constitutive d'une voie de fait, le Conseil d'État, dont la décision est implicite sur ce point, s'est sans doute fondé sur le fait qu'elle pouvait se rattacher, au moins de façon indirecte, à un texte.

Désormais, en cas de voie de fait, telle qu'elle est définie par la décision du Tribunal des conflits du 17 juin 2013, la compétence judiciaire n'est exclusive que pour réparer les conséquences dommageables résultant d'une atteinte à la liberté individuelle ou de l'extinction du droit de propriété y compris en cas d'emprise irrégulière (Civ. 1re 15 juin 2016, *Société Les Horizons* ; AJ 2016.1267). Mais le juge administratif, autant que le juge judiciaire, peut faire cesser ces atteintes dans le cadre du référé-liberté.

Pour les atteintes à d'autres libertés et les atteintes au droit de propriété n'entraînant pas son extinction, faute de voie de fait, le juge administratif est exclusivement compétent.

110

CONTENTIEUX DES CONTRATS RECOURS DES TIERS POUVOIRS DU JUGE

Conseil d'État Ass., 4 avril 2014, *Département de Tarn-et-Garonne*
(Rec. 70, concl. Dacosta ; concl. BJCP 2014.204, RFDA 2014.425 ; AJ 2014.1035, chr. Bretonneau et Lessi, et 2043, dossier ; BJCP 2014.204, note Terneyre ; BJCL 2014.316, note Fardet ; CMP mai 2014.5, comm. Llorens et Soler-Couteaux, 7, note Rees ; D. 2014.1179, note M. Gaudemet et Dizier ; DA 2014, n° 36, Brenet ; JCP Adm. 2014.2152, note Sestier, 2153, note Hul, 2154, note Amilhat ; JCP 2014.732, note Bourdon ; RDI 2014.344, note Braconnier ; RDP 2014.1148, débat Seiller, Braconnier, Dacosta, 1175, note Janicot et Lafaix, 1198, note Rollin ; RFDA 2014.438, note P. Delvolvé ; RJEP juill. 2014.26, note Lafaix ; GACA n° 9, obs. P. Cassia)

1. Cons. qu'il ressort des pièces du dossier soumis aux juges du fond que, par un avis d'appel public à la concurrence du 26 juin 2006, le département de Tarn-et-Garonne a lancé un appel d'offres ouvert en vue de la conclusion d'un marché à bons de commande ayant pour objet la location de longue durée de véhicules de fonction pour les services du conseil général ; que, par une délibération en date du 20 novembre 2006, la commission permanente du conseil général a autorisé le président de l'assemblée départementale à signer le marché avec la société Sotral, retenue comme attributaire par la commission d'appel d'offres ; que le 18 janvier 2007, M. François Bonhomme, conseiller général de Tarn-et-Garonne, a saisi le tribunal administratif de Toulouse d'une demande d'annulation pour excès de pouvoir de la délibération du 20 novembre 2006 ; que le conseil général de Tarn-et-Garonne se pourvoit en cassation contre l'arrêt du 28 février 2012 par lequel la cour administrative d'appel de Bordeaux a rejeté sa requête tendant à l'annulation du jugement du tribunal administratif de Toulouse du 20 juillet 2010 annulant la délibération attaquée et invitant les parties, à défaut de résolution amiable du contrat, à saisir le juge du contrat ;

Sur les recours en contestation de la validité du contrat dont disposent les tiers :

2. Cons. qu'indépendamment des actions dont disposent les parties à un contrat administratif et des actions ouvertes devant le juge de l'excès de pouvoir contre les clauses réglementaires d'un contrat ou devant le juge du référé contractuel sur le fondement des articles L. 551-13 et suivants du Code de justice administrative, tout tiers à un contrat administratif susceptible d'être lésé dans ses intérêts de façon suffisamment directe et certaine par sa passation ou ses clauses est recevable à former devant le juge du contrat un recours de pleine juridiction contestant la validité du contrat ou de certaines de ses clauses non réglementaires qui en sont divisibles ; que cette action devant le juge du contrat est également ouverte aux membres de l'organe délibérant de la collectivité territoriale ou du groupement de collectivités territoriales concerné ainsi qu'au représentant de l'État dans le département dans l'exercice du contrôle de légalité ; que les requérants peuvent éventuellement assortir leur recours d'une demande tendant, sur le fondement de l'article L. 521-1 du Code de justice administrative, à la suspension de l'exécution du contrat ; que ce recours doit être exercé, y compris si le contrat contesté est relatif à des travaux publics, dans un délai de deux mois à compter de l'accomplissement des mesures de publicité appropriées, notamment au moyen d'un avis mentionnant à la fois la conclusion du contrat et les modalités de sa consultation dans le respect des secrets protégés par la loi ; que la légalité du choix du cocontractant, de la délibération autorisant la conclusion du contrat et de la décision de le signer, ne peut être contestée qu'à l'occasion du recours ainsi défini ; que, toutefois, dans le cadre du contrôle de légalité, le représentant de l'État dans le département est recevable à contester la légalité de ces actes devant le juge de l'excès de pouvoir jusqu'à la conclusion du contrat, date à laquelle les recours déjà engagés et non encore jugés perdent leur objet ;

3. Cons. que le représentant de l'État dans le département et les membres de l'organe délibérant de la collectivité territoriale ou du groupement de collectivités territoriales concerné, compte tenu des intérêts dont ils ont la charge, peuvent invoquer tout moyen à l'appui du recours ainsi défini ; que les autres tiers ne peuvent invoquer que des vices en rapport direct avec l'intérêt lésé dont ils se prévalent ou ceux d'une gravité telle que le juge devrait les relever d'office ;

4. Cons. que, saisi ainsi par un tiers dans les conditions définies ci-dessus, de conclusions contestant la validité du contrat ou de certaines de ses clauses, il appartient au juge du contrat, après avoir vérifié que l'auteur du recours autre que le représentant de l'État dans le département ou qu'un membre de l'organe délibérant de la collectivité territoriale ou du groupement de collectivités territoriales concerné se prévaut d'un intérêt susceptible d'être lésé de façon suffisamment directe et certaine et que les irrégularités qu'il critique sont de celles qu'il peut utilement invoquer, lorsqu'il constate l'existence de vices entachant la validité du contrat, d'en apprécier l'importance et les conséquences ; qu'ainsi, il lui revient, après avoir pris en considération la nature de ces vices, soit de décider que la poursuite de l'exécution du contrat est possible, soit d'inviter les parties à prendre des mesures de régularisation dans un délai qu'il fixe, sauf à résilier ou résoudre le contrat ; qu'en présence d'irrégularités qui ne peuvent être couvertes par une mesure de régularisation et qui ne permettent pas la poursuite de l'exécution du contrat, il lui revient de prononcer, le cas échéant avec un effet différé, après avoir vérifié que sa décision ne portera pas une atteinte excessive à l'intérêt général, soit la résiliation du contrat, soit, si le contrat a un contenu illicite ou s'il se trouve affecté d'un vice de consentement ou de tout autre vice d'une particulière gravité que le juge doit ainsi relever d'office, l'annulation totale ou partielle de celui-ci ; qu'il peut enfin, s'il en est saisi, faire droit, y compris lorsqu'il invite les parties à prendre des mesures de régularisation, à des conclusions tendant à l'indemnisation du préjudice découlant de l'atteinte à des droits lésés ;

5. Cons. qu'il appartient en principe au juge d'appliquer les règles définies cidessus qui, prises dans leur ensemble, n'apportent pas de limitation au droit fondamental qu'est le droit au recours ; que toutefois, eu égard à l'impératif de sécurité juridique tenant à ce qu'il ne soit pas porté une atteinte excessive aux relations contractuelles en cours, le recours ci-dessus défini ne pourra être exercé par les tiers qui n'en bénéficiaient pas et selon les modalités précitées qu'à l'encontre des contrats signés à compter de la lecture de la présente décision ; que l'existence d'un recours contre le contrat, qui, hormis le déféré préfectoral, n'était ouvert avant la présente décision qu'aux seuls concurrents évincés, ne prive pas d'objet les recours pour excès de pouvoir déposés par d'autres tiers contre les actes détachables de contrats signés jusqu'à la date de lecture de la présente décision ; qu'il en résulte que le présent litige a conservé son objet ;

Sur le pourvoi du département de Tarn-et-Garonne :

6. Cons. que, pour confirmer l'annulation de la délibération du 20 novembre 2006 par laquelle la commission permanente du conseil général a autorisé le président de l'assemblée départementale à signer le marché avec la société Sotral, la cour administrative d'appel de Bordeaux a énoncé qu'en omettant de porter les renseignements requis à la rubrique de l'avis d'appel public à la concurrence consacrée aux procédures de recours, le département avait méconnu les obligations de publicité et de mise en concurrence qui lui incombaient en vertu des obligations du règlement de la Commission du 7 septembre 2005 établissant les formulaires standards pour la publication d'avis dans le cadre des procédures de passation des marchés publics conformément aux directives 2004/17/CE et 2004/18/CE du Parlement et du Conseil ; qu'en statuant ainsi, sans rechercher si l'irrégularité constatée avait été susceptible d'exercer, en l'espèce, une influence sur le sens de la délibération contestée ou de priver d'une garantie les personnes susceptibles d'être concernées par l'indication des procédures de recours contentieux, la cour administrative d'appel a commis une erreur de droit ; que, par suite, et sans qu'il soit besoin d'examiner les autres moyens du pourvoi, le département de Tarn-et-Garonne est fondé à demander l'annulation de l'arrêt attaqué ;

7. Cons. qu'il y a lieu, dans les circonstances de l'espèce, de régler l'affaire au fond en application des dispositions de l'article L. 821-2 du Code de justice administrative ;

8. Cons. que si M. Bonhomme soutient que l'avis d'appel public à la concurrence publié par le département de Tarn-et-Garonne ne comportait pas la rubrique « Procédures de recours » en méconnaissance des dispositions du règlement de la Commission du 7 septembre 2005, il ne ressort pas des pièces du dossier que cette irrégularité ait été, dans les circonstances de l'espèce, susceptible d'exercer une influence sur le sens de la délibération contestée ou de priver des concurrents évincés d'une garantie, la société attributaire ayant été, d'ailleurs, la seule candidate ; que, par suite, le département de Tarn-et-Garonne est fondé à soutenir que c'est à tort que, pour annuler la délibération du 20 novembre 2006, le tribunal administratif de Toulouse s'est fondé sur la méconnaissance des obligations de publicité et de mise en concurrence qui incombaient au département en ne portant pas les renseignements requis à la rubrique « Procédures de recours » de l'avis d'appel public à la concurrence ;

9. Cons. toutefois qu'il appartient au Conseil d'État, saisi par l'effet dévolutif de l'appel, d'examiner les autres moyens soulevés par M. Bonhomme devant le tribunal administratif de Toulouse ;

10. Cons., en premier lieu, qu'il ressort des pièces du dossier que les membres de la commission permanente ont été, contrairement à ce que soutient M. Bonhomme, destinataires d'un rapport mentionnant les principales caractéristiques du marché ;

11. Cons., en deuxième lieu, qu'aux termes de l'article 71 du Code des marchés publics alors en vigueur : « Lorsque, pour des raisons économiques, techniques ou financières, le rythme ou l'étendue des besoins à satisfaire ne peuvent être entièrement arrêtés dans le marché, la personne publique peut passer un marché fractionné sous la forme d'un marché à bons de commande » ; que si M. Bonhomme fait valoir que le département de Tarn-et-Garonne a méconnu ces dispositions en recourant au marché fractionné pour la location de ses véhicules de service, il ressort des pièces du dossier que, compte tenu du renouvellement à venir de l'assemblée départementale et de la perspective du transfert de nouvelles

compétences aux départements, le département de Tarn-et-Garonne n'était pas en mesure d'arrêter entièrement l'étendue de ses besoins dans le marché ;

12. Cons., en dernier lieu, qu'aux termes du deuxième alinéa de l'article 57 du Code des marchés publics alors en vigueur : « Le délai de réception des offres ne peut être inférieur à 52 jours à compter de l'envoi de l'appel public à la concurrence (...) » ; que si M. Bonhomme soutient que le département de Tarn-et-Garonne aurait méconnu ces dispositions en fixant le délai de réception des offres à dix-sept heures le cinquante-deuxième jour suivant l'envoi de l'avis d'appel public à la concurrence, il ne ressort pas des pièces du dossier, et il n'est pas même soutenu, qu'un candidat aurait été empêché de présenter utilement son offre en raison de la réduction alléguée de quelques heures du délai de 52 jours de réception des offres ; qu'ainsi, le vice allégué affectant la procédure de passation du marché n'a été susceptible, dans les circonstances de l'espèce, ni d'exercer une influence sur le sens de la délibération contestée ni de priver d'autres candidats d'une garantie ;

13. Cons. qu'il résulte de tout ce qui précède, sans qu'il soit besoin de statuer sur les fins de non-recevoir opposées à la demande de M. Bonhomme par le département de Tarn-et-Garonne, que ce dernier est fondé à soutenir que c'est à tort que par son jugement du 10 juillet 2010, le tribunal administratif de Toulouse a annulé la délibération du 20 novembre 2006 par laquelle la commission permanente du conseil général a autorisé le président de l'assemblée départementale à signer le contrat ; ... (annulation de l'arrêt de la Cour administrative d'appel de Bordeaux et du jugement du Tribunal administratif de Toulouse ; rejet de la demande du requérant)

OBSERVATIONS

L'arrêt Département de Tarn-et-Garonne *transforme le recours des tiers contre les contrats administratifs, comme les arrêts* Commune de Béziers* *ont transformé les recours entre parties à ces contrats.*

1 M. Bonhomme, conseiller général de Tarn-et-Garonne avait attaqué par la voie du recours pour excès de pouvoir la délibération par laquelle la commission permanente du conseil général avait autorisé son président à signer un marché ayant pour objet la location de longue durée de véhicules de fonction pour les services du conseil général. La délibération ayant été annulée par le tribunal administratif de Toulouse par un jugement confirmé par la cour administrative d'appel de Bordeaux, le département s'est pourvu en cassation devant le Conseil d'État.

Celui-ci a saisi l'occasion pour réaliser une véritable transformation du recours des tiers contre les contrats administratifs.

Pendant longtemps, en vertu d'une jurisprudence remontant à l'arrêt du Conseil d'État du 4 août 1905, *Martin* (Rec. 749, concl. Romieu ; D. 1907.3.49, concl. ; RD publ. 1906.249, note Jèze ; S. 1906.3.49, note Hauriou ; GCJA, vol. 1, n° 30 ; pendant dix-neuf éditions dans *Les grands arrêts*), rendu comme dans l'affaire *Tarn-et-Garonne* sur un recours d'un conseiller général contre des délibérations prises par le conseil général, ils ne disposaient que du recours pour excès de pouvoir contre les actes détachables du contrat. Cette voie s'est développée en même temps que s'est ouverte celle qui permet au juge administratif d'ordonner les mesures nécessaires à l'exécution de ses décisions (v. nos obs. sous l'arrêt *Mme Menneret** du 17 mai 1985). Le Conseil d'État a dû préciser les conséquences à tirer de l'annulation d'un acte détachable sur le contrat lui-même, notamment lorsque le juge était saisi d'une demande relative à l'exécution de cette annulation : il a considéré que la remise en cause du contrat ne devait pas être automatique mais s'apprécier en fonction de la gravité des illégalités commises et des intérêts en présence (CE 21 févr. 2011, *Société Ophrys, Communauté d'agglomération Clermont-Communauté*, Rec. 54 ; BJCP 2011.133, concl. Dacosta, obs. Dourlens et Moustier, 2013.163, art. Bourrel ; CMP avr. 2011, note Pietri ; DA mai 2011, n° 47, note Brenet ; JCP Adm., note Busson) – par une formule rappelant celle de l'arrêt du 28 déc. 2009, *Commune de Béziers** pour la contestation par les *parties* au contrat, de la validité de celui-ci. Les *tiers* n'en pouvaient pas pour autant contester directement le contrat.

Une première étape a été franchie pour eux par l'arrêt (Ass.) du 16 juill. 2007, *Société Tropic Travaux Signalisation* (Rec. 360, concl. Casas ; concl., BJCP 2007.391, RD publ. 2007.1402, RFDA 2007.696, RJEP 2007.337 ; AJ 2007.1577, chr. Lenica et Boucher ; D. 2007.2500, note D. Capitant ; JCP 2007.II.10156, note Ubaud-Bergeron, 10160, note Seiller ; RD publ. 2007.1383, note F. Melleray ; RFDA 2007.917, notes Moderne, Pouyaud, Canedo-Paris ; RJEP 2007.327, note P. Delvolvé ; GACA n° 69) admettant que tout concurrent évincé de la conclusion d'un contrat administratif est recevable à former devant le juge du contrat un recours de pleine juridiction contestant la validité de ce contrat ou de certaines de ses clauses.

L'arrêt *Département de Tarn-et-Garonne* élargit cette solution en admettant d'autres personnes à le faire aussi.

Il ne le fait que pour l'avenir : « *eu égard à l'impératif de sécurité juridique tenant à ce qu'il ne soit pas porté une atteinte excessive aux relations contractuelles en cours* », le nouveau recours « *ne pourra être exercé… qu'à l'encontre des contrats signés à compter de la lecture de la présente décision* » – solution comparable à celle que retiendra le Tribunal des conflits au sujet de la qualification des contrats des sociétés concessionnaires d'autoroute (v. nos obs. sous TC 9 mars 2015, *Mme Rispal c. Société des autoroutes du Sud de la France**) et que retient aussi la Cour de cassation (Cass., Ass. plén., 21 déc. 2006, Bull. n° 15, D. 2007.835, note Morvan ; RTD civ. 2007.72, obs. Deumier et 168 obs. Théry). En conséquence, la requête de M. Bonhomme est encore examinée dans le cadre du recours pour excès de pouvoir. Elle est rejetée, parce que, en application de la jurisprudence *Danthony** du 23 déc. 2011, « *le vice allégué affectant la procédure de passation du marché n'a été susceptible, dans les circonstances de l'espèce, ni d'exercer une influence sur le sens de la délibération contestée ni de priver d'autres candidats d'une garantie* ».

Pour l'avenir, l'arrêt *Département de Tarn-et-Garonne* institue un nouveau recours des tiers contre un contrat administratif (I) et limite les autres (II).

I. — Le nouveau recours des tiers contre un contrat administratif

2 La nouveauté tient à ce que des tiers à un contrat administratif peuvent intenter « *devant le juge du contrat* » « *un recours de pleine juridiction contestant la validité du contrat ou de certaines de ses clauses* », comme le recours que les parties au contrat peuvent elles-mêmes intenter en vertu de l'arrêt *Commune de Béziers** du 28 déc. 2009.

Ce nouveau recours est caractérisé par des règles de procédure et par les pouvoirs du juge.

Il n'est ouvert qu'à certains tiers, se prévalant de certains moyens, et obéit à certaines formes.

L'arrêt *Martin* permettait à toute personne intéressée d'intenter un recours pour excès de pouvoir contre un acte détachable du contrat. L'arrêt *Tropic* n'a ouvert le recours de plein contentieux contre le contrat lui-même qu'aux concurrents évincés. L'arrêt *Tarn-et-Garonne* élargit cette possibilité à d'autres tiers. Il distingue trois cas.

Il s'agit d'abord de « *tout tiers à un contrat administratif susceptible d'être lésé dans ses intérêts de façon suffisamment directe et certaine par sa passation ou ses clauses* » : c'est plus large que *Tropic* mais moins large que *Martin*. Il peut s'agir non plus seulement d'un concurrent évincé mais aussi de toute personne pouvant être lésée : la formule souligne le caractère subjectif du recours et réserve le recours aux tiers dont, sinon les droits (ce qui aurait été plus restrictif), du moins les intérêts peuvent avoir été lésés. Ces intérêts peuvent être ceux d'un contribuable d'une collectivité locale dont les finances ou le patrimoine peuvent se trouver affectés d'une manière significative (CE 27 mars 2020, *Le Monnier*, Rec. 164, concl. Le Corre ; BJCP 2020.284, concl. ; JCP Adm. 2020.2124, note Hul – v. CE 29 mars 1901, *Casanova**). Ils n'ont pas été jugés suffisants pour une entreprise qui n'a pas participé à la procédure d'attribution d'un marché, n'y a pas été empêchée, et qui ne peut invoquer la possibilité d'être sous-traitante (CE 14 oct. 2015, *Région Réunion*, Rec. 347 ; CMP 2015 comm. 297 Ubaud-Bergeron ; DA 2015 comm. 74 Hoffmann), ni pour l'Agence régionale de santé à l'égard du marché d'un hôpital ne relevant pas de son contrôle (CE 2 juin 2016, *Ministre des affaires sociales et de la santé c. Centre hospitalier Emile Roux du Puy-en-Velay*, Rec. 227 ; BJCP 2016.378, concl. Pellissier), ni par les conseils régionaux de l'ordre des architectes pour un marché de conception-réalisation (CE 3 juin 2020, *Département de Loire-Atlantique*, Rec. 842 ; BJCP 2020.469, concl. Pellissier, obs. Séners).

Le deuxième cas est celui des « *membres de l'organe délibérant de la collectivité territoriale ou du groupement de collectivités territoriales concerné* », comme les conseillers généraux (selon l'appellation ancienne), Martin dans l'affaire jugée en 1905 et Bonhomme dans celle de 2014 ; ce pourrait être des conseillers municipaux, régionaux ou des conseillers de groupements tels que les communautés de communes, d'agglomération, métropoles etc. pour les contrats de la collectivité ou du groupement aux organes desquels ils appartiennent. Jusqu'à présent ils pouvaient ès qualités attaquer les actes détachables du contrat ; désormais les mêmes qualités leur permettent d'attaquer directement le contrat.

Le troisième cas est constitué, à lui seul, par le *représentant de l'État dans le département*, c'est-à-dire le préfet, au titre du contrôle de légalité qui lui est confié par les dispositions législatives ayant ouvert depuis 1982 le déféré préfectoral, non seulement contre les marchés, concessions ou affermages de services publics locaux et contrats de partenariat, qu'elles visent expressément, mais aussi contre tous les contrats administratifs (CE 4 nov. 1994, *Département de la Sarthe*, Rec. 801 ; AJ 1994.898, concl. Maugüé) ; la jurisprudence avait déjà vu dans ce déféré, non plus un recours pour excès de pouvoir, mais un recours de pleine juridiction (CE 23 déc. 2011, *Ministre de l'intérieur, de l'outre-mer, des collectivités territoriales et de l'immigration*, Rec. 662 ; v. n° 21.9).

Un recours gracieux interrompt le délai de recours contentieux (CE 28 juin 2019, *Société Plastic Omnium Systèmes urbains*, Rec. 590 ; BJCP 2019.355, concl. Pellissier ; CMP 2019, comm. 327, Dietenhoeffer ; JCP Adm. 2019.2261, note Hul et 22362, note Linditch).

3 La distinction des catégories de tiers recevables à attaquer un contrat administratif a des incidences sur les moyens qu'ils peuvent invoquer.

« *Le représentant de l'État dans le département et les membres de l'organe délibérant de la collectivité territoriale ou du groupement de collectivités territoriales concerné, compte tenu des intérêts dont ils ont la charge, peuvent invoquer tout moyen à l'appui du recours ainsi défini* ». C'est la même solution que dans le recours pour excès de pouvoir. Elle permet d'assurer le contrôle de la légalité dans son ensemble. Elle conserve un certain caractère objectif au recours que ces « tiers » peuvent intenter contre un contrat administratif.

En revanche, contrairement à la possibilité reconnue précédemment aux concurrents évincés d'invoquer tout moyen (CE, Sect., 5 févr. 2016, *Syndicat mixte des transports en commun Hérault Transport*, Rec. 10 ; BJCP 2016.218 et RFDA 2016.301, concl. Henrard ; AJ 2016.479, chr. L. Dutheillet de Lamothe et Odinet, et 1120, note Lafoix ; D. 2016 1419, note Vincent-Legoux ; DA 2016.21, obs. Brenet ; JCP Adm. 2016.2050, note Hal), les autres tiers ne peuvent invoquer que deux sortes de vices : – « *des vices en rapport direct avec l'intérêt lésé dont ils se prévalent* » (ce qui établit un lien entre la recevabilité du recours et celle des moyens qui l'appuient) : par ex. un concurrent évincé peut invoquer le vice de la décision déclarant son offre irrégulière ou inacceptable, mais si cette décision est fondée, il ne peut invoquer un moyen portant sur l'appréciation des autres offres, un tel manquement n'étant pas en rapport direct avec sa propre éviction (CE 9 nov. 2018, *Société Cerba, Caisse nationale d'assurance maladie*, Rec. 407, concl. Pellissier ; BJCL 2019.57, concl. ; AJ 2019.412, note Rottoulié ; DA mars 2019, comm. 14, Hul) – « *ceux d'une gravité telle que le juge devrait les relever d'office* » (les requérants doivent pouvoir invoquer des moyens que le juge pourrait constater de sa propre initiative), par exemple l'incompétence de l'autorité qui a conclu le contrat ou un objet illicite (même arrêt).

Quant aux modalités procédurales, il est logique, s'agissant d'un recours de pleine juridiction et non d'un recours pour excès de pouvoir, qu'il soit présenté par le ministère d'un avocat (sauf pour le préfet). Il l'est aussi que le délai de recours de deux mois, qui est de droit commun, s'y applique, sans qu'il y ait d'exception pour les contrats portant sur les travaux publics. Le point de départ du délai est, comme dans l'arrêt *Tropic*, « *l'accomplissement des mesures de publicité appropriées, notamment au moyen d'un avis mentionnant à la fois la conclusion du contrat et les modalités de sa consultation dans le respect des secrets protégés par la loi* » : c'est une invitation à l'administration à faire diligence. Ainsi doit être assurée une certaine sécurité contre les risques d'un contentieux des tiers trop longtemps ouvert. Mais reste toujours possible la contestation du contrat par les parties (jurisprudence *Béziers**).

Comme l'avait déjà admis l'arrêt *Tropic*, les requérants peuvent assortir leur recours d'une demande de suspension de l'exécution du contrat (v. nos obs. sous CE 18 janv. 2001, *Commune de Venelles** et 5 mars 2001, *Saez**), par une extension aux contrats administratifs d'une disposition conçue pour les décisions administratives. C'est un renforcement à la fois des possibilités d'action des tiers et de celles du juge.

4 Les pouvoirs de plein contentieux dont celui-ci dispose sont exprimés par l'arrêt *Tarn-et-Garonne* dans des termes voisins de ceux des arrêts *Tropic* et *Béziers I*.

Ces pouvoirs s'exercent lorsque le juge « *constate l'existence de vices entachant la validité du contrat* » ; il doit prendre « *en considération la nature de ces vices* », en apprécier « *l'importance et les conséquences* », pour adopter la solution adéquate parmi celles que l'arrêt identifie à titre alternatif.

Les premières permettent de sauver le contrat : « *décider que la poursuite de l'exécution du contrat est possible* » ; « *inviter les parties à prendre des mesures de régularisation dans un délai qu'il fixe, sauf à résilier ou résoudre le contrat* ».

Les secondes sont prises « *en présence d'irrégularités qui ne peuvent être couvertes par une mesure de régularisation et qui ne permettent pas la poursuite de l'exécution du contrat* », mais il ne faut pas « *une atteinte excessive à l'intérêt général* » (par ex. en matière de santé publique : CE 9 nov. 2018, *Société Cerba, Caisse nationale d'assurance maladie*, préc.). Ces mesures peuvent être, « *le cas échéant avec un effet différé* », « *soit la résiliation du contrat soit, si le contrat a un contenu illicite ou s'il se trouve affecté d'un vice de consentement ou de tout autre vice d'une particulière gravité que le juge doit ainsi relever d'office, l'annulation totale ou partielle de celui-ci* ». La solution la plus radicale, l'annulation, est prononcée par exemple en raison de la particulière gravité du vice consistant pour l'administration contractante à avoir favorisé le candidat retenu ; elle peut l'être alors même que le contrat est arrivé à son terme (CE 15 mars 2019, *SA gardéenne d'économie mixte*, Rec. 63 ; BJCP 2019, concl. Henrard ; AJ 2019.1459, note Sourzat ; JCP Adm. 2019.2175, note Hul).

À ces solutions peut s'ajouter « *l'indemnisation du préjudice découlant de l'atteinte à des droits lésés* » (cas par exemple du concurrent évincé qui aurait dû être attributaire du contrat) – ce qui souligne encore le caractère subjectif du recours.

On ne retrouve pas ici de référence à « *l'objectif de stabilité des relations contractuelles* » ni « *à l'exigence de loyauté des relations contractuelles* » qui ont tant d'importance dans la jurisprudence *Béziers I*. L'omission s'explique pour la loyauté parce que l'arrêt *Tarn-et-Garonne* traite du recours engagé par un tiers, et l'arrêt *Béziers* du recours entre parties, et que la loyauté des relations contractuelles ne concerne que les parties au contrat. En revanche si la stabilité de ces relations les concerne au premier chef, il n'est pas indifférent de l'opposer aussi aux tiers.

Les deux arrêts reconnaissent et régissent de la même manière les pouvoirs du juge saisi d'une action en invalidité d'un contrat, que ce soit à l'initiative d'une partie ou à celle d'un tiers : dans tous les cas, doivent être mis en balance le degré de gravité des illégalités commises et les exigences de l'intérêt général ; c'est de cette balance que dépend la solution à adopter : poursuite du contrat, avec une éventuelle régularisation, immédiatement ou ultérieurement, résiliation, annulation, partielle ou totale, et en plus éventuellement indemnisation – jamais « nullité ».

5 L'arrêt *Département de Tarn-et-Garonne* est prolongé à certains égards par celui du 30 juin 2017, *Syndicat mixte de promotion de l'activité transmanche* (Rec. 209, concl. Pellissier ; RFDA 2017.937 et BJCP 2017.395, concl. ; AJDA 2017.1669, chr. Odinet et Roussel ; BJCP 2017.339, note Hoepffner ; DA 2017, comm. 51, F. Brenet ; JCP Adm. 2017.2195, note J. Martin ; JCP 2017.1032, note Hourson). Le Conseil d'État (Sect.) y admet « *qu'un tiers à un contrat administratif susceptible d'être lésé dans ses intérêts de façon suffisamment directe et certaine par une décision refusant de faire droit à sa demande de mettre fin à l'exécution du contrat, est recevable à former devant le juge du contrat un recours de pleine juridiction tendant à ce qu'il soit mis fin à l'exécution du contrat* » ; pour un contrat conclu par une collectivité territoriale ou un groupement de collectivités territoriales, « *cette action devant le juge du contrat est également ouverte aux membres de l'organe délibérant… concerné ainsi qu'au représentant de l'État dans le département* » (le préfet). Ainsi du recours contre le contrat (*Tarn-et-Garonne*), l'arrêt *Transmanche* passe au recours contre le refus de mettre fin au contrat avec les mêmes caractéristiques.

Les conditions de recevabilité sont semblables quant à l'intérêt à agir du requérant et quant aux moyens pouvant être invoqués : seulement « *des moyens tirés de ce que la personne publique contractante était tenue de mettre fin à son exécution du fait de dispositions législatives applicables aux contrats en cours, de ce que le contrat est entaché d'irrégularités qui sont de nature à faire obstacle à la poursuite de son exécution et que le juge devrait relever d'office ou encore de ce que la poursuite de l'exécution du contrat est manifestement contraire à l'intérêt général* ». Mais ne peut être invoquée « *aucune autre irrégularité, notamment pas celle tenant aux conditions et formes dans lesquelles la décision de refus a été prise* ». « *En outre, les moyens soulevés doivent, sauf lorsqu'ils le sont par le représentant de l'État dans le département ou par les membres de l'organe délibérant de la collectivité territoriale ou du groupement de collectivités territoriales compte-tenu des intérêts dont ils ont la charge, être en rapport direct avec l'intérêt lésé dont le tiers requérant se prévaut* ».

Les *éléments d'appréciation* du juge et le *contenu de la décision* qu'il peut prendre sont également semblables : « *il appartient au juge du contrat d'apprécier si les moyens soulevés sont de nature à justifier qu'il y fasse droit et d'ordonner, après avoir vérifié que sa décision ne portera pas une atteinte excessive à l'intérêt général, qu'il soit mis fin à l'exécution du contrat, le cas échéant avec un effet différé* ».

Le Conseil d'État a repris les mêmes solutions dans un arrêt du 12 avr. 2021, *Société Île de Sein Énergies*, AJ 2021.1320, note E. G.

En étendant au refus de résilier un contrat le recours de plein contentieux ouvert aux tiers contre le contrat, il ferme le recours pour excès de pouvoir contre un tel refus.

II. — Le cas d'autres recours

6 Les tiers peuvent encore exercer contre un contrat des recours autres que le recours en invalidité ouvert par l'arrêt *Tarn-et-Garonne*.

Celui-ci réserve les « *actions ouvertes devant le juge du référé contractuel* ». L'ordonnance du 7 mai 2009, dans le prolongement de la directive communautaire du 11 déc. 2007, aménage des procédures de *référé* à propos des principaux contrats publics (notamment marchés publics et conventions de service public), pour assurer le respect des obligations de publicité et de mise en concurrence (mais non celui des autres aspects de la légalité) ; elles ne sont ouvertes qu'aux personnes susceptibles d'être lésées, essentiellement les concurrents, et au préfet pour les contrats des collectivités locales. Le référé *pré-contractuel* (art. L. 551-1 et s. CJA) permet d'obtenir du juge la suspension de la procédure de passation du contrat, l'injonction à l'administration de remédier au manquement constaté, l'annulation de certaines décisions ou de certaines clauses ou prescriptions. Le référé *contractuel* (art. L. 551-13 et s. CJA), qui n'est pas ouvert aux personnes ayant obtenu satisfaction par le référé pré-contractuel, permet d'obtenir la suspension de l'exécution du contrat, la résiliation du contrat, la réduction de sa durée, voire la reconnaissance de sa nullité ou son annulation, ou encore une pénalité financière.

L'arrêt *Tarn-et-Garonne* mentionne aussi « *les actions ouvertes devant le juge du recours pour excès de pouvoir* ». Deux séries de cas doivent être distinguées.

7 La première est celle du recours pour excès de pouvoir qui peut encore être intenté soit *contre certains contrats administratifs* soit *contre les clauses réglementaires* de tout contrat administratif.

Le Conseil d'État (Sect.) avait déjà admis, par l'arrêt du 30 oct. 1998, *Ville de Lisieux* (Rec. 375, concl. Stahl ; concl., CJEG 1999.61 et RFDA 1999.128 ; AJ 1999.969, chr. Raynaud et Fombeur ; JCP 1999.II.10045, note Haïm ; RFDA 1999.128, note Pouyaud), la recevabilité du recours pour excès de pouvoir contre le contrat de recrutement d'un agent public. Il l'a confirmée par l'arrêt du 2 févr. 2015, *Castronovo c. commune d'Aix-en-Provence* (BJCL 2015.318, concl. Daumas ; AJ 2015.990, note F. Melleray ; CMP avr. 2015, n° 102, p. 39, note Pietri). Cette singularité s'explique par la ressemblance entre un tel « contrat » et la décision unilatérale de nomination d'un agent public.

Le Conseil d'État (Ass.) avait également admis par l'arrêt du 10 juill. 1996, *Cayzeele* (Rec. 274 ; AJ 1996.732, chr. Chauvaux et Girardot ; CJEG 1996.382, note Terneyre ; RFDA 1997.89, note P. Delvolvé ; Mél. Guibal, p. 345, comm. J.-L. Mestre) la recevabilité du recours pour excès de pouvoir contre les clauses réglementaires d'un contrat. L'arrêt du 4 avr. 2014 maintient expressément les « *actions ouvertes devant le juge de l'excès de pouvoir contre les clauses réglementaires d'un contrat* ». Telles sont les clauses « qui ont, par elles-mêmes, pour objet l'organisation ou le fonctionnement d'un service public » : dans une concession autoroutière, ce sont notamment « les clauses qui définissent l'objet de la concession et les règles de desserte, ainsi que celles qui définissent les conditions d'utilisation des ouvrages et fixent les tarifs des péages » (CE 9 févr. 2018, *Communauté d'agglomération Val d'Europe Agglomération*, Rec. 34, concl. Henrard ; BJCP 2018.182, concl., obs. S. N. ; AJ 2018.1168, note Alliez). Si certaines clauses peuvent indirectement avoir des effets pour les tiers, cela ne suffit pas à permettre de les regarder comme réglementaires, et donc à admettre qu'elles fassent l'objet d'un recours pour excès de pouvoir (CE 31 mars 2014, *Union syndicale du Charvet et Union syndicale des Villards*, Rec. 745 ; AJ 2014.1725, note Clamour).

Le recours pour excès de pouvoir est *a fortiori* recevable contre les conventions qui présentent en elles-mêmes un caractère réglementaire (CE 27 oct. 2016, *Société Efinovia*, Rec. 669).

8 La seconde série de cas concerne les *actes détachables du contrat* préalables à celui-ci. La jurisprudence *Martin* avait étendu la recevabilité du recours pour excès de pouvoir à des actes implicites, telle la décision de signer le contrat révélée par sa signature même (CE, Sect., 9 nov. 1934, *Chambre de commerce de Tamatave*, Rec. 1034 ; – Sect., 20 janv. 1978, *Syndicat national de l'enseignement technique agricole public*, Rec. 22 ; v. n° 106.2). L'arrêt *Tarn-et-Garonne* limite la possibilité de tels recours.

Le rapporteur public, M. Dacosta a réservé le cas des *actes détachables des contrats de droit privé* de l'administration, contre lesquels le recours pour excès de pouvoir a été admis alors même que le contentieux de ces contrats relève entre parties de la compétence judiciaire (CE, Sect., 26 nov. 1954, *Syndicat de la raffinerie de soufre française*, Rec. 620 ; RPDA 1955.7, concl. Mosset ; D. 1955.472, note Tixier). Le nouveau recours ouvert aux tiers devant le juge administratif ne pouvant l'être contre les contrats de droit privé, les tiers intéressés sont encore recevables à attaquer par la voie du recours pour excès de pouvoir les actes qui en sont détachables (CE 7 mars 2019, *Commune de Valbonne*, Rec. 57 ; v. n° 18.5 ; CE (avis) 29 mai 2019, *Société Royal Cinéma et Romanello*, Rec. 172 ; v. n° 96.3).

Se pose alors encore la question des conséquences à tirer de l'annulation de l'acte détachable sur le contrat lui-même, qui s'était posée non seulement lorsque le contrat est administratif mais aussi lorsqu'il est de droit privé (CE, Sect., 7 oct. 1994, *Époux Lopez*, Rec. 430, concl. Schwartz ; RFDA 1994.1090, concl., note Pouyaud ; AJ 1994.914, chr. Touvet et Stahl ; GCJA, vol. 2, n° 66, concl.). Elle est réglée dans ce second cas selon les mêmes principes que ceux qui avaient été dégagés dans le premier. Reprenant les formules de l'arrêt du 21 févr. 2011 *Société Ophrys* (*supra*), le Conseil d'État considère dans l'arrêt du 29 déc. 2014, *Commune d'Uchaux* (Rec. 416, concl. Daumas ; BJCP 2015.218, concl. ; JCP Adm. 2015.2115, note Langelier) « *que l'annulation d'un acte détachable d'un contrat de droit privé n'impose pas nécessairement à la personne publique partie au contrat de saisir le juge du contrat afin qu'il tire les conséquences de cette annulation ; qu'il appartient au juge de l'exécution de rechercher si l'illégalité commise peut être régularisée et, dans l'affirmative, d'enjoindre à la personne publique de procéder à cette régularisation ; que, lorsque l'illégalité commise ne peut être régularisée, il lui appartient d'apprécier si, eu égard à la nature de cette illégalité et à l'atteinte que l'annulation ou la résolution du contrat est susceptible de porter à l'intérêt général, il y a lieu d'enjoindre à la personne publique de saisir le juge du contrat afin qu'il tire les conséquences de l'annulation de l'acte détachable* ». Se retrouve, comme dans les arrêts *Béziers* et *Tarn-et-Garonne*, la recherche d'une solution combinant la garantie de la légalité et celle des intérêts en cause.

9 Contre *les actes détachables des contrats administratifs* préalables à leur conclusion, l'arrêt *Tarn-et-Garonne* est plus restrictif que l'arrêt *Tropic* ; alors que celui-ci laissait subsister la possibilité du recours pour excès de pouvoir contre eux tant que le contrat n'a pas été conclu, le nouvel arrêt l'exclut désormais : « *la légalité du choix du cocontractant, de la délibération autorisant la conclusion du contrat et de la décision de le signer* (qui sont autant d'actes unilatéraux préalables au contrat) *ne peut être contestée qu'à l'occasion du recours* » de pleine juridiction dirigé contre le contrat lui-même. Par là même, l'intérêt du requérant étant apprécié plus restrictivement dans ce nouveau recours (v. *supra*) que dans le recours pour excès de pouvoir, peuvent se trouver exclus du recours contre le contrat des requérants qui précédemment auraient été recevables à attaquer les actes détachables.

Seul, « *dans le cadre du contrôle de légalité, le représentant de l'État dans le département* (le préfet) *est recevable à contester la légalité de ces actes devant le juge de l'excès de pouvoir jusqu'à la conclusion du contrat* ». Mais, dès lors que le contrat est conclu, le déféré contre l'acte détachable devient sans objet ; le préfet doit attaquer le contrat lui-même.

10 Se pose la question de la recevabilité du recours pour excès de pouvoir contre *les actes postérieurs à la conclusion du contrat*, que la jurisprudence avait admise (par ex. contre des actes relatifs à l'exécution du contrat, CE, Sect., 9 nov. 1934, *Chambre de commerce de Tamatave*, préc. ; – Sect., 9 déc. 1983, *Ville de Paris*, Rec. 499, concl. Genevois.

L'arrêt du Conseil d'État du 23 déc. 2016, *Association Études et consommation CFDT du Languedoc-Roussillon* (Rec. 831 ; BJCP 2017.134, concl. Henrard ; DA mars 2017.14, note Bousquet) admet encore « les tiers qui se prévalent d'intérêts auxquels l'exécution du contrat est de nature à porter une atteinte directe et certaine sont recevables à contester devant le juge de l'excès de pouvoir la légalité de l'acte administratif portant approbation du contrat », mais « ils ne peuvent (...) soulever dans le cadre d'un tel recours que des moyens tirés de vices propres à l'acte d'approbation et non les moyens relatifs au contrat lui-même ».

En revanche, depuis l'arrêt du 30 juin 2017, *Syndicat mixte de promotion de l'activité transmanche* (*supra*), ne s'applique plus la jurisprudence qui admettait la recevabilité du recours pour excès de pouvoir de tiers, d'une part, contre une décision de résiliation d'un contrat administratif (CE, Ass., 2 févr. 1987, *Société TV 6*, Rec. 29 ; RFDA 1987.29, concl. Fornacciari ; AJ 1987.314, chr. Azibert et de Boisdeffre), d'autre part, contre le refus de le résilier (CE, Sect., 24 avr. 1964, *SA de livraisons industrielles et commerciales*, Rec. 239 ; AJ 1964.308, concl. Combarnous et 293, chr. Fourré et Puybasset ; D. 1964.663, note C. Debbasch).

Le recours pour excès de pouvoir en matière contractuelle est donc désormais limité à quelques ilôts.

111

RÉFÉRÉ-LIBERTÉ – DÉCISION DONT L'EXÉCUTION PORTERAIT ATTEINTE À LA VIE OFFICE PARTICULIER DU JUGE DROITS DU PATIENT

Conseil d'État Ass., 14 février 2014, *Mme Lambert*

Conseil d'État Ass., 24 juin 2014, *Mme Lambert*

I. *Mme Lambert,* 14 févr. 2014

(Rec. 32, concl. Keller ; RFDA 2014.255, concl. ; AJ 2014.790, chr. Bretonneau et Lessi ; RDSS 2014.506, note D. Thouvenin ; LPA 4 avr. 2014, note Mémeteau ; JCP Adm. 2014.2234, obs. Moquet-Anger ; Procédures avr. 2014, n° 7, note Deygas)

1. Cons. que Mme Rachel Lambert, M. François Lambert et le centre hospitalier universitaire de Reims relèvent appel du jugement du 16 janvier 2014 par lequel le tribunal administratif de Châlons-en-Champagne, statuant en référé sur le fondement de l'article L. 521-2 du Code de justice administrative, a suspendu l'exécution de la décision du 11 janvier 2014 du médecin, chef du pôle Autonomie et santé du centre hospitalier universitaire de Reims, de mettre fin à l'alimentation et à l'hydratation artificielles de M. Vincent Lambert, hospitalisé dans ce service ; qu'il y a lieu de joindre les trois requêtes pour statuer par une seule décision ;

Sur l'intervention :

2. Cons. que l'Union nationale des associations de familles de traumatisés crâniens et de cérébro-lésés (UNAFTC) justifie, eu égard à son objet statutaire et aux questions soulevées par le litige, d'un intérêt de nature à la rendre recevable à intervenir dans la présente instance devant le Conseil d'État ; que son intervention doit, par suite, être admise ;

Sur l'office du juge des référés statuant sur le fondement de l'article L. 521-2 du Code de justice administrative :

3. Cons. qu'aux termes de l'article L. 521-2 du Code de justice administrative : « *Saisi d'une demande en ce sens justifiée par l'urgence, le juge des référés peut ordonner toutes mesures nécessaires à la sauvegarde d'une liberté fondamentale à laquelle une personne morale de droit public ou un organisme de droit privé chargé de la gestion d'un service public aurait porté, dans l'exercice d'un de ses pouvoirs, une atteinte grave et manifestement illégale (…)* » ;

4. Cons. qu'en vertu de cet article, le juge administratif des référés, saisi d'une demande en ce sens justifiée par une urgence particulière, peut ordonner toutes

mesures nécessaires à la sauvegarde d'une liberté fondamentale à laquelle une autorité administrative aurait porté une atteinte grave et manifestement illégale ; *que ces dispositions législatives confèrent au juge des référés, qui se prononce en principe seul et qui statue, en vertu de l'article L. 511-1 du Code de justice administrative, par des mesures qui présentent un caractère provisoire, le pouvoir de prendre, dans les délais les plus brefs et au regard de critères d'évidence, les mesures de sauvegarde nécessaires à la protection des libertés fondamentales ;*

5. *Cons. toutefois qu'il appartient au juge des référés d'exercer ses pouvoirs de manière particulière, lorsqu'il est saisi sur le fondement de l'article L. 521-2 du Code de justice administrative d'une décision, prise par un médecin sur le fondement du Code de la santé publique et conduisant à interrompre ou à ne pas entreprendre un traitement au motif que ce dernier traduirait une obstination déraisonnable et que l'exécution de cette décision porterait de manière irréversible une atteinte à la vie ; qu'il doit alors, le cas échéant en formation collégiale, prendre les mesures de sauvegarde nécessaires pour faire obstacle à son exécution lorsque cette décision pourrait ne pas relever des hypothèses prévues par la loi, en procédant à la conciliation des libertés fondamentales en cause, que sont le droit au respect de la vie et le droit du patient de consentir à un traitement médical et de ne pas subir un traitement qui serait le résultat d'une obstination déraisonnable ; que, dans cette hypothèse, le juge des référés ou la formation collégiale à laquelle il a renvoyé l'affaire peut, le cas échéant, après avoir suspendu à titre conservatoire l'exécution de la mesure et avant de statuer sur la requête dont il est saisi, prescrire une expertise médicale et solliciter, en application de l'article R. 625-3 du Code de justice administrative, l'avis de toute personne dont la compétence ou les connaissances sont de nature à éclairer utilement la juridiction ;*

Sur les dispositions applicables au litige :

6. Cons. qu'en vertu de l'article L. 1110-1 du Code de la santé publique, le droit fondamental à la protection de la santé doit être mis en œuvre par tous moyens disponibles au bénéfice de toute personne ; que l'article L. 1110-2 énonce que la personne malade a droit au respect de sa dignité ; que l'article L. 1110-9 garantit à toute personne dont l'état le requiert le droit d'accéder à des soins palliatifs qui sont, selon l'article L. 1110-10, des soins actifs et continus visant à soulager la douleur, à apaiser la souffrance psychique, à sauvegarder la dignité de la personne malade et à soutenir son entourage ;

7. Cons. qu'aux termes de l'article L. 1110-5 du même code, tel que modifié par la loi du 22 avril 2005 relative aux droits des malades et à la fin de la vie : « Toute personne a, compte tenu de son état de santé et de l'urgence des interventions que celui-ci requiert, le droit de recevoir les soins les plus appropriés et de bénéficier des thérapeutiques dont l'efficacité est reconnue et qui garantissent la meilleure sécurité sanitaire au regard des connaissances médicales avérées. Les actes de prévention, d'investigation ou de soins ne doivent pas, en l'état des connaissances médicales, lui faire courir de risques disproportionnés par rapport au bénéfice escompté. / Ces actes ne doivent pas être poursuivis par une obstination déraisonnable. Lorsqu'ils apparaissent inutiles, disproportionnés ou n'ayant d'autre effet que le seul maintien artificiel de la vie, ils peuvent être suspendus ou ne pas être entrepris. Dans ce cas, le médecin sauvegarde la dignité du mourant et assure la qualité de sa vie en dispensant les soins visés à l'article L. 1110-10. / (...) Toute personne a le droit de recevoir des soins visant à soulager sa douleur. Celle-ci doit être en toute circonstance prévenue, évaluée, prise en compte et traitée. / Les professionnels de santé mettent en œuvre tous les moyens à leur disposition pour assurer à chacun une vie digne jusqu'à la mort (...) » ;

8. Cons. qu'aux termes de l'article L. 1111-4 du Code de la santé publique, dans sa rédaction résultant de la loi du 22 avril 2005 : « Toute personne prend, avec le professionnel de santé et compte tenu des informations et des préconisations qu'il

lui fournit, les décisions concernant sa santé. / Le médecin doit respecter la volonté de la personne après l'avoir informée des conséquences de ses choix. (...) / Aucun acte médical ni aucun traitement ne peut être pratiqué sans le consentement libre et éclairé de la personne et ce consentement peut être retiré à tout moment. / Lorsque la personne est hors d'état d'exprimer sa volonté, aucune intervention ou investigation ne peut être réalisée, sauf urgence ou impossibilité, sans que la personne de confiance prévue à l'article L. 1111-6, ou la famille, ou à défaut, un de ses proches ait été consulté. / Lorsque la personne est hors d'état d'exprimer sa volonté, la limitation ou l'arrêt de traitement susceptible de mettre sa vie en danger ne peut être réalisé sans avoir respecté la procédure collégiale définie par le Code de déontologie médicale et sans que la personne de confiance prévue à l'article L. 1111-6 ou la famille ou, à défaut, un de ses proches et, le cas échéant, les directives anticipées de la personne, aient été consultés. La décision motivée de limitation ou d'arrêt de traitement est inscrite dans le dossier médical. (...) » ;

9. Cons. que l'article R. 4127-37 du Code de la santé publique énonce, au titre des devoirs envers les patients, qui incombent aux médecins en vertu du Code de déontologie médicale : « I.- En toutes circonstances, le médecin doit s'efforcer de soulager les souffrances du malade par des moyens appropriés à son état et l'assister moralement. Il doit s'abstenir de toute obstination déraisonnable dans les investigations ou la thérapeutique et peut renoncer à entreprendre ou poursuivre des traitements qui apparaissent inutiles, disproportionnés ou qui n'ont d'autre objet ou effet que le maintien artificiel de la vie. (...) »

....

10. Cons., d'une part, que les dispositions de l'article L. 1110-5 du Code de la santé publique sont énoncées dans ce code au titre des droits garantis par le législateur à toutes les personnes malades ; que celles de l'article L. 1111-4 sont au nombre des principes généraux, affirmés par le Code de la santé publique, qui sont relatifs à la prise en considération de l'expression de la volonté de tous les usagers du système de santé ; que l'article R. 4127-37 détermine des règles de déontologie médicale qui imposent des devoirs à tous les médecins envers l'ensemble de leurs patients ; qu'il résulte des termes mêmes de ces dispositions et des travaux parlementaires préalables à l'adoption de la loi du 22 avril 2005 qu'elles sont de portée générale et sont applicables à l'égard de M. Lambert comme à l'égard de tous les usagers du système de santé ;

11. *Cons. qu'il résulte de ces dispositions que toute personne doit recevoir les soins les plus appropriés à son état de santé, sans que les actes de prévention, d'investigation et de soins qui sont pratiqués lui fassent courir des risques disproportionnés par rapport au bénéfice escompté ; que ces actes ne doivent toutefois pas être poursuivis par une obstination déraisonnable et qu'ils peuvent être suspendus ou ne pas être entrepris lorsqu'ils apparaissent inutiles ou disproportionnés ou n'ayant d'autre effet que le seul maintien artificiel de la vie, que la personne malade soit ou non en fin de vie ; que, lorsque celle-ci est hors d'état d'exprimer sa volonté, la décision de limiter ou d'arrêter un traitement au motif que sa poursuite traduirait une obstination déraisonnable ne peut, s'agissant d'une mesure susceptible de mettre en danger la vie du patient, être prise par le médecin que dans le respect de la procédure collégiale définie par le Code de déontologie médicale et des règles de consultation fixées par le Code de la santé publique ; qu'il appartient au médecin, s'il prend une telle décision, de sauvegarder en tout état de cause la dignité du patient et de lui dispenser des soins palliatifs ;*

12. Cons., d'autre part, qu'il résulte des dispositions des articles L. 1110-5 et L. 1111-4 du Code de la santé publique, éclairées par les travaux parlementaires préalables à l'adoption de la loi du 22 avril 2005, que le législateur a entendu inclure au nombre des traitements susceptibles d'être limités ou arrêtés, au motif d'une obstination déraisonnable, l'ensemble des actes qui tendent à assurer de

façon artificielle le maintien des fonctions vitales du patient ; que l'alimentation et l'hydratation artificielles relèvent de ces actes et sont, par suite, susceptibles d'être arrêtées lorsque leur poursuite traduirait une obstination déraisonnable ;

Sur les appels :

....

17. Cons. qu'à l'appui de ces appels, il est, en particulier, soutenu que, contrairement à ce qu'a jugé le tribunal administratif de Châlons-en-Champagne, la poursuite de l'alimentation et de l'hydratation artificiellement administrées à M. Lambert, n'ayant d'autre effet que le seul maintien artificiel de la vie du patient, traduit une obstination déraisonnable au sens de l'article L. 1110-5 du Code de la santé publique, ce qui est contesté en défense ;

18. Cons. qu'il revient au Conseil d'État, saisi de cette contestation, de s'assurer, au vu de l'ensemble des circonstances de l'affaire, qu'ont été respectées les conditions mises par la loi pour que puisse être prise une décision mettant fin à un traitement dont la poursuite traduirait une obstination déraisonnable ;

19. Cons. qu'il est nécessaire, pour que le Conseil d'État puisse procéder à cette appréciation, qu'il dispose des informations les plus complètes, notamment sur l'état de la personne concernée ; qu'en l'état des éléments versés dans le cadre de l'instruction, le bilan qui a été effectué par le Coma Science Group du centre hospitalier universitaire de Liège et qui a conclu,... à un « état de conscience minimale plus », remonte à juillet 2011, soit à plus de deux ans et demi ; que les trois médecins dont l'avis, au titre de consultants extérieurs au centre hospitalier universitaire de Reims, a été sollicité dans le cadre de la procédure collégiale engagée, se sont principalement prononcés sur les aspects éthiques et déontologiques d'un arrêt de traitement et non sur l'état médical du patient qu'ils n'ont pas examiné ; qu'ainsi que cela a été indiqué lors de l'audience de référé, le dossier médical de M. Lambert n'a pas été versé dans son intégralité au cours de l'instruction de la demande de référé ; que des indications divergentes ont été données dans le cadre de l'instruction et au cours de l'audience de référé quant à l'état clinique de M. Lambert ;

20. Cons., dans ces conditions, qu'il est, en l'état de l'instruction, nécessaire, avant que le Conseil d'État ne statue sur les appels dont il est saisi, que soit ordonnée une expertise médicale, confiée à des praticiens disposant de compétences reconnues en neurosciences, aux fins de se prononcer, de façon indépendante et collégiale, après avoir examiné le patient, rencontré l'équipe médicale et le personnel soignant en charge de ce dernier et pris connaissance de l'ensemble de son dossier médical, sur l'état actuel de M. Lambert et de donner au Conseil d'État toutes indications utiles, en l'état de la science, sur les perspectives d'évolution qu'il pourrait connaître ;

21. Cons. qu'il y a lieu, en conséquence, de prescrire une expertise confiée à un collège de trois médecins qui seront désignés par le président de la section du contentieux du Conseil d'État sur la proposition, respectivement, du président de l'Académie nationale de médecine, du président du Comité consultatif national d'éthique et du président du Conseil national de l'Ordre des médecins

....

22. Cons., en outre, qu'en raison de l'ampleur et de la difficulté des questions d'ordre scientifique, éthique et déontologique qui se posent à l'occasion de l'examen du présent litige, il y a lieu, pour les besoins de l'instruction des requêtes, d'inviter, en application de l'article R. 625-3 du Code de justice administrative, l'Académie nationale de médecine, le Comité consultatif national d'éthique et le Conseil national de l'Ordre des médecins ainsi que M. Jean Leonetti à présenter au Conseil d'État, avant la fin du mois d'avril 2014, des observations écrites d'ordre général de nature à l'éclairer utilement sur l'application des notions d'obstination déraisonnable et de maintien artificiel de la vie au sens de l'article L. 1110-5 du

Code de la santé publique, en particulier à l'égard des personnes qui sont, comme M. Lambert, dans un état pauci-relationnel ;

Sur les conclusions d'appel incident :

....

Décide

(intervention admise ; expertise ordonnée ; application de l'art. R. 625-3 du Code de justice administrative)

II. *Mme Lambert*, 24 juin 2014

(Rec. 175, concl. Keller ; RFDA 2014.657, concl. ; 671, avis d'*amicus curiae* ; 702, note P. Delvolvé ; AJ 2014.1225, tribune Cassia ; 1669, note Truchet ; Dr. fam. sept. 2014.39, note Binet ; LPA 17 oct. 2014, note Y.-M. Doublet ; RDSS 2014.1101, note D. Thouvenin ; JCP 2014.825, note F. Vialla ; JCP Adm. 2014.2844, étude H. Pauliat, D. Bordessoule et S. Moreau ; D. 2014.856, note Vigneau ; *Nomos. Le attualita nel dirrito*, n° 2, 2014, comm. Donnarumma ; GADS, n° 26)

....

3. Cons. que le collège des experts, désigné ainsi qu'il vient d'être dit, après avoir procédé aux opérations d'expertise et adressé aux parties, le 5 mai 2014, un pré-rapport en vue de recueillir leurs observations, a déposé devant le Conseil d'État le rapport d'expertise définitif le 26 mai 2014 ; qu'en réponse à l'invitation faite par la décision du Conseil d'État, statuant au contentieux, l'Académie nationale de médecine, le Comité consultatif national d'éthique, le Conseil national de l'Ordre des médecins et M. Jean Leonetti ont, pour leur part, déposé des observations de caractère général en application de l'article R. 625-3 du Code de justice administrative ;

Sur l'intervention :

4. Cons. que Mme Marie-Geneviève Lambert justifie d'un intérêt de nature à la rendre recevable à intervenir devant le Conseil d'État ; que son intervention doit, par suite, être admise ;

Sur les dispositions applicables au litige :

....

10. Cons. qu'en adoptant les dispositions de la loi du 22 avril 2005, insérées au Code de la santé publique, le législateur a déterminé le cadre dans lequel peut être prise, par un médecin, une décision de limiter ou d'arrêter un traitement dans le cas où sa poursuite traduirait une obstination déraisonnable ; qu'il résulte des dispositions précédemment citées, commentées et éclairées par les observations présentées, en application de la décision du Conseil d'État, statuant au contentieux du 14 février 2014, par l'Académie nationale de médecine, le Comité consultatif national d'éthique, le Conseil national de l'Ordre des médecins et M. Jean Leonetti, que toute personne doit recevoir les soins les plus appropriés à son état de santé, sans que les actes de prévention, d'investigation et de soins qui sont pratiqués lui fassent courir des risques disproportionnés par rapport au bénéfice escompté ; que ces actes ne doivent toutefois pas être poursuivis par une obstination déraisonnable et qu'ils peuvent être suspendus ou ne pas être entrepris lorsqu'ils apparaissent inutiles ou disproportionnés ou n'ayant d'autre effet que le seul maintien artificiel de la vie, que le patient soit ou non en fin de vie ; que, lorsque ce dernier est hors d'état d'exprimer sa volonté, la décision de limiter ou d'arrêter un traitement au motif que sa poursuite traduirait une obstination déraisonnable ne peut, s'agissant d'une mesure susceptible de mettre sa vie en danger, être prise par le médecin que dans le respect des conditions posées par la loi, qui résultent de l'ensemble des dispositions précédemment citées et notamment de celles qui organisent la procédure collégiale et prévoient des consultations de la personne de

confiance, de la famille ou d'un proche ; que si le médecin décide de prendre une telle décision en fonction de son appréciation de la situation, il lui appartient de sauvegarder en tout état de cause la dignité du patient et de lui dispenser des soins palliatifs ;

Sur la compatibilité des dispositions des articles L. 1110-5, L. 1111-4 et R. 4127-37 du Code de la santé publique avec les stipulations de la convention européenne de sauvegarde des droits de l'Homme et des libertés fondamentales :

....

12. *Cons. qu'eu égard à l'office particulier qui est celui du juge des référés lorsqu'il est saisi, sur le fondement de l'article L. 521-2 du Code de justice administrative, d'une décision prise par un médecin en application du Code de la santé publique et conduisant à interrompre ou à ne pas entreprendre un traitement au motif que ce dernier traduirait une obstination déraisonnable et que l'exécution de cette décision porterait de manière irréversible une atteinte à la vie, il lui appartient, dans ce cadre, d'examiner un moyen tiré de l'incompatibilité des dispositions législatives dont il a été fait application avec les stipulations de la convention européenne de sauvegarde des droits de l'Homme et des libertés fondamentales ;*

13. Cons., d'une part, que les dispositions contestées du Code de la santé publique ont défini un cadre juridique réaffirmant le droit de toute personne de recevoir les soins les plus appropriés, le droit de voir respectée sa volonté de refuser tout traitement et le droit de ne pas subir un traitement médical qui traduirait une obstination déraisonnable ; que ces dispositions ne permettent à un médecin de prendre, à l'égard d'une personne hors d'état d'exprimer sa volonté, une décision de limitation ou d'arrêt de traitement susceptible de mettre sa vie en danger que sous la double et stricte condition que la poursuite de ce traitement traduise une obstination déraisonnable et que soient respectées les garanties tenant à la prise en compte des souhaits éventuellement exprimés par le patient, à la consultation d'au moins un autre médecin et de l'équipe soignante et à la consultation de la personne de confiance, de la famille ou d'un proche ; qu'une telle décision du médecin est susceptible de faire l'objet d'un recours devant une juridiction pour s'assurer que les conditions fixées par la loi ont été remplies ;

14. Cons. ainsi que, prises dans leur ensemble, eu égard à leur objet et aux conditions dans lesquelles elles doivent être mises en œuvre, les dispositions contestées du Code de la santé publique ne peuvent être regardées comme incompatibles avec les stipulations de l'article 2 de la convention européenne de sauvegarde des droits de l'Homme et des libertés fondamentales, aux termes desquelles « le droit de toute personne à la vie est protégé par la loi. La mort ne peut être infligée à quiconque intentionnellement (...) » ainsi qu'avec celles de son article 8 garantissant le droit au respect de la vie privée et familiale ;

15. Cons., d'autre part, que le rôle confié au médecin par les dispositions en cause n'est, en tout état de cause, pas incompatible avec l'obligation d'impartialité qui résulte de l'article 6 de la convention européenne de sauvegarde des droits de l'Homme et des libertés fondamentales ; que les stipulations de l'article 7 de la même convention, qui s'appliquent aux condamnations pénales, ne peuvent être utilement invoquées dans le présent litige ;

Sur l'application des dispositions du Code de la santé publique :

16. *Cons. que si l'alimentation et l'hydratation artificielles sont au nombre des traitements susceptibles d'être arrêtés lorsque leur poursuite traduirait une obstination déraisonnable, la seule circonstance qu'une personne soit dans un état irréversible d'inconscience ou, à plus forte raison, de perte d'autonomie la rendant tributaire d'un tel mode d'alimentation et d'hydratation ne saurait caractériser, par elle-même, une situation dans laquelle la poursuite de ce traitement apparaîtrait injustifiée au nom du refus de l'obstination déraisonnable ;*

17. *Cons. que, pour apprécier si les conditions d'un arrêt d'alimentation et d'hydratation artificielles sont réunies s'agissant d'un patient victime de lésions cérébrales graves, quelle qu'en soit l'origine, qui se trouve dans un état végétatif ou dans un état de conscience minimale le mettant hors d'état d'exprimer sa volonté et dont le maintien en vie dépend de ce mode d'alimentation et d'hydratation, le médecin en charge doit se fonder sur un ensemble d'éléments, médicaux et non médicaux, dont le poids respectif ne peut être prédéterminé et dépend des circonstances particulières à chaque patient, le conduisant à appréhender chaque situation dans sa singularité ;* qu'outre les éléments médicaux, qui doivent couvrir une période suffisamment longue, être analysés collégialement et porter notamment sur l'état actuel du patient, sur l'évolution de son état depuis la survenance de l'accident ou de la maladie, sur sa souffrance et sur le pronostic clinique, le médecin doit accorder une importance toute particulière à la volonté que le patient peut avoir, le cas échéant, antérieurement exprimée, quels qu'en soient la forme et le sens ; qu'à cet égard, dans l'hypothèse où cette volonté demeurerait inconnue, elle ne peut être présumée comme consistant en un refus du patient d'être maintenu en vie dans les conditions présentes ; que le médecin doit également prendre en compte les avis de la personne de confiance, dans le cas où elle a été désignée par le patient, des membres de sa famille ou, à défaut, de l'un de ses proches, en s'efforçant de dégager une position consensuelle ; qu'il doit, dans l'examen de la situation propre de son patient, être avant tout guidé par le souci de la plus grande bienfaisance à son égard ;

Sur la conformité aux dispositions du Code de la santé publique de la décision de mettre fin à l'alimentation et à l'hydratation artificielles de M. Vincent Lambert :

....

23. Cons. qu'il revient au Conseil d'État de s'assurer, au vu de l'ensemble des circonstances de l'affaire et de l'ensemble des éléments versés dans le cadre de l'instruction contradictoire menée devant lui, en particulier du rapport de l'expertise médicale qu'il a ordonnée, que la décision prise le 11 janvier 2014 par le Dr. Kariger a respecté les conditions mises par la loi pour que puisse être prise une décision mettant fin à un traitement dont la poursuite traduit une obstination déraisonnable ;

....

32. Cons. qu'il résulte de l'ensemble des considérations qui précèdent que les différentes conditions mises par la loi pour que puisse être prise, par le médecin en charge du patient, une décision mettant fin à un traitement n'ayant d'autre effet que le maintien artificiel de la vie et dont la poursuite traduirait ainsi une obstination déraisonnable peuvent être regardées, dans le cas de M. Vincent Lambert et au vu de l'instruction contradictoire menée par le Conseil d'État, comme réunies ; que la décision du 11 janvier 2014 du Dr. Kariger de mettre fin à l'alimentation et à l'hydratation artificielles de M. Vincent Lambert ne peut, en conséquence, être tenue pour illégale ;

33. Cons. que si, en l'état des informations médicales dont il disposait lorsqu'il a statué à très bref délai sur la demande dont il avait été saisi, le tribunal administratif de Châlons-en-Champagne était fondé à suspendre à titre provisoire l'exécution de la décision du 11 janvier 2014 du Dr. Kariger en raison du caractère irréversible qu'aurait eu l'exécution de cette décision, les conclusions présentées au juge administratif des référés sur le fondement de l'article L. 521-2 du Code de justice administrative, tendant à ce qu'il soit enjoint de ne pas exécuter cette décision du 11 janvier 2014, ne peuvent désormais, au terme de la procédure conduite devant le Conseil d'État, plus être accueillies ; qu'ainsi Mme Rachel Lambert, M. François Lambert et le centre hospitalier universitaire de Reims sont fondés à demander la réformation du jugement du 16 janvier 2014 du tribunal administratif de Châlons-en-Champagne et à ce que soient rejetées par le Conseil d'État les conclusions

présentées sur le fondement de l'article L. 521-2 du Code de justice administrative par M. Pierre Lambert, Mme Viviane Lambert, M. David Philippon et Mme Anne Tuarze ;

Sur les frais d'expertise :

34. Cons. que, dans les circonstances particulières de l'espèce, il y a lieu de mettre les frais de l'expertise ordonnée par le Conseil d'État à la charge du centre hospitalier universitaire de Reims ;

....

Décide

(intervention admise ; rejet des conclusions de M. Pierre Lambert et autres ; réformation du jugement, frais d'expertise à la charge du centre hospitalier universitaire de Reims)

OBSERVATIONS

Les arrêts Lambert, *s'ils ont été rendus dans le cadre du référé-liberté (*Commune de Venelles* – Saez*), dépassent largement cette procédure par les problèmes de fond qu'ils ont dû régler.*

1 Les deux arrêts, dont l'essentiel est repris ci-dessus, se rattachent à un même litige, très douloureux sur le plan humain et qui a retenu l'attention de l'opinion.

M. Vincent Lambert, né en 1976, infirmier, a été victime le 29 septembre 2008 d'un accident de la circulation lui ayant causé un grave traumatisme crânien. Ayant été hospitalisé au centre hospitalier de Reims, il a, en raison de son état de tétraplégie et de complète dépendance, été pris en charge pour tous les actes de la vie quotidienne et alimenté et hydraté de façon artificielle par voie entérale.

L'évolution de son état a conduit le médecin, chef du pôle Autonomie et santé du Centre hospitalier, à décider de mettre fin à l'alimentation et à l'hydratation artificielles du patient.

Saisi dans le cadre de l'article L. 521-2 CJA, par les parents de M. Vincent Lambert, le juge des référés du tribunal administratif de Châlons-en-Champagne ordonna la suspension de la décision d'interruption, pour non-respect de la procédure exigée par le Code de la santé publique. Une nouvelle décision en date du 11 janv. 2014, prise cette fois dans le respect de la procédure, fut suspendue par le tribunal administratif le 16 janvier 2014 (*cf.* LPA 10 févr. 2014, note Vialla), d'une part, en raison du caractère irréversible qu'aurait eu l'exécution de la décision d'interruption et, d'autre part, au motif qu'au regard des dispositions du Code de la santé publique issues de la loi du 22 avril 2005 relative aux droits des malades et à la fin de vie, le maintien de la nutrition et de l'hydratation artificielles de M. Vincent Lambert ne constituait pas un acte inutile, disproportionné ou ayant comme seul objet ou effet le maintien artificiel de la vie.

C'est ce second jugement qui a été déféré par Mme Rachel Lambert, épouse de M. Vincent Lambert, le centre hospitalier et un neveu du patient au Conseil d'État.

Ce dernier a statué en deux temps : par un premier arrêt avant-dire droit du 14 février 2014, puis par un second arrêt du 24 juin 2014, tous deux rendus conformément aux conclusions, remarquablement nuancées, du rapporteur public. Ces arrêts ont donné lieu à de nombreux commentaires doctrinaux, dont certains ont été assortis de réserves (*cf.* note P. Delvolvé, RFDA 2014.702).

Il s'est agi pour le juge administratif d'éclairer, non seulement les praticiens du droit mais également l'opinion sur la portée à donner à la loi du 22 avril 2005, encore appelée loi Leonetti, du nom du parlementaire auteur de la proposition de loi dont ce texte est issu.

Une approche juridique du débat porté devant le Conseil d'État est nécessairement réductrice des réalités humaines en cause. Elle n'en a pas moins sa place au titre des décisions les plus marquantes du juge administratif suprême. Le Conseil d'État a défini l'office particulier du juge du référé-liberté confronté à une atteinte irrémédiable à la vie (I). Après avoir interprété les dispositions du Code de la santé publique régissant ce domaine, il en a fait application en s'entourant d'un maximum de garanties (II). Le cadre juridique ainsi défini a eu des prolongements qui méritent de retenir l'attention (III).

I. — L'office particulier du juge du référé-liberté confronté à une atteinte irrémédiable à la vie

2 Au plan procédural, si les arrêts s'inscrivent sur plusieurs points dans la ligne de la jurisprudence antérieure, ils innovent sur d'autres de façon très marquée.

A. — La conformité à des solutions antérieures

3 *1°)* N'était pas en discussion le fait que le droit au respect de la vie, rappelé par l'article 2 de la Convention européenne des droits de l'Homme, constitue une liberté fondamentale au sens de l'article L. 521-2 CJA (CE, Sect., 16 nov. 2011, *Ville de Paris et Société d'économie mixte PariSeine*, Rec. 552, concl. Botteghi ; v. n° 94.9 ; CE ord. 13 août 2013, *Ministre de l'intérieur c. Commune de Saint-Leu*, AJ 2013.2104, note le Bot).

2°) Ne doit pas surprendre non plus le fait que le juge des référés se prononce en qualité de juge de plein contentieux, en fonction de l'évolution des données de fait du litige. Significatif à cet égard est l'avant-dernier considérant de l'arrêt du 24 juin 2014 où il est souligné que le juge du premier degré était fondé à suspendre provisoirement la décision du 11 janvier « *en l'état des informations médicales dont il disposait* », quand bien même sa position est infirmée en appel.

3°) Moins évident était le point de savoir s'il appartient au juge des référés de vérifier le bien-fondé de la décision par laquelle le médecin d'un Centre hospitalier décide de mettre fin à un traitement ou à des soins dont la poursuite traduirait une obstination déraisonnable.

S'appuyant sur la jurisprudence dégagée par le Conseil d'État en matière de responsabilité médicale (v. nos obs. sous CE 10 avr. 1992, *Époux V.**), le rapporteur public a répondu par l'affirmative en faisant valoir que le médecin et le juge ont chacun leur mission propre : « *le médecin prend une décision médicale, le juge porte une appréciation juridique sur cette décision, en vérifiant si elle répond aux conditions posées par la loi* ». C'est en ce sens que s'est prononcée l'Assemblée du contentieux.

B. — Les innovations

4 Plus novatrice est la réponse donnée à la question de savoir si et dans quelle mesure le référé-liberté où le juge doit statuer à bref délai pour faire échec à des mesures portant une atteinte grave et manifestement illégale à une liberté fondamentale (v. nos obs. sous CE 18 janv. 2001, *Commune de Venelles**) était une procédure appropriée.

A priori, une procédure de référé-suspension sur le fondement de l'article L. 521-1 CJA consécutive à un recours en annulation de la décision du 11 janvier 2014, aurait été préférable. Mais c'était sans doute faire peu de cas de la situation d'extrême urgence née de la décision de mettre un terme à l'alimentation du patient.

L'arrêt du 14 février 2014 résout la difficulté de manière prétorienne. Tout en rappelant la portée de l'art. L. 521-2 du CJA, il va au-delà de sa lettre dans l'hypothèse d'une atteinte irrémédiable à la vie.

Le second arrêt ajoute un autre élément de particularisme au référé en pareil cas.

1. L'apport de l'arrêt du 14 février 2014

5 L'Assemblée du contentieux, appelée pour la première fois à statuer en matière de référé-liberté depuis son institution par la loi du 30 juin 2000, en a rappelé le contenu en des termes qui traduisent fidèlement la volonté du législateur avant d'aller, au cas particulier, au-delà des termes de la loi.

L'arrêt du 14 février 2014 procède à un rappel de la mission normale du juge du référé-liberté. Ce dernier, « *saisi d'une demande en ce sens justifiée par une urgence particulière peut ordonner toutes mesures nécessaires à la sauvegarde d'une liberté fondamentale, à laquelle une autorité administrative aurait porté une atteinte grave et manifestement illégale* ; *ces dispositions législatives confèrent au juge des référés, qui se prononce en principe seul et qui statue... par des mesures qui présentent un caractère provisoire le pouvoir de prendre, dans les délais les plus brefs et au regard de critères d'évidence, les mesures nécessaires à la protection des libertés fondamentales* ».

La rédaction ainsi adoptée fait bien apparaître le champ d'application de l'article L. 521-2 du CJA, son cheminement procédural et ses effets.

6 L'arrêt du 14 février 2014 s'écarte cependant du cadre ainsi fixé. Il définit le champ d'application de ce qui pourrait être qualifié d'article L. 521-2 *bis* CJA.

Est visée l'hypothèse où le juge du référé-liberté est saisi d'une « *décision prise par un médecin sur le fondement du Code de la santé publique et conduisant à interrompre ou à ne pas entreprendre un traitement au motif que ce dernier traduirait une obstination déraisonnable et que l'exécution de cette décision porterait de manière irréversible une atteinte à la vie* ».

Dans une telle situation le juge du référé-liberté ne se prononce pas nécessairement seul en se bornant à la prise immédiate de mesures nécessaires à la protection des libertés fondamentales.

En effet, « *il doit alors, le cas échéant en formation collégiale, prendre les mesures de sauvegarde nécessaires pour faire obstacle à son exécution lorsque cette décision pourrait ne pas relever des hypothèses prévues par la loi, en procédant à la conciliation des libertés fondamentales en cause, que sont le droit au respect de la vie et le droit du patient de consentir un traitement médical et de ne pas subir un traitement qui serait le résultat d'une obstination déraisonnable* ».

Lui est ainsi dévolue une mission de conciliation entre deux droits, sur laquelle on reviendra plus avant.

Qui plus est, le juge n'est pas tenu d'épuiser sa compétence « *dans les délais les plus brefs* ». Il lui est loisible d'ordonner des mesures d'instruction. Il peut, « *le cas échéant après avoir suspendu à titre conservatoire l'exécution de la mesure et avant de statuer sur la requête dont il est saisi, prescrire une expertise médicale et solliciter, en application de l'article R. 625-3 du Code de justice administrative l'avis de toute personne dont la compétence ou les connaissances sont de nature à éclairer utilement la juridiction* ».

L'arrêt du 14 février 2014 a immédiatement concrétisé la double faculté ainsi ouverte, non sans lui conférer une certaine solennité. D'une part, l'expertise qu'il a ordonnée a été confiée à un collège de trois médecins désignés sur la proposition respectivement du président de l'Académie nationale de médecine, du président du Comité national d'éthique et du président du Conseil national de l'ordre des médecins. D'autre part, la procédure d'*amicus curiae* mise en œuvre sur le fondement de l'article R. 625-3 ajouté au CJA par un décret du 22 février 2010, concerne des institutions ou personnalités éminentes : Académie nationale de médecine, Comité national d'éthique, Conseil national de l'ordre des médecins, ainsi que Jean Leonetti.

2. L'apport de l'arrêt du 24 juin 2014

7 Outre le fait qu'il montre l'utilité de la double mesure d'instruction prescrite, dans un domaine où le juge des référés doit apprécier le bien-fondé d'une décision médicale, l'arrêt du 24 juin 2014 ajoute un autre élément de particularisme qui se situe sur un plan différent.

En principe, il n'entre pas dans l'office du juge des référés d'apprécier la conventionalité d'une loi, sauf si sa contrariété à un engagement international a été antérieurement constatée (CE ord. 21 oct. 2005, *Association AIDES et autres*, Rec. 438) ou s'il y a « *méconnaissance manifeste* » des exigences qui découlent du droit de l'Union européenne (CE ord. 16 juin 2010, *Mme Diakité*, Rec. 205).

Cette dernière solution prend en compte une jurisprudence de la Cour de justice invitant le juge national à assurer la suprématie du droit de l'Union en écartant l'application de la loi interne qui lui serait contraire, même lorsqu'il statue dans le cadre de mesures provisoires (CJCE 19 juin 1990, *Factortame,* aff. C-213/89 ; GACJUE, t. 1, p. 614).

8 Dans ses conclusions, le rapporteur public a proposé de réserver un sort identique à un moyen tiré de la méconnaissance par la loi de la Convention européenne des droits de l'Homme pour le motif, d'une part, que la Convention entretient des liens étroits avec le droit de l'Union, ne serait-ce qu'en raison de l'adhésion de l'Union européenne à la Convention et, d'autre part, de l'impossibilité pour le juge du référé-liberté de ne pas tenir compte d'une méconnaissance manifeste des exigences de la Convention relatives au droit au respect de la vie.

Il a été suivi par l'Assemblée du contentieux. Ultérieurement cette dernière a admis que l'appréciation à porter sur la conventionalité d'une loi n'excédait pas l'office du juge des référés (CE, Ass., 31 mai 2016, *Mme Gonzalez-Gomez*, Rec. 208, concl. Bretonneau ; v. n° 82.13).

Le rapporteur public a également été suivi lorsqu'il a conclu à l'absence d'incompatibilité entre le Code de la santé publique et la Convention européenne des droits de l'Homme. En effet, compte tenu de la jurisprudence de la Cour européenne ayant rattaché à l'article 8 de la Convention relatif au respect de la vie privée, « *le droit d'un individu de décider de quelle manière et à quel moment sa vie doit prendre fin* » (CEDH 20 janv. 2011, *Haas c. Suisse*, req. n° 31322/07), et après analyse des dispositions législatives contestées, le Conseil d'État a estimé que « *prises dans leur ensemble, eu égard à leur objet et aux conditions dans lesquelles elles doivent être mises en œuvre* », elles ne peuvent être regardées comme incompatibles avec les stipulations de l'article 2 de la Convention.

L'accent mis sur l'objet des dispositions législatives et les conditions de leur mise en œuvre trouve sa traduction dans chacun des arrêts. À partir d'une interprétation des dispositions de la loi du 22 avril 2005 complétant le Code de la santé publique, le Conseil d'État s'est attaché à concilier les libertés fondamentales en cause.

II. — La conciliation des libertés fondamentales en cause

9 La conciliation à opérer entre des droits fondamentaux, qui peuvent être antagonistes, est l'œuvre du législateur agissant dans le respect des principes constitutionnels et conventionnels et sous le contrôle des juridictions statuant dans leur sphère de compétence.

Dans l'affaire *Lambert*, deux droits étaient en balance.

– d'une part, le droit à la vie dont est titulaire toute personne qui se combine avec le droit au respect de la vie qui, non seulement peut être invoqué par toute personne à l'égard d'autrui, mais tout autant doit être observé par autrui à l'égard de toute personne ;

– d'autre part, « le droit du patient de consentir à un traitement médical et de ne pas subir un traitement qui serait le résultat d'une obstination déraisonnable ».

Face à ce dilemme, le juge des référés, après avoir précisé la portée du cadre légal applicable, a veillé à son respect dans le cas individuel qui lui était soumis.

A. — Les précisions apportées au cadre légal

10 *1°)* La position adoptée par le législateur résulte, pour l'essentiel, des articles L. 1110-5 et L. 1111-4 du Code de la santé publique.

L'article L. 1110-5, après avoir énoncé dans un premier alinéa que toute personne a, compte tenu de son état de santé le droit de recevoir les soins les plus appropriés, sans que les actes de prévention, d'investigation ou de soins lui fassent courir de risques disproportionnés par rapport au bénéfice escompté, dispose que « *ces actes ne doivent pas être poursuivis par une obstination déraisonnable. Lorsqu'ils apparaissent inutiles, disproportionnés ou n'ayant d'autre effet que le seul maintien artificiel de la vie, ils peuvent être suspendus ou ne pas être entrepris* ».

De son côté, l'article L. 1111-4 du même code fixe des règles destinées à prendre en compte la volonté du patient.

Lorsque la personne est hors d'état d'exprimer sa volonté, aucune intervention ou investigation ne peut être réalisée, sauf urgence ou impossibilité, sans que « *la personne de confiance* » qu'elle a antérieurement désignée ou la famille ou, à défaut, un de ses proches ait été consulté.

Il est spécifié par le même article que, lorsque la personne est hors d'état d'exprimer sa volonté, « *la limitation ou l'arrêt de traitement* » susceptible de mettre sa vie en danger ne peut être réalisé sans qu'ait été respectée une procédure collégiale associant le médecin en charge du patient et l'équipe de soins et sans que « *la personne de confiance* » ou la famille ou, à défaut, un de ses proches et, le cas échéant, « *les directives anticipées* » de la personne, aient été consultés.

11 *2°)* Au regard des textes applicables, l'Assemblée du contentieux a eu à prendre position sur deux questions de difficulté inégale.

Elle a estimé tout d'abord que les dispositions de l'article L. 1110-5 du code figurent « *au titre des droits garantis par le législateur* à toutes *les personnes malades* » ; de même les termes de l'article L. 1111-4, qui sont au nombre des principes généraux affirmés par le code, sont relatifs « *à la prise en considération de l'expression de la volonté de tous les usagers du système de santé* ».

Il s'ensuit que le principe du refus de l'obstination déraisonnable s'applique aux personnes qui, comme M. Vincent Lambert, ne sont pas en fin de vie.

Pour le rapporteur public, est davantage l'objet de controverse, « *pour des raisons aussi bien médicales que philosophiques ou religieuses* », le point de savoir si l'alimentation et l'hydratation artificielles dispensées à M. Lambert constituent des « *actes de soins* » ou de « *traitements* », auxquels il peut être mis fin si leur poursuite caractérise une obstination déraisonnable.

En s'appuyant sur les travaux parlementaires préalables à l'adoption de la loi du 22 avril 2005, le Conseil d'État a estimé par l'arrêt du 14 février, que le législateur a entendu inclure au nombre des traitements susceptibles d'être limités ou arrêtés, au motif d'une obstination déraisonnable : « *l'ensemble des actes qui tendent à assurer de façon artificielle le maintien des fonctions vitales du patient* », ce qui inclut l'alimentation et l'hydratation artificielles.

L'arrêt du 24 juin 2014 précise cependant que « *la seule circonstance qu'une personne soit dans un état irréversible d'inconscience, ou, à plus forte raison, de perte d'autonomie* » la rendant tributaire d'un tel mode d'alimentation et d'hydratation, « *ne saurait caractériser, par elle-même, une situation dans laquelle la poursuite de* ce *traitement apparaîtrait injustifiée au nom du refus de l'obstination déraisonnable* ».

Il s'ensuit que, pour apprécier si les conditions d'un arrêt d'alimentation et d'hydratation sont réunies, le médecin doit se fonder sur un ensemble d'éléments médicaux et non médicaux, « *dont le poids respectif ne peut être prédéterminé et dépend des circonstances particulières à chaque patient, le conduisant à appréhender chaque situation dans sa singularité* ».

B. — L'appréhension de chaque situation dans sa singularité

12 Ainsi que l'a exposé le rapporteur public dans ses conclusions sur le premier arrêt, la situation de M. Vincent Lambert au regard de ces dispositions législatives « *représente l'hypothèse la plus délicate, la personne n'est pas en fin de vie, mais elle est inconsciente, elle n'a pas rédigé de directives anticipées ni désigné une personne de confiance, sa famille est divisée, et les médecins consultés ne sont pas unanimes* ».

Au vu des mesures d'instruction ordonnées, l'arrêt du 24 juin 2014 exprime la position adoptée par l'Assemblée du contentieux.

L'accent est mis tout d'abord sur le respect par l'équipe médicale du centre hospitalier de la procédure collégiale.

Il est ensuite souligné que les conclusions de l'expertise ordonnée en appel ont confirmé celles faites par l'équipe médicale « *quant au caractère irréversible des lésions et au pronostic clinique de M. Lambert* ».

L'arrêt relève encore que, si M. Vincent Lambert n'a pas exprimé de « *directives anticipées* », il a, compte tenu de son expérience d'infirmier auprès de personnes polyhandicapées, « *clairement* » et à plusieurs reprises exprimé le souhait de ne pas être maintenu artificiellement en vie dans l'hypothèse où il se trouverait dans un état de « *grande dépendance* ».

Il est vérifié que le médecin a recueilli l'avis de la famille du patient avant la décision d'arrêt de traitement. Pour le Conseil d'État, « *dans les circonstances de l'affaire* » le médecin « *a pu estimer que le fait que les membres de la famille n'aient pas eu une opinion unanime quant au sens de la décision n'était pas de nature* à *faire obstacle* à *sa décision* ».

Au vu de l'ensemble de ces éléments, l'Assemblée du contentieux a considéré que « *dans le cas de M. Vincent Lambert* », la décision de mettre fin à l'alimentation et à l'hydratation artificielles ne peut « *être tenue pour illégale* ».

III. — Les prolongements postérieurs

La situation de M. Vincent Lambert a donné lieu à de nouveaux développements. Sur un plan plus général le droit applicable a été précisé tant par les textes que par la jurisprudence.

A. — L'évolution de la situation de Vincent Lambert

13 Saisie par les parents de Vincent Lambert, la Cour européenne des droits de l'Homme, après avoir suspendu à titre provisoire les effets de l'arrêt du 24 juin 2014, s'est prononcée sur le fond le 5 juin 2015 dans le même sens que le juge administratif français (CEDH 5 juin 2015, *Lambert et autres c. France*, GACEDH n° 10 ; JCP 2015.805, note Sudre ; RFDA 2016.762, art. Labayle et Sudre ; AJ 2015.1736, chr. Burgorgue-Larsen ; LPA. 9 juill. 2015, note Mahinga ; D. 2015.1625, note Vialla ; RTDH. 2015.1098, note Larralde). L'arrêt de la Cour européenne n'a cependant pas mis un terme au litige au motif, d'une part, qu'il y a eu un changement dans la personne du praticien ayant ordonné l'arrêt du traitement, et, d'autre part, que le médecin nouvellement en fonction avait suspendu *sine die* la procédure en raison des dissensions au sein de la famille. La Cour administrative d'appel de Nancy a jugé que si le premier motif était fondé, tel n'était pas le cas du second, ce qui impliquait une reprise de la procédure sous la direction du nouveau praticien. Le Conseil d'État a approuvé les juges du fond (CE 19 juill. 2017, *Pierre Lambert et autres*, Rec. 271 ; AJ 2017.202, concl. Domino).

Au terme de la nouvelle procédure, le médecin responsable a décidé d'arrêter l'alimentation et l'hydratation de Vincent Lambert. Les parents ont contesté sa décision dans le cadre d'un référé-liberté.

Aussi bien le juge du premier degré que le Conseil d'État ont rejeté leur requête (CE ord. 24 avr. 2019, *Lambert et autres* ; AJ 2019.906). La Cour européenne des droits de l'Homme a conclu à l'absence de violation de la Convention par arrêt du 29 avril 2019.

Toutefois, le Comité international des droits des personnes handicapées de l'ONU, saisi le 24 avril 2019, a demandé à l'État français le 3 mai 2019, à titre conservatoire, de retarder l'arrêt du traitement dans l'attente de l'avis qu'il émettra sur le fond. Dans ces circonstances la

Cour d'appel de Paris a, par un arrêt du 20 mai 2019 (AJ 2019.1202, comm. Dupré de Boulois), estimé que le non-respect de l'avis du Comité était constitutif d'une voie de fait (v. nos obs. sous l'arrêt *Bergoend c. Société Annecy-Léman**) lui donnant compétence pour faire respecter la mesure provisoire préconisée par le Comité. Dès lors que le Comité a un rôle uniquement consultatif, l'arrêt de la cour d'appel procédait d'une interprétation erronée de la notion de voie de fait qui a encouru la censure de l'assemblée plénière de la *Cour de cassation* par un arrêt du *28 juin 2019* (AJ 2019.1373 ; D. 2019.1400, note J. Roux).

Parallèlement à ces épisodes « *nombreux et douloureux* » ainsi que l'a relevé le rapporteur public X. Domino, des textes ont précisé le cadre juridique applicable à la fin de vie.

B. — Une plus grande précision du cadre juridique d'ensemble

Les précisions résultent non seulement des textes mais également de la jurisprudence.

14 *1°)* Une loi du 2 février 2016, a modifié le Code de la santé publique à l'effet de conférer une responsabilité accrue au médecin en charge du patient, le choix effectué par le praticien étant précédé d'une procédure collégiale.

Le Conseil constitutionnel a jugé que la loi n'était pas contraire aux droits et libertés constitutionnellement garantis (*n° 2017-632 QPC, 2 juin 2017* ; AJ 2017.1908, note Bioy ; Constitutions 2017.460, note Sztulman ; RDSS 2017.1035, note D. Thouvenin ; RFDA 2017.1177, note Roblot-Troizier). La décision relève en particulier que le référé garantit utilement le droit au recours.

De son côté, le Conseil d'État a admis la légalité du décret n° 2016-1066 du 3 août 2016, principal texte pris pour l'application de la loi, en s'appuyant sur la décision du Conseil constitutionnel (CE 6 déc. 2017, *Union nationale des associations de familles de traumatisés crâniens et de cérébro-lésés* ; Rec. 351 ; AJ 2018.578, note Bioy).

2°) Il est revenu également au juge administratif, au titre le plus souvent du référé-liberté, de statuer sur des situations lourdes de conséquences sur le plan humain.

a) Sur la question de savoir si doit être interrompue ou ne pas être entreprise une procédure portant sur un *patient mineur* le Conseil d'État a répondu qu'il convenait de rechercher si sa volonté a pu trouver à s'exprimer antérieurement et de tenter de parvenir à un accord avec les personnes titulaires de l'autorité parentale (CE ord. 5 janv. 2018, *Mme Afiri et M. Biddari*, Rec. 1), position qui a été approuvée par la Cour européenne des droits de l'Homme (CEDH 25 janv. 2018, *Afiri et Biddari c. France*, Rec. 921 ; AJ 2019.1168, note Bioy).

b) La décision du médecin dans le sens de l'absence d'engagement ou de poursuite du traitement d'un patient hors d'état d'exprimer sa volonté, doit être notifiée à la personne de confiance désignée ou à défaut à sa famille ou ses proches « *dans des conditions leur permettant d'exercer un recours en temps utile* » (CE 28 nov. 2018, *Mme Abraham, Mme Bigare*, Rec. 921 ; AJ 2019.1168, note Bioy).

c) Si le contrôle du juge peut porter sur la décision d'arrêt ou non du traitement, il ne saurait se substituer au médecin quant au choix du traitement (CE ord. 26 juill. 2017, *Marchetti et Mme Vraciu*, Rec. 279 ; AJ 2017.1887, chr. Odinet et Roussel).

*
* *

En définitive, les arrêts rendus dans l'affaire *Lambert* sont l'illustration d'une démarche très novatrice du Conseil d'État, s'agissant de l'adjonction de façon prétorienne d'une variante du référé-liberté et, en même temps, empreinte de prudence sur le fond afin de tenir compte de chaque cas particulier.

112

CONTRATS ADMINISTRATIFS CRITÈRE ORGANIQUE

Tribunal des conflits, 9 mars 2015, ***Mme Rispal c. Société des autoroutes du Sud de la France***
(RFDA 2015.265, concl. Escaut, note Canedo-Paris ; BJCP 2015.309, concl. Escaut ; AJ 2015.1204, chr. Lessi et L. Dutheillet de Lamothe ; CMP mai 2015, n° 110, Devillers ; DA mai 2015, n° 34 Brenet ; JCP Adm. 2015.2156, note Sestier et 2157, note Hul)

Cons. que, dans le cadre des obligations faites aux sociétés concessionnaires d'autoroutes de consacrer une part du montant des travaux de construction d'une liaison autoroutière à des œuvres d'art, la société ASF a conclu le 23 avril 1990 avec Mme Rispal une convention lui confiant, moyennant une rémunération forfaitaire, la mission d'établir une série de trois esquisses devant permettre à la société de choisir l'œuvre à créer, puis la réalisation d'une maquette d'une sculpture monumentale que la société envisageait d'implanter sur une aire de service située sur le futur tracé de l'autoroute A 89 ; que la convention stipulait que la sculpture définitive ne pourrait être réalisée que si la société ASF était choisie comme concessionnaire de l'autoroute A 89 et si l'une des trois esquisses présentées était retenue par elle ; que la désignation de la société ASF en qualité de concessionnaire de l'autoroute A 89 a été approuvée par décret du 7 février 1992 ; qu'après l'achèvement des travaux de construction des ouvrages autoroutiers, la société ASF a informé Mme Rispal, par courrier du 7 juin 2005, de sa décision d'abandonner définitivement le projet ; que, par arrêt du 17 février 2010, la Cour de cassation a décliné la compétence du juge judiciaire saisi par Mme Rispal d'une demande d'indemnisation des préjudices qu'elle aurait subis du fait de la résiliation du contrat qu'elle allègue ; que, par arrêt du 21 octobre 2014, la cour administrative d'appel de Paris, estimant que le litige relevait de la compétence des juridictions de l'ordre judiciaire, a saisi le Tribunal des conflits en application de l'article 34 du décret du 26 octobre 1849 modifié ;

Cons. qu'*une société concessionnaire d'autoroute qui conclut avec une autre personne privée un contrat ayant pour objet la construction, l'exploitation ou l'entretien de l'autoroute ne peut, en l'absence de conditions particulières, être regardée comme ayant agi pour le compte de l'État ; que les litiges nés de l'exécution de ce contrat ressortissent à la compétence des juridictions de l'ordre judiciaire ;*

Cons., toutefois, que *la nature juridique d'un contrat s'appréciant à la date à laquelle il a été conclu, ceux qui l'ont été antérieurement par une société concessionnaire d'autoroute sous le régime des contrats administratifs demeurent régis par le droit public et les litiges nés de leur exécution relèvent des juridictions de l'ordre administratif ;*

Cons. que Mme Rispal poursuit la réparation des préjudices qu'elle aurait subis à la suite de la résiliation de la convention qui l'aurait liée à la société ASF et qui aurait porté sur l'implantation sur une aire de repos d'une œuvre monumentale à la réalisation de laquelle la société concessionnaire était tenue de consacrer une part du coût des travaux, et qui présentait un lien direct avec la construction de l'autoroute ; que le litige ressortit dès lors à la compétence de la juridiction administrative ; …

OBSERVATIONS

Aux critères matériels du contrat administratif (service public : Terrier*, Thérond*, Bertin*, *ou clauses exorbitantes :* Granits porphyroïdes des Vosges**), s'ajoute le critère organique (présence d'une personne publique) : l'arrêt* Mme Rispal *en souligne l'importance.*

1 Il n'est un grand arrêt que parce qu'il revient sur celui du Tribunal des conflits du 8 juillet 1963, *Société Entreprise Peyrot c. Société de l'autoroute Estérel-Côte d'Azur* (Rec. 787 ; D. 1963.534, concl. Lasry, note Josse ; RD publ. 1963.776, concl. et 1964.767, note Fabre et Morin ; S. 1963.273, concl. ; AJ 1963.463, chr. Gentot et Fourré, et 1966.474, note Colin ; Gaz. Pal. 1964.2.58, note Blaevoet ; JCP 1963.II.13375, note J.-M. Auby), rangé précédemment dans les *Grands arrêts de la jurisprudence administrative* : celui-ci, faisant exception à la condition de la présence d'une personne publique pour qu'un contrat puisse être administratif, avait jugé que les marchés passés par les sociétés concessionnaires d'autoroutes avec des entreprises étaient des contrats administratifs. L'arrêt *Société Entreprise Peyrot* considérait « *que la construction des routes nationales a le caractère de travaux publics et appartient par nature à l'État ; qu'elle est traditionnellement exécutée en régie directe ; que, par suite, les marchés passés par le maître de l'ouvrage pour cette exécution sont soumis aux règles du droit public ; … qu'il doit en être de même pour les marchés passés par le maître de l'ouvrage pour la construction d'autoroutes… sans qu'il y ait lieu de distinguer selon que la construction est assurée de manière normale directement par l'État, ou à titre exceptionnel par un concessionnaire agissant en pareil cas pour le compte de l'État, que ce concessionnaire soit une personne morale de droit public, ou une société d'économie mixte, nonobstant la qualité de personne morale de droit privé d'une telle société ; qu'ainsi, quelles que soient les modalités adoptées pour la construction d'une autoroute, les marchés passés avec les entrepreneurs par l'administration ou par son concessionnaire ont le caractère de marchés de travaux publics* ». La solution était liée à une conception de l'État voyant dans la construction et l'entretien des routes une de ses missions essentielles.

Elle n'est plus retenue par le Tribunal des conflits dans l'arrêt du 9 mars 2015, rendu dans un contentieux relatif à l'exécution d'un contrat entre la société concessionnaire des autoroutes du sud de la France et Mme Rispal pour la réalisation d'une sculpture à installer sur une aire d'autoroute : les juridictions judiciaires et administratives s'étaient respectivement déclarées incompétentes. En dernier lieu, la Cour administration d'appel de Paris, faisant application de l'article 771-1 CJA (issu d'un décret du 25 juill. 1960), a renvoyé la question au Tribunal des conflits. Celui-ci a adopté le principe de la compétence judiciaire.

La solution nouvelle ne s'appliquera qu'aux contrats conclus postérieurement à la décision du 9 mars 2015, non aux contrats antérieurs. Le Tribunal des conflits fait à ce sujet application du principe, qu'il avait déjà exprimé (TC 16 oct. 2006, *Caisse centrale de réassurance c. Mutuelle des architectes français*, Rec. 640 ; v. n° 34.3), selon lequel « *la nature juridique d'un contrat s'apprécie à la date à laquelle il a été conclu* » ; ce principe se rattache à celui de sécurité juridique (v. nos obs. sous CE 24 mars 2006, *Société KPMG**) ; il permet de décaler dans le temps l'application d'une jurisprudence nouvelle (v. nos obs sous CE 11 mai 2004, *Association AC !**). En l'espèce, est donc appliquée la solution de la jurisprudence *Peyrot* au contrat conclu avant le nouvel arrêt entre Mme Rispal et la Société ASF : il « *présentait un lien direct avec la construction de l'autoroute* », « *le litige ressortit dès lors à la compétence de la juridiction administrative* ».

Mais, pour l'avenir, le Tribunal des conflits revient au principe selon lequel un contrat ne peut être administratif que s'il est conclu par une personne publique (I). Il admet néanmoins encore des exceptions (II).

I. — Le principe : un contrat ne peut être administratif que si une personne publique y est partie

2 C'est une condition nécessaire mais elle n'est pas suffisante : sous réserve de particularités législatives, il faut aussi soit que le contrat relève d'un régime exorbitant du droit commun (v. nos obs. sous CE 31 juill. 1912, *Société des granits porphyroïdes des Vosges**) soit qu'il assure l'exécution d'un service public (v. nos obs. sous CE 20 avr. 1956, *Bertin**).

La condition de la présence d'une personne publique avait été posée bien avant l'arrêt *Société Entreprise Peyrot* et avait continué à s'appliquer en dehors des exceptions qu'il lui a apportées. Même après l'arrêt du 8 juillet 1963, la condition de la présence d'une personne publique à un contrat pour qu'il soit administratif a continué à s'appliquer aux contrats autres que ceux entrant dans le champ de l'exception qu'il avait ouverte. Le Tribunal des conflits l'a encore jugé le jour même de l'arrêt *Mme Rispal* pour les contrats conclus par une société concessionnaire d'autoroute avec d'autres personnes privées, portant, non sur la réalisation de travaux, mais sur le dépannage des véhicules (TC 9 mars 2015, *Société des Autoroutes du Sud de la France c. Société Garage des pins*, Rec. 745 ; RFDA 2015.270, concl. Escaut, note Canedo-Paris).

3 Désormais, depuis l'arrêt *Mme Rispal*, tous les contrats des sociétés concessionnaires d'autoroute passés avec d'autres personnes privées (et notamment avec des entreprises pour les travaux de l'autoroute) sont en principe des contrats de droit privé.

Leur est étendue la solution que le Tribunal des conflits avait déjà exprimée de manière générale quelques mois plus tôt dans l'arrêt du 16 juin 2014, *Société d'exploitation de la Tour Eiffel c. Société Séchaud-Bossuyt et autres* (Rec. 463 ; BJCP 2014.426, concl. Escaut ; DA 2014, n° 220, par P. Devillers ; RJEP 2014, comm. 52 par Sirinelli) : « *lorsqu'une personne privée, chargée par une personne publique d'exploiter un ouvrage public, conclut avec d'autres entreprises un contrat en vue de la réalisation de travaux sur cet ouvrage, elle ne peut être regardée, (...), comme agissant pour le compte de la personne publique propriétaire de l'ouvrage* ». Ainsi est réalisée négativement une unification du critère des contrats administratifs du point de vue organique : il suffit qu'aucune personne publique ne figure à un contrat pour exclure qu'il soit administratif, même s'il a fait l'objet d'une extension par un acte administratif comme un arrêté ministériel (TC 8 juin 2020, *CGT intérim et autres*, Rec. 656 ; AJ 2021.739, chr. Malverti et Beaufils).

Pour renverser la solution de l'arrêt *Entreprise Peyrot*, non seulement le Tribunal des conflits a cherché une simplification, mais il s'est fondé aussi, comme l'explique Mme Escaut dans ses conclusions, sur les changements intervenus en matière autoroutière et routière : les concessions d'autoroute ne sont plus des exceptions comme elles devaient l'être originairement ; elles sont attribuées, non plus à des sociétés d'économie mixte, mais à des sociétés à capitaux entièrement privés ; de nombreuses routes nationales ont été transférées aux départements. Il ne s'agit plus d'une activité qui « appartient par nature à l'État » comme il était dit dans l'arrêt de 1963. Les infrastructures routières ne se différencient pas fondamentalement des infrastructures portuaires et aéroportuaires, auxquelles ne s'appliquait pas la jurisprudence *Peyrot*. La responsabilité propre des concessionnaires, marquée par le risque d'exploitation que, notamment selon le droit européen des concessions, elles doivent assumer, ne permet plus de dire, même au sens large, qu'ils agissent « pour le compte de l'État ». Leurs marchés ne sont pas soumis aux mêmes règles de passation que ceux des collectivités publiques.

On peut sans doute discuter ces considérations, rappeler que le réseau routier a contribué à structurer l'État et souligner qu'il est étroitement lié à l'un de ses éléments constitutifs, le territoire. Ces objections ne tiennent plus devant l'arrêt *Mme Rispal* : quel que soit son objet, un contrat entre deux personnes privées ne peut normalement être administratif. Le Conseil d'État a repris exactement la solution du Tribunal des conflits (CE 17 juin 2015, *Société des autoroutes Paris-Rhin-Rhône*, Rec. 203 ; BJCP 2015.355, concl. Pellissier).

4 L'importance du critère organique est encore mise en évidence en sens inverse par la jurisprudence qui considère qu'un contrat entre deux (ou plusieurs) personnes publiques est présumé administratif. En vertu d'un arrêt du Tribunal des conflits du 21 mars 1983, *Union des assurances de Paris* (Rec. 537 ; AJ 1983.356, concl. Labetoulle ; D. 1984.33, note J.-B. Auby et Hubrecht), « *un contrat conclu entre deux personnes publiques revêt en principe un caractère administratif, impliquant la* *compétence des juridictions administratives pour connaître des litiges portant sur les manquements aux obligations en découlant».*

Ainsi ont constitué des contrats administratifs les contrats de plan conclus entre l'État et les régions (CE, Ass., 8 janv. 1988, *Ministre chargé du plan et de l'aménagement du territoire c. Communauté urbaine de Strasbourg*, Rec. 3 ; v. n° 3.11), les contrats passés entre l'État et les collectivités locales soit en application de la loi du 2 mars 1982 pour la répartition des services (CE, Sect., 31 mars 1989, *Département de la Moselle*, Rec. 105 ; RFDA 1989.466, concl. Fornacciari ; AJ 1989.315, chr. Honorat et Baptiste ; RA 1989.368, note Terneyre), soit plus généralement pour l'organisation d'un service public (CE 13 mai 1962, *Commune d'Ivry-sur-Seine*, Rec. 198 ; AJ 1992.480, chr. Maugüé et Schwartz).

Aujourd'hui la présomption du caractère administratif du contrat entre personnes publiques est dépassée : pour que cette qualification soit retenue, est constatée dans un contrat entre personnes publiques la présence de l'exécution d'un service public (TC 7 oct. 1991, *Centre régional des œuvres universitaires et scolaires de l'académie de Nancy-Metz*, Rec. 472 ; AJ 1992.157, note Richer) ou «l'existence dans le contrat d'une ou plusieures clauses impliquant dans l'intérêt général qu'il relève d'un régime exorbitant de droit public» (TC 6 juin 2016, *Commune d'Aragnouet c. commune de Vignec*, Rec. 686 ; BJCP 2016.373, concl. Girard ; AJ 2016.1749, note Yolka ; CMP août-sept 2016.34, note Ubaud-Bergeron).

II. — Les exceptions : des contrats administratifs entre personnes privées

5 L'expression «pour le compte de l'État» ne signifiait pas que le concessionnaire était un mandataire de l'État : elle était entendue au sens large pour établir que la nature des travaux et donc celle des contrats ne changeaient pas selon le mode de réalisation des autoroutes. Elle a pu être discutée et contestée comme trop approximative. Son extension à des contrats autres que ceux des sociétés d'économie mixte concessionnaires d'autoroute a été jugée trop large.

Désormais l'arrêt *Mme Rispal* fait tomber non seulement l'exception admise par l'arrêt *Entreprise Peyrot* pour les contrats des sociétés concessionnaires d'autoroute mais aussi implicitement les exceptions plus larges qu'il avait entraînées.

Mais l'arrêt *Mme Rispal*, comme l'arrêt *Société d'exploitation de la Tour Eiffel c. Société Séchaud-Bossuyt et autres,* réserve le cas «*de conditions particulières*». Aucun des deux arrêts ne s'explique sur ce que pourraient être ces conditions particulières.

On peut néanmoins essayer d'identifier, compte tenu notamment de solutions admises auparavant, des cas dans lesquels une personne privée passe un contrat pour le compte d'une personne publique, dans un sens plus précis et exact que ce l'était avec la jurisprudence *Entreprise Peyrot*.

Le premier devrait être encore celui des contrats qu'une personne privée passe comme mandataire d'une personne publique, donc en la représentant (CE, Sect., 18 déc. 1936, *Prade*, Rec. 1124 ; D. 1938.370, note P.-L. J ; S. 19383.57, note Alibert : contrat d'exploitation d'une plage passé par un syndicat d'initiative au nom de la commune ; – Sect., 2 juin 1961, *Leduc*, Rec. 365 ; v. n° 64.4 : marchés relatifs à la reconstruction d'une église passés par une association syndicale dont la commune était membre). Peut être rapprochée de cette hypothèse celle dans laquelle une association créée par une personne publique est tellement « transparente » qu'en réalité elle n'en constitue qu'un service l'engageant directement (CE 21 mars 2007, *Commune de Boulogne-Billancourt*, Rec. 130 ; BJCP 2007.230, concl. N. Boulouis ; AJ 2007.915, note J.-D. Dreyfus ; CP-ACCP 2007, n° 68, p. 58, note Brenet ; CMP 2007, n° 37 par Eckert et étude 14 par Lichère ; D. 2007.1937, note M. Dreiffus). Mais cette hypothèse est appréciée restrictivement (TC 6 juill. 2020, *Société Huet Location c. Établissement public Cité de la musique*, Rec. 616 ; v. n° 47.4).

Le deuxième cas devrait être celui de contrats qui « *constituent l'accessoire d'un contrat de droit public* », comme l'a reconnu le Tribunal des conflits dans l'arrêt du 8 juillet 2013, *Société d'exploitation des Énergies photovoltaïques c. Société Électricité Réseau Distribution France* (Rec. 371 ; CMP 2013, n° 241 par Devillers ; CP-ACCP oct. 2013.65, note Le Chatelier ; DA 2013, n° 78 par Y. Simonnet), par exemple un contrat de cautionnement de l'exécution d'un marché de travaux publics (CE, Sect., 30 oct. 1972, *SA Le Crédit du Nord*, Rec. 630).

6 On peut s'interroger sur un troisième cas, dans lequel les relations avec une personne publique, de la personne privée qui passe un contrat avec une autre seraient si étroites que la personne privée engagerait en réalité la personne publique en passant ce contrat « pour son compte », sans qu'il s'agisse exactement d'un mandat. On ne peut plus ranger dans cette catégorie les contrats tels ceux d'aménagement qu'avait couverts la jurisprudence *Société d'équipement de la région montpelliéraine* (CE, Sect., 30 mai 1975, Rec. 326 ; AJ 1975.345, chr. Franc et Boyon ; D. 1976.3, note Moderne) mais qui ne le sont plus, à moins qu'ils comportent exactement un mandat (TC 11 déc. 2017, *Commune de Capbreton*, Rec. 416 ; BJCP 2018.124, concl. Daumas ; AJ 2018.267, chr. Roussel et Nicolas). On pourrait y retrouver ceux qui, mettant en œuvre directement des missions et des mesures déterminées par une personne publique, ont été précédemment reconnus comme administratifs : par exemple les contrats de prêts consentis par le Crédit foncier de France avec certains propriétaires d'immeubles situés en Tunisie, sur les ressources d'un fonds de l'État, sur la décision et sous le contrôle des services de l'État (CE 18 juin 1976, *Dame Culard*, Rec. 320 ; v. n° 89.7) ; « *les contrats par lesquels les exploitants d'aérodromes confient à des sociétés, dans le cadre fixé par le législateur, l'exécution des missions de police* » dont relève « *la mission d'inspection et de filtrage des passa-*

gers, des personnels et des bagages exécutée par les cocontractants des exploitants d'aéroports», «*réalisée pour le compte de l'État et sous son autorité dans le cadre de son activité de police administrative des aérodromes et des installations portuaires*» (CE 3 juin 2009, *Société Aéroports de Paris*, Rec. 216, concl. Dacosta; RJEP déc. 2009.19, concl.; CMP août-sept. 2009, note Zimmer).

Restent enfin les exceptions déterminées par la loi : contrats comportant occupation du domaine public conclus avec d'autres personnes privées par les concessionnaires de service public, mais non par les concessionnaires tout court (TC 10 juill. 1956, *Société des Steeple-chases de France*, Rec. 587 ; S. 1956.3.156, concl. Chardeau ; CJEG 1957.1, note Renaud; RD publ. 1957.522, note M. Waline; – 14 mai 2012, *Mme Gilles c. Société d'exploitation et événements de Paris*, Rec. 512 ; BJCP 2012.382, concl. Olléon; RFDA 2012.692, note Janicot; JCP Adm. 2012.2328, note Giacuzzo; RJEP nov. 2012.18, note Pauliat); contrats d'achat obligatoire d'électricité (TC 13 déc. 2010, *Société Green Yellow et autres c. Électricité de France*, Rec. 592 ; v. n° 23.3).

113

ACTE ADMINISTRATIF – DROIT SOUPLE

Conseil d'État Ass., 21 mars 2016, *Société Fairvesta International GmbH et autres*

Conseil d'État Ass., 21 mars 2016, *Société NC Numericable*
(AJ 2016.717, chr. L. Dutheillet de Lamothe et Odinet ; DA 2016, comm. 10, von Coester et Daumas ; D. 2016.715, obs. Montecler ; Gaz. Pal. 2016 n° 22, p. 31, note Seiller ; JCP 2016.623, note Perroud et 671, note Aguila et Froger ; LPA 2016 n° 185, p. 11, note Chaltiel ; RFDA 2016.679, art. Melleray ; RTD civ. 2016.571, note Deumier ; RTD com. 2016.298, obs. Rontchevsky, et 711, obs. Lombard ; RD publ. 2017.482, comm. Pauliat)

I. *Société Fairvesta International GmbH et autres,* 21 mars 2016

(Rec.77, concl. von Coester ; RFDA 2016.506, concl. – et mêmes autres références que ci-dessus)

....

2. Considérant qu'il ressort des pièces du dossier que la société Fairvesta International GmbH, société domiciliée..., a proposé aux investisseurs en France, à compter de 2009, des produits de placements immobiliers, dénommés Mercatus VIII, Lumis et Chronos, prenant la forme de prises de participation dans des sociétés en commandite simple de droit allemand ayant pour objet l'acquisition, la gestion ou le négoce d'immeubles ; que ces placements étaient commercialisés en France par l'intermédiaire d'agents immobiliers et de conseillers en gestion du patrimoine qui démarchaient les investisseurs potentiels ; que, le 21 juillet 2011, l'Autorité des marchés financiers a publié sur son site Internet, dans la rubrique « Mises en garde », un communiqué intitulé « L'Autorité des marchés financiers attire l'attention du public sur les activités de la société Fairvesta », rédigé comme suit : « L'Autorité des marchés financiers (AMF) reçoit de nombreuses questions de la part d'investisseurs particuliers et de professionnels relatives aux activités de la société Fairvesta. Cette société (...) propose des placements immobiliers tels que Mercatus VIII, Lumis, ou encore Chronos avec des perspectives de rendement élevées. Ces placements sont souvent commercialisés en France de manière très active par des personnes tenant des discours parfois déséquilibrés au regard des risques en capital encourus. Ces produits ne relèvent pas de la réglementation applicable aux titres financiers. La société Fairvesta n'est d'ailleurs ni autorisée à fournir en France des services d'investissement ou des conseils en investissement financier ni habilitée à se livrer à une activité de démarchage bancaire ou financier et les placements proposés n'ont pas donné lieu à l'élaboration d'un document

d'information visé ou revu par l'AMF » ; que le communiqué invitait ensuite les épargnants, d'une manière générale, à appliquer des règles de vigilance avant tout investissement, et notamment à mesurer le risque des produits, à se renseigner de façon approfondie sur leurs caractéristiques, sur les intermédiaires les proposant, sur leurs modes de valorisation et leurs modalités de revente, en précisant que les épargnants pouvaient s'adresser à l'Autorité pour obtenir de plus amples informations ; que, le 17 juillet 2012, l'Autorité des marchés financiers a publié, dans les mêmes conditions, un communiqué attirant à nouveau l'attention du public sur les activités de la société Fairvesta, qui reprenait les termes du premier communiqué et précisait, dans une note de bas de page, que deux autres sociétés du groupe Fairvesta, les sociétés Fairvesta Europe AG et Fairvesta Europe AG II, domiciliées au Liechtenstein, émettaient des obligations ayant fait l'objet de visas délivrés par l'autorité de régulation de ce pays et de certificats d'approbation et prospectus notifiés à l'Autorité des marchés financiers ; que, le 5 novembre 2012, l'Autorité a publié un nouveau communiqué attirant cette fois l'attention du public sur le site Internet « Fairvesta », dans des termes quasiment identiques à ceux utilisés en juillet 2012 ; que, par un courrier reçu par l'Autorité des marchés financiers le 16 janvier 2013, la société Fairvesta International GmbH a demandé l'indemnisation du préjudice qu'elle estimait avoir subi à la suite de la publication de ces trois communiqués ainsi que la publication d'un communiqué rectificatif sur son site Internet ; que, par un courrier du 13 février 2013, l'Autorité des marchés financiers a refusé de faire droit à cette demande, position qu'elle a confirmée dans un courrier du 12 avril 2013 en réponse à une nouvelle demande de la société ; que la société Fairvesta International GmbH et autres demandent l'annulation de ces trois communiqués, des décisions ayant refusé de les rectifier, et, dans le dernier état des conclusions, la condamnation de l'Autorité des marchés financiers à verser une somme de 15 millions d'euros à la société Fairvesta International GmbH au titre du préjudice financier et du préjudice d'image qu'elle estime avoir subis ;

Sur la compétence de la juridiction administrative :

3. Considérant que, sur renvoi effectué par la décision du Conseil d'État, statuant au contentieux du 10 juin 2015 visée ci-dessus, le Tribunal des conflits a déclaré, par une décision du 16 novembre 2015 visée ci-dessus, la juridiction administrative seule compétente pour connaître du litige né des demandes des sociétés Fairvesta International GmbH, Fairvesta Europe AG, Fairvesta Europe AG II et Fairvesta Vermögensverwaltung International AG tendant à l'annulation des communiqués litigieux et du refus de les rectifier, ainsi qu'à l'indemnisation du préjudice en résultant ; que l'Autorité des marchés financiers n'est, dès lors, pas fondée à soutenir que la juridiction administrative ne serait pas compétente pour en connaître ;

Sur le recours pour excès de pouvoir, introduit sous le n° 368082, tendant à l'annulation des communiqués publiés par l'Autorité des marchés financiers :

En ce qui concerne la fin de non-recevoir opposée par l'Autorité des marchés financiers :

4. *Considérant que les avis, recommandations, mises en garde et prises de position adoptés par les autorités de régulation dans l'exercice des missions dont elles sont investies, peuvent être déférés au juge de l'excès de pouvoir lorsqu'ils revêtent le caractère de dispositions générales et impératives ou lorsqu'ils énoncent des prescriptions individuelles dont ces autorités pourraient ultérieurement censurer la méconnaissance ; que ces actes peuvent également faire l'objet d'un tel recours, introduit par un requérant justifiant d'un intérêt direct et certain à leur annulation, lorsqu'ils sont de nature à produire des effets notables, notamment de nature économique, ou ont pour objet d'influer de manière significative sur les comportements des personnes auxquelles ils s'adressent ; que, dans ce dernier cas, il appartient au juge, saisi de moyens en ce sens, d'examiner les vices suscep-*

tibles d'affecter la légalité de ces actes en tenant compte de leur nature et de leurs caractéristiques, ainsi que du pouvoir d'appréciation dont dispose l'autorité de régulation ; qu'il lui appartient également, si des conclusions lui sont présentées à cette fin, de faire usage des pouvoirs d'injonction qu'il tient du titre Ier du livre IX du Code de justice administrative ;

5. Considérant que les communiqués attaqués ont été émis par l'Autorité des marchés financiers dans le cadre de sa mission de protection de l'épargne investie dans les placements offerts au public ; qu'ils sont destinés aux investisseurs et ont pour objet de les mettre en garde contre les conditions dans lesquelles sont commercialisés plusieurs produits de placement, précisément identifiés, offerts au public par la société Fairvesta International GmbH et de leur adresser des recommandations de vigilance ; qu'ils ont été publiés sur le site internet de l'Autorité des marchés financiers, ont connu une large diffusion et sont depuis lors restés accessibles sur ce site ; que la société Fairvesta International GmbH fait valoir des éléments sérieux attestant que *la publication de ces communiqués a eu pour conséquence une diminution brutale des souscriptions des produits de placement qu'elle commercialisait en France*; qu'ainsi, *les communiqués contestés doivent être regardés comme étant de nature à produire des effets économiques notables et comme ayant pour objet de conduire des investisseurs à modifier de manière significative leur comportement vis-à-vis des produits qu'ils désignent*; que, dans les circonstances de l'espèce, *ces communiqués, qui font référence à « la société Fairvesta » doivent être regardés comme faisant grief* à la société Fairvesta International GmbH et aux sociétés Fairvesta Europe AG, Fairvesta Europe AG II et Fairvesta Vermögensverwaltung International AG, filiales du groupe Fairvesta, qui sont recevables à en demander l'annulation ; que, par suite, la fin de non-recevoir soulevée par l'Autorité des marchés financiers doit être écartée ;

En ce qui concerne la légalité des communiqués :

6. Considérant, en premier lieu, qu'aux termes de l'article L. 621-1 du code monétaire et financier : « L'Autorité des marchés financiers, autorité publique indépendante dotée de la personnalité morale, veille à la protection de l'épargne investie dans les instruments financiers et les actifs mentionnés au II de l'article L. 421-1 donnant lieu à une offre au public ou à une admission aux négociations sur un marché réglementé et dans tous autres placements offerts au public. Elle veille également à l'information des investisseurs et au bon fonctionnement des marchés d'instruments financiers et d'actifs mentionnés au II de l'article L. 421-1. Elle apporte son concours à la régulation de ces marchés aux échelons européen et international » ;

7. Considérant qu'en vertu de ces dispositions, il appartient à l'Autorité des marchés financiers de publier des communiqués invitant les épargnants ou investisseurs à faire preuve de vigilance vis-à-vis de certains types de placements ou de pratiques financières risqués ; qu'il résulte des termes des dispositions citées ci-dessus que le législateur a entendu confier à l'Autorité des marchés financiers une mission de protection de l'épargne et d'information des investisseurs qui s'étend non seulement aux instruments financiers, définis par l'article L. 211-1 du code monétaire et financier, et aux actifs mentionnés au II de l'article L. 421-1 du même code admis aux négociations sur un marché réglementé, mais également à tous les autres placements offerts au public ; que, par suite, alors même que les placements immobiliers proposés par la société Fairvesta International GmbH ne relevaient pas, ainsi que le soulignaient les communiqués attaqués, de la réglementation applicable aux titres financiers, il était loisible à l'Autorité des marchés financiers, sans excéder sa compétence, d'appeler l'attention des investisseurs sur leurs caractéristiques et leurs modalités de commercialisation, dès lors qu'il s'agissait de placements offerts au public ; que les sociétés requérantes ne sont, par

suite, pas fondées à soutenir que l'Autorité des marchés financiers n'était pas compétente pour publier les communiqués litigieux ;

8. Considérant, en second lieu, d'une part, que les communiqués attaqués ne sont entachés d'aucune des inexactitudes alléguées par les sociétés requérantes ; que, notamment, en mentionnant que les placements immobiliers offerts par la société Fairvesta sont « souvent commercialisés en France de manière très active par des personnes tenant des discours parfois déséquilibrés au regard des risques en capital encourus », les termes des communiqués attaqués n'impliquent pas nécessairement que les placements en cause seraient commercialisés en France par la société Fairvesta elle-même ; que les communiqués n'opèrent pas de confusion entre les activités de commercialisation de placements immobiliers de la société Fairvesta International GmbH et les activités de commercialisation de titres obligataires et de prestations de services d'investissement exercées par des filiales du même groupe, l'Autorité des marchés financiers ayant d'ailleurs inséré, dans ses communiqués des 17 juillet et 5 novembre 2012, une note de bas de page faisant clairement la distinction entre les activités respectives de ces différentes sociétés ; qu'il est constant que la société Fairvesta n'est ni autorisée à fournir en France des services d'investissements financiers, ni habilitée à se livrer à une activité de démarchage bancaire ou financier, et que les placements qu'elle propose n'ont pas donné lieu à l'élaboration de documents d'informations visés ou revus par l'Autorité des marchés financiers ; que, d'autre part, en publiant les communiqués attaqués, l'Autorité des marchés financiers n'a pas excédé les limites de sa mission d'information des investisseurs ni commis d'erreur de droit, et n'a pas entaché son appréciation d'erreur manifeste ;

9. Considérant qu'il résulte de ce qui précède que les sociétés requérantes ne sont pas fondées à demander l'annulation des communiqués qu'elles attaquent ; que le surplus de leurs conclusions ne peut, dès lors, qu'être rejeté ;

Sur le recours pour excès de pouvoir, introduit sous le n° 368084, tendant à l'annulation du refus de rectifier les communiqués publiés par l'Autorité des marchés financiers :

En ce qui concerne la fin de non-recevoir opposée par l'Autorité des marchés financiers :

10. Considérant, en premier lieu, qu'il résulte de ce qui a été dit au point 5 que *la société Fairvesta International GmbH est recevable à demander l'annulation pour excès de pouvoir du refus opposé à sa demande de rectification des communiqués litigieux* ; qu'il en va de même, dans les circonstances de l'espèce, des sociétés Fairvesta Europe AG, Fairvesta Europe AG II et Fairvesta Vermögensverwaltung International AG, filiales du groupe Fairvesta ;

11. Considérant, en second lieu, que l'Autorité des marchés financiers soutient que la requête est irrecevable en ce qu'elle est dirigée contre le refus de rectifier les communiqués litigieux signifié aux sociétés intéressées par un courrier du 12 avril 2013, qui ne ferait que confirmer le refus déjà opposé aux mêmes sociétés par un courrier du 13 février 2013, lequel n'aurait pas été contesté dans le délai de recours contentieux ; que, toutefois, la décision de refus opposée par l'Autorité des marchés financiers par son courrier du 13 février 2013 ne comportait pas la mention des voies et délais de recours prévue par l'article R. 421-5 du Code de justice administrative, de sorte que le délai de recours contentieux n'a pas commencé à courir à l'égard des sociétés requérantes ; qu'ainsi, la requête enregistrée le 25 avril 2013 au secrétariat du contentieux du Conseil d'État n'est pas tardive ; qu'il suit de là que la fin de non-recevoir opposée par l'Autorité des marchés financiers doit être écartée ;

En ce qui concerne la légalité externe :

12. Considérant que le refus de l'Autorité des marchés financiers de rectifier un communiqué de mise en garde des investisseurs n'entre dans aucune des catégo-

ries de décisions dont l'article 1er de la loi du 11 juillet 1979 relative à la motivation des actes administratifs et à l'amélioration des relations entre l'administration et le public, alors applicable, exige la motivation ; qu'aucune autre disposition réglementaire ou législative n'exige la motivation d'un tel refus ; qu'ainsi, les sociétés requérantes ne sont pas fondées à soutenir que le refus qu'elles attaquent serait insuffisamment motivé ;

En ce qui concerne la légalité interne :

13. Considérant, en premier lieu, qu'il résulte de ce qui a été dit au point 7 que les sociétés requérantes ne sont pas fondées à soutenir que l'Autorité des marchés financiers ne serait pas compétente pour publier les communiqués litigieux et que son refus de les rectifier serait, dans cette mesure, entaché d'erreur de droit ;

14. Considérant, en second lieu, qu'il résulte de ce qui a été dit au point 8 que les sociétés requérantes ne sont pas fondées à soutenir qu'en refusant de rectifier les communiqués litigieux sur les différents points mentionnés ci-dessus, l'Autorité des marchés financiers aurait commis une erreur manifeste d'appréciation et une erreur de droit ;

15. Considérant qu'il résulte de ce qui précède que les sociétés requérantes ne sont pas fondées à demander l'annulation de la décision de refus qu'elles attaquent ; que le surplus de leurs conclusions ne peut, dès lors, qu'être rejeté ;

....

(Rejet)

II. *Société NC Numericable*, 21 mars 2016

(Rec. 89, concl. Daumas ; RFDA 2016.497, concl. ; – et mêmes autres références que ci-dessus)

....

2. Considérant que, par la décision n° 12-DCC-100 du 23 juillet 2012, relative à la prise de contrôle exclusif de TPS et CanalSatellite par Vivendi et Groupe Canal Plus (GCP), l'Autorité de la concurrence a autorisé les sociétés GCP et Vivendi Universal à regrouper au sein de la société Canal Plus les activités de télévision payante de TPS et de GCP ; qu'elle a assorti cette autorisation d'injonctions, en particulier de l'injonction 5 (a), imposant à GCP, dans les contrats de distribution conclus avec les éditeurs, de « valoriser de manière transparente et distincte la distribution sur chaque plateforme propriétaire [...] en identifiant de manière précise la valeur, le cas échéant, de l'exclusivité accordée pour la distribution sur chaque plateforme en cause », en précisant que ces offres de distribution exclusives devaient se faire sur la base de critères économiques objectifs, transparents et non-discriminatoires, prenant en compte le nombre d'abonnés desservis par les plateformes concernées par les contrats ;

3. Considérant que l'injonction 5 (a) a ainsi pour objet, d'une part, de permettre aux distributeurs alternatifs de concurrencer de manière effective GCP pour l'obtention de droits exclusifs de diffusion, en contraignant GCP à formuler des offres distinctes pour chaque plateforme, afin qu'elles soient réplicables par chaque distributeur concurrent individuellement et, d'autre part, de donner aux éditeurs la possibilité de choisir entre une distribution exclusive sur CanalSat ou une distribution, exclusive ou non, au sein des offres d'opérateurs concurrents ; que, cependant, étant donné le choix de Numericable de ne pas proposer CanalSat en auto-distribution à ses abonnés, l'Autorité de la concurrence, dans sa décision d'agrément n° 13-DAG-01 du 7 juin 2013 de l'offre de référence élaborée par GCP en application de l'injonction 3 (c) de la décision du 23 juillet 2012, a estimé que l'acquisition par GCP de droits exclusifs pour la diffusion de chaînes sur la plateforme de Numericable aurait pour effet de priver l'opérateur de la faculté de propo-

ser ces chaînes à ses abonnés ; que, compte-tenu de ce risque d'éviction de Numericable et des effets qui en résulteraient pour le fonctionnement concurrentiel des marchés de la télévision payante, l'Autorité de la concurrence a, dans les motifs de cette décision d'agrément, interprété l'injonction 5 (a) comme interdisant à GCP d'obtenir des droits de distribution exclusive sur la plateforme de tout opérateur qui refuserait de transporter l'offre CanalSat ; que GCP a tiré les conséquences de cette interprétation de l'injonction 5 (a) en modifiant son offre de référence et en s'abstenant, en pratique, d'acquérir des droits de diffusion exclusive sur la plateforme de Numericable ;

4. Considérant que, à la suite de la prise de contrôle exclusif de SFR par Numericable, filiale du groupe Altice, en novembre 2014, GCP a, par une lettre en date du 23 janvier 2015, demandé à l'Autorité de la concurrence de constater la fusion des plateformes de Numericable et de SFR et de prendre position sur l'incidence de cette fusion sur l'exécution de l'injonction 5 (a) à cet égard ; que, par une délibération de la commission permanente de l'Autorité de la concurrence du 23 mars 2015, dont le sens et les motifs ont été révélés à la société requérante par la lettre en date du 31 mars 2015 que lui a adressée le président de l'Autorité, cette Autorité, après avoir relevé que le parti pris par la nouvelle entité issue de l'opération de concentration entre SFR et le groupe Altice de fusionner les plateformes propriétaires de Numericable et de SFR, proposant ainsi CanalSat en autodistribution à une partie de ses abonnés, a eu pour effet de supprimer, sur cette nouvelle plateforme fusionnée, le risque d'éviction analysé au point précédent, a constaté, selon les termes de la lettre du 31 mars 2015, « que les plateformes de Numericable ont effectivement fusionné » et que « les considérations des décisions n° 12-DCC-100 et 13-DAG-01 ayant pour effet de prévenir l'acquisition par GCP de droits exclusifs de diffusion sur la plateforme câblée de Numericable sont donc désormais sans objet » ; que la société NC Numericable doit être regardée comme demandant l'annulation de la position de l'Autorité de la concurrence adoptée par sa commission permanente dans sa délibération du 23 mars 2015 et dont les motifs ont été révélés par la lettre en date du 31 mars 2015 qui en constitue le complément ;

Sur la fin de non-recevoir :

5. *Considérant que les avis, recommandations, mises en garde et prises de position adoptés par les autorités de régulation dans l'exercice des missions dont elles sont investies, peuvent être déférés au juge de l'excès de pouvoir lorsqu'ils revêtent le caractère de dispositions générales et impératives ou lorsqu'ils énoncent des prescriptions individuelles dont ces autorités pourraient ultérieurement censurer la méconnaissance ; que ces actes peuvent également faire l'objet d'un tel recours, introduit par un requérant justifiant d'un intérêt direct et certain à leur annulation, lorsqu'ils sont de nature à produire des effets notables, notamment de nature économique, ou ont pour objet d'influer de manière significative sur les comportements des personnes auxquelles ils s'adressent ; que, dans ce dernier cas, il appartient au juge, saisi de moyens en ce sens, d'examiner les vices susceptibles d'affecter la légalité de ces actes en tenant compte de leur nature et de leurs caractéristiques, ainsi que du pouvoir d'appréciation dont dispose l'autorité de régulation ; qu'il lui appartient également, si des conclusions lui sont présentées à cette fin, de faire usage des pouvoirs d'injonction qu'il tient du titre Ier du livre IX du Code de justice administrative* ;

6. Considérant qu'il résulte de ce qui a été dit au point 4 que *la prise de position adoptée par l'Autorité de la concurrence le 23 mars 2015 a pour effet, en reconnaissant à GCP la possibilité d'acquérir des droits de distribution exclusive sur la plateforme de Numericable, de lui permettre de concurrencer la société NC Numericable sur sa plateforme* ; qu'il ressort des pièces du dossier que, comme le soutient la société requérante, *cette prise de position est de nature à avoir des*

effets économiques notables ; qu'elle a, en outre, pour objet de modifier le comportement des opérateurs sur le marché de l'acquisition de droits de distribution de chaînes de télévision ; que, dans ces conditions, *la délibération attaquée doit être regardée comme faisant grief* à la société NC Numericable ; que la fin de non-recevoir soulevée par l'Autorité de la concurrence doit donc être écartée ;

Sur la compétence de l'Autorité de la concurrence pour modifier la portée pratique de l'injonction 5 (a) :

7. Considérant qu'aux termes de l'article L. 430-7 du Code de commerce en vigueur à la date de la délibération attaquée : « I. – Lorsqu'une opération de concentration fait l'objet d'un examen approfondi, l'Autorité de la concurrence prend une décision dans un délai de soixante-cinq jours ouvrés à compter de l'ouverture de celui-ci. (...) III. – L'Autorité de la concurrence peut, par décision motivée : (...) autoriser l'opération en enjoignant aux parties de prendre toute mesure propre à assurer une concurrence suffisante ou en les obligeant à observer des prescriptions de nature à apporter au progrès économique une contribution suffisante pour compenser les atteintes à la concurrence. Les injonctions et prescriptions (...) s'imposent quelles que soient les clauses contractuelles éventuellement conclues par les parties. IV. – Si l'Autorité de la concurrence n'entend prendre aucune des décisions prévues au III, elle autorise l'opération par une décision motivée. L'autorisation peut être subordonnée à la réalisation effective des engagements pris par les parties qui ont procédé à la notification. » ;

8. Considérant qu'en vertu de ces dispositions il appartient à l'Autorité de la concurrence de veiller à la bonne exécution des engagements pris par les parties devant elle aux fins de remédier aux effets anticoncurrentiels d'une opération de concentration, des injonctions dont elle a assorti aux mêmes fins l'autorisation de l'opération, ou des prescriptions, imposées aux parties, de nature à apporter au progrès économique une contribution suffisante pour compenser les atteintes à la concurrence, tout au long de la période d'exécution de ces engagements, injonctions ou prescriptions ; qu'elle tire de ces dispositions la faculté de les modifier pour en réduire ou même en supprimer la portée en fonction de l'évolution de la situation des marchés pertinents et de l'utilité de la poursuite de l'exécution de ces engagements, injonctions ou prescriptions ; qu'il suit de là qu'elle peut également, dans les mêmes conditions, modifier la portée pratique de ces engagements, injonctions ou prescriptions ; que, par suite, le moyen tiré de ce que l'Autorité de la concurrence n'était pas compétente pour modifier la portée pratique de l'injonction 5 (a) adressée à GCP dans le cadre de sa décision n° 12-DCC-100 du 23 juillet 2012 doit être écarté ;

Sur la régularité de la procédure suivie devant l'Autorité de la concurrence :

9. Considérant, d'une part, que pour l'instruction de la demande formulée par GCP dans son courrier du 23 janvier 2015, l'Autorité de la concurrence a consulté les différents opérateurs des marchés de la télévision payante ; que, dans ce cadre, la société NC Numericable a présenté ses observations écrites sur la question de la fusion des plateformes de Numericable et de SFR, à l'occasion de sa réponse du 9 mars 2015 au questionnaire que l'Autorité lui avait adressé le 20 février 2015 ; qu'elle a également été en mesure de présenter, le 20 mars 2015, des observations orales à l'occasion d'une réunion avec les services d'instruction de l'Autorité ; qu'il ressort ainsi des pièces du dossier que la société NC Numericable a pu présenter ses observations préalablement à l'adoption de l'acte attaqué ; que, par suite, le moyen tiré de ce que l'Autorité aurait méconnu le principe général des droits de la défense, au motif qu'elle n'aurait pas consulté la société NC Numericable préalablement à l'adoption de sa délibération, doit être écarté ;

10. Considérant, d'autre part, que l'acte attaqué a été, comme il a été dit ci-dessus, délibéré par la commission permanente de l'Autorité de la concurrence ;

que la lettre du président adressée à la société requérante a pour objet de lui notifier cet acte et de lui en donner les motifs ; que, par suite, les moyens tirés de l'incompétence du président de l'Autorité pour prendre un tel acte, de ce qu'il ne procéderait pas d'une délibération collégiale et qu'il serait entaché d'irrégularité en ce qu'il méconnaîtrait le principe de parallélisme des formes et des procédures, ainsi que le principe de parallélisme des compétences, doivent être écartés ;

Sur la légalité de la délibération attaquée :

En ce qui concerne l'effectivité de la fusion des plateformes propriétaires de SFR et de Numericable :

11. Considérant, en premier lieu, qu'au sens de la décision n° 12-DCC-100 complétée par la décision n° 13-DAG-01 prise pour son exécution, la notion de plateforme propriétaire recouvre l'ensemble des éléments de réseaux utilisés par un opérateur pour diffuser ses offres multiservices ; qu'ainsi, contrairement à ce que soutient la requérante, la plateforme propriétaire d'un opérateur peut regrouper différentes « plateformes techniques » de diffusion, notamment la fibre, le câble, ou le satellite ;

12. Considérant, en second lieu, que pour établir que les plateformes propriétaires de SFR et de Numericable ont fusionné, l'Autorité s'est, d'une part, fondée sur le fait que, sur le marché intermédiaire de la négociation des droits de distribution des chaînes de télévision, la société NC Numericable constitue l'unique interlocuteur pour la négociation de ces droits de distribution sur l'ensemble du périmètre de droits recouvrant les anciennes plateformes de SFR et de Numericable et, d'autre part, sur le fait que, sur le marché de détail, la requérante a regroupé et commercialisé, au sein d'offres « multiservices », différents services auparavant distribués séparément par SFR et Numericable ;

13. Considérant qu'il ressort des pièces du dossier, d'une part, que la société NC Numericable constitue l'unique interlocuteur des chaînes de télévision pour la négociation des droits de diffusion de ces chaînes sur le périmètre de droits regroupant l'ensemble de ses éléments de réseaux ; que, d'autre part, à la date de la délibération attaquée, la société NC Numericable commercialisait des offres multiservices, notamment avec ses offres « Box TV Fibre de SFR by Numericable », proposant, en premier niveau de service, un accès à différents services auparavant distribués de façon distincte par SFR et Numericable ;

14. Considérant qu'il suit de là que l'Autorité n'a pas commis d'erreur d'appréciation en estimant que l'ensemble des éléments de réseaux utilisés par NC Numericable appartiennent à une unique plateforme propriétaire et que, par suite, les plateformes de SFR et de Numericable ont fusionné ; que ce moyen doit donc être écarté ;

En ce qui concerne les autres moyens relatifs à la légalité de la délibération attaquée :

15. Considérant, en premier lieu, que, contrairement à ce que soutient la société requérante, et ainsi qu'il a été dit au point 12, l'Autorité de la concurrence ne s'est pas fondée sur le fait que CanalSat est proposé en auto-distribution sur la plateforme de Numericable pour démontrer que la fusion des plateformes a eu lieu ; que, par suite, le moyen tiré de ce que l'Autorité de la concurrence aurait commis une erreur d'appréciation en estimant, pour démontrer que la fusion des plateformes a eu lieu, que CanalSat est proposé en auto-distribution sur la plateforme de Numericable, doit être écarté ;

16. Considérant, en second lieu, ainsi qu'il a été dit au point 3, que l'interdiction faite à GCP d'acquérir des droits de distribution exclusifs sur la plateforme de Numericable avait pour seul objet d'éviter un effet d'éviction sur cette plateforme ; que, pour estimer si ce risque d'éviction existe toujours sur la plateforme de la requérante, l'Autorité a pris en considération l'évolution du marché liée à l'opération de concentration entre Numericable et SFR et à la fusion de leurs plateformes

propriétaires ; que, par suite, le moyen tiré de ce que la prise de position de l'Autorité de la concurrence serait entachée d'erreur de droit, au motif que l'Autorité ne l'aurait pas fondée sur une nouvelle analyse de la situation de GCP sur les marchés concernés, telle qu'elle résulte de l'opération de concentration entre Numericable et SFR et de la fusion de leurs plateformes propriétaires, doit être écarté ;

17. Considérant qu'il résulte de ce qui précède, sans qu'il y ait lieu d'enjoindre à l'Autorité de la concurrence de communiquer à la société NC Numericable les documents utilisés lors de l'instruction de la demande de GCP, que la requête de la société NC Numericable doit être rejetée ;

....

(Rejet)

OBSERVATIONS

Les deux arrêts d'Assemblée du 21 mars 2016, Société Fairvesta *et* Société Numericable, *élargissent la recevabilité du recours pour excès de pouvoir à des actes qui, sans avoir le caractère de décision, peuvent produire des effets notables ou influer sur les comportements.*

1 Dans la première affaire, l'Autorité des marchés financiers avait publié sur son site Internet, dans la rubrique « Mises en garde », des communiqués attirant l'attention du public sur les activités de la Société Fairvesta et de ses filiales, et les placements immobiliers qu'elles proposaient, et invitant les épargnants à une grande vigilance compte tenu des risques qu'ils encourraient. À la suite de la chute brutale de la souscription de ces produits, la société a demandé sans succès à l'Autorité des marchés financiers de rectifier ces communiqués et de l'indemniser. Elle a demandé au Conseil d'État d'annuler les communiqués eux-mêmes et le refus de les rectifier, et de condamner l'Autorité des marchés financiers à l'indemnisation du préjudice subi.

La seconde affaire concernait des opérations de concentration dans le secteur de l'audiovisuel. Tout d'abord, à celles qu'a réalisées le Groupe Canal Plus (GPL), l'Autorité de la concurrence a donné son autorisation en l'assortissant d'injonctions imposant des conditions permettant d'assurer la concurrence en matière de distribution. Ensuite, SFR ayant pris le contrôle exclusif de Numericable, leurs plateformes ont été fusionnées ; GPL a demandé à l'Autorité de la concurrence de déterminer l'incidence de cette fusion sur l'injonction formulée initialement. La commission permanente de l'Autorité a constaté que « les considérations » de ses décisions initiales comportant injonction « sont... désormais sans objet ». Sa délibération a été déférée au Conseil d'État par la société Numericable.

Dans les deux cas, les requêtes ont été rejetées au fond. C'est sur la recevabilité que les deux arrêts procèdent à une avancée remarquable : alors que la jurisprudence avait une conception de l'acte administratif susceptible d'être attaqué devant le juge administratif liée aux effets juridiques qu'il peut avoir (I), ils admettent qu'il peut être aussi une mesure qui, sans avoir de tels effets, a des conséquences pratiques importantes

(II). Ils s'insèrent dans l'élaboration d'un droit souple sur lequel le Conseil d'État avait attiré l'attention dans son étude de 2013 et contribuent à l'encadrement des autorités nouvelles que sont les autorités de régulation.

2 **I. —** L'acte administratif est couramment entendu comme un acte unilatéral, par opposition au contrat administratif, qui résulte d'un accord de volontés.

Mais toute mesure unilatérale n'est pas nécessairement un acte administratif susceptible d'être déféré à la juridiction administrative : il en est ainsi notamment des mesures d'ordre intérieur sauf si elles affectent les droits et obligations des intéressés et atteignent ainsi le seuil de l'acte administratif (v. nos obs. sous CE 17 févr. 1995, *Hardouin* et *Marie**).

Celui-ci est souvent considéré comme un acte faisant grief. L'expression peut avoir un double sens. Tantôt elle se rapporte à l'intérêt à agir d'un requérant en ce que l'acte a sur lui des effets qui justifient qu'il puisse le contester au contentieux. Tantôt elle désigne la force de l'acte en tant que tel, en ce qu'il produit par lui-même des effets juridiques. Les deux sens se recoupent en ce qu'un acte fait grief au requérant parce qu'il a sur lui des effets juridiques.

On peut dire de manière générale que l'acte administratif est une décision d'une autorité administrative affectant l'ordonnancement juridique. Comme décision, il exprime une volonté. Comme affectant l'ordonnancement juridique, il détermine son contenu soit en le changeant soit même, moins radicalement, en le disant : dans les deux cas, est arrêtée une position sur l'état du droit. C'est ainsi qu'un avis peut être une décision (par ex. CE 4 nov. 2020, *Gourdault-Montagne*, Rec. 339 ; v. n° 89.5).

3 L'acte administratif a ainsi classiquement à la fois un caractère impératif et un caractère normatif.

L'accent peut être mis sur l'un plus que sur l'autre. Ainsi c'est désormais le caractère impératif des circulaires qui a conduit à y reconnaître des actes administratifs susceptibles de faire l'objet d'un recours pour excès de pouvoir alors même qu'elles ne font que réitérer des normes préexistantes (CE 18 déc. 2002, *Mme Duvignères**). Le caractère normatif joue plus nettement dans d'autres cas (par ex. CE 15 juin 2016, *Association nationale des opérateurs détaillants en énergie (ANODE)*, Rec. 254 : les nouvelles dispositions d'un arrêté fixant les tarifs réglementés bleus « n'étaient pas dépourvues d'effet normatif »).

La difficulté de mettre en œuvre les critères de distinction dans certains cas n'empêchait pas de conserver l'exigence d'impérativité et de normativité pour identifier un acte administratif. C'est sur elle que reviennent les deux arrêts du 21 mars 2016.

4 **II. —** Ils le font en considération des nouvelles modalités de l'action administrative qui s'insèrent dans la formule de « régulation ». Celle-ci ne fait pas l'objet d'une définition juridique rigoureuse. L'expression fait son entrée en jurisprudence avec les deux arrêts, qui parlent des « autorités de régulation ». Elle avait déjà conquis les conceptions économiques et politiques et entraîné bien des réformes ; elle avait été analysée par la doctrine ainsi que par le Conseil d'État dans son étude de 2013 sur *Le droit souple*.

La régulation a pour champ principal le domaine économique et financier mais il n'est pas exclu qu'elle s'exerce au regard de considérations différentes, telles celles, dans le domaine de l'audiovisuel, de la liberté d'expression. Il n'est pas exclu non plus que la fonction de régulation puisse être assurée par des autorités classiques, tels les ministres, mais elle est assurée essentiellement par les institutions spéciales que sont les autorités administratives indépendantes (par ex. Autorité de la concurrence) ou les autorités publiques indépendantes (par ex. Autorité des marchés financiers, Conseil supérieur de l'audiovisuel) ; la particularité de leur rôle a conduit dans certains cas le législateur à confier certains de leur contentieux aux juridictions judiciaires, notamment en ce qui concerne l'Autorité de la concurrence (v. nos obs. sous CC 23 janv. 1987*) et l'Autorité des marchés financiers ; mais, en dehors du champ relevant spécialement du juge judiciaire, la juridiction administrative retrouve sa compétence, comme cela a été le cas, selon la décision du Tribunal des conflits du 16 nov. 2015, *Société Fairvesta International et autres c. Autorité des marchés financiers*, Rec. 511, de communiqués de l'Autorité des marchés financiers qui ne constituaient pas des décisions individuelles qui auraient relevé du juge judiciaire, et comme cela été le cas, de mesures relevant du contrôle des concentrations exercé par l'Autorité de la concurrence, dont le contentieux est resté au Conseil d'État.

Surtout la régulation s'exerce par des interventions très diversifiées.

5 Elle peut comporter l'adoption d'actes réglementaires ou individuels. Parmi ces derniers, on peut isoler les sanctions, dont le contentieux, selon les cas judiciaire ou administratif, a dû être précisé (v. nos obs. sous CE 3 déc. 1999, *Didier**). Plus généralement, il s'agit d'actes administratifs au regard des critères classiques, même s'ils se présentent sous une forme anodine. C'est ce que reconnaissent les arrêts *Fairvesta – Numericable* à propos des *« avis, recommandations, mises en garde et prises de position adoptés par les autorités de régulation dans l'exercice des missions dont elles sont investies,… lorsqu'ils revêtent le caractère de dispositions générales et impératives ou lorsqu'ils énoncent des prescriptions individuelles »*. Les décisions individuelles sont notamment des autorisations pour l'exercice d'une activité ou la réalisation d'une opération, et des injonctions de faire ou de ne pas faire. Dans l'affaire *Numericable*, l'Autorité de la concurrence avait autorisé une concentration en l'assortissant d'injonctions.

Mais ce ne sont ni des dispositions réglementaires ni des décisions individuelles qui étaient contestées dans les deux affaires : dans la première il s'agissait de communiqués, dans la seconde d'une prise de position. Aucun ne présentait le caractère impératif et normatif de l'acte administratif nécessaire classiquement pour faire l'objet d'un recours pour excès de pouvoir.

Pour l'admettre, il fallait, comme l'ont montré les deux rapporteurs publics, Mme von Coester et M. Daumas, couvrir « l'angle mort » n'admettant pas la contestation au contentieux de mesures n'atteignant pas le seuil de la décision administrative alors qu'elles avaient en fait des conséquences importantes : ainsi les avis de la commission de sécurité des consommateurs selon lesquels certains produits devraient être interdits, parce qu'ils relèvent d'une fonction exclusivement consultative (CE 27 mai 1987, *Société Laboratoires Goupil*, Rec. 949), les recommandations de la commission des clauses abusives, parce que celle-ci « n'édicte pas des règles qui s'imposeraient aux particuliers ou aux autorités publiques, mais se borne à inviter les professionnels concernés à supprimer ou modifier les clauses dont elle estime qu'elles présentent un caractère abusif » (CE 16 janv. 2006, *Fédération du Crédit mutuel du Centre Est Europe*, Rec. 995), l'analyse de l'Autorité de contrôle prudentiel sur les compétences d'un administrateur provisoire désigné par l'Autorité de contrôle des assurances et des mutuelles, parce que ses « indications » « constituent une simple interprétation… et n'emportent, par elles-mêmes, aucun effet de droit » (CE 28 sept. 2011, *Société Alsass*, Rec. 1063), « les prises de position et recommandations » formulées par l'Autorité de la concurrence pour préconiser certaines solutions (CE 11 oct. 2012, *Société ITM Entreprises*, Rec. 359 ; du même jour *Société Casino-Guichard-Perrachon*, Rec. 361 ; AJ 2012.2373, chr. Domino et Bretonneau ; D. 2013.732, note Ferrier ; RJEP 2013 comm. 19 Idoux).

6 Toutefois ces derniers arrêts réservaient, outre la possibilité d'en contester le contenu si elles étaient reprises dans une procédure aboutissant à une décision faisant grief, le cas où elles revêtiraient « le caractère de dispositions générales et impératives ou de prescriptions individuelles dont l'Autorité pourrait ultérieurement censurer la méconnaissance » – formule que reprendront les arrêts du 21 mars 2016. Déjà il avait été admis « que les recommandations de bonnes pratiques élaborées par la Haute Autorité de santé… eu égard à l'obligation déontologique, incombant aux professionnels de santé en vertu des dispositions du Code de la santé publique… doivent être regardées comme des décisions faisant grief susceptibles de faire l'objet d'un recours pour excès de pouvoir » (CE 27 avr. 2011, *Association pour une formation médicale indépendante (FORMINDEP)*, Rec. 168 ; AJ 2011.1326, concl. Landais ; JCP Adm. 2011.2321, note Moquet-Anger). Puis, sans que la question soit explicitement tranchée, a été jugé recevable un recours contre un avis de l'Autorité de régulation des transports ferroviaires relatif à l'incidence d'un service de transport de voyageurs proposé par une entreprise, sur l'équilibre économique d'un contrat de service public, dont le contenu détermine la décision à prendre par l'autorité organisatrice de transport (CE 30 janv. 2015, *Région Provence-Alpes-Côte d'azur*, Rec. 527 – dans le même sens CE 23 déc. 2016, *Région Aquitaine-Limousin-Poitou-Charentes*, Rec. 665 ; EEI 2017, comm. 19, concl. Domino ; JCP Adm. 2017.2055, note Pauliat). Restait présente la considération de la portée juridique des mesures contestées.

7 C'est cette considération que dépassent les arrêts *Fairvesta-Numericable*. Il n'est plus nécessaire qu'un acte ait des effets juridiques pour pouvoir faire l'objet d'un recours pour excès de pouvoir. Il suffit – mais il faut au moins – qu'« *ils* soient *de nature à produire des effets notables, notamment de nature économique, ou* aient *pour objet d'influer de manière significative sur les comportements des personnes auxquelles ils s'adressent* ». C'était le cas des communiqués de l'Autorité des marchés financiers dans l'affaire *Société Fairvesta* et de la prise de position de l'Autorité de la concurrence dans l'affaire *Numericable*.

Les deux sortes de conséquences peuvent jouer cumulativement, comme dans ces deux affaires, ou encore dans celle qui a fait l'objet de l'arrêt du Conseil d'État (Sect.) du 13 juill. 2016, *Société GDF Suez* (Rec. 384 ; AJ 2016.2119, note Melleray ; JCP Adm. 2016.2252, note Le Bot). Chacune des deux conséquences peut aussi jouer isolément (CE 20 juin 2016, *Fédération française des sociétés d'assurances*, Rec. 653).

Si les mesures de droit souple portent principalement sur le domaine économique, elles n'y sont pas limitées. Ont été admises : la recevabilité d'un recours contre une délibération du Conseil supérieur de l'audiovisuel adressée aux services de télévision, appelant leur attention sur les modalités de diffusion de « messages susceptibles de porter à controverse » (en l'espèce message de sensibilisation à la trisomie 21) et contre des communiqués précisant la portée de cette démarche car, s'ils *« n'ont produit aucun effet de droit », « ils ont eu pour objet d'influer de manière significative sur le comportement des services de télévision, en les invitant à éviter de procéder à l'avenir à de nouvelles diffusions du message litigieux ou à la diffusion de messages analogues dans le cadre de séquences publicitaires »* (CE 10 nov. 2016, *Mme Marcilhacy et autres*, Rec. 510 ; AJ 2017.121, concl. Marion ; DA 2017 comm. 9, Lanneau) ; celle d'un recours contre une prise de position de la Commission nationale de l'informatique et des libertés sur l'usage de ses pouvoirs pour la protection des données personnelles (CE 16 oct. 2019, *La Quadrature du Net et Caliopen*, Rec. 358, concl. Lallet ; AJ 2019.2474, chr. Malverti et Beaufils ; JCP 2019.1235, note Deroulez ; celle d'un recours contre une délibération de l'Autorité des jeux en ligne sur les clauses abusives et les pratiques commerciales déloyales pouvant conduire à des poursuites (CE 24 mars 2021, *Association française du jeu en ligne*, n° 431786). De même a pu être attaquée une recommandation de la Haute Autorité de santé préconisant un changement de traitement qui était de nature à modifier les habitudes de prescription des praticiens ainsi que les comportements des pharmaciens et des patients (CE 19 juill. 2017, *Société Menarini France*, Rec. 428), mais non une recommandation qui, constituant seulement un avis au ministre de la santé au sujet d'une décision à prendre, n'était qu'un acte préparatoire (CE 14 oct. 2020, *Fondation Jérôme Lejeune*, Rec. 884).

Ainsi le caractère impératif d'une mesure, qui paraissait avec l'arrêt *Mme Duvignères** étroitement lié à la reconnaissance de sa « justiciabilité », s'amenuise : il suffit que celle-ci, sans être une décision s'imposant rigoureusement, puisse avoir des « effets notables », pour qu'elle soit attaquable devant le juge de l'excès de pouvoir.

Le pouvoir réglementaire en a tenu compte : le décret du 2 nov. 2016 modifiant le Code de justice administrative a remplacé à l'article R. 412-1, les mots « la décision attaquée » par les mots « l'acte attaqué » – celui-ci pouvant ne pas être une décision.

8 **III.** — La solution des arrêts *Fairvesta – Numericable* a été étendue, à trois titres.

Elle l'a été aux actes d'autorités administratives autres que les autorités de régulation par l'arrêt (Ass.) *Mme Le Pen* du 19 juill. 2019 (Rec. 326 ; RFDA 2019.851, concl. Iljic ; AJ 2019.1994, chr. Malverti et Beaufils ; DA 2019, comm. 51, Boda et Pouyau) :

« *L'appréciation dont la Haute autorité pour la transparence de la vie publique estime utile d'assortir la déclaration de situation patrimoniale d'un député constitue une prise de position quant au respect de l'obligation d'exhaustivité, d'exactitude et de sincérité qui pèse sur l'auteur de cette déclaration. Alors même qu'elle est dépourvue d'effets juridiques, cette prise de position d'une autorité administrative, qui est rendue publique avec la déclaration de situation patrimoniale..., est de nature à produire, sur la personne du député qu'elle concerne, des effets notables, notamment en termes de réputation, qui au demeurant sont susceptibles d'avoir une influence sur le comportement des personnes, et notamment des électeurs, auxquelles elle s'adresse. Dans ces conditions, une telle prise de position doit être regardée comme faisant grief au député dont la déclaration de situation patrimoniale fait l'objet de l'appréciation ainsi rendue publique.* »

Le recours est recevable, non seulement contre les mesures prises, mais aussi contre le refus de les abroger (ainsi au sujet des recommandations de la Haute Autorité de santé, CE 23 déc. 2020, *Association autisme espoir vers l'école*, Rec. 514, concl. Sirinelli).

Enfin et surtout, l'arrêt *GISTI** du 12 juin 2020 a étendu la prise en considération des effets notables sur les droits ou la situation des personnes, à tous les documents de portée générale émanant d'autorités publiques, pour admettre contre eux la recevabilité du recours pour excès de pouvoir, et pour leur appliquer les conditions de l'intérêt à agir et du contrôle de légalité qu'avaient établies les arrêts *Fairvesta – Numericable*.

Ces derniers, avec l'arrêt *Crédit foncier* et l'arrêt *Duvignères*, constituent les jalons d'une jurisprudence qui s'épanouira avec l'arrêt *GISTI*.

114

ÉTAT D'URGENCE PERQUISITIONS ADMINISTRATIVES CONTRÔLE – LÉGALITÉ – RESPONSABILITÉ

Conseil d'État Ass., 6 juillet 2016, *Napol et autres, Thomas et autres*
(Rec. 320, concl. Bourgeois-Machureau ; AJ 2016.1635, chr L. Dutheillet de Lamothe et G. Odinet ; RFDA 2016.943, note Le Bot ; JCP 2016.1079, note Türk ; JCP Adm. 2016.2256, note Verpeaux ; DA nov. 2016, n° 58, note Éveillard ; RD publ. 2017.491, comm. Pauliat)

1. En vertu de l'article 1er de la loi du 3 avril 1955, l'état d'urgence peut être déclaré sur tout ou partie du territoire de la République « *soit en cas de péril imminent résultant d'atteintes graves à l'ordre public, soit en cas d'événements présentant, par leur nature et leur gravité, le caractère de calamité publique* ». Selon l'article 2 de la même loi, l'état d'urgence est déclaré par décret en Conseil des ministres ; sa prorogation au-delà de douze jours ne peut être autorisée que par la loi.

L'article 11 de la loi du 3 avril 1955 prévoit que le décret déclarant ou la loi prorogeant l'état d'urgence peut, par une disposition expresse, conférer au ministre de l'intérieur et aux préfets le pouvoir d'ordonner des perquisitions administratives de jour et de nuit. Dans sa rédaction issue de la loi du 20 novembre 2015, cet article 11 précise que les perquisitions en cause peuvent être ordonnées « *en tout lieu, y compris un domicile, de jour et de nuit, sauf dans un lieu affecté à l'exercice d'un mandat parlementaire ou à l'activité professionnelle des avocats, des magistrats ou des journalistes, lorsqu'il existe des raisons sérieuses de penser que ce lieu est fréquenté par une personne dont le comportement constitue une menace pour la sécurité et l'ordre publics. / La décision ordonnant une perquisition précise le lieu et le moment de la perquisition. Le procureur de la République territorialement compétent est informé sans délai de cette décision. La perquisition est conduite en présence d'un officier de police judiciaire territorialement compétent. Elle ne peut se dérouler qu'en présence de l'occupant ou, à défaut, de son représentant ou de deux témoins. (...) Lorsqu'une infraction est constatée, l'officier de police judiciaire en dresse procès-verbal, procède à toute saisie utile et en informe sans délai le procureur de la République (...)* ».

Ces dispositions de la loi du 3 avril 1955 habilitent le ministre de l'intérieur et les préfets, lorsque le décret déclarant ou la loi prorogeant l'état d'urgence l'a expressément prévu, à ordonner des perquisitions qui, visant à préserver l'ordre public et à prévenir des infractions, relèvent de la police administrative, ainsi que l'a jugé le Conseil constitutionnel dans sa décision n° 2016-536 QPC du 19 février 2016, et sont placées sous le contrôle du juge administratif.

Sur les questions relatives au contrôle de la légalité des ordres de perquisition :

2. *Les décisions qui ordonnent des perquisitions* sur le fondement de l'article 11 de la loi du 3 avril 1955 *sont susceptibles de faire l'objet d'un recours pour excès de pouvoir.* La circonstance qu'elles ont produit leurs effets avant la saisine du juge n'est pas de nature à priver d'objet le recours. L'introduction d'un tel recours ne saurait cependant constituer un préalable nécessaire à l'engagement d'une action indemnitaire recherchant la responsabilité de l'État à raison des conditions dans lesquelles les perquisitions ont été ordonnées et mises à exécution.

3. *Les décisions qui ordonnent des perquisitions sur le fondement* de l'article 11 de la loi du 3 avril 1955 *présentent le caractère de décisions administratives individuelles défavorables qui constituent des mesures de police.* Comme telles, et ainsi que l'a jugé le Conseil constitutionnel dans sa décision n° 2016-536 QPC du 19 février 2016, *elles doivent être motivées* en application de l'article 1er de la loi du 11 juillet 1979 relative à la motivation des actes administratifs et à l'amélioration des relations entre l'administration et le public, désormais codifié à l'article L. 211-2 du Code des relations entre le public et l'administration.

La motivation exigée par ces dispositions doit être écrite et comporter l'énoncé des considérations de droit ainsi que des motifs de fait faisant apparaître les raisons sérieuses qui ont conduit l'autorité administrative à penser que le lieu visé par la perquisition est fréquenté par une personne dont le comportement constitue une menace pour la sécurité et l'ordre publics. Dès lors que la perquisition est effectuée dans un cadre de police administrative, il n'est pas nécessaire que la motivation de la décision qui l'ordonne fasse état d'indices d'infraction pénale.

Le caractère suffisant de la motivation doit être apprécié en tenant compte des conditions d'urgence dans lesquelles la perquisition a été ordonnée, dans les circonstances exceptionnelles ayant conduit à la déclaration de l'état d'urgence. Si les dispositions de l'article 4 de la loi du 11 juillet 1979, codifié à l'article L. 211-6 du Code des relations entre le public et l'administration, prévoient qu'une absence complète de motivation n'entache pas d'illégalité une décision lorsque l'urgence absolue a empêché qu'elle soit motivée, il appartient au juge administratif d'apprécier au cas par cas, en fonction des circonstances particulières de chaque espèce, si une urgence absolue a fait obstacle à ce que la décision comporte une motivation même succincte.

4. Outre l'énoncé de ses motifs, la décision qui ordonne une perquisition doit, en vertu des dispositions expresses de l'article 11 de la loi du 3 avril 1955 dans sa rédaction résultant de la loi du 20 novembre 2015, porter mention du lieu et du moment de la perquisition. L'indication du lieu a pour objet de circonscrire les locaux devant être perquisitionnés de façon à permettre de les identifier de façon raisonnable. Le moment indiqué dans la décision est celui à compter duquel la perquisition peut être mise à exécution, en fonction des contraintes opérationnelles. Si la loi prévoit que doit être indiqué le moment de la perquisition, elle n'impose pas que la décision, par une motivation spéciale, fasse apparaître les raisons qui ont conduit à retenir ce moment.

5. L'article 11 de la loi du 3 avril 1955 permet aux autorités administratives compétentes d'ordonner des perquisitions dans les lieux qu'il mentionne lorsqu'il existe des raisons sérieuses de penser que ces lieux sont fréquentés par au moins une personne dont le comportement constitue une menace pour la sécurité et l'ordre publics.

Il appartient au juge administratif d'exercer un entier contrôle sur le respect de cette condition, afin de s'assurer, ainsi que l'a jugé le Conseil constitutionnel dans sa décision n° 2016-536 QPC du 19 février 2016, *que la mesure ordonnée était adaptée, nécessaire et proportionnée à sa finalité, dans les circonstances particu-*

lières qui ont conduit à la déclaration de l'état d'urgence. Ce contrôle est exercé au regard de la situation de fait prévalant à la date à laquelle la mesure a été prise, compte tenu des informations dont disposait alors l'autorité administrative sans que des faits intervenus postérieurement, notamment les résultats de la perquisition, n'aient d'incidence à cet égard.

Sur les questions relatives aux conditions d'engagement de la responsabilité de l'État :

6. *Toute illégalité affectant la décision qui ordonne une perquisition est constitutive d'une faute susceptible d'engager la responsabilité de l'État.*

Saisi d'une demande indemnitaire, il appartient au juge administratif d'accorder réparation des préjudices de toute nature, directs et certains, qui résultent de l'illégalité fautive entachant l'ordre de perquisition. Le caractère direct du lien de causalité entre l'illégalité commise et le préjudice allégué ne peut notamment être retenu dans le cas où la décision ordonnant la perquisition est seulement entachée d'une irrégularité formelle ou procédurale et que le juge considère, au vu de l'ensemble des éléments produits par les parties devant lui, que la décision ordonnant la perquisition aurait pu être légalement prise par l'autorité administrative, au vu des éléments dont elle disposait à la date à laquelle la perquisition a été ordonnée.

7. En outre, les conditions matérielles d'exécution des perquisitions sont susceptibles d'engager la responsabilité de l'État à l'égard des personnes concernées par les perquisitions.

Ainsi que l'a jugé le Conseil constitutionnel dans sa décision n° 2016-536 QPC du 19 février 2016, les conditions de mise en œuvre des perquisitions ordonnées sur le fondement de l'article 11 de la loi du 3 avril 1955 doivent être justifiées et proportionnées aux raisons ayant motivé la mesure, dans les circonstances particulières ayant conduit à la déclaration de l'état d'urgence.

En particulier, la perquisition d'un domicile de nuit doit être justifiée par l'urgence ou l'impossibilité de l'effectuer de jour. Sauf s'il existe des raisons sérieuses de penser que le ou les occupants du lieu sont susceptibles de réagir à la perquisition par un comportement dangereux ou de détruire ou dissimuler des éléments matériels, l'ouverture volontaire du lieu faisant l'objet de la perquisition doit être recherchée et il ne peut être fait usage de la force pour pénétrer dans le lieu qu'à défaut d'autre possibilité. Lors de la perquisition, il importe de veiller au respect de la dignité des personnes et de prêter une attention toute particulière à la situation des enfants mineurs qui seraient présents. L'usage de la force ou de la contrainte doit être strictement limité à ce qui est nécessaire au déroulement de l'opération et à la protection des personnes. Lors de la perquisition, les atteintes aux biens doivent être strictement proportionnées à la finalité de l'opération ; aucune dégradation ne doit être commise qui ne serait justifiée par la recherche d'éléments en rapport avec l'objet de la perquisition.

Toute faute commise dans l'exécution des perquisitions ordonnées sur le fondement de la loi du 3 avril 1955 est susceptible d'engager la responsabilité de l'État. Il appartient au juge administratif, saisi d'une demande en ce sens, d'apprécier si une faute a été commise dans l'exécution d'une perquisition, au vu de l'ensemble des éléments débattus devant lui, en tenant compte du comportement des personnes présentes au moment de la perquisition et des difficultés de l'action administrative dans les circonstances particulières ayant conduit à la déclaration de l'état d'urgence. Les résultats de la perquisition sont par eux-mêmes dépourvus d'incidence sur la caractérisation d'une faute.

En cas de faute, il appartient au juge administratif d'accorder réparation des préjudices de toute nature, directs et certains, qui en résultent.

8. *Si la responsabilité de l'État pour faute est seule susceptible d'être recherchée par les personnes concernées par une perquisition, la responsabilité de l'État à l'égard des tiers est engagée sans faute, sur le fondement de l'égalité des citoyens*

devant les charges publiques, en cas de dommages directement causés par des perquisitions ordonnées en application de l'article 11 de la loi du 3 avril 1955.

Doivent être regardés comme des tiers par rapport à la perquisition les personnes autres que la personne dont le comportement a justifié la perquisition ou que les personnes qui lui sont liées et qui étaient présentes dans le lieu visé par l'ordre de perquisition ou ont un rapport avec ce lieu. Doivent notamment être regardés comme des tiers les occupants ou propriétaires d'un local distinct de celui visé par l'ordre de perquisition mais perquisitionné par erreur ainsi que le propriétaire du lieu visé par l'ordre de perquisition, dans le cas où ce propriétaire n'a pas d'autre lien avec la personne dont le comportement a justifié la perquisition que le bail concernant le lieu perquisitionné.

OBSERVATIONS

L'arrêt Heyriès* *a reconnu aux autorités administratives des pouvoirs étendus en cas de circonstances exceptionnelles ; l'avis contentieux* Napol *précise ceux qu'elles sont susceptibles d'exercer en vertu de la législation sur l'état d'urgence.*

1 Rendu en assemblée par le Conseil d'État, conformément aux conclusions de Mme Bourgeois-Machureau, rapporteure publique, il se prononce sur le régime juridique des perquisitions susceptibles d'être ordonnées par l'autorité administrative en cas de mise en œuvre de l'état d'urgence. Il a été rendu en réponse à des demandes d'avis émanant de deux tribunaux administratifs présentées sur le fondement de l'article L. 113-1 CJA (*cf.* nos observations sous l'avis *Compagnie financière et industrielle des autoroutes**).

Ces perquisitions s'inscrivent dans le contexte juridique d'ensemble de l'état d'urgence, dont le rappel est nécessaire pour situer les solutions qui leur sont propres.

I. — L'état d'urgence permettant les perquisitions

L'état d'urgence est l'un des régimes juridiques des temps de crise, s'ajoutant à la théorie jurisprudentielle des circonstances exceptionnelles dégagée à l'occasion de la Première Guerre mondiale (v. nos obs. sous l'arrêt *Heyriès**), combiné au besoin avec le régime de l'état de siège (v. nos obs. sous l'arrêt *Dames Dol et Laurent**) institué par la loi (lois du 9 août 1848 et du 3 avr. 1878) et confirmé par la Constitution (art. 7 de la Constitution de 1946, dans sa rédaction issue de la loi constitutionnelle du 7 déc. 1954 ; art. 36 de la Constitution de 1958), et à celui de l'article 16 de la Constitution de 1958 (v. nos obs. sous l'arrêt *Rubin de Servens**).

A. — L'institution de l'état d'urgence remonte à une loi du 3 avril 1955, qui, en même temps qu'elle en fixait le régime juridique, le déclara applicable à l'Algérie, et qui sous la Ve République a été modifiée d'abord par l'ordonnance n° 60-732 du 15 avr. 1960.

L'état d'urgence peut être déclaré « soit en cas de péril imminent résultant d'atteintes graves à l'ordre public, soit en cas d'événements présentant, par leur nature et leur gravité, le caractère de calamité publique ». Il l'est par décret du président de la République pris en Conseil des ministres, qui détermine la ou les circonscriptions territoriales à l'intérieur desquelles il entre en vigueur ; à l'intérieur de la ou des circonscriptions, un décret du Premier ministre fixe les zones où peuvent recevoir application les diverses mesures prévues par la loi. Le maintien de l'état d'urgence au-delà de douze jours nécessite l'adoption d'une loi qui en fixe la durée, et qui peut la proroger successivement ; la loi peut en même temps en modifier le régime juridique.

Pour que se développent à la fois le contentieux de l'état d'urgence et le contrôle juridictionnel des mesures s'y rapportant, il a fallu la mise en œuvre de l'état d'urgence, d'abord en raison de violences urbaines fin octobre 2005, puis, à la suite des attentats terroristes du 13 novembre 2015 : dans ce dernier cas, l'état d'urgence a été déclaré par décret en Conseil des ministres du 14 novembre 2015, ses effets ont été prorogés à plusieurs reprises : une première fois par la loi n° 2015-1501 du 20 nov. 2015, qui a modifié parallèlement la loi du 3 avr. 1955 ; par une loi du 20 mai 2016 ; après l'attentat de Nice du 14 juillet 2016, par la loi n° 2016-987 du 21 juill. 2016 ; ultérieurement par la loi n° 2016-1767 du 19 déc. 2016 ; en dernier lieu par la loi n° 2017.1154 du 11 juill. 2017 qui a produit effet jusqu'au 1er novembre 2017. Depuis cette dernière date, est entrée en vigueur la loi n°° 2017-1510 du 30 octobre 2017 renforçant la sécurité intérieure et la lutte contre le terrorisme, qui insère dans le Code de la sécurité intérieure plusieurs dispositions destinées à accroître de façon permanente les pouvoirs des autorités administratives.

À l'initiative aussi bien du Conseil d'État que de la Cour de cassation, le Conseil constitutionnel a été saisi de questions prioritaires de constitutionnalité portant sur plusieurs dispositions législatives soit propres à l'état d'urgence, soit visant la loi du 30 oct. 2017. Il a reconnu « que la Constitution n'exclut pas la possibilité pour le législateur de prévoir un régime d'état d'urgence », mais « qu'il lui appartient, dans ce cadre, d'assurer la conciliation entre, d'une part, la prévention des atteintes à l'ordre public et, d'autre part, le respect des droits et libertés reconnus à tous ceux qui résident sur le territoire de la République » (CC *n° 2015-527 QPC 22 déc. 2015*, Rec. 661 ; DA avr. 2016, p. 46, note Éveillard ; JCP Adm. 2016, n° 6, p. 37, note Verpeaux ; Rec. 661 ; Nouv. Cah. CC, n° 51, p. 85, chr. J. Bonnet et A. Roblot-Troizier ; RFDA 2016.123, note Roblot-Troizier ; RFDC 2016.688, note Roux). Il a pu ainsi prononcer des censures (par ex. CC *n° 2017-624 QPC, 16 mars 2017*, AJ 2017.1464, note Le Bot ; RFDA 2017.561, chr. Roblot-Troizier, à propos des conditions de prolongation des assignations à résidence ; ou encore CC *n° 2017-635 QPC, 9 juin 2017* ; DA 2017, comm. 42, note Éveillard), subordonner la constitutionnalité de la loi à la possibilité de contester devant le juge administratif les mesures qu'elle permet de prendre (par ex. CC *22 déc. 2015*, préc., à propos des mesures d'assignation à résidence).

2 ***B.*** — Le juge administratif exerce sur les décisions administratives relatives à l'état d'urgence, tant par la procédure de référé-liberté que par des recours au fond, un contrôle qui est allé en s'intensifiant.

La déclaration de l'état d'urgence par décret et son maintien donnent lieu de la part du Conseil d'État à un contrôle « restreint » (CE ord. 14 nov. 2015, *Rolin*, Rec. 499 ; AJ 2006.501, note Chrestia ; GADLF n° 59 ; ord. 27 janv. 2016, *Ligue des droits de l'Homme et autres*, Rec. 8 ; RFDA 2016.355, note Baranger), mais qui ne peut plus être exercé lorsque la loi a prorogé l'état d'urgence (CE, Ass., 24 mars 2006, *Rolin et Boisvert*, Rec. 171 ; AJ 2006.1033, chr. Landais et Lenica).

Sur les mesures que la mise en œuvre de l'état d'urgence permet aux autorités de police de prendre (notamment interdiction de la circulation, réglementation du séjour des personnes, interdiction de séjour ; assignations à résidence ; fermeture de salles ; interdiction de réunions, de rassemblements ; contrôles d'identité, de bagages, de véhicules), le juge administratif exerce un contrôle qui est allé en croissant. Très limité à l'origine (CE, Ass., 16 déc. 1955, *Dame Bourokba*, Rec. 596 ; RJPUF 1956.347, concl. Chardeau ; S. 1956.392, note R. Drago), il s'est porté ensuite sur l'erreur manifeste d'appréciation à l'occasion de la mise en œuvre de l'état d'urgence en Nouvelle-Calédonie en 1985 (CE 25 juill. 1985, *Mme Dagostini*, Rec. 226 ; AJ 1985.558, concl. Lasserre). Il est devenu un plein contrôle au cours des dernières années.

Ainsi le Conseil d'État apprécie la justification du dispositif de contrôle que met en place le décret déclarant l'état d'urgence (24 mars 2006, *Rolin et Boisvert*, préc.) ainsi que, en particulier dans le cadre de procédures de référé, celle des mesures individuelles prises à l'égard de certaines personnes, notamment les assignations à résidence (CE, Sect., 11 déc. 2015, *Cédric Domenjoud*, Rec. 437 ; du même jour *Luc Gauthier*, concl. Domino ; LPA 8 mars 2016, note Le Bot) et leur prolongation : à ce sujet, pour tenir compte de la décision du Conseil constitutionnel *n° 2017-624 QPC* du 16 mars 2017, *M. G...* qui avait censuré des dispositions de la loi du 16 décembre 2016, il appartient au juge administratif *« de vérifier que le comportement de la personne concernée constitue une menace d'une particulière gravité pour l'ordre et la sécurité publics. Il lui incombe aussi de s'assurer que l'administration fait état d'éléments nouveaux ou complémentaires, qui résultent de faits qui sont survenus ou qui ont été révélés postérieurement à la décision initiale d'assignation à résidence ou aux précédents renouvellements, au cours des douze mois précédents. De tels faits peuvent résulter d'agissements de la personne concernée, de procédures judiciaires et même, si elles sont fondées sur des éléments nouveaux ou complémentaires par rapport à ceux qui ont justifié la première mesure d'assignation, de décisions administratives. Le juge administratif contrôle enfin que l'administration a pris en compte la durée totale de l'assignation et l'ensemble des contraintes qui s'y attachent »* (CE ord. 25 avr. 2017, *Ben Abbes*, RFDA 2017.561, chr. Roblot-Troizier).

Un même type de contrôle s'exerce sur les perquisitions.

II. — Les perquisitions dans l'état d'urgence

3 *A.* — Les perquisitions avaient été prévues dès la loi du 3 avril 1955 dans son article 11, modifié par l'ordonnance du 15 avril 1960, sans autre exigence qu'une disposition expresse du texte décidant l'établissement ou le maintien de l'état d'urgence pour en permettre la réalisation. À l'exception de la loi du 20 mai 2016, les différentes lois qui ont prorogé l'état d'urgence depuis 2015 ont ouvert la possibilité de perquisitions administratives.

Or le législateur aurait dû soumettre le recours aux perquisitions à des conditions et encadrer leur mise en œuvre de garanties (CC n° *2016-567/568 QPC, 23 sept. 2016*, RFDC 2017.487, note C. Bernard).

La nouvelle rédaction de l'article 11 de la loi du 3 avr. 1955 par la loi du 20 nov. 2015 a subordonné la possibilité pour l'autorité administrative de prescrire une perquisition, y compris au domicile (et sauf dans un lieu affecté à l'exercice d'un mandat parlementaire ou à l'activité professionnelle des avocats, des magistrats ou des journalistes), à l'existence de « *raisons sérieuses de penser que ce lieu est fréquenté par une personne dont le comportement constitue une menace pour la sécurité et l'ordre publics* ».

Le procureur de la République doit être informé de la procédure et son déroulement est conduit en présence d'un officier de police judiciaire. Bien que l'opération poursuive à titre principal un objectif préventif, le législateur a cependant prévu que si une infraction pénale est constatée, l'officier de police judiciaire en dresse procès-verbal.

Saisi par la voie d'une question prioritaire de constitutionnalité de la nouvelle rédaction de l'article 11 de la loi de 1955, le Conseil constitutionnel en a admis la conformité à la Constitution, à l'exception de celles des dispositions permettant à l'autorité administrative de copier au cours de la perquisition « *toutes les données informatiques auxquelles il aura été possible d'accéder* », assimilées à une saisie non autorisée par un juge (CC *n° 2016-536 QPC, 19 févr. 2016* ; Constitutions 2016.100, note L. Domingo).

La censure partielle du dispositif a conduit le législateur à l'amender par la loi n° 2016-987 du 21 juillet 2016 puis par la loi n° 2017-258 du 28 février 2017.

En vertu de ce texte, la saisie de données ou de matériels n'est possible que si la perquisition « révèle l'existence d'éléments notamment informatiques relatifs à la menace que constitue pour la sécurité et l'ordre publics le comportement de la personne concernée ». L'exploitation des données et des supports saisis requiert l'intervention d'une décision en ce sens du tribunal administratif, statuant en la forme du référé. Le Conseil constitutionnel a admis la conformité à la Constitution de celles des dispositions relatives à la saisie et à l'exploitation des données informatiques tout en censurant le fait pour la loi de ne pas avoir prévu de délai d'effacement des données après la fin de l'état d'urgence (CC n° *2016-600 QPC, 2 déc. 2016* ; RFDA 2017.182, commentaire Roblot-Troizier ; RFDC 2017.511, note C. Bernard).

Le législateur a donc choisi d'entourer l'extension des pouvoirs de l'administration en période d'état d'urgence par un accroissement corrélatif du rôle dévolu au juge administratif. Une partie de la doctrine a mis en doute l'effectivité des garanties ainsi prévues. L'avis rendu par l'assemblée du contentieux le 6 juillet 2016 s'attache à dissiper de telles craintes.

4 *B.* — Il valorise le rôle imparti au juge administratif. Il examine successivement les modalités d'accès au juge, le contrôle de légalité des actes ordonnant une perquisition ainsi que les conditions d'engagement de la responsabilité de l'État.

1°) L'accès au juge est appréhendé sous un double aspect, celui de la compétence de la juridiction administrative, celui des recours pouvant être présentés

La compétence de la juridiction administrative pour connaître des actions contentieuses relatives aux perquisitions est déduite des termes de l'article 11 de la loi du 3 avril 1955, dans sa rédaction issue de la loi du 20 nov. 2015. Après en avoir reproduit le libellé, l'avis souligne que les perquisitions, en ce que « *visant à préserver l'ordre public et à prévenir des infractions, relèvent de la police administrative, ainsi que l'a jugé le Conseil constitutionnel dans sa décision nº 2016-536 QPC du 19 février 2016*, et *sont placées sous le contrôle du juge administratif* ».

L'avis est muet en revanche sur l'intervention possible du juge pénal dans l'hypothèse où, bien que poursuivant à titre initial un objectif de police administrative, la perquisition permettrait de constater une infraction pénale. Ainsi, la Cour de cassation, s'appuyant sur l'article 111-5 du Code pénal aux termes duquel « *les juridictions pénales sont compétentes pour interpréter les actes administratifs réglementaires ou individuels et pour en apprécier la légalité, lorsque de cet examen dépend la solution du procès pénal* », a admis que le juge pénal puisse apprécier la légalité de l'ordre de perquisition qui, sans constituer le fondement des poursuites, n'en détermine pas moins la régularité de la procédure pénale (Crim., 13 déc. 2016, JCP 2017.206, note J.-H. Robert ; D. 2017.275, note Pradel ; DA 2017, comm. 20, note Éveillard) ; la même solution a été reprise pour les assignations à résidence : Crim., 3 mai 2017, D. 2017.1175, note Beaussonie. L'intervention du juge pénal dans les hypothèses ainsi définies apporte un surcroît de garantie.

La compétence du juge administratif peut s'exercer au titre de deux recours.

Le premier est le recours pour excès de pouvoir. Il a été soutenu par une partie de la doctrine que la décision ordonnant une perquisition n'était pas susceptible de faire l'objet d'un recours pour excès de pouvoir au motif qu'elle épuise l'intégralité de ses effets dès son exécution. Tel était également la thèse défendue par le Ministre de l'intérieur.

Pareille opinion procède d'une confusion avec la situation qui se présente s'il y a introduction d'une demande de référé-suspension ou de référé-liberté à l'encontre d'une décision de perquisition intégralement exécutée. En pareil cas, si le référé est privé d'objet, la légalité de la décision administrative n'en peut pas moins être contestée, ainsi que cela ressort d'une jurisprudence bien établie (CE, Sect., 12 oct. 1984, *Mme Hirsch*, p. 328). Ainsi l'avis énonce classiquement que « *les décisions qui ordonnent des perquisitions… sont susceptibles de faire l'objet d'un recours pour excès de pouvoir* » et relève que « *la circonstance qu'elles ont produit leurs effets avant la saisine du juge n'est pas de nature à priver d'objet le recours* ».

L'avis admet également en second lieu qu'un recours de plein contentieux sous la forme d'une action indemnitaire dirigée contre l'État puisse être introduit. Celle-ci sera fondée « *sur les conditions dans lesquelles les perquisitions ont été ordonnées et mises à exécution* ». Afin d'en faciliter l'engagement, l'avis précise que l'introduction d'un recours pour excès de pouvoir ne constitue pas « *un préalable nécessaire à l'engagement d'une action indemnitaire* ».

5 *2°)* Ces deux types de contentieux peuvent se prêter à l'exercice du contrôle de légalité des ordres de perquisition, même s'il s'exerce principalement dans le cadre du recours pour excès de pouvoir.

S'agissant de la légalité externe, une décision de perquisition, ayant le caractère d'une mesure de police individuelle défavorable, doit être motivée en la forme en vertu de la loi du 11 juillet 1979 relative à la motivation des actes administratifs, reprise dans le Code des relations du public et de l'administration.

Toutefois, l'article 4 de la loi, codifié à l'article L. 211-6 du Code, apporte un tempérament : « lorsque l'urgence absolue a empêché qu'une décision soit motivée, le défaut de motivation n'entache pas d'illégalité cette décision ». Selon le ministre de l'intérieur, le régime de l'état d'urgence conduisait à présumer l'existence d'une « urgence absolue » faisant obstacle à la motivation. Ainsi que l'y invitait la rapporteure publique, le Conseil d'État n'a pas adhéré à cette thèse. Pour l'Assemblée du contentieux : « *il appartient au juge administratif d'apprécier au cas par cas, en fonction des circonstances particulières de chaque espèce, si une urgence absolue a fait obstacle à ce que la décision comporte une motivation même succincte* ».

La motivation doit être écrite et comporter l'énoncé des considérations de droit ainsi que des motifs de fait faisant apparaître les raisons sérieuses qui ont conduit l'autorité administrative à penser que le lieu visé par la perquisition est fréquenté par une personne dont le comportement constitue une menace pour la sécurité et l'ordre publics ; en outre, pour satisfaire aux prescriptions de l'article 11 modifié de la loi de 1955, la décision doit porter mention du lieu et du moment de la perquisition. Pour le Conseil d'État, l'indication du lieu a pour objet de circonscrire les locaux devant être perquisitionnés de façon à permettre de les identifier de façon raisonnable. Selon l'avis, « *le moment indiqué dans la décision est celui à compter duquel la perquisition peut être mise à exécution en fonction des contraintes opérationnelles* ».

S'agissant de la légalité interne, avant même l'avis du 6 juill. 2016, le juge avait accru son contrôle sur les mesures prises par les autorités publiques dans le cadre de l'état d'urgence. Revenant sur une jurisprudence antérieure qui se bornait à l'exercice d'un contrôle restreint (CE 25 juill. 1985, *Mme Dagostini*, supra), le Conseil d'État avait déjà opté dans le sens d'un « *entier contrôle du juge de l'excès de pouvoir* » sur les décisions d'assignation à résidence prises sous l'empire de l'état d'urgence (CE, Sect., 11 déc. 2015, *Cédric Domenjoud*, du même jour *Luc Gauthier*, précités). Le Conseil constitutionnel s'est prononcé dans le même sens à leur sujet (CC *n° 2015-527 QPC, 22 décembre 2015*, préc.) et à celui des perquisitions administratives (CC *n° 2016-536 QPC, 19 févr. 2016*, préc.).

C'est en se référant expressément à cette dernière décision que l'avis commenté affirme qu'il « *appartient au juge administratif d'exercer un entier contrôle* » sur le respect des conditions posées par l'article 11 modifié de la loi du 3 avril 1955. Ce contrôle s'inscrit dans une logique de proportionnalité puisqu'il incombe au juge de l'excès de pouvoir de s'assurer que la mesure ordonnée est « *adaptée, nécessaire et proportionnée à sa finalité* » dans les circonstances particulières qui ont conduit à la déclaration de l'état d'urgence.

L'avis précise encore, comme il est de règle, que le contrôle « *est exercé au regard de la situation de fait prévalant à la date à laquelle la mesure a été prise, compte tenu des informations dont disposait alors l'autorité administrative sans que les faits intervenus postérieurement, notamment les résultats de la perquisition, n'aient d'incidence à cet égard* ».

Ainsi, l'action conjuguée et convergente des jurisprudences administrative et constitutionnelle permet de maintenir les exigences du contrôle de la légalité en période d'état d'urgence.

6 *3°)* L'apport de l'avis est tout aussi significatif en ce qui concerne les conditions d'engagement de la responsabilité de l'État du fait des perquisitions.

Il distingue deux hypothèses : l'une liée à l'illégalité de la décision de perquisition, l'autre relative aux conditions matérielles d'exécution d'une telle mesure.

Sur le premier point (l'illégalité de la décision), les solutions apportées confortent des jurisprudences antérieures.

S'il fut un temps où la jurisprudence admettait qu'une illégalité pût être constitutive d'une erreur d'appréciation non fautive, cette solution a été abandonnée sans ambiguïté depuis 1973 (CE, Sect., 26 janvier 1973, *Ville de Paris c. Driancourt*, Rec. 78, v. n° 14.4). Il est acquis depuis lors qu'une illégalité est constitutive d'une faute de nature à engager la responsabilité de la puissance publique, « *à supposer même qu'elle soit imputable à une simple erreur d'appréciation* ». Toutefois, le droit à réparation est limité aux seuls préjudices directs et certains résultant de l'illégalité fautive (CE, Sect., 19 juin 1981, *Mme Carliez*, Rec. 274 ; AJ 1982.103, concl. Genevois).

C'est cet état du droit que, conformément aux conclusions de la rapporteure publique, consacre l'avis. Il relève que le caractère direct du lien de causalité entre l'illégalité commise et le préjudice allégué ne peut être retenu dans le cas où la décision ordonnant la perquisition est seulement entachée d'une irrégularité formelle ou procédurale et que *« le juge considère, au vu de l'ensemble des éléments produits par les parties devant lui, que la décision ordonnant la perquisition aurait pu être légalement prise par l'autorité administrative, au vu des éléments dont elle disposait à la date à laquelle la perquisition a été ordonnée »*.

7 Sur le second point (les conditions matérielles d'exécution de la perquisition), l'avis fait le départ entre deux hypothèses d'engagement de la responsabilité.

À l'égard des personnes visées par l'opération de perquisition, une décision ancienne avait subordonné l'engagement de la responsabilité de l'État à une faute lourde (CE 5 déc. 1941, *Gompertz*, Rec. 209). Une telle jurisprudence était en harmonie avec la distinction qui prédominait alors entre les mesures juridiques de police, qu'elles soient réglementaires ou individuelles, pour lesquelles une faute simple suffisait à engager la responsabilité de l'administration, tandis que, s'agissant des opérations matérielles, par nature plus difficiles, la faute lourde était exigée (v. nos obs. sous l'arrêt *Tomaso Grecco**). Elle l'a encore été pour les services de renseignement (CE 18 juill. 2018, *Mme Monet et autres*, v. n° 14.5).

Mais l'évolution conduisant à l'abandon de l'exigence d'une faute lourde, y compris pour des activités de police *a priori* périlleuses comme le secours en mer (CE, Sect., 13 mars 1998 *Améon*, Rec. 82 ; v. n° 14.4) ou le service de lutte contre l'incendie (CE 29 avr. 1998, *Commune de Hannapes*, Rec. 185 ; v. n° 14.4) a conduit l'avis du 6 juill. 2016 à admettre que *« toute faute commise dans l'exécution des perquisitions est susceptible d'engager la responsabilité de l'État »*. Il assortit cette affirmation de deux séries de précisions.

Les unes se présentent comme un code de bonne conduite s'imposant à l'autorité administrative : sauf s'il existe des raisons sérieuses de penser que le ou les occupants des lieux sont susceptibles de réagir à la perquisition par un comportement dangereux, de détruire ou dissimuler des éléments matériels, *« il ne peut être fait usage de la force pour pénétrer dans le lieu qu'à défaut d'autre possibilité »* ; de plus, lors de la perquisition il *« importe de veiller au respect de la dignité des personnes »* et *« l'usage de la contrainte doit être strictement limité à ce qui est nécessaire au déroulement de l'opération »*.

Les autres précisions apportées sont relatives à l'appréciation par le juge administratif de chaque situation concrète. À cet égard, *« les résultats de la perquisition sont par eux-mêmes dépourvus d'incidence sur la caractérisation d'une faute »*.

Vis-à-vis des tiers, la solution adoptée est plus originale. L'avis énonce en effet que *« la responsabilité de l'État à l'égard des tiers est engagée sans faute, sur le fondement de l'égalité des citoyens devant les charges publiques »*, en cas de dommages directement causés.

En matière de police, à une époque où la responsabilité de la puissance publique était, pour les activités matérielles subordonnée à l'existence d'une faute lourde, des règles moins rigoureuses prévalaient en cas d'emploi d'armes à feu : une faute simple suffisait à l'engagement de la responsabilité à l'égard de la personne visée par l'opération alors que, vis-à-vis des tiers, le droit à indemnisation reposait sur la théorie du risque (CE, Ass., 24 juin 1949, *Consorts Lecomte*, Rec. 307 ; v. n° 32.2).

L'avis, tout en s'inscrivant dans ce courant jurisprudentiel, le dépasse dans la mesure où le régime de responsabilité reposant sur la rupture d'égalité devant les charges publiques est d'application potentiellement plus large qu'un régime de responsabilité à raison du risque attaché à la notion de chose dangereuse (v. nos obs. sous l'arrêt *Regnault-Desroziers**).

La solution consacrée par l'avis est d'autant plus remarquable que la notion de tiers y est entendue de façon extensive.

*
* *

La loi n° 2017.1510 du 30 octobre 2017 a, en sus de dispositions renforçant les pouvoirs de l'autorité de police (périmètres de protection ; fermeture de lieux de culte, mesures individuelles de contrôle) inscrit dans le droit commun un régime de perquisition sur saisine du préfet ou, à Paris, du préfet de police, requérant au cas par cas l'aval du Juge des libertés et de la détention et étant placé sous le contrôle de ce dernier. Le Conseil constitutionnel a admis la conformité de ce dispositif aux droits et libertés constitutionnellement garantis (*n° 2017-695 QPC, 29 mars 2018*, RFDA 2018.544, comm. Roblot-Troizier ; Constitutions 2018.277, note Le Bot). Les effets de la loi du 30 octobre 2017 ont été prorogés par la loi n° 2020.1671 du 24 décembre 2020.

Si l'évolution de la législation donne à penser que trop souvent nécessité fait loi, il reste que chaque juridiction, dans sa sphère de compétence, s'attache à maintenir des exigences essentielles de l'État de droit. Un régime légal de pouvoir exceptionnel comme l'état d'urgence n'est pas antinomique avec ces exigences ainsi que le démontre l'avis adopté le 6 juillet 2016 par l'Assemblée du contentieux.

115

ACTES ADMINISTRATIFS RÉGLEMENTAIRES – LIMITATION DANS LE TEMPS DE L'INVOCATION DES VICES DE FORME OU DE PROCÉDURE

Conseil d'État Ass., 18 mai 2018, *Fédération des finances et affaires économiques de la CFDT*

(Rec. 187, concl. Bretonneau ; RFDA 2018.649, concl. Bretonneau, 662, note de Béchillon, et 665, note P. Delvolvé ; AJDA 2018.126, chr. Roussel et Nicolas et 1241, trib. Melleray ; JCP Adm. 2018.2197, note Friedrich ; Mediapart 22 mai 2018, note Cassia)

Cons. ce qui suit :

1. La Fédération des finances et affaires économiques de la CFDT a saisi le Premier ministre d'une demande tendant à l'abrogation du décret du 29 mars 2017 fixant la liste des emplois et types d'emplois des établissements publics administratifs de l'État prévue au 2° de l'article 3 de la loi du 11 janvier 1984 portant dispositions statutaires relatives à la fonction publique de l'État en tant qu'il détermine la liste des emplois pour lesquels l'Institut national de la propriété industrielle (INPI) peut recruter des agents contractuels par dérogation à la règle selon laquelle les emplois permanents des établissements publics administratifs de l'État sont occupés par des fonctionnaires. Elle demande l'annulation pour excès de pouvoir du refus opposé à cette demande.

2. *Le contrôle exercé par le juge administratif sur un acte qui présente un caractère réglementaire porte sur la compétence de son auteur, les conditions de forme et de procédure dans lesquelles il a été édicté, l'existence d'un détournement de pouvoir et la légalité des règles générales et impersonnelles qu'il énonce, lesquelles ont vocation à s'appliquer de façon permanente à toutes les situations entrant dans son champ d'application tant qu'il n'a pas été décidé de les modifier ou de les abroger.*

3. *Le juge administratif exerce un tel contrôle lorsqu'il est saisi, par la voie de l'action, dans le délai de recours contentieux. En outre, en raison de la permanence de l'acte réglementaire, la légalité des règles qu'il fixe, comme la compétence de son auteur et l'existence d'un détournement de pouvoir doivent pouvoir être mises en cause à tout moment, de telle sorte que puissent toujours être sanctionnées les atteintes illégales que cet acte est susceptible de porter à l'ordre juridique.*

4. *Après l'expiration du délai de recours contentieux, une telle contestation peut être formée par voie d'exception à l'appui de conclusions dirigées contre une décision administrative ultérieure prise pour l'application de l'acte réglementaire ou dont ce dernier constitue la base légale. Elle peut aussi prendre la forme d'un*

recours pour excès de pouvoir dirigé contre la décision refusant d'abroger l'acte réglementaire, comme l'exprime l'article L. 243-2 du Code des relations entre le public et l'administration aux termes duquel : « L'administration est tenue d'abroger expressément un acte réglementaire illégal ou dépourvu d'objet, que cette situation existe depuis son édiction ou qu'elle résulte de circonstances de droit ou de fait postérieures, sauf à ce que l'illégalité ait cessé (...) ». Si, dans le cadre de ces deux contestations, la légalité des règles fixées par l'acte réglementaire, la compétence de son auteur et l'existence d'un détournement de pouvoir peuvent être utilement critiquées, il n'en va pas de même des conditions d'édiction de cet acte, les vices de forme et de procédure dont il serait entaché ne pouvant être utilement invoqués que dans le cadre du recours pour excès de pouvoir dirigé contre l'acte réglementaire lui-même et introduit avant l'expiration du délai de recours contentieux.

5. Il résulte de ce qui précède que la fédération requérante ne peut utilement invoquer, à l'appui de ses conclusions tendant à l'annulation pour excès de pouvoir du refus d'abroger le décret du 29 mars 2017, les moyens tirés respectivement de l'irrégularité de la consultation du conseil supérieur de la fonction publique de l'État et de ce que ce décret différerait à la fois du projet qui avait été soumis par le Gouvernement au Conseil d'État et de celui adopté par ce dernier.

6. Aux termes de l'article 3 de la loi du 13 juillet 1983 portant droits et obligations des fonctionnaires : « *Sauf dérogation prévue par une disposition législative, les emplois civils permanents de l'État, des régions, des départements, des communes et de leurs établissements publics à caractère administratif sont, à l'exception de ceux réservés aux magistrats de l'ordre judiciaire et aux fonctionnaires des assemblées parlementaires, occupés soit par des fonctionnaires régis par le présent titre, soit par des fonctionnaires des assemblées parlementaires, des magistrats de l'ordre judiciaire ou des militaires dans les conditions prévues par leur statut* ». L'article 3 de la loi du 11 janvier 1984 portant dispositions statutaires relatives à la fonction publique de l'État dispose, dans sa rédaction issue de la loi du 20 avril 2016 relative à la déontologie et aux droits et obligations des fonctionnaires, que : « *les emplois permanents de l'État et des établissements public de l'État énumérés ci-après ne sont pas soumis à la règle énoncée à l'article 3 du titre Ier du statut général (...) 2) Les emplois des établissements publics qui requièrent des qualifications professionnelles particulières indispensables à l'exercice de leur missions spécifiques et non dévolues à des corps de fonctionnaires, inscrits pour une durée déterminée sur une liste établie par décret en Conseil d'État (...) Les agents occupant ces emplois sont recrutés par contrat à durée indéterminée (...)* ». L'article 4 de la loi du 11 janvier 1984 dispose que « *par dérogation au principe énoncé à l'article 3 du titre Ier du statut général, des agents contractuels peuvent être recrutés dans les cas suivants : / 1° Lorsqu'il n'existe pas de corps de fonctionnaires susceptibles d'assurer les fonctions correspondantes (...)* ». Il résulte des dispositions précitées de l'article 3 de la loi du 11 janvier 1984 que la possibilité pour un établissement public administratif de l'État de pourvoir, sur leur fondement, à des emplois permanents en recourant à des agents contractuels recrutés par contrat à durée indéterminée, par dérogation à la règle selon laquelle ces emplois sont occupés par des fonctionnaires, est subordonnée à l'absence de corps de fonctionnaires possédant les qualifications professionnelles particulières requises pour occuper ces emplois afin d'exercer les missions spécifiques de cet établissement public.

7. Le décret du 29 mars 2017 fixe la liste des établissements publics administratifs et les types d'emploi concernés par la dérogation prévue à l'article 3 de la loi du 11 janvier 1984. Il prévoit que l'INPI bénéficie de cette dérogation pour huit types d'emplois ; (...).

9. Il ressort des pièces du dossier que les spécificités des missions confiées à l'INPI requièrent, eu égard aux compétences techniques et juridiques dont elles supposent la maîtrise, des qualifications professionnelles particulières dans le domaine de la propriété industrielle. Il ressort également des pièces du dossier que l'ensemble des huit types d'emplois retenus par le décret du 29 mars 2017 requièrent une expertise dans le domaine de la propriété industrielle et, en particulier, dans le maniement des titres et des données ainsi que du registre national du commerce et des sociétés.

10. Contrairement à ce qui est soutenu, ni le corps des ingénieurs de l'industrie et des mines qui, en vertu du décret du 29 avril 1988 portant création et statut particulier de ce corps ont « *vocation à servir en position d'activité (...) dans les établissements publics de l'État* » et « *sont chargés de fonctions de direction d'encadrement, d'expertise, d'étude, d'administration, de recherche ou d'enseignement dans les domaines scientifique, technique, environnemental, économique ou social* » ni le corps des techniciens supérieurs de l'économie et de l'industrie qui, en vertu du décret du 22 août 2012 portant statut particulier de ce corps, « *effectuent des études, des enquêtes, des expertises et des contrôles dans les domaines de la sécurité, de la protection de l'environnement, de l'exploitation des ressources minières, de la métrologie et de l'économie* » ne donnent à leurs membres vocation à détenir, eu égard à la spécificité des missions de l'INPI, les qualifications professionnelles particulières requises pour occuper les huit types d'emplois mentionnés dans le décret du 29 mars 2017 pour lesquels l'INPI peut recruter des agents contractuels sur le fondement de l'article 3 de la loi du 11 janvier 1984.

11. Il ne ressort pas des pièces du dossier que d'autres corps de fonctionnaires donneraient à leurs membres vocation à détenir les qualifications professionnelles particulières requises, compte tenu de la spécificité des missions de l'INPI, pour occuper les huit types d'emplois mentionnés dans le décret du 29 mars 2017. Il s'ensuit que le décret litigieux a pu légalement ranger ces types d'emplois au nombre de ceux pour lesquels il peut être dérogé, sur le fondement de l'article 3 de la loi du 11 janvier 1984, à la règle selon laquelle les emplois permanents des établissements publics administratifs sont occupés par des fonctionnaires.

12. Il résulte de tout ce qui précède que la Fédération des finances et affaires économiques de la CFDT n'est pas fondée à demander l'annulation pour excès de pouvoir du refus d'abroger le décret du 29 mars 2017 en tant qu'il a ouvert à l'INPI la faculté, pour huit types d'emplois, de déroger à la règle selon laquelle les emplois permanents des établissements publics administratifs sont occupés par des fonctionnaires ; (REJET)

OBSERVATIONS

L'arrêt Fédération CFDT *limite dans le temps l'invocation de vices de forme et de procédure, tout en réservant l'essentiel du contrôle du juge de l'excès de pouvoir garanti par l'arrêt* Dame Lamotte*.

1 L'arrêt du 18 mai 2018 statuant sur le recours dirigé contre le décret du 29 mars 2017 fixant la liste des emplois et types d'emplois des établissements publics administratifs de l'État auxquels peuvent être nommées des personnes n'appartenant pas à un corps de fonctionnaires, tire son importance d'une novation très sensible touchant à la possibilité pour un requérant de se prévaloir de vices de forme ou de procédure affectant un acte administratif réglementaire.

Le statut général des fonctionnaires de l'État issu de la loi du 10 janvier 1984, permet au gouvernement, par voie de décret en Conseil d'État et après avis du Conseil supérieur de la fonction publique d'État, d'autoriser que certains emplois ou catégories d'emplois d'établissements publics soient, en raison du *caractère particulier* de la mission de ces établissements, pourvus par des agents contractuels, quand bien même il s'agit d'emplois permanents devant normalement être occupés par des fonctionnaires en vertu de la loi du 13 juillet 1983 portant droits et obligations des fonctionnaires.

La faculté ainsi ouverte par l'article 3 (2°) de la loi du 10 janvier 1984 s'est traduite par l'intervention d'un décret du 18 janvier 1984 fixant la liste des établissements publics bénéficiant de la dérogation, décret modifié à de multiples reprises au point de comporter près de cinquante établissements.

En réaction à cette situation, la loi du 20 avril 2016 relative à la déontologie et aux droits et obligations des fonctionnaires a restreint la possibilité de déroger aux emplois des établissements publics *qui requièrent des qualifications particulières indispensables à l'exercice de leurs missions spécifiques et non dévolues à des corps de fonctionnaires.*

Sur ce fondement, le décret n° 2017-436 du 29 mars 2017 a établi une liste sensiblement réduite du nombre d'établissements publics bénéficiant de la dérogation. La présence au sein de cette liste de l'Institut national de la propriété industrielle (INPI), au titre de huit types d'emplois, a été critiquée par un recours en annulation formé par une organisation affiliée à la CGT, qui s'est placée exclusivement sur le fond. Une autre organisation syndicale, la Fédération des finances et affaires économiques de la CFDT, a préféré lier le contentieux en déférant au Conseil d'État le refus du Premier ministre et du ministre de l'action et des comptes publics, de modifier le décret, en tant qu'il vise l'INPI, sur le fondement de la jurisprudence *Compagnie Alitalia**. Était invoquée l'illégalité du décret non seulement pour une méconnaissance de la nouvelle rédaction de l'article 3 (2°) de la loi du 10 janvier 1984, mais également en raison de vices de procédure tenant d'une part à ce que le Conseil supérieur de la fonction publique aurait été consulté sur un texte incomplet et, d'autre part, au fait que le contenu du décret ne correspondrait ni au projet soumis pour avis au Conseil d'État, ni à celui adopté par le Conseil.

L'arrêt reproduit ci-dessus tranche la question de fond dans le même sens que la jurisprudence antérieure (CE 10 juin 1992, *Syndicat national de la propriété industrielle et syndicat national CFDT des personnels des ministères chargés de l'industrie, de la recherche, de l'énergie, du commerce et de l'artisanat*, Rec. 226). En effet, ainsi que l'a démontré Mme Bretonneau, rapporteure publique, dans ses conclusions, les types d'emplois de l'INPI pouvant être pourvus par voie contractuelle satisfont aux critères fixés par le législateur, bien que ceux-ci soient, depuis la loi du 20 avril 2016, plus exigeants.

Quant à la procédure contentieuse, l'arrêt du 18 mai 2018, à l'invitation de Mme Bretonneau, procède à une innovation très sensible touchant à la possibilité pour tout requérant de se prévaloir de vices de forme ou de procédure affectant un acte administratif réglementaire. Il revient partiellement sur des jurisprudences bien établies (I), sans convaincre pleinement de la pertinence du changement opéré (II), tout en suscitant des interrogations quant aux implications de ce changement (III).

I. — La remise en cause partielle de jurisprudences bien établies

2 La décision commentée rappelle d'abord les conditions dans lesquelles le juge administratif peut être saisi et exerce son contrôle sur un acte réglementaire en laissant inchangées les règles applicables aux recours formés par la voie de l'action. En revanche, la décision redéfinit, dans un sens restrictif, la possibilité de contester un règlement, soit par la voie de l'exception d'illégalité, soit dans le cadre de la contestation du refus par l'administration d'abroger un acte réglementaire illégal à l'origine ou par suite d'un changement de circonstances.

A. — Le maintien des règles applicables à la contestation d'un règlement par voie d'action

1°) Il est de l'essence du recours pour excès de pouvoir de permettre à toute personne justifiant d'un intérêt suffisant, lequel est entendu largement (v. nos obs. sous l'arrêt *Casanova**), de contester par la voie de l'action, dans le délai de recours contentieux, la légalité d'un acte administratif réglementaire ou non réglementaire. La légalité se définit comme la qualité de ce qui est conforme au droit. Elle a pour composantes des vices touchant soit à la légalité externe de l'acte (incompétence de l'auteur de l'acte, vices de forme ou de procédure), soit à sa légalité interne (violation de la loi, détournement de pouvoir).

2°) La décision du 18 mai 2018 entérine sur ce point l'état du droit. Elle mentionne le contrôle exercé par le juge administratif sur un acte qui présente un caractère réglementaire en ces termes : *il porte sur la compétence de son auteur, les conditions de forme et de procédure dans lesquelles il a été édicté, l'existence d'un détournement de pouvoir et la légalité des règles générales et impersonnelles qu'il énonce*, et qui ont vocation à s'appliquer de façon permanente à toutes les situations entrant dans son champ d'application aussi longtemps qu'il est en vigueur. Il est spécifié que le juge administratif exerce le contrôle ainsi défini *lorsqu'il est saisi par la voie de l'action, dans le délai de recours contentieux* lequel pour un règlement est de deux mois à compter de la publication de l'acte.

B. — L'innovation

3 Elle consiste, au rebours de la jurisprudence antérieure, à limiter dans le temps la possibilité de contester les conditions d'élaboration de l'acte réglementaire.

1°) À l'effet de conférer sa pleine effectivité au principe de légalité la jurisprudence du Conseil d'État a dégagé deux types de contestation d'un règlement en dehors de la voie de l'action.

a) Toute personne s'est vue ouvrir la possibilité d'invoquer l'illégalité d'un règlement par la voie de l'exception, à l'occasion de son application, alors même que ce règlement n'aurait pas été contesté dans le délai de recours (CE 24 janvier 1902, *Avezard*, Rec. 44).

Au soutien de cette jurisprudence, le président Odent, qui a présidé la Section du contentieux de 1966 à 1976, a fait valoir « *que la solution contraire aurait abouti à l'application indéfinie de dispositions illégales, ce qui aurait été contraire à l'ordre public juridique* ».

En outre, en vertu de la jurisprudence *Compagnie Alitalia**, l'autorité compétente saisie d'une demande tendant à l'abrogation d'un règlement illégal, est tenue d'y déférer, soit que ce règlement ait été illégal dès la date de sa signature, soit que l'illégalité résulte de circonstances de droit ou de fait postérieures à cette date. Il a été précisé par la suite qu'il n'y a pas lieu pour l'administration d'abroger un règlement dont l'illégalité a été corrigée. L'article L. 243-2 du Code des relations entre le public et l'administration a consacré cet état du droit.

b) Corrélativement, le Conseil d'État a jugé qu'il incombait « *à l'autorité administrative de ne pas appliquer un texte réglementaire illégal* » (CE, Sect., 14 nov. 1958, *Ponard*, Rec. 554). Pareille obligation s'impose, y compris en l'absence de toute décision juridictionnelle ayant prononcé l'annulation du texte ou l'ayant déclaré illégal par la voie de l'exception. Seule une disposition législative limitant dans le temps la possibilité d'invoquer certaines irrégularités de la procédure d'édiction du règlement, comme c'est le cas pour les documents d'urbanisme de l'article L. 600-1 du Code de l'urbanisme, déroge au principe posé par la jurisprudence (CE (avis) 9 mai 2005, *Marangio*, Rec. 195).

2°) Au regard de cet édifice jurisprudentiel le changement découlant de l'arrêt du 18 mai 2018 est partiel, mais non moins tangible.

a) Demeure ouverte la possibilité de contester à tout moment, au soutien de conclusions dirigées contre une décision administrative prise pour l'application d'un acte réglementaire ou dont ce dernier constitue la base légale, « *la légalité des règles qu'il fixe, comme la compétence de son auteur et l'existence d'un détournement de pouvoir* ».

C'est dans les mêmes limites qu'est également maintenue la faculté pour l'administré de former un recours pour excès de pouvoir dirigé contre la décision par laquelle l'autorité administrative refuse d'abroger un acte réglementaire illégal en vertu de l'article L. 243-2 du Code des relations du public et de l'administration (inspiré de la jurisprudence *Compagnie Alitalia**) dont le premier alinéa dispose que : « *l'administration est tenue d'abroger expressément un acte réglementaire illégal ou dépourvu d'objet, que cette situation existe depuis son édiction ou qu'elle résulte de circonstances de droit ou de fait postérieures, sauf à ce que l'illégalité ait cessé* ».

b) En revanche, après l'expiration du délai du recours contentieux ouvert par voie d'action à l'égard du règlement, la contestation de sa légalité, selon l'une des voies ci-dessus, ne peut porter sur « *les conditions d'édiction* » de l'acte. Sont visés de ce chef les vices de forme et de procédure. Ces derniers ne peuvent, suivant les termes de l'arrêt, être « *utilement invoqués que dans le cadre du recours pour excès de pouvoir dirigé contre l'acte réglementaire lui-même et introduit avant l'expiration du délai de recours contentieux* ».

En application de cette nouvelle jurisprudence sont écartés les moyens tirés respectivement de l'irrégularité de la consultation du Conseil supérieur de la fonction publique et de ce que le décret contesté différerait à la fois du projet qui avait été soumis par le gouvernement au Conseil d'État et de celui adopté par ce dernier, motif pris de ce qu'ils ne peuvent être utilement invoqués. Une telle formulation sert à désigner des moyens inopérants, c'est-à-dire, sans influence sur la solution à apporter au litige dont le juge est saisi.

La doctrine a été conduite à critiquer le changement de jurisprudence opéré par le Conseil d'État, d'autant que les justifications de la solution qui a prévalue n'ont pas fait l'unanimité.

II. — Des justifications de valeur inégale

4 À la lecture tant des conclusions du rapporteur public que des commentaires autorisés de la décision, il apparaît que le juge administratif a été sensible à deux ordres de considération. D'une part, à certains « *inconvénients* » de la jurisprudence antérieure. D'autre part, à l'exemple fourni par la question prioritaire de constitutionnalité, qui incite à établir une hiérarchie au sein des composantes de la légalité en fonction de l'écoulement du temps.

A. — Les effets jugés critiquables de la jurisprudence antérieure

Tout en étant consciente de la cohérence d'ensemble de la jurisprudence antérieure et de sa force symbolique, Mme Bretonneau a formulé à son encontre plusieurs critiques.

1°) Elle a relevé la difficulté qu'il y a pour le juge « *longtemps après l'édiction d'un acte réglementaire, de déterminer si sa procédure en vigueur à la date de sa signature a été, à l'époque, parfaitement respectée* ». Saisi d'un moyen sur ce point le juge se trouverait placé devant l'alternative soit d'y faire droit mécaniquement, soit de l'écarter faute pour le requérant d'apporter des éléments probants.

L'argument n'est cependant pas déterminant en raison du caractère inquisitorial de la procédure devant le juge administratif (v. nos obs. sous l'arrêt *Barel**). S'il y a contestation du respect d'une formalité le juge forge sa conviction au vu de l'ensemble du dossier (CE, Ass., 11 mai 1973, *Sanglier*, v. n° 63.3).

2°) Retient davantage l'attention l'accent mis par la rapporteure publique sur les effets respectifs de l'annulation pour excès de pouvoir d'un règlement par la voie de l'action et de la déclaration d'illégalité d'un règlement par la voie de l'exception. Dans le premier cas, outre la faculté pour le juge de moduler dans le temps les effets de l'annulation (v. nos obs. sous l'arrêt *Association AC ! et autres**), la censure pour un vice de légalité externe d'un règlement ne fait pas obstacle à ce que ce dernier soit repris suivant une procédure régulière. À l'inverse, la déclaration d'illégalité d'un règlement par la voie de l'exception ne le fait pas disparaître de l'ordonnancement juridique, en fragilisant ainsi nécessairement les actes administratifs réglementaires ou non réglementaires pris sur son fondement, au détriment de la sécurité juridique.

Toutefois, dans la mesure où seules les irrégularités de procédure présentant un caractère substantiel sont constitutives d'une illégalité (v. nos obs. sous les arrêts *Danthony et autres**) il peut être objecté que le principe de légalité doit prévaloir sur l'exigence de sécurité.

3°) La rapporteure publique a souligné également que la jurisprudence sur l'adaptation des actes réglementaires aux changements de circonstances ouverte par l'arrêt *Despujol** et poursuivie par l'arrêt *Compagnie Alitalia**, était soucieuse à l'origine d'un impératif de sécurité juridique. En effet, initialement la faculté de mettre en cause devant le juge administratif un règlement de police en raison d'un changement dans les circonstances de fait devait être précédée d'une demande de modification ou de suppression de ce règlement formée auprès de l'autorité administrative. Le contentieux ne pouvait être engagé qu'en cas de refus, par une requête introduite dans les deux mois et reposant exclusivement sur le changement de circonstances.

L'innovation découlant de la jurisprudence *Compagnie Alitalia**, qui permet non seulement de contester la légalité du règlement au motif d'un changement de circonstance, mais également de le critiquer *ab initio*, au titre d'un quelconque des cas d'ouverture du recours pour excès de pouvoir, est apparue rétrospectivement trop large.

C'est à ce stade de la réflexion que le Conseil d'État a choisi de procéder à une distinction au sein des moyens susceptibles d'être invoqués, sur le modèle du régime de la question prioritaire de constitutionnalité (QPC).

B. — Les enseignements tirés du régime juridique de la question prioritaire de constitutionnalité

5 *1°)* En vertu de l'article 61 de la Constitution les plus hautes autorités de l'État et, à la suite de la révision constitutionnelle de 1974, soixante députés ou soixante sénateurs, peuvent déférer une loi votée et non encore promulguée, au Conseil constitutionnel aux fins pour ce dernier d'en apprécier la constitutionnalité. Il appartient au juge constitutionnel de se prononcer, non seulement sur la conformité des dispositions de la loi à la Constitution, « *mais encore d'examiner si elle a été adoptée dans le respect des règles de valeur constitutionnelle relatives à la procédure législative* » *(n° 75-57 DC, 23 juill. 1975*, Rec. 24). Si la révision effec-

tuée par la loi constitutionnelle du 23 juillet 2008, ajoutant un article 61-1 à la Constitution, permet au Conseil constitutionnel, sur renvoi du Conseil d'État ou de la Cour de cassation, de contrôler *a posteriori* des dispositions législatives, c'est uniquement au regard des « droits et libertés que la Constitution garantit ». La procédure d'adoption de la loi se trouve exclue. Quant à la méconnaissance par le législateur de sa propre compétence, elle ne peut être invoquée à l'appui d'une question prioritaire de constitutionnalité « *que dans le cas où est affecté un droit ou une liberté que la Constitution garantit* » (*n° 2010-5 QPC, 18 juin 2010, SNC Kimberly Clark*, Rec. 114 ; GDCC, n° 20). Ainsi pour le contrôle *a posteriori* des textes législatifs le constituant a privilégié le fond sur la forme.

2°) Dans ce contexte, il est significatif que dans ses conclusions, Mme Bretonneau ait proposé de retenir à l'encontre d'un règlement contesté par la voie de l'exception, des illégalités de fond « *comme pour la QPC* ». Elle a ajouté le vice d'incompétence de l'auteur du règlement, dans la mesure où une telle illégalité est, pour le juge administratif, un moyen d'ordre public devant, à l'instar de tout moyen de cette nature, être soulevé par lui au besoin d'office.

L'arrêt est conforme aux conclusions. Alors que l'institution d'un contrôle de constitutionnalité des lois *a posteriori* a été favorablement accueillie, en ce qu'elle traduit un droit nouveau pour le justiciable, l'exclusion par le Conseil d'État de la remise en cause de la procédure d'élaboration des actes réglementaires une fois le délai de recours expiré, a été critiquée, en ce qu'elle entraîne une limitation du contenu de « *l'ordre public juridique* ».

La doctrine s'est en outre interrogée sur les différentes implications de la décision.

III. — Les implications de la décision

6 La décision du 18 mai 2018 est rédigée sous la forme d'un arrêt de principe. Le caractère très élaboré et précis de sa rédaction n'en laisse pas moins subsister des interrogations sur ses implications. Certaines paraissent pouvoir être précisées (A). D'autres demeurent en suspens (B).

A. — Les questions tranchées

Deux tempéraments doivent être apportés au principe selon lequel la légalité des conditions d'élaboration d'un règlement ne peut plus être contestée postérieurement à l'expiration du délai de recours contre ce dernier.

1°) Le premier d'entre eux concerne des règles de procédure qui seraient imposées par le *droit de l'Union européenne*. Une telle hypothèse a été expressément réservée par Mme Bretonneau ainsi que par des commentateurs autorisés (AJDA 2018.1211). A été mentionné en ce sens l'article L. 241-1 du Code des relations entre le public et l'administration, qui fait la réserve « *des exigences découlant du droit de l'Union européenne* ».

2°) Le second tempérament résulte de « dispositions législatives spéciales » également visées par l'article L. 241-1 du code précité. Ainsi qu'il a été indiqué, sous l'empire de la jurisprudence antérieure, l'obligation pour l'autorité administrative de ne pas appliquer un règlement illégal était écartée s'agissant de ceux des vices de procédure dont le législateur a prescrit qu'ils ne peuvent être invoqués que dans un délai déterminé, comme c'est le cas de l'article L. 600-1 du Code de l'urbanisme. Une fois ce délai expiré le moyen relatif à la régularité de la procédure est irrecevable et les obligations pesant sur l'administration sont réduites dans cette mesure (CE (avis) 9 mai 2005, *Marangio*, préc.). Il existe d'autres dispositions législatives reprenant un tel schéma. Tel est le cas de l'article L. 121-15 du Code de l'environnement relatif à l'intervention de la Commission nationale du débat public ou encore de l'article L. 1434-5 du Code de la santé publique concernant le projet régional de santé et ses composantes.

Par une décision du 18 février 2019, *Commune de l'Houmeau* (Rec. 1066 ; AJDA 2019.1067, note Giacuzzo), le Conseil d'État, tout en rappelant qu'en vertu d'un « principe général » il incombe à l'autorité administrative de ne pas appliquer un règlement illégal, a réitéré la limite que connaît cette obligation, par application de la loi, en se fondant, dans l'espèce qui lui était soumise, sur l'article L. 600-1 du Code de l'urbanisme et non sur la jurisprudence issue de la décision du 18 mai 2018.

En revanche, dans la logique de cette dernière décision, il a admis que s'il est saisi, par voie de question préjudicielle de la légalité d'un acte administratif, le juge doit en apprécier la légalité dans les mêmes conditions qu'en matière d'exception d'illégalité (CE 24 févr. 2020, *Société La Grand' Maison*, Rec. 660).

B. — Les questions demeurant en suspens

7 Les questions n'appelant pas de réponse allant de soi ne se situent pas sur le même plan.

1°) La première d'entre elles a trait à la situation des *fonctionnaires parlementaires*. Pour les décisions à caractère réglementaire les régissant le Conseil d'État ne s'est pas reconnu compétent par voie d'action ; il ne peut en connaître que par voie d'exception à l'occasion de litiges individuels (CE 28 janvier 2011, *Patureau*, Rec. 23). La voie de l'action étant fermée, l'exception d'illégalité du règlement ne devrait-elle pas inclure les conditions d'élaboration de ce dernier ?

2°) Une autre interrogation porte sur l'attitude qui sera celle du *juge pénal* dans la sphère de compétence qui est la sienne conformément à l'article 111-5 du Code pénal selon lequel les juridictions pénales sont compétentes pour interpréter les actes administratifs réglementaires ou individuels et « *pour en apprécier la légalité* », lorsque de cet examen dépend la solution du procès pénal. Le juge répressif ne sera-t-il pas conduit, sur le fondement de cet article, à apprécier la légalité d'un règlement y compris au regard de ses conditions d'élaboration ?

3°) Il est de même possible de s'interroger sur la position qu'adoptera le *Conseil constitutionnel*. S'il n'a pas jugé contraire à la garantie des droits prévue à l'article 16 de la Déclaration des droits de l'Homme et du citoyen, la disposition législative à l'origine de l'article L. 600-1 du Code de l'urbanisme, il avait relevé que le législateur avait fait la réserve des vices de procédure considérés par lui comme substantiels (*n° 93-335 DC, 21 janv. 1994*, v. n° 56.3). Bien que cette jurisprudence soit antérieure à l'introduction de la QPC, la réserve qu'elle comporte semble pouvoir recevoir application à des dispositions législatives ou réglementaires mettant en œuvre des exigences d'ordre procédural ayant un fondement constitutionnel, spécialement dans le domaine du droit de l'environnement (v. nos obs. sous l'arrêt *Commune d'Annecy**).

*

* *

Quelles que soient les interrogations qu'elle suscite, la décision du 18 mai 2018 n'en illustre pas moins la volonté du Conseil d'État d'adapter « *les règles procédurales à un besoin accru de sécurité juridique* », pour reprendre les termes employés par le Président de la Section du contentieux (*cf.* Constitutions 2018.21).

116

RECOURS POUR EXCÈS DE POUVOIR – CONCLUSIONS ET MOYENS DES PARTIES – OFFICE DU JUGE

Conseil d'État Sect., 21 décembre 2018, *Société Eden*
(Rec. 468, concl. Roussel ; RFDA 2019.281, concl. Roussel, note Sagnier ; AJDA 2019.271, chr. Faure et Malverti ; DA 2019, comm. 22, Éveillard et comm. 25, Roussel ; JCP 2019.581, note Sibileau ; Gaz. Pal. 2019, n° 4, p. 27, note Seiller)

Considérant ce qui suit :

1. La société Eden, qui exploite à Hyères une école de conduite de navires de plaisance, a demandé au tribunal administratif de Toulon d'annuler pour excès de pouvoir la décision du 10 avril 2013 par laquelle le préfet du Var a refusé de renouveler son agrément en qualité d'établissement de formation à la conduite des navires de plaisance à moteur avec, comme bateau de formation, un voilier de type Sun Odyssey 42DS et d'enjoindre au préfet, à titre principal, de délivrer l'agrément sollicité ou, à titre subsidiaire, de procéder à un nouvel examen de sa demande. Par un jugement du 9 juillet 2015, le tribunal administratif a jugé que la décision attaquée était insuffisamment motivée, a prononcé, pour ce motif, son annulation pour excès de pouvoir et a enjoint au préfet du Var de réexaminer la demande d'agrément du navire de type Sun Odyssey 42DS comme bateau de formation dans un délai de trois mois. La cour administrative d'appel de Marseille a été saisie par la société Eden d'un appel contre ce jugement, en tant qu'il n'avait pas fait droit à ses conclusions à fin d'injonction formulées à titre principal. La cour administrative d'appel a rejeté cet appel par un arrêt du 9 février 2017, contre lequel la société Eden se pourvoit en cassation.

Sur la régularité de l'arrêt attaqué :

....

Sur le bien-fondé de l'arrêt attaqué :

5. Pour rejeter l'appel formé par la société Eden contre le jugement du tribunal administratif de Toulon en tant que ce jugement n'avait pas fait droit à ses conclusions tendant à ce qu'il soit enjoint au préfet du Var de délivrer l'agrément qu'elle demandait, la cour administrative d'appel de Marseille s'est prononcée sur les moyens de légalité interne que la société soulevait en appel, par lesquels la société faisait valoir que le refus d'agrément pour la formation à la conduite en mer au moyen du navire de type Sun Odyssey 42DS aurait été illégal sur le fond, et les a écartés.

En ce qui concerne l'office du juge de l'excès de pouvoir :

6. Le motif par lequel le juge de l'excès de pouvoir juge fondé l'un quelconque des moyens de légalité soulevés devant lui ou des moyens d'ordre public qu'il relève d'office suffit à justifier l'annulation de la décision administrative contestée. Il s'ensuit que, sauf dispositions législatives contraires, le juge de l'excès de pouvoir n'est en principe pas tenu, pour faire droit aux conclusions à fin d'annulation dont il est saisi, de se prononcer sur d'autres moyens que celui qu'il retient explicitement comme étant fondé.

7. La portée de la chose jugée et les conséquences qui s'attachent à l'annulation prononcée par le juge de l'excès de pouvoir diffèrent toutefois selon la substance du motif qui est le support nécessaire de l'annulation. C'est en particulier le cas selon que le motif retenu implique ou non que l'autorité administrative prenne, en exécution de la chose jugée et sous réserve d'un changement des circonstances, une décision dans un sens déterminé. Il est, à cet égard, loisible au requérant d'assortir ses conclusions à fin d'annulation de conclusions à fin d'injonction, tendant à ce que le juge enjoigne à l'autorité administrative de prendre une décision dans un sens déterminé, sur le fondement de l'article L. 911-1 du Code de justice administrative, ou à ce qu'il lui enjoigne de reprendre une décision dans un délai déterminé, sur le fondement de l'article L. 911-2 du même code.

8. Lorsque le juge de l'excès de pouvoir annule une décision administrative alors que plusieurs moyens sont de nature à justifier l'annulation, il lui revient, en principe, de choisir de fonder l'annulation sur le moyen qui lui paraît le mieux à même de régler le litige, au vu de l'ensemble des circonstances de l'affaire. Mais, lorsque le requérant choisit de présenter, outre des conclusions à fin d'annulation, des conclusions à fin d'injonction tendant à ce que le juge enjoigne à l'autorité administrative de prendre une décision dans un sens déterminé, il incombe au juge de l'excès de pouvoir d'examiner prioritairement les moyens qui seraient de nature, étant fondés, à justifier le prononcé de l'injonction demandée. Il en va également ainsi lorsque des conclusions à fin d'injonction sont présentées à titre principal sur le fondement de l'article L. 911-1 du Code de justice administrative et à titre subsidiaire sur le fondement de l'article L. 911-2.

9. De même, lorsque le requérant choisit de hiérarchiser, avant l'expiration du délai de recours, les prétentions qu'il soumet au juge de l'excès de pouvoir en fonction de la cause juridique sur laquelle reposent, à titre principal, ses conclusions à fin d'annulation, il incombe au juge de l'excès de pouvoir de statuer en respectant cette hiérarchisation, c'est-à-dire en examinant prioritairement les moyens qui se rattachent à la cause juridique correspondant à la demande principale du requérant.

10. Dans le cas où il ne juge fondé aucun des moyens assortissant la demande principale du requérant mais retient un moyen assortissant sa demande subsidiaire, le juge de l'excès de pouvoir n'est tenu de se prononcer explicitement que sur le moyen qu'il retient pour annuler la décision attaquée : statuant ainsi, son jugement écarte nécessairement les moyens qui assortissaient la demande principale.

11. Si le jugement est susceptible d'appel, le requérant est recevable à relever appel en tant que le jugement n'a pas fait droit à sa demande principale. Il appartient alors au juge d'appel, statuant dans le cadre de l'effet dévolutif, de se prononcer sur les moyens, soulevés devant lui, susceptibles de conduire à faire droit à la demande principale.

En ce qui concerne les motifs de l'arrêt attaqué :

12. En l'espèce, ainsi qu'il a été dit, la cour administrative d'appel de Marseille a été saisie par un appel de la société Eden tendant à l'annulation du jugement du tribunal administratif de Toulon en tant qu'il n'avait pas fait droit à la demande d'injonction qu'elle avait présentée à titre principal, tendant à ce que le tribunal enjoigne au préfet du Var de lui délivrer l'agrément qu'elle sollicitait. La cour a statué sur les moyens, soulevés par la société Eden devant elle, susceptibles de conduire, au-delà de l'annulation prononcée par le tribunal administratif pour un

vice de légalité externe, au prononcé de l'injonction demandée à titre principal par la société Eden et les a écartés. En statuant ainsi sur l'appel de la société Eden, sans le rejeter comme irrecevable, et en jugeant que le tribunal administratif avait retenu le motif le mieux à même de régler le litige, qu'il n'était pas tenu de se prononcer sur les autres moyens de la requête et qu'il avait à bon droit rejeté les conclusions à fin d'injonction dont il était saisi à titre principal, la cour administrative d'appel n'a pas méconnu l'office du juge de l'excès de pouvoir et n'a pas commis d'erreur de droit.

13. Pour écarter les moyens de la société Eden, la cour s'est fondée sur les dispositions de l'article L. 5271-1 du Code des transports, qui dispose que : « Tout conducteur de navire et bateaux de plaisance à moteur doit être titulaire d'un titre de conduite correspondant à sa catégorie, fonction de l'éloignement des côtes lorsqu'il pratique la navigation maritime ou de la longueur du bateau lorsqu'il circule dans les eaux intérieures », ainsi que sur l'article L. 5272-1 du même code, selon lequel : « La formation à la conduite en mer et en eaux intérieures des navires et bateaux de plaisance à moteur ne peut être dispensée que dans le cadre d'un établissement de formation agréé à cet effet par l'autorité administrative... (...) / Cette formation doit être conforme aux programmes définis par l'autorité administrative qui en contrôle l'application ». L'article 4 du décret du 2 août 2007 relatif au permis de conduire et à la formation à la conduite des bateaux de plaisance à moteur prévoit, pour sa part, que le permis « est délivré aux candidats qui ont subi avec succès un examen comportant une ou des épreuves théoriques et dont la formation pratique a été effectuée et validée par des établissements agréés ».

14. D'une part, eu égard à l'objet de ces dispositions et aux impératifs de sécurité auxquels répondent le permis de conduire des bateaux de plaisance à moteur et la formation pratique exigée pour sa délivrance, cette formation ne saurait être effectuée que sur des bateaux de plaisance à moteur. Par suite, et alors même que l'arrêté pris pour l'application de ces dispositions qui définit les caractéristiques techniques des bateaux utilisés pour la formation pratique n'a pas explicitement exclu la possibilité d'utiliser d'autres types de bateaux ou engins nautiques, la cour administrative d'appel de Marseille n'a pas commis d'erreur de droit en jugeant que la formation pratique en cause devait être faite sur des bateaux de plaisance à moteur.

15. D'autre part, selon l'article 1er du décret du 2 août 2007, doit être regardé comme un bateau de plaisance à moteur « tout bateau exclusivement motorisé et tout bateau à propulsion vélique dont le rapport entre la surface de voilure exprimée en mètres carrés et la masse exprimée en kilogrammes est inférieur à un coefficient fixé par un arrêté des ministres chargés de la mer et des transports ». Après avoir souverainement constaté que le navire de type Sun Odyssey 42DS devait être regardé comme un voilier et non comme un bateau de plaisance à moteur au sens de ces dispositions et en déduisant de ses constatations que ce bateau ne pouvait pas être utilisé pour la formation à la conduite des bateaux de plaisance à moteur et que l'agrément sollicité ne pouvait être légalement délivré pour son utilisation, la cour administrative d'appel a suffisamment motivé sa décision et n'a pas commis d'erreur de droit.

(Rejet)

OBSERVATIONS

L'arrêt Société Eden *contribue à ajuster le contrôle de l'excès de pouvoir et l'office du juge en fonction des moyens soulevés par le requérant et de ses conclusions d'injonction (*Mme Menneret**).*

1 La société Eden a demandé au préfet du Var de renouveler l'agrément d'un établissement de formation à la conduite des navires de plaisance à moteur dont elle était titulaire ; le préfet a refusé. La société a saisi le tribunal administratif de Toulon d'un recours pour excès de pouvoir contre cette décision, lui demandant d'une part de l'annuler, d'autre part d'enjoindre au préfet, à titre principal, de délivrer l'agrément sollicité ou, à titre subsidiaire, de réexaminer sa demande : elle avait ainsi hiérarchisé à la fois ses conclusions et ses moyens. Le tribunal administratif a annulé la décision et a enjoint au préfet de réexaminer la demande d'agrément, mais non de délivrer l'agrément sollicité. La société Eden a interjeté appel contre ce jugement en tant qu'il n'avait pas fait droit à ses conclusions d'injonction présentées à titre principal ; la cour administrative d'appel de Marseille a rejeté cet appel. La société s'est pourvue en cassation devant le Conseil d'État, en hiérarchisant encore ses conclusions. Le Conseil d'État, le 21 décembre 2018, a statué en section (après deux passages dans des formations moins solennelles).

Son arrêt, en précisant les conditions dans lesquelles doivent être appréciées les conclusions du requérant et examinés les moyens qu'il soulève, renforce la position de celui-ci dans le débat contentieux. Il contribue ainsi à une certaine « subjectivisation » du recours pour excès de pouvoir.

Celui-ci constitue pourtant essentiellement un recours « objectif » : comme le dit l'arrêt *Dame Lamotte**, il « a pour effet d'assurer, conformément aux principes généraux du droit, le respect de la légalité ». Seule sa violation peut être invoquée mais aussi toute violation peut l'être (*Lafage**). Si le requérant a obtenu l'annulation demandée, il ne peut ni contester le motif pour lequel elle a été prononcée (CE, Sect., 28 janv. 1966, *Société « La Purfina française »*, Rec. 68) ni renoncer à son bénéfice (CE, Sect., 13 juill. 1967, *École privée de filles de Pradelles*, Rec. 339 ; v. n° 24.2).

Des éléments subjectifs, tenant aux droits des justiciables, ont pu s'introduire dans le recours pour excès de pouvoir : reconnaissance de la qualité de « parties » des personnes présentes au litige, possibilité de la tierce opposition de la part de « ceux qui se prévalent d'un droit, auquel la décision entreprise aurait préjudicié » (*Boussuge**), et, plus généralement, comme dans tout contentieux, droit au recours qui appartient à toute personne en cas de contestation sur ses droits et obligations (v. *Didier**), droit à l'exécution de la décision de justice obtenue (CEDH 19 mars 1997, *Hornsby c. Grèce*, v. n° 79.12) – qui justifie en particulier que le requérant demande au juge administratif d'adresser des injonctions à l'administration pour s'y conformer (*Mme Menneret**).

Madame Roussel, dans ses conclusions sur l'affaire *Société Eden* a d'emblée exposé les éléments contradictoires en présence : « Le recours pour excès de pouvoir, en dépit de son caractère objectif, est fondé sur la mise en œuvre de procédures qui sont laissées à l'initiative des administrés. À travers la présentation de conclusions principales, subsidiaires ou encore accessoires, le requérant et, le cas échéant, les autres parties attraites au litige, dessinent la physionomie du recours et le périmètre de l'instance, périmètre qui contraint le juge mais à l'intérieur duquel celui-ci jouit – sauf dispositions législatives contraires – d'une grande liberté pour déployer son office. Ce périmètre fixe les limites de l'intervention du juge. »

2 Néanmoins, une pratique juridictionnelle et jurisprudentielle, et non un principe, permet au juge, par « économie de moyens » (CE 29 mai 1963, *Ministre de la santé publique et de la population c. Maurel*, Rec. 334), de retenir librement parmi ceux qui lui sont présentés celui qui lui paraît le mieux à même de justifier l'annulation qu'il lui est demandé de prononcer. Cela vaut en plein contentieux (CE, Sect., 16 déc. 2016, *Mme Guionnet*, Rec. 555, concl. Lessi ; AJ 2017.272, chr. L. Dutheillet de Lamothe et Odinet ; DA 2017, comm. 15, Éveillard ; JCP Adm. 2017.2068, note Habchi). L'arrêt *Société Eden* confirme cette solution (point 6) : « *Le motif par lequel le juge de l'excès de pouvoir juge fondé l'un quelconque des moyens de légalité soulevés devant lui ou des moyens d'ordre public qu'il relève d'office suffit à justifier l'annulation de la décision administrative contestée. Il s'ensuit que, sauf dispositions législatives contraires, le juge de l'excès de pouvoir n'est en principe pas tenu, pour faire droit aux conclusions à fin d'annulation dont il est saisi, de se prononcer sur d'autres moyens que celui qu'il retient explicitement comme étant fondé.* » En particulier (point 8), « *Lorsqu'*(il) *annule une décision administrative alors que plusieurs moyens sont de nature à justifier l'annulation, il lui revient, en principe, de choisir de fonder l'annulation sur le moyen qui lui paraît le mieux à même de régler le litige, au vu de l'ensemble des circonstances de l'affaire* ». L'analyse du juge se concentre ainsi sur l'essentiel et la requête du requérant est satisfaite puisqu'est prononcée l'annulation demandée. Néanmoins il n'est indifférent ni pour le juge ni pour le requérant que l'annulation soit décidée pour un motif plutôt que pour un autre ; cela ne l'est pas non plus pour l'administration. Mme Roussel a rappelé à ce sujet la formule du président Kahn dans ses conclusions sur l'arrêt (Ass.) *Sieur de Talleyrand-Périgord* du 12 déc. 1969 (Rec. 574) : « *les annulations doivent, autant que possible, être constructives et* (...) *s'il n'est pas d'usage de retenir plusieurs moyens à la fois, mieux vaut retenir celui qui, ayant la portée la plus générale, est de nature à éclairer davantage l'administration* ». Mais ce n'est pas une obligation ; on peut regretter que, compte tenu de l'importance particulière que des moyens peuvent présenter, ils ne soient pas examinés dans la décision et soient ainsi laissés « entièrement dans l'ombre » selon la formule de Mme Roussel.

La loi peut imposer l'obligation de le faire. L'arrêt *Société Eden* réserve expressément les « dispositions législatives contraires » au principe de l'économie des moyens. Certaines imposent l'examen de tous les moyens invoqués : ainsi, aux termes de l'article L. 600-4-1 du Code de l'urbanisme, « *Lorsqu'elle annule pour excès de pouvoir un acte intervenu en matière d'urbanisme ou en ordonne la suspension, la juridiction administrative se prononce sur l'ensemble des moyens de la requête qu'elle estime susceptibles de fonder l'annulation ou la suspension, en l'état du dossier»* (par ex. CE 28 mai 2001, *Commune de Bohars*, Rec. 249 ; BJCP 2001.212, concl. Piveteau ; AJ 2001.652, chr. Guyomar et Collin). D'autres dispositions imposent l'examen prioritaire d'un moyen : ainsi, en vertu des articles L. 1235-10 et L. 1235-11 du Code du travail, le moyen tiré de l'absence ou de l'insuffisance d'un plan de sauvegarde de l'emploi soumis à homologation ou à validation administrative doit être examiné prioritairement (CE 15 mars 2017, *Ministre du travail, de l'emploi, de la formation professionnelle et du dialogue social*, Rec. 92 ; RDT 2017.242, concl. Dieu).

Dans certains cas, l'obligation d'examiner l'ensemble des moyens invoqués tient à la particularité de la décision que doit prendre le juge : une décision de rejet doit être justifiée par l'examen de tous les moyens qui avaient été présentés pour obtenir l'annulation ; si une décision d'annulation peut être fondée sur un seul moyen, la modulation dans le temps des effets de cette annulation doit comporter l'examen de « l'ensemble des moyens, d'ordre public ou invoqués » (CE 11 mai 2004, *Association AC !**).

De plus, lorsqu'il statue en cassation sur un pourvoi dirigé contre une décision juridictionnelle ayant annulé un acte sur un recours pour excès de pouvoir pour un moyen, le Conseil d'État ne peut le rejeter qu'après avoir censuré tous les motifs qui étaient erronés (CE, Sect., 22 avr. 2005, *Commune de Barcarès*, Rec. 170, concl. Stahl ; v. nos obs. sous l'arrêt *Moineau*).

L'arrêt du 21 décembre 2018 vient obliger le juge à examiner les moyens soulevés par le requérant, non plus en vertu d'une disposition législative ou de la particularité d'une décision à prendre, mais en fonction de la manière dont ils sont présentés. Deux cas sont distingués : celui de la combinaison de conclusions d'annulation et de conclusions d'injonction ; celui de la hiérarchisation de conclusions principales et de conclusions subsidiaires.

3 **I. —** En vertu des articles L. 911-1 et L. 911-2 CJA (v. nos obs. sous l'arrêt *Mme Menneret** du 17 mai 1985), un requérant qui a saisi la juridiction administrative d'un contentieux peut lui demander d'enjoindre à l'administration de prendre les mesures d'exécution qu'impose la décision rendue. Cette possibilité concerne particulièrement le recours pour excès de pouvoir : à la demande d'annulation de la décision attaquée, qui est l'objet de ce recours, est ajoutée une demande d'injonction pour tirer les conséquences de l'annulation.

L'arrêt *Société Eden* détermine dans quelle mesure les conclusions présentées par le requérant aux fins d'injonction doivent être prises en compte par le juge de l'excès de pouvoir dans son appréciation des moyens de l'annulation sollicitée. Alors que le contentieux de l'injonction, qui relève du plein contentieux (CE 4 juill. 1997, *Époux Bourezak*, Rec. 278 ; v. n° 79.7) se distingue du contentieux de l'annulation, il n'en existe pas moins un lien entre eux, en soi et par les conclusions du requérant, en ce que celui-ci entend faire produire à l'annulation toutes ses conséquences.

Celles-ci sont de deux ordres, selon que l'injonction est demandée au titre de l'article L. 911-1 ou de l'article L. 911-2.

Avec l'article L. 911-1, il s'agit d'ordonner de prendre « une mesure d'exécution dans un sens déterminé » : le requérant peut choisir « *de présenter, outre des conclusions à fin d'annulation, des conclusions à fin d'injonction tendant à ce que le juge enjoigne à l'autorité administrative de prendre une décision dans un sens déterminé* » (point 8). Dans ce cas, « *il incombe au juge de l'excès de pouvoir d'examiner prioritairement les moyens qui seraient de nature, étant fondés, à justifier le prononcé de l'injonction demandée* ».

Une telle annulation ne peut être prononcée qu'en considération des moyens de légalité interne soulevés par le requérant (en particulier erreur de droit, voire une erreur de qualification juridique ou une erreur de fait). En conséquence, si le requérant demande une injonction au titre de l'article L. 911-1, cela oblige le juge à examiner la demande d'annulation au regard des moyens de légalité interne pouvant justifier ensuite que soit enjoint à l'administration de prendre une mesure d'exécution dans un sens déterminé ; il ne peut se contenter de moyens de légalité externe.

Cette obligation soulève une difficulté au cas où la décision attaquée est entachée d'une incompétence que n'a pas soulevée le requérant mais que le juge doit soulever d'office comme moyen d'ordre public, qui est prioritaire. Soit ce moyen d'annulation (de légalité externe) se combine avec un autre (de légalité interne) soulevé par le requérant, justifiant tout autant l'annulation : compte tenu des conclusions d'injonction, il y a lieu pour le juge de retenir ce moyen à la fois pour annuler et pour enjoindre. Soit ce moyen d'annulation soulevé d'office est le seul qui justifie l'annulation : il y a lieu pour le juge de le retenir pour annuler, mais ce moyen ne commandant pas nécessairement l'adoption ensuite d'une mesure déterminée, il n'y a pas lieu pour le juge d'en ordonner une.

Avec l'article L. 911-2, il s'agit d'ordonner de prendre « à nouveau une décision après une nouvelle instruction ». C'est le cas lorsqu'une décision a été annulée pour un motif de légalité externe (incompétence, et surtout vice de forme ou vice de procédure) : l'annulation impose seulement que soit réexaminée la question sur laquelle a porté la décision annulée. Si les conclusions aux fins d'injonction portent seulement sur l'examen d'une nouvelle décision, cela tient à ce que les moyens soutenant la demande d'annulation sont des moyens de légalité externe. Le juge de l'annulation est tenu de les examiner.

Le requérant peut présenter ses conclusions d'injonction à la fois, à titre principal, sur le fondement de l'article L. 911-1 et, à titre subsidiaire, sur celui de l'article L. 911-2 (c'est ce qu'avait fait la Société Eden devant le tribunal administratif). Dans ce cas, le juge de l'annulation doit d'abord examiner les moyens qui, après annulation, pourraient justifier que l'administration soit tenue de prendre une mesure déterminée, puis, s'il ne peut en être ainsi, les moyens qui, après l'annulation, pourraient justifier que l'administration soit seulement tenue d'ouvrir une nouvelle instruction.

Ainsi, déjà, même dans l'hypothèse où ce sont les conclusions à fins d'injonction qui déterminent les conditions d'appréciation des moyens par le juge, apparaît la possibilité d'une hiérarchisation, qui est reconnue également en dehors des conclusions à fin d'injonction.

4 **II.** — Le requérant (point 9 de l'arrêt) peut choisir « *de hiérarchiser... les prétentions qu'il soumet au juge de l'excès de pouvoir* » entre une demande principale et une demande subsidiaire, en respectant une double condition. L'une est de fond : cette hiérarchie doit être établie « *en fonction de la cause juridique sur laquelle reposent, à titre principal, ses conclusions à fin d'annulation* » (ce sont les causes juridiques qui sont hiérarchisées, non les moyens internes à chaque cause juridique). L'autre condition est de procédure : cette hiérarchie doit être présentée « *avant l'expiration du délai de recours* ».

Ces conditions font référence à celles de la jurisprudence *Société Intercopie* (CE, Sect., 20 févr. 1953, Rec. 88 ; S. 1953.3.77, note M. L. ; Ass., 15 juill. 1954, *Société des aciéries et forges de Saint-François*, Rec. 482 ; RPDA 1954.205, concl. Laurent), qui, d'une part, distingue entre deux types de cause juridique (légalité externe : compétence, vice de forme, vice de procédure ; légalité interne : violation directe de la règle de droit, erreur de droit, erreur de fait, erreur de qualification juridique, erreur manifeste d'appréciation, détournement de pouvoir), d'autre part, enferme dans le délai de recours contentieux la possibilité de présenter des moyens relevant d'une cause juridique autre que celle qui a été présentée initialement.

Si ces conditions sont remplies, elles commandent l'examen par le juge des moyens soulevés par le requérant : « *il incombe au juge de l'excès de pouvoir de statuer en respectant cette hiérarchisation, c'est-à-dire en examinant prioritairement les moyens qui se rattachent à la cause juridique correspondant à la demande principale du requérant* ». Ainsi, si le requérant a soulevé en premier des moyens de légalité interne, c'est à eux que le juge doit d'abord s'attacher, et inversement si les moyens prioritaires sont des moyens de légalité externe.

Si les moyens de la demande principale prospèrent, il n'y a évidemment pas lieu de passer à l'examen de ceux de la demande subsidiaire. En revanche, s'ils échouent comme étant infondés, doivent être examinés ceux de la demande subsidiaire ; si le juge en retient un pour fonder l'annulation de la décision attaquée, il n'est tenu de se prononcer explicitement que sur celui-ci ; « *statuant ainsi, son jugement écarte nécessairement les moyens qui assortissaient la demande principale* » (point 10). Cette solution de silence du juge valant rejet implicite des moyens de la demande principale tranche par rapport à une double logique : celle d'une plus grande rigueur du raisonnement du juge qui sous-tend l'arrêt *Société Eden* et qui aurait pu conduire à imposer la motivation expresse du rejet de ces moyens ; celle de la recevabilité de l'appel d'un jugement en tant qu'il n'a pas fait droit à la demande principale (point 11). À cet égard, comme l'a souligné Mme Roussel dans ses conclusions, « *un dispositif d'annulation fondé sur un motif de légalité externe alors que l'annulation pour un motif de légalité interne avait été demandée à titre principal ne donne pas intégralement satisfaction aux conclusions de* *première instance, puisqu'il ne fait droit qu'aux conclusions présentées à titre subsidiaire par le requérant* » ; contrairement au principe interdisant au requérant de contester un jugement en raison de ses motifs lorsqu'il lui donne satisfaction au fond (CE, Sect., 28 janv. 1966, *Société « La Purfina française »*, préc.), le requérant peut interjeter appel d'un jugement ne lui donnant satisfaction qu'au regard de sa demande subsidiaire et demander au juge d'appel, par un effet dévolutif, de statuer sur sa demande principale (CE 4 oct. 2019, *Cheddadi*, Rec. 957). Il en va de même pour un jugement faisant l'objet d'un pourvoi en cassation (CE 5 avr. 2019, *Bonato*, Rec. 119 ; AJ 2019.1875, concl. Iljic ; v. nos obs. sous l'arrêt *Moineau**). La portée d'une annulation sur recours pour excès de pouvoir s'en trouve ici singularisée.

Les solutions de l'arrêt *Société Eden* adoptées dans le cadre du recours pour excès de pouvoir valent aussi dans les recours de plein contentieux, comme l'a jugé le Conseil d'État dans un arrêt du 5 avril 2019, *Société Mandataires judiciaires associés, mandataire liquidateur de la société Centre d'exportation du livre français*, Rec. 116, à propos de la contestation d'un titre exécutoire.

L'arrêt *Société Eden* renforce ainsi les droits du requérant dans le processus juridictionnel. « Le recours pour excès de pouvoir s'en trouve enrichi... Le tout dans un cadre souple, respectueux de la stratégie contentieuse exprimée par le requérant » (S. Roussel). C'est en ce sens qu'apparaît une nouvelle subjectivisation, sinon « du », du moins « dans » le recours pour excès de pouvoir. Corrélativement, on ne peut plus dire que le juge administratif dirige seul la procédure ; le justiciable, par ses conclusions, peut le contraindre et, en tout cas, le conduire à certaines prises de position.

117

RESPONSABILITÉ DE L'ÉTAT DU FAIT D'UNE LOI INCONSTITUTIONNELLE

Conseil d'État Ass., 24 déc. 2019, *Société hôtelière Paris Eiffel Suffren*
(Rec. 488, concl. Sirinelli ; RFDA 2020.136, concl. Sirinelli, note Roblot-Troizier ; AJDA 2020.509, chr. Malverti et Beaufils ; D. 2020.746, note J. Roux ; RFDC 2020, nº 122, comm. M. Roy ; Gaz. Pal. 11 févr. 2020, note Disant ; Gaz. Pal. 30 juin 2020, note Odinet ; LPA, 10 juill. 2020, note Chaltiel ; Constitutions 2019.529, chr. Domingo ; DA 2020, comm. 22, note Éveillard ; JCP 2020.2076, note Boda ; Procédures 2020, comm. 51, note Chiffot)

Considérant ce qui suit :

1. En vertu du premier alinéa de l'article 7 de l'ordonnance du 21 octobre 1986 relative à l'intéressement et à la participation des salariés aux résultats de l'entreprise et à l'actionnariat des salariés, toute entreprise employant habituellement plus de cent salariés, ou au moins cinquante salariés depuis l'entrée en vigueur de la loi du 7 novembre 1990, « quelles que soient la nature de son activité et sa forme juridique, est soumise aux obligations de la présente section, destinées à garantir le droit de ses salariés à participer aux résultats de l'entreprise ». Aux termes du premier alinéa de l'article 15 de cette ordonnance : « Un décret en Conseil d'État détermine les entreprises publiques et les sociétés nationales qui sont soumises aux dispositions du présent chapitre. Il fixe les conditions dans lesquelles ces dispositions leur sont applicables. » Ces dispositions ont été codifiées, par l'article 33 de la loi du 25 juillet 1994 relative à l'amélioration de la participation des salariés dans l'entreprise, respectivement à l'article L. 442-1 et à l'article L. 442-9 du Code du travail. Par un arrêt du 6 juin 2000, rendu sur le pourvoi opposant l'union syndicale CGT des syndicats du 17ᵉ arrondissement à la société Hôtel Frantour Paris-Berthier, la Cour de cassation a jugé qu'une personne de droit privé ayant pour objet une activité purement commerciale, qui n'est ni une entreprise publique ni une société nationale, peu important l'origine du capital, devait être soumise aux dispositions de l'article 7 de l'ordonnance du 21 octobre 1986. Le législateur, par l'article 85 de la loi du 30 décembre 2004 de finances pour 2005, a ensuite modifié l'article L. 442-9 du Code du travail pour prévoir que : « Un décret en Conseil d'État détermine les établissements publics de l'État à caractère industriel et commercial et les sociétés, groupements ou personnes morales, quel que soit leur statut juridique, dont plus de la moitié du capital est détenue, directement ou indirectement, ensemble ou séparément, par l'État et ses établissements publics qui sont soumises aux dispositions du présent chapitre. Il fixe les conditions dans lesquelles ces dispositions leur sont applicables. / Les

dispositions du présent chapitre sont applicables aux sociétés, groupements ou personnes morales quel que soit leur statut juridique, dont plus de la moitié du capital est détenue, ensemble ou séparément, indirectement par l'État et directement ou indirectement par ses établissements publics, à l'exception de celles et ceux qui bénéficient de subventions d'exploitation, sont en situation de monopole ou soumis à des prix réglementés. (...) »

2. Par sa décision 2013-336 QPC du 1er août 2013, le Conseil constitutionnel a jugé que le premier alinéa de l'article 15 de l'ordonnance du 21 octobre 1986, devenu le premier alinéa de l'article L. 442-9 du Code du travail, dans sa rédaction antérieure à la loi du 30 décembre 2004, était contraire à la Constitution. Il a relevé qu'en soustrayant les « entreprises publiques » à l'obligation d'instituer un dispositif de participation des salariés aux résultats de l'entreprise et en se bornant à renvoyer à un décret le soin de désigner celles de ces entreprises qui y seraient néanmoins soumises, sans définir le critère en fonction duquel elles seraient ainsi désignées ni encadrer ce renvoi au pouvoir réglementaire, le législateur avait méconnu l'étendue de sa compétence dans des conditions qui affectaient l'exercice de la liberté d'entreprendre.

3. Il ressort des pièces du dossier soumis aux juges du fond que la cour d'appel de Paris, par un arrêt du 15 octobre 2009, confirmé par un arrêt de la Cour de cassation du 29 juin 2011, a jugé que la société hôtelière Paris Eiffel Suffren était tenue de mettre en œuvre un régime de participation des salariés aux résultats de l'entreprise de 1986 à 1999. À la suite de la décision du Conseil constitutionnel du 1er août 2013, la société hôtelière Paris Eiffel Suffren a demandé au Tribunal administratif de Paris de condamner l'État à lui verser la somme de 2 025 068,53 euros, augmentée des intérêts légaux, qu'elle a dû verser à ses salariés et anciens salariés en exécution de cet arrêt ainsi qu'au titre du forfait social, de la contribution sociale généralisée et de la contribution pour le remboursement de la dette sociale, en faisant valoir que ce versement était la conséquence de l'inconstitutionnalité du premier alinéa de l'article 15 de l'ordonnance du 21 octobre 1986, devenu le premier alinéa de l'article L. 442-9 du Code du travail. Elle se pourvoit en cassation contre l'arrêt du 5 octobre 2018 par lequel la cour administrative d'appel de Paris a rejeté son appel contre le jugement du Tribunal administratif de Paris rejetant sa demande.

Sur le principe de la responsabilité de l'État :

4. Aux termes du deuxième alinéa de l'article 61 de la Constitution : « (...) les lois peuvent être déférées au Conseil constitutionnel, avant leur promulgation, par le président de la République, le Premier ministre, le Président de l'Assemblée nationale, le Président du Sénat ou soixante députés ou soixante sénateurs ». Aux termes du premier alinéa de son article 61-1 : « Lorsque, à l'occasion d'une instance en cours devant une juridiction, il est soutenu qu'une disposition législative porte atteinte aux droits et libertés que la Constitution garantit, le Conseil constitutionnel peut être saisi de cette question sur renvoi du Conseil d'État ou de la Cour de cassation qui se prononce dans un délai déterminé. » Aux termes de son article 62 : « Une disposition déclarée inconstitutionnelle sur le fondement de l'article 61 ne peut être promulguée ni mise en application. / Une disposition déclarée inconstitutionnelle sur le fondement de l'article 61-1 est abrogée à compter de la publication de la décision du Conseil constitutionnel ou d'une date ultérieure fixée par cette décision. Le Conseil constitutionnel détermine les conditions et limites dans lesquelles les effets que la disposition a produits sont susceptibles d'être remis en cause. / Les décisions du Conseil constitutionnel ne sont susceptibles d'aucun recours. Elles s'imposent aux pouvoirs publics et à toutes les autorités administratives et juridictionnelles. »

5. *La responsabilité de l'État du fait des lois est susceptible d'être engagée, d'une part, sur le fondement de l'égalité des citoyens devant les charges publiques, pour*

assurer la réparation de préjudices nés de l'adoption d'une loi à la condition que cette loi n'ait pas exclu toute indemnisation et que le préjudice dont il est demandé réparation, revêtant un caractère grave et spécial, ne puisse, dès lors, être regardé comme une charge incombant normalement aux intéressés.

6. *Elle peut également être engagée, d'autre part, en raison des exigences inhérentes à la hiérarchie des normes, pour réparer l'ensemble des préjudices qui résultent de l'application d'une loi méconnaissant la Constitution ou les engagements internationaux de la France. Toutefois, il résulte des dispositions des articles 61, 61-1 et 62 de la Constitution que la responsabilité de l'État n'est susceptible d'être engagée du fait d'une disposition législative contraire à la Constitution que si le Conseil constitutionnel a déclaré cette disposition inconstitutionnelle sur le fondement de l'article 61-1, lors de l'examen d'une question prioritaire de constitutionnalité, ou bien encore, sur le fondement de l'article 61, à l'occasion de l'examen de dispositions législatives qui la modifient, la complètent ou affectent son domaine. En outre, l'engagement de cette responsabilité est subordonné à la condition que la décision du Conseil constitutionnel, qui détermine les conditions et limites dans lesquelles les effets que la disposition a produits sont susceptibles d'être remis en cause, ne s'y oppose pas, soit qu'elle l'exclue expressément, soit qu'elle laisse subsister tout ou partie des effets pécuniaires produits par la loi qu'une action indemnitaire équivaudrait à remettre en cause.*

7. *Lorsque ces conditions sont réunies, il appartient à la victime d'établir la réalité de son préjudice et l'existence d'un lien direct de causalité entre l'inconstitutionnalité de la loi et ce préjudice. Par ailleurs, la prescription quadriennale commence à courir dès lors que le préjudice qui résulte de l'application de la loi à sa situation peut être connu dans sa réalité et son étendue par la victime*, sans qu'elle puisse être légitimement regardée comme ignorant l'existence de sa créance jusqu'à l'intervention de la déclaration d'inconstitutionnalité.

8. Par sa décision du 1er août 2013, le Conseil constitutionnel a précisé que la déclaration d'inconstitutionnalité prononcée prenait effet à compter de sa publication, que les salariés des entreprises dont le capital était majoritairement détenu par des personnes publiques ne pouvaient, en application des dispositions de l'ordonnance du 21 octobre 1986 relatives à la participation des salariés aux résultats de l'entreprise, demander, y compris dans les instances en cours, qu'un dispositif de participation leur soit applicable au titre de la période pendant laquelle les dispositions déclarées inconstitutionnelles étaient en vigueur et que cette déclaration d'inconstitutionnalité ne pouvait conduire à ce que les sommes versées au titre de la participation sur le fondement de ces dispositions donnent lieu à répétition. *Une action indemnitaire dirigée contre l'État, que cette décision n'exclut pas, ne serait pas susceptible d'affecter les conditions et limites dans lesquelles elle prévoit la remise en cause des effets produits par la disposition législative considérée, qui intéresse les rapports entre employeurs et salariés. Cette décision ne fait ainsi pas obstacle à ce que soit engagée, devant la juridiction administrative, la responsabilité de l'État du fait de l'application des dispositions, déclarées inconstitutionnelles,* du premier alinéa de l'article 15 de l'ordonnance du 21 octobre 1986 puis du premier alinéa de l'article L. 442-9 du Code du travail, dans leur rédaction antérieure à la loi du 30 décembre 2004.

Sur le lien de causalité :

9. Par sa décision du 1er août 2013, le Conseil constitutionnel a déclaré la disposition législative qui lui était soumise contraire à la Constitution en raison de la seule méconnaissance par le législateur de l'étendue de sa compétence dans la détermination du champ d'application de l'obligation faite aux entreprises d'instituer un dispositif de participation des salariés à leurs résultats, affectant l'exercice de la liberté d'entreprendre. Il a, en revanche, écarté les griefs tirés de la méconnaissance des principes d'égalité devant la loi et les charges publiques et de la mécon-

naissance de l'article 16 de la Déclaration de 1789 et a précisé que le législateur aurait pu, pour définir le critère en fonction duquel les entreprises publiques sont soumises à cette obligation, se référer, par exemple, à un critère fondé sur l'origine du capital ou la nature de l'activité. Il n'a, ainsi, pas regardé comme contraire aux droits et libertés reconnus par la Constitution la portée que la Cour de cassation a conférée à cette disposition, dans le souci de garantir la libre concurrence et l'égalité des droits entre salariés d'entreprises exerçant une même activité dans les mêmes conditions, par son arrêt du 6 juin 2000 et ses arrêts ultérieurs, qui excluent qu'une société de droit privé ayant une activité purement commerciale soit regardée comme une entreprise publique au sens de cette disposition. Au surplus, par la loi du 30 décembre 2004, le législateur a confirmé pour l'avenir la soumission des entreprises aux obligations relatives à la participation des salariés aux résultats en fonction d'un critère tiré non de l'origine de leur capital, sauf en cas de détention directe par l'État, mais de leur situation concurrentielle. Par suite, *la méconnaissance par le législateur de l'étendue de sa compétence dans la détermination du champ d'application de l'obligation d'instituer un dispositif de participation ne peut être regardée comme étant directement à l'origine de l'obligation faite à une entreprise telle que la société requérante, avant même l'entrée en vigueur de la loi du 30 décembre 2004, de verser à ses salariés une participation à ses résultats.* Seuls pourraient être regardés en lien direct avec cette inconstitutionnalité les préjudices résultant, le cas échéant, de l'obligation de reconstituer *a posteriori* une réserve spéciale de participation et de verser immédiatement l'ensemble des sommes exigibles sans avoir pu prendre en considération, dans la stratégie commerciale et financière de l'entreprise, cette charge au cours des exercices au titre desquels elle devait être constatée.

10. Il en résulte que *la cour administrative d'appel de Paris, dont l'arrêt est suffisamment motivé, a exactement qualifié les faits de l'espèce en jugeant qu'il n'existait pas de lien de causalité direct entre la méconnaissance par le législateur de l'étendue de sa compétence et le préjudice dont la société requérante faisait état,* tenant aux sommes versées à ses salariés et anciens salariés au titre de leur participation à ses résultats pour les exercices 1986 à 1995 et aux prélèvements sociaux afférents, et n'a pas commis d'erreur de droit en écartant son indemnisation au titre d'une perte de chance, invoquée par cette société, d'entrer dans le champ des entreprises publiques soustraites au régime de la participation des salariés.

11. Enfin, le versement des intérêts légaux sur les sommes dues aux salariés au titre de la participation à compter de leur demande en justice, au demeurant postérieure à l'arrêt de la Cour de cassation du 6 juin 2000, était destiné à compenser le fait que ces sommes avaient été, entre la date de la demande et celle de leur versement, à la disposition de l'entreprise et non des salariés. La cour n'a, par suite, pas commis d'erreur de qualification juridique en jugeant que le préjudice tenant, pour la société requérante, au versement de ces intérêts ne pouvait être regardé, en l'absence de circonstances particulières, non alléguées en l'espèce, comme résultant de l'incertitude dans laquelle elle se serait trouvée quant à sa soumission à l'obligation de participation des salariés aux résultats de l'entreprise et n'était ainsi pas en lien direct avec la méconnaissance par le législateur de l'étendue de sa compétence.

(Rejet)

OBSERVATIONS

L'arrêt Société hôtelière Paris Eiffel Suffren *ajoute à la responsabilité du fait des lois admise par l'arrêt* La Fleurette* *un régime particulier de responsabilité du fait des lois inconstitutionnelles.*

1 Par l'arrêt ci-dessus reproduit, statuant sur un pourvoi de la société hôtelière Paris Eiffel Suffren, de même que par deux autres décisions du 24 décembre 2019 rendues sur des requêtes formées par une autre société hôtelière (la société Paris-Clichy) et par un salarié de la société Natixis Asset Management, le Conseil d'État a, conformément aux conclusions de la rapporteure publique Marie Sirinelli, admis, pour la première fois, l'éventualité de la responsabilité de l'État du fait de l'application d'une loi contraire à la Constitution.

Cette prise de position est intervenue au terme d'un cheminement administratif et juridictionnel ayant pour objet le régime de participation des salariés aux résultats de l'entreprise. Institué par l'ordonnance du 17 août 1967, il a été réaménagé par une ordonnance du 21 octobre 1986. Celle-ci, en son article 15, laissait à un décret en Conseil d'État le soin de déterminer les entreprises publiques soumises à ses dispositions. Un décret du 26 novembre 1987 a établi une liste d'entreprises en ce sens. Toutefois, par un arrêt du 6 juin 2000, la Cour de cassation a interprété les textes comme soumettant au régime de la participation non seulement les entreprises publiques dont la liste a été fixée par le décret, mais également celles des entreprises dont le capital est majoritairement détenu par une ou plusieurs personnes publiques, qui ont une activité purement commerciale (Cass. soc., 6 juin 2000, *Union syndicale CGT des syndicats c. Société Hôtel Frantour*, Dr. soc. 2000.1023, obs. J. Savatier).

L'extension du champ de la participation en découlant a conduit la société Natixis Asset Management, spécialisée dans le secteur des activités syndicales de salariés, à contester devant le Conseil d'État la légalité du décret du 26 novembre 1987, tout en le saisissant d'une question prioritaire de constitutionnalité dirigée contre l'article 15 de l'ordonnance du 21 octobre 1986 devenu ultérieurement l'article L. 442.9 du Code du travail. La question a été transmise au Conseil constitutionnel qui, par une décision *n° 2013.336 QPC* du 1er août 2013 (Rec. 918) a déclaré contraire à la Constitution le premier alinéa de l'article 15 de l'ordonnance au motif qu'en s'abstenant de définir le critère en fonction duquel les entreprises publiques sont soumises à l'obligation de participation, le législateur a méconnu l'étendue de sa compétence dans des conditions qui affectent la liberté d'entreprendre. Sur le fondement du deuxième alinéa de l'article 62 de la Constitution, le juge constitutionnel a indiqué que sa décision produirait effet à compter de sa publication (laquelle est intervenue le 4 août 2013), tout en spécifiant, d'une part, que les salariés des entreprises dont le capital est majoritairement détenu par des personnes publiques ne peuvent demander, « *y compris dans les instances en cours* », qu'un dispositif de participation leur soit applicable au titre de la période pendant laquelle les dispositions déclarées inconstitutionnelles étaient en vigueur et, d'autre part, que les sommes versées au titre de la participation ne puissent donner lieu à répétition.

La société hôtelière Paris Eiffel Suffren, de même que la société Paris-Clichy, dont le capital est majoritairement public, mais qui ne figuraient ni l'une ni l'autre sur la liste des entreprises publiques fixée par décret, ayant dû verser à leurs salariés des sommes au titre de la participation, ont recherché la responsabilité de l'État en raison de l'inconstitutionnalité de la loi. De leur côté, les salariés de la société Natixis Asset Management, faute d'avoir obtenu du juge judiciaire la réparation du préjudice résultant du non-paiement de la participation, en raison de l'effet attaché par le Conseil constitutionnel à sa décision, se sont retournés contre l'État.

La compétence du juge administratif pour connaître de ces actions indemnitaires n'était pas douteuse, dès lors qu'elle avait été admise sans ambiguïté par le Tribunal des conflits (TC 31 mars 2008, *Société Boiron c. Direction générale des douanes et droits indirects*, Rec. 553 ; RJEP, août-sept. 2008.18, note M. Collet). Se prononçant dans le même sens que le Tribunal administratif de Paris (TA Paris, 7 févr. 2017, AJ 2017.698, concl. Doré ; DA 2017.30, note G. Éveillard ; RD publ. 2017.1227, comm. T. Ducharme) puis la Cour administrative d'appel (CAA, Paris, 5 oct. 2018, AJ 2018.2352, concl. Delamarre ; RFDA 2018.1141, note Roblot-Troizier), l'Assemblée du contentieux du Conseil d'État a consacré le principe de la responsabilité de l'État du fait d'une loi inconstitutionnelle. Il s'agit là d'une innovation remarquable (I). Elle est cependant assortie de conditions qui limitent concrètement son application (II).

I. — L'admission du principe de la responsabilité de l'État du fait de l'application d'une loi inconstitutionnelle

Le principe de la responsabilité de l'État en raison d'une loi contraire à la Constitution est formulé par l'arrêt du 24 décembre 2019 en tant que composante du régime général de la responsabilité des lois, composante qui prolonge des solutions jurisprudentielles antérieures. Elle n'en revêt pas moins une spécificité en ce que son fait générateur a pour origine l'inconstitutionnalité de la loi.

A. — L'ajout d'une nouvelle composante à la responsabilité du fait des lois

2 La décision de l'Assemblé du contentieux rappelle les solutions dégagées antérieurement en matière de responsabilité de l'État législateur comme s'il s'agissait de montrer que l'affirmation de l'hypothèse nouvelle d'engagement de cette responsabilité s'inscrivait dans la continuité.

1. Est mentionnée tout d'abord une solution acquise depuis l'arrêt du 14 janvier 1938, *Société anonyme des produits laitiers La Fleurette**. La

responsabilité de l'État du fait des lois est susceptible d'être engagée « *sur le fondement de l'égalité devant les charges publiques*, pour assurer la réparation des préjudices nés de l'adoption d'une loi à la condition que cette loi n'ait pas exclu toute indemnisation et que le préjudice dont il est demandé réparation, revêtant un caractère grave et spécial, ne puisse dès lors être regardé comme une charge incombant normalement aux intéressés ».

2. L'arrêt commenté reprend un autre cas d'engagement de la responsabilité du fait des lois, qui remonte à une décision d'Assemblée du 8 février 2007, *Gardedieu* (Rec. 78, v. n° 46.14). Il s'agit de l'engagement de la responsabilité de l'État « en raison des obligations qui sont les siennes pour assurer le respect des conventions internationales par les autorités publiques, pour réparer l'ensemble des préjudices qui résultent de *l'intervention d'une loi adoptée en méconnaissance des engagements internationaux de la France* ». Ce type de responsabilité, distinct de la rupture d'égalité des citoyens devant les charges publiques, a suscité l'interrogation de la doctrine quant à son fondement. L'arrêt *Gardedieu* ne relevait pas expressément da faute commise par le législateur. Or, par analogie avec la jurisprudence, qui considère qu'un acte administratif illégal est par la même constitutif d'une faute de nature à engager la responsabilité de la puissance publique (CE, Sect., 26 janv. 1973, *Ville de Paris c. Driancourt*, Rec. 78, v. n° 14.4), n'y avait-il pas lieu de regarder comme fautif le fait pour le législateur de méconnaître la norme juridique supérieure (*cf.* R. Chapus, *DAG*, t. 1, 15e éd., n° 1519) ? Faisant écho dans ses conclusions à cette interrogation, Madame Sirinelli évoquait « *un régime pour faute qui ne dit pas son nom* ».

3. L'arrêt *Société hôtelière Paris Eiffel Suffren* réitère la solution de l'arrêt *Gardedieu*, tout en la situant sur le même plan que la responsabilité du fait d'une loi inconstitutionnelle, nouvellement admise. Révélatrice de la démarche suivie est l'affirmation selon laquelle la responsabilité de l'État du fait des lois peut également être engagée « *en raison des exigences inhérentes à la hiérarchie des normes*, pour réparer l'ensemble des préjudices qui résultent de l'application d'une loi méconnaissant la Constitution ou les engagements internationaux de la France ». Il s'agit donc d'un régime de responsabilité objective déduit de la méconnaissance de la hiérarchie des normes. Pas plus en 2007 avec l'arrêt *Gardedieu,* qu'en 2019, le Conseil d'État n'a jugé opportun de mettre l'accent sur la notion de faute. La conception qu'il se fait de la séparation des pouvoirs le conduit à ne pas utiliser ce terme. Il ne dispose pas vis-à-vis du Parlement d'une latitude aussi grande qu'à l'égard des autorités administratives.

L'approche retenue ne coïncide cependant pas en tous points avec un régime de responsabilité sans faute. Un tel régime revêt un caractère d'ordre public et doit, par suite, être soulevé d'office par le juge saisi d'une action en responsabilité (CE 30 nov. 1923, *Couitéas**, Rec. 789 ; Sect., 24 juin 1961, *Chevalier*, Rec. 431). Sous ce régime, le fait du tiers n'est pas une cause d'exonération de responsabilité (CE, Sect., 4 nov.

1966, *Département de la Vendée et Consorts Alonzo Hoffmann*, Rec. 587, v. n° 71.7). Il est douteux que ces caractéristiques soient transposables à la responsabilité du fait d'une loi inconstitutionnelle. Le défaut de concordance d'un tel régime avec l'ensemble des éléments propres à la responsabilité sans faute milite en faveur du caractère *sui generis* de la responsabilité de l'État législateur (*cf.* B. Plessix, *Droit administratif général*, 3e éd., p. 228). Ce caractère est accentué par la circonstance que le fait générateur du nouveau régime est extérieur au juge administratif. Alors qu'il a compétence pour relever l'incompatibilité d'une loi avec les stipulations d'une convention internationale (CE, Ass., 20 oct. 1989, *Nicolo**, Rec. 190), la déclaration de l'inconstitutionnalité d'une loi est du ressort du seul Conseil constitutionnel (CE 5 janv. 2005, *Mlle Deprez et Baillard*, v. n° 82.5).

B. — Le préalable d'une loi déclarée inconstitutionnelle

3 Par essence, le nouveau régime de responsabilité suppose que la loi dont il a été fait application soit inconstitutionnelle. La décision commentée envisage deux séries d'hypothèses d'inconstitutionnalité.

1. La première éventualité est consécutive à la transmission au Conseil constitutionnel d'une question prioritaire de constitutionnalité (QPC) portant sur une disposition législative, à l'initiative du Conseil d'État ou de la Cour de cassation, et au constat par le juge constitutionnel de sa contrariété aux droits et libertés constitutionnellement garantis. À cet égard, l'arrêt commenté mentionne notamment l'article 61-1 ajouté à la Constitution par la loi constitutionnelle du 23 juillet 2008. Il s'en déduit, ainsi que l'a relevé dans ses conclusions la rapporteure publique, que certaines catégories de lois échappant au mécanisme de la QPC ne pourraient déboucher, au titre de la nouvelle jurisprudence, sur un engagement de la responsabilité de l'État. Cela concerne les lois adoptées par voie de référendum (CC *n° 2014-392 QPC*, 25 avr. 2014, Rec. 261) ainsi que les lois autorisant la ratification d'un traité (CE 14 mai 2010, *Rujovic*, Rec. 165 ; RFDA 2010.709, concl. Burguburu ; AJ 2010.1048, chr. Liéber et Botteghi). Madame Sirinelli mentionnait également une loi d'habilitation faisant application de l'article 38 de la Constitution, par référence à la jurisprudence du Conseil d'État écartant en ce domaine la possibilité d'une QPC (CE 23 janv. 2015, *Tirat*, Rec. 526). Une telle exclusion est néanmoins sujette à caution depuis que le Conseil constitutionnel s'est prononcé dans un sens différent (CC *n° 851/852 QPC*, 3 juill. 2020).

2. Indépendamment du mécanisme de la QPC, l'arrêt se réfère à l'hypothèse où le juge constitutionnel a déclaré une disposition inconstitutionnelle à l'occasion de l'examen de « *dispositions législatives qui la modifient, la complètent ou affectent son domaine* ».

Il y a là la reprise d'une jurisprudence du Conseil constitutionnel inaugurée par sa décision *n° 85.187 DC* du 25 janvier 1985 (Rec. 43), rendue à propos d'une loi relative à l'état d'urgence en Nouvelle-Calédonie et dépendances, en vertu de laquelle « la régularité au regard de la Constitution des termes d'une loi promulguée peut être utilement contestée à l'occasion de l'examen de dispositions législatives qui la modifient, la complètent ou affectent son domaine ». À l'origine, ce contrôle avait pour seul but, dans le cadre du contrôle *a priori* d'une loi nouvelle, d'éviter que soit étendue la portée d'une loi antérieure elle-même inconstitutionnelle. Une telle possibilité était désignée sous le vocable « *Jurisprudence état d'urgence en Nouvelle-Calédonie* ». Elle a conservé son utilité postérieurement à l'institution du contrôle *a posteriori* de dispositions législatives, en voyant même ses effets accrus en ce sens qu'elle aboutit non seulement à faire obstacle à la promulgation de dispositions d'une loi votée étendant la portée d'une loi antérieure inconstitutionnelle, mais également à conférer un effet *erga omnes* à l'invalidation du texte précédent (CC *n° 2013.672 DC*, 13 juin 2013, Rec. 817 ; CC *n° 2013.349 QPC*, 18 oct. 2013, Rec. 1000 ; AJ 2014.467, note J. Bonnet ; RFDA 2014.364, note Azouaou).

3. Bien que placés sur le même plan par le Conseil d'État, ces deux types d'inconstitutionnalité diffèrent sur un point. Alors que sous le régime de la QPC, l'inconstitutionnalité est la sanction d'une méconnaissance de droits et libertés de valeur constitutionnelle, la jurisprudence « état d'urgence en Nouvelle-Calédonie » permet de contester « *les termes* » d'une loi antérieure au regard de la Constitution en excluant ainsi la critique de sa procédure d'adoption.

Admis dans son principe, le nouveau volet de la responsabilité de l'État législateur est subordonné, quant à sa mise en œuvre, à des conditions strictes.

II. — Les conditions mises à l'engagement de la responsabilité de l'État

L'arrêt du 24 décembre 2019 énonce les conditions devant être remplies pour que la victime du préjudice né de l'application de la loi inconstitutionnelle obtienne satisfaction. La décision du Conseil constitutionnel ne doit pas s'y opposer. La victime doit avoir agi en temps utile de sorte que sa créance ne tombe pas sous le coup de la prescription quadriennale. Il lui incombe d'établir l'existence d'un lien direct de causalité entre l'inconstitutionnalité de la loi et le préjudice subi.

A. — La déclaration d'inconstitutionnalité de la loi ne doit pas exclure par avance toute indemnisation

4 1. La possibilité ouverte à tout justiciable de contester une disposition législative portant atteinte aux droits et libertés constitutionnellement garantis reconnue par l'article 61-1 de la Constitution s'est accompagnée d'un protection de la sécurité juridique quant aux effets de la procédure. Selon la nouvelle rédaction du deuxième alinéa de l'article 62 de la

Constitution issue de la loi constitutionnelle du 23 juillet 2008, une disposition déclarée inconstitutionnelle sur le fondement de l'article 61-1 « *est abrogée* » à compter de la publication de la décision du Conseil constitutionnel « *ou d'une date ultérieure* ». Il est précisé en outre que le Conseil « *détermine les conditions et limites dans lesquelles les effets que la disposition a produits sont susceptibles d'être remis en cause* ».

Faisant usage de ces pouvoirs dans sa décision *n° 2013-336 QPC* du 1er août 2013, le juge constitutionnel a exclu qu'un dispositif de participation soit applicable aux salariés au titre de la période pendant laquelle les dispositions déclarées inconstitutionnelles étaient en vigueur et, en sens inverse, que les sommes versées au titre de la participation ne puissent donner lieu à répétition.

2. Se posait ainsi à l'Assemblée du contentieux une double question : sur un plan général, celle de savoir s'il n'appartient pas au Conseil constitutionnel et à lui seul de préciser les incidences pécuniaires d'une déclaration d'inconstitutionnalité ; en l'espèce, celle d'apprécier l'incidence de la décision du 1er août 2013 sur la possibilité de mettre en cause la responsabilité de l'État.

a) Sur un plan général et suivant en cela les conclusions de la rapporteure publique, le Conseil d'État a fait le choix de séparer le contentieux des effets normatifs du contrôle de constitutionnalité, du contentieux indemnitaire afférent à une disposition inconstitutionnelle. Cette approche est assortie d'une double réserve : l'hypothèse où le Conseil constitutionnel aurait « *expressément* » exclu l'engagement de la responsabilité de l'État ; l'éventualité où, comme le soulignait Mme Sirinelli, « l'objet des dispositions inconstitutionnelles revêt un caractère pécuniaire qu'une action indemnitaire équivaudrait directement à remettre en cause ».

Postérieurement à l'arrêt du 24 décembre 2019, le Conseil constitutionnel a adopté une position proche de celle du Conseil d'État en mettant l'accent sur le fait que l'article 62 de la Constitution lui réserve : « le pouvoir de s'opposer à l'engagement de la responsabilité de l'État du fait des dispositions déclarées inconstitutionnelles ou d'en déterminer les conditions et les limites particulières » (CC *n° 2019/828* et *829 QPC*, 28 févr. 2020, AJ 2020.1307, note Ducharme ; RFDA 2020.506, note Roblot-Troizier).

b) Dans le cas particulier qui lui était soumis le juge administratif a estimé que la décision du 1er août 2013 n'excluait pas une action indemnitaire dirigée contre l'État et que les limites dans lesquelles elle prévoit la remise en cause des effets produits par la disposition législative inconstitutionnelle intéressent seulement les rapports entre employeurs et salariés. Par suite, la décision du juge constitutionnel ne fait pas obstacle à l'engagement de la responsabilité de l'État pour la période d'application du texte inconstitutionnel.

Afin de dresser un panorama complet des conditions mises à l'engagement de la responsabilité de l'État législateur, le Conseil d'État a rappelé que les actions engagées en réparation du préjudice ne doivent pas avoir été atteintes par la prescription.

B. — La créance de la victime ne doit pas être prescrite

5 1. Le principe d'une déchéance propre aux créances contre les personnes publiques est une règle ancienne qui remonte à une loi du 29 janvier 1831. Elle est présentement régie par une loi du 31 décembre 1968. En vertu de ce texte, sont prescrites au profit de l'État, des départements et des communes, toutes créances qui n'ont pas été payées dans un délai de quatre ans à partir du premier jour de l'année suivant celle au cours de laquelle les droits ont été acquis. Toutefois, selon l'article 3 de la loi, la prescription ne court ni contre le créancier qui ne peut agir, « ni contre celui qui peut-être légitimement regardé comme ignorant l'existence de sa créance ».

Sur le fondement de ces dispositions il a été jugé que le fait pour un ministre d'avoir, par voie de circulaire publiée, ajouté illégalement une condition pour l'octroi d'une indemnité forfaitaire n'est pas de nature à faire légitimement regarder les fonctionnaires concernés comme ignorant l'existence de leur créance jusqu'à ce que le Conseil d'État ait relevé l'illégalité de ladite circulaire (CE 12 janv. 1987, *Bourgeois*, Rec. 659 ; 20 mai 1994, *Gouelo*, Rec. 251).

2. Dans la ligne de ce courant jurisprudentiel rigoureux, la décision commentée considère que la prescription quadriennale commence à courir dès lors que le préjudice qui résulte de l'application de la loi peut être connu dans sa réalité et son étendue par la victime sans que celle-ci puisse être légitimement regardée comme ignorant l'existence de sa créance jusqu'à l'intervention de la déclaration d'inconstitutionnalité. Ainsi, le fait générateur de la créance réside dans l'application qui est faite de la loi, sans que la prescription quadriennale se trouve interrompue par la déclaration d'inconstitutionnalité.

Enfin et surtout le préjudice doit revêtir un caractère direct et certain.

C. — L'exigence d'un lien de causalité entre l'inconstitutionnalité et le préjudice

6 1. Pour que la responsabilité de la puissance publique puisse être engagée, est requis un lien de causalité entre l'activité du service public et le préjudice invoqué. Si l'illégalité d'un acte administratif est constitutive d'une faute susceptible d'entraîner la responsabilité de la puissance publique, il n'y a pas en ce domaine d'automaticité. Avant de prononcer une condamnation pécuniaire en raison de l'illégalité d'une décision administrative, le juge recherche si les faits étaient de nature à justifier cette décision. Si tel est le cas, il en déduit l'absence de préjudice indemnisable (CE, Sect., 19 juin 1981, *Mme Carliez*, Rec. 274 ; v. n° 114.6). Est ainsi recherché un lien entre la nature de l'illégalité commise et l'engagement éventuel de la responsabilité.

2. En transposant un tel raisonnement le Conseil d'État a constaté que, dans sa décision du 1er août 2013, le Conseil constitutionnel s'est borné à relever une inconstitutionnalité motivée par la méconnaissance par le

législateur de l'étendue de sa compétence dans la détermination du champ d'application de l'obligation faite aux entreprises d'instituer un dispositif de participation des salariés à leurs résultats, en écartant les griefs tirés de la méconnaissance tant des principes d'égalité devant la loi et les charges publiques que de l'article 16 de la Déclaration de 1789, faute pour le dispositif législatif d'avoir porté atteinte à une situation légalement acquise. La décision du Conseil constitutionnel n'a pas non plus regardé comme contraire aux droits et libertés constitutionnellement garantis la portée que la Cour de cassation a conférée à la notion d'entreprise publique. Au demeurant, par une loi du 30 décembre 2004, le législateur a confirmé pour l'avenir l'interprétation de la Cour de cassation.

De l'ensemble de ces éléments, le Conseil d'État a inféré que la méconnaissance par le législateur de l'étendue de sa compétence « ne peut être regardée comme étant *directement* à l'origine de l'obligation faite à une entreprise telle que la société requérante avant même l'entrée en vigueur de la loi du 30 décembre 2004, de verser à ses salariés une participation à ses résultats ». L'incompétence négative du législateur a été compensée par une interprétation de la loi donnée par la Cour de cassation non critiquable sur le plan constitutionnel. Tout au plus la décision commentée réserve-t-elle l'hypothèse, sans d'ailleurs la retenir en l'espèce, où pourraient être regardés en lien direct avec l'inconstitutionnalité les préjudices résultant, le cas échéant, de l'obligation pour une société de reconstituer *a posteriori* une réserve spéciale de participation et de verser immédiatement l'ensemble des sommes exigibles sans avoir pu prendre en considération, dans sa stratégie commerciale et financière, cette charge au cours des exercices au titre desquels elle devait être constatée.

*
* *

7 Si la décision rendue aboutit au rejet du pourvoi, elle n'en consacre par moins le principe de la responsabilité de l'État du fait de dispositions législatives contraires à la Constitution. La solution adoptée est fidèle au droit commun de la responsabilité de la puissance publique en ce qui touche en particulier l'établissement par la victime d'un lien de causalité avec l'origine du dommage. Mais le régime juridique qui est défini tire son originalité de sa dépendance à l'égard de la chose jugée par le Conseil constitutionnel et ceci du triple point de vue, de la déclaration d'inconstitutionnalité de la loi dont il a le monopole, de la nature du grief d'inconstitutionnalité qu'il retient et des effets qu'il entend conférer à ses décisions. Alors que la jurisprudence remontant à l'arrêt *Société anonyme des produits laitiers La Fleurette** est et demeure tributaire de la volonté du législateur, celle inaugurée par l'arrêt *Société hôtelière Paris Eiffel Suffren* est tributaire de la volonté du Conseil constitutionnel.

118

ACTE ADMINISTRATIF – RECOURS POUR EXCÈS DE POUVOIR – DOCUMENTS DE PORTÉE GÉNÉRALE

Conseil d'État Sect., 12 juin 2020, *Groupe d'information et de soutien des immigré·e·s (GISTI)*

(Rec. 192, concl. Odinet ; RFDA 2020.785, concl. et 801, note F. Melleray ; AJ 2020.1407, chr. Malverti et Beaufils ; JCP Adm. 2020.2189, note Koubi ; LPA 2021, n° 7, 13, note Rouault)

Considérant ce qui suit :

1. *Les documents de portée générale émanant d'autorités publiques, matérialisés ou non, tels que les circulaires, instructions, recommandations, notes, présentations ou interprétations du droit positif peuvent être déférés au juge de l'excès de pouvoir lorsqu'ils sont susceptibles d'avoir des effets notables sur les droits ou la situation d'autres personnes que les agents chargés, le cas échéant, de les mettre en œuvre. Ont notamment de tels effets ceux de ces documents qui ont un caractère impératif ou présentent le caractère de lignes directrices.*

2. *Il appartient au juge d'examiner les vices susceptibles d'affecter la légalité du document en tenant compte de la nature et des caractéristiques de celui-ci ainsi que du pouvoir d'appréciation dont dispose l'autorité dont il émane. Le recours formé à son encontre doit être accueilli notamment s'il fixe une règle nouvelle entachée d'incompétence, si l'interprétation du droit positif qu'il comporte en méconnaît le sens et la portée ou s'il est pris en vue de la mise en œuvre d'une règle contraire à une norme juridique supérieure.*

3. La « note d'actualité » contestée, du 1er décembre 2017, émanant de la division de l'expertise en fraude documentaire et à l'identité de la direction centrale de la police aux frontières, vise à diffuser une information relative à l'existence d'une « fraude documentaire généralisée en Guinée (Conakry) sur les actes d'état civil et les jugements supplétifs » et préconise en conséquence, en particulier aux agents devant se prononcer sur la validité d'actes d'état civil étrangers, de formuler un avis défavorable pour toute analyse d'un acte de naissance guinéen. Eu égard aux effets notables qu'elle est susceptible d'emporter sur la situation des ressortissants guinéens dans leurs relations avec l'administration française, cette note peut faire l'objet d'un recours pour excès de pouvoir, contrairement à ce que soutient le ministre de l'intérieur.

4. En premier lieu et en tout état de cause, la note contestée entre dans les attributions de la division de l'expertise en fraude documentaire et à l'identité dont elle émane. Et, dès lors qu'elle ne revêt pas le caractère d'une décision, le moyen

tiré de ce qu'elle méconnaîtrait les dispositions de l'article L. 212-1 du Code des relations entre le public et l'administration, relatives à la signature des décisions et aux mentions relatives à leur auteur ne peut qu'être écarté.

5. En second lieu, l'article 47 du Code civil dispose que : « Tout acte de l'état civil des Français et des étrangers fait en pays étranger et rédigé dans les formes usitées dans ce pays fait foi, sauf si d'autres actes ou pièces détenus, des données extérieures ou des éléments tirés de l'acte lui-même établissent, le cas échéant après toutes vérifications utiles, que cet acte est irrégulier, falsifié ou que les faits qui y sont déclarés ne correspondent pas à la réalité ». La note contestée préconise l'émission d'un avis défavorable pour toute analyse d'acte de naissance guinéen et en suggère à ses destinataires la formulation. Elle ne saurait toutefois être regardée comme interdisant à ceux-ci comme aux autres autorités administratives compétentes de procéder, comme elles y sont tenues, à l'examen au cas par cas des demandes émanant de ressortissants guinéens et d'y faire droit, le cas échéant, au regard des différentes pièces produites à leur soutien. Le moyen tiré de la méconnaissance des dispositions de l'article 47 du Code civil doit donc être écarté.

6. Il résulte de ce qui précède que le GISTI n'est pas fondé à demander l'annulation du document qu'il attaque. Les conclusions présentées au titre de l'article L. 761-1 du Code de justice administrative doivent par suite être rejetées.

OBSERVATIONS

L'arrêt GISTI *du 12 juin 2020 prolonge les solutions des arrêts* Crédit foncier de France*, Mme Duvignères*, Fairvesta-Numericable*, *en en faisant la synthèse et en y ajoutant un élément nouveau : il englobe directives (devenues lignes directrices), circulaires et actes de droit souple dans un ensemble constitué par les documents de portée générale, comportant tous ceux, matérialisés ou non, que les agents sont chargés de mettre en œuvre.*

1 En l'espèce, il s'agissait d'une note non signée d'un service du ministère de l'intérieur relevant de la direction centrale de la police aux frontières, informant les agents devant se prononcer sur la validité d'actes d'état-civil étrangers, de l'existence d'une fraude généralisée en Guinée et préconisant de formuler un avis défavorable pour toute analyse d'un acte de naissance guinéen. « *Eu égard aux effets notables qu'elle est susceptible d'emporter sur la situation des ressortissants guinéens dans leurs relations avec l'administration française, cette note peut faire l'objet d'un recours pour excès de pouvoir.* » Quant au fond, la note n'étant pas jugée illégale, le recours est rejeté.

L'arrêt *GISTI* est remarquable par l'extension des actes susceptibles de faire l'objet d'un recours pour excès de pouvoir à ceux qui ne sont pas des décisions. Il adapte à leur égard les conditions du contrôle de légalité.

2 **I.** — Dans nos observations sous les arrêts *Fairvesta-Numericable** a été rappelée la conception classique de l'acte susceptible de faire l'objet d'un recours pour excès de pouvoir : c'est celui qui constitue une véritable décision.

Cette conception était au cœur de la jurisprudence admettant le recours contre les circulaires d'abord en tant que réglementaires (CE, Ass., 29 janv. 1954, *Institution Notre-Dame du Kreisker*, Rec. 64 ; v. n° 99.2), ensuite en tant qu'impératives (CE, Sect., 18 déc. 2002, *Mme Duvignères**), et de celle qui en écartait les circulaires n'ayant pas ce caractère, ainsi que les directives (*CE, Sect., 29 juin 1973, Société Géa*, Rec. 453 ; v. n° 76.6) ou lignes directrices (CE 3 mai 2004, *Comité anti-amiante Jussieu et Association nationale de défense des victimes de l'amiante*, Rec. 193 ; v. n° 76.8).

Cette conception stricte a été remise en cause par les arrêts admettant que peuvent être déférés au juge de l'excès de pouvoir *les avis, recommandations, mises en garde et prises de position,* non seulement *lorsqu'ils revêtent le caractère de dispositions générales et impératives ou lorsqu'ils énoncent des prescriptions individuelles*, mais aussi *lorsqu'ils sont de nature à produire des effets notables, notamment de nature économique, ou ont pour objet d'influer de manière significative sur les comportements des personnes auxquelles ils s'adressent*, d'abord en tant qu'émanant d'autorités de régulation (CE, Ass., 21 mars 2016, *Fairvesta-Numericable**) puis comme émanant de toute autorité administrative (CE, Ass., 19 juill. 2019, *Mme Le Pen*, Rec. 326 ; v. n° 76.8).

Cet élargissement est pris en compte par l'arrêt *GISTI* : désormais ce sont tous *les documents de portée générale émanant d'autorités publiques, matérialisés ou non, tels que les circulaires, instructions, recommandations, notes, présentations ou interprétations du droit positif* qui *peuvent être déférés au juge de l'excès de pouvoir lorsqu'ils sont susceptibles d'avoir des effets notables sur les droits ou la situation d'autres personnes que les agents chargés, le cas échéant, de les mettre en œuvre*.

Il en est ainsi en particulier des lignes directrices (anciennement directives : CE 11 déc. 1970, *Crédit foncier de France**). C'est aussi le cas des circulaires : pour celles qui sont impératives, l'arrêt ne fait que rappeler une solution acquise depuis l'arrêt *Mme Duvignères** ; celles qui ne le sont pas sont englobées dans l'extension du recours pour excès de pouvoir à tous les documents de portée générale.

3 L'arrêt en donne des exemples. On peut observer que sont rangés dans cette énumération des documents caractérisés, certains par leur forme (circulaires, instructions, notes), d'autres par leur contenu (recommandations, présentations ou interprétations du droit positif) – les deux aspects pouvant se combiner. Ils peuvent prendre la forme classique de textes écrits ; ils peuvent se présenter sous une forme nouvelle : les documents en cause peuvent être *matérialisés ou non*. Ils peuvent ainsi être de toute sorte.

Le Conseil d'État a voulu ainsi prendre en compte, comme le lui indiquait le rapporteur public, la modification importante des modes de relation entre les autorités ministérielles et les services, préconisée d'ailleurs par des circulaires du Premier ministre. Aujourd'hui sont généralisés les « outils intranet des ministères pour la diffusion des recommandations, éclaircissements, et précisions techniques et méthodologiques pour la mise en œuvre des textes et politiques » et « la mise à disposition d'une documentation régulièrement tenue à jour sur les sites internet des ministères ». En l'espèce, la note attaquée par le GISTI avait été publiée sur le site intranet du ministère de l'intérieur.

À cet égard, elle émanait d'une autorité publique, condition que l'arrêt précise comme nécessaire pour qu'un tel document puisse relever du recours pour excès de pouvoir. L'expression est générale et peut couvrir non seulement des autorités insérées dans la hiérarchie administrative, tels les ministres, mais d'autres extérieures à l'administration proprement dite ; au sein de l'administration, elle peut s'appliquer à des services, telle « la division de l'expertise en fraude documentaire et à l'identité de la direction centrale de la police aux frontières ». Des actes réglementaires des ministres (v. l'arrêt *Jamart**), on passe ainsi aux documents de portée générale de leurs services.

Pour qu'ils puissent être déférés au juge de l'excès de pouvoir, il faut encore qu'ils produisent des « effets notables ». L'expression n'est pas très rigoureuse ; elle est destinée à aller au-delà des effets juridiques. Leur appréciation est d'ordre pratique, voire subjectif : comme l'a dit M. Odinet dans ses conclusions, « ils doivent assurément dépasser un certain degré d'intensité », « franchir un certain seuil ».

Les arrêts *Fairvesta-Numericable** parlaient *des effets notables, notamment de nature économique* – ce qui pouvait inclure les effets de nature non économique – et ajoutaient une alternative en couvrant aussi les actes qui *ont pour objet d'influer de manière significative sur les comportements des personnes auxquelles ils s'adressent.*

4 L'arrêt *GISTI* adopte une formule plus générale et plus précise en couvrant les effets notables sur les droits ou la situation d'autres personnes que les agents chargés, le cas échéant, de les mettre en œuvre. S'agissant des droits, les effets sont d'ordre juridique. La notion de situation dépasse cet ordre ; elle est essentiellement pratique même si elle peut encore relever d'aspects juridiques. Tel est le cas par exemple avec les effets de la note attirant l'attention sur la fraude dans les documents d'état-civil ; elle invitait à les écarter, ce qui n'était pas sans conséquence par exemple sur les demandes de visa ou de titre de séjour ; elle était ainsi susceptible d'emporter des effets notables sur la situation des ressortissants guinéens dans leurs relations avec l'administration française.

L'analyse est de même type que celle qui a conduit à considérer des mesures individuelles, non plus comme des mesures d'ordre intérieur, mais comme des actes susceptibles de faire l'objet d'un recours pour excès de pouvoir eu égard à leur nature et à l'importance de leurs effets sur la situation des intéressés (ainsi pour les détenus, CE, Ass., 14 déc. 2007, *Planchenault*, Rec. 474, concl. Guyomar, *Boussouar*, Rec. 495, *Payet*, Rec. 498 ; v. n° 86.7). Avec l'arrêt *GISTI*, la prise en compte des effets d'une mesure porte sur des documents de portée générale.

Ces documents sont souvent purement internes à l'administration et ne donnent pas lieu à publication à l'égard des tiers. Mais les agents qui en sont les destinataires doivent les appliquer : à travers eux, d'autres personnes peuvent être atteintes. Ainsi « le critère des effets... permet d'embrasser à la fois les effets immédiats, de premier rang, et les effets médiatisés, de second rang » (G. Odinet). C'était bien le cas de la note contestée dans cette affaire : si, insérée dans le site intranet du service, elle était essentiellement destinée à ses agents, sa mise en œuvre par eux devait aboutir à écarter les documents d'état-civil guinéens présentés.

À cet égard, l'arrêt *GISTI* va plus loin que les arrêts *Fairvesta-Numericable* : ceux-ci, en visant les comportements des personnes auxquelles s'adressent certains documents, prenait en considération la relation directe entre documents et comportements (dans un cas une mise en garde sur les placements offerts par une société, dans l'autre une prise de position sur les conséquences de la prise de contrôle d'une société par une autre) ; le nouvel arrêt se contente des effets d'un document sur la situation de personnes auxquelles il ne s'adresse pas.

L'arrêt *GISTI* franchit ainsi un pas important dans l'identification des actes susceptibles de faire l'objet d'un recours pour excès de pouvoir. Tel a été le cas des modèles d'attestation de déplacement dérogatoire pendant la crise sanitaire, mis en ligne sur le site internet du gouvernement et du ministère de l'intérieur (CE 22 déc. 2020, AJ 2021.1093, note D. Costa), ainsi que du schéma national du maintien de l'ordre, établi par le ministère de l'intérieur pour les manifestations (CE 10 juin 2021, *Syndicat national des journalistes et autres*, v. n° 42.6).

5 L'arrêt ouvre-t-il la voie à de nouvelles extensions ? M. Odinet a posé la question dans ses conclusions à propos des circulaires adressées par le garde des Sceaux, ministre de la justice aux magistrats du siège et à ceux du parquet, et des réponses ministérielles.

Le Conseil d'État admet déjà la recevabilité du recours pour excès de pouvoir contre les circulaires du garde des Sceaux qui ont un caractère impératif (CE 30 janv. 2015, *Département des Hauts-de-Seine*, Rec. 528), non contre les autres (CE 27 nov. 2000, *Mme Ohayon et autres*, Rec. 558) sans opposer, en application de la jurisprudence *Préfet de la Guyane**, son incompétence. Il devrait l'admettre aussi contre tous les documents de portée générale émis par le ministère de la justice.

La solution est moins évidente pour les réponses des ministres à des questions de parlementaires, qui prennent position sur l'interprétation et l'application d'un texte. Certes elles expriment une doctrine officielle qui servira de fondement aux décisions de l'administration ; elles apparaissent comme des *documents de portée générale émanant d'autorités publiques, matérialisés ou non, tels que les circulaires, instructions, recommandations, notes, présentations ou interprétations du droit positif.* Mais classiquement *les réponses faites par les ministres aux questions écrites des parlementaires ne constituent pas des actes susceptibles de faire l'objet d'un recours contentieux* (CE, Sect., 16 déc. 2005, *Société Friadent France*, Rec. 580) – à l'exception de celles qui interprètent la loi fiscale, entrant dans le champ de l'article L. 80 A du Livre des procédures fiscales. L'exclusion est fondée sur la considération des rapports entre gouvernement et parlement, soustraits au contrôle juridictionnel (v. nos obs. sous CE 19 févr. 1875, *Prince Napoléon**), comme le sont les actes du parlement lui-même (v. nos obs. sous CE, Ass., 5 mars 1999, *Président de l'Assemblée nationale**). La restriction progressive de ces exceptions et l'extension des actes susceptibles de recours par l'arrêt *GISTI* conduiront-elles à y inclure les réponses ministérielles ?

S'il en est ainsi, il faudra adapter les conditions de leur contrôle.

6 **II.** — Pour qu'une personne puisse attaquer un document de portée générale, il faut évidemment qu'elle ait un intérêt pour agir (v. nos obs. sur CE 29 mars 1901, *Casanova** et CE 21 déc. 1906, *Syndicat des propriétaires et contribuables du quartier Croix-de-Seguey-Tivoli**) ; la condition se pose en particulier pour les groupements (v. CE 28 déc. 1906, *Syndicat des patrons-coiffeurs de Limoges**). À ce sujet, si l'arrêt *GISTI* ne reprend pas la précision des arrêts *Fairvesta-Numericable* selon laquelle de tels actes peuvent faire l'objet d'un tel recours, *introduit par un requérant justifiant d'un intérêt direct et certain à leur annulation,* cette exigence n'est pas douteuse. De même, pour un groupement, il faut que le document porte atteinte aux intérêts qu'il a pour objet de défendre : tel était bien le cas, en l'espèce, du groupement requérant, dont l'objet est de défendre les travailleurs immigrés ; à ce titre, il pouvait contester une note dont l'application était de nature à entraver la reconnaissance de leur état-civil par des ressortissants étrangers.

Comme on l'a vu, le document contesté peut ne pas avoir fait l'objet d'une publication à l'égard des tiers, notamment s'il ne se trouve que dans un réseau intranet de l'administration. Si cela ne fait pas obstacle à l'introduction d'un recours, comme l'admet l'arrêt *GISTI*, cela pose la question du délai dans lequel ce recours doit être intenté : ne peut s'appliquer le délai de deux mois qui, contre un acte de portée générale, ne court qu'à compter de sa publication (art. R. 421-1 CJA). Il faut au moins que le recours soit intenté dans un délai raisonnable (en principe un an) à compter du moment où il est connu, selon la solution retenue pour les décisions individuelles par l'arrêt *Czabaj* (CE, Ass., 13 juill. 2016, Rec. 430, concl. Henrard ; v. n° 102.11). En revanche, si le document a été diffusé sur un site internet – ce qui constitue une véritable publication –, doit s'appliquer la règle du délai de deux mois, comme le Conseil d'État l'a jugé à propos des actes des autorités de régulation (CE, Sect., 13 juill.2016, *Société GDF Suez*, Rec. 384 ; v. n° 113.7) et des circulaires fiscales (CE, Sect., 13 mars 2020, *Société Hasbro European Trading BV*, Rec. 94, concl. Ciavaldini).

La recevabilité du recours permet au juge d'examiner la légalité du document contesté.

Il le fait dans le cadre du recours pour excès de pouvoir, et non d'un recours d'un nouveau type comme l'avait envisagé M. Daumas dans ses conclusions sur l'affaire *Numericable**. Il n'en reste pas moins que la singularité des actes de portée générale peut entraîner certaines particularités. L'arrêt *GISTI* reprend, en l'ajustant, la formule des arrêts *Fairvesta-*

*Numericable** : *il appartient au juge d'examiner les vices susceptibles d'affecter la légalité du document en tenant compte de la nature et des caractéristiques de celui-ci ainsi que du pouvoir d'appréciation dont dispose l'autorité dont il émane.* Selon M. Odinet, « l'opérance des moyens dépendra, au cas par cas, des caractéristiques du document contesté – et de l'existence ou non de règles ou principes opposables à ce document ». Cela laisse une certaine souplesse autant dans l'appréciation de la légalité du document que dans celle de ses effets.

7 Le vice d'illégalité le plus radical est normalement celui d'incompétence. C'est pourquoi *le recours... doit être accueilli notamment s'il* (le document) *fixe une règle nouvelle entachée d'incompétence.* Mais l'admission de la compétence peut être large. Dans la présente affaire, la note contestée émanait d'une division d'une direction du ministère de l'intérieur : il a suffi qu'elle *entre dans les attributions* de cette division pour qu'elle apparaisse comme émanant d'une autorité compétente. Il n'y a guère de précision sur ce qui fonde cette compétence. De manière générale, tout service apparaît ainsi comme compétent dans son domaine pour adopter des documents de portée générale ayant des effets notables. C'est seulement pour les documents à caractère impératif, notamment pour les circulaires réglementaires, que devra être maintenue l'exigence de l'habilitation d'une autorité déterminée, soit en vertu d'un texte soit en vertu de la qualité de chef de service (v. nos obs. sous CE 7 févr. 1936, *Jamart**).

La souplesse quant au fondement de la compétence se conjugue avec celle de la forme : le document adopté par le service peut, comme c'était le cas en l'espèce, ne pas être signé. Le Conseil d'État a déjà reconnu dans une mesure anonyme une véritable décision. Ici, si la note contestée est attaquable en raison de ses effets, elle n'est pas une décision ; le Conseil d'État en tire la conséquence : *dès lors qu'elle ne revêt pas le caractère d'une décision, le moyen tiré de ce qu'elle méconnaîtrait les dispositions de l'article L. 212-1 du Code des relations entre le public et l'administration, relatives à la signature des décisions et aux mentions relatives à leur auteur, ne peut qu'être écarté.*

8 Quant à l'illégalité interne, l'arrêt rejoint à quelques mots près les formules de l'arrêt *Mme Duvignères** : un document de portée générale est illégal, *notamment... si l'interprétation du droit positif qu'il comporte en méconnaît le sens et la portée ou s'il est pris en vue de la mise en œuvre d'une règle contraire à une norme juridique supérieure* (et non pas seulement la réitère) – ce qui permet de vérifier par voie d'exception cette règle elle-même, sinon quant aux conditions de son édiction (CE, Ass., 18 mai 2018, *Fédération des finances et affaires économiques de la CFDT**), du moins dans son contenu.

Doit être vérifiée aussi la portée du document sur ses destinataires – ce qui d'ailleurs concerne tout autant sa nature. En l'espèce, le Conseil d'État considère par une interprétation neutralisante que, si « *la note contestée préconise l'émission d'un avis défavorable pour toute analyse d'acte de naissance guinéen et en suggère à ses destinataires la formula-*

tion », « *elle ne saurait toutefois être regardée comme interdisant à ceux-ci comme aux autres autorités administratives compétentes de procéder, comme elles y sont tenues, à l'examen au cas par cas des demandes émanant de ressortissants guinéens et d'y faire droit, le cas échéant, au regard des différentes pièces produites à leur soutien* ». C'est la même considération que celle qui a conduit à admettre l'adoption de directives ou lettres directrices (v. nos obs. sous CE 11 déc. 1970, *Crédit foncier de France**). Si la note avait interdit toute possibilité d'appréciation à ses destinataires, elle eût été, non pas seulement un document à effets notables, mais un véritable acte impératif de nature réglementaire ; à ce titre, classiquement, elle eût pu faire l'objet d'un recours pour excès de pouvoir et eût été annulée comme émanant d'une autorité incompétente.

Le contrôle du juge sur le document contesté doit également tenir compte, comme l'avaient déjà considéré les arrêts *Fairvesta** et *Numericable**, *du pouvoir d'appréciation dont dispose l'autorité dont il émane*. Les degrés relevés respectivement dans chacune de ces deux affaires (erreur manifeste d'appréciation, erreur d'appréciation) pourront se retrouver à propos des documents couverts par l'arrêt *GISTI*.

9 Pourront se retrouver également des solutions que l'arrêt n'évoque pas explicitement mais qui l'ont été par le rapporteur public dans ses conclusions. D'une part, l'élargissement du recours pour excès de pouvoir contre les documents de portée générale pourra profiter au recours dirigé contre le refus de les abroger (v. CE, Ass., 3 févr. 1989, *Compagnie Alitalia**). D'autre part, à la suite de l'annulation d'un tel document, le juge pourra adresser une injonction à l'administration (v. CE, Sect., 17 mai 1985, *Mme Menneret**), comme les arrêts *Fairvesta**-*Numericable** en avaient expressément réservé la possibilité. Si l'arrêt *GISTI* n'en parle pas, cette possibilité subsiste. Ainsi, s'agissant d'un document administratif publié dans un site intranet ou internet, le juge pourra ordonner à l'administration de l'en retirer – le contentieux administratif s'adaptant à la modernité tant dans les techniques de contrôle que dans les suites du contrôle.

INDEX DES ARRÊTS

Les arrêts reproduits et commentés sont indiqués par un astérisque ; leur numéro est indiqué en italique gras. Pour les arrêts cités dans les commentaires, le premier chiffre correspond au numéro des arrêts reproduits et commentés, le second au numéro de paragraphe en marge du commentaire.

JURIDICTIONS ADMINISTRATIVES ET TRIBUNAL DES CONFLITS

B

C

D

E

F

G

H

I

J

K

L

N

O

P

Q

R

S

T

U

V

Avis et notes des formations administratives du Conseil d'État

JURIDICTIONS JUDICIAIRES

CONSEIL CONSTITUTIONNEL

JURIDICTIONS COMMUNAUTAIRES

COMMISSION ET COUR EUROPÉENNE DES DROITS DE L'HOMME

JURIDICTIONS ÉTRANGÈRES

COUR INTERNATIONALE DE JUSTICE

COMITÉ DES DROITS DE L'HOMME DES NATIONS UNIES

INDEX ALPHABÉTIQUE DES MATIÈRES

Les chiffres en gras renvoient aux numéros des arrêts reproduits et commentés, les chiffres en maigre aux numéros en marge des commentaires.

B

C

D

E

F

G

H

I

J

L

Q

R

S

T

U

PEFC
10-31-2541
Certifié PEFC
Ce produit est issu de forêts gérées durablement et de sources contrôlées.
pefc-france.org

Photocomposition : Nord Compo
59650 Villeneuve-d'Ascq

720293 - (I) - OSB - P 50g - NOR - (CDR)
Achevé d'imprimer en France en août 2021
dans les ateliers de Normandie Roto Impression s.a.s.
61250 Lonrai
N° d'imprimeur : 2101889
Dépôt légal : septembre 2021